2022
中国饲料工业年鉴

农业农村部畜牧兽医局
全　国　畜　牧　总　站　编
中国饲料工业协会

中国农业出版社
北　京

图书在版编目（CIP）数据

中国饲料工业年鉴. 2022 / 农业农村部畜牧兽医局，全国畜牧总站，中国饲料工业协会编. —北京：中国农业出版社，2023.4

ISBN 978-7-109-30609-7

Ⅰ. ①中…　Ⅱ. ①农… ②全… ③中…　Ⅲ. ①饲料工业—中国—2022—年鉴　Ⅳ. ①F326.3-54

中国国家版本馆CIP数据核字（2023）第062758号

2022 中国饲料工业年鉴
2022 ZHONGGUO SILIAO GONGYE NIANJIAN

中国农业出版社出版
地址：北京市朝阳区麦子店街18号楼
邮编：100125
责任编辑：程　燕
版式设计：小荷博睿　　责任校对：刘丽香
印刷：北京通州皇家印刷厂
版次：2023年4月第1版
印次：2023年4月北京第1次印刷
发行：新华书店北京发行所
开本：787mm × 1092mm　1/16
印张：39.75　　插页：14
字数：1460千字
定价：500.00元

《中国饲料工业年鉴》（2022）
编辑委员会

2021年4月18日，由中国饲料工业协会、全国畜牧总站主办，以“顺应新形势 赋能新发展”为主题的2021中国饲料工业展览会在重庆举办。展会立足新发展阶段，集中展示了饲料行业的新产品、新技术、新工艺、新设备、新业态。

2021年4月17日，中国饲料工业协会理事会会议暨饲料产业发展论坛在重庆召开。农业农村部副部长于康震出席会议并讲话。农业农村部畜牧兽医局局长杨振海，中国饲料工业协会会长李德发，农业农村部畜牧兽医局副局长孔亮，农业农村部畜牧兽医局二级巡视员辛国昌，全国畜牧总站站长、中国饲料工业协会常务副会长兼秘书长王宗礼等领导出席会议。协会常务副会长、副会长、常务理事、理事、部分会员单位及会员代表600余人参加了会议。

2021年9月7日，国务院新闻办公室举行新闻发布会，介绍国际粮食减损大会有关情况，并答记者问。农业农村部副部长马有祥介绍有关情况。

2021年4月17日，农业农村部在重庆举行饲料原料营养价值数据库和饲料中玉米豆粕减量替代技术方案发布会，全国饲料行业企业代表公开发出“推进玉米豆粕减量替代，共同维护饲料粮供给安全”的倡议。农业农村部副部长于康震，中国工程院院士李德发、麦康森、印遇龙，农业农村部畜牧兽医局局长杨振海出席会议。

2021年12月9日，《中国饲料工业史》编纂工作座谈会在中国饲料工业协会成功召开，从此拉开了《中国饲料工业史》编纂工作的序幕。会议由全国畜牧总站站长、中国饲料工业协会常务副会长兼秘书长王宗礼主持。农业农村部畜牧兽医局副局长辛国昌，饲料饲草处处长黄庆生等领导出席会议。

2021年7月23日，全国畜牧总站站长、中国饲料工业协会常务副会长兼秘书长王宗礼、农业农村部畜牧兽医局副局长魏宏阳等领导一行，莅临新疆希普调研考察新型饲料原料技术研发和科技创新工作。

2021年6月21—26日，第八届全国草品种审定委员会在呼和浩特市组织召开第一次审定会和国家草品种区域试验数据审核评审会，农业农村部畜牧兽医局副局长魏宏阳出席会议并讲话，全国畜牧总站副站长贠旭江主持会议，24名审定委员会副主任及委员参会。

2021年1月6日，海南省农业农村厅检查组到海南漓源饲料有限公司开展安全生产检查。

2021年1月7日，海南省农业农村厅检查组到海南澳斯卡国际粮油有限公司开展安全生产检查。

2021年1月21日，广西壮族自治区农业农村厅副厅长梁纪豪（左一）到南宁市宾阳县黎塘工业区现场指导安全生产工作。

2021年2月24日，北京市饲料工业协会举办第八届第二次理事会。会议分析了中国畜牧饲料行业和北京畜牧饲料行业的发展现状，并对行业未来发展作出展望。

2021年3月31日，陕西省饲料工业高质量发展推进会在西安召开，共150余人参加会议。

2021年4月8－9日，畜禽养殖减抗与替抗技术培训班在成都举办。湖北省农业农村厅相关领导一行以及多家单位相关人员参会。

2021年4月16日，在2021中国饲料工业展览会期间召开中国饲料工业协会工作座谈会。主要研讨协会脱钩独立运行后的工作重点和发展方向。中国饲料工业协会会长李德发及协会常务副会长、副会长等40余人出席会议。

2021年4月17日，中国饲料工业协会理事会会议暨饲料产业发展论坛在重庆召开。会议表彰了“中国饲料工业协会先进集体和先进工作者 ”，并为“2020十大领军饲料企业”、“2020三十强饲料企业” 等9个类别的企业或个人颁发了奖牌和证书。

2021年4月18日，四川省饲料工业协会组织新希望六和、通威、铁骑力士、特驱、畜科、蜀星、润格、新一美、康贝尔等20多家优秀饲料生产企业赴重庆参加“2021中国饲料工业展览会”，展示优秀企业形象，促进行业共同发展。

2021年4月26日，海南省饲料兽药质量安全监管培训班在海口召开。由中国农业科学院、省动物疫病预防控制中心等单位专家讲授饲料监管工作的相关标准，共80余人参加培训。

2021年5月18日，福建省农业农村厅举办安全生产法规和实施《福建省饲料生产企业安全风险分级管控和隐患排查治理规范》培训会，福建省饲料管理人员、饲料生产企业安全负责人等270多人参加培训。

2021年5月19—21日，第四届全国饲料质量安全控制技术高峰论坛在成都顺利召开。来自全国各地的行业主管领导，高校、科研院所研究学者，质检机构技术专家，饲料企业品控人员等500余人现场参会，网络直播在线观看达4万多人次。

2021年5月30—6月4日，全国畜牧总站副站长杨劲松（左二）带队赴江苏开展饲料行业“双随机、一公开”检查。

2021年5月，广东省举办饲料工业统计暨饲料生产许可培训班。

2021年6月9日，全国畜牧总站站长、中国饲料工业协会常务副会长兼秘书长王宗礼一行在江苏省农业农村厅总畜牧兽医师袁日进陪同下考察了丰尚农牧装备有限公司。

2021年6月12日，陕西省饲料协会考察团一行莅临福建新正阳开展交流，共43家企业的60余名代表参加。

2021年6月16日，宁夏饲料企业高层管理人员培训班在四川省成都市举办。会议围绕“绿色无抗饲料的可行性思考”和“禁抗背景下饲料产业如何转型升级”进行了讲授。来自宁夏自治区五市的农业农村局分管饲料工作负责人、饲料生产企业法人及自治区农业农村厅相关处（局）等60余人参加了培训。

2021年6月17日，宁夏回族自治区饲料企业高层管理人员培训班赴四川铁骑力士集团现场观摩学习。

2021年6月18日，中国饲料工业协会举办2021年上半年饲料行业发展形势座谈会。会议全面分析2021年上半年饲料生产形势和饲料行业发展的新特点、新变化、新趋势。

2021年6月30日，新疆生产建设兵团农业农村局检查组对第三师新疆博润农牧有限公司开展安全生产检查。

2021年6月，福建省农业农村厅领导一行到漳州大北农农牧科技有限公司指导安全生产应急演练。

2021年7月17日，全国畜牧总站站长、中国饲料工业协会常务副会长兼秘书长王宗礼一行赴安徽省饲料与健康养殖行业协会调研交流。

2021年7月21日，安徽省饲料与健康养殖行业协会在安徽省合肥市举办首届饲料配方师/动物营养师/技术专员能力提升研修班，大力推进日粮中玉米、豆粕替代技术，共有80余人参加会议。

2021年7月24—25日，全国畜牧总站副站长杨劲松（左四）率调研组一行6人到四川省调研饲料中玉米、豆粕减量替代技术推广情况，四川省农业农村厅总畜牧师李春华（左五）陪同调研。

2021年8月28日，辽宁省农业农村厅在沈阳召开狐貉肉骨粉作为非食用动物饲料原料试验方案专家论证会，辽宁省农业农村厅副厅长刘怀野（右三）出席会议。会上，专家组认为，项目的实施将为狐、貉养殖业增加效益，对饲料蛋白缺乏等国家粮食安全战略有较高的现实意义。

2021年9月14—15日，首届国际宠物营养与产业（广州）峰会在广州花都召开，200多位来自国内外的专家学者、业内人士围绕“开好局，起好步”主题建言献策。此外，还举行了宠物营养标准制定启动仪式和第二届广东省职业技能大赛宠物行业职业技能竞赛启动仪式。

2021年9月17日，浙江省宁波市农机畜牧中心举办饲料质量安全管理培训。各地饲料管理部门负责人、饲料企业负责人和品管技术骨干等70余人参加了培训。

2021年9月24—26日，由北京市饲料工业协会和内蒙古自治区饲料工业协会联合主办的首届全国反刍饲料饲草大会暨内蒙古草食家畜产业发展大会在内蒙古自治区呼和浩特市召开，来自全国1 200余人参加会议。

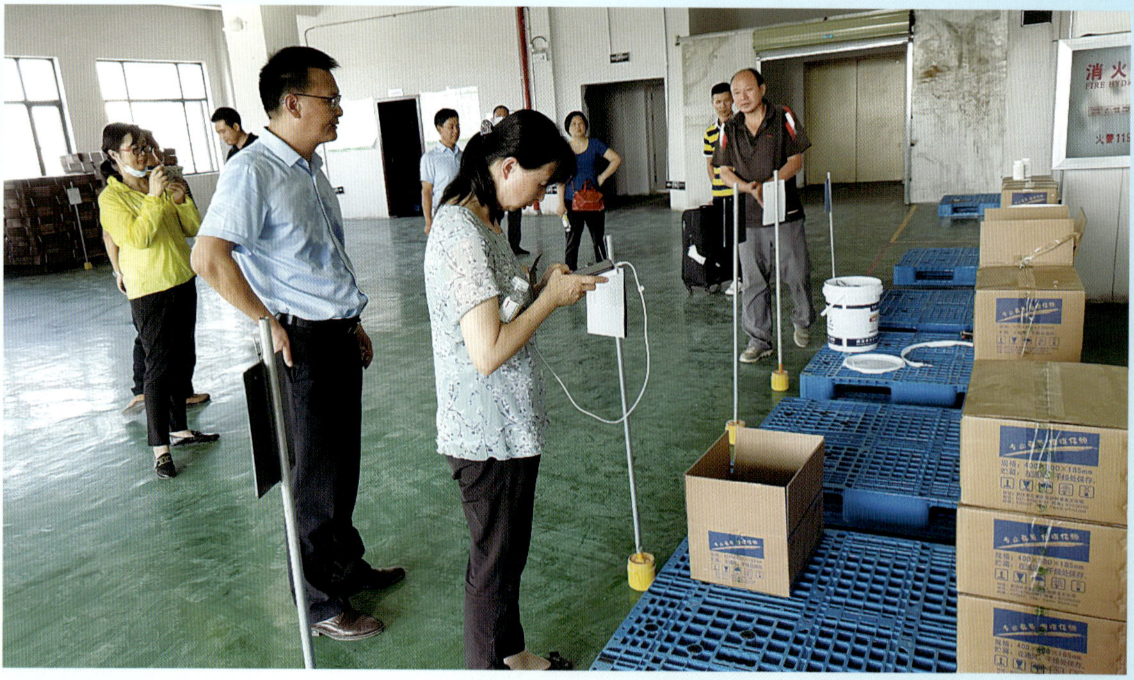

2021年9月24—28日，国家饲料检测中心到武汉、宜昌、荆州等9市开展2021年度部级饲料风险监测抽样工作，抽取40家企业的饲料添加剂、混合型饲料添加剂样品共90份。

2021年9月28日，中国饲料工业协会媒体联谊会在京召开，全国畜牧总站站长、中国饲料工业协会常务副会长兼秘书长王宗礼主持会议。来自新华社、新浪网、农民日报社、中国农村杂志社、中国畜牧兽医报社等近70家媒体单位的90多位代表参加会议。

2021年10月18日，中国饲料工业协会质量安全工作委员会和团体标准技术委员会成立大会在山东青岛召开。与会专家认为，饲料产品质量安全关乎产业发展、社会民生，饲料领域标准化工作将对饲料产品质量安全和水平的提升起到保障和引领作用。

2021年10月18日，2021年全国饲料工业协会会长、秘书长座谈会在山东青岛召开。会议由全国畜牧总站站长、中国饲料工业协会常务副会长兼秘书长王宗礼主持。来自全国省级饲料协会会长、秘书长等近30位代表参加会议。

2021年10月19日，全国畜牧总站站长、中国饲料工业协会常务副会长兼秘书长王宗礼带队参观考察青岛宝佳智能装备股份有限公司。

2021年10月28日，辽宁省农业发展服务中心、辽宁省饲料技术专业创新中心、辽宁省动物保健品协会在辽宁朝阳举办辽宁省蛋鸡产蛋期无抗养殖实用技术暨上市鲜蛋达标合格证制度培训会。

2021年11月13日，广西饲料工业协会、广西畜牧兽医学会动物营养与饲料学分会召开2021年广西动物营养与饲料学术年会，来自全国的知名专家、学者、兄弟省市的饲料行业协会代表、企业管理者与科技人员约500人参加了会议。

2021年11月26日，新疆生产建设兵团农业农村局组织专家对第七师胡杨河市天康饲料有限公司进行现场审核。

2021年12月7—8日，饲料生产许可专家审核委员会新任专家座谈会暨现场审核技术培训会在宁夏回族自治区银川市举办。会上对饲料生产许可审核专家委员会部分成员进行调整，向成员颁发了聘书并进行座谈、培训，进一步规范和强化了对专家及生产许可审核的要求，提升了饲料安全生产能力。

2021年12月16日，福建省农业农村厅总畜牧兽医师吴顺意（前排右三）到福建旭牧联生物科技有限公司饲料生产现场检查指导工作。

2021年12月16—17日，湖北省饲料工业协会第六届第三次会员大会暨2021年年会在湖北省武汉市召开，约380人参会。

2021年12月17日，云南省饲料工业协会第七届五次理事会暨技术交流会在云南省昆明市召开。协会会长、常务副会长、副会长、理事、监事、专家咨询工作委员会部分委员及会员单位代表等140多人参加了会议。云南省农业农村厅王文惠总畜牧师、张存焕调研员等到会指导。

2021年12月17日，云南省饲料工业协会举办技术交流会，云南省饲料工业协会会长张曦分享了题为《饲料加工工艺之饲料粉碎》的报告。

前 言

2021年，随着生猪生产加快恢复，水产和反刍动物养殖持续发展，带动饲料工业产量较快增加，饲料行业高质量发展取得新成效。

全国工业饲料总产量29 344.3万t，同比增长16.1%。其中，配合饲料产量27 017.1万t，同比增长17.1%；浓缩饲料产量1 551.1万t，同比增长2.4%；添加剂预混合饲料产量663.1万t，同比增长11.5%。2021年，全国饲料产量超千万吨的省份有13个，比上年增加3个，分别为山东、广东、广西、辽宁、江苏、河南、四川、河北、湖北、湖南、安徽、福建、江西。全国有27个省份和新疆生产建设兵团的饲料产量同比增长，其中贵州、广西、重庆、四川、江西、湖北、内蒙古、湖南、福建、河南、新疆、浙江12个省份增幅超过20%。

全国饲料工业总产值12 234.1亿元，比上年增长29.3%；总营业收入11 687.3亿元，增长28.8%。其中，饲料产品产值10 964.0亿元、营业收入10 499.8亿元，分别增长29.8%、29.1%；饲料添加剂产品产值1 154.9亿元、营业收入1 110.4亿元，分别增长23.8%、29.5%；饲料机械产品产值115.2亿元，增长36.4%；营业收入77.0亿元，下降3.6%。

《中国饲料工业年鉴2022》（以下简称《年鉴》）比较详实地记录了2021年我国饲料工业及其相关行业的发展情况。

《年鉴》全文主要包括六个部分，即综合篇、专题篇、地方篇、企业篇、统计资料、大事记。另外，在正文之前以图文并茂的形式介绍了领导视察、行业发展、企业采风、政务联络等。综合篇包括2021年发布实施的政策法规等；专题篇包括2021年饲料加工工业概况、主要饲料产品及原料工业情况、饲料添加剂工业、饲料机械制造工业、饲料工业许可证管理、饲料安全管理、饲料质量监督与检测、科技与推广、饲料工业标准化、饲料工业质量认证；地方篇包括了除香港、澳门、台湾以外的全国所有省（自治区、直辖市）饲料工业概况；企业篇包括重点企业经验介绍和企业简介；统计资料包括全国饲料工业统计资料；大事记主要包括农业农村部畜牧兽医局饲料饲草处、中国饲料工业协会以及各地饲料工作办公室、饲料工业协会在2021年的主要工作与取得的成绩。

《年鉴》图片部分从不同侧面反映了行业的发展，文字内容丰富，覆盖面广，史实性强，是饲料行业行政事业单位、检测机构、科研机构等单位所必备的工具书。《年鉴》的专题篇和地方篇撰稿人主要是各饲料行业主管部门和行业相关专家学者。

《年鉴》反映的各省（自治区、直辖市）和有关企业等文字材料及图片部分，只要涉及排序的，都按时间排列；农业农村部畜牧兽医局饲料饲草处、中国饲料工业协会和各省（自治区、直辖市）提供的大事记，除按全国省份的行政区划排序外，都按时间排序。

《中国饲料工业年鉴》编辑部

2022年6月20日

目 录

前言

综 合 篇

专 题 篇

地 方 篇

企 业 篇

统　计　资　料

大　事　记

综合篇

2021 年全国饲料工业发展概况

2021 年，随着生猪生产加快恢复，水产和反刍动物养殖持续发展，带动饲料工业产量较快增加，饲料行业高质量发展取得新成效。

一、饲料工业总产值明显增长

全国饲料工业总产值 12 234.1 亿元，比上年增长 29.3%；总营业收入 11 687.3 亿元，增长 28.8%。其中，饲料产品产值 10 964.0 亿元、营业收入 10 499.8 亿元，分别增长 29.8%、29.1%；饲料添加剂产品产值 1 154.9 亿元、营业收入 1 110.4 亿元，分别增长 23.8%、29.5%；饲料机械产品产值 115.2 亿元，增长 36.4%，营业收入 77.0 亿元，下降 3.6%。

二、工业饲料总产量较快增加

全国工业饲料总产量 29 344.3 万 t，比上年增长 16.1%。其中，配合饲料产量 27 017.1 万 t，同比增长 17.1%；浓缩饲料产量 1 551.1 万 t，同比增长 2.4%；添加剂预混合饲料产量 663.1 万 t，同比增长 11.5%。分品种看，猪饲料产量 13 076.5 万 t，同比增长 46.6%；蛋禽饲料产量 3 231.4 万 t，同比下降 3.6%；肉禽饲料产量 8 909.6 万 t，同比下降 2.9%；反刍动物饲料产量 1 480.3 万 t，同比增长 12.2%；水产饲料产量 2 293.0 万 t，同比增长 8.0%；宠物饲料产量 113.0 万 t，同比增长 17.3%；其他饲料产量 240.5 万 t，下降 16.2%。

三、饲料添加剂总产量稳步增加

全国饲料添加剂总产量 1 477.5 万 t，比上年增长 6.2%。其中，单一饲料添加剂产量 1 367.9 万 t，同比增长 5.5%；混合型饲料添加剂产量 109.6 万 t，同比增长 16.2%。氨基酸、维生素产量分别为 425.5 万 t、177.3 万 t，分别增长 15.1%、10.5%。酶制剂和微生物制剂等产品产量较快增加，分别增长 19.0%、17.4%。

四、企业规模化程度持续提高

全国 10 万 t 以上规模饲料生产厂 957 家，比上年增加 208 家；合计饲料产量 17 707.7 万 t，比上年增长 24.4%，在全国饲料总产量中的占比为 60.3%，比上年提高 7.5 个百分点。全国有 14 家生产厂年产量超过 50 万 t，比上年增加 5 家，单厂最大产量 125.1 万 t。年产百万吨以上规模饲料企业集团 39 家，比上年增加 6 家；合计饲料产量占全国饲料总产量的 59.7%，比上年提高 5.1 个百分点；其中有 6 家企业集团年产量超过 1 000 万 t，比上年增加 3 家。

五、产量千万吨省份增加

全国饲料产量超千万吨的省份有 13 个，分别为山东、广东、广西、辽宁、江苏、河南、四川、河北、湖北、湖南、安徽、福建、江西，比上年增加 3 个。其中，山东省产量达 4 476.3 万 t，比上年增长 3.2%；广东省产量 3 573.3 万 t，增长 18.7%。山东、广东两省饲料产品总产值继续保持在千亿以上，分别为 1 597 亿元、1 482 亿元。全国有 27 个省份和新疆生产建设兵团的饲料产量比上年有所增长，其中贵州、广西、重庆、四川、江西、湖北、内蒙古、湖南、福建、河南、新疆、浙江 12 个省份增幅超过 20%。

六、配方结构趋向多元化

全国饲料生产企业的玉米用量比上年下降 24.7%，在配合饲料中的比例比上年减少 15.3 个百分点，小麦、稻谷、大麦、高粱等谷物原粮和麦麸、米糠等粮食加工副产物用量较快增加。豆粕用量比上年增加 5.7%，小于工业饲料总产量增幅，在配合饲料和浓缩饲料中的比例比上年减少 1.4 个百分点，菜粕、棉粕等其他饼粕用量增长 17.9%。

七、行业创新加快推进

饲料新产品研发创制加快，全年通过评审核发新饲料和新饲料添加剂证书 4 个。乙醇梭菌蛋白获得历史上第一个新饲料原料证书，并取得单一饲料生产许可证，全球首次实现工厂化条件下利用无机物大规模生产优质蛋白原料。饲料原料基础参数评定进度加快，营养价值数据库进一步完善，低蛋白日粮、饲料精准配方和精细加工等技术加快普及。饲料散装散运方式加快推广，散装饲料总量 9 028.7 万 t，比上年增长 53.1%，占全国配合饲料总产量的 33.4%，提高了 7.8 个百分点。

（黄庆生）

政 策 法 规

中华人民共和国农业农村部公告

第 459 号

依据《饲料和饲料添加剂管理条例》，我部组织全国饲料评审委员会对部分企业提出的申请进行了评审，决定对《饲料原料目录》和《饲料添加剂品种目录（2013）》进行增补，并扩大饲料原料辅酶 Q10 渣的适用范围。现将有关事项公告如下。

一、增补棕榈脂肪酸粉进入《饲料原料目录》，编号：2.20.7。特征描述：棕榈油经精炼、水解、氢化、蒸馏、喷雾、冷却制取的颗粒状棕榈脂肪酸粉。产品中总脂肪酸（包括棕榈酸、油酸和其他脂肪酸）含量不低于 99.5%，其中棕榈酸（C16∶0）含量大于 60.0%，油酸（C18∶1）含量小于 25.0%。棕榈油须由有资质的食品生产企业提供。强制性标识要求：酸价、过氧化值、碘价、总脂肪酸、棕榈酸。

二、增补焦糖色（普通法、氨法）（英文名称：Caramel Colour class I-plain、Caramel Colour class III-ammonia process）进入《饲料添加剂品种目录（2013）》，类别为“着色剂”，适用范围为宠物，质量标准暂按焦糖色食品安全国家标准（GB 1886.64）执行。

三、将辅酶 Q10 渣的适用范围扩大至水产养殖动物。

附件：1.《饲料原料目录》修订列表

2.《饲料添加剂品种目录（2013）》修订列表

农业农村部

2021 年 8 月 17 日

附件 1

《饲料原料目录》修订列表

原料编号	原料名称	特征描述	强制性标识要求
2.20	油棕榈及其加工产品		
2.20.7	棕榈脂肪酸粉	棕榈油经精炼、水解、氢化、蒸馏、喷雾、冷却制取的颗粒状棕榈脂肪酸粉。产品中总脂肪酸（包括棕榈酸、油酸和其他脂肪酸）含量不低于99.5%，其中棕榈酸（C16：0）含量大于60.0%，油酸（C18：1）含量小于25.0%。棕榈油须由有资质的食品生产企业提供。	酸价 过氧化值 碘价 总脂肪酸 棕榈酸
12.3	利用特定微生物和特定培养基培养获得的菌体蛋白类产品（微生物细胞经休眠或灭活）		
12.3.4	辅酶 Q10 渣	利用类球红细菌和由葡萄糖、玉米浆、无机盐等组成的主要原料发酵生产辅酶 Q10 后的固体副产物。菌体应灭活并经干燥处理。该产品仅限于畜禽和水产饲料使用。	粗蛋白质 粗灰分 铵盐 水分

附件 2

《饲料添加剂品种目录（2013)》修订列表

类别	通用名称	英文通用名称 (Common name)	适用范围
着色剂	焦糖色（普通法）、焦糖色（氨法）	Caramel Colour class I-plain、Caramel Colour class III-ammonia process	宠物

中华人民共和国农业农村部公告

第 465 号

根据《饲料和饲料添加剂管理条例》《新饲料和新饲料添加剂管理办法》，批准北京首朗生物科技有限公司申请的乙醇梭菌蛋白为新饲料；常茂生物化学工程股份有限公司、上海医学生命科学研究中心有限公司联合申请的吡咯并喹啉醌二钠为新饲料添加剂，并准许在中华人民共和国境内生产、经营和使用，核发饲料和饲料添加剂新产品证书（新产品目录见附件 1），同时发布产品标准（含说明书和标签）（见附件 2、3）。产品标准、说明书和标签自发布之日起执行。产品的监测期自发布之日至 2026 年 8 月底，生产企业应当收集产品的质量稳定性及其对动物产品质量安全的影响等信息，监测期结束后向我部报告。

特此公告。

附件：1. 饲料和饲料添加剂新产品目录（2021－01、2021－02）

2. 饲料原料　乙醇梭菌蛋白

3. 饲料添加剂　吡咯并喹啉醌二钠

农业农村部

2021 年 8 月 27 日

附件 1

饲料和饲料添加剂新产品目录（2021－01）

证书编号	新饲证字（2021）01 号	
申请单位	北京首朗生物科技有限公司	
通用名称	乙醇梭菌蛋白	
英文名称	*Clostridium autoethanogenum cell protein*	
产品类别	利用特定微生物和特定培养基培养获得的菌体蛋白类饲料原料	
特征描述	以乙醇梭菌（*Clostridium autoethanogenum* CICC 11 088s）为发酵菌种，以钢铁工业转炉气中的 CO 为主要原料，采用液体发酵，生产乙醇后的剩余物，经分离、喷雾干燥等工艺制得。终产品不含生产菌株活细胞。	
适用动物	鱼类	
在配合饲料中的推荐添加量	3%	
质量要求	外观和性状	淡黄色或褐色；粉状，无结块
	粗蛋白质/%	≥80.0
	粗灰分/%	≤7.0
	水分/%	≤12.0
	总砷（以 As 计）/(mg/kg)	≤2.0
	铅（以 Pb 计）/(mg/kg)	≤5.0
	镉（以 Cd 计）/(mg/kg)	≤2.0
	铬（以 Cr 计）/(mg/kg)	≤5.0
	氟（以 F 计）/(mg/kg)	≤150
	汞（以 Hg 计）/(mg/kg)	≤0.1
	铵盐（以 NH_4^+ 计）/%	≤1.0
	沙门氏菌（25g 中）	不得检出
	霉菌总数/(CFU/g)	$\leq 2\times 10^3$
	细菌总数/(CFU/g)	$\leq 2\times 10^4$
	其他卫生指标按照 GB 13078 执行	
强制性标识要求	粗蛋白质、粗灰分、水分、铵盐	
其他要求	作为单一饲料管理	

饲料和饲料添加剂新产品目录（2021－02）

证书编号	新饲证字（2021）02号	
申请单位	常茂生物化学工程股份有限公司、上海医学生命科学研究中心有限公司	
通用名称	吡咯并喹啉醌二钠	
英文名称	Pyrroloquinoline Quinone Disodium salt	
主要成分	吡咯并喹啉醌二钠（$C_{14}H_4N_2Na_2O_8$）	
产品类别	其他	
产品来源	以2－甲氧基－5－硝基苯胺盐酸盐、酮戊二酸和甲醇为起始原料化学合成生产制得。	
适用动物	肉仔鸡	
在配合饲料中的推荐添加量	0.1～0.2mg/kg	
质量要求	外观和性状	红褐色粉末，无臭
	吡咯并喹啉醌二钠含量（以$C_{14}H_4N_2Na_2O_8$干基计）/%	≥98.0
	干燥失重/%	≤12.0
	重金属（以Pb计）/(mg/kg)	≤10
	总砷（以As计）/(mg/kg)	≤2.0

附件 2

NYSL

新饲料和新饲料添加剂产品标准

NYSL—1001—2021

饲料原料　乙醇梭菌蛋白

Feed material—*Clostridium autoethanogenum* cell protein

2021 - 08 - 27 发布　　　　2021 - 08 - 27 实施

中华人民共和国农业农村部　发布

前　　言

本文件按照 GB/T 1.1—2020《标准化工作　导则　第 1 部分：标准化文件的结构和起草规则》的规定起草。

本文件由农业农村部畜牧兽医局提出，由全国饲料评审委员会归口。

本文件由北京首朗生物科技有限公司起草，由国家饲料质量监督检验中心（北京）复核。

本文件主要起草人：王晓东、晁伟、莫志朋、范义文、夏楠、邹方起、张春悦。

饲料原料　乙醇梭菌蛋白

1　范围

本文件规定了饲料原料乙醇梭菌蛋白的技术要求、试验方法、检验规则及标签、包装、运输、贮存和保质期。

本文件适用于以乙醇梭菌（*Clostridium autoethanogenum* CICC 11 088s）为发酵菌种，以钢铁工业转炉气中的CO为主要原料，采用液体发酵，生产乙醇后的剩余物，经分离、喷雾干燥等工艺制得。终产品不含生产菌株活细胞。

2　规范性引用文件

下列文件中的内容通过文中的规范性引用而构成本文件必不可少的条款。其中，注日期的引用文件，仅该日期对应的版本适用于本文件；不注日期的引用文件，其最新版本（包括所有的修改单）适用于本文件。

GB/T 603 化学试剂　试验方法中所用制剂及制品的制备

GB/T 6432 饲料中粗蛋白的测定　凯氏定氮法

GB/T 6435 饲料中水分的测定

GB/T 6438 饲料中粗灰分的测定

GB/T 6682 分析实验室用水规格和试验方法

GB/T 8170 数值修约规则与极限数值的表示和判定

GB 10648 饲料标签

GB/T 13079 饲料中总砷的测定

GB/T 13080 饲料中铅的测定　原子吸收光谱法

GB/T 13081 饲料中汞的测定方法

GB/T 13082 饲料中镉的测定方法

GB/T 13083 饲料中氟的测定　离子选择性电极法

GB/T 13088 饲料中铬的测定

GB/T 13091 饲料中沙门氏菌的测定

GB/T 13092 饲料中霉菌总数的测定

GB/T 13093 饲料中细菌总数的测定

GB/T 14699.1 饲料　采样

GB/T 18823 饲料检测结果判定的允许误差

3　术语和定义

本文件没有需要界定的术语和定义。

4　技术要求

4.1　外观和性状

本品呈淡黄色或褐色；粉状，无结块；具有乙醇梭菌蛋白的特殊气味，无异味，无肉眼可见杂质。

4.2 理化指标

乙醇梭菌蛋白的理化指标应符合表1的要求。

表1 理化指标

项 目	指 标
粗蛋白质/%	≥80.0
粗灰分/%	≤7.0
水分/%	≤12.0
铵盐（以 NH_4^+ 计）/%	≤1.0

4.3 卫生指标

乙醇梭菌蛋白的卫生指标应符合表2的要求。

表2 卫生指标

项 目	指 标
总砷（以 As 计）/(mg/kg)	≤2.0
铅（以 Pb 计）/(mg/kg)	≤5.0
镉（以 Cd 计）/(mg/kg)	≤2.0
铬（以 Cr 计）/(mg/kg)	≤5.0
氟（以 F 计）/(mg/kg)	≤150
汞（以 Hg 计）/(mg/kg)	≤0.1
霉菌总数/(CFU/g)	$\leq 2\times10^3$
细菌总数/(CFU/g)	$\leq 2\times10^4$
沙门氏菌（25g 中）	不得检出
其他卫生指标按 GB 13078 执行。	

5 采样

按 GB/T 14699.1 的规定执行。

6 试验方法

除特别说明外，所用试剂均为分析纯的试剂，色谱分析中所用水应符合 GB/T 6682 中规定的一级水，其他分析用水应符合 GB/T 6682 中规定三级水。试剂和溶液的制备按照 GB/T 603 的规定执行。

6.1 感官检验

取适量样品置于清洁、干燥的白瓷盘中，在正常光照、通风良好、无异味的环境下，通过感官对 4.1 进行评定。

6.2 粗蛋白质

按 GB/T 6432 规定的方法进行。

6.3 粗灰分

按 GB/T 6438 规定的方法进行。

6.4 水分

按 GB/T 6435 规定的方法执行。

6.5 **铵盐**（以 NH_4^+ 计）

6.5.1 原理

试样在碱性溶液中加热蒸馏，使氨游离出来，被硼酸溶液吸收，然后用盐酸标准溶液滴定。

6.5.2 试剂或材料

除非另有说明，本方法所用试剂均为分析纯，水为 GB/T 6682 规定的一级水。

6.5.2.1 氧化镁。

6.5.2.2 硼酸。

6.5.2.3 甲基红。

6.5.2.4 溴甲酚绿。

6.5.2.5 乙醇。

6.5.2.6 硼酸溶液（20g/L）：称取 20.0g 硼酸，加水溶解，稀释至 1 000mL。

6.5.2.7 盐酸标准滴定溶液［c（HCl）］=0.1mol/L，按 GB/T 601 进行标定。

6.5.2.8 混合指示液：甲基红—乙醇溶液（2g/L）1 份与溴甲酚绿—乙醇溶液（2g/L）5 份，临用新配。

6.5.3 仪器设备

滴定管。

6.5.4 试验步骤

准确称取约 1g 试样（精确至 0.001g），置于 500mL 蒸馏瓶中，加入 150mL 蒸馏水及 1.5g 氧化镁。连接好蒸馏装置，并使冷凝管下端连接弯管伸入接收瓶液面下，吸收瓶内盛有 10mL 硼酸溶液及 2 滴混合指示剂，加热蒸馏，溶液沸腾约 30min 即可，用少量水冲洗弯管，以盐酸标准滴定溶液滴定，溶液由蓝绿色变成灰红色为终点。取同量水、氧化镁、硼酸溶液按同一方法作空白实验。

6.5.5 结果分析

试样中铵盐（以 NH_4^+ 计）的含量以质量分数 ω 计，数值以%表示，按式（1）计算：

$$\omega=\frac{(V_1-V_2)\times c\times 0.017}{m} \tag{1}$$

式中：

V_1——试样溶液消耗盐酸标准滴定溶液的体积，单位为毫升（mL）；

V_2——空白溶液消耗盐酸标准溶液的体积，单位为毫升（mL）；

c——盐酸标准滴定液的实际浓度，单位为摩尔每升（mol/L）；

0.017——与 1.00mL 盐酸标准滴定溶液［c（HCl）］=0.100mol/L 相当的铵盐（以氨计）的质量，单位为克每毫摩尔（g/mmol）；

m——试样质量，单位为克（g）。

测定结果以两次平行测定的算术平均值表示，保留 2 位有效数字。

6.5.6 精密度

在重复性条件下，两次独立测定结果的绝对差值不得超过算术平均值的 10%。

6.6 **总砷**（以 As 计）

按 GB/T 13079 的规定执行。

6.7 **铅**（以 Pb 计）

按 GB/T 13080 的规定执行。

6.8 镉（以 Cd 计）

按 GB/T 13082 的规定执行。

6.9 铬（以 Cr 计）

按 GB/T 13088 的规定执行。

6.10 氟（以 F 计）

按 GB/T 13083 的规定执行。

6.11 汞（以 Hg 计）

按 GB/T 13081 的规定执行。

6.12 霉菌总数

按 GB/T 13092 的规定执行。

6.13 细菌总数

按 GB/T 13093 的规定执行。

6.14 沙门氏菌

按 GB/T 13091 的规定执行。

7 检验规则

7.1 组批

以相同原料、相同的生产配方、相同的生产工艺和生产条件，同一班次生产的同一规格的产品为一批。

7.2 出厂检验

7.2.1 出厂检验项目为：外观和性状、水分、粗蛋白。

7.2.2 每批产品均需经生产单位质量检验部门检验合格，并附合格证后方可出厂。

7.3 型式检验

7.3.1 检验项目为本标准第 4 章中规定的全部项目。

7.3.2 型式检验在正常生产情况下至少每半年进行一次，有下列情况之一时，亦应进行型式检验：

a）产品定型投产时；

b）原辅材料或生产工艺有较大变化，有可能影响产品质量时；

c）停产三个月以上，重新恢复生产时；

d）出厂检验结果与上次型式检验结果有较大差异时；

e）饲料行业行政管理部门提出要求时。

7.4 判定规则

7.4.1 所检项目检验结果均应符合本标准规定要求，检验结果全部符合标准规定则判定为合格。

7.4.2 微生物指标有一项不符合本标准要求则判定为不合格品。

7.4.3 检验结果中有任何指标不符合本标准规定时，应自同批产品中重新加倍取样进行复检，如复检仍不符合标准，则判定为不合格品，微生物指标不得复检。

7.4.4 各项目指标的极限数值判定按 GB/T 8170 中修约值比较法执行。

7.4.5 检验结果判定的允许误差按 GB/T 18823 的规定执行。

8 标签、包装、运输、贮存和保质期

8.1 标签

产品标签应符合 GB 10648 的规定。

8.2 包装

包装材料应无毒、无害、防潮。

8.3 运输

运输中防止包装破损、日晒、雨淋，禁止与有毒有害物质共运。

8.4 贮存

产品应贮存在通风、干燥处，贮存时防止日晒、雨淋，禁止与有毒有害物质混储。

8.5 保质期

未开启包装的产品，在规定的运输、贮存条件下，原包装自生产之日起的保质期为 18 个月。

附录 A
（规范性）
产品使用说明书

【新产品证书号】
【生产许可证号】
【执行标准】

饲料原料　乙醇梭菌蛋白
使用说明书

【产品名称】乙醇梭菌蛋白
【英文名称】*Clostridium autoethanogenum* cell protein
【有效成分】蛋白质
【性状】淡黄至褐色粉末，有乙醇梭菌特殊气味、无异味
【产品成分分析保证值】

项　　目	指　标
粗蛋白质/%	≥80.0
粗灰分/%	≤7.0
水分/%	≤12.0
总砷（以 As 计）/(mg/kg)	≤2.0
铅（以 Pb 计）/(mg/kg)	≤5.0
镉（以 Cd 计）/(mg/kg)	≤2.0
铬（以 Cr 计）/(mg/kg)	≤5.0
氟（以 F 计）/(mg/kg)	≤150
汞（以 Hg 计）/(mg/kg)	≤0.1
铵盐（以 NH_4^+ 计）/%	≤1.0
霉菌总数/(CFU/g)	≤2×10^3
细菌总数/(CFU/g)	≤2×10^4
沙门氏菌（25g 中）	不得检出
其他卫生指标按照 GB 13078 执行	

【作用功效】提供蛋白营养源
【适用范围】鱼类
【用法与用量】直接在鱼类配合饲料中使用，建议使用量为 3%
【净含量】
【保质期】18 个月
【贮运】产品应贮存在通风、干燥处，贮存时防止日晒、雨淋，禁止与有毒有害物质混储；运输中防止包装破损、日晒、雨淋，禁止与有毒有害物质共运。
【生产企业】

地址　　　　　　邮编
电话　　　　　　传真
网址　　　　　　邮箱

附录 B
（规范性）
产品标签

【新产品证书号】 【生产许可证号】
【执行标准】 【生产批号】

饲料原料
乙醇梭菌蛋白
Clostridium autoethanogenum cell protein

本产品符合饲料卫生标准

【产品名称】乙醇梭菌蛋白

【产品成分分析保证值】

项　目	指　标
粗蛋白质/%	≥80.0
粗灰分/%	≤7.0
水分/%	≤12.0
总砷（以 As 计）/(mg/kg)	≤2.0
铅（以 Pb 计）/(mg/kg)	≤5.0
镉（以 Cd 计）/(mg/kg)	≤2.0
铬（以 Cr 计）/(mg/kg)	≤5.0
氟（以 F 计）/(mg/kg)	≤150
汞（以 Hg 计）/(mg/kg)	≤0.1
铵盐（以 NH_4^+ 计）/%	≤1.0
霉菌总数/(CFU/g)	≤2×10^3
细菌总数/(CFU/g)	≤2×10^4
沙门氏菌（25g 中）	不得检出
其他卫生指标按照 GB 13078 执行	

【作用功效】提供蛋白营养源

【适用范围】鱼类

【用法与用量】在鱼类配合饲料中推荐添加量为 3%

【保质期】18 个月

【贮运】产品应贮存在通风、干燥处，贮存时防止日晒、雨淋，禁止与有毒有害物质混储；运输中防止包装破损、日晒、雨淋，禁止与有毒有害物质共运。

【净含量】

【生产企业】

地址 邮编

电话 传真

【生产日期】

附件 3

NYSL

新饲料和新饲料添加剂产品标准

NYSL—1002—2021

饲料添加剂　吡咯并喹啉醌二钠

Feed additive—Pyrroloquinoline quinine disodium salt

2021－08－27 发布　　2021－08－27 实施

中华人民共和国农业农村部　发布

前　言

本文件按照 GB/T 1.1—2020《标准化工作　导则　第 1 部分：标准化文件的结构和起草规则》给出的规则起草。

本文件由农业农村部畜牧兽医局提出，由全国饲料评审委员会归口。

本文件由常茂生物化学工程股份有限公司提出并负责起草，由国家饲料质量监督检验中心（北京）复核。

本文件主要起草人：芮丽琴、居春花、高有军。

饲料添加剂　吡咯并喹啉醌二钠

1　范围

本文件规定了饲料添加剂吡咯并喹啉醌二钠产品的技术要求、试验方法、检验规则及标签、包装、运输、贮存和保质期。

本文件适用于以 2-甲氧基-5-硝基苯胺盐酸盐、酮戊二酸和甲醇为起始原料化学合成生产制得的饲料添加剂吡咯并喹啉醌二钠。

2　规范性引用文件

下列文件中的内容通过文中的规范性引用而构成本文件必不可少的条款。其中，注日期的应用文件，仅该日期对应的版本适用于本文件；不注日期的引用文件，其最新版本（包括所有的修改单）适用于本文件。

GB/T 601 化学试剂　标准滴定溶液的制备

GB/T 602 化学试剂　杂质测定用标准溶液的制备

GB/T 603 化学试剂　试验方法中所用制剂及制品的制备

GB/T 6682 分析实验室用水规格和试验方法

GB/T 8170 数值修约规则与极限数值的表示和判定

GB/T 9735—2008 化学试剂　重金属测定通用方法

GB 10648 饲料标签

GB/T 13079—2006 饲料中总砷的测定

GB/T 14699.1 饲料　采样

3　化学名称、CAS 号、分子式、相对分子质量和结构式

化学名称：吡咯并喹啉醌二钠

CAS 号：122628—50—6

分子式：$C_{14}H_4N_2Na_2O_8$

相对分子质量：374.17（按 2011 年国际相对原子质量计）

结构式：

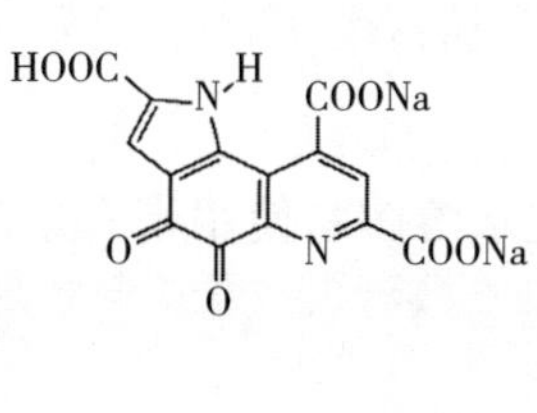

4　术语和定义

本文件没有需要界定的术语和定义。

5　技术要求

5.1　外观和性状

红褐色粉末，无臭。

5.2 技术指标

产品应符合表1的规定。

表1 技术指标

项目	指标
吡咯并喹啉醌二钠含量（以 $C_{14}H_4N_2Na_2O_8$ 干基计）/%	≥98.0
干燥失重/%	≤12.0
重金属（以Pb计）/(mg/kg)	≤10
总砷（以As计）/(mg/kg)	≤2.0

6 采样

按GB/T 14699.1的规定进行采样。

7 试验方法

本标准所用的试剂在没有注明其他要求时，均为分析纯试剂。本标准所用的水为GB/T 6682中三级水规格。本标准所用标准溶液、制剂及制品，在没有注明其他要求时，均按GB/T 601、GB/T 602、GB/T 603规定的方法制备。

7.1 感官检验

取适量试样置于清洁、干燥的白瓷盘中，在自然光线下观察其色泽和状态，并嗅其味。

7.2 鉴别试验

7.2.1 试剂或材料

溴化钾：光谱纯。

7.2.2 仪器设备

红外光谱仪：扫描范围为4 000cm^{-1}～400cm^{-1}，最高分辨率≥4.0cm^{-1}。

7.2.3 试验步骤

称取约2mg样品及200mg溴化钾（7.2.1），研磨均匀，压片。录制试样的红外光谱图。试样的红外光谱图与标准品的红外光谱图应一致（图谱参见附录A中图A.1）。

7.3 吡咯并喹啉醌二钠含量

7.3.1 方法1高效液相色谱法（仲裁法）

7.3.1.1 原理

样品中的吡咯并喹啉醌二钠经纯水溶解，使用带有紫外检测器的高效液相色谱进行检测，用外标法定量。

7.3.1.2 试剂或材料

7.3.1.2.1 水：GB/T 6682，一级。

7.3.1.2.2 三氟乙酸：色谱纯。

7.3.1.2.3 乙腈：色谱纯。

7.3.1.2.4 吡咯并喹啉醌二钠对照品：纯度≥98.0%。

7.3.1.2.5 0.5%三氟乙酸：移取5mL三氟乙酸用纯水稀释至1L，混匀，即得。

7.3.1.2.6 吡咯并喹啉醌二钠标准溶液：精密称取吡咯并喹啉醌二钠对照品10mg，加水溶解稀释至 100mL，制成每 1mL 含本品 100μg 的溶液。

7.3.1.3 仪器设备

7.3.1.3.1 电子天平：感量为 0.01mg。

7.3.1.3.2 高效液相色谱仪：配有自动进样器、可变波长的紫外检测器。

7.3.1.4 液相色谱参考条件

色谱柱：Inertsil ODS－3，柱长 150mm，内径 4.6mm，粒径 5μm，或其他性能相当者。

柱温：30℃，控制精度±1℃。

流速：1.0mL/min。

波长：254nm。

进样量：10μL。

流动相 A：0.5%三氟乙酸溶液。

流动相 B：乙腈。

洗脱程序见下表：

时间	A/%	B/%
5	95	5
10	25	75
13	25	75
16	95	5
20	95	5

7.3.1.5 试验步骤

精密称取吡咯并喹啉醌二钠样品 10mg，加水溶解并稀释至 100mL，制成每 1mL 约含本品 100μg 的溶液。

取标准溶液 10μL，进样，记录所得的吡咯并喹啉醌二钠对照品图谱（参见附录 A 中图 A.2）。

取试样溶液 10μL，进样，记录所得的吡咯并喹啉醌二钠试样的图谱。

7.3.1.6 试验数据处理

试样中吡咯并喹啉醌二钠的含量以质量分数 ω_1 计，数值以百分含量（%）表示，按公式（1）计算：

$$\omega_1=\frac{A_1\times c\times V}{A_2\times m\ (1-\omega_3)\ \times 1\,000}\times 100 \tag{1}$$

式中：

A_1——试样溶液中待测物质的峰面积；

A_2——标准溶液中吡咯并喹啉醌二钠的峰面积；

V——定容体积，单位为毫升（mL）；

c——标准溶液中吡咯并喹啉醌二钠的浓度，单位为微克每毫升（μg/mL）；

m——试样质量，单位为克（g）；

ω_3——干燥失重，单位为百分数（%）。

7.3.1.7 结果表示

测定结果以两次平行测定的算术平均值表示，结果保留至小数点后一位。

7.3.1.8 精密度

在重复性条件下，两次独立测定的绝对差值不大于2.0%。

7.3.2 方法2 电位滴定法

7.3.2.1 原理

采用电位滴定法，以氢氧化钠标准滴定溶液滴定本品结构中的羧基。

7.3.2.2 试剂或材料

氢氧化钠标准滴定溶液：c（NaOH）=0.05mol/L，按GB/T 601制备和标定。

7.3.2.3 仪器设备

7.3.2.3.1 电子天平：感量为0.1mg。

7.3.2.3.2 自动电位滴定仪。

7.3.2.4 试验步骤

称取0.25g样品，精确到0.1mg，加50℃无二氧化碳的水约150mL，在磁力搅拌器上搅拌至完全溶解，水浴50℃保温10～20min，样品溶液现配在30min内趁热用自动电位滴定仪进行0.05mol/L氢氧化钠标准滴定溶液测定（自动电位滴定仪滴定温度设为45℃，并将测定的结果用空白试验校正）。

7.3.2.5 试验数据处理

试样中吡咯并喹啉醌二钠的含量以质量分数ω_2计，数值以百分含量（%）表示，按公式（2）计算：

$$\omega_2=\frac{(V-V_0)\times c\times 0.37417}{m\times(1-\omega_3)}\times 100 \qquad (2)$$

式中：

V ——试样消耗氢氧化钠标准滴定溶液体积的数值，单位为毫升（mL）；

V_0——空白试验消耗氢氧化钠标准滴定溶液体积的数值，单位为毫升（mL）；

c ——氢氧化钠标准滴定溶液浓度，单位为摩尔每升（mol/L）；

0.374 17——与1.00mL氢氧化钠标准溶液［c（NaOH）=0.1mol/L］以克表示的吡咯并喹啉醌二钠的质量，单位为克每毫摩尔（g/mmol）；

m——试样质量，单位为克（g）；

ω_3——干燥失重，单位为百分数（%）。

7.3.2.6 结果表示

测定结果以两次平行测定的算术平均值表示，结果保留至小数点后一位。

7.3.2.7 精密度

在重复性条件下，两次独立测定的绝对差值不大于0.3%。

7.4 干燥失重

7.4.1 试验步骤

将洁净的称量瓶放入180℃±2℃干燥箱中，取下称量瓶盖并放在称量瓶边上。干燥30min后盖上称量瓶盖，将称量瓶取出，放在干燥器中冷却至室温（重复操作的冷却时间一定要相同）。称量，精确至0.1mg，反复操作，直至恒重。

称取试样约1g，精确至0.1mg。将试料置于180℃干燥恒重的称量瓶中，于180℃干燥箱中干燥4h，盖上称量瓶盖，将称量瓶取出，放在干燥器中冷却至室温，称量，精确至0.1mg，反复操作，直至恒重。重复干燥时间为30min。如果两次称量值的变化小于等于试料质量的

0.1%，则以第一次称量的质量，计算干燥失重的含量。

7.4.2　试验数据处理

试样中干燥失重以质量分数 ω_3 计，数值以百分含量（%）表示，按公式（3）计算：

$$\omega_3=\frac{m_2-(m_3-m_1)}{m_2}\times 100 \tag{3}$$

式中：

m_1——称量瓶的质量，单位为克（g）；

m_2——试样的质量，单位为克（g）；

m_3——称量瓶和干燥后试料的质量，单位为克（g）。

7.4.3　结果表示

测定结果以两次平行测定的算术平均值表示，结果保留至小数点后一位。

7.4.4　精密度

在重复性条件下，两次独立测定的绝对差值不大于 0.2%。

7.5　重金属

7.5.1　试剂

7.5.1.1　硫酸。

7.5.1.2　硝酸。

7.5.1.3　盐酸。

7.5.1.4　盐酸溶液（6mol/L）：量取 250mL 盐酸，倒入适量水中，用水稀释到至 500mL。

7.5.1.5　硫化钠—丙三醇溶液：称取 5g 硫化钠，溶于 10mL 水和 30mL 丙三醇的混合液中，避光密封保存，有效期一个月。

7.5.1.6　硝酸溶液（100mL/L）：吸取硝酸 100mL，缓慢加入到 80mL 水中，冷却后用水稀释至 1 000mL。

7.5.1.7　铅标准储备溶液（0.1mg/mL）：称取 0.160g 硝酸铅，用 10mL 硝酸溶液（7.5.1.6）溶解，移入 1 000mL 容量瓶中，稀释至刻度。

7.5.1.8　铅标准工作溶液（10μg/mL）：精密量取铅标准储备溶液（7.5.1.7）1mL，置于 10mL 量瓶中，用水稀释至刻度摇匀。

7.5.2　测定与结果判定

7.5.2.1　试样溶液的制备

称取试样约 1.0g，精确至 10mg，置于刚玉坩埚中，加入适量硫酸浸润试样，于电炉上小火炭化后，加 2mL 硝酸和 5 滴硫酸，小心加热直到白色烟雾挥尽，移入马弗炉中，于 500℃灰化完全，冷却后取出，加 2mL 盐酸溶液（6mol/L）湿润残渣，于水浴上慢慢蒸发至干。用 1 滴浓盐酸湿润残渣，并加 10mL 水，于沸水浴上再次加热 2min，将溶液移入 50mL 比色管中，如有必要应过滤，用少量水洗涤坩埚和滤器，洗涤液一并移入比色管中，作为试样溶液。在试样灰化同时，另取一坩埚，同时做试剂空白试验。其余按 GB/T 9735—2008 中 5.2 规定的硫化钠—丙三醇比色法进行。

7.5.2.2　标准溶液的制备

取铅标准工作溶液（7.5.1.8）1mL，按试样溶液的制备（7.5.2.1）同法处理。

7.5.2.3　结果判定

试样溶液所呈的暗色浅于标准溶液的颜色，判定为符合规定。

7.6 总砷

7.6.1 试剂

7.6.1.1 盐酸。

7.6.1.2 无砷锌粒。

7.6.1.3 硝酸镁溶液（150g/L）：称取 30g 硝酸镁溶于水中，并稀释至 200mL。

7.6.1.4 盐酸溶液（3mol/L）：量取 250mL 盐酸，倒入适量水中，用水稀释到至 1L。

7.6.1.5 碘化钾溶液（150g/L）：称取 75g 碘化钾溶于水中，定容至 500mL，贮存于棕色瓶中。

7.6.1.6 酸性氯化亚锡溶液（400g/L）：称取 20g 氯化亚锡溶于 50mL 盐酸中，加入数颗金属锡粒，可用一周。

7.6.1.7 二乙胺基二硫代甲酸银（Ag-DDTC）-三乙胺—三氯甲烷吸收液（2.5g/L）：称取 2.5g（精确至 0.000 1g）Ag-DDTC 于干燥的烧杯中，加适量三氯甲烷待完全溶解后，转入 1 000mL 容量瓶中，加入 20mL 三乙胺，用三氯甲烷定容，于棕色瓶中存放在冷暗处。若有沉淀过滤后使用。

7.6.1.8 氢氧化钠溶液：200g/L。

7.6.1.9 硫酸溶液（60mL/L）：吸取硫酸 6.0mL，缓慢加入到 80mL 水中，冷却后用水稀释至 100mL。

7.6.1.10 砷标准储备溶液（1.0mg/mL）：精确称取 0.660g 三氧化砷（110℃，干燥 2h），加 5mL 氢氧化钠溶液（7.6.1.8）使之溶解，然后加入 25mL 硫酸溶液（7.6.1.9）中和，定容至 500mL。此溶液每毫升含 1mg 砷，于塑料瓶中冷藏贮存。

7.6.1.11 砷标准工作溶液（1.0μg/mL）：精密量取砷标准储备溶液（7.6.1.10）5.00mL，置于 100mL 量瓶中，加水定容，此溶液含砷 50μg/mL。准确吸取 50μg/mL 砷标准溶液 2.00mL，于 100mL 容量瓶中，加 1mL 盐酸，加水定容，摇匀，此溶液每毫升相当于 1.0μg 砷。

7.6.2 测定与结果判定

按 GB/T 13079—2006 中 5 规定的银盐法执行，其中试样处理按照 5.4.1.3 干灰化法处理。

8 检验规则

产品应由公司质量检验部门进行检验，公司应保证所有出厂产品都符合本标准的要求。每批出厂的产品必须附有检验合格证明。

8.1 组批

以相同材料、相同的生产工艺、连续生产或同一班次生产的均匀一致的产品为一批。

8.2 出厂检验

表 1 项目中，吡咯并喹啉醌二钠含量、干燥失重、重金属、总砷为出厂检验项目。

8.3 型式检验

型式检验项目为第 5 章的全部要求。产品正常生产时，每半年至少进行一次型式检验，但有下列情况之一时，亦应进行型式检验：

a）产品定型时；

b）生产工艺或原料来源有较大改变，可能影响产品质量时；

c）停产三个月以上，重新恢复生产时；

d）出厂检验结果与上次型式检验结果有较大差异时；

e）饲料行政管理部门提出检验要求时。

8.4 判定规则

8.4.1 所验项目全部合格，判定为该批次合格。

8.4.2 检验结果有任何指标不符合本文件规定时，可自同批产品中重新加一倍取样进行复检。复检结果有一项指标不符合本文件规定时，即判定该批产品不合格。

8.4.3 各项指标的极限数值判定按 GB/T 8170 中修约值比较法执行。

9 标签、包装、运输、贮存和保质期

9.1 标签

按 GB 10648 执行。

9.2 包装

采用铝箔袋进行包装，正确称量，封口。

9.3 运输

运输中防止包装破损、日晒、雨淋、禁止与有毒有害物质共存。

9.4 贮存

贮存在干燥、洁净、通风的库房内，防潮、防晒、防雨淋，防止与有毒有害物质混贮。

9.5 保质期

本产品在上述贮存条件以及包装完好的情况下，保质期为 24 个月。

附录 A

（规范性）

吡咯并喹啉醌二钠标准品红外光谱图和液相色谱图

A.1 吡咯并喹啉醌二钠标准品红外光谱图见图 A.1。

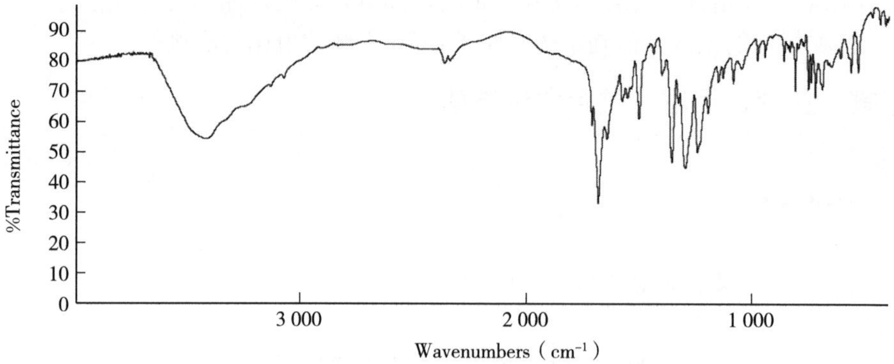

图 A.1 吡咯并喹啉醌二钠标准品红外光谱图

A.2 吡咯并喹啉醌二钠标准品液相色谱图见图 A.2。

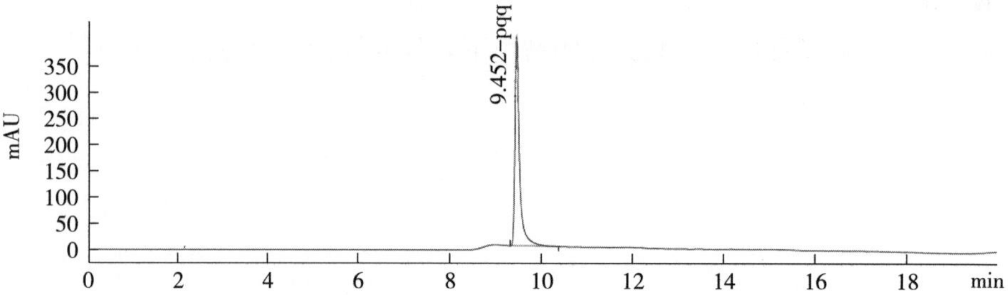

图 A.2 吡咯并喹啉醌二钠标准品液相色谱图

附录 B
（规范性）
产品使用说明书

【新产品证书号】
【生产许可证号】
【产品批准文号】
【执行标准】

饲料添加剂　吡咯并喹啉醌二钠
使用说明书

【产品名称】吡咯并喹啉醌二钠
【英文名称】Pyrroloquinoline quinine disodium salt
【有效成分】吡咯并喹啉醌二钠（$C_{14}H_4N_2Na_2O_8$）
【性状】红褐色粉末，无臭
【产品成分分析保证值】

项　　目	指　标
吡咯并喹啉醌二钠含量（以 $C_{14}H_4N_2Na_2O_8$ 干基计）/%	≥98.0
干燥失重/%	≤12.0
重金属（以 Pb 计）/(mg/kg)	≤10
总砷（以 As 计）/(mg/kg)	≤2.0

【作用功效】提高肉仔鸡抗氧化能力
【适用范围】肉仔鸡
【用法与用量】在肉仔鸡配合饲料中推荐添加 0.1～0.2mg/kg
【净含量】
【保质期】24 个月
【贮运】贮存在干燥、洁净、通风的库房内，防潮、防晒、防雨淋，防止与有毒有害物质混贮。
【生产企业】

地址　　　　邮编
电话　　　　传真
网址　　　　邮箱

附录 C
（规范性）
产品标签

【新产品证书号】　　　　　　　　　　　　　　【生产许可证号】
【产品批准文号】　　　　　　　　　　　　　　【执行标准】

饲料添加剂
吡咯并喹啉醌二钠
Pyrroloquinoline quinine disodium salt

【产品名称】吡咯并喹啉醌二钠
【产品成分分析保证值】

项　　目	指　标
吡咯并喹啉醌二钠含量（以 $C_{14}H_4N_2Na_2O_8$ 干基计）/%	≥98.0
干燥失重/%	≤12.0
重金属（以 Pb 计）/(mg/kg)	≤10
总砷（以 As 计）/(mg/kg)	≤2.0

【有效成分】吡咯并喹啉醌二钠（$C_{14}H_4N_2Na_2O_8$）
【作用功效】提高肉仔鸡抗氧化能力
【适用范围】肉仔鸡
【用法与用量】在肉仔鸡配合饲料中推荐添加 0.1～0.2mg/kg
【净含量】
【保质期】24 个月
【贮运】贮存在干燥、洁净、通风的库房内，防潮、防晒、防雨淋，防止与有毒有害物质混贮。
【生产企业】
　　地址　　　　　　　　　　　　　　邮编
　　电话　　　　　　　　　　　　　　传真
【生产日期】
【生产批号】

中华人民共和国农业农村部公告

第 508 号

根据《饲料和饲料添加剂管理条例》《新饲料和新饲料添加剂管理办法》，批准长沙兴嘉生物工程股份有限公司申请的碱式氯化锰，广州立达尔生物科技股份有限公司、宁夏立达尔生物科技有限公司联合申请的水飞蓟宾为新饲料添加剂，并准许在中华人民共和国境内生产、经营和使用，核发饲料和饲料添加剂新产品证书（新产品目录见附件 1），同时发布产品标准（含说明书和标签，见附件 2、3）、《饲料中水飞蓟宾测定　高效液相色谱法》（见附件 4）。产品标准、说明书、标签和《饲料中水飞蓟宾测定　高效液相色谱法》自发布之日起执行。产品的监测期自发布之日至 2026 年 12 月底，生产企业应当收集产品的质量稳定性及其对动物产品质量安全的影响等信息，监测期结束后向我部报告。

特此公告。

附件：1. 饲料和饲料添加剂新产品目录（2021－03、2021－04）

2. 饲料添加剂　碱式氯化锰产品标准

3. 饲料添加剂　水飞蓟宾产品标准

4. 饲料中水飞蓟宾的测定　高效液相色谱法

农业农村部

2021 年 12 月 29 日

附件 1

饲料和饲料添加剂新产品目录（2021－03）

证书编号	新饲证字（2021）03 号	
申请单位	长沙兴嘉生物工程股份有限公司	
通用名称	碱式氯化锰	
英文名称	Dimanganese Chloride Trihydroxide	
主要成分	碱式氯化锰（$Mn_2(OH)_3Cl$）	
产品类别	矿物元素及其络（螯）合物	
产品来源	以氯化锰与一氧化锰为原料，经化学合成制得	
适用动物	肉仔鸡	
在配合饲料中的推荐添加量	50～100mg/kg（以锰元素计）	
在配合饲料中的最高限量（以干物质含量为 88%的配合饲料为基础）	150mg/kg（以锰元素计）（单独或与其他锰源同时使用）	
质量要求	外观和性状	黄褐色粉末
	锰（以 Mn 计）/%	≥53.0
	氯（Cl）/%	16.5～19.5
	氧化锰（MnO）/%	≤6.0
	水分/%	≤5.0
	铅（Pb）/mg/kg	≤10
	镉（Cd）/mg/kg	≤4
	总砷（以 As 计）/mg/kg	≤5
	汞（Hg）/mg/kg	≤0.1
	铬（Cr）/mg/kg	≤25
	粒度（通过 425μm 试验筛）/%	≥98

饲料和饲料添加剂新产品目录（2021－04）

证书编号	新饲证字（2021）04 号	
申请单位	广州立达尔生物科技股份有限公司、宁夏立达尔生物科技有限公司	
通用名称	水飞蓟宾	
英文名称	Silybin	
主要成分	水飞蓟宾	
产品类别	其他	
产品来源	以菊科植物水飞蓟 *Silybum marianum*（L.）Gaertn. 的干燥成熟果实、种籽为原料，经粉碎、萃取、浓缩、脱脂、结晶、干燥等工艺制得。	
适用动物	淡水鱼	
在配合饲料中的推荐添加量	20mg/kg（以水飞蓟宾计）	
在配合饲料中的最高限量（以干物质含量为 88%的配合饲料为基础）	20mg/kg（以水飞蓟宾计）	
质量要求	外观和性状	灰白色至淡黄色粉末
	水飞蓟宾（水飞蓟宾 A 与水飞蓟宾 B 之和，以干基计）/%	≥95.0
	水分/%	≤5.0
	灼烧残渣/%	≤1.5
	粒度（0.84mm 孔径试验筛通过率）/%	100
	总砷（以 As 计）/(mg/kg)	≤3.0
	铅（Pb）/(mg/kg)	≤3.0
	比旋光度/(°)·dm^2·kg^{-1}	+5～+15
	乙醇残留/%	≤0.5
	正己烷残留/%	≤0.029
	乙酸乙酯残留/%	≤0.5
	丙酮残留/%	≤0.5

注：水飞蓟宾在配合饲料中的推荐添加量和最高限量均以水飞蓟宾 A 与水飞蓟宾 B 之和计。

附件 2

NYSL

新饲料和新饲料添加剂产品标准

NYSL—1003—2021

饲料添加剂　碱式氯化锰

Feed additive—Dimanganese chloride trihydroxide

2021-12-29 发布　　　　2021-12-29 实施

中华人民共和国农业农村部　发布

前　言

本文件按照 GB/T 1.1—2020《标准化工作　导则　第 1 部分：标准化文件的结构和起草规则》的规定起草。

本文件的某些内容可能涉及专利。本文件的发布机构不承担识别这些专利的责任。

本文件由中华人民共和国农业农村部畜牧兽医局提出，由全国饲料评审委员会归口。

本文件由长沙兴嘉生物工程股份有限公司起草，由国家饲料质量检验检测中心（北京）复核。

文件主要起草人：张维军、向阳葵、彭红星、洪双胜、陈光伟、张亚伟。

饲料添加剂　碱式氯化锰

1　范围

本文件规定了饲料添加剂碱式氯化锰的技术要求、采样、试验方法、检验规则及标签、包装、运输和贮存和保质期。

本文件适用于以氯化锰与一氧化锰反应生产制得的饲料添加剂碱式氯化锰。

2　规范性引用文件

下列文件中的内容通过文中的规范性引用而构成本文件必不可少的条款。其中，注日期的引用文件，仅该日期对应的版本适用于本文件；不注日期的引用文件，其最新版本（包括所有的修改单）适用于本文件。

GB/T 3050　无机化工产品中氯化物含量测定的通用方法　电位滴定法

GB/T 5917.1　饲料粉碎粒度测定　两层筛筛分法

GB/T 6435　饲料中水分的测定

GB/T 6682　分析实验室用水规格和试验方法

GB/T 8170　数值修约规则与极限数值的表示和判定

GB 10648　饲料标签

GB/T 13079　饲料中总砷的测定

GB/T 13080　饲料中铅的测定　原子吸收光谱法

GB/T 13081　饲料中汞的测定

GB/T 13082　饲料中镉的测定方法

GB/T 13088　饲料中铬的测定

GB/T 14699.1　饲料　采样

GB 34468—2017　饲料添加剂　硫酸锰

3　术语和定义

本文件没有需要界定的术语和定义。

4　化学名称、分子式、相对分子质量

化学名称：碱式氯化锰，CAS 号：39438—40—9

分子式：$Mn_2(OH)_3Cl$

相对分子质量：196.354（按 2016 年国际相对原子质量）

5　技术要求

5.1　外观与性状

本品为黄褐色粉末，无明显成团结块，无异味。

5.2　技术指标

应符合表 1 的规定。

表1　技术指标

项　　目	指　标
锰（以 Mn 计）/%	≥53.0
氯（Cl）/%	16.5～19.5
氧化锰（MnO）/%	≤6.0
水分/%	≤5.0
铅（Pb）/(mg/kg)	≤10
镉（Cd）/(mg/kg)	≤4
总砷（以 As 计）/(mg/kg)	≤5
汞（Hg）/(mg/kg)	≤0.1
铬（Cr）/(mg/kg)	≤25
粒度（通过 425μm 试验筛）/%	≥98

6　取样

按 GB/T 14699.1 的规定执行。

7　试验方法

除非另有规定，本文件所用试剂和水，均指分析纯试剂和 GB/T 6682 中规定的三级水。

7.1　感官检验

取约 20g 的试样置于清洁、干燥的白瓷盘内，在自然光下目视观察其色泽和状态。

7.2　鉴别试验

取碱式氯化锰试样，按照 X-射线衍射仪操作规程进行 X 射线衍射图谱分析，碱式氯化锰主要的出峰位置和相对峰强度应与碱式氯化锰标准图谱（标准卡片号 25－1158）都能一一对应，即表明该试样为碱式氯化锰。碱式氯化锰标准图谱按照附录 A 执行。

7.3　锰（以 Mn 计）含量的测定

7.3.1　滴定法

按照 GB 34468—2017 中锰含量的测定的规定执行。

7.3.2　电感耦合等离子体发射光谱法

7.3.2.1　方法原理

试样经消解后，用电感耦合等离子体发射光谱仪测定，以元素特征谱线波长定性，待测元素谱线信号强度与元素浓度成正比进行定量分析。

7.3.2.2　试剂或材料

7.3.2.2.1　硝酸、高氯酸、盐酸：优级纯或更高纯度。

7.3.2.2.2　硝酸溶液（1＋1，v/v）：移取 50mL 硝酸至 50mL 水中，混匀。

7.3.2.2.3　硝酸溶液（5＋95，v/v）：移取 50mL 硝酸，缓慢加入 950mL 水中，混匀。

7.3.2.2.4　混合酸溶液（1＋10，v/v）：移取 10mL 高氯酸，缓慢加入 100mL 硝酸中，混匀。

7.3.2.2.5　盐酸溶液（1＋3，v/v）：移取 25mL 盐酸加入至 75mL 水中，混匀。

7.3.2.2.6　锰标准溶液（1 000μg/mL）：采用经国家认证并授予标准物质证书的锰元素标准溶液。

7.3.2.2.7　锰标准中间溶液（100μg/mL）：吸取 10mL 锰标准溶液（7.3.2.2.6）至 100mL 容量瓶中，加入硝酸溶液（7.3.2.2.3）并稀释定容。于 4℃冰箱保存，有效期为 6 个月。

7.3.2.2.8　锰标准系列工作溶液：分别移取 0mL、0.5mL、1mL、2mL、3mL、4mL、5mL 锰标准中间溶液（7.3.2.2.7）至 100mL 容量瓶中，加入硝酸溶液（7.3.2.2.3），稀释定容，此标准系列工作溶液浓度分别为 0μg/mL、0.5μg/mL、1μg/mL、2μg/mL、3μg/mL、4μg/mL、5μg/mL。

7.3.2.2.9　氩气（Ar）：纯度≥99.995%，或液氩。

7.3.2.3　仪器设备

7.3.2.3.1　电感耦合等离子体发射光谱仪。

7.3.2.3.2　电子天平：感量为 0.001g。

7.3.2.3.3　微波消解仪：配有聚四氟乙烯消解内罐。

7.3.2.3.4　可调式控温电热板或电热炉。

7.3.2.4　操作步骤

7.3.2.4.1　试样消解

7.3.2.4.1.1　微波消解法

平行做两份试验。称取 0.1g～0.2g（精确至 0.001g）试样于微波消解内罐中，加入 5～10mL 硝酸，放置于控温石墨炉上，于 180℃加热至黄烟逸尽，冷却后旋紧罐盖，放入微波消解仪进行消解（微波消解参考程序见表 2）。消解完成冷却后取出，缓慢打开罐盖排气，用少量水冲洗内盖，加入 1mL 混合酸溶液（7.3.2.2.4）后继续放在控温石墨炉上消解除去酸，于 180℃加热至黄烟逸尽，冷却后，加入 5mL 盐酸溶液（7.3.2.2.5），煮沸 5min，冷却后，用水定容至 50mL 容量瓶中，混匀备用。同时做空白试验。

表 2　微波消解参考程序

步骤（N）	温度（℃）	时间（min）	功率（W）
消解步骤 1	120	10	仪器功率设置为（罐体数+2）×100
消解步骤 2	150	5	
消解步骤 3	180	25	

7.3.2.4.1.2　直接溶解法

平行做两份试验。准确称取 0.1g～0.5g（精确至 0.001g）试样于烧杯中，加 10mL 硝酸溶液（7.3.2.2.2），于可调式控温电热炉或电热板上加热溶解，加入少量水，冷却，用水定容至 100mL 容量瓶中，混匀备用。同时做空白试验。

7.3.2.4.2　测定

7.3.2.4.2.1　电感耦合等离子体发射光谱仪参考条件

观测方向：根据测定需求和仪器的灵敏度可选择轴向或者径向；

功率：1 300W；

等离子气流量：12.0L/min；

辅助气流量：0.20L/min；

雾化气流量：0.70L/min；

等离子体稳定时间：15min；

分析谱线波长：257.610nm 或 259.372nm。

7.3.2.4.2.2　标准曲线绘制　将锰标准系列工作溶液（7.3.2.2.8），注入电感耦合等离子体发射光谱中，测定元素分析谱线的强度信号响应值，以元素的浓度为横坐标，其分析谱线强度响应值为纵坐标，绘制标准曲线。

7.3.2.4.2.3　试样溶液测定

将空白溶液和试样溶液，分别注入电感耦合等离子体发射光谱仪中，测定待测元素分析谱线强度的信号响应值，根据标准曲线得到试样溶液中待测元素的浓度。

7.3.2.5　试验数据处理

试样中锰的含量以质量分数 ω 计，数值以质量分数（%）表示，按式（1）计算：

$$\omega=\frac{(\rho_1-\rho_0)\times V\times n}{m}\times 10^{-4} \tag{1}$$

式中：

ρ——试样溶液中被测元素质量浓度，单位为微克每毫升（μg/mL）；

ρ_0——试样空白液中被测元素质量浓度，单位为微克每毫升（μg/mL）；

V——试样消化液定容体积，单位为毫升（mL）；

n——稀释倍数；

m——试样质量，单位为克（g）。

测定结果以两次平行测定的算术平均值表示，结果保留三位有效数字。

7.3.2.6　精密度

在重复性条件下，获得的两次独立测定结果与其算数平均值的绝对差值不大于该算术平均值的 10%。

7.4　氯含量的测定

按 GB/T 3050 规定执行。

7.5　氧化锰含量的测定

7.5.1　方法原理

多物质体系在单色 X 射线照射下，在衍射空间各个物质的衍射花样叠加构成一维衍射图，各个物质散射强度是与单位散射体内容（晶胞中原子或分子及其分布）及丰度（含量）相关的不变量。但是每种物质的 X 衍射强度随其结构内部原子或分子精细结构和微结构变化而变化，并不是一个不变量。Rietveld 全谱拟合物质含量的定量分析是用数学模型对实验数据进行拟合，分离各物质散射强度实现含量的定量分析，拟合过程不断调节模型中结构参数和峰值参数（微结构参数），最终使实验数据与模型计算值达到最佳吻合，进而测定产品中氧化锰的含量。

7.5.2　仪器设备

7.5.2.1　X-射线衍射仪：衍射仪综合稳定度优于 1%。

7.5.2.2　电子天平：感量为 0.1g。

7.5.2.3　试验筛：孔径 45μm。

7.5.3　试验步骤

7.5.3.1　试样制备

取 5g 试样，用玛瑙研钵充分研磨，采用筛孔尺寸为 45μm 的试验筛过筛，保证粉末的粒度符合测试要求（粒度≤45μm）。

平行做两份试验。取 1g 符合粒度要求的试样，装入试样架内，用平的刮片将试样垂直压紧成型，制成测试用试片。

注：在做含量定量测定之前，试样的衍射线强度先与标准卡片校对，检查待测相有无择优取向。若存在择优取向，则应重新制样，尽量改善或消除择优取向。

7.5.3.2　测定

7.5.3.2.1　X-射线衍射仪参考条件

高压电源：根据所用 X-射线衍射仪的性能，选择 X-射线光管电压、电流和其他条件，但不应超过所使用 X 光管允许的最大管压、最大管流和总功率。

扫描速度：2°/min，或 0.02°/步，每步≥0.6s。

扫描范围：5°≤2θ≤90°。

7.5.3.2.2　X-射线衍射仪综合稳定度测试

按 X-射线衍射仪操作规程的规定操作仪器，使仪器的综合稳定度满足 7.5.2.1 的要求。

7.5.3.2.3　快速扫描

先做一次 2θ 约从≥5°，≤90°的快速扫描，依据峰的实际位置决定扫描范围。

7.5.3.2.4　正式扫描

正式扫描的扫描起始角应依据第一条衍射线的 2θ 位置决定。获得一张高分辨率、高准确的数字粉末衍射谱，每个试样扫描两次，取两次测量的平均值。

7.5.3.2.5　定性分析

试样 X-粉末衍射图谱与氧化锰的标准 X-粉末衍射图谱（卡号 75-0626）和碱式氯化锰的标准 X-粉末衍射图谱（卡号 25-1158），仔细对照、比较。氧化锰的标准 X-粉末衍射图谱（卡号 75-0626）按照附录 B 执行。

7.5.3.2.6　定量测定

从无机晶体结构数据库（ICSD）中找出氧化锰和碱式氯化锰的结晶学晶体结构数据，将其作为初始结构模型。

按照 Rietveld 精修步骤，对测得的 X-粉末衍射谱进行数据处理，依据初始结构模型设置精修参数，对该衍射谱作 Rietveld 精修。

精修结束后，根据可信度因子 Rwp 值（Rwp ≤15%）判定拟合结果。由 Rietveld 方法可得到样品中氧化锰的质量分数和碱式氯化锰质量分数。

7.6　水分的测定

按 GB/T 6435 规定执行。

7.7　铅含量的测定

按 GB/T 13080 规定执行。

7.8　镉含量的测定

按 GB/T 13082 规定执行。

7.9　总砷含量的测定

按 GB/T 13079 规定执行。

7.10　汞含量的测定

按 GB/T 13081 规定执行。

7.11　铬含量的测定

按 GB/T 13088 规定执行。

7.12 粒度的测定

按 GB/T 5917.1 规定执行。

8 检验规则

8.1 组批

以相同材料、相同的生产工艺、连续生产或同一班次生产的同一规格的产品为一批。

8.2 出厂检验

出厂检验项目为外观与性状、锰、水分、粒度、铅、总砷、镉 7 个项目。产品出厂前应逐批检验，检验合格并且附具合格证和使用说明书（按照附录 C 执行）方可出厂。

8.3 型式检验

型式检验项目为本文件第 5 章规定的所有项目。在正常生产情况下，每半年至少进行 1 次型式检验。有下列情况之一时，亦应进行型式检验：

a）产品定型投产时；

b）生产工艺、配方或主要原料来源有较大改变，可能影响产品质量时；

c）停产 3 个月以上，重新恢复生产时；

d）出厂检验结果与上次型式检验结果有较大差异时；

e）饲料行政管理部门提出检验要求时。

8.4 判定规则

8.4.1 所有项目全部合格，判定为该批次产品合格。

8.4.2 检测结果中有任何指标不符合本部分规定时，可自同批产品中重新加倍取样进行复检。复检结果有一项指标不符合本部分规定，即判定该批产品不合格。

8.4.3 各项目指标的极限数值判定按 GB/T 8170 中修约值比较法执行。

9 标签、包装、运输、贮存和保质期

9.1 标签

按 GB 10648 规定执行，按照附录 D 执行。

9.2 包装

包装材料应无毒、无害、防潮。

9.3 运输

运输过程中应有遮盖物，防止日晒、雨淋、受潮，不得与有毒有害物质或其他有污染的物质混装、混运。

9.4 贮存

贮存时防止日晒、雨淋、受潮，不得与有毒有害物质或其他有污染的物质混贮。

9.5 保质期

未开启包装的产品，在规定的运输、贮存条件，原包装自生产之日起保质期为 12 个月。

附录 A

（规范性）

碱式氯化锰 X-衍射法的标准图谱

碱式氯化锰 X-衍射法的标准图谱（卡号 25－1158，图谱卡数据来源于 ICSD 数据库）如图 A.1：

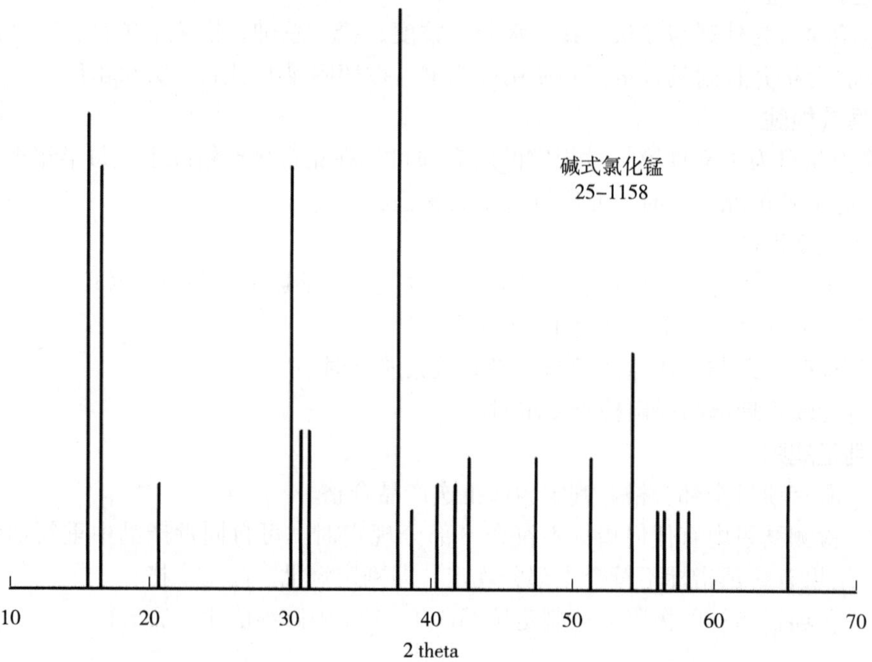

图 A.1　碱式氯化锰 X-衍射法的标准图（卡号 25－1158）

附录 B

（规范性）

氧化锰 X-衍射法的标准图谱

氧化锰 X-衍射法的标准图谱（卡号 75-0626，图谱卡数据来源于 ICSD 数据库）如图 B.1：

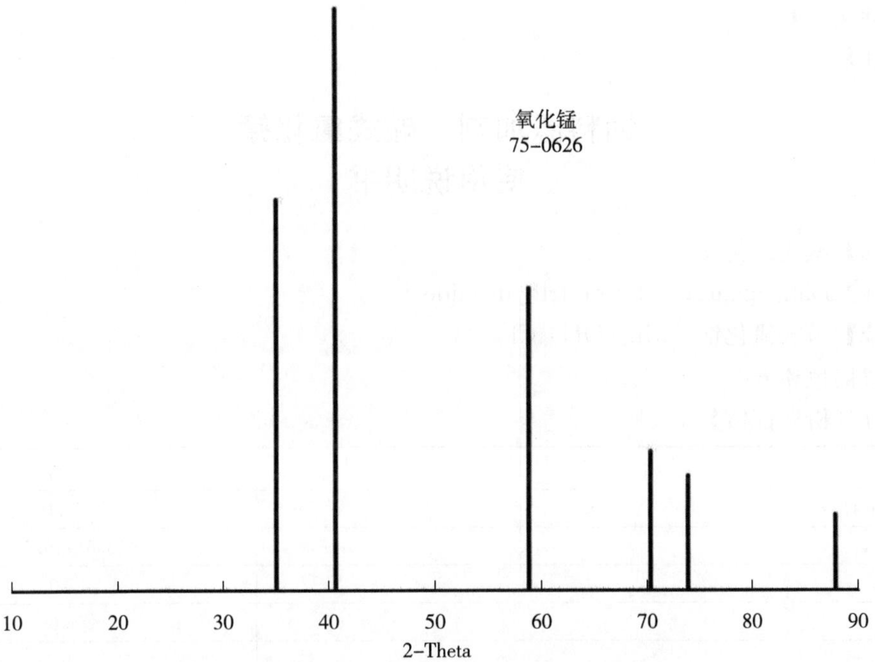

图 B.1　氧化锰 X-衍射法的标准图（卡号 75-0626）

附录 C
（规范性）
产品使用说明书

【新产品证书号】
【生产许可证号】
【产品批准文号】
【执行标准】

饲料添加剂　碱式氯化锰
使用说明书

【产品名称】碱式氯化锰
【英文名称】Dimanganese chloride trihydroxide
【有效成分】碱式氯化锰 [$Mn_2(OH)_3Cl$]
【性状】黄褐色粉末
【产品成分分析保证值】

项　　目	指　标
锰（以 Mn 计）/%	≥53.0
氯（Cl）/%	16.5～19.5
氧化锰/%	≤6.0
水分/%	≤5.0
铅（Pb）/(mg/kg)	≤10
总砷（以 As 计）/(mg/kg)	≤5
镉（Cd）/(mg/kg)	≤4
汞（Hg）/(mg/kg)	≤0.1
铬（Cr）/(mg/kg)	≤25
粒度（通过 425μm 试验筛）/%	≥98

【作用功效】提供动物所需锰元素
【适用范围】肉仔鸡
【用法与用量】在肉仔鸡配合饲料中推荐添加量为 50～100mg/kg，最高限量为 150mg/kg（以锰元素计，单独或与其他锰源同时使用，以干物质含量为 88%的配合饲料为基础）
【净含量】
【保质期】12 个月
【贮运】贮存在干燥、洁净、通风的库房内，防潮、防晒、防雨淋，防止与有毒有害物质混贮。
【生产企业】
　　地址　　　　　　　　邮编
　　电话　　　　　　　　传真
　　网址　　　　　　　　邮箱

附录 D
（规范性）
产品标签

【新产品证书号】　　【生产许可证号】
【产品批准文号】　　【执行标准】

饲料添加剂
碱式氯化锰
Dimanganese chloride trihydroxide

【产品名称】碱式氯化锰
【产品成分分析保证值】

项　目	指　标
锰（以 Mn 计）/%	≥53.0
氯（Cl）/%	16.5～19.5
氧化锰/%	≤6.0
水分/%	≤5.0
铅（Pb）/(mg/kg)	≤10
总砷（以 As 计）/(mg/kg)	≤5
镉（Cd）/(mg/kg)	≤4
汞（Hg）/(mg/kg)	≤0.1
铬（Cr）/(mg/kg)	≤25
粒度（通过 425μm 试验筛）/%	≥98

【有效成分】碱式氯化锰
【作用功效】提供动物所需锰元素
【适用范围】肉仔鸡
【用法与用量】在肉仔鸡配合饲料中推荐添加量为 50～100mg/kg，最高限量为 150mg/kg（以锰元素计，单独或与其他锰源同时使用，以干物质含量为 88%的配合饲料为基础）
【净含量】
【保质期】12 个月
【贮运】贮存在干燥、洁净、通风的库房内，防潮、防晒、防雨淋，防止与有毒有害物质混贮
【生产企业】
地址　　邮编
电话　　传真
【生产日期】
【生产批号】

附件 3

NYSL

新饲料和新饲料添加剂产品标准

NYSL—1004—2021

饲料添加剂　水飞蓟宾

Feed additive—Silybin

2021 - 12 - 29 发布　　2021 - 12 - 29 实施

中华人民共和国农业农村部　发布

前　言

本文件按照 GB/T 1.1—2020《标准化工作　导则　第 1 部分：标准化文件的结构和起草规则》的规定起草。

本文件的某些内容可能涉及专利。本文件的发布机构不承担识别这些专利的责任。

本文件由中华人民共和国农业农村部畜牧兽医局提出，由全国饲料评审委员会归口。

本文件由广州立达尔生物科技股份有限公司起草，由国家饲料质量检验检测中心（北京）复核。

本文件主要起草人：陶正国、程宗佳、林劲冬、曾胡龙、朱熇、李辉、陈小兵。

饲料添加剂　水飞蓟宾

1　范围

本文件规定了饲料添加剂水飞蓟宾的技术要求、检验规则、标签、包装、运输、贮存和保质期，描述了采样和试验方法。

本文件适用于以菊科植物水飞蓟 *Silybum marianum*（L.）Gaertn. 的干燥成熟果实、种子为原料，经粉碎、萃取、浓缩、脱脂、结晶、干燥等工艺制得的饲料添加剂水飞蓟宾。

2　规范性引用文件

下列文件中的内容通过文中的规范性引用而构成本文件必不可少的条款。其中，注日期的引用文件，仅该日期对应的版本适用于本文件；不注日期的引用文件，其最新版本（包括所有的修改单）适用于本文件。

GB/T 603　化学试剂　试验方法中所用制剂及制品的制备

GB/T 6435　饲料中水分的测定

GB/T 6438　饲料中粗灰分的测定

GB/T 6682　分析实验室用水规格和试验方法

GB/T 8170　数值修约规则与极限数值的表示和判定

GB 10648　饲料标签

GB/T 13079　饲料中总砷的测定

GB/T 13080　饲料中铅的测定　原子吸收光谱法

GB/T 14699.1　饲料　采样

《中国药典》2020 版四部通则 0861　残留溶剂测定法

3　术语和定义

本文件没有需要界定的术语和定义。

4　化学名称、分子式、相对分子质量和结构式

本产品的主要成分水飞蓟宾（Silybin）包括水飞蓟宾 A（Silybin A）和水飞蓟宾 B（Silybin B），其化学名称、CAS 号、分子式、相对分子质量（按 2011 年国际相对原子质量）和结构式见表 1。

表 1　水飞蓟宾 A 和水飞蓟宾 B 的化学名称、CAS 号、分子式、相对分子质量和结构式

项目	水飞蓟宾 A	水飞蓟宾 B
化学名称	(2R，3R)-3,5,7-三羟基-2-[(2R，3R)-3-(4-羟基-3-甲氧基苯基)-2-羟甲基-2,3-二氢-1,4-苯并二氧芑-6-基]-2,3-二氢苯并吡喃-4-酮	(2R，3R)-3,5,7-三羟基-2-[(2S，3S)-3-(4-羟基-3-甲氧基苯基)-2-羟甲基-2,3-二氢-1,4-苯并二氧芑-6-基]-2,3-二氢苯并吡喃-4-酮
CAS 号	22 888-70-6	142 797-34-0
分子式	$C_{25}H_{22}O_{10}$	$C_{25}H_{22}O_{10}$

（续）

项目	水飞蓟宾 A	水飞蓟宾 B
相对分子质量	482.44	482.44
结构式	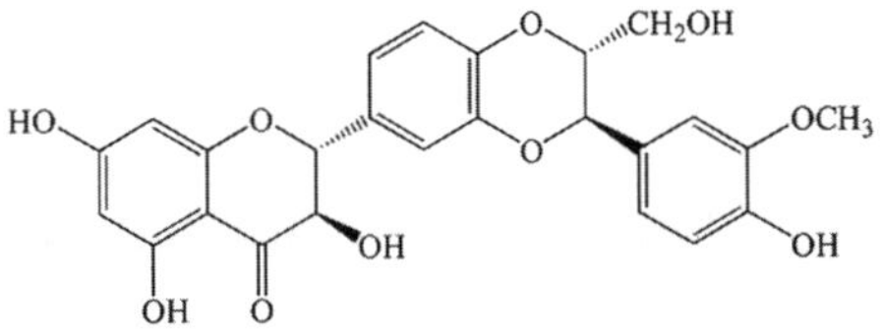	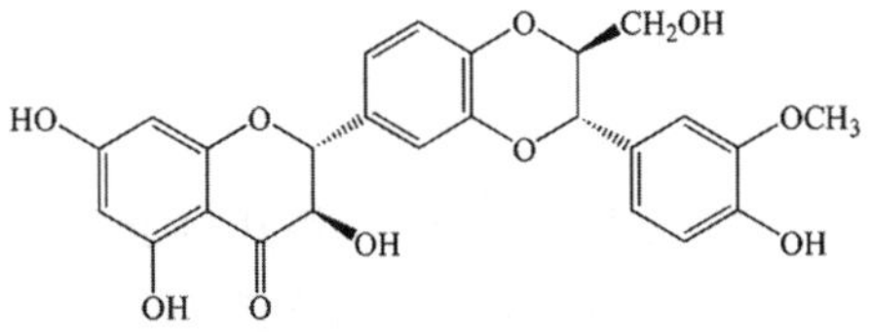

5 技术要求

5.1 外观与性状

灰白色至淡黄色粉末，色泽一致，气微香，无异味、异臭。

5.2 技术指标

应符合表 2 的规定。

表 2 技术指标

项 目	指 标
水飞蓟宾（水飞蓟宾 A 与水飞蓟宾 B 之和，以干基计）/%	≥95.0
水分/%	≤5.0
灼烧残渣/%	≤1.5
粒度（0.84mm 孔径试验筛通过率）/%	100
总砷（以 As 计）/(mg/kg)	≤3.0
铅（Pb）/(mg/kg)	≤3.0
$[\alpha]_D^{20}$ 比旋光度/(°)·dm^2·kg^{-1}	+5～+15
乙醇残留/%	≤0.5
正己烷残留/%	≤0.029
乙酸乙酯残留/%	≤0.5
丙酮残留/%	≤0.5

6 取样

按 GB/T 14699.1 规定执行。

7 试验方法

除非另有规定，仅使用分析纯试剂。色谱分析用水应符合 GB/T 6682 规定的一级水，其他分析用水应符合 GB/T 6682 规定的三级水。试验中所用制剂及制品，在没有注明其他要求时，均按 GB/T 603 的规定制备。

7.1 感官检验

取适量试样置于清洁、干燥的白瓷盘中，在自然光线下观察其色泽和状态，并嗅其味。

7.2 鉴别试验

7.2.1 试剂或材料

7.2.1.1 甲醇。

7.2.1.2 三氯化铁乙醇溶液（1%）：称取三氯化铁 1g，将其溶于 100mL 乙醇中。

7.2.2 仪器设备

7.2.2.1 高效液相色谱仪：具有紫外检测器或二极管矩阵检测器。

7.2.2.2 分析天平：感量 0.000 1g。

7.2.3 显色反应

称取试样约 20mg，将其溶于 50mL 甲醇中，取 1.0mL 溶液，加入 1%三氯化铁乙醇溶液 2 滴，立即呈红褐色，为阳性反应。

7.2.4 液相色谱法

在相同色谱条件下，试样溶液高效液相色谱图主峰的保留时间应与标准溶液中水飞蓟宾（包含水飞蓟宾 A 和水飞蓟宾 B）的保留时间一致，同一次测定保留时间允许相差为±0.5min。

7.3 水飞蓟宾含量

按照附录 A 执行。

7.4 水分

按 GB/T 6435 规定执行。

7.5 灼烧残渣

按 GB/T 6438 规定执行。

7.6 粒度

7.6.1 仪器设备

7.6.1.1 分析天平：感量 0.01g。

7.6.1.2 标准试验筛：孔径 0.84mm。

7.6.2 试验步骤

平行做两份试验。称取试样约 50g（精确至 0.01g），置于干燥的试验筛中筛分，称量通过试验筛的筛下物质量。

7.6.3 试验数据处理

试样的粒度 ω_1，以筛下物占试样的质量分数（%）表示，按式（1）计算：

$$\omega_1=\frac{m_s}{m}\times 100 \qquad (1)$$

式中：

m_s——试样通过试验筛的筛下物质量，单位为克（g）；

m——试样质量，单位为克（g）。

计算结果表示到个位。

7.7 总砷

按 GB/T 13079 规定执行。

7.8 铅

按 GB/T 13080 规定执行。

7.9 比旋光度

7.9.1 试剂或材料

丙酮。

7.9.2 仪器设备

7.9.2.1　分析天平：感量 0.000 1g。

7.9.2.2　旋光仪：精度±0.01°，备有钠光灯（钠光谱 D 线 589.3nm）。

7.9.2.3　超声仪。

7.9.2.4　恒温水浴：温度精度±0.5℃。

7.9.3　试验步骤

7.9.3.1　试样溶液的制备

平行做两份试验。称取试样约 0.5g（精确至 0.000 1g），置于 50mL 棕色容量瓶中，加入适量丙酮，超声使试样充分溶解。将此容量瓶置于 20.0℃±0.5℃恒温水浴，温度恒定后，用丙酮定容，摇匀。置于 20.0℃±0.5℃恒温水浴中备用。

7.9.3.2　测定

采用钠灯的 D 线（589.3nm）为光源，测定前以丙酮作空白校正，之后将测定管用试样溶液冲洗数次，缓缓注入试样溶液适量（注意勿使发生气泡），置于旋光仪内检测读数，在 20.0℃±0.5℃条件下测定，即得试样溶液的旋光度。使偏振光向右旋转者（顺时针方向）为右旋，以“+”符号表示；使偏振光向左旋转者（反时针方向）为左旋，以“-”符号表示。

7.9.4　试验数据处理

在测定温度 t 为 20℃，钠光谱的 D 线（589.3nm）下，试样中比旋光度以 $[\alpha]_D^{20}$ 计，数值以度平方分米每千克 [（°）·dm^2·kg^{-1}] 表示，按式（2）计算：

$$[\alpha]_D^{20}=\frac{\alpha}{lc} \tag{2}$$

式中：

α——测得的旋光度，单位为度（°）；

l——旋光管的长度，单位为分米（dm）；

c——试样溶液中待测物质的质量浓度，单位为克每毫升（g/mL）。

测定结果用 3 次测定的算术平均值表示，计算结果保留至小数点后一位。

7.10　乙醇残留、正己烷残留、乙酸乙酯残留、丙酮残留

按《中国药典》2020 版四部通则 0861 残留溶剂测定法规定执行。

8　检验规则

8.1　组批

以相同材料、相同的生产工艺、连续生产或同一班次生产的同一规格的产品为一批，每批产品不得超过 1t。

8.2　出厂检验

出厂检验项目为外观与性状、水飞蓟宾、粒度和水分。产品出厂前应逐批检验，检验合格并且附具合格证和使用说明书（按照附录 C 执行）方可出厂。

8.3　型式检验

型式检验项目为第 5 章规定的所有项目。在正常生产情况下，每半年至少进行 1 次型式检验。有下列情况之一时，亦应进行型式检验：

a）产品定型投产时；

b）生产工艺、配方或主要原料来源有较大改变，可能影响产品质量时；

c）停产 3 个月以上，重新恢复生产时；

d）出厂检验结果与上次型式检验结果有较大差异时；

e）饲料行政管理部门提出检验要求时。

8.4 判定规则

8.4.1 所验项目全部合格，判定为该批次合格。

8.4.2 检验结果有任何指标不符合本文件规定时，可自同批产品中重新加倍取样进行复检。复检结果有一项指标不符合本文件规定，即判定该批产品不合格。

8.4.3 各项目指标的极限数值判定按 GB/T 8170 中修约值比较法执行。

9 标签、包装、运输、贮存和保质期

9.1 标签

按 GB 10648 规定执行，按照附录 D 执行。

9.2 包装

采用铝箔袋进行包装。

9.3 运输

运输过程中应防潮、防高温、防止包装破损，不应与有毒有害物质共运。

9.4 贮存

不应与有毒有害及其他污染物混贮。仓库保持干燥、通风、非阳光直射，地面有防潮设施，并注意防虫蛀、鼠害、霉变和污染。

9.5 保质期

未开启包装的产品，在规定的运输、贮存条件下，原包装自生产之日起的保质期为 24 个月。

附录 A
（规范性）
水飞蓟宾含量的测定　高效液相色谱法

A.1　原理

试样中水飞蓟宾（水飞蓟宾 A 和水飞蓟宾 B）经甲醇提取，用高效液相色谱仪测定，外标法定量。

A.2　试剂或材料

除非另有规定，仅使用分析纯试剂。

A.2.1　水：GB/T 6682，一级。

A.2.2　甲醇：色谱纯。

A.2.3　冰乙酸：色谱纯。

A.2.4　流动相：甲醇＋水＋冰乙酸＝48＋52＋1，混合均匀后，过 0.45μm 滤膜，超声脱气，备用。

A.2.5　水飞蓟宾标准储备溶液：称取水飞蓟宾标准品（水飞蓟宾 A 和水飞蓟宾 B 的混合物，水飞蓟宾总含量≥98%）10mg，精确至 0.01mg，置于 50mL 棕色容量瓶中，加入 15mL 甲醇溶解，并定容至刻度，摇匀。2℃～8℃条件下避光密封贮存，有效期一个月。

A.2.6　水飞蓟宾标准系列工作溶液：准确量取水飞蓟宾标准储备溶液 1.0mL、2.0mL、4.0mL、6.0mL、8.0mL，分别置于 10mL 棕色容量瓶中，加甲醇定容至刻度，摇匀。浓度分别为 0.02mg/mL、0.04mg/mL、0.08mg/mL、0.12mg/mL、0.16mg/mL，临用现配。

A.2.7　滤膜：0.45μm，有机。

A.3　仪器设备

A.3.1　高效液相色谱仪：具有紫外检测器或二极管矩阵检测器。

A.3.2　分析天平：感量 0.000 1g 和 0.000 01g。

A.4　试验步骤

A.4.1　试样溶液的配制

平行做两份试验。称取试样约 80mg，精确至 0.01mg，置于 100mL 棕色容量瓶中，加入 30mL 甲醇溶解，并定容至刻度，摇匀。准确量取 1mL 该试样溶液于 10mL 棕色容量瓶中，加甲醇定容至刻度，摇匀，备用。

A.4.2　液相色谱参考条件

色谱柱：十八烷基硅烷键合硅胶柱，柱长 250mm，内径 4.6mm，粒度 5μm，或性能相当者。

柱温：室温。

流动相：A.2.4。

流动相流速：1.0mL/min。

进样量：20μL。

检测波长：288nm。

A.4.3　测定

A.4.3.1　水飞蓟宾标准工作曲线的绘制：将水飞蓟宾标准系列工作溶液过 0.45μm 滤膜后，分别注入液相色谱仪，以不同浓度水飞蓟宾峰面积（水飞蓟宾 A 与水飞蓟宾 B 峰面积之和）为横坐标，对应的溶液浓度为纵坐标，绘制标准工作曲线。水飞蓟宾标准溶液的高效液相色谱图参见附录B。

A.4.3.2　试样中水飞蓟宾含量测定：将试样溶液（A.4.1）用0.45μm滤膜过滤后注入液相色谱仪，以保留时间定性，试样溶液的峰面积（水飞蓟宾A与水飞蓟宾B峰面积之和）代入A.4.3.1绘制的标准工作曲线，计算试样中水飞蓟宾含量。

A.5　试验数据处理

试样中水飞蓟宾（水飞蓟宾A和水飞蓟宾B）的含量以质量分数 ω_2 计，数值以百分数（%）表示，按式（A.1）计算：

$$\omega_2=\frac{c\times V}{m\times(1-\omega_0)}\times 100 \qquad (A.1)$$

式中：

c——由标准工作曲线计算的试样溶液水飞蓟宾（水飞蓟宾A和水飞蓟宾B）的浓度，单位为毫克每毫升（mg/mL）；

V——试样溶液的体积，单位为毫升（mL）；

m——试样质量，单位为毫克（mg）；

ω_0——试样中水分含量，单位为质量分数（%）。

测定结果用平行测定的算术平均值表示，计算结果保留至小数点后两位。

A.6　精密度

在重复性条件下，两次独立测定结果的绝对差值不大于该算术平均值的10.0%。

附录 B

（资料性）

水飞蓟宾标准溶液的高效液相色谱图

水飞蓟宾标准溶液的高效液相色谱图见图 B. 1。

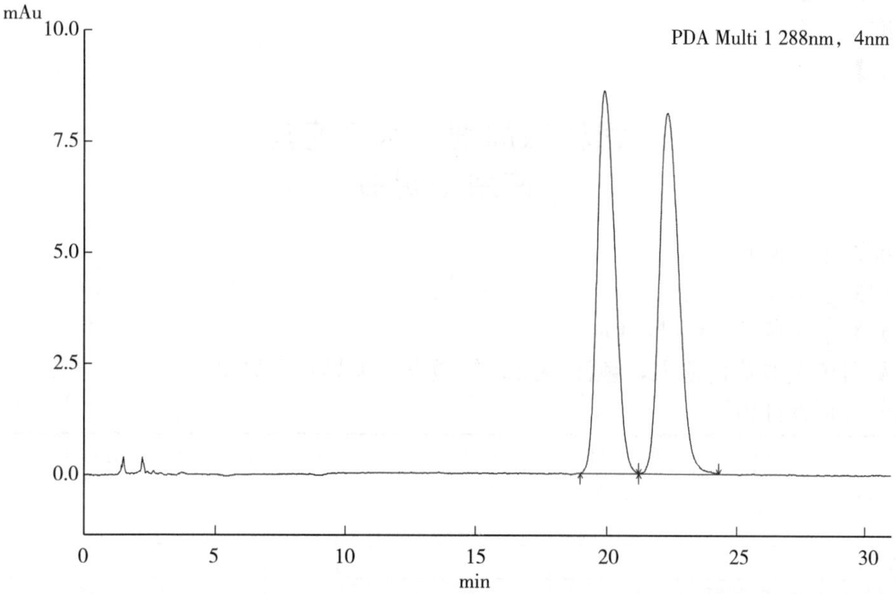

图 B. 1　水飞蓟宾标准溶液的高效液相色谱图（0. 02mg/mL）

附录 C
（规范性）
产品使用说明书

【新产品证书号】
【生产许可证号】
【产品批准文号】
【执行标准】

饲料添加剂　水飞蓟宾
使用说明书

【产品名称】水飞蓟宾
【英文名称】Silybin
【有效成分】水飞蓟宾（$C_{25}H_{22}O_{10}$）
【性状】灰白色至淡黄色粉末，色泽一致，气微香，无异味、异臭。
【产品成分分析保证值】

项　目	指　标
水飞蓟宾（水飞蓟宾 A 与水飞蓟宾 B 之和，以干基计）/%	≥95.0
水分/%	≤5.0
灼烧残渣/%	≤1.5
粒度（0.84mm 孔径试验筛通过率）/%	100
总砷（以 As 计）/(mg/kg)	≤3.0
铅（Pb）/(mg/kg)	≤3.0
$[\alpha]_D^{20}$ 比旋光度/(°)·dm^2·kg^{-1}	+5～+15
乙醇残留/%	≤0.5
正己烷残留/%	≤0.029
乙酸乙酯残留/%	≤0.5
丙酮残留/%	≤0.5

【作用功效】促进动物生长，提高机体抗氧化能力
【适用范围】淡水鱼
【用法与用量】在淡水鱼配合饲料中的推荐添加量为 20mg/kg，最高限量为 20mg/kg（以干物质含量为 88%的配合饲料为基础）
【净含量】
【保质期】24 个月
【贮运】不应与有毒有害及其他污染物混贮。仓库保持干燥、通风、非阳光直射，地面有防潮设施，并注意防虫蛀、鼠害、霉变和污染。运输过程中应防潮、防高温、防止包装破损，不应与有毒有害物质共运
【生产企业】
地址　　　　邮编
电话　　　　传真
网址　　　　邮箱

附录 D
（规范性）
产品标签

【新产品证书号】　【生产许可证号】
【产品批准文号】　【执行标准】

饲料添加剂
水飞蓟宾
Silybin

【产品名称】水飞蓟宾
【产品成分分析保证值】

项　目	指　标
水飞蓟宾（水飞蓟宾 A 与水飞蓟宾 B 之和，以干基计）/%	≥95.0
水分/%	≤5.0
灼烧残渣/%	≤1.5
粒度（0.84mm 孔径试验筛通过率）/%	100
总砷（以 As 计）/(mg/kg)	≤3.0
铅（Pb）/(mg/kg)	≤3.0
$[\alpha]_D^{20}$ 比旋光度/(°)·dm²·kg⁻¹	+5～+15
乙醇残留/%	≤0.5
正己烷残留/%	≤0.029
乙酸乙酯残留/%	≤0.5
丙酮残留/%	≤0.5

【有效成分】水飞蓟宾（$C_{25}H_{22}O_{10}$）
【作用功效】促进动物生长，提高机体抗氧化能力
【适用范围】淡水鱼
【用法与用量】在淡水鱼配合饲料中的推荐添加量为 20mg/kg，最高限量为 20mg/kg（以干物质含量为 88%的配合饲料为基础）
【净含量】
【保质期】24 个月
【贮运】不应与有毒有害及其他污染物混贮。仓库保持干燥、通风、非阳光直射，地面有防潮设施，并注意防虫蛀、鼠害、霉变和污染。运输过程中应防潮、防高温、防止包装破损，不应与有毒有害物质共运
【生产企业】
【生产日期】
【生产批号】

附件 4

NYSL

新饲料和新饲料添加剂产品标准

NYSL—1005—2021

饲料中水飞蓟宾的测定　高效液相色谱法

Determination of Silybin in feeds—High performance liquid chromatography

2021—12—29 发布　　2021—12—29 实施

中华人民共和国农业农村部　发布

前　言

本文件按照 GB/T 1.1—2020《标准化工作　导则　第1部分：标准化文件的结构和起草规则》的规定起草。

本文件的某些内容可能涉及专利。本文件的发布机构不承担识别这些专利的责任。

本文件由中华人民共和国农业农村部畜牧兽医局提出，由全国饲料评审委员会归口。

本文件由广州立达尔生物科技股份有限公司起草，由国家饲料质量检验检测中心（北京）复核。

本文件主要起草人：陶正国、程宗佳、林劲冬、曾胡龙、李辉、陈小兵、何国威。

饲料中水飞蓟宾的测定　高效液相色谱法

1　范围

本文件规定了饲料中水飞蓟宾含量测定的高效液相色谱法。

本文件适用于配合饲料、浓缩饲料、精料补充料、添加剂预混合饲料中水飞蓟宾的测定。

本文件的定量限为 2.0mg/kg。

2　规范性引用文件

下列文件中的内容通过文中的规范性引用而构成本文件必不可少的条款。其中注日期的引用文件，仅该日期对应的版本适用于本文件；不注日期的引用文件，其最新版本（包括所有的修改单）适用于本文件。

GB/T 6682　分析实验室用水规格和试验方法

GB/T 20195　动物饲料试样的制备

3　术语和定义

本文件没有需要界定的术语和定义。

4　原理

试样中水飞蓟宾（水飞蓟宾 A 和水飞蓟宾 B）经甲醇提取，用高效液相色谱仪测定，外标法定量。

5　试剂或材料

除非另有规定，仅使用分析纯试剂。

5.1　水：GB/T 6682，一级。

5.2　甲醇：色谱纯。

5.3　冰乙酸：色谱纯。

5.4　流动相：冰乙酸＋甲醇＋水＝0.1＋50＋50，混合均匀后，过 0.45μm 滤膜。超声脱气，备用。

5.5　水飞蓟宾标准储备溶液：称取水飞蓟宾标准品（水飞蓟宾 A 和水飞蓟宾 B 的混合物，水飞蓟宾总含量≥98%）10mg（精确至 0.000 01g），置于 100mL 棕色容量瓶中，加入 50mL 甲醇超声溶解，再用甲醇定容至刻度，摇匀。2℃～8℃条件下避光密封贮存，有效期一个月。

5.6　水飞蓟宾标准系列工作溶液：准确量取水飞蓟宾标准储备溶液 1.0mL、2.0mL、5.0mL、10.0mL、20.0mL，分别置于 100mL 棕色容量瓶中，加甲醇定容至刻度，摇匀。浓度分别为 1μg/mL、2μg/mL、5μg/mL、10μg/mL、20μg/mL。临用现配。

5.7　滤膜：0.45μm，有机。

6　仪器设备

6.1　高效液相色谱仪（附紫外检测器或二极管阵列检测器）。

6.2　电子分析天平，感量为 0.000 01g 和 0.001g。

6.3　超声仪。

6.4　离心机：转速不低于 3 000r/min。

6.5　氮吹仪。

7　样品

按 GB/T 20195 规定执行，选取有代表性的饲料样品至少 500g，四分法缩减至 100g，粉碎通过 0.84mm 孔径分析筛。

8　试验步骤

8.1　试样溶液的制备

平行做两份试验。称取饲料样品约 5g（精确至 0.001g），置于 50mL 棕色离心管中，加入 20mL 甲醇，室温超声提取 20min 后，3 000r/min 离心 5 分钟，移取 10mL 上清液至干净棕色试管，50℃条件下氮吹至近干，用甲醇定容至 2mL。过 0.45μm 滤膜，待测。取浓缩液稀释，使最后稀释液中水飞蓟宾的浓度均落在水飞蓟宾标准系列工作曲线之内。

8.2　色谱条件

色谱柱：十八烷基硅烷键合硅胶柱，柱长 250mm，内径 4.6mm，粒度 5μm，或性能相当者。

流动相：冰乙酸＋甲醇＋水＝0.1＋50＋50。

柱温：室温。

流速：1.0mL/min。

进样量：20μL。

检测波长：288nm。

8.3　测定

8.3.1　水飞蓟宾标准工作曲线的绘制：将水飞蓟宾标准系列工作溶液过 0.45μm 滤膜后，分别注入液相色谱仪，以不同浓度水飞蓟宾峰面积（水飞蓟宾 A 与水飞蓟宾 B 峰面积之和）为纵坐标，对应的溶液浓度为横坐标，绘制标准工作曲线。水飞蓟宾标准溶液的高效液相色谱图参见附录 A。

8.3.2　试样中水飞蓟宾含量测定：将试样溶液（8.1）注入液相色谱仪，以保留时间定性，试样溶液的峰面积（水飞蓟宾 A 与水飞蓟宾 B 峰面积之和）代入 8.3.1 绘制的标准工作曲线，计算试样中水飞蓟宾含量。若试样溶液的峰面积超出标准工作曲线范围，则进一步稀释后上机测定。

9　试验数据处理

试样中水飞蓟宾（水飞蓟宾 A 和水飞蓟宾 B）的含量以质量分数 ω 计，数值以毫克每千克（mg/kg）表示，按式（1）计算：

$$\omega=\frac{c\times V\times n}{m} \tag{1}$$

式中：

c——由标准工作曲线查得的试样溶液中水飞蓟宾（水飞蓟宾 A 和水飞蓟宾 B）的浓度，单位为微克每毫升（μg/mL）；

V——试样提取溶液的体积，单位为毫升（mL）；

n——稀释倍数；

m——试样质量，单位为克（g）。

测定结果用平行测定的算术平均值表示，计算结果保留三位有效数字。

10 精密度

在重复性条件下获得的两次独立测定结果与其算术平均值的差值，当含量不大于 100mg/kg 时，不超过这两个测定值算术平均值的 15.0%；含量大于 100mg/kg 时，不超过 10.0%。

附录 A

（资料性）

水飞蓟宾标准溶液的高效液相色谱图

水飞蓟宾标准溶液的高效液相色谱图见图 A.1。

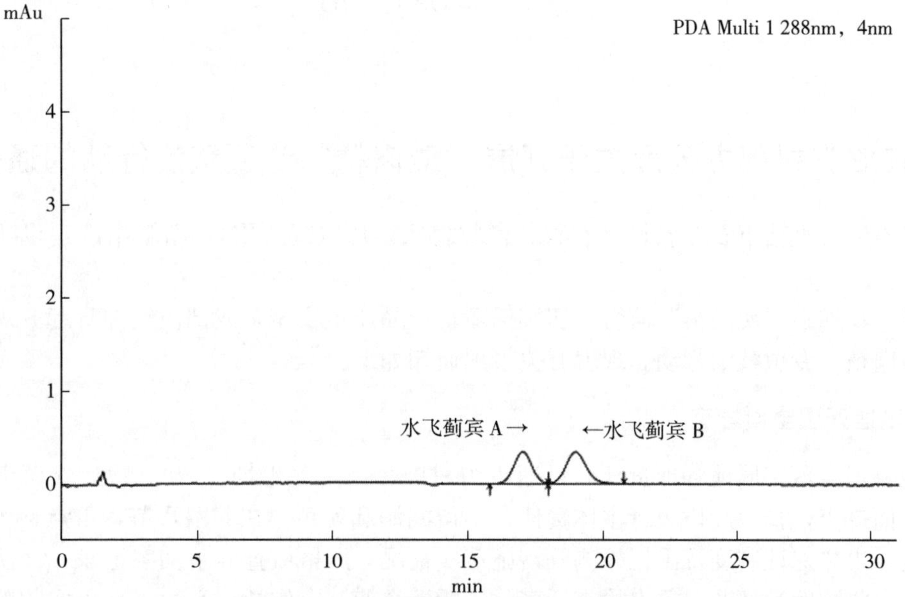

图 A.1 水飞蓟宾标准溶液的高效液相色谱图（1μg/mL）

农业农村部办公厅文件

农办牧〔2021〕18号

农业农村部办公厅关于开展"瘦肉精"专项整治行动的通知

各省、自治区、直辖市农业农村（农牧、畜牧兽医）厅（局、委），新疆生产建设兵团农业农村局：

为进一步加强"瘦肉精"监管，切实保障畜产品质量安全，我部决定即日起开展为期三个月的"瘦肉精"专项整治行动。现就有关事项通知如下。

一、迅速开展全面排查

各地要切实落实属地管理责任，迅速组织对肉牛肉羊养殖场（户）、贩运经营者和屠宰企业进行全面排查，督促严格履行主体责任，不留漏洞和死角。在养殖环节，重点检查养殖安全承诺制度、出栏保证制度及出栏检测等措施落实情况，严格核查养殖档案记录，严防虚假承诺和记录。在收购贩运环节，重点检查活畜收购贩运企业（合作社、经纪人）落实收购贩运记录信息制度情况，并动态掌握活畜购销渠道。要会同有关部门排查活畜交易场所，重点检查交易活畜有无检疫证明、收购贩运记录。在屠宰环节，重点检查屠宰企业落实"瘦肉精"自检制度情况，严格核查相关档案记录，严防虚假记录。在养殖和屠宰环节排查过程中，要按比例抽取一定数量的样品进行"瘦肉精"快速筛查。各地要选派业务骨干，加强业务培训，提高发现问题隐患的能力，严格落实随机抽样要求，不得由被抽样单位送检，避免出现所谓"绿色羊"应付检测问题。对牧区纯放牧养殖方式的肉牛肉羊养殖场（户），由有关省份结合实际开展风险排查工作。

在做好肉牛和肉羊问题排查的同时，各地要毫不放松抓好生猪"瘦肉精"监管，持续强化风险监测和隐患排查，落实好关键环节抽检把关等措施。

二、组织实施飞行检查

在各地全面排查的基础上，农业农村部将组织国家饲料质量监督检验中心（北京）、农业农村部屠宰技术中心等有关检测机构，针对主产区和问题多发地区，开展"瘦肉精"飞行检查。对现场快速筛查出阳性样品的养殖场（户）、屠宰场所，当地农业农村部门要及时依法对其活畜及其产品采取临时控制措施。各省级农业农村部门要结合实际，组织开展"瘦肉精"监督抽检，对问题多发地区加大抽检频次。

三、严厉打击违法行为

各地要强化检打联动，从快、从严查处，严厉打击各类涉"瘦肉精"违法行为。在养殖、收购贩运和屠宰环节发现"瘦肉精"违法问题的，按照"瘦肉精"涉案线索移送与案件督办工作机制，一律移送公安机关立案调查，依法从重追究法律责任。要紧盯专项整治行动中发现的“瘦肉精”问题线索，积极协调配合公安机关追查“瘦肉精”制售源头和问题产品销售链条，坚决打掉生产黑窝点和地下销售网络。要完善跨省案件协查机制，在屠宰检测中发现含“瘦肉精”的活畜来自外省份的，要在取得确证结果后的1个工作日内通报产地农业农村部门，产地农业农村部门要在接到通报后1个工作日内，对涉嫌使用“瘦肉精”的养殖场（户）进行监督检查和取样检测，并及时反馈调查处理情况。发现监管人员存在为监管对象通风报信、在抽样检测中弄虚作假等问题线索的，要依纪依法追究相关人员责任，坚决打掉“保护伞”。

四、有关要求

（一）加强组织领导。我部成立由分管副部长任组长，有关司局单位参加的专项整治行动领导小组，畜牧兽医局牵头组建工作专班。各地农业农村部门要加强组织协调，充分调动系统内各方面力量，强化协同配合，确保高质量完成任务。各省份要成立专项整治工作组，于3月25日前，将工作组负责人和联络人名单及联系方式报我部畜牧兽医局。

（二）加强部门协作。我部与公安部、市场监管总局等部门强化“瘦肉精”涉案线索移送与案件督办工作机制，推动解决跨省域追查案件遇到的困难和问题。各地农业农村部门要建立健全本级部门协作工作机制，推动加大涉嫌犯罪案件查办力度，实现生产流通各环节监管无缝对接。

（三）畅通举报渠道。我部设立受理社会举报的电话010－59 191 356。省、市、县三级农业农村部门也要向社会公布举报电话，受理群众举报、收集问题线索，逐一进行核查，确保件件有反馈。鼓励有条件的地方出台举报奖励措施。

（四）加强督促督办。我部将采取每周调度、情况通报、案件督办、现场核查等方式，加大督促检查力度。各省级农业农村部门也要建立情况调度机制，因地制宜采取明察暗访、巡查检查等方式，确保各项工作措施不折不扣得到落实。对行动迟缓、措施不力的地方和单位，必要时进行约谈督促。

（五）抓好宣传引导。要充分利用各种媒体特别是网络新媒体渠道，面向养殖、收购贩运、屠宰的生产经营者，开展形式多样、通俗易懂的宣传，普及法律法规要求，通报违法典型案例，引导树立守法经营意识。要加强与媒体的沟通合作，充分发挥舆论引导和社会监督作用。

请各省级农业农村部门按要求每周报送专项整治行动进展情况（见附件），于6月30日前将专项整治行动工作总结报我部畜牧兽医局和农产品质量安全监管司。

五、联系方式

（一）农业农村部畜牧兽医局饲料饲草处　关　龙

电　话：010－59192882

电子邮件：xmjslch@agri. gov. cn

通信地址：北京市朝阳区农展南里11号

（二）农业农村部农产品质量安全监管司监督处　邓程君

电　话：010－59192694

电子邮件：nybjgc@163. com

通信地址：北京市朝阳区农展南里11号

（三）农业农村部法规司执法监督处　张国桥

电　话：010－59193393
电子邮件：zfszfjdc@163. com
通信地址：北京市朝阳区农展南里11号

附件："瘦肉精"专项整治行动工作进展每周调度表

农业农村部办公厅
2021年3月19日

附件

“瘦肉精”专项整治行动工作进展每周调度表

省份：　　　　　　　　　填报日期：　　　　　　　　　填报人：　　　　　　　　　手机号：

项目	全省现有养殖场（户）数量（个）	排查情况				确证检出情况				查处情况							
										行政处罚				移交司法			
		养殖场（户）数量（个）		牲畜数量（头、只）		养殖场（户）数量（个）		牲畜数量（头、只）		养殖场（户）数量（个）		无害化处理牲畜数量（头、只）		立案个数（个）		涉案人员数（人）	
		本周	累计	本周	累计	本周	累计	本周	累计	本周	累计	本周	累计	本周	累计	本周	累计
肉牛																	
肉羊																	

项目	全省现有屠宰企业数量（个）	排查情况				确证检出情况				查处情况							
										行政处罚				移交司法			
		屠宰企业数量（个）		产品数量（公斤）		屠宰企业数量（个）		产品数量（公斤）		屠宰企业数量（个）		无害化处理产品数量（公斤）		立案个数（个）		涉案人员数（人）	
		本周	累计	本周	累计	本周	累计	本周	累计	本周	累计	本周	累计	本周	累计	本周	累计
肉牛																	
肉羊																	

备注：1. 牧区纯放牧养殖方式的肉牛肉羊养殖场（户）和各地生猪养殖场（户）不在本表统计范围，但风险排查发现确证案例的，要及时随报。

2. 首次报送时间为 3 月 30 日前，此后每周二下班前报送，将表格发送至 xmjslch@agri. gov. cn。

农业农村部办公厅文件

农办牧〔2021〕43 号

农业农村部办公厅关于印发《直接饲喂微生物和发酵制品生产菌株鉴定及其安全性评价指南》的通知

各有关单位：

为进一步规范新饲料和新饲料添加剂安全性评价工作，根据《饲料和饲料添加剂管理条例》和《新饲料和新饲料添加剂管理办法》，我部制定了《直接饲喂微生物和发酵制品生产菌株鉴定及其安全性评价指南》，现予印发，请遵照执行。

农业农村部办公厅

2021 年 11 月 1 日

附件：

直接饲喂微生物和发酵制品生产菌株鉴定及其安全性评价指南

1 适用范围

1.1 本指南规定了直接饲喂微生物和发酵制品生产菌株鉴定及其安全性评价的基本原则、基本要求、评价方法以及结果判定。

1.2 本指南适用于新饲料添加剂评审和已经批准使用的饲料添加剂再评价时，对直接饲喂微生物和发酵制品生产菌株开展的鉴定及其安全性评价，包括发酵制品中与生产菌株直接相关的安全性评价。

1.3 本指南仅涵盖直接饲喂微生物和发酵制品与生产菌株相关的鉴定及其安全性评价，产品的其他安全性评价按照相关规定和指南开展。

1.4 本指南所称微生物包括细菌、酵母和丝状真菌。其他如古菌、微藻等微生物的相关评价可参照本指南要求，采取个案分析评价。

1.5 本指南适用于通过农业转基因生物安全评价、获得农业转基因生物安全证书的转基因微生物生产菌株及其发酵制品的相关内容评价。

1.6 饲料或饲料原料发酵生产所用微生物菌株的鉴定及其安全性相关内容评价参照本指南进行。

2 术语和定义

以下术语和定义适用于本指南。

2.1 直接饲喂微生物（Direct-Fed microorganisms）

在饲料中添加或直接饲喂给动物的活的微生物饲料添加剂。

2.2 发酵制品（Fermentation products）

微生物在受控制条件下，通过生命活动生产的特定代谢产物经分离、提取、纯化、精制和干燥等工艺制成的饲料添加剂，如氨基酸、维生素、酶制剂等。

2.3 抗微生物药物（Antimicrobial）

合成或天然存在的能杀死微生物或抑制其在动物或人体内生长或繁殖的活性物质，在本指南中特指抗菌药物。

注：本指南中抗菌药物包括用于人体或动物的世界卫生组织（WHO）定义的极为重要抗菌药物（CIAs）或高度重要抗菌药物（HIAs）。

2.4 获得性耐药（Acquircd antimicrobial resistance）

在对特定抗菌药物典型敏感的菌种中，由于获取外源基因或基因突变引起某一菌株对该抗菌药物产生的耐药。

2.5 关注基因（Gene of concern）

已知毒力因子的编码基因、耐药基因，以及与已知毒性化合物产生等有关的基因。

2.6 临界值（Cut-off value）

根据抗菌药物对特定微生物类群（种或属）的最低抑菌浓度（MIC）分布而设定的，用于耐药判定的值。

2.7 **转基因微生物（Genetically modified microorganisms）**

利用基因工程技术改变基因组构成的重组微生物。

2.8 **危害（Hazard）**

饲料中对人和动物健康有潜在不良影响的生物、化学或物理性因素或条件。

2.9 **风险（Risk）**

饲料中危害产生某种不良健康影响的可能性或严重性。

2.10 **产毒能力（Toxigenicity）**

微生物产生对人和动物有毒作用的活性代谢产物的能力。

2.11 **致病性（Pathogenicity）**

微生物感染宿主造成健康损害引起疾病的能力。

2.12 **毒性（Toxicity）**

微生物有毒代谢产物引起的宿主健康损伤。

3 基本原则

3.1 直接饲喂微生物和发酵制品生产菌株鉴定及其安全性评价应基于当前的科学认知开展，具体的评价试验应遵循本指南规定的一般原则，并结合直接饲喂微生物和发酵制品特征属性进行方案设计和试验实施。

3.2 直接饲喂微生物和发酵制品生产菌株鉴定及其安全性评价试验应按照国家、行业标准或参照国际组织标准检测方法、技术规范等进行，若无相关标准检测方法、技术规范则按照行业公认的检测方法进行。

3.3 直接饲喂微生物和发酵制品生产菌株鉴定及其安全性评价试验（包括检测）应由具备微生物相关专业知识和试验技能的专业人员在具备相应设施设备的试验场所，按照规范的操作程序进行。试验应在有效的质量控制下开展，并且由试验机构指定的负责人负责。用于新饲料添加剂申报的，微生物鉴定及其安全性评价试验应由农业农村部指定的评价试验机构开展。农业农村部尚未指定评价试验机构的，应由具有相应条件和能力的检测评价机构开展。

3.4 直接饲喂微生物或发酵制品生产中使用复合菌株时，应分别针对每个菌株开展相关评价。

3.5 本指南中涉及的用于菌株安全性分析、比对、评价的相关数据库、药物名单等，应采用最新版本。

3.6 鉴于菌株在使用过程中可能产生变异或衰退，开展安全性评价时应充分考虑菌株鉴定报告及安全性评价相关检测报告的时效性。

4 基本要求

通过形态观察、生理生化检测和分子生物学分析等技术方法对直接饲喂微生物和发酵制品生产菌株进行鉴定。通过表型试验、分子生物学试验、全基因组序列（WGS）分析、相关文献资料综述等，对微生物产毒能力和致病性、抗菌药物敏感性、抗菌药物产生等特性进行评价，对直接饲喂微生物和发酵制品生产菌株安全性进行综合评估。不同微生物及生产菌株评价基本要求见表1。

表 1　菌株鉴定及其安全性评价基本要求

评价内容	章节	直接饲喂微生物		发酵制品生产菌株	
		细菌	酵母和丝状真菌	细菌	酵母和丝状真菌
微生物鉴定	5.1	√	√	√	√
产毒能力和致病性	5.3	√	√	√	√
抗菌药物敏感性	5.4	√		√	
抗菌药物产生	5.5	√	√	√	√
生产菌株的遗传修饰	5.6			仅适用于转基因微生物	仅适用于转基因微生物
发酵制品中无生产菌株活细胞评价	5.7			√	√
发酵制品中生产菌株 DNA 检测	5.8			必要时	必要时

5　评价方法

5.1　微生物鉴定

5.1.1　基本信息

明确直接饲喂微生物和发酵制品生产菌株的来源、属名、种名（包括中文学名、拉丁学名等）和菌株名称或编号。细菌的命名应遵循原核生物系统学国际委员会（ICSP）的规定，并符合原核生物国际命名法规（ICNP）要求。酵母和丝状真菌的命名应符合国际藻类、真菌和植物命名法规（ICN）的要求。明确菌株的改良史，包括实施的诱变步骤和遗传修饰。转基因生产菌株的遗传修饰按照 5.6 的要求进行描述。

5.1.2　鉴定

直接饲喂微生物和发酵制品生产菌株应明确鉴定至少到种或亚种水平。若根据最新方法和当前知识菌株无法明确鉴定至已有物种，应进行菌株及其近缘种的系统发育分析。

5.1.2.1　细菌鉴定

综合形态观察、生理生化检测、分子生物学分析对细菌进行鉴定。

——形态观察：包括菌落颜色、形状、边缘、透明度等宏观形态观察，以及菌体大小、形状、革兰氏染色反应、是否有芽孢、芽孢的着生位置等微观形态观察。

——生理生化检测：包括碳源利用、氮源利用、氧化酶反应、过氧化氢酶反应等关键生理生化特征检测。

——分子生物学分析：如 16S rDNA 序列、持家基因序列或 WGS 等分析。用于新饲料添加剂申报的，应利用 WGS 数据进行分析鉴定。

5.1.2.2　酵母菌鉴定

综合形态观察、生理生化检测、分子生物学分析对酵母菌进行鉴定。

——形态观察：包括菌落质地、颜色、边缘等宏观形态观察，以及菌体大小、形状、是否有真假菌丝、生殖方式等微观形态观察。

——生理生化检测：包括碳源利用、糖类发酵、氮源利用等关键生理生化特征检测。

——分子生物学分析：如 26S rDNA、ITS rDNA 等特征序列或 WGS 分析。

5.1.2.3　丝状真菌鉴定

综合形态观察、分子生物学分析对丝状真菌进行鉴定。

——形态观察：包括菌落的质地、颜色、生长速度、色素的产生等宏观形态观察，以及菌丝的颜色、产孢结构的大小及发生方式、孢子颜色、形状、是否具有有性生殖结构等微观形态观察。

——分子生物学分析：如 18S rDNA 序列、ITS rDNA 序列及其他特征基因（如微管蛋白基因、钙调蛋白基因、翻译延伸因子等）序列或 WGS 分析。

5.2 WGS 测序

采用二代和三代测序技术对直接饲喂微生物和发酵制品生产菌株进行全基因组测序，获得其基因组完成图，测序报告至少应包括以下信息：

DNA 提取方法；测序方案和仪器；序列组装方法，如生物信息学方法、从头测序或重测序等；序列质量评价，如平均 Phred 得分、reads 数目、覆盖度、N50 和 K-mer 等；WGS 的 FASTA 电子文件；相对于预期基因组大小的 contigs 总长度；基因注释方法；对于酵母和丝状真菌，还需提供从相关数据库（如 BUSCO 数据库）获得的注释质量信息。

5.3 产毒能力和致病性

应通过国内外安全性评价资料综述、动物致病性试验和 WGS 分析对直接饲喂微生物和发酵制品生产菌株的产毒能力和致病性进行综合评价，其中丝状真菌还应开展产毒试验。

鉴于屎肠球菌（*Enterococcus faecium*）和芽孢杆菌（*Bacillus* spp.）已有成熟的致病性评价方法，可分别按附录 A 和附录 B 开展评价。

5.3.1 国内外文献资料综述

通过国内外文献数据检索（具体要求见附录 C），收集整理菌株的国内外使用历史、安全性评价资料，包括对人和靶动物的产毒能力和致病性的相关信息；若无该评价菌株的上述资料，应收集整理同种内其他菌株或与其相近种属的相关信息。若对菌株进行了任何降低毒性和致病性的选育（包括诱变和/或遗传修饰），应予以说明。

5.3.2 动物致病性试验

制备直接饲喂微生物或发酵制品生产菌株的菌悬液，将其作为受试物，通过腹腔注射和经口灌胃等途径给予实验动物，评价不同暴露途径下受试物对实验动物的致病性。动物致病性试验按照国家、行业标准方法开展。

5.3.3 WGS 分析

5.3.3.1 细菌

将菌株 WGS 与最新数据库（包括但不限于 VFDB、PAI DB、CGE 等）中存储的序列进行比对，分析菌株遗传物质中是否存在已知毒力因子的编码基因。分析结果重点关注该种或近缘种中已知毒力因子（如毒素、入侵与黏附因子）的完整编码基因。结果至少应包括如下信息：基因名称、定位（染色体或质粒）、编码蛋白的功能、覆盖度（序列长度覆盖度≥70%）、相似性百分比（输入序列与数据库中序列的匹配度≥80%）和 e 值（$<10^{-5}$）等。

5.3.3.2 酵母和丝状真菌

若菌株有 WGS 数据，则通过定向搜索确定菌株是否存在与产毒相关的已知代谢途径。

5.3.4 产毒试验

对于丝状真菌，应在多种基质和条件下（单品种固体、多品种固体复合、不同成分液体组合等）进行产毒试验，并按照国家标准检测方法或国际组织规定的标准检测方法进行已知毒性化合物含量检测。

对于发酵制品生产菌株，若产毒试验检测到已知毒性化合物，还应通过检测分析证明发酵制品中不含该化合物或该含量下风险无须关注。

5.3.5 结果分析

5.3.5.1 动物致病性试验显示受试物组动物在试验期间出现中毒症状或死亡，或试验期间体重等指标与对照组相比有显著性差异时，则判定菌株具有致病性。

5.3.5.2 产毒试验检测到已知毒性化合物时，则判定丝状真菌菌株具有产毒能力。

5.3.5.3 动物致病性试验显示无致病性的微生物，但 WGS 分析存在以下情况的，需结合国内外文献资料综述、毒力因子编码基因或产毒代谢相关基因发挥作用的机制、相关基因变为活性基因的可能性等情况进行综合判断。对于发酵制品生产菌株，还应结合生产工艺、终产品中生产菌株和已知毒性化合物的存在情况等进行综合判断。

——WGS 分析显示存在已知毒力因子的编码基因（或产毒代谢相关基因）的细菌或酵母；

——产毒试验未检测到已知毒性化合物，但 WGS 分析显示存在产毒代谢相关基因的丝状真菌。

5.4 抗菌药物敏感性

直接饲喂微生物和发酵制品生产菌株为细菌的，应开展抗菌药物敏感性评价。通过开展测定抗菌药物 MIC 值的表型试验和 WGS 分析，评价菌株是否具有获得性耐药。

5.4.1 表型试验

至少对菌株进行附录 D 所列抗菌药物 MIC 值的测定。对于附录 D 中未列出的细菌，革兰氏阳性菌应选择附录 D 中“棒状杆菌和其他革兰氏阳性菌”规定的抗菌药物，革兰氏阴性菌应选择附录 D 中“肠杆菌科”规定的抗菌药物。

MIC 值测定应采用琼脂或肉汤二倍梯度稀释法进行定量测定，采用国际或国内标准方法，如 EUCAST、CLSI、ISO、WS 等标准方法。除非抗菌药物不适用定量方法进行测定，否则不得采用定性或半定量方法（如扩散法）间接测定 MIC 值。

MIC 测定通常应选择药物敏感性试验专用培养基，如 Muelle-Hinton 或 IsoSensitest 培养基。对于某些特定菌种或菌株，可以根据微生物特性选择其他针对性培养基，如某些乳酸菌和双歧杆菌的乳酸菌药物敏感性试验培养基（LSM）。试验过程中应同时关注培养基组分（如对氨基苯甲酸、胸苷、甘氨酸、二价阳离子等）、试验类型（肉汤微量稀释或琼脂稀释）和培养条件（如 pH、温度、培养时间）等因素对某些抗菌药物敏感水平的潜在影响。

通过将测定的 MIC 值与附录 D 中给出的各抗菌药物的临界值进行比较，以区分耐药菌株和敏感菌株。

——MIC 值≤临界值时，认为菌株对该抗菌药物敏感；

——MIC 值>临界值时，认为菌株对该抗菌药物耐药。

对于附录 D 中未列出的细菌，测定的 MIC 值应与该种或相关种的已发表文献值进行比较。

5.4.2 WGS 耐药基因分析

对菌株 WGS 进行分析，检测对用于人或动物的抗菌药物（WHO 发布的 CIAs 或 HIAs）耐药的编码基因或起促进作用的基因。对菌株 WGS 进行分析时，应将其与最新耐药基因分析数据库进行比对，如 CARD 和 ResFinder 等。分析结果重点关注抗菌药物耐药性完整编码基因，至少应包括如下信息：基因名称、定位（染色体或质粒）、编码蛋白的功能、覆盖度（序列长度覆盖度≥70%）、相似性百分比（输入序列与数据库中序列的匹配度≥80%）和 e 值（$<10^{-5}$）等。

5.4.3 结果分析

5.4.3.1 当测定的 MIC 值≤临界值（附录 D），若通过 WGS 分析未发现选定抗菌药物的耐药基因，则认为菌株不具有获得性耐药；若通过 WGS 分析检测到选定抗菌药物的耐药基因时，应评估耐药基因变为活性基因的可能性（如与活性基因序列进行比较等），并进行综合判断菌株是否具有获得性耐药。

5.4.3.2 当测定的 MIC 值>临界值（附录 D），若通过 WGS 分析未发现与选定抗菌药物表型相关的已知耐药基因，则认为菌株不具有获得性耐药；若通过 WGS 分析检测到与抗菌药物表型直接相关的已知耐药基因，则认为菌株具有获得性耐药。

5.4.3.3 对所有菌株，若通过 WGS 分析，发现存在除附录 D 中选定抗菌药物以外的其他 CIAs 或 HIAs 的耐药基因，则应分别测定对应抗菌药物的 MIC 值，并与文献值进行比较：

——当 MIC 值≤文献值，应评估耐药基因变为活性基因的可能性（如与活性基因序列进行比较等），并进行综合判断菌株是否具有获得性耐药；

——当 MIC 值>文献值，则认为菌株具有获得性耐药。

5.5 抗菌药物产生

应对直接饲喂微生物和发酵制品生产菌株是否产生人或动物用抗菌药物（WHO 发布的 CIAs 或 HIAs）进行评价，已知不产生人或动物用抗菌药物的微生物菌种除外。产品生产过程中若使用任何抗菌药物，应予以说明。

应评价培养物上清液对抗菌药物敏感的参考菌株的抑菌活性。推荐 EUCAST、CLSI 等相关方法中的参考菌株，也可使用国家级菌种保藏中心的等效菌株，也可根据实际生产情况增加参考菌株。若检测结果显示拟评价菌株培养物上清液对一种或一种以上参考菌株出现抑菌活性，应对抑菌物质进行鉴定，确定其是否为人或动物用抗菌药物。

若用于发酵制品的生产菌株能产生人或动物用抗菌药物，应证明发酵制品中无抗菌药物残留。应明确说明用于抗菌药物残留检测样品的具体采样阶段。样品应来自工业化生产线，若尚无工业化产品，可采用中试产品。

5.6 生产菌株的遗传修饰

若发酵制品生产菌株为转基因微生物，应对菌株遗传修饰信息进行如下描述。

5.6.1 遗传修饰目的

说明遗传修饰的目的，以及遗传修饰后微生物表型和代谢相关的特性及其变化。

5.6.2 遗传修饰的序列特征

详细描述插入、缺失、碱基对置换或移码突变等遗传修饰的序列特征。

5.6.2.1 插入序列

转基因微生物的插入序列可来自特定生物体，也可以通过设计获得。当插入的 DNA 是由不同来源的序列组合而成时，应分别提供每条序列的相关信息。

（1）来源于特定供体的 DNA

提供供体生物属和种水平的分类学信息。若序列来自环境样品，应提供与其最近的直系同源基因。对插入序列的描述应包括以下内容：

——所有插入元件的核苷酸序列，包括功能注释以及所有功能元件的物理图谱；

——插入元件的结构和功能，包括编码和非编码区；

——编码蛋白质的名称，推导的氨基酸序列和功能，提供编码酶的 EC 编号（如有）。

（2）设计序列

设计序列是非自然存在的基因序列，如密码子优化基因、合理设计嵌合/合成基因或包含嵌合序列的基因等。描述应包括以下内容：

——设计原理和策略；

——DNA 序列和功能元件的物理图谱；

——推导氨基酸序列和编码蛋白质的功能；

——应通过与最新数据库（如 ENA、NCBI、UniProt 等）比对，确定重组蛋白的功能结构域，并描述数据库中与插入序列相似性最高的蛋白信息。

5.6.2.2　缺失序列

对有意缺失的序列进行描述，并说明预期效果。

5.6.2.3　碱基对替换和移码突变

应对引入的碱基对替换和/或移码突变进行说明，并说明其预期效果。

5.6.3　遗传修饰结构分析

推荐采用 WGS 进行生产菌株遗传修饰结构的特征分析。

5.6.3.1　细菌遗传修饰结构分析

用于新饲料添加剂申报的，应利用 WGS 分析菌株遗传修饰的结构特征。应提供包括遗传修饰的所有基因组区域（染色体、重叠群或质粒）图谱或图示的详细说明，包括：

——插入、修饰或缺失的开放阅读框（ORF）。应详细描述每个 ORF 的基因产物信息，至少包括氨基酸序列、功能和代谢作用。重点描述引入的关注基因，包括毒力/产毒、产临床相关抗菌药物、耐药性等相关基因。

——插入、缺失、修饰的非编码序列。对序列（如启动子、终止子等）的作用和功能进行描述。

可通过比较转基因微生物与未经修饰的受体菌株的 WGS 完成上述分析。应对用于分析和比较的序列/数据库及方法进行详细说明。

5.6.3.2　酵母或丝状真菌遗传修饰结构分析

对于可获得 WGS 的酵母或丝状真菌，按照 5.6.3.1 进行遗传修饰结构分析。

对于无法获得 WGS 的酵母或丝状真菌，应对遗传修饰的所有步骤进行描述。所提供的信息应能识别所有可能引入受体微生物中的遗传物质。主要包括载体特征、遗传修饰过程、残留的载体或供体 DNA 结构及关注基因。

（1）载体特征

描述载体的来源和类型（质粒、噬菌体、病毒、转座子），若使用了辅助质粒，也应予以描述；提供所有功能元件和其他载体元件位置图谱，并对该图谱进行详细阐述，用以标识每个元件，包括编码和非编码序列、复制和转移的位点、调控元件、耐药基因及其大小、来源和作用等信息。

（2）遗传修饰过程信息

应对遗传修饰过程进行详细描述，包括 DNA 插入、缺失、替换或改造至受体的方法，以及筛选转基因微生物的方法；说明引入的 DNA 在微生物中的存在位置，明确插入基因是否在载体上，或是插入到染色体和/或真核微生物的细胞器（如线粒体）中。

（3）转基因微生物中残留的载体和/或供体核酸结构

详细说明实际插入、替换或修饰序列的位置图谱；对于序列缺失的情况，必须提供缺失区域的大小和功能。

（4）关注基因

对插入到转基因微生物中的任何关注基因进行明确说明。

若在遗传修饰过程中可能引入关注基因（包括遗传修饰过程中使用的载体、辅助质粒以及用于转化的质粒/复制子序列中的关注基因），应通过检测证明转基因微生物中不存在该关注基因。

检测应采用适宜的方法，如 Southern 杂交或 PCR。

——Southern 杂交应设置适宜的阳性和阴性对照。应说明所使用探针的长度、位置，琼脂糖凝胶中 DNA 的上样量及印迹前的凝胶图像。阳性对照的浓度应为生产菌株每个基因组中靶片段的 1～10 个拷贝。若使用多个探针，则应采用独立的试验分别进行测定。

——PCR 扩增应设置阳性对照和阴性对照。阳性对照应包括两种：含有遗传修饰过程中引入的关注基因的对照；用于排除 PCR 抑制的对照。

5.7 发酵制品中无生产菌株活细胞评价

发酵制品中应不含有生产菌株活细胞。应详细描述生产过程中去除或灭活微生物的处理工艺步骤，并通过检测证明发酵制品中无生产菌株活细胞。

采用可培养方法检测产品中是否存在生产菌株活细胞。具体的样品采集、样品前处理、培养条件、质控试验和鉴定确认要求见附录 E。

对于由相同上游发酵工艺（包括发酵、提取等）生产的中间产品，经不同后处理工艺（如与载体或稀释剂混合、包被等）获得的不同配方添加剂产品，应至少对发酵中间产品进行评价。若为不同发酵生产体系生产的产品，应对每个产品分别评价。

5.8 发酵制品中生产菌株 DNA 检测

以下两类发酵制品应开展生产菌株 DNA 残留检测：

（1）生产菌株为非转基因微生物，但携带获得性耐药基因的；

（2）生产菌株为转基因微生物。

采用特异 PCR 方法对生产菌株特定 DNA 片段（如获得性耐药基因、遗传修饰目的基因）进行检测。特异 PCR 方法涉及的样品采集、DNA 提取、PCR 扩增和质控要求见附录 F。

6 结果判定

本部分仅涉及微生物（直接饲喂微生物和发酵制品生产菌株）相关安全性评价结果。

6.1 直接饲喂微生物

6.1.1 细菌

——不具有获得性耐药、不产生临床相关抗菌药物、无致病性/产毒能力的菌株判定为无危害。

——具有获得性耐药的菌株判定为具有危害，对靶动物和添加剂暴露物种具有风险，不建议用于直接饲喂微生物的生产。

——具有致病性/产毒能力，或产生人或动物用抗菌药物的菌株判定为具有危害，对敏感靶动物和添加剂暴露物种具有风险，不建议用于直接饲喂微生物的生产。

6.1.2 酵母和丝状真菌

——无致病性/产毒能力且不产生临床相关抗菌药物的菌株判定为无危害。

——具有致病性/产毒能力，或产生人或动物用抗菌药物的菌株判定为具有危害，对敏感靶动物和添加剂暴露物种具有风险，不建议用于直接饲喂微生物的生产。

6.2 非转基因发酵制品生产菌株

6.2.1 细菌

——不具有获得性耐药、不产生临床相关抗菌药物、无致病性/产毒能力的生产菌株判定为无危害，发酵制品无生产菌株引起的风险。

——具有获得性耐药的生产菌株判定为具有危害。若生产菌株携带获得性耐药基因，并且在发酵制品中检测到长度足以覆盖耐药基因的完整 DNA 片段，则发酵制品对靶动物和暴露物种具有风险，不建议该菌株用于发酵制品的生产；若发酵制品中未检出生产菌株相关耐药基因 DNA 片段，则认为不具有风险。

——具有产毒能力，或产生临床相关抗菌药物的生产菌株判定为具有危害，发酵制品对敏感靶动物和暴露物种具有风险，不建议该菌株用于发酵制品的生产，除非证明发酵制品中不存在相关毒素或抗菌药物。

6.2.2 酵母和丝状真菌

——不产生临床相关抗菌药物且无致病性/产毒能力的生产菌株判定为无危害，发酵制品无生产菌株引起的风险。

——具有产毒能力，或产生临床相关抗菌药物的生产菌株判定为具有危害，发酵制品对敏感靶动物和暴露物种具有风险，不建议该菌株用于发酵制品的生产，除非证明发酵制品中不存在相关毒素或抗菌药物。

6.3 转基因发酵制品生产菌株

6.3.1 细菌

——不具有获得性耐药、不产生临床相关抗菌药物、无致病性/产毒能力、遗传修饰未引入/改变关注基因，且按照 5.8 所述方法，在发酵制品中未检出生产菌株重组 DNA 的生产菌株判定为无危害，发酵制品无生产菌株引起的风险。

——具有获得性耐药的生产菌株判定为具有危害。若发酵制品生产菌株携带获得性耐药基因，并在发酵制品中检测到耐药基因的完整 DNA 片段，则发酵制品对靶动物和暴露物种具有风险，不建议该菌株用于发酵制品的生产；若发酵制品中未检出生产菌株相关耐药基因 DNA 片段，则认为不具有风险。

——若生产菌株具有产毒能力，或产生临床相关抗菌药物，则菌株判定为具有危害，发酵制品对敏感靶动物和暴露物种具有风险，不建议该菌株用于发酵制品的生产，除非证明发酵制品中不存在相关毒素或抗菌药物。

6.3.2 酵母和丝状真菌

——无致病性/无产毒能力、不产生临床相关抗菌药物、遗传修饰未引入/改变关注基因，且按照 5.8 所述方法，在发酵制品中未检出生产菌株重组 DNA 的菌株判定为无危害，发酵制品无生产菌株引起的风险。

——具有产毒能力，或产生临床相关抗菌药物的生产菌株判定为具有危害，发酵制品对敏感靶动物和暴露物种具有风险，不建议该菌株用于发酵制品的生产，除非证明发酵制品中不存在相关毒素或抗菌药物。

专题篇

2021年饲料加工工业概况

2021年，在生猪生产加快恢复，禽养殖存栏高位，水产和反刍动物养殖持续发展的带动下，饲料总产量同比大幅增长16.1%，增幅创近20年新高。

一、基本情况

1. 饲料工业总产值首次超过万亿元。全国饲料工业总产值12 234.1亿元，比上年增长29.3%；总营业收入11 687.3亿元，增长28.8%。其中，饲料产品产值10 964.0亿元、营业收入10 499.8亿元，分别增长29.8%、29.1%；饲料添加剂产品产值1 154.9亿元、营业收入1 110.4亿元，分别增长23.8%、29.5%；饲料机械产品产值115.2亿元，增长36.4%，营业收入77.0亿元，下降3.6%（图1、图2）。

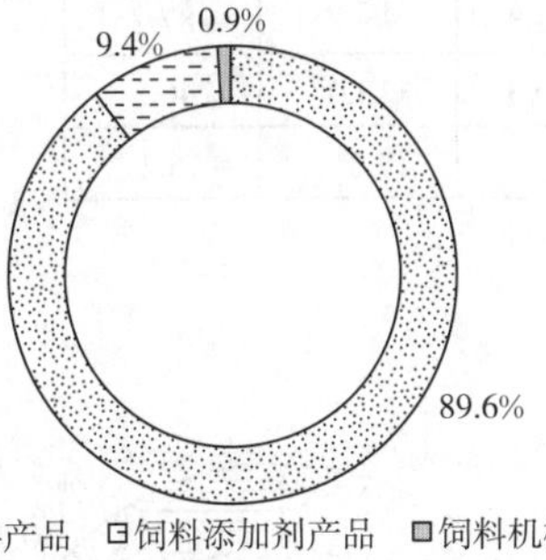

图1　2021年饲料工业总产值结构比重

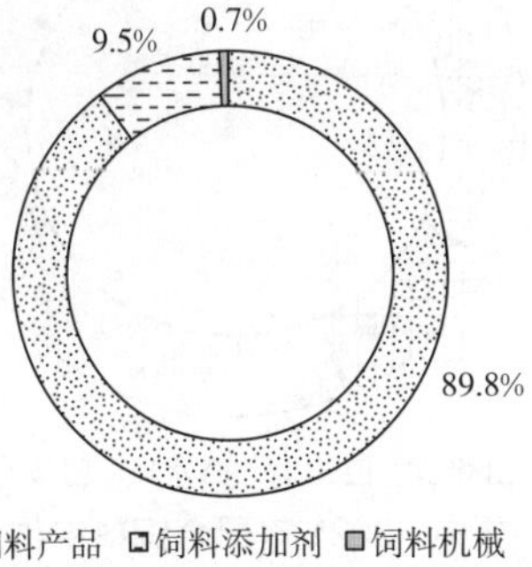

图2　2021年饲料工业总营业收入结构比重

2. 工业饲料总产量大幅增长。全国工业饲料总产量29 344.3万t，比上年增长16.1%。其中，配合饲料产量27 017.1万t，增长17.1%；浓缩饲料产量1 551.1万t，增长2.4%；添加剂预混合饲料产量663.1万t，增长11.5%（图3）。

从不同品种看，猪饲料产量13 076.5万t，增长46.6%；蛋禽饲料产量3 231.4万t，下降3.6%；肉禽饲料产量8 909.6万t，下降2.9%；反刍动物饲料产量1 480.3万t，增长12.2%；水产饲料产量2 293.0万t，增长8.0%；宠物饲料产量113.0万t，增长17.3%；其他饲料产量240.5万t，下降16.2%（图4、图5）。

不同类别饲料产品情况，配合饲料中，猪配合饲料11 732.6万t，同比增长52.0%；蛋禽配合饲料2 933.1万t，同比下降3.2%；肉禽配合饲料8 777.2万t，同比下降2.5%；水产配合饲料2 252.4万t，同比增长8.1%；精料补充料1 124.3万t，同比增长12.0%；其他配合饲料197.4万t，同比下降14.8%（图6）。

浓缩饲料中，猪浓缩饲料1 035.1万t，同比增长9.0%；蛋禽浓缩饲料119.1万t，下降16.0%；肉禽浓缩饲料89.0万t，下降28.5%；水产浓缩饲料4.1万t，下降21.5%；反刍浓缩饲料267.3万t，同比增长9.8%；其他浓缩饲料36.5万t，同比下降26.6%（图7）。

添加剂预混合饲料中，猪预混合饲料308.8万t，同比增长21.2%；蛋禽预混合饲料179.3万t，同比下降1.2%；肉禽预混合饲料43.4万t，同比下降8.6%；水产预混合饲料36.4万t，同比增长7.4%；反刍动物预混合饲料88.7万t，增长24.3%；其他预混合饲料6.6万t，同比增长17.8%（图8）。

3. 饲料添加剂产量稳步增加。全国饲料添加剂总产量1 477.5万t，比上年增长6.2%。其中，直接制备饲料添加剂产量1 367.9万t，增长5.5%；混合型饲料添加剂产量109.6万t，增长16.2%。氨基

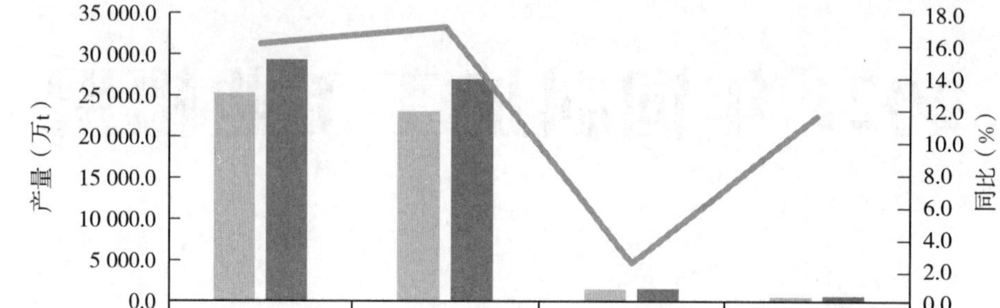

	总产量*	配合饲料	浓缩饲料	添加剂预混合饲料
2020年	25 276.1	23 070.5	1 514.8	594.5
2021年	29 344.3	27 017.1	1 551.1	663.1
同比（%）	16.1	17.1	2.4	11.5

图 3　2010—2021 年饲料总产量类别同比

*注：总产量包括宠物饲料。

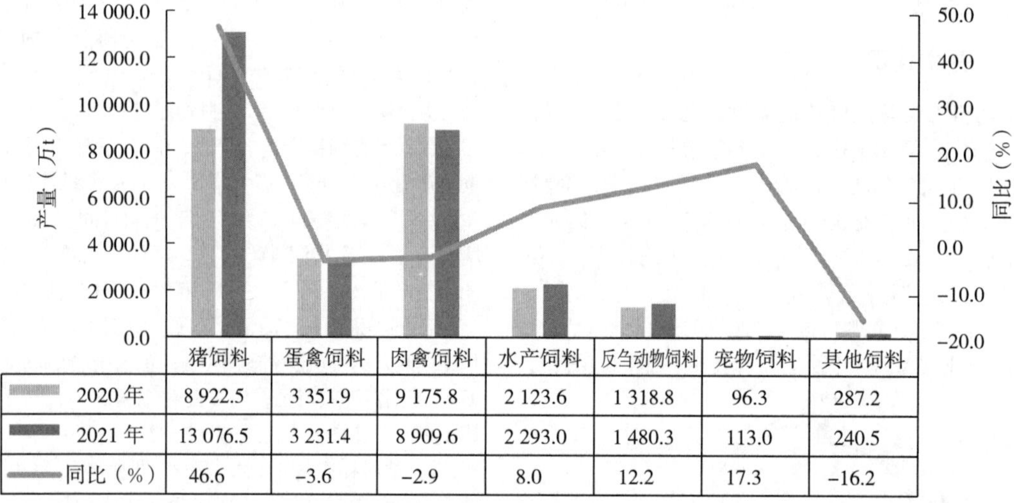

	猪饲料	蛋禽饲料	肉禽饲料	水产饲料	反刍动物饲料	宠物饲料	其他饲料
2020 年	8 922.5	3 351.9	9 175.8	2 123.6	1 318.8	96.3	287.2
2021 年	13 076.5	3 231.4	8 909.6	2 293.0	1 480.3	113.0	240.5
同比（%）	46.6	−3.6	−2.9	8.0	12.2	17.3	−16.2

图 4　2010—2021 年畜禽品种同比

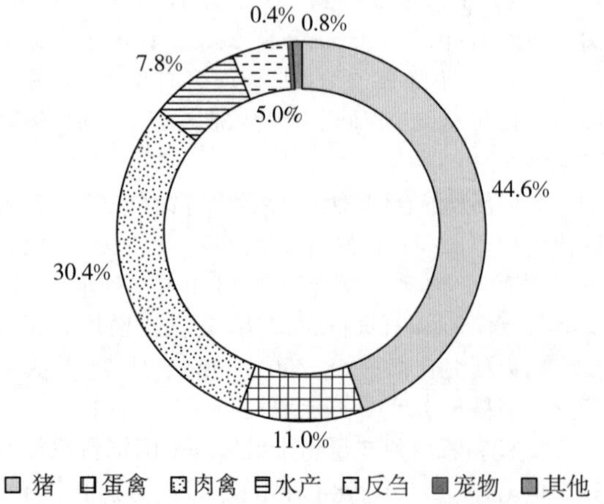

图 5　2021 年各品种占总产量比重

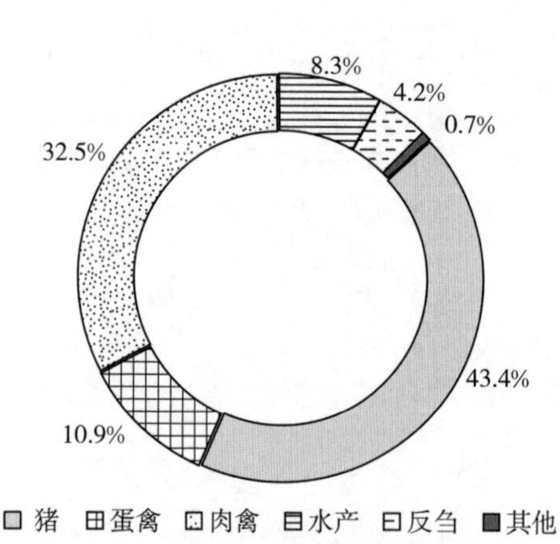

图 6　2021 年配合饲料结构图

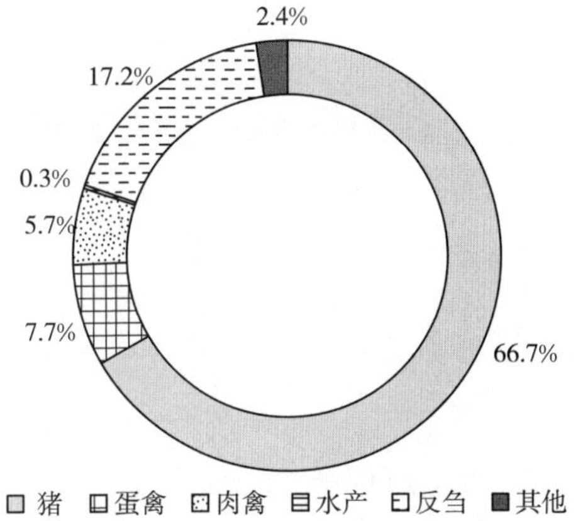

图 7　2021 年浓缩饲料结构图

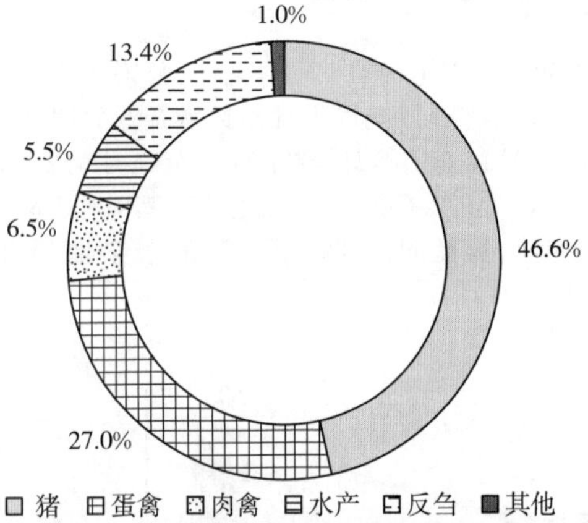

图 8　2021 年添加剂预混合饲料结构图

酸、维生素产量分别为 425.5 万 t、177.3 万 t，分别增长 15.1%、10.5%。酶制剂和微生物制剂等产品产量较快增加，分别增长 19.0%、17.4%。

4. 产量千万吨省份增加。2021 年，饲料产量超千万吨省份 13 个，比上年增加 3 个，13 个省份分别为山东、广东、广西、辽宁、江苏、河南、四川、河北、湖北、湖南、安徽、福建、江西。13 个省份合计产量占全国的比重为 79.4%，比上年下降 0.3 个百分点。其中，山东省产量达 4 476.3 万 t，同比增长 3.2%；广东省产量 3 573.3 万 t，同比增长 18.7%；山东和广东两省饲料产品总产值继续保持在千亿元以上，分别为 1 597 亿元和 1 482 亿元（表 1)。

5. 大宗饲料原料消费量稳步增长。全国饲料生产企业大宗饲料原料消费量随产量增加而增加，配方趋向多元化，玉米饲用消费量下降，替代原料小麦、大麦、高粱等大幅增加。2021 年，饲料企业大宗饲料原料消费总量为 22 957.5 万 t，同比增长 16.2%。其中，玉米消费量同比下降 24.7%，小麦、大麦、高粱消费量分别增长 561.9%、220.3%、116.5%，豆粕、棉籽粕、菜籽粕、其他饼粕消费量分别增长 5.7%、6.9%、9.4%、26.5%。

表 1　2021 年饲料产量过千万吨省份产量及比重

项目	2021 年饲料产量（万 t）	2020 年饲料产量（万 t）	同比（%）
全国	29 344.3	25 276.1	16.1
13 省份合计	23 305.6	20 154.1	15.6
山　东	4 476.3	4 335.8	3.2
广　东	3 573.3	3 010.2	18.7
广　西	2 042.0	1 535.1	33.0
辽　宁	1 780.5	1 603.2	11.1
江　苏	1 467.8	1 360.7	7.9
河　南	1 455.9	1 180.0	23.4
四　川	1 438.4	1 148.0	25.3
河　北	1 375.8	1 360.2	1.2
湖　北	1 318.2	1 054.0	25.1
湖　南	1 249.5	1 009.6	23.8
安　徽	1 059.4	895.3	18.3
福　建	1 057.9	855.0	23.7
江　西	1 010.6	807.0	25.2

二、2021 年商品饲料变化特点

1. 产业结构优化升级。养殖业规模化发展，配合饲料比重不断提高。2021 年，配合饲料产量占总产量的比重为 92.4%，比 2015 年提高 5.5 个百分点；浓缩饲料、添加剂预混合饲料产量比重分别下降 4.5、1.0 个百分点（图 9）。

2. 各品种皆增，猪饲料、肉禽饲料是主要驱动力。水产饲料、反刍动物饲料稳步增长。2015—2021 年，猪饲料、肉禽饲料产量年均增长率分别 7.8%、8.3%，年均分别增加 789 万 t、566 万 t；水产饲料、反刍动物饲料产量年均共增加 166 万 t，蛋禽饲料年均增加 35 万 t（表 2）。

表 2　不同品种饲料产量情况

年份	猪饲料	蛋禽饲料	肉禽饲料	水产饲料	反刍动物饲料
2015	8 344	3 020	5 515	1 893	884
2021	13 077	3 231	8 910	2 293	1 480
年均增量	789	35	566	67	99
年均增长率	7.8%	1.1%	8.3%	3.2%	9.0%

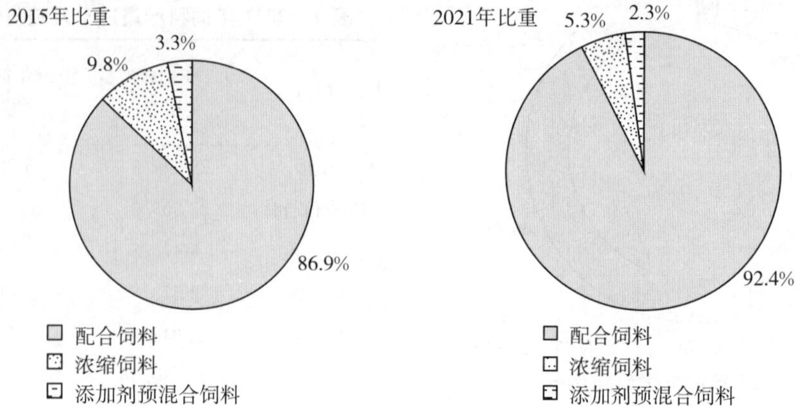

图 9　配合、浓缩、添加剂预混合饲料占比重变化趋势

3. 规模化进程加快。2021 年，全国万吨规模以上的饲料生产厂 3 860 家，比上年增加 179 家，饲料产量占全国饲料总产量的比重为 96.3%，较上年占比增长 0.6 个百分点。其中，10 万 t 以上规模饲料生产厂 957 家，比上年增加 208 家，饲料产量占全国饲料总产量比重为 60.3%，比上年提高 7.5 个百分点；年产 50 万 t 以上的有 50 家，占全国饲料总产量的 62.7%；年产百万吨以上规模饲料企业集团 39 家，比上年增加 6 家，合计饲料产量占全国饲料总产量的 59.7%，比上年提高 5.1 个百分点，其中有 6 家企业集团年产量超过 1 000 万 t，比上年增加 3 家（图 10）。

图 10　2015—2021 年年产 10 万 t 以上单厂企业情况

4. 产业人员素质不断提高。2021 年，饲料企业年底职工人数为 77.0 万人、同比增长 0.7%。其中，大学专科及以上学历的职工人数为 31.0 万人，同比增长 0.9%，占职工总数的 40.3%，较上年增长 0.1 个百分点。特有工种 7.8 万人，增长 3.4%。其中，检化验员和维修工分别增长 3.0%、3.9%（表 3）。

表 3　饲料产业从业人员情况（万人）

项目	职工总数	其中					特有工种人员	其中	
		博士	硕士	大本	大专	其他		检化验员	维修工
2021 年	77.0	0.4	1.5	11.2	17.9	46.0	7.8	4.0	3.8
同比	0.7%	−0.7%	2.0%	0.7%	1.0%	0.6%	3.4%	3.0%	3.9%

（陆泳霖　陈亚楠）

主要饲料产品概述

家禽饲料

虽受新冠感染疫情、猪价低迷、原料价格普涨的影响，2021年我国家禽生产基本稳定。全国家禽出栏157.4亿只，同比增加1.7亿只，增长1.1%；存栏67.9亿只，同比增长0.1%。蛋禽饲料产量3 231.4万t，同比下降3.6%；肉禽饲料产量8 909.6万t，同比下降2.9%。

2021年全国禽蛋产量3 409万t，同比下降1.7%；禽肉产量2 380万t，同比增长0.8%。以2021年的14.126 0亿人口计算，禽蛋禽肉人均占有量分别达到24.13kg和16.85kg，远超世界平均水平。以1996—2021年，禽蛋禽肉二者年均增速2.22%和2.95%推算，2025年人均禽蛋禽肉占有量将达到26.35kg和18.90kg（图1）。

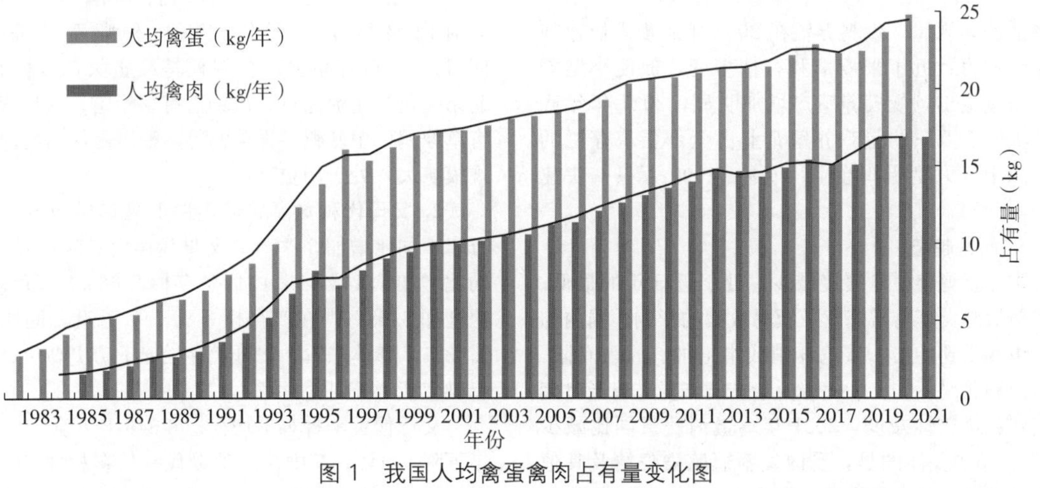

图1 我国人均禽蛋禽肉占有量变化图

一、蛋禽养殖

1. 蛋种禽。中国畜牧业协会监测，2021年全国新增祖代蛋种鸡80.99万套（国产65.25万套，进口伊莎、海兰黑、雪佛等15.74万套，进口同比下降35.42%），较2020年增加18.84万套。自2020年2月14日海关总署解除美国禽类和禽类产品进口限制，美国成为最大的中国蛋种鸡进口来源地，其次为加拿大。2021年沈阳华美畜禽、正阳县新杨家禽、华裕农科、宁夏晓鸣、北京农效、河南丰园禽业，从美国引进祖代蛋种鸡11.49万套，占比73%，加拿大引进祖代蛋种鸡4.22万只，占比27%。2021年国产祖代更新63.70万套，远超进口，有14个高产和10个特色配套系；祖代蛋种鸡平均存栏61.73万套，同比上升5.81%，远高于实际需要的36万套。祖代后备蛋种鸡存栏量波动上升，平均存栏32.08万套，同比增长25.95%。2021年父母代蛋种鸡平均存栏约1 500万套。种鸡行业集中度持续增强，规模化企业市场份额占比继续提升，中小企业加速退出。

2. 商品蛋鸡。全国禽蛋总产量连续五年维持在

3 000 万 t 以上，占世界禽蛋总产量的 43%以上，是当之无愧的禽蛋生产大国。受 2020 禽蛋价格低迷、饲料成本上涨等因素影响，蛋鸡养殖效益整体亏损，2021 年禽蛋产量 3 409 万 t（其中高产蛋鸡存栏 10.5 亿只，蛋产量 1 852.49 万 t），低于 2020 年的 3 468 万 t，减少 57 万 t（其中高产蛋鸡减少 31 万 t）。

2021 年全国蛋鸭存栏 1.5 亿只，土杂地方品种等肉蛋兼用蛋鸡 3 亿余只，鸭蛋产量为 277.6 万 t，比 2020 年下降 4.8%。鹌鹑 2 亿只，产蛋 220 万 t，鹌鹑市场需求量约 2.2 亿只，市场需求呈上升趋势，集中度下降。据海关统计，2021 年全国去壳禽蛋出口金额 88.5 万美元，同比增长 14.79%；其他禽蛋产品出口金额为 2 017.6 万美元，同比增长 114.96%。

2021 年蛋鸡产业发展进入调整期，行业处于去产能状态，蛋鸡存栏处于近年来低位，新冠感染疫情对局部地区的鸡蛋供给和需求产生了短期影响，鸡蛋供给和需求“双减”，总体呈现紧平衡，鸡蛋价格回升明显（平均 8.80 元/kg，同比上涨 33.80%），淘汰鸡价格大幅上涨，蛋鸡养殖扭亏为盈。但因饲料价格较高，养殖利润不及预期，鸡蛋平均获利 1.1 元/kg，鸡获利 20.27 元/只，低于 2020 年的 27.75 元/只。预计 2022 年鸡蛋消费将回归往年淡旺季的波动规律。蛋鸡养殖在 2007 年后步入快速规模化的通道，近年来疫情和行情多变，促使小型养殖户持续退出，规模养殖户增加明显，2021 年年底存栏大于 1 万只的蛋鸡养殖企业占全部蛋鸡存栏的 51%以上。大型蛋鸡企业（存栏＞100 万只）快速增加。

3. 问题趋势。

①产蛋鸡存栏量缓慢减少，处于近 5 年的最低。随着新冠肺炎疫情常态化及贸易政策的影响，国内与国际市场受到冲击，蛋鸡养殖成本增加、收入有限，养殖盈利状况不佳。②随着生猪产能恢复，鸡蛋对猪肉消费替代属性减弱，2021 年鸡蛋消费量同比减少 1.6%。值得关注的是，受散发新冠感染疫情及其他农产品价格短期高位影响，鸡蛋消费出现了逆规律运行的情况，尤其是四季度出现了鸡蛋消费“前期淡季不淡、后期旺季不旺”的现象。③蛋鸡饲料产量同比减少 1.6%，饲料和饲养成本大幅增加，养殖利润波动较大，全年虽由亏损转为盈利，但利润较低。④禽蛋精深加工水平不高，高附加值产品较少，副产物及废弃物利用率低，科技研发及管理人才相对偏少，制约禽蛋产业发展。⑤饲料贵、蛋价低，健康养殖可用手段有限，集约化养殖的环境卫生、生物安全、饲养管理等跟不上，使得疫病发生率较高，抗生素治疗较为普遍。效果好、副作用低、性价比高的替抗方案是禁抗政策落地的关键，仍有较长的路要走。

二、肉禽养殖

2021 年美国、中国、巴西和欧盟肉鸡产量分别为 2 038 万 t、1 470 万 t、1 450 万 t 和 1 085 万 t，四大肉鸡主产国（地区）肉鸡产量增速高于全球平均水平，占全球肉鸡总产量的比重持续回增（6 043 万 t，占比 60.5%）。

1. 祖代种禽。据中国畜牧业协会数据，2021 年祖代白羽肉鸡总存栏为 171.29 万套，同比增长 4.92%。其中后备存栏 57.35 万套，同比减少 0.75%；在产存栏 114.02 万套，同比增加 8.10%。祖代白羽肉雏鸡更新 124.61 万套，增加 24.27%；强制换羽 14.95 万套，增加 17.26%。

全国黄羽祖代肉种鸡数量基本稳定，平均存栏 216.6 万套，较 2020 年微幅下降 0.6%，其中在产存栏、后备种鸡平均存栏分别为 151.4 万套和 65.2 万套，较 2020 年均微幅下降 0.6%，仍处于历史高位。

2021 年，全国祖代白羽肉种鸭在产存栏约为 61.03 万套，比 2020 年增加了 15.04%。其中，国外引进品种（南特、枫叶、奥百星等）8.47 万套，占祖代白羽肉种鸭存栏总量的 13.88%；自有品种 52.56 万套（樱桃谷鸭、北京鸭、草原鸭、中新鸭、天府肉鸭等），占祖代白羽肉种鸭存栏总量的 86.12%。自有品种存栏规模持续扩大，樱桃谷鸭、北京鸭仍是主流品种，市场占有率稳定；新培育品种有草原鸭、中新鸭、强英鸭等。整体祖代白羽肉种鸭规模扩大，处于历史高位。

2. 父母代种禽。父母代白羽雏鸡供应 6 365.72 万套，同比增加 5.97%；父母代存栏 6 507.87 万套，同比增加 7.14%，其中后备存栏 2 663.89 万套，同比增加 3.48%，在产存栏 3 843.98 万套，同比增加 9.83%。整体来看，父母代存栏处于历史高位，商雏鸡供应能力充足。

父母代黄羽种鸡平均存栏 6 846.8 万套，比 2020 年下降 9.4%，其中在产父母代平均存栏 4 035.2 万套，比 2020 年下降 6.0%，为 2019 年以来最低；后备父母代平均存栏 2 811.6 万套，比 2020 年下降 13.9%；父母代黄羽肉雏鸡供应量为 6 133.65 万只，同比减少 12.81%；商品代黄羽肉雏鸡供应量为 17.16 亿只，同比减少 6.35%，且销售价格整体低迷，雏鸡销售亏损。

“817 肉鸡”的母系种鸡存栏 3 328.50 万套，同比增加 7.10%；父系种鸡存栏 75.12 万套，同比增加 9.11%。

2021 年父母代白羽肉鸭在产存栏持续下降，为 1 359.57 万套。

3. 肉鸡出栏和鸡肉产量。2021 年禽肉产能中鸡肉占比将近 66%，我国肉鸡主要包括白羽肉鸡、黄羽肉鸡、817 肉鸡等，肉鸡出栏 125.14 亿只，比 2020 年增长 3.76%，创历史新高。

白羽肉鸡存栏、出栏“双增”，黄羽肉鸡存栏、出栏“双降”，鸡肉中白羽鸡肉占比 57%，黄羽鸡肉占比 27%，817 小型肉鸡占比持续增加。2021 年，白羽肉鸡出栏数量 65.32 亿只，出栏价格有所下降；黄羽肉鸡出栏量减至 40.42 亿只，比 2020 年减少 8.76%。2021 年进口白羽肉鸡鸡肉 140 多万 t，比 2020 年稍有减少，但仍然是非洲猪瘟前的 2 倍多（图 2）。

2021 年因产能充足、饲料成本上涨，活鸡价格上涨，鸡苗价格下跌，行业利润偏低，黄羽肉鸡养殖微利。

2021 年，“817 肉鸡”商品代鸡苗外销量 4.14 亿只，同比增加 27.04%，鸡苗外销价格 1.02 元/只（成本价格 1.08 元/只），同比上升 3.93%，整体来看全年效益低迷，每只鸡亏损 0.07 元。2021 年，“817 肉鸡”毛鸡出栏 2.28 亿只，同比增加 16.10%，盈利增加，略高于 2020 年。

2021 年，全国商品代白羽肉雏鸭供应 36.85 亿只，同比减少 11.82%；商品代白羽肉鸭毛鸭出栏约为 35.01 亿只，同比减少 11.81%，价格上涨显著，主要是养殖成本和饲料成本大幅增加。中国每年出栏肉鹅超过 5 亿只。2019—2020 非洲猪瘟发生后，鸡鸭鹅肉均有增长，其中白羽肉鸭增量最多；2021 年肉鸭行业由繁荣转向低迷，亏损较大。

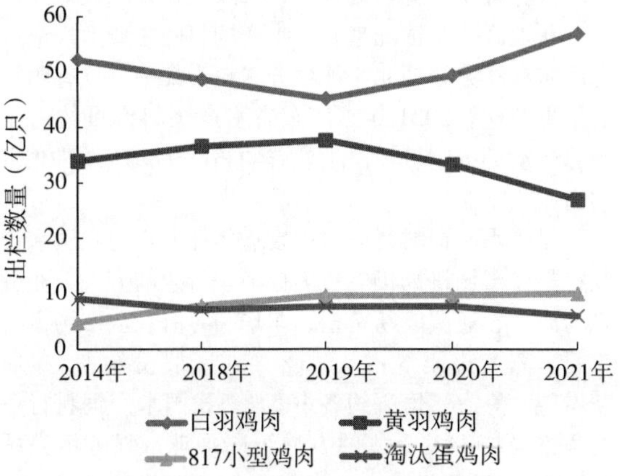

图 2 各种鸡肉随年度变化图

（来源：中国畜牧业协会禽业分会）

4. 现状、问题和趋势。

①白羽肉鸡种源严重依赖进口，2021 年我国白羽肉鸡育种取得进展，培育 3 个快大型白羽肉鸡品种，但推广量较低。我国本土黄羽肉鸡遗传资源丰富，但资源利用程度低、饲料转化率等关键技术指标缺乏竞争力，黄羽肉鸡转为生鲜上市是必然趋势，对屠宰加工型黄羽肉鸡新品种的培育提出新的要求。2021 年，祖代种鸡利用率进一步下降，父母代种鸡利用率与 2020 年基本持平。

②因早年非洲猪瘟疫情导致生猪产量下降，2021 年白羽肉鸡出栏量延续增长势头，产能过剩问题突出，致市场价格低迷，市场风险加大。2022 年国内生猪产量逐渐回调至非洲猪瘟前水平，鸡肉与猪肉在消费市场的竞争进一步加剧，2022 年肉鸡产能将延续增长趋势，增幅会降低。

③黄羽肉鸡原来主要依靠活禽市场，由于受禽流感、非洲猪瘟、新冠感染疫情影响，活禽市场受限。近几年 817 肉鸡等小品种发展较快，白羽肉鸡市场份额增加明显，养殖规模化程度增加。

④饲料“禁抗”的影响深远，肉鸡产业发展压力日益增大。抗生素残留问题是制约我国肉鸡产品国际竞争力提升的重要因素，肉鸡产业绿色高质量发展有待加强。

⑤规模化、集约化已经成为包括肉鸡产业在内的畜牧业发展的显著特征。2021 年资源化利用率不断提高，但污染问题仍突出。

⑥随着环保和疫病防控压力增大，水禽离水旱养（网上平养、立体笼养和生物发酵床养殖等）已成为我国肉鸭肉鹅的主要养殖模式。

三、家禽饲料

2021 年蛋禽饲料产量 3 231.4 万 t，下降 3.6%，肉禽饲料产量 8 909.6 万 t，下降 2.9%，两者分别占全国工业饲料总产量（29 344.3 万 t）的 11.01%和 30.36%，二者之和 41.37%。从侧面看，我国肉禽、蛋禽产能正缓慢回落。因为蛋禽饲料中预混合饲料比例较高，根据预混合饲料、浓缩饲料、禽蛋和禽肉产量推算，2021 年需要家禽饲料 16 261.6 万 t。2021 年黄羽肉鸡去产能趋势延续，父母代种鸡存栏量低于近 3 年水平，拖累禽料产量。2021 年蛋鸡存栏量下滑，使得鸡蛋价格增长，养殖利润逐步好转，但对饲料的带动存在时间差，蛋禽饲料产量在分品种饲料中减幅最大。2021 年肉鸡、蛋鸡全价配合饲料平均成本为 3 553 元/t 和 3 205 元/t，较 2020 年分别提高 528 元和 464 元。

1. 蛋禽饲料。2021 年蛋禽工业饲料产量下降 3.6%，禽蛋产量降幅为 1.7%。2021 年蛋禽饲料产量突破 200 万 t 的省份一共有 5 个，分别为河北（357 万 t）、山东（352 万 t）、湖北（309 万 t）、广东（230 万 t）、江苏（211 万 t）。2021 年蛋鸡饲料和饲养成本大幅增加，年均饲养成本 141.22 元/只，比上一年增长 18.3%，其中蛋鸡苗成本增长 15.4%，蛋鸡饲料成本增长 19.6%。

2021 集约化蛋鸡平均每只产蛋 17.6kg，假设蛋鸡从育雏、育成、产蛋到淘汰（500 日龄）耗料 45kg，则料蛋比 2.56∶1。实际生产中，蛋鸡全期死淘率>10%，故蛋鸡养殖需要约 4 725 万 t 饲料。蛋鸭的料蛋比一般为 3∶1，277.6 万 t 鸭蛋需要 833 万 t 饲料。鹌鹑的料蛋比一般为 2.7∶1，220 万 t 鹌鹑蛋需要 594 万 t 饲料。其他散养鸡蛋、鹅蛋、鸽子蛋、种蛋等 1 109 万 t，即便有饲草等供给，也需要 1 200 万 t饲料，合计需要约 7 352 万 t 饲料。

2. 肉禽饲料。2021 年肉禽饲料产量大于 500 万 t 的省份一共有 4 个，分别为山东（2 638 万 t）、广东（1 251 万 t）、广西（730 万 t）、辽宁（703 万 t），与肉鸡主产区高度重合。根据农业农村部畜牧兽医局监测数据，2021 年全国玉米与豆粕平均价格分别为 2.89 元/kg 和 3.78 元/kg，分别同比上涨 9.5% 与 8.9%。肉鸡配合饲料价格 3.69 元/kg，同比上涨 7.3%。生猪产能恢复、饲料原料进口放缓（中美贸易摩擦）等因素导致饲料价格上涨。

以肉禽饲料产量（8 909.6 万 t）和肉禽出栏量（3 173 万 t）计算，综合料肉比为 2.81。白羽肉鸡、白羽肉鸭的料重比通常小于 2，黄羽肉鸡料重比约为 2.5，计算所得的肉禽料肉比为 2.81，数据偏高。其原因可能有：①肉禽饲料中有 10%左右的浓缩料和预混料；②国人爱吃的鸡爪子、鸡胗、鸡心、鸡翅、鸭肠、鸭血…进口量较大，且均未计算在禽肉内。

（武书庚　邱　凯　齐广海）

水产饲料

一、水产饲料行业发展阶段

近年来，随着我国养殖业的不断发展，中国饲料工业也随之快速崛起，国内饲料产量不断增长。发展到目前，我国是全球最大的饲料生产国。数据显示，2021 年中国饲料总产量达 29 344.3 万 t，较 2020 年增加了 4 068.20 万 t，同比增长 16.10%。经过十多年的快速发展期，目前我国水产饲料已进入稳定发展阶段。2016—2021 年，我国水产饲料整体呈现增长趋势，而 2021 年水产饲料总量为 2 142.79 万 t，较 2020 年增加 28.93 万 t，同比增长 1.37%。但预计随着居民消费水平的不断提升，我国水产饲料的消费量还有望继续稳定增加，从而也将推动产量增加。

水产品是优质蛋白质来源，富含人体所需的各种氨基酸和丰富的不饱和脂肪酸，有益于国民身体健康。近年来，水产品在我国居民膳食结构中的比重不断增加，年均消费量以 3%的增速增长。与此同时，随着我国经济持续健康增长、城乡居民收入和城市化进程提高，人民生活水平不断提高，人们对水产品的需求量也处于逐年增长态势，尤其是品质好、价格高的水产品。目前我国是世界上最大的水产品生产国、消费国、进出口国之一。自 2016 年以来，我国人均水产品消费量呈现增长态势，数据显示，2021 年我国人均水产品消费量从 2016 年的 11.4kg 增长到 2021 年的 14.2kg。除个别品种以外，2021 年水产品价格普遍都比较好，广大养殖户得到较为合理的收益，特别是特种水产品种。

受益于人们对水产品的需求量不断增长，我国水产养殖业得到了快速发展，产量呈现逐年增长态势。数据显示，截至 2020 年我国水产养殖规模突破万亿大关，达到 10 223.4 亿元。2021 年我国水产养殖产量从 2016 年的 4 793.2 万 t 增长至 2021 年的 5 388 万 t。预计 2022 年我国水产养殖产量将进一步增长至 5 630 万 t。

2021 年随着生猪产能急剧恢复，畜禽存量居高，玉米、小麦等原料需求大增，推动粮食价格持续走高。但是受海外新冠感染疫情影响，海运费飙涨，原油、天然气、煤炭等能耗双控，限电限产等种种因素，出现了饲料原料史上的首次全面涨价，蛋白原料、能量原料、油脂原料、填充辅料、添加剂等全线达到 30%～100%的涨幅。2021 年，中国进口粮食 16 453.9 万 t，占粮食总产量（68 285 万 t）的 24.1%。短期来看，饲料用粮仍然存在较大缺口。

从地区分布情况来看，水产饲料的主要生产地区为广东、江苏和湖北，地域分布较为集中，具有明显的集聚效应。2021 年，广东省水产饲料产量约占全国总产量的 34.95%、江苏省约占 16.85%、湖北省约占 12.34%。

尽管水产饲料行业集中度逐年提升，但我国水产饲料整体市场格局仍然较为分散，行业前五大企业分别为海大、通威、新希望、澳华和粤海。从市场占有率看，海大集团约占 14.3%，通威股份约占 10%，新希望、粤海、恒兴约各占 5%。我国水产饲料行业竞争格局趋于大企业的发展不断加速，强者恒强的“马太效应”更加突出，头部企业普遍出现 15%以上的销量增长，集团化公司进一步扩大布局，建立新的生产基地，其中海大、安佑、纵海、唐人神都陆续建立了新的生产基地，期望在快速洗牌的过程中获得更多的市场。畜牧企业一方面不断拓展产能，全国性规划水产料生产基地、销售公司，进一步完成从零散开拓市场到统筹规划的布局。例如，畜禽巨头力源集团快速布局，2021年布局10个水产饲料生产基地，充分发挥自身的渠道和规模化优势，为畜牧企业快速发展水产树立标杆。另外，冉冉升起的水产新星傲农集团在天津宁河、江苏泗阳和兴化、湖北武汉和荆州、湖南常德、江西南昌、四川德阳、福建厦门和漳州、广东茂名等地新建和并购10多个中小水产料企业，逐步把一个个区域优势企业变成了一个个专业型企业，聚沙成塔，逐步凸显其品牌与规模优势。

诸多传统的本土企业根据自身的特点及优势也在快速发展。如广东旺海集团从2012年确立以"精品水产饲料"为战略定位以来，旺海进入快速发展车道，迅速拉开与珠三角同一批企业的差距，从生鱼饲料霸主到全国集团型企业，如今旺海集团旗下拥有7家分公司，成为我国饲料企业第二梯队领军企业之一。丰华作为珠三角中小型饲料企业的优秀代表，绕开当前行业低价低质的恶性竞争困局，打造丰华饲料高定位、高品质、高性价比的产品名片，2021年丰华膨化水产料销量突破10万t，其中特水料占比35%以上。

综合来看，当下饲料行业的竞争已从单一渠道竞争、技术竞争、产品竞争、成本竞争、服务竞争转变为产业价值链竞争，拥有全方位竞争优势的饲料企业不断扩大市场份额，带动饲料产业集中度持续加速提升（表1）。

表1　2020—2021年全国不同省份水产饲料产量统计

单位：万t，%

序号	省份	2021年产量	2020年产量	增降幅	序号	省份	2021年产量	2020年产量	增降幅
1	广东	748.82	680.13	10.10	16	河南	29.33	29.73	−1.33
2	江苏	360.99	346.65	4.14	17	云南	28.88	27.41	5.35
3	湖北	264.40	227.37	16.29	18	重庆	22.34	18.62	19.99
4	福建	16.74	146.64	−88.58	19	黑龙江	8.45	9.21	−8.21
5	湖南	133.73	132.68	0.80	20	新疆	7.42	8.70	−14.74
6	浙江	97.04	89.70	8.19	21	上海	2.76	2.78	−0.88
7	四川	66.18	60.63	9.16	22	新疆兵团	2.47	0.43	470.40
8	广西	62.87	53.17	18.23	23	宁夏	2.36	3.06	−22.86
9	江西	59.83	57.52	4.03	24	陕西	2.21	3.05	−27.60
10	山东	41.66	42.11	−1.07	25	北京	1.36	2.11	−35.45
11	海南	40.77	42.11	−3.17	26	贵州	0.95	0.86	9.92
12	天津	36.62	29.45	24.33	27	吉林	0.49	0.78	−37.16
13	辽宁	36.54	29.45	24.05	28	内蒙古	0.32	0.78	−58.35
14	安徽	36.54	32.64	11.93	29	甘肃	0.31	0.37	−17.02
15	河北	30.39	35.71	−14.89		**合计**	**2 142.77**	**2 113.85**	**1.37**

二、水产饲料行业发展状况

1. 国家政策方向。投入品使用白名单制度执行，确保水产品质量安全。2021年1月7日农业农村部颁发了农渔发〔2021〕1号文件——《关于加强水产养殖投入品监管的通知》。2月19日，农业农村部发布《水产养殖用投入品使用白名单制度工作规范（试行）》，明确水产养殖投入品使用白名单，将国务院农业农村主管部门批准的水产养殖用兽药、饲料和饲料添加剂，以及其制定的饲料原料目录和饲料添加剂品种目录所列物质纳入水产养殖用投入品白名单，实施动态管理，引导水产养殖者规范使用水产养殖投入品，确保水产养殖质量安全水平。

加快水产养殖机械化发展进程。2020年11月10日，农业农村部印发《关于加快水产养殖机械化发展的意见》，对目前水产养殖机械化发展不平衡、不充分等问题，提出到2025年，水产养殖机械化水平总体达到50%以上。在环保及水资源保护政策的影响下，大水面的湖泊、水库、网箱、近海、浅海、滩涂、限制或禁止人工饲养，水产养殖面积将会减少。2020年全国水产养殖面积约703万hm^2，相比2016年减少约16%。水产面积减少必将是水产养殖模式的新趋势，向规模化、集约化、机械化养殖及深海养殖发展，来增加饲养密度和提高单位面积养殖效率。未来的水产养殖方式可能会两极分化，一种情况是在天然的环境中生态养殖，产量相对较低，但是成本也会相对较低；另一种情况就是高密度养殖，产量较高，养殖的效率也较高，但是投入相对较大，如工厂化养殖。

“十四五”期间，加强对饲料精准加工、增值、增效、节能降耗、安全环保等科技创新项目的立项支持和经费投入，增强饲料工业转型升级动能。新时代，我国饲料工业的发展要贯彻“创新、绿色、协调”的可持续发展理念。精准加工就是资源节约与高效利用，增值、增效就是通过科学加工提升饲料营养和饲养功效，创造更大价值；饲料加工企业的节能、降耗、环保、安全技术创新也都是饲料工业可持续、绿色发展的重要科技创新方向。

农业面源污染是影响水环境质量的重要排放源之一，我国是世界水产养殖的第一大国，养殖面积和养殖规模持续增加，水产养殖的污染排放量不容忽视。根据《第二次全国污染源普查公报》，全国涉及水产养殖业的区县有 2 843 个，水产养殖业排放的化学需氧量、氨氮、总氮和总磷的排放量分别为 66.6 万 t、2.23 万 t、9.91 万 t 和 1.61 万 t，与整个工业源排放量相近，分别为工业源排放量的 0.73 倍、0.5 倍、0.64 倍和 2.03 倍。池塘生态系统中的氮主要来源于饲料，在高度集约化投饵养殖中占比 90%～98%，而饲料中的氮转化为养殖生物的占比 20%～27%，沉积氮占比为 54%～77%；磷来源于饲料的占比为 97%～98%，转化为养殖生物的占比 8%～24%，沉积磷占比为 72%～89%。大量的氮磷沉积不但造成了营养物质的浪费，而且污染池塘水质，影响了水产养殖业的持续发展。水产养殖领域存在不同程度养殖尾水富营养化、未处理尾水直排等问题，水产养殖尾水排放也将是中央生态环境保护督察的重点内容，水产养殖排放监管趋严，加强水产养殖尾水减排和治理迫在眉睫。

2. 水产品预制菜改变水产饲料企业产业布局。 在疫情冲击下，大众消费观念发生巨大的改变，这种只需简单加工的“方便菜”深受市场欢迎。据数据显示，2021 年中国预制菜行业规模为 3 459 亿元，同比增长 18.1%，预计未来中国预制菜市场将保持 20% 左右的增长率。2023 年预制菜的市场规模将有望达到 5 165 亿元，未来 6～7 年我国预制菜行业更是有望实现 3 万亿元以上的规模，成为“下一个万亿级餐饮市场”。

预制菜成为资本市场少有的关注水产行业的契机点，其火爆程度进一步拓宽了黑鱼、加州鲈、斑点叉尾鮰等品种的消费渠道，也让部分饲料企业更有信心涉足养殖，从而建立更具可控性的产业链优势。水产饲料企业涉足养殖是趋势，未来企业之间的竞争是产业链的竞争。尽管规模化水产养殖仍面临成本高的问题、技术上的问题、管理上的问题等，但健康的消费需求、食品安全倒逼企业进入水产养殖业。

从水产养殖模式发展看，规模化及工厂化养殖模式快速扩张，将成为未来养殖模式的新趋势。2020 年我国工厂化养殖空间达 9 744 万 m^3，比 2016 年上涨 63%。其中淡水工厂化养殖空间达到 5 803 万 m^3，海水工厂化养殖空间约 3 941 万 m^3，分别比 2016 年增长约 56%、39%。与畜禽养殖不同，我国水产养殖与水产饲料是两条不同赛道。近年来，很多规模化水产饲料企业纵向一体化程度不断加深，开始涉足水产养殖领域，甚至更进一步深入到食品加工领域。对于企业来说，这不仅可以增强在市场中的抗风险能力，同时也能成为业绩新的增长点；对行业来说，也必将加速我国水产养殖规模化的进程。

3. 生产成本增加，饲企夹缝生存。 2021 年上半年全国玉米、豆粕现货均价较同期分别上涨超 44%、24%，且受“绿色政策”的限电限产影响，不少油厂的大豆压榨数量都呈现下降趋势，这让豆粕的产量随之减少，一些中西部的油厂豆粕报价更是突破了 4 000 元/t。8 月中旬，正值水产饲料企业生产的高峰期，国家发改委对全国 9 个地区能耗“双控”亮起了红灯，多省份积极落实中央政策。随着“能耗双控”在多地升级，不少地区直接限产限电，甚至停产，广东、江苏尤为严重。

因此，饲料行业已经历多轮涨价，对比价格普涨，相关上市企业却出现增收不增利的情况。新希望披露 2021 年上半年饲料板块营业收入 328.27 亿元，同比增加 45.34%。不过该板块毛利率却下降了 0.95 个百分点，降至 6.92%。大北农表示，除了公司养猪业务利润同比降幅较大外，由于玉米、豆粕等饲料原料价格波动较大导致饲料成本上升明显，公司饲料产品利润率为 13.58%，同比小幅下降 4.31%。海大集团在半年报中坦言，原材料大宗农产品价格持续上涨，带动饲料相应提价。但是饲料价格上涨幅度远低于原材料价格的上涨，饲料行业利润严重受压，这使得很多饲料企业面临巨大的经营压力。

4. 碳中和助推水产饲料技术升级。 自中国向世界庄严承诺“2030 年碳达峰、2060 年碳中和”，“双碳”目标作为国家新战略深刻影响中国社会和经济发展，各行各业都开始快速行动起来，积极参与并推进这一时代大变革。在全球高度关注碳排放的大背景下，占全球水产总量近 70%的中国水产业迎来了千载难逢的历史发展机遇。“碳汇渔业”已被验证是一种典型的负碳经济模式。据了解，2018 年我国通过海/淡水养殖总共从水体移除了 350 万 t 碳，相当于义务造林 150 万 hm^2。因此，“双碳”战略的实施必将加快绿色水产的发展步伐。

养殖中主要的温室气体排放来自饲料，在碳中和的大背景下，对未来饲料原料将需要重新定义，可循环及再生性原料将是重要的方向。例如藻类蛋白的应用，藻工厂可吸收工业废气中的碳，转为水产动物的饲料原料，目前水生所已研制出高蛋白含量的小球藻，在 7.5L 发酵罐中异养培养时，最高细胞浓度能达到 271g/L。乙醇梭菌也可以将碳排放转变成菌体蛋白，目前已获得了饲料和饲料添加剂新产品证书。除此之外，饲料企业还可以通过降能耗的加工工艺，实现更为精准的营养管理，以及通过减少跨区域运输等方式，来应对“双碳”的发展。

大豆的国际供应链决定了豆粕供应有极大的碳排放风险，针对替代蛋白的营养、加工性能等方面的研究正成为热点。目前，业内开发了不少新型蛋白源，但高浓度抗营养因子限制了部分新型蛋白源的添加并可能影响动物健康；同时，水产膨化饲料加工中，能否达到稳定的产能、膨胀度及水中稳定性是新型蛋白源应用所要面临的实际问题。简单而言，水产养殖过程的碳排放风险会对水产饲料提出越来越高的要求，饲料加工的技术创新不容忽视。饲料加工过程的碳排放控制可以从能源替代、能量回收、智能化手段等几个方面加强实践。以大数据、人工智能、工业物联网等技术为代表的数字化工厂技术必将为减碳事业强力赋能。

近年频繁发生的国际大事件，包括中美贸易摩擦、新冠感染疫情、非洲猪瘟、碳中和，正深刻影响中国乃至全球的动物蛋白供应格局，而中国市场的动物蛋白有 80%来自陆生动物（包括猪禽牛羊蛋），这在新的国际背景下存在多种问题。例如，种猪种禽依赖进口，饲料原料中玉米进口近 3 000 万 t，大豆进口超亿吨。非洲猪瘟的全面暴发，将带来巨大的疫病风险和损失，陆生动物蛋白生产带来高碳排放。然而适度控制畜禽的扩张，增加水产品的供应则正好能克服上述诸多不足，是碳中和大背景下渔牧大产业落实碳中和国家战略最经济、最便捷的换道超车新方案。具体到操作层面，应该聚焦饲料这个中心环节，在上游积极探讨开发和选用低碳生产的饲料原料；中游颠覆性改变饲料加工及配方思路，积极摸索满足低能耗的生产方式与配方方案，在最关键的生产环节大力降碳减排；下游大力推进营养动保一体化绿色健康养殖方案，一方面提高饲料利用率，降低粪便排放；另一方面积极探讨粪便在水体中的再利用、再循环，提高池塘生态效益，降低尾水排放。

5. 水产饲企发展动保已小有规模。水产养殖行业的快速发展，离不开饲料、动保两大引擎的推动，饲料、动保两大板块在推动行业发展过程中相辅相成、缺一不可。越来越多的饲料企业凭借充裕的资金、完善的渠道布局和人才储备体系进军动保市场，“饲料＋动保”成为水产行业的标配之一。2021 年，海大超 9 亿元的动保营收，大北农水产用四年时间动保营收突破 2 亿元，后来居上成为行业最大黑马，连续两年集团业绩飘红，动保起到举足轻重的作用；恒兴用三年时间动保销量达到 3 亿元。各大水产饲料企业正在努力打造以动保为工具的高效综合服务能力，越来越多的饲料企业由传统的饲料营销方式转向技术服务营销，动保板块在技术服务营销领域的重要性显得更为重要。

6. 营养动保是实现环保、健康、增效养殖的最佳方式。目前，营养层面与动保层面相对脱节割裂，并没有紧密联系起来，使得对养殖粪便及排泄物处理效果不理想。为此，广东联鲲集团在 2019 年首次提出了营养动保的概念，是指在前端通过饲料综合技术，提高营养物利用，减少废物排放；在后端通过动保产品和技术，将排放物继续分解、转化，直至被鱼虾再利用。可针对不同养殖品种的营养动保模型进行个性化设计，实现“一鱼一模式、一料一动保”的精准养殖。目前，广东联鲲集团已经先后推出了加州鲈、黄颡鱼、牛蛙、斑点叉尾鮰、草鱼、罗非鱼、鲤鱼、南美白对虾、河蟹、小龙虾 10 个主养品种的营养动保产品方案。

（何竺柳　彭志东　张　松）

反刍动物饲料

2021 年，随着生猪生产加快恢复，水产和反刍动物养殖持续发展，全国工业饲料行业再创新高。其中反刍动物饲料在牛羊产品产销两旺等因素的拉动下，产量稳中有增，质量稳定向好，利用效率稳步提高，饲料企业综合素质明显提升，市场竞争力明显增强，整个生产行业健康有序发展。

一、反刍动物饲料生产情况

2014—2021 年，我国反刍动物饲料产量保持平稳的发展态势，持续稳步增长。如图 1 所示，从“十二五”向“十三五”跨越期间，反刍动物饲料产量基本持平，自 2018 年起，反刍动物饲料产量实现较大幅度增长，比 2014 年增长 14.48%。整个“十三五”期间，反刍动物饲料产量实现五连增，截至 2020 年年底，我国反刍动物饲料总产量高达 1 319 万 t，比 2016 年增长近 50.0%。截至 2021 年年底，我国反刍动物饲料总产量已达到 1 480 万 t，比 2020 年增产 12.21%。总体来看，“十三五”期间反刍动物饲料产量逐年呈阶梯式上升，增产速度优于“十二五”。以上结果表明，我国反刍动物饲料生产表现为长期稳定的增长趋势，全产业链发展仍是反刍动物饲料生产的主流发展方向。

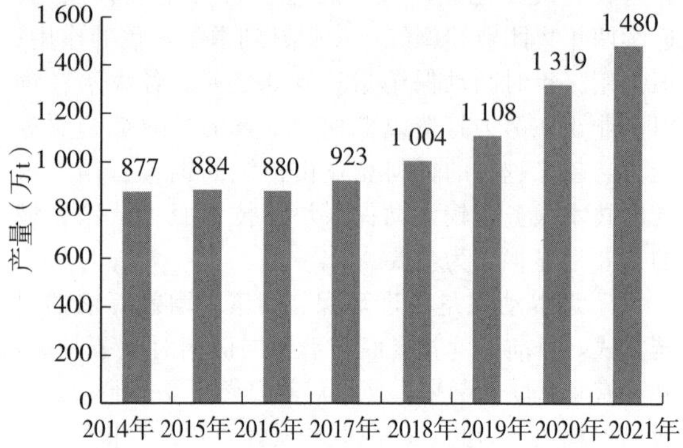

图 1　2014—2021 年我国反刍动物饲料产量

二、反刍动物饲料生产特点

1. 我国反刍动物饲料产业产区结构分布明显，优势产区产量大、生产区域相对集中，产量保持稳定增长，行业规模化程度与产业集中度持续提高。2021 年，仅内蒙古、辽宁、河北、黑龙江、山东、宁夏、新疆、甘肃、天津和吉林 10 个省份的反刍动物饲料合计产量已达 1 151.6 万 t，占全国比重的 77.80%（表 1）。内蒙古仍旧位于反刍动物饲料产量之首，单省产量高达 323.1 万 t，占总产量的 21.83%；其次为辽宁、河北、黑龙江，单省产量均超过 100 万 t，分别占总产量的 11.15%、9.69%和 7.45%。此外，江西省反刍动物饲料单省产量与上一年相比急剧增长，有近 10 倍的涨幅。反刍养殖业持续发展，带动了反刍动物饲料产量的持续增加。

2. 反刍动物饲料生产总体平稳，产品结构日趋合理。从产品的类别来看，2021 年反刍动物配合饲料产量为 1 124.3 万 t，同比增长 11.98%；浓缩饲料产量为 267.3 万 t，同比增长 9.82%；添加剂预混合饲料为 88.7 万 t，同比增长 24.40%。以上三者较上一年度比较，增长幅度均较快，尤其以添加剂预混合饲料较为突出。可见，我国反刍动物配合饲料、浓缩饲料和添加剂预混合饲料均呈稳步上涨态势（表 1），有力支撑了 2021 年我国反刍动物畜产品的稳产供保工作。

3. 反刍动物饲料产品质量安全持续向好，相关法律法规促进行业有序发展。目前，我国已经建立了以《饲料和饲料添加剂管理条例》为核心，《饲料质量安全管理规范》《饲料和饲料添加剂生产许可管理办法》《饲料原料目录》和《饲料添加剂品种目录》等配套规章制度相结合的饲料法律法规体系，已建成了由 581 项现行标准构成的国家标准和行业标准体系，有力支撑了反刍动物饲料行业的发展。加强饲料质量安全监管，着力健全完善饲料法规体系，通过构建事前、事中、事后全过程监管工作机制，发现、预防、处置、化解饲料质量安全风险的能力得到进一步加强，饲料产品合格率保持较高水平。反刍动物饲料质量安全水平的持续提升，为促进畜牧业高质量发展提供了强有力的支撑。

表 1　2021 年我国 30 个省份反刍动物饲料产量

单位：t

地 区	配合饲料（精补料）	浓缩饲料	添加剂预混合饲料	反刍动物饲料
北 京	307 557	33 560	121 747	462 864
天 津	355 430	140 045	74 924	570 400
河 北	1 007 306	289 830	136 524	1 433 660
山 西	96 598	23 642	5 238	125 478
内蒙古	2 613 226	583 019	35 122	3 231 367
辽 宁	1 071 229	503 793	75 810	1 650 832
吉 林	324 998	169 620	37 967	532 585
黑龙江	773 861	298 056	30 645	1 102 562
上 海	155 639	3 778	13 381	172 797
江 苏	424 532	32 510	35 373	492 415
浙 江	111 035	18	4 177	115 230
安 徽	151 332	11 931	22 041	185 304
福 建	314	—	—	314
江 西	940	—	11 135	12 075
山 东	746 918	49 502	120 835	917 256
河 南	466 701	21 705	23 287	511 693
湖 北	21 477	1 004	767	23 249
湖 南	223	—	2 585	2 808
广 东	78 535	—	230	78 765
广 西	18 315	—	16	18 331
海 南	—	—	—	—
重 庆	12 534	1 565	4 087	18 186
四 川	105 133	23 842	23 863	152 838
贵 州	102 865	4 798	0	107 664
云 南	90 154	7 926	192	98 273
陕 西	201 120	62 927	35 851	299 897
甘 肃	432 095	180 877	9 274	622 245
青 海	110 439	4 869	3 198	118 506
宁 夏	558 900	177 011	31 007	766 917
新 疆	651 705	30 475	5 921	688 101
新疆建设兵团	251 933	16 398	21 749	290 080
合计	**11 243 044**	**2 672 700**	**886 946**	**14 802 692**

（孙海洲　金　鹿）

特种动物饲料

随着我国农业产业结构的调整及农业供给侧结构性改革需求的引导，以及受新冠感染疫情的持续影响，2021年我国毛皮动物饲料和珍禽饲料市场规模与上一年度相比下降明显，茸鹿饲料和兔饲料市场较2020年呈明显上升趋势。

一、特种动物产业发展概况

2021年毛皮动物受市场皮张价格低位运行以及新冠感染疫情的持续影响，貂、狐、貉饲养量与2020年度相比下降明显，总量为2 706万只左右，下降幅度约为25%，水貂饲养量为687万只、狐1 100万只、貉919万只。

兔的主要产品为毛用、肉用或皮肉兼用，兔为草食性动物，饲养成本低，饲料来源丰富。兔在我国的饲养区主要集中在四川、重庆、山东、江苏、福建、浙江、河南、河北、安徽等省份。但随着我国对环保要求的提升及严格执法，集约化饲养也逐渐增加，2021年，兔的出栏在3.49亿只左右，与2020年相比上升明显，肉兔的活兔价格在10元/斤左右，兔肉价格维持在16元/斤左右，为过去5年来的较高价位；皮张价格受国际市场走势的影响略有下行。

2021年梅花鹿和马鹿的饲养量约为75万头，与2020年相比上升25%左右，主要饲养方式为人工圈养。东北三省的养殖量占到全国养殖数量的80%。梅花鹿、马鹿的主要产品为鹿茸，每年鲜鹿茸产量约900t。2021年鲜鹿茸价格较2020年涨幅约8.0%。2021年茸鹿饲料成本有所增长，主要是玉米及豆粕价格高位运行，人工成本增加，粗饲料价格逐渐上涨。

我国传统饲养的珍禽品种主要有雉鸡、珍珠鸡、贵妃鸡、火鸡、野鸭、孔雀、鸵鸟、大雁等。2020年最新公布的《国家畜禽遗传资源品种名录》中，将孔雀、大雁等品种移除，受其影响，存栏数大幅度下降，饲料需求亦明显下降。目前珍禽市场需求较为旺盛，人们的消费习惯和生活需求对珍禽情有独钟，但由于市场流通与调控能力不强、健康养殖理念不到位、养殖规模小而散等特性，珍禽生产效率不高。未来开展规模化健康养殖、生态观光养殖，建立互联网销售模式，提升品牌价值、提高珍禽养殖附加值是必然之路。

二、特种动物饲料生产情况

2021年毛皮动物如貂、狐、貉的鲜饲料、干粉及颗粒饲料需求约300万t，毛皮动物饲料企业生产商品狐貉粉料80万t，主要由膨化玉米、豆粕、肉粉、鱼粉、DDGS、麦麸、米糠、豆油、鸡油、预混料等组成，是市场中全价饲料的主体，部分养殖户在使用全价饲料的过程中，会结合当地饲料资源情况，添加部分海杂鱼、鸡架、鸡肠等鲜饲料，一方面可以提高饲料的适口性和采食量，另一方面也可以增加饲料的多样性。2021年水貂商品干粉配合饲料年生产约12万t左右，主要由膨化玉米、豆粕、DDGS、米糠粕、预混料等组成，用来代替水貂饲料中熟化植物性饲料，补充氨基酸、微量元素及维生素等成分，一般配比占水貂饲料的20%～30%。2021年水貂全价鲜饲料年需求30万t，主要由海杂鱼、鸡骨泥、鸭骨泥、鸡肠、膨化玉米、豆粕、预混料等组成，干物质含量约35%，采取每日配送的形式分派到养殖场。这种集约化的厨房式生产需要在水貂养殖较为集中的区域开展，鲜饲料适口性好、营养全面、动物对营养物质的利用率相对较高，有较大发展潜力；由于鲜饲料的配送专业化程度高、运费高、市场半径有限，目前在水貂养殖较为集中的威海地区、潍坊地区的市场需求较为旺盛。毛皮动物各类颗粒饲料年生产25万t左右，当前貉颗粒饲料由于饲喂方便，人工管理简捷，在部分把养殖当第二产业的地方有较好的需求，水貂颗粒饲料在部分地方也有一定的市场。毛皮动物预混料年生产在2.5万t左右，主要为微量元素、维生素、氨基酸、酶制剂等的混合物，多为1%或4%的添加产品，部分以预防腹泻、增加毛皮品质等的功能性预混料产品，如微生态制剂也有一定的市场。毛皮动物商品饲料占特种动物市场需求量的近50%，其中狐貉饲料仅75%为商品饲料，而水貂饲料仅30%为商品饲料，其他均为养殖场自配料。整个毛皮动物饲料市场还有很大的潜力，其市场主要分布在山东、河北、辽宁、吉林、黑龙江等地区。

我国茸鹿饲料主要为梅花鹿精料补充饲料，占茸鹿饲料市场的80%。因为鹿茸是我国茸鹿养殖的主导产品，所以在养殖生产中，对公鹿生茸期饲料的营养供给考虑得最多，而且精饲料占到日粮干物质总量的60%。其次是仔鹿生长期精饲料。随着人工成本的增加，粗饲料的收购价格提高，而且粗饲料在饲养过程中管理成本也较高，在仔鹿生长期和公鹿的生茸期，人们逐渐接受使用全混合日粮，即把精饲料和优质粗饲料混合，甚至制成颗粒来饲养鹿，以达到仔鹿健康快速生长和公鹿高产茸的目的。目前我国茸鹿的饲养主要以农户家庭圈养为主，大型集约化的养殖场较少，饲料的配制主要是自配精饲料在动物关键生产时期开展补饲，如在仔鹿的生长期、公鹿生茸期、母鹿妊娠期和泌乳期开展补饲。在集中饲养茸鹿的吉林省，每年公司化生产的全混合饲料和精料补充饲料的产量在13万t左右，已初步形成一定的市场规模。

随着鹿茸这一特色珍贵资源深加工及高附加值科技成果的推广应用，鹿茸价格走高，茸鹿饲料产业也将在养殖集中区逐步形成稳定的产业。

兔的养殖比较分散，以区域性农户为主，2021年兔专业性精料补充料已形成产业，在西部地区有一定的市场，大型专业化兔饲料公司逐步呈现，目前兔饲料市场约700万t（含自做饲料）。

珍禽养殖的区域非常广泛，相对分散，在局部地区形成了特色养殖优势产业，但其饲料产业还未形成自己的特色和规模市场，其饲料的配制多参考家禽的营养需求及饲料配方，有一定的现实意义，但专业性不强，不能很好发挥动物的遗传潜力和生产性能。每年珍禽的饲料市场需求在120万t左右，除部分自配饲料外，多被家禽饲料企业直接代替，严重阻碍了产业的健康高效发展。未来相对专业的雉鸡饲料、野鸭饲料在大型珍禽养殖企业将形成一定规模，区域性特色养殖也将是未来珍禽产业发展的必然之路。

三、特种动物饲料发展特点

1. 受2021年皮张价格较低的影响，毛皮动物饲料价格竞争激烈，多元化结构增强。受2021年皮张价格低位运行的影响，毛皮动物饲养户在饲料的选择上多为价位低的饲料，在市场选择压力和利润空间的调节下，低价位毛皮动物饲料销售较好，市场竞争激烈。毛皮动物颗粒饲料因其饲喂简单、便捷，在一定程度上降低了人工成本，在部分狐貉集中养殖区呈现应用扩大的趋势。随着产业的发展，越来越多的大型狐貉养殖场倾向于部分使用商品化的干粉饲料，减少饲料原料的购置、贮藏、加工等的繁杂程序及风险。水貂饲料不同于狐貉饲料，水貂是更严格的肉食动物，对食物的选择性强，适口性要求高，干粉饲料适口性相对鲜饲料差，而且在蛋白质的利用率上相对较低，用完全的干粉饲料饲喂水貂，难以使其获得较好的生产性能，在体重、皮张延展性、毛皮光泽度等方面都略逊一筹。水貂养殖场目前一般都选择自配鲜饲料，部分饲养场选购一部分水貂配合饲料，其主要组成为膨化玉米、豆粕及部分微量元素和维生素添加物，减少了养殖场熟化玉米等谷物饲料的麻烦，而且添加了微量元素和维生素及氨基酸、酶制剂等物质，提高了饲料营养的全价性和功能性，该饲料的市场需求量还在上升。水貂鲜饲料在水貂养殖集中区市场份额将逐渐增加，主要是因为中小型水貂养殖场在进行鲜饲料配制时，在质量控制、保存以及加工等方面面临着很多困难，而鲜饲料加工配送公司生产的产品可以直接饲喂，适口性好、新鲜度高、营养全价性好。

2. 特种动物疾病综合防控及养殖废弃物利用技术的应用，推进了特种动物饲料行业的健康发展。特种动物疾病种类多、危害性大，如各种原因引起的腹泻等，影响着动物饲料的有效利用。同时养殖废弃物对环境及动物自身健康的影响也很大。对特种动物疾病开展综合防控、减少环境污染，有利于产业的健康良性发展。当前各类疫苗的应用有效地控制了烈性传染病，但环境污染程度大、动物饲养密集、常规性消毒措施不力、动物福利考虑少等问题都加大了疾病防控失败的风险，饲料中过度添加抗生素导致病菌形成耐药性，降低了动物抵御疾病的能力，同时也降低了饲料的有效利用。饲料氨基酸平衡技术的应用降低了氮磷的环境排放。动物疾病综合防控及养殖废弃物综合利用技术的应用近年来越来越受到重视，推进了特种动物饲料行业的健康发展。

3. 全混合日粮、精料浓缩饲料及预混饲料将成为茸鹿及兔饲料市场的主要产品。我国茸鹿及兔的养殖分布范围广而分散，但由于饲料的专业性要求高，且饲料远程配送成本较高，高密度建厂但市场又有限，这些矛盾需要平衡解决，特种动物饲料市场才能健康发展。对相对集中的养殖区，较易达成茸鹿和兔饲料全混合日粮，补充以精饲料或浓缩饲料将成为市场的主体；对养殖分散的区域，浓缩饲料和预混饲料将成为主体。

（鲍　坤　李光玉）

饲料原料工业概况

玉米生产、贸易与市场情况

一、总体情况

2021 年，全球经济在新冠感染疫情影响下，消费需求和贸易量受阻，我国玉米市场产量和进口量同创纪录，玉米市场供需格局悄然变化，新的平衡正在形成。2021 年饲用玉米总量继续增加，幅度有限，工业玉米用量下降，进口玉米主要用于饲料加工。下游需求中，除了猪饲料产量大幅恢复，禽饲料理性回调，反刍动物饲料和水产动物饲料均出现增长，饲用玉米消费增量主要来自猪饲料。需求量的增加是由于饲料生产加工成品量剧增。2021 年我国玉米进口量和相关替代品使用分别创下 2 000 万 t 和 4 000 万 t 的数据。2021 年玉米供需总体仍处紧平衡，玉米市场价格的影响因素不断增多。

二、玉米价格回归“2”时代

据图 1 显示，2021 年玉米价格在高位震荡，全年部分地区玉米均价为 2 784 元/t，同比提高了 25.24%。2021 年上半年受疫情影响，加上新粮上市缓慢，玉米价格攀升，部分地区如山东玉米价格攀升至 3 000 元/t，随着国家调控政策的出台，玉米价格回调；下半年国家保供应稳价格的整体思路未变，玉米价格虽然出现上市前的上涨，但涨幅有限，10 月玉米价格达到了年内新低，11 月由于降雪和疫情叠加，市场集中上量缓慢，玉米价格再次有所抬头，但涨幅有限。年底玉米价格回调，与年初价格持平，均价在 2 660 元/t 左右。

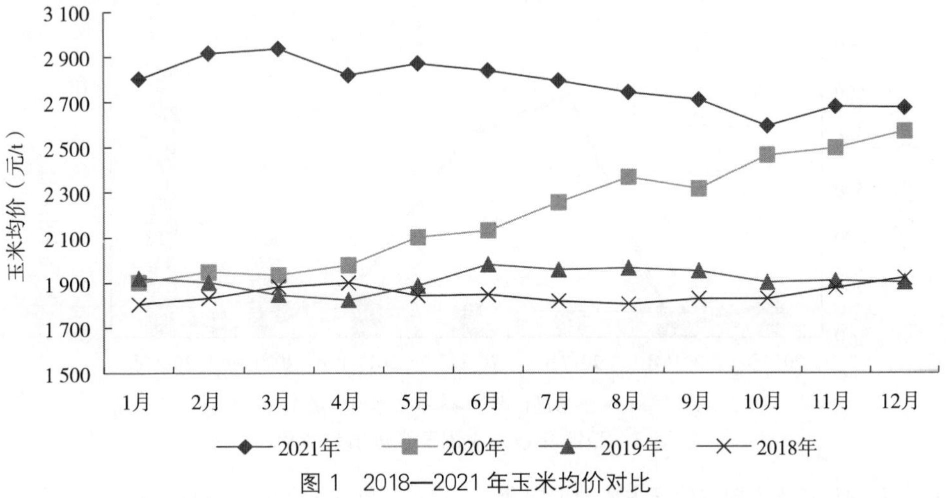

图 1 2018—2021 年玉米均价对比

三、玉米供需情况

1. 玉米产量和播种面积回调。2021 年玉米产量和播种面积均创新高。2021 年玉米播种面积为 4 332.4 万 hm^2，较 2020 年增加 206 万 hm^2，创近五年新高；2021 年的玉米总产量 2.73 亿 t，同比增加

4.6%，创历史新高；因局地不利天气影响，2021 年单产下降 0.4%，见图 2。

2021 年国内政策支持玉米种植面积增长。3 月初，农业农村部印发的《关于做好 2021 年粮食稳产增产工作的指导意见》中指出，确保全年粮食种植面积只增不减，着力稳口粮、增玉米、稳大豆，确保粮食播种面积稳定在 17.5 亿亩以上，力争玉米播种面积增加 1 000 万亩以上。由于 2020 年玉米价格快速上涨，加上国家进一步提高玉米种植补贴，农户种植玉米的热情较高，种植面积增幅明显。2021 年玉米种植补贴标准有所上调，虽低于大豆补贴，但总体玉米种植（不包括租地）收益仍高于大豆。然而 2021 年玉米、大豆种植成本均提高，种子、化肥等价格均有所上升，加上租地成本，2021 年种植玉米和大豆收益下降。

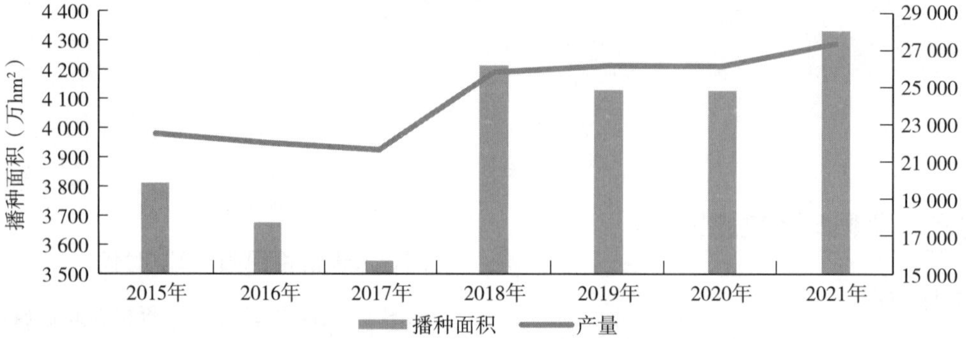

图 2　2015 年以来我国玉米播种面积及产量对比

2021 年玉米播种面积增加，玉米产量增幅也比较明显，其中黑龙江中西部及东北其他地区总体丰产，亩产在 700～750kg，对全国产量增加贡献值最大；华北大部分地区单产较去年下降，由 2020 年的 600～650kg 降至 400～500kg，主要由于山东、河北部分地区在玉米生长后期出现的条锈病导致产量降低，但因种植面积增加，华北总产量降幅不大；受 7 月下旬暴雨以及后续阴雨天气的持续影响，河南部分地块减产，甚至绝收。

2. 玉米进口再创进口历史记录。2021 年，我国共计进口玉米 2 835.7 万 t，同比增长了 1.51 倍。玉米进口量再创历史记录，为近年来最高水平；出口总量继续维持低位，全年玉米出口 0.68 万 t，同比略升，但仍不足万吨（图 3）。2020 年中美签署第一经贸协议，美国谷物豁免关税，这导致 2021 年美国谷物进口大幅增加，特别是玉米进口，创历史新高。

2021 年 5—9 月，玉米进口量单月都在 300 万 t 左右，6 月进口量最高，达到了 357 万 t，创下了单月最高纪录，见图 4。

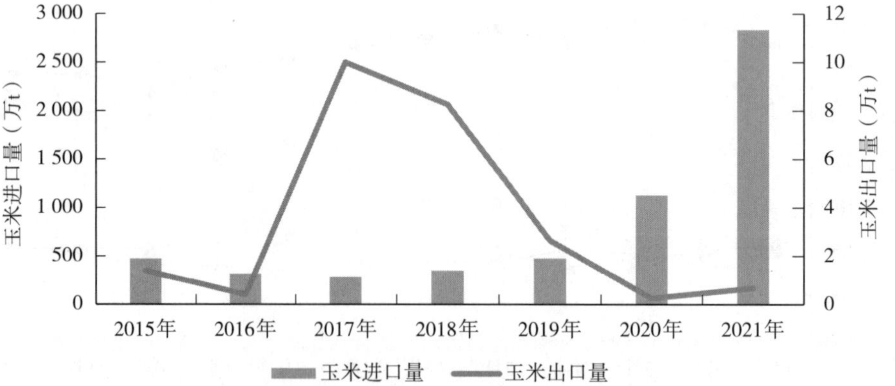

图 3　2015 年以来中国玉米进出口变化

2021 年，我国进口玉米两大国家主要为美国和乌克兰，进口量分别为 1 983 万 t 和 823.9 万 t，其他进口玉米国家还有保加利亚、俄罗斯、缅甸、老挝和南非国家，上述国家进口量占比达到了 99.9%，其中美国和乌克兰占比分别为 69.73%和 29.06%。

3. 临储和进口玉米对市场影响有限。2021 年进口玉米共投放 532 万 t，成交 188 万 t。2021 年 6 月，国家开始投放乌克兰非转基因进口玉米，7 月美国转基因进口玉米加入，8月投放频次加码，由一周一拍卖改为一周两拍卖。虽然进口玉米拍卖量不足以对市场造成冲击，但仍缓解了市场供应偏紧形势，若后期持续投放，将影响市场供应形势。2021年临储拍卖1.71万t，成交0.95万t，成交率为55.6%。

4. 进口玉米及替代总量情况。2021年我国进口玉米为2 835.7万t、DDGS30.78万t、高粱941.7万t、小麦971.8万t、大麦1 248.2万t、木薯干549.8万t、进口谷物6 577.98万t，同比上年大幅提高了3 803.21万t，大幅增长的原因主要来自玉米、高粱、大麦和木薯。根据测算，进口替代量开始影响市场的供需，加上国内谷物的替代，进口和国内谷物的替代逐渐成为国内玉米市场走势的重要影响因素，见图5。

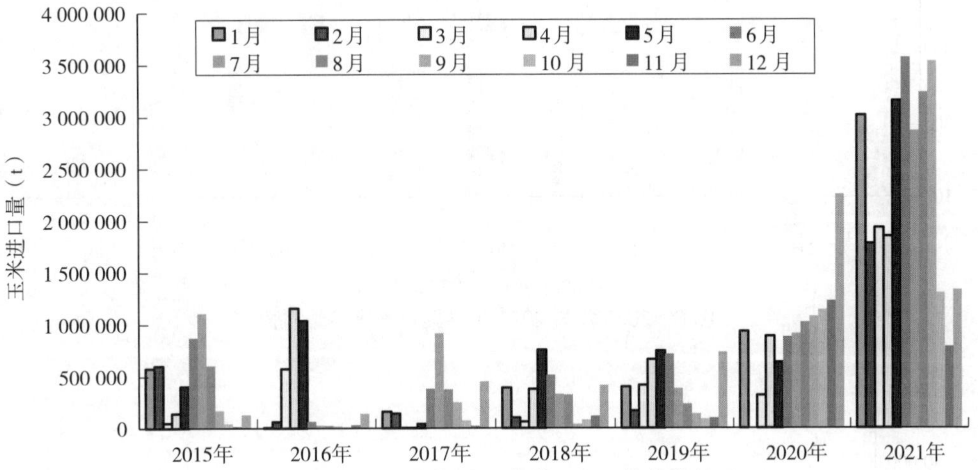

图4　2015年以来中国玉米进口各月份变化情况

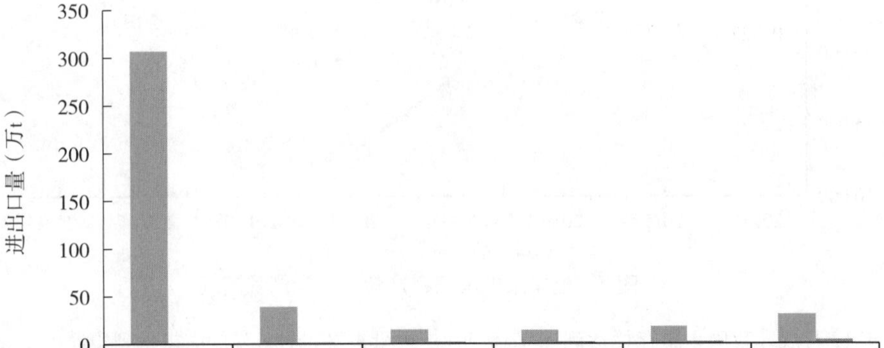

	2016年	2017年	2018年	2019年	2020年	2021年
进口（万t）	306.7	39.079	14.79	14.06	18.17	30.78
出口（万t）	1.038	1.28	1.78	1.91	1.93	4.12

图5　2016年以来进出口DDGS总量对比

自2020年进口高粱开始恢复，2021年进口高粱再次翻倍，全年进口量高达941.7万t，全年每月均维持超过60万t的进口量，最大达到了110万t的月度进口量。高粱进口主要用于饲料，进口国家主要为美国、阿根廷、澳大利亚及缅甸，见图6。

5. 饲料需求保持良好增速。2021年我国饲料总产量29 344.3万t，比上年增长16.1%。猪饲料产量13 076.5万t，增长46.6%；蛋禽饲料产量3 231.4万t，下降3.6%；肉禽饲料产量8 909.6万t，下降2.9%；反刍动物饲料产量1 480.3万t，增长12.2%；水产饲料产量2 293.0万t，增长8.0%；宠物饲料产量113.0万t，增长17.3%；其他饲料产量240.5万t，下降16.2%。猪饲料基本恢复非洲猪瘟疫情前的产量，猪饲料的恢复很大程度上提升了玉米的需求，同时配合饲料总量的大幅增加，规范使用饲料也提升了玉米的用量，见图7。

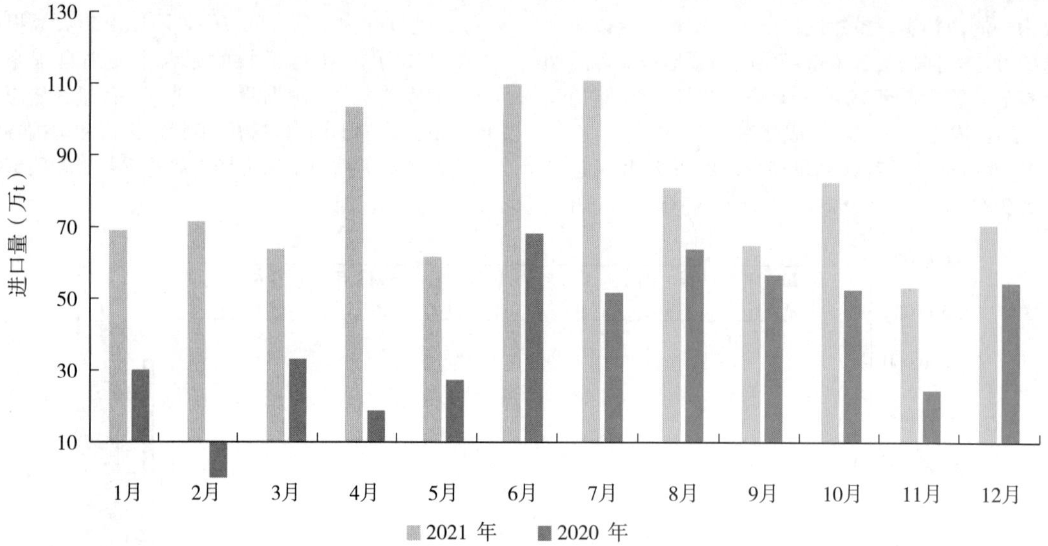

图6　2020 年与 2021 年高粱月度进口量对比

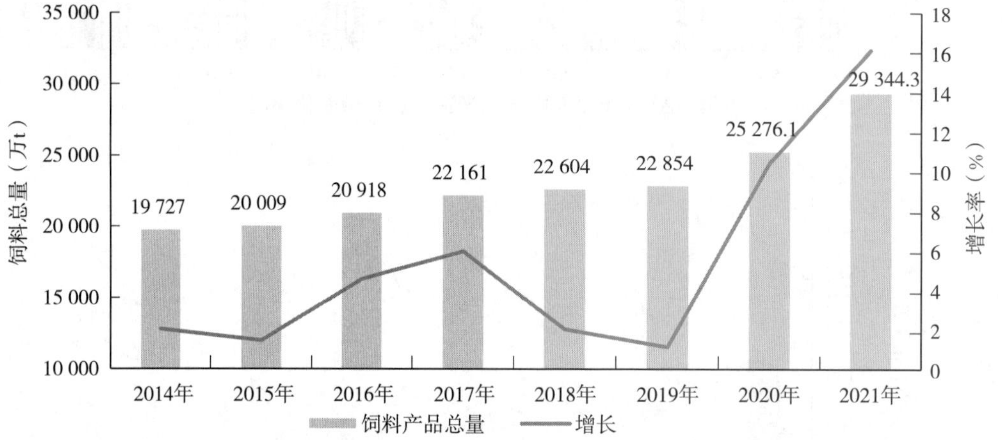

图7　近年来中国饲料产量与玉米产量情况

2020 年 12 月底，我国生猪存栏达到 4.07 亿头，能繁母猪存栏达到 4 161 万头，分别恢复到 2017 年年底水平的 92.1%和 93.1%。这是继 2019 年我国生猪存栏跌至谷底后，基本恢复正常。值得一提的是，2020 年我国生猪出栏中育肥猪的体重明显高于之前几个年份，猪肉价格偏高，养猪利润丰厚，出现二次育肥现象是主要原因。

统计局数据显示，2021 年年底，生猪存栏（44 922万头）、能繁殖母猪存栏（4 300 万头）比上年分别增长 10.5%、4.0%。全年生猪出栏 67 128 万头，同比增长 27.4%。生猪产能超预期恢复，这也是导致猪价快速下跌的主要原因。随着猪价的回调，能繁母猪结构调整，部分低效产能母猪被提前淘汰，母猪生产能力有所提升。从整体生猪市场总量和出栏量来看，对玉米的需求得到验证，见图 8。

6. 深加工玉米消费继续震荡回调整理。 2021 年，我国玉米深加工消费继续回调，全年消费量预计下降至 7 800 万 t，这也是自 2019 年的高点再次回调。玉米深加工产业生产成本大幅攀升，一方面，玉米价格创历史新高，导致原料成本过高；另一方面，加工过程中的煤炭及辅料价格均创历史新高，这也是导致部分玉米深加工开工率不足的原因。另外，玉米深加工行业出现了多年罕见的分化行情，柠檬酸、赖氨酸、谷氨酸钠、黄原胶、赤藓糖醇等深加工产品的利润明显优于淀粉和酒精，这导致淀粉和酒精企业开工动力不足，部分酒精企业采用其他产品替代玉米，这也是深加工玉米消费下降的主要原因，见图 9。

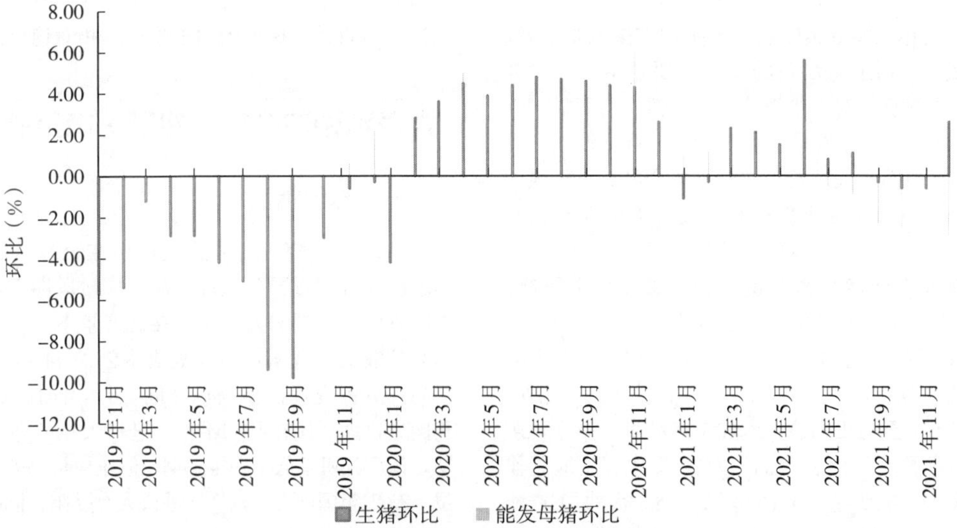

图8　2019—2021年生猪存栏、能繁母猪环比情况

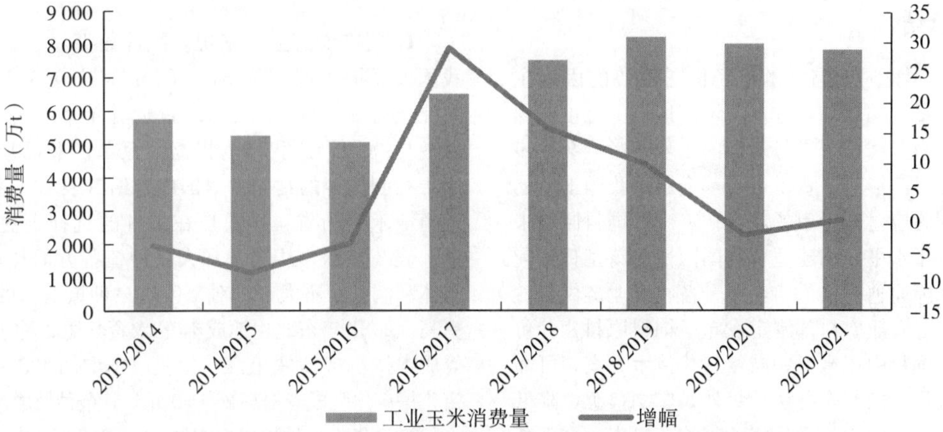

图9　2013/2014年度以来工业玉米消费量及增幅情况

四、全球饲用玉米库存量下降　贸易量提升

据美国农业部（以下简称USDA）12月的报告显示，预计2020/2021年度全球玉米产量11.23亿t，较2019/2020年度上调310万t，主要原因是美国产量上调1 249万t，而中国、乌克兰、巴西、阿根廷等国家产量小幅下调，抵消了全球产量上调幅度，仍处于历史第三高位；2020/2021年度全球玉米消费11.45亿t，较2019/2020年度上调1 422万t，其中，饲用消费上调884万t，工业消费上调538万t，处于历史高位。因2020/2021年度美国期末库存下降1 735万t，阿根廷下降200万t，全球期末库存降至2.93亿t，创六年新低，库存消费率降至25.55%，处于七年低位。

预计2021/2022年度全球玉米产量12.09亿t，较2020/2021年度上调8 591万t，创历史新高，主要因为巴西上调3 100万t，美国上调2 415万t，中国上调1 188万t，乌克兰上调970万t，阿根廷上调400万t。2021/2022年度全球玉米消费11.77亿t，较2020/2021年度上调3 105万t，主要是受中国、美国、欧盟、阿根廷需求增加提振。2021/2022年度全球期末库存上调1 286万t至3.05亿t，库存消费小幅回升，反应全球玉米偏紧局面逐渐缓解，但仍处于紧平衡状态。

五、玉米市场影响因素

1. 进口和其他能量替代影响玉米市场。2021年我国进口玉米替代品创新历史记录，得益于国内生猪需求量的提升，同时国内饲料的规模化、集约化也导致企业玉米消费量大增。国内能量替代品如小麦和稻谷，从以前的关注到2021年的常态化使用，这都归结于玉米价格上涨过快、价格区间上浮过快，饲料企业为降低成本，寻找替代品变为常态。

2. 猪肉存栏接近历史最高水平，支撑玉米消费。 2021 年我国饲用玉米消费的助力主要是生猪存栏和出栏量基本恢复，对玉米消费力的支撑作用明显。近两年，我国生猪市场受非洲猪瘟影响，存栏波动，但从猪肉和禽肉的替代消费来看，这两个品类有较强的替代关系，2021 年在生猪存栏恢复、禽类存栏相对偏稳的情况下，饲用玉米的需求量增多。

3. 深加工产能扩张速度放缓，工业消费下降。 2020/2021 年度玉米深加工产能预计为 1.27 亿 t，同比增加 400 万 t，增幅低于上个年度 1 000 万 t，全年开工率仅为 61%，开工率下降 3.5 个百分点。此外，玉米价格上涨至历史高位，深加工产品价格高企，刺激下游行业寻求其他替代品，对需求有明显抑制作用。需求下降导致行业开工率降低，虽然深加工产能略有增加，部分抵消了行业开机率下降的影响，但全年度玉米工业消费有所下降。

六、总结

2021 年，我国影响玉米市场供需形势的因素主要来自进口量大幅增加，进口玉米产地集中且价格偏高，说明未来全球玉米走势对国内玉米的影响会逐步加深，国际经济形势、货币走势都会影响我国玉米的走势。我国为应对玉米市场新变化，广辟饲料原料来源，提升利用水平，构建适合我国国情的新型日粮配方结构，保障原料有效供给，提升畜牧产业链供应链现代化水平，农业农村部制定发布了饲料原料营养价值数据库和饲料中玉米豆粕减量替代技术方案，可能是目前比较可行的一个办法。另外，广纳粮源，降低进口及替代品对国内玉米价格的影响。未来，在不断加强对玉米市场的宏观调控和研判的同时，也要稳定玉米种植收益，保证国内玉米产量相对稳定。

大豆和豆粕生产、贸易与市场情况

一、总体情况

2021 年，随着新冠感染疫情在全球蔓延，多个国家阶段性封锁导致全球商品供应阶段性不足，各国的粮食安全问题日益突出。在此背景下，全球大豆价格高位震荡，我国进口大豆成本创 2014 年 6 月以来新高，豆粕现货价格高位区间运行，同比大幅上涨。我国进口大豆压榨利润不佳，进口大豆到港量不及预期，油厂开机率低于去年同期，但压榨量仍处于历史高位。2021 年国产大豆减产，进口大豆受阻，同时我国出台相关政策减量替代，2021 年进口大豆总量下降。

二、大豆市场供需状况

1. 国产大豆生产情况。 统计数据显示，2021 年我国大豆播种面积为 841 万 hm^2，产量 1 640 万 t，同比下降 16.33%。我国大豆近五年来产量在 1 400 万～1 800 万 t。我国需提高大豆单产和品质，确保用于豆制品等的食用大豆国内自给（表 1）。据了解，种植玉米更为省工，农户在品种的选择上更青睐玉米。表 2 显示，从玉米和大豆种植各方面比较来看，整体利润差距不大，相对来说农户种植玉米的积极性更高。2021 年东北租地成本 、农资化肥、种子、农药等成本持稳或微幅上涨，地租成本增加 100～200 元/亩，每亩化肥成本提高 20～40 元，其余种植成本变动不大，2022 年大豆种植成本增加 120～240 元/亩。

表 1　2015—2021 年国产大豆种植面积及产量同比增幅

年份	2015	2016	2017	2018	2019	2020	2021
种植面积（万 hm^2）	659	715.6	790	840	933	988	841
产量（万 t）	1 161	1 250	1 440	1 600	1 810	1 960	1 640
产量同比增幅（%）	0.96	7.67	15.2	11.3	13.3	8.3	−16.33%

表 2　2021 年黑龙江地区玉米和大豆种植收益比较

项目	人工	租地	种子	化肥	农药	水电	机械	成本	收购价	补贴	毛收入	利润
大豆（元/亩）	0	600	40	40	40	0	80	800	2.95	248	1 221.5	421.5
玉米（元/亩）	20	600	60	180	50	40	165	1 115	1.22	68	1 593	478

2. 大豆进口情况。 海关数据显示，2021 年中国大豆进口总量为 9 653.4 万 t，同比下降 3.78%，这是自近十年大豆进口量第二次下降，上一次下降是在 2021 年。其中我国从巴西进口大豆 5 815 万 t，同比下降 9.5%；从阿根廷进口大豆 374.7 万 t，同比下降 74.9%；从美国进口大豆 3 231.2 万 t，同比增加 24.8%（图 1）。

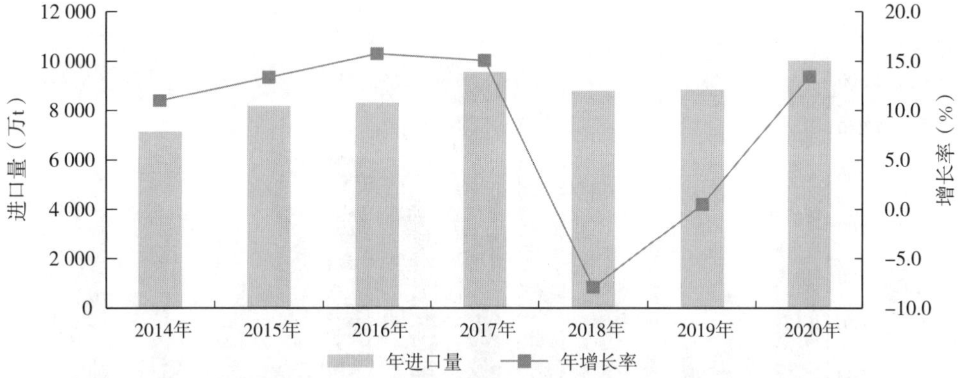

图1　2014—2021年大豆年进口量和年增长率情况

从大豆进口国来看，巴西为中国进口大豆的最大来源国，巴西和阿根廷的进口量合计占比64.12%，同比下降7.67个百分点，阿根廷进口量几近腰斩，巴西进口量也有所回调；美国进口占比33.47%，同比提高了7.67个百分点。

尽管2021年中国大豆进口量下降，但总体对外依存度过高且相对集中。我国为缓解蛋白饲料进口品种和来源问题，采取多元化供应格局，积极拓展新的进口国家，包括从坦桑尼亚尝试进口非转基因大豆。除了巴西、阿根廷、美国三个国家的进口大豆占据主导，其他国家进口量还在不断增加，但还难以实现大规模进口（图2）。

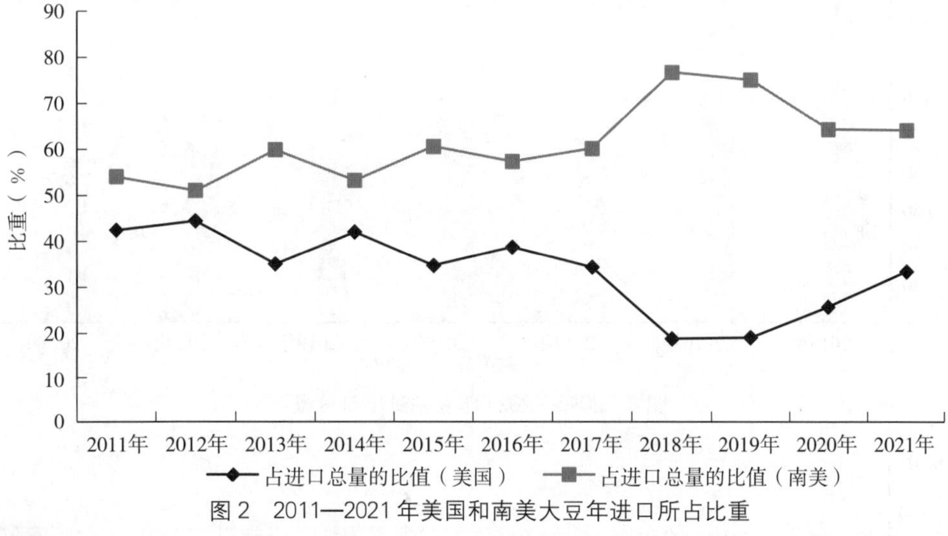

图2　2011—2021年美国和南美大豆年进口所占比重

2021年我国单月进口量相对平均，7月单月进口量仍超过1 000t，但低于去年同期的1 116万t。下半年进口量低于上半年，下半年随着进口大豆价格的上涨，导致市场观望情绪浓厚。在进口方面，国内相关替代品用量提升也导致大豆进口量在下半年有所下降（图3）。

3. 大豆出口情况。海关数据显示，2021年我国大豆出口量6.69万t，同比提高了9.3%，大豆出口金额7 500万美元，同比提高38.9%。一方面是出口量增加，另一方面出口大豆价格也在上涨。主要出口地为韩国、日本、越南等国家及我国香港地区。

4. 豆粕进出口情况。海关数据显示，2021年我国豆粕出口量为88.8万t，同比下降了2.3%，主要出口国家为日本、荷兰、韩国、英国等，占总出口量的9%。2021年我国豆粕进口7.77万t，同比上涨36.9%，总量仍处于低位（图4）。

5. 国内豆粕供应量和消费量同步提升。2021年，国内豆粕供应量7 450万t，消费量7 130万t，分别增长了2.34%和2.15%。从数据显示来看，2021年豆粕消费量表现前高后低，上半年生猪存栏处于常年水平，对豆粕消费起到支撑作用，随着猪价走低，市场上开始淘汰低效产能，出栏速度加快，抑制了对豆粕的需求，但其他禽类整体消费量有所提升，导致整体消费量略有增幅（图5）。

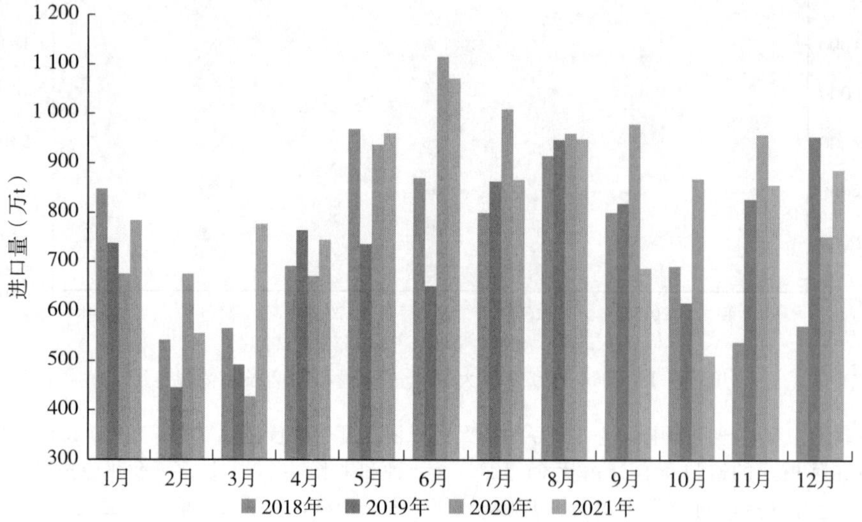

图3 2018—2021年月度大豆进口量

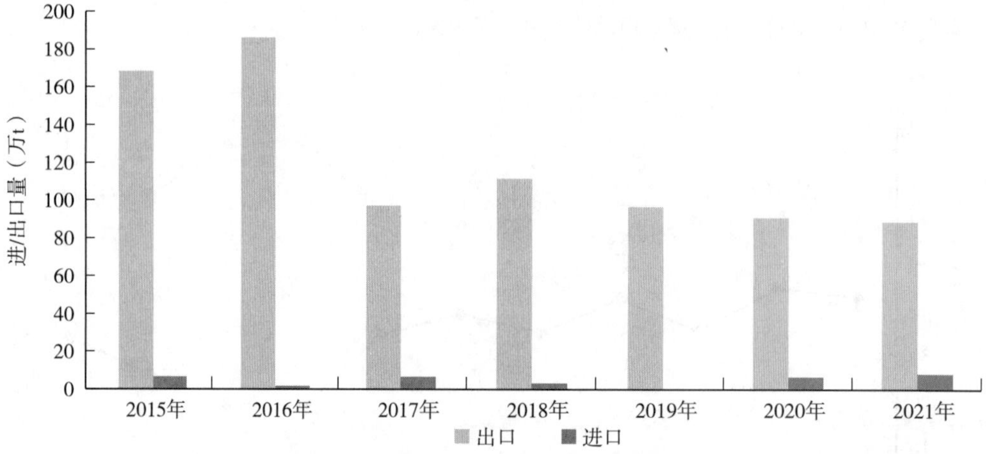

图4 2015—2021年豆粕进出口总量

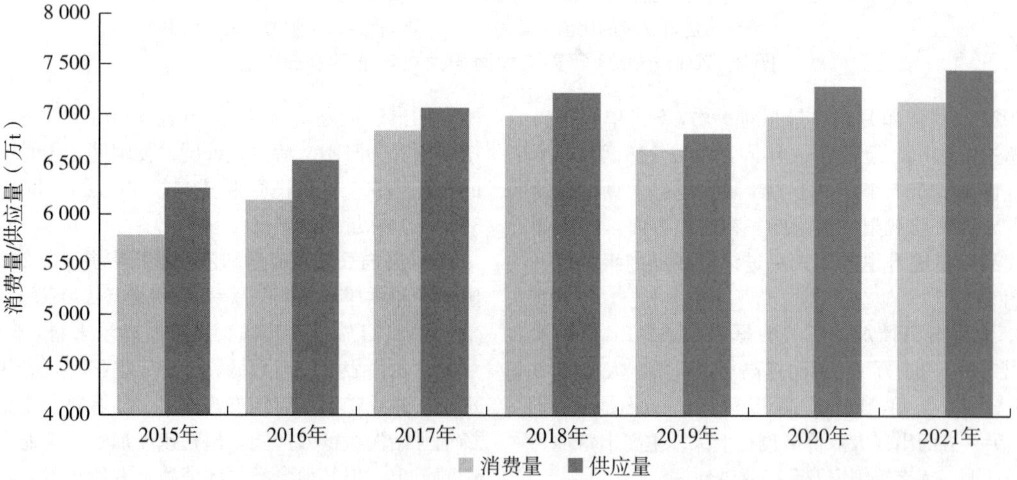

图5 2015—2021年国内豆粕供应和消费总量

二、价格情况

1. 国产大豆价格行情。2021 年国产大豆价格再上一个台阶，为刺激农民种大豆的积极性，2021 年国家再次提高大豆生产者补贴金额。黑龙江大豆补贴248 元/亩，高于玉米的 68 元/亩。同时，国产大豆价格与进口大豆价格具有互相比价作用，进口大豆一般会影响国产大豆的价格走势。2021 年国产大豆均价为 4 831 元/t，高于上年的 4 179 元/t，同比上浮15.6%（图 6）。

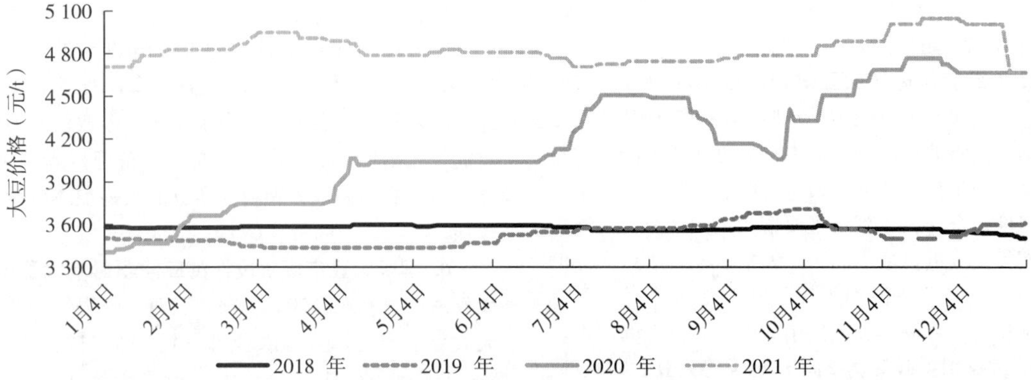

图 6　2018—2021 年国产大豆价格走势

2. 国内豆粕价格行情。2021 年第一季度受拉尼娜现象及阿根廷罢工影响，南美大豆生长及收割进度受阻，内外豆粕价格冲高，最高涨至 4 179 元/t，仍延续 2020 年下半年的牛市行情。随着美国大豆种植面积预期上涨，加上人民币升值等，豆粕价格震荡回调。3 月中旬后，随着美国玉米价格大涨，大豆主产区气温偏低，播种面积受挤压，国内水产养殖启动，豆粕价格在南美大豆到港量有限的情况下，再次走高；5—7 月美国大豆主产区干旱严重，但因南美大豆巨量到港，油厂开机率大幅提高，豆粕价格维持低价区间 3 430～3 800 元/t；8 月后，南美大豆到港量下滑，叠加水产养殖进入旺季、生猪产能恢复，豆粕需求端有所回暖；9 月豆粕价格再次攀升至4 005 元/t，随着美国大豆产量确定且丰产在即，加上国内生猪养殖利润下滑，豆粕价格震荡回调至3 740 元/t；11 月后，随着新的天气行情出现，南美巴西干旱，豆粕止跌，截至 2021 年年底豆粕均价为 3 305 元/t，与年初的 3 726 元/t 相比，回调了 421 元/t，降幅为 11.3%。全年豆粕均价为 3 724/t，为近五年的高点（图 7）。

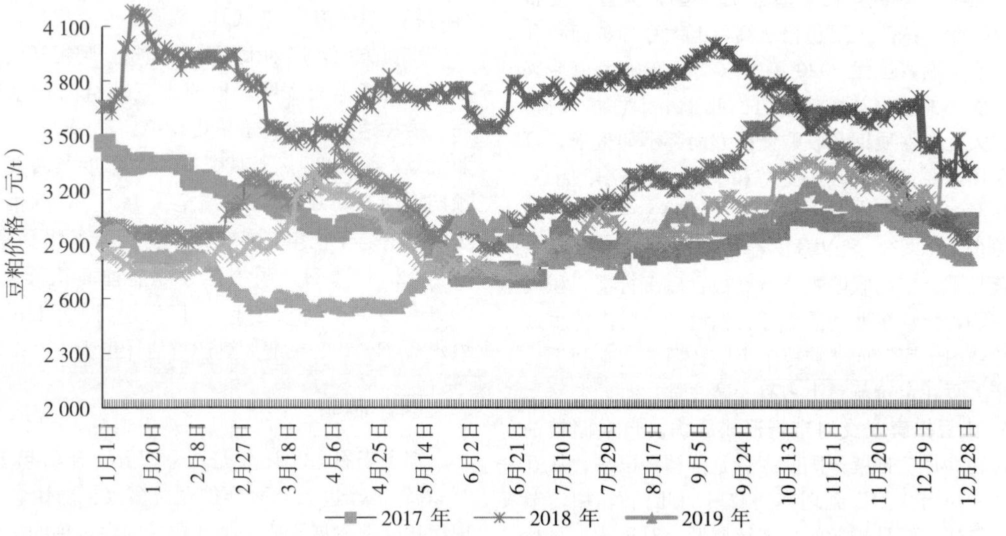

图 7　2018—2021 年豆粕价格走势

三、大豆市场的主要影响因素分析

1. 能繁母猪产能恢复合理水平 豆粕整体需求量稳增。截至 2021 年年底，全国能繁母猪存栏 4 329 万头，产能回到合理水平。全年猪肉产量 5 296 万 t，比上年增长 28.8%，基本达到历史正常年份水平。

2021 年生猪价格高位逐步回落，从 1 月的 35.8 元/kg 回落至 12 月的 17.59 元/kg，但 12 月猪价依然高于 15.5 元/kg 的平均生产成本。从生猪养殖收益看，除 6—10 月亏损外，其余 7 个月均盈利较多，按出栏量加权平均计算，全年每出栏一头生猪仍平均有 564 元的利润，较正常年份高 200 元左右。就全行业来说，2021 年生猪养殖依然是丰收年。

2. 汇率变化施压大豆进口的成本和供应。美联储加息，人民币贬值压力增加，国外向国内输入通胀，国内油脂油料的进口成本将会进一步上涨。大豆作为全球油脂油料领域中最重要的农产品，正处于销售高峰期，全球大豆贸易主要依赖美国大豆。人民币贬值使得大豆进口成本高企，大幅压缩了进口大豆的套利空间，正常来说如人民币相对美元贬值 2%左右，则每船大豆需增加人民币 300 万元以上的成本。

3. 国家相关政策调整频出 确保稳大豆。财政部、海关总署、税务总局联合下发了《关于“十四五”期间中央储备粮油进口税收政策的通知》，其中提到：“经国务院批准，在 2021 年 1 月 1 日至 2026 年 6 月 30 日期间，对《中央储备粮管理条例》规定的具体负责中央储备粮经营管理的企业及其子公司，为实现中央储备粮油年度轮换、转中央储备以及履行政府承诺而组织进口的粮油，免征进口环节增值税。”国务院总理李克强在 5 月 19 日主持召开国务院常务会议上，部署做好大宗商品保供稳价工作，保持经济平稳运行。为构建适合我国国情的新型日粮配方结构，全国动物营养指导委员会提出了猪鸡饲料玉米、豆粕减量替代技术方案。

4. 国产大豆恢复任重道远 加快国产大豆产业布局。2021 年，国产大豆价格居高，但大豆播种面积和产量均有下调，虽然 2020 年国家继续实施大豆振兴计划，农户种植收益增加，但仍低于玉米种植效益。同时，大豆在保质期和收购便捷方面都不如玉米，可见大豆还需要足够的政策支持和手段。截至 12 月 31 日，黑龙江等 6 个大豆主产区累计收购大豆 175 万 t，同比减少 1.13%。可以看出在国内粮食政策库存下降的背景下，市场收购主体看好粮食后市行情，积极入市收购，粮食企业商品库存大幅增加，国内粮食逐渐从“藏粮于库”向“藏粮于市”转型。这有利于后市国产大豆在定价舞台上占有一席之地。

5. 大豆拍卖成交对市场形成压力。自中储粮油脂公司在 9 月 7 日展开国储大豆竞价销售以来，从开始的“一两周一拍”到现在的“一周几拍”，拍卖节奏明显加快，而且拍卖底价连续调低，对现货大豆行情释放压力，抑制市场继续追涨的信心和热情。截至 12 月 13 日，国储大豆拍卖已经进行了 6 场，其中首场为单向拍卖，其余 5 场为双向购销竞价交易，意在拍出一定数量陈豆的同时，也能进行新豆的捆绑收购工作。这 6 场拍卖共计投放出陈豆 12.35 万 t，成交均价 5 700 元/t。截至 12 月 13 日，2021 年进口大豆拍卖共计进行了 5 场，累计成交 90.4 万 t，成交均价 4 489 元/t。

另外，2021 年 7 月中储粮收购也在进行，2021 年 5—7 月产区大量豆源流入储备库，贸易商手中库存已所剩不多。由于基层余粮见底，多数贸易商暂停收购，在出售少量库存的同时，准备迎接新粮上市，导致持有高蛋白或大颗粒优质豆的贸易主体挺价情绪较强。

6. 国际大豆市场阶段性供应问题影响大豆价格，大豆总产量相对稳定。美国、巴西、阿根廷是全球三大大豆主产国。美国农业部（USDA）12 月报告显示，2021/2022 年度全球大豆产量创纪录，达 3.81 亿 t，同比增产 1 555 万 t，其中主产国美国增产 568 万 t、巴西增产 600 万 t、阿根廷增产 330 万 t、中国减产 320 万 t。美豆及巴西大豆丰产累库令全球大豆期末库存达 1.02 亿 t，同比增加 219 万 t；全球大豆库存消费比回落至 18.57%，同比下降明显。整体全球大豆供应边际偏松，主要风险在于新一年度南美大豆生长期的天气情况。

美国方面，美国农业部 12 月报告对美大豆旧作及新作各项数据均未调整，产量继续维持在 2.56 亿及 3.4 亿蒲式耳*，库存消费比也维持在 5.68%和 7.81%水平。因此，美国农业部对当前美豆均衡价格维持在 1 200 美分/蒲式耳。

南美方面，巴西大豆供给充裕，阿根廷大豆产量预计维持或略有下降。巴西大豆种植面积创历史新高，播种速度保持高于历史均值。2020/2021 年度巴西大豆产量 1.38 亿 t，2021/2022 年度巴西大豆产量预期增加 600 万 t，产量增至 1.44 亿 t。阿根廷种植进度稍落后于往年。布宜诺斯艾利斯谷物交易所称，截至 12 月 15 日，阿根廷大豆播种面积低于 2020/2021 年度的 1 690 万 hm^2，仅为 1 650 万 hm^2；对阿根廷 2021/2022 年度大豆产量估计仅为 4 570 万 t。

四、总结

综合来看，2021 年是“十四五”开局起步之年，“三农”工作进入全面推进乡村振兴、加快农业农村现代化的新发展阶段。加快构建国内合理的大豆供需平衡，显得任重道远。2021 年我国大豆产量虽然下调，但进口大豆和国产大豆拍卖对市场的抑制作用有

* 蒲式耳为非法定单位，1 蒲式耳＝27.216kg。——编者注

所显现，大豆进口量有所回调，但仍占绝对总量，对大豆市场定价模式并未改变。全球大豆供需市场仍集中在美国和南美地区。加快开源替代仍是未来一定时间摆脱进口大豆制约的长期走势。

鱼粉生产、贸易与市场情况

2021 年，我国鱼粉供应创下新纪录，鱼粉需求受豆粕带动大幅提高，但鱼粉市场整体仍呈现供大于求的状态，港口库存持续高位，2021 年鱼粉价格调整幅度不大。

1. 鱼粉进口情况。

（1）2021 年鱼粉进口情况。海关数据显示，2021 年我国进口鱼粉 182.3 万 t，同比提高了 28.3%，创下自 2001 年以来的历史记录。2021 年我国进口秘鲁鱼粉为 102.0 万 t，占比 56.0%，秘鲁鱼粉进口量大幅提升，其占比提高了 10 个百分点；进口越南鱼粉为 16.8 万 t，占比为 9%；从美国进口鱼粉 7.14 万 t，同比提高 0.07 万 t；从泰国、俄罗斯、毛里塔尼亚及智利鱼粉进口量分别为 8.98 万 t、8.91 万 t、7.78 万 t 及 7.6 万 t，此外，我国还从厄瓜多尔和巴基斯坦也有进口鱼粉（图 1）。

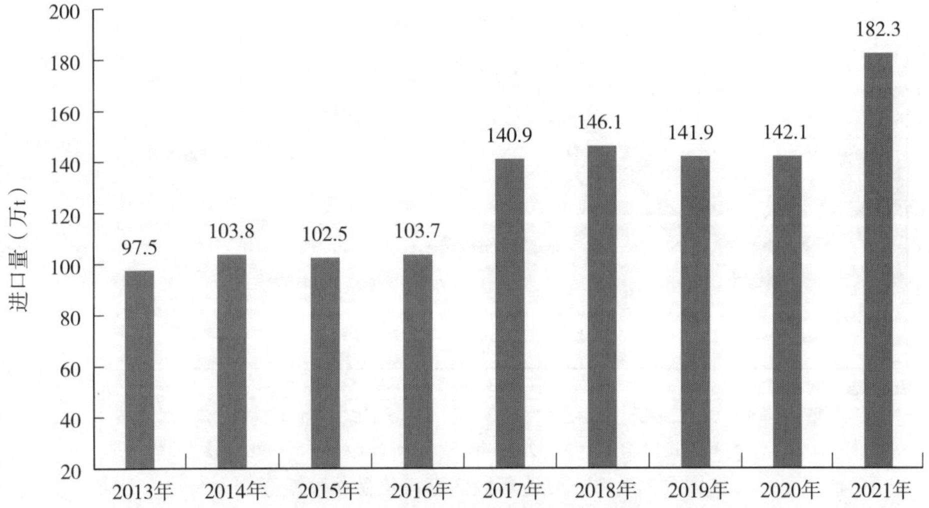

图 1　2013—2021 年鱼粉进口情况对比

（2）2020 年与 2021 年鱼粉进口情况比较。从图 2 对比显示，我国进口鱼粉总体仍以秘鲁为主要进口国家，来自秘鲁的鱼粉总量提升，占比稳定；来自智利、南非、毛里塔尼亚、泰国、俄罗斯、美国的进口量占比有所下降；来自厄瓜多尔和秘鲁的占比提升。2021 年我国整体生猪存栏恢复常年水平，同时大豆价格偏高，带动鱼粉消费量提升。另外，近几年水产饲料保持增长态势也对鱼粉消费量形成支撑。总体来看，我国从多边国家进口鱼粉进入了常态化，市场充分竞争。同时，鱼粉价格受相关替代品如豆粕、氨基酸的走势较为敏感，进口价格仍有一定的波动。

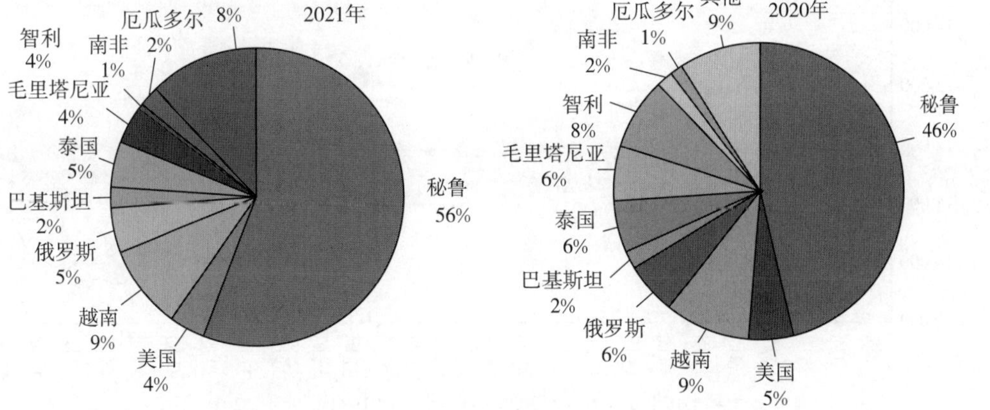

图 2　2020 年与 2021 年各国鱼粉进口量所占比例

2. 2021年我国鱼粉库存情况。 2021年鱼粉进口量超过180万t，鱼粉供应充足，鱼粉需求亦大幅增加，但整体呈现供大于求的状态。港口库存持续高位，年初港口鱼粉库存从高位下降，由于中国传统节日前备货，导致库存量大幅下降，库存最低在2月初仅为6.02万t，成为年内最低库存。2月下旬，随着秘鲁鱼粉到货增加，港口库存上升，鱼粉需求处于淡季，鱼粉价格接连下跌，月内降幅达到500元/t。4月下旬，秘鲁中北部A季配额公布，配额量虽然属于中性，但低于业内预期，在外盘价格大涨的带动下，国内市场大幅跟涨，单次涨幅达500元/t，虽然后续捕鱼进度良好，但秘鲁官方发布的小禁捕公告超过70个，担忧捕鱼被随时暂停，鱼粉价格波动较小。虽然在鱼粉消费旺季，但鱼粉供应充足，高库存状态自4月开始持续存在，到6月库存高达28.58万t，同时，秘鲁外盘进入消息“空窗期”，鱼粉价格亦波动不大，开始消耗鱼粉库存，库存总量震荡下降至7月中旬的22.05万t。虽然B季配额量低于预期，但鱼粉库存整体平稳在19万t左右，库存仍高于2018年和2020年，走势于2019年基本趋同，只是2019年下半年库存因水产和生猪需求偏弱叠加导致库存上涨（图3）。

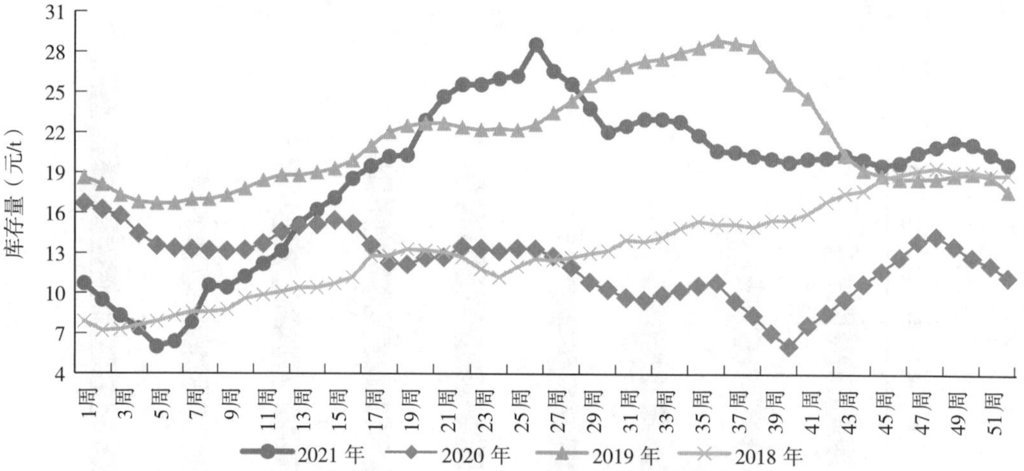

图3 2018—2021年我国港口鱼粉库存量变化

3. 2021年鱼粉价格行情。

(1) 供需两旺 鱼粉市场平稳运行。2021年，在受新冠感染疫情影响的背景下，全球海运运力紧张，秘鲁鱼粉的装运亦受影响，但随着秘鲁A季和B季鱼粉到货量在预期范围，且鱼粉整体贸易量高于往年，虽然我国主要港口鱼粉近阶段到货节奏依旧偏缓，鱼粉整体供需相对宽松。年初鱼粉价格为11 500元/t，随着鱼粉库存的消耗，春节前鱼粉价格达到11 825元/t的年内高点，后期随着进口鱼粉到货量充足，水产消费进入旺季，进口鱼粉价格在11 000～11 900元/t区间波动。2021年全年鱼粉均价为11 400元/t，低于2020年的12 600元/t，同比下跌了9.5%（图4）。

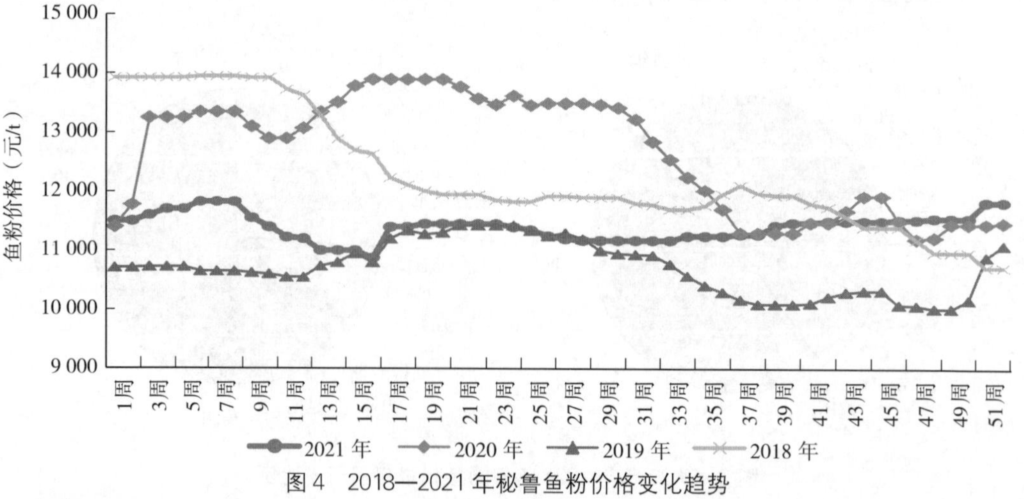

图4 2018—2021年秘鲁鱼粉价格变化趋势

（2）国产鱼粉市场跟随进口鱼粉区间波动。国产鱼粉产量主要集中在山东、浙江，其他地区还有福建、广西、河北、天津等，鱼粉产量有限。我国主要鱼品种为鳀鱼，加上其他鱼排粉等，全年产量65万～70万t，全年国产鱼粉消费量60万～65万t。2021年国产鱼粉主要集中在山东地区，价格基本跟随进口鱼粉价格走势，只是价格波动较小且相对平稳，年初国产鱼粉价格9 250元/t，随着鱼粉库存量逐渐提升，国产鱼粉价格降至8 800元/t，下半年随着进口大豆量的下降，来自鱼粉替代量增多，国产鱼粉价格上涨至9 900元/t。全年国产鱼粉均价为9 400元/t，比上年低300元/t（图5）。

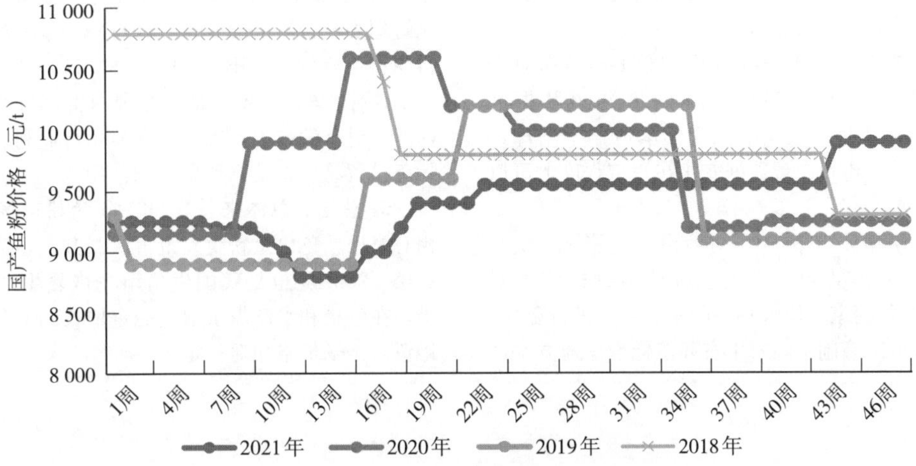

图5 2018—2021年国产鱼粉价格变化趋势

4. 秘鲁中北部捕捞情况。2021年，秘鲁中北部两季捕鱼配额量为455.6万t，捕鱼配额完成较好。A季捕鱼配额250.9万t，4月23日开始试捕，虽然小禁捕伴随了整个捕鱼期，但最终实际捕鱼244.3万t，完成配额的97.4%。2021年B季配额也几近完成。根据秘鲁生产部（N°380－2021－Produce号）公告，秘鲁2021年B季中北部鳀鱼捕捞配额204.7万t，开捕时间为11月22日，自11月15日开始将展开为期7天左右的试捕。近期根据秘鲁生产部（N°00008－2022－Produce号）文件，2021年秘鲁B季中北部捕鱼于2022年1月15日零时正式结束。同时，根据统计，2021年11月15日至2022年1月12日秘鲁中北部捕鱼量共2 007 539t，剩余配额数量为39 461t，完成配额的98.07%，同比减少16.8%（图6）。

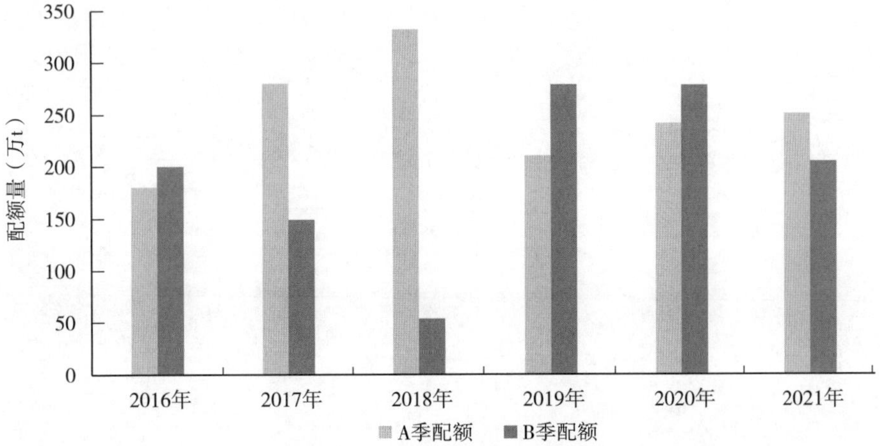

图6 2016—2021年秘鲁捕鱼配额量对比

5. 市场因素分析。

（1）国内鱼粉供需回升 价格相对稳定。2021年，国内能繁母猪和生猪存栏达到往年水平，生猪和水产需求量旺盛，刺激鱼粉消费量提升，同时玉米、豆粕价格上涨，也导致部分鱼粉替代。2021年秘鲁鱼粉供应恢复，其他国家鱼粉供应量也有小幅提升，从而导致鱼粉市场供应量高于上年。

（2）人民币升值降低进口成本。2021 年，由于人民币升值导致进口鱼粉成本下降，以美元计价的成本会转移到终端。虽然我国进口继续以多国家为主，但主要进口国家还是以秘鲁为主，秘鲁鱼粉具有价格的话语权。

（3）全国海洋鱼粉产量提升压制价格。在 IFFO 海洋原料机构发布的市场信息报告中，2021 年 1—12 月，海洋原料市场趋势分析显示，2021 年鱼粉总产量估计为 244.3 万 t（MT），而 2020 年该数据为 235.9 万 t。由于报告收集的国家样本覆盖了全球约 50%的产量，鱼粉总产量数据变化在一定程度上可以代表全球趋势。

（4）鱼粉相关政策出台 对后市产生影响。3 月 19 日，中华人民共和国海关总署动植物检疫司对《允许进口饲料国家（地区）及产品名单》进行更新，生态环境部组织编制了国家生态环境标准《地方水产养殖业水污染物排放控制标准制订技术导则》。5 月 27 日，农业农村部网站发布《实施水产养殖用投入品使用白名单制度工作规范（试行）》的通知，对水产养殖进行规范。8 月 27 日，全国水产养殖的养殖区、限制养殖区和禁止养殖区“三区”划定已基本完成，水产养殖功能区划得到各级地方人民政府依法确定。10 月 11 日，国家市场监督管理总局（国家标准化管理委员会）批准发布新修订的国家标准——《饲料原料 鱼粉》（GB/T 19164—2021），2022 年 5 月 1 日实施。该标准不仅是规范国内生产与贸易的国家标准，对有效维护我国饲料和养殖行业利益，指导国际鱼粉贸易也将发挥重要影响作用。

6. 总结。总体来看，2021 年鱼粉市场供需格局相对宽松，秘鲁鱼粉贸易量再次回升，导致全球供应宽松。2021 年也是我国生猪市场恢复生产水平的一年，在生猪和水产需求双重稳定增长的情况下，2021 年鱼粉市场价格相对稳定。

饲料添加剂工业概况

饲料级氨基酸

2021年，在全球经济疲弱、国际贸易摩擦不断、国内需求恢复、氨基酸产能继续提升、新冠感染疫情影响、突发事件等多种因素交织的背景下，2021年氨基酸市场整体波动幅度加大，市场恐慌心理加剧。2021年全球氨基酸产能继续稳步增长，中国氨基酸的出口量有所提高，生猪产能逐渐恢复，国内的氨基酸供应量同步提升。2021年，我国氨基酸整体处于盈利状态，并较上年有所提高。2021年我国厂家向小品种氨基酸发力，饲料中玉米和豆粕减量替代技术方案无疑是助推器，随着替代玉米和豆粕总量的提升，合成氨基酸的需求量有望增加。

一、赖氨酸

2021年全球经济偏弱，导致市场整体承压，消费动力不足。2021年，我国赖氨酸在突发因素和原料成本大幅攀升的背景下，赖氨酸厂家价格出现两次大幅波动，但赖氨酸供应量整体相对充裕，在经过市场上涨消化掉库存后，价格再次回调。国内生猪养殖出现亏损，导致市场观望、等待气氛浓厚，同时厂家停产、转产使得产业集中度有所回升，赖氨酸厂家扩大了议价空间。赖氨酸生产的主要成分，玉米占比50%以上，能源煤炭占比10%以上。

1. 赖氨酸出口情况分析。

（1）年度出口情况。据海关数据显示，2021年我国赖氨酸出口国家和地区共计达118个国家，其中出口前十位的国家分别为荷兰、德国、越南、俄罗斯、泰国、美国、丹麦、波兰、加拿大和印度，越南、俄罗斯和丹麦进口量较上年进口排名有所提前，特别是越南已跃升成为第三名。2021年我国赖氨酸出口国家前十名占比达到51.2%。2021年我国赖氨酸盐及酯出口量共82.6万t，同比提高了5.6%，其中对荷兰出口量达10.2万t，对德国出口量达5.4万t，对越南出口量达3.9万t，对德国出口量略有回调，荷兰和越南出口量大增（图1）。

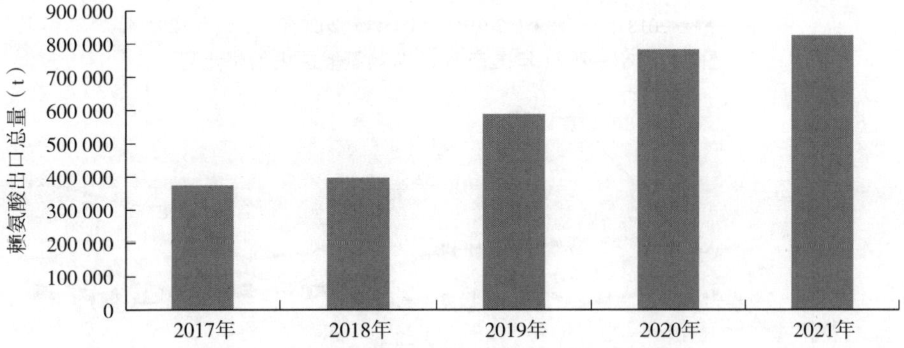

图1　2017—2021年赖氨酸年度出口总量对比

（2）分国别出口情况。2021年我国赖氨酸出口国主要有荷兰（102 251t）、德国（54 359t）、越南（39 368t）、丹麦（34 756t）、立陶宛（25 175t）、泰国（38 346t）、日本（22 183t）、南非（16 992t）等。2021年受新冠感染疫情影响，加上国际赖氨酸产能缩减，国外企业供应量较少，赖氨酸出口量继续增长（图2）。

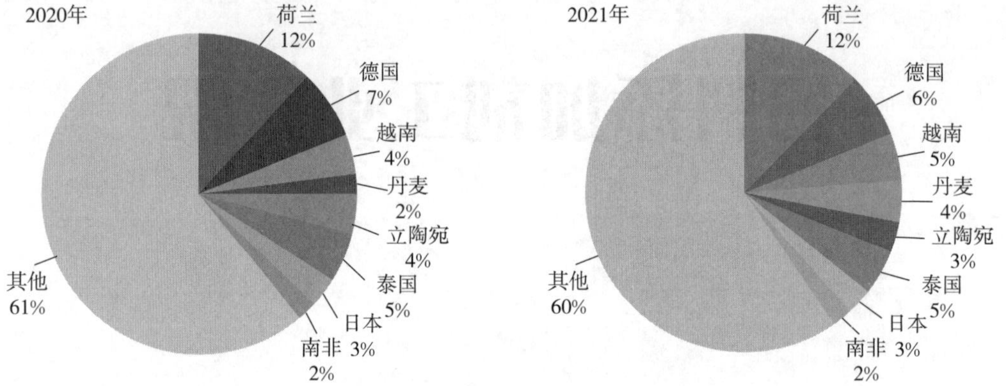

图 2　2020 年和 2021 年赖氨酸主要出口国家及所占比例对比

2021 年我国赖氨酸出口总额 102 273 万美元，同比 2020 年的 71 157 万美元增长了 31 116 万美元，增幅 43.7%。

2. 2021 年赖氨酸市场价格分析。赖氨酸上游的主要原材料为玉米，所以玉米价格的整体变动情况对我国赖氨酸的价格影响较大。从 2020 年开始，我国玉米价格受全球新冠感染疫情影响，整体价格持续上涨，但对赖氨酸整体传导较慢。整体来看，全球赖氨酸产能相对过剩，导致厂家在原料成本上涨的情况下，报价相对谨慎。随着需求的稳定，2021 年第一季度赖氨酸走势偏强，最高达到 13 元/kg；随着市场供应增加，下游畜禽产品价格走低，市场上采购需求减少，赖氨酸价格大幅回调至 8～10 元/kg；第三季度，由于夏季检修和煤炭价格急涨，赖氨酸触底反弹，9 月底赖氨酸涨至 9.3 元/kg，同时库存量降至低位；第四季度限电导致 12 月底赖氨酸报价上涨至 12.5 元/kg。2021 年，全年赖氨酸价格呈现过山车式的走势（图 3、图 4）。

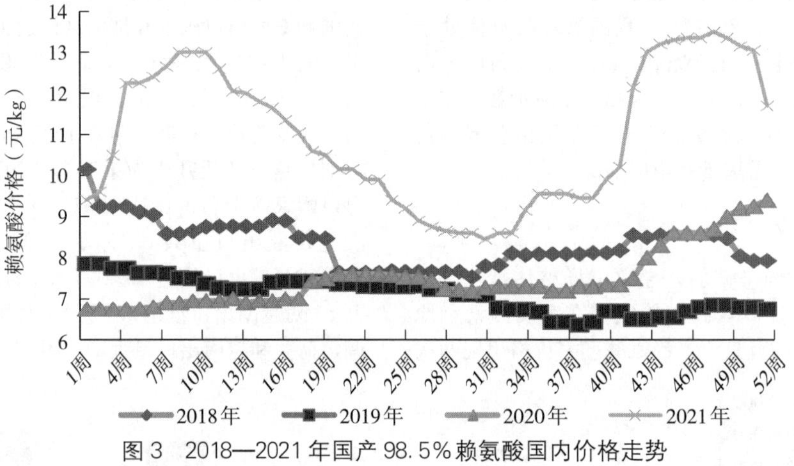

图 3　2018—2021 年国产 98.5% 赖氨酸国内价格走势

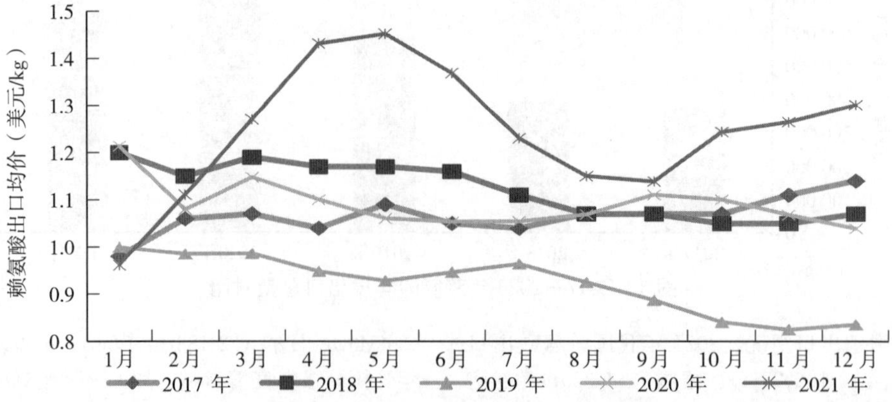

图 4　2017—2021 年赖氨酸出口均价对比

3. 市场行情主要影响因素。

（1）赖氨酸产业继续调整产品和区域结构。2021年，全国赖氨酸厂家开工率有所提升，但根据原料成本不同，各个厂家开工率有所不同。赖氨酸产品区域结构和产品类型不同，其中70%和65%赖氨酸产能在不断提升。据不完全统计，2021年全球饲用赖氨酸产能规模为519万t，与上年相比持平略增，赖氨酸生产厂家达19家。国内赖氨酸产能373万t，现有厂家产能有所恢复，第一季度和第四季度赖氨酸有较好盈利，厂家继续向玉米主产区靠拢（图5）。其他地区赖氨酸厂家基本停产或者处于低开工率。2021年全球赖氨酸需求同比增长9.4%，伴随着豆粕减量替代，预计未来三年将保持两位数的增速。

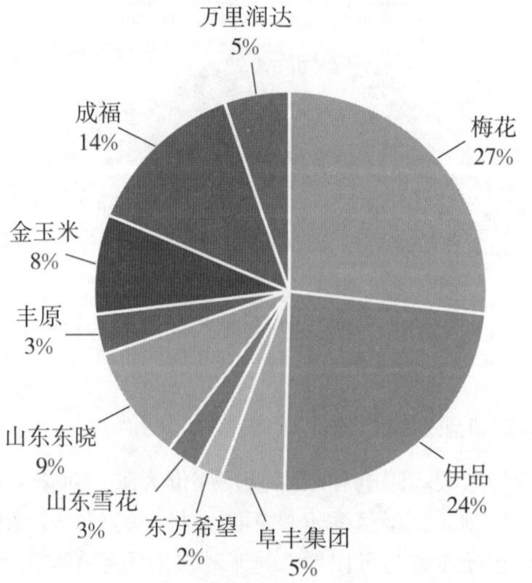

图5　2021年国内赖氨酸产能分布（饲料级）

（2）生猪存栏恢复常年水平，支撑赖氨酸整体需求。2021年全国工业饲料总产量29 344.3万t，比上年增长16.1%，其中猪饲料产量13 076.5万t，较上年增长46.6%，饲用赖氨酸在猪饲料中的使用总量占据主导。2021年全国生猪出栏67 128万头，相较于2020年的出栏不足5.3亿头，大幅增长27.4%。2021年年底，能繁母猪存栏约为4 327万头，较2020年年底增长4.0%。国内生猪存栏和能繁母猪存栏不断回升，并接近历史常年水平。饲料消费幅度的提升支撑了赖氨酸需求量的增加。

（3）赖氨酸出口市场继续稳步增长。2021年，全球赖氨酸市场虽然产能仍然过剩，但随着部分厂家因成本等因素退出，赖氨酸厂家利润有所恢复，开工率得到提升。出口市场仍继续大幅提升。近年来，随着赖氨酸生产技术更新迭代加速，赖氨酸企业的菌种认证和授权不断增加，欧盟和东南亚国家作为中国的主要出口市场，2021年出口量继续增加。截至2021年年底，经欧盟授权允许在饲料中使用的赖氨酸菌种达到了14个。

（4）原料成本和运输成本影响赖氨酸供需市场格局。2021年，新冠感染疫情导致赖氨酸市场出现阶段性的停工停产等，运输市场也受到一定影响，然而由于赖氨酸主要原料玉米的大幅上涨，直接导致赖氨酸的原料成本提升。2021年玉米均价为2 782元/t，而2020年均价为2 219元/t，大幅增长了近600元/t，也是近年的高点，原料成本的上涨加上能源的攀升，均会影响赖氨酸生产厂家。如希杰聊城工厂自2021年1月就停产了98.5%的赖氨酸，转线生产其他产品，这也是赖氨酸出口量和价格齐升的主要原因。

4. 总结。2021年，玉米原料成本不断攀升，全球赖氨酸市场产能继续受到挤压，优势厂家提高了赖氨酸产能，并扩大出口市场，欧洲市场本土供应量下降，导致我国赖氨酸出口量增加，但因港口运力紧张，加上成本提升，赖氨酸出口市场价格震荡上扬。随着赖氨酸产能的不断整合，赖氨酸厂家供应主导权也不断提升，赖氨酸市场供应产品结构和终端用户备货等都发生了变化，在赖氨酸生产厂家不断创新技术的背景下，赖氨酸供需市场将进入新的平衡区间。

二、蛋氨酸

2020年，全球蛋氨酸市场产能供应不断提升，主要是来自中国的增产和扩产。全年禽饲料需求稳步提升，出栏量为历史高位，蛋氨酸市场需求继续走高。

1. 2021年国内蛋氨酸市场情况。

（1）进口量分析。据海关数据显示，2021年我国蛋氨酸累计进口量达20.42万t，同比略下降0.25万t（图6）。进口占比前三名的国家分别是新加坡、马来西亚和日本，其中新加坡进口量占比最高，为10.9万t，其次是马来西亚5.4万t、日本1.88万t（图7）。

2021年，我国进口蛋氨酸的国家没有多大变化，主要进口国包括新加坡、马来西亚、日本、比利时、法国和德国，分别占比54%、27%、9%、5%、3%和2%。进口前三位的国家占比总量达90%。美国从2019年进口量降至0后，2020—2021年也没有进口。赢创在美国建厂后，主要供应美国当地市场。进口赢创德固赛占比超过61%，韩国希杰占比27%，日本住友占比9%，法国安迪苏继续缩小份额至4%，来自希杰的进口占比大幅增加。

（2）蛋氨酸出口量变化。2021年中国蛋氨酸出口量为8.86万t，较2020年增加了3.90万t，主要出口91个国家和地区。

（3）国内市场价格分析。2021年1—3月我国蛋氨酸市场受新冠感染疫情和春节备货等因素的影响，

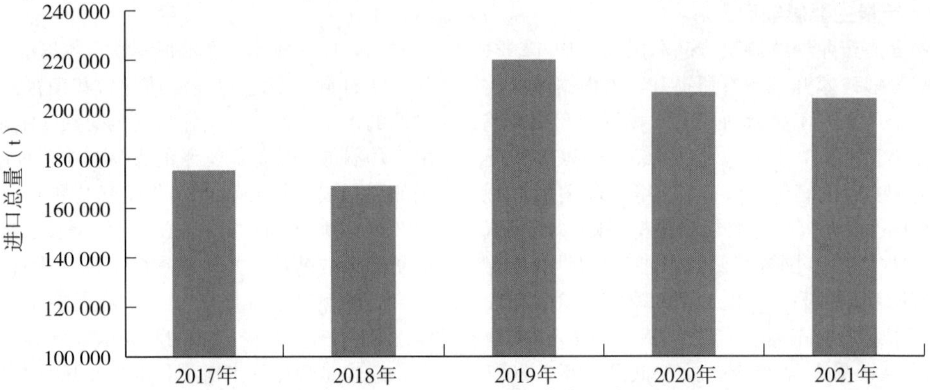

图 6　2017—2021 年蛋氨酸累计进口总量对比

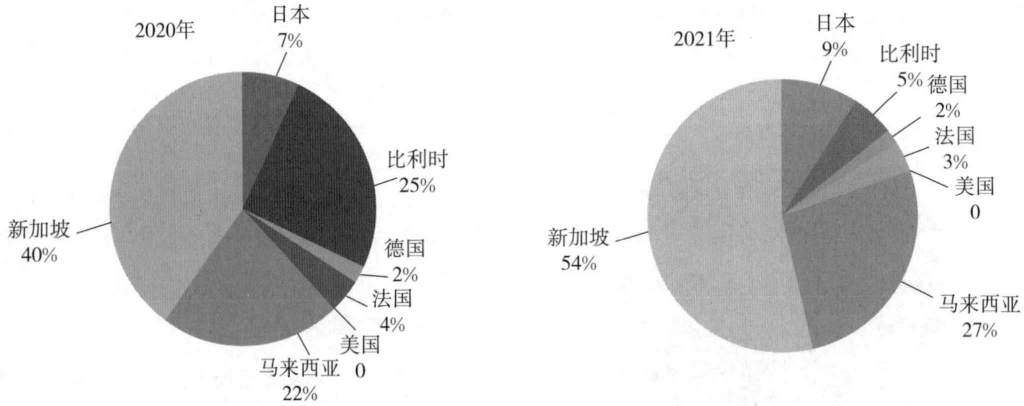

图 7　2020 年和 2021 年蛋氨酸进口国别统计对比

价格大幅上涨，从年初的 18 元/kg 上涨至 3 月底的 25 元/kg。3 月由于沙特阿拉伯石油重镇的巨大爆炸，导致国际原油价格大幅上涨，而原油作为蛋氨酸的主要生产原料，也带动了蛋氨酸价格的大幅上涨。随着终端备货量增加，国内养殖利润下滑，市场采购观望气氛浓厚，蛋氨酸价格再次回调，降至 18 元/kg 左右。9 月初，希杰因减产的不确定性，停止对欧洲市场的现货供应，蛋氨酸提价至 22 元/kg。国庆节后由于双控政策、限电和限煤以及煤价大涨，对蛋氨酸形成利好刺激，蛋氨酸价格不断上扬，另外，全球能源供应短缺压力与日俱增，越来越多的国家参与天然气/煤炭抢购潮，原油期价逼近 100 美元/桶。但国庆节后家禽养殖市场效益急转直下，蛋氨酸需求形势难与强势行情相匹配，蛋氨酸价格涨至 23 元/kg 后，年底再次回调至 19.5 元/kg。全年蛋氨酸均价为 20.7 元/kg，与上年相比持平，略增 0.05 元/kg（图 8）。

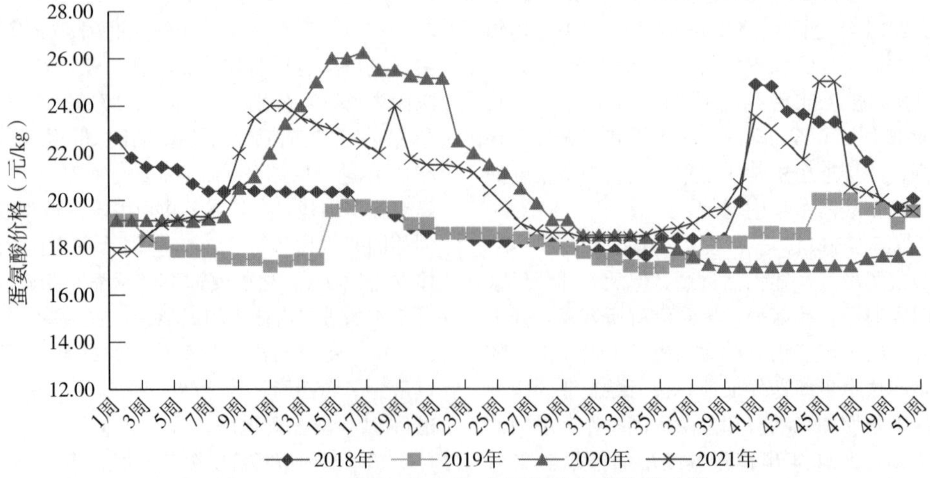

图 8　2018—2021 年各年度蛋氨酸周度价格走势

2. 市场行情影响因素。

(1) 全国蛋氨酸产能扩张减缓。2021 年全球蛋氨酸产能扩张减缓，全球产能为 224 万 t，与上年相比略有增幅。2021 年行业基本没有大规模的新增产能投放，赢创宣布德国 6.5 万 t 蛋氨酸产能第一季度末退出，3 月前宁夏紫光开工率调降至 30%，和邦生物液体蛋氨酸少量生产。美国对西班牙、法国和日本进口蛋氨酸征收反倾销税，影响了蛋氨酸市场供需。2021 年 9 月，安迪苏西班牙液体蛋氨酸产能新增 3 万 t。2021 年我国蛋氨酸产量增加，拉动了出口和国内需求，而在蛋氨酸需求自然增长的态势下，将需要新增产能约 8 万 t/年，2021 年行业供需结构将收紧。在行业寡头垄断竞争的格局下，企业对价格具有较强的把控力，加之高度集中的产能区域分布，不可抗力等因素更容易造成价格短期的剧烈波动。2021 年全球蛋氨酸厂家共计 9 家，产能主要仍集中在德固赛、安迪苏和诺伟司（图 9）。

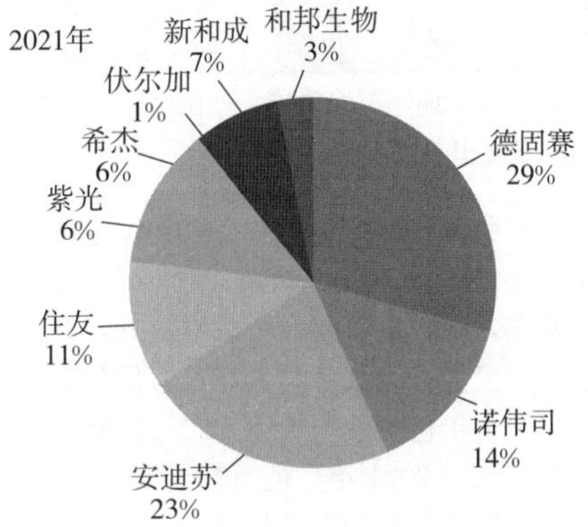

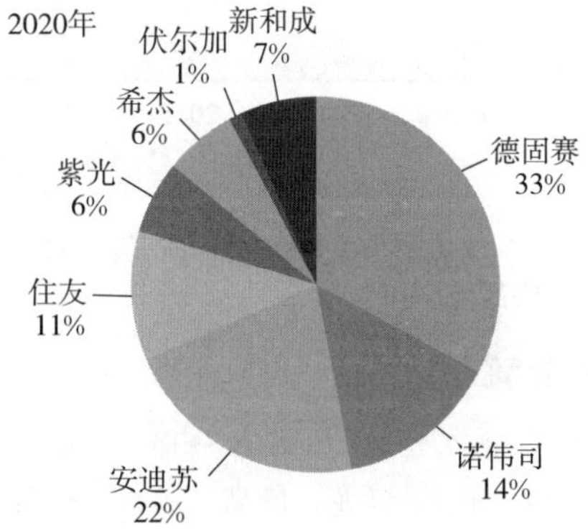

图 9　2020 年和 2021 年全球蛋氨酸产能分布比较

(2) 国内蛋氨酸供应量增加。2021 年中国蛋氨酸企业发力，新和成和紫光市场供应量有所增加，和邦生物年初投产，年底已经正常生产。国内蛋氨酸产能供应量近 40 万 t，需求量为 45 万 t，供需缺口缩减，但进口市场在量和价上仍占据主导。

(3) 蛋氨酸需求区间调整。2021 年我国蛋禽饲料产量为 3 231.4 万 t，下降 3.6%；肉禽饲料产量为 8 909.6 万 t，下降 2.9%；但是中国作为世界上第二大家禽生产国，2021 年中国禽肉产量为 2 380 万 t，同比增长 0.8%，蛋氨酸饲用需求萎缩，但总量仍维持在高位。另外，随着新的消费理念转变，订单和网上消费量不断增加，禽类消费的增量也不断提升。并且随着南美地区畜禽存栏量不断增加，未来会对蛋氨酸需求形成一定支撑。3 月 15 日，农业农村部畜牧兽医局发布关于推进玉米豆粕减量替代工作的通知，重点下达了《饲料中玉米豆粕减量替代工作方案》，减量替代方案也有利于提升氨基酸的使用量，对蛋氨酸替代增量的作用有限。

(4) 突发事件和成本推动。2021 年，蛋氨酸两次上涨均为突发因素主导。一方面，蛋氨酸市场受进口市场制约，一旦出现风吹草动，蛋氨酸市场价格波动就会加剧；另一方面，受到原油价格上涨的推动，蛋氨酸市场价格受成本压力影响加剧。

3. 总结。 2021 年，由于全球蛋氨酸产能不断分散，国内蛋氨酸产能不断推进，市场供应总量有所增加，而终端消费相对稳定，对蛋氨酸形成了支撑。随着突发事件频出，蛋氨酸成本居高，未来蛋氨酸市场不排除出现异常波动的现象。

三、苏氨酸

2021 年全球苏氨酸需求同比增长 12.6%，伴随豆粕减量替代，预计未来三年苏氨酸将保持两位数的增速。

2021 年全球苏氨酸产能为 113 万 t，同比略有增幅，其中我国苏氨酸产能占比超过 90%。2021 年，由于生猪产能超预期，豆粕价格居高不下，终端需求量提升，苏氨酸虽然原料成本提升，但价格上涨导致盈利水平偏好，市场开工率偏高，近 85%。苏氨酸整体产能供应稳定，主要生产公司有梅花、伊品、阜丰、成福、金象生化、希杰、味之素、ADM 等，而大成、希杰（沈阳）、恩贝、阜丰（呼和浩特）均已经停产，市场集中在梅花、伊品、阜丰和金象生化。2021 年全球苏氨酸产量为 91 万 t，中国苏氨酸产量为 85 万 t，出口量为 56.9 万 t，2021 年全球苏氨酸需求同比分别增长 12.6%，伴随着豆粕减量替代，预计未来三年将保持两位数的增速（图 10）。

2021 年苏氨酸整体开工率普遍偏高，超过 60%。苏氨酸市场价格普遍增长。随着部分企业停产退出，苏氨酸厂家仅为 8 家，产能主要集中在其中 4 家。全球苏氨酸产能集中在中国市场。2021 年苏氨酸因原料成本居高，运输成本不断攀升，苏氨酸生产厂家挺价

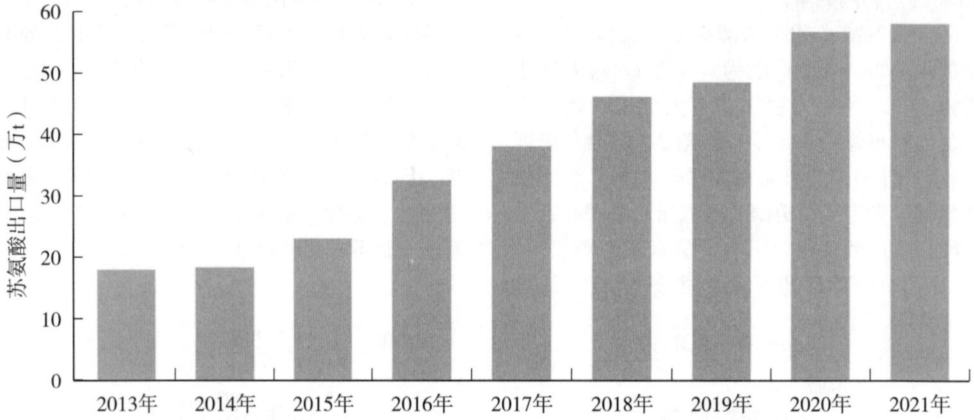

图 10　2013—2021 年苏氨酸年度出口量对比

意愿强烈，2021 年苏氨酸年均价格达 12.4 元/kg，为近五年的价格高点。

四、色氨酸

2021 年，全球色氨酸厂家产能增加，主要生产色氨酸厂家包括希杰、巨龙、伊品、成福、金象生化、阜丰、味之素、赢创、希杰、大象、苏源、梅花等。全球色氨酸产能为 12.6 万 t，同比略增。2020 年中国色氨酸出口量达 1.18 万 t，同比上涨 0.18 万 t；色氨酸进口量达 0.85t。2021 年玉米原料价格走势偏强，导致色氨酸原料成本提升，同时虽然厂家竞争压力巨大，终端备货量充足，但色氨酸价格呈大幅上涨，全年色氨酸均价为 63.5 元/kg，同比上年提高了 13.7%。2021 年，色氨酸受到豆粕减量替代的影响，未来色氨酸的需求量将会稳步提升，色氨酸厂家也有望继续扩张。

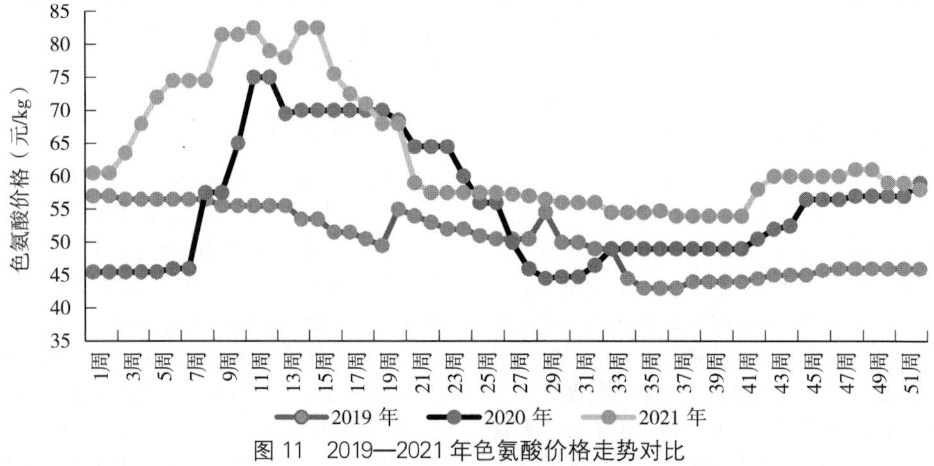

图 11　2019—2021 年色氨酸价格走势对比

五、缬氨酸和精氨酸

2021 年，我国小品种氨基酸迎来使用增长年份。3 月，农业农村部制定发布饲料中玉米和豆粕减量替代技术方案，饲料中使用谷物替代玉米，小麦和稻谷的使用比例有所增加，这一举措无疑会增加小品种氨基酸的使用比例，如缬氨酸和精氨酸。2021 年缬氨酸产能约为 10.7 万 t，精氨酸产能约为 0.6 万 t，同比 2020 年均有提升，其产量供应均来自希杰。2021 年缬氨酸主要厂家是梅花、伊品和希杰等，立项计划投产的厂家有伊品、拜克生物、华恒生物、金象生化，精氨酸主要厂家是伊品、东晓等。

饲料级维生素

2021 年我国维生素市场供需稳中有升，阶段性供需矛盾凸显。2021 年国际原油价格及大宗商品价格不断攀升，从原料和物流成本上推动维生素市场价格上涨。国内饲用维生素消费回升平稳，因新冠感染疫情刺激，食品和医药级维生素消费量大幅增加。在供应方面，国内维生素 A、维生素 E、维生素 D_3 市场因进入门槛较高，外界因素对市场影响较小，B 族维生素市场竞争激烈，价格波动偏大。整体出口市场保持良好势头，阶段性、区域性供需会导致价格波动。

据海关最新统计数据显示，2021 年我国共出口维生素 33.46 万 t（不含胆碱），较 2020 年同期增长 5.31%，其中维生素 A、维生素 E、维生素 B_1、维生素 B_6 均有所上涨，维生素 B_{12}、维生素 C 等下调。2021 年维生素出口市场保持稳定，即使出口下调，也是以价换量。

一、维生素 A、维生素 E

1. 维生素 A 市场及出口基本概况。 2021 年，我国维生素 A 及其衍生物累计出口量达 5 807t，同比增长 31.34%；出口金额 34 828 万美元，同比增长 38.14%。从出口地区分布来看，我国主要向欧洲、北美洲和亚洲出口维生素 A，分别占比 39.11%、25.28%、21.31%。主要出口国家为美国（1 411t）和德国（1 733t），两国合计占出口总量的 54.1%，同比提高了 0.3 个百分点。近年来，我国维生素 A 出口国家和地区已经超过 89 个，出口产品主要以饲料级维生素 A 为主。

2021 年全球可稳定生产维生素 A 的企业主要有帝斯曼、巴斯夫和安迪苏（法国工厂）以及国内企业新和成、浙江医药、新发药业和金达威。2021 年全球维生素 A 年产能约为 3.7 万 t，年消费量约为 2.7 万 t，其中帝斯曼、巴斯夫和新和成占比在 20%以上，安迪苏市场占有率约为 16%。维生素 A 饲料需求结构中，猪饲料占比最大，为 40%，因此维生素 A 市场运行情况与养殖业关联紧密。但由于维生素在饲料成本中占比仅为 2%左右，因此维生素 A 不是饲料产业成本控制的主要考虑因素。

2021 年维生素 A 出口均价为 60.01 美元/kg，同比上涨了 2.15%（图 1）。与出口价格相比，国内维生素 A 价格在上半年有一波冲高的行情，最高可达 450 元/kg，但随着 5 月疫情再起，维生素 A 的价格开始震荡走弱，一方面生猪价格大幅回落，部分地区出现养殖利润亏损，从而导致市场上采购订单观望气氛浓厚；另一方面，新增产能也压制了价格上行，同时虽然出口总量上涨，但价格维持平稳，下半年价格基本在 310 元/kg 左右（图 2）。

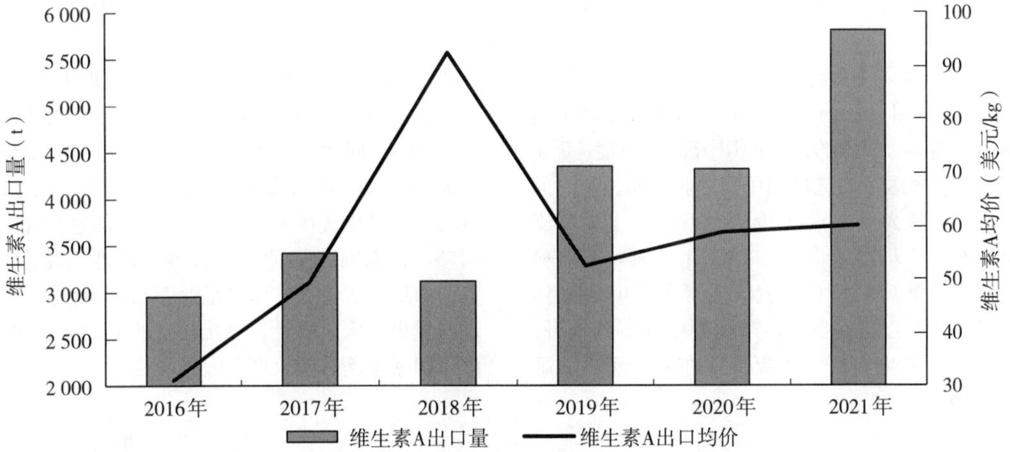

图 1 2016—2021 年我国维生素 A 出口量和均价对比

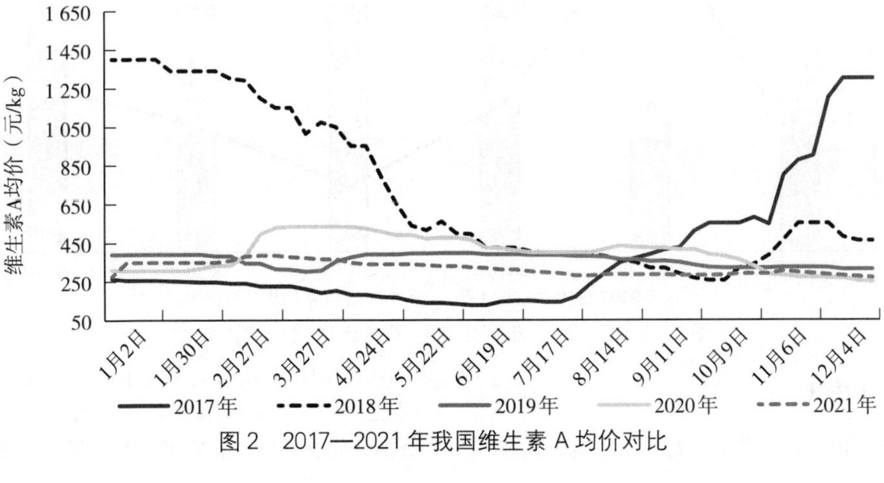

图 2 2017—2021 年我国维生素 A 均价对比

2. 维生素 E 市场及其出口基本概况。2021 年在新冠感染疫情的影响下，维生素 E 生产和运输受阻，能特科技和帝斯曼合资工厂复产推迟，出货量低于市场预期，加之巴斯夫工厂检修持续，行业库存偏紧，导致维生素 E 供需紧张。同时原油受经济恢复带动的需求提升影响，价格宽幅上涨，支撑了维生素 E 价格的进一步攀升。2 月美国寒潮“意外”出现，导致海外供给显著下降，维生素 E 涨势愈演愈烈，同时受需求市场压制，下半年价格相对稳定，维生素 E 价格全年维持在 60～90 元/kg 的价格区间内，均价为 80 元/kg，高于上年的 65 元/kg，为近年来相对高价位，上一个高价是在 2012 年，均价达到 102 元/kg（图 3）。

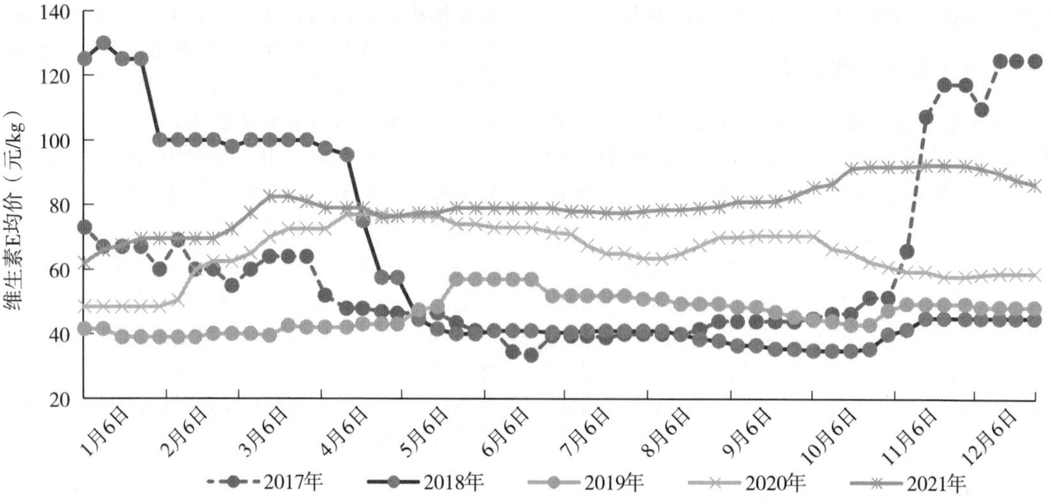

图 3　2017—2021 年我国维生素 E 均价对比

2021 年年底，全球维生素 E（油）总产能约 14 万 t。2021 年 1 月，我国商务部最终认定，原产于美国、欧盟及英国、日本的进口间甲酚存在倾销，5 年内对原产于上述国家的进口间甲酚征收反倾销税。间甲酚价格的走高为维生素 E 价格上行提供了成本支撑，维生素 E 市场前景向好。2019 年 8 月，能特科技向帝斯曼出售 75%股权，就维生素 E 及其中间体业务组建了合资公司益曼特，产业集中度得到提升。我国维生素 E 的生产厂家主要集中在浙江医药、新和成、巴斯夫、帝斯曼、能特科技和北沙制药。

2021 年，我国维生素 E 及其衍生物累计出口 9.13 万 t，同比上年上涨了 30.99%。维生素 E 出口量大幅增加，出口金额为 8.5 亿美元，同比上调了 51.8%，其中美国和德国维生素 E 的进口量占比近 50%，其他国家如荷兰、日本、巴西、越南、加拿大、西班牙、泰国、印度尼西亚和新加坡的维生素 E 进口量也很大，合计占总出口量的 77.1%，维生素 E 出口国家不断分散（图 4）。

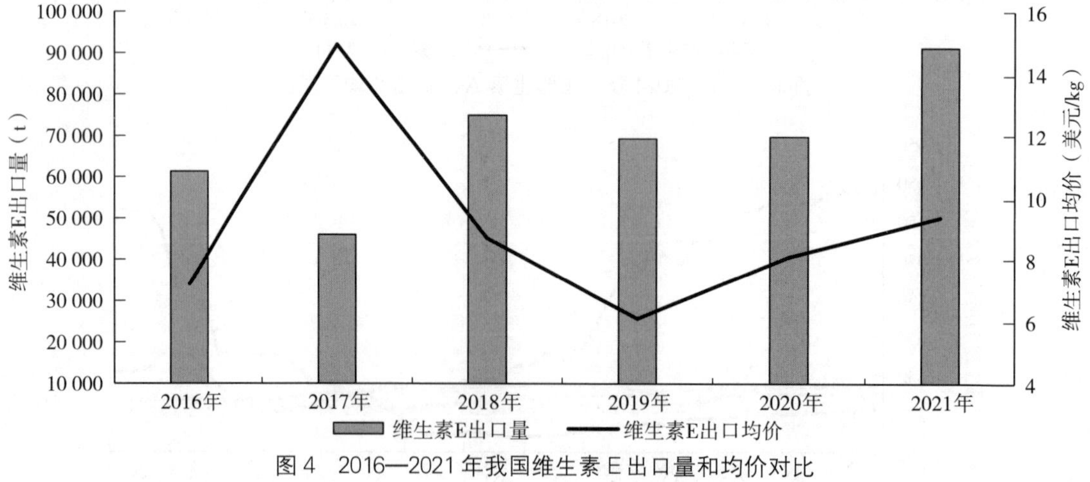

图 4　2016—2021 年我国维生素 E 出口量和均价对比

二、维生素 B_2

2021 年，我国维生素 B_2 及其衍生物累计出口 2 975t，同比上涨 4.46%，出口金额为 8 056 万美元，同比上涨 6.20%。维生素 B_2 主要出口国家是美国、越南、印度、巴西、斯里兰卡、荷兰、新加坡、印度尼西亚、韩国、马来西亚等，出口至印度、俄罗斯的维生素 B_2 总量有所提升，上述国家出口量合计占总出口量的 78.6%。

全球维生素 B_2 主要生产企业有广济药业、巴斯夫、DSM，这三家产能占全球产能的 80%。广济药业年产能最高，大致在 4 800t 左右，占比达 48%；DSM 公司年产能约为 2 000t，占比达 20%；巴斯夫年产能约为 1 500t，占比达 15%；海嘉诺年产能约为 1 000t，占比达 10%。梅花生物将苏氨酸转产维生素 B_2（1 000t）技术改造项目，饲料级维生素 B_2 产能为 650t；其他企业如恩贝、神州生物、黄河龙生物、巨龙生物、中升药业等也有生产。同时受原材料及能源价格上涨的影响，原料系列产品生产成本上升，市场竞争压力增大，国内维生素 B_2 价格维持弱势，全年均价 96 元/kg，同比下降了 6.8%，再次创下新低。维生素 B_2 市场在寻求新的平衡点（图 5）。

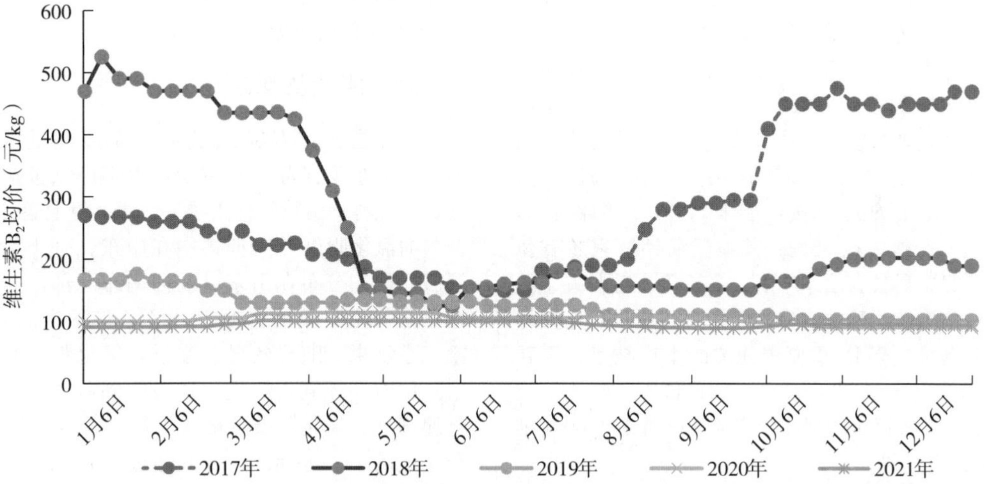

图 5　2017—2021 年维生素 B_2 均价对比

三、维生素 D_3

我国饲料级维生素 D_3 市场格局虽然相对集中，但新进入者对市场形成冲击，国内市场形成新的格局。黑龙江格林赫思生物科技有限公司年产 1 000t 维生素 D_3 及配套年产 200t 的胆固醇项目试产，2022 年正式投产。花园生物全资子公司花园营养与帝斯曼签署了采购协议，约定年产 200t 维生素 D_3 于 2021 年年底前建成投产，产能快速释放。由于饲料级维生素 D_3 生产企业较多，受供需关系影响，2021 年饲料级维生素 D_3 价格在相对低位震荡。生产厂家黑龙江格林赫思、平顶山市楚鑫源、湖北元泰生物新进入者对市场形成冲击。2020 年维生素 D_3 的主要生产厂家包括花园生物、新和成、金达威、台州海盛、威仕生物、浙江医药、天新药业；国外生产厂家集中在帝斯曼、印度迪氏曼。2021 年，维生素 D_3 价格基本维持低价区间，全年平均价格 116 元/kg，同比上涨了 16%，基本处于相对合理的价格区间（图 6）。

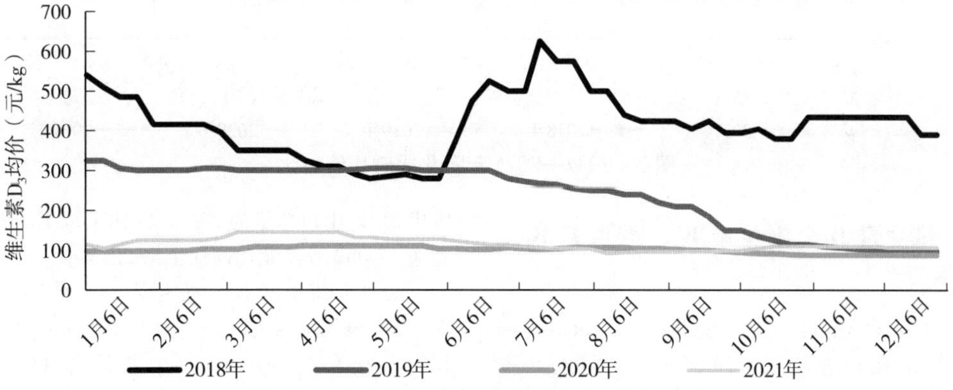

图 6　2018—2021 年国内维生素 D_3 均价对比

四、泛酸钙（维生素 B_5）

2021 年前三季度泛酸钙（维生素 B_5）受供应压力影响，市场价格从 70 元/kg 震荡上行至 90 元/kg，价格基本维持在低位，从第三季度末价格开始走高，最高增至 140 元/kg。从第四季度开始，泛酸钙原料泛解酸内酯紧缺，其上游原料异丁醛供应紧张对泛解酸内酯生产造成重大影响，同时泛解酸内酯生产受到环保制约影响，泛酸钙生产厂家又因冬奥会，生产受到影响，工厂挺价情绪强烈，因此泛酸钙价格大幅上涨。2021 年全年均价为 84 元/kg，是近五年的低点。

从全球市场竞争格局来看，全球泛酸钙行业相对稳定，处于寡头垄断阶段，由于泛酸钙加工工序较多、污染物处理难度大、技术壁垒高，因此行业产能高度集中，企业具有较强的市场定价权。据统计，2021 年全球泛酸钙市场按产能来划分，亿帆医药为全球龙头，产能占比 35%；其他泛酸钙厂家还有新发药业、兄弟科技、山东华辰、帝斯曼、巴斯夫、精晶药业、安力肽生物等。另外，华中药业收购金安特化工，具备维生素 B_5 重要中间体的生产技术；天新药业拟建维生素 B_5 生产线，一期产能 2 000t，二期产能 5 000t；华恒生物拟建年产能 5 000t 和 2 000t 维生素 B_5 的生产线。

五、叶酸

叶酸价格从 2021 年年初开始，受中间体短缺的影响，叶酸从年初的 200 元/kg，不断震荡上扬，到年底最高增至 400 元/kg，涨幅 1 倍。由于此前叶酸价格大涨，部分饲料企业至今都在降低叶酸使用量。近几年，叶酸在医药级和食品级使用量占据主导，且主要出口国外。叶酸主要厂家包括天新药业、南通常海、新鸿医药、圣达生物、安徽泰格、牛塘化工等，新进入厂家包括黑龙江中瑯生物，叶酸总产能为 1 000t；河北冀衡药业和常州制药生产的叶酸主要为医药级，圣达 2021 年也开始生产医药级叶酸。2021 年叶酸年均价为 279 元/kg，高于上年的 225 元/kg，与 2018 年价格相近。

六、胆碱及其盐

我国是氯化胆碱的主要生产国，厂家主要分布在河北、山东及江苏三个省份，生产厂家包括恩贝丰银、奥克特、山东巨佳生物、信诺、伊士曼等。我国 95%的氯化胆碱产能都集中在山东、河北地区，三甲胺产能均分布在山东以及河南东北部，而华北地区也是氯化胆碱上游原料环氧乙烷的产品来源地。第三季度末，随着冬奥会临近，氯化胆碱的主要原料三甲胺和环氧乙烷生产供应受到制约，厂家挺价意愿强烈。氯化胆碱价格从年初的 4 700 元/t，上涨至年底的 12 000 元/t，涨幅超过 1 倍（图 7）。

2021 年，我国氯化胆碱产能约 70 万 t，出口量近 25 万 t，基本与上年持平，全年产量 45 万 t，开工率超过 60%。

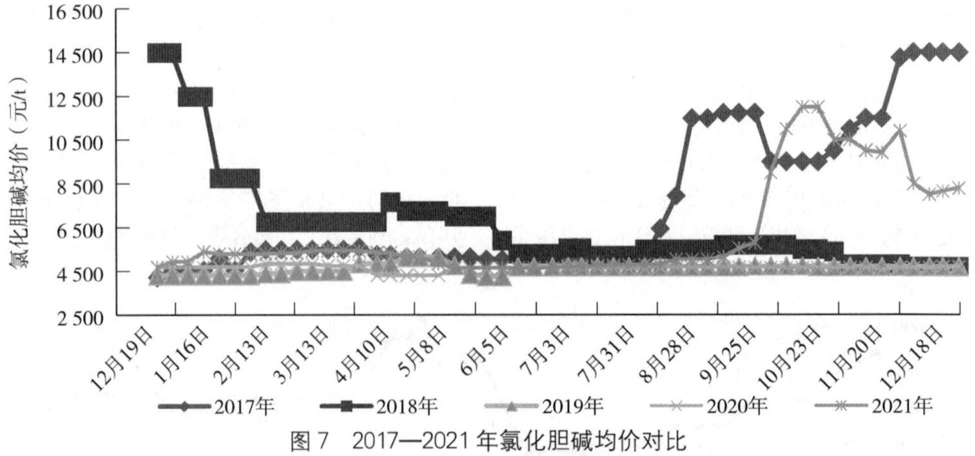

图 7　2017—2021 年氯化胆碱均价对比

七、维生素 B_1、维生素 B_6、维生素 B_{12}、维生素 K_3

2021 年我国维生素 B_1 出口总量为 9 240t，同比上涨 21.2%；出口金额 23 179 万美元，同比上涨 16.7%。维生素 B_6 出口总量为 7 920 t，同比上涨 9.4%；出口金额 19 168 万美元，同比上涨 13.6%。维生素 B_{12} 出口总量为 306t，同比下调 13.8%；出口金额 17 057 万美元，同比上涨 2.1%。

2021 年维生素 B_1、维生素 B_6、维生素 B_{12} 和维生素 K_3 全年国内均价分别为 174 元/kg、140 元/kg、156 元/kg 和 90 元/kg，维生素 K_3 价格继续上调，其他三种维生素继续震荡回调。

2021 年维生素 B_1 主要厂家为天新药业、兄弟科技、华中药业，市场供应厂家较多，总体相对分散，竞争日趋激烈。新发药业维生素 B_1 智能化改造项目在建，地点在山东东营，在现有的 2 500t 产能维生素 B_1 项目基础上，建成年产 20 000t 乙酰丁内酯、12 000t 维生素 B_1 的自动化生产线。

2021 年不断有新厂加入生产维生素 B_6，如新和成（6 000t 产能）、天新药业、海嘉诺、江西森泰、华中医药、新发药业、惠生药业、帝斯曼、安徽泰格等。维生素 B_6 供需市场失衡，市场竞争压力大。在现有情况下，寻求出口市场还需要更多的经济刺激，未来会面临部分厂家退出的可能。

饲料添加剂维生素 B_{12} 主要是以甘露醇、玉米淀粉、乳糖和磷酸氢钙为原料制备而成，规格主要有 0.1%、1%、2%。2021 年我国维生素 B_{12} 产能和厂家不断增加，出口量也不断上涨。维生素 B_{12} 的生产厂家包括玉星生物、金维制药、河北华荣和安万特、湖南鸿鹰、华星药厂等。

近几年，很少有新厂进入生产维生素 K_3。一方面受制于全球产能过剩，市场处于供大于求的格局；另一方面，维生素 K_3 的上游原料铬粉受制于环保等多种因素，导致维生素 K_3 虽然在产能过剩的情况下，价格却逆势上扬。全球主要生产维生素 K_3 的厂家有兄弟科技、陆良和平、崴尼达、重庆民丰、振华股份以及山东华升等，国外厂家包括土耳其的 Oxyvit 和乌拉圭的 Dirox。

八、维生素 C

2021 年，维生素 C 全年出口总量为 19.8 万 t，同比回调 4.3%；出口总额为 9.4 亿美元，同比上涨 25.3%，出口均价为 4.7 美元/kg，价格有所提高。其中我国两大出口省份分别是山东和河北，合计超过 11 万 t；两大出口的国家依次为美国和德国，占比分别为 21.39%和 10.59%，2021 年维生素 C 出口共计有 161 个国家和地区。

2021 年我国维生素 C 产能约为 35 万 t，尤其自 2020 年全球新冠感染疫情暴发以来，维生素 C 内外销量大增，下游产品需求呈现持续性稳定增长。国内维生素 C 原料生产企业抓住机会，陆续扩产，仅食药产能就达 8 万 t。全球维生素 C 原料需求量约为 25 万 t。预计在接下来 2～3 年，维生素 C 的扩产需求量平均增长率在5%～6%。国内主要的维生素 C 生产厂家有山东鲁能、江山制药、山东天力、东北制药、石药集团、启元药业、郑州拓洋及浙江新和成。2021 年维生素 C 全年均价为 45.9 元/kg，同比上涨了 57.2%（图 8）。

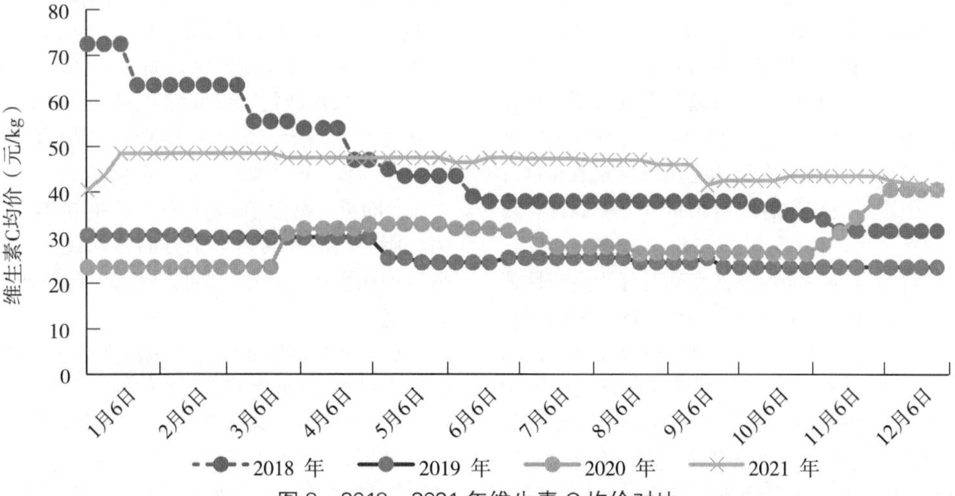

图 8 2018—2021 年维生素 C 均价对比

九、总结

2021 年，在全球新冠感染疫情形势仍严峻的情况下，维生素产品的需求量有所增加，我国维生素产品出口稳步提升。维生素作为重要的饲料添加剂，2021 年随着养殖需求的恢复，维生素的需求量也得到提升。近两年，食品和医药维生素的需求量上涨。维生素市场仍受制于汇率、上游原料、国际经济形势等。继续深化上下游产业链整合力度，提升品牌溢价能力，将成为未来维生素市场的主攻方向。

微量元素氨基酸螯合物在动物生产中的应用研究

微量元素氨基酸螯合物是第三代新型微量元素添加剂，具有稳定的化学结构、较高的生物学效价、良好的适口性，具有能够提高畜禽免疫力等优势。国内外关于微量元素螯合物的研究报道也与日俱增。本文将2021年1月1日至2021年12月31日正式发表的应用研究论文整理成文，以期为有机微量元素的应用及研究者提供参考。

1. 微量元素氨基酸螯合物在养猪生产中的应用研究。

（1）对仔猪生产性能及代谢的影响。为探究降低畜禽排泄物对环境的污染，王曼等（2021）选取68日龄、体重（25.05±3.69）kg的杜×长×大三元杂交猪40头（公母各半），随机分为4个组处理，每组处理10个重复，每个重复1头猪。试验的对照组饲喂基础日粮（粗蛋白水平为16.57%，纯度为96%的$CuSO_4 \cdot 5H_2O$ 62.5mg/kg，纯度为99%的$ZnSO_4 \cdot H_2O$ 127.06mg/kg）；有机铜锌组在基础日粮将无机铜锌分别替换成蛋氨酸铜（100mg/kg）和蛋氨酸锌（250mg/kg）；“低蛋白日粮＋植酸酶＋发酵豆粕组”将基础日粮的蛋白水平降低为13.4%，并添加800mg/kg植酸酶，用10%发酵豆粕替代10%普通豆粕；低蛋白有机铜锌组在“低蛋白日粮＋植酸酶＋发酵豆粕组”的基础上将无机铜锌等量替换成有机铜锌，试验期28天。试验结果：与对照组相比，“低蛋白日粮＋植酸酶＋发酵豆粕”可以提高平均日采食量和日增重，降低耗料增重比；与对照组和有机铜锌组相比，“低蛋白日粮＋植酸酶＋发酵豆粕”可以降低氮磷排放率；与对照组和有机铜锌组相比，“低蛋白日粮＋植酸酶＋发酵豆粕”可以显著降低粪便中铜锌的排放量。综上所述，“低蛋白日粮＋植酸酶＋发酵豆粕”可以提高生长猪的生长性能，减少氮磷和铜锌排放；日粮中添加有机铜锌对生长猪粪便中铜锌含量无显著影响。

（2）比较联合补不同形态铁和硒对仔猪生产性能的影响；比较母猪和仔猪补充不同形式的铁和硒对仔猪生产性能的影响。李梁梁（2021）选择32头母猪，随机分为8组，每组4头，1～4组基础日粮中添加硫酸亚铁和亚硒酸钠，5～8组基础日粮中添加甘氨酸螯合铁和硒代蛋氨酸，母猪预产期前30天开始饲喂试验日粮。2组和6组母猪所产仔猪于3日龄肌注铁硒合剂，3组和7组仔猪基础日粮中添加硫酸亚铁和亚硒酸钠，4组和8组仔猪基础日粮中添加甘氨酸螯合铁和硒代蛋氨酸，1组和5组仔猪饲喂基础日粮，不接受任何形式的补铁补硒。仔猪7日龄时开始饲喂试验日粮，试验至仔猪21日龄断奶结束。测定并比较不同组别仔猪生长性能指标、血液生化指标以及免疫性能指标，以及不同组别母猪初乳和常乳中的铁硒含量。试验结果：在仔猪补铁补硒形式相同的条件下，母猪基础日粮中添加甘氨酸螯合铁和硒代蛋氨酸（5～8组）与基础日粮中补充硫酸亚铁和亚硒酸钠（1～4组）相比，能够显著或极显著提高仔猪的初生重、断奶重、断奶存活率、断奶合格率，2日龄和21日龄血浆铁含量、血浆硒含量、血红蛋白含量、血浆转铁蛋白含量、IgA含量、IgG含量、IgM含量，以及母猪初乳和常乳中的铁硒含量；在两种形式的母猪补铁补硒条件下，与不补铁补硒相比，仔猪不同补铁补硒形式（2～4组和6～8组）对其断奶体重、断奶存活率、断奶合格率，以及21日龄血浆铁含量、血浆硒含量、血红蛋白含量、血浆转铁蛋白含量、谷胱甘肽过氧化物酶活性、IgA含量、IgG含量、IgM含量均有极显著提高作用，并且仔猪基础日粮中添加甘氨酸螯合铁和硒代蛋氨酸的效果优于肌肉注射铁硒合剂和基础日粮中补充硫酸亚铁和亚硒酸钠。结论：母猪和仔猪基础日粮中添加甘氨酸螯合铁和硒代蛋氨酸，能有效提升仔猪的生长性能、血液生化指标和免疫性能。

2. 微量元素氨基酸螯合物在蛋鸡生产中的应用研究。

（1）蛋氨酸锰对蛋鸡生产性能的影响。探寻蛋氨酸锰对蛋鸡生产性能的影响。苗洒洒等（2021）采用单因素试验设计，选取生产性能相近的53周龄的京红1号商品蛋鸡480羽，随机分为5组，每组6个重复，每个重复16羽。对照组在基础饲粮的基础上添加60mg/kg硫酸锰（以锰计），4个试验组分别在基础饲粮的基础上添加20mg/kg、40mg/kg、60mg/kg、80mg/kg蛋氨酸锰（以锰计）。观测指标：试验鸡抗氧化能力、脂质代谢、免疫功能和肠道形态等。预试期1周，正试期9周。试验结果：40mg/kg和80mg/kg蛋氨酸锰在改善蛋鸡免疫功能、抗氧化能力、脂质代谢和肠道形态方面效果优于60mg/kg硫酸锰；在生产实践中，较低浓度的蛋氨酸锰可以替代硫酸锰。

（2）有机微量元素对产蛋鸡生产性能的影响。为探究有机微量元素对蛋壳质量的影响，张洪丽等（2021）选择405羽健康母鸡（50周龄海兰白，HY-Line-White）随机分为3个处理组，每组9个重复，每次重复15羽。三个处理组日粮微量元素（铁、铜、锰、锌）添加水平分别是：在基础日粮中添加商业水平（市场上出售的某种微量元素添加剂）的无机微量元素，在基础日粮中添加1/3商业水平的无机微量元素，在基础日粮中添加1/3商业水平的蛋白质化微量元素的基础日粮。观测指标：蛋鸡产蛋后期生产性能、蛋壳品质、血清激素水平和酶活性等。试验期为56天（8周）。结论：饲喂低水平的蛋白质化微量元素的蛋鸡，其生产性能和蛋壳强度均优于添加相同水平的无机微量元素组；有机微量元素通过改善蛋鸡产蛋后期的蛋壳超微结构，改善蛋壳品质。蒋莎莎等（2021）在论文《不同微量元素添加水平对蛋鸡生产性能、蛋品质和鸡蛋矿物元素沉积的影响》中报道，有机和无机微量元素混合添加可达到理想效果，且对蛋品质量无不良影响，但总添加量明显小于纯无机微量元素的添加量。

3. 微量元素氨基酸螯合物在肉鸡生产中的应用研究。

（1）微量元素不同添加模式对肉仔鸡生产性能的影响。为了探寻肉仔鸡饲粮中微量元素平衡模式，为饲粮中合理添加微量元素提供试验依据，张兰等（2021）采用单因子完全随机设计，选取 240 羽 1 日龄 AA 肉仔鸡，按体重随机分为 5 组，每组 6 个重复，每个重复 8 羽。在玉米—豆粕型基础饲粮中分别按不同模式添加微量元素：按照 NRC（1994）肉鸡推荐量以无机形式添加微量元素（T1，1—42 日龄，铜、铁、锰、锌和硒添加量分别为 8mg/kg、80mg/kg、60mg/kg、40mg/kg 和 0.15mg/kg）；按照中国鸡饲养标准（农业行业标准 NY/T 33—2004）中肉鸡推荐量以无机形式添加微量元素（T2，1—21 日龄，铜、铁、锰、锌和硒添加量分别为 8mg/kg、100mg/kg、120mg/kg、100mg/kg 和 0.3mg/kg；22—42 日龄，添加量分别为 8mg/kg、80mg/kg、120mg/kg、80mg/kg 和 0.3mg/kg）；按照课题组前期微量元素需要量研究结果以无机形式添加微量元素（T3，1—21 日龄，铜、铁、锰、锌和硒添加量分别为 4mg/kg、40mg/kg、110mg/kg、60mg/kg 和 0.35mg/kg；22—42 日龄，添加量分别为 0mg/kg、30mg/kg、80mg/kg、40mg/kg 和 0.35mg/kg）；按照实验室前期结果以有机形式减量添加微量元素（T4，1—21 日龄，铜、铁、锰、锌和硒添加量分别为 2mg/kg、30mg/kg、80mg/kg、40mg/kg 和 0.25mg/kg；22—42 日龄，添加量分别为 0、15mg/kg、50mg/kg、30mg/kg 和 0.25mg/kg；按照 NY/T 33—2004 中肉鸡推荐量以有机形式添加微量元素（T5，1—21 日龄和 22—42 日龄，铜、铁、锰、锌和硒添加量同 T2）。无机微量元素源分别为饲料级五水硫酸铜、一水硫酸亚铁、一水硫酸锰、一水硫酸锌和亚硒酸钠，有机微量元素源分别为饲料级蛋氨酸铜、甘氨酸铁、蛋氨酸锰、甘氨酸锌和酵母硒。试验期 42 天。观测指标为肉仔鸡生长和胴体性能及肌肉品质。结论：在本试验条件下，在玉米-豆粕型饲粮中减量添加有机微量元素（T4，1—21 日龄，铜、铁、锰、锌和硒添加量分别为 2mg/kg、30mg/kg、80mg/kg、40mg/kg 和 0.25mg/kg；22—42 日龄，添加量分别为 0、15mg/kg、50mg/kg、30mg/kg 和 0.25mg/kg）对肉仔鸡生长性能和肌肉品质的作用效果较好。

（2）产蛋后期肉种母鸡饲粮中适宜羟基蛋氨酸锌添加量。探研产蛋后期肉种母鸡饲粮中适宜羟基蛋氨酸锌添加量，荆佳林等（2021）选取 56 周龄哈伯德肉种母鸡 600 羽，随机分为 5 组，每组 6 个重复，每个重复 20 羽。对照组在基础饲粮（锌含量 27.81mg/kg）中添加 100mg/kg 硫酸锌（以锌元素计），试验组分别在基础饲粮中添加 25mg/kg、50mg/kg、75mg/kg 和 100mg/kg 羟基蛋氨酸锌（以锌元素计）。观测指标：试验鸡的生产性能、养分利用率和抗氧化性能。预试期 2 周，各组均饲喂不补充锌的基础饲粮。正试期 10 周。结论：本试验条件下，最佳的羟基蛋氨酸锌添加水平为 75mg/kg；饲粮添加适宜水平羟基蛋氨酸锌替代硫酸锌能够改善产蛋后期肉种母鸡生产性能和养分利用率，并且能提高血清和肝脏抗氧化能力。

4. 微量元素氨基酸螯合物在反刍动物生产中的应用研究。

（1）犊牛牛奶中蛋白锌的适宜添加量。为探讨犊牛牛奶中添加蛋白锌的适宜量，金宇航等（2021）选取 60 头体重［（41.35±0.63）kg］一致的健康新生荷斯坦犊牛，随机分成 5 组，每组 12 头牛（公犊牛 3 头，母犊牛 9 头）。对照组（CON 组）饲喂牛奶，低剂量蛋白锌组（L-ZnP 组）、中剂量蛋白锌组（M-ZnP 组）和高剂量蛋白锌组（H-ZnP 组）在牛奶中分别添加 261.44mg/天、522.88mg/天、784.31mg/天蛋白锌（锌含量相当于 40mg/天、80mg/天、120mg/天），氧化锌组（ZnO 组）在牛奶中添加 232.11mg/d 氧化锌（锌含量相当于 180mg/d）。根据犊牛生长状况于 4—7 日龄开始饲喂开食料。试验期 14 天，观测指标是犊牛生长性能、血清免疫、抗氧化指标以及血浆微量元素含量。结论：①与 CON 组相比，M-ZnP 组、H-ZnP 组和 ZnO 组的平均日增重、血清免疫球蛋白 G（IgG）含量、谷胱甘肽过氧化物酶（GSH-Px）活性以及血浆锌含量显著升高；②随着蛋白锌添加量的增加，粪便指数呈显著线性、二次下降，血清 IgG 含量、GSH-Px 活性及血浆锌含量呈显著线性升高，血清丙二醛（MDA）含量呈显著线性下降。综上所述，蛋白锌可提高犊牛生长性能、抗氧化功能及免疫功能，较少犊牛腹泻情况，提高血浆锌含量。在本试验条件下，犊牛牛奶中添加 522.88mg/d 蛋白锌（锌含量相当于 80mg/d）为宜。

（2）在养羊生产中的应用。

①比较不同锌源对羔羊免疫功能的影响。为探讨不同锌源对妊娠母羊免疫功能的影响，田丽娜等（2021）选用胎次（第 2～3 胎）相近的怀双羔湘东黑山羊 21 只，体重（38.1±9.7）kg，随机分为 3 组，每组 7 个重复，每个重复 1 只羊。基础饲粮中锌含量为 22mg/kg，分别在基础饲粮中添加硫酸锌、蛋氨酸

螯合锌和甘氨酸螯合锌（锌 60mg/kg），组成的各试验饲粮中锌含量均为 82mg/kg。预试期 7 天，正试期 45 天。样品采集及观测指标：分别于母羊产前第 10 天及羔羊出生后的第 30 天、60 天和 100 天采集颈静脉血，测定妊娠母羊和羔羊血浆免疫球蛋白（Ig）和细胞因子含量；羔羊在出生后的第 100 天进行屠宰并采集肠道组织，测定羔羊肠道组织形态及肠道黏膜 Ig、细胞因子含量。结论：妊娠母羊饲粮中添加蛋氨酸螯合锌和甘氨酸螯合锌能够改善羔羊体液免疫和肠道黏膜免疫功能，且蛋氨酸螯合锌优于甘氨酸螯合锌。

②对育肥羊生产性能的影响。**蛋氨酸铬适宜添加量** 为了探讨在舍饲及饲喂精料条件下，育肥羊饲粮中蛋氨酸铬适宜的添加量，金亚东等（2021）采用 2×3 双因素试验设计，2 个因素分别为饲粮精料水平和 Cr-Met 添加剂量，其中饲粮精料水平分别设为 35%（低精料饲粮，饲粮精粗比为 35∶65）和 55%（高精料饲粮，饲粮精粗比为 55∶45），Cr-Met 添加剂量分别设为 0、0.75 和 1.50g/(天·只)。将 60 只雄性滩羊羔羊［平均体重为（21±1）kg］随机分配到 6 个试验组，每组 10 只。试验期为 80 天，其中预试期 15 天，正试期 65 天。观测指标：滩羊生长性能、屠宰性能、肉品质和脂肪沉积。综合本试验测定指标，建议在滩羊养殖中选择精粗比为 55∶45 的高精料饲粮，Cr-Met 的适宜添加剂量为 1.50g/(天·只)，且不建议在精粗比为 35∶65 的低精料饲粮中添加 Cr-Met。

蛋氨酸锌适宜添加量 为探讨氨基酸锌在育肥羊饲粮中的适宜添加量，侯鹏霞等（2021）选择 4 月龄，体重为（29.00±0.61）kg 的健康滩湖杂 F1 代公羊 48 只，随机分为 4 组，每组 12 只。对照组饲粮锌含量为 52.80mg/kg（硫酸锌），其中不含硫酸锌的锌含量为 18.02mg/kg，试验Ⅰ组、试验Ⅱ组、试验Ⅲ组试验饲粮锌含量分别为对照组饲粮的 1/2、1 倍和 2 倍（氨基酸锌），预试期 7 天，正试期 60 天。观测指标：育肥羊屠宰性能、肉品质及血液和组织中微量元素含量。结论：饲粮添加氨基酸锌可促进育肥羊生长，改善肉品质；在锌含量为 18.02mg/kg 的基础饲粮中添加锌（氨基酸锌）52.80mg/kg 效果最佳。

5. 微量元素氨基酸螯合物在兔生产中的应用研究。为探讨 2—4 月龄长毛兔饲粮中，以蛋氨酸铜为铜源时，铜的适宜添加量，张永翠等（2021）选用 180 只刚剪完胎毛的 2 月龄蒙阴长毛兔，随机分为 6 组，每组 10 个重复，每个重复 3 只。以蛋氨酸铜为铜源，在基础饲粮中分别添加 0、10mg/kg、20mg/kg、40mg/kg、80mg/kg 和 160mg/kg 铜，配制 6 种试验饲粮。预试期 7 天，正试期 53 天。观测指标分别是长毛兔生产性能、血清生化指标及血清含铜酶活性。结论：铜添加量对长毛兔平均日增重（ADG）、料重比（F/G）有显著影响，随着铜添加量的增加，ADG 先增加后降低，F/G 先降低后增加；当铜添加量为 40mg/kg 时，ADG 最高，F/G 最低，但与铜添加量为 20mg/kg 时差异不显著。铜添加量对产毛量、毛直径、皮张面积均无显著影响。铜添加量对血清总蛋白（TP）、白蛋白（ALB）、球蛋白（GLB）、尿素氮（UN）含量以及白球比（A/G）的影响均不显著。随着铜添加量的增加，血清 GLB 含量呈先升高后降低的趋势。铜添加量对血清铜锌超氧化物歧化酶、铜蓝蛋白活性有显著影响。铜添加量为 20mg/kg 时，血清铜锌超氧化物歧化酶、铜蓝蛋白的活性最高，分别为 69.33U/mL 和 227.30U/L。铜添加量对血清钙、磷含量无显著影响，对肝脏指数、肾脏指数、心脏指数、脾脏指数亦无显著影响。依据本试验结果并考虑环保要求，以蛋氨酸铜为铜源时，推荐 2—4 月龄长毛兔饲粮中铜的添加量为 20mg/kg。

6. 微量元素氨基酸螯合物在其他动物生产中的应用研究。

（1）微量元素对鳗用复合预混料中维生素稳定性的影响。为评价不同形式微量元素对鳗用复合预混料中维生素稳定性的影响，马德英等（2021）选用 3 种形式微量元素预混料，分别是无机微量元素、有机微量元素组（铜、铁、锰、锌为复合氨基酸微量元素络合物形式，碘、硒和钴为无机盐形式）和包被无机微量元素。不同组复合预混料与每千克配合饲料提供的微量元素水平一致。每组 3 个重复。在 40℃恒温储存的第 1 天、第 30 天和第 60 天测定并计算维生素的保留率。结论：与比传统无机微量元素相比，包被无机微量元素和复合氨基酸微量元素络合物可提高鳗用复合预混料中维生素的稳定性，且包被无机微量元素效果更佳。

（2）甘氨酸亚铁对小型幼犬的影响。为了比较不同铁源对小型幼犬采食量和铁营养状况的影响，冀国珍等（2021）试验选用博美幼犬 18 只，平均分为 3 组，每组 6 只，分为对照 A 组、硫酸亚铁 B 组、甘氨酸铁 C 组，按添加铁元素 81.63mg/kg 标准计算，A 组不添加铁源，B 组添加一水硫酸亚铁 272.1mg/kg，C 组添加甘氨酸铁络合物 480.18mg/kg。观测指标：幼犬采食量、红细胞数等。试验期 3 个月。结论：甘氨酸亚铁是一种给小型幼犬补铁效果优于硫酸亚铁的安全铁源。

（王　安）

黏结剂

近年来，随着我国养殖业、宠物业的迅速发展，配合饲料生产量不断增加，饲料颗粒化的比重日益增长，黏结剂需求量增加。黏结剂主要用于加工颗粒饲料，以改善粒料品质（包括粉率、硬度、耐磨度、成团性）、增加生产效率、延长铸模寿命、减少饲料粉尘、保持颗粒颜色稳定，水产饵料需要提高其在水中不散、不沉的特性。水产料对饲料黏结剂的要求较高。近年来，国内外对水产料黏结剂的研究活跃，新的黏结剂种类不断推出；在水产养殖中使用黏土性饲料黏结剂可延长水产饲料在水中的耐泡时间，且搬运时不易破损，并对预防鱼病、改善水质都有积极作用。稀土能刺激鱼类食欲、增强消化功能、防治疾病，对动物有明显的促生长作用，特别是对哺乳期、断奶期的仔猪应用效果显著。

饲料企业调查结果显示，畜禽颗粒饲料中一般用膨润土做黏结剂，制粒效果好，饲料品质稳定。研究认为 α-淀粉是目前黏结剂中的佳品，也是用量最大的黏结剂。随着我国水产养殖业的不断发展，α-淀粉的生产规模越来越大，全国现有生产企业 50 余家。与 α-淀粉等天然类黏结剂相比，人工合成黏结剂添加量少、成本低、效果好，已占据市场主流，被多数饲料生产厂家所接受，羧甲基纤维素钠（CMC）是其中的代表产品，年产量达 5 万 t，主要生产企业有威怡化工（苏州）有限公司、赫克力士化工（江门）有限公司、江苏宜兴市通达化学有限公司、重庆力宏精细化工有限公司、上海申光食用化学品有限公司、潍坊鲁德化工公司、安丘市雄鹰纤维素有限责任公司、徐州力源纤维素科技有限公司、佛山市富实新高分子纤维有限公司、镇江茂源化工有限公司等。2020 年，全球 CMC 市场容量已达 72.6 万 t，预计到 2023 年 CMC 的总体市场达到 1.565 75 亿美元。

黏结剂的种类有很多，主要分类情况见表 1。

表 1　黏结剂种类

类别	代表产品	特点
天然类	树木分泌的胶汁（龙胶、瓜拉胶、果胶等）	易受 pH、湿度、矿物质盐等物质的影响而降低黏度，因此未能得到广泛应用
	稀土、黏土型（膨润土、陶土、钠土、凹凸棒等）	黏度较低，添加比例大
	植物（小麦、玉米、木薯、马铃薯等）淀粉或变性淀粉	黏结力的大小与淀粉类型、饲料加工设备、操作技术等有关
	海藻类胶质（海藻酸钠、海带胶、琼脂等）	黏结力强，价格贵，多用于试验研究
人工合成类	羧甲基纤维素钠（CMC）	白色纤维状或颗粒状粉末，无臭、无味，有吸湿性，水溶液对热不稳定，其黏度随温度升高而降低，用量不超过 2%
	脲醛树脂	在各种冷、热、湿，以及化学腐蚀等苛刻的环境中有良好的稳定性，价格低廉，是颗粒饲料黏合剂比较好的备选材料，用量 0.5%
	木质素磺酸盐	不均匀的醚聚合物，暗褐色，固态物，吸湿性强，颗粒状饲料成品中含量不可超过 4%
	聚丙烯酸钠	水溶性高分子化合物，具有极强的增稠保水功能，水溶液黏度较高，约为 CMC、海藻酸钠等的 15～20 倍，为食品级的黏结剂
	聚乙烯醇	对饲料中各种营养成分具有理想的黏合度，容易生产提取，具有较高的化学稳定性、热稳定性和持水性，无毒，用量少

（武书庚　邱　凯）

抗结块剂

抗结块剂也称流散剂，本品多系无水硅酸盐，其颜色不一，比重较大，微小颗粒，流散性好，可防止结块，防止配料仓结拱。国内批准使用的抗结块剂有亚铁氰化钾、硅铝酸钠、磷酸三钙、二氧化硅、三氧化二铝、微晶纤维素、硬脂酸镁、碳酸镁、滑石粉等，其中亚铁氰化钾在“绿色”标志的食品中禁用。应用较普遍的抗结块剂有二氧化硅及硅酸盐等天然矿物，如膨润土及其钠盐、球土、高岭土、硅藻土、部分黏土等。此外，常用的还有硬脂酸钙、硬脂酸钾、硬脂酸钠等。其中二氧化硅价格最低，最为常用。各种抗结块剂在配合饲料中一般不超过 2%，是非必需添加剂，因此国内抗结块剂的生产量完全可以满足饲料行业的需要。

中国南方地区气候潮湿，饲料极易结块，而像广东、四川、江西、湖南等省份都是配合饲料和养殖业比较发达的地区，所以对抗结块剂的需求量较大。国内生产饲用抗结块剂的厂家有很多，代表企业见表1。

表1　国内主要饲用抗结块剂生产厂家

企业名称	产品	生产能力（t/年）
青州恒旭化工有限公司	二氧化硅	4 000
中琦（广东）硅材料股份有限公司	二氧化硅	50 000
晋江富联化工有限公司	二氧化硅	25 000
江西兴鼎科技有限公司	硅铝酸钠	7 000
广州正和生物科技有限公司	二氧化硅、三氧化二铝	30 000
泗县天力生物科技有限公司	二氧化硅、三氧化二铝	2 000

（武书庚　邱　凯）

乳化剂

乳化剂是一种表面活性剂，其作用是乳化两种互不混溶的液体之一，使其能均匀地分布于另一种液体中，形成均匀的乳状液。乳化剂普遍用于食品工业、医药工业、化妆品工业等。近年来，因养殖动物品种改良，生长潜能不断提高，其营养需求也在提高，饲料蛋白、能量等营养浓度越来越高，为了促进动物对饲料脂质的利用，饲料中一般会添加乳化剂。

饲料中使用乳化剂的目的有三个：添加于高脂饲粮中，有助于动物肠道中乳糜微粒的形成，可提高饲料脂肪、能量的消化率和利用率，促进动物生长；添加于液体饲料（如幼龄动物代乳料）中，以确保其中营养成分（尤其是脂溶性成分）的均匀分布；采用后喷涂的饲料加工工艺中，可保证脂类物质在喷涂液中的均匀分布，增强雾化效果，提高喷涂质量。

目前，饲用乳化剂有数十种、生产企业百余家，用于饲料工业上的乳化剂主要有磷脂类、脂肪酸酯类、糖苷酯类和胆汁酸盐类乳化剂。为获得更好的乳化性能，乳化剂产品通常是由几种乳化剂按照一定比例复合而成的（如美能、利能等），这些不同乳化剂之间互相配合，加强了乳化剂对油脂的乳化能力。国内现有乳化剂产品（表1）除用于饲料工业外，还用于食品工业中。

表1　国内主要饲用乳化剂生产企业

企业名称	产品名称
河南正通食品科技有限公司	大豆磷脂
德清麦特生物有限公司	大豆磷脂
中纺粮油（沈阳）有限公司	大豆磷脂
沧州海通生物饲料有限公司	大豆磷脂
中粮集团有限公司	大豆磷脂
山东渤海油脂工业有限公司	大豆磷脂
路易达孚（南通）粮油饲料有限公司	大豆磷脂
河北甘思农业科技有限公司	大豆磷脂
河南衡多丰农业科技有限公司	乳化剂
豫牌作物科技有限公司	乳化剂
潍坊康地恩生物科技有限公司	蔗糖脂肪酸酯、大豆磷脂

（武书庚　邱　凯）

抗氧化剂

饲料在加工、运输和贮藏过程中，常因自体氧化、微生物污染等，造成腐败变质。饲料中易氧化和促氧化物质较多，如油脂、矿物元素等，油脂酸败后产生的短链脂肪酸、过氧化物和羟自由基等，具有苦涩味，极大地降低了饲料适口性。氧化的油脂会严重破坏畜禽肝脏，造成能量代谢、脂肪代谢等障碍，降低动物采食量，导致腹泻等，更有甚者还会产生有毒有害物质导致畜禽中毒死亡。饲料中添加抗氧化剂可阻碍氧化作用，延缓饲料氧化时间，但不能改变已经酸败的结果，故应在原料未氧化或刚开始氧化时添加，以发挥其作用。农业农村部规定：人工合成抗氧化剂添加量不能超过150g/t。但在实际应用中，即使添加量超过150g/t，抗氧化效果有时也不甚理想，其原因可能是饲料中的脂肪超过6%、饲料中含有高铜等金属离子等。

目前常用的抗氧化剂主要有乙氧基喹啉(EMQ)、二丁基羟基甲苯（BHT)、丁基羟基茴香醚(BHA)、没食子酸丙酯（PC）和特丁基对苯酚(TBHQ)，以及基于这些成分的复合抗氧化剂，饲料中主要使用的抗氧化剂为EMQ和BHT，其中BHT

的国内生产能力为2.25万t/年。国内主要饲用抗氧化剂生产企业情况见表1。

表1 国内主要饲用抗氧化剂生产企业情况

企业名称	产品名称
潍坊加易加生物科技有限公司	EMQ
河南省瑞特利生物技术有限公司	EMQ
无锡大江中盛生物科技有限公司	EMQ、BHT
安徽天浩生物技术有限责任公司	EMQ、BHT、BHA
泰兴瑞泰化工有限公司	EMQ、BHT、BHA
厦门牡丹饲料科技发展有限公司	EMQ
广州立达尔生物科技股份有限公司	EMQ、BHT
上海天昌饲料科技有限公司	EMQ、BHT
泰州市丰润生物科技有限公司	EMQ、BHT
北京昕地美饲料科技有限公司	EMQ
广东瑞生科技有限公司	EMQ、PC
诺伟司饲料添加剂（上海）有限公司	EMQ、BHT、PC
江苏迈达新材料股份有限公司	BHT
淮安市润龙科技有限公司	EMQ

（武书庚　邱　凯）

防霉剂

饲料中含有丰富的蛋白质、淀粉、维生素等营养成分，但在湿度、温度适宜的条件下，也会成为微生物的食物，真菌、细菌会繁殖生长，造成饲料腐败、霉变。霉变饲料不仅影响适口性、降低采食量和饲料报酬，甚至会造成畜禽中毒死亡。故储存饲料的仓库要通风、阴凉、干燥、清洁，无霉料，堆放要规范，应与窗、壁保持一定距离，长期储存还需定期翻动、通风。我国幅员辽阔，南方多潮湿，主要饲料原料霉菌污染率、霉菌毒素检出率较高，使用防霉剂可较好地预防霉菌毒素生长，保持饲料原有的营养特性。优质防霉剂的特点：具有较强的、广谱的抑菌效果，pH低，在低水分的饲料中能释放出来，操作方便，使用安全，有效添加量不影响动物健康及饲料适口性。

常用的防霉剂有小分子的有机酸、有机酸盐及其酯、复合防霉剂、具有防霉作用的植物源添加剂等（表1）。防霉剂按其作用方式的不同，又可分为扩散型、接触型和扩散接触型。扩散型主要指单一有机酸或复合有机酸类，接触型指有机酸盐类，扩散接触型主要为单一有机酸或多种有机酸结合特殊载体制成的复合有机酸。未来饲料防霉剂的研发将朝着优质高效、绿色环保、低成本、多功能的方向发展。饲料发霉过程常伴随着营养成分的氧化，故一般防霉剂与抗氧化剂一起使用。

表1 常用防霉剂

防霉剂	作用及推荐剂量
甲酸	相比于常用的有机酸，甲酸杀菌抑菌能力更优。甲酸作为防霉剂，常与其他防霉剂复配使用，如与植酸酶具有协同作用。添加量一般0.6%～1.2%
乙酸及乙酸盐类	双乙酸钠，有效成分为乙酸，对黑曲霉、黑根霉、黄曲霉、绿色木霉等的抑制效果优于山梨酸钾。0.1%～1.5%配合饲料，可保鲜3个月以上。脱氢乙酸，高效、广谱抗菌剂，在酸碱条件下均具有一定的抗菌作用，用量为0.4～1.2kg/t
苯甲酸和苯甲酸钠	阻碍微生物代谢，抑制微生物生长和繁殖。饲料中用量：苯甲酸0.1～0.3kg/t，苯甲酸钠0.5%～3%
丙酸及丙酸盐类	丙酸具有挥发性，在饲料贮存中可挥发产生丙酸气体，与饲料表面充分接触，抑菌均匀，可抑制酵母菌、细菌、霉菌，特别对好气性芽孢杆菌、黄曲霉有较好的抑制作用。有效用量低，一般用量为0.3%。建议添加1%～1.5%的丙酸来贮存水分含量高的玉米，0.1%的丙酸用于贮存含水量11%～12%的谷物。在南方，或是夏季、雨水较多时，添加0.2%～0.4%的丙酸钙或丙酸钠
富马酸及其酯类	富马酸二甲酯、富马酸二乙酯等，酸性防霉剂，抗菌谱较广。用量0.2%
山梨酸及山梨酸盐类	山梨酸与微生物酶系统中的巯基结合，破坏酶系统，抑制微生物代谢和细胞生长，从而达到抑菌的目的；山梨酸还可在饲料表面形成一个均匀的有机酸保护膜，阻止霉菌进入内层。对霉菌、酵母菌、好气性菌均有抑制作用，毒性小，防霉效果好，使用量0.5～1.5kg/t
复合型防霉剂	广谱抗菌防霉，适用范围广，如万香宝（由丙酸铵、乙酸、富马酸、山梨酸等多种有机酸组成）、克霉霸（由丙酸、乙酸、苯甲酸、氯化钠、磷酸钙等组成），还有美帕曲星、克霉净和霉敌101等
植物源防霉剂	中草药、天然植物提取物、植物精油防霉剂等。绿色环保，功能全面，来源广阔

国内防霉剂的主要生产企业见表 2。

表 2　国内防霉剂主要生产企业

企业名称	产品名称
潍坊加易加生物科技有限公司	美帕曲星、鲜活 500
河南省瑞特利生物技术有限公司	丙酸
深圳市永鲜宝实业有限公司	丙酸、丙酸铵、苯甲酸
无锡大江中盛生物科技有限公司	丙酸、富马酸、双乙酸钠
齐河绿之源动物保健品有限公司	双乙酸钠、丙酸、丙酸钙
鹤山市南华动物药业有限公司	丙酸
济南品佳科技发展有限公司	丙酸、丙酸钙
江西兴鼎科技有限公司	丙酸钙
厦门牡丹饲料科技发展有限公司	丙酸、丙酸钙
广州立达尔生物科技股份有限公司	丙酸钙
北京大北农科技集团股份有限公司	山梨酸、富马酸、柠檬酸
安徽天浩生物技术有限责任公司	双乙酸钠、丙酸钙
诺伟司饲料添加剂（上海）有限公司	甲酸、甲酸铵、丙酸、乳酸
涿州市美德宝生物技术开发有限公司	复合植物源防霉剂
北京大鹰美尔农牧科技有限公司	复合植物源防霉剂
山东鲁西兽药股份有限公司	丙酸钙、双乙酸钠、甲酸钙

（武书庚　邱　凯）

酸度调节剂

酸度调节剂，主要作用是维持或改变饲粮酸碱度，分单一或复合酸度调节剂。其中，复合酸度调节剂由多种有机酸和无机酸复合而成（如“磷酸＋乳酸＋富马酸”组合、“乳酸＋富马酸＋柠檬酸”组合等），能迅速降低饲料的 pH，保持良好的缓冲值和生物功能，添加成本较低。不同酸度调节剂间往往有协同作用，如较高浓度的乳酸能增强醋酸对大肠杆菌的毒性作用，复配酸度调节剂可增强酸化能力和预防疾病的效果。

饲料中添加酸度调节剂可改善饲料酸结合力，促进胃内酶原活化，促进肠道微生态平衡，预防动物肠道病原微生物疾病；促进营养物质消化吸收，减慢食物在胃中的排空速度，增加蛋白质在胃中的停留时间，提高蛋白质消化率。此外，某些酸度调节剂的酸味是动物喜爱的味觉之一，可提高动物的采食量，同时也可以掩盖饲料中某些不良味觉反应，提高饲料适口性。

柠檬酸是酸度调节剂中的主要品种，约占酸度调节剂总耗量的 2/3，我国生产能力为 300 万 t/年，实际产量不足 200 万 t/年。我国是全球柠檬酸生产和出口大国，2020 年柠檬酸产量 152.3 万 t，市场规模约 20 亿元；2021 年因企业开工率低、出口需求好转、工厂检修，我国柠檬酸货源供应量有所下降，从而推动柠檬酸市场价格不断上涨。国产柠檬酸以出口为主，2021 年出口量为 106.7 万 t（2020 年出口量为 94 万 t），同比增长 13.19%；出口平均单价 1 010 美元/t，同比增长 68.33%；出口金额 51 247.9 万美元，同比增长 89.9%，创历史新高。印度、墨西哥、俄罗斯、日本、波兰是我国柠檬酸前五大出口地区，其中印度位居（约 10.0 万 t）第一。

乳酸是目前我国政策优先扶持和重点发展的产品，生产技术创新后劲十足，品牌知名度在国际上也迅速得到提升。我国现有的乳酸生产厂家约 40 家，总生产能力超过 20 万 t/年。近年来，市场形势看好，乳酸年需求量增长 5%左右。此外，磷酸、碳酸钠等酸度调节剂在国内产量也十分充足，完全可以满足饲料工业的生产需要。国内主要饲用酸度调节剂生产企业情况见表 1。

表1 国内主要饲用酸度调节剂生产企业情况

企业名称	产品名称
郸城金丹乳酸实业有限公司	乳酸
湖南生物化工厂	乳酸
常德乳酸厂	乳酸
湖南安化乳酸厂	乳酸
安徽中粮生化格拉特乳酸有限公司	乳酸
山东百盛生物科技有限公司	乳酸
浙江海正生物材料股份有限公司	乳酸
广州先至饲料添加剂有限公司	柠檬酸、乳酸等
潍坊加易加生物科技有限公司	柠檬酸、乳酸等
河南省瑞特利生物技术有限公司	柠檬酸、乳酸等
北京大北农科技集团股份有限公司	柠檬酸、乳酸等
诺伟司饲料添加剂（上海）有限公司	柠檬酸、乳酸等

（武书庚　邱　凯）

药物饲料添加剂

自改革开放以来，我国的畜牧业在内外因素的驱动下得到了迅猛发展。在畜禽养殖业的发展转变中，兽药产业也逐渐向以民营为主快速发展和放量。从近五年的兽药发展来看，我国兽药产业面临着较为严峻的挑战：非洲猪瘟的持续影响、新冠感染疫情席卷全球、饲料禁抗政策的落地等，特别是非洲猪瘟，都对兽药产业特别是兽用生物制品领域产生了巨大的影响。虽然这些因素极大程度地冲击了生物制品市场，但是却刺激了消毒剂、免疫增强类兽药市场。根据相关机构数据的统计显示，2021 年国内兽药产品销售规模达 500 多亿元，在多重因素的推动下，未来我国兽药行业将在宠物兽药的拉动下，继续放量和稳步发展。2021 年农业农村部在兽药注册评审制度改革、加强兽药质量监管、推动兽用抗菌药物减量化工作等方面频出举措，聚焦突破监管难点，服务兽药行业发展。

一、进一步深化“放管服”改革，激发兽药行业创新发展活力

按照国务院办公厅《关于全面推行证明事项和涉企经营许可事项告知承诺制的指导意见》，农业农村部对“农药登记试验单位”等 30 个行政许可的 97 项证明事项实行告知承诺制。其中包括新兽药注册、进口兽药再注册、变更注册、文号核发、兽药进口审批等行政许可，申请人可选择填写《证明事项告知承诺书》后，农业农村部将不再索要有关证明材料（具体要求见农业农村部公告第 495 号）。

为贯彻落实国务院办公厅《关于进一步优化营商环境更好服务市场主体的实施意见》有关要求，实现进口兽药通关单通过国际贸易“单一窗口”一口受理，方便申请人“一站式”办理业务，农业农村部会同海关总署依托国际贸易“单一窗口”建设进口兽药通关单核发管理系统（以下简称“核发系统”）。申请人可通过国际贸易“单一窗口”在线申领进口兽药通关单，农业农村部和各级农业农村部门通过核发系统核发进口兽药通关单。进口兽药通关单核发后，相关电子数据将直接发送至海关联网核查系统，报关时录入通关单编号即可进行联网核查。

二、加强监管力度，把好动物用药质量关

为了保障新修订的《兽药产品批准文号管理办法》的实施，农业农村部组织制定了《兽药比对试验目录（第四批）》及相关要求。新一批目录对往批目录内容进行了修订：①删除兽药比对试验目录（第一批）（农办医〔2016〕32 号）“一、进口注册产品”中第 43 条复方非泼罗尼滴剂（猫用）、第 44 条复方非泼罗尼滴剂（犬用）。②删除兽药比对试验目录（第二批）（农业农村部公告第 192 号）“一、进口注册产品”中第 3 条醋酸曲普瑞林凝胶、第 6 条复方非泼罗尼吡喹酮滴剂。列入目录中的进口兽药产品，若其同品种新兽药尚处在监测期内的，可以开展比对试验，待同品种过监测期后方可申报兽药产品批准文号。

为了保障养殖环节用药安全，根据全国兽药质量监督抽检计划，2021 年（2020 年第四季度至 2021 年前三季度）共抽检生物制品 284 批、非生物制品 10 643 批，部级追踪 1 090 批，抽检合格产品相关信息可在中国兽药信息网查询，对不合格产品的被抽样单位和标称兽药生产企业根据法规要求进行相应处理处罚。

三、实现兽药评审制度改革，严格把牢兽药“入口关”

兽药评审是兽药注册上市的第一步，而兽药注册评审工作链条长、环节多、内容复杂，在一定程度上限制了兽药注册上市时间，特别是一些市场紧缺、重大动物疫病防疫急需的药物，早上市一天就能挽救更多的损失。为提升兽药评审工作效率，2021 年农业农村部实施第 392 号公告，要求评审工作机制由“专家评审”转变为“专职评审与专家咨询相结合”，正式启动兽药评审工作改革。评审工作改革后，始终坚持“安全、有效、质量可控”的评审原则，严格执行

评审法规程序规定、技术规范要求，针对不同类的注册产品，以及重大动物疫病防控所需，开展申报产品常规评审和应急评价。如对高致病性禽流感疫苗实行备案审查，对非洲猪瘟疫苗和诊断制品实行应急评价或优先评审，对市场短缺、临床急需的兽药，境内外均未上市销售的创新兽用化学药品，重大动物疫情防疫急需兽药等实施优先评审。专职评审实施的优先评审和应急评价，能做到第一时间安排评审、第一时间报送评审意见和评审结论、第一时间安排复核检验，全力保障和满足防疫特殊需要。

四、继续完善兽药注册法规政策、推动新版《兽药 GMP》顺利实施

为进一步做好兽药注册工作，2021 年农业农村部畜牧兽医局及兽药评审中心根据行业内相关专家及兽药注册申报单位反馈的意见继续进行《兽药注册管理办法》、兽药注册分类及资料要求的修订，并陆续发布兽药研发技术指导原则。

为严格执行《兽药生产质量管理规范（2020 年修订）》（以下简称《新版兽药 GMP》）有关要求，切实做好兽药生产企业洁净区检测工作，规范检测行为，农业农村部组织制定了《兽药生产企业洁净区静态检测相关要求》；农业农村部畜牧兽医局组织编写新版《兽药 GMP 指南》，指导兽药生产企业更快更好适应新规范新要求。

五、持续推动兽用抗菌药减量化，保障动物源性食品安全

2021 年农业农村部根据《中华人民共和国生物安全法》《中华人民共和国乡村振兴促进法》《兽药管理条例》，以及《国务院办公厅关于促进畜牧业高质量发展的意见》和《食用农产品“治违禁 控药残 促提升”三年行动方案》等文件要求，在全国兽用抗菌药使用减量化行动试点工作基础上，制定了《全国兽用抗菌药使用减量化行动方案（2021—2025 年）》，规划部署了 2021—2025 年减量化行动相关工作，未来五年将继续投入工作，加大宣传力度，为全面提升畜禽绿色健康养殖水平，促进畜牧业高质量发展，维护畜牧业生产安全、动物源性食品安全、公共卫生安全和生物安全贡献力量。

2021 年农业农村部批准注册兽药品种（兽用化学药品、兽用中药）简述如下。

1. 盐酸头孢噻呋注射液。本品振摇后应呈不透明的白色至灰白色混悬液，偶带粉色或黄色。属于头孢菌素类抗生素，能够抑制细菌细胞壁的合成，从而导致细菌死亡，具有广谱杀菌作用。对革兰氏阳性菌和革兰氏阴性菌均有效。体外条件下已证实对胸膜肺炎放线杆菌、多杀性巴氏杆菌、溶血性曼氏杆菌、睡眠嗜血杆菌、坏死梭杆菌和产黑色素拟杆菌等均具有抗菌作用。本品用于治疗由坏死梭杆菌和产黑色素拟杆菌感染引起的牛急性腐蹄病，用于治疗猪细菌性呼吸道疾病。牛，肌内或皮下注射：每 1kg 体重，1.1～2.2mg，一日 1 次，连用 3 日。如果牛用药 3 次后效果不理想，可继续用药 2 日。猪，肌内注射：每 1kg 体重，3～5mg，一日 1 次，连用 3 日。按推荐剂量使用时无严重不良反应。牛和猪偶见皮肤红斑、注射部位肿胀、变硬和局部组织刺激性反应，牛可在 3 日内恢复，猪可在 14 日内恢复。休药期：牛 4 日，弃奶期 12 小时；猪 4 日。由硕腾公司申请注册获得批准。

2. 盐酸贝那普利片。本品为米色至浅棕色椭圆形可分割片。属于血管紧张素转化酶抑制剂，盐酸贝那普利为一种前体药物，在体内水解为活性物质贝那普利拉。贝那普利拉是一种高效的选择性血管紧张素转化酶抑制剂，可阻止无活性的血管紧张素Ⅰ转化为有活性的血管紧张素Ⅱ，抑制醛固酮合成，从而降低血管紧张素Ⅱ与醛固酮介导的效应，包括动脉与静脉血管收缩、肾脏水钠潴留及重吸收（包括病理性心肌肥大和肾退行性病变）。本品对心力衰竭的犬具有降压与减轻心脏负荷的作用，可改善其临床症状（例如减轻咳嗽、增强食欲等），延长心力衰竭患犬的寿命。本品用于治疗犬充血性心力衰竭。以盐酸贝那普利计。内服：每 1kg 体重，犬 0.25～0.5mg，每日 1 次。可同食物一起喂服，也可单独喂服。本品适口性良好，大多数犬可自主采食。在治疗过程中，如临床有必要，在兽医的建议下剂量可加倍。需遵兽医医嘱用药。请勿用于对本品活性成分或辅料过敏的犬；勿用于低血压（血压过低）、血容量不足（血容量过低）、低钠血症或急性肾功能衰竭的犬；勿用于因主动脉或肺动脉瓣狭窄引发的心脏输出障碍的犬；对妊娠期或哺乳期犬的安全性尚不确定，不得用于妊娠期或哺乳期的犬；对于慢性肾病的患犬，建议在治疗期间监测血浆肌酐、尿素和红细胞水平。犬对盐酸贝那普利耐受良好，少数犬可能出现短暂性呕吐、运动失调或疲劳症状。服药过量可能引起短暂的可逆性低血压（血压过低），建议用温生理盐水静脉滴注。由美国礼蓝动物保健有限公司申请注册获得批准。

3. 奥美拉唑内服糊剂。本品为黄色至黄褐色的糊状物。属于取代苯并咪唑类化合物，为 H^+/K^+-ATP 酶抑制剂，即质子泵抑制剂。奥美拉唑不可逆地与胃壁细胞中 H^+/K^+-ATP 酶结合，H^+/K^+-ATP 酶是质子泵，可将 H^+ 泵入胃腔以交换 K^+，为胃酸分泌的最终途径，奥美拉唑可特异性阻断任何刺激引起的胃酸分泌。马每天内服给予 4mg/kg 奥美拉

唑 8h、16h、24h 后，99%、95%和 90%的五肽胃泌素刺激的胃酸受到了抑制，99%、90%和 83%的基础胃酸分泌受到了抑制。首次内服给药后 5 日可完全抑制胃酸分泌。本品用于治疗和预防成年马匹以及 1 月龄以上马驹的胃溃疡。以奥美拉唑计。内服：治疗马胃溃疡，每 1kg 体重 4mg，每日 1 次，连续给药 28 日；预防胃溃疡发生，每 1kg 体重 1mg，每日 1 次，连续给药 30 日；预防胃溃疡复发，按照每 1kg 体重 4mg，每日 1 次，连续给药 28 日，可有效治愈胃溃疡，随后按照每 1kg 体重 1mg，每日 1 次，可预防胃溃疡的复发。使用本品后的马不得供人类食用。不推荐用于怀孕和泌乳母马，以及小于 1 月龄或体重低于 70kg 的马驹。由德国勃林格殷格翰动物保健有限公司申请注册获得批准。

4. 利福昔明乳房注入剂。本品为橙红色至暗红色的混悬液，久置分层。利福昔明为利福霉素 SV 的人工半合成衍生物。与其他利福霉素类抗菌药一样，通过与细菌 DNA-依赖 RNA 聚合酶的 β-亚单位不可逆地结合而抑制细菌 RNA 的合成，最终抑制细菌蛋白质的合成。利福昔明抗菌谱广，对多数革兰氏阳性需氧菌具有高度抗菌活性，对革兰氏阴性菌中的大肠杆菌、沙门氏菌、志贺氏菌及革兰氏阳性厌氧菌也有较好的抗菌活性。利福昔明子宫内给药几乎不吸收。本品主要用于预防和治疗由利福昔明敏感菌引起的奶牛急性或慢性子宫内膜炎。子宫内注入：子宫内灌注 1 支，用药前应通过直肠推拿去除一部分恶露。对利福昔明过敏的奶牛不得使用本品。本品未进行可食性组织残留消除研究，因此淘汰奶牛不得食用。弃奶期 0 日。由中国农业科学院饲料研究所、北京市畜牧总站、广东温氏大华农生物科技有限公司动物保健品厂、齐鲁动物保健品有限公司、华秦源（北京）动物药业有限公司杨凌分公司 5 家单位联合申请注册获得批准。

5. 赛拉菌素沙罗拉纳滴剂（猫用）。本品为无色至黄色的澄清液体。赛拉菌素为阿维菌素类半合成化合物，通过激活和/或增强无脊椎动物的谷氨酸介导的氯离子通道（GluCl），使寄生虫神经元长效超极化，破坏其正常神经传递，从而导致虫体麻痹、死亡或被驱除。沙罗拉纳为异噁唑啉类化合物，主要通过阻断昆虫和蜱螨中枢神经系统中 γ-氨基丁酸介导的氯离子通道（GABACl），以阻止氯离子内流，神经刺激引发神经兴奋增加，从而导致寄生虫的死亡。虽然沙罗拉纳在一定程度上阻断 GluCl，但对无脊椎动物 GABACl 具有强效阻断作用，因此 GABACl 阻断作用是沙罗拉纳的主要作用机制。赛拉菌素和沙罗拉纳分别对 GluCl 和 GABACl 具有不同的作用机制，但二者在药理学上不会产生干扰，赛拉菌素发挥功能性阻断作用，沙罗拉纳发挥通道活性阻断作用，协同破坏无脊椎动物的神经和肌肉组织功能，使得驱虫活性增强。因此本品具有广谱驱虫作用，对猫的体内、体外寄生虫均有防治作用。本品用于治疗和预防猫跳蚤感染，辅助治疗由跳蚤引起的过敏性皮炎，治疗猫的蜱虫、耳螨和虱感染，治疗猫蛔虫和钩虫感染，预防猫心丝虫病。以赛拉菌素和沙罗拉纳计。外用：一次量，每 1kg 体重，猫，赛拉菌素 6mg 和沙罗拉纳 1mg，每月给药 1 次。不得用于患有其他严重疾病、过度虚弱或瘦弱的猫；不得用于对本品过敏的猫，对妊娠、哺乳或繁殖猫的安全性尚未研究，经兽医风险评估后使用。本品可能导致用药部位出现轻度、暂时性瘙痒，在少数情况下可能导致用药部位出现轻度至中度脱毛、红斑及动物流涎，猫误食本品可能出现短暂的胃肠道反应，如多涎、呕吐、软便或进食减少，通常无须处理可自行缓解。由硕腾公司申请注册获得批准。

6. 烯丙孕素内服溶液。本品为黄色澄清油状液体。属于性激素类药，烯丙孕素与天然黄体酮的作用类似，给药期间，能够抑制脑垂体分泌促性腺激素，阻止卵泡发育及发情；给药结束后，脑垂体恢复分泌促性腺激素，促进卵泡发育及发情。停药时卵泡发育程度一致，加上促性腺激素的分泌同步恢复，促使所有动物在停药 5～8 日后同期发情。本品用于控制后备母猪同期发情。以烯丙孕素计。直接用 5mL 喷头饲喂或喷洒在饲料上内服，一次量，后备母猪 20mg（5mL），连用 18 日。给药量不足可能导致卵泡囊肿，仅用于至少发情过一次的性成熟的母猪；有子宫内膜炎的母猪慎用，妊娠期和泌乳期母猪不得使用。休药期：猪 9 日。由英特威国际有限公司申请注册获得批准。

7. 维他昔布注射液。本品为无色至微黄色的澄明液体。维他昔布是非甾体类抗炎药（NSAIDs）中的选择性环氧酶-2 抑制剂。环氧酶有环氧酶-1（COX-1）和环氧酶-2（COX-2）两种亚型。环氧酶-1 负责维持基本的生理过程（例如血小板凝聚、胃黏膜保护、肾灌注），环氧酶-2 负责合成炎性介质。NSAIDs 的抗炎镇痛作用与抑制 COX-2 的活性有关，而胃肠道及血液系统等不良反应与抑制 COX-1 的活性有关。维他昔布通过选择性抑制 COX-2 来阻断花生四烯酸合成前列腺素而发挥作用。犬体外全血试验结果表明，维他昔布对 COX-2 活性抑制的 IC_{50} 为 0.34μg/mL，对 COX-1 活性抑制的 IC_{50} 为 19.40μg/mL，对 COX-2 的活性抑制具有选择性（IC_{50}COX-1 与 IC_{50}COX-2 比值为 56.96）。在治疗浓度下维他昔布对 COX-1 没有抑制作用，因此，胃肠道不良反应发生率明显减少。本品用于治疗犬围手术期及临床手术等引起的炎症和疼痛。以维他昔布计。皮下注射：每 1kg 体重，犬 2mg，每日 1 次。术前及术后可连续给药 3 日，或遵医嘱。不得用于对本品活性成分维他昔布有过敏史的动物，由于非甾体类抗炎药（NSAIDs）具有潜在发生胃溃疡和/或穿孔的风险，因此在使用本品时应当避免使用其他抗炎类药物，如 NSAIDs 或皮质类固醇类药；不得用于对患有胃肠道出血、血液病或其他出血性疾病的犬。繁殖期、妊娠期或哺乳期的雌犬，幼犬（例如 10 周龄以下或体重小于 3kg 的犬）或疑似和确诊有肾、心脏或肝功能损害的犬，应在兽医的指导下使用。由北京欧博方医药科技有限公司和青岛欧博方医药科技有限公司联合申请注册获得批准。

8. 盐酸溴己新可溶性粉。本品为白色或类白色粉末，属于祛痰药，主要作用于气管、支气管黏膜的黏液产生细胞，抑制痰液中酸性黏多糖蛋白的合成，并可使痰中的黏蛋白纤维断裂，使气管、支气管分泌的流变学特性恢复正常，黏痰减少，痰液稀释易于咳出。另外，还可以促进呼吸道黏膜表面的纤毛运动，促进痰液的排出，从而改善肺的功能和防御能力。本品用于黏液堵塞呼吸道为主要特征的鸡呼吸道疾病的辅助治疗。以本品计。混饮：每 1L 水，鸡 0.33g，一日 1 次，连用 3～10 日。在蛋鸡产蛋开始前 4 周和产蛋期不得使用。休药期：鸡 0 日。由天津市中升挑战生物科技有限公司申请注册获得批准。

9. 替米考星溶液。本品为黄色至淡黄棕色液体。属于大环内酯类抗生素，抗菌谱广，对革兰氏阳性菌、某些阴性菌、支原体、螺旋体等均有抑制作用。替米考星与核糖体蛋白 50S 亚基结合，阻止肽链延伸，抑制细菌蛋白合成。替米考星与其他大环内脂类抗生素存在交叉耐药性。鸡：用于预防和治疗由鸡毒支原体和滑液囊支原体感染引起的鸡呼吸系统疾病。猪：用于预防和治疗由猪肺炎支原体、出血败血性巴氏杆菌、胸膜肺炎放线杆菌、副猪嗜血杆菌和其他敏感菌感染引起的猪呼吸系统疾病。以替米考星计。每日量，每 1kg 体重，猪和鸡 10～15mg。鸡，混饮：每 1L 水 75mg（相当于每 1L 水加本品 0.3mL），连用 3 日。猪，混饮：每 1L 水 200mg（相当于每 1L 水加本品 0.8mL），连用 5 日。本品仅允许经内服给药，由于本品含乙二胺四醋酸二钠，禁止注射给药；马和其他马属动物不得接触含替米考星的饮用水；由于缺少本品在猪孕期及哺乳期的安全性研究数据，经兽医进行风险/利益评估后使用；由于缺少本品在产蛋鸡的安全性研究数据，产蛋鸡产蛋前 2 周开始不得使用本品。休药期：鸡 12 日，猪 14 日。由美国礼蓝动物保健有限公司申请注册获得批准。

10. 碱式硝酸铋乳房注入剂（干乳期）。本品为灰白色膏状物。属于乳头封闭剂，碱式硝酸铋不具有抗菌活性。使用后，本品会在乳头管内形成物理性屏障，防止乳腺炎致病菌在干乳期侵入乳房内部，预防干乳期乳房内新生感染的发生，降低下一泌乳期临床乳腺炎的发生率。本品单独使用，用于预防干乳期奶牛乳房内新生感染。以本品计。乳管注入：干乳期奶牛，每个乳室注入 1 支。泌乳期最后一次挤奶后（干乳时），用提供的消毒棉清洗和消毒乳头，不能使用消毒剂或水进行清洁。待干燥后，经乳头注入本品。持续缓慢地推动活塞，直到乳膏全部挤入。仅用于干乳期奶牛，若不慎将本品用于泌乳奶牛，则只需人工将其挤出，无须再采取其他措施；不得用于在干乳时存在疑似或确诊为乳腺炎的奶牛。休药期：牛 0 日，弃奶期 0h。由硕腾公司申请注册获得批准。

11. 泰地罗新注射液。本品为无色至淡黄色澄明液体。泰地罗新为 16 圆环半合成动物专用大环内酯类抗生素，主要通过与细菌核糖体 50S 亚基结合，阻止肽链延长，抑制细菌蛋白质的合成。泰地罗新抗菌谱广，对猪胸膜肺炎放线杆菌、多杀性巴氏杆菌、支气管败血波氏杆菌、副猪嗜血杆菌和猪链球菌有抗菌活性。本品用于治疗和控制对泰地罗新敏感的胸膜肺炎放线杆菌、多杀性巴氏杆菌、支气管败血波氏杆菌、副猪嗜血杆菌、猪链球菌引起的猪呼吸系统疾病。以泰地罗新计，肌内注射：一次量，每 1kg 体重，猪 4mg（相当于每 10kg 体重注射本品 1mL），仅用一次。肌内注射后，注射部位可能会出现短暂的肿胀，并偶尔伴有轻微疼痛；极少数情况下（发生率小于 1/10 000），仔猪出现短暂的昏迷，动物出现休克甚至死亡；按照最大注射体积（5mL）给药通常会引起注射部位轻微肿胀，肿胀持续 3 日，但触诊无疼痛，注射部位的这些反应 21 日内会完全消失。本品不得用于对大环内酯类抗生素过敏的猪，不得与其他大环内酯类、林可酰胺类或链阳霉素类抗生素同时使用，对于妊娠期和泌乳期的猪，应在兽医指导下使用，不得静脉注射。休药期：猪 10 日。由河北远征药业有限公司、福建傲农生物制药有限公司、河南牧翔动物药业有限公司、河北远征禾木药业有限公司、青岛农业大学、山东鲁抗舍里乐药业有限公司高新区分公司、山东德州神牛药业有限公司、保定九孚生化有限公司、河北威远药业有限公司 9 家公司联合申请注册获得批准。

12. 复方克霉唑滴耳液。本品为淡黄色至黄色的油性混悬液。马波沙星是一种可以杀灭细菌的氟喹诺酮类抗菌药，通过抑制细菌细胞的 DNA 旋转酶而发挥作用。其抗菌谱广泛，可有效抑制革兰氏阳性菌，革兰氏阴性菌以及支原体，如犬外耳炎病例中经常分离到的中间型葡萄球菌、绿脓杆菌、大肠杆菌和奇异变形杆菌等。克霉唑是一种具有抗真菌活性的咪唑类药物，通过改变真菌细胞膜通透性，引起细胞内容物漏出以及抑制细胞内的分子合成而发挥作用。其抗菌谱广泛，对兽医临床分离的大多数致病真菌和酵母菌具有极强的抗菌活性，尤其对厚皮马拉色菌有较好的抑制作用，并且对革兰氏阳性菌也具有抗菌活性。醋酸地塞米松是一种合成的皮质类固醇类抗炎药，具有消炎和止痒的作用。本品用于治疗对马波沙星敏感的细菌和对克霉唑敏感的真菌（尤其是厚皮马拉色菌）引起的犬外耳道炎。按本品计。使用前摇匀，将犬外耳道清洗干净，待外耳道干燥后，将耳软管轻轻插入外耳道给药。给药后轻柔按摩耳根部片刻，以便让药物进入耳道深处。每只感染耳用药每次 0.3mL（约10滴），一日 1 次，连用 7～14 日。鼓膜穿孔的犬，皮肤有溃疡处、对本品任何成分过敏的犬不得使用。长期大量使用皮质类固醇类药物可能引起局部和全身性不良反应，包括肾上腺功能抑制，表皮变薄，伤口愈合延迟。在极少数情况下，可能引起老龄犬暂时性听力障碍。针对妊娠期和哺乳期犬的安全性评估尚未进行，对妊娠期和哺乳期犬的应用须慎重。由法国威隆制药股份有限公司申请注册获得批准。

13. 美洛昔康内服混悬液（犬猫用）。本品为微带绿色的淡黄色黏稠混悬液。属于解热镇痛非甾体类抗炎药，通过抑制前列腺素合成产生抗炎、镇痛和解热作用，可抑制白细胞向炎症组织的趋化作用，微弱抑制胶原蛋白诱导的血小板聚集。美洛昔康对环氧化酶-2（COX-2）较环氧化酶-1（COX-1）有更强的选择性抑制作用。本品用于减缓犬急性和慢性肌肉骨骼疾病引起的炎症和疼痛；用于减缓猫外科手术后的轻度至中度术后疼痛和炎症，减缓猫急性和慢性肌肉骨骼疾病引起的炎症和疼痛。犬，首次剂量每 1kg 体重 0.2mg，维持剂量每 1kg 体重 0.1mg，每日 1 次（间隔 24h）。首次给药也可选用美洛昔康注射液（静脉或皮下注射：每 1kg 体重 0.2mg）。通常 3～4 日内可观察到临床反应，如果 10 日后仍无明显临床改善，应停止治疗。猫，外科手术后的术后疼痛和炎症：首次给药用美洛昔康注射液（皮下注射：每 1kg 体重 0.3mg），24h 后使用本品治疗，维持剂量每 1kg 体重 0.05mg，每日 1 次（间隔 24h），可长达 4 日。偶见典型的非甾体类抗炎药物不良作用，例如食欲减退、呕吐、腹泻、粪便潜血、嗜睡、肾脏衰竭等；极罕见（发生率<1/10 000）发生肝酶升高和胃肠道溃疡。不得用于怀孕或哺乳犬猫，不得用于小于 6 周龄的犬猫，不得用于胃肠道疾病、肝脏、心脏或肾功能受损及有出血倾向的犬猫，不得用于对本品过敏的犬猫；本品有潜在的肾脏毒性风险，不得用于脱水、低血容量或低血压的犬猫；不得与糖皮质激素、其他非甾体类抗炎药、利尿药、抗凝血药等联合使用。由德国勃林格殷格翰动物保健有限公司墨西哥生产厂申请注册获得批准。

14. 阿莫西林克拉维酸钾颗粒。本品为白色至淡黄色颗粒。本品为复方β-内酰胺类抗生素，由于β-内酰胺酶抑制剂的活性，使得阿莫西林对产β-内酰胺酶的菌株敏感。阿莫西林是一种通过抑制细菌细胞壁的合成、阻止细菌繁殖行为而杀菌的抗生素。它能抑制革兰氏阳性菌的细胞壁肽聚糖链的线性聚合物形成，也对部分细胞壁由外层蛋白和脂多糖组成的革兰氏阴性菌敏感。细菌抵抗β-内酰胺类抗生素最重要的机制是青霉素类被某些细菌产生的β-内酰胺酶水解失活，而克拉维酸作为一种β-内酰胺酶抑制剂，它阻止β-内酰胺酶对β-内酰胺环的破坏。酶和克拉维酸反应是不可逆的，从而保留了青霉素类的抗菌活性。用于治疗由敏感的副猪嗜血杆菌和胸膜肺炎放线杆菌引起的猪呼吸道感染。按本品计。混饮：每 1kg 体重，猪 50mg，每日 2 次，连用 5 日。对青霉素类或头孢菌素类抗生素过敏的猪不得使用。休药期：猪 1 日。由内蒙古联邦动保药品有限公司申请注册获得批准。

15. 恩诺沙星子宫注入剂。本品为白色至类白色的混悬液，久置分层。本品为广谱动物专用的喹诺酮类杀菌药，对支原体有特效。对大肠杆菌、克雷白杆菌、沙门氏菌、变形杆菌、绿脓杆菌、嗜血杆菌、多杀性巴氏杆菌、溶血性巴氏杆菌、金黄色葡萄球菌、链球菌等均有杀菌作用。对敏感菌有明显的抗菌后效应。恩诺沙星的抗菌机制为作用于细菌细胞的 DNA 旋转酶，干扰细菌 DNA 的复制、转录和修复重组，导致细菌不能正常生长繁殖而死亡。本品用于治疗大肠杆菌、葡萄球菌、链球菌引起的母猪子宫内膜炎。以本品计。子宫内灌注：一次量，母猪 50mL，每日 1 次，连用 3 日。本品用前摇匀，使用一次性无菌输精管将药物注入子宫。本品可能有消化系统不良反应，如呕吐、食欲不振、腹泻等；可能有皮肤不良反应，如红斑、瘙痒、荨麻疹及光敏反应等。肾功能不良母猪慎用，可偶发结晶尿；本品未进行残留消除试验，使用本品的淘汰母猪不得食用。由华南农业大学、青岛农业大学、山东鲁抗舍里乐药业有限公司高新区分公司、安徽科尔药业有限公司、广州金泓格农业科技有限公司 5 家单位联合申请注册获得批准。

16. 米尔贝肟吡喹酮片（犬猫用）。本品为棕色（规格 1）或粉色至红色（规格 2）椭圆形双面刻痕片。属于抗寄生虫药。米尔贝肟为大环内酯类抗体内外寄生虫药物。该药物是广谱抗寄生虫药，对体内、外寄生虫特别是线虫和节肢动物均有良好的驱杀作用。药物与靶虫细胞上的特异性高亲和力的位点结合，影响细胞膜对 Cl^- 的通透性，继而引起线虫的神经细胞及节肢动物的肌细胞抑制性神经递质γ-氨基丁酸（GABA）的释放增加，打开谷氨酸调控的Cl^-通道，增强神经膜对Cl^-的通透性，从而阻断神经信号的传递，最终麻痹神经，使肌肉细胞失去收缩能力，导致虫体死亡。吡喹酮是人工合成的吡嗪异喹啉衍生物，对血吸虫、绦虫、囊虫、华支睾吸虫、肺吸虫、姜片虫均有效。对虫体有两种主要药理作用：①虫体肌肉发生强直性收缩而产生痉挛性麻痹。血吸虫接触低浓度吡喹酮后仅20s虫体张力即增高，药物浓度高于1mg/L时，虫体立即强烈挛缩。虫体肌肉收缩可能与吡喹酮增加虫体细胞膜的通透性，使细胞内钙离子丧失有关。②虫体皮层损害与宿主免疫功能参与。吡喹酮对虫体皮层有迅速而明显的损伤作用，引起合胞体外皮肿胀，出现空泡，形成大疱，突出体表，最终表皮糜烂溃破，分泌体几乎全部消失，环肌与纵肌亦迅速先后溶解。在宿主体内，服药后15min即可见虫体外皮空泡变性。皮层破坏后，影响虫体吸收与排泄功能，更重要的是其体表抗原暴露，从而易遭受宿主的免疫攻击，大量嗜酸粒细胞附着皮损处并侵入，促使虫体死亡。此外，吡喹酮还能引起继发性变化，使虫体表膜去极化，皮层碱性磷酸酶活性明显降低，致使葡萄糖的摄取受抑制，内源性糖原耗竭。吡喹酮还可抑制虫体核酸与蛋白质的合成。本品用于驱除猫蛔虫、钩虫、绦虫。以米尔贝肟计。内服：每1kg体重，猫2mg；每三个月一次。服用本品后，猫尤其是小猫，可能发生的十分罕见的不良反应有：系统性症状（如嗜睡）、神经性症状（如共济失调及肌肉震颤）和/或胃肠道症状（如呕吐及腹泻）等。不推荐用于6周龄以内或体重小于0.5kg的猫，避免用于极其虚弱的猫或肝肾功能损害的猫。由法国维克有限公司申请注册获得批准。

17. 匹莫苯丹咀嚼片。本品为淡黄褐色片，片面中部有刻痕；有牛肉香味。匹莫苯丹为非苷类强心药。为苯并咪唑哒嗪酮衍生物，是一种非拟交感非苷类正性肌力药物，通过增强心肌纤维对钙离子的敏感性和抑制磷酸二酯酶（III型）活性发挥正性肌力作用，同时可通过抑制磷酸二酯酶起到舒张血管的作用。匹莫苯丹与利尿药呋塞米等联合使用，可有效改善扩张型心肌病病犬或心脏瓣膜关闭不全病犬的生活质量和延长预期寿命。单独使用治疗大型种犬临床前扩张型心肌病（无症状，经超声心动图诊断伴随左心室收缩末期和舒张末期直径加大）时，匹莫苯丹可延迟犬发生心力衰竭或突然死亡的年龄，并延长犬的存活时间。治疗全临床前黏液瘤性二尖瓣疾病（无症状的心脏收缩期二尖瓣杂音和心脏增大）时，匹莫苯丹可使心脏体积减小。犬发生心力衰竭临床症状或心源性死亡的时间延长约15个月，同时心脏体积减小，总生存时间延长约170天。本品用于治疗由心脏瓣膜关闭不全（二尖瓣和/或三尖瓣返流）或扩张型心肌病引起的犬充血性心力衰竭，用于治疗大型犬临床前扩张型心肌病（无症状，经超声心动图诊断伴随左心室收缩末期和舒张末期直径加大），用于治疗犬临床前黏液瘤性二尖瓣疾病（无症状的心脏收缩期二尖瓣杂音和心脏增大），延缓充血性心力衰竭临床症状的发生。以匹莫苯丹计。内服：每1kg体重，犬0.25mg，一日2次。极少数患犬中可能发生轻微的心率加快和呕吐，与给药剂量相关，减小剂量后症状可自行消失；极少数患犬可能出现短暂的腹泻、厌食或昏睡，极少数患犬中可能影响初期止血作用（黏膜出血或皮下出血），目前尚不确定是否与匹莫苯丹相关，但在停止治疗后可自行恢复。在极少数情况，治疗犬二尖瓣疾病可能引起二尖瓣返流增加。不得用于肥大型心肌病或由临床非功能性或生理性原因（如大动脉狭窄）不宜增加心输出量的患犬；由于本品主要经肝脏代谢，不得用于严重肝功能不全的患犬。由青岛农业大学、中国农业大学、新疆农业大学、山东信得科技股份有限公司、南京金盾动物药业有限责任公司、南京威特动物药品有限公司、青岛百慧智业生物科技有限公司、山东谊源药业股份有限公司、秦皇岛摩登狗生物科技有限公司9家单位联合申请注册获得批准。

18. 二氧化氯溶液。本品为黄绿色的澄清液体，有刺激性气味，属于消毒防腐药。二氧化氯对细菌细胞壁有较强的吸附和穿透能力，也可以使病毒壳体蛋白改变导致病毒灭活。因此，二氧化氯对细菌繁殖体、细菌芽孢及病毒都有杀灭作用。本品用于畜禽舍、饮水、器具及环境的消毒。以本品计。畜禽舍、器具消毒1∶(5～10)倍稀释，非洲猪瘟病毒等疫源地消毒1∶5倍稀释，常规消毒1∶(10～20)倍稀释，饮水消毒1∶500倍稀释。由中国农业科学院饲料研究所、广东温氏大华农生物科技有限公司、中牧实业股份有限公司黄冈动物药品厂、湖南喜爱迪生物科技有限责任公司4家单位联合申请注册获得批准。

19. 头孢氨苄片。本品为米黄色圆形十字刻痕片，属于β-内酰胺类抗生素。头孢氨苄主要通过抑制细菌细胞壁的合成而起到杀菌作用。头孢氨苄对大多数革兰氏阳性菌和阴性菌均有效，如葡萄球菌（包括对青霉素耐药菌株）、链球菌、奇异变形杆菌、大肠埃希菌和克雷伯氏杆菌等。头孢氨苄对由革兰氏阳性球菌产生的β-内酰胺酶稳定，β-内酰胺酶通常会使β-内酰胺类抗生素失去抗菌活性。由革兰氏阴性杆菌产生的β-内酰胺酶可水解β-内酰胺环而抑制头孢氨苄的作用。β-内酰胺类抗生素之间存在交叉耐药，耐药性可通过质粒或染色体进行传递。本品用于治疗犬由头孢氨苄敏感菌引起的细菌性皮肤感染（包括深层和浅表脓皮病）和泌尿系统感染（包括肾炎、膀胱炎和尿道炎等）。以头孢氨苄计。内服：一次量，每1kg体重，犬15mg；每日2次。泌尿系统感染连用14日，浅表脓皮病至少连用15日，深层脓皮病至少连用28日。严重或急性情况下，剂量可加倍至每1kg体重30mg，每日2次。本品不得用于对头孢菌素和其他β-内酰胺类抗生素过敏的犬，不得用于怀孕和哺乳期的犬，不得用于严重肾功能衰竭的犬。犬肾功能不全时，应减少剂量。由法国诗华动物保健公司申请注册获得批准。

20. 马来酸奥拉替尼片。本品为薄膜衣刻痕片，除去包衣后呈白色或类白色。奥拉替尼是一种合成的细胞内非受体酪氨酸激酶（JAK）抑制剂，通过抑制多种依赖于JAK1、JAK3酶活性诱发的瘙痒、炎症细胞因子以及其他与过敏有关的细胞因子起作用。本品对与依赖JAK2的造血有关的细胞因子没有影响。犬内服给药后，药物吸收迅速、良好。食物对吸收率或吸收程度无显著影响。静脉注射和内服给药的消除半衰期相似，绝对生物利用度为89%，血浆蛋白结合率为66.3%～69.7%。本品在犬体内代谢为多种代谢物，在血浆和尿液中可检测到一种主要氧化代谢物。本品主要经代谢清除，部分通过肾脏和胆汁排泄。本品为非皮质类固醇或抗组胺药的免疫调节剂。本品用于控制犬过敏性皮炎引起的瘙痒症和特应性皮炎。以奥拉替尼计。内服：每1kg体重，犬0.4～0.6mg，一日2次，连用14日。随后一日1次维持治疗。本品可能增加犬对感染（包括蠕形螨病）的敏感性，以及肿瘤恶化；可能会发生腹泻（2.3%）、呕吐（2.3%）、厌食（1.4%）、嗜睡（1.8%）、多饮（1.4%）等症状，大多数病例继续用药后症状可自行缓解。12月龄以下或体重低于3kg的犬不得使用，育种用犬、妊娠期或哺乳期的母犬不得使用，严重感染（如肺炎等系统性感染或全身真菌性感染）的犬不得使用；伴有复发的严重感染、复发性蠕形螨病、肿瘤病史的犬使用本品前，应充分评估风险。由硕腾公司美国卡拉玛祖厂申请注册获得批准。

21. 枸橼酸马罗匹坦注射液。本品为无色至淡黄色澄明液体，属于神经激肽（NK1）受体拮抗剂。呕吐是呕吐中枢的一种复杂调节过程，呕吐中枢接收和整合来自中枢神经刺激、外周神经刺激以及血液循环和脑脊液中化学物质刺激而产生呕吐反应。P物质为一类与呕吐有关的关键神经递质，阻断P物质与受体间的结合可有效抑制中枢神经性呕吐、外周神经性呕吐以及化学因素引起的呕吐。马罗匹坦能阻断中枢神经系统中的P物质与受体结合，起到止吐作用。本品用于预防和治疗犬使用化疗药物引起的呕吐，预防除晕动性呕吐以外的呕吐，与其他支持疗法合用治疗呕吐。用于预防猫除晕动性呕吐以外的呕吐，缓解恶心，与其他支持疗法合用治疗呕吐。以马罗匹坦计。皮下注射：8周龄及以上犬/16周龄及以上猫，一次量，每1kg体重1.0mg，一日1次，最多连用5日。肝功能障碍的犬猫慎用，未在低于8周龄犬、低于16周龄猫以及妊娠期或哺乳期母犬及母猫中确立本品的安全性，如果使用，需通过兽医进行风险/收益评估；马罗匹坦对钙和钾离子通道有亲和性，患有心脏疾病的犬猫慎用，且不能与钙离子通道拮抗剂合用。由硕腾公司申请注册获得批准。

22. 美洛昔康注射液。本品为黄色的澄明液体。本品为解热镇痛非甾体抗炎药（NSAIDs），主要通过抑制环氧酶（COX）的活性，减少前列腺素（PGs）的合成而发挥解热镇痛抗炎作用。美洛昔康还可减少粒细胞的炎症组织浸润。本品能选择性地抑制环氧酶2（COX-2），而对环氧酶1（COX-1）的抑制作用较弱，因此本品对胃肠道或肾脏的不良反应较弱。犬：用于缓解急慢性肌肉骨骼疾病引起的炎症和疼痛，以及骨科或者软组织手术后疼痛及炎症。猫：用于缓解卵巢子宫切除术和小型软组织手术后的术后疼痛。以美洛昔康计。犬：静脉或者皮下注射，一次量，每1kg体重0.2mg（即每1kg体重0.04mL）。猫：皮下注射，一次量，每1kg体重0.3mg（即每1kg体重0.06mL）。不得用于妊娠期或哺乳期动物、6周龄以下的犬/猫或者体重小于2kg的猫，不得用于胃肠道疾病、肝脏、心脏或肾功能受损及出血异常的犬/猫，不得用于对本品过敏的犬/猫，禁止与糖皮质激素、其他非甾体抗炎药、利尿药、抗凝血药等联合使用。本品有潜在的肾脏毒性，不得用于脱水、低血容量或低血压的犬/猫。由德国勃林格殷格翰动物保健有限公司申请注册获得批准。

23. 托曲珠利内服混悬液。本品为细微颗粒的混悬液，静置后细微颗粒下沉，振摇30s内呈均匀的白色混悬液。属于抗球虫药。托曲珠利是三嗪酮衍生物，具抗等孢球虫属和艾美尔球虫属球虫的作用。托曲珠利作用于虫体的整个发育阶段：裂殖生殖期（无性繁殖阶段）和配子生殖期（有性繁殖阶段），直接杀灭虫体。用于预防由猪囊等孢球虫引起的仔猪球虫病。以托曲珠利计。内服：一次量，每1kg体重，3～5日龄仔猪20mg（即每1kg体重0.4mL）。休药期：猪77日。由法国诗华动物保健公司申请注册获得批准。

24. 非泼罗尼吡丙醚滴剂。本品为无色至淡黄色澄清液体。非泼罗尼是一种对多种害虫具有防治效果的苯吡唑类广谱杀虫药。与昆虫中枢神经细胞膜上的γ-氨基丁酸（GABA）受体结合，关闭神经细胞的

Cl^-通道，从而干扰中枢神经系统的正常功能而导致昆虫死亡。吡丙醚是一种昆虫生长调节剂（IGR），属于保幼激素类似物。能杀灭虫卵、幼虫、蛹及成蚤，并控制动物所到之处环境中跳蚤的侵染。本品用于治疗和预防犬体表的跳蚤及蜱虫感染。治疗和预防跳蚤感染（猫栉首蚤）：使用一次有效性可持续7周。同时预防未来12周内跳蚤卵发育为成虫，从而预防跳蚤增殖。治疗蜱虫感染（篦子硬蜱）：使用一次有效性可持续2周，并且在4周内预防网纹革蜱、血红扇头蜱感染。用于治疗和预防猫体表的跳蚤及蜱虫感染。治疗和预防跳蚤感染（猫栉首蚤）：使用一次有效性可持续5周，同时预防未来12周内跳蚤卵发育为成虫，从而预防跳蚤增殖。治疗蜱虫感染（图兰扇头蜱、篦子硬蜱）：使用一次有效性可持续1周，外用。将犬颈部至肩部的被毛拨开，暴露皮肤，将药液均匀滴于皮肤1或2点处（大型犬可额外再选取背部皮肤1～2点给药），每次1支。将猫颈部背侧的被毛拨开，暴露皮肤，将药液均匀滴于皮肤1或2点处，每次1支。10周龄以下和/或体重不足2kg的犬慎用，10周龄以下和/或体重不足1kg的猫慎用；生病或虚弱的动物慎用，本品不可用于兔。非泼罗尼和吡丙醚的实验室研究未显示致畸性或胚胎毒性作用，但未对犬、猫进行致畸研究，妊娠期和哺乳期犬、猫应经兽医风险/利益评估后使用本品。由法国维克有限公司申请注册获得批准。

25. 克林霉素磷酸酯颗粒。本品为白色至类白色颗粒，属于林可胺类抗生素。克林霉素磷酸酯为化学合成的克林霉素衍生物，在体外无抗菌活性，进入机体迅速水解为克林霉素发挥抗菌活性，敏感菌包括金黄色葡萄球菌、中间型葡萄球菌、表皮葡萄球菌、链球菌、肺炎球菌、丙酸杆菌、真杆菌、放线菌、拟杆菌、梭杆菌和产气荚膜梭菌等。主要作用于细菌核糖体的50s亚基，通过抑制肽链的延长影响蛋白质的合成而发挥抗菌作用。本品用于治疗由革兰氏阳性需氧敏感菌引起的犬皮肤感染（创伤、脓肿和深层感染）。以克林霉素计。内服：一次量，每1kg体重，犬11mg，一日1次，连用7日。若连用4日无临床改善，应停止使用或遵医嘱。每1.1g本品溶于约2mL水，灌服。本品不得用于兔、豚鼠、仓鼠、马和反刍动物，不得用于对林可胺类药物过敏的动物。本品具有神经肌肉阻滞特性，可能会提高其他神经肌肉阻滞药的作用。本品与酰胺醇类、大环内酯类药物有拮抗作用，不应同时使用。本品与卡那霉素、新生霉素等存在配伍禁忌。本品不宜与抑制肠道蠕动和含白陶土的止泻剂合用。由瑞普（天津）生物药业有限公司和天津瑞普生物技术股份有限公司联合申请注册获得批准。

26. 乳酸溶液。本品为深绿色黏稠液体，属于消毒防腐药。本品主要成分为乳酸。乳酸主要通过作用于细菌细胞壁，导致细胞壁损伤和细胞通透性增加，改变细胞内外电势，造成内容物的泄漏，发挥杀菌作用，从而有助于减少引发乳腺炎的微生物传播。本品用于泌乳期奶牛的乳头消毒。外用，使用前，现用现配。将1份产品原液加至3份水中稀释，彻底混匀。挤奶前使用：清洁乳头，并挤前三把奶（如需要，使用少量水清洗乳头，并用干净纸巾或毛巾彻底擦干，然后挤前三把奶）。用产品稀释液浸渍或喷雾奶牛每个乳头，确保消毒剂在乳头皮肤表面作用至少30s，用干净的一次性纸巾彻底擦干乳头后，方可挤奶。在挤奶后使用，每次挤奶后，立即使用产品稀释液浸渍或喷雾每个乳头，确保整个乳头覆盖药液。由West Agro，Inc. d/b/a DeLaval Manufacturing申请注册获得批准。

27. 过硫酸氢钾复合物粉。本品为类白色至淡绿色粉末，有苹果气味，属于消毒剂。本品在水中经过链式反应连续产生次氯酸、新生态氧，氧化和氯化病原体，干扰病原体的DNA和RNA合成，使病原体的蛋白质凝固变性，进而干扰病原体酶系统的活性，影响其代谢，增加细胞膜的通透性，造成酶和营养物质流失、病原体溶解破裂，进而杀灭病原体。本品用于畜禽舍、空气和饮用水等的消毒。以本品计。浸泡或喷雾：①禽畜舍环境消毒、设备消毒、孵化场消毒、脚踏盆消毒，1∶200倍稀释，如果环境有机物含量高，1∶100倍稀释，浸泡30min或按300mL/m^2喷雾。②饮水设备消毒，1∶100倍稀释。③饮水消毒，1∶2 000倍稀释。④对于特定病原体消毒：大肠杆菌、金黄色葡萄球菌，1∶400倍稀释；新城疫病毒，1∶1 600倍稀释；猪瘟病毒，1∶800倍稀释。由夸克英国有限公司申请注册获得批准。

28. 盐酸溴己新可溶性粉。本品为白色或类白色粉末，属于祛痰药。主要作用于气管、支气管黏膜的黏液产生细胞，抑制痰液中酸性黏多糖蛋白的合成，并可使痰中的黏蛋白纤维断裂，使气管、支气管分泌的流变学特性恢复正常，黏痰减少，痰液稀释易于咳出。另外，还可以促进呼吸道黏膜表面的纤毛运动，促进痰液的排出，从而改善肺的功能和防御能力。本品用于黏液堵塞呼吸道为主要特征的鸡呼吸道疾病的辅助治疗。以本品计。混饮：每1L水，鸡0.33g（相当于以盐酸溴己新计，0.5mg/kg bw），一日1次，连续给药3～10天。蛋鸡产蛋开始前4周和产蛋期不得使用。休药期：鸡0日。由齐鲁动物保健品有限公司申请注册获得批准。

29. 盐酸特比萘芬喷雾剂。本品为无色澄明液体，属于丙烯胺类广谱抗真菌药物。能特异地干扰真菌固醇的早期生物合成，选择性抑制真菌的麦角鲨烯环氧化酶，使真菌细胞膜形成过程中麦鲨烯环氧化反应受阻，从而达到杀灭或抑制真菌的作用。本品用于治疗犬由犬小孢子菌、石膏样小孢子菌、须毛癣菌等真菌引起的皮肤感染。外用：犬，每 5cm^2 患处皮肤喷 3 次，均匀喷于患部，一日 2 次，连续给药 28 日，或遵医嘱。由天津市保灵动物保健品有限公司、佛山市南海东方澳龙制药有限公司与江西省保灵动物保健品有限公司 3 家单位联合申请注册获得批准。

30. 益母草提取物散。益母草经提取加工制成的散剂，具有活血化瘀之功能，主治蛋鸡产蛋后期的产蛋率下降。混饲：每 1kg 蛋鸡饲料，添加本品 0.5g，产蛋后期连续添加使用。由北京生泰尔科技股份有限公司、爱迪森（北京）生物科技有限公司、北京喜禽药业有限公司、生泰尔（内蒙古）科技有限公司 4 家单位联合申请注册获得批准。

31. 党参可溶性粉。本品为党参经提取加工制成的可溶性粉，具有补中益气，健脾益肺之功能，主要用于提高鸡对新城疫疫苗的免疫应答。由山西农业大学、山西博锐生物工程有限公司、亳州市乾元动物药业有限责任公司、太原恒德源动保科技开发有限公司、山西奥信动物药业有限公司、太原市威尔潞威科技发展有限公司、江西新世纪民星动物保健品有限公司、施瑞客（天津）生物技术有限公司、淄博维希尔生物技术有限公司、南昌市力赛聚生物技术有限公司 10 家单位联合申请注册获得批准。

32. 柴桂口服液。本品为柴胡、桂枝、黄芩、天花粉、牡蛎、干姜、炙甘草等药味制备而成，具有和解清热之功能，主治鸡感冒。症见发热、精神不振、羽毛蓬乱、扎推、偶有稀粪等。由河南牧翔动物药业有限公司、河北远征禾木药业有限公司、郑州百瑞动物药业有限公司、河南中亚神鹏医药科技有限公司、广西大学、河南省现代中兽医研究院 6 家单位联合申请注册获得批准。

33. 葛根芩连片。本品为葛根、黄芩、黄连、炙甘草等药味制备而成，具有解肌清热，止泻止痢之功能，主治犬胃肠炎。由北京生泰尔科技股份有限公司、爱迪森（北京）生物科技有限公司、北京喜禽药业有限公司、生泰尔（内蒙古）科技有限公司、北京爱宠族科技有限公司、爱宠族（江苏）科技有限公司 6 家单位联合申请注册获得批准。

34. 荆防败毒提取散。本品为荆芥、防风、羌活、独活、柴胡、前胡、枳壳、茯苓、桔梗、川芎、甘草、薄荷等药味制备而成，具有辛温解表，疏风祛湿之功能，主治鸡传染性支气管炎。症见鼻塞、流鼻液、气管啰音、甩头、伸颈呼吸等。由天津生机集团股份有限公司、鼎正动物药业（天津）有限公司、天津市中升挑战生物科技有限公司、济南亿民动物药业有限公司、山东鲁抗舍里乐药业有限公司高新区分公司、天津市生机圣世科技有限公司、天津市圣世莱科技有限公司、天津市天合力药物研发有限公司 8 家单位联合申请注册获得批准。

35. 功苋止痢散。本品由十大功劳、救必应、老鹳草、铁苋菜、苦参等药味制备而成，具有清热解毒，燥湿止痢之功能，主治大肠杆菌感染引起的仔猪湿热泻痢。由青岛农业大学、中国农业大学、中国农业科学院兰州畜牧与兽药研究所、江西中成药业集团有限公司、湖北回盛生物科技有限公司、青岛中仁动物药品有限公司、山东谊源药业股份有限公司 7 家单位联合申请注册获得批准。

36. 合欢磁牡口服液。本品由合欢皮、磁石、牡蛎等药味制备而成，具有镇心、安神之功能，主要用于预防疫苗接种惊扰所致的鸡群应激。由石家庄石牧药业有限公司、河北威远药业有限公司、北京中农劲腾生物技术股份有限公司、湖南圣雅凯生物科技有限公司、广东华农高科生物药业有限公司、石家庄华骏动物药业有限公司、河北农业大学 7 家单位联合申请注册获得批准。

37. 白头翁皂苷提取物注射液。本品由白头翁皂苷提取物与适宜辅料制备而成，具有清热解毒、抗炎之功能，主治奶牛临床型乳腺炎。由江西中医药大学、广西英路维特药物有限公司、广西馨海动保药业有限公司、四川英路维特医药科技有限公司 4 家单位联合申请注册获得批准。

38. 丹参三七片。由丹参、三七、冰片等药味制备而成，具有活血化瘀，理气止痛之功能，主要用于犬充血性心力衰竭的辅助治疗。由北京生泰尔科技股份有限公司、爱迪森（北京）生物科技有限公司、北京爱宠族科技有限公司、生泰尔（内蒙古）科技有限公司、爱宠族（江苏）科技有限公司 5 家单位联合申请注册获得批准。

39. 连花柴芩可溶性粉。由连翘、山银花、柴胡、黄芩、紫苏叶、甘草等药味制备而成，具有清热解毒，宣肺止咳之功能，主治风热犯肺，症状为发热、咳嗽、口渴喜饮、食欲减退。由河南中亚神鹏医药科技有限公司、河南省纳普生物技术有限公司、徐州天意动物药业股份有限公司、河南农业大学、河南牧翔动物药业有限公司、河南省科高植物天然产物开发工程技术有限公司、山东华农生物制药有限公司 7 家单位联合申请注册获得批准。

40. 三七片。由三七与适宜辅料制备而成，具有散瘀止血，消肿止痛之功能，主要用于缓解软组织损伤所致的肿胀、疼痛。由北京生泰尔科技股份有限公司、爱迪森（北京）生物科技有限公司、生泰尔（内蒙古）科技有限公司、吉林大学、北京市兽药监察所、北京喜禽药业有限公司、北京爱宠族科技有限公司、爱宠族（江苏）科技有限公司8家单位联合申请注册获得批准。

41. 肉桂油口服液。由肉桂油与适宜辅料配制而成，用于控制和治疗沙门氏菌感染引起的鸡白痢。由山东广元药业科技有限公司、吉林大学、湖北武当动物药业有限责任公司、江西嘉博生物工程有限公司、河北远征禾木药业有限公司、林州中农颖泰生物肽有限公司、山东金铸基药业有限公司、吉林省五星动物保健有限公司、锦州医科大学9家单位联合申请注册获得批准。

（以上内容以农业农村部公告为准）

（徐倩　汪霞　段文龙　梁先明）

酶制剂

饲用酶制剂是绿色环保的饲料添加剂，可以帮助养殖动物消化饲料中的抗营养因子，释放营养成分，提高非常规饲料原来的添加比例，降低饲料成本。随着饲料禁抗的实施，饲用酶制剂在动物肠道健康中的作用得到进一步深入研究，葡萄糖氧化酶等品种的替抗效果得到了广泛的认可。

一、饲用酶制剂产量

据调查统计，2021年饲用酶制剂产量同比增长了19.0%，高于全国饲料总量的同比增长，主要原因如下：

1. 饲料原料价格高企，推动饲用酶制剂的广泛应用。从2020年开始，玉米价格持续上涨，给饲料企业带来了很大的成本压力，很多厂家尝试进行小麦的替代方案。以木聚糖酶为主的复合酶（如溢多利的麦酶宝系列）可以降解小麦中含量较高的木聚糖，减少其抗营养作用，因此得到进一步的推广和应用。随着农业农村部低蛋白日粮推广应用的持续开展，以蛋白酶为主的复合酶制剂的使用量也有所增加。

2. 饲用酶制剂技术体系的提升。经过多年的研发创新，饲用酶制剂的技术体系得到了大幅度提升，在发酵的酶活、耐温性、耐酸性、应用方案等方面都取得了长足的进展。酶制剂产品价格降低和品质的提升为饲料生产企业带来了客观的效益，饲料品质也得到进一步提升，从而使饲用酶制剂的使用量进一步提升。

3. 功能性新酶种的使用增加。传统的饲用酶制剂关注降解饲料中的抗营养因子，提高饲料转化效率。随着葡萄糖氧化酶、过氧化氢酶等品种的发展和应用，饲用酶制剂在肠道健康和替抗方面表现出了出色的效果，得到广大用户的普遍认可，从而提升了饲用酶制剂的销量。目前某些饲用酶制剂品种还在霉菌毒素降解（如漆酶）、饲料原料的预处理（如蛋白酶）和诱食（如脂肪酶）等方面有新的研究进展，值得期待。

二、饲用酶制剂行业发展动态

1. 龙头企业继续做大做强。广东溢多利在2021年3月迎来了它的30岁生日，并举行了隆重的庆典活动，农业农村部和饲料工业协会相关领导、饲料农牧相关院士和优秀饲料企业代表等出席了庆典并讲话。溢多利的30年也是中国饲料酶制剂产业发展历程30年的缩影。中国饲用酶制剂产业从无到有，从国外企业垄断到基本国产化，从简单的菌种选育到现代基因工程技术，凝结了广大饲用酶制剂科研人员、酶制剂生产企业和酶制剂使用企业的辛勤汗水，是中国农牧工作者集体智慧的结晶。在庆典当天的学术交流会上，溢多利公布了2021年溢多利生物酶制剂营业收入6.46亿元，同比增长16.19%。

蔚蓝生物主要从事酶制剂、微生态制剂以及动物保健品的研发、生产和销售。数据显示，2021年公司酶制剂板块销量达到1.62万t，同比增长35.02%；营业收入达到4.3亿元，同比增长38.89%。2021年，蔚蓝生物研发投入10 093.67万元，占营业收入的8.77%，在行业中处于较高水平。此外，去年蔚蓝生物首次实施了股票期权激励计划。

武汉新华扬生物股份有限公司持续专注生物酶制剂的研发、生产和销售，入选湖北2021年度湖北省高新技术企业百强榜单。公司积极参与了行业标准的制定，第一个葡萄糖氧化酶耐热标准由其牵头起草。2021年9月29日，新华扬科创板IPO获受理，本次拟募资5.32亿元。

2. 产品研发加速。产品研发是饲用酶制剂发展的引擎。产品研发主要集中在产品性能的提升和全新功能产品的开发上，如酶制剂耐温水平的提高保证了饲料制粒后的酶活保留率，耐酸水平的提高改善了酶制剂在胃肠道中的表现水平。霉菌毒素解毒酶、原料预处理酶、发酵饲料专用酶的开发将有望成为新的增长点。在研发方面，酶制剂企业采用自主研发，以及与联合大专院校和科研机构研发队伍相结合的方式。如广东溢多利2021年自主研发总投入1.297 8亿元，占营业收入的6.86%，研发推出了耐高温葡萄糖氧化酶（溢倍康S）、酸性木聚糖酶等新产品。山东隆科特酶制剂有限公司与中国农科院北京畜牧兽医研究所姚斌院士紧密合作，实现了多个产品的产学研转化。

三、饲用酶制剂行业的机遇和挑战

饲用酶作为一种新型绿色、安全、高效的生物催化剂，在解决饲料资源匮乏、畜牧业可持续发展等方面潜力无限。随着饲料原料价格的走高和低蛋白日粮的推广，饲用酶制剂的应用将越来越广泛和深入，饲用酶制剂的研发工作也将上一个新台阶。但是在饲用酶制剂行业发展的过程中，也将面临以下挑战。

1. 同质化竞争加剧。随着产业的发展，饲料酶制剂生产厂家的品种差异化将越来越小，价格竞争加剧，需要企业投入更多的研发创新打破困局。

2. 知识产权的保护薄弱。由于生物产业的特殊性，往往出现菌种流失的情况，且维权相对复杂，给有研发实力的企业造成不小的损失，严重伤害了科研创新的积极性。相关企业应进一步引起重视并通过相关法规规范市场行为。

3. 水产、反刍和特种经济动物的饲用酶制剂开发相对落后，需要在这方面多投入研发。

饲用酵母源饲料

一、饲用酵母介绍

根据饲料酵母行业标准，饲料酵母菌种主要指产朊假丝酵母、热带假丝酵母、园拟酵母菌、球拟酵母菌和酿酒酵母菌等。酵母属于真菌类单细胞微生物，具有兼性厌氧和较强耐酸性等特点。酵母菌在温度适合、氧气和养料充足的条件下，一般进行无性繁殖，以出芽方式为主；在条件苛刻时，会形成子囊孢子，待条件好转时，子囊孢子又可萌发成单倍体营养细胞。营专性或兼性好氧生活，在有氧气的环境中，将葡萄糖转化为水和二氧化碳，生长也较快；缺氧时，发酵型的酵母通过将糖类转化成二氧化碳和酒精来获取能量；对渗透压有相当高的耐受性；耐酸，最适pH为4.5～5.0；最适生长温度一般为20～30℃。干燥菌体中含有大量的蛋白质，而且组成蛋白质的氨基酸种类齐全、配比合理，特别是含有丰富的赖氨酸，可以弥补谷物蛋白中赖氨酸的不足。除此之外，酵母还含有丰富的维生素、矿物质、有机酸、寡糖、重要的酶以及某些未知的生长因子等活性物质。

饲料酵母按其组成、作用类型等可分为添加剂和饲料原料用饲料酵母。饲料酵母作为一种纯天然的功能性饲料单细胞蛋白原料，用来向动物胃肠道内的微生物提供代谢营养底物，通过滋养微生物和刺激它们的代谢活性，维持和改善动物胃肠道内的微生物生态环境，显著提高动物机体的抗应激能力，提高机体免疫力，减少抗生素使用，改善生态环境，保障食品安全，提高产品品质，同时还可以改善饲料的适口性和消化性能、提高饲料利用率、提高养殖效益。高活性的酵母可作为添加剂，高活性干酵母与单细胞蛋白酵母饲料不同，是作为益生菌应用于饲料中的。饲料高活性干酵母中的酵母是“活酵母”。

二、饲料酵母行业发展现状

1. 产能加快向行业头部企业集中。饲料酵母目前以啤酒酿造后排放的酵母泥经加工得到的菌体或菌体组成物，以及以糖蜜或淀粉水解糖发酵得到的酿酒酵母为主。近年来，随着啤酒行业兼并重组，啤酒行业逐渐出现一些如五十万到百万千升级别的大厂。啤酒产能集中度趋势逐渐明显。糖蜜发酵的酿酒酵母也逐渐被全球三大酵母发酵企业兼并垄断，如圣琪和百惠生等产能已被兼并。2021年1—12月中国啤酒累计产量达到3 562.4万千升，累计增长5.6%。啤酒酵母产品产量有小幅提升。

一方面，内外资啤酒集团由于环保或成本原因考虑逐步取消一些二十万千升以下产能工厂的生产发酵职能（变为物流配送）；另一方面，一些缺乏环保处理设施的作坊式啤酒酵母泥烘干的小加工厂逐渐被取缔，啤酒酵母泥加工饲料酵母集中度提升，涌现了广东雅琪生物科技股份有限公司等年处理能力达万吨以上的规模企业。这些企业必须具备完善的环保处理设施，并保证达标排放，必须是环境友好型、资源节约型企业。

2. 成本费用提升较快、倒逼企业产品升级。不管是上游啤酒酵母泥招标价格还是酿酒酵母发酵的碳源，如糖蜜及淀粉水解糖，抑或是生产环节的能源、人工费用，还是下游环保治理费用和物流费用等均在2021年全面提升。倒逼企业加大研发投入，如国内的饲料酵母行业前期主要采用简单的滚筒干燥一步法生产饲料干酵母粉，但随着研究的不断深入，饲用酵母产品线越来越丰富，主要分为饲用活性酵母和饲用非活性酵母。

为提高动物的饲料利用率，提高动物的免疫力，特别是肠道免疫力，降低抗生素的应用，使用传统遗传育种和现代基因工程技术筛选出高核酸等功效因子，利用高密度发酵技术生产出高功效因子的饲料酵母，再利用现代生物工程技术，特别是酶工程技术的应用，利用酵母内源酶和外源酶（如蛋白酶、核酸酶、葡聚糖酶、肽酶、淀粉酶等），大大提高了饲用酵母的诱食性、利用率、营养保健功能。代表性产品有：高核苷酸饲料酵母（安琪、乐斯福、雅琪）、高谷胱甘肽饲料酵母（乐斯福）、核苷酸多肽酵母水解物（安琪酵母的福邦NA100）、风味（香味）酵母水解物、霉毒素吸附解毒酵母细胞壁（雅琪生物雅霉净）、高氨基酸硒含量的酵母硒（硒含量≥2 000mg/kg）、高蛋白酵母提取物等。

3. 饲料用酵母应用市场看好。由于饲用高活性干酵母的益生菌功能以及必需氨基酸丰富、维生素丰富、微量元素丰富，且含有多种免疫增强剂等，在畜禽、水产、反刍、特种养殖、宠物喂养等饲料细分领域得到了广泛的应用，性价比优于鱼粉、血浆、奶粉。除此之外，酵母菌发酵啤酒糟、白酒糟，酵母菌发酵饼粕等生物饲料也获得了大型畜禽、反刍养殖企业的认可。富含虾青素的红发夫酵母（Phaffiarhodozyma）在抗应激、观赏鱼养殖等方面也崭露头角。较多行业头部企业均注重酵母发酵功能性饲料的研发生产和应用推广。2021 年，广东雅琪入局贵州遵义仁怀，其自主研发的技术利用酿酒酵母等对酱香型白酒糟进行固态发酵，并生产微生物功能性饲料，产品富含酵母菌体和酵母代谢物，其市场目前供不应求，走出了一条变废为宝的路子。

4. 全行业推行质量体系建设、产品质量提升。2021 年，随着行业科技不断进步，饲料酵母等酵母源产品品质逐渐稳定统一，各种产品的品质不断提升。饲料酵母相关国家标准、行业标准、团体标准不断修订，各相关企业标准也不断升级完善。

2021 年饲料酵母行业品种多样，品质稳定。多个饲料酵母企业取得多项第三方国际质量体系认证，其产品出口日本、越南、美国等国家。2021 年饲料酵母质量改进方面体现在：以真蛋白替代粗蛋白测定、控制菌落总数（杂菌）、注重现场生产过程管理等。

三、饲料酵母发展前景

饲料酵母安全性高、性价比高、营养素丰富，其在动物营养及保健领域得到越来越多的认可。饲料酵母的行业需求及其所带来的经济效益潜力很大，酵母工业属于生物产业中的生物制造业，生物产业是我国七大战略性新兴产业之一。从产能分布上看，目前全球酵母总产能约为 200 万 t，近年来中国成为全球酵母产能增长最为迅猛的国家。饲料酵母上游企业需要加强研发及配方设计、加大投入进行动物喂食试验取得数据报告，下游饲料企业需加强交流推广。

（陈训银　董爱华　高波　汤学敏）

2021 年益生素应用研究进展

2019 年我国农业农村部发布药物饲料添加剂退出计划和相关管理政策（农业农村部公告第 149 号），2020 年药用饲料添加剂全面退出养殖生产。寻求安全有效的饲用抗生素促生长剂替代品成为市场的迫切需求。益生素也称益生菌、微生态制剂或微生物添加剂，是指从自然界分离、鉴定的有益微生物，经培养、发酵、干燥、加工等特殊工艺制成的生物制剂或活菌制剂，具有调节生理机能、保护机体健康、营养调控等多种生物学功能。目前，益生素因其安全、无毒、无残留、无抗药性、无副作用等特点，被誉为减少或替代抗生素的理想绿色添加剂，并在畜牧生产中得到了广泛应用。2021 年，我国关于益生素的研究应用涉及家禽、猪、反刍动物、水产养殖和特种经济动物等领域，为益生素在动物生产中的广泛应用提供了科学依据。

一、益生素研究概述

益生素（probiotics），即通常所说的益生菌、活菌制剂，是指可以直接饲喂动物并通过改善宿主肠道微生态平衡对宿主发挥有益作用，从而达到预防消化道疾病和促进生长双重作用的生物活性添加剂。益生菌进入动物肠道后，可以补充消化道内的有益微生物，或直接与有害微生物进行竞争抑制，或产生抗菌物质来抑制有害菌的繁殖，平衡肠道菌群。

我国原农业部 2045 号公告《饲料添加剂品种目录（2013）》规定的可以直接饲喂动物的饲料级微生物添加剂菌种共 34 种，包括地衣芽孢杆菌、枯草芽孢杆菌、两歧双歧杆菌、粪肠球菌、屎肠球菌、乳酸肠球菌、嗜酸乳杆菌、干酪乳杆菌、德式乳杆菌乳酸亚种（原名：乳酸乳杆菌）、植物乳杆菌、乳酸片球菌、戊糖片球菌、产朊假丝酵母、酿酒酵母、沼泽红假单胞菌、婴儿双歧杆菌、长双歧杆菌、短双歧杆菌、青春双歧杆菌、嗜热链球菌、罗伊氏乳杆菌、动物双歧杆菌、黑曲霉、米曲霉、迟缓芽孢杆菌、短小芽孢杆菌、纤维二糖乳杆菌、发酵乳杆菌、德式乳杆菌保加利亚种（原名：保加利亚乳杆菌）、产丙酸杆菌、布氏乳杆菌、副干酪乳杆菌、凝结芽孢杆菌、测孢短芽孢杆菌（原名：侧孢芽孢杆菌）。

二、益生素的作用机制

目前，认为益生素可通过增强肠道黏膜屏障功能、阻止病原菌的黏附和定植、增强系统免疫反应、分泌物质和改变肠道环境等方式调节动物肠道稳态，保护动物健康。益生素主要机制有优势菌群学说、生物夺氧理论和竞争排斥理论。益生素进入动物体后可通过增强有益菌菌群优势和抑制致病菌繁殖来维持肠道微生态平衡。益生素制剂中的需氧菌种，如芽孢杆菌等，以孢子或其他活菌的形式进入畜禽肠道后，可以迅速消耗肠道中的氧气，使肠道处于无氧或少氧的状态，从而抑制肠道内大肠杆菌和沙门氏菌等需氧有害病原菌的生长繁殖，促进乳酸杆菌、双歧杆菌等有益菌的生长繁殖。另外，肠道内有益菌可与有害致病菌竞争肠道黏膜上皮的吸附位点，抑制有害致病菌在肠道内的定植和繁殖能力，还能促进动物生长、增强机体免疫能力、改善畜禽产品品质。

三、益生素在畜牧生产中的应用

2021 年益生素在畜牧生产中的应用研究涉及家禽、猪、反刍动物、水产养殖、特种经济动物等领域。在研究对象方面，研究较多的是家禽、猪和反刍动物；在益生菌种类方面，研究较多的是枯草芽孢杆菌、酵母菌、乳酸菌和丁酸梭菌；在应用形式方面，单一益生素、复合益生素、益生素与酶制剂、中草药等配伍及益生素发酵饲料等成为研究热点；就应用效果而言，益生素主要通过保护机体组织器官、维持肠道菌群平衡、提高免疫功能、促生长等方式发挥作用。以下将着重从五个领域总结 2021 年益生素在畜牧生产中的应用研究进展。

1. 益生素在家禽生产中的应用。综述 2021 年我国有关益生素在家禽生产中的应用研究，按照研究对象、益生素组成、添加剂量、试验期、应用效果等方面内容归纳成附表 1。从研究对象来看，益生素在家禽上的研究主要集中于肉鸡和蛋鸡，此外，在地方鸡种、肉鸭和鹅中也有所涉及。就应用形式而言，益生素在家禽生产中存在单一益生素、复合益生素、益生素与中草药、低聚糖、植物精油等配伍及益生素发酵饲料等多种形式，主要的益生菌种类有枯草芽孢杆菌、乳酸菌、丁酸梭菌等。从应用效果来看，益生素的使用可以提高家禽的抗氧化能力和免疫功能，调节肠道菌群结构，提高养分消化率，提高生长性能。同时，益生素的添加还可以缓解家禽由于热应激和免疫应激引起的损伤。综合分析，复合益生素的添加效果优于单一益生素。益生素最佳添加剂量的差异可能由于家禽种类、试验期和益生素的组成不同而不同。

2. 益生菌在猪生产中的应用。2021 年我国有关益生素在猪生产中的应用研究见附表 2。2021 年益生素在猪生产中的应用主要集中在断奶仔猪，此外在保育猪、育肥猪、母猪及地方猪种上也有少量研究，其中丁酸梭菌、枯草芽孢杆菌、乳酸菌和酵母菌等是研究较多的菌种。从应用效果来看，益生素能够促进断奶仔猪胃肠道的生长发育，增强肠道屏障功能，维持肠道微生态区系平衡，提高养分利用率，降低腹泻率，促进动物生长。在育肥猪中发现，添加益生素可以改善育肥猪胴体性状和肉品质，提高经济效益。此外，在母猪研究中发现，复合益生素发酵液的使用可以影响母猪繁殖激素的水平，提高母猪繁殖性能。

3. 益生素在反刍动物生产中的应用。2021 年我国有关益生素在反刍动物生产中的应用研究见附表 3。由表可知，反刍动物中研究较多的益生素有酵母菌、乳酸菌和枯草芽孢杆菌等。总体来说，饲粮中添加益生素不仅改善了饲料的适口性和消化率，还对反刍动物生产和健康具有保护作用。一方面，益生素的添加有利于新生反刍动物瘤胃建立良好的微生物菌群，提高瘤胃发酵能力；另一方面，益生素可以调节反刍动物胃肠道菌群结构，增强机体对营养物质消化吸收能力和免疫能力，提高生产性能。对于奶牛来说，妊娠期适当补充乳酸菌还可降低酮病的发生率。

4. 益生素在水产养殖中的应用。2021 年我国益生素在水产养殖中的应用见附表 4。从研究对象来看，益生素在水产养殖中的应用研究主要集中在鲫鱼、草鱼、凡钠滨对虾。从应用菌种来看，枯草芽孢杆菌和乳酸菌研究最多。从应用效果来看，在水产饲料中添加益生素可以提高动物消化酶活性，调节肠道菌群结构，增强免疫功能和抗氧化能力，促进机体生长，提高水产养殖的经济效益。此外，益生素还可以有效调控水质，降低水体中氨态氮、亚硝酸态氮等有害物质的含量，降低鱼虾的发病率。

5. 益生素在特种经济动物中的应用。2021 年我国有关益生素在特种经济动物上的研究主要涉及马、鹿、獭兔、鸽等（附表 5）。日粮中添加单一或复合益生素，能够调节肠道菌群结构、提高免疫力、改善肉品质、提高生长性能。

四、小结

益生素作为饲料中抗生素的替代品，已被广泛应用于现代养殖业中，对促进畜牧业的可持续发展有广阔的应用前景。现有研究表明，益生素具有调节肠道菌群平衡、提高营养物质消化吸收、增强机体免疫力、提高抗氧化能力和促进动物生长发育等良好作用。尽管如此，目前仍有许多问题制约着益生素在畜禽养殖中的发展，如新菌种的开发、菌种的使用剂量和时间、不同菌种之间的配伍以及益生素与其他添加剂的配伍等。加强对益生素作用机制及应用方式的研究。筛选安全益生素新菌种，保证制剂中活菌数量与稳定性。明确益生素的科学使用剂量与使用时间，加强益生素与酶制剂、中草药、植物精油等添加剂之间的科学配伍研究，最大限度地发挥其功效等有十分重要的意义。

（王　恬　白凯文）

附表 1　益生素在家禽生产中的应用

研究对象	益生素组成	添加剂量	试验期	应用效果	参考文献
青脚麻鸡	复合益生菌：双歧杆菌、乳酸杆菌、粪链球菌和酵母菌；双歧杆菌和乳酸杆菌均不少于 1.0×10^{7}CFU/g，贝氏酵母菌和粪链球菌均不少于 1.0×10^{6}CFU/g	0、50mg/d、100mg/d	14 天	盲肠内容物中细菌多样性无显著影响，但可升高有益菌的定殖丰度；上调小肠上皮组织中紧密连接相关基因的表达，促进绒毛生长，从而潜在影响生长性能	梅文晴[1]
AA 肉鸡	复合益生菌：枯草芽孢杆菌、地衣芽孢杆菌、凝结芽孢杆菌、酵母菌；活菌数 2.0×10^{10}CFU/g	500mg/kg、400mg/kg、300mg/kg	42 天	提高生长性能和养分利用率，降低氨气的产生和排放	谢谦[2]
北京油鸡	复合益生菌：产朊假丝酵母菌（2.0×10^{6}CFU/g）、枯草芽孢杆菌（5.0×10^{6}CFU/g）、嗜酸乳杆菌（3.0×10^{6}CFU/g）	雏期添加 0.5kg/t、育成期添加 0.7kg/t	16 周	对屠宰性能和肉品质无显著影响，但复合益生菌组较对照组胸肌粗脂肪含量分别降低了 36.67%和 28.81%，粗蛋白质含量分别提高了 1.78%和 2.00%	樊海苗[3]
817 肉鸡	复合微生物：丁酸梭菌、枯草芽孢杆菌、地衣芽孢杆菌、乳酸菌	0.05%	21 天	提高肉鸡法氏囊的免疫功能，增强机体免疫力	韩亚楠[4]
东兰乌鸡	益生菌制剂：枯草芽孢杆菌、乳酸菌、双歧杆菌	0.1%	17 周	提高生长性能、免疫器官指数和免疫抗体水平	曾繁源[5]
纳雍土鸡	复合益生菌：乳酸菌、芽孢杆菌、酵母菌、光合菌、醋酸菌、防线菌、双歧杆菌；活菌数 5.9×10^{10}CFU/g	1.0%	42 天	改善生长性能、屠宰性能和肉品质	孙波[6]
白羽肉雏鸡	复合益生菌：乳酸杆菌、粪肠球菌、枯草芽孢杆菌）；活菌数不少于 1.0×10^{9}CFU/g	1‰、1.5‰	42 天	替代抗生素、促进消化器官的生长、促进脂类合成以及蛋白质和氨基酸的代谢，促进肉鸡生长发育	叶思霖[7]
科宝肉仔鸡	复合益生菌：发酵乳杆菌、枯草芽孢杆菌和酵母菌；活菌数不少于 1.0×10^{9}CFU/g	0.5%、1.0%、1.5%	42 天	提高生长性能、增加盲肠有益菌群数量、改善免疫功能，添加量在 1.0%时效果最好	于明[8]
科宝肉鸡	益生菌：干酪乳杆菌 K_1（1.0×10^{8}CFU/g、枯草芽孢杆菌 JS01（1.0×10^{8}CFU/g）	0.1%	14 天	提高生长性能，提高免疫器官指数和 ND、H9N2 疫苗的抗体效价，促进 IL－2 和 INF-γ 的分泌	陈璟怡[9]
麻花肉鸡	益生菌：干酪乳杆菌组、嗜酸乳杆菌组、乳双歧杆菌组；活菌数分别为 3×10^{9}、4.4×10^{9}、4.15×10^{9}CFU/mL	1%	42 天	增加消化酶的分泌和活性，改善消化道形态，调节细胞膜 GLUT2 过表达，促进营养物质转运，进而提高肉鸡的生长性能；其中，乳双歧杆菌在肠道内具有更高的活性，肉鸡表现出较好的生产性能	张利环[10]
AA 肉鸡	复合益生菌剂：酿酒酵母、枯草样芽孢杆菌、植物乳杆菌和凝结芽孢杆菌；活菌数不少于 1×10^{9}CFU/g	5%	49 天	提高生长性能和屠宰效能，增强免疫器官指数，改善血液生化环境	崔玉明[11]

（续）

研究对象	益生素组成	添加剂量	试验期	应用效果	参考文献
巴中山地梅花鸡母鸡	益生菌：干酪乳杆菌 K_1（1.0×10^8CFU/g）、枯草芽孢杆菌 JS_{01}（1.0×10^8CFU/g）	0.1%	45天	提高生长性能、屠宰性能、免疫功能和改善肠道菌群	杜红[12]
海兰褐蛋鸡	枯草芽孢杆菌	0.3%、0.5%	42天	提高生产性能、改善鸡蛋品质	郭小会[13]
白羽肉鸡	复合益生菌：植物乳酸菌、枯草芽孢杆菌、双歧杆菌、酵母菌等复合而成；活菌数 13.0×10^{10}CFU/g	0%、0.1%、0.15%、0.2%	42天	提高生长性能和饲料表观消化率。其中添加0.15%的复合益生菌效果最佳	栾海宏[14]
肉公鸭	解淀粉芽孢杆菌、枯草芽孢杆菌、地衣芽孢杆菌	7%、14%、21%	43天	显著增加血清GH、INS和IGF-1含量，促进蛋白质代谢，显著降低了BUN和UA含量及AST活性和AST/ALT比值，提高饲料中蛋白质和淀粉的表观消化率，全期料重比显著下降，提高育肥效果	刘泽[15]
罗曼粉壳蛋鸡	益生菌：枯草芽孢杆菌（1.5×10^9CFU/g）、乳酸片球菌（3.0×10^9CFU/g）、沼泽红假单胞菌（2.5×10^9CFU/g）、产朊假丝酵母菌（1.0×10^9CFU/g）	1g/kg	56天	提高生产性能、蛋品质、鸡蛋硒含量，提高蛋鸡抗氧化性能	谢燕妮[16]
肉鸡	益生菌复合物：乳酸菌、枯草芽孢杆菌	2.0×10^6CFU/kg	28天	提高小肠绒毛高度、血清抗氧化及免疫指标，降低死亡率及热应激对饲料报酬的负面效应	王磊[17]
京粉6号产蛋鸡	复合益生菌：芽孢杆菌（2.0×10^8CFU/g）、乳酸杆菌（3.0×10^9CFU/g）、酵母菌（5.0×10^8CFU/g）	4%、6%、8%	120天	提高产蛋率和平均蛋重，改善蛋品质，降低蛋黄中胆固醇、甘油三酯的含量	王雅敏[18]
海兰蛋鸡	复合微生态制剂：植物乳杆菌和屎肠球菌；活菌数不少于 1.0×10^9CFU/mL	4mL/kg	53天	提高平均日产蛋量和产蛋率，降低料蛋比，提高粪便中植物乳杆菌的含量，降低粪便中大肠杆菌含量，减少死淘，充分发挥高日龄蛋鸡生产性能，延长蛋鸡淘汰日龄	郝小静[19]
海兰褐蛋鸡	益生菌	0.3%	35天	提高IgA、IgG和IgM含量，并可促进免疫器官发育	王聪[20]
黎村黄鸡	丁酸梭菌、枯草芽孢杆菌	丁酸梭菌（2.88×10^5CFU/g）、复合益生菌（丁酸梭菌 2.56×10^5CFU/g、枯草芽孢杆菌 6.44×10^6CFU/g）	35天	显著降低料重比，改善肠道形态，提高盲肠有益菌相对丰度，促进肠道健康	李修宇[21]

（续）

研究对象	益生素组成	添加剂量	试验期	应用效果	参考文献
青脚麻鸡	益生素：乳酸菌、芽孢杆菌、酵母菌	0.2%	21天	改善生长性能和屠宰性能，并降低其体内血清尿素氮的含量	李园园[22]
海兰蛋鸡	枯草芽孢杆菌、地顶孢霉	5.0×10^{8}CFU/g	13周	提高生产性能、蛋品质、降低肠道中大肠杆菌的数量	陆建强[23]
海兰褐蛋鸡	枯草芽孢杆菌制剂，活菌数不少于2.0×10^{9}CFU/g	500mg/kg	56天	对产蛋性能无显著影响，有提提高血浆抗氧化性能的趋势，能够加深蛋黄颜色，提高蛋清浓稠度，有利于蛋品质的改善	王源昊[24]
海兰褐蛋鸡	枯草芽孢杆菌，活菌数不少于10.0×10^{10}CFU/g	1kg/t	10天	鸡蛋3种霉菌毒素含量大幅下降64.4%～76.1%，赭曲霉毒素未检出	杨为强[25]
瑶鸡	枯草芽孢杆制剂菌，活菌数不少于2.0×10^{10}CFU/g	200mg/kg、400mg/kg	120天	降低耗料增重比，提高屠宰率、胸肌系水力、嫩度和硒含量，降低胸肌pH，可提高瑶鸡生长性能、屠宰性能和鸡肉中硒含量，改善肉品质，且以添加200mg/kg枯草芽孢杆菌效果较好	王海波[26]
海兰褐蛋鸡	枯草芽孢杆菌，活菌数不少于2.0×10^{6}CFU/g	0.03%	60天	提高了产蛋后期蛋鸡空肠和回肠绒毛高度，改善了蛋品质，影响了盲肠微生物组成，但对生产性能无显著影响	马文锋[27]
罗曼粉蛋鸡	灭活嗜酸乳杆菌（1.0×10^{8}CFU/g），枯草芽孢杆菌（1.0×10^{8}CFU/g）	0.5kg/t、1kg/t	15天	提高产蛋率，同时在降低平均日采食量、料蛋比、破软蛋率、死淘率、粪便含水率和提高蛋重方面表现出一定的作用	植石全[28]
黎村黄鸡	丁酸梭菌、枯草芽孢杆菌	500g/t	45天	提高小肠绒毛的高度、提高梭菌属、瘤胃球菌属、乳杆菌属的相对丰度，促进黄鸡对饲料中纤维和碳水化合物等营养物质的消化吸收，改善黎村黄鸡肠道健康和生长性能。对拟杆菌、梭菌属、瘤胃球菌属、乳杆菌属等分布有一定的影响	农斯伟[29]
科宝肉鸡	枯草芽孢杆菌，活菌数2.0×10^{10}CFU/g	300mg/kg	21天	增强睾丸的抗氧化能力，提高鸡的种用价值	熊永洁[30]
扬州鹅公鹅	丁酸梭菌（3.0×10^{6}CFU/g）和枯草芽孢杆菌（2.0×10^{7}CFU/g）	250mg/kg	70天	提高1～70日龄总增重、空肠脂肪酶活性及抗氧化功能，添加枯草芽孢杆菌可更好地改善肠道形态	于洁[31]
AA肉鸡	嗜酸性乳酸杆菌，活菌数1.5×10^{9}CFU/g	1.5×10^{5}CFU/g	42天	提高生长性能，改善免疫功能	高晶萍[32]
如皋黄鸡	约氏乳杆菌Cd3－1，活菌数1.0×10^{9}CFU/mL	2.5mg/kg	42天	补加耐镉乳酸菌对镉暴露导致的仔鸡心脏系数降低无改善作用，但可降低脾脏中镉含量，亦有降低肝脏中镉含量的趋势，并增加了心脏中硒和钙含量	蒲俊华[33]
海兰褐壳蛋鸡	乳酸菌（4.0×10^{10}CFU/g）、植物乳杆菌（2.0×10^{10}CFU/g）	50mg/kg	56天	提高产蛋率，降低热应激蛋鸡血清碱性磷酸酶和谷丙转氨酶活性，提高血清免疫球蛋白IgA含量和禽流感病毒H5－5抗体水平	彭宇晗[34]
伊莎褐蛋雏鸡	枯草芽孢杆菌、丁酸梭菌，活菌数不少于1.0×10^{8}CFU/g	0.05%、0.1%、0.2%	28天	提高生长性能、抗氧化能力和免疫功能，并且减轻霉菌毒素对肝脏的损伤	杨松华[35]

附表 2　益生素在猪生产中的应用

研究对象	益生素组成	添加剂量	试验期	应用效果	参考文献
环江香猪	丁酸梭菌；活菌数不少于 1.0×10^{9}CFU/g	0.05%	55 天	改善氮代谢和脂代谢相关的血浆生化参数，降低腹泻率，提高生长性能	唐武[36]
长白×大白母猪	复合益生菌：约氏乳杆菌、干酪乳杆菌和屎肠球菌；活菌数不少于 1.0×10^{8}CFU/g	灌服 2g/天	妊娠母猪 100 日龄～仔猪 21 日龄	减少母猪产前和产后的便秘情况，增加仔猪整齐度，减少腹泻发生	张乐[37]
杜×长×大断奶仔猪	复合益生菌：罗伊氏乳杆菌、植物乳杆菌、酿酒酵母菌和枯草芽孢杆菌	芽孢杆菌 6.0×10^{5} CFU/g、乳杆菌 2.0×10^{9}CFU/g（包括植物乳杆菌和罗伊氏乳杆菌）、酵母菌 5.0×10^{6}CFU/g	14 天	提高生长性能，改善肠道形态和吸收功能，并有提高肠道菌群多样性的趋势	熊云霞[38]
杜藏乳仔猪	复合益生菌制剂：类肠膜魏斯氏菌、植物乳杆菌、戊糖片球菌、贝莱斯芽孢杆菌、枯草芽孢杆菌和赖氨酸芽孢杆菌	代乳中添加	21 天	提高肠道菌群结构多样性，提高与碳水化合物代谢和产短链脂肪酸相关菌群的相对丰度	刘韶娜[39]
杜洛克×陆川黑猪	复合益生菌	10%、20%、30%、40%、50%	60 天	添加 20%益生菌发酵饲料生产性能及经济指标效果最佳	朱芝燕[40]
长×大×杜洛克	鼠李糖乳杆菌	0.1%、0.2%、0.3%	30 天	提高仔猪生产性能和免疫力，并且添加量为 0.3%时效果最好	刘耀东[41]
断奶仔猪	合益生菌：嗜酸乳杆菌、酿酒酵母菌、枯草芽孢杆菌	0.5%、1%、1.5%、2%	40 天	抗仔猪断奶应激，预防腹泻	张滔滔[42]
长×大肥育猪	益生菌制剂：植物乳杆菌、枯草芽孢杆菌、地衣芽孢杆菌、干酪乳杆菌；活菌数不少于 5.0×10^{9}CFU/g	0.50%	70 天	降低料重比 5.98%，减少血清尿素氮含量 13.70%，提高总蛋白含量，并显著提高粪便有益菌数量，减少有害菌数量	陈国福[43]
杜×长×大	复合益生菌制剂：枯草芽孢杆菌、嗜乳酸杆菌和采肠球菌；活菌数不少于 5.0×10^{8}CFU/g	5.0×10^{8}CFU/kg	84 天	提高平均日采食量，显著提高相应料肉比，同时降低粪便中厚壁菌门/拟杆菌门值及短链脂肪酸含量	张阳[44]
杜×长×大	复合益生菌制剂：枯草芽孢杆菌、嗜乳酸杆菌和屎肠球菌；活菌数不少 5.0×10^{8}CFU/g	5.0×10^{8}CFU/kg	84 天	提高免疫功能，并在细胞因子的调节中发挥免疫增强作用，但对于抗氧化功能的影响则不稳定	张阳[45]

（续）

研究对象	益生素组成	添加剂量	试验期	应用效果	参考文献
杜×长×大	植物乳杆菌（1.0×10^{10}CFU/g）、枯草芽孢杆菌（1.0×10^{10}CFU/g）	0.1g/kg	51天	提高粗蛋白质、钙、磷表观消化率，并提高对微量元素的吸收利用；能够通提高血清T-AOC、降低MDA水平，改善抗氧化能力，提高血清免疫球蛋白含量，提高免疫力	王煜琦[46]
断奶仔猪	枯草芽孢杆菌、乳酸菌	1.0×10^{5}CFU/g枯草芽孢杆菌、1.0×10^{5}CFU/g乳酸菌	28天	改善能量和粗蛋白质表观消化率，提高体重及生长后期的日增重和饲料报酬，降低盲肠和结肠有害菌数量	杨阳[47]
云上飘香猪	复合益生菌制剂：贝莱斯芽孢杆菌B_{13}、类肠膜魏斯氏菌353、赖氨酸芽孢杆菌381、戊糖片球菌368、植物乳杆菌325、和枯草芽孢杆菌386；活菌数不少于1.0×10^{6}CFU/g	6.0×10^{6}CFU/g	21天	丰富菌群的结构，并在属水平上可极显著提高理研菌科RC9肠群的相对丰度，提高与心脑血管和代谢疾病负相关物质（雌马酚）和抗菌物质（香豆素K）的含量，具有潜在抗病和抗菌的趋势	赵彦光[48]
青海藏香二元育肥猪	益生素	0%、0.5%、1.5%、2.5%	179天	0.5%益生素对育肥猪生产性能和血清免疫球蛋白影响显著	毛占强[49]
长×大	枯草芽孢杆菌（1.0×10^{10}CFU/g），植物乳杆菌（1.0×10^{10}CFU/g）	1.0×10^{6}CFU/g	28天	提高仔猪生长性能，改善血清生化指标和抗氧化能力	廖柱[50]
杜×长×大	植物乳杆菌、枯草芽孢杆菌；活菌数不少于1.0×10^{10}CFU/g	0.1g/kg	51天	降低背膘厚度，提高瘦肉率，改善胴体性状，提高肌内脂肪含量，并改善肉品质；还可以引起肠道内的菌群相对丰度变化	张国梁[51]
杜×长×大	枯草芽孢杆菌ANSB01G；活菌数不少于1.0×10^{9}CFU/g	1kg/t	28天	显著缓解中毒症状，使血清中PRL维持正常水平	雷元培[52]
商品猪	枯草芽孢杆菌；活菌数不少于3.0×10^{8}CFU/kg	100mg/kg、200mg/kg	15周	改善9～24周龄育肥猪的饲料报酬和干物质表观消化率，降低粪中氨气浓度和大肠杆菌数量	田跃[53]

附表 3　益生素在反刍动物生产中的应用

研究对象	益生素组成	添加剂量	试验期	应用效果	参考文献
西门塔尔牛×荷斯坦牛	复合益生菌：地衣芽孢杆菌（5.0×10^7CFU/g）、枯草芽孢杆菌（5.0×10^7CFU/g）、酿酒酵母（1.0×10^8CFU/g）	50kg/t	60 天	降低血清胆固醇的合成、抑制有害微生物繁殖	王磊[54]
宁夏滩羊	复合益生菌：酵母菌（1.0×10^8CFU/g）、枯草芽孢杆菌（5.0×10^7CFU/g）、乳酸菌（1.0×10^7CFU/g）	2kg/t	60 天	提高生长性能，有改善滩羊肉色和肉品质的趋势，有益于滩羊瘤胃内纤维降解菌的形成，并影响了滩羊瘤胃细菌多样性和部分 CAZy 基因的丰度	姜碧薇[55]
妊娠后期母滩羊	复合益生菌	1g/天/只	152 天	显著增加羔羊出生重，促进胎儿在母体中生长发育	马宁[56]
肉牛	复合益生菌制剂：乳酸菌、双歧杆菌、枯草芽孢杆菌、尿肠球菌；活菌数不少于 1.0×10^8CFU/g	2.5%、5.0%、10%	56 天	提高生长性能、屠宰性能及经济效益，以 5.0%添加为适宜	张方[57]
肉牛	复合益生菌：黑曲霉菌活菌（5.0×10^9CFU/g）、酵母菌（5.0×10^8CFU/g）、枯草芽孢杆菌（5.0×10^8CFU/g）	10%、15%、20%	60 天	益生菌发酵红薯渣替代饲料中 15%玉米，可提高肉牛的生长性能和养分表观消化率	周剑辉[58]
和牛种公牛	复合菌制剂：枯草芽孢杆菌（1.0×10^9CFU/g）、酿酒酵母（1.0×10^8CFU/g）	50、80、100g/d/头	70 天	促进脂肪沉积，抑制促炎症因子的释放，减弱种公牛的炎症反应，减少对组织器官的伤害，提升种公牛的免疫机能	张智慧[59]
利杂黄牛	微生态制剂的微生物，即乳酸杆菌、乳酸链球菌、粪肠球菌、芽孢杆菌、双歧杆菌、酵母菌	200mg/kg	30 天	增强粗纤维、木质素、粗蛋白的消化能力，提高秸秆饲料采食量 10%以上，缓解酸中毒，降低腹泻率 70%，粪便细腻且臭味轻，可显著提高犊牛体尺、胸围、体高、日增重等生产性能，屠宰检测无药残，提高经济效益 10%以上	左秀峰[60]
海门山羊	枯草芽孢杆菌（1.0×10^{11}CFU/g），地衣芽孢杆菌（1.0×10^{11}CFU/g）	400mg/kg	30 天	提高断奶山羊生长性能，降低腹泻率，改善血清生化指标，改变粪便菌群的多样性以及丰富度	卢佳伟[61]
利杂黄牛	微生态制剂：酵母菌、芽孢杆菌、粪肠球菌、双歧杆菌、乳酸杆菌、乳酸链球菌	180mg/kg	30 天	提高饲料干物质降解率、菌体蛋白含量、产气量、总挥发性脂肪酸浓度；显著降低 NH3－N 浓度，瘤胃液 pH 稳定；犊牛按精料 0.1%添加肉牛复合益生菌制作全混合日粮饲喂，能增强粗纤维、木质素、粗蛋白的消化能力，提高采食量 10%以上，缓解酸中毒，降低腹泻率 70%，粪便细腻无过料臭味轻，犊牛体尺、胸围、体高、日增重等生产性能显著提高，屠宰检测无药残，经济效益提高 10%	左秀丽[62]
断奶犊牛	复合益生菌：地衣芽孢杆菌（2.0×10^9CFU/g）、枯草芽孢杆菌（2.0×10^9CFU/g）、米曲霉（2.0×10^4CFU/g）	0、1g/kg、2g/kg、3g/kg	56 天	提高平均日增重、颗粒料采食量、营养物质表观消化率和饲料转化率，降低犊牛腹泻发生率，提高犊牛免疫力	孟竞尧[63]

（续）

研究对象	益生素组成	添加剂量	试验期	应用效果	参考文献
羔羊	益生菌发酵液：乳酸菌、芽孢杆菌、双歧杆菌	—	12周	育肥前期日增重提高12.69%，育肥后期提高11.50%，全期提高11.74%	何念[64]
延边黄牛公犊	枯草芽孢杆菌、植物乳杆菌，活菌数 1.0×10^8CFU/g	1.0%、2.5%、5.0%	60天	提高平均日增重和体尺指数，降低腹泻率，促进肠道发育，且添加5.0%复合益生菌组效果较好	李洵[65]
荷斯坦奶牛	复合益生菌：乳酸菌（8.0×10^9CFU/g）、地衣芽孢杆菌（1.0×10^9CFU/g）、酵母菌（3.0×10^9CFU/g）。	20、40、60g/d	60天	提高产奶量，改善乳品质和肠道健康，改变肠道菌群数量。40g/天的益生菌效果较佳	隋明[66]
延边黄牛公犊牛	布拉氏酵母菌、枯草芽孢杆菌，活菌数 2.0×10^{10}CFU/g	3g/天/头	35天	提高生长性能，提高犊牛血清中球蛋白、总蛋白含量、总抗氧化能力和谷胱甘肽过氧化物酶活性，降低犊牛血清中MDA含量	李洵[67]
奶牛	枯草芽孢杆菌	1.0×10^5CFU/kg	42天	提高奶牛泌乳量、4%脂肪校正乳及饲料报酬，同时改善瘤胃异丁酸浓度及氮沉积	陈宝财[68]
努比亚母山羊	复合益生菌制剂：嗜酸乳杆菌、植物乳杆菌、干酪乳杆菌和粪肠球菌等菌种：活菌数不少于 1.0×10^9CFU/g	0.05%、0.1%	70天	影响屠宰性能和器官发育，添加过高的益生菌对屠宰性能和器官发育产生负面影响；添加0.05%益生菌为宜	占今舜[69]
努比亚山羊	复合益生菌制剂：嗜酸乳杆菌、植物乳杆菌、干酪乳杆菌和粪肠球菌等菌种；活菌数不少于 1.0×10^9CFU/g	0.05%、0.1%	60天	促进激素的分泌和瘤胃发酵、提高营养物质的消化吸收	占今舜[70]
平凉红牛犊牛	益生菌：为酵母菌、乳酸菌、双歧杆菌、纳豆芽孢杆菌	0.1%	90天	提高犊牛生产性能，增加经济收益	杨俊仁[71]
湖羊公羔	枯草芽孢杆菌活菌数不少于 2.0×10^{10}CFU/g	0.2%	21天	降低了7～28日龄湖羊羔羊背最长肌中UFA、MUFA的含量，以及MUFA：PUFA和肱二头肌中UFA、SFA、MUFA的含量和MUFA	孙康[72]
荷斯坦奶牛	枯草芽孢杆菌	1.0×10^9CFU/mL、2.0×10^9CFU/mL	28天	维持生产和免疫相关激素稳态，提高产奶量、乳蛋白和非乳脂固体含量，降低体细胞数，改善牛奶品质	张琨[73]
荷斯坦奶公牛	酿酒酵母菌，活菌数不少于 5.0×10^8CFU/g	0.05%、0.10%	33天	提高乳用公牛的日增重和营养物质表观消化率，缩短育肥期，节省精饲料，提高养殖户经济效益	李秀丽[74]
苏尼特羊	植物乳杆菌（3.0×10^{10}CFU/g）	2g/只	90天	背最长肌的氧化代谢水平，使肌纤维由酵解型向氧化型转化，降低肉的蒸煮损失，影响色泽，延缓宰后pH的下降，对肉品质有明显改善作用	白艳苹[75]
苏尼特羊	复合微生态制剂：乳酸杆菌活菌数不少于 1.5×10^9CFU/g	200g	90天	改善肠道菌群、提高生长性能及嫩度，并对肉色改善有积极作用，可丰富羊肉中挥发性风味物质的种类	窦露[76]

附表 4　益生素在水产养殖中的应用

研究对象	益生素组成	添加剂量	试验期	应用效果	参考文献
罗氏沼虾	复合微生物：坚忍肠球菌 6－24、枯草芽孢杆菌，活菌数 1.0×10^{7}CFU/kg	1.0×10^{7}CFU/kg	28 天	改善肠道环境和免疫水平	朱成坤[77]
西伯利亚鲟×施氏鲟	枯草芽孢杆菌，活菌数不少于 2.0×10^{6}CFU/g、4.0×10^{6}CFU/g、8.0×10^{6} CFU/g	0.10%、0.20%、0.40%	90 天	降低饵料系数，增强鱼体对血糖和脂肪的利用和转化能力，改善肠道的微生态环境；最宜添加剂量为 0.10%～0.20%	张书环[78]
红白锦鲤幼鱼	枯草芽孢杆菌、丁酸梭菌、粪肠球菌，活菌数不少于 1.0×10^{9}CFU/mL	1.0×10^{9}CFU/mg	60 天	提高生长性能，以复合益生菌使用效果更好，且 proPO、LZM、GST 和 Hepc 免疫基因相对表达量在不同程度上均高于对照组	史东杰[79]
大口黑鲈亲鱼	复合益生菌制剂：酵母菌、乳酸菌、芽孢杆菌；活菌数不少于 2.0×10^{10}CFU/g	0、0.1%、0.3%、0.5%、0.7%	30 天	添加量为 0.5%时，显著提高仔鱼成活率，增强产卵前雌鱼肝脏中 AKP、ACP 活力及血浆中 T-SOD 活力	王赛赛[80]
大菱鲆幼鱼	复合益生菌：枯草芽孢杆菌（6.7×10^{7}CFU/g）、嗜酸乳杆菌（2.1×10^{8}CFU/g）、酿酒酵母（8.4×10^{6}CFU/g）	0.2%（2g/kg）、0.4%（4g/kg）、0.6%（6g/kg）、0.8%（8g/kg）	60 天	增强免疫酶活性和抗病力，适宜添加量为 0.6%	产启霞[81]
大菱鲆幼鱼	复合益生菌：枯草芽孢杆菌（6.7×10^{7}CFU/g）、嗜酸乳杆菌（2.1×10^{8}CFU/g）、酿酒酵母（8.4×10^{6}CFU/g）	0.2%（2g/kg）、0.4%（4g/kg）、0.6%（6g/kg）、0.8%（8g/kg）	60 天	提高蛋白质消化率和饲料干物质消化率，并增强淀粉酶、脂肪酶、胰蛋白酶和胃蛋白酶的活性，其适宜添加量为 0.4%	产启霞[82]
凡纳滨对虾幼虾	枯草芽孢杆菌 H1、短小芽孢杆菌 BP－171、盐单胞菌 DN3	1.0×10^{4}CFU/mL	28 天	提高生长性能，并增强非特异免疫能力	李咏梅[83]
石斑鱼	芽孢杆菌 B_{18}、芽孢杆菌 B_{20}、敌意芽孢杆菌 B_{25}。	2%	28 天	促进生长、增强鱼体免疫力和改善肠道健康	蔡红丹[84]
半滑舌鳎幼鱼	植物乳杆菌（5.0×10^{7}CFU/g）、枯草芽孢杆菌（2.0×10^{11}CFU/g）	植物乳杆菌（1.0×10^{10}CFU/g 饲料）、枯草芽孢杆菌（1.0×10^{8}CFU/g 饲料）	—	提高生长性能、抗病力、血清免疫指标和肝脏抗氧化能力	张传涛[85]
鲤鱼	枯草芽孢杆菌；活菌数 2.0×10^{7}CFU/g	2.0×10^{7}CFU/g	56 天	促进增重、提高料肉比、改善血液生化指标、增强抗氧化能力并提高其免疫功能	王红涛[86]
草金鱼	酵母菌、芽孢杆菌	酵母菌 6%、芽孢杆菌 4%	60 天	改善体表的亮度和红度，且鳍条中类胡萝卜素含量显著提高；菌群的多样性显著增加，且有益菌增加	葛玲瑞[87]
克氏原螯虾	乳酸菌，活菌数 2.0×10^{9}CFU/g	0.2%	42 天	提高生长性能，促进饲料氨基酸在体内的沉积	田立立[88]
锦鲤	德式乳酸菌	1.0×10^{7}CFU/g	8 周	提高生长性能、肠道消化酶活性，改善免疫和抗氧化功能	张春暖[89]
鲤鱼	乳酸菌制剂，活菌量不少于 1.0×10^{7}CFU/g	0.2%、0.4%、0.8%	60 天	提高生长性能和肠道酶活性，改善鱼体组成，以 0.4%添加较适宜	李利[90]
凡纳滨对虾	粪肠球菌、嗜酸乳杆菌、凝结芽孢杆菌	1.0×10^{10}CFU/kg	42 天	促进生长速率，提高对副溶血弧菌的抗病力	李佳徽[91]

附表 5　益生素在特种经济动物中的应用

研究对象	益生素组成	添加剂量	试验期	应用效果	参考文献
东北白鹅雏鹅	枯草芽孢杆菌 C_{34}、C_5、I_3、J_3、J_2、Gln；活菌数 1.0×10^8CFU/mL	10mL/天	8 周	提高血清 IL－2、IL－6、IL－10、TNF-α、IFN-α 和 IFN-γ 含量，提高免疫水平	唐雪玉[92]
伊普吕兔	枯草芽孢杆菌	0、100mg/kg、200mg/kg	70 天	提高粗蛋白质表观消化率，改善血清脂质代谢指标，适宜添加水平为 100mg/kg	程婷婷[93]
蓝狐	枯草芽孢杆菌，活菌数不少于 2.0×10^{10} CFU/g	150mg/kg、300mg/kg	25 天	平均日增重提高 4.16%，平均日采食量降低 3.51%，料重比降低 0.27，腹泻率降低 2 个百分点，改善了生产性能，最佳添加量是 300mg/kg	宗文丽[94]
伊拉肉兔	枯草芽孢杆菌，活菌数 3.0×10^9CFU/g	100g/t、200g/t、300g/t	30 天	添加适宜剂量（100g/t）可以改善肉兔肠道形态，丰富肉兔盲肠微生物多样性，平衡肠道菌群，提高生长性能	魏宇超[95]
断奶银星竹鼠	枯草芽孢杆菌；活菌数 7.4×10^9CFU/g	2.22×10^{12}、4.44×10^{12}、6.66×10^{12}CFU/kg	60 天	提高存活率、生长性能，促进器官发育。饲粮中添加 6.66×10^{12} CFU/kg 最佳	班博[96]

寡糖

近年来，益生元被认为是抗生素的潜在替代品。益生元调节肠道生态系统的机制包括改变肠道菌群、改善上皮细胞和刺激免疫系统等。益生元通常由低聚糖和膳食纤维组成，本文主要综述 2021 年壳寡糖（COS）、甘露寡糖（MOS）、果寡糖（FOS）、低聚木糖（XOS）和低聚半乳糖（GOS）对畜禽生长性能、胴体性状、氧化应激、免疫应答和肠道健康的改善情况。通过了解寡糖的具体使用剂量和效果，可为预防病原菌、提高畜禽健康和生产力提供合理的理论基础。

一、功能性寡糖的种类及益生作用机制

1. 壳寡糖（COS）。壳寡糖（COS）是自然界中唯一带正电荷阳离子碱性氨基低聚糖，是动物性纤维素，是甲壳素的衍生物，在自然界的储量仅次于纤维素。壳寡糖是由来源于虾蟹壳的壳聚糖降解成的带有氨基的小分子寡糖，是聚合度 2～20 的糖链。COS 通常由β-1,4-O-糖苷键连接的 n-乙酰氨基葡萄糖（N-acetylglucosamine，GlcNAc）或氨基葡萄糖（glucosamine，GlcN）单元组成。COS 可以由确定的聚合度（degree of polymerization，DP）与不同的 n-乙酰化程度（degree of N-acetylation，DA）生成，但是 n-乙酰化模式（pattern of N-acetylation，PA）是随机的。同壳寡糖是仅由 GlcN（D 单位）或 GlcNAc（A 单位）组成的低聚物，而异壳寡糖由 D 和 A 单位组成，但其 DP、DA、脱乙酰度（DD）和 N-乙酰基残基在低聚物链中的位置不同。研究发现，具有较高 DP（6 或更高）和低平均分子质量（molecular weight，MW）的 COS 比，具有低 DP 和高 MW 的低聚物具有更高的生物活性。

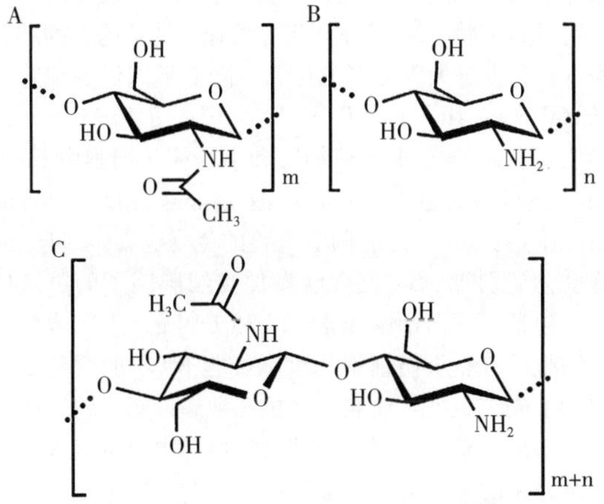

图 1 （A）n-乙酰化 COS、（B）n-去乙酰化 COS、（C）部分 n-去乙酰化 COS，m＝DP＝2－20、n＝DP＝2－20、m＋n＝DP＝2－20

COS 的生物学功能和作用机制。

（1）抗菌作用。有研究表明低分子量的壳聚糖或壳寡糖对临床上重要的革兰氏阳性和革兰氏阴性菌（如蜡样芽孢杆菌、大肠埃希菌、小肠结肠炎耶尔森菌和地衣芽孢杆菌）具有高效的灭杀作用（孙晨松，2021）。研究人员目前认为 COS 结构中的初级氨基是其抗菌能力的原因，COS 通过改变细胞膜的通透性导致微生物细胞死亡。带正电荷的 COS 可以通过结合存在于微生物细胞中的带负电荷的大分子成分从而进入到微生物的细胞壁中，阻断 RNA 转录，并且 COS 的 DP、DA 和是否脱乙酰化均在抗菌活性中发挥着重要作用。当 DP≥5，且完全脱乙酰化时有更强的抗菌能力，有研究也报道当 COS 包含更多的乙酰化序列（较少的去乙酰化序列）和较少的游离氨基时，会表现出更强的抗菌活性。

（2）抗氧化作用。COS 具有清除自由基的能力，通过中断自由基链反应来抑制氧化损伤。但其清除自由基的分子机制尚不清楚，推测 COS 的氨基与不稳定自由基反应形成稳定的自由基。并且 COS 的抗氧化活性也受 DD 和 MW 的影响，大量研究报道了随着 MW 的降低，其抗氧化活性增加，在 COS 中给定乙酰化和去乙酰化单位比的分子相对数量与其抗氧化活性之间也发现了相关性。研究发现超过三聚体的 COS 具有较好的抗氧化活性，而 DP 10～12 的 COS 具有最好的抗氧化活性。

（3）抗炎症作用。COS 的抗炎症是能力取决于其理化性质。有研究报道，酶法合成的低 DP 的 COS 表现出更强的抗炎症能力，并且有学者证实 COS 可以通过参与多种分子机制来抑制炎症反应。COS 可抑制脂多糖（lipopolysaccharide，LPS）诱导的炎症基因表达，该基因表达与 NF-κB（nuclear factor kappa-light-chain-enhancer of activated B cells）核易位的降低有关。因此，COS 可以减弱 LPS 诱导的血管内皮炎症反应。有研究表明，COS 可通过下调丝裂原活化蛋白激酶（MAPK，mitogen-activated protein kinases）的磷酸化水平，激活 NF-κB 和激活蛋白 1（AP-1），抑制 LPS 诱导的巨噬细胞中白细胞介素 6（IL-6）和 TNF-α 的产生。

（4）免疫调节作用。COS 对增强先天免疫系统和适应性免疫系统都是有益的。目前，主要认为 COS 通过与巨噬细胞表面的膜受体相互作来发挥免疫调节作用，依赖于 toll 样受体 4（TLR4）。并且 COS 通过对巨噬细胞的趋化作用来影响和增强巨噬细胞的迁移。COS 促进细胞因子的基因转录和蛋白分泌可能是阐明免疫的少数分子机制。有研究报道了低分子量 COS 对 RAW264.7 巨噬细胞的免疫刺激活性及其作用机制。分子量为 3kDa 和 50kDa 的 COS 可

引起显著的免疫调节反应，这与剂量和分子量有关。此外，COS还能促进NF-κB和AP-1通路中重要分子基因的表达，诱导RAW264.7巨噬细胞中蛋白磷酸化。

2. 甘露寡糖（MOS）。甘露寡糖（MOS）可由棕榈仁饼（PKC）和椰肉粕（CM）等各种工业种植业的非食用甘露聚糖成分产生。这两种农工业副产品被认为是甘露聚糖的主要来源。近年来，Tian等设计构建了一条"淀粉—甘露糖—甘露寡糖"生物转化合成的新技术路线，能够利用储备丰富的淀粉高效制备MOS。MOS是通过糖苷键连接的甘露糖重复单元的短链（Jana，2021），一般可分为两大类：α-MOS和β-MOS。α-MOS是通过酵母细胞壁甘露聚糖裂解α-(1-6)键获得的，而β-MOS通常是通过植物甘露聚糖裂解β-(1-4)-糖苷键获得的。例如酿酒酵母甘露寡糖指由甘露糖和葡萄糖组成的寡糖，其主链是由甘露糖与葡萄糖或半乳糖残基通过α-1,6糖苷键连接组成，侧链则主要通过α-1,2和α-1,3糖苷键连接组成。而魔芋甘露寡糖是由分子比1∶115的葡萄糖和甘露糖残基通过β-1,4-D-甘露吡喃糖苷键聚合而成的，其侧链是由β-1,3糖苷键连接而成（图2）。

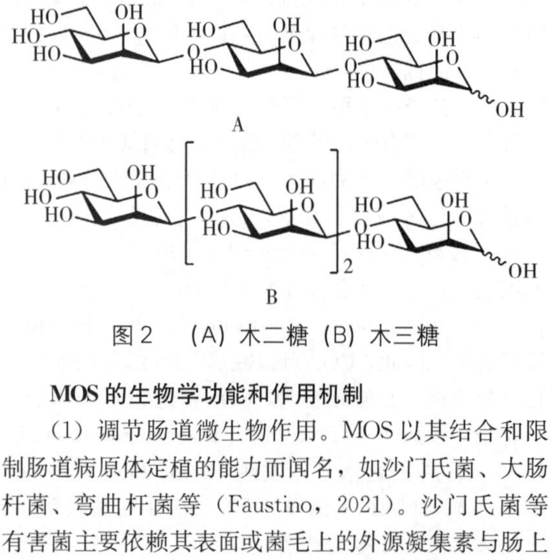

图2 (A) 木二糖 (B) 木三糖

MOS的生物学功能和作用机制

（1）调节肠道微生物作用。MOS以其结合和限制肠道病原体定植的能力而闻名，如沙门氏菌、大肠杆菌、弯曲杆菌等（Faustino，2021）。沙门氏菌等有害菌主要依赖其表面或菌毛上的外源凝集素与肠上皮细胞上的甘露糖、半乳糖、岩藻糖等受体结合，在宿主消化道黏膜上吸附和定植后产生致病作用。因此使用特定的碳水化合物与其表面或菌毛上的外源凝集素结合，能够竞争性抑制病原菌定植在肠上皮细胞上，对肠道造成伤害。MOS因为主链主要由α-1,6糖苷键组成，并含有丰富的α-1,3和α-1,2侧链而对带有Ⅰ型菌毛病原菌产生超强的结合（李玉欣）。Spring等总结得出，当MOS阻断革兰氏阴性致病菌对肠道的附着和定殖时，可使肠道内原生有益菌群大量繁殖，使得肠道释放出更多的营养物质用于瘦肉组织生长，提高宿主动物的免疫力。

（2）抗氧化作用。MOS可以有效地清除氧自由基，比如羟自由基（·OH）、超氧阴离子（O2—）、二铵盐（ABTS＋）、1，1-二苯基-2-三硝基苯肼（DPPH）自由基和螯合Fe^{2+}等（屠瑞琪，2021）。据报道，在体外试验中，从不同甘露聚糖底物中获得的MOS对ABTS＋·和DPPH均有清除活性，并认为低聚糖中的C-2和C-6羟基转移h原子与ABTS＋·自由基反应。因此，低聚糖即使在较低浓度下也能清除自由基。不同甘露聚糖生成的MOS均能螯合Fe^{2+}。螯合作用与水解液浓度的增加成正比。MOS和Fe^{2+}之间形成螯合物的可能原因是甘露糖部分中存在的甘露糖分子的O-1、O-2和O-3。

（3）抗糖基化作用。MOS具有抗糖基化的特性，因其结构中不含半乳糖，可能有助于减缓衰老、糖尿病并发症和动脉硬化。Jana等人报道，在体外试验中，来自魔芋葡甘聚糖和棕榈仁饼粕的MOS对晚期糖基化终产物（AGEs）的抑制作用分别为54.38%和56.31%。Ⅱ型糖尿病是一种胰腺β细胞失去功能时发生的慢性代谢疾病。从魔芋葡甘聚糖中提取的MOS通过增加嗜粘阿克曼氏菌（*Akkermansia muciniphila*）和假长双歧杆菌（*Bifidobacterium pseudolongum*）的数量，降低理研菌科（*Rikenellaceae*）和梭菌（*Clostridiales*）的密度来调节肠道菌群。在分子水平上，MOS通过激活GLUT-2并转运至细胞膜，可上调瘦素相关蛋白的表达，下调胰岛素信号通路蛋白负调控因子、蛋白酪氨酸磷酸酶1B和细胞因子信号抑制因子3的表达，从而调节胰岛素信号通路，改善葡萄糖和胰岛素耐受性（Jana，2021）。

（4）免疫调节作用。MOS能够通过影响肠道菌群来调节宿主免疫力，减轻肠道炎症。MOS被发现可以缓解IBD症状。MOS作用于硫酸葡聚糖钠诱导的结肠炎小鼠可促进大肠菌群的生长，降低不同促炎细胞因子（IL-5、IL-1a、IL-1b、G-CSF和MCP-1）的表达。此外，MOS使结肠和小肠杯状细胞中muc2（肠黏液蛋白）的表达正常化（Jana，2021）。Teng研究报道。MOS还能调节肉鸡的免疫应答。一旦toll样受体识别MOS，就会触发促炎细胞因子的级联反应，包括上调白细胞介素-12和IFN-g，进一步刺激T细胞、自然杀伤细胞和巨噬细胞MOS的增殖，不仅调节先天免疫，还能增强抗几种病毒感染的抗体滴度，如法氏囊病病毒、新城疫病毒和禽流感病毒，来提高宿主的免疫力。

3. 果寡糖（FOS）。果寡糖（Fructooligosaccharide，FOS）是指一类由果糖残基和D-果糖分子通过β-1,2糖苷键连接而成的小分子杂多糖。GF通过

β-1,2 糖苷键与一分子 D-果糖、二分子 D-果糖和三分子 D-果糖形成的寡糖分别叫蔗果三糖（GF_2）、蔗果四糖（GF_3）、蔗果五糖（GF_4）（图 3）。FOS 在约 30 000 种植物中天然存在，如桔梗科、菊科、龙胆科、半边莲、金虎尾科、报春花、紫草科等（王博）。FOS 也具有低热值、高水溶性、相对热稳定性和酸稳定性、成胶性和贮存稳定性等优良性质。生产果寡糖主要采用人工合成法，目前很多国内外厂家利用糖基转移法来生产果寡糖，即利用 β-呋喃果糖苷酶（E.C.3.2.1.26）将蔗糖（GF）的一个果糖单位（F）转移到另一蔗糖分子的果糖末端，形成 GF_2、GF_3、GF_4 等（陈旭东）。

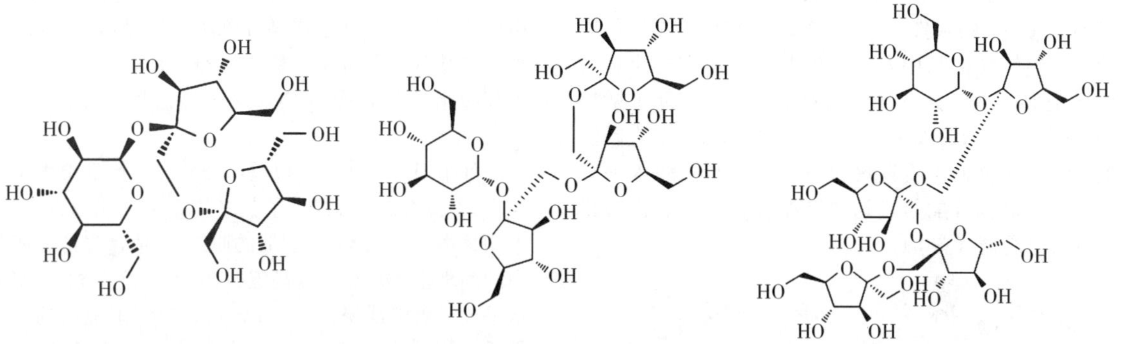

A B C

图 3 （A）蔗果三糖（B）蔗果四糖（C）蔗果五糖

FOS 的生物学功能和作用机制。

（1）调节肠道微生物作用。果寡糖可以在动物消化道的后端被双歧杆菌和乳酸杆菌作为营养基质选择性利用，发酵产生的挥发性脂肪酸可以降低肠道的氧化还原电势和 pH，从而有效地阻止病原菌在肠道中定植，达到抑制病原菌的目的（Xu）；同时，有害菌因不能分泌可分解果寡糖的果糖营酶而被抑制繁殖。直接吸收外源性毒素，当肠道存在果寡糖时，可与毒素相结合，甚至可以把与毒素结合的肠黏膜上皮细胞的糖基置换下来，从而减少毒素与肠黏膜上皮细胞结合的机会（王博）。

（2）调节营养物质代谢作用。果寡糖在动物肝脏中主要以丙酸的形式代谢，到达肝脏的丙酸在肝脏内调控胆固醇的合成，从而加强脂质的代谢。蛋白质和氨基酸代谢产生对甲酚、苯酚、4-乙基苯酚、吲哚、3-甲基吲哚等毒素，果寡糖能通过两种途径，使蛋白质的腐败被抑制和合成菌体蛋自，有效降低粪中此类物质的含量，因此粪氮排出量增加（Crittenden）。

（3）免疫调节作用。肠道中的双歧杆菌分泌胞外糖苷酶，这种酶能使肠黏膜上皮细胞产生的多糖物质降解，从而阻止致病菌和毒素在肠黏膜上的定植，果寡糖可以促进这些有益菌的增殖；果寡糖作为抗原和免疫佐剂可以直接参与到机体体液免疫和细胞免疫的过程中（吴伟等）。

4. 低聚木糖（XOS）。低聚木糖（Xylooligosaccharides，XOS）由木聚糖酶水解木聚糖而来，由木糖单元通过 β-1,4 糖苷键连接而成，主要成分为木糖、木二糖、木三糖及少量木三糖以上的木聚糖，木二糖和木三糖的分子结构如图所示（吴媛媛）。生产低聚木糖主要是酶解法，商业上生产木寡糖主要是以含有木质纤维素（Lignocellulosic Material，LCM）的物质为原料，通过食品级的木聚糖酶水解后，一般以 β-1,4-内切木聚糖酶为主，分离精制而成的，并且木聚糖天然存在于饲料中，并已被证明会导致消化黏度增加，从而降低养分的消化率和生长。因为常见谷物中还存在变异很大的木聚糖酶抑制剂，所以对于在饲料中补充木聚糖酶与补充低聚木糖的问题，以及两者在单胃家畜肠道健康和性能方面的共生问题仍有待讨论（图 4）。

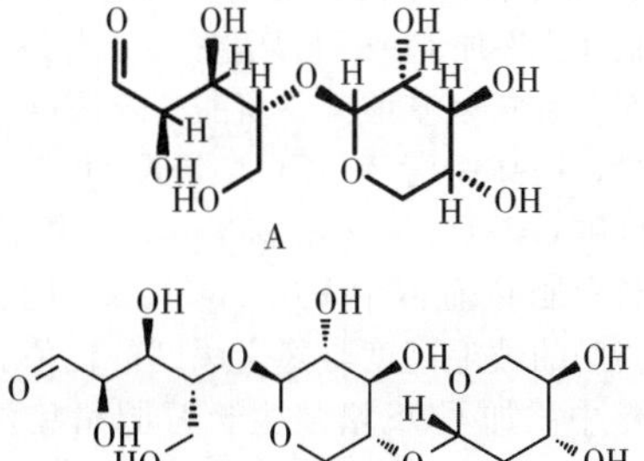

A

B

图 4 （A）木二糖（B）木三糖

5. 低聚半乳糖（GOS）。低聚半乳糖（Galactooligosaccharides，GOS）由各种 β-糖苷键连接的半乳糖单元组成，半乳糖或葡萄糖位于还原端。已知糖苷键包括 β（1-2）、β（1-3）、β（1-4）和 β（1-6）

等，聚合度（DP）为3－8，其天然存在于香蕉、洋蓟、洋葱、大蒜和蜂蜜等食物中，工业生产GOS通常使用β-半乳糖苷酶对工业副产品中的乳糖进行酶转半乳糖基化。牛乳及羊乳中寡糖以唾液酸寡糖为主，人乳寡糖（Human milk oligosaccharides，HMO）的核心结构为一个乳糖单元（Gal（β1－4）Glc）或N-乙酰乳糖胺（Gal（β1－4）GIcNAc）（王辰元）。GOS具有稳定的物理性质，例如可以在160℃中性pH或120℃ pH＝3的条件下存在10min，并且不被消化酶消化，但易在结肠中发酵。根据广泛研究得出，与FOS类似，GOS具有显著的双生活性，有助于增加短链脂肪酸（SCFAs）的产生，这与降低患结直肠癌的风险、增加矿物质吸收和降低血液胆固醇水平有关。β-半乳糖苷酶可以通过转糖苷作用将乳糖转化为低聚半乳糖（图5）。

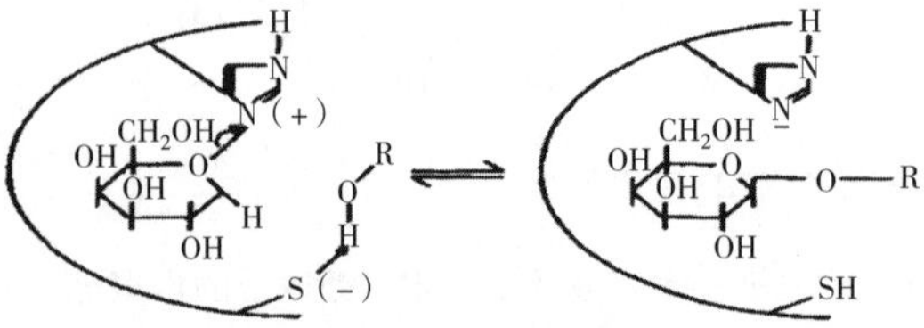

图5　半乳糖苷酶合成低聚糖的反应

二、饲粮中添加寡糖对畜禽的益生作用

1. 壳寡糖在生产中的研究进展及应用。

（1）壳寡糖在单胃动物中的研究进展及应用。生长育肥阶段是商品猪养殖周期中持续时间最长而消耗饲料最多的阶段，故研究提高生长育肥猪的饲料转化率有重要意义。苏维发等（2021）报道，在生长育肥猪基础日粮添加30mg/kg COS显著降低料重比，提高饲料利用率；同时，在低能低蛋白质饲粮中添加30mg/kg COS后其平均日增重和料重比均无显著变化。基础日粮添加COS组显著提高了背最长肌中肌苷酸和部分鲜味氨基酸（谷氨酸、苯丙氨酸和丙氨酸）含量，提高血清T-AOC、降低MDA含量，并且提高肝脏*GPx*1、*GPx*1、*p*53 mRNA相对表达量，提高生长育肥猪血清中IgG、IgM、C4的含量，提高十二指肠的绒毛高度与隐窝深度的比值。证明在基础日粮中添加COS增强生长育肥猪免疫功能和抗氧化功能以及改善肠道黏膜形态，并在降低饲料生产成本的前提下，添加COS具有良好的经济效益。

罗鹏等（2021）报道了由植物乳杆菌、屎肠球菌和壳寡糖组成的合生元（SYN）对生长育肥猪生长性能、胴体品质、肉品质和肉质感官评定的影响。"杜×长×大"三元杂交生长猪饲粮中添加SYN显著降低背最长肌剪切力，改善了猪肉的嫩度，有降低生长育肥猪背膘厚的趋势，并且可降低死亡率。

陈静文（2021）研究报道，在新光黄肉鸡添加COS能够通过降低脂肪吸收代谢率和加强肝组织分解代谢来改善胴体品质，具体为显著降低料重比，降低胸肌滴水损失率，显著提高高密度脂蛋白胆固醇的含量，降低肝脂率、皮下脂肪、肌间脂肪宽，增加新广黄肉鸡粗脂肪的排泄量，从而降低粗脂肪在消化道内的吸收及在体组织的沉积量，显著降低粗脂肪代谢率，显著提高肝脏脂蛋白酯酶mRNA水平，显著降低肝脏苹果酸脱氢酶mRNA水平，显著提高腹脂蛋白酯酶mRNA水平显著提高血液GSH-Px活性。

陈中卫等（2021）报道，樱桃谷肉鸭日粮中添加50mg/kg COS显著提高了其平均日采食量（ADFI）、平均日增重（ADG）；腿肌的肌肉a*值，降低腿肌肌肉的滴水损失；显著提高腿肌的SOD活性和T-AOC水平，显著降低腿肌MDA含量，改善了腿肌的肌肉品质；提高其脾脏指数和胸腺指数；提高血清中GLB含量，降低A/G水平，降低血清中D-乳酸、DAO和LPS水平，提高十二指肠的OCLN表达量，可替代日粮添加40mg/kg杆菌肽锌用于肉鸭养殖。

谢佳雨等（2021）研究壳寡糖（COS）对AFB_1诱导大鼠肝细胞（BRL 3A细胞）毒性损伤的干预作用。COS可以缓解AFB_1引起的细胞内ROS水平和MDA含量升高，增强SOD和GST酶活性，进而提高细胞自身的抗氧化能力，降低细胞凋亡率；COS预处理则能显著提高*Nrf*2、*Keap*1、*Ho*－1、*Nqo*1基因的表达，显著降低*Bax*的表达水平；在RNA-seq的富集途径结果中，COS还可能通过细胞色素P450对外源物质的代谢作用、药物代谢—细胞色素P450和p53信号通路途径来缓解AFB_1诱导的细胞毒性损伤。

何永忠等（2021）研究报道在饲粮中添加COS能够显著增加IL－2，减少IL－8、TPO、VCAM－1的分泌水平，上调CXCL12蛋白表达，下调CXCR4蛋白表达，一定程度上减轻$PM_{2.5}$对小鼠骨髓组织造成的病理性损伤及对骨髓微环境的毒性作用。

壳寡糖在反刍动物中的研究进展及应用。

（2）壳寡糖在复胃动物中的研究进展及应用。何孟莲等（2021）报道，与对照组相比，泌乳中期奶牛饲料中添加200mg/kg COS显著提高了奶牛的采食量、泌乳量、能量校正乳、乳蛋白和乳糖含量，显著提高血清中SOD、CAT、GSH-Px等酶活性，降低MDA含量，显著提高血液$CD3^+$和$CD4^+$淋巴细胞含量，提高血清尿素氮、总蛋白、钙、磷、IgG和IgA浓度，降低血清一氧化氮和IL－1浓度，进而抑制炎症反应。

齐敬宇等（2021）研究得出，COS对LPS引起的奶牛PBMC氧化应激损伤具有缓解作用。与LPS组相比，添加COS组显著上调了GPx、T-SOD、CAT、TrXR、T-AOC活性以及*GPx*1和*Trx*R的相对表达量，显著降低iNOS活性，降低IL－1β、IL－6、TNF-α的含量及其mRNA和*NF-κB p*65的mRNA相对表达量，说明IL－1ra和COS对LPS诱导的奶牛PBMC氧化应激损伤具有相似的预防作用。故COS通过抑制IL－1β的生物学活性减缓LPS诱导的奶牛PBMC氧化应激损伤，这可能与COS抑制NF-κB信号通路的活性，进而降低IL－1β的释放及NO的生成有关。

（3）壳寡糖在水产养殖方面的研究进展及应用。施斐等（2021）报道，壳寡糖能显著提高石斑鱼的增重率、降低饲料系数，但对肥满度和存活率无显著影响，并激活炎症因子*TNF-α*、*IL－1β*、*TGF-β*1、*TOR*、*TLR*3的表达，提高*GPx*、*CAT*、*MnSOD*的表达来改善抗氧化能力，并增加紧密连接蛋白*ZO*－1、*ZO*－2、*ZO*－3、*Claudin*－3*α*的表达。800mg/kg COS组的肠道微生物中益生菌所占丰度增加，细菌群落β多样性差异明显，并在哈维弧菌（*Vibrio harveyi*）攻毒7天后，累积死亡率显著低于对照组和其他实验组。说明壳寡糖可以提高肠道上皮细胞的通透性，使营养物质更好地被肠道吸收，排出对机体不利的有害物质，进而提高免疫，并调节肠道菌群结构，间接影响鱼体的免疫影响。

陈嘉俊等（2021）报道在珍珠龙胆石斑鱼饲料中添加COS，显著提高了珍珠龙胆石斑鱼谷胱甘肽过氧化物酶（GSH-Px）、溶菌酶（LZM）、过氧化氢酶（CAT）、碱性磷酸酶（AKP）、谷草转氨酶（AST）和谷丙转氨酶（ALT）的活性，头肾比。低剂量壳寡糖会上调IL－6和IL－1β的相对表达，而高剂量壳寡糖会通过NF-κB途径抑制IL－6、IL－1β和TNF-α的相对表达，并且在哈维氏弧菌感染珍珠龙胆石斑鱼饲粮中添加COS，极显著降低*IL*－6、*IL*－8、*TNF-α*、*IL*－1*β*、*IκBα*、*NFκB*－*p*65的表达水平，显著降低凋亡相关基因*Fas*、*Bax*和*FADD*的表达，降低Caspase－3的活性。说明壳寡糖通过NF-κB途径有效抑制了由哈维氏弧菌侵染机体后所引起的炎症反应，同时显著抑制了细胞凋亡相关基因的表达。

2. 甘露寡糖在生产中的研究现状及应用。

（1）在单胃动物中的研究进展及应用。Teng等（2021）报道，肉鸡日粮中添加0.04% MOS显著提高了其14d体重（BW）和体增重（BWG）；联合添加MOS和β-葡聚糖显著增加了其空肠绒毛高度，均表现出上调回肠和盲肠扁桃体免疫反应的趋势。Biswas等（2021）研究得出，肉鸡日粮中添加0.2% MOS显著提高了其大腿、胸部、背部和腿的相对重量，降低了胆固醇和脂肪含量；添加0.1%和0.2% MOS显著提高了其持水能力（WHC）和提取物释放量（ERV）；添加0.1%、0.2% MOS和0.2% FOS降低了鲜肉中标准板计数（SPC）、大肠菌群和葡萄球菌水平；显著提高了鸡胸肉和腿肉的DPPH（1,1－二苯基-2-苦味肼）值，降低了脂质氧化（游离脂肪酸和硫—巴比妥酸反应物质）。

Yu等（2021）研究得出，仔猪日粮中添加0.3% MOS可显著降低产肠毒素大肠埃希菌（ETEC）诱导仔猪腹泻发生率，显著提高因ETEC诱导而降低的空肠黏膜GSH-Px和SOD的含量，显著提高因ETEC诱导而降低的sIgA阳性细胞的丰度，显著降低ETEC诱导而升高的血清中D-乳酸和DAO的浓度，降低ETEC诱导的IECs凋亡总量，降低因ETEC诱导而升高的十二指肠和空肠黏膜TLR4和NF-κB的表达水平但上调抗氧化基因（HO－1和Nrf2）的表达。说明甘露寡糖MOS可通过改善黏膜形态和紧密连接蛋白分布以及减少细胞凋亡，减轻ETEC诱导的肠道损伤，可减轻etec诱导的肠道损伤，其机制与抑制炎症反应、改善抗氧化能力和肠道上皮功能有关。

（2）在复胃动物中的研究进展及应用。马秀花等（2021）滩羊的荞麦秸秆饲粮中添加3% MOS有利于增加瘤胃真菌菌群的多样性，添加1% MOS时滩羊瘤胃真菌菌群可能更有利于植物纤维的降解与瘤胃健康的维系。

刘国威（2021）研究了初乳加热和添加甘露寡糖对新生羔羊被动免疫、肠道发育及微生物组成的影响，初乳加热可提高6h、12h、24h、96h、144h和168h血浆IgG浓度显著提高，添加甘露寡糖显著降低3h和6h血浆IgG浓度，并且两者在72h和96h交互作用显著，初乳加热和添加甘露寡糖对新生羔羊渗透性无影响。初乳加热显著提高新生羔羊紧密连接蛋白*Claudin*－1的表达量，甘露寡糖显著提高*Claudin*－2和*Claudin*－7基因的表达量，降低*Occludin*基因的表达量，并且两者对*Claudin*－1、*Claudin*－7和*Occludin*交互作用显著。故甘露寡糖能够延长新生羔羊血浆IgG浓度，延长其达到最大浓度所需的时间，影响羔羊渗透性相关基因的表达，从而长期程序化的影响羔羊的屏障功能。

（3）在养殖鱼类中的研究进展及应用。王红明等（2021）珍珠龙胆石斑鱼日粮中添加100mg/kg MOS显著提高了终末体重、WGR、SGR和CF；显著提高了血清中SOD、AKP、LZM和CAT活性，降低MDA含量；对其免疫功能有显著影响，并推测机制是MOS的摄入激活鱼体内免疫细胞中吞噬体的产生，进而通过细胞黏附分子信号通路将信号传递，刺激产生细胞因子，起到免疫调节作用；显著升高了肠道中拟杆菌门和厚壁菌门的相对丰度。

马莹莹等（2021）MOS可以提高高糖饲喂下尼罗罗非鱼的产肉率、肌肉保水性、肌肉口感和氨基酸营养价值来提升其品质。Xu等（2021）泥鳅日粮中添加MOS显著提高了血清中PO、SOD和CAT的活性，减少MDA含量，泥鳅日粮中添加300mg/kg MOS显著增加其血清中C3水平；显著增加其肠道中乳酸杆菌和双歧杆菌数量，减少大肠杆菌数量，在试验结果中，得到300mg/kg MOS是泥鳅所需的最佳剂量。

3. 果寡糖在生产中的研究进展及应用。

（1）在单胃动物中的研究进展及应用。Yang等在肉鸡日粮中添加200mg/kg XOS显著增加腿部、胸部的相对重量，肉鸡日粮中添加200mg/kg FOS显著增加0～35d平均日增重（ADG），肉鸡日粮中添加200mg/kg FOS显著降低胸肌MDA浓度、添加200mg/kg XOS显著提高血清T-SOD和胸肌GSH-Px的活性，肉鸡日粮中添加200mg/kg FOS、200mg/kg XOS显著提高空肠绒毛高度。胡燕平等（2021）报道，蛋鸡日粮添加0.5% FOS降低了检测到的肠道微生物抗生素抗性基因（ARGs）的数量，在56日龄具有更好的效果，对可移动遗传元件（MGEs）也具有类似的消减效果；显著降低了56日龄蛋鸡肠道大肠杆菌和Escherichia unclassified相对丰度，提高了卷曲乳杆菌相对丰度。朱爱民等（2021）报道，果寡糖显著提高断奶仔猪回肠中的乳酸菌和双歧杆菌的数量，并且降低大肠杆菌的数量；断奶仔猪日粮中添加0.2%和0.3% FOS显著提高了平均日增重（ADG）、极显著降低了仔猪腹泻率；添加0.2% FOS显著降低了料重比，断奶仔猪日粮中添加0.2%和0.3% FOS显著提高了IgA含量，降低了TNF-α含量；添加0.1%、0.2%和0.3% FOS显著提高了IgG含量。晓敏等报道，幼兔含尿素饲粮中添加FOS显著增加了体内氮沉积。

（2）在养殖鱼类中的研究进展及应用。张春暖等（2021）报道，锦鲤饲料中添加0.3%FOS、0.3% FOS和1×10^7德式乳酸菌复合物均能提高其增重率（WG）、特定生长率（SGR），降低饵料系数（FCR），提高其肝脏中SOD、CAT和T-AOC的活性，降低MDA含量，提高了其血液LYS、ACP的活性以及补体C3、C4含量，显著提高了肠道蛋白酶、淀粉酶和脂肪酶活性；添加0.3% FOS和1×10^7德式乳酸菌复合物显著增提高了肠道脂肪酶和淀粉酶的活性。

4. 低聚木糖在生产中的研究进展及应用。

在单胃动物中的研究进展及应用。马文锋等（2021）蛋鸡饲粮中添加400mg/kg XOS显著提高了鸡蛋的蛋白高度、哈氏单位和蛋黄质量，提高了其十二指肠、空肠和回肠的绒毛高度和回肠的肠壁厚度。Zhou等（2021）在蛋鸡日粮中添加XOS降低了第7～12周的料蛋比，提高了第12周蛋黄颜色，显著提高了回肠绒毛高度—隐窝深度比，添加200mg/kg XOS改变了盲肠菌群，厚壁菌门丰度增加，拟杆菌门丰度减少。Singh等（2021）肉鸡日粮添加木聚糖酶能极显著提高肉鸡育肥期和全期的平均日增重（ADG）和最终增重（FBWG），增加盲肠中乙酸的产量。

高晋凤等在产蛋高峰期蛋鸡日粮中添加300mg/kg茶多酚（TP）＋200mg/kg XOS和300mg/kg TP＋300mg/kg XOS显著提高壳厚度，300mg/kg TP＋300mg/kg XOS显著增加鸡蛋蛋白质和卵磷脂含量、减少胆固醇含量。Natalie等肉鸡高粱基础日粮中添加麦麸和2 000mg/kg XOS显著增加35d体重，添加麦麸和XOS增加了采食量（FI）和体增重（BWG）；肉鸡高粱基础日粮中添加麦麸、2 000mg/kg XOS和木聚糖酶时，回肠XOS浓度最大，增加了盲肠总SCFA、乙酸和丁酸浓度以及木聚糖酶和纤维素酶活性。Cai等（2021）在环江小型猪日粮中添加XOS和CB＋XOS显著增加84d背膘厚度，添加CB＋XOS可增加56d时肌肉中Ala、Arg、Asp、Gly、His、Leu、Lys、Met、Phe、Ser、Thr、Tyr和Val的含量。周建民等（2021）蛋鸡日粮中添加0.01%、0.02%、0.04%、0.08% XOS线性提高第12周血清中GSH-PX活性、MDA含量随XOS添加水平的升高，先增加后下降。Chen等（2021）在仔猪日粮中添加500mg/kg XOS显著提高其14d和28d血清总抗氧化能力、总超氧化物歧化酶和过氧化氢酶水平，降低MDA水平；显著提高其14d和28d血清免疫球蛋白G（IgG）浓度。添加500mg/kg XOS显著增加了空肠和回肠的绒毛高度（VH）和绒毛高度/隐窝深度（CD）；添加500mg/kg XOS显著升高回肠中occludin和aconula occludens protein－1的表达水平。添加100、500mg/kg XOS降低了IL－1β、IL－8和干扰素（IFN）-γmRNA的表达水平。

罗丹等（2021）肉鸡日粮中添加150mg/kg XOS显著提高空肠、回肠的上皮内淋巴细胞（IEL）和空肠IgA阳性（IgA＋）细胞数量，显著降低空肠和回肠干扰素γ（IFN□γ）、Toll样受体2（TLR2）mRNA表达水平；肉鸡日粮中添加150mg/kg XOS显著提高其盲肠双歧杆菌的数量，增加总菌数量。Wang等（2021）仔猪日粮中添加0.02% XOS提高了因LPS诱导而降低的空肠绒毛高度—隐窝深度比、回肠绒毛高度和绒毛高度—隐窝深度比、双糖酶活性和claudin-1蛋白表达，降低了空肠隐窝深度；富集了有益菌的相对丰度、提高短链脂肪酸含量，抑制组蛋白去乙酰化酶。

Sutton等（2021）生长猪日粮中添加XOS显著降低试验1～7天的料重比，提高8～14天的平均日增重，但在整个试验期间（1～35天），其生产性能未受影响。Chen等（2021）报道仔猪日粮中添加XOS对其28天体重、1～28天的日增重和料重比均表现出二次效应。

5. 低聚半乳糖在生产中的研究进展及应用。

（1）在单胃动物中的研究进展及应用。Richards等研究得出，肉鸡日粮中添加GOS制剂可提高其生长速度、35天平均体重、增加发育中鸡肠道回肠绒毛中杯状细胞的密度、增加IL-17A基因表达，降低IL-10基因表达，同时发现增加特定乳杆菌的丰度，命名为*L. crispatus* DC21.1和*L. johnsonii* DC22.2。Lafontaine等报道，平均体重肉鸡日粮中添加GOS显著提高了空肠弯曲杆菌定植肉鸡的生长速度、35天平均体重，短暂增加了空肠弯曲杆菌定植肉鸡的绒毛长度和隐窝深度；上调回肠和盲肠IL-17A转录水平，抑制IL-17F在空肠弯曲杆菌定植后的转录水平，增加盲肠中约氏乳杆菌的丰度。Tavaniello等GOS卵内注射GOS不能缓解热应激对肉鸡生产性能的负面影响，可显著增加肉鸡的鸡肉pH，加深肉色，而胸肌（PM）的胆固醇含量、脂肪酸分布和肌内胶原特性不受GOS的影响。Madej等在鸡蛋中注射GOS后增加了孵化出的肉鸡21天盲肠扁桃体（CT）（CD4＋和CD8＋细胞）和脾脏（CD8＋细胞）中参与细胞免疫的细胞数。

（2）在复胃动物中的研究进展及应用。王飞飞等在牛奶中添加低聚半乳糖显著提高了犊牛1～4周龄腹泻率，提高了血清中钙和镁的含量，有提高血清HDL含量的趋势，对脂代谢有积极影响。Cai等首次证明经鼻应用GOS可以减轻犊牛肺部感染，降低肺部的溶血性曼氏杆菌阳性率。GOS显著降低了溶血性曼氏杆菌的体外生存能力，降低溶血性曼氏杆菌对犊牛原代支气管上皮细胞（PBEC）的黏附和侵袭，并抑制“TLR4/NF-κB”途径的激活，有助于减少细胞因子/趋化因子的释放并恢复气道上皮屏障，缓解炎症反应对犊牛肺部的损伤。

中链脂肪酸的消化吸收与替抗机制

农业农村部发布194号公告后，我国饲料工业全面禁止添加抗生素已经进入实施阶段，绿色安全的饲料添加剂作为抗生素替代品已成为目前的研究热点。研究表明，益生菌、益生元、抗菌肽、酵母等饲料添加剂被广泛用于替代抗生素，从而抑制病原菌对动物健康的影响（潘雪男等，2020）。随着替抗研究领域的不断拓展，中链脂肪酸（MCFAs）因其潜在的良好抗菌作用而被人们关注（Baltić等，2017；Zulkanain等，2020）。MCFAs具有特殊的化学结构和理化性质，开始应用于人类脂肪吸收不良症，用来治疗肥胖、胰岛素抵抗、胃肠炎和心脑血管疾病（Marten等，2006）；MCFAs还有乳化和抗微生物的作用，后来广泛应用于食品和化妆品行业中（Marten等，2006）；另外，MCFAs还具有快速供能的重要作用，因而可作为新生幼崽的能量补充剂，特别是在早产婴儿方面的应用（刁慧等，2020）。自20世纪80年代，MCFAs开始应用于新生仔猪中，为仔猪初生至断奶前后阶段提供足够的能源来抵御来自各方面的应激，满足自身生长发育的需要（Heird等，1992；van Kempen等，1993）。在全球养殖业严格控制使用抗生素及其他化学药品防止药物残留、寻找抗生素替代品的大环境下，MCFAs具有抑制动物肠道中有害菌增殖并调节肠道结构、提高营养代谢、促进维生素吸收、影响免疫功能和提高畜产品品质等功能，作为一种新型添加剂在饲料行业领域中的应用前景非常广阔（Hanczakowska，2017）。

一、脂肪酸的功能和分类

脂肪酸在机体中具有多种重要功能，它可通过β-氧化为机体提供能量，也可与甘油结合形成脂类储存能量（杨袁，2020）。脂肪酸是线粒体和细胞膜的重要组成成分，是合成前列腺素的前体，参与胆固醇代谢，参与动物精子的形成，维护视力等。Levy等（2009）研究报道肠道上皮细胞中也具有多种高表达脂质代谢相关基因，如载脂蛋白、脂肪酸结合蛋白等。

脂肪酸是一端含有羧基的碳氢链，大多数以酯的形式为各种脂质的组分，如中性脂肪、磷脂或糖脂。脂肪酸根据碳链长度不同分为短链脂肪酸（SCFA）、中链脂肪酸（MCFA）和长链脂肪酸（LCFA）。短链脂肪酸所含碳原子数小于6，也称挥发性脂肪酸；中链脂肪酸所含碳原子数在6到12之间，长链脂肪酸含碳原子数大于12。大自然中大部分脂肪酸为长链脂肪酸。不饱和脂肪酸是指含有一个及一个以上非共轭顺式双键的直链脂肪酸，双键数目越多，不饱和程度越高。脂肪酸根据其碳链不饱和程度可分为饱和脂肪酸（碳氢链上没有不饱和键）、单不饱和脂肪酸（碳氢链上只含一个不饱和键）和多不饱和脂肪酸

（碳氢链上含两个或两个以上不饱和键）。饱和脂肪酸随着碳原子数目增加，其熔点逐渐增高。脂肪酸的生物合成总是以两个碳为延长单位，因而天然脂肪酸碳原子数目总为偶数。根据人体和动物自身能否合成脂肪酸，将脂肪酸分为必需脂肪酸和非必需脂肪酸。必需脂肪酸是指人体和动物自身不能合成又不可缺少，只能通过食物供给的脂肪酸，如亚油酸、亚麻酸等。非必需脂肪酸则是指自身需要同时自身可以合成的脂肪酸。

二、中链脂肪酸的特性、吸收及代谢

（一）中链脂肪酸的特性

MCFAs 是含有 6～12 个碳原子的饱和脂肪酸，主要包括己酸（C6）、辛酸（C8）、癸酸（C10）和月桂酸（C12）（郭亮等，2022），以中链甘油三酯（MCT）的形式存在于动物乳脂和各种饲料原料中，尤其是椰子油、棕榈油（Graham 等，1989；Marten 等，2006），其中椰子油的中链脂肪酸含量最高，高达 15%，是中链脂肪酸的主要来源。棕榈油的中链脂肪酸含量很高，达 8%。此外，一些动物如反刍动物、兔子和大鼠的乳中也含有丰富的中链脂肪酸（崔悦等，2017）。己酸、辛酸、癸酸和月桂酸分子结构和重要的理化特性见表 1（Zentek 等，2011；Jackman 等，2020）。

表 1　中链脂肪酸的种类及理化特性

脂肪酸	分子式	分子质量/Da	熔点/℃	酸度系数/pKa	外观	气味
己酸	$C_6H_{12}O_2$	116.2	−3.4	4.88	油性无色液体	强烈
辛酸	$C_8H_{16}O_2$	114.2	16.7	4.89	油性无色液体	温和
癸酸	$C_{10}H_{20}O_2$	172.3	31.9	4.89	白色结晶粉末	轻微
月桂酸	$C_{12}H_{24}O_2$	200.3	44	5.13	白色粉末	很轻微

（二）中链脂肪酸的消化吸收

第一，MCFAs 与 LCFAs 相比，由于其碳链较短，所以在饲料中被消化吸收及代谢都具有独特性，成为其应用的理论基础（江映云 2016）。LCFAs 是典型的脂肪，其消化遵循普通的消化吸收规律：在小肠内，脂肪在胆酸的作用下分散为细微的脂滴，并有胆酸、磷脂包裹，在此基础上胰脂酶将其酶解为脂肪酸和甘油以及甘油一酯、甘油二酯，游离的脂肪酸经扩散或蛋白质易化作用进入肠黏膜上皮细胞内。在进入肠上皮细胞内后，LCFAs 再度与甘油形成甘油三酯，并与胆固醇、载脂蛋白等形成乳糜微粒，被分泌到细胞间质中，由此进入中央乳糜管，经肠淋巴干汇入胸导管，再汇入前腔静脉的血液中，在全身各组织分解利用。与此机制不同的是 MCT（中链脂肪酸甘油三酯）的酶解过程十分迅速，甚至可以不经酶解直接吸收进入小肠黏膜上皮细胞内，然后在细胞内酯酶的作用下水解为脂肪酸和甘油（Price 等，2013；Ferreira 等，2014）。

第二，MCFAs 与 LCFAs 在进入肠黏膜上皮细胞内后，转运的途径有显著不同。LCFAs 进入细胞后，首先与细胞内的脂肪酸结合蛋白、肠型脂肪酸结合蛋白（Intestinal faty acid binding protein，I-FABP）结合，在 I-FABP 的引导下进入滑面内质网，在此与甘油重新结合成新的甘油三酯，并且与胆固醇、磷脂、脂蛋白等构成乳糜微粒，乳糜微粒被分泌到小肠固有膜的组织中，从进入肠绒毛的中央乳糜管内，沿淋巴管途径进入血液，分布于身体其他器官。而 MCFAs 则因其与 I-FABP 的亲合力很低，因此它不能被引导向滑面内质网，而是被排放到固有膜的组织内，从而进入毛细血管，经肝门静脉系统由血液带入肝内，直接进入肝细胞内（Wieland 等，1993；Marten 等，2006）。

第三，是细胞内的代谢途径不同。LCFAs 在进入细胞以后，可以经肉毒碱穿梭作用入线粒体进行 β-氧化分解作用，产生大量三磷酸腺苷（ATP），也可以在肝细胞内重新合成甘油三酯，或贮存在肝细胞内，或者经脂质转运蛋白转运到其他器官，或运输到脂肪组织贮存起来。LCFAs 在细胞内分解产生的乙酰 CoA，还可以从头合成脂肪酸，并形成脂肪贮存起来。而 MCFAs 进入线粒体内不需要肉毒碱的穿梭作用，易于进入线粒体（Costa 等，2012），由于其结构的原因，首先进行 ω-氧化，再进行 β-氧化供能，并且产生的中间代谢产物不会从头合成脂肪酸（Ferreira 等，2014），因此氧化利用较为彻底，并且 MCFAs 的代谢地点就在肝脏，且不易形成脂肪或脂肪酸贮存能量（Marten 等，2006）。所以相比于 LCFAs，MCFAs 更容易消化，代谢更迅速、更彻底，且 MCFAs 几乎不参与脂肪酸的从头合成，故在体内很少沉积形成脂肪，从而能更有效地提高经济动物的肉品品质，提高经济性能。

中链脂肪酸的分子量小、密度低、熔沸点较低，在室温下为液体，黏度低，无色，有芳香气味（崔悦等，2017）。中链脂肪酸具有较高的抗氧化性，通常高于普通的油脂，而且在高温和低温下特别稳定，因此在饲料生产中，不用担心高温工艺会对中链脂肪酸造成不利的影响。由于中链脂肪酸的分子量相对较小，在中性 pH 环境下离子化程度较高，因此其具有较好的水溶性，可以更快地在体内进行消化、吸收和转运。此外，因其能够与水溶性物质和脂溶性物质互溶，可作为抗生素、激素、维生素等的良好溶剂。脂肪酸或脂肪在体内的消化率与其熔点高低在一定范围内呈负相关。相比长链脂肪酸，中链脂肪酸因含有的碳原子较少，其熔沸点较低，因此也十分有利于动物的消化利用。

在现代养猪生产中，仔猪断奶，并在 15～28 天龄时开始采食（Baltić等，2017），由于仔猪消化道尚未发育，不能利用饲料中的所有营养（Wu 等，1998）。这种低采食量会导致能量摄入不足，从而对仔猪的生长和发育产生不良影响。由于胰腺和肠道脂肪酶活性较低，导致消化系统脂肪吸收不足，因此与成年动物相比，这些幼小仔猪的 LCFAs 消化率下降了 65%～80%。同时，在此期间仔猪无法合成足够的肉碱，LCFAs 无法转运到线粒体进行能量代谢（Cera 等，1988）。此外，自由基还可破坏 LCFAs 中的不饱和键，从而导致内源性脂质的级联损伤和过氧化物的发生，导致应激增强（Fritz 等，1963）。MCFAs 是一个良好的断奶仔猪能量补充来源，因此 MCFAs 及其三酰基甘油（中链三酰基甘油，MCT）通常被添加到动物饲料中（Oprean 等，2011）。MCT 或 MCFAs 或两种或所有四种重要 MCFAs［己酸（C6）、辛酸（C8）、癸酸（C10）和月桂酸（C12）］的混合物作为生长仔猪的补充剂的效果取决于添加量。MCFAs 饲喂仔猪也会促进仔猪的生长（Devi 等，2014；Hanczakowska 等，2016）。

雏鸡在出生后的第一天，由于其合成的胆汁盐和脂肪酶含量低，脂肪吸收和消化能力有限。在幼禽阶段脂肪消化率比成禽阶段低 6%（Freita 等，2005），但幼禽阶段具有更好的消化多不饱和脂肪酸（PUFA）的能力（Hanczakowska 等，2016）。MCFAs 在家禽中具有特定的营养价值以及代谢和抗菌作用（Wiseman 等，1984；Batovska 等，2009；Skřivanová 等，2009）。在蛋鸡生产中，使用 MCFA 效果更好，鸡蛋外壳更坚固，鸡蛋蛋白质量更好，哈夫单位更大，钙含量更高，有害菌大肠杆菌数量减少（Lee 等，2015）。

饲料中添加 MCFAs 的猪生长性能较好（Hong 等，2012；Li 等，2015）。断奶仔猪对 MCTs 的消化率可达 98.5%，远高于长链三酰甘油（LCT）。断奶仔猪饲喂含 MCTs 的饲料 2～5 周后，消化系统功能健全，饲料中的营养成分、能量消化率和利用率得以提高（Li 等，2015）。研究表明，MCTs 对断奶仔猪的生产性能、饲料消化率、血浆代谢产物及抗氧化能力均有积极的影响，尤其对蛋白质消化率和血浆中较高浓度的蛋白质尤为突出（Li 等，2015）。

三、中链脂肪酸的替抗机制

（一）中链脂肪酸的抑菌作用

MCFA 可以降低动物消化道、内脏微生物数量以及动物产品受微生物污染的机会，主要抑制对象是细菌，对真菌也有一定的作用。MCFA 抑制细菌的生长繁殖作用对革兰氏阳性菌的抑制作用强于革兰氏阴性菌，也存在菌株差异性，比如对大肠杆菌、沙门氏菌等革兰氏阴性菌的抑制效果较弱，而对幽门螺旋杆菌、弯曲杆菌等革兰氏阴性菌的抑制效果较强。Dierick 等（2002）报道在小肠前段，大约 80% 的 MCFA 具有抗菌、杀菌作用。张希等（2013）以致病性大肠杆菌（Escherichia coli）O157：H7 和白色念珠菌（Candida albicans）为供试菌，对脂肪酸及其衍生物抑菌活性的测试研究表明，MCFA 对供试菌的抑制作用明显强于 LCFA，其中癸酸的抑菌作用最强。相比较而言，SCFA 也有较强的抑菌作用，但其抑菌活性是由脂肪酸本身结构引起的，还是因为 SCFA 的加入而使培养基 pH 改变所引起的还未确定。Skrivanova 等（2009）研究发现，给兔子饲喂含 5%的辛酸日粮对致病性大肠杆菌 O128 具有相当强的抑菌杀菌效果。

研究证实 MCFA 是一类具有抗菌作用的分子（Dordevic 等，2016）。一般认为 MCFA 通过以下几种方式达到抑菌、杀菌作用。①MCFAs 依靠其特有的化学结构和理化性质，可以快速地进入到细菌细胞膜的脂质双分子层，通过改变细菌细胞膜结构引起细胞内容物的丢失、运输机制的破坏而发挥抑菌的作用。②在脂肪酸中，以 MCFAs 对细胞膜的渗透性最好，未解离的 MCFAs 分子能轻易地穿透微生物的细胞壁。有机酸分子进入细胞后会发生解离，释放出 H^+，使得细胞内的 pH 逐渐下降，下降至指标值以下，对酸性敏感的细菌如大肠杆菌和沙门氏菌等则被抑制或杀死。此时，细胞启动酸碱平衡机制，泵出过多的 H^+，此过程十分耗能，将造成细菌代谢障碍和衰竭，最终引起细胞的死亡；然而泵出的 H^+ 远远少于解离生成的 H^+，致使细胞内外形成较大的 pH 梯度，pH 敏感型细菌将不适而死亡；另外，解离后的 MCFAs 毒性阴离子聚集在胞内也可导致细菌死亡。③MCFA 可以抑制细菌内脂肪酶的生成。细菌附着于动物肠道绒毛上依赖于此酶，故MCFA能抑制细菌附着到肠壁用，进而有利于肠道蠕动将细菌随粪便排出体外。④MCFA可通过解偶联作用而抑制革兰氏阳性菌的活性。⑤MCFAs可能诱导产生一种自溶酶（aotolysin），此酶可引起细菌的死亡和分解（Tsuchido等，1985）。尽管MCFA的多种抑菌机制被发现，但其完整确切的作用机理还有待进一步研究。

（二）中链脂肪酸维持肠道完整性

肠道形态是影响动物肠道健康和功能的重要因素（薛永强等，2020）。小肠绒毛高度、隐窝深度是反映小肠结构功能的两个重要指标，绒毛的边缘存在着大量的肠上皮细胞，具有营养物质的吸收功能，若肠上皮细胞减少，将会造成营养物质吸收功能下降（Augenlicht等，2002）。MCFAs可为肠上皮细胞快速提供能量，提高黏膜结合酶和肠道二糖酶的活性，提高肠道绒毛高度，改善动物的消化吸收功能（Takase等，1990），维持动物肠道的完整性。De Keyser等（2019）研究发现，MCT6/8可以缓解仔猪脂多糖（LPS）攻毒造成的肠道损伤，提高肠道绒毛高度和血清IgA的水平，进而促进仔猪的生长。改善肠道完整性的可能机制是：①通过抑制Toll样受体4（TLR4）和核苷酸结合寡聚化结构域蛋白（NOD）信号通路降低肠道促炎细胞因子的表达；②通过抑制受体相互作用蛋白激酶3（RIP3）和混合系列蛋白激酶样结构域（MLKL）的mRNA表达来减少肠细胞坏死（Xu等，2018）。

（三）中链脂肪酸平衡肠道菌群

MCFAs及单甘酯具有良好的抑菌效果，有利于稳定动物肠道菌群的平衡，且中链单甘酯的抑菌效果优于游离脂肪酸（薛永强等，2020；Bergsson等，2002）。MCFAs是一种阴离子表面活性剂，与细菌病原体的细胞膜有着相似的亲水亲油值，可以穿透细菌等病原体的细胞膜，进入细胞内抑制细菌DNA复制和脂肪酶活性，发挥抑菌作用（潘雪男等，2020）。研究发现，月桂酸单甘油酯（GML）可抑制芽孢萌芽或杀死芽孢，抑制金黄色葡萄球菌、粪肠球菌等细胞壁的合成，癸酸单甘酯能破坏幽门杆菌的细胞膜和细胞壁（Kimsey等，1981；Bergsson等，2001），可见MCFAs的抑菌作用是通过影响细菌的细胞膜和细胞壁来完成的。Sun等（2002）体外研究表明，增加pH与MCFAs抑菌效果呈负相关，说明MCFAs的抑菌作用效果取决于脂肪酸的离解程度，受动物体胃肠道pH的影响。

MCFAs对革兰氏阳性菌的抑菌效果强，而对革兰氏阴性菌的抑菌效果较弱，而且在某些情况下革兰氏阴性菌的抑菌效果较弱，而且在某些情况下月桂酸的抑菌效果要优于辛酸和癸酸（Sun等，2002），辛酸和癸酸混合具有协同效应（Dierick等，2002），此外月桂酸单甘酯和癸酸单甘酯的抑菌效果强于对应的游离脂肪酸（Bergsson等，2002），可见MCFAs的抑菌效果和其种类密切相关。

（四）中链脂肪酸肠道免疫调节

MCFAs对人和动物机体的免疫系统具有一定的调节作用，参与机体免疫系统的调控（薛永强等，2020）。GPR84是一种在免疫细胞中高度表达的信号蛋白，而MCFAs可作为GPR84的配体，表明MCFAs参与机体的免疫调控（Wang等，2006）。研究发现，辛酸及MCT抑制Ca-co-2细胞白介素（IL）-8的分泌（Hoshimoto等，2002），而癸酸却能刺激肠上皮细胞IL-8的分泌（Tanaka等，2001），可见免疫调节与MCFAs种类相关。Kono等（2004）对大肠杆菌脂多糖攻毒大鼠的研究发现，MCT显著促进大鼠IgA的分泌和IL-6的表达，抑制肿瘤坏死因子a（TNF-a）、IL-18、巨噬细胞炎性蛋白-2（MIP-2）、单核细胞趋化蛋白-1（MCP-1）等促炎细胞因子和趋化因子的表达。Carlson等（2015）研究发现，MCT可以降低小鼠的炎症反应，用于治疗炎症引起的慢性疾病。陈少魁等（2016）研究报道，MCFAs可通过抑制TLR4和NOD信号通路来降低断奶仔猪炎症因子的表达，并增加抗炎因子的表达。Xu等（2018）研究发现，日粮中添加MCT降低了断奶仔猪空肠热休克蛋白70和血浆TNF-a的表达，并通过抑制RIP3和NOD的mRNA表达来抑制空肠和回肠细胞坏死。可见，MCFAs具有良好的抗炎作用，可通过多条途径来缓解机体炎症反应，参与机体的免疫调节。

（五）中链脂肪酸抗病毒作用

MCFAs和单甘油酯可抑制多种被膜包裹的病毒（薛永强等，2020）。这些对养猪业影响较大，并且具有囊膜的病毒主要有：猪流行性腹泻病毒（PEDV）、猪繁殖与呼吸综合征病毒（PRRSV）、猪传染性胃肠炎病毒（TGEV）、伪狂犬病病毒（PRV）、经典猪瘟病毒（CSFV）、乙型脑炎病毒（JEV）、非洲猪瘟病毒（ASFV）等（郭亮等，2022），尤其是月桂酸单甘油酯（GML），可以抑制病毒的感染和传播，起到预防和治疗相关病毒性疾病的作用。中链单甘酯可以显著降低囊膜病毒如单纯性疱疹病毒、绵阳髓鞘脱落病毒等的病毒滴度（Thormar等，1987），GML可显著抑制流感病毒、口腔炎病毒的增殖（Isaacs等，1995），抑制SIV病毒的感染和传播（Li等，2009；Haase等，2015）。抗囊膜病毒的机理可能是中链单甘酯的亲脂性，可以插入病毒的囊膜，导致病毒复制能力的减弱或丧失，没有复制能力的病毒就充当了抗原的角色，激发动物产生相应的抗体，从而起到了抗病毒的作用。

四、结语

养殖业持续面临诸多挑战，如禁用抗生素和疾病暴发（猪流行性腹泻病毒、非洲猪瘟病毒等），促使人们寻求使用替抗添加剂来保持动物生产性能。中链脂肪酸和单甘酯由于其关键的理化特性、消化吸收和多种功能，包括对病毒和细菌病原体的抑制活性，已成为一种潜在选择。中链脂肪酸是一类快速补充能量的物质，不仅可促进新陈代谢，提高幼龄动物消化吸收，还可调节幼龄畜禽的免疫系统，对病原微生物有一定的抑制和杀灭作用，从而提高动物的生长性能。目前，中链脂肪酸在不同动物、不同阶段所发挥的具体作用及效果的研究相对较少，如添加形式、添加量、配伍原则及发挥不同作用（抗炎、抗菌和抗病毒）时的机制等方面研究有限，随着对中链脂肪酸在动物生产中的应用效果和作用机理的研究不断深入，不仅为开发新型无抗饲料添加剂提供理论基础，而且对解决动物生产实践和提高经济效益发挥了重要的促进作用。

2021 年饲料机械制造工业概况

2021 年，饲料行业继续应对非洲猪瘟带来的深远影响，面对新冠感染疫情、玉米豆粕等大宗原料价格高位运行给企业生产经营和风险管控带来的严峻挑战，在生猪生产加快恢复、水产和反刍动物养殖持续发展的带动下，饲料工业产量较快增加，饲料行业高质量发展取得新成效。饲料机械行业的发展与饲料工业的发展息息相关，两者相互依存，共同促进，饲料产量的增加，提升了饲料企业对扩大再生产的需求，推动了行业对饲料机械的需求，使饲料加工成套机组的需求量在高位运行，近年来饲料机械产品总产值呈增长趋势。饲料减抗、禁抗时代的到来，使饲料工业的发展面临前所未有的新情况、新变化及新挑战，也迎来了产业调整、转型升级、创新发展的机遇。饲料禁抗在短期内可能导致畜禽对病原菌的抵抗力下降，发病的可能性增加，饲料生产企业需要寻找合适的原料替代抗生素的效能并运用到其饲料产品中，这对饲料生产企业的配方能力，包括原材料的精细化处理在内的饲料加工工艺能力都有较高的要求，饲料企业需要积极调整产品结构，加大工艺设备改造力度，适应饲料生产形势的新变化。

1. 饲料加工成套机组生产情况。近三年，饲料加工成套机组生产情况见表 1。由表 1 可以看出，2021 年共生产饲料加工成套机组 1 611 套，生产总数与 2019 年相比大幅增长，同比增加 862 套，增长幅度为 115.09%，但与 2020 年相比还是有所下降，减少了 126 套，下降幅度为 7.25%。其中，2021 年生产时产 10t 以上的大型饲料加工成套机组 960 套，与 2019 年相比大幅增长，同比增加 663 套，增长幅度为 223.23%，与 2020 年相比略有下降，减少了 13 套，下降幅度为 1.34%；2021 年生产时产 10t 以下的中小饲料加工成套机组 651 套，与 2019 年相比增长幅度较大，增加了 199 套，增长幅度为 44.03%，与 2020 年相比明显降低，减少了 113 套，下降幅度为 14.79%。2021 年饲料加工成套机组数量虽有所下降，但基本保持稳定，主要与 2021 年生猪生产恢复加快、饲料工业产量增加较快、饲料企业转型升级有关。

表 1　饲料加工成套机组产量（套）

年份	≥10t/h	<10t/h	合计
2019	297	452	749
2020	973	764	1 737
2021	960	651	1 611

2. 饲料加工机械生产情况。近三年，饲料加工机械单机设备生产情况见表 2。由表 2 可以看出，2021 年共生产单机设备 35 288 台，生产总数与 2019 年相比有所增长，同比增加 1 534 台，增长幅度为 4.54%，但与 2020 年相比还是有所下降，减少了 2 591 台，下降幅度为 6.84%。2021 年粉碎机、混合机、制粒机三大主机共生产 3 561 台，与 2019 年相比呈现断崖式下降，减少了 5 911 台，下降幅度达 62.40%，与 2020 年相比也有大幅下降，减少了 1 159 台，下降幅度为 24.56%。其中，粉碎机 1 796 台，与 2019 年、2020 年相比都有大幅下降，分别减少了 771 台和 432 台，下降幅度分别为 30.04%和 19.39%；混合机 963 台，与 2019 年相比呈现断崖式下降，减少了 1 302 台，下降幅度达 57.48%，与 2020 年相比也大幅下降，减少了 357 台，下降幅度为 27.05%；制粒机 802 台，与 2019 年相比呈现断崖式下降，减少了 3 838 台，下降幅度达 82.72%，与 2020 年相比也有大幅下降，减少了 370 台，下降幅度为 31.57%。其他单机设备 31 727 台，生产总数与 2019 年相比显著增加，增加了 7 445 台，增长幅度为 30.66%，但与 2020 年相比有所下降，减少了 1 432

台，下降幅度为4.32%。2021年饲料机械出口量2 361台，占生产总量的比例为6.69%，与2019年、2020年相比都明显减少，分别减少了779台和794台，下降幅度分别为24.81%和25.17%。2021年饲料加工三大主机生产量大幅下降，其他单机设备产量也有所降低，这应当与成套机组数量降低有关，也与饲料行业应对非洲猪瘟、面对新冠感染疫情及大宗原料价格高位运行的大环境有关；饲料机械出口量处于较低水平，可能主要是受新冠感染疫情的影响，冲击较大。

表2 饲料加工机械单机产量

单位：台

年份	粉碎机	混合机	制粒机	其他	合计		饲料机械出口量
					三大主机	所有设备	
2019	2 567	2 265	4 640	24 282	9 472	33 754	3 140
2020	2 228	1 320	1 172	33 159	4 720	37 879	3 155
2021	1 796	963	802	31 727	3 561	35 288	2 361

3. 饲料加工机械设备发展特点。2021年，非洲猪瘟、新冠感染疫情、饲料减抗禁抗、大宗原料价格高位运行等，继续加剧饲料行业的变革。随着养殖规模化进程的推进以及饲料产品同质化问题的催化，行业整体盈利空间被进一步压缩，洗牌速度明显加快，中小企业举步维艰，规模化产能集中度进一步提高。大型企业为了增强产品竞争力、寻求新的增长点、更好地提高抗风险能力，积极调整产品结构，加大工艺设备改造力度，适应饲料生产形势的新变化。2021年配合饲料加工设备的发展呈现如下特点。

（1）饲料加工机械主机进一步大型化，向提高产能和适应性要效率。随着目前集团型饲料企业全产业链发展的思路，配套的饲料加工厂专业化程度逐步增强，产能进一步加大，制粒机单机生产能力达到50～70t/h，可加工配合饲料配方更加多元化，甚至可以加工难度非常大的高脂肪或高纤维含量饲料配方。

（2）饲料加工机械主机智能化控制技术研发快速发展。大型制粒机配备了自动辊隙调整、压辊防堵塞系统等，在智能化控制过程中，人工智能控制算法也将在未来部署到控制系统中，大大提高大型制粒机自适应控制能力，提高设备工作稳定性和无人化。

（3）饲料加工机械与配方特性变化机理融合，加快饲料加工设备的特色性及专业性。随着各种功能性配方及营养元素的开发，特色性饲料及差异化饲料加工越来越普及，对饲料加工机械的关键零部件特异性及差异性需求逐渐增加。

（4）新型反刍动物饲料制粒机推广应用。针对反刍动物饲料草粉添加量20%～40%，粗纤维含量高、容重低，导致制粒效率低、颗粒质量差、环模和压辊易磨损等问题，采用精准的全系统水分控制，以及对蒸汽的有效利用，保证了制粒系统的品质和产能；外置液体添加系统，辅助配置糖蜜及二流体添加技术，满足不同需求液体添加量；运用强制喂料技术和特种压辊配置，使低容重、复杂物料得以顺利压制，确保反刍动物颗粒饲料的高硬度要求；运用专用的环模和压辊，降低磨损，减少更换频次。该机型适用于牛羊草粉、糖蜜前添加、犊牛及各阶段全价料、粗纤维禽料等配方的制粒加工。

（5）膨胀制粒工艺在畜禽料加工中得到应用。传统畜禽饲料加工工艺制粒前混合粉料中油脂含量不能太高（3%以内），对于难加工配方适应性差、颗粒饲料成型率低、淀粉糊化度低、耐久性差等问题，在调质工艺中新增膨胀器作为超级调质器应用，提升了难加工配方饲料的品质和制粒产能，节省能耗；拓宽原料选用范围，扩大了廉价非常规原料的应用，降低了原料成本；经高温高压和螺杆机械能综合作用，淀粉糊化、蛋白变性，起到消除抗营养因子、杀灭有害微生物、改善颗粒质量、增加动物的消化率和饲料转化率作用；饲料配方中可以将糖蜜或者油脂的添加量增至10%～12%。采用膨胀制粒工艺，对膨胀器与制粒机的联合控制、设备稳定性和操作方便性提出了较高要求，同时为避免维生素、酶制剂、微生物制剂的损失，应考虑后喷涂。

（6）应用超级保持器——熟化釜提高调质效果。该设备的主轴、叶片和外壳等均可通入蒸汽，采用大面积与粉料进行热交换，起到提升粉料温度的作用，具备超强调质、熟化、蒸发干燥功能。采用改机可以延长调质时间，提升调质温度，提高饲料的熟化度，提高颗粒质量和制粒效率；可以解决北方饲料生产工厂冬天颗粒饲料生产过程中调质温度上不去的问题或者调质温度上升后制粒机环模打滑堵机的问题。因此，该设备对虾料、龙虾料、淡水鱼料、观赏鱼料、膨化水产料、螃蟹料、甲鱼料、高档乳仔猪教保料、高档畜禽饲料等，特别在杀灭非洲猪瘟病毒中效果显著。

（7）开发应用自动拆包投料机、自动拆垛设备、无人装车设备和在线装车设备等，显著降低投料工、搬运工的劳动强度，解决劳动力短缺问题。自动拆包投料机集自动拆包、清理、自动投料以及除尘环保等功能于一体，已经在通威、天康、科盛等大集团公司进行应用。该设备降低了投料工的劳动量，改善了投料工的工作环境，缓解了搬运工的压力。

（8）饲料散装散运方式加快推广，提高成品颗粒饲料质量要求。2021年散装饲料总量9 028.7万t，比上年增长53.1%，占全国配合饲料总产量的33.4%，提高7.8个百分点。饲料散装不仅改变了养殖场的供料方式，也根本性地改变了饲料厂的工艺流程和饲料物流运输模式。饲料厂不得不增加饲料成品仓以保证不同类型客户的定制产品能够及时供应，同时需开设专门的散装料装车线；为了适应养殖企业机械化、自动化、智能化及精准喂料的需求，饲料加工成品的硬度、粉化率、水分等理化指标得到高度重视，需要强化调质、制粒以提高颗粒料的硬度和耐久性，减少食槽中饲料的含粉率。

（9）研发并推广应用针对犊牛开食料的新型加工工艺。犊牛开食料是犊牛断奶前后使用的混合精料，是将压片原料（压片玉米或者压片燕麦等）、颗粒精补料、熟化玉米或者一级玉米、糖蜜、牧草颗粒等原料按照犊牛消化生理特点研发而成的一种新型饲料。针对犊牛开食料的产品特点及成品质量要求，成功研发静态配料混合机、连续式糖蜜喷涂机。静态配料混合机采用了概率混合的创新技术，确保颗粒和压片物料粉化率低，保证颗粒饲料的完整与美观。连续式的糖蜜喷涂机采用了特殊的桨叶结构，使得饲料混合柔和高效，减少物料破碎，其快开式盖板结构方便设备的清理和清洗。

（10）宠物饲料加工机械得到了进一步发展。宠物饲料加工机械面对的物料原料特性更加多元化，更加注重加工机械的适应性及清洁加工，双色及多色宠物产品的出现，也将带来双螺杆挤压膨化机模头结构的创新，同时可视化自动温控系统也将使操作更加便捷。

（李军国　王红英）

饲草产业发展概况

2021年，受新冠感染疫情、饲料粮价格居高不下和国际贸易形势变化等多重因素影响，国内饲草供不应求，饲草价格上涨，我国草食畜牧业发展方式正逐步优化升级，饲草主产区水热条件偏好，单产水平有所提高，种业基础更加牢固，种植结构进一步优化，生产经营主体种草积极性高，草产品和草种进口量明显增加。

1. 饲草种业稳步发展。2021年，饲草种业发展基础进一步夯实，生产结构进一步优化，种子产量基本持平，草种进口量增加。种质资源保护、新品种测试审定等基础性工作成效显著。全国共收集保存种质资源404份，累计保存总量达6.3万份；开展64个品种、972个小区的区域试验；审定通过新品种15个，累计审定优良草品种619个。在宁夏、陕西实施现代种业提升工程饲草项目，新建饲草良种繁育基地3个。紫花苜蓿和燕麦等优质饲草种子生产田面积较上年明显增加，占全国饲草种子田面积比例有所提高。因水热匹配较好，开花期、成熟期、收获期等生产关键时期气候状况好于上年，加之甘肃、内蒙古等重点区域专业化、标准化生产水平提升明显，2021年全国饲草种子总产量约9万t。进口草种8.39万t，同比增加21%，进口草种以草坪草为主，饲草种子占比较小。其中，紫花苜蓿种子进口0.52万t，同比增加46%，平均到岸价格3.76美元/kg，同比上涨35%，主要来自加拿大、意大利、澳大利亚和法国。饲用燕麦种子进口1.2万t，同比增加46%。黑麦草种子进口3.4万t，同比减少15%，平均到岸价格1.60美元/kg，同比上涨23%，主要来自美国、丹麦及新西兰。羊茅种子进口2.09万t，同比增加75%，平均到岸价格2.11美元/kg，同比上涨12%，主要来自美国和丹麦。草地早熟禾种子进口0.79万t，同比增加159%，平均到岸价格3.57美元/kg，与去年基本持平，主要来自美国和丹麦。三叶草种子主要来自阿根廷、美国及新西兰，其中：从美国进口0.12万t，占比33%；从阿根廷进口0.11万t，占比31%；从新西兰进口0.04万t，占比12%。

2. 饲草种植水平进一步提高。2021年，我国生长期全国大部分地区气温正常偏高、降水偏多，水热条件好于常年同期，植被长势总体上好于常年同期，与上年同期持平偏好。在粮改饲和振兴奶业苜蓿发展行动等项目示范带动下，各地大力推广丰产关键技术，增加优良饲草品种比例，扩大规模化、标准化种植，实施机械化作业和病虫杂草防控等综合生产管理措施，提升种草管理水平。

3. 国产商品草供给能力加快提升。2021年，从事饲草生产加工的经营主体发展态势良好，企业超过620家，农牧民专业合作社约650家，主要集中在甘肃、内蒙古、青海、宁夏、山东、河南、湖北等地区，企业产品以紫花苜蓿草捆、草块、草颗粒、草粉、青贮玉米裹包和燕麦草捆为主。

4. 草产品进口量明显增加。2021年，我国草产品进口总量为204.52万t，同比增加19%。其中，进口苜蓿干草178.03万t，占草产品进口总量的87%，同比增加31%；平均到岸价格382美元/t，同比上涨6%，主要进口来源国为美国、南非、西班牙、意大利、加拿大及苏丹。进口苜蓿粗粉及颗粒5.23万t，占草产品进口总量的2.6%，同比增加84%；平均到岸价格261美元/t，同比下跌8%，主要进口来源国为西班牙、意大利和哈萨克斯坦。燕麦草进口量21.27万t，占草产品进口总量的10.4%，同比减少36%；平均到岸价格343美元/t，同比下降1%，燕麦草全部来自澳大利亚。

饲料质量安全监管

2021年，农业农村部办公厅印发《2021年饲料质量安全监管工作方案》，按照上下联动、分级负责的原则，健全“全国一盘棋”工作机制，组织开展饲料质量安全监督抽查、饲料和饲料添加剂产品风险监测和风险预警，对100家饲料和饲料添加剂生产企业开展现场检查，实施饲料标签专项检查，全年饲料产品抽检合格率达98.8%，饲料质量安全保持较高水平。

“瘦肉精”专项整治

2021年3月，启动为期3个月的“瘦肉精”专项整治行动，组织各省份对辖区内肉牛肉羊养殖场（户）、贩运经营者和屠宰企业进行全面排查，累计排查养殖场（户）和屠宰厂460万家、家畜近1.5亿头（只）。设立公布举报电话，受理群众举报，并将举报线索移交相关省份核查办理。指导河北有关农业农村部门妥善处置青县肉羊养殖违禁使用“瘦肉精”问题。组织专项工作组赴8个省份开展飞行检查，覆盖772个养殖场（户）、81个屠宰企业，检查结果反馈有关省份依法依规查处，督促地方落实“瘦肉精”监管责任，对“瘦肉精”违法问题保持高压严打态势，确保畜产品的质量安全。

粮改饲工作

2021年，粮改饲项目继续在河北、山西、内蒙古、辽宁、吉林、黑龙江、安徽、山东、河南、广西、贵州、云南、陕西、宁夏、甘肃、青海、新疆等17个省份和新疆生产建设兵团以及北大荒农垦集团实施。

一是持续增加优质饲草供给。在粮改饲政策落实中，各地在稳定粮食生产的基础上，适当调整粮饲结构，优化种植结构类型，全株青贮玉米等优质饲草料种植面积不断扩大，优质饲草供给显著增加，极大地推动了草食畜牧业增产增效增收。2021年，全国共完成粮改饲面积2 000万亩，收贮优质饲草5 500万t。

二是加快推进草畜一体化发展。饲草生产和草食家畜养殖密不可分。粮改饲项目的实施，带动了草畜一体化快速发展，更多的养殖企业开始推行种养结合。据统计，2021年粮改饲项目覆盖了牛羊养殖场20多万个，养殖户近13万户。在粮改饲项目的带动下，各地大力推行种草养畜、粪尿还田的方式，不仅提高了饲草产量及饲草和畜产品的质量，还减少了化肥投入，使畜牧业产生的废弃物充分利用，实现了以牧肥田、农牧结合、种养循环。

三是稳步推动饲草产业发展。在实施粮改饲项目的过程中，各地引导专业牧草企业、种植大户、养殖企业、大户、贫困户等积极参与，培育了一批专业“种、收、贮、加、销”服务组织，饲草收获机械化水平大幅提升，基本实现了播种、收割、揉丝、打捆、粉碎、打包全程机械化作业，有效促进了现代饲草产业发展。据统计，2021年项目实施省份共培育近13万个专业收储青贮玉米的企业，近3.2万台（套）自走式联合收割机械开展专业收储，饲草专业化服务组织达1.2万家。

四是有效保障粮食安全。粮改饲实践表明，按照以畜定产原则，用部分耕地发展全株青贮玉米、苜蓿、饲用燕麦等饲草作物，不但可以提高牛羊生产性能和养殖效率，还可以减少牛羊养殖过程中玉米和豆粕等精饲料用量，实现“化草为粮”“以草代粮”。例如，将玉米籽粒和秸秆一起全株饲用后，不仅玉米籽粒没有损失，还提高了秸秆利用率，减少了豆粕用量，相当于增加了额外的能量和蛋白供应，1亩地可以发挥出1.3亩左右的效应；优质高产苜蓿按目前单产514kg的水平，每亩地提供的蛋白为90～100kg，相当于2亩大豆。2021年，通过实施粮改饲，牛羊养殖减用玉米和豆粕720万t，相当于减少了2 600万亩的玉米、大豆种植需求，节约耕地600万亩。

五是显著增加农牧民收入。各地将落实粮改饲政策作为产业扶贫、精准扶贫的重要抓手，通过政策扶持引导、技术指导示范，推广饲草订单、土地流转托管、务工就业、母畜托管、合作养畜等模式，促进农牧民脱贫致富。通过大力推广种植全株青贮玉米等优质饲草料，辐射带动农民在家门口“就业挣钱”。据统计，2021年全株青贮玉米每吨收购价较上年增加100元以上，经济效益十分可观。与种植籽粒玉米相比，按照2021年种植全株青贮玉米地头价平均每亩1 400元测算，再加上节省的收获烘干等后期费用，种植全株青贮玉米比籽粒玉米每亩增收100多元，效益明显。

饲草种子质量监测

【牧草种质资源保护】

持续加强牧草种质资源保护和利用，全国共收集475份栽培、野生牧草种质资源，经复检，404份合格，合格率85.1%。全国累计保存总量6.3万余份。采用抽测的方式，监测库存种质资源3 096份；完成602份重要禾本科和豆科牧草种质资源的异地备份。发挥国家草种质资源库公益性的职能，向国内高等院校和科研院所分发共享资源488份，用于新草品种选育和优异基因的挖掘。组织专家对中国热带农业科学院向越南芹苴大学提供滨豇豆、海刀豆和柱花草3份种质资源事宜开展技术评审。

【饲草种子质量监测】

农业农村部全国草业产品质量监督检验测试中心等9家省部级质检机构，对北京、河南、甘肃、新疆、江西、四川、贵州、宁夏、内蒙古9个省份的主要饲草种子质量状况进行了抽样监测，共完成1 085批次监督抽查和委托检验任务，三级以上饲草种子906批次，合格率为83.5%；其中国产种子合格率为82.7%、进口种子合格率为86.0%。

附件

2021 年全国草品种审定委员会审定通过草品种名录

序号	科	属	种	品种名称	品种类别	申报单位	申报者	适宜区域
1	禾本科	雀稗属	海滨雀稗	苏农科 1 号	育成品种	江苏省农业科学院畜牧研究所	钟小仙/刘智微/钱晨/吴娟子/顾洪如	适宜在长江中下游及以南地区用于绿地、运动场草坪建植和盐碱地改良。
2	禾本科	燕麦属	燕麦	黑玫克（Haymaker）	引进品种	山西农业大学/北京正道农业股份有限公司/河北君稼饲料有限公司	董宽虎/夏方山/钟华/李鸿强/吴聚生	适宜在我国东北、华北、西南及西北等地区种植。
3	禾本科		小黑麦	甘农 3 号	育成品种	甘肃农业大学	杜文华/宋谦/田新会/赵方媛/刘海波	适宜在青藏高原高寒地区及其他气候相似区地区种植。
4	禾本科	鸭茅属	鸭茅	渝东	野生栽培品种	四川农业大学/西南大学	黄琳凯/张新全/聂刚/曾兵/冯光燕	适宜于西南温凉湿润地区（海拔 700～2 400m 最为适宜）及华北地区种植。
5	禾本科	高粱属	苏丹草	曲丹 8 号（Trudan8）	引进品种	邵阳市南方草业科学研究所	李三要/朱晓花/刘海华/江世高/李燕骄	适宜在我国夏季炎热、雨量中等的地区种植。
6	豆科	野豌豆属	山野豌豆	东盛	野生栽培品种	东北师范大学/延边朝鲜族自治州草原管理站	穆春生/金成吉/李志坚/吴春英/王俊锋	适宜在吉林省东西部山区及东北气候相似地区种植。
7	豆科	野豌豆属	歪头菜	甘青	野生栽培品种	兰州大学	南志标/王彦荣/聂斌/傅华/唐伟	适宜在海拔 3 600m 以下的青藏高原地区种植，可在海拔 3 000m 以下地区生产种子。
8	豆科	胡枝子属	美丽胡枝子	鄂西北	野生栽培品种	湖北省农业科学院畜牧兽医研究所	田宏/刘洋/张鹤山/熊军波/陆姣云	适宜在长江中下游湖北、湖南、江西等地区种植。
9	豆科	苜蓿属	紫花苜蓿	中天 2 号	育成品种	中国农业科学院兰州畜牧与兽药研究所	杨红善/段慧荣/周学辉/崔光欣/朱新强	适宜在我国温暖半干燥气候的黄土高原以及西北、华北等地区种植。
10	豆科	苜蓿属	紫花苜蓿	中苜 10 号	育成品种	中国农业科学院北京畜牧兽医研究所	杨青川/龙瑞才/康俊梅/王珍/陈林	适宜在我国黄淮海地区及气候类似地区种植。
11	豆科	决明属	翅荚决明	桂南	野生栽培品种	广西壮族自治区畜牧研究所	姚娜/赖大伟/丘金花/赖志强/易显凤	适宜在我国海南、广东、广西等热带亚热带地区种植。
12	禾本科	雀稗属	海滨雀稗	广星	育成品种	华南农业大学/广州星太体育场地设施工程有限公司	张巨明/刘天增/谢新春/李龙保/王旭盛	适宜在我国长江中下游以南的热带、亚热带地区用于草坪建植。
13	豆科		大豆—野大豆杂交种	鲁饲 2 号	育成品种	山东省畜牧总站	翟桂玉/姜慧新/刘栋/王兆凤/曹阳	适宜在我国华北、中原及长江中下游北部温暖湿润气候地区种植。
14	禾本科		高粱—苏丹草杂交种	速丹 79（Sordan79）	引进品种	邵阳市南方草业科学研究所	朱晓花/李三要/江世高/刘海华/刘建桥	适宜在我国华南、西南、华北等地区推广种植。
15	禾本科	蜈蚣草属	假俭草	渝西	野生栽培品种	江苏省中国科学院植物研究所	宗俊勤/刘建秀/郭海林/陈静波/王晶晶	适宜在我国长江中下游及以南地区用于景观绿化和水土保持草坪建植。

饲料行业法制建设

制定发布《直接饲喂微生物和发酵制品生产菌株鉴定及其安全性评价指南》，对直接饲喂微生物和发酵制品生产菌株鉴定及其安全性评价的基本原则、基本要求、评价方法以及结果判定作出规定，进一步规范新饲料和饲料添加剂安全性评价工作。

饲料行政许可

贯彻落实“放管服”要求，严格履行饲料评审程序和各项制度要求，切实用好饲料和饲料添加剂评审、咨询等相关工作。一是创新做好饲料行政审批事项。评审通过吡咯并喹啉醌二钠、碱式氯化锰、水飞蓟宾3个新饲料添加剂产品，以及新产品制度实施以来的首个新饲料原料乙醇梭菌蛋白。增补1个饲料原料（棕榈酸脂肪粉）进入《饲料原料目录》，增补1个饲料添加剂品种［焦糖色（普通法、氨法）］进入《饲料添加剂品种目录》，扩大1个饲料原料品种（辅酶Q10渣）的适用范围。二是推动落实饲料和饲料添加剂审批咨询服务，对43个次产品的咨询申请进行了评议，由专家提出全面、权威的咨询意见，提高了申报材料的质量和评审工作效率。三是完善饲料评价科学方法体系。制定发布《直接饲喂微生物和发酵制品生产菌株鉴定及其安全性评价指南》，弥补了在微生物安全性评价方面的短板，为进一步规范菌种鉴定和安全性评价工作、确保微生物发酵产品质量安全提供有力抓手。四是按时完成产品进口登记证核发。批准1 195种饲料和饲料添加剂产品在我国登记或续展登记，并颁发进口登记证。

进口饲料和饲料添加剂管理

中华人民共和国农业农村部公告

第 387 号

根据《进口饲料和饲料添加剂登记管理办法》有关规定，批准以色列 Galam 有限责任公司等 48 家公司生产的 100 种饲料和饲料添加剂产品在我国登记或续展登记，并发给进口登记证（附件 1）。批准饲料级 DL-蛋氨酸（DL-Methionine Feed Grade）生产厂家名称变更（附件 2）。所登记产品的监督检验，按中华人民共和国国家标准和我部发布的质量标准执行。

特此公告。

附件：1. 进口饲料和饲料添加剂产品登记证目录（2021-01）

2. 换发进口饲料和饲料添加剂产品登记证目录（2021-01）

农业农村部

2021 年 1 月 14 日

附件 1

进口饲料和饲料添加剂产品登记证目录（2021－01）

登记证号	通用名称	商品名称	产品类别	使用范围	生产厂家	有效期限	备注
（2021）外饲准字 001 号	饲料添加剂 果寡糖 Feed Additive Fructo-oligosaccharides	低聚果糖 Fructo-Oligosaccharides (FOS)	饲料添加剂 Feed Additive	牛、鸡、宠物 Cattle，Chicken，Pets	以色列 Galam 有限责任公司 Galam Ltd.，Israel	2021.01—2026.01	新办
（2021）外饲准字 002 号	混合型饲料添加剂 氯化胆碱 Feed Additives Mixture Choline Chloride	利乳特 Cho 30 LipoAktiv Cho 30	混合型饲料添加剂 Feed Additives Mixture	反刍动物 Ruminant	马来西亚 BERG & SCHMIDT NUTRITION 私人有限公司 BERG & SCHMIDT NUTRITION SDN BHD，Malaysia	2021.01—2026.01	新办
（2021）外饲准字 003 号	混合型饲料添加剂 L-赖氨酸盐酸盐 Feed Additives Mixture L-Lysine Monohydrochloride	利乳特 Lys 40 LipoAktiv Lys 40	混合型饲料添加剂 Feed Additives Mixture	反刍动物 Ruminant	马来西亚 BERG & SCHMIDT NUTRITION 私人有限公司 BERG & SCHMIDT NUTRITION SDN BHD，Malaysia	2021.01—2026.01	新办
（2021）外饲准字 004 号	混合型饲料添加剂 矿物元素 Feed Additives Mixture Minerals	欧必钙 Obicalc	混合型饲料添加剂 Feed Additives Mixture	奶牛 Cows	法国纽崔瑟维斯公司 NUTRI-SERVICE，France	2021.01—2026.01	新办
（2021）外饲准字 005 号	混合型饲料添加剂 枯草芽孢杆菌 Feed Additives Mixture *Bacillus subtilis*	长肉多 GroMeat	混合型饲料添加剂 Feed Additives Mixture	畜禽、水产养殖动物 Livestock，Poultry，Aquaculture animals	（台湾）丰展生物科技股份有限公司二厂 Enriching Innovation Biotech Co.，Ltd	2021.01—2026.01	新办
（2021）外饲准字 006 号	混合型饲料添加剂 乳酸 Feed Additives Mixture Lactic Acid	百优乐 Biolex™-C	混合型饲料添加剂 Feed Additives Mixture	猪、家禽、反刍动物 Swine，Poultry，Ruminant	美国 BioMatrix 国际公司 BioMatrix International，USA	2021.01—2026.01	新办
（2021）外饲准字 007 号	混合型饲料添加剂 酸度调节剂 Feed Additives Mixture Acidity Regulators	佳丽斯 Gallimix	混合型饲料添加剂 Feed Additives Mixture	猪、家禽、兔 Swine，Poultry，Rabbit	法国 Mg2mix 有限公司 Mg2mix，France	2021.01—2026.01	新办

（续）

登记证号	通用名称	商品名称	产品类别	使用范围	生产厂家	有效期限	备注
（2021）外饲准字 008 号	混合型饲料添加剂 酸度调节剂 香味物质 Feed Additives Mixture Acidity Regulators Flavouring Substances	速康保 Agrocid Super Complete	混合型饲料添加剂 Feed Additives Mixture	家禽、猪 Poultry，Swine	（比利时）CID LINES N. V. CID LINES N. V.，Belgium	2021.01—2026.01	新办
（2021）外饲准字 009 号	混合型饲料添加剂 微生物 Feed Additives Mixture Live Microorganisms	芯发旺—秸秆青贮剂 SYNFERM Corn Silage	混合型饲料添加剂 Feed Additives Mixture	青贮饲料 Silage	台湾生合生物科技股份有限公司（燕巢厂） Synbiotech Inc.（Yanchao）	2021.01—2026.01	新办
（2021）外饲准字 010 号	混合型饲料添加剂 甲酸 Feed Additives Mixture Formic Acid	米伽酸 MEGACID-F	混合型饲料添加剂 Feed Additives Mixture	猪、家禽、水产养殖动物 Swine，Poultry，Aquaculture animals	（意大利）Eurofeed Technologies spa Eurofeed Technologies spa，Italy	2021.01—2026.01	新办
（2021）外饲准字 011 号	混合型饲料添加剂 丙酸 丙酸铵 肉桂醛 Feed Additives Mixture Propionic Acid Ammonium Propionate Cinnamic Aldehyde	得醛美 BIOBAC PR	混合型饲料添加剂 Feed Additives Mixture	养殖动物 All species or categories of animals	（西班牙）DEX IBÉRICA，S. A. DEX IBÉRICA，S. A.，Spain	2021.01—2026.01	新办
（2021）外饲准字 012 号	花生粕 Peanut Meal	花生粕 Peanut meal	单一饲料 Single Feed	养殖动物 All species or categories of animals	苏丹 FINE 有限公司 FINE COMPANY LIMITED，Sudan	2021.01—2026.01	新办
（2021）外饲准字 013 号	花生粕 Peanut Meal	花生粕 Peanut meal	单一饲料 Single Feed	养殖动物 All species or categories of animals	苏丹 MARIA MULTI ACTIVITIES 有限公司 MARIA MULTI ACTIVITIES CO.，LTD，Sudan	2021.01—2026.01	新办
（2021）外饲准字 014 号	白鱼粉 White Fishmeal	白鱼粉（二级） White Fishmeal（Ⅱ）	单一饲料 Single Feed	畜禽、水产养殖动物（反刍动物除外） Livestock，Poultry，Aquaculture animals（Not including ruminant）	俄罗斯 JSC TURNIF 公司（工船加工，工船名称“Porfiriy Chanchibadze”，工船号：CH-788） JSC TURNIF（Produced on board at vessel“Porfiriy Chanchibadze”，official No. CH-788），Russia	2021.01—2026.01	新办

（续）

登记证号	通用名称	商品名称	产品类别	使用范围	生产厂家	有效期限	备注
（2021）外饲准字 015 号	白鱼粉 White Fishmeal	白鱼粉（二级） White Fishmeal（Ⅱ）	单一饲料 Single Feed	畜禽、水产养殖动物（反刍动物除外） Livestock，Poultry，Aquaculture animals（Not including ruminant）	俄罗斯 JSC“DMP-RM”公司（工船加工，工船名称“PAVEL BATOV”，工船号：CH-23F） JSC“DMP-RM”（Produced on board at vessel“PAVEL BATOV”，official No. CH-23F），Russia	2021.01—2026.01	新办
（2021）外饲准字 016 号	牛肉骨粉 Bovine Meat and Bone Meal	牛肉骨粉 Bovine Meat and Bone Meal	单一饲料 Single Feed	猪、家禽、水产养殖动物、宠物 Swine，Poultry，Aquaculture animals，Pets	新西兰南坎特伯雷副产品（2009）有限公司 Mosgiel 工厂 South Canterbury By-Products（2009）Limited（Plant Mosgiel），New Zealand	2021.01—2026.01	新办
（2021）外饲准字 017 号	豆粕 Soybean Meal	COFCO HIPRO 豆粕 SOYBEAN MEAL HIPRO COFCO	单一饲料 Single Feed	养殖动物 All species or categories of animals	阿根廷 COFCO INTERNATIONAL ARGENTINA S. A.（SENASA 登记号：9489/A/E） COFCO INTERNATIONAL ARGENTINA S. A.（SENASA No.：9489/A/E），Argentina	2021.01—2026.01	新办
（2021）外饲准字 018 号	豆粕 Soybean Meal	COFCO LOW PRO 豆粕 SOYBEAN MEAL LOW PRO COFCO	单一饲料 Single Feed	养殖动物 All species or categories of animals	阿根廷 COFCO INTERNATIONAL ARGENTINA S. A.（SENASA 登记号：9740/A/E） COFCO INTERNATIONAL ARGENTINA S. A.（SENASA No.：9740/A/E），Argentina	2021.01—2026.01	新办
（2021）外饲准字 019 号	豆粕 Soybean Meal	COFCO LOW PRO 豆粕 SOYBEAN MEAL LOW PRO COFCO	单一饲料 Single Feed	养殖动物 All species or categories of animals	阿根廷 COFCO INTERNATIONAL ARGENTINA S. A.（SENASA 登记号：9489/A/E） COFCO INTERNATIONAL ARGENTINA S. A.（SENASA No.：9489/A/E），Argentina	2021.01—2026.01	新办

（续）

登记证号	通用名称	商品名称	产品类别	使用范围	生产厂家	有效期限	备注
（2021）外饲准字 020 号	豆粕 Soybean Meal	COFCO HIPRO 豆粕 SOYBEAN MEAL HIPRO COFCO	单一饲料 Single Feed	养殖动物 All species or categories of animals	阿根廷 COFCO INTERNATIONAL ARGENTINA S. A. （SENASA 登记号：9740/A/E） COFCO INTERNATIONAL ARGENTINA S. A.（SENASA No.：9740/A/E），Argentina	2021.01—2026.01	新办
（2021）外饲准字 021 号	豆粕 Soybean Meal	T6 INDUSTRIAL HIPRO 豆粕 SOY BEAN MEAL HIPRO T6 INDUSTRIAL	单一饲料 Single Feed	养殖动物 All species or categories of animals	阿根廷 T6 Industrial S. A.（SENASA 登记号：9490/A/E） T6 Industrial S. A. （SENASA No.：9490/A/E），Argentina	2021.01—2026.01	新办
（2021）外饲准字 022 号	豆粕 Soybean Meal	T6 INDUSTRIAL MID-PRO 豆粕 SOY BEAN MEAL MID-PRO T6 INDUSTRIAL	单一饲料 Single Feed	养殖动物 All species or categories of animals	阿根廷 T6 Industrial S. A.（SENASA 登记号：9490/A/E） T6 Industrial S. A. （SENASA No.：9490/A/E），Argentina	2021.01—2026.01	新办
（2021）外饲准字 023 号	淡水鱼粉 Fresh Fishmeal	鱼粉 60%蛋白质 Fish meal 60% Protein	单一饲料 Single Feed	畜禽、水产养殖动物（反刍动物除外） Livestock，Poultry，Aquaculture animals （Not including ruminant）	（越南）Van Duc Tien Giang Food Export Company Van Duc Tien Giang Food Export Company，Vietnam	2021.01—2026.01	新办
（2021）外饲准字 024 号	仔猪配合饲料 Compound Feed for Piglets	活力乳 Denkapig Lacto Start IP	配合饲料 Compound Feed	仔猪 Piglets	荷兰登卡维特有限公司 Denkavit Nederland B. V.，the Netherlands	2021.01—2026.01	新办
（2021）外饲准字 025 号	仔猪配合饲料 Compound Feed for Piglets	易壮乳 Denkapig Lacto Next IP	配合饲料 Compound Feed	仔猪 Piglets	荷兰登卡维特有限公司 Denkavit Nederland B. V.，the Netherlands	2021.01—2026.01	新办

（续）

登记证号	通用名称	商品名称	产品类别	使用范围	生产厂家	有效期限	备注
(2021) 外饲准字 026 号	仔猪配合饲料 Compound Feed for Piglets	WP 优质代乳 WP Premium Milk IP	配合饲料 Compound Feed	仔猪 Piglets	荷兰登卡维特有限公司 Denkavit Nederland B. V.，the Netherlands	2021.01—2026.01	新办
(2021) 外饲准字 027 号	羔羊配合饲料 Compound Feed for Kids and Lambs	正大羔羊配方奶粉—羔乐宝 Denkamilk Capri-Ovi IP	配合饲料 Compound Feed	羔羊 Lamb	荷兰登卡维特有限公司 Denkavit Nederland B. V.，the Netherlands	2021.01—2026.01	新办
(2021) 外饲准字 028 号	仔猪配合饲料 Compound Feed for Piglets	正大奶猪宝—乳猪配方奶粉Ⅰ Lacto Start IP	配合饲料 Compound Feed	仔猪 Piglets	荷兰登卡维特有限公司 Denkavit Nederland B. V.，the Netherlands	2021.01—2026.01	新办
(2021) 外饲准字 029 号	仔猪配合饲料 Compound Feed for Piglets	正大奶猪宝—乳猪配方奶粉Ⅱ Lacto Next IP	配合饲料 Compound Feed	仔猪 Piglets	荷兰登卡维特有限公司 Denkavit Nederland B. V.，the Netherlands	2021.01—2026.01	新办
(2021) 外饲准字 030 号	犊牛配合饲料 Compound Feed for Calves	正大犊牛代乳宝—犊牛配方奶粉Ⅰ Denkamilk Topmilk IP	配合饲料 Compound Feed	犊牛 Calves	荷兰登卡维特有限公司 Denkavit Nederland B. V.，the Netherlands	2021.01—2026.01	新办
(2021) 外饲准字 031 号	犊牛配合饲料 Compound Feed for Calves	正大犊牛代乳宝—犊牛配方奶粉Ⅱ Denkamilk Topstart IP	配合饲料 Compound Feed	犊牛 Calves	荷兰登卡维特有限公司 Denkavit Nederland B. V.，the Netherlands	2021.01—2026.01	新办
(2021) 外饲准字 032 号	犊牛配合饲料 Compound Feed for Calves	正大犊牛代乳宝—犊牛配方奶粉 S Denkamilk Royal IP	配合饲料 Compound Feed	犊牛 Calves	荷兰登卡维特有限公司 Denkavit Nederland B. V.，the Netherlands	2021.01—2026.01	新办
(2021) 外饲准字 033 号	鱼配合饲料 Compound Feed for Fish	肥宝（鱼饲料） Fei Bao	配合饲料 Compound Feed	鱼 Fish	日本林兼产业株式会社饲料事业部长府工厂 Hayashikane Sangyo Co.，Ltd.，Feed Business Division，Chofu Plant，Japan	2021.01—2026.01	新办

（续）

登记证号	通用名称	商品名称	产品类别	使用范围	生产厂家	有效期限	备注
(2021) 外饲准字 034 号	鱼配合饲料 Compound Feed for Fish	盛宝（鱼饲料） Sheng Bao	配合饲料 Compound Feed	鱼 Fish	日本林兼产业株式会社饲料事业部长府工厂 Hayashikane Sangyo Co.，Ltd.，Feed Business Division，Chofu Plant，Japan	2021.01—2026.01	新办
(2021) 外饲准字 035 号	犊牛配合饲料 Compound Feed for Calves	爱得普 ADAPTO	配合饲料 Compound Feed	犊牛 Calves	法国硕菲沃公司 SOFIVO S. A. S，France	2021.01—2026.01	新办
(2021) 外饲准字 036 号	犊牛配合饲料 Compound Feed for Calves	爱美饲安 EIMERIVO SECURIVO	配合饲料 Compound Feed	犊牛 Calves	法国硕菲沃公司 SOFIVO S. A. S，France	2021.01—2026.01	新办
(2021) 外饲准字 037 号	犊牛配合饲料 Compound Feed for Calves	爱沃普美 ELVOR PREMIO	配合饲料 Compound Feed	犊牛 Calves	法国硕菲沃公司 SOFIVO S. A. S，France	2021.01—2026.01	新办
(2021) 外饲准字 038 号	犊牛配合饲料 Compound Feed for Calves	爱沃惠普 ELVOR HP	配合饲料 Compound Feed	犊牛 Calves	法国硕菲沃公司 SOFIVO S. A. S，France	2021.01—2026.01	新办
(2021) 外饲准字 039 号	全价宠物食品猫粮 Pet Compound Feed for Cat	查尔斯全价无谷猫粮全龄猫 Charles Grain Free Cat Food for All Life Stages	宠物配合饲料 Pet Compound Feed	猫 Cats	（台湾）保生实业股份有限公司 Pomp Shine Enterprise Corp.	2021.01—2026.01	新办
(2021) 外饲准字 040 号	全价宠物食品幼年期/妊娠期/哺乳期猫粮 Pet Compound Feed for Kitten/pregnancy/lactation Cat	查尔斯全价无谷猫粮幼母猫 Charles Grain Free Cat Food for Pregnant Cat & Kittens	宠物配合饲料 Pet Compound Feed	猫 Cats	（台湾）保生实业股份有限公司 Pomp Shine Enterprise Corp.	2021.01—2026.01	新办
(2021) 外饲准字 041 号	全价宠物食品成年期猫粮 Pet Compound Feed for Adult Cat	查尔斯全价低敏猫粮成猫活力短毛 Charles Hypoallergenic Cat Food for High Activity Adult & Shorthair	宠物配合饲料 Pet Compound Feed	猫 Cats	（台湾）保生实业股份有限公司 Pomp Shine Enterprise Corp.	2021.01—2026.01	新办

（续）

登记证号	通用名称	商品名称	产品类别	使用范围	生产厂家	有效期限	备注
(2021) 外饲准字 042 号	全价宠物食品成年期猫粮 Pet Compound Feed for Adult Cat	查尔斯全价低敏猫粮成猫活力长毛 Charles Hypoallergenic Cat Food for High Activity Adult / Longhair	宠物配合饲料 Pet Compound Feed	猫 Cats	（台湾）保生实业股份有限公司 Pomp Shine Enterprise Corp.	2021.01—2026.01	新办
(2021) 外饲准字 043 号	全价宠物食品犬粮 Pet Compound Food for Dogs	K9 Natural 冷冻干燥宠物食品鳕鱼 & 牛肉配方 K9 Natural Freeze Dried Hoki & Beef Feast	宠物配合饲料 Pet Compound Feed	犬 Dogs	新西兰冻干食品有限公司 Freeze Dried Foods New Zealand Limited, New Zealand	2021.01—2026.01	新办
(2021) 外饲准字 044 号	全价宠物食品犬粮 Pet Compound Food for Dogs	K9 Natural 冷冻干燥宠物食品羊肉 & 帝王鲑配方 K9 Natural Freeze Dried Lamb & King Salmon Feast	宠物配合饲料 Pet Compound Feed	犬 Dogs	新西兰冻干食品有限公司 Freeze Dried Foods New Zealand Limited, New Zealand	2021.01—2026.01	新办
(2021) 外饲准字 045 号	全价宠物食品成年期犬粮 Pet Compound Feed for Adult Dog	自然馈赠—鸡肉海鱼味成犬粮 NATURE'S GIFT-ADULT DOG WITH CHICKEN & OCEAN FISH FLAVOR	宠物配合饲料 Pet Compound Feed	犬 Dogs	泰国 Nutrix Public 有限公司 Nutrix Public Company Limited, Thailand	2021.01—2026.01	新办
(2021) 外饲准字 046 号	全价宠物食品小型/中型/大型犬幼年期犬粮 Pet Compound Feed for Small and Medium and Large Puppy	自然馈赠—鸡肉味幼犬粮 NATURE'S GIFT-PUPPY DOG WITH CHICKEN FLAVOR	宠物配合饲料 Pet Compound Feed	犬 Dogs	泰国 Nutrix Public 有限公司 Nutrix Public Company Limited, Thailand	2021.01—2026.01	新办

（续）

登记证号	通用名称	商品名称	产品类别	使用范围	生产厂家	有效期限	备注
(2021) 外饲准字 047 号	全价宠物食品成年期犬粮 Pet Compound Feed for Adult Dog	自然馈赠—鸡肉味成犬粮 NATURE'S GIFT-ADULT DOG WITH CHICKEN FLAVOR	宠物配合饲料 Pet Compound Feed	犬 Dogs	泰国 Nutrix Public 有限公司 Nutrix Public Company Limited, Thailand	2021.01—2026.01	新办
(2021) 外饲准字 048 号	全价宠物食品成年期犬粮 Pet Compound Food for Adult Dogs	Billy Margot 牛肉配方成犬罐头 Billy Margot Adult Beef Recipe	宠物配合饲料 Pet Compound Feed	犬 Dogs	澳大利亚宠物食品有限公司（Ingleburn 工厂） Australian Pet Brands Pty Ltd (Ingleburn), Australia	2021.01—2026.01	新办
(2021) 外饲准字 049 号	全价宠物食品成年期犬粮 Pet Compound Food for Adult Dogs	Natures Gift 三文鱼配方成犬罐头 Natures Gift Adult Salmon Recipe	宠物配合饲料 Pet Compound Feed	犬 Dogs	澳大利亚宠物食品有限公司（Ingleburn 工厂） Australian Pet Brands Pty Ltd (Ingleburn), Australia	2021.01—2026.01	新办
(2021) 外饲准字 050 号	全价宠物食品幼年期犬粮 Pet Compound Food for Puppy	Billy Margot 三文鱼配方幼犬罐头 Billy Margot Puppy Salmon Recipe	宠物配合饲料 Pet Compound Feed	犬 Dogs	澳大利亚宠物食品有限公司（Ingleburn 工厂） Australian Pet Brands Pty Ltd (Ingleburn), Australia	2021.01—2026.01	新办
(2021) 外饲准字 051 号	全价宠物食品幼年期猫粮 Pet Compound Food for Kittens	Farmers Market 三文鱼配方猫罐头 Farmers Market Cat Salmon Recipe	宠物配合饲料 Pet Compound Feed	猫 Cats	澳大利亚宠物食品有限公司（Ingleburn 工厂） Australian Pet Brands Pty Ltd (Ingleburn), Australia	2021.01—2026.01	新办
(2021) 外饲准字 052 号	全价宠物食品猫粮 Complete Food for Cats	Kiwi Kitchens 牛肉鸡肉配方风干猫粮 Kiwi Kitchens-Beef Dinner with Chicken-Air Dried Pet Cat Food	宠物配合饲料 Pet Compound Feed	猫 Cats	新西兰阿尔卑斯出口有限公司 Alpine Export NZ Limited, New Zealand	2021.01—2026.01	新办

（续）

登记证号	通用名称	商品名称	产品类别	使用范围	生产厂家	有效期限	备注
（2021）外饲准字 053 号	全价宠物食品猫粮 Complete Food for Cats	Kiwi Kitchens 鸡肉配方风干猫粮 Kiwi Kitchens-Chicken Dinner-Air Dried Pet Cat Food	宠物配合饲料 Pet Compound Feed	猫 Cats	新西兰阿尔卑斯出口有限公司 Alpine Export NZ Limited, New Zealand	2021.01—2026.01	新办
（2021）外饲准字 054 号	全价宠物食品猫粮 Complete Food for Cats	Kiwi Kitchens 羊肉鲭鱼配方风干猫粮 Kiwi Kitchens-Lamb Dinner with Mackerel-Air Dried Pet Cat Food	宠物配合饲料 Pet Compound Feed	猫 Cats	新西兰阿尔卑斯出口有限公司 Alpine Export NZ Limited, New Zealand	2021.01—2026.01	新办
（2021）外饲准字 055 号	宠物配合饲料妊娠期、哺乳期、幼年期猫粮 Pet Compound Feed for Pregnant, Nursing and Growing Cat	思佳无谷幼猫粮 Kitten Grainfree	宠物配合饲料 Pet Compound Feed	猫 Cats	德国 Josera Erbacher Service 工厂 Josera Erbacher Service GmbH & Co. KG, Germany	2021.01—2026.01	新办
（2021）外饲准字 056 号	宠物配合饲料成年期、老年期犬粮 Pet Compound Feed for Adult and Senior Dog	优思佳无谷低敏成犬、老犬粮 Hypoallergenic	宠物配合饲料 Pet Compound Feed	犬 Dogs	德国 Josera Erbacher Service 工厂 Josera Erbacher Service GmbH & Co. KG, Germany	2021.01—2026.01	新办
（2021）外饲准字 057 号	全价宠物食品成年期犬粮 Pet Compound Feed for Adult Dog	均衡营养犬粮 Balanced nutrition food for dog	宠物配合饲料 Pet Compound Feed	犬 Dogs	加拿大斯派特饲料服务有限公司（工厂） Spectrum Feed Services Ltd., Canada	2021.01—2026.01	新办
（2021）外饲准字 058 号	宠物配合饲料犬粮 Pet Compound Feed for Dog	高雀抗敏舒适配方狗粮 Go-Charr anti-allergic and comfortable formula dog food	宠物配合饲料 Pet Compound Feed	犬 Dogs	加拿大斯派特饲料服务有限公司（工厂） Spectrum Feed Services Ltd., Canada	2021.01—2026.01	新办

（续）

登记证号	通用名称	商品名称	产品类别	使用范围	生产厂家	有效期限	备注
(2021) 外饲准字 059 号	全价宠物食品成年期猫粮 Pet Compound Feed for Adult Cat	鸡肉配方均衡营养成猫粮 Chicken balanced nutrition food for adult cat	宠物配合饲料 Pet Compound Feed	猫 Cats	加拿大斯派特饲料服务有限公司（工厂） Spectrum Feed Services Ltd., Canada	2021.01—2026.01	新办
(2021) 外饲准字 060 号	宠物配合饲料猫粮 Pet Complete Feed for Cats	TEB 汤恩贝鱼肉配方猫粮 Teb mixed fish & vege cat food	宠物配合饲料 Pet Compound Feed	猫 Cats	加拿大斯派特饲料服务有限公司（工厂） Spectrum Feed Services Ltd., Canada	2021.01—2026.01	新办
(2021) 外饲准字 061 号	宠物配合饲料 老年期猫粮 Pet Compound Feed for Senior Cats	博黛精粹鳕鱼鸡肉味老年猫粮 PRODIET PROFESSIONAL SENIOR CAT COD & CHICKEN FLAVOUR	宠物配合饲料 Pet Compound Feed	猫 Cats	泰国 Nutrix Public 有限公司 Nutrix Public Company Limited, Thailand	2021.01—2026.01	新办
(2021) 外饲准字 062 号	宠物配合饲料 老年期猫粮 Pet Compound Feed for Senior Cats	博黛精粹三文鱼鸡肉味老年猫粮 PRODIET PROFESSIONAL SENIOR CAT SALMON & CHICKEN FLAVOUR	宠物配合饲料 Pet Compound Feed	猫 Cats	泰国 Nutrix Public 有限公司 Nutrix Public Company Limited, Thailand	2021.01—2026.01	新办
(2021) 外饲准字 063 号	宠物配合饲料大型犬成年期犬粮 Compound Pet Food-Large Dog Food Adult	VITALCAN BALANCED 大型成犬粮 VITALCAN BALANCED LARGE BREED ADULT DOG	宠物配合饲料 Pet Compound Feed	犬 Dogs	阿根廷 Agro Industrias Baires S. A. 公司 Agro Industrias Baires S. A., Argentina	2021.01—2026.01	新办
(2021) 外饲准字 064 号	全价小型犬犬粮 Pet Compound Feed for Small Dogs	渴望小型犬狗粮 ORIJEN Small Breed Dog Food	宠物配合饲料 Pet Compound Feed	犬 Dogs	加拿大冠军宠物食品公司 Champion Petfoods L. P., Canada	2021.01—2026.01	新办

（续）

登记证号	通用名称	商品名称	产品类别	使用范围	生产厂家	有效期限	备注
(2021) 外饲准字 065 号	全价猫粮 Pet Compound Feed for Cats	爱肯拿草原猫粮 ACANA Grasslands Cat Food	宠物配合饲料 Pet Compound Feed	猫 Cats	加拿大冠军宠物食品公司 Champion Petfoods L. P. , Canada	2021. 01—2026. 01	新办
(2021) 外饲准字 066 号	全价猫粮 Pet Compound Feed for Cat	爱肯拿牧场盛宴猫粮 ACANA Wild Prairie Cat Food	宠物配合饲料 Pet Compound Feed	猫 Cats	加拿大冠军宠物食品公司 Champion Petfoods L. P. , Canada	2021. 01—2026. 01	新办
(2021) 外饲准字 067 号	全价成年期猫粮 Pet Compound Feed for Adult Cats	爱肯拿抓多多猫粮 ACANA Bountiful Catch Cat Food	宠物配合饲料 Pet Compound Feed	猫 Cats	加拿大冠军宠物食品公司 Champion Petfoods L. P. , Canada	2021. 01—2026. 01	新办
(2021) 外饲准字 068 号	全价猫粮 Pet Compound Feed for Cat	爱肯拿海洋盛宴猫粮 ACANA Pacifica Cat Food	宠物配合饲料 Pet Compound Feed	猫 Cats	加拿大冠军宠物食品公司 Champion Petfoods L. P. , Canada	2021. 01—2026. 01	新办
(2021) 外饲准字 069 号	全价成年期猫粮 Pet Compound Feed for Adult Cat	爱肯拿室内大餐猫粮 ACANA Indoor Entrée Cat Food	宠物配合饲料 Pet Compound Feed	猫 Cats	加拿大冠军宠物食品公司 Champion Petfoods L. P. , Canada	2021. 01—2026. 01	新办
(2021) 外饲准字 070 号	全价成年期猫粮 Pet Compound Feed for Adult Cat	爱肯拿丰收家园猫粮 ACANA Homestead Harvest Cat Food	宠物配合饲料 Pet Compound Feed	猫 Cats	加拿大冠军宠物食品公司 Champion Petfoods L. P. , Canada	2021. 01—2026. 01	新办
(2021) 外饲准字 071 号	全价幼年期猫粮 Pet Compound Feed for Kitten	爱肯拿第一场盛宴猫粮 ACANA First Feast Cat Food	宠物配合饲料 Pet Compound Feed	猫 Cats	加拿大冠军宠物食品公司 Champion Petfoods L. P. , Canada	2021. 01—2026. 01	新办
(2021) 外饲准字 072 号	全价宠物食品犬粮 Pet Compound Feed for Dog	滋益巅峰赫拉奇平原犬粮罐头 Ziwi Peak Hauraki Plains Can Dog Food	宠物配合饲料 Pet Compound Feed	犬 Dogs	新西兰 PetfoodNZ 国际有限公司 PetfoodNZ International Limited, New Zealand	2021. 01—2026. 01	新办

（续）

登记证号	通用名称	商品名称	产品类别	使用范围	生产厂家	有效期限	备注
（2021）外饲准字073号	全价宠物食品犬粮 Pet Compound Feed for Dog	滋益巅峰东海角犬粮罐头 Ziwi Peak East Cape Can Dog Food	宠物配合饲料 Pet Compound Feed	犬 Dogs	新西兰 PetfoodNZ 国际有限公司 PetfoodNZ International Limited，New Zealand	2021.01—2026.01	新办
（2021）外饲准字074号	全价宠物食品犬粮 Pet Compound Feed for Dog	滋益巅峰奥塔哥山谷犬粮罐头 Ziwi Peak Otago Valley Can Dog Food	宠物配合饲料 Pet Compound Feed	犬 Dogs	新西兰 PetfoodNZ 国际有限公司 PetfoodNZ International Limited，New Zealand	2021.01—2026.01	新办
（2021）外饲准字075号	全价宠物食品猫粮 Pet Compound Feed for Cat	滋益巅峰赫拉奇平原猫粮罐头 Ziwi Peak Hauraki Plains Can Cat Food	宠物配合饲料 Pet Compound Feed	猫 Cats	新西兰 PetfoodNZ 国际有限公司 PetfoodNZ International Limited，New Zealand	2021.01—2026.01	新办
（2021）外饲准字076号	全价宠物食品猫粮 Pet Compound Feed for Cat	滋益巅峰东海角猫粮罐头 Ziwi Peak East Cape Can Cat Food	宠物配合饲料 Pet Compound Feed	猫 Cats	新西兰 PetfoodNZ 国际有限公司 PetfoodNZ International Limited，New Zealand	2021.01—2026.01	新办
（2021）外饲准字077号	全价宠物食品猫粮 Pet Compound Feed for Cat	滋益巅峰奥塔哥山谷猫粮罐头 Ziwi Peak Otago Valley Can Cat Food	宠物配合饲料 Pet Compound Feed	猫 Cats	新西兰 PetfoodNZ 国际有限公司 PetfoodNZ International Limited，New Zealand	2021.01—2026.01	新办
（2021）外饲准字078号	全价宠物食品猫粮 Pet Compound Feed for Cats	滋益巅峰新西兰奥塔哥山谷风干猫粮 Ziwi Peak Air-Dried New Zealand Otago Valley Pouch Cat Food	宠物配合饲料 Pet Compound Feed	猫 Cats	（新西兰）滋益有限公司 Ziwi Limited，New Zealand	2021.01—2026.01	新办

（续）

登记证号	通用名称	商品名称	产品类别	使用范围	生产厂家	有效期限	备注
（2021）外饲准字 079 号	全价宠物食品猫粮 Pet Compound Feed for Cats	滋益巅峰新西兰东海角风干猫粮 Ziwi Peak Air-Dried New Zealand East Cape Pouch Cat Food	宠物配合饲料 Pet Compound Feed	猫 Cats	（新西兰）滋益有限公司 Ziwi Limited, New Zealand	2021.01—2026.01	新办
（2021）外饲准字 080 号	全价宠物食品猫粮 Pet Compound Feed for Cats	滋益巅峰新西兰赫拉奇平原风干猫粮 Ziwi Peak Air-Dried New Zealand Hauraki Plains Pouch Cat Food	宠物配合饲料 Pet Compound Feed	猫 Cats	（新西兰）滋益有限公司 Ziwi Limited, New Zealand	2021.01—2026.01	新办
（2021）外饲准字 081 号	全价宠物食品犬粮 Pet Compound Feed for Dogs	滋益巅峰新西兰奥塔哥山谷风干犬粮 Ziwi Peak Air-Dried New Zealand Otago Valley Pouch Dog Food	宠物配合饲料 Pet Compound Feed	犬 Dogs	（新西兰）滋益有限公司 Ziwi Limited, New Zealand	2021.01—2026.01	新办
（2021）外饲准字 082 号	全价宠物食品犬粮 Pet Compound Feed for Dogs	滋益巅峰新西兰东海角风干犬粮 Ziwi Peak Air-Dried New Zealand East Cape Pouch Dog Food	宠物配合饲料 Pet Compound Feed	犬 Dogs	（新西兰）滋益有限公司 Ziwi Limited, New Zealand	2021.01—2026.01	新办
（2021）外饲准字 083 号	全价宠物食品犬粮 Pet Compound Feed for Dogs	滋益巅峰新西兰赫拉奇平原风干犬粮 Ziwi Peak Air-Dried New Zealand Hauraki Plains Pouch Dog Food	宠物配合饲料 Pet Compound Feed	犬 Dogs	（新西兰）滋益有限公司 Ziwi Limited, New Zealand	2021.01—2026.01	新办

（续）

登记证号	通用名称	商品名称	产品类别	使用范围	生产厂家	有效期限	备注
（2021）外饲准字 084 号	混合型饲料添加剂 微生物 Feed Additives Mixture Live Microorganisms	农秘-S NongLac-S	混合型饲料添加剂 Feed Additives Mixture	养殖动物 All species or categories of animals	韩国农协饲料株式会社 Nonghyup Feed Inc.，Gunsanbio.，Korea	2021.01—2026.01	续展
（2021）外饲准字 085 号	混合型饲料添加剂 微生物 Feed Additives Mixture Live Microorganisms	农秘-F NongLac-F	混合型饲料添加剂 Feed Additives Mixture	肉鸡、生长育肥猪 Broiler，Growing-finishing swine	韩国农协饲料株式会社 Nonghyup Feed Inc.，Gunsanbio.，Korea	2021.01—2026.01	续展
（2021）外饲准字 086 号	混合型饲料添加剂 枯草芽孢杆菌 Feed Additives Mixture *Bacillus subtilis*	旺能 POWERCAN	混合型饲料添加剂 Feed Additives Mixture	养殖动物 All species or categories of animals	（台湾）成胜生物科技有限公司 Bonanza Biotechnology Co.，Ltd.	2021.01—2026.01	续展
（2021）外饲准字 087 号	喷雾干燥猪血球蛋白粉 Spray Dried Porcine Blood Cells Protein Meal	喷雾干燥猪血球蛋白（粉剂） AP301	单一饲料 Single Feed	猪、家禽、水产养殖动物 Swine，Poultry，Aquaculture animals	加拿大 APC 营养公司 APC Nutrition Inc.，Canada	2021.01—2026.01	续展
（2021）外饲准字 088 号	饲料添加剂 酿酒酵母 Feed Additive Saccharomyces cerevisiae	益赛福 ACTISAF Sc 47 HR+	饲料添加剂 Feed Additive	养殖动物 All species or categories of animals	法国乐斯福工业公司 Societe Industrielle Lesaffre，France	2021.01—2026.01	续展
（2021）外饲准字 089 号	混合型饲料添加剂 肉桂醛 百里香酚 Feed Additives Mixture Cinnamic Aldehyde Thymol	安惠华® EO 101G Enviva® EO 101G	混合型饲料添加剂 Feed Additives Mixture	猪、家禽 Swine，Poultry	法国 Innov’ia 3i 公司（Pontaumur 工厂） Innov’ia 3i Sarl，Pontaumur Plant，France	2021.01—2026.01	续展
（2021）外饲准字 090 号	双低菜籽粕 Double Low Rapeseed Meal	ADM 双低菜籽粕 ADM-Canola（Double-Low Rapeseed）Meal Pellets	单一饲料 Single Feed	养殖动物 All species or categories of animals	加拿大 ADM 农产公司 ADM Agri-Industries Company，Canada	2021.01—2026.01	续展

（续）

登记证号	通用名称	商品名称	产品类别	使用范围	生产厂家	有效期限	备注
(2021) 外饲准字 091 号	白鱼粉 White Fishmeal	白鱼粉（三级至一级） White Fishmeal（Grade Ⅲ To Ⅰ）	单一饲料 Single Feed	畜禽、水产养殖动物（反刍动物除外） Livestock，Poultry，Aquaculture animals（Not including ruminant）	美国北极风暴有限公司（工船加工，工船名 Arctic Storm，工船号 2943） Arctic Storm Inc.（Produced on Board at Vessel "Arctic Storm"，Official No. 2943），USA	2021.01—2026.01	续展
(2021) 外饲准字 092 号	鱼粉 Fishmeal	红鱼粉（三级） Red Fishmeal（Ⅲ）	单一饲料 Single Feed	畜禽、水产养殖动物（反刍动物除外） Livestock，Poultry，Aquaculture animals（Not including ruminant）	智利 BLUMAR S A 公司 TALCAHUANO 工厂 BLUMAR S A，TALCAHUANO PLANT，Chile	2021.01—2026.01	续展
(2021) 外饲准字 093 号	鱼油 Fish Oil	鱼油（饲料级） Fish Oil（Feed Grade）	单一饲料 Single Feed	猪、水产养殖动物 Swine，Aquaculture animals	智利 BLUMAR S A 公司 TALCAHUANO 工厂 BLUMAR S A，TALCAHUANO PLANT，Chile	2021.01—2026.01	续展
(2021) 外饲准字 094 号	混合型饲料添加剂 维生素 矿物元素 Feed Additives Mixture Vitamins Minerals	易普威 Eservit AD_3EB + Trace Elements	混合型饲料添加剂 Feed Additives Mixture	猪、家禽、牛、羊、马 Swine，Poultry，Cattle，Sheep，Horse	威隆（意大利）大药厂 Vétoquinol Italia S. r. l.，Italy	2021.01—2026.01	续展
(2021) 外饲准字 095 号	混合型饲料添加剂 辛酸 香芹酚 Feed Additives Mixture Octanoic Acid Carvacrol	利多康消食 LIPTOCITRO AP	混合型饲料添加剂 Feed Additives Mixture	鱼、虾 Fish，Shrimp	西班牙利多赛 LIPIDOS TOLEDO，S. A.，Spain	2021.01—2026.01	续展
(2021) 外饲准字 096 号	混合型饲料添加剂 香味物质 Feed Additives Mixture Flavouring Substances	恩益 150 NEXT ENHANCE 150	混合型饲料添加剂 Feed Additives Mixture	养殖动物 All species or categories of animals	西班牙诺伟司科泰色素有限公司 Novus Carotenoid Technologies，S. A.，Spain	2021.01—2026.01	续展

（续）

登记证号	通用名称	商品名称	产品类别	使用范围	生产厂家	有效期限	备注
（2021）外饲准字 097 号	混合型饲料添加剂 卵磷脂 单硬脂酸甘油酯 Feed Additives Mixture Lecithin Glyceryl Monostrate	百佳宝 BergaPur	混合型饲料添加剂 Feed Additives Mixture	养殖动物 All species or categories of animals	新加坡 GIIAVA SINGAPORE PTE. LIMITED 公司 GIIAVA SINGAPORE PTE. LIMITED，Singapore	2021.01—2026.01	续展
（2021）外饲准字 098 号	饲料添加剂 L-色氨酸 Feed Additive L-Tryptophan	L-色氨酸 L-Tryptophan	饲料添加剂 Feed Additive	畜禽 Livestock，Poultry	希杰印度尼西亚有限公司 PT CHEIL JEDANG INDONESIA，Indonesia	2021.01—2026.01	续展
（2021）外饲准字 099 号	混合型饲料添加剂 维生素 氨基酸 Feed Additives Mixture Vitamins Amino Acids	康富好利得 NO.1 ADHEALTH	混合型饲料添加剂 Feed Additives Mixture	猪 Swine	台湾合台生化股份有限公司 Union Formosa Biochemistry Co.，Ltd	2021.01—2026.01	续展
（2021）外饲准字 100 号	饲料添加剂 壳寡糖 Feed Additive Chitosan Oligosaccharide	泰和素 THCOS	饲料添加剂 Feed Additive	猪、鸡、肉鸭、虹鳟鱼 Swine，Chicken，Duck for fattening，Rainbow trout	韩国 Amicogen 株式会社 Amicogen，Inc.，Korea	2021.01—2026.01	续展

附件 2

换发进口饲料和饲料添加剂产品登记证目录（2021－01）

登记证号	商品名称	通用名称	变更内容	原名称	变更名称
(2020) 外饲准字 1243 号	饲料级 DL-蛋氨酸 DL-Methionine Feed Grade	饲料添加剂 DL-蛋氨酸 Feed Additive DL-Methionine	生产企业名称	（比利时）赢创德固赛安特卫普公司	（比利时）赢创安特卫普公司

中华人民共和国农业农村部公告

第397号

根据《进口饲料和饲料添加剂登记管理办法》有关规定，批准德国菲百特饲料添加剂有限公司等58家公司生产的101种饲料和饲料添加剂产品在我国登记或续展登记，并颁发进口登记证（附件1）。批准英威XG10液体复合酶（AveMix XG10 L）等4个产品申请企业名称和生产厂家名称变更，Wallace鸡肉粉（Wallace Poultry Meal）申请企业名称、生产厂家名称和生产地址名称变更（附件2）。批准毛里塔尼亚RIM鱼粉有限公司生产的“鱼粉（三级）”产品配方改变，重新颁发进口登记证，（2020）外饲准字944号登记证同时作废。批准日本宠物食品株式会社静冈工厂生产的“小天使”“美游”产品配方和质量标准改变，重新颁发进口登记证，（2018）外饲准字219号、220号登记证同时作废。所登记产品的监督检验，按中华人民共和国国家标准和我部发布的质量标准执行。

特此公告。

附件：1. 进口饲料和饲料添加剂产品登记证目录（2021-02）
2. 换发进口饲料和饲料添加剂产品登记证目录（2021-02）

农业农村部
2021年2月9日

附件 1

进口饲料和饲料添加剂产品登记证目录（2021－02）

登记证号	通用名称	商品名称	产品类别	使用范围	生产厂家	有效期限	备注
(2021) 外饲准字 101 号	饲料添加剂 甘氨酸铜络（螯）合物 Feed Additive Copper Glycine Complex (or Chelate)	伴犇鑫铜 Plexomin® Cu	饲料添加剂 Feed Additive	养殖动物 All species or categories of animals	德国菲百特饲料添加剂有限公司 Phytobiotics Futterzusatzstoffe GmbH, Germany	2021.02—2026.02	新办
(2021) 外饲准字 102 号	饲料添加剂 甘氨酸锌 Feed Additive Zinc Glycinate	伴犇鑫锌 Plexomin® Zn	饲料添加剂 Feed Additive	猪、犬、猫 Swine, Dogs, Cats	德国菲百特饲料添加剂有限公司 Phytobiotics Futterzusatzstoffe GmbH, Germany	2021.02—2026.02	新办
(2021) 外饲准字 103 号	饲料添加剂 酵母硒 Feed Additive Selenium Yeast Complex	拉曼硒® 2000 Alkosel 2000	饲料添加剂 Feed Additive	养殖动物 All species or categories of animals	爱沙尼亚 Salutaguse Pärmitehas 公司 AS Salutaguse Pärmitehas, Estonia	2021.02—2026.02	新办
(2021) 外饲准字 104 号	饲料添加剂 酵母硒 Feed Additive Selenium Yeast Complex	拉曼硒® 2000 Alkosel 2000	饲料添加剂 Feed Additive	养殖动物 All species or categories of animals	丹麦 De Danske Gærfabrikker A/S 公司 De Danske Gærfabrikker A/S, Denmark	2021.02—2026.02	新办
(2021) 外饲准字 105 号	混合型饲料添加剂 微生物 Feed Additives Mixture Live Microorganisms	普肠特 饮用 Provent ECL Plus	混合型饲料添加剂 Feed Additives Mixture	猪 Swine	美国 United Animal Health 公司（工厂） United Animal Health, USA	2021.02—2026.02	新办
(2021) 外饲准字 106 号	混合型饲料添加剂 微生物 Feed Additives Mixture Live Microorganisms	维畜能 Visano	混合型饲料添加剂 Feed Additives Mixture	猪 Swine	美国 United Animal Health 公司（工厂） United Animal Health, USA	2021.02—2026.02	新办
(2021) 外饲准字 107 号	混合型饲料添加剂 微生物 Feed Additives Mixture Live Microorganisms	普肠特 饲用 Provent ECL	混合型饲料添加剂 Feed Additives Mixture	猪 Swine	美国 United Animal Health 公司（工厂） United Animal Health, USA	2021.02—2026.02	新办

（续）

登记证号	通用名称	商品名称	产品类别	使用范围	生产厂家	有效期限	备注
（2021）外饲准字 108 号	混合型饲料添加剂 微生物 Feed Additives Mixture Live Microorganisms	氨灭 Amnil	混合型饲料添加剂 Feed Additives Mixture	猪、家禽 Swine，Poultry	美国 United Animal Health 公司（工厂） United Animal Health，USA	2021.02—2026.02	新办
（2021）外饲准字 109 号	混合型饲料添加剂 L-抗坏血酸-2-磷酸酯 木聚糖酶（产自毕赤酵母） Feed Additives Mixture L-ascorbyl-2-phosphateXylanase （Source：*Pichia pastoris*）	毒派净 ELITOX S	混合型饲料添加剂 Feed Additives Mixture	养殖动物 All species or categories of animals	比利时英派克斯有限公司 Impextraco N. V.，Belgium	2021.02—2026.02	新办
（2021）外饲准字 110 号	混合型饲料添加剂 肉桂醛 葡萄糖酸钙 Feed Additives Mixture Cinnamic Aldehyde Calcium Gluconate	百利好 BRAVO	混合型饲料添加剂 Feed Additives Mixture	鸡、猪 Chicken，Swine	多科索意大利有限公司 Dox-AL Italia S. p. A.，Italy	2021.02—2026.02	新办
（2021）外饲准字 111 号	混合型饲料添加剂 微生物 Feed Additives Mixture Live Microorganisms	拉曼优贮® Combo HC Lalsil® Combo HC	混合型饲料添加剂 Feed Additives Mixture	青贮饲料 Silage	拉曼动物营养英国有限责任公司 Lallemand Animal Nutrition UK Ltd.，UK	2021.02—2026.02	新办
（2021）外饲准字 112 号	混合型饲料添加剂 微生物 酶制剂 Feed Additives Mixture Live Microorganisms Enzymes	拉曼优贮® Dry HC Lalsil® Dry HC	混合型饲料添加剂 Feed Additives Mixture	青贮饲料 Silage	拉曼动物营养英国有限责任公司 Lallemand Animal Nutrition UK Ltd.，UK	2021.02—2026.02	新办
（2021）外饲准字 113 号	混合型饲料添加剂 微生物 Feed Additives Mixture Live Microorganisms	百奥明®百禽康 F PoultryStar® me	混合型饲料添加剂 Feed Additives Mixture	家禽 Poultry	百奥明新加坡私人有限公司 BIOMIN Singapore Pte. Ltd.，Singapore	2021.02—2026.02	新办
（2021）外饲准字 114 号	混合型饲料添加剂 酶制剂 Feed Additives Mixture Enzymes	超能酶 Enerzyme Super	混合型饲料添加剂 Feed Additives Mixture	鸡、猪 Chicken，Swine	新加坡金朝生物技术私人有限公司 Crown Pacific Biotechnology Pte. Ltd.，Singapore	2021.02—2026.02	新办
（2021）外饲准字 115 号	马用微量元素预混合饲料 Trace Mineral Premix for Horses	富锌马舔砖 Health Lick Equine-Zinc Rich	添加剂预混合饲料 Feed Additive Premix	马 Horses	英国泰邦公司 Tithebarn Limited，UK	2021.02—2026.02	新办

（续）

登记证号	通用名称	商品名称	产品类别	使用范围	生产厂家	有效期限	备注
(2021) 外饲准字116号	鸡/猪/牛维生素预混合饲料 Vitamin Premix for Chicken/Swine/Cattle	威力宝A POWELBONE AKTIV-D	添加剂预混合饲料 Feed Additive Premix	鸡、猪、牛 Chicken, Swine, Cattle	台湾汇轩股份有限公司 Kanvergen Inc.	2021.02—2026.02	新办
(2021) 外饲准字117号	磷虾粉 Krill Meal	Qrill™牌南极磷虾粉 Qrill™ Antarctic Krill Meal	单一饲料 Single Feed	鱼、虾 Fish, Shrimp	挪威Aker生物海产南极公司（工船加工，工船名Antarctic Endurance，工船号N-130-VV） Aker BioMarine Antarctic AS (Produced on Board at Vessel Antarctic Endurance, Registration No. N-130-VV), Norway	2021.02—2026.02	新办
(2021) 外饲准字118号	鱼粉 Fishmeal	红鱼粉（三级） Red fish meal (Grade Ⅲ)	单一饲料 Single Feed	畜禽、水产养殖动物（反刍动物除外） Livestock, Poultry, Aquaculture animals (Not including ruminant)	越南鸿德旺有限责任公司 Hong Duc Vuong Co., Ltd., Vietnam	2021.02—2026.02	新办
(2021) 外饲准字119号	鸡肉粉 Poultry Meal	鸡肉粉 POULTRY MEAL 55	单一饲料 Single Feed	养殖动物（反刍动物除外） All species or categories of animals (Not including ruminant)	法国STANVEN SN公司 STANVEN SN, France	2021.02—2026.02	新办
(2021) 外饲准字120号	鸡肉粉 Poultry Meal	鸡肉粉 POULTRY MEAL 63	单一饲料 Single Feed	养殖动物（反刍动物除外） All species or categories of animals (Not including ruminant)	法国STANVEN SN公司 STANVEN SN, France	2021.02—2026.02	新办

（续）

登记证号	通用名称	商品名称	产品类别	使用范围	生产厂家	有效期限	备注
（2021）外饲准字 121 号	鸡肉粉 Poultry Meal	鸡肉粉 POULTRY MEAL 60	单一饲料 Single Feed	养殖动物（反刍动物除外） All species or categories of animals (Not including ruminant)	法国 STANVEN SN 公司 STANVEN SN, France	2021.02—2026.02	新办
（2021）外饲准字 122 号	鸡肉粉 Poultry Meal	鸡肉粉 POULTRY MEAL 63	单一饲料 Single Feed	养殖动物（反刍动物除外） All species or categories of animals (Not including ruminant)	法国 KERVALIS VITRE 公司 KERVALIS VITRE, France	2021.02—2026.02	新办
（2021）外饲准字 123 号	牛肉骨粉 Bovine Meat and Bone Meal	牛肉骨粉 Bovine Meat and Bone Meal	单一饲料 Single Feed	猪、家禽、鱼 Swine, Poultry, Fish	澳大利亚 Derby Industries Trading as Talloman（贸易名称 Talloman） Derby Industries Trading as Talloman, Australia	2021.02—2026.02	新办
（2021）外饲准字 124 号	花生粕 Peanut Meal	花生粕 Peanut meal	单一饲料 Single Feed	养殖动物 All species or categories of animals	苏丹 AGRO POWER INDUSTRIAL TRADING & INVESTMENT 有限公司 AGRO POWER INDUSTRIAL TRADING & INVESTMENT CO. LTD, Sudan	2021.02—2026.02	新办
（2021）外饲准字 125 号	淡水鱼粉 Freshwater Fishmeal	鱼粉 62%蛋白质 Fishmeal 62% Protein	单一饲料 Single Feed	养殖动物（反刍动物除外） All species or categories of animals (Not including ruminant)	（越南）Van Duc Tien Giang Food Export Company Van Duc Tien Giang Food Export Company, Vietnam	2021.02—2026.02	新办

（续）

登记证号	通用名称	商品名称	产品类别	使用范围	生产厂家	有效期限	备注
(2021) 外饲准字 126 号	鱼油 Fish Oil	鱼油 KF Fish Oil	单一饲料 Single Feed	猪、家禽、水产养殖动物 Swine, Poultry, Aquaculture animals	泰国东南亚罐头包装有限公司 Southeast Asian Packaging and Canning Limited, Thailand	2021.02—2026.02	新办
(2021) 外饲准字 127 号	鱼粉 Fishmeal	红鱼粉（三级） Fishmeal (grade Ⅲ)	单一饲料 Single Feed	畜禽、水产养殖动物（反刍动物除外） Livestock, Poultry, Aquaculture animals (Not including ruminant)	印度 Akash Fishmeal & Fishoil Pvt. Ltd. 公司 Akash Fishmeal & Fishoil Pvt. Ltd., India	2021.02—2026.02	新办
(2021) 外饲准字 128 号	鱼粉 Fishmeal	鱼粉（三级） Fishmeal (Grade Ⅲ)	单一饲料 Single Feed	畜禽、水产养殖动物（反刍动物除外） Livestock, Poultry, Aquaculture animals (Not including ruminant)	毛里塔尼亚 RIM 鱼粉有限公司 RIM FISH MEAL, Mauritania	2021.02—2026.02	新办
(2021) 外饲准字 129 号	马铃薯蛋白粉 Potato Protein	TUBERMINE® GP 马铃薯蛋白粉 TUBERMINE® GP POTATO PROTEIN	单一饲料 Single Feed	养殖动物 All species or categories of animals	法国罗盖特公司（VECQUEMONT 工厂） ROQUETTE FRERES, France	2021.02—2026.02	新办
(2021) 外饲准字 130 号	小麦水解蛋白 Hydrolyzed Wheat Protein	ROQUETTE® 小麦水解蛋白 ROQUETTE® HYDROLYZED WHEAT PROTEIN CWS	单一饲料 Single Feed	养殖动物 All species or categories of animals	法国罗盖特公司（LESTREM 工厂） ROQUETTE FRERES, France	2021.02—2026.02	新办
(2021) 外饲准字 131 号	淡水鱼粉 Freshwater Fishmeal	红鱼粉 62%蛋白质 Fishmeal 62% Protein	单一饲料 Single Feed	畜禽、水产养殖动物（反刍动物除外） Livestock, Poultry, Aquaculture animals (Not including ruminant)	越南永环股份公司 Vinh Hoan Corporation, Vietnam	2021.02—2026.02	新办

（续）

登记证号	通用名称	商品名称	产品类别	使用范围	生产厂家	有效期限	备注
(2021) 外饲准字 132 号	鱼粉 Fishmeal	红鱼粉（Ⅲ级） Fishmeal	单一饲料 Single Feed	畜禽、水产养殖动物（反刍动物除外） Livestock, Poultry, Aquaculture animals (Not including ruminant)	毛里塔尼亚 AFRICA PROTEINE SA 公司 AFRICA PROTEINE SA, Mauritania	2021.02—2026.02	新办
(2021) 外饲准字 133 号	鱼粉 Fishmeal	红鱼粉（二级） Red Fishmeal (Ⅱ)	单一饲料 Single Feed	畜禽、水产养殖动物（反刍动物除外） Livestock, Poultry, Aquaculture animals (Not including ruminant)	墨西哥 INDUSTRIAL DEL PACIFICO, S. A. DE C. V. 公司 INDUSTRIAL DEL PACIFICO, S. A. DE C. V., Mexico	2021.02—2026.02	新办
(2021) 外饲准字 134 号	观赏鱼配合饲料 Compound Feed for Ornamental Fish	美游 Swimmy Large Size	配合饲料 Compound Feed	观赏鱼 Ornamental fish	日本宠物食品株式会社静冈工厂 Nippon Pet Food Co., Ltd. Shizuoka Plant, Japan	2021.02—2026.02	新办
(2021) 外饲准字 135 号	观赏鱼配合饲料 Ornamental Fish Compound Feed	小天使 Angel Color Enhancer	配合饲料 Compound Feed	观赏鱼 Ornamental fish	日本宠物食品株式会社静冈工厂 Nippon Pet Food Co., Ltd. Shizuoka Plant, Japan	2021.02—2026.02	新办
(2021) 外饲准字 136 号	全价幼年期猫粮 Compound Feed for Kitten	俊喵臻效幼猫全价配方羊奶粉 GimCat Professional Line Kitten Goat Milk Complete Food Formula	宠物配合饲料 Pet Compound Feed	猫 Cats	（德国）海因里希·范·基姆鲍恩股份有限公司 H. von Gimborn GmbH, Germany	2021.02—2026.02	新办
(2021) 外饲准字 137 号	宠物配合饲料 猫粮 Pet Compound Feed for Cat	猫乐适 海洋鱼配方大餐猫粮 Catidea Sea Fish Feast	宠物配合饲料 Pet Compound Feed	猫 Cats	（丹麦）维塔宠物食品集团公司（工厂） Vital Petfood Group A/S, Denmark	2021.02—2026.02	新办

（续）

登记证号	通用名称	商品名称	产品类别	使用范围	生产厂家	有效期限	备注
（2021）外饲准字 138 号	全价宠物食品猫粮 Completed Cat Food	Solid Gold® Touch of Heaven 甘薯 & 鸡肉配方猫粮 Solid Gold® Touch of Heaven Chicken & Sweet Potato Recipe Cat Food	宠物配合饲料 Pet Compound Feed	猫 Cats	（加拿大）艾尔麦乐宠物产品有限公司 Elmira Pet Products Ltd.，Canada	2021.02—2026.02	新办
（2021）外饲准字 139 号	全价宠物食品猫粮 Completed Cat Food	Solid Gold® Indigo Moon 含阿拉斯加鳕鱼 & 蛋粉猫粮 Solid Gold® Indigo Moon with Alaskan Pollock & Egg Cat Food	宠物配合饲料 Pet Compound Feed	猫 Cats	（加拿大）艾尔麦乐宠物产品有限公司 Elmira Pet Products Ltd.，Canada	2021.02—2026.02	新办
（2021）外饲准字 140 号	宠物配合饲料 超小型犬和小型犬成年期犬粮 Pet Compound Feed for Ultra Small Dogs & Small Breed Adult Dog	Solid Gold® Mighty Mini 含三文鱼扁豆绿豆配方小型犬粮 Solid Gold® Mighty Mini With Salmon, Lentil & Green Bean Dog Food	宠物配合饲料 Pet Compound Feed	犬 Dogs	（加拿大）艾尔麦乐宠物产品有限公司 Elmira Pet Products Ltd.，Canada	2021.02—2026.02	新办
（2021）外饲准字 141 号	宠物配合饲料 小型犬、中型犬犬粮 Pet Compound Feed for Small and Medium Dog	Solid Gold® Leaping Waters 含冷水三文鱼鹰嘴豆配方犬粮 Solid Gold® Leaping Waters With Cold Water Salmon & Vegetable Dog Food	宠物配合饲料 Pet Compound Feed	犬 Dogs	（加拿大）艾尔麦乐宠物产品有限公司 Elmira Pet Products Ltd.，Canada	2021.02—2026.02	新办

（续）

登记证号	通用名称	商品名称	产品类别	使用范围	生产厂家	有效期限	备注
(2021) 外饲准字 142 号	全价宠物食品 幼年期、妊娠期和哺乳期猫粮 Complete Pet Food for Kitten, Pregnancy and Lactation Cat	LEONARDO 幼猫粮 LEONARDO Kitten	宠物配合饲料 Pet Compound Feed	猫 Cats	德国 BEWITAL petfood GmbH & Co. KG 公司 BEWITAL petfood GmbH & Co. KG, Germany	2021. 02—2026. 02	新办
(2021) 外饲准字 143 号	全价宠物食品 成年期猫粮 Complete Pet Food Adult Cat Food	LEONARDO 三文鱼配方无谷成猫粮 LEONARDO Adult Salmon GF	宠物配合饲料 Pet Compound Feed	猫 Cats	德国 BEWITAL petfood GmbH & Co. KG 公司 BEWITAL petfood GmbH & Co. KG, Germany	2021. 02—2026. 02	新办
(2021) 外饲准字 144 号	全价宠物食品 成年期猫粮 Complete Pet Food Adult Cat Food	LEONARDO 32/16 全价成猫粮 LEONARDO Adult Complete 32/16	宠物配合饲料 Pet Compound Feed	猫 Cats	德国 BEWITAL petfood GmbH & Co. KG 公司 BEWITAL petfood GmbH & Co. KG, Germany	2021. 02—2026. 02	新办
(2021) 外饲准字 145 号	全价宠物食品 成年期猫粮 Complete Pet Food Adult Cat Food	LEONARDO 鸡肉和火鸡肉配方无谷成猫粮 LEONARDO Adult Poultry GF	宠物配合饲料 Pet Compound Feed	猫 Cats	德国 BEWITAL petfood GmbH & Co. KG 公司 BEWITAL petfood GmbH & Co. KG, Germany	2021. 02—2026. 02	新办
(2021) 外饲准字 146 号	全价宠物食品 成年期猫粮 Complete Pet Food Adult Cat Food	LEONARDO 鸭肉配方成猫粮 LEONARDO Adult Duck	宠物配合饲料 Pet Compound Feed	猫 Cats	德国 BEWITAL petfood GmbH & Co. KG 公司 BEWITAL petfood GmbH & Co. KG, Germany	2021. 02—2026. 02	新办
(2021) 外饲准字 147 号	全价宠物食品 成年期猫粮 Complete Pet Food Adult Cat Food	LEONARDO 鱼肉配方成猫粮 LEONARDO Adult Fish	宠物配合饲料 Pet Compound Feed	猫 Cats	德国 BEWITAL petfood GmbH & Co. KG 公司 BEWITAL petfood GmbH & Co. KG, Germany	2021. 02—2026. 02	新办
(2021) 外饲准字 148 号	宠物配合饲料 幼年期猫粮 Pet Compound Feed for Kitten	猫乐适 海洋鱼配方幼猫粮 Catidea Kitten Sea Fish	宠物配合饲料 Pet Compound Feed	猫 Cats	(丹麦) 维塔宠物食品集团公司 (工厂) Vital Petfood Group A/S, Denmark	2021. 02—2026. 02	新办

（续）

登记证号	通用名称	商品名称	产品类别	使用范围	生产厂家	有效期限	备注
(2021）外饲准字 149 号	宠物配合饲料 幼年期猫粮 Pet Compound Feed for Kitten	博黛精粹鲭鱼牛奶味幼猫粮 PRODIET PROFESSIONAL KITTEN CAT MACKEREL & MILK FLAVOUR	宠物配合饲料 Pet Compound Feed	猫 Cats	泰国 Nutrix Public 有限公司 Nutrix Public Company Limited，Thailand	2021.02—2026.02	新办
(2021）外饲准字 150 号	宠物配合饲料 成年期犬粮 Pet Compound Feed for Adult Dog	BIKENSUPPORT 成犬粮 BIKENSUPPORT ADULT DOG FOOD	宠物配合饲料 Pet Compound Feed	犬 Dogs	泰国 Nutrix Public 有限公司 Nutrix Public Company Limited，Thailand	2021.02—2026.02	新办
(2021）外饲准字 151 号	宠物配合饲料 成年期猫粮 Pet Compound Feed for Adult Cat	BIKENSUPPORT 成猫粮 BIKENSUPPORT ADULT CAT FOOD	宠物配合饲料 Pet Compound Feed	猫 Cats	泰国 Nutrix Public 有限公司 Nutrix Public Company Limited，Thailand	2021.02—2026.02	新办
(2021）外饲准字 152 号	宠物配合饲料 成年期犬粮 Pet Compound Feed for Adult Dog	Real Nature Wilderness Fresh water 鱼配方成年犬粮 Real Nature Wilderness Fresh Water Fish Adult Dog	宠物配合饲料 Pet Compound Feed	犬 Dogs	捷克万富有限公司 VAFO PRAHA，s. r. o.，Czech Republic	2021.02—2026.02	新办
(2021）外饲准字 153 号	宠物配合饲料 成年期猫粮 Pet Compound Feed for Adult Cat	Real Nature Wilderness Fresh water 鱼配方成年猫粮 Real Nature Wilderness Fresh Water Fish Adult Cat	宠物配合饲料 Pet Compound Feed	猫 Cats	捷克万富有限公司 VAFO PRAHA，s. r. o.，Czech Republic	2021.02—2026.02	新办
(2021）外饲准字 154 号	全价宠物食品中型犬/大型犬成年期犬粮 Pet Compound Feed for Medium and Large Breed Adult Dog	Mega 犬粮 Mega Dog	宠物配合饲料 Pet Compound Feed	犬 Dogs	（新西兰）爱德胜宠物产品有限公司 Addiction Foods NZ Ltd.，New Zealand	2021.02—2026.02	新办

（续）

登记证号	通用名称	商品名称	产品类别	使用范围	生产厂家	有效期限	备注
(2021）外饲准字 155 号	宠物配合饲料犬粮 Pet Compound Feed for Dogs	餐可比完善 24 Chunkbits Enhance 24	宠物配合饲料 Pet Compound Feed	犬 Dogs	西班牙 ALINATUR 宠物食品有限公司 ALINATUR PETFOOD，S. L.，Spain	2021. 02—2026. 02	新办
(2021）外饲准字 156 号	宠物配合饲料幼年期、妊娠期和哺乳期犬粮 Pet Compound Feed for Puppies, Pregnant and Lactating Mother Dogs	餐可比赛级 30 Chunkbits BiS 30	宠物配合饲料 Pet Compound Feed	犬 Dogs	西班牙 ALINATUR 宠物食品有限公司 ALINATUR PETFOOD，S. L.，Spain	2021. 02—2026. 02	新办
(2021）外饲准字 157 号	宠物配合饲料猫粮 Pet Compound Feed for Cats	餐可比美毛 31 Chunkbits Hair & Skin 31	宠物配合饲料 Pet Compound Feed	猫 Cats	西班牙 ALINATUR 宠物食品有限公司 ALINATUR PETFOOD，S. L.，Spain	2021. 02—2026. 02	新办
(2021）外饲准字 158 号	宠物配合饲料成年期犬粮 Pet Compound Feed for Adult Dogs	餐可比焕新 22 Chunkbits Vital 22	宠物配合饲料 Pet Compound Feed	犬 Dogs	西班牙 ALINATUR 宠物食品有限公司 ALINATUR PETFOOD，S. L.，Spain	2021. 02—2026. 02	新办
(2021）外饲准字 159 号	宠物配合饲料 猫粮 Pet Compound Feed for Cats	Earthmade by Boneve 散养草饲牛肉配方全阶段猫粮 Earthmade by Boneve Free Range Grass-Fed Beef for Cats All Life Stages	宠物配合饲料 Pet Compound Feed	猫 Cats	(新西兰）爱德胜宠物产品有限公司 Addiction Foods NZ Ltd.，New Zealand	2021. 02—2026. 02	新办
(2021）外饲准字 160 号	宠物配合饲料 成年期犬粮 Pet Compound Feed for Adult Dog	Earthmade by Boneve 散养草饲牛肉配方成年犬粮 Earthmade by Boneve Free Range Grass-Fed Beef for Adult Dogs	宠物配合饲料 Pet Compound Feed	犬 Dogs	(新西兰）爱德胜宠物产品有限公司 Addiction Foods NZ Ltd.，New Zealand	2021. 02—2026. 02	新办

（续）

登记证号	通用名称	商品名称	产品类别	使用范围	生产厂家	有效期限	备注
(2021) 外饲准字 161 号	宠物配合饲料 猫粮 Pet Compound Feed for Cats	Earthmade by Boneve 散养鸡肉配方全阶段猫粮 Earthmade by Boneve Cage Free Chicken for Cats All Life Stages	宠物配合饲料 Pet Compound Feed	猫 Cats	（新西兰）爱德胜宠物产品有限公司 Addiction Foods NZ Ltd.，New Zealand	2021.02—2026.02	新办
(2021) 外饲准字 162 号	宠物配合饲料 成年期犬粮 Pet Compound Feed for Adult Dog	Earthmade by Boneve 散养草饲羊肉配方成年犬粮 Earthmade by Boneve Free Range Grass-Fed Lamb for Adult Dogs	宠物配合饲料 Pet Compound Feed	犬 Dogs	（新西兰）爱德胜宠物产品有限公司 Addiction Foods NZ Ltd.，New Zealand	2021.02—2026.02	新办
(2021) 外饲准字 163 号	宠物配合饲料 成年期犬粮 Pet Compound Feed for Adult Dog	Earthmade by Boneve 新西兰马鲛鱼配方成年犬粮 Earthmade by Boneve New Zealand Mackerel for Adult Dogs	宠物配合饲料 Pet Compound Feed	犬 Dogs	（新西兰）爱德胜宠物产品有限公司 Addiction Foods NZ Ltd.，New Zealand	2021.02—2026.02	新办
(2021) 外饲准字 164 号	宠物配合饲料 猫粮 Pet Compound Feed for Cats	Earthmade by Boneve 新西兰马鲛鱼配方全阶段猫粮 Earthmade by Boneve New Zealand Mackerel for Cats All Life Stages	宠物配合饲料 Pet Compound Feed	猫 Cats	（新西兰）爱德胜宠物产品有限公司 Addiction Foods NZ Ltd.，New Zealand	2021.02—2026.02	新办
(2021) 外饲准字 165 号	宠物配合饲料 幼年期、妊娠期和哺乳期犬粮 Pet Compound Feed for Puppy, Gestating or Lactating Dog Feed	TEAM BREEDER 无谷精选鸡肉配方—幼犬用 TEAM BREEDER DOG GRAIN FREE TOP CHICKEN PUPPY	宠物配合饲料 Pet Compound Feed	犬 Dogs	意大利 RUSSO MANGIMI S. p. A. 公司 RUSSO MANGIMI S. p. A.，Italy	2021.02—2026.02	新办

（续）

登记证号	通用名称	商品名称	产品类别	使用范围	生产厂家	有效期限	备注
(2021) 外饲准字 166 号	喷雾干燥猪血浆蛋白粉 Spray Dried Porcine Plasma Protein Meal	喷雾干燥猪血浆蛋白粉 AP920	单一饲料 Single Feed	猪、家禽、水产养殖动物 Swine, Poultry, Aquaculture animals	加拿大 APC 营养公司 APC Nutrition Inc., Canada	2021.02—2026.02	续展
(2021) 外饲准字 167 号	混合型饲料添加剂 防霉剂 Feed Additives Mixture Preservatives	乐达克霉灵®液体 Nucleus Luctamold 51045Z	混合型饲料添加剂 Feed Additives Mixture	养殖动物 All species or categories of animals	西班牙乐达公司 Lucta S. A., Spain	2021.02—2026.02	续展
(2021) 外饲准字 168 号	混合型饲料添加剂 抗氧化剂 酸度调节剂 Feed Additives Mixture Antioxidants Acidity Regulators	好克氧 MiaRadOx P2	混合型饲料添加剂 Feed Additives Mixture	养殖动物 All species or categories of animals	德国麦尔威股份有限公司 MIAVIT GmbH, Germany	2021.02—2026.02	续展
(2021) 外饲准字 169 号	饲料添加剂 可食脂肪酸钙盐 Feed Additive Calcium Salt of Edible Fatty Acid	乳美肥 PLUS RUMIFAT PLUS	饲料添加剂 Feed Additive	家畜 Livestock	马来西亚 Ecolex Sdn. Bhd. 公司 Ecolex Sdn. Bhd., Malaysia	2021.02—2026.02	续展
(2021) 外饲准字 170 号	饲料添加剂 屎肠球菌 Feed Additive Enterococcus faecium	财来成 LBC ME20 plus CYLACTIN® LBC ME20 plus	饲料添加剂 Feed Additive	养殖动物 All species or categories of animals	瑞士百福公司 Cerbios-Pharma SA, Switzerland	2021.02—2026.02	续展
(2021) 外饲准字 171 号	饲料添加剂 植酸酶（产自黑曲霉）Feed Additive Phytase (Source: *Aspergillus niger*)	特威宝 SSF（浓缩物）ALLZYME SSF CONCENTRATE	饲料添加剂 Feed Additive	养殖动物 All species or categories of animals	美国奥特奇公司 Alltech Inc., USA	2021.02—2026.02	续展
(2021) 外饲准字 172 号	混合型饲料添加剂 维生素 C 酵母硒 Feed Additives Mixture Vitamin C Selenium Yeast	特优 E ECONOMASE	混合型饲料添加剂 Feed Additives Mixture	养殖动物 All species or categories of animals	美国奥特奇公司 Alltech Inc., USA	2021.02—2026.02	续展

（续）

登记证号	通用名称	商品名称	产品类别	使用范围	生产厂家	有效期限	备注
(2021) 外饲准字 173 号	宠物营养补充剂 屎肠球菌 Pet Nutrition Supplement Enterococcus faecium	普乐高宁 Protexin Pro-Kolin+	宠物添加剂预混合饲料 Pet Feed Additive Premix	犬、猫 Dogs, Cats	ADM 英国普乐特新有限公司 ADM Protexin Limited, UK	2021.02—2026.02	续展
(2021) 外饲准字 174 号	宠物营养补充剂 屎肠球菌 Pet Nutrition Supplement Enterococcus faecium	施百科狄 Protexin Synbiotic D-C	宠物添加剂预混合饲料 Pet Feed Additive Premix	犬、猫 Dogs, Cats	ADM 英国普乐特新有限公司 ADM Protexin Limited, UK	2021.02—2026.02	续展
(2021) 外饲准字 175 号	畜禽复合预混合饲料 Premix for Livestock and Poultry	益肝宝 Hepatonic Solution	添加剂预混合饲料 Feed Additive Premix	畜禽 Livestock, Poultry	（台湾）贸立实业股份有限公司 More-standing Enterprise Co., Ltd	2021.02—2026.02	续展
(2021) 外饲准字 176 号	饲料添加剂 羟基蛋氨酸类似物螯合铜 Feed Additive Copper Methionine Hydroxy Analogue Chelate	明微矿®铜 Mintrex® Cu	饲料添加剂 Feed Additive	肉牛、奶牛、家禽、猪 Beef cattle, Cows, Poultry, Swine	（美国）诺伟司国际公司 Novus International, Inc., USA	2021.02—2026.02	续展
(2021) 外饲准字 177 号	饲料添加剂 羟基蛋氨酸类似物螯合锰 Feed Additive Manganese Methionine Hydroxy Analogue Chelate	明微矿®锰 Mintrex® Mn	饲料添加剂 Feed Additive	肉牛、奶牛、家禽、猪 Beef cattle, Cows, Poultry, Swine	（美国）诺伟司国际公司 Novus International, Inc., USA	2021.02—2026.02	续展
(2021) 外饲准字 178 号	饲料添加剂 羟基蛋氨酸类似物螯合锌 Feed Additive Zinc Methionine Hydroxy Analogue Chelate	明微矿®锌 Mintrex® Zn	饲料添加剂 Feed Additive	肉牛、奶牛、家禽、猪 Beef cattle, Cows, Poultry, Swine	（美国）诺伟司国际公司 Novus International, Inc., USA	2021.02—2026.02	续展
(2021) 外饲准字 179 号	鱼粉 Fishmeal	Special Select 牌鲱鱼红鱼粉（三级至二级） Special Select Menhaden Red Fishmeal (Ⅲ to Ⅱ)	单一饲料 Single Feed	畜禽、水产养殖动物（反刍动物除外） Livestock, Poultry, Aquaculture animals (Not including ruminant)	美国欧米茄蛋白公司 Abbeville 工厂 Omega Protein, Inc., Abbeville Plant, USA	2021.02—2026.02	续展

（续）

登记证号	通用名称	商品名称	产品类别	使用范围	生产厂家	有效期限	备注
（2021）外饲准字 180 号	双低菜籽粕 Double Low Rapeseed Meal	加拿大菜籽粕颗粒（加拿大双低菜籽） Canola Meal Pellet（Canadian Double Low Rapeseed Meal）	单一饲料 Single Feed	家禽、猪、牛、水产养殖动物 Poultry，Swine，Cattle，Aquaculture animals	（加拿大）嘉吉有限公司（Clavet 工厂） Cargill Limited，Canada	2021.02—2026.02	续展
（2021）外饲准字 181 号	鱼粉 Fishmeal	秘鲁蒸汽干燥鱼粉（三级至一级） PERUVIAN STEAM DRIED FISHMEAL（Ⅲ to Ⅰ）	单一饲料 Single Feed	畜禽、水产养殖动物（反刍动物除外） Livestock，Poultry，Aquaculture animals（Not including ruminant）	秘鲁 Pesquera Centinela S. A. C. 公司 Chancay 工厂 Pesquera Centinela S. A. C.，Plant Chancay，Peru	2021.02—2026.02	续展
（2021）外饲准字 182 号	鱼粉 Fishmeal	秘鲁蒸汽干燥鱼粉（三级至一级） PERUVIAN STEAM DRIED FISHMEAL（Ⅲ to Ⅰ）	单一饲料 Single Feed	畜禽、水产养殖动物（反刍动物除外） Livestock，Poultry，Aquaculture animals（Not including ruminant）	秘鲁 Pesquera Centinela S. A. C. 公司 Tambo de Mora 工厂 Pesquera Centinela S. A. C.，Plant Tambo de Mora，Peru	2021.02—2026.02	续展
（2021）外饲准字 183 号	鱼粉 Fishmeal	秘鲁蒸汽干燥鱼粉（三级） PERUVIAN STEAM DRIED FISHMEAL（Ⅲ）	单一饲料 Single Feed	畜禽、水产养殖动物（反刍动物除外） Livestock，Poultry，Aquaculture animals（Not including ruminant）	秘鲁 Pesquera Hayduk S. A. 公司 Coishco 工厂 Pesquera Hayduk S. A.，Plant Coishco，Peru	2021.02—2026.02	续展
（2021）外饲准字 184 号	鱼粉 Fishmeal	秘鲁蒸汽干燥鱼粉（三级） PERUVIAN STEAM DRIED FISHMEAL（Ⅲ）	单一饲料 Single Feed	畜禽、水产养殖动物（反刍动物除外） Livestock，Poultry，Aquaculture animals（Not including ruminant）	秘鲁 Pesquera Hayduk S. A. 公司 Vegueta 工厂 Pesquera Hayduk S. A.，Plant Vegueta，Peru	2021.02—2026.02	续展

（续）

登记证号	通用名称	商品名称	产品类别	使用范围	生产厂家	有效期限	备注
（2021）外饲准字 185 号	鱼粉 Fishmeal	秘鲁蒸汽干燥鱼粉（三级） PERUVIAN STEAM DRIED FISHMEAL（Ⅲ）	单一饲料 Single Feed	畜禽、水产养殖动物（反刍动物除外） Livestock，Poultry，Aquaculture animals （Not including ruminant）	秘鲁 Pesquera Hayduk S. A. 公司 Razuri 工厂 Pesquera Hayduk S. A.，Plant Razuri，Peru	2021. 02—2026. 02	续展
（2021）外饲准字 186 号	混合型饲料添加剂 木聚糖酶（产自李氏木霉） Feed Additives Mixture Xylanase（Source：*Trichoderma reesei*）	小肽宝 Xiao Tai Bao	混合型饲料添加剂 Feed Additives Mixture	猪 Swine	台湾农鹤企业有限公司 Nung Ho Enterprise Co.，Ltd	2021. 02—2026. 02	续展
（2021）外饲准字 187 号	混合型饲料添加剂 美国栗树叶提取物 Feed Additives Mixture Chestnut Leaves Extract	优可宝 SILVAFEED NUTRI P	混合型饲料添加剂 Feed Additives Mixture	养殖动物 All species or categories of animals	意大利 Silvachimica Srl. 公司 Silvachimica Srl.，Italy	2021. 02—2026. 02	续展
（2021）外饲准字 188 号	混合型饲料添加剂 甘油脂肪酸酯 Feed Additives Mixture Glycerine Fatty Acid Ester	英威®肠控宝 粉 AveMix® MCT Sil	混合型饲料添加剂 Feed Additives Mixture	养殖动物 All species or categories of animals	比利时艾威生化有限公司 Aveve Biochem，Belgium	2021. 02—2026. 02	续展
（2021）外饲准字 189 号	饲料添加剂 甘油脂肪酸酯 Feed Additive Glycerine Fatty Acid Ester	英威®肠控宝 油 AveMix® MCT Oil	饲料添加剂 Feed Additive	养殖动物 All species or categories of animals	比利时艾威生化有限公司 Aveve Biochem，Belgium	2021. 02—2026. 02	续展
（2021）外饲准字 190 号	全价猫粮 Complete Cat Food	ORIJEN 成年与幼年猫猫粮 ORIJEN Cat & Kitten Cat Food	宠物配合饲料 Pet Compound Feed	猫 Cats	加拿大冠军宠物食品公司 Champion Petfoods L. P.，Canada	2021. 02—2026. 02	续展
（2021）外饲准字 191 号	全价犬粮 Complete Dog Food	ORIJEN 经典犬粮 ORIJEN Original Dog Food	宠物配合饲料 Pet Compound Feed	犬 Dogs	加拿大冠军宠物食品公司 Champion Petfoods L. P.，Canada	2021. 02—2026. 02	续展

（续）

登记证号	通用名称	商品名称	产品类别	使用范围	生产厂家	有效期限	备注
(2021) 外饲准字 192 号	全价犬粮 Complete Dog Food	ORIJEN 六种鱼配方犬粮 ORIJEN Six Fish Formula Dog Food	宠物配合饲料 Pet Compound Feed	犬 Dogs	加拿大冠军宠物食品公司 Champion Petfoods L. P. , Canada	2021.02—2026.02	续展
(2021) 外饲准字 193 号	全价猫粮 Complete Cat Food	ORIJEN 六种鱼配方猫粮 ORIJEN Six Fish Formula Cat Food	宠物配合饲料 Pet Compound Feed	猫 Cats	加拿大冠军宠物食品公司 Champion Petfoods L. P. , Canada	2021.02—2026.02	续展
(2021) 外饲准字 194 号	全价犬粮 Complete Dog Food	ACANA 海洋盛宴犬粮 ACANA Pacifica Dog Food	宠物配合饲料 Pet Compound Feed	犬 Dogs	加拿大冠军宠物食品公司 Champion Petfoods L. P. , Canada	2021.02—2026.02	续展
(2021) 外饲准字 195 号	全价猫粮 Complete Cat Food	ACANA 海洋盛宴猫粮 ACANA Pacifica Cat Food	宠物配合饲料 Pet Compound Feed	猫 Cats	加拿大冠军宠物食品公司 Champion Petfoods L. P. , Canada	2021.02—2026.02	续展
(2021) 外饲准字 196 号	全价犬粮 Complete Dog Food	ACANA 牧场盛宴犬粮 ACANA Wild Prairie Dog Food	宠物配合饲料 Pet Compound Feed	犬 Dogs	加拿大冠军宠物食品公司 Champion Petfoods L. P. , Canada	2021.02—2026.02	续展
(2021) 外饲准字 197 号	全价猫粮 Complete Cat Food	ACANA 牧场盛宴猫粮 ACANA Wild Prairie Cat Food	宠物配合饲料 Pet Compound Feed	猫 Cats	加拿大冠军宠物食品公司 Champion Petfoods L. P. , Canada	2021.02—2026.02	续展
(2021) 外饲准字 198 号	饲料添加剂 酵母硒 Feed Additive Selenium Yeast Complex	英特硒 AB Tor-Sel	饲料添加剂 Feed Additive	家禽、猪、牛、水产养殖动物 Poultry, Swine, Cattle, Aquaculture animals	澳大利亚 BPA 私人有限公司 Bio Processing Australia Pty Ltd, Australia	2021.02—2026.02	续展

（续）

登记证号	通用名称	商品名称	产品类别	使用范围	生产厂家	有效期限	备注
(2021) 外饲准字 199 号	白鱼粉 White Fishmeal	白鱼粉（一级） White Fishmeal（Ⅰ）	单一饲料 Single Feed	畜禽、水产养殖动物（反刍动物除外） Livestock，Poultry，Aquaculture animals（Not including ruminant）	俄罗斯 JSC “Tralflot” 公司（工船加工，工船名 f/t Vasilyevskiy Ostrov，工船号 CH-011） JSC “Tralflot”（Produced on Board at Vessel f/t “Vasilyevskiy Ostrov”，Official No. CH-011），Russia	2021.02—2026.02	续展
(2021) 外饲准字 200 号	混合型饲料添加剂 矿物元素 Feed Additives Mixture Minerals	矿元种猪 COMWELL	混合型饲料添加剂 Feed Additives Mixture	猪 Swine	（台湾）贸立实业股份有限公司 More-standing Enterprise Co.，Ltd	2021.02—2026.02	续展
(2021) 外饲准字 201 号	畜禽维生素预混合饲料 Vitamin Premix for Livestock and Poultry	益维宝 MoreVita	添加剂预混合饲料 Feed Additive Premix	畜禽 Livestock，Poultry	（台湾）贸立实业股份有限公司 More-standing Enterprise Co.，Ltd	2021.02—2026.02	续展

附件 2

换发进口饲料和饲料添加剂产品登记证目录（2021－02）

登记证号	商品名称	通用名称	变更内容	原名称	变更名称
（2020）外饲准字 1253 号	英威 XG10 液体复合酶 AveMix XG10 L	混合型饲料添加剂 酶制剂 Feed Additives Mixture Enzymes	申请企业名称	Aveve Biochem NV，Belgium	Aveve Biochem，Belgium
			生产企业名称	Aveve NV，Belgium	Aveve，Belgium
（2020）外饲准字 1254 号	英威 02CS 液体复合酶 AveMix 02CS L	混合型饲料添加剂 酶制剂 Feed Additives Mixture Enzymes	申请企业名称	Aveve Biochem NV，Belgium	Aveve Biochem，Belgium
			生产企业名称	Aveve NV，Belgium	Aveve，Belgium
（2020）外饲准字 1255 号	英威 XG10 复合酶 AveMix XG10	混合型饲料添加剂 酶制剂 Feed Additives Mixture Enzymes	申请企业名称	Aveve Biochem NV，Belgium	Aveve Biochem，Belgium
			生产企业名称	Aveve NV，Belgium	Aveve，Belgium
（2020）外饲准字 1256 号	英威 02CS 复合酶 AveMix 02CS	混合型饲料添加剂 酶制剂 Feed Additives Mixture Enzymes	申请企业名称	Aveve Biochem NV，Belgium	Aveve Biochem，Belgium
			生产企业名称	Aveve NV，Belgium	Aveve，Belgium
（2016）外饲准字 157 号	Wallace 鸡肉粉 Wallace Poultry Meal	鸡肉粉 Poultry Meal	申请企业名称	新西兰沃乐思有限公司 Wallace Corporation Limited，New Zealand	（新西兰）沃乐思蛋白有限公司 Wallace Proteins Limited，New Zealand
			生产企业名称	新西兰沃乐思有限公司 Wallace Corporation Limited，New Zealand	（新西兰）沃乐思蛋白有限公司 Wallace Proteins Limited，New Zealand
			生产地址名称	Wood Road，Waitoa，New Zealand	266D，Wood Road，RD 1，Waitoa，New Zealand

中华人民共和国农业农村部公告

第 410 号

根据《进口饲料和饲料添加剂登记管理办法》有关规定，批准印度 Camlin Fine Sciences 有限公司等 54 家公司生产的 92 种饲料和饲料添加剂产品在我国登记或续展登记，并颁发进口登记证（附件 1）。批准倍犇鑫铜（Plexomin® Cu）等 3 个产品申请企业名称和生产厂家名称变更（附件 2）。所登记产品的监督检验，按中华人民共和国国家标准和我部发布的质量标准执行。

特此公告。

附件：1. 进口饲料和饲料添加剂产品登记证目录（2021－03）

2. 换发进口饲料和饲料添加剂产品登记证目录（2021－03）

农业农村部

2021 年 3 月 29 日

附件 1

进口饲料和饲料添加剂产品登记证目录（2021－03）

登记证号	通用名称	商品名称	产品类别	使用范围	生产厂家	有效期限	备注
(2021) 外饲准字 202 号	特丁基对苯二酚（TBHQ） Tertiary Butyl Hydroquinone（TBHQ）	特丁基对苯二酚（TBHQ） Tertiary Butyl Hydroquinone（TBHQ）	饲料添加剂 Feed Additive	养殖动物 All species or categories of animals	印度 Camlin Fine Sciences 有限公司 Camlin Fine Sciences Ltd.，India	2021.03—2026.03	新办
(2021) 外饲准字 203 号	混合型饲料添加剂 酶制剂 Feed Additives Mixture Enzymes	饲乐酶 SELFEED CF	混合型饲料添加剂 Feed Additives Mixture	家禽、猪、牛 Poultry，Swine，Cattle	日本新水株式会社（熊本工厂） Sinsui Inc.（Kumamoto Factory），Japan	2021.03—2026.03	新办
(2021) 外饲准字 204 号	混合型饲料添加剂 酶制剂 Feed Additives Mixture Enzymes	新乐酶 SINFEED	混合型饲料添加剂 Feed Additives Mixture	家禽、猪、牛 Poultry，Swine，Cattle	日本新水株式会社（熊本工厂） Sinsui Inc.（Kumamoto Factory），Japan	2021.03—2026.03	新办
(2021) 外饲准字 205 号	混合型饲料添加剂 香味物质 Feed Additives Mixture Flavouring Substances	饲劲香 4powerX	混合型饲料添加剂 Feed Additives Mixture	养殖动物 All species or categories of animals	意大利 A. W. P. 有限公司（工厂） A. W. P. s. r. l.，Italy	2021.03—2026.03	新办
(2021) 外饲准字 206 号	混合型饲料添加剂 香味物质 Feed Additives Mixture Flavouring Substances	卫香宝 液体 Mix-Oil Defenses Liquid	混合型饲料添加剂 Feed Additives Mixture	宠物 Pets	意大利 A. W. P. 有限公司（工厂） A. W. P. s. r. l.，Italy	2021.03—2026.03	新办
(2021) 外饲准字 207 号	混合型饲料添加剂 香味物质 Feed Additives Mixture Flavouring Substances	口香宝 液体 Mix-Oil Palatability Liquid	混合型饲料添加剂 Feed Additives Mixture	宠物 Pets	意大利 A. W. P. 有限公司（工厂） A. W. P. s. r. l.，Italy	2021.03—2026.03	新办
(2021) 外饲准字 208 号	混合型饲料添加剂 乳酸 乙酸 甲酸 百里香酚 香芹酚 山梨糖醇 Feed Additives Mixture Lactic Acid Acetic Acid Formic Acid Thymol Carvacrol Sorbitol	天保乳 HerbaMas	混合型饲料添加剂 Feed Additives Mixture	牛 Cattle	比利时 HERBAVITA BVBA HERBAVITA BVBA，Belgium	2021.03—2026.03	新办

（续）

登记证号	通用名称	商品名称	产品类别	使用范围	生产厂家	有效期限	备注
(2021) 外饲准字 209 号	混合型饲料添加剂 微生物 Feed Additives Mixture Microorganisms	奥予优 SELECT GH	混合型饲料添加剂 Feed Additives Mixture	养殖动物 All species or categories of animals	美国奥特奇公司 Alltech Inc.，USA	2021.03—2026.03	新办
(2021) 外饲准字 210 号	混合型饲料添加剂 香味物质 矿物元素 Feed Additives Mixture Flavouring Substances Minerals	益肌质 Vali MP	混合型饲料添加剂 Feed Additives Mixture	猪 Swine	法国 Société IDENA 公司 Société IDENA，France	2021.03—2026.03	新办
(2021) 外饲准字 211 号	混合型饲料添加剂 β-葡聚糖酶（产自长柄木霉） Feed Additives Mixture β-Glucanase (Source：Trichoderma Longibrachiatum)	艾克拿斯 BP700 Econase Barley P 700	混合型饲料添加剂 Feed Additives Mixture	猪、家禽 Swine，Poultry	新加坡金朝生物技术私人有限公司 Crown Pacific Biotechnology Pte. Ltd.，Singapore	2021.03—2026.03	新办
(2021) 外饲准字 212 号	混合型饲料添加剂 木聚糖酶（产自长柄木霉） Feed Additives Mixture Xylanase (Source：*Trichoderma Longibrachiatum*)	艾克拿斯 XCP Econase XCP	混合型饲料添加剂 Feed Additives Mixture	猪、家禽、水产养殖动物 Swine，Poultry，Aquaculture animals	新加坡金朝生物技术私人有限公司 Crown Pacific Biotechnology Pte. Ltd.，Singapore	2021.03—2026.03	新办
(2021) 外饲准字 213 号	混合型饲料添加剂 木聚糖酶（产自长柄木霉）低聚木糖 Feed Additives Mixture Xylanase (Source：Trichoderma Longibrachiatum) Xylooligosaccharides	维赛宝 VistaPros	混合型饲料添加剂 Feed Additives Mixture	鸡、猪 Chicken，Swine	新加坡金朝生物技术私人有限公司 Crown Pacific Biotechnology Pte. Ltd.，Singapore	2021.03—2026.03	新办
(2021) 外饲准字 214 号	混合型饲料添加剂 丙酸铵 甜菜碱盐酸盐 Feed Additives Mixture Ammonium Propionate Betaine Hydrochloride	科毒清 Excential Toxin Plus	混合型饲料添加剂 Feed Additives Mixture	养殖动物 All species or categories of animals	比利时 Orffa Additives BV 公司 Orffa Additives BV，Belgium	2021.03—2026.03	新办

（续）

登记证号	通用名称	商品名称	产品类别	使用范围	生产厂家	有效期限	备注
(2021) 外饲准字 215 号	混合型饲料添加剂 枯草芽孢杆菌 Feed Additives Mixture *Bacillus subtilis*	长好康 Muco-defen	混合型饲料添加剂 Feed Additives Mixture	猪、家禽 Swine, Poultry	（台湾）生百兴业有限公司宜兴厂 Life Rainbow Biotech Co., Ltd. Yixing Factory	2021.03—2026.03	新办
(2021) 外饲准字 216 号	混合型饲料添加剂 香味物质 Feed Additives Mixture Flavouring Substances	奥利欧（幼畜专用）LX 186 P11 OLEOBIOTEC® VEAU LX 186 P11	混合型饲料添加剂 Feed Additives Mixture	养殖动物 All species or categories of animals	法国馥蒂公司 Laboratoires Phode S. A. S., France	2021.03—2026.03	新办
(2021) 外饲准字 217 号	混合型饲料添加剂 植酸酶（产自毕赤酵母）Feed Additives Mixture Phytase (Source: *Pichia pastoris*)	好特美 P plus 10000G OptiPhos Plus 10000G	混合型饲料添加剂 Feed Additives Mixture	猪、家禽、鱼 Swine, Poultry, Fish	保加利亚标伟特股份有限公司 BIOVET Joint Stock Company, Bulgaria	2021.03—2026.03	新办
(2021) 外饲准字 218 号	混合型饲料添加剂 植酸酶（产自毕赤酵母）Feed Additives Mixture Phytase (Source: *Pichia pastoris*)	好特美 P plus 30000G OptiPhos Plus 30000G	混合型饲料添加剂 Feed Additives Mixture	猪、家禽、鱼 Swine, Poultry, Fish	保加利亚标伟特股份有限公司 BIOVET Joint Stock Company, Bulgaria	2021.03—2026.03	新办
(2021) 外饲准字 219 号	混合型饲料添加剂 香味物质 Feed Additives Mixture Flavouring Substances	爱吉福 Boost ACTIFOR® Boost	混合型饲料添加剂 Feed Additives Mixture	反刍动物 Ruminant	奥地利 DELACON 生物技术公司（恩格尔维茨多夫工厂）Delacon Biotechnik GmbH, Austria	2021.03—2026.03	新办
(2021) 外饲准字 220 号	混合型饲料添加剂 香味物质 Feed Additives Mixture Flavouring Substances	爱吉福 Boost OFC ACTIFOR® Boost OFC	混合型饲料添加剂 Feed Additives Mixture	反刍动物 Ruminant	奥地利 DELACON 生物技术公司（恩格尔维茨多夫工厂）Delacon Biotechnik GmbH, Austria	2021.03—2026.03	新办
(2021) 外饲准字 221 号	混合型饲料添加剂 香味物质 Feed Additives Mixture Flavouring Substances	百奥壮 1020 BIOSTRONG® 1020	混合型饲料添加剂 Feed Additives Mixture	家禽 Poultry	奥地利 DELACON 生物技术公司（恩格尔维茨多夫工厂）Delacon Biotechnik GmbH, Austria	2021.03—2026.03	新办
(2021) 外饲准字 222 号	混合型饲料添加剂 L-蛋氨酸 Feed Additives Mixture L-Methionine	利乳特 L-Met 60 LipoAktiv L-Met 60	混合型饲料添加剂 Feed Additives Mixture	养殖动物 All species or categories of animals	马来西亚 BERG & SCHMIDT NUTRITION 私人有限公司 BERG & SCHMIDT NUTRITION SDN. BHD., Malaysia	2021.03—2026.03	新办

（续）

登记证号	通用名称	商品名称	产品类别	使用范围	生产厂家	有效期限	备注
(2021）外饲准字 223 号	混合型饲料添加剂 植物乳杆菌 Feed Additives Mixture *Lactobacillus plantarum*	芯来旺—植物乳杆菌 LP28 SYNLAC Lactobacillus plantarum LP28	混合型饲料添加剂 Feed Additives Mixture	畜禽 Livestock，Poultry	台湾生合生物科技股份有限公司（燕巢厂） Synbiotech Inc.（Yanchao)	2021.03—2026.03	新办
(2021）外饲准字 224 号	宠物营养补充剂 犬和猫 Pet Nutritional Supplement for Dog and Cat	康泰丝®胶囊 COATEX® CAPSULES	宠物添加剂预混合饲料 Pet Feed Additive Premix	犬、猫 Dogs，Cats	（英国）VetPlus 有限公司 VetPlus Ltd，UK	2021.03—2026.03	新办
(2021）外饲准字 225 号	含可溶物的玉米干酒精糟 Corn Distillers Dried Grains with Solubles (DDGS)	含可溶物的玉米干酒精糟 Corn Distillers Dried Grains with Solubles (Corn DDGS)	单一饲料 Single Feed	养殖动物（马、兔除外） All species or categories of animals (Not including horses and rabbits)	（美国）苏克斯兰乙醇有限责任公司 Siouxland Ethanol LLC，USA	2021.03—2026.03	新办
(2021）外饲准字 226 号	含可溶物的玉米干酒精糟 Corn Distillers Dried Grains with Solubles (DDGS)	含可溶物的玉米干酒精糟 Corn Distillers Dried Grains with Solubles (DDGS)	单一饲料 Single Feed	养殖动物 All species or categories of animals	（美国）安德森玛拉松控股有限公司洛根斯波特工厂 The Andersons Marathon Holdings LLC (Logansport plant)，USA	2021.03—2026.03	新办
(2021）外饲准字 227 号	玉米干酒精糟 Corn Distillers Dried Grains (DDG)	NexPro 玉米蛋白 NexPro Protein Ingredient	单一饲料 Single Feed	养殖动物（马、兔除外） All species or categories of animals (Not including horses and rabbits)	美国弗林特希尔斯资源费尔蒙特有限责任公司 Flint Hills Resources Fairmont，LLC，USA	2021.03—2026.03	新办
(2021）外饲准字 228 号	白鱼粉 White Fishmeal	水星布良斯克白鱼粉（三级） Mercury (Butovsk) White Fishmeal (Grade Ⅲ)	单一饲料 Single Feed	畜禽、水产养殖动物（反刍动物除外） Livestock，Poultry，Aquaculture animals（Not including ruminant)	（俄罗斯）水星有限责任公司（工船加工，工船名“布良斯克”，工船号：CH-281） Mercury Co.，LTD (Produced on Board at vessel “Butovsk”，Register No. CH-281)，Russia	2021.03—2026.03	新办

（续）

登记证号	通用名称	商品名称	产品类别	使用范围	生产厂家	有效期限	备注
（2021）外饲准字229号	鱼油 Fish Oil	鱼油（饲料级） Fish Oil (Feed Grade)	单一饲料 Single Feed	畜禽、水产养殖动物（反刍动物除外） Livestock, Poultry, Aquaculture animals (Not including ruminant)	俄罗斯SOFCO有限公司（工船加工，工船名F/V "SERGEY BOCHKAREV"，工船号：CH-33S） SOFCO CO., LTD. (Produced on Broad at vessel F/V "SERGEY BOCHKAREV", Official No. CH-33S), Russia	2021.03—2026.03	新办
（2021）外饲准字230号	鱼粉 Fishmeal	红鱼粉（三级） Red Fishmeal (Ⅲ)	单一饲料 Single Feed	畜禽、水产养殖动物（反刍动物除外） Livestock, Poultry, Aquaculture animals (Not including ruminant)	（泰国）Sahamitr鱼粉有限公司 Sahamitr Fish Meal Company Limited, Thailand	2021.03—2026.03	新办
（2021）外饲准字231号	白鱼粉 White Fishmeal	白鱼粉（三级） White Fishmeal (Ⅲ)	单一饲料 Single Feed	畜禽、水产养殖动物（反刍动物除外） Livestock, Poultry, Aquaculture animals (Not including ruminant)	俄罗斯太平洋渔业有限公司（缩写：俄罗斯Tikhrybcom Co., Ltd.）（工船加工，工船名"Morskoy Volk"，工船号：CH-80K） Tihookeanskaya rybopromyshlennaya kompaniya Co., Ltd. (Short write: Tikhrybcom Co., Ltd.) (Produced on Board at Vessel "Morskoy Volk", Official No. CH-80K), Russia	2021.03—2026.03	新办
（2021）外饲准字232号	淡水鱼粉 Freshwater Fishmeal	红鱼粉60%蛋白质 Fish meal 60% Protein	单一饲料 Single Feed	畜禽、水产养殖动物（反刍动物除外） Livestock, Poultry, Aquaculture animals (Not including ruminant)	越南永环股份公司 Vinh Hoan Corporation, Vietnam	2021.03—2026.03	新办

（续）

登记证号	通用名称	商品名称	产品类别	使用范围	生产厂家	有效期限	备注
(2021) 外饲准字 233 号	高温高压水解羽毛粉 High Temperature and High Pressure Hydrolysis Feather Meal	水解羽毛粉 FEATHER MEAL	单一饲料 Single Feed	畜禽、水产养殖动物（反刍动物除外） Livestock, Poultry, Aquaculture animals (Not including ruminant)	法国 STANVEN SN 公司 STANVEN SN, France	2021.03—2026.03	新办
(2021) 外饲准字 234 号	虾配合饲料 Shrimp Compound Feed	普瑞德 BREED-S	配合饲料 Compound Feed	虾 Shrimp	英伟（泰国）饲料有限公司 INVE (Thailand) Ltd., Thailand	2021.03—2026.03	新办
(2021) 外饲准字 235 号	宠物配合饲料 成年期猫粮 Pet Compound Feed for Adult Cat	博黛精粹美食海鲜味成猫粮 PRODIET PROFESSIONAL ADULT CAT GOURMET SEAFOOD FLAVOUR	宠物配合饲料 Pet Compound Feed	猫 Cats	泰国 Nutrix Public 有限公司 Nutrix Public Company Limited, Thailand	2021.03—2026.03	新办
(2021) 外饲准字 236 号	宠物配合饲料 成年期猫粮 Pet Compound Feed for Adult Cats	博黛精粹金枪鱼味成猫粮 PRODIET PROFESSIONAL ADULT CAT TUNA FLAVOUR	宠物配合饲料 Pet Compound Feed	猫 Cats	泰国 Nutrix Public 有限公司 Nutrix Public Company Limited, Thailand	2021.03—2026.03	新办
(2021) 外饲准字 237 号	宠物配合饲料 成年期犬处方粮 Pet Compound Feed for Adult Dog Prescription Feed	VET LIFE 天然处方粮系列—关节配方—犬用 VET LIFE NATURAL DOG JOINT	宠物配合饲料 Pet Compound Feed	犬 Dogs	意大利 RUSSO MANGIMI S. p. A. 公司 RUSSO MANGIMI S. p. A., Italy	2021.03—2026.03	新办
(2021) 外饲准字 238 号	宠物配合饲料 成年期猫处方粮 Pet Compound Feed for Adult Cat Prescription Feed	VET LIFE 天然处方粮系列—体重管理配方—猫用 VET LIFE NATURAL CAT OBESITY	宠物配合饲料 Pet Compound Feed	猫 Cats	意大利 RUSSO MANGIMI S. p. A. 公司 RUSSO MANGIMI S. p. A., Italy	2021.03—2026.03	新办

（续）

登记证号	通用名称	商品名称	产品类别	使用范围	生产厂家	有效期限	备注
（2021）外饲准字 239 号	宠物配合饲料 成年期犬处方粮 Pet Compound Feed for Adult Dog Prescription Feed	VET LIFE 天然处方粮系列—磷酸铵镁结石管理配方—犬用 VET LIFE NATURAL DOG STRUVITE MANAGEMENT	宠物配合饲料 Pet Compound Feed	犬 Dogs	意大利 RUSSO MANGIMI S. p. A. 公司 RUSSO MANGIMI S. p. A.，Italy	2021.03—2026.03	新办
（2021）外饲准字 240 号	宠物配合饲料 成年期猫处方粮 Pet Compound Feed for Adult Cat Prescription Feed	VET LIFE 天然处方粮系列—磷酸铵镁结石管理配方—猫用 VET LIFE NATURAL CAT STRUVITE MANAGEMENT	宠物配合饲料 Pet Compound Feed	猫 Cats	意大利 RUSSO MANGIMI S. p. A. 公司 RUSSO MANGIMI S. p. A.，Italy	2021.03—2026.03	新办
（2021）外饲准字 241 号	宠物配合饲料 成年期犬处方粮 Pet Compound Feed for Adult Dog Prescription Feed	VET LIFE 天然处方粮系列—抗敏甘薯鱼肉配方—犬用 VET LIFE NATURAL DOG HYPOALLERGENIC FISH & POTATO	宠物配合饲料 Pet Compound Feed	犬 Dogs	意大利 RUSSO MANGIMI S. p. A. 公司 RUSSO MANGIMI S. p. A.，Italy	2021.03—2026.03	新办
（2021）外饲准字 242 号	宠物配合饲料 成年期犬处方粮 Pet Compound Feed for Adult Dog Prescription Feed	VET LIFE 天然处方粮系列—含水解鱼蛋白粉配方—犬用 VET LIFE NATURAL DOG ULTRAHYPO	宠物配合饲料 Pet Compound Feed	犬 Dogs	意大利 RUSSO MANGIMI S. p. A. 公司 RUSSO MANGIMI S. p. A.，Italy	2021.03—2026.03	新办
（2021）外饲准字 243 号	宠物配合饲料 幼年期犬粮 Pet Compound Feed for Puppy	N&D 远古谷物系列—鸡肉石榴味—初生幼犬用 N&D ANCESTRAL GRAIN DOG CHICKEN, POMEGRANATE STARTER PUPPY	宠物配合饲料 Pet Compound Feed	犬 Dogs	意大利 RUSSO MANGIMI S. p. A. 公司 RUSSO MANGIMI S. p. A.，Italy	2021.03—2026.03	新办

（续）

登记证号	通用名称	商品名称	产品类别	使用范围	生产厂家	有效期限	备注
(2021) 外饲准字 244 号	宠物配合饲料 成年期猫粮 Pet Compound Feed for Adult Cat	N&D优选系列—鸡肉石榴味—成猫用 N&D PRIME CAT CHICKEN, POMEGRANATE ADULT	宠物配合饲料 Pet Compound Feed	猫 Cats	意大利 RUSSO MANGIMI S. p. A. 公司 RUSSO MANGIMI S. p. A., Italy	2021.03—2026.03	新办
(2021) 外饲准字 245 号	全价成年期猫粮 Compound Feed for Adult Cat	米咖含羊肉成年期猫粮 MIC&FRIENDS ADULT CAT LAMB	宠物配合饲料 Pet Compound Feed	猫 Cats	（比利时）菲德氏宠物食品有限公司 Fides Petfood, Belgium	2021.03—2026.03	新办
(2021) 外饲准字 246 号	全价宠物食品猫粮 Pet Compound Feed for Cat	无谷鸡肉配方猫粮 Grain Free Chicken Formula for Cat	宠物配合饲料 Pet Compound Feed	猫 Cats	加拿大斯派特饲料服务有限公司（工厂） Spectrum Feed Services Ltd., Canada	2021.03—2026.03	新办
(2021) 外饲准字 247 号	全价宠物食品猫粮 Pet Compound Feed for Cat	无谷鲱鱼配方猫粮 Grain Free Herring Formula for Cat	宠物配合饲料 Pet Compound Feed	猫 Cats	加拿大斯派特饲料服务有限公司（工厂） Spectrum Feed Services Ltd., Canada	2021.03—2026.03	新办
(2021) 外饲准字 248 号	全价宠物食品犬粮 Pet Compound Feed for Dog	鸡肉大米配方全龄犬粮 Chicken and Rice Formula for All Lifestage Dog	宠物配合饲料 Pet Compound Feed	犬 Dogs	加拿大斯派特饲料服务有限公司（工厂） Spectrum Feed Services Ltd., Canada	2021.03—2026.03	新办
(2021) 外饲准字 249 号	全价宠物食品犬粮 Pet Compound Feed for Dog	鲱鱼配方全龄犬粮 Herring Formula for All Lifestage Dog	宠物配合饲料 Pet Compound Feed	犬 Dogs	加拿大斯派特饲料服务有限公司（工厂） Spectrum Feed Services Ltd., Canada	2021.03—2026.03	新办
(2021) 外饲准字 250 号	全价宠物食品成年期猫粮 Complete Food for Adult Cat	普尔沛海洋盛宴 PureNZPet Ocean Feast	宠物配合饲料 Pet Compound Feed	猫 Cats	新西兰 Heinz Wattie's Limited Heinz Wattie's Limited, New Zealand	2021.03—2026.03	新办
(2021) 外饲准字 251 号	全价宠物食品成年期猫粮 Complete Food for Adult Cat	普尔沛河流盛宴 PureNZPet River Feast	宠物配合饲料 Pet Compound Feed	猫 Cats	新西兰 Heinz Wattie's Limited Heinz Wattie's Limited, New Zealand	2021.03—2026.03	新办

（续）

登记证号	通用名称	商品名称	产品类别	使用范围	生产厂家	有效期限	备注
(2021) 外饲准字 252 号	全价宠物食品成年期猫粮 Complete Food for Adult Cat	普尔沛冰川盛宴 PureNZPet Glacier Feast	宠物配合饲料 Pet Compound Feed	猫 Cats	新西兰 Heinz Wattie's Limited Heinz Wattie's Limited, New Zealand	2021.03—2026.03	新办
(2021) 外饲准字 253 号	全价宠物食品成年期猫粮 Complete Food for Adult Cat	普尔沛峡湾盛宴 PureNZPet Fjord Feast	宠物配合饲料 Pet Compound Feed	猫 Cats	新西兰 Heinz Wattie's Limited Heinz Wattie's Limited, New Zealand	2021.03—2026.03	新办
(2021) 外饲准字 254 号	全价宠物食品成年期犬粮 Complete Food for Adult Dog	普尔沛黄金岛盛宴 PureNZPet Gold Island Feast	宠物配合饲料 Pet Compound Feed	犬 Dogs	新西兰 Heinz Wattie's Limited Heinz Wattie's Limited, New Zealand	2021.03—2026.03	新办
(2021) 外饲准字 255 号	全价小型犬成年期犬粮 Pet Compound Feed for Adult Dog of Small Breeds	狛睿猪肉配方小型犬成年期犬粮 BRAVERY ADULTO PORK IB. SMALL BR	宠物配合饲料 Pet Compound Feed	犬 Dogs	西班牙 ALINATUR 宠物食品有限公司 ALINATUR PETFOOD, S. L. , Spain	2021.03—2026.03	新办
(2021) 外饲准字 256 号	全价中型犬、大型犬成年期犬粮 Pet Compound Feed for Adult Dog of Large and Medium Breeds	狛睿猪肉配方中、大型犬成年期犬粮 BRAVERY ADULTO PORK IB. MED-LARGE BR	宠物配合饲料 Pet Compound Feed	犬 Dogs	西班牙 ALINATUR 宠物食品有限公司 ALINATUR PETFOOD, S. L. , Spain	2021.03—2026.03	新办
(2021) 外饲准字 257 号	全价小型犬成年期犬粮 Pet Compound Feed for Adult Dog of Small Breeds	狛睿三文鱼配方小型犬成年期犬粮 BRAVERY ADULTO SALMON SMALL BR	宠物配合饲料 Pet Compound Feed	犬 Dogs	西班牙 ALINATUR 宠物食品有限公司 ALINATUR PETFOOD, S. L. , Spain	2021.03—2026.03	新办
(2021) 外饲准字 258 号	全价中型犬、大型犬成年期犬粮 Pet Compound Feed for Adult Dog of Large and Medium Breeds	狛睿三文鱼配方中、大型犬成年期犬粮 BRAVERY ADULTO SALMON MED-LARGE BR	宠物配合饲料 Pet Compound Feed	犬 Dogs	西班牙 ALINATUR 宠物食品有限公司 ALINATUR PETFOOD, S. L. , Spain	2021.03—2026.03	新办

（续）

登记证号	通用名称	商品名称	产品类别	使用范围	生产厂家	有效期限	备注
（2021）外饲准字 259 号	全价宠物食品猫粮 Pet Compound Feed for Cat	Tender and True 无谷含有机火鸡肉配方猫粮添加鸡肝 Tender and True Grain Free Organic Turkey and Liver Cat Recipe	宠物配合饲料 Pet Compound Feed	猫 Cats	美国 C. J. 食品股份有限公司（Bern 工厂） C. J. Foods, Inc., USA	2021.03—2026.03	新办
（2021）外饲准字 260 号	全价宠物食品猫粮 Pet Compound Feed for Cat	Tender and True 无谷有机鸡肉配方猫粮添加鸡肝 Tender and True Grain Free Organic Chicken and Liver Cat Recipe	宠物配合饲料 Pet Compound Feed	猫 Cats	美国 C. J. 食品股份有限公司（Bern 工厂） C. J. Foods, Inc., USA	2021.03—2026.03	新办
（2021）外饲准字 261 号	全价宠物食品犬粮 Pet Compound Feed for Dog	Tender and True 甘薯 & 三文鱼配方犬粮 Tender and True Salmon & Sweet Potato Dog Recipe	宠物配合饲料 Pet Compound Feed	犬 Dogs	美国 C. J. 食品股份有限公司（Bern 工厂） C. J. Foods, Inc., USA	2021.03—2026.03	新办
（2021）外饲准字 262 号	全价宠物食品猫粮 Pet Compound Feed for Cat	Tender and True 马铃薯 & 海洋白鱼配方猫粮 Tender and True Sustainable Ocean Whitefish and Potato Cat Recipe	宠物配合饲料 Pet Compound Feed	猫 Cats	美国 C. J. 食品股份有限公司（Bern 工厂） C. J. Foods, Inc., USA	2021.03—2026.03	新办
（2021）外饲准字 263 号	全价宠物食品犬粮 Pet Compound Feed for Dog	Tender and True 无谷有机鸡肉配方犬粮添加鸡肝 Tender and True Grain Free Organic Chicken and Liver Dog Recipe	宠物配合饲料 Pet Compound Feed	犬 Dogs	美国 C. J. 食品股份有限公司（Bern 工厂） C. J. Foods, Inc., USA	2021.03—2026.03	新办

（续）

登记证号	通用名称	商品名称	产品类别	使用范围	生产厂家	有效期限	备注
（2021）外饲准字 264 号	全价宠物食品猫粮 Pet Compound Food for Cat	Vetreska 含太平洋鲑鱼配方猫粮 Vetreska Kibbles NZ Pacific Salmon Dry Cat Food	宠物配合饲料 Pet Compound Feed	猫 Cats	（新西兰）爱德胜宠物产品有限公司 Addiction Foods NZ Ltd.，New Zealand	2021.03—2026.03	新办
（2021）外饲准字 265 号	全价宠物食品成年期猫粮 Pet Compound Food for Adult Cat	Vetreska 含饲草牛肉配方猫粮 Vetreska Kibbles NZ Grass-Fed Beef Dry Cat Food	宠物配合饲料 Pet Compound Feed	猫 Cats	（新西兰）爱德胜宠物产品有限公司 Addiction Foods NZ Ltd.，New Zealand	2021.03—2026.03	新办
（2021）外饲准字 266 号	全价宠物食品猫粮 Pet Compound Food for Cat	Vetreska 散养鸡肉配方猫粮 Vetreska Kibbles NZ Free Range Chicken Dry Cat Food	宠物配合饲料 Pet Compound Feed	猫 Cats	（新西兰）爱德胜宠物产品有限公司 Addiction Foods NZ Ltd.，New Zealand	2021.03—2026.03	新办
（2021）外饲准字 267 号	混合型饲料添加剂 L-赖氨酸盐酸盐 Feed Additives Mixture L-Lysine Monohydrochloride	乐百瑞 LysiPEARL	混合型饲料添加剂 Feed Additives Mixture	奶牛 Cows	意大利 KEMIN CAVRIAGO S. R. L. KEMIN CAVRIAGO S. R. L.，Italy	2021.03—2026.03	续展
（2021）外饲准字 268 号	混合型饲料添加剂 酶制剂 Feed Additives Mixture Enzymes	特威宝®V（浓缩物） ALLZYME® VEGPRO CONCENTRATE	混合型饲料添加剂 Feed Additives Mixture	猪、家禽 Swine，Poultry	美国奥特奇公司 Alltech Inc.，USA	2021.03—2026.03	续展
（2021）外饲准字 269 号	宠物营养补充剂 Pet Nutrition Supplement	克补®软膏 Nutri Plus Gel	宠物添加剂预混合饲料 Pet Feed Additive Premix	犬、猫 Dogs，Cats	法国维克公司 Virbac S. A.，France	2021.03—2026.03	续展
（2021）外饲准字 270 号	羊肉骨粉 Ovine Meat and Bone Meal	FB 羊肉骨粉 FB Ovine Meat and Bone Meal	单一饲料 Single Feed	家禽、猪、水产养殖动物、宠物 Poultry，Swine，Aquaculture animals，Pets	新西兰南坎特伯雷副产品（2009）有限公司 South Canterbury By-products（2009）Limited，New Zealand	2021.03—2026.03	续展

（续）

登记证号	通用名称	商品名称	产品类别	使用范围	生产厂家	有效期限	备注
（2021）外饲准字 271 号	木聚糖酶（产自长柄木霉） Xylanase（Source: *Trichoderma longibrachiatum*）	酶妙（浓缩物） FIBROZYME CONCENTRATE	饲料添加剂 Feed Additive	反刍动物 Ruminant	美国奥特奇公司 Alltech Inc.，USA	2021.03—2026.03	续展
（2021）外饲准字 272 号	混合型饲料添加剂 微生物 Feed Additives Mixture Live Microorganisms	优比一他 UB-Ta	混合型饲料添加剂 Feed Additives Mixture	猪、牛、家禽、马 Swine，Cattle，Poultry，Horses	韩国柳柅生物科技有限公司 Uni Biotech Co.，Ltd.，Korea	2021.03—2026.03	续展
（2021）外饲准字 273 号	β-甘露聚糖酶（产自枯草芽孢杆菌） β-Mannanase（Source: *Bacillus subtilis*）	西梯酶 CTCZYME	饲料添加剂 Feed Additive	猪、鸡 Swine，Chicken	韩国西梯茜公司 CTCBIO INC.，Korea	2021.03—2026.03	续展
（2021）外饲准字 274 号	天然类固醇萨洒皂角苷（源自丝兰） YUCCA（Yucca Schidigera Extract）	惠康宝-30 DK sarsaponin-30	饲料添加剂 Feed Additive	养殖动物 All species or categories of animals	Desert King 墨西哥 Desert King de Mexico，Mexico	2021.03—2026.03	续展
（2021）外饲准字 275 号	发酵豆粕 Fermented Soybean Meal	福鲜 GP 500	单一饲料 Single Feed	猪 Swine	（台湾）鸿福生态生技股份有限公司 Gene Agri-Aqua Ecosystem Biotech Co.，Ltd.	2021.03—2026.03	续展
（2021）外饲准字 276 号	混合型饲料添加剂 乳酸片球菌 Feed Additives Mixture *Pediococcus acidilactici*	倍特赛 PA 10 Bactocell PA 10	混合型饲料添加剂 Feed Additives Mixture	养殖动物 All species or categories of animals	（美国）拉曼特种益生菌公司 Lallemand Specialties，Inc.，USA	2021.03—2026.03	续展
（2021）外饲准字 277 号	混合型饲料添加剂 乳酸片球菌 Feed Additives Mixture *Pediococcus acidilactici*	倍特赛 PA 10 Bactocell PA 10	混合型饲料添加剂 Feed Additives Mixture	养殖动物 All species or categories of animals	（英国）拉曼动物营养英国有限责任公司 Lallemand Animal Nutrition UK Ltd.，UK	2021.03—2026.03	续展

（续）

登记证号	通用名称	商品名称	产品类别	使用范围	生产厂家	有效期限	备注
（2021）外饲准字 278 号	混合型饲料添加剂 酸度调节剂 香味物质 Feed Additives Mixture Acidity Regulators Flavouring Substances	克沙净 Fit-4 Fysal® Fit-4	混合型饲料添加剂 Feed Additives Mixture	家禽 Poultry	荷兰赛尔可公司 Selko B. V.，the Netherlands	2021.03—2026.03	续展
（2021）外饲准字 279 号	虾用维生素预混合饲料 Vitamins Premix for Shrimp	饲虾维 Vitamin Premix for Shrimp Feeds	添加剂预混合饲料 Feed Additive Premix	虾 Shrimp	（台湾）领创生物科技股份有限公司桃园厂 PREMIXSTAR BIOTECHNOLOGY CO.，LTD.，Tao-Yuan Factory	2021.03—2026.03	续展
（2021）外饲准字 280 号	甲酸 Formic Acid	甲酸 85% F Formic Acid 85% F	饲料添加剂 Feed Additive	养殖动物 All species or categories of animals	（德国）巴斯夫欧洲公司 BASF SE，Germany	2021.03—2026.03	续展
（2021）外饲准字 281 号	混合型饲料添加剂 酸度调节剂 Feed Additives Mixture Acidity Regulators	利多百 Liptobac Plus	混合型饲料添加剂 Feed Additives Mixture	养殖动物 All species or categories of animals	西班牙 Lipidos Toledo 有限公司 Lipidos Toledo S. A.，Spain	2021.03—2026.03	续展
（2021）外饲准字 282 号	混合型饲料添加剂 DL-蛋氨酸 Feed Additives Mixture DL-Methionine	美百瑞 MetiPEARL	混合型饲料添加剂 Feed Additives Mixture	奶牛 Cows	意大利 KEMIN CAVRIAGO S. R. L. KEMIN CAVRIAGO S. R. L.，Italy	2021.03—2026.03	续展
（2021）外饲准字 283 号	鱼油 Fish Oil	秘鲁鱼油（饲料级） Peruvian Fish Oil（Feed Grade）	单一饲料 Single Feed	水产养殖动物、猪、鹌鹑 Aquaculture animals，Swine，Quails	秘鲁 Pesquera Exalmar S. A. A. 公司 Callao 工厂 Pesquera Exalmar S. A. A.，Callao Plant，Peru	2021.03—2026.03	续展
（2021）外饲准字 284 号	鱼油 Fish Oil	秘鲁鱼油（饲料级） Peruvian Fish Oil（Feed Grade）	单一饲料 Single Feed	水产养殖动物、猪、鹌鹑 Aquaculture animals，Swine，Quails	秘鲁 Pesquera Exalmar S. A. A. 公司 Huacho 工厂 Pesquera Exalmar S. A. A.，Huacho Plant，Peru	2021.03—2026.03	续展

（续）

登记证号	通用名称	商品名称	产品类别	使用范围	生产厂家	有效期限	备注
（2021）外饲准字 285 号	鱼粉 Fishmeal	红鱼粉（三级） Red Fishmeal（Ⅲ）	单一饲料 Single Feed	猪、家禽、水产养殖动物 Swine，Poultry，Aquaculture animals	越南越中煦日水产物料加工责任有限公司 XURI Viet Trung Aquatic Products Processing Limited Company，Vietnam	2021.03—2026.03	续展
（2021）外饲准字 286 号	牛肉骨粉 Bovine Meat and Bone Meal	牛肉骨粉 Bovine Meat and Bone Meal	单一饲料 Single Feed	家禽、鱼、宠物 Poultry，Fish，Pets	阿根廷 Marfrig S. A. 有限公司（注册号 1113） Marfrig Argentina S. A. （No. 1113），Argentina	2021.03—2026.03	续展
（2021）外饲准字 287 号	鱼粉 Fishmeal	印度蒸汽干燥鱼粉（三级至一级） INDIAN STEAM DRIED FISHMEAL（Ⅲ to Ⅰ）	单一饲料 Single Feed	畜禽、水产养殖动物（反刍动物除外） Livestock，Poultry，Aquaculture animals （Not including ruminant）	印度 United Marine Products 公司 United Marine Products，India	2021.03—2026.03	续展
（2021）外饲准字 288 号	猪肠膜蛋白粉 Porcine Protein Concentrate	猪肠膜蛋白 Pro-pep W. D.	单一饲料 Single Feed	鸡、猪、水产养殖动物、宠物 Chicken， Swine， Aquaculture animals，Pets	美国国际营养公司 International Nutrition，USA	2021.03—2026.03	续展
（2021）外饲准字 289 号	鱼油 Fish Oil	鱼油（饲料级） Fish Oil（Feed Grade）	单一饲料 Single Feed	鱼、猪、家禽 Fish，Swine，Poultry	墨西哥 Guaymas Protein Company，S. A. de C. V. Guaymas Protein Company，S. A. de C. V. ，Mexico	2021.03—2026.03	续展
（2021）外饲准字 290 号	啮齿动物配合饲料 Rodent Compound Feed	5C02C 优质啮齿类动物饲料 5C02 Certified Rodent Diet C Irradiated	配合饲料 Compound Feed	啮齿动物 Rodent	美国 PMI 营养国际有限责任公司（里士满工厂） PMI Nutrition International， LLC.（plant in Richmond），USA	2021.03—2026.03	续展

（续）

登记证号	通用名称	商品名称	产品类别	使用范围	生产厂家	有效期限	备注
(2021) 外饲准字 291 号	犬配合饲料 Compound Feed for Dog	5C07C 优质犬类动物饲料 5C07 Certified Canine C	配合饲料 Compound Feed	犬 Dogs	美国 PMI 营养国际有限责任公司（里士满工厂） PMI Nutrition International, LLC. (plant in Richmond), USA	2021.03—2026.03	续展
(2021) 外饲准字 292 号	猴配合饲料 Primate Compound Feed	5C48C 优质灵长类动物饲料 5C48 Certified Primate C	配合饲料 Compound Feed	猴 Primate	美国 PMI 营养国际有限责任公司（里士满工厂） PMI Nutrition International, LLC. (plant in Richmond), USA	2021.03—2026.03	续展
(2021) 外饲准字 293 号	猴配合饲料 Primate Compound Feed	5K9C 12G 高纤维灵长类动物饲料 5K9C HF Primate C 12G	配合饲料 Compound Feed	猴 Primate	美国 PMI 营养国际有限责任公司（里士满工厂） PMI Nutrition International, LLC. (plant in Richmond), USA	2021.03—2026.03	续展

附件 2

换发进口饲料和饲料添加剂产品登记证目录（2021－03）

登记证号	商品名称	通用名称	变更内容	原名称	变更名称
（2021）外饲准字 101 号	佧犇鑫铜 Plexomin® Cu	甘氨酸铜络（螯）合物 Copper Glycine Complex（or Chelate）	申请企业名称	德国菲百特饲料添加剂有限公司	德国佧犇泰饲料添加剂有限公司
			生产企业名称	德国菲百特饲料添加剂有限公司	德国佧犇泰饲料添加剂有限公司
（2021）外饲准字 102 号	佧犇鑫锌 Plexomin® Zn	甘氨酸锌 Zinc Glycinate	申请企业名称	德国菲百特饲料添加剂有限公司	德国佧犇泰饲料添加剂有限公司
			生产企业名称	德国菲百特饲料添加剂有限公司	德国佧犇泰饲料添加剂有限公司
（2017）外饲准字 415 号	饲料级烟酰胺 Feed Grade Niacinamide	烟酰胺 Niacinamide	申请企业名称	Jubilant Life Sciences Limited，India	Jubilant Ingrevia Limited，India
			生产企业名称	Jubilant Life Sciences Limited，India	Jubilant Ingrevia Limited，India

中华人民共和国农业农村部公告

第 429 号

根据《进口饲料和饲料添加剂登记管理办法》有关规定，批准荷兰艾默卡公司等 76 家公司生产的 164 种饲料和饲料添加剂产品在我国登记或续展登记，并颁发进口登记证（附件 1）。批准 KNZ 传统盐舔块（KNZ Tradition）等 4 个产品申请企业名称和生产厂家名称变更，海金矿（NUFOCHEL）中文商品名称变更，饲料级 DL－蛋氨酸（DL-Methionine Feed Grade）等 2 个产品申请企业名称变更（附件 2）。所登记产品的监督检验，按中华人民共和国国家标准和我部发布的质量标准执行。

特此公告。

附件：1. 进口饲料和饲料添加剂产品登记证目录（2021－04）

2. 换发进口饲料和饲料添加剂产品登记证目录（2021－04）

农业农村部

2021 年 5 月 27 日

附件 1

进口饲料和饲料添加剂产品登记证目录（2021－04）

登记证号	通用名称	商品名称	产品类别	使用范围	生产厂家	有效期限	备注
(2021) 外饲准字 294 号	苯甲酸 Benzoic Acid	维乐妥 VevoVitall	饲料添加剂 Feed Additive	猪 Swine	荷兰艾默卡公司 Emerald Kalama Chemical B. V., the Netherlands	2021.05—2026.05	新办
(2021) 外饲准字 295 号	苯甲酸 Benzoic Acid	Kalama®饲料级苯甲酸 Kalama® Animal Feed Grade Benzoic Acid	饲料添加剂 Feed Additive	猪 Swine	荷兰艾默卡公司 Emerald Kalama Chemical B. V., the Netherlands	2021.05—2026.05	新办
(2021) 外饲准字 296 号	混合型饲料添加剂 香味物质 Feed Additives Mixture Flavouring Substances	桉呼灵 Eucalypsol®	混合型饲料添加剂 Feed Additives Mixture	家禽、猪、反刍动物、兔 Poultry, Swine, Ruminant, Rabbits	（荷兰）Animal Health Concepts B. V. Animal Health Concepts B. V., the Netherlands	2021.05—2026.05	新办
(2021) 外饲准字 297 号	混合型饲料添加剂 香味物质 Feed Additives Mixture Flavouring Substances	促消灵 EE DigeMax EE®	混合型饲料添加剂 Feed Additives Mixture	家禽、猪、反刍动物、兔 Poultry, Swine, Ruminant, Rabbits	（荷兰）Animal Health Concepts B. V. Animal Health Concepts B. V., the Netherlands	2021.05—2026.05	新办
(2021) 外饲准字 298 号	混合型饲料添加剂 香味物质 Feed Additives Mixture Flavouring Substances	促消灵 Pro DigePro®	混合型饲料添加剂 Feed Additives Mixture	家禽、猪、反刍动物、兔 Poultry, Swine, Ruminant, Rabbits	（荷兰）Animal Health Concepts B. V. Animal Health Concepts B. V., the Netherlands	2021.05—2026.05	新办
(2021) 外饲准字 299 号	混合型饲料添加剂 嗜酸乳杆菌 Feed Additives Mixture Lactobacillus acidophilus	优福素 KimchiStoc-P	混合型饲料添加剂 Feed Additives Mixture	养殖动物 All species or categories of animals	韩国 ELT 药业公司 ELT Pharma Corporation, Korea	2021.05—2026.05	新办
(2021) 外饲准字 300 号	混合型饲料添加剂 矿物元素 Feed Additives Mixture Minerals	力能加 Blue 2	混合型饲料添加剂 Feed Additives Mixture	养殖动物 All species or categories of animals	美国 TechMix 公司 TechMix, LLC., USA	2021.05—2026.05	新办

（续）

登记证号	通用名称	商品名称	产品类别	使用范围	生产厂家	有效期限	备注
(2021) 外饲准字 301 号	混合型饲料添加剂 矿物元素 氨基酸 Feed Additives Mixture Minerals Amino Acids	食乐加 Baby Pig Restart	混合型饲料添加剂 Feed Additives Mixture	猪 Swine	美国 TechMix 公司 TechMix，LLC.，USA	2021.05—2026.05	新办
(2021) 外饲准字 302 号	混合型饲料添加剂 微生物 Feed Additives Mixture Live Microorganisms	金力肽 Butaprobio	混合型饲料添加剂 Feed Additives Mixture	断奶仔猪、肉仔鸡 Weaned Piglets，Broilers	（台湾）得益生物科技股份有限公司台南厂 Der-Yi Biotech Co.，Ltd.（Tainan Factory）	2021.05—2026.05	新办
(2021) 外饲准字 303 号	混合型饲料添加剂 微生物 Feed Additives Mixture Live Microorganisms	好肽多 Yutide	混合型饲料添加剂 Feed Additives Mixture	畜禽、水产养殖动物 Livestock，Poultry，Aquaculture animals	（台湾）得益生物科技股份有限公司台南厂 Der-Yi Biotech Co.，Ltd.（Tainan Factory）	2021.05—2026.05	新办
(2021) 外饲准字 304 号	混合型饲料添加剂 酸度调节剂 Feed Additives Mixture Acidity Regulators	福乐保 ProSid™ MI 203	混合型饲料添加剂 Feed Additives Mixture	养殖动物 All species or categories of animals	荷兰柏斯托（瓦斯皮克）公司 Perstorp Waspik B. V.，the Netherlands	2021.05—2026.05	新办
(2021) 外饲准字 305 号	混合型饲料添加剂 酸度调节剂 Feed Additives Mixture Acidity Regulators	福乐鲜 ProSid™ MI 201	混合型饲料添加剂 Feed Additives Mixture	养殖动物 All species or categories of animals	荷兰柏斯托（瓦斯皮克）公司 Perstorp Waspik B. V.，the Netherlands	2021.05—2026.05	新办
(2021) 外饲准字 306 号	混合型饲料添加剂 矿物元素 Feed Additives Mixture Minerals	种畜矿宝 NP Meta-Performer 4010	混合型饲料添加剂 Feed Additives Mixture	猪、家禽、反刍动物、宠物 Swine，Poultry，Ruminant，Pets	马来西亚纽特优医药科技有限公司 NUTRI PHARMAX SDN BHD，Malaysia	2021.05—2026.05	新办
(2021) 外饲准字 307 号	混合型饲料添加剂 矿物元素 Feed Additives Mixture Minerals	禽乐矿宝 NP Meta-Performer 3010	混合型饲料添加剂 Feed Additives Mixture	猪、家禽、反刍动物、宠物 Swine，Poultry，Ruminant，Pets	马来西亚纽特优医药科技有限公司 NUTRI PHARMAX SDN BHD，Malaysia	2021.05—2026.05	新办

（续）

登记证号	通用名称	商品名称	产品类别	使用范围	生产厂家	有效期限	备注
（2021）外饲准字 308 号	混合型饲料添加剂 矿物元素 Feed Additives Mixture Minerals	仔畜矿宝 NP Meta-Performer 2010	混合型饲料添加剂 Feed Additives Mixture	猪、家禽、反刍动物、宠物 Swine，Poultry，Ruminant，Pets	马来西亚纽特优医药科技有限公司 NUTRI PHARMAX SDN BHD，Malaysia	2021.05—2026.05	新办
（2021）外饲准字 309 号	混合型饲料添加剂 矿物元素 Feed Additives Mixture Minerals	肉畜矿宝 NP Meta-Performer 1010	混合型饲料添加剂 Feed Additives Mixture	猪、家禽、反刍动物、宠物 Swine，Poultry，Ruminant，Pets	马来西亚纽特优医药科技有限公司 NUTRI PHARMAX SDN BHD，Malaysia	2021.05—2026.05	新办
（2021）外饲准字 310 号	混合型饲料添加剂 香味物质 Feed Additives Mixture Flavouring Substances	瑞比络 RESPIRO-L	混合型饲料添加剂 Feed Additives Mixture	家禽、猪、牛 Poultry，Swine，Cattle	法国 ALPHATECH 公司 ALPHATECH，France	2021.05—2026.05	新办
（2021）外饲准字 311 号	混合型饲料添加剂 布氏乳杆菌 植物乳杆菌 Feed Additives Mixture *Lactobacillus buchneri Lactobacillus plantarum*	贮康健 CKJ	混合型饲料添加剂 Feed Additives Mixture	青贮饲料 Silage	台湾博尧生物科技股份有限公司 Bioyo Biotech Co.，Ltd.	2021.05—2026.05	新办
（2021）外饲准字 312 号	混合型饲料添加剂 β，β-胡萝卜素-4,4-二酮（斑蝥黄） Feed Additives Mixture beta，beta-Carotene-4,4-Diketone（Canthaxanthin）	4,4′-二酮-β-胡萝卜素 10% WSC/FG Canthatene 10% WSC/FG	混合型饲料添加剂 Feed Additives Mixture	家禽 Poultry	台湾立弘生化科技股份有限公司 食品厂 Allied Biotech Corporation	2021.05—2026.05	新办
（2021）外饲准字 313 号	混合型饲料添加剂 β-胡萝卜素 Feed Additives Mixture beta-Carotene	β-胡萝卜素 10% WSC/FG Altratene 10% WSC/FG	混合型饲料添加剂 Feed Additives Mixture	养殖动物 All species or categories of animals	台湾立弘生化科技股份有限公司 食品厂 Allied Biotech Corporation	2021.05—2026.05	新办
（2021）外饲准字 314 号	混合型饲料添加剂 微生物 Feed Additives Mixture Live Microorganisms	芯发旺—牧草青贮剂 SYNFERM Silage	混合型饲料添加剂 Feed Additives Mixture	青贮饲料 Silage	台湾生合生物科技股份有限公司（燕巢厂） Synbiotech Inc.（Yanchao）	2021.05—2026.05	新办

（续）

登记证号	通用名称	商品名称	产品类别	使用范围	生产厂家	有效期限	备注
（2021）外饲准字 315 号	混合型饲料添加剂 香味物质 Feed Additives Mixture Flavouring Substances	奥利欧（馥胃康） LX400 P3 OLEOBIOTEC RUMINANT sp LX400 P3	混合型饲料添加剂 Feed Additives Mixture	养殖动物 All species or categories of animals	法国馥蒂公司 Laboratoires Phode S. A. S. , France	2021.05—2026.05	新办
（2021）外饲准字 316 号	混合型饲料添加剂 植酸酶（产自毕赤酵母） Feed Additives Mixture Phytase (by *Pichia pastoris*)	好特美 P plus 50000 G OptiPhos Plus 50000 G	混合型饲料添加剂 Feed Additives Mixture	家禽、猪、鱼 Poultry，Swine，Fish	保加利亚标伟特股份有限公司 BIOVET Joint Stock Company，Bulgaria	2021.05—2026.05	新办
（2021）外饲准字 317 号	混合型饲料添加剂 酵母硒 Feed Additives Mixture Selenium Yeast Complex	特斯佳 Tor Sel	混合型饲料添加剂 Feed Additives Mixture	家禽、猪、牛、水产养殖动物 Poultry，Swine，Cattle，Aquaculture animals	澳大利亚 BPA 私人有限公司 Bio Processing Australia Pty Ltd，Australia	2021.05—2026.05	新办
（2021）外饲准字 318 号	混合型饲料添加剂 枯草芽孢杆菌 Feed Additives Mixture *Bacillus subtilis*	美饲宝 3P BiOWiSH® MultiBio 3P Livestock	混合型饲料添加剂 Feed Additives Mixture	猪、鸭、鸡、牛、羊 Swine，Duck，Chicken，Cattle，Sheep	美国宝微科技公司-Blue Ash 工厂 BiOWiSH Technologies， Inc.-Blue Ash，USA	2021.05—2026.05	新办
（2021）外饲准字 319 号	混合型饲料添加剂 香味物质 Feed Additives Mixture Flavouring Substances	百奥壮 Protect BIOSTRONG® Protect	混合型饲料添加剂 Feed Additives Mixture	家禽 Poultry	奥地利 DELACON 生物技术公司（恩格尔维茨多夫工厂） Delacon Biotechnik GmbH，Austria	2021.05—2026.05	新办
（2021）外饲准字 320 号	混合型饲料添加剂 香味物质 Feed Additives Mixture Flavouring Substances	百奥明® 百健宝® MGE 500 Digestarom® P. E. P. MGE 500	混合型饲料添加剂 Feed Additives Mixture	猪、家禽、鱼、虾 Swine，Poultry，Fish，Shrimp	德国百奥明生物有限公司 BIOMIN Phytogenics GmbH，Germany	2021.05—2026.05	新办
（2021）外饲准字 321 号	鱼油 Fish Oil	鱼油 Fish Oil	单一饲料 Single Feed	畜禽、水产养殖动物（反刍动物除外） Livestock，Poultry，Aquaculture animals（Not including ruminant)	毛里塔尼亚 Faro Farine 公司 Faro Farine，Mauritania	2021.05—2026.05	新办

（续）

登记证号	通用名称	商品名称	产品类别	使用范围	生产厂家	有效期限	备注
(2021) 外饲准字 322 号	鱼粉 Fishmeal	红鱼粉（三级） Red Fishmeal（Ⅲ）	单一饲料 Single Feed	畜禽、水产养殖动物（反刍动物除外） Livestock，Poultry，Aquaculture animals（Not including ruminant）	毛里塔尼亚 Faro Farine 公司 Faro Farine，Mauritania	2021.05—2026.05	新办
(2021) 外饲准字 323 号	花生粕 Peanut Meal	花生粕 Peanut meal	单一饲料 Single Feed	养殖动物 All species or categories of animals	苏丹 HODHOD 进出口公司 HODHOD FOR IMPORT & EXPORT，Sudan	2021.05—2026.05	新办
(2021) 外饲准字 324 号	鱼粉 Fishmeal	非洲红鱼粉（三级） Africa Red Fishmeal（Grade Ⅲ）	单一饲料 Single Feed	家禽、猪、水产养殖动物 Poultry，Swine，Aquaculture animals	非洲饲料公司 AFRICA FEED SUARL，Senegal	2021.05—2026.05	新办
(2021) 外饲准字 325 号	鱼粉 Fishmeal	三文鱼粉（三级） SALMON MEAL（Ⅲ）	单一饲料 Single Feed	养殖动物（反刍动物除外） All species or categories of animals（Not including ruminant）	挪威 Vital Seafood AS 公司 Vital Seafood AS，Norway	2021.05—2026.05	新办
(2021) 外饲准字 326 号	鱼粉 Fishmeal	丹麦红鱼粉（三级） Danish Red Fishmeal（Ⅲ）	单一饲料 Single Feed	畜禽、水产养殖动物（反刍动物除外） Livestock，Poultry，Aquaculture animals（Not including ruminant）	丹麦 TripleNine Esbjerg A/S 公司 TripleNine Esbjerg A/S，Denmark	2021.05—2026.05	新办
(2021) 外饲准字 327 号	白鱼粉 White Fishmeal	丹麦白鱼粉（三级） Danish White Fishmeal（Ⅲ）	单一饲料 Single Feed	畜禽、水产养殖动物（反刍动物除外） Livestock，Poultry，Aquaculture animals（Not including ruminant）	丹麦 TripleNine Esbjerg A/S 公司 TripleNine Esbjerg A/S，Denmark	2021.05—2026.05	新办

（续）

登记证号	通用名称	商品名称	产品类别	使用范围	生产厂家	有效期限	备注
（2021）外饲准字 328 号	食品酵母粉 Yeast Powder	思绿汀 celluTEIN	单一饲料 Single Feed	养殖动物 All species or categories of animals	美国 Puretein Bioscience 公司 Puretein Bioscience LLC.，USA	2021.05—2026.05	新办
（2021）外饲准字 329 号	鱼粉 Fishmeal	红鱼粉（三级） Red Fishmeal（grade Ⅲ）	单一饲料 Single Feed	猪、家禽、鱼、虾 Swine，Poultry，Fish，Shrimp	泰国胜记鱼粉厂（1988）有限公司 PATTANI FISH MEAL（1988）COMPANY LIMITED，Thailand	2021.05—2026.05	新办
（2021）外饲准字 330 号	鱼粉 Fishmeal	红鱼粉（三级） Red Fishmeal（grade Ⅲ）	单一饲料 Single Feed	猪、家禽、水产养殖动物 Swine，Poultry，Aquaculture animals	泰国 SAHAPRAMONG FISHMEAL RANONG COMPANY LIMITED 公司 SAHAPRAMONG FISHMEAL RANONG COMPANY LIMITED，Thailand	2021.05—2026.05	新办
（2021）外饲准字 331 号	鱼粉 Fishmeal	红鱼粉（三级） Red Fishmeal（Ⅲ）	单一饲料 Single Feed	家禽、水产养殖动物 Poultry，Aquaculture animals	俄罗斯 SOFCO 有限公司（工船加工，工船名 F/V "SERGEY BOCHKAREV"，工船号：CH-33S） SOFCO CO.，LTD.（Produced on Broad at vessel F/V "SERGEY BOCHKAREV"，Official No. CH-33S），Russia	2021.05—2026.05	新办
（2021）外饲准字 332 号	鱼粉 Fishmeal	高得利红鱼粉（三级） Golden lead Red Fishmeal（Grade Ⅲ）	单一饲料 Single Feed	猪、家禽、鱼、虾 Swine，Poultry，Fish，Shrimp	（冈比亚）高得利进出口贸易有限公司 Golden lead import and export trade company ltd.，Gambia	2021.05—2026.05	新办
（2021）外饲准字 333 号	花生粕 Peanut Meal	花生粕 Peanut meal	单一饲料 Single Feed	养殖动物 All species or categories of animals	苏丹 Sulphonia Trading 公司 Sulphonia Trading，Sudan	2021.05—2026.05	新办

（续）

登记证号	通用名称	商品名称	产品类别	使用范围	生产厂家	有效期限	备注
(2021) 外饲准字 334 号	鱼油 Fish Oil	鱼油 Fish Oil	单一饲料 Single Feed	养殖动物（反刍动物除外） All species or categories of animals (Not including ruminant)	挪威 MBP Bio Production AS 公司 MBP Bio Production AS, Norway	2021.05—2026.05	新办
(2021) 外饲准字 335 号	鸡肉骨粉 Poultry Meat and Bone Meal	鸡肉骨粉 POULTRY MEAL 50	单一饲料 Single Feed	养殖动物（反刍动物除外） All species or categories of animals (Not including ruminant)	法国 STANVEN SN 公司 STANVEN SN, France	2021.05—2026.05	新办
(2021) 外饲准字 336 号	磷虾粉 Krill Meal	Qrill™宠物级南极磷虾粉 Qrill™ Pet	单一饲料 Single Feed	宠物 Pets	挪威 Aker 生物海产南极公司（工船加工，工船名 Antarctic Endurance，工船号 N-130-VV） Aker BioMarine Antarctic AS (Produced on Board at Vessel Antarctic Endurance, Registration No. N-130-VV), Norway	2021.05—2026.05	新办
(2021) 外饲准字 337 号	犊牛配合饲料 Compound Feed for Calves	犊康乐 Robust Start 150IgG	配合饲料 Compound Feed	犊牛 Calves	美国福蓝迪他生物集团有限公司 Frondita Biogroup, Inc., USA	2021.05—2026.05	新办
(2021) 外饲准字 338 号	观赏鱼配合饲料 Compound Feed for Ornamental Fish	默斯特主食 Dr. Bassleer Biofish Food Regular M	配合饲料 Compound Feed	观赏鱼 Ornamental Fish	（比利时）巴斯利尔生物鱼食有限公司 BASSLEER BIOFISH bvba, Belgium	2021.05—2026.05	新办
(2021) 外饲准字 339 号	观赏鱼配合饲料 Aquarium Fish Compound Feed	sera 活饵黏贴配合饲料（宠物食品） sera O-Nip	配合饲料 Compound Feed	观赏鱼 Ornamental Fish	德国喜瑞宠物用品厂 J. Ravnak 有限两合公司 sera Werke Heimtierbedarf J. Ravnak GmbH & Co. KG, Germany	2021.05—2026.05	新办

（续）

登记证号	通用名称	商品名称	产品类别	使用范围	生产厂家	有效期限	备注
（2021）外饲准字 340 号	观赏鱼配合饲料 Aquarium Fish Compound Feed	sera 七彩神仙颗粒配合饲料（宠物食品） sera Discus Granulat	配合饲料 Compound Feed	观赏鱼 Ornamental Fish	德国喜瑞宠物用品厂 J. Ravnak 有限两合公司 sera Werke Heimtierbedarf J. Ravnak GmbH & Co. KG，Germany	2021.05—2026.05	新办
（2021）外饲准字 341 号	观赏鱼配合饲料 Aquarium Fish Compound Feed	sera 观赏鱼薄片配合饲料（宠物食品） sera Vipan	配合饲料 Compound Feed	观赏鱼 Ornamental Fish	德国喜瑞宠物用品厂 J. Ravnak 有限两合公司 sera Werke Heimtierbedarf J. Ravnak GmbH & Co. KG，Germany	2021.05—2026.05	新办
（2021）外饲准字 342 号	观赏鱼配合饲料 Aquarium Fish Compound Feed	sera 海水混合冻干薄片配合饲料（宠物食品） sera marine GVG-Mix	配合饲料 Compound Feed	观赏鱼 Ornamental Fish	德国喜瑞宠物用品厂 J. Ravnak 有限两合公司 sera Werke Heimtierbedarf J. Ravnak GmbH & Co. KG，Germany	2021.05—2026.05	新办
（2021）外饲准字 343 号	爬行动物用配合饲料 Reptiles Compound Feed	sera 专业爬虫肉食夹心配合饲料（宠物食品） sera reptil Professional Carnivor	配合饲料 Compound Feed	爬行动物 Reptiles	德国喜瑞宠物用品厂 J. Ravnak 有限两合公司 sera Werke Heimtierbedarf J. Ravnak GmbH & Co. KG，Germany	2021.05—2026.05	新办
（2021）外饲准字 344 号	全价宠物食品幼年期犬粮 Pet Compound Food for Puppies	鸡肉配方幼犬粮 Chicken Formula for Puppy	宠物配合饲料 Pet Compound Feed	犬 Dogs	法国可迪克有限公司 CODICO，France	2021.05—2026.05	新办
（2021）外饲准字 345 号	全价宠物食品成年期犬粮 Pet Compound Food for Adult Dogs	鸡肉配方成犬粮 Chicken Formula for Adult Dog	宠物配合饲料 Pet Compound Feed	犬 Dogs	法国可迪克有限公司 CODICO，France	2021.05—2026.05	新办
（2021）外饲准字 346 号	全价宠物食品成年期猫粮 Pet Compound Food for Adult Cats	鸡肉配方成猫粮 Chicken Formula for Adult Cat	宠物配合饲料 Pet Compound Feed	猫 Cats	法国可迪克有限公司 CODICO，France	2021.05—2026.05	新办

（续）

登记证号	通用名称	商品名称	产品类别	使用范围	生产厂家	有效期限	备注
(2021) 外饲准字 347 号	全价宠物食品猫粮 Pet Compound Food for Cats	三文鱼配方全年龄段猫粮 Salmon Formula for All Life Stage Cat	宠物配合饲料 Pet Compound Feed	猫 Cats	法国可迪克有限公司 CODICO，France	2021.05—2026.05	新办
(2021) 外饲准字 348 号	全价宠物食品犬粮 Pet Compound Food for Dogs	鸡肉配方全年龄段犬粮 Chicken Formula for All Life Stage Dog	宠物配合饲料 Pet Compound Feed	犬 Dogs	法国可迪克有限公司 CODICO，France	2021.05—2026.05	新办
(2021) 外饲准字 349 号	全价宠物食品幼年期猫粮 Pet Compound Food for Kittens	鸡肉配方幼猫粮 Chicken Formula for Kitten	宠物配合饲料 Pet Compound Feed	猫 Cats	法国可迪克有限公司 CODICO，France	2021.05—2026.05	新办
(2021) 外饲准字 350 号	全价宠物食品犬粮 Pet Compound Food for Dogs	无谷鸡肉配方全年龄段犬粮 Grain Free Chicken Formula for All Life Stage Dog	宠物配合饲料 Pet Compound Feed	犬 Dogs	法国可迪克有限公司 CODICO，France	2021.05—2026.05	新办
(2021) 外饲准字 351 号	全价宠物食品成年期犬粮 Pet Compound Food for Adult Dogs	Billy Margot 羊肉配方成犬罐头 Billy Margot Adult Lamb Recipe	宠物配合饲料 Pet Compound Feed	犬 Dogs	澳大利亚宠物食品有限公司（Ingleburn 工厂） Australian Pet Brands Pty Ltd（Ingleburn），Australia	2021.05—2026.05	新办
(2021) 外饲准字 352 号	全价宠物食品成年期犬粮 Complete Food for Adult Dog	牛肉配方风干成犬粮添加西葫芦 Steakhouse Beef and Zucchini Entrée Air Dried Adult Dog Food	宠物配合饲料 Pet Compound Feed	犬 Dogs	（新西兰）爱德胜宠物产品有限公司 Addiction Foods NZ Ltd.，New Zealand	2021.05—2026.05	新办
(2021) 外饲准字 353 号	全价宠物食品成年期猫粮 Complete Food for Adult Cat	普尔沛鱼肉配方成猫粮 PureNZPet Fish Recipe for Adult Cat	宠物配合饲料 Pet Compound Feed	猫 Cats	（新西兰）爱德胜宠物产品有限公司 Addiction Foods NZ Ltd.，New Zealand	2021.05—2026.05	新办

（续）

登记证号	通用名称	商品名称	产品类别	使用范围	生产厂家	有效期限	备注
(2021) 外饲准字 354 号	全价宠物食品成年期猫粮 Complete Food for Adult Cat	普尔沛羊肉配方成猫粮 PureNZPet Lamb Recipe for Adult Cat	宠物配合饲料 Pet Compound Feed	猫 Cats	（新西兰）爱德胜宠物产品有限公司 Addiction Foods NZ Ltd., New Zealand	2021.05—2026.05	新办
(2021) 外饲准字 355 号	全价宠物食品成年期猫粮 Complete Food for Adult Cat	普尔沛牛肉配方成猫粮 PureNZPet Beef Recipe for Adult Cat	宠物配合饲料 Pet Compound Feed	猫 Cats	（新西兰）爱德胜宠物产品有限公司 Addiction Foods NZ Ltd., New Zealand	2021.05—2026.05	新办
(2021) 外饲准字 356 号	全价宠物食品成年期犬粮 Complete Food for Adult Dog	普尔沛牛肉配方成犬粮 PureNZPet Beef Recipe for Adult Dog	宠物配合饲料 Pet Compound Feed	犬 Dogs	（新西兰）爱德胜宠物产品有限公司 Addiction Foods NZ Ltd., New Zealand	2021.05—2026.05	新办
(2021) 外饲准字 357 号	全价宠物食品成年期犬粮 Complete Food for Adult Dog	普尔沛羊肉配方成犬粮 PureNZPet Lamb Recipe for Adult Dog	宠物配合饲料 Pet Compound Feed	犬 Dogs	（新西兰）爱德胜宠物产品有限公司 Addiction Foods NZ Ltd., New Zealand	2021.05—2026.05	新办
(2021) 外饲准字 358 号	全价宠物食品成年期犬粮 Complete Food for Adult Dog	普尔沛鱼肉配方成犬粮 PureNZPet Fish Recipe for Adult Dog	宠物配合饲料 Pet Compound Feed	犬 Dogs	（新西兰）爱德胜宠物产品有限公司 Addiction Foods NZ Ltd., New Zealand	2021.05—2026.05	新办
(2021) 外饲准字 359 号	全价宠物食品成年期犬粮 Pet Compound Food for Adult Dog	Bosch High Premium Concept 鲜鸡肉小米配方成犬粮 Bosch High Premium Concept Adult with Fresh Poultry & Millet Dog Food	宠物配合饲料 Pet Compound Feed	犬 Dogs	德国 Bosch Tiernahrung GmbH & Co. KG Bosch Tiernahrung GmbH & Co. KG, Germany	2021.05—2026.05	新办
(2021) 外饲准字 360 号	全价宠物食品成年期犬粮 Pet Compound Food for Adult Dog	Bosch High Premium Concept 活力犬粮 Bosch High Premium Concept Active Dog Food	宠物配合饲料 Pet Compound Feed	犬 Dogs	德国 Bosch Tiernahrung GmbH & Co. KG Bosch Tiernahrung GmbH & Co. KG, Germany	2021.05—2026.05	新办

（续）

登记证号	通用名称	商品名称	产品类别	使用范围	生产厂家	有效期限	备注
(2021) 外饲准字 361 号	全价宠物食品成年期犬粮 Pet Compound Food for Adult Dog	Bosch High Premium Concept 含马铃薯鱼肉配方成犬粮 Bosch High Premium Concept Adult with Fish & Potato Dog Food	宠物配合饲料 Pet Compound Feed	犬 Dogs	德国 Bosch Tiernahrung GmbH & Co. KG Bosch Tiernahrung GmbH & Co. KG, Germany	2021.05—2026.05	新办
(2021) 外饲准字 362 号	全价宠物食品中型犬幼年期犬粮 Pet Compound Food for Medium Breed Puppy	Bosch High Premium Concept 中型犬幼犬粮 Bosch High Premium Concept Medium Junior Dog Food	宠物配合饲料 Pet Compound Feed	犬 Dogs	德国 Bosch Tiernahrung GmbH & Co. KG Bosch Tiernahrung GmbH & Co. KG, Germany	2021.05—2026.05	新办
(2021) 外饲准字 363 号	全价宠物食品小型犬成年期犬粮 Pet Compound Food for Small Breed Adult Dog	Bosch High Premium Concept 鲜鸡肉小米配方小型犬成犬粮 Bosch High Premium Concept Mini Adult with Fresh Poultry & Millet Dog Food	宠物配合饲料 Pet Compound Feed	犬 Dogs	德国 Bosch Tiernahrung GmbH & Co. KG Bosch Tiernahrung GmbH & Co. KG, Germany	2021.05—2026.05	新办
(2021) 外饲准字 364 号	全价宠物食品老年期犬粮 Pet Compound Food for Senior Dog	Bosch High Premium Concept 老龄犬粮 Bosch High Premium Concept Senior Dog Food	宠物配合饲料 Pet Compound Feed	犬 Dogs	德国 Bosch Tiernahrung GmbH & Co. KG Bosch Tiernahrung GmbH & Co. KG, Germany	2021.05—2026.05	新办
(2021) 外饲准字 365 号	全价宠物食品幼年期/妊娠期/哺乳期猫粮 Pet Compound Food for Kitten/Pregnant/Lactating Cat	Sanabelle 鸡肉配方幼猫粮 Sanabelle Kitten with poultry	宠物配合饲料 Pet Compound Feed	猫 Cats	德国 Bosch Tiernahrung GmbH & Co. KG Bosch Tiernahrung GmbH & Co. KG, Germany	2021.05—2026.05	新办

（续）

登记证号	通用名称	商品名称	产品类别	使用范围	生产厂家	有效期限	备注
（2021）外饲准字 366 号	全价宠物食品成年期猫粮 Pet Compound Food for Adult Cat	Sanabelle 鸡肉配方成猫粮 Sanabelle Adult with Poultry Cat Food	宠物配合饲料 Pet Compound Feed	猫 Cats	德国 Bosch Tiernahrung GmbH & Co. KG Bosch Tiernahrung GmbH & Co. KG, Germany	2021.05—2026.05	新办
（2021）外饲准字 367 号	全价宠物食品成年期猫粮 Pet Compound Food for Adult Cat	Sanabelle 美毛猫粮 Sanabelle Hair & Skin Cat Food	宠物配合饲料 Pet Compound Feed	猫 Cats	德国 Bosch Tiernahrung GmbH & Co. KG Bosch Tiernahrung GmbH & Co. KG, Germany	2021.05—2026.05	新办
（2021）外饲准字 368 号	全价宠物食品戎年期猫粮 Pet Compound Food for Adult Cat	Sanabelle 泌尿健康猫粮 Sanabelle Urinary Cat Food	宠物配合饲料 Pet Compound Feed	猫 Cats	德国 Bosch Tiernahrung GmbH & Co. KG Bosch Tiernahrung GmbH & Co. KG, Germany	2021.05—2026.05	新办
（2021）外饲准字 369 号	全价宠物食品成年期猫粮 Pet Compound Food for Adult Cat	Sanabelle 鸡肉配方敏感猫粮 Sanabelle Sensitive with Poultry Cat Food	宠物配合饲料 Pet Compound Feed	猫 Cats	德国 Bosch Tiernahrung GmbH & Co. KG Bosch Tiernahrung GmbH & Co. KG, Germany	2021.05—2026.05	新办
（2021）外饲准字 370 号	全价宠物食品成年期猫粮 Pet Compound Food for Adult Cat	Sanabelle 无谷鸡肉配方猫粮 Sanabelle No Grain with Poultry Cat Food	宠物配合饲料 Pet Compound Feed	猫 Cats	德国 Bosch Tiernahrung GmbH & Co. KG Bosch Tiernahrung GmbH & Co. KG, Germany	2021.05—2026.05	新办
（2021）外饲准字 371 号	全价宠物食品成年期猫粮 Pet Compound Food for Adult Cat	Sanabelle 绝育猫粮 Sanabelle Sterilized Cat Food	宠物配合饲料 Pet Compound Feed	猫 Cats	德国 Bosch Tiernahrung GmbH & Co. KG Bosch Tiernahrung GmbH & Co. KG, Germany	2021.05—2026.05	新办
（2021）外饲准字 372 号	全价宠物食品老年期猫粮 Pet Compound Food for Senior Cat	Sanabelle 鸡肉配方老龄猫粮 Sanabelle Senior with Poultry Cat Food	宠物配合饲料 Pet Compound Feed	猫 Cats	德国 Bosch Tiernahrung GmbH & Co. KG Bosch Tiernahrung GmbH & Co. KG, Germany	2021.05—2026.05	新办

（续）

登记证号	通用名称	商品名称	产品类别	使用范围	生产厂家	有效期限	备注
(2021) 外饲准字 373 号	全价宠物食品成年期犬粮 Pet Compound Food for Adult Dog	Chicopee Classic Nature Line 鸡肉大米配方成犬粮 Chicopee Classic Nature Line Adult Chicken & Rice Dog Food	宠物配合饲料 Pet Compound Feed	犬 Dogs	德国 Bosch Tiernahrung GmbH & Co. KG Bosch Tiernahrung GmbH & Co. KG, Germany	2021.05—2026.05	新办
(2021) 外饲准字 374 号	全价宠物食品大型犬幼年期犬粮 Pet Compound Food for Large Breed Puppy	Chicopee Classic Nature Line 鸡肉小米配方大型犬幼犬粮 Chicopee Classic Nature Line Maxi Puppy Poultry & millet Dog Food	宠物配合饲料 Pet Compound Feed	犬 Dogs	德国 Bosch Tiernahrung GmbH & Co. KG Bosch Tiernahrung GmbH & Co. KG, Germany	2021.05—2026.05	新办
(2021) 外饲准字 375 号	全价宠物食品成年期猫粮 Pet Compound Food for Adult Cat	Chicopee Holistic Nature Line 绝育猫粮 Chicopee Holistic Nature Line Sterilized Cat Food	宠物配合饲料 Pet Compound Feed	猫 Cats	德国 Bosch Tiernahrung GmbH & Co. KG Bosch Tiernahrung GmbH & Co. KG, Germany	2021.05—2026.05	新办
(2021) 外饲准字 376 号	全价宠物食品成年期猫粮 Pet Compound Food for Adult Cat	Chicopee Holistic Nature Line 泌尿健康猫粮 Chicopee Holistic Nature Line Urinary Cat Food	宠物配合饲料 Pet Compound Feed	猫 Cats	德国 Bosch Tiernahrung GmbH & Co. KG Bosch Tiernahrung GmbH & Co. KG, Germany	2021.05—2026.05	新办
(2021) 外饲准字 377 号	全价宠物食品大型犬成年期犬粮 Pet Compound Food for Large Breed Adult Dog	Chicopee Classic Nature Line 鸡肉小米配方大型犬成犬粮 Chicopee Classic Nature Line Maxi Adult Poultry & millet Dog Food	宠物配合饲料 Pet Compound Feed	犬 Dogs	德国 Bosch Tiernahrung GmbH & Co. KG Bosch Tiernahrung GmbH & Co. KG, Germany	2021.05—2026.05	新办

（续）

登记证号	通用名称	商品名称	产品类别	使用范围	生产厂家	有效期限	备注
(2021) 外饲准字 378 号	全价宠物食品老年期犬粮 Pet Compound Food for Senior Dog	Chicopee Classic Nature Line 鸡肉大米配方软颗粒老龄犬粮 Chicopee Classic Nature Line Soft Senior Chicken & Rice Dog Food	宠物配合饲料 Pet Compound Feed	犬 Dogs	德国 Bosch Tiernahrung GmbH & Co. KG Bosch Tiernahrung GmbH & Co. KG, Germany	2021.05—2026.05	新办
(2021) 外饲准字 379 号	全价宠物食品成年期犬粮 Pet Compound Food for Adult Dog	Chicopee Holistic Nature Line 马铃薯三文鱼配方活力犬粮 Chicopee Holistic Nature Line Salmon & Potato Active Dog Food	宠物配合饲料 Pet Compound Feed	犬 Dogs	德国 Bosch Tiernahrung GmbH & Co. KG Bosch Tiernahrung GmbH & Co. KG, Germany	2021.05—2026.05	新办
(2021) 外饲准字 380 号	全价宠物食品成年期犬粮 Pet Compound Food for Adult Dog	Chicopee Holistic Nature Line 马铃薯鸵鸟肉配方软颗粒成犬粮 Chicopee Holistic Nature Line Soft Ostrich & Potato to Adult Dog Food	宠物配合饲料 Pet Compound Feed	犬 Dogs	德国 Bosch Tiernahrung GmbH & Co. KG Bosch Tiernahrung GmbH & Co. KG, Germany	2021.05—2026.05	新办
(2021) 外饲准字 381 号	全价宠物食品成年期猫粮 Pet Compound Food for Adult Cat	Chicopee Holistic Nature Line 美毛猫粮 Chicopee Holistic Nature Line Hair & Skin Cat Food	宠物配合饲料 Pet Compound Feed	猫 Cats	德国 Bosch Tiernahrung GmbH & Co. KG Bosch Tiernahrung GmbH & Co. KG, Germany	2021.05—2026.05	新办
(2021) 外饲准字 382 号	全价宠物食品成年期猫粮 Pet Compound Food for Adult Cat	Chicopee Holistic Nature Line 无谷猫粮 Chicopee Holistic Nature Line No Grain Cat Food	宠物配合饲料 Pet Compound Feed	猫 Cats	德国 Bosch Tiernahrung GmbH & Co. KG Bosch Tiernahrung GmbH & Co. KG, Germany	2021.05—2026.05	新办

（续）

登记证号	通用名称	商品名称	产品类别	使用范围	生产厂家	有效期限	备注
(2021) 外饲准字 383 号	全价宠物食品猫粮 Pet Complete Food for Cat	枫趣/猫粮/全年龄阶段/多种肉系列（北欧＋） Pronature Holistic Cat Food-All life stages-Nordik＋-Multi meat recipe	宠物配合饲料 Pet Compound Feed	猫 Cats	加拿大 PLB 国际公司 PLB International Inc.，Canada	2021.05—2026.05	新办
(2021) 外饲准字 384 号	全价宠物食品成年期猫粮 Pet Compound Food for Adult Cat	枫趣盛宴含鸭肉柑橘配方全价无谷成猫粮 Pronature Holistic Cat Food-Adult-Grain Free-Duck a I'Orange formula	宠物配合饲料 Pet Compound Feed	猫 Cats	加拿大 PLB 国际公司 PLB International Inc.，Canada	2021.05—2026.05	新办
(2021) 外饲准字 385 号	全价宠物食品成年期犬粮 Pet Compound Food for Adult Dogs	枫趣盛宴含鸭肉柑橘配方全价无谷成犬粮 Pronature Holistic Dog Food-Adult-All breeds-Grain Free-Duck a I'Orange formula	宠物配合饲料 Pet Compound Feed	犬 Dogs	加拿大 PLB 国际公司 PLB International Inc.，Canada	2021.05—2026.05	新办
(2021) 外饲准字 386 号	宠物配合饲料 幼年期犬粮 Pet Compound Feed for Puppy Feed	pure sensitive 系列火鸡肉和大米配方幼犬粮 pure sensitive JUNIOR Turkey & Rice	宠物配合饲料 Pet Compound Feed	犬 Dogs	德国 Mera Tiernahrung GmbH 公司 Mera Tiernahrung GmbH，Germany	2021.05—2026.05	新办
(2021) 外饲准字 387 号	宠物配合饲料 成年期犬粮 Pet Compound Feed for Adult Dog Feed	pure sensitive 系列火鸡肉和土豆配方成犬粮 pure sensitive ADULT FRESH MEAT Turkey & Potato	宠物配合饲料 Pet Compound Feed	犬 Dogs	德国 Mera Tiernahrung GmbH 公司 Mera Tiernahrung GmbH，Germany	2021.05—2026.05	新办
(2021) 外饲准字 388 号	宠物配合饲料 成年期犬粮 Pet Compound Feed for Adult Dog Feed	pure sensitive 系列大米和三文鱼配方成犬粮 pure sensitive ADULT Salmon & Rice	宠物配合饲料 Pet Compound Feed	犬 Dogs	德国 Mera Tiernahrung GmbH 公司 Mera Tiernahrung GmbH，Germany	2021.05—2026.05	新办

（续）

登记证号	通用名称	商品名称	产品类别	使用范围	生产厂家	有效期限	备注
(2021) 外饲准字 389 号	宠物配合饲料 成年期犬粮 Pet Compound Feed for Adult Dog Feed	essential 系列成年犬粮—混合颗粒 essential Univit	宠物配合饲料 Pet Compound Feed	犬 Dogs	德国 Mera Tiernahrung GmbH 公司 Mera Tiernahrung GmbH，Germany	2021.05—2026.05	新办
(2021) 外饲准字 390 号	宠物配合饲料 成年期犬粮 Pet Compound Feed for Adult Dog Feed	essential 系列成年运动犬粮 essential Agility	宠物配合饲料 Pet Compound Feed	犬 Dogs	德国 Mera Tiernahrung GmbH 公司 Mera Tiernahrung GmbH，Germany	2021.05—2026.05	新办
(2021) 外饲准字 391 号	宠物配合饲料 幼年期犬粮 Pet Compound Feed for Puppy Feed	essential 系列幼犬粮 Ⅰ段 essential Junior 1	宠物配合饲料 Pet Compound Feed	犬 Dogs	德国 Mera Tiernahrung GmbH 公司 Mera Tiernahrung GmbH，Germany	2021.05—2026.05	新办
(2021) 外饲准字 392 号	宠物配合饲料 老年期犬粮 Pet Compound Feed for Senior Dog Feed	essential 系列老年犬粮 essential Senior	宠物配合饲料 Pet Compound Feed	犬 Dogs	德国 Mera Tiernahrung GmbH 公司 Mera Tiernahrung GmbH，Germany	2021.05—2026.05	新办
(2021) 外饲准字 393 号	宠物配合饲料 大型犬幼年期犬粮 Pet Compound Feed for Large Breeds Puppy Feed	essential 系列幼犬粮 Ⅱ段 essential Junior 2	宠物配合饲料 Pet Compound Feed	犬 Dogs	德国 Mera Tiernahrung GmbH 公司 Mera Tiernahrung GmbH，Germany	2021.05—2026.05	新办
(2021) 外饲准字 394 号	宠物配合饲料 成年期犬粮 Pet Compound Feed for Adult Dog Feed	essential 系列成年日常犬粮 essential Reference	宠物配合饲料 Pet Compound Feed	犬 Dogs	德国 Mera Tiernahrung GmbH 公司 Mera Tiernahrung GmbH，Germany	2021.05—2026.05	新办
(2021) 外饲准字 395 号	宠物配合饲料 成年期犬粮 Pet Compound Feed For Adult Dog Feed	essential 系列成年犬轻食粮 essential Light	宠物配合饲料 Pet Compound Feed	犬 Dogs	德国 Mera Tiernahrung GmbH 公司 Mera Tiernahrung GmbH，Germany	2021.05—2026.05	新办
(2021) 外饲准字 396 号	宠物配合饲料 成年期犬粮 Pet Compound Feed for Adult Dog Feed	essential 系列成年犬粮—圆形颗粒 essential Brocken	宠物配合饲料 Pet Compound Feed	犬 Dogs	德国 Mera Tiernahrung GmbH 公司 Mera Tiernahrung GmbH，Germany	2021.05—2026.05	新办

（续）

登记证号	通用名称	商品名称	产品类别	使用范围	生产厂家	有效期限	备注
（2021）外饲准字 397 号	宠物配合饲料 猫粮 Pet Compound Feed for Cat Food	OLIVER 鸡肉金枪鱼配方猫粮 OLIVER CHICKEN AND TUNA RECIPE CAT FOOD	宠物配合饲料 Pet Compound Feed	猫 Cats	泰国 Nektech Petfood 有限公司 Nektech Petfood Co.，Ltd.，Thailand	2021.05—2026.05	新办
（2021）外饲准字 398 号	宠物配合饲料 犬粮 Pet Compound Feed for Dog Food	OLIVER 鸡肉羊肉配方犬粮 OLIVER CHICKEN AND LAMB RECIPE DOG FOOD	宠物配合饲料 Pet Compound Feed	犬 Dogs	泰国 Nektech Petfood 有限公司 Nektech Petfood Co.，Ltd.，Thailand	2021.05—2026.05	新办
（2021）外饲准字 399 号	宠物配合饲料 犬粮 Pet Compound Feed for Dog Food	N&K 鸡肉磷虾配方犬粮 N&K CHICKEN AND KRILL RECIPE DOG FOOD	宠物配合饲料 Pet Compound Feed	犬 Dogs	泰国 Nektech Petfood 有限公司 Nektech Petfood Co.，Ltd.，Thailand	2021.05—2026.05	新办
（2021）外饲准字 400 号	宠物配合饲料 猫粮 Pet Compound Feed for Cat Food	N&K 鸡肉磷虾配方猫粮 N&K CHICKEN AND KRILL RECIPE CAT FOOD	宠物配合饲料 Pet Compound Feed	猫 Cats	泰国 Nektech Petfood 有限公司 Nektech Petfood Co.，Ltd.，Thailand	2021.05—2026.05	新办
（2021）外饲准字 401 号	宠物配合饲料 犬粮 Pet Compound Feed for Dog Food	N&K 含磷虾羊肉配方犬粮 N&K LAMB AND KRILL RECIPE DOG FOOD	宠物配合饲料 Pet Compound Feed	犬 Dogs	泰国 Nektech Petfood 有限公司 Nektech Petfood Co.，Ltd.，Thailand	2021.05—2026.05	新办
（2021）外饲准字 402 号	宠物配合饲料 猫粮 Pet Compound Feed for Cat Food	N&K 含磷虾金枪鱼配方猫粮 N&K TUNA AND KRILL RECIPE CAT FOOD	宠物配合饲料 Pet Compound Feed	猫 Cats	泰国 Nektech Petfood 有限公司 Nektech Petfood Co.，Ltd.，Thailand	2021.05—2026.05	新办

（续）

登记证号	通用名称	商品名称	产品类别	使用范围	生产厂家	有效期限	备注
(2021) 外饲准字 403 号	全价宠物食品猫粮 Pet Compound Food for Cats	UCAT 挑嘴猫粮—化毛呵护泌尿道 UCAT CAT FOOD-HAIRBALL CONTROL & URINARY CARE	宠物配合饲料 Pet Compound Feed	猫 Cats	（台湾）保生实业股份有限公司 Pomp Shine Enterprise Corp.	2021.05—2026.05	新办
(2021) 外饲准字 404 号	全价宠物食品猫粮 Pet Compound Food for Cats	UCAT 挑嘴猫粮—无谷呵护毛皮 UCAT CAT FOOD-GRAINS FREE SKIN & COAT CARE	宠物配合饲料 Pet Compound Feed	猫 Cats	（台湾）保生实业股份有限公司 Pomp Shine Enterprise Corp.	2021.05—2026.05	新办
(2021) 外饲准字 405 号	全价宠物食品猫粮 Pet Compound Food for Cats	UCAT 挑嘴猫粮—呵护肠胃道 UCAT CAT FOOD-DIGESTION CARE	宠物配合饲料 Pet Compound Feed	猫 Cats	（台湾）保生实业股份有限公司 Pomp Shine Enterprise Corp.	2021.05—2026.05	新办
(2021) 外饲准字 406 号	全价宠物食品犬粮 Pet Compound Food for Dogs	UDOG 挑嘴狗粮—呵护毛皮 UDOG DOG FOOD-SKIN & COAT CARE	宠物配合饲料 Pet Compound Feed	犬 Dogs	（台湾）保生实业股份有限公司 Pomp Shine Enterprise Corp.	2021.05—2026.05	新办
(2021) 外饲准字 407 号	全价宠物食品犬粮 Pet Compound Food for Dogs	UDOG 挑嘴狗粮—呵护肠胃道 UDOG DOG FOOD-DIGESTION CARE	宠物配合饲料 Pet Compound Feed	犬 Dogs	（台湾）保生实业股份有限公司 Pomp Shine Enterprise Corp.	2021.05—2026.05	新办
(2021) 外饲准字 408 号	全价宠物食品犬粮 Pet Compound Feed for Dog	Tender and True 无谷含有机火鸡肉配方犬粮添加鸡肝 Tender and True Grain Free Organic Turkey and Liver Dog Recipe	宠物配合饲料 Pet Compound Feed	犬 Dogs	美国 C. J. 食品股份有限公司（Bern 工厂） C. J. Foods，Inc.，USA	2021.05—2026.05	新办

（续）

登记证号	通用名称	商品名称	产品类别	使用范围	生产厂家	有效期限	备注
(2021) 外饲准字 409 号	全价宠物食品猫粮 Pet Compound Feed for Cat	均衡营养无谷猫粮 Balanced nutrition grain free food for cat	宠物配合饲料 Pet Compound Feed	猫 Cats	加拿大斯派特饲料服务有限公司（工厂） Spectrum Feed Services Ltd.，Canada	2021.05—2026.05	新办
(2021) 外饲准字 410 号	全价宠物食品小型犬幼年期犬粮 Pet Compound Feed for Small Breed Puppy	S11 纽顿小型 & 玩赏犬幼年期全价犬粮鸡肉 & 全蛋配方 S11 NutramNumber Sound Small & Toy Breed Puppy Food Chicken & Whole Eggs Recipe	宠物配合饲料 Pet Compound Feed	犬 Dogs	比利时联合宠物食品公司 United Petfood Producers NV，Belgium	2021.05—2026.05	新办
(2021) 外饲准字 411 号	全价宠物食品猫粮 Compound Pet Food for Cat	Solid Gold Indigo Moon 含鸡肉 & 蛋粉猫粮 Solid Gold Indigo Moon with Chicken & Eggs Cat Food	宠物配合饲料 Pet Compound Feed	猫 Cats	美国 C. J. 食品股份有限公司 C. J. Foods，Inc.，USA	2021.05—2026.05	新办
(2021) 外饲准字 412 号	宠物配合饲料成年期猫粮 Pet Compound Feed-Cat Food Adult	VITALCAN BALANCED 均衡酸碱猫粮 VITALCAN BALANCED CAT PH CONTROL	宠物配合饲料 Pet Compound Feed	猫 Cats	阿根廷 Agro Industrias Baires S. A. 公司 Agro Industrias Baires S. A.，Argentina	2021.05—2026.05	新办
(2021) 外饲准字 413 号	宠物配合饲料 成年期犬粮 Pet Compound Feed for Adult Dog	爱娜玛特 无谷萨哈鸡肉鸭肉配方成犬粮 Annamaet Grain Free Salcha Poulet Formula Dog Food	宠物配合饲料 Pet Compound Feed	犬 Dogs	（美国）飒天宠物营养有限责任公司 Southern Tier Pet Nutrition，LLC，USA	2021.05—2026.05	新办
(2021) 外饲准字 414 号	宠物配合饲料 成年期、妊娠期和哺乳期犬粮 Pet Compound Feed for Adult，Gestation and Lactation Dog	爱娜玛特 经典鸡肉糙米配方成犬粮 Annamaet Original Adult Chicken Meal & Brown Rice Formula Dog Food	宠物配合饲料 Pet Compound Feed	犬 Dogs	（美国）飒天宠物营养有限责任公司 Southern Tier Pet Nutrition，LLC，USA	2021.05—2026.05	新办

（续）

登记证号	通用名称	商品名称	产品类别	使用范围	生产厂家	有效期限	备注
(2021) 外饲准字 415 号	宠物配合饲料 成年期犬粮 Pet Compound Feed for Adult Dog	爱娜玛特 无谷深海鱼配方犬粮 Annamaet Grain Free Aqualuk Cold Water Formula Dog Food	宠物配合饲料 Pet Compound Feed	犬 Dogs	(美国) 飒天宠物营养有限责任公司 Southern Tier Pet Nutrition, LLC, USA	2021.05—2026.05	新办
(2021) 外饲准字 416 号	宠物配合饲料 猫粮 Pet Compound Feed for Cat	爱娜玛特 无谷生态 No. 29 鳕鱼配方猫粮 Annamaet Grain Free Feline Sustain No. 29 Sustainable Fish Formula Cat Food	宠物配合饲料 Pet Compound Feed	猫 Cats	(美国) 飒天宠物营养有限责任公司 Southern Tier Pet Nutrition, LLC, USA	2021.05—2026.05	新办
(2021) 外饲准字 417 号	宠物配合饲料 猫粮 Pet Compound Feed for Cat	爱娜玛特 经典鸡肉糙米配方猫粮 Annamaet Original Feline Chicken Meal & Brown Rice Formula Cat Food	宠物配合饲料 Pet Compound Feed	猫 Cats	(美国) 飒天宠物营养有限责任公司 Southern Tier Pet Nutrition, LLC, USA	2021.05—2026.05	新办
(2021) 外饲准字 418 号	全价宠物食品幼年期犬粮 Pet Compound Food for Puppy	耐吉斯田园飨宴幼年期犬粮 HRS Fields Feast Puppy Food	宠物配合饲料 Pet Compound Feed	犬 Dogs	(加拿大) 艾尔麦乐宠物产品有限公司 Elmira Pet Products Ltd., Canada	2021.05—2026.05	新办
(2021) 外饲准字 419 号	全价宠物食品成年期犬粮 Pet Compound Food for Adult Dogs	耐吉斯田园飨宴成年期犬粮 HRS Fields Feast Adult Dog Food	宠物配合饲料 Pet Compound Feed	犬 Dogs	(加拿大) 艾尔麦乐宠物产品有限公司 Elmira Pet Products Ltd., Canada	2021.05—2026.05	新办
(2021) 外饲准字 420 号	全价宠物食品成年期 & 老年期犬粮 Pet Compound Food for Adult and Senior Dogs	耐吉斯田园飨宴成年期体重控制 & 老年期犬粮 HRS Fields Feast Adult Fit & Senior Dog Food	宠物配合饲料 Pet Compound Feed	犬 Dogs	(加拿大) 艾尔麦乐宠物产品有限公司 Elmira Pet Products Ltd., Canada	2021.05—2026.05	新办

（续）

登记证号	通用名称	商品名称	产品类别	使用范围	生产厂家	有效期限	备注
(2021) 外饲准字 421 号	全价宠物食品幼年期猫粮 Pet Compound Food for Kitten	耐吉斯海陆飨宴幼年期猫粮 HRS Turf & Surf Kitten Food	宠物配合饲料 Pet Compound Feed	猫 Cats	（加拿大）艾尔麦乐宠物产品有限公司 Elmira Pet Products Ltd.，Canada	2021.05—2026.05	新办
(2021) 外饲准字 422 号	全价宠物食品成年期猫粮 Pet Compound Food for Adult Cats	耐吉斯海陆飨宴室内成年期猫粮 HRS Turf & Surf Indoor Adult Cat Food	宠物配合饲料 Pet Compound Feed	猫 Cats	（加拿大）艾尔麦乐宠物产品有限公司 Elmira Pet Products Ltd.，Canada	2021.05—2026.05	新办
(2021) 外饲准字 423 号	蛋氨酸羟基类似物钙盐 Methionine Hydroxy Analogue Calcium	美瑞特 MHA® SP	饲料添加剂 Feed Additive	猪、鸡、牛、水产养殖动物、犬、猫 Swine, Chicken, Cattle, Aquaculture animals, Dogs, Cats	（美国）诺伟司国际公司 Novus International, Inc.，USA	2021.05—2026.05	续展
(2021) 外饲准字 424 号	鱼油 Fish Oil	秘鲁鱼油（饲料级） Peruvian Fish Oil (Feed Grade)	单一饲料 Single Feed	水产养殖动物、猪、鹌鹑 Aquaculture animals, Swine, Quails	秘鲁 Corporacion Pesquera Inca S. A. C. 公司 Chancay 工厂 Corporacion Pesquera Inca S. A. C.，Chancay Plant, Peru	2021.05—2026.05	续展
(2021) 外饲准字 425 号	鱼油 Fish Oil	秘鲁鱼油（饲料级） Peruvian Fish Oil (Feed Grade)	单一饲料 Single Feed	水产养殖动物、猪、鹌鹑 Aquaculture animals, Swine, Quails	秘鲁 Corporacion Pesquera Inca S. A. C. 公司 Bayovar 工厂 Corporacion Pesquera Inca S. A. C.，Bayovar Plant, Peru	2021.05—2026.05	续展
(2021) 外饲准字 426 号	鱼油 Fish Oil	秘鲁鱼油（饲料级） Peruvian Fish Oil (Feed Grade)	单一饲料 Single Feed	水产养殖动物、猪、鹌鹑 Aquaculture animals, Swine, Quails	秘鲁 Corporacion Pesquera Inca S. A. C. 公司 Razuri 工厂 Corporacion Pesquera Inca S. A. C.，Razuri Plant, Peru	2021.05—2026.05	续展

（续）

登记证号	通用名称	商品名称	产品类别	使用范围	生产厂家	有效期限	备注
(2021) 外饲准字 427 号	鱼油 Fish Oil	秘鲁鱼油（饲料级） Peruvian Fish Oil (Feed Grade)	单一饲料 Single Feed	水产养殖动物、猪、鹌鹑 Aquaculture animals, Swine, Quails	秘鲁 Corporacion Pesquera Inca S. A. C. 公司 Chimbote 工厂 Corporacion Pesquera Inca S. A. C., Chimbote Plant, Peru	2021.05—2026.05	续展
(2021) 外饲准字 428 号	混合型饲料添加剂 矿物元素 酸度调节剂 Feed Additives Mixture Minerals Acidity Regulators	威力保 Wei Li Bao	混合型饲料添加剂 Feed Additives Mixture	畜禽 Livestock, Poultry	美国动物科学产品公司 Animal Science Products, Inc., USA	2021.05—2026.05	续展
(2021) 外饲准字 429 号	维生素 A 乙酸酯 Vitamin A Acetate	维生素 A 醋酸酯油剂 Vitamin A Acetate Oil	饲料添加剂 Feed Additive	养殖动物 All species or categories of animals	（德国）巴斯夫欧洲公司 BASF SE, Germany	2021.05—2026.05	续展
(2021) 外饲准字 430 号	混合型饲料添加剂 卵磷脂 抗氧化剂 Feed Additives Mixture Lecithin Antioxidants	纽埃特乳速来 NUTRI-LYSO	混合型饲料添加剂 Feed Additives Mixture	养殖动物 All species or categories of animals	比利时纽埃特国际营养公司 Beveren-Waas 工厂 NUTRI-AD International N. V., Beveren-Waas Plant, Belgium	2021.05—2026.05	续展
(2021) 外饲准字 431 号	混合型饲料添加剂 酶制剂 Feed Additives Mixture Enzymes	特威宝 PS（浓缩物） ALLZYME PS CONCENTRATE	混合型饲料添加剂 Feed Additives Mixture	养殖动物 All species or categories of animals	美国奥特奇公司 Alltech Inc., USA	2021.05—2026.05	续展
(2021) 外饲准字 432 号	混合型饲料添加剂 香味物质 Feed Additives Mixture Flavouring Substances	馥蒂幼畜宝 S 193 P 10 CRISTALYOUNG S 193 P10	混合型饲料添加剂 Feed Additives Mixture	家畜 Livestock	法国馥蒂公司 Laboratoires Phode S. A. S., France	2021.05—2026.05	续展
(2021) 外饲准字 433 号	混合型饲料添加剂 酶制剂 Feed Additives Mixture Enzymes	速健宝-CS Superzyme-CS 2X	混合型饲料添加剂 Feed Additives Mixture	家禽、猪 Poultry, Swine	加拿大 Bio-Systems 公司 Canadian Bio-Systems Inc., Canada	2021.05—2026.05	续展
(2021) 外饲准字 434 号	混合型饲料添加剂 氨基酸 维生素 Feed Additives Mixture Amino Acids Vitamins	蛋特力 Strong Egg	混合型饲料添加剂 Feed Additives Mixture	蛋鸡 Laying hens	印度尼西亚美迪安有限公司 PT Medion Farma Jaya, Indonesia	2021.05—2026.05	续展

（续）

登记证号	通用名称	商品名称	产品类别	使用范围	生产厂家	有效期限	备注
（2021）外饲准字 435 号	混合饲型料添加剂 蛋白酶（产自枯草芽孢杆菌） Feed Additives Mixture Protease (by *Bacillus subtilis*)	速美宝-P 液体 Concentrase-P Liquid	混合型饲料添加剂 Feed Additives Mixture	畜禽 Livestock，Poultry	加拿大 Bio-Systems 公司 Canadian Bio-Systems Inc.，Canada	2021.05—2026.05	续展
（2021）外饲准字 436 号	鱼粉 Fishmeal	红鱼粉（三级） Red Fishmeal（Ⅲ）	单一饲料 Single Feed	畜禽、水产养殖动物（反刍动物除外） Livestock，Poultry，Aquaculture animals（Not including ruminant）	宏东国际（毛塔）渔业发展有限公司 HONGDONG International（Mauritania）Fishery Development Co.，Ltd.，Mauritania	2021.05—2026.05	续展
（2021）外饲准字 437 号	鱼粉 Fishmeal	红鱼粉（三级至一级） Red Fishmeal（Ⅲ to Ⅰ）	单一饲料 Single Feed	畜禽、水产养殖动物（反刍动物除外） Livestock，Poultry，Aquaculture animals（Not including ruminant）	缅甸 Aung Myat Phyo 鱼粉厂 Aung Myat Phyo Int'L Fish Meal Plant，Myanmar	2021.05—2026.05	续展
（2021）外饲准字 438 号	鱼粉 Fishmeal	红鱼粉（二级） Red Fishmeal（Ⅱ）	单一饲料 Single Feed	畜禽、水产养殖动物（反刍动物除外） Livestock，Poultry，Aquaculture animals（Not including ruminant）	巴基斯坦 M/S 俾路支省海产品公司 M/S. Balochistan Marines Products，Pakistan	2021.05—2026.05	续展
（2021）外饲准字 439 号	鱼粉 Fishmeal	红鱼粉（三级） Red fishmeal（Ⅲ）	单一饲料 Single Feed	畜禽、水产养殖动物（反刍动物除外） Livestock，Poultry，Aquaculture animals（Not including ruminant）	马来西亚高运有限公司 Kauluan SDN. BHD.，Malaysia	2021.05—2026.05	续展
（2021）外饲准字 440 号	鱼粉 Fishmeal	秘鲁蒸汽干燥鱼粉（三级至一级） PERUVIAN STEAM DRIED FISHMEAL（Ⅲ to Ⅰ）	单一饲料 Single Feed	畜禽、水产养殖动物（反刍动物除外） Livestock，Poultry，Aquaculture animals（Not including ruminant）	秘鲁 Pesquera Caral S. A. 公司 Chancay 工厂 Pesquera Caral S. A.，Plant Chancay，Peru	2021.05—2026.05	续展

（续）

登记证号	通用名称	商品名称	产品类别	使用范围	生产厂家	有效期限	备注
(2021) 外饲准字 441 号	白鱼粉 White Fishmeal	三叉品牌白鱼粉（一级） Trident Brand White Fishmeal (I)	单一饲料 Single Feed	畜禽、水产养殖动物（反刍动物除外） Livestock, Poultry, Aquaculture animals (Not including ruminant)	美国三叉海产品公司桑德伯恩特工厂 Trident Seafoods Corporation, USA	2021.05—2026.05	续展
(2021) 外饲准字 442 号	白鱼粉 White Fishmeal	三叉品牌白鱼粉（一级） Trident Brand White Fishmeal (I)	单一饲料 Single Feed	畜禽、水产养殖动物（反刍动物除外） Livestock, Poultry, Aquaculture animals (Not including ruminant)	美国三叉海产品公司阿库坦工厂 Trident Seafoods Corporation, Plant Akutan, USA	2021.05—2026.05	续展
(2021) 外饲准字 443 号	白鱼粉 White Fishmeal	三叉品牌白鱼粉（一级） Trident Brand White Fishmeal (I)	单一饲料 Single Feed	畜禽、水产养殖动物（反刍动物除外） Livestock, Poultry, Aquaculture animals (Not including ruminant)	美国三叉海产品公司（工船加工，工船名 Island Enterprise，工船号 610290） Trident Seafoods Corporation (Produced on Board at Vessel "Island Enterprise", Official No. 610290), USA	2021.05—2026.05	续展
(2021) 外饲准字 444 号	酿酒酵母细胞壁 Yeast Cell Wall of Saccharomyces Cerevisiae	爱力魔斯 AGRIMOS	单一饲料 Single Feed	养殖动物 All species or categories of animals	拉曼动物营养英国有限责任公司 Lallemand Animal Nutrition UK Ltd., UK	2021.05—2026.05	续展
(2021) 外饲准字 445 号	酵母培养物 Yeast Culture	犊牛益康 SmartCare	单一饲料 Single Feed	犊牛 Calves	美国达农威公司 Diamond V Mills, LLC., USA	2021.05—2026.05	续展
(2021) 外饲准字 446 号	鱼油 Fish Oil	鱼油（饲料级） Fish Oil (Feed grade)	单一饲料 Single Feed	家禽、猪、水产养殖动物 Poultry, Swine, Aquaculture animals	厄瓜多尔 Tadel 有限公司 Tadel S. A., Ecuador	2021.05—2026.05	续展
(2021) 外饲准字 447 号	鱼粉 Fishmeal	红鱼粉（三级） Red Fishmeal (Ⅲ)	单一饲料 Single Feed	家禽、猪、水产养殖动物 Poultry, Swine, Aquaculture animals	厄瓜多尔 Tadel 有限公司 Tadel S. A., Ecuador	2021.05—2026.05	续展

（续）

登记证号	通用名称	商品名称	产品类别	使用范围	生产厂家	有效期限	备注
（2021）外饲准字 448 号	混合型饲料添加剂 枯草芽孢杆菌 Feed Additives Mixture *Bacillus Subtilis*	发乐吨 BARODON-EX	混合型饲料添加剂 Feed Additives Mixture	畜禽、水产养殖动物 Livestock，Poultry，Aquaculture animals	韩国第一化学株式会社 Cheil Bio Co.，Ltd.，Korea	2021.05—2026.05	续展
（2021）外饲准字 449 号	混合型饲料添加剂 枯草芽孢杆菌 Feed Additives Mixture *Bacillus Subtilis*	超级赛克灵 ECO B. S	混合型饲料添加剂 Feed Additives Mixture	畜禽、水产养殖动物 Livestock，Poultry，Aquaculture animals	韩国第一化学株式会社 Cheil Bio Co.，Ltd.，Korea	2021.05—2026.05	续展
（2021）外饲准字 450 号	全价宠物食品成年期犬粮 Compound Pet Food-Adult Dog Food	哨达成犬犬粮 Woofstard Holistic Adult Dog Food	宠物配合饲料 Pet Compound Feed	犬 Dogs	比利时联合宠物食品公司 United Petfood Producers NV，Belgium	2021.05—2026.05	续展
（2021）外饲准字 451 号	全价宠物食品幼年期猫粮 Complete Pet Food-Kitten Cat Food	喵达幼猫猫粮 Meowstard Holistic Kitten Cat Food	宠物配合饲料 Pet Compound Feed	猫 Cats	比利时联合宠物食品公司 United Petfood Producers NV，Belgium	2021.05—2026.05	续展
（2021）外饲准字 452 号	全价宠物食品成年期猫粮 Complete Pet Food-Adult Cat Food	喵达成猫猫粮 Meowstard Holistic Adult Cat Food	宠物配合饲料 Pet Compound Feed	猫 Cats	比利时联合宠物食品公司 United Petfood Producers NV，Belgium	2021.05—2026.05	续展
（2021）外饲准字 453 号	全价宠物食品幼年期犬粮 Compound Pet Food-Puppy Dog Food	哨达幼犬犬粮 Woofstard Holistic Puppy Dog Food	宠物配合饲料 Pet Compound Feed	犬 Dogs	比利时联合宠物食品公司 United Petfood Producers NV，Belgium	2021.05—2026.05	续展
（2021）外饲准字 454 号	蛋白锌 Zinc Proteinate	保福敏蛋白锌 Buffermin Zinc Proteinate	饲料添加剂 Feed Additive	畜禽（反刍动物除外）Livestock，Poultry（Not including ruminant）	美国佳和生物技术公司 JH Biotech，Inc.，USA	2021.05—2026.05	续展
（2021）外饲准字 455 号	鱼油 Fish Oil	鱼油（饲料级）Fish Oil（Feed Grade）	单一饲料 Single Feed	水产养殖动物、猪、鹌鹑 Aquaculture animals，Swine，Quails	秘鲁 Austral Group S. A. A. 公司 Pisco 工厂 Austral Group S. A. A.，Plant Pisco，Peru	2021.05—2026.05	续展

（续）

登记证号	通用名称	商品名称	产品类别	使用范围	生产厂家	有效期限	备注
（2021）外饲准字 456 号	鱼油 Fish Oil	鱼油（饲料级） Fish Oil (Feed Grade)	单一饲料 Single Feed	水产养殖动物、猪、鹌鹑 Aquaculture animals, Swine, Quails	秘鲁 Austral Group S. A. A. 公司 Coishco 工厂 Austral Group S. A. A., Plant Coishco, Peru	2021.05—2026.05	续展
（2021）外饲准字 457 号	鱼油 Fish Oil	秘鲁鱼油（饲料级） Peruvian Fish Oil (Feed Grade)	单一饲料 Single Feed	水产养殖动物、猪、鹌鹑 Aquaculture animals, Swine, Quails	秘鲁 Austral Group S. A. A. 公司 Chancay 工厂 Austral Group S. A. A., Plant Chancay, Peru	2021.05—2026.05	续展

附件 2

换发进口饲料和饲料添加剂产品登记证目录（2021－04）

登记证号	商品名称	通用名称	变更内容	原名称	变更名称
（2019）外饲准字 580 号	KNZ 传统盐舔块 KNZ Tradition	牛用微量元素预混合饲料 Trace Mineral Premix for Cattle	申请企业名称	荷兰诺力昂功能化学品公司 Nouryon Functional Chemicals B. V.，the Netherlands	（荷兰）Hengelo Salt Specialties B. V.，the Netherlands Hengelo Salt Specialties B. V.，the Netherlands
			生产企业名称	荷兰诺力昂功能化学品公司 Nouryon Functional Chemicals B. V.，the Netherlands	（荷兰）Hengelo Salt Specialties B. V.，the Netherlands Hengelo Salt Specialties B. V.，the Netherlands
（2020）外饲准字 377 号	鱼油（饲料级） Fish Oil（Feed Grade）	鱼油 Fish Oil	申请企业名称	智利 Orizon S. A. 公司 Coquimbo 工厂 Orizon S. A.，Plant Coquimbo，Chile	智利 ORIZON S A 公司 ORIZON S A，Chile
			生产企业名称	智利 Orizon S. A. 公司 Coquimbo 工厂 Orizon S. A.，Plant Coquimbo，Chile	智利 ORIZON S A 公司（COQUIMBO 工厂） ORIZON S A（COQUIMBO PLANT），Chile
（2019）外饲准字 365 号	红鱼粉（三级） Red Fishmeal（Ⅲ）	鱼粉 Fishmeal	申请企业名称	智利 Orizon S. A. 公司 Orizon S. A.，Chile	智利 ORIZON S A 公司 ORIZON S A，Chile
			生产企业名称	智利 Orizon S. A. 公司 Coquimbo 工厂 Orizon S. A.，Plant Coquimbo，Chile	智利 ORIZON S A 公司（COQUIMBO 工厂） ORIZON S A（COQUIMBO PLANT），Chile
（2017）外饲准字 079 号	阿拉斯加低温白鱼粉（三级至一级） Alaska L/T White Fishmeal（Ⅲ to Ⅰ）	白鱼粉 White Fishmeal	申请企业名称	Peter Pan Seafoods Inc.，USA	Peter Pan Seafood Company，LLC，USA
			生产企业名称	Peter Pan Seafoods Inc.，Plant King Cove，USA	Peter Pan Seafood Company，LLC，Plant King Cove，USA
（2018）外饲准字 240 号	海金矿 NUFOCHEL	混合型饲料添加剂 矿物元素 酸度调节剂 Feed Additives Mixture Minerals Acidity Regulators	中文商品名称	海金矿	优酸肥 M

（续）

登记证号	商品名称	通用名称	变更内容	原名称	变更名称
（2019）外饲准字 247 号	饲料级 DL-蛋氨酸 DL-Methionine Feed Grade	DL-蛋氨酸 DL-Methionine	申请企业名称	赢创营养与消费化学品有限公司 Evonik Nutrition & Care GmbH，Germany	赢创运营有限公司 Evonik Operations GmbH，Germany
（2019）外饲准字 057 号	AQUAVI® 蛋氨酸二肽（DL-甲硫氨酰-DL-甲硫氨酸，饲料级） AQUAVI® Met-Met（DL-Methionyl-DL-Methionine，feed grade）	DL-甲硫氨酰-DL-甲硫氨酸 DL-Methionyl-DL-Methionine	申请企业名称	赢创营养与消费化学品有限公司 Evonik Nutrition & Care GmbH，Germany	赢创运营有限公司 Evonik Operations GmbH，Germany

中华人民共和国农业农村部公告

第 447 号

根据《进口饲料和饲料添加剂登记管理办法》有关规定，批准比利时 Silox Belgium SA 公司等 54 家公司生产的 135 种饲料和饲料添加剂产品在我国登记或续展登记，并颁发进口登记证（附件）。所登记产品的监督检验，按中华人民共和国国家标准和我部发布的质量标准执行。

特此公告。

附件：进口饲料和饲料添加剂产品登记证目录（2021－05）

农业农村部

2021 年 7 月 8 日

附件

进口饲料和饲料添加剂产品登记证目录（2021－05）

登记证号	通用名称	商品名称	产品类别	使用范围	生产厂家	有效期限	备注
(2021) 外饲准字 458 号	氧化锌 Zinc Oxide	汇锌 HiZox	饲料添加剂 Feed Additive	仔猪、肉鸡 Piglets, Broilers	比利时 Silox Belgium SA 公司 Silox Belgium SA, Belgium	2021.07—2026.07	新办
(2021) 外饲准字 459 号	酿酒酵母 *Saccharomyces cerevisiae*	布拉迪 Levucell SB 20	饲料添加剂 Feed Additive	猪、家禽 Swine, Poultry	拉曼集团波兰有限公司 Lallemand Polska Sp z o. o., Poland	2021.07—2026.07	新办
(2021) 外饲准字 460 号	酵母硒 Selenium Yeast Complex	拉曼硒 2700 Alkosel 2700	饲料添加剂 Feed Additive	养殖动物 All species or categories of animals	丹麦 De Danske Gærfabrikker A/S 公司 De Danske Gærfabrikker A/S, Denmark	2021.07—2026.07	新办
(2021) 外饲准字 461 号	酿酒酵母 *Saccharomyces cerevisiae*	瘤胃康 Levucell SC 20	饲料添加剂 Feed Additive	反刍动物、马 Ruminant, Horses	拉曼集团波兰有限公司 Lallemand Polska Sp z o. o., Poland	2021.07—2026.07	新办
(2021) 外饲准字 462 号	混合型饲料添加剂 酸度调节剂 矿物元素 Feed Additives Mixture Acidity Regulators Minerals	艾德酸 Agrocid Super Oligo	混合型饲料添加剂 Feed Additives Mixture	猪、鸡 Swine, Chicken	（比利时）世德来有限公司 CID LINES N. V., Belgium	2021.07—2026.07	新办
(2021) 外饲准字 463 号	混合型饲料添加剂 酸度调节剂 Feed Additives Mixture Acidity Regulators	伊士曼蓝酸宝 LF1 Eastman™ Protaq LF1	混合型饲料添加剂 Feed Additives Mixture	猪、鸡 Swine, Chicken	（荷兰）Vendrig Liquid Solutions B. V. Vendrig Liquid Solutions B. V., the Netherlands	2021.07—2026.07	新办
(2021) 外饲准字 464 号	混合型饲料添加剂 枯草芽孢杆菌 Feed Additives Mixture *Bacillus subtilis*	优福康 BIOWELL	混合型饲料添加剂 Feed Additives Mixture	畜禽、水产养殖动物 Livestock, Poultry, Aquaculture animals	韩国韩动株式会社 Handong Co., Ltd., Korea	2021.07—2026.07	新办
(2021) 外饲准字 465 号	混合型饲料添加剂 酸度调节剂 Feed Additives Mixture Acidity Regulators	爱维欣 AVITOXIN	混合型饲料添加剂 Feed Additives Mixture	家禽 Poultry	（法国）Laboratoire Physan La Probiolyse Laboratoire Physan La Probiolyse, France	2021.07—2026.07	新办

（续）

登记证号	通用名称	商品名称	产品类别	使用范围	生产厂家	有效期限	备注
(2021）外饲准字 466 号	混合型饲料添加剂 香味物质 Feed Additives Mixture Flavouring Substances	普乐畅 PULM'OIL	混合型饲料添加剂 Feed Additives Mixture	家禽、奶牛、猪 Poultry, Cows, Swine	（法国）Laboratoire Physan La Probiolyse Laboratoire Physan La Probiolyse, France	2021.07—2026.07	新办
(2021）外饲准字 467 号	混合型饲料添加剂 微生物 Feed Additives Mixture Live Microorganisms	贮康宝Ⅱ号 Frondita All Forage LB2	混合型饲料添加剂 Feed Additives Mixture	青贮饲料 Silage	美国福蓝迪他生物集团有限公司 Frondita Biogroup, Inc., USA	2021.07—2026.07	新办
(2021）外饲准字 468 号	混合型饲料添加剂 香味物质 Feed Additives Mixture Flavouring Substances	中间体 700 Intermediate 700	混合型饲料添加剂 Feed Additives Mixture	家禽 Poultry	德国帝斯曼营养产品有限公司 DSM Nutritional Products GmbH, Germany	2021.07—2026.07	新办
(2021）外饲准字 469 号	混合型饲料添加剂 酸度调节剂 Feed Additives Mixture Acidity Regulators	优派酸 ACIDAL ML S	混合型饲料添加剂 Feed Additives Mixture	养殖动物 All species or categories of animals	比利时英派克斯有限公司 Impextraco N. V., Belgium	2021.07—2026.07	新办
(2021）外饲准字 470 号	混合型饲料添加剂 酸度调节剂 香味物质 Feed Additives Mixture Acidity Regulators and Flavouring Substances	肠派康 N-FORCE	混合型饲料添加剂 Feed Additives Mixture	家禽 Poultry	比利时英派克斯有限公司 Impextraco N. V., Belgium	2021.07—2026.07	新办
(2021）外饲准字 471 号	混合型饲料添加剂 葡萄籽提取物 Feed Additives Mixture Grape Seed Extract	速派鲜 ELIFE GP	混合型饲料添加剂 Feed Additives Mixture	养殖动物 All species or categories of animals	比利时英派克斯有限公司 Impextraco N. V., Belgium	2021.07—2026.07	新办
(2021）外饲准字 472 号	混合型饲料添加剂 枯草芽孢杆菌 Feed Additives Mixture *Bacillus subtilis*	牛黄金 Ig-Guard Powder C	混合型饲料添加剂 Feed Additives Mixture	犊牛 Calves	韩国 AD 生物科技有限公司 ADBIOTECH CO., LTD., Korea	2021.07—2026.07	新办

（续）

登记证号	通用名称	商品名称	产品类别	使用范围	生产厂家	有效期限	备注
(2021) 外饲准字 473 号	混合型饲料添加剂 枯草芽孢杆菌 Feed Additives Mixture *Bacillus subtilis*	虾金素 Ig-Guard A	混合型饲料添加剂 Feed Additives Mixture	虾 Shrimp	韩国 AD 生物科技有限公司 ADBIOTECH CO.，LTD.，Korea	2021.07—2026.07	新办
(2021) 外饲准字 474 号	混合型饲料添加剂 果寡糖 Feed Additives Mixture Fructo oligosaccharides	犊牛开口金 Ig-Drink Paste C	混合型饲料添加剂 Feed Additives Mixture	犊牛 Calves	韩国 AD 生物科技有限公司 ADBIOTECH CO.，LTD.，Korea	2021.07—2026.07	新办
(2021) 外饲准字 475 号	混合型饲料添加剂 酿酒酵母 Feed Additives Mixture *Saccharomyces cerevisiae*	瘤胃康铁达 10 号 Levucell SC 10ME TITAN	混合型饲料添加剂 Feed Additives Mixture	反刍动物、马 Ruminant，Horses	拉曼集团波兰有限公司 Lallemand Polska Sp z o. o.，Poland	2021.07—2026.07	新办
(2021) 外饲准字 476 号	混合型饲料添加剂 酿酒酵母 Feed Additives Mixture *Saccharomyces cerevisiae*	布拉迪铁达 10 号 Levucell SB 10ME TITAN	混合型饲料添加剂 Feed Additives Mixture	猪、家禽 Swine，Poultry	拉曼集团波兰有限公司 Lallemand Polska Sp z o. o.，Poland	2021.07—2026.07	新办
(2021) 外饲准字 477 号	混合型饲料添加剂 维生素 Feed Additives Mixture Vitamins	维迪益 VITA-AD3EC	混合型饲料添加剂 Feed Additives Mixture	家禽 Poultry	比利时 Vitafor N. V. 公司 Vitafor N. V.，Belgium	2021.07—2026.07	新办
(2021) 外饲准字 478 号	混合型饲料添加剂 木聚糖酶（产自米曲霉） Feed Additives Mixture Xylanase (Source：*Aspergillus oryzae*)	乐多仙®WX 2000（CT） RONOZYME® WX 2000（CT）	混合型饲料添加剂 Feed Additives Mixture	猪、家禽 Swine，Poultry	丹麦诺维信公司 Novozymes A/S，Denmark	2021.07—2026.07	新办
(2021) 外饲准字 479 号	混合型饲料添加剂 角蛋白酶（产自地衣芽孢杆菌） Feed Additives Mixture Keratinase (Source：*Bacillus licheniformis*)	帝斯曼 ProAct（CT） DSM ProAct（CT）	混合型饲料添加剂 Feed Additives Mixture	猪、家禽 Swine，Poultry	诺维信北美有限公司 Novozymes North America，Inc.，USA	2021.07—2026.07	新办
(2021) 外饲准字 480 号	混合型饲料添加剂 淀粉酶（产自地衣芽孢杆菌） Feed Additives Mixture Amylase (Source：*Bacillus licheniformis*)	乐多仙®HiStarch（CT） RONOZYME® HiStarch（CT）	混合型饲料添加剂 Feed Additives Mixture	猪、家禽 Swine，Poultry	诺维信北美有限公司 Novozymes North America，Inc.，USA	2021.07—2026.07	新办

（续）

登记证号	通用名称	商品名称	产品类别	使用范围	生产厂家	有效期限	备注
（2021）外饲准字 481 号	混合型饲料添加剂 木聚糖酶（产自米曲霉） Feed Additives Mixture Xylanase (Source: *Aspergillus oryzae*)	乐多仙®WX 5000（CT） RONOZYME® WX 5000 (CT)	混合型饲料添加剂 Feed Additives Mixture	猪、家禽 Swine, Poultry	丹麦诺维信公司 Novozymes A/S, Denmark	2021.07—2026.07	新办
（2021）外饲准字 482 号	混合型饲料添加剂 淀粉酶（产自地衣芽孢杆菌） Feed Additives Mixture Amylase (Source: *Bacillus licheniformis*)	乐多仙® RumiStar 600（CT） RONOZYME® RumiStar 600 (CT)	混合型饲料添加剂 Feed Additives Mixture	奶牛、肉牛 Cows, Beef cattle	诺维信北美有限公司 Novozymes North America, Inc., USA	2021.07—2026.07	新办
（2021）外饲准字 483 号	混合型饲料添加剂 植酸酶（产自米曲霉） Feed Additives Mixture Phytase (Source: *Aspergillus oryzae*)	乐多仙®HiPhos（M） RONOZYME® HiPhos (M)	混合型饲料添加剂 Feed Additives Mixture	猪、家禽 Swine, Poultry	丹麦诺维信公司 Novozymes A/S, Denmark	2021.07—2026.07	新办
（2021）外饲准字 484 号	混合型饲料添加剂 植酸酶（产自米曲霉） Feed Additives Mixture Phytase (Source: *Aspergillus oryzae*)	乐多仙® HiPhos 20000（GT） RONOZYME® HiPhos 20000 (GT)	混合型饲料添加剂 Feed Additives Mixture	猪、家禽 Swine, Poultry	丹麦诺维信公司 Novozymes A/S, Denmark	2021.07—2026.07	新办
（2021）外饲准字 485 号	畜禽复合预混合饲料 Livestock and Poultry Premix	维乐苷 VITA-LEVO	添加剂预混合饲料 Feed Additive Premix	鸡、牛、猪 Chicken, Cattle, Swine	比利时 Vitafor N. V. 公司 Vitafor N. V., Belgium	2021.07—2026.07	新办
（2021）外饲准字 486 号	禽维生素预混合饲料 Vitamin Premix Feed for Poultry	钮维露 Nuvisol Hatch L	添加剂预混合饲料 Feed Additive Premix	家禽 Poultry	（比利时）NUTREX NV NUTREX NV, Belgium	2021.07—2026.07	新办
（2021）外饲准字 487 号	马用精料补充料 Horse Supplementary Concentrate	20%燕麦补充型马饲料 20% Oat Balancer Cooked Mix	精料补充料 Supplementary Concentrate	马 Horses	爱尔兰康诺利红磨坊动物饲料有限公司 Connolly's Red Mills, Ireland	2021.07—2026.07	新办
（2021）外饲准字 488 号	马用精料补充料 Horse Supplementary Concentrate	14%繁育马颗粒饲料 14% Stud Cubes	精料补充料 Supplementary Concentrate	马 Horses	爱尔兰康诺利红磨坊动物饲料有限公司 Connolly's Red Mills, Ireland	2021.07—2026.07	新办

（续）

登记证号	通用名称	商品名称	产品类别	使用范围	生产厂家	有效期限	备注
（2021）外饲准字 489 号	马用精料补充料 Horse Supplementary Concentrate	15%高油型赛马饲料 15% Hi-Oil Racehorse Cooked Mix	精料补充料 Supplementary Concentrate	马 Horses	爱尔兰康诺利红磨坊动物饲料有限公司 Connolly's Red Mills, Ireland	2021.07—2026.07	新办
（2021）外饲准字 490 号	马用精料补充料 Horse Supplementary Concentrate	14%低淀粉型马饲料 Horse Care 14 Mix	精料补充料 Supplementary Concentrate	马 Horses	爱尔兰康诺利红磨坊动物饲料有限公司 Connolly's Red Mills, Ireland	2021.07—2026.07	新办
（2021）外饲准字 491 号	喷雾干燥牛血球蛋白粉 Spray Dried Bovine Blood Cells	AP301G 喷雾干燥牛血球蛋白（颗粒） AP301G Spray Dried Animal Blood Cells	单一饲料 Single Feed	猪、禽、宠物 Swine, Poultry, Pets	美国 APC Inc. 公司 Dubuque 工厂 APC Inc., Plant Dubuque, USA	2021.07—2026.07	新办
（2021）外饲准字 492 号	喷雾干燥牛血浆蛋白粉 Spray Dried Bovine Plasma Protein Meal	AP920 喷雾干燥牛血浆蛋白粉 AP920 Bovine Animal Plasma	单一饲料 Single Feed	猪、禽、宠物 Swine, Poultry, Pets	美国 APC Inc. 公司 Dubuque 工厂 APC Inc., Plant Dubuque, USA	2021.07—2026.07	新办
（2021）外饲准字 493 号	喷雾干燥牛血球蛋白粉 Spray Dried Bovine Blood Cells	AP301 喷雾干燥牛血球蛋白粉 AP301 Spray Dried Animal Blood Cells	单一饲料 Single Feed	猪、禽、宠物 Swine, Poultry, Pets	美国 APC Inc. 公司 Dubuque 工厂 APC Inc., Plant Dubuque, USA	2021.07—2026.07	新办
（2021）外饲准字 494 号	喷雾干燥牛血球蛋白粉 Spray Dried Bovine Blood Cells	AP301 喷雾干燥牛血球蛋白粉 AP301 Spray Dried Animal Blood Cells	单一饲料 Single Feed	猪、禽、宠物 Swine, Poultry, Pets	美国 APC Inc. 公司 Sublette 工厂 APC Inc., Plant Sublette, USA	2021.07—2026.07	新办
（2021）外饲准字 495 号	喷雾干燥牛血浆蛋白粉 Spray Dried Bovine Plasma Protein Meal	AP920 喷雾干燥牛血浆蛋白粉 AP920 Bovine Animal Plasma	单一饲料 Single Feed	猪、禽、宠物 Swine, Poultry, Pets	美国 APC Inc. 公司 Sublette 工厂 APC Inc., Plant Sublette, USA	2021.07—2026.07	新办

（续）

登记证号	通用名称	商品名称	产品类别	使用范围	生产厂家	有效期限	备注
(2021) 外饲准字 496 号	喷雾干燥猪血浆蛋白粉 Spray Dried Porcine Animal Plasma	AP820 喷雾干燥猪血浆蛋白粉 AP 820 Porcine Animal Plasma	单一饲料 Single Feed	猪、禽、宠物 Swine, Poultry, Pets	美国 APC Inc. 公司 Selma 工厂 APC Inc., Plant Selma, USA	2021.07—2026.07	新办
(2021) 外饲准字 497 号	喷雾干燥猪血浆蛋白粉 Spray Dried Porcine Animal Plasma	AP920 喷雾干燥猪血浆蛋白粉 AP 920 Porcine Animal Plasma	单一饲料 Single Feed	猪、禽、宠物 Swine, Poultry, Pets	美国 APC Inc. 公司 Selma 工厂 APC Inc., Plant Selma, USA	2021.07—2026.07	新办
(2021) 外饲准字 498 号	鱼粉 Fishmeal	红鱼粉（三级） Red Fishmeal (Ⅲ)	单一饲料 Single Feed	畜禽、水产养殖动物（反刍动物除外） Livestock, Poultry, Aquaculture animals (Not including ruminant)	毛里塔尼亚 SICOP INDUSTRIES SA 公司 SICOP INDUSTRIES SA, Mauritania	2021.07—2026.07	新办
(2021) 外饲准字 499 号	鸡肉粉 Chicken By-product Meal	鸡肉粉 Chicken by-product meal	单一饲料 Single Feed	畜禽、水产养殖动物（反刍动物除外） Livestock, Poultry, Aquaculture animals (Not including ruminant)	（美国）Holmes By-Products 公司 Holmes By-Products Co., Inc., USA	2021.07—2026.07	新办
(2021) 外饲准字 500 号	鱼油 Fish Oil	鲶鱼油 Pangasius Fish oil	单一饲料 Single Feed	畜禽、水产养殖动物（反刍动物除外） Livestock, Poultry, Aquaculture animals (Not including ruminant)	越南永环股份公司 Vinh Hoan Corporation, Vietnam	2021.07—2026.07	新办
(2021) 外饲准字 501 号	白鱼粉 White Fishmeal	白鱼粉（三级） White Fishmeal (Ⅲ)	单一饲料 Single Feed	家禽、水产养殖动物 Poultry, Aquaculture animals	俄罗斯 SOFCO 有限公司（工船加工，工船名 F/V "SERGEY BOCHKAREV"，工船号：CH-33S） SOFCO CO., LTD. (Produced on Broad at vessel F/V "SERGEY BOCHKAREV", Official No. CH-33S), Russia	2021.07—2026.07	新办

（续）

登记证号	通用名称	商品名称	产品类别	使用范围	生产厂家	有效期限	备注
(2021) 外饲准字 502 号	酿酒酵母细胞壁 Yeast Cell Wall of *Saccharomyces cerevisiae*	爱力魔斯 Agrimos	单一饲料 Single Feed	养殖动物 All species or categories of animals	丹麦 De Danske Gærfabrikker A/S 公司 De Danske Gærfabrikker A/S, Denmark	2021.07—2026.07	新办
(2021) 外饲准字 503 号	幼虾配合饲料 Compound Feed for Larval Prawn	吉丸 No.0 P. japonicus No.0	配合饲料 Compound Feed	虾 Shrimp	（日本）株式会社东丸鹿儿岛工厂 HIGASHIMARU Co., Ltd. Kagoshima Factory, Japan	2021.07—2026.07	新办
(2021) 外饲准字 504 号	幼虾配合饲料 Compound Feed for Larval Prawn	吉丸 No.1 P. japonicus No.1	配合饲料 Compound Feed	虾 Shrimp	（日本）株式会社东丸鹿儿岛工厂 HIGASHIMARU Co., Ltd. Kagoshima Factory, Japan	2021.07—2026.07	新办
(2021) 外饲准字 505 号	幼虾配合饲料 Compound Feed for Larval Prawn	吉丸 No.2 P. japonicus No.2	配合饲料 Compound Feed	虾 Shrimp	（日本）株式会社东丸鹿儿岛工厂 HIGASHIMARU Co., Ltd. Kagoshima Factory, Japan	2021.07—2026.07	新办
(2021) 外饲准字 506 号	幼虾配合饲料 Compound Feed for Larval Prawn	吉丸 No.3 P. japonicus No.3	配合饲料 Compound Feed	虾 Shrimp	（日本）株式会社东丸鹿儿岛工厂 HIGASHIMARU Co., Ltd. Kagoshima Factory, Japan	2021.07—2026.07	新办
(2021) 外饲准字 507 号	幼鱼配合饲料 Compound Feed for Larval Fish	養玉 S-0 Sango S-0	配合饲料 Compound Feed	鱼 Fish	（日本）株式会社东丸鹿儿岛工厂 HIGASHIMARU Co., Ltd. Kagoshima Factory, Japan	2021.07—2026.07	新办
(2021) 外饲准字 508 号	幼鱼配合饲料 Compound Feed for Larval Fish	養玉 S-1 Sango S-1	配合饲料 Compound Feed	鱼 Fish	（日本）株式会社东丸鹿儿岛工厂 HIGASHIMARU Co., Ltd. Kagoshima Factory, Japan	2021.07—2026.07	新办
(2021) 外饲准字 509 号	幼鱼配合饲料 Compound Feed for Larval Fish	養玉 S-2 Sango S-2	配合饲料 Compound Feed	鱼 Fish	（日本）株式会社东丸鹿儿岛工厂 HIGASHIMARU Co., Ltd. Kagoshima Factory, Japan	2021.07—2026.07	新办

（续）

登记证号	通用名称	商品名称	产品类别	使用范围	生产厂家	有效期限	备注
(2021) 外饲准字 510 号	幼鱼配合饲料 Compound Feed for Larval Fish	養玉 S-3 Sango S-3	配合饲料 Compound Feed	鱼 Fish	（日本）株式会社东丸鹿儿岛工厂 HIGASHIMARU Co.，Ltd. Kagoshima Factory，Japan	2021.07—2026.07	新办
(2021) 外饲准字 511 号	幼鱼配合饲料 Compound Feed for Larval Fish	養玉 Float S-4 Sango Float S-4	配合饲料 Compound Feed	鱼 Fish	（日本）株式会社东丸鹿儿岛工厂 HIGASHIMARU Co.，Ltd. Kagoshima Factory，Japan	2021.07—2026.07	新办
(2021) 外饲准字 512 号	幼鱼配合饲料 Compound Feed for Larval Fish	養玉 Float S-5 Sango Float S-5	配合饲料 Compound Feed	鱼 Fish	（日本）株式会社东丸鹿儿岛工厂 HIGASHIMARU Co.，Ltd. Kagoshima Factory，Japan	2021.07—2026.07	新办
(2021) 外饲准字 513 号	幼鱼配合饲料 Compound Feed for Larval Fish	養玉 Float S-6 Sango Float S-6	配合饲料 Compound Feed	鱼 Fish	（日本）株式会社东丸鹿儿岛工厂 HIGASHIMARU Co.，Ltd. Kagoshima Factory，Japan	2021.07—2026.07	新办
(2021) 外饲准字 514 号	幼鱼配合饲料 Compound Feed for Larval Fish	養玉 Float S-7 Sango Float S-7	配合饲料 Compound Feed	鱼 Fish	（日本）株式会社东丸鹿儿岛工厂 HIGASHIMARU Co.，Ltd. Kagoshima Factory，Japan	2021.07—2026.07	新办
(2021) 外饲准字 515 号	龙猫配合饲料 Compound Feed for Chinchilla	Vitakraft Emotion 龙猫粮 Vitakraft Emotion Chinchilla	配合饲料 Compound Feed	龙猫 Chinchillas	德国 Vitakraft pet care GmbH & Co. KG公司 Vitakraft pet care GmbH & Co. KG，Germany	2021.07—2026.07	新办
(2021) 外饲准字 516 号	仓鼠配合饲料 Compound Feed for Hamster	Vitakraft Menu 仓鼠粮 Vitakraft Menu Hamster	配合饲料 Compound Feed	仓鼠 Hamsters	德国 Vitakraft pet care GmbH & Co. KG公司 Vitakraft pet care GmbH & Co. KG，Germany	2021.07—2026.07	新办
(2021) 外饲准字 517 号	仓鼠配合饲料 Compound Feed for Hamster	Vitakraft Emotion 仓鼠粮 Vitakraft Emotion Hamster	配合饲料 Compound Feed	仓鼠 Hamsters	德国 Vitakraft pet care GmbH & Co. KG公司 Vitakraft pet care GmbH & Co. KG，Germany	2021.07—2026.07	新办

（续）

登记证号	通用名称	商品名称	产品类别	使用范围	生产厂家	有效期限	备注
(2021) 外饲准字 518 号	兔配合饲料 Compound Feed for Rabbit	Vitakraft Emotion 兔粮 Vitakraft Emotion Rabbit	配合饲料 Compound Feed	兔 Rabbits	德国 Vitakraft pet care GmbH & Co. KG 公司 Vitakraft pet care GmbH & Co. KG, Germany	2021. 07—2026. 07	新办
(2021) 外饲准字 519 号	观赏鱼配合饲料 Compound Feed for Ornamental Fish	德彩龙鱼饲料 Tetra Arowana	配合饲料 Compound Feed	观赏鱼 Ornamental Fish	德国德彩股份有限责任公司 Tetra GmbH, Germany	2021. 07—2026. 07	新办
(2021) 外饲准字 520 号	观赏鱼配合饲料 Compound Feed for Ornamental Fish	德彩日本金鱼饲料 Tetra Goldfish Gold Japan	配合饲料 Compound Feed	观赏鱼 Ornamental Fish	德国德彩股份有限责任公司 Tetra GmbH, Germany	2021. 07—2026. 07	新办
(2021) 外饲准字 521 号	全价宠物食品犬粮 Pet Compound Feed for Dog	新萃 羊肉豌豆配方无谷犬粮 NutriSource® Lamb Meal & Peas Recipe Grain Free Dog Food	宠物配合饲料 Pet Compound Feed	犬 Dogs	(美国) 特福宠物食品有限责任公司 Tuffy's Pet Foods, Inc., USA	2021. 07—2026. 07	新办
(2021) 外饲准字 522 号	全价宠物食品犬粮 Pet Compound Feed for Dog	新萃 火鸡肉大麦配方犬粮 NutriSource® Choice Turkey Meal & Barley Recipe Dog Food	宠物配合饲料 Pet Compound Feed	犬 Dogs	(美国) 特福宠物食品有限责任公司 Tuffy's Pet Foods, Inc., USA	2021. 07—2026. 07	新办
(2021) 外饲准字 523 号	全价宠物食品犬粮 Pet Compound Feed for Dog	新萃 海鲜甄选无谷犬粮 NutriSource® Seafood Select Recipe Grain Free Dog Food	宠物配合饲料 Pet Compound Feed	犬 Dogs	(美国) 特福宠物食品有限责任公司 Tuffy's Pet Foods, Inc., USA	2021. 07—2026. 07	新办
(2021) 外饲准字 524 号	全价宠物食品猫粮 Pet Compound Feed for Cat	新萃 海洋甄选无谷猫粮 NutriSource® Ocean Select Recipe Grain Free Cat Food	宠物配合饲料 Pet Compound Feed	猫 Cats	(美国) 特福宠物食品有限责任公司 Tuffy's Pet Foods, Inc., USA	2021. 07—2026. 07	新办

（续）

登记证号	通用名称	商品名称	产品类别	使用范围	生产厂家	有效期限	备注
(2021) 外饲准字 525 号	全价宠物食品犬粮 Pet Compound Feed for Dog	新萃 三文鱼豌豆配方无谷犬粮 NutriSource® PureVita™ Salmon & Peas Entrée Grain Free Dog Food	宠物配合饲料 Pet Compound Feed	犬 Dogs	(美国) 特福宠物食品有限责任公司 Tuffy's Pet Foods, Inc., USA	2021.07—2026.07	新办
(2021) 外饲准字 526 号	全价宠物食品犬粮 Pet Compound Feed for Dog	新萃 火鸡肉红薯配方无谷犬粮 NutriSource® PureVita™ Turkey & Sweet Potato Entrée Grain Free Dog Food	宠物配合饲料 Pet Compound Feed	犬 Dogs	(美国) 特福宠物食品有限责任公司 Tuffy's Pet Foods, Inc., USA	2021.07—2026.07	新办
(2021) 外饲准字 527 号	全价宠物食品犬粮 Pet Compound Feed for Dog	新萃 鸡肉豌豆配方无谷犬粮 NutriSource® Chicken & Pea Recipe Grain Free Dog Food	宠物配合饲料 Pet Compound Feed	犬 Dogs	(美国) 特福宠物食品有限责任公司 Tuffy's Pet Foods, Inc., USA	2021.07—2026.07	新办
(2021) 外饲准字 528 号	全价宠物食品猫粮 Pet Compound Feed for Cat	新萃 田园甄选无谷猫粮 NutriSource® Country Select Recipe Grain Free Cat Food	宠物配合饲料 Pet Compound Feed	猫 Cats	(美国) 特福宠物食品有限责任公司 Tuffy's Pet Foods, Inc., USA	2021.07—2026.07	新办
(2021) 外饲准字 529 号	全价宠物食品成年期猫粮 Pet Compound Feed for Adult Cat	Omega Plus 新西兰帝王鲑鸭肉配方猫罐头 Omega Plus New Zealand King Salmon with Duck Wet Cat Food	宠物配合饲料 Pet Compound Feed	猫 Cats	新西兰 PetfoodNZ 国际有限公司 PetfoodNZ International Limited, New Zealand	2021.07—2026.07	新办

（续）

登记证号	通用名称	商品名称	产品类别	使用范围	生产厂家	有效期限	备注
（2021）外饲准字 530 号	全价宠物食品成年期猫粮 Pet Compound Feed for Adult Cat	Omega Plus 新西兰帝王鲑牛肉配方猫罐头 Omega Plus New Zealand King Salmon with Beef Wet Cat Food	宠物配合饲料 Pet Compound Feed	猫 Cats	新西兰 PetfoodNZ 国际有限公司 PetfoodNZ International Limited，New Zealand	2021.07—2026.07	新办
（2021）外饲准字 531 号	宠物配合饲料成年期猫粮 Pet Compound Feed for Adult Cat	猫谱含火鸡肉罐头 Cat Menue with Turkey	宠物配合饲料 Pet Compound Feed	猫 Cats	奥地利宠物食品有限公司 Austria Pet Food GmbH，Austria	2021.07—2026.07	新办
（2021）外饲准字 532 号	宠物配合饲料成年期猫粮 Pet Compound Feed for Adult Cat	猫谱含鸡肉罐头 Cat Menue with Chicken	宠物配合饲料 Pet Compound Feed	猫 Cats	奥地利宠物食品有限公司 Austria Pet Food GmbH，Austria	2021.07—2026.07	新办
（2021）外饲准字 533 号	宠物配合饲料成年期猫粮 Pet Compound Feed for Adult Cat	猫谱含鱼肉罐头 Cat Menue with Fish	宠物配合饲料 Pet Compound Feed	猫 Cats	奥地利宠物食品有限公司 Austria Pet Food GmbH，Austria	2021.07—2026.07	新办
（2021）外饲准字 534 号	宠物配合饲料成年期犬粮 Pet Compound Feed for Adult Dog	狗谱含火鸡肉罐头 Dog Menue with Turkey	宠物配合饲料 Pet Compound Feed	犬 Dogs	奥地利宠物食品有限公司 Austria Pet Food GmbH，Austria	2021.07—2026.07	新办
（2021）外饲准字 535 号	宠物配合饲料成年期犬粮 Pet Compound Feed for Adult Dog	狗谱含鸡肉罐头 Dog Menue with Chicken	宠物配合饲料 Pet Compound Feed	犬 Dogs	奥地利宠物食品有限公司 Austria Pet Food GmbH，Austria	2021.07—2026.07	新办
（2021）外饲准字 536 号	全价小型犬犬粮 Complete Feed for Small Dog	欧帝亿鱼肉配方小型犬犬粮 IMPERIAL PAW FISH RANGE SMALL DOG ALL LIFE STAGES	宠物配合饲料 Pet Compound Feed	犬 Dogs	比利时联合宠物食品公司 United Petfood Producers NV，Belgium	2021.07—2026.07	新办
（2021）外饲准字 537 号	全价中大型犬犬粮 Complete Feed for Medium & Large Dog	欧帝亿鱼肉配方中大型犬犬粮 IMPERIAL PAW FISH RANGE MEDIUM & LARGE DOG ALL LIFE STAGES	宠物配合饲料 Pet Compound Feed	犬 Dogs	比利时联合宠物食品公司 United Petfood Producers NV，Belgium	2021.07—2026.07	新办

（续）

登记证号	通用名称	商品名称	产品类别	使用范围	生产厂家	有效期限	备注
(2021) 外饲准字 538 号	全价老年期犬粮 Complete Feed for Senior Dog	欧帝亿鱼肉配方老年犬犬粮 IMPERIAL PAW FISH RANGE SENIOR DOG ALL BREEDING	宠物配合饲料 Pet Compound Feed	犬 Dogs	比利时联合宠物食品公司 United Petfood Producers NV, Belgium	2021.07—2026.07	新办
(2021) 外饲准字 539 号	全价母猫怀孕期哺乳期和幼年期猫粮 Complete Feed for Pregnancy Lactating Cat and Kitten	欧帝亿鱼肉配方猫奶糕 IMPERIAL PAW FISH RANGE MUM & KITTEN	宠物配合饲料 Pet Compound Feed	猫 Cats	比利时联合宠物食品公司 United Petfood Producers NV, Belgium	2021.07—2026.07	新办
(2021) 外饲准字 540 号	全价猫粮 Complete Feed for Cat	欧帝亿鱼肉配方绝育猫猫粮 IMPERIAL PAW FISH RANGE NEUTERED CAT	宠物配合饲料 Pet Compound Feed	猫 Cats	比利时联合宠物食品公司 United Petfood Producers NV, Belgium	2021.07—2026.07	新办
(2021) 外饲准字 541 号	全价成年期猫粮 Complete Feed for Adult Cat	欧帝亿鱼肉配方成猫猫粮 IMPERIAL PAW FISH RANGE ADULT CAT	宠物配合饲料 Pet Compound Feed	猫 Cats	比利时联合宠物食品公司 United Petfood Producers NV, Belgium	2021.07—2026.07	新办
(2021) 外饲准字 542 号	全价成年期猫粮 Complete Feed for Adult Cat	欧帝亿鱼肉配方种公猫猫粮 IMPERIAL PAW FISH RANGE BREEDING MALE CAT	宠物配合饲料 Pet Compound Feed	猫 Cats	比利时联合宠物食品公司 United Petfood Producers NV, Belgium	2021.07—2026.07	新办
(2021) 外饲准字 543 号	全价老年期猫粮 Complete Feed for Senior Cat	欧帝亿鱼肉配方老年猫猫粮 IMPERIAL PAW FISH RANGE SENIOR CAT	宠物配合饲料 Pet Compound Feed	猫 Cats	比利时联合宠物食品公司 United Petfood Producers NV, Belgium	2021.07—2026.07	新办

（续）

登记证号	通用名称	商品名称	产品类别	使用范围	生产厂家	有效期限	备注
(2021) 外饲准字 544 号	全价成年期猫粮 Complete Feed for Adult Cat	欧帝亿鱼肉配方去毛球挑嘴猫猫粮 IMPERIAL PAW FISH RANGE HAIRBALL AND FUSSY CAT	宠物配合饲料 Pet Compound Feed	猫 Cats	比利时联合宠物食品公司 United Petfood Producers NV, Belgium	2021.07—2026.07	新办
(2021) 外饲准字 545 号	全价宠物食品犬粮 Pet Compound Feed for Dog	Health Extension 鸡肉火鸡肉全龄犬粮 Health Extension Chicken & Turkey Recipe for all life stage dogs	宠物配合饲料 Pet Compound Feed	犬 Dogs	(美国) 飒天宠物营养有限责任公司 Southern Tier Pet Nutrition LLC., USA	2021.07—2026.07	新办
(2021) 外饲准字 546 号	全价宠物食品犬粮 Pet Compound Feed for Dog	Health Extension 鸡肉糙米配方全龄犬粮 Health Extension Original Chicken & Brown Rice Recipe for all life stage dogs	宠物配合饲料 Pet Compound Feed	犬 Dogs	(美国) 飒天宠物营养有限责任公司 Southern Tier Pet Nutrition LLC., USA	2021.07—2026.07	新办
(2021) 外饲准字 547 号	全价宠物食品犬粮 Pet Compound Feed for Dog	Health Extension 含三文鱼配方全龄犬粮 Health Extension Salmon Recipe for all life stage dogs	宠物配合饲料 Pet Compound Feed	犬 Dogs	(美国) 飒天宠物营养有限责任公司 Southern Tier Pet Nutrition LLC., USA	2021.07—2026.07	新办
(2021) 外饲准字 548 号	全价宠物食品小型犬犬粮 Pet Compound Feed for Small Breed Dogs	Health Extension 鸡肉糙米配方茶杯犬/玩赏犬/迷你犬犬粮 Health Extension Chicken & Brown Rice Recipe for teacup, toy and mini dogs	宠物配合饲料 Pet Compound Feed	犬 Dogs	(美国) 飒天宠物营养有限责任公司 Southern Tier Pet Nutrition LLC., USA	2021.07—2026.07	新办

（续）

登记证号	通用名称	商品名称	产品类别	使用范围	生产厂家	有效期限	备注
(2021) 外饲准字 549 号	全价宠物食品成年期犬粮 Complete Food for Adult Dog	田园鸡肉配方风干成犬粮添加杏 Country Chicken and Apricot Dinner Air Dried Adult Dog Food	宠物配合饲料 Pet Compound Feed	犬 Dogs	（新西兰）爱德胜宠物产品有限公司 Addiction Foods NZ Ltd.，New Zealand	2021.07—2026.07	新办
(2021) 外饲准字 550 号	全价宠物食品猫粮 Pet Compound Feed for Cat	亿沃无谷含去骨鸡肉鹰嘴豆配方猫粮 Evolve® Grain Free Deboned Chicken & Chickpea Recipe Food For Cats	宠物配合饲料 Pet Compound Feed	猫 Cats	美国阳光磨坊公司 Sunshine Mills Inc.，USA	2021.07—2026.07	新办
(2021) 外饲准字 551 号	全价宠物食品猫粮 Pet Compound Feed for Cat	亿沃经典含去骨鸡肉糙米猫粮 Evolve® Classic Deboned Chicken & Brown Rice Recipe Food For Cats	宠物配合饲料 Pet Compound Feed	猫 Cats	美国阳光磨坊公司 Sunshine Mills Inc.，USA	2021.07—2026.07	新办
(2021) 外饲准字 552 号	全价宠物食品猫粮 Pet Compound Feed for Cat	亿沃经典含去骨三文鱼大米甘薯配方猫粮 Evolve® Classic Deboned Salmon，Rice，& Sweet Potato Recipe Food For Cats	宠物配合饲料 Pet Compound Feed	猫 Cats	美国阳光磨坊公司 Sunshine Mills Inc.，USA	2021.07—2026.07	新办
(2021) 外饲准字 553 号	全价宠物食品幼年期/妊娠期/哺乳期猫粮 Pet Compound Feed for Kitten/Gestation/ Lactation Cat	亿沃无谷含去骨鸡肉豌豆配方幼猫粮添加甘薯 Evolve® Grain Free Deboned Chicken，Pea，& Sweet Potato Kitten Recipe Food For Cats	宠物配合饲料 Pet Compound Feed	猫 Cats	美国阳光磨坊公司 Sunshine Mills Inc.，USA	2021.07—2026.07	新办

（续）

登记证号	通用名称	商品名称	产品类别	使用范围	生产厂家	有效期限	备注
(2021) 外饲准字 554 号	全价宠物食品犬粮 Pet Compound Feed for Dog	亿沃经典含去骨鸡肉糙米犬粮 Evolve® Classic Deboned Chicken & Brown Rice Recipe Food For Dogs	宠物配合饲料 Pet Compound Feed	犬 Dogs	美国阳光磨坊公司 Sunshine Mills Inc., USA	2021.07—2026.07	新办
(2021) 外饲准字 555 号	全价宠物食品幼年期/妊娠期/哺乳期犬粮 Pet Compound Feed for Puppy/Gestation/ Lactation Dog	亿沃无谷含去骨鸡肉甘薯配方幼犬粮 Evolve® Grain Free Deboned Chicken, Sweet Potato & Berry Puppy Recipe Food For Puppies	宠物配合饲料 Pet Compound Feed	犬 Dogs	美国阳光磨坊公司 Sunshine Mills Inc., USA	2021.07—2026.07	新办
(2021) 外饲准字 556 号	全价宠物食品老年期犬粮 Pet Compound Feed for Senior Dog	亿沃无谷含去骨鸡肉甘薯配方老龄犬粮 Evolve® Grain Free Deboned Chicken, Sweet Potato, & Berry Senior Recipe Food For Dogs	宠物配合饲料 Pet Compound Feed	犬 Dogs	美国阳光磨坊公司 Sunshine Mills Inc., USA	2021.07—2026.07	新办
(2021) 外饲准字 557 号	全价宠物食品犬粮 Pet Compound Feed for Dog	亿沃无谷含去骨火鸡肉甘薯犬粮 Evolve® Grain Free Deboned Turkey & Sweet Potato Recipe Food For Dogs	宠物配合饲料 Pet Compound Feed	犬 Dogs	美国阳光磨坊公司 Sunshine Mills Inc., USA	2021.07—2026.07	新办
(2021) 外饲准字 558 号	全价宠物食品猫粮 Pet Complete Food for Cat	CANIDAE® PURE 无谷含鳟鱼配方猫粮 CANIDAE® Grain Free PURE Cat Real Trout Dry Formula	宠物配合饲料 Pet Compound Feed	猫 Cats	美国 C. J. 食品股份有限公司（Bern 工厂） C. J. Foods, Inc., USA	2021.07—2026.07	新办

（续）

登记证号	通用名称	商品名称	产品类别	使用范围	生产厂家	有效期限	备注
（2021）外饲准字 559 号	全价宠物食品猫粮 Pet Complete Food for Cat	CANIDAE® PURE 无谷三文鱼配方猫粮 CANIDAE® Grain Free PURE Cat Real Salmon Dry Formula	宠物配合饲料 Pet Compound Feed	猫 Cats	美国 C. J. 食品股份有限公司（Bern 工厂） C. J. Foods, Inc., USA	2021.07—2026.07	新办
（2021）外饲准字 560 号	全价宠物食品猫粮 Pet Complete Food for Cat	CANIDAE® PURE 无谷含鸡肉猫粮 CANIDAE® Grain Free PURE Cat Real Chicken Dry Formula	宠物配合饲料 Pet Compound Feed	猫 Cats	美国 C. J. 食品股份有限公司（Bern 工厂） C. J. Foods, Inc., USA	2021.07—2026.07	新办
（2021）外饲准字 561 号	全价宠物食品成年期犬粮 Pet Complete Food for Adult Dog	CANIDAE® PURE 三文鱼甘薯配方成犬粮 CANIDAE® PURE Real Salmon & Sweet Potato Recipe for Adult Dogs	宠物配合饲料 Pet Compound Feed	犬 Dogs	美国 C. J. 食品股份有限公司（Bern 工厂） C. J. Foods, Inc., USA	2021.07—2026.07	新办
（2021）外饲准字 562 号	全价宠物食品幼年期/妊娠期/哺乳期犬粮 Pet Complete Food for Puppy/Gestation/ Lactation Dog	CANIDAE® PURE 鸡肉鸡蛋小扁豆配方幼犬粮 CANIDAE® PURE Real Chicken, Lentil & Whole Egg Recipe for Puppy	宠物配合饲料 Pet Compound Feed	犬 Dogs	美国 C. J. 食品股份有限公司（Bern 工厂） C. J. Foods, Inc., USA	2021.07—2026.07	新办
（2021）外饲准字 563 号	全价宠物食品犬粮 Pet Complete Food for Dog	CANIDAE® 多种蛋白全龄犬粮 CANIDAE® All Life Stages Multi-Protein Formula Dog Dry	宠物配合饲料 Pet Compound Feed	犬 Dogs	美国 C. J. 食品股份有限公司（Bern 工厂） C. J. Foods, Inc., USA	2021.07—2026.07	新办

（续）

登记证号	通用名称	商品名称	产品类别	使用范围	生产厂家	有效期限	备注
(2021）外饲准字 564 号	全价宠物食品成年期犬粮 Pet Complete Food for Adult Dog	沃夫可全价成犬无谷罐头三文鱼配方 Wafcol Grain Free Dog Canned Food Salmon Recipe	宠物配合饲料 Pet Compound Feed	犬 Dogs	新西兰 PetfoodNZ 国际有限公司 PetfoodNZ International Limited，New Zealand	2021.07—2026.07	新办
(2021）外饲准字 565 号	全价宠物食品成年期猫粮 Pet Complete Food for Adult Cats	沃夫可全价成猫无谷罐头鳕鱼配方 Wafcol Grain Free Cat Canned Food Hoki Recipe	宠物配合饲料 Pet Compound Feed	猫 Cats	新西兰 PetfoodNZ 国际有限公司 PetfoodNZ International Limited，New Zealand	2021.07—2026.07	新办
(2021）外饲准字 566 号	全价宠物食品成年期猫粮 Pet Complete Food for Adult Cats	沃夫可全价成猫无谷罐头牛肉配方 Wafcol Grain Free Cat Canned Food Beef Recipe	宠物配合饲料 Pet Compound Feed	猫 Cats	新西兰 PetfoodNZ 国际有限公司 PetfoodNZ International Limited，New Zealand	2021.07—2026.07	新办
(2021）外饲准字 567 号	全价宠物食品幼年期猫粮 Pet Complete Food for Kitten	沃夫可全价幼猫无谷罐头鸡肉配方 Wafcol Grain Free Kitten Canned Food Chicken Recipe	宠物配合饲料 Pet Compound Feed	猫 Cats	新西兰 PetfoodNZ 国际有限公司 PetfoodNZ International Limited，New Zealand	2021.07—2026.07	新办
(2021）外饲准字 568 号	全价宠物食品成年期犬粮 Pet Complete Food for Adult Dog	沃夫可全价成犬无谷罐头牛肉配方 Wafcol Grain Free Dog Canned Food Beef Recipe	宠物配合饲料 Pet Compound Feed	犬 Dogs	新西兰 PetfoodNZ 国际有限公司 PetfoodNZ International Limited，New Zealand	2021.07—2026.07	新办
(2021）外饲准字 569 号	全价宠物食品成年期猫粮 Pet Complete Food for Adult Cats	沃夫可全价成猫无谷罐头鸡肉配方 Wafcol Grain Free Cat Canned Food Chicken Recipe	宠物配合饲料 Pet Compound Feed	猫 Cats	新西兰 PetfoodNZ 国际有限公司 PetfoodNZ International Limited，New Zealand	2021.07—2026.07	新办

（续）

登记证号	通用名称	商品名称	产品类别	使用范围	生产厂家	有效期限	备注
(2021) 外饲准字 570 号	酿酒酵母培养物 *Saccharomyces cerevisiae* Culture	万饲特活性酵母培养物 Western Yeast Culture 2X-2-2-5 Plus	单一饲料 Single Feed	养殖动物 All species or categories of animals	美国王子农产品公司 Prince Agri Products Inc.，USA	2021.07—2026.07	续展
(2021) 外饲准字 571 号	鸡肉粉 Poultry Meal	鸡肉粉 Poultry Meal	单一饲料 Single Feed	家禽、水产养殖动物、宠物 Poultry，Aquaculture animals，Pets	美国费戴尔农业公司 Fieldale Farms Corporation，USA	2021.07—2026.07	续展
(2021) 外饲准字 572 号	白鱼粉 White Fishmeal	海之骄子牌美国白鱼粉（一级） Pride of the Sea Brand American White Fishmeal (I)	单一饲料 Single Feed	畜禽、水产养殖动物（反刍动物除外） Livestock，Poultry，Aquaculture animals（Not including ruminant）	美国海鲜公司（工船加工，工船名 American Dynasty，工船号 951307） American Seafoods Company (Produced on Board at Vessel "American Dynasty"，Official No. 951307)，USA	2021.07—2026.07	续展
(2021) 外饲准字 573 号	白鱼粉 White Fishmeal	海之骄子牌美国白鱼粉（一级） Pride of the Sea Brand American White Fishmeal (I)	单一饲料 Single Feed	畜禽、水产养殖动物（反刍动物除外） Livestock，Poultry，Aquaculture animals（Not including ruminant）	美国海鲜公司（工船加工，工船名 Amercian Triumph，工船号 646737） American Seafoods Company (Produced on Board at Vessel "American Triumph"，Official No. 646737)，USA	2021.07—2026.07	续展
(2021) 外饲准字 574 号	白鱼粉 White Fishmeal	海之骄子牌美国白鱼粉（一级） Pride of the Sea Brand American White Fishmeal (I)	单一饲料 Single Feed	畜禽、水产养殖动物（反刍动物除外） Livestock，Poultry，Aquaculture animals（Not including ruminant）	美国海鲜公司（工船加工，工船名 Northern Eagle，工船号 506694） American Seafoods Company (Produced on Board at Vessel "Northern Eagle"，Official No. 506694)，USA	2021.07—2026.07	续展
(2021) 外饲准字 575 号	白鱼粉 White Fishmeal	海之骄子牌美国白鱼粉（一级） Pride of the Sea Brand American White Fishmeal (I)	单一饲料 Single Feed	畜禽、水产养殖动物（反刍动物除外） Livestock，Poultry，Aquaculture animals（Not including ruminant）	美国海鲜公司（工船加工，工船名 Ocean Rover，工船号 552100） American Seafoods Company (Produced on Board at Vessel "Ocean Rover"，Official No. 552100)，USA	2021.07—2026.07	续展

（续）

登记证号	通用名称	商品名称	产品类别	使用范围	生产厂家	有效期限	备注
（2021）外饲准字 576 号	白鱼粉 White Fishmeal	海之骄子牌美国白鱼粉（一级） Pride of the Sea Brand American White Fishmeal (I)	单一饲料 Single Feed	畜禽、水产养殖动物（反刍动物除外） Livestock，Poultry，Aquaculture animals （Not including ruminant）	美国海鲜公司（工船加工，工船名 Northern Jaeger，工船号 521069） American Seafoods Company（Produced on Board at Vessel “Northern Jaeger”，Official No. 521069），USA	2021.07—2026.07	续展
（2021）外饲准字 577 号	鱼粉 Fishmeal	秘鲁蒸汽干燥鱼粉（三级至一级） PERUVIAN STEAM DRIED FISHMEAL（Ⅲ to Ⅰ）	单一饲料 Single Feed	畜禽、水产养殖动物（反刍动物除外） Livestock，Poultry，Aquaculture animals （Not including ruminant）	秘鲁 CFG Investment S. A. C. 公司 Tambo de Mora 工厂 CFG Investment S. A. C.，Plant Tambo de Mora，Peru	2021.07—2026.07	续展
（2021）外饲准字 578 号	鱼粉 Fishmeal	秘鲁蒸汽干燥鱼粉（三级至一级） PERUVIAN STEAM DRIED FISHMEAL（Ⅲ to Ⅰ）	单一饲料 Single Feed	畜禽、水产养殖动物（反刍动物除外） Livestock，Poultry，Aquaculture animals （Not including ruminant）	秘鲁 Pesquera Exalmar S. A. A. 公司 Razuri 工厂 Pesquera Exalmar S. A. A.， Razuri Plant，Peru	2021.07—2026.07	续展
（2021）外饲准字 579 号	鱼粉 Fishmeal	秘鲁蒸汽干燥鱼粉（三级至一级） PERUVIAN STEAM DRIED FISHMEAL（Ⅲ to Ⅰ）	单一饲料 Single Feed	畜禽、水产养殖动物（反刍动物除外） Livestock，Poultry，Aquaculture animals （Not including ruminant）	秘鲁 Pesquera Exalmar S. A. A. 公司 Carquin 工厂 Pesquera Exalmar S. A. A.， Carquin Plant，Peru	2021.07—2026.07	续展
（2021）外饲准字 580 号	鱼粉 Fishmeal	红鱼粉（三级） Red Fishmeal（Ⅲ）	单一饲料 Single Feed	畜禽、水产养殖动物（反刍动物除外） Livestock，Poultry，Aquaculture animals （Not including ruminant）	厄瓜多尔 PESQUERA HERCO S. A. 公司 PESQUERA HERCO S. A.，Ecuador	2021.07—2026.07	续展

（续）

登记证号	通用名称	商品名称	产品类别	使用范围	生产厂家	有效期限	备注
(2021) 外饲准字 581 号	鸡肉粉 Poultry By-product Meal	宠物级鸡肉粉 Pet Food Grade Poultry By-product Meal	单一饲料 Single Feed	猪、家禽、水产养殖动物、宠物 Swine, Poultry, Aquaculture animals, Pets	美国卡罗莱纳副产品公司 Fayetteville 工厂 Carolina By-Products, Inc., Plant Fayetteville, USA	2021.07—2026.07	续展
(2021) 外饲准字 582 号	混合型饲料添加剂 氯化胆碱 Feed Additives Mixture Choline Chloride	斯多利 STA-CHOL	混合型饲料添加剂 Feed Additives Mixture	奶牛 Cows	百尔康（意大利）大药厂 Balchem Italia S. r. l., Italy	2021.07—2026.07	续展
(2021) 外饲准字 583 号	混合型饲料添加剂 dl-α-生育酚乙酸酯 Feed Additives Mixture dl-alpha-Tocopherol Acetate	露他维® E50S Lutavit® E 50S	混合型饲料添加剂 Feed Additives Mixture	养殖动物 All species or categories of animals	（德国）巴斯夫欧洲公司 BASF SE, Germany	2021.07—2026.07	续展
(2021) 外饲准字 584 号	混合型饲料添加剂 维生素 A 乙酸酯 Feed Additives Mixture Vitamin A Acetate	露他维® A500 S NXT Lutavit ® A 500 S NXT	混合型饲料添加剂 Feed Additives Mixture	养殖动物 All species or categories of animals	（德国）巴斯夫欧洲公司 BASF SE, Germany	2021.07—2026.07	续展
(2021) 外饲准字 585 号	混合型饲料添加剂 dl-α-生育酚乙酸酯 Feed Additives Mixture dl-alpha-Tocopherol Acetate	罗维素® E 50 SD ROVIMIX® E 50 SD	混合型饲料添加剂 Feed Additives Mixture	养殖动物 All species or categories of animals	DSM 营养产品美国有限公司 DSM Nutritional Products, USA	2021.07—2026.07	续展
(2021) 外饲准字 586 号	猪、家禽复合预混合饲料 Premix for Swine and Poultry	应吉灵 Zero Stress	添加剂预混合饲料 Feed Additive Premix	猪、家禽 Swine, Poultry	新加坡威发药业有限公司 Vetpharm Laboratories (S) Pte. Ltd., Singapore	2021.07—2026.07	续展
(2021) 外饲准字 587 号	混合型饲料添加剂 角蛋白酶（产自地衣芽胞杆菌） Feed Additives Mixture Keratinase (Source: *Bacillus licheniformis*)	乐多仙® PE（包被颗粒） RONOZYME® PE (CT)	混合型饲料添加剂 Feed Additives Mixture	猪、家禽 Swine, Poultry	诺维信北美有限公司 Novozymes North America, Inc., USA	2021.07—2026.07	续展

（续）

登记证号	通用名称	商品名称	产品类别	使用范围	生产厂家	有效期限	备注
（2021）外饲准字 588 号	混合型饲料添加剂 枯草芽孢杆菌 Feed Additives Mixture *Bacillus Subtilis*	优福康 e ECOPLUS	混合型饲料添加剂 Feed Additives Mixture	养殖动物 All species or categories of animals	韩国韩动株式会社 Handong CO.，LTD.，Korea	2021.07—2026.07	续展
（2021）外饲准字 589 号	混合型饲料添加剂 蛋白酶（产自枯草芽孢杆菌） Feed Additives Mixture Protease (Source：*Bacillus subtilis*)	劲韩 Jinhan	混合型饲料添加剂 Feed Additives Mixture	家禽、猪、反刍动物、水产养殖动物 Poultry，Swine，Ruminant，Aquaculture animals	韩国英赛得科技有限公司 Insect Biotech Co.，Ltd，Korea	2021.07—2026.07	续展
（2021）外饲准字 590 号	畜禽复合预混合饲料 Premix for Livestock and Poultry	益适宝 SUPER ESP 8	添加剂预混合饲料 Feed Additive Premix	畜禽 Livestock，Poultry	新加坡大祥资源有限公司 Diasham Resources Pte. Ltd.，Singapore	2021.07—2026.07	续展
（2021）外饲准字 591 号	酿酒酵母培养物 *Saccharomyces cerevisiae* Culture	赛克灵 100 Saccharo Culture 100	单一饲料 Single Feed	养殖动物 All species or categories of animals。	韩国第一化学株式会社 Cheil Bio Co.，Ltd.，Korea	2021.07—2026.07	续展
（2021）外饲准字 592 号	鱼粉 Fishmeal	秘鲁蒸汽干燥鱼粉（三级至一级） PERUVIAN STEAM DRIED FISHMEAL（Ⅲ to Ⅰ）	单一饲料 Single Feed	畜禽、水产养殖动物（反刍动物除外） Livestock，Poultry，Aquaculture animals（Not including ruminant）	秘鲁 Pesquera Exalmar S. A. A. 公司 Callao 工厂 Pesquera Exalmar S. A. A.，Callao Plant，Peru	2021.07—2026.07	续展

中华人民共和国农业农村部公告

第 466 号

根据《进口饲料和饲料添加剂登记管理办法》有关规定，批准印度尼西亚 PT. Jati Perkasa Nusantara 公司等 74 家公司生产的 123 种饲料和饲料添加剂产品在我国登记或续展登记，并颁发进口登记证（附件 1）。批准日本住友化学株式会社爱媛工厂生产的“速牧美®-L”产品适用范围和质量标准改变、（台湾）丰展生物科技股份有限公司二厂生产的“丰长肽®”产品适用范围改变、德国 Biochem 添加剂贸易和生产有限公司生产的“肽益饲”产品适用范围改变，重新颁发进口登记证，（2019）外饲准字 486 号、（2020）外饲准字 396 号、（2020）外饲准字 547 号登记证同时作废。批准禽特能（REIDRO-METH）等 3 个产品中文商品名称变更，枫趣莱芙/全年龄阶段/本能高动物蛋白猫粮（PRONATURE LIFE / CAT FOOD / ALL LIFE STAGES / INSTINCT FORMULA with high animal protein content）中外文商品名称变更（附件 2）。所登记产品的监督检验，按中华人民共和国国家标准和我部发布的质量标准执行。

特此公告。

附件：1. 进口饲料和饲料添加剂产品登记证目录（2021－06）

2. 换发进口饲料和饲料添加剂产品登记证目录（2021－05）

农业农村部

2021 年 8 月 27 日

附件 1

进口饲料和饲料添加剂产品登记证目录（2021－06）

登记证号	通用名称	商品名称	产品类别	使用范围	生产厂家	有效期限	备注
（2021）外饲准字 593 号	可食脂肪酸钙盐 Calcium Salt cf Edible Fatty Acid	乳敏乐 Ruminer	饲料添加剂 Feed Additive	反刍动物 Ruminant	印度尼西亚 PT. Jati Perkasa Nusantara 公司 PT. Jati Perkasa Nusantara，Indonesia	2021.08—2026.08	新办
（2021）外饲准字 594 号	可食脂肪酸钙盐 Calcium Salt of Edible Fatty Acid	营大哥 RN NUTRACOR REPRO-GAIN	饲料添加剂 Feed Additive	奶牛 Cows	马来西亚万山宝有限公司 Wawasan Agrolipids Sdn. Bhd.，Malaysia	2021.08—2026.08	新办
（2021）外饲准字 595 号	蛋氨酸羟基类似物 Methionine Hydroxy Analogue	速牧美®-L Sumimet®-L	饲料添加剂 Feed Additive	猪、鸡、牛、水产养殖动物、犬、猫、鸭 Swine，Chicken，Cattle or Aquaculture animals，Dogs，Cats，Ducks	日本住友化学株式会社爱媛工厂 Sumitomo Chemical Co.，Ltd. Ehime Works，Japan	2021.08—2026.08	新办
（2021）外饲准字 596 号	甘氨酸铜螯合物 Copper Glycine Chelate	晶标铜，代码 M60-5010 B-TRAXIM 2C Cu-240，code M60-5010	饲料添加剂 Feed Additive	养殖动物 All species or categories of animals	瑞士 ADM International Sàrl 公司 ADM International Sàrl，Switzerland	2021.08—2026.08	新办
（2021）外饲准字 597 号	甘氨酸铁螯合物 Ferrous Glycine Chelate	晶标铁，代码 M60-5000 B-TRAXIM 2C Fe-220，code M60-5000	饲料添加剂 Feed Additive	养殖动物 All species or categories of animals	瑞士 ADM International Sàrl 公司 ADM International Sàrl，Switzerland	2021.08—2026.08	新办
（2021）外饲准字 598 号	混合型饲料添加剂 美国栗树叶提取物 Feed Additives Mixture Chestnut Leaves Extract	福美酚 TO 50 Farmatan TO 50	混合型饲料添加剂 Feed Additives Mixture	家禽 Poultry	斯洛文尼亚天宁有限公司 Tanin Sevnica d. d.，Slovenia	2021.08—2026.08	新办

（续）

登记证号	通用名称	商品名称	产品类别	使用范围	生产厂家	有效期限	备注
（2021）外饲准字 599 号	混合型饲料添加剂 美国栗树叶提取物 乳酸 Feed Additives Mixture Chestnut Leaves Extract Lactic Acid	福美酚 ACO 35 Farmatan ACO 35	混合型饲料添加剂 Feed Additives Mixture	猪 Swine	斯洛文尼亚天宁有限公司 Tanin Sevnica d. d. , Slovenia	2021.08—2026.08	新办
（2021）外饲准字 600 号	混合型饲料添加剂 美国栗树叶提取物 Feed Additives Mixture Chestnut Leaves Extract	福美酚 D Farmatan D	混合型饲料添加剂 Feed Additives Mixture	牛、羊 Cattle，Sheep	斯洛文尼亚天宁有限公司 Tanin Sevnica d. d. , Slovenia	2021.08—2026.08	新办
（2021）外饲准字 601 号	混合型饲料添加剂 酶制剂 Feed Additives Mixture Enzymes	钻石强力酶 XB Plus Nopcozyme XB Plus	混合型饲料添加剂 Feed Additives Mixture	养殖动物 All species or categories of animals	新加坡大祥资源有限公司 Diasham Resources Pte. Ltd. , Singapore	2021.08—2026.08	新办
（2021）外饲准字 602 号	混合型饲料添加剂 葡萄籽提取物 Feed Additives Mixture Grape Seed Extract	钻石强力素 GSE Nopco GSE	混合型饲料添加剂 Feed Additives Mixture	养殖动物（犬除外） All species or categories of animals（Not including Dogs）	新加坡大祥资源有限公司 Diasham Resources Pte. Ltd. , Singapore	2021.08—2026.08	新办
（2021）外饲准字 603 号	混合型饲料添加剂 微生物 Feed Additives Mixture Live Microorganisms	先锋先牧® 11C88 青贮接种剂 Pioneer® 11C88 Silage Inoculant	混合型饲料添加剂 Feed Additives Mixture	青贮饲料 Silage	美国先锋国际有限公司 Pioneer Hi-Bred International Inc. , USA	2021.08—2026.08	新办
（2021）外饲准字 604 号	混合型饲料添加剂 微生物 Feed Additives Mixture Live Microorganisms	先锋先牧® 11A77 青贮接种剂 Pioneer® 11A77 Silage Inoculant	混合型饲料添加剂 Feed Additives Mixture	青贮饲料 Silage	美国先锋国际有限公司 Pioneer Hi-Bred International Inc. , USA	2021.08—2026.08	新办
（2021）外饲准字 605 号	混合型饲料添加剂 微生物 Feed Additives Mixture Live Microorganisms	先锋先牧® 11A55 青贮接种剂 Pioneer® 11A55 Silage Inoculant	混合型饲料添加剂 Feed Additives Mixture	青贮饲料 Silage	美国先锋国际有限公司 Pioneer Hi-Bred International Inc. , USA	2021.08—2026.08	新办

（续）

登记证号	通用名称	商品名称	产品类别	使用范围	生产厂家	有效期限	备注
(2021) 外饲准字 606 号	混合型饲料添加剂 酶制剂 Feed Additives Mixture Enzymes	钮乐思酶 Nutrase Xyla HS	混合型饲料添加剂 Feed Additives Mixture	养殖动物（反刍动物除外） All species or categories of animals (Not including ruminant)	（比利时）NUTREX NV NUTREX NV，Belgium	2021.08—2026.08	新办
(2021) 外饲准字 607 号	混合型饲料添加剂 维生素 矿物元素 酸度调节剂 Feed Additives Mixture Vitamins Minerals Acidity Regulators	维特金 VITA-TF GOLD PLUS	混合型饲料添加剂 Feed Additives Mixture	家禽 Poultry	比利时 Vitafor N. V. 公司 Vitafor N. V.，Belgium	2021.08—2026.08	新办
(2021) 外饲准字 608 号	混合型饲料添加剂 香味物质 Feed Additives Mixture Flavouring Substances	法国替莫能 Forcix Feed	混合型饲料添加剂 Feed Additives Mixture	犊牛、羔羊 Calves，Lambs	法国 IDENA PRODUCTION 公司 IDENA PRODUCTION，France	2021.08—2026.08	新办
(2021) 外饲准字 609 号	混合型饲料添加剂 微生物 Feed Additives Mixture Live Microorganisms	爱昵乐 Any-Lac	混合型饲料添加剂 Feed Additives Mixture	养殖动物 All species or categories of animals	韩国奥佰特有机生物技术有限公司 Organic Bio Tech Co.，Ltd.，Korea	2021.08—2026.08	新办
(2021) 外饲准字 610 号	混合型饲料添加剂 防霉剂 Feed Additives Mixture Preservatives	酸乐宝 CERQUAL	混合型饲料添加剂 Feed Additives Mixture	养殖动物 All species or categories of animals	多科索意大利有限公司 Dox-AL Italia S. p. A，Italy	2021.08—2026.08	新办
(2021) 外饲准字 611 号	混合型饲料添加剂 香味物质 维生素 E Feed Additives Mixture Flavouring Substances Vitamin E	喉舒易 OralEase	混合型饲料添加剂 Feed Additives Mixture	家禽 Poultry	（台湾）贸立实业股份有限公司 More-standing Enterprise Co.，Ltd	2021.08—2026.08	新办
(2021) 外饲准字 612 号	混合型饲料添加剂 枯草芽孢杆菌 Feed Additives Mixture Bacillus subtilis	安惠华® PRO 201 CN Enviva® PRO 201 CN	混合型饲料添加剂 Feed Additives Mixture	家禽 Poultry	丹尼斯克美国有限公司（Rochester 工厂） Danisco USA Inc.（Rochester Plant），USA	2021.08—2026.08	新办

（续）

登记证号	通用名称	商品名称	产品类别	使用范围	生产厂家	有效期限	备注
(2021) 外饲准字 613 号	混合型饲料添加剂 酸度调节剂 矿物元素 Feed Additives Mixture Acidity Regulators Minerals	伊士曼胃肠益生剂 SF2 Eastman^{TM} ProGIT SF2	混合型饲料添加剂 Feed Additives Mixture	猪、禽 Swine, Poultry	（荷兰）Peti B. V. Peti B. V., the Netherlands	2021.08—2026.08	新办
(2021) 外饲准字 614 号	混合型饲料添加剂 乳酸片球菌 Feed Additives Mixture Pediococcus acidilactici	倍特赛 Drink Bactocell Drink	混合型饲料添加剂 Feed Additives Mixture	猪、禽 Swine, Poultry	拉曼动物营养英国有限责任公司 Lallemand Animal Nutrition UK Ltd., UK	2021.08—2026.08	新办
(2021) 外饲准字 615 号	混合型饲料添加剂 乳酸片球菌 Feed Additives Mixture Pediococcus acidilactici	倍特赛 AQUA 10 Bactocell AQUA 10	混合型饲料添加剂 Feed Additives Mixture	水产养殖动物 Aquaculture animals	拉曼动物营养英国有限责任公司 Lallemand Animal Nutrition UK Ltd., UK	2021.08—2026.08	新办
(2021) 外饲准字 616 号	混合型饲料添加剂 乳酸 Feed Additives Mixture Lactic Acid	普拉克 88-DW PURAC® 88-DW	混合型饲料添加剂 Feed Additives Mixture	鸡、猪 Chicken, Swine	普拉克（泰国）有限公司 PURAC (Thailand) Ltd., Thailand	2021.08—2026.08	新办
(2021) 外饲准字 617 号	混合型饲料添加剂 嗜热链球菌 Feed Additives Mixture Streptococcus thermophilus	芯来旺—嗜热链球菌 SYNLAC Streptococcus thermophilus	混合型饲料添加剂 Feed Additives Mixture	畜禽 Livestock, Poultry	台湾生合生物科技股份有限公司（燕巢厂） Synbiotech Inc. (Yanchao)	2021.08—2026.08	新办
(2021) 外饲准字 618 号	混合型饲料添加剂 地衣芽孢杆菌 枯草芽孢杆菌 Feed Additives Mixture Bacillus licheniformis Bacillus subtilis	奇力素 BAC ACTIGEN BAC	混合型饲料添加剂 Feed Additives Mixture	畜禽、宠物 Livestock, Poultry, Pets	美国奥特奇公司 Alltech Inc., USA	2021.08—2026.08	新办
(2021) 外饲准字 619 号	混合型饲料添加剂 维生素 矿物元素 氨基酸 Feed Additives Mixture Vitamins Minerals and Amino Acids	爱维利 AVILIV	混合型饲料添加剂 Feed Additives Mixture	家禽 Poultry	（法国）Laboratoire Physan La Probiolyse Laboratoire Physan La Probiolyse, France	2021.08—2026.08	新办
(2021) 外饲准字 620 号	混合型饲料添加剂 香味物质 Feed Additives Mixture Flavouring Substances	奶牛用抑菌宝 Aromabiotic Dairy	混合型饲料添加剂 Feed Additives Mixture	奶牛 Cows	比利时维他麦公司 Nuscience Belgium, Belgium	2021.08—2026.08	新办

（续）

登记证号	通用名称	商品名称	产品类别	使用范围	生产厂家	有效期限	备注
(2021) 外饲准字 621 号	混合型饲料添加剂 维生素 矿物元素 Feed Additives Mixture Vitamins Minerals	百欧康—初乳宝 B. I. O. Ig Pre	混合型饲料添加剂 Feed Additives Mixture	犊牛、羔羊、小山羊 Calves, Lambs, Kids	德国 Biochem 添加剂贸易和生产有限公司 Biochem Zusatzstoffe Handels-und Produktionsgesellschaft mbH, Germany	2021.08—2026.08	新办
(2021) 外饲准字 622 号	混合型饲料添加剂 微生物 Feed Additives Mixture Live Microorganisms	奥琦菌 BIOMAX	混合型饲料添加剂 Feed Additives Mixture	养殖动物 All species or categories of animals	（日本）KOHKINCHEMICAL CO., LTD 九州工厂 KOHKINCHEMICAL CO., LTD Kyushu Factory, Japan	2021.08—2026.08	新办
(2021) 外饲准字 623 号	混合型饲料添加剂 酸度调节剂 矿物元素 Feed Additives Mixture Acidity Regulators Minerals	乐力酸 Latibon®Plus ME	混合型饲料添加剂 Feed Additives Mixture	猪、家禽、兔、牛、虾、鱼 Swine, Poultry, Rabbits, Cattle, Shrimp, Fish	（德国）Dr. Eckel 动物营养股份有限公司 Dr. Eckel Animal Nutrition GmbH & Co. KG, Germany	2021.08—2026.08	新办
(2021) 外饲准字 624 号	混合型饲料添加剂 微生物 Feed Additives Mixture Live Microorganisms	POWERCELL 益生菌 POWERCELL	混合型饲料添加剂 Feed Additives Mixture	猪、牛、鸡、鸭、鱼 Swine, Cattle, Chicken, Ducks, Fish	韩国 B&B KOREA 公司 B&B KOREA CO., LTD., Korea	2021.08—2026.08	新办
(2021) 外饲准字 625 号	混合型饲料添加剂 酿酒酵母 Feed Additives Mixture Saccharomyces cerevisiae	丰长肽® TopEnrich®	混合型饲料添加剂 Feed Additives Mixture	猪、鸡、牛、鱼、虾、兔 Swine, Chicken, Cattle, Fish, Shrimp, Rabbits	（台湾）丰展生物科技股份有限公司二厂 Enriching Innovation Biotech Co., Ltd.	2021.08—2026.08	新办
(2021) 外饲准字 626 号	混合型饲料添加剂 矿物元素 Feed Additives Mixture Minerals	赛多康 Dyvon Lumensa	混合型饲料添加剂 Feed Additives Mixture	鱼、虾 Fish, Shrimp	美国赛多美科技有限公司 Cytozyme Laboratories, Inc, USA	2021.08—2026.08	新办
(2021) 外饲准字 627 号	养殖动物微量元素预混合饲料 Trace Mineral Premix for All Species Animals	泌乐多 OCM GLOBAL	添加剂预混合饲料 Feed Additive Premix	养殖动物 All species or categories of animals	美国 Dynamite Marketing, Inc Dynamite Marketing, Inc, USA	2021.08—2026.08	新办
(2021) 外饲准字 628 号	仔猪复合预混合饲料 Premix for Piglet	乐泻停 Corion Suin Protect	添加剂预混合饲料 Feed Additive Premix	仔猪 Piglets	西班牙蒂乐斯动物健康有限公司 DILUS LABS S. L., Spain	2021.08—2026.08	新办

（续）

登记证号	通用名称	商品名称	产品类别	使用范围	生产厂家	有效期限	备注
(2021) 外饲准字 629 号	奶牛母羊用复合预混合饲料 Premix for Dairy Cow and Ewe	乐抗酮 Corion Keto Plus	添加剂预混合饲料 Feed Additive Premix	奶牛、母羊 Cows, Ewes	西班牙蒂乐斯动物健康有限公司 DILUS LABS S. L., Spain	2021.08—2026.08	新办
(2021) 外饲准字 630 号	牛用微量元素预混合饲料 Trace Mineral Premix for Cattle	刍乐健 INTEGRALFEED 2 PLUS	添加剂预混合饲料 Feed Additive Premix	牛 Cattle	（西班牙）INZAR, S. L. INZAR, S. L., Spain	2021.08—2026.08	新办
(2021) 外饲准字 631 号	羊用微量元素预混合饲料 Trace Mineral Premix for Sheep	代草欢 ECONLAMB 1%-EXCEL	添加剂预混合饲料 Feed Additive Premix	羊 Sheep	（西班牙）INZAR, S. L. INZAR, S. L., Spain	2021.08—2026.08	新办
(2021) 外饲准字 632 号	养殖动物用复合预混合饲料 Premix for All Species	安普索罗 阿米诺潘 ANPROSOL AMINOPAN	添加剂预混合饲料 Feed Additive Premix	养殖动物 All species or categories of animals	（意大利）凯米药业股份公司 Chemifarma S. p. A, Italy	2021.08—2026.08	新办
(2021) 外饲准字 633 号	猪用微量元素预混合饲料 Trace Mineral Premix for Swine	猪立适 Piglyx	添加剂预混合饲料 Feed Additive Premix	猪 Swine	（英国）CARRS Agriculture limited T/A Caltech CARRS Agriculture limited T/A Caltech, UK	2021.08—2026.08	新办
(2021) 外饲准字 634 号	鱼油 Fish Oil	高得利鱼油（饲料级） Golden lead fish oil (Feed grade)	单一饲料 Single Feed	畜禽、水产养殖动物（反刍动物除外） Livestock, Poultry, Aquaculture animals (Not including ruminant)	（冈比亚）高得利进出口贸易有限公司 Golden lead import and export trade company ltd, Gambia	2021.08—2026.08	新办
(2021) 外饲准字 635 号	花生粕 Peanut Meal	花生粕 Peanut meal	单一饲料 Single Feed	养殖动物 All species or categories of animals	苏丹 Great Wall Agriculture and Animals Production 有限公司 Great Wall Agriculture and Animals Production Co., Ltd, Sudan	2021.08—2026.08	新办
(2021) 外饲准字 636 号	菜籽粕 Rapeseed Meal	菜籽粕 Rapeseed meal	单一饲料 Single Feed	养殖动物 All species or categories of animals	俄罗斯 CJSC “Sodrugestvo-Soy” 公司 CJSC “Sodrugestvo-Soy”, Russia	2021.08—2026.08	新办

（续）

登记证号	通用名称	商品名称	产品类别	使用范围	生产厂家	有效期限	备注
(2021) 外饲准字 637 号	双低菜籽粕 Double Low Rapeseed Meal	双低菜籽粕 Double Low Rapeseed Meal	单一饲料 Single Feed	养殖动物 All species or categories of animals	嘉吉公司澳大利亚有限公司（West Footscray 工厂） Cargill Australia Limited (West Footscray Plant), Australia	2021.08—2026.08	新办
(2021) 外饲准字 638 号	酿酒酵母细胞壁 Yeast Cell Wall of Saccharomyces cerevisiae	爱力魔斯 Agrimos	单一饲料 Single Feed	养殖动物 All species or categories of animals	爱沙尼亚 Salutaguse Pärmitehas 公司 AS Salutaguse Pärmitehas, Estonia	2021.08—2026.08	新办
(2021) 外饲准字 639 号	马肉粉 Equine Meat Meal	马肉粉 Equine meat meal	单一饲料 Single Feed	畜禽、水产养殖动物、宠物（反刍动物除外） Livestock, Poultry, Aquaculture animals, Pets (Not including ruminant)	蒙古创新油脂有限公司 Mongol innovation grease Co., Ltd., Mongolia	2021.08—2026.08	新办
(2021) 外饲准字 640 号	马肉骨粉 Equine Meat and Bone Meal	马肉骨粉 Equine meat and bone meal	单一饲料 Single Feed	畜禽、水产养殖动物、宠物（反刍动物除外） Livestock, Poultry, Aquaculture animals, Pets (Not including ruminant)	蒙古创新油脂有限公司 Mongol innovation grease Co., Ltd., Mongolia	2021.08—2026.08	新办
(2021) 外饲准字 641 号	喷雾干燥牛血浆蛋白粉 Spray Dried Bovine Plasma Protein Meal	AP 920B 喷雾干燥牛血浆蛋白粉 AP 920B Bovine Animal Plasma	单一饲料 Single Feed	猪、家禽、水产养殖动物、宠物 Swine, Poultry, Aquaculture animals, Pets	巴西 APC do Brasil Ltda 公司 São Luis de Montes Belos 工厂 APC do Brasil Ltda, São Luis de Montes Belos, Brazil	2021.08—2026.08	新办
(2021) 外饲准字 642 号	喷雾干燥猪血球蛋白粉 Spray Dried Porcine Blood Cells	AP301 喷雾干燥猪血球蛋白粉 AP301	单一饲料 Single Feed	猪、家禽、宠物 Swine, Poultry, Pets	美国 APC Inc. 公司 Arion 工厂 APC, Inc., Plant Arion, USA	2021.08—2026.08	新办
(2021) 外饲准字 643 号	喷雾干燥牛血浆蛋白粉 Spray Dried Bovine Plasma Protein Meal	Appetein 喷雾干燥牛血浆蛋白粉 Appetein Bovine Animal Plasma	单一饲料 Single Feed	猪、家禽、宠物 Swine, Poultry, Pets	美国 APC Inc. 公司 Dubuque 工厂 APC, Inc., Plant Dubuque, USA	2021.08—2026.08	新办

（续）

登记证号	通用名称	商品名称	产品类别	使用范围	生产厂家	有效期限	备注
（2021）外饲准字 644 号	酵母水解物 Yeast Hydrolysate	肽益饲 TechnoYeast®	单一饲料 Single Feed	养殖动物 All species or categories of animals	德国 Biochem 添加剂贸易和生产有限公司 Biochem Zusatzstoffe Handels-und Produktionsgesellschaft mbH，Germany	2021.08—2026.08	新办
（2021）外饲准字 645 号	猪肠膜蛋白粉 Dried Porcine Solubles	多福蛋白粉 DPS 50RD	单一饲料 Single Feed	养殖动物（反刍动物除外） All species or categories of animals（Not including ruminant）	美国新多福公司 NF Protein，LLC，USA	2021.08—2026.08	新办
（2021）外饲准字 646 号	宠物营养补充剂 L-肉碱 Pet Nutritional Supplements L-Carnitine	派聪宝 ALZER PETS	宠物添加剂预混合饲料 Pet Feed Additive Premix	犬、猫 Dogs，Cats	凯塔斯（西班牙）有限公司 CATALYSIS，S. L.，Spain	2021.08—2026.08	新办
（2021）外饲准字 647 号	宠物营养补充剂 维生素 矿物质微量元素 Pet Nutritional Supplements Vitamins and Minerals	派常安 CARMINAL PETS	宠物添加剂预混合饲料 Pet Feed Additive Premix	犬、猫 Dogs，Cats	凯塔斯（西班牙）有限公司 CATALYSIS，S. L.，Spain	2021.08—2026.08	新办
（2021）外饲准字 648 号	犬用宠物营养补充剂 Pet Nutrition Supplement for Dogs	EliteFlexForte 美沃犬关节健 EliteFlex Forte for Dogs	宠物添加剂预混合饲料 Pet Feed Additive Premix	犬 Dogs	爱尔兰 Inform 营养有限公司 Inform Nutrition Ireland Ltd.，Ireland	2021.08—2026.08	新办
（2021）外饲准字 649 号	宠物营养补充剂猫氨基酸 Pet Nutrition Supplement Cats Amino Acids	Lysine100 美沃猫赖氨酸 100 Lysine 100 for Cats	宠物添加剂预混合饲料 Pet Feed Additive Premix	猫 Cats	爱尔兰 Inform 营养有限公司 Inform Nutrition Ireland Ltd.，Ireland	2021.08—2026.08	新办
（2021）外饲准字 650 号	猫用宠物营养补充剂 Pet Nutrition Supplement for Cats	EliteFlexForte 美沃猫关节健 EliteFlex Forte for Cats	宠物添加剂预混合饲料 Pet Feed Additive Premix	猫 Cats	爱尔兰 Inform 营养有限公司 Inform Nutrition Ireland Ltd.，Ireland	2021.08—2026.08	新办

（续）

登记证号	通用名称	商品名称	产品类别	使用范围	生产厂家	有效期限	备注
（2021）外饲准字 651 号	宠物营养补充剂 维生素 氨基酸 矿物质微量元素 Pet Nutritional Supplements Vitamins Amino Acids and Minerals	派新康 KARDIOLI PETS	宠物添加剂预混合饲料 Pet Feed Additive Premix	犬、猫 Dogs，Cats	凯塔斯（西班牙）有限公司 CATALYSIS，S. L.，Spain	2021.08—2026.08	新办
（2021）外饲准字 652 号	全价宠物食品犬粮 Pet Complete Food for Dog	毛利嘎嘎烘焙无谷狗粮鸡肉配方 KIA KAHA Ovenbaked Chicken Grain Free for Dogs	宠物配合饲料 Pet Compound Feed	犬 Dogs	荷兰 Animal lovers 公司 Animal Lovers B. V.，the Netherlands	2021.08—2026.08	新办
（2021）外饲准字 653 号	全价宠物食品犬粮 Pet Complete Food for Dog	毛利嘎嘎烘焙无谷狗粮三文鱼配方 KIA KAHA Ovenbaked Salmon Grain Free for Dogs	宠物配合饲料 Pet Compound Feed	犬 Dogs	荷兰 Animal lovers 公司 Animal Lovers B. V.，the Netherlands	2021.08—2026.08	新办
（2021）外饲准字 654 号	宠物配合饲料-猫粮 Pet Compound Feed for All Cats	米咖高能量猫粮 MIC&FRIEND HIGH ENERGY CAT FOOD	宠物配合饲料 Pet Compound Feed	猫 Cats	西班牙 DIBAQ-DIPROTEG 宠物食品有限公司 DIBAQ-DIPROTEG，S. A.，Mascotas，Spain	2021.08—2026.08	新办
（2021）外饲准字 655 号	宠物配合饲料-成年期猫粮 Pet Compound Feed for Adult Cats	米咖赛级猫粮 MIC&FRIEND SHOW CAT FOOD	宠物配合饲料 Pet Compound Feed	猫 Cats	西班牙 DIBAQ-DIPROTEG 宠物食品有限公司 DIBAQ-DIPROTEG，S. A.，Mascotas，Spain	2021.08—2026.08	新办
（2021）外饲准字 656 号	宠物配合饲料成年期犬粮 Pet Compound Feed for Adult Dogs	米咖高能量犬粮 MIC&FRIEND HIGH ENERGY DOG FOOD	宠物配合饲料 Pet Compound Feed	犬 Dogs	西班牙 DIBAQ-DIPROTEG 宠物食品有限公司 DIBAQ-DIPROTEG，S. A.，Mascotas，Spain	2021.08—2026.08	新办

（续）

登记证号	通用名称	商品名称	产品类别	使用范围	生产厂家	有效期限	备注
(2021）外饲准字 657 号	宠物配合饲料幼年期、哺乳期犬粮 Pet Compound Feed for Puppies and Lactating Dogs	米咖犬奶糕 MIC&FRIEND STARTER DOG FOOD	宠物配合饲料 Pet Compound Feed	犬 Dogs	西班牙 DIBAQ-DIPROTEG 宠物食品有限公司 DIBAQ-DIPROTEG，S. A.，Mascotas，Spain	2021. 08—2026. 08	新办
(2021）外饲准字 658 号	全价宠物食品成年期猫粮 Pet Compound Feed for Adult Cat	FRANK'S PRO GOLD 猫粮 三文鱼配方 FRANK'S PRO GOLD CAT SALMON	宠物配合饲料 Pet Compound Feed	猫 Cats	（荷兰）容克宠物食品有限公司 Jonker Petfood B. V.，the Netherlands	2021. 08—2026. 08	新办
(2021）外饲准字 659 号	全价宠物食品成年期犬粮 Pet Compound Feed for Adult Dog	NERO PURE 成犬粮 鸡肉配方 NERO PURE ADULT CHICKEN	宠物配合饲料 Pet Compound Feed	犬 Dogs	（荷兰）容克宠物食品有限公司 Jonker Petfood B. V.，the Netherlands	2021. 08—2026. 08	新办
(2021）外饲准字 660 号	全价宠物食品成年期犬粮 Pet Compound Feed for Adult Dog	NERO PURE 成犬粮 三文鱼配方 NERO PURE ADULT SALMON	宠物配合饲料 Pet Compound Feed	犬 Dogs	（荷兰）容克宠物食品有限公司 Jonker Petfood B. V.，the Netherlands	2021. 08—2026. 08	新办
(2021）外饲准字 661 号	全价宠物食品成年期猫粮 Pet Compound Feed for Adult Cat	FRANK'S PRO GOLD 猫粮 鸡肉配方 FRANK'S PRO GOLD CAT CHICKEN	宠物配合饲料 Pet Compound Feed	猫 Cats	（荷兰）容克宠物食品有限公司 Jonker Petfood B. V.，the Netherlands	2021. 08—2026. 08	新办
(2021）外饲准字 662 号	全价宠物食品犬粮 Pet Compound Feed for Dog	亿沃经典含去骨羊肉糙米犬粮 Evolve® Classic Deboned Lamb & Brown Rice Recipe Food For Dogs	宠物配合饲料 Pet Compound Feed	犬 Dogs	美国阳光磨坊公司 Sunshine Mills Inc.，USA	2021. 08—2026. 08	新办

（续）

登记证号	通用名称	商品名称	产品类别	使用范围	生产厂家	有效期限	备注
(2021) 外饲准字 663 号	全价宠物食品犬粮 Pet Compound Feed for Dog	亿沃经典含去骨牛肉大麦糙米犬粮 Evolve® Classic Deboned Beef, Barley, & Brown Rice Recipe Food For Dogs	宠物配合饲料 Pet Compound Feed	犬 Dogs	美国阳光磨坊公司 Sunshine Mills Inc., USA	2021.08—2026.08	新办
(2021) 外饲准字 664 号	全价宠物食品犬粮 Pet Compound Feed for Dog	亿沃无谷烘焙犬粮鸡肉苹果甘薯配方 Evolve® Small Batch Baked Grain Free Oven Roasted Chicken, Sweet Potato, & Apple Recipe Food For Dogs	宠物配合饲料 Pet Compound Feed	犬 Dogs	美国阳光磨坊公司（阿拉巴马州工厂） Sunshine Mills Inc., USA	2021.08—2026.08	新办
(2021) 外饲准字 665 号	全价宠物食品成年期犬粮 Pet Complete Food for Adult Dog	普尔沛鸡肉配方成犬粮 PureNZPet Chicken Recipe for Adult Dog	宠物配合饲料 Pet Compound Feed	犬 Dogs	（新西兰）爱德胜宠物产品有限公司 Addiction Foods NZ Ltd., New Zealand	2021.08—2026.08	新办
(2021) 外饲准字 666 号	全价宠物食品老年期犬粮 Pet Complete Food for Senior Dog	普尔沛牛肉配方老龄犬粮 PureNZPet Beef Recipe for Senior Dog	宠物配合饲料 Pet Compound Feed	犬 Dogs	（新西兰）爱德胜宠物产品有限公司 Addiction Foods NZ Ltd., New Zealand	2021.08—2026.08	新办
(2021) 外饲准字 667 号	全价宠物食品幼年期犬粮 Pet Complete Food for Puppy	普尔沛鸡肉配方幼犬粮 PureNZPet Chicken Recipe for Puppy	宠物配合饲料 Pet Compound Feed	犬 Dogs	（新西兰）爱德胜宠物产品有限公司 Addiction Foods NZ Ltd., New Zealand	2021.08—2026.08	新办
(2021) 外饲准字 668 号	全价宠物食品成年期犬粮 Pet Complete Food for Adult Dog	普尔沛鹿肉配方成犬粮 PureNZPet Venison Recipe for Adult Dog	宠物配合饲料 Pet Compound Feed	犬 Dogs	（新西兰）爱德胜宠物产品有限公司 Addiction Foods NZ Ltd., New Zealand	2021.08—2026.08	新办

（续）

登记证号	通用名称	商品名称	产品类别	使用范围	生产厂家	有效期限	备注
(2021) 外饲准字 669 号	全价宠物食品成年期猫粮 Pet Complete Food for Adult Cat	普尔沛鸡肉配方成猫粮 PureNZPet Chicken Recipe for Adult Cat	宠物配合饲料 Pet Compound Feed	猫 Cats	（新西兰）爱德胜宠物产品有限公司 Addiction Foods NZ Ltd.，New Zealand	2021. 08—2026. 08	新办
(2021) 外饲准字 670 号	全价宠物食品幼年期猫粮 Pet Complete Food for Kitten	普尔沛鸡肉配方幼猫粮 PureNZPet Chicken Recipe for Kitten	宠物配合饲料 Pet Compound Feed	猫 Cats	（新西兰）爱德胜宠物产品有限公司 Addiction Foods NZ Ltd.，New Zealand	2021. 08—2026. 08	新办
(2021) 外饲准字 671 号	全价宠物食品老年期猫粮 Pet Complete Food for Senior Cat	普尔沛牛肉配方老龄猫粮 PureNZPet Beef Recipe for Senior Cat	宠物配合饲料 Pet Compound Feed	猫 Cats	（新西兰）爱德胜宠物产品有限公司 Addiction Foods NZ Ltd.，New Zealand	2021. 08—2026. 08	新办
(2021) 外饲准字 672 号	全价宠物食品成年期猫粮 Pet Complete Food for Adult Cat	普尔沛鹿肉配方成猫粮 PureNZPet Venison Recipe for Adult Cat	宠物配合饲料 Pet Compound Feed	猫 Cats	（新西兰）爱德胜宠物产品有限公司 Addiction Foods NZ Ltd.，New Zealand	2021. 08—2026. 08	新办
(2021) 外饲准字 673 号	全价宠物食品猫粮 Pet Compound Food for Cat	羊肉配方全生命阶段猫粮 Lamb formula for all life stage cat	宠物配合饲料 Pet Compound Feed	猫 Cats	澳大利亚 Grainfeeds 有限公司 Grainfeeds Pty Ltd，Australia	2021. 08—2026. 08	新办
(2021) 外饲准字 674 号	全价宠物食品犬粮 Pet Compound Food for Dog	羊肉配方全生命阶段犬粮 Lamb formula for all life stage dog	宠物配合饲料 Pet Compound Feed	犬 Dogs	澳大利亚 Grainfeeds 有限公司 Grainfeeds Pty Ltd，Australia	2021. 08—2026. 08	新办
(2021) 外饲准字 675 号	全价宠物食品犬粮 Pet Complete Food for Dog	爱德胜鹿肉配方无谷犬粮 Addiction Viva La Venison Grain-Free Dry Food for Dogs	宠物配合饲料 Pet Compound Feed	犬 Dogs	（新西兰）爱德胜宠物产品有限公司 Addiction Foods NZ Ltd.，New Zealand	2021. 08—2026. 08	新办
(2021) 外饲准字 676 号	全价宠物食品犬粮 Pet Complete Food for Dog	爱德胜羊肉配方无谷犬粮 Addiction Le Lamb Grain-Free Dry Food for Dogs	宠物配合饲料 Pet Compound Feed	犬 Dogs	（新西兰）爱德胜宠物产品有限公司 Addiction Foods NZ Ltd.，New Zealand	2021. 08—2026. 08	新办

（续）

登记证号	通用名称	商品名称	产品类别	使用范围	生产厂家	有效期限	备注
(2021) 外饲准字 677 号	宠物配合饲料犬粮 Pet Complete Food for Dog	Mister 美仕鸡肉鲱鱼配方均衡犬粮 Mister chicken&herring balanced dog food	宠物配合饲料 Pet Compound Feed	犬 Dogs	加拿大斯派特饲料服务有限公司（工厂） Spectrum Feed Services Ltd，Canada	2021.08—2026.08	新办
(2021) 外饲准字 678 号	全价宠物食品小型犬犬粮 Pet Compound Feed for Small Breed Dog	狂野主厨全品种小型犬日粮鸡肉配方 COOKING SMALL BREED CHICKEN RECIPE DAILY MENU	宠物配合饲料 Pet Compound Feed	犬 Dogs	西班牙 ELMUBAS IBERICA 公司 ELMUBAS IBERICA SLU，Spain	2021.08—2026.08	新办
(2021) 外饲准字 679 号	全价宠物食品幼年期猫粮 Pet Compound Feed for Kitten	狂野主厨幼猫日粮 COOKING KITTEN RECIPE DAILY MENU	宠物配合饲料 Pet Compound Feed	猫 Cats	西班牙 ELMUBAS IBERICA 公司 ELMUBAS IBERICA SLU，Spain	2021.08—2026.08	新办
(2021) 外饲准字 680 号	全价宠物食品成年期/哺乳期/妊娠期猫粮 Pet Compound Feed for Adult/Nursing/ Pregnant Cat	狂野主厨成猫日粮三文鱼配方 COOKING SALMON RECIPE DAILY MENU	宠物配合饲料 Pet Compound Feed	猫 Cats	西班牙 ELMUBAS IBERICA 公司 ELMUBAS IBERICA SLU，Spain	2021.08—2026.08	新办
(2021) 外饲准字 681 号	全价宠物食品猫粮 Pet Compound Feed for Cat	Zeal 全价猫用 三文鱼火鸡肉配方风干粮 Zeal Canada Air-Dried Salmon & Turkey Recipe for Cat	宠物配合饲料 Pet Compound Feed	猫 Cats	加拿大 Jerky 公司 Canadian Jerky Company，Canada	2021.08—2026.08	新办
(2021) 外饲准字 682 号	全价宠物食品犬粮 Pet Compound Feed for Dog	Zeal 全价犬用 火鸡肉配方风干粮 Zeal Canada Air-Dried Turkey Recipe for Dog	宠物配合饲料 Pet Compound Feed	犬 Dogs	加拿大 Jerky 公司 Canadian Jerky Company，Canada	2021.08—2026.08	新办

（续）

登记证号	通用名称	商品名称	产品类别	使用范围	生产厂家	有效期限	备注
(2021) 外饲准字 683 号	全价宠物食品犬粮 Pet Compound Feed for Dog	Zeal 全价犬用 三文鱼配方风干粮 Zeal Canada Air-Dried Salmon Recipe for Dog	宠物配合饲料 Pet Compound Feed	犬 Dogs	加拿大 Jerky 公司 Canadian Jerky Company, Canada	2021.08—2026.08	新办
(2021) 外饲准字 684 号	宠物配合饲料 成年期犬粮 Pet Compound Feed for Adult Dog	博贝衡精粹三文鱼味成犬粮 PROBALANCE SELECTION SALMON FLAVOUR	宠物配合饲料 Pet Compound Feed	犬 Dogs	泰国 Nutrix Public 有限公司 Nutrix Public Company Limited, Thailand	2021.08—2026.08	新办
(2021) 外饲准字 685 号	宠物配合饲料 成年期犬粮 Pet Compound Feed for Adult Dog	博贝衡精粹牛肉味成犬粮 PROBALANCE SELECTION BEEF FLAVOUR	宠物配合饲料 Pet Compound Feed	犬 Dogs	泰国 Nutrix Public 有限公司 Nutrix Public Company Limited, Thailand	2021.08—2026.08	新办
(2021) 外饲准字 686 号	宠物配合饲料 成年期犬粮 Pet Compound Feed for Adult Dog	博贝衡精粹鸡肉味成犬粮 PROBALANCE SELECTION CHICKEN FLAVOUR	宠物配合饲料 Pet Compound Feed	犬 Dogs	泰国 Nutrix Public 有限公司 Nutrix Public Company Limited, Thailand	2021.08—2026.08	新办
(2021) 外饲准字 687 号	宠物配合饲料 成年期犬粮 Pet Compound Feed for Adult Dog	博贝衡精粹羊肉味成犬粮 PROBALANCE SELECTION LAMB FLAVOUR	宠物配合饲料 Pet Compound Feed	犬 Dogs	泰国 Nutrix Public 有限公司 Nutrix Public Company Limited, Thailand	2021.08—2026.08	新办
(2021) 外饲准字 688 号	全价宠物食品幼年期猫粮 Pet Compound Food for Kitten	Dr. Clauder's 幼猫优质粮 Dr. Clauder's High Premium Kitten	宠物配合饲料 Pet Compound Feed	猫 Cats	德国 Bosch Tiernahrung GmbH & Co. KG Bosch Tiernahrung GmbH & Co. KG, Germany	2021.08—2026.08	新办
(2021) 外饲准字 689 号	全价宠物食品成年期猫粮 Pet Compound Food for Adult Cat	Dr. Clauder's 成猫无谷优质粮 Dr. Clauder's High Premium Adult Grainfree	宠物配合饲料 Pet Compound Feed	猫 Cats	德国 Bosch Tiernahrung GmbH & Co. KG Bosch Tiernahrung GmbH & Co. KG, Germany	2021.08—2026.08	新办

（续）

登记证号	通用名称	商品名称	产品类别	使用范围	生产厂家	有效期限	备注
(2021) 外饲准字 690 号	全价宠物食品犬处方粮 Pet Compound Food for Dog Prescription Feed	Dr. Clauder's 犬用肠道处方粮 Dr. Clauder's Intestinal Diet for Dogs (IRD)	宠物配合饲料 Pet Compound Feed	犬 Dogs	德国 Bosch Tiernahrung GmbH & Co. KG Bosch Tiernahrung GmbH & Co. KG, Germany	2021.08—2026.08	新办
(2021) 外饲准字 691 号	全价宠物食品犬处方粮 Pet Compound Food for Dog Prescription Feed	Dr. Clauder's 犬用肾脏处方粮 Dr. Clauder's Renal Support Diet for Dogs (RSD)	宠物配合饲料 Pet Compound Feed	犬 Dogs	德国 Bosch Tiernahrung GmbH & Co. KG Bosch Tiernahrung GmbH & Co. KG, Germany	2021.08—2026.08	新办
(2021) 外饲准字 692 号	猫成年期全价处方粮 Complete Veterinary Feed for Adult Cat	成猫肾脏全价处方粮 Renal Feline	宠物配合饲料 Pet Compound Feed	猫 Cats	玛氏奥地利有限公司 MARS AUSTRIA OG, Austria	2021.08—2026.08	新办
(2021) 外饲准字 693 号	全价宠物食品猫粮 Pet Complete Food for Cat	毛利嘎嘎烘焙无谷猫粮鸡肉配方 KIA KAHA Ovenbaked Chicken Grain Free for Cats	宠物配合饲料 Pet Compound Feed	猫 Cats	荷兰 Animal lovers 公司 Animal Lovers B. V., the Netherlands	2021.08—2026.08	新办
(2021) 外饲准字 694 号	全价宠物食品幼年期猫粮 Pet Compound Food for Kitten	海鲜王国皇室幼猫粮 Sea Kingdom-The Royal Cat Food for Kitten	宠物配合饲料 Pet Compound Feed	猫 Cats	泰国 Nutrix Public 有限公司 Nutrix Public Company Limited, Thailand	2021.08—2026.08	续展
(2021) 外饲准字 695 号	全价宠物食品成年期猫粮 Pet Compound Food for Adult	海鲜王国皇室成猫粮 Sea Kingdom-The Royal Cat Food for Adult	宠物配合饲料 Pet Compound Feed	猫 Cats	泰国 Nutrix Public 有限公司 Nutrix Public Company Limited, Thailand	2021.08—2026.08	续展
(2021) 外饲准字 696 号	全价宠物食品成年期猫粮 Pet Compound Feed for Adult Cat	LIVE 全价成猫活菌粮鸭肉配方 ProBiotic Live Adult Cat (Duck)	宠物配合饲料 Pet Compound Feed	猫 Cats	比利时联合宠物食品公司 United Petfood Producers NV, Belgium	2021.08—2026.08	续展

（续）

登记证号	通用名称	商品名称	产品类别	使用范围	生产厂家	有效期限	备注
(2021) 外饲准字 697 号	全价宠物食品成年期犬粮 Pet Compound Feed for Adult Dog	LIVE 全价成犬活菌粮三文鱼配方 ProBiotic Live Adult Dog (Salmon)	宠物配合饲料 Pet Compound Feed	犬 Dogs	比利时联合宠物食品公司 United Petfood Producers NV, Belgium	2021.08—2026.08	续展
(2021) 外饲准字 698 号	全价宠物食品幼年期猫粮 Pet Compound Feed for Kitten	LIVE 全价幼猫活菌粮鸡肉配方 ProBiotic Live Kitten (Chicken)	宠物配合饲料 Pet Compound Feed	猫 Cats	比利时联合宠物食品公司 United Petfood Producers NV, Belgium	2021.08—2026.08	续展
(2021) 外饲准字 699 号	鸡肉粉 Chicken Meal	Wallace 鸡肉粉 Wallace Poultry Meal	单一饲料 Single Feed	猪、家禽、水产养殖动物、宠物 Swine, Poultry, Aquaculture animals, Pets	(新西兰) 沃乐思蛋白有限公司 Wallace Proteins Limited, New Zealand	2021.08—2026.08	续展
(2021) 外饲准字 700 号	淡水鱼粉 Freshwater Fishmeal	红鱼粉（三级） Red Fishmeal (Ⅲ)	单一饲料 Single Feed	畜禽、水产养殖动物（反刍动物除外） Livestock, Poultry, Aquaculture animals (Not including ruminant)	越南月莊商业生产责任有限公司 NGUYET TRANG Producing Trading Co., Ltd., Vietnam	2021.08—2026.08	续展
(2021) 外饲准字 701 号	鱼粉 Fishmeal	秘鲁蒸汽干燥鱼粉（三级至一级） PERUVIAN STEAM DRIED FISHMEAL (Ⅲ to Ⅰ)	单一饲料 Protein Feed	畜禽、水产养殖动物（反刍动物除外） Livestock, Poultry, Aquaculture animals (Not including ruminant)	秘鲁 Pesquera Capricornio S.A. 公司 Callao 工厂 Pesquera Capricornio S.A., Plant Callao, Peru	2021.08—2026.08	续展
(2021) 外饲准字 702 号	鱼粉 Fishmeal	秘鲁蒸汽干燥鱼粉（三级至一级） PERUVIAN STEAM DRIED FISHMEAL (Ⅲ to Ⅰ)	单一饲料 Protein Feed	畜禽、水产养殖动物（反刍动物除外） Livestock, Poultry, Aquaculture animals (Not including ruminant)	秘鲁 Pesquera Exalmar S.A.A. 公司 Chimbote 工厂 Pesquera Exalmar S.A.A., Chimbote Plant, Peru	2021.08—2026.08	续展

（续）

登记证号	通用名称	商品名称	产品类别	使用范围	生产厂家	有效期限	备注
(2021) 外饲准字 703 号	虾粉 Shrimp Meal	虾粉 Shrimp Meal	单一饲料 Single Feed	水产养殖动物 Aquaculture animals	厄瓜多尔 Fortidex S. A. 公司 Duran Tambo 工厂 Fortidex S. A., Plant Duran Tambo, Ecuador	2021.08—2026.08	续展
(2021) 外饲准字 704 号	鱼粉 Fishmeal	红鱼粉（三级） Red Fishmeal（Ⅲ）	单一饲料 Single Feed	畜禽、水产养殖动物（反刍动物除外） Livestock, Poultry, Aquaculture animals (Not including ruminant)	厄瓜多尔 Productos Pesqueros S. A. 公司 Produpes Productos Pesqueros S. A., Produpes, Ecuador	2021.08—2026.08	续展
(2021) 外饲准字 705 号	鱼粉 Fishmeal	金枪鱼红鱼粉（三级） Tuna Red Fishmeal（Ⅲ）	单一饲料 Single Feed	畜禽、水产养殖动物（反刍动物除外） Livestock, Poultry, Aquaculture animals (Not including ruminant)	毛里求斯 Marine Biotechnology Products Ltd. 公司 Marine Biotechnology Products Ltd., Mauritius	2021.08—2026.08	续展
(2021) 外饲准字 706 号	鱼粉 Fishmeal	红鱼粉（一级） Red Fishmeal（I）	单一饲料 Protein Feed	畜禽、水产养殖动物（反刍动物除外） Livestock, Poultry, Aquaculture animals (Not including ruminant)	摩洛哥 KB 渔业股份公司 KB FISH SA, Morocco	2021.08—2026.08	续展
(2021) 外饲准字 707 号	鱼粉 Fishmeal	红鱼粉（三级） Red Fishmeal（Ⅲ）	单一饲料 Single Feed	猪、家禽、水产养殖动物 Swine, Poultry, Aquaculture animals	智利 PESQUERA BAHIA CALDERA S A 公司 PESQUERA BAHIA CALDERA S A, Chile	2021.08—2026.08	续展
(2021) 外饲准字 708 号	白鱼粉 White Fishmeal	白鱼粉（三级） White Fishmeal (Grade Ⅲ)	单一饲料 Single Feed	畜禽、水产养殖动物（反刍动物除外） Livestock, Poultry, Aquaculture animals (Not including ruminant)	俄罗斯 “SOFCO” 有限公司 “SOFCO” Co., Ltd., (Produced on Board at vessel “Admiral Kolchak”, Register No. CH-10N), Russia	2021.08—2026.08	续展

（续）

登记证号	通用名称	商品名称	产品类别	使用范围	生产厂家	有效期限	备注
(2021) 外饲准字 709 号	鱼粉 Fishmeal	毛里塔尼亚红鱼粉 Mauritania red fishmeal	单一饲料 Single Feed	猪、家禽、水产养殖动物 Swine, Poultry, Aquaculture animals	（毛里塔尼）大陆海洋食品有限公司 CONTINENTAL SEA FOOD SA, Mauritania	2021.08—2026.08	续展
(2021) 外饲准字 710 号	混合型饲料添加剂 微生物 Feed Additives Mixture Live Microorganisms	活力美青贮饲料添加物Ⅱ VIGROUS Silage additives Ⅱ	混合型饲料添加剂 Feed Additives Mixture	青贮饲料 Silage	台湾博尧生物科技股份有限公司 Bioyo Biotech Co., Ltd.	2021.08—2026.08	续展
(2021) 外饲准字 711 号	混合型饲料添加剂 乳酸片球菌 Feed Additives Mixture *Pediococcus acidilactici*	麦特 5051 Mito5051	混合型饲料添加剂 Feed Additives Mixture	养殖动物 All species or categories of animals	美国医迈科技公司 Imagilin Technology, LLC, USA	2021.08—2026.08	续展
(2021) 外饲准字 712 号	酵母培养物 Yeast Culture	百奥奇 Bio-Yeasture	单一饲料 Single Feed	养殖动物 All species or categories of animals	美国国际生物营养有限公司 Bio-Nutrition International, Inc., USA	2021.08—2026.08	续展
(2021) 外饲准字 713 号	混合型饲料添加剂 β-甘露聚糖酶（产自迟缓芽孢杆菌） Feed Additives Mixture β-Mannanase (Source: *Bacillus lentus*)	和美酵素™-XT Hemicell™- XT	混合型饲料添加剂 Feed Additives Mixture	猪、家禽 Swine, Poultry	美国礼蓝动物保健有限公司林顿工厂 Elanco Clinton Laboratories, USA	2021.08—2026.08	续展
(2021) 外饲准字 714 号	犊牛配合饲料 Calf Compound Feed	优乳佳 1 号 Novilac Start	配合饲料 Compound Feed	犊牛 Calves	荷兰希尔斯公司 Schils B. V., the Netherlands	2021.08—2026.08	续展
(2021) 外饲准字 715 号	犊牛配合饲料 Calf Compound Feed	优乳佳 2 号 Novilac Finish	配合饲料 Compound Feed	犊牛 Calves	荷兰希尔斯公司 Schils B. V., the Netherlands	2021.08—2026.08	续展

附件 2

换发进口饲料和饲料添加剂产品登记证目录（2021－05）

登记证号	商品名称	通用名称	变更内容	原名称	变更名称
(2020) 外饲准字 425 号	禽特能 REIDRO-METH	养殖动物用复合预混合饲料 Premix	中文商品名称	禽特能	全特能
(2020) 外饲准字 1010 号	伊派克 Ipakitine	宠物营养补充剂 Complementary Feeding Stuff	中文商品名称	伊派克	益帕克
(2021) 外饲准字 064 号	渴望小型犬狗粮 ORIJEN Small Breed Dog Food	全价小型犬犬粮 Pet Compound Feed for Small Dogs	中文商品名称	渴望小型犬狗粮	原始猎食渴望小型犬全价犬粮
(2020) 外饲准字 1185 号	枫趣莱芙/全年龄阶段/本能高动物蛋白猫粮 PRONATURE LIFE / CAT FOOD / ALL LIFE STAGES / INSTINCT FORMULA with high animal protein content	全价宠物食品猫粮 Pet Compound Food for Cats	中外文商品名称	枫趣莱芙/全年龄阶段/本能高动物蛋白猫粮 PRONATURE LIFE / CAT FOOD / ALL LIFE STAGES / INSTINCT FORMULA with high animal protein content	枫趣莱芙/全年龄阶段/原野系列高动物蛋白猫粮 PRONATURE LIFE / CAT FOOD / ALL LIFE STAGES / WILD FORMULA with high animal protein content

中华人民共和国农业农村部公告

第 482 号

根据《进口饲料和饲料添加剂登记管理办法》有关规定，批准比利时英派克斯有限公司等 98 家公司生产的 272 种饲料和饲料添加剂产品在我国登记或续展登记，并颁发进口登记证（附件 1）。批准 AX3 Digest® GMO 大豆浓缩蛋白（AX3 Digest® GMO）产品中文商品名称变更，和美酵素™-XT（Hemicell™-XT）生产厂家名称变更（附件 2）。所登记产品的监督检验，按中华人民共和国国家标准和我部发布的质量标准执行。

特此公告。

附件：1. 进口饲料和饲料添加剂产品登记证目录（2021 - 07）

2. 换发进口饲料和饲料添加剂产品登记证目录（2021 - 06）

农业农村部

2021 年 10 月 30 日

附件 1

进口饲料和饲料添加剂产品登记证目录（2021－07）

登记证号	通用名称	商品名称	产品类别	使用范围	生产厂家	有效期限	备注
(2021) 外饲准字 716 号	氧化锌 Zinc Oxide	超级锌 ZINCAB	饲料添加剂 Feed Additive	养殖动物 All species or categories of animals	比利时英派克斯有限公司 Impextraco N. V.，Belgium	2021.10—2026.10	新办
(2021) 外饲准字 717 号	甘氨酸锌 Zinc Glycinate	晶标锌 代码 M60-5020 B-TRAXIM 2C Zn-260，code M60-5020	饲料添加剂 Feed Additive	猪、犬、猫 Swine，Dogs，Cats	瑞士 ADM International Sàrl 公司 ADM International Sàrl，Switzerland	2021.10—2026.10	新办
(2021) 外饲准字 718 号	酿酒酵母 *Saccharomyces cerevisiae*	益赛福 ACTISAF Sc 47 HR+	饲料添加剂 Feed Additive	养殖动物 All species or categories of animals	乐斯福俄罗斯公司 SAF-NEVA LLC，Russia	2021.10—2026.10	新办
(2021) 外饲准字 719 号	木质素磺酸盐 Lignin Sulfonate	杉木素钙 Borrebrigth CY22 P	饲料添加剂 Feed Additive	养殖动物 All species or categories of animals	挪威鲍利葛工业公司 Borregaard AS，Norway	2021.10—2026.10	新办
(2021) 外饲准字 720 号	木质素磺酸盐 Lignin Sulfonate	杉木素钠 Borresperse NA	饲料添加剂 Feed Additive	养殖动物 All species or categories of animals	挪威鲍利葛工业公司 Borregaard AS，Norway	2021.10—2026.10	新办
(2021) 外饲准字 721 号	可食用脂肪酸单/双甘油酯 Mono-/di-glycerides of Edible Fatty Acids	可食用脂肪酸单/双甘油酯 Radiamuls MG 2549V	饲料添加剂 Feed Additive	养殖动物 All species or categories of animals	马来西亚欧荔安公司 Oleon Sdn. Bhd，Malaysia	2021.10—2026.10	新办

（续）

登记证号	通用名称	商品名称	产品类别	使用范围	生产厂家	有效期限	备注
（2021）外饲准字 722 号	淀粉酶（产自黑曲霉）β-葡聚糖酶（产自黑曲霉）纤维素酶（产自黑曲霉）植酸酶（产自黑曲霉）蛋白酶（产自黑曲霉）木聚糖酶（产自黑曲霉） Amylase（Source：*Aspergillus niger*）β-Glucanase（Source：*Aspergillus niger*）Cellulase（Source：*Aspergillus niger*）Phytase（Source：*Aspergillus niger*）Protease（Source：*Aspergillus niger*）Xylanase（Source：*Aspergillus niger*）	特威宝™ SSF E（浓缩物） ALLZYME® SSF E CONCENTRATE	饲料添加剂 Feed Additive	养殖动物 All species or categories of animals	美国奥特奇公司 Alltech Inc.，USA	2021.10—2026.10	新办
（2021）外饲准字 723 号	混合型饲料添加剂 酸度调节剂 香味物质 Feed Additives Mixture Acidity Regulators Flavouring Substances	罗曼施 LUMANCE	混合型饲料添加剂 Feed Additives Mixture	养殖动物 All species or categories of animals	比利时 INNOV AD NV 公司 INNOV AD NV，Belgium	2021.10—2026.10	新办
（2021）外饲准字 724 号	混合型饲料添加剂 微生物 Feed Additives Mixture Live Microorganisms	水益旺浓缩菌粉 AquaProbiotic Concentrated Direct Fed Microbial	混合型饲料添加剂 Feed Additives Mixture	水产养殖动物 Aquaculture animals	台湾生合生物科技股份有限公司（燕巢厂） Synbiotech Inc.（Yanchao）	2021.10—2026.10	新办
（2021）外饲准字 725 号	混合型饲料添加剂 嗜酸乳杆菌 Feed Additives Mixture Lactobacillus acidophilus	芯来旺—嗜酸乳杆菌 SYNLAC-Lactobacillus acidophilus	混合型饲料添加剂 Feed Additives Mixture	畜禽 Livestock，Poultry	台湾生合生物科技股份有限公司（燕巢厂） Synbiotech Inc.（Yanchao）	2021.10—2026.10	新办
（2021）外饲准字 726 号	混合型饲料添加剂 枯草芽孢杆菌 Feed Additives Mixture *Bacillus subtilis*	安可康益-BSL EcoFi：dup-BSL	混合型饲料添加剂 Feed Additives Mixture	养殖动物 All species or categories of animals	韩国 Ecobiznet 公司 Ecobiznet Inc.，Korea	2021.10—2026.10	新办

（续）

登记证号	通用名称	商品名称	产品类别	使用范围	生产厂家	有效期限	备注
（2021）外饲准字 727 号	混合型饲料添加剂 酿酒酵母 Feed Additives Mixture Saccharomyces cerevisiae	安可康益-YSL EcoFi：dup-YSL	混合型饲料添加剂 Feed Additives Mixture	养殖动物 All species or categories of animals	韩国 Ecobiznet 公司 Ecobiznet Inc.，Korea	2021.10—2026.10	新办
（2021）外饲准字 728 号	混合型饲料添加剂 植物乳杆菌 Feed Additives Mixture Lactobacillus plantarum	安可康益-LPL EcoFi：dup-LPL	混合型饲料添加剂 Feed Additives Mixture	养殖动物 All species or categories of animals	韩国 Ecobiznet 公司 Ecobiznet Inc.，Korea	2021.10—2026.10	新办
（2021）外饲准字 729 号	混合型饲料添加剂 微生物 Feed Additives Mixture Live Microorganisms	百禽康®W 浓缩版 PoultryStar® sol Conc.	混合型饲料添加剂 Feed Additives Mixture	家禽 Poultry	百奥明新加坡私人有限公司 BIOMIN Singapore Pte. Ltd.，Singapore	2021.10—2026.10	新办
（2021）外饲准字 730 号	混合型饲料添加剂 酸度调节剂 矿物元素 调味和诱食物质 Feed Additives Mixture Acidity Regulators Minerals Flavouring and Appetising Substances	四合爱喜宝® 2X（水溶性） ACID-PAK® 4-WAY 2X WATER SOLUBLE	混合型饲料添加剂 Feed Additives Mixture	畜禽 Livestock，Poultry	美国奥特奇公司 Alltech Inc.，USA	2021.10—2026.10	新办
（2021）外饲准字 731 号	混合型饲料添加剂 酶制剂 Feed Additives Mixture Enzymes	特威宝TM猪宝 ALLZYME® SPECTRUM SWINE	混合型饲料添加剂 Feed Additives Mixture	猪 Swine	美国奥特奇公司 Alltech Inc.，USA	2021.10—2026.10	新办
（2021）外饲准字 732 号	混合型饲料添加剂 酶制剂 Feed Additives Mixture Enzymes	特威宝TMSSF E ALLZYME® SSF E	混合型饲料添加剂 Feed Additives Mixture	养殖动物 All species or categories of animals	美国奥特奇公司 Alltech Inc.，USA	2021.10—2026.10	新办
（2021）外饲准字 733 号	混合型饲料添加剂 枯草芽孢杆菌 Feed Additives Mixture Bacillus subtilis	血独清 Anicare Gold	混合型饲料添加剂 Feed Additives Mixture	养殖动物 All species or categories of animals	韩国佰腾生物技术有限公司 Bioten Co.，Ltd.，Korea	2021.10—2026.10	新办
（2021）外饲准字 734 号	混合型饲料添加剂 矿物元素 酸度调节剂 调味和诱食物质 Feed Additives Mixture Minerals Acidity Regulators and Flavouring and Appetising Substances	斯特爱 Avi Vit Start Aid Chick Gel	混合型饲料添加剂 Feed Additives Mixture	家禽 Poultry	爱尔兰 Inform 营养有限公司 Inform Nutrition Ireland Ltd.，Ireland	2021.10—2026.10	新办

（续）

登记证号	通用名称	商品名称	产品类别	使用范围	生产厂家	有效期限	备注
(2021) 外饲准字 735 号	混合型饲料添加剂 酸度调节剂 香味物质 Feed Additives Mixture Acidity Regulators Flavouring Substances	集富艾赛诺 Aquanat SYNERGY	混合型饲料添加剂 Feed Additives Mixture	水产养殖动物 Aquaculture animals	加拿大 Jefagro 科技有限公司 Jafagro Technologies Inc.，Canada	2021.10—2026.10	新办
(2021) 外饲准字 736 号	混合型饲料添加剂 抗氧化剂 防腐剂 Feed Additives Mixture Antioxidants Preservatives	洛曼鲜 VD 100 LOXIDAN VD 100	混合型饲料添加剂 Feed Additives Mixture	猪、家禽、水产养殖动物、反刍动物、马 Swine，Poultry，Aquaculture animals，Ruminant，Horses	德国 Kaesler 营养品股份有限公司 Kaesler Nutrition GmbH，Germany	2021.10—2026.10	新办
(2021) 外饲准字 737 号	混合型饲料添加剂 蛋白酶（源自枯草芽孢杆菌） Feed Additives Mixture Protease (Source：*Bacillus subtilis*)	多利酵素 DUO LI ENZYME	混合型饲料添加剂 Feed Additives Mixture	养殖动物 All species or categories of animals	韩国英赛得科技有限公司 Insect Biotech Co.，Ltd，Korea	2021.10—2026.10	新办
(2021) 外饲准字 738 号	混合型饲料添加剂 屎肠球菌 Feed Additives Mixture *Enterococcus faecium*	黄金宝 S/F Microbial Paste	混合型饲料添加剂 Feed Additives Mixture	养殖动物 All species or categories of animals	美国 Dynamite Feed Mill Dynamite Feed Mill，USA	2021.10—2026.10	新办
(2021) 外饲准字 739 号	混合型饲料添加剂 枯草芽孢杆菌 Feed Additives Mixture Bacillus subtilis	泰享吃 AppeTide	混合型饲料添加剂 Feed Additives Mixture	猪、鸡、牛、鱼、虾、兔 Swine，Chicken，Cattle，Fish，Shrimp，Rabbits	（台湾）丰展生物科技股份有限公司二厂 Enriching Innovation Biotech Co.，Ltd.	2021.10—2026.10	新办
(2021) 外饲准字 740 号	混合型饲料添加剂 微生物 Feed Additives Mixture Live Microorganisms	保时青（玉米新一代） Bonsilage Fit M	混合型饲料添加剂 Feed Additives Mixture	青贮饲料 Silage	奥地利力多生有限责任公司 Lactosan GmbH & Co，KG，Austria	2021.10—2026.10	新办
(2021) 外饲准字 741 号	混合型饲料添加剂 氯化钙 硫酸钙 Feed Additives Mixture Calcium Chloride Calcium Sulfate	钙威宁 Calpro Bolus	混合型饲料添加剂 Feed Additives Mixture	奶牛 Cows	（英国）Agrimin 有限公司 Agrimin Limited，UK	2021.10—2026.10	新办

（续）

登记证号	通用名称	商品名称	产品类别	使用范围	生产厂家	有效期限	备注
(2021) 外饲准字 742 号	混合型饲料添加剂 氨基酸 香味物质 Feed Additives Mixture Amino Acids Flavouring Substances	欧迪美 TM C18101NP C18101NP	混合型饲料添加剂 Feed Additives Mixture	犬 Dogs	（澳大利亚）Inghams Enterprises Pty Limited Inghams Enterprises Pty Limited，Australia	2021.10—2026.10	新办
(2021) 外饲准字 743 号	混合型饲料添加剂 果寡糖 Feed Additives Mixture Fructooligosaccharides	爱倍立健 IGY-SUPER POWDER	混合型饲料添加剂 Feed Additives Mixture	仔猪 Piglets	韩国三养 Anipharm 株式会社 Samyang Anipharm Co.，Ltd.，Korea	2021.10—2026.10	新办
(2021) 外饲准字 744 号	混合型饲料添加剂 氯化胆碱 Feed Additives Mixture Choline Chloride	科百瑞 CholiPEARL	混合型饲料添加剂 Feed Additives Mixture	奶牛 Cows	美国建明工业有限公司 Kemin Industries，Inc.，USA	2021.10—2026.10	新办
(2021) 外饲准字 745 号	混合型饲料添加剂 DL-蛋氨酸 Feed Additives Mixture DL-Methionine	美百瑞 MetiPEARL	混合型饲料添加剂 Feed Additives Mixture	奶牛 Cows	美国建明工业有限公司 Kemin Industries，Inc.，USA	2021.10—2026.10	新办
(2021) 外饲准字 746 号	混合型饲料添加剂 乳酸片球菌 Feed Additives Mixture *Pediococcus acidilactici*	倍特赛 AQUA 100 Bactocell AQUA 100	混合型饲料添加剂 Feed Additives Mixture	水产养殖动物 Aquaculture animals	拉曼动物营养英国有限责任公司 Lallemand Animal Nutrition UK Ltd.，UK	2021.10—2026.10	新办
(2021) 外饲准字 747 号	混合型饲料添加剂 酿酒酵母 Feed Additives Mixture *Saccharomyces cerevisiae*	瘤胃康铁达 10 号 Levucell SC 10ME TITAN	混合型饲料添加剂 Feed Additives Mixture	反刍动物、马 Ruminant，Horses	（德国）拉曼 Wieninger 有限责任公司 Lallemand Wieninger GmbH，Germany	2021.10—2026.10	新办
(2021) 外饲准字 748 号	混合型饲料添加剂 酿酒酵母 Feed Additives Mixture *Saccharomyces cerevisiae*	布拉迪铁达 10 号 Levucell SB 10ME TITAN	混合型饲料添加剂 Feed Additives Mixture	猪、家禽 Swine，Poultry	（德国）拉曼 Wieninger 有限责任公司 Lallemand Wieninger GmbH，Germany	2021.10—2026.10	新办
(2021) 外饲准字 749 号	混合型饲料添加剂 香味物质 Feed Additives Mixture Flavouring Substances	克纳畅 CRINA® Digest	混合型饲料添加剂 Feed Additives Mixture	猪、家禽 Swine，Poultry	意大利西拉公司 SILA S. r. l，Italy	2021.10—2026.10	新办

（续）

登记证号	通用名称	商品名称	产品类别	使用范围	生产厂家	有效期限	备注
（2021）外饲准字 750 号	混合型饲料添加剂 香味物质 Feed Additives Mixture Flavouring Substances	酚多精 MoreHerb	混合型饲料添加剂 Feed Additives Mixture	家禽 Poultry	（台湾）贸立实业股份有限公司 More-standing Enterprise Co.，Ltd	2021.10—2026.10	新办
（2021）外饲准字 751 号	混合型饲料添加剂 虾青素 Feed Additives Mixture Astaxanthin	加丽素®粉红 10%-CWS CAROPHYLL® Pink 10%-CWS	混合型饲料添加剂 Feed Additives Mixture	鱼、甲壳动物、观赏鱼 Fish，Crustaceans，Ornamental fish	帝斯曼营养产品法国有限公司 DSM Nutritional Products France SAS，France	2021.10—2026.10	新办
（2021）外饲准字 752 号	混合型饲料添加剂 矿物元素 Feed Additives Mixture Minerals	腾力素 Px Tonisity Px	混合型饲料添加剂 Feed Additives Mixture	猪 Swine	（爱尔兰）诺帝柏欧有限公司 Nutribio Ltd，Ireland	2021.10—2026.10	新办
（2021）外饲准字 753 号	混合型饲料添加剂 酸度调节剂 Feed Additives Mixture Acidity Regulators	维肠健 AviPower® 4	混合型饲料添加剂 Feed Additives Mixture	猪 Swine	意大利 Vetagro S. P. A. 股份公司 Vetagro S. P. A.，Italy	2021.10—2026.10	新办
（2021）外饲准字 754 号	混合型饲料添加剂 香味物质 天然类固醇萨洒皂角苷（源自丝兰） Feed Additives Mixture Flavouring Substances and YUCCA（Yucca Schidigera Extract）	球利康 AviPower® 2-500	混合型饲料添加剂 Feed Additives Mixture	家禽 Poultry	意大利 Vetagro S. P. A. 股份公司 Vetagro S. P. A.，Italy	2021.10—2026.10	新办
（2021）外饲准字 755 号	混合型饲料添加剂 氯化钠 柠檬酸钠 Feed Additives Mixture Sodium Chloride Sodium Citrate	活力爽补剂 GreenTonic	混合型饲料添加剂 Feed Additives Mixture	猪 Swine	西班牙 IGUSOL ADVANCE S. A. 公司 IGUSOL ADVANCE S. A.，Spain	2021.10—2026.10	新办
（2021）外饲准字 756 号	混合型饲料添加剂 L-硒代蛋氨酸 Feed Additives Mixture L-Selenomethionine	科硒宝 Excential Selenium 4000	混合型饲料添加剂 Feed Additives Mixture	肉仔鸡 Broilers	比利时 Orffa Additives BV 公司 Orffa Additives BV，Belgium	2021.10—2026.10	新办
（2021）外饲准字 757 号	混合型饲料添加剂 L-硒代蛋氨酸 Feed Additives Mixture L-Selenomethionine	科硒能 Excential Selenium 40.000	混合型饲料添加剂 Feed Additives Mixture	肉仔鸡 Broilers	比利时 Orffa Additives BV 公司 Orffa Additives BV，Belgium	2021.10—2026.10	新办

（续）

登记证号	通用名称	商品名称	产品类别	使用范围	生产厂家	有效期限	备注
(2021) 外饲准字 758 号	混合型饲料添加剂 香味物质 Feed Additives Mixture Flavouring Substances	美瑞高 Meriden-Stim Powder	混合型饲料添加剂 Feed Additives Mixture	家禽、猪、反刍动物 Poultry, Swine, Ruminant	英国 Anpario 公司 Anpario plc, UK	2021.10—2026.10	新办
(2021) 外饲准字 759 号	混合型饲料添加剂 粘结剂 Feed Additives Mixture Binders	速型 Mastercube	混合型饲料添加剂 Feed Additives Mixture	养殖动物 All species or categories of animals	英国 Anpario 公司 Anpario plc, UK	2021.10—2026.10	新办
(2021) 外饲准字 760 号	禽维生素预混合饲料 Vitamin Premix for Poultry	钮维露 Nuvisol Hatch L	添加剂预混合饲料 Feed Additive Premix	家禽 Poultry	（荷兰）Mondial Nutrition B. V. Mondial Nutrition B. V., the Netherlands	2021.10—2026.10	新办
(2021) 外饲准字 761 号	犊牛精料补充料 Calf Supplementary Concentrate	犊康乳 CALF START PREMIUM 26/20	精料补充料 Supplementary Concentrate	犊牛 Calves	（美国）Strauss Feeds LLC Strauss Feeds LLC, USA	2021.10—2026.10	新办
(2021) 外饲准字 762 号	犊牛精料补充料 Supplementary Concentrate for Calves	嘉幼 辅力 55 Nurture Balancer	精料补充料 Supplementary Concentrate	犊牛 Calves	荷兰登卡维特公司 Denkavit Nederland B. V., the Netherlands	2021.10—2026.10	新办
(2021) 外饲准字 763 号	鸡血粉 Chicken Blood Meal	鸡血粉 Proteinic flour from blood	单一饲料 Single Feed	畜禽、水产养殖动物（反刍动物除外） Livestock, Poultry, Aquaculture animals (Not including ruminant)	罗马尼亚 SC SAFIR SRL 公司 SC SAFIR SRL, Romania	2021.10—2026.10	新办
(2021) 外饲准字 764 号	鸡肉粉 Chicken Meal	鸡肉粉 Proteinic flour from meat	单一饲料 Single Feed	畜禽、水产养殖动物（反刍动物除外） Livestock, Poultry, Aquaculture animals (Not including ruminant)	罗马尼亚 SC SAFIR SRL 公司 SC SAFIR SRL, Romania	2021.10—2026.10	新办

（续）

登记证号	通用名称	商品名称	产品类别	使用范围	生产厂家	有效期限	备注
(2021) 外饲准字 765 号	花生粕 Peanut Meal	花生粕 Peanut meal	单一饲料 Single Feed	养殖动物 All species or categories of animals	苏丹 Sayga Investment Company Limited 公司 Sayga Investment Company Limited, Sudan	2021.10—2026.10	新办
(2021) 外饲准字 766 号	高温高压水解羽毛粉 High Temperature and High Pressure Hydrolyzed Feather Meal	高温高压水解羽毛粉 HTHP hydrolyzed feather meal	单一饲料 Single Feed	猪、家禽、水产养殖动物 Swine, Poultry, Aquaculture animals	（台湾）铜荣股份有限公司 Tong Rong Co., Ltd	2021.10—2026.10	新办
(2021) 外饲准字 767 号	鸡肉粉 Poultry Meal	鸡肉粉 Poultry meal	单一饲料 Single Feed	畜禽、水产养殖动物、宠物（反刍动物除外） Livestock, Poultry, Aquaculture animals, Pets (Not including ruminant)	（韩国）裕元株式会社 YU WON CO., LTD, Korea	2021.10—2026.10	新办
(2021) 外饲准字 768 号	磷虾粉 Krill Meal	磷虾粉 Krill Meal	单一饲料 Single Feed	水产养殖动物 Aquaculture animals	智利 DERIS S. A. 公司（工船加工，工船名：ANTARCTIC ENDEAVOUR，工船号：2505） DERIS S. A. (Produced on Board at vessel ANTARCTIC ENDEAVOUR, Official No. 2505), Chile	2021.10—2026.10	新办
(2021) 外饲准字 769 号	含可溶物的玉米干酒精糟 Corn Distillers Dried Grains with Solubles (DDGS)	POET 卡罗 DDGS POET Caro DDGS	单一饲料 Single Feed	养殖动物 All species or categories of animals	美国 POET 生物提炼公司—卡罗 POET Biorefining-Caro, USA	2021.10—2026.10	新办
(2021) 外饲准字 770 号	酵母水解物 Yeast Hydrolysate	核力素 Hilyses	单一饲料 Single Feed	猪、家禽、水产养殖动物、宠物、牛、马 Swine, Poultry, Aquaculture animals, Pets, Cattle, Horses	巴西 ICC Industrial Com. Exp. E Imp. S. A. ICC Industrial Com. Exp. E Imp. S. A., Brazil	2021.10—2026.10	新办

（续）

登记证号	通用名称	商品名称	产品类别	使用范围	生产厂家	有效期限	备注
(2021) 外饲准字 771 号	喷雾干燥牛血球蛋白粉 Spray Dried Bovine Blood Cells	AP 301B 喷雾干燥牛血球蛋白粉 AP 301B Bovine Animal Red Cells	单一饲料 Single Feed	猪、家禽、水产养殖动物、犬、猫 Swine, Poultry, Aquaculture animals, Dogs, Cats	巴西 APC do Brasil Ltda 公司 São Luis de Montes Belos 工厂 APC do Brasil Ltda, São Luis de Montes Belos Palnt, Brazil	2021. 10—2026. 10	新办
(2021) 外饲准字 772 号	喷雾干燥牛血球蛋白粉 Spray Dried Bovine Blood Cells	AP 301B-喷雾干燥牛血球蛋白粉 AP 301 B-Bovine Animal Red Cells	单一饲料 Single Feed	猪、家禽、水产养殖动物、犬、猫 Swine, Poultry, Aquaculture animals, Dogs, Cats	巴西 APC do Brasil Ltda 公司 Rua Brigadeiro Faria Lima 工厂 APC do Brasil Ltda., Plant Rua Brigadeiro Faria Lima, Brazil	2021. 10—2026. 10	新办
(2021) 外饲准字 773 号	喷雾干燥牛血浆蛋白粉 Spray Dried Bovine Plasma Protein Meal	AP 920B-喷雾干燥牛血浆蛋白粉 AP 920 B-Bovine Animal Plasma	单一饲料 Single Feed	猪、家禽、水产养殖动物、犬、猫 Swine, Poultry, Aquaculture animals, Dogs, Cats	巴西 APC do Brasil Ltda 公司 Rua Brigadeiro Faria Lima 工厂 APC do Brasil Ltda., Plant Rua Brigadeiro Faria Lima, Brazil	2021. 10—2026. 10	新办
(2021) 外饲准字 774 号	喷雾干燥猪血球蛋白粉 Spray Dried Porcine Blood Cells	AP301P 喷雾干燥猪血球蛋白粉 AP301P	单一饲料 Single Feed	养殖动物（反刍动物除外） All species or categories of animals (Not including ruminant)	西班牙 APC EUROPE S. L. U. 公司 APC EUROPE S. L. U., Spain	2021. 10—2026. 10	新办
(2021) 外饲准字 775 号	鱼粉 Fishmeal	蒸汽烘干红鱼粉（三级至一级） Steam Dried Red Fishmeal (Ⅲ to Ⅰ)	单一饲料 Single Feed	畜禽、水产养殖动物（反刍动物除外） Livestock, Poultry, Aquaculture animals (Not including ruminant)	纳米比亚纳姆索夫渔业（私营）有限公司 Namsov Fishing Enterprises (Pty) Ltd., Namibia	2021. 10—2026. 10	新办
(2021) 外饲准字 776 号	犊牛配合饲料 Calf Compound Feed	优仕乳 Joosten Milk	配合饲料 Compound Feed	犊牛 Calves	荷兰 Nukamel Productions B. V. 公司 Nukamel Productions B. V., the Netherlands	2021. 10—2026. 10	新办

（续）

登记证号	通用名称	商品名称	产品类别	使用范围	生产厂家	有效期限	备注
(2021) 外饲准字 777 号	犊牛配合饲料 Calf Compound Feed	优仕乳 Joosten Milk	配合饲料 Compound Feed	犊牛 Calves	荷兰 P. C. Van Tuijl Kesteren B. V. 公司 P. C. Van Tuijl Kesteren B. V., the Netherlands	2021. 10—2026. 10	新办
(2021) 外饲准字 778 号	观赏鱼配合饲料 Compound Feed for Ornamental Fish	哈根富华增色配方粮（中、大型鱼） HAGEN FLUVAL BUG BITES COLOR ENHANCING FORMULA FOR MEDIUM TO LARGE FISH	配合饲料 Compound Feed	观赏鱼 Ornamental fish	加拿大 HAGEN INDUSTRIES LTD. 公司 HAGEN INDUSTRIES LTD., Canada	2021. 10—2026. 10	新办
(2021) 外饲准字 779 号	观赏鱼配合饲料 Compound Feed for Ornamental Fish	哈根富华斗鱼配方粮 HAGEN FLUVAL BUG BITES BETTA FORMULA	配合饲料 Compound Feed	观赏鱼 Ornamental fish	加拿大 HAGEN INDUSTRIES LTD. 公司 HAGEN INDUSTRIES LTD., Canada	2021. 10—2026. 10	新办
(2021) 外饲准字 780 号	观赏鱼配合饲料 Compound Feed for Ornamental Fish	哈根富华热带鱼配方粮（中，大型鱼） HAGEN FLUVAL BUG BITES TROPICAL FORMULA FOR MEDIUM TO LARGE FISH	配合饲料 Compound Feed	观赏鱼 Ornamental fish	加拿大 HAGEN INDUSTRIES LTD. 公司 HAGEN INDUSTRIES LTD., Canada	2021. 10—2026. 10	新办
(2021) 外饲准字 781 号	观赏鱼配合饲料 Compound Feed for Ornamental Fish	哈根富华金鱼配方粮（小，中型鱼） HAGEN FLUVAL BUG BITES GOLDFISH FORMULA FOR SMALL TO MEDIUM FISH	配合饲料 Compound Feed	观赏鱼 Ornamental fish	加拿大 HAGEN INDUSTRIES LTD. 公司 HAGEN INDUSTRIES LTD., Canada	2021. 10—2026. 10	新办

（续）

登记证号	通用名称	商品名称	产品类别	使用范围	生产厂家	有效期限	备注
(2021) 外饲准字 782 号	观赏鱼配合饲料 Compound Feed for Ornamental Fish	哈根富华金鱼配方粮（中，大型鱼） HAGEN FLUVAL BUG BITES GOLDFISH FORMULA FOR MEDIUM TO LARGE FISH	配合饲料 Compound Feed	观赏鱼 Ornamental fish	加拿大 HAGEN INDUSTRIES LTD. 公司 HAGEN INDUSTRIES LTD.，Canada	2021.10—2026.10	新办
(2021) 外饲准字 783 号	观赏鱼配合饲料 Compound Feed for Ornamental Fish	哈根富华底部配方粮（小，中型鱼） HAGEN FLUVAL BUG BITES BOTTOM FEEDER FORMULA FOR SMALL TO MEDIUM FISH	配合饲料 Compound Feed	观赏鱼 Ornamental fish	加拿大 HAGEN INDUSTRIES LTD. 公司 HAGEN INDUSTRIES LTD.，Canada	2021.10—2026.10	新办
(2021) 外饲准字 784 号	观赏鱼配合饲料 Compound Feed for Ornamental Fish	哈根富华异形鱼配方粮（中，大型鱼） HAGEN FLUVAL BUG BITES PLECO FORMULA FOR MEDIUM TO LARGE FISH	配合饲料 Compound Feed	观赏鱼 Ornamental fish	加拿大 HAGEN INDUSTRIES LTD. 公司 HAGEN INDUSTRIES LTD.，Canada	2021.10—2026.10	新办
(2021) 外饲准字 785 号	犊牛配合饲料 Compound Feed for Calves	奥氏犊牛配方奶粉 HONNEUR CALF MILK	配合饲料 Compound Feed	犊牛 Calves	法国索菲沃公司 SOFIVO S. A. S.，France	2021.10—2026.10	新办
(2021) 外饲准字 786 号	羔羊配合饲料 Compound Feed for Lambs	保健然 阿尔代诺 ELVOR ALTERNO	配合饲料 Compound Feed	羔羊 Lambs	法国索菲沃公司 SOFIVO S. A. S.，France	2021.10—2026.10	新办
(2021) 外饲准字 787 号	犊牛配合饲料 Compound Feed for Calves	保健然 滋养 ELVOR TONIC	配合饲料 Compound Feed	犊牛 Calves	法国索菲沃公司 SOFIVO S. A. S.，France	2021.10—2026.10	新办
(2021) 外饲准字 788 号	犊牛配合饲料 Compound Feed for Calves	保健然 效能 ELVOR EFFICIENCY	配合饲料 Compound Feed	犊牛 Calves	法国索菲沃公司 SOFIVO S. A. S.，France	2021.10—2026.10	新办

（续）

登记证号	通用名称	商品名称	产品类别	使用范围	生产厂家	有效期限	备注
(2021) 外饲准字 789 号	观赏鱼配合饲料 Compound Feed for Ornamental Fish	哈根富华热带鱼配方粮（小型鱼） HAGEN FLUVAL BUG BITES TROPICAL FORMULA FOR SMALL FISH	配合饲料 Compound Feed	观赏鱼 Ornamental fish	加拿大 HAGEN INDUSTRIES LTD. 公司 HAGEN INDUSTRIES LTD.，Canada	2021. 10—2026. 10	新办
(2021) 外饲准字 790 号	观赏鱼配合饲料 Compound Feed for Ornamental Fish	哈根富华东非三湖慈鲷配方粮（中，大型鱼） HAGEN FLUVAL BUG BITES CICHLID FORMULA FOR MEDIUM TO LARGE FISH	配合饲料 Compound Feed	观赏鱼 Ornamental fish	加拿大 HAGEN INDUSTRIES LTD. 公司 HAGEN INDUSTRIES LTD.，Canada	2021. 10—2026. 10	新办
(2021) 外饲准字 791 号	观赏鱼配合饲料 Compound Feed for Ornamental Fish	哈根富华东非三湖慈鲷配方粮（小，中型鱼） HAGEN FLUVAL BUG BITES CICHLID FORMULA FOR SMALL TO MEDIUM FISH	配合饲料 Compound Feed	观赏鱼 Ornamental fish	加拿大 HAGEN INDUSTRIES LTD. 公司 HAGEN INDUSTRIES LTD.，Canada	2021. 10—2026. 10	新办
(2021) 外饲准字 792 号	犊牛配合饲料 Compound Feed for Calves	嘉幼 雏菊 Provimilk Daisy	配合饲料 Compound Feed	犊牛 Calves	荷兰登卡维特有限公司 Denkavit Nederland B. V.，the Netherlands	2021. 10—2026. 10	新办
(2021) 外饲准字 793 号	犊牛配合饲料 Compound Feed for Calves	嘉幼 向日葵 Provimilk Excel	配合饲料 Compound Feed	犊牛 Calves	荷兰登卡维特有限公司 Denkavit Nederland B. V.，the Netherlands	2021. 10—2026. 10	新办
(2021) 外饲准字 794 号	犊牛配合饲料 Compound Feed for Calves	嘉幼 星火 24 Nurture Spark	配合饲料 Compound Feed	犊牛 Calves	荷兰登卡维特有限公司 Denkavit Nederland B. V.，the Netherlands	2021. 10—2026. 10	新办

（续）

登记证号	通用名称	商品名称	产品类别	使用范围	生产厂家	有效期限	备注
（2021）外饲准字795号	羔羊配合饲料 Compound Feed for Lambs and Goat Kids	嘉幼 金羊 Nurture Gold	配合饲料 Compound Feed	羔羊 Lambs	荷兰登卡维特有限公司 Denkavit Nederland B. V.，the Netherlands	2021.10—2026.10	新办
（2021）外饲准字796号	宠物营养补充剂 Pet Nutrition Supplement	乐宠护心 LoveMyPet _ Cardio	宠物添加剂预混合饲料 Pet Feed Additive Premix	猫、犬 Cats，Dogs	（台湾）璿智国际宠物科技有限公司大富厂 WISDOM Internatinal Pet Science Co.，Ltd. Dafu Factory	2021.10—2026.10	新办
（2021）外饲准字797号	宠物营养补充剂 成年期猫/犬矿物质微量元素 Pet Nutrition Supplement Minerals for Adult Cat and Adult Dog	悦补利康（粉剂） Renal P powder	宠物添加剂预混合饲料 Pet Feed Additive Premix	猫、犬 Cats，Dogs	意大利 ACEL pharma S. r. l. ACEL pharma S. r. l.，Italy	2021.10—2026.10	新办
（2021）外饲准字798号	宠物营养补充剂 成年期猫维生素矿物质微量元素 Pet Nutrition Supplement Vitamins Minerals for Adult Cat	悦补利康（膏剂） Renal P paste	宠物添加剂预混合饲料 Pet Feed Additive Premix	猫 Cats	意大利 ACEL pharma S. r. l. ACEL pharma S. r. l.，Italy	2021.10—2026.10	新办
（2021）外饲准字799号	宠物营养补充剂 维生素 矿物质微量元素 微生物 Pet Nutrition Supplement Vitamins Minerals Live Microorganisms	常清萌（片剂） Florentero Act tablets	宠物添加剂预混合饲料 Pet Feed Additive Premix	猫、犬 Cats，Dogs	意大利 ACEL pharma S. r. l. ACEL pharma S. r. l.，Italy	2021.10—2026.10	新办
（2021）外饲准字800号	宠物营养补充剂 维生素 矿物质微量元素 微生物 Pet Nutrition Supplement Vitamins Minerals Live Microorganisms	常清萌（膏剂） Florentero Act Paste	宠物添加剂预混合饲料 Pet Feed Additive Premix	猫、犬 Cats，Dogs	意大利 ACEL pharma S. r. l. ACEL pharma S. r. l.，Italy	2021.10—2026.10	新办
（2021）外饲准字801号	全价宠物食品成年期犬处方粮 Pet Compound Food Adult Dogs Veterinary Diets	Dr. Clauder's 犬用肝脏处方罐 Dr. Clauder's Liver Diet for Dogs	宠物配合饲料 Pet Compound Feed	犬 Dogs	德国 Landguth Heimtiernahrung GmbH 公司 Landguth Heimtiernahrung GmbH，Germany	2021.10—2026.10	新办

（续）

登记证号	通用名称	商品名称	产品类别	使用范围	生产厂家	有效期限	备注
(2021) 外饲准字 802 号	全价宠物食品成年期犬处方粮 Pet Compound Food Adult Dogs Veterinary Diets	Dr. Clauder's 犬用皮毛处方罐 Dr. Clauder's Fur and Skin Diet for Dogs	宠物配合饲料 Pet Compound Feed	犬 Dogs	德国 Landguth Heimtiernahrung GmbH 公司 Landguth Heimtiernahrung GmbH, Germany	2021.10—2026.10	新办
(2021) 外饲准字 803 号	全价宠物食品猫处方粮 Pet Compound Food Cats Veterinary Diets	Dr. Clauder's 猫咪低敏处方罐 Dr. Clauder's Hypoallergen Diet for Cats	宠物配合饲料 Pet Compound Feed	猫 Cats	德国 Landguth Heimtiernahrung GmbH 公司 Landguth Heimtiernahrung GmbH, Germany	2021.10—2026.10	新办
(2021) 外饲准字 804 号	全价宠物食品成年期犬处方粮 Pet Compound Food Adult Dogs Veterinary Diets	Dr. Clauder's 犬用肠道处方罐 Dr. Clauder's Intestinal Diet for Dogs	宠物配合饲料 Pet Compound Feed	犬 Dogs	德国 Landguth Heimtiernahrung GmbH 公司 Landguth Heimtiernahrung GmbH, Germany	2021.10—2026.10	新办
(2021) 外饲准字 805 号	全价宠物食品成年期猫粮 Pet Compound Food for Adult Cats	Dr. Clauder's 精选含鳟鱼三文鱼猫罐头 Dr. Clauder's Selected Pearls Salmon & Trout for Cats	宠物配合饲料 Pet Compound Feed	猫 Cats	德国 Landguth Heimtiernahrung GmbH 公司 Landguth Heimtiernahrung GmbH, Germany	2021.10—2026.10	新办
(2021) 外饲准字 806 号	全价宠物食品成年期猫粮 Pet Compound Food for Adult Cats	Dr. Clauder's 精选虾配方猫罐头 Dr. Clauder's Selected Pearls Shrimps for Cats	宠物配合饲料 Pet Compound Feed	猫 Cats	德国 Landguth Heimtiernahrung GmbH 公司 Landguth Heimtiernahrung GmbH, Germany	2021.10—2026.10	新办
(2021) 外饲准字 807 号	全价宠物食品成年期猫粮 Pet Compound Food for Adult Cats	Dr. Clauder's 精选含兔肉三文鱼配方猫罐头 Dr. Clauder's Selected Pearls Salmon and Rabbit for Cats	宠物配合饲料 Pet Compound Feed	猫 Cats	德国 Landguth Heimtiernahrung GmbH 公司 Landguth Heimtiernahrung GmbH, Germany	2021.10—2026.10	新办

（续）

登记证号	通用名称	商品名称	产品类别	使用范围	生产厂家	有效期限	备注
(2021) 外饲准字 808 号	全价宠物食品成年期猫粮 Pet Compound Food for Adult Cats	Dr. Clauder's 精选含鸡肉鸡肝配方猫罐头 Dr. Clauder's Selected Pearls Chicken and Poultry Liver for Cats	宠物配合饲料 Pet Compound Feed	猫 Cats	德国 Landguth Heimtiernahrung GmbH 公司 Landguth Heimtiernahrung GmbH, Germany	2021.10—2026.10	新办
(2021) 外饲准字 809 号	全价宠物食品犬处方粮 Pet Compound Food for Dog Prescription Feed	Dr. Clauder's 犬用皮毛处方粮 Dr. Clauder's Fur and Skin Diet for Dogs (FSD)	宠物配合饲料 Pet Compound Feed	犬 Dogs	德国 Bosch Tiernahrung GmbH & Co. KG Bosch Tiernahrung GmbH & Co. KG, Germany	2021.10—2026.10	新办
(2021) 外饲准字 810 号	全价宠物食品犬处方粮 Pet Compound Food for Dog Prescription Feed	Dr. Clauder's 犬用肝脏处方粮 Dr. Clauder' s Liver Diet for Dogs (LD)	宠物配合饲料 Pet Compound Feed	犬 Dogs	德国 Bosch Tiernahrung GmbH & Co. KG Bosch Tiernahrung GmbH & Co. KG, Germany	2021.10—2026.10	新办
(2021) 外饲准字 811 号	全价宠物食品成年期犬粮 Pet Compound Food for Adult Dogs	Natures Gift 牛肉配方成犬罐头 Natures Gift Adult Beef Recipe	宠物配合饲料 Pet Compound Feed	犬 Dogs	澳大利亚宠物食品有限公司（Ingleburn 工厂） Australian Pet Brands Pty Ltd（Ingleburn），Australia	2021.10—2026.10	新办
(2021) 外饲准字 812 号	全价宠物食品成年期犬粮 Pet Compound Food for Adult Dogs	自然馈赠犬用罐头含牛肉添加蔬菜 Nature's Gift Casserole with Beef & Vegetables Recipe	宠物配合饲料 Pet Compound Feed	犬 Dogs	澳大利亚宠物食品有限公司（Ingleburn 工厂） Australian Pet Brands Pty Ltd（Ingleburn），Australia	2021.10—2026.10	新办
(2021) 外饲准字 813 号	全价宠物食品成年期犬粮 Pet Compound Food for Adult Dogs	自然馈赠犬用罐头含羊肉添加蔬菜 Nature's Gift Casserole with Lamb & Vegetables Recipe	宠物配合饲料 Pet Compound Feed	犬 Dogs	澳大利亚宠物食品有限公司（Ingleburn 工厂） Australian Pet Brands Pty Ltd（Ingleburn），Australia	2021.10—2026.10	新办

（续）

登记证号	通用名称	商品名称	产品类别	使用范围	生产厂家	有效期限	备注
（2021）外饲准字814号	全价宠物食品成年期猫粮 Pet Compound Food for Adult Cats	艾瑞寇猫用罐头含牛肉配方 IVORY COAT Beef in Gravy	宠物配合饲料 Pet Compound Feed	猫 Cats	澳大利亚宠物食品有限公司（Ingleburn工厂） Australian Pet Brands Pty Ltd（Ingleburn），Australia	2021.10—2026.10	新办
（2021）外饲准字815号	全价宠物食品成年期猫粮 Pet Compound Food for Adult Cats	艾瑞寇猫用罐头含海洋鱼配方 IVORY COAT Oceanfish in Gravy	宠物配合饲料 Pet Compound Feed	猫 Cats	澳大利亚宠物食品有限公司（Ingleburn工厂） Australian Pet Brands Pty Ltd（Ingleburn），Australia	2021.10—2026.10	新办
（2021）外饲准字816号	全价宠物食品成年期猫粮 Pet Compound Food for Adult Cats	喵觅含牛肉猫罐 FUSSY CAT Beef in Gravy	宠物配合饲料 Pet Compound Feed	猫 Cats	澳大利亚宠物食品有限公司（Ingleburn工厂） Australian Pet Brands Pty Ltd（Ingleburn），Australia	2021.10—2026.10	新办
（2021）外饲准字817号	全价宠物食品成年期猫粮 Pet Compound Food for Adult Cats	喵觅含海洋鱼配方猫罐 FUSSY CAT Oceanfish in Gravy	宠物配合饲料 Pet Compound Feed	猫 Cats	澳大利亚宠物食品有限公司（Ingleburn工厂） Australian Pet Brands Pty Ltd（Ingleburn），Australia	2021.10—2026.10	新办
（2021）外饲准字818号	全价宠物食品猫粮 Pet Compound Food for Cats	生鲜本能经典无谷含三文鱼配方猫粮 Instinct Original Grain-Free Recipe with Real Salmon for cat	宠物配合饲料 Pet Compound Feed	猫 Cats	美国C.J.食品股份有限公司（Bern工厂） C.J. Foods，Inc.，USA	2021.10—2026.10	新办
（2021）外饲准字819号	全价宠物食品犬粮 Pet Compound Food for Dogs	生鲜本能经典无谷鸡肉配方 犬粮 Instinct Original Grain-Free Recipe with Real Chicken for dog	宠物配合饲料 Pet Compound Feed	犬 Dogs	美国C.J.食品股份有限公司（Bern工厂） C.J. Foods，Inc.，USA	2021.10—2026.10	新办

（续）

登记证号	通用名称	商品名称	产品类别	使用范围	生产厂家	有效期限	备注
(2021) 外饲准字 820 号	全价宠物食品犬粮 Pet Compound Food for Dogs	生鲜本能经典无谷含三文鱼配方犬粮 Instinct Original Grain-Free Recipe with Real Salmon for dog	宠物配合饲料 Pet Compound Feed	犬 Dogs	美国 C. J. 食品股份有限公司（Bern 工厂） C. J. Foods, Inc., USA	2021. 10—2026. 10	新办
(2021) 外饲准字 821 号	全价宠物食品猫粮 Pet Compound Food for Cats	生鲜本能经典无谷鸡肉配方猫粮 Instinct Original Grain-Free Recipe with Real Chicken for cat	宠物配合饲料 Pet Compound Feed	猫 Cats	美国 C. J. 食品股份有限公司（Bern 工厂） C. J. Foods, Inc., USA	2021. 10—2026. 10	新办
(2021) 外饲准字 822 号	全价宠物食品猫粮 Pet Compound Food for Cats	生鲜本能必臻鸡肉糙米配方猫粮 Instinct Be Natural Recipe with Real Chicken and Brown Rice for cats	宠物配合饲料 Pet Compound Feed	猫 Cats	美国 C. J. 食品股份有限公司（Bern 工厂） C. J. Foods, Inc., USA	2021. 10—2026. 10	新办
(2021) 外饲准字 823 号	全价宠物食品成年期猫粮 Pet Compound Food for Adult Cats	生鲜本能高蛋白无谷鸡肉配方猫粮 Instinct Ultimate Protein Grain-Free Cage-Free Chicken Recipe for cat	宠物配合饲料 Pet Compound Feed	猫 Cats	美国 C. J. 食品股份有限公司（Bern 工厂） C. J. Foods, Inc., USA	2021. 10—2026. 10	新办
(2021) 外饲准字 824 号	全价宠物食品猫粮 Pet Compound Food for Cat	耐吉斯海陆飨宴全龄猫粮 HRS Turf & Surf Cat Food	宠物配合饲料 Pet Compound Feed	猫 Cats	（加拿大）艾尔麦乐宠物产品有限公司 Elmira Pet Products Ltd., Canada	2021. 10—2026. 10	新办
(2021) 外饲准字 825 号	全价宠物食品猫粮 Pet Compound Food for Cat	耐吉斯田园飨宴全龄猫粮 HRS Fields Feast Cat Food	宠物配合饲料 Pet Compound Feed	猫 Cats	（加拿大）艾尔麦乐宠物产品有限公司 Elmira Pet Products Ltd., Canada	2021. 10—2026. 10	新办

（续）

登记证号	通用名称	商品名称	产品类别	使用范围	生产厂家	有效期限	备注
(2021) 外饲准字 826 号	全价宠物食品成年期犬粮 Pet Compound Feed for Adult Dog	无谷鸡肉配方成犬粮 Grain Free Chicken Formula for Adult Dog	宠物配合饲料 Pet Compound Feed	犬 Dogs	加拿大斯派特饲料服务有限公司（工厂） Spectrum Feed Services Ltd.，Canada	2021.10—2026.10	新办
(2021) 外饲准字 827 号	全价宠物食品小型犬犬粮 Pet Compound Feed for Small Breed Dog	无谷鸡肉配方小型犬粮 Grain Free Chicken Formula for Small Dog	宠物配合饲料 Pet Compound Feed	犬 Dogs	加拿大斯派特饲料服务有限公司（工厂） Spectrum Feed Services Ltd.，Canada	2021.10—2026.10	新办
(2021) 外饲准字 828 号	全价宠物食品成年期犬粮 Pet Compound Feed for Adult Dog	LIVE 全价成犬活菌粮三文鱼配方 ProBiotic Live Adult Dog (Salmon)	宠物配合饲料 Pet Compound Feed	犬 Dogs	西班牙联合宠物食品公司 UNITED PETFOOD SPAIN S.L, Spain	2021.10—2026.10	新办
(2021) 外饲准字 829 号	全价宠物食品小型犬幼年期犬粮 Pet Compound Feed for Small Breed Puppy	LIVE 全价小型犬幼犬活菌粮火鸡肉大米配方 ProBiotic Live Puppy Mini Breeds（Turkey & Rice)	宠物配合饲料 Pet Compound Feed	犬 Dogs	西班牙联合宠物食品公司 UNITED PETFOOD SPAIN S.L, Spain	2021.10—2026.10	新办
(2021) 外饲准字 830 号	全价宠物食品成年期犬粮 Pet Compound Feed for Adult Dog	LIVE 全价成犬活菌粮鸡肉配方 ProBiotic Live Adult Dog (Chicken)	宠物配合饲料 Pet Compound Feed	犬 Dogs	西班牙联合宠物食品公司 UNITED PETFOOD SPAIN S.L, Spain	2021.10—2026.10	新办
(2021) 外饲准字 831 号	全价宠物食品幼年期猫粮 Pet Compound Feed for Kitten	LIVE 全价幼猫活菌粮鸡肉配方 ProBiotic Live Kitten (Chicken)	宠物配合饲料 Pet Compound Feed	猫 Cats	西班牙联合宠物食品公司 UNITED PETFOOD SPAIN S.L, Spain	2021.10—2026.10	新办
(2021) 外饲准字 832 号	全价宠物食品幼年期犬粮 Pet Compound Feed for Puppy	LIVE 全价幼犬活菌粮鸡肉配方 ProBiotic Live Puppy (Chicken)	宠物配合饲料 Pet Compound Feed	犬 Dogs	西班牙联合宠物食品公司 UNITED PETFOOD SPAIN S.L, Spain	2021.10—2026.10	新办

（续）

登记证号	通用名称	商品名称	产品类别	使用范围	生产厂家	有效期限	备注
（2021）外饲准字 833 号	全价宠物食品小型犬成年期犬粮 Pet Compound Feed for Small Breed Adult Dog	LIVE 全价小型犬成犬活菌粮三文鱼大米配方 ProBiotic Live Adult Mini Breeds (Salmon & Rice)	宠物配合饲料 Pet Compound Feed	犬 Dogs	西班牙联合宠物食品公司 UNITED PETFOOD SPAIN S. L, Spain	2021. 10—2026. 10	新办
（2021）外饲准字 834 号	全价宠物食品成年期猫粮 Pet Compound Feed for Adult Cat	LIVE 全价绝育成猫活菌粮鱼肉配方 ProBiotic Live Adult Cat Neutered (Fish)	宠物配合饲料 Pet Compound Feed	猫 Cats	西班牙联合宠物食品公司 UNITED PETFOOD SPAIN S. L, Spain	2021. 10—2026. 10	新办
（2021）外饲准字 835 号	全价宠物食品成年期猫粮 Pet Compound Feed for Adult Cat	LIVE 全价成猫活菌粮鸭肉配方 ProBiotic Live Adult Cat (Duck)	宠物配合饲料 Pet Compound Feed	猫 Cats	西班牙联合宠物食品公司 UNITED PETFOOD SPAIN S. L, Spain	2021. 10—2026. 10	新办
（2021）外饲准字 836 号	全价宠物食品成年期猫粮 Pet Compound Feed for Adult Cat	LIVE 全价成猫活菌粮鸡肉配方 ProBiotic Live Adult Cat (Chicken)	宠物配合饲料 Pet Compound Feed	猫 Cats	西班牙联合宠物食品公司 UNITED PETFOOD SPAIN S. L, Spain	2021. 10—2026. 10	新办
（2021）外饲准字 837 号	全价宠物食品成年期猫粮 Pet Compound Feed for Adult Cat	维克维优绝育成年猫粮 VIRBAC HPM ADULT CAT NEUTERED	宠物配合饲料 Pet Compound Feed	猫 Cats	西班牙联合宠物食品公司 UNITED PETFOOD SPAIN S. L, Spain	2021. 10—2026. 10	新办
（2021）外饲准字 838 号	全价宠物食品成年期猫粮 Pet Compound Feed for Adult Cat	维克维优绝育及非绝育成年猫粮含三文鱼 VIRBAC HPM ADULT CAT NEUTERED AND ENTIRE WITH SALMON	宠物配合饲料 Pet Compound Feed	猫 Cats	西班牙联合宠物食品公司 UNITED PETFOOD SPAIN S. L, Spain	2021. 10—2026. 10	新办

（续）

登记证号	通用名称	商品名称	产品类别	使用范围	生产厂家	有效期限	备注
（2021）外饲准字 839 号	全价宠物食品幼年期猫粮 Pet Compound Feed for Baby Cat	维克维优幼猫粮 VIRBAC HPM BABY CAT	宠物配合饲料 Pet Compound Feed	猫 Cats	西班牙联合宠物食品公司 UNITED PETFOOD SPAIN S. L, Spain	2021.10—2026.10	新办
（2021）外饲准字 840 号	全价宠物食品幼年期猫粮 Pet Compound Feed for Junior Cat	维克维优绝育幼猫粮 VIRBAC HPM JUNIOR CAT NEUTERED	宠物配合饲料 Pet Compound Feed	猫 Cats	西班牙联合宠物食品公司 UNITED PETFOOD SPAIN S. L, Spain	2021.10—2026.10	新办
（2021）外饲准字 841 号	全价宠物食品老年期猫粮 Pet Compound Feed for Senior Cat	维克维优绝育老年猫粮 VIRBAC HPM SENIOR CAT NEUTERED	宠物配合饲料 Pet Compound Feed	猫 Cats	西班牙联合宠物食品公司 UNITED PETFOOD SPAIN S. L, Spain	2021.10—2026.10	新办
（2021）外饲准字 842 号	全价宠物食品犬粮 Pet Compound Feed for Dog	亿沃无谷烘焙犬粮含火鸡肉甘薯蔓越莓配方 Evolve® Small Batch Baked Grain Free Oven Roasted Turkey, Sweet Potato, & Cranberry Recipe Food For Dogs	宠物配合饲料 Pet Compound Feed	犬 Dogs	美国阳光磨坊公司（阿拉巴马州工厂） Sunshine Mills Inc.，USA	2021.10—2026.10	新办
（2021）外饲准字 843 号	全价宠物食品成年期猫粮 Pet Complete Food for Adult Cat	鸡肉吞拿鱼配方添加大米猫用水煮主食罐头 Tuna and chicken with rice in cooking water	宠物配合饲料 Pet Compound Feed	猫 Cats	泰国 Southeast Asian Packaging and Canning 有限公司 Southeast Asian Packaging and Canning Limited，Thailand	2021.10—2026.10	新办
（2021）外饲准字 844 号	全价宠物食品成年期猫粮 Pet Complete Food for Adult Cat	鸡肉虾配方猫用浓汤主食罐头 Chicken with shrimps in sauce	宠物配合饲料 Pet Compound Feed	猫 Cats	泰国 Southeast Asian Packaging and Canning 有限公司 Southeast Asian Packaging and Canning Limited，Thailand	2021.10—2026.10	新办
（2021）外饲准字 845 号	全价宠物食品成年期猫粮 Pet Complete Food for Adult Cat	吞拿鱼沙丁鱼配方猫用浓汤主食罐头 Tuna with pilchards in sauce	宠物配合饲料 Pet Compound Feed	猫 Cats	泰国 Southeast Asian Packaging and Canning 有限公司 Southeast Asian Packaging and Canning Limited，Thailand	2021.10—2026.10	新办

（续）

登记证号	通用名称	商品名称	产品类别	使用范围	生产厂家	有效期限	备注
（2021）外饲准字 846 号	全价宠物食品成年期猫粮 Pet Complete Food for Adult Cat	吞拿鱼三文鱼配方猫用浓汤主食罐头 Tuna with salmon in sauce	宠物配合饲料 Pet Compound Feed	猫 Cats	泰国 Southeast Asian Packaging and Canning 有限公司 Southeast Asian Packaging and Canning Limited, Thailand	2021.10—2026.10	新办
（2021）外饲准字 847 号	全价宠物食品成年期猫粮 Pet Complete Food for Adult Cat	吞拿鱼鲈鱼配方猫用浓汤主食罐头 Tuna with seabass in sauce	宠物配合饲料 Pet Compound Feed	猫 Cats	泰国 Southeast Asian Packaging and Canning 有限公司 Southeast Asian Packaging and Canning Limited, Thailand	2021.10—2026.10	新办
（2021）外饲准字 848 号	全价宠物食品成年期猫粮 Pet Complete Food for Adult Cat	吞拿鱼鲷鱼配方猫用浓汤主食罐头 Tuna with seabream in sauce	宠物配合饲料 Pet Compound Feed	猫 Cats	泰国 Southeast Asian Packaging and Canning 有限公司 Southeast Asian Packaging and Canning Limited, Thailand	2021.10—2026.10	新办
（2021）外饲准字 849 号	全价宠物食品成年期猫粮 Pet Complete Food for Adult Cat	吞拿鱼配方猫用啫喱主食罐头 Tuna in jelly	宠物配合饲料 Pet Compound Feed	猫 Cats	泰国 Southeast Asian Packaging and Canning 有限公司 Southeast Asian Packaging and Canning Limited, Thailand	2021.10—2026.10	新办
（2021）外饲准字 850 号	全价宠物食品成年期猫粮 Pet Complete Food for Adult Cat	吞拿鱼配方添加海藻猫用啫喱主食罐头 Tuna with algae in jelly	宠物配合饲料 Pet Compound Feed	猫 Cats	泰国 Southeast Asian Packaging and Canning 有限公司 Southeast Asian Packaging and Canning Limited, Thailand	2021.10—2026.10	新办
（2021）外饲准字 851 号	全价宠物食品成年期猫粮 Pet Complete Food for Adult Cat	吞拿鱼白饭鱼配方猫用啫喱主食罐头 Tuna with whitebaits in jelly	宠物配合饲料 Pet Compound Feed	猫 Cats	泰国 Southeast Asian Packaging and Canning 有限公司 Southeast Asian Packaging and Canning Limited, Thailand	2021.10—2026.10	新办
（2021）外饲准字 852 号	全价宠物食品成年期猫粮 Pet Compound Feed for Adult Cat	LIVE 全价绝育猫活菌粮鱼肉配方 ProBiotic Live Cat Neutered (Fish)	宠物配合饲料 Pet Compound Feed	猫 Cats	比利时联合宠物食品公司 United Petfood Producers NV, Belgium	2021.10—2026.10	新办

（续）

登记证号	通用名称	商品名称	产品类别	使用范围	生产厂家	有效期限	备注
（2021）外饲准字 853 号	全价宠物食品成年期猫粮 Pet Compound Feed for Adult Cat	LIVE 全价成猫活菌粮鸡肉配方 ProBiotic Live Adult Cat (Chicken)	宠物配合饲料 Pet Compound Feed	猫 Cats	比利时联合宠物食品公司 United Petfood Producers NV，Belgium	2021.10—2026.10	新办
（2021）外饲准字 854 号	全价宠物食品幼年期猫粮 Pet Compound Food for Kittens	崎元全面均衡幼猫粮—海鱼味 PURETRITION COMPLETE & BALANCED KITTEN DIET-OCEAN FISH FLAVOR	宠物配合饲料 Pet Compound Feed	猫 Cats	泰国 Nutrix Public 有限公司 Nutrix Public Company Limited，Thailand	2021.10—2026.10	新办
（2021）外饲准字 855 号	全价宠物食品幼年期猫粮 Pet Compound Food for Kittens	崎元全面均衡幼猫粮—吞拿鱼味 PURETRITION COMPLETE & BALANCED KITTEN DIET-TUNA FLAVOR	宠物配合饲料 Pet Compound Feed	猫 Cats	泰国 Nutrix Public 有限公司 Nutrix Public Company Limited，Thailand	2021.10—2026.10	新办
（2021）外饲准字 856 号	全价宠物食品幼年期猫粮 Pet Compound Food for Kittens	崎元全面均衡幼猫粮—鸡肉味 PURETRITION COMPLETE & BALANCED KITTEN DIET-CHICKEN FLAVOR	宠物配合饲料 Pet Compound Feed	猫 Cats	泰国 Nutrix Public 有限公司 Nutrix Public Company Limited，Thailand	2021.10—2026.10	新办
（2021）外饲准字 857 号	全价宠物食品成年期猫粮 Pet Compound Food for Adult Cat	崎元全面均衡成猫粮—海鱼味 PURETRITION COMPLETE & BALANCED ADULT CAT DIET-OCEAN FISH FLAVOR	宠物配合饲料 Pet Compound Feed	猫 Cats	泰国 Nutrix Public 有限公司 Nutrix Public Company Limited，Thailand	2021.10—2026.10	新办

（续）

登记证号	通用名称	商品名称	产品类别	使用范围	生产厂家	有效期限	备注
（2021）外饲准字 858 号	全价宠物食品成年期猫粮 Pet Compound Food for Adult Cat	崎元全面均衡成猫粮—吞拿鱼味 PURETRITION COMPLETE & BALANCED ADULT CAT DIET-TUNA FLAVOR	宠物配合饲料 Pet Compound Feed	猫 Cats	泰国 Nutrix Public 有限公司 Nutrix Public Company Limited，Thailand	2021. 10—2026. 10	新办
（2021）外饲准字 859 号	全价宠物食品成年期猫粮 Pet Compound Food for Adult Cat	崎元全面均衡成猫粮—鸡肉味 PURETRITION COMPLETE & BALANCED ADULT CAT DIET-CHICKEN FLAVOR	宠物配合饲料 Pet Compound Feed	猫 Cats	泰国 Nutrix Public 有限公司 Nutrix Public Company Limited，Thailand	2021. 10—2026. 10	新办
（2021）外饲准字 860 号	全价宠物食品幼年期猫粮 Pet Compound Food for Kitten	崎元无谷幼猫粮—海鱼味 PURETRITION GRAIN-FREE KITTEN DIET-OCEAN FISH FLAVOR	宠物配合饲料 Pet Compound Feed	猫 Cats	泰国 Nutrix Public 有限公司 Nutrix Public Company Limited，Thailand	2021. 10—2026. 10	新办
（2021）外饲准字 861 号	全价宠物食品幼年期猫粮 Pet Compound Food for Kitten	崎元无谷幼猫粮—吞拿鱼味 PURETRITION GRAIN-FREE KITTEN DIET-TUNA FLAVOR	宠物配合饲料 Pet Compound Feed	猫 Cats	泰国 Nutrix Public 有限公司 Nutrix Public Company Limited，Thailand	2021. 10—2026. 10	新办
（2021）外饲准字 862 号	全价宠物食品幼年期猫粮 Pet Compound Food for Kitten	崎元无谷幼猫粮—鸡肉味 PURETRITION GRAIN-FREE KITTEN DIET-CHICKEN FLAVOR	宠物配合饲料 Pet Compound Feed	猫 Cats	泰国 Nutrix Public 有限公司 Nutrix Public Company Limited，Thailand	2021. 10—2026. 10	新办
（2021）外饲准字 863 号	全价宠物食品成年期猫粮 Pet Compound Food for Adult Cat	崎元无谷成猫粮—海鱼味 PURETRITION GRAIN-FREE ADULT CAT DIET-OCEAN FISH FLAVOR	宠物配合饲料 Pet Compound Feed	猫 Cats	泰国 Nutrix Public 有限公司 Nutrix Public Company Limited，Thailand	2021. 10—2026. 10	新办

（续）

登记证号	通用名称	商品名称	产品类别	使用范围	生产厂家	有效期限	备注
(2021) 外饲准字 864 号	全价宠物食品成年期猫粮 Pet Compound Food for Adult Cat	崎元无谷成猫粮—吞拿鱼味 PURETRITION GRAIN-FREE ADULT CAT DIET-TUNA FLAVOR	宠物配合饲料 Pet Compound Feed	猫 Cats	泰国 Nutrix Public 有限公司 Nutrix Public Company Limited，Thailand	2021. 10—2026. 10	新办
(2021) 外饲准字 865 号	全价宠物食品成年期猫粮 Pet Compound Food for Adult Cat	崎元无谷成猫粮—鸡肉味 PURETRITION GRAIN-FREE ADULT CAT DIET-CHICKEN FLAVOR	宠物配合饲料 Pet Compound Feed	猫 Cats	泰国 Nutrix Public 有限公司 Nutrix Public Company Limited，Thailand	2021. 10—2026. 10	新办
(2021) 外饲准字 866 号	全价宠物食品老年期猫粮 Pet Compound Feed for Senior Cat	喵觅老年猫粮海鱼味 FUSSY CAT-SENIOR CAT OCEAN FISH FLAVOR	宠物配合饲料 Pet Compound Feed	猫 Cats	泰国 Nutrix Public 有限公司 Nutrix Public Company Limited，Thailand	2021. 10—2026. 10	新办
(2021) 外饲准字 867 号	全价宠物食品成年期犬粮 Pet Compound Feed for Adult Dog	耐吉斯成年期全价犬粮鸡肉配方 Holistic Recipe Solution Adult Dry Dog Food Chicken Recipe	宠物配合饲料 Pet Compound Feed	犬 Dogs	比利时联合宠物食品公司 United Petfood Producers NV，Belgium	2021. 10—2026. 10	新办
(2021) 外饲准字 868 号	全价宠物食品幼年期犬粮 Pet Compound Feed for Puppy	耐吉斯幼年期全价犬粮鸡肉配方 Holistic Recipe Solution Puppy Dry Dog Food Chicken Recipe	宠物配合饲料 Pet Compound Feed	犬 Dogs	比利时联合宠物食品公司 United Petfood Producers NV，Belgium	2021. 10—2026. 10	新办
(2021) 外饲准字 869 号	全价宠物食品幼年期猫粮 Pet Compound Feed for Kitten	耐吉斯幼年期全价猫粮鸡肉 & 三文鱼配方 Holistic Recipe Solution Kitten Dry Cat Food Chicken & Salmon Recipe	宠物配合饲料 Pet Compound Feed	猫 Cats	比利时联合宠物食品公司 United Petfood Producers NV，Belgium	2021. 10—2026. 10	新办

（续）

登记证号	通用名称	商品名称	产品类别	使用范围	生产厂家	有效期限	备注
（2021）外饲准字 870 号	全价宠物食品成年期猫粮 Pet Compound Feed for Adult Cat	耐吉斯室内成年期全价猫粮鸡肉 & 三文鱼配方 Holistic Recipe Solution Indoor Adult Dry Cat Food Chicken & Salmon Recipe	宠物配合饲料 Pet Compound Feed	猫 Cats	比利时联合宠物食品公司 United Petfood Producers NV，Belgium	2021. 10—2026. 10	新办
（2021）外饲准字 871 号	宠物配合饲料幼年期猫粮 Pet Compound Feed for Kittens	米咖猫奶糕 MIC&FRIEND STARTER CATS FOOD	宠物配合饲料 Pet Compound Feed	猫 Cats	西班牙 DIBAQ-DIPROTEG 宠物食品有限公司 DIBAQ-DIPROTEG，S. A.，Mascotas，Spain	2021. 10—2026. 10	新办
（2021）外饲准字 872 号	宠物配合饲料成年期犬粮 Pet Compound Feed for Adult Dogs	米咖赛级犬粮 MIC&FRIEND SHOW DOG FOOD	宠物配合饲料 Pet Compound Feed	犬 Dogs	西班牙 DIBAQ-DIPROTEG 宠物食品有限公司 DIBAQ-DIPROTEG，S. A.，Mascotas，Spain	2021. 10—2026. 10	新办
（2021）外饲准字 873 号	宠物配合饲料 猫粮 Pet Compound Feed for Cat	Grandma Mae's Country Naturals 无谷鸡肉鲱鱼配方全猫粮 Grandma Mae's Country Naturals Grain Free Chicken Meal & Herring Meal Recipe for Cats & Kittens	宠物配合饲料 Pet Compound Feed	猫 Cats	（美国）飒天宠物营养有限责任公司 Southern Tier Pet Nutrition，LLC.，USA	2021. 10—2026. 10	新办
（2021）外饲准字 874 号	宠物配合饲料 猫粮 Pet Compound Feed for Cat	Grandma Mae's Country Naturals 无谷三文鱼配方全猫粮 Grandma Mae's Country Naturals Grain Free Salmon Meal Recipe for Cats & Kittens	宠物配合饲料 Pet Compound Feed	猫 Cats	（美国）飒天宠物营养有限责任公司 Southern Tier Pet Nutrition，LLC.，USA	2021. 10—2026. 10	新办

（续）

登记证号	通用名称	商品名称	产品类别	使用范围	生产厂家	有效期限	备注
(2021) 外饲准字 875 号	全价宠物食品猫粮 Pet Compound Food for Cats	Vital Cat 冷冻干燥晚餐肉饼猫粮 鸡肉配方 Vital Cat Freeze-Dried Chicken Dinner Patties Cat food	宠物配合饲料 Pet Compound Feed	猫 Cats	美国 Carnivore Meat 有限公司 Carnivore Meat Company, LLC., USA	2021.10—2026.10	新办
(2021) 外饲准字 876 号	全价宠物食品猫粮 Pet Compound Food for Cats	Vital Cat 冷冻干燥晚餐肉饼猫粮 鸭肉配方 Vital Cat Freeze-Dried Duck Dinner Patties Cat food	宠物配合饲料 Pet Compound Feed	猫 Cats	美国 Carnivore Meat 有限公司 Carnivore Meat Company, LLC., USA	2021.10—2026.10	新办
(2021) 外饲准字 877 号	全价宠物食品猫粮 Pet Compound Food for Cats	Vital Cat 冷冻干燥晚餐肉饼猫粮 火鸡肉配方 Vital Cat Freeze-Dried Turkey Dinner Patties Cat food	宠物配合饲料 Pet Compound Feed	猫 Cats	美国 Carnivore Meat 有限公司 Carnivore Meat Company, LLC., USA	2021.10—2026.10	新办
(2021) 外饲准字 878 号	犬成年期全价处方粮 Complete Veterinary Feed for Adult dog	成犬糖尿病全价处方粮 Diabetic special low Carbohydrate	宠物配合饲料 Pet Compound Feed	犬 Dogs	玛氏奥地利有限公司 MARS AUSTRIA OG, Austria	2021.10—2026.10	新办
(2021) 外饲准字 879 号	犬成年期全价处方粮 Complete Veterinary Feed for Adult Dog	成犬胃肠道全价处方粮 Gastrointestinal	宠物配合饲料 Pet Compound Feed	犬 Dogs	玛氏奥地利有限公司 MARS AUSTRIA OG, Austria	2021.10—2026.10	新办
(2021) 外饲准字 880 号	犬成年期全价处方粮 Complete Veterinary Feed for Adult dog	成犬心脏全价处方粮 Cardiac	宠物配合饲料 Pet Compound Feed	犬 Dogs	玛氏奥地利有限公司 MARS AUSTRIA OG, Austria	2021.10—2026.10	新办

（续）

登记证号	通用名称	商品名称	产品类别	使用范围	生产厂家	有效期限	备注
(2021) 外饲准字 881 号	犬成年期全价处方粮 Complete Veterinary Feed for Adult Dog	成犬胃肠道全价处方粮（低脂肪） Gastrointestinal Low Fat	宠物配合饲料 Pet Compound Feed	犬 Dogs	玛氏奥地利有限公司 MARS AUSTRIA OG，Austria	2021.10—2026.10	新办
(2021) 外饲准字 882 号	犬成年期全价处方粮 Complete Veterinary Feed for Adult Dog	成犬减肥全价处方粮 Satiety Weight Management	宠物配合饲料 Pet Compound Feed	犬 Dogs	玛氏奥地利有限公司 MARS AUSTRIA OG，Austria	2021.10—2026.10	新办
(2021) 外饲准字 883 号	犬成年期全价处方粮 Complete Veterinary Feed for Adult Dog	成犬肾脏全价处方粮 Renal Canine	宠物配合饲料 Pet Compound Feed	犬 Dogs	玛氏奥地利有限公司 MARS AUSTRIA OG，Austria	2021.10—2026.10	新办
(2021) 外饲准字 884 号	全价宠物食品猫粮 Complete Pet Food-Cat Food	喵达全猫期无谷鸡肉配方猫粮 Meowstard Holistic Chicken Grain Free ALS Cat Food	宠物配合饲料 Pet Compound Feed	猫 Cats	比利时联合宠物食品公司 United Petfood Producers NV，Belgium	2021.10—2026.10	新办
(2021) 外饲准字 885 号	全价宠物食品犬粮 Compound Pet Food-Dog Food	嘚达全犬期无谷鸡肉配方犬粮 Woofstard Holistic Chicken Grain Free ALS Dog Food	宠物配合饲料 Pet Compound Feed	犬 Dogs	比利时联合宠物食品公司 United Petfood Producers NV，Belgium	2021.10—2026.10	新办
(2021) 外饲准字 886 号	全价宠物食品幼年期猫粮 Complete Pet Food-Kitten Cat Food	幼年期鸡肉 & 三文鱼配方猫粮 Art Wok Club Chicken & Salmon Kitten Cat Food	宠物配合饲料 Pet Compound Feed	猫 Cats	比利时联合宠物食品公司 United Petfood Producers NV，Belgium	2021.10—2026.10	新办
(2021) 外饲准字 887 号	全价宠物食品幼年期猫粮 Complete Pet Food-Kitten Cat Food	喵达幼猫猫粮 Meowstard Holistic Kitten Cat Food	宠物配合饲料 Pet Compound Feed	猫 Cats	西班牙联合宠物食品公司 UNITED PETFOOD SPAIN S.L，Spain	2021.10—2026.10	新办

（续）

登记证号	通用名称	商品名称	产品类别	使用范围	生产厂家	有效期限	备注
(2021) 外饲准字 888 号	全价宠物食品大型犬成年期犬粮 Compound Pet Food-Large Breed Adult Dog Food	嗜达成犬大型犬犬粮 Woofstard Holistic Adult Large Breed Dog Food	宠物配合饲料 Pet Compound Feed	犬 Dogs	西班牙联合宠物食品公司 UNITED PETFOOD SPAIN S. L, Spain	2021.10—2026.10	新办
(2021) 外饲准字 889 号	宠物配合饲料妊娠期、哺乳期和幼年期犬粮 Pet Compound Feed for Gestating & Lactating Mothers and Puppies	爱旺斯母犬奶糕粮 Advance Mother Dog & Initial	宠物配合饲料 Pet Compound Feed	犬 Dogs	（西班牙）阿菲利蒂宠物养护有限公司 AFFINITY PETCARE, S. A., Spain	2021.10—2026.10	新办
(2021) 外饲准字 890 号	宠物配合饲料中型犬、大型犬成年期犬处方粮 Pet Compound Feed Veterinary Diets for Adult Dogs of Medium and Large Breeds	爱旺斯中大型犬减肥处方粮 Advance Veterinary Diets Dog Weight Balance Medium Maxi	宠物配合饲料 Pet Compound Feed	犬 Dogs	（西班牙）阿菲利蒂宠物养护有限公司 AFFINITY PETCARE, S. A., Spain	2021.10—2026.10	新办
(2021) 外饲准字 891 号	宠物配合饲料小型犬成年期犬处方粮 Pet Compound Feed Veterinary Diets for Adult Dogs of Small Breed	爱旺斯小型犬减肥处方粮 Advance Veterinary Diets Dog Weight Balance Mini	宠物配合饲料 Pet Compound Feed	犬 Dogs	（西班牙）阿菲利蒂宠物养护有限公司 AFFINITY PETCARE, S. A., Spain	2021.10—2026.10	新办
(2021) 外饲准字 892 号	宠物配合饲料成年期猫粮 Pet Compound Feed for Adult Cats	爱旺斯绝育成年猫粮 Advance Cat Adult Sterilized	宠物配合饲料 Pet Compound Feed	猫 Cats	（西班牙）阿菲利蒂宠物养护有限公司 AFFINITY PETCARE, S. A., Spain	2021.10—2026.10	新办
(2021) 外饲准字 893 号	宠物配合饲料成年期猫粮 Pet Compound Feed for Adult Cats	爱旺斯成年猫粮 Advance Cat Adult	宠物配合饲料 Pet Compound Feed	猫 Cats	（西班牙）阿菲利蒂宠物养护有限公司 AFFINITY PETCARE, S. A., Spain	2021.10—2026.10	新办
(2021) 外饲准字 894 号	宠物配合饲料成年期猫处方粮 Pet Compound Feed Veterinary Diets for Adult Cats	爱旺斯猫肠道处方粮 Advance Veterinary Diets Cat Gastroenteric Sensitive	宠物配合饲料 Pet Compound Feed	猫 Cats	（西班牙）阿菲利蒂宠物养护有限公司 AFFINITY PETCARE, S. A., Spain	2021.10—2026.10	新办

（续）

登记证号	通用名称	商品名称	产品类别	使用范围	生产厂家	有效期限	备注
(2021) 外饲准字 895 号	宠物配合饲料成年期犬处方粮 Pet Compound Feed Veterinary Diets for Adult Dogs	爱旺斯犬泌尿处方粮 Advance Veterinary Diets Dog Urinary	宠物配合饲料 Pet Compound Feed	犬 Dogs	（西班牙）阿菲利蒂宠物养护有限公司 AFFINITY PETCARE, S. A. , Spain	2021.10—2026.10	新办
(2021) 外饲准字 896 号	宠物配合饲料成年期犬处方粮 Pet Compound Feed Veterinary Diets for Adult Dogs	爱旺斯犬低敏处方粮 Advance Veterinary Diets Dog Hypoallergenic	宠物配合饲料 Pet Compound Feed	犬 Dogs	（西班牙）阿菲利蒂宠物养护有限公司 AFFINITY PETCARE, S. A. , Spain	2021.10—2026.10	新办
(2021) 外饲准字 897 号	宠物配合饲料妊娠期、哺乳期和幼年期猫粮 Pet Compound Feed for Gestating & Lactating Mothers and Kittens	爱旺斯幼猫粮 Advance Cat Kitten	宠物配合饲料 Pet Compound Feed	猫 Cats	（西班牙）阿菲利蒂宠物养护有限公司 AFFINITY PETCARE, S. A. , Spain	2021.10—2026.10	新办
(2021) 外饲准字 898 号	宠物配合饲料成年期猫粮 Pet Compound Feed for Adult Cats	爱旺斯去毛球特殊护理猫粮 Advance Cat Hairball	宠物配合饲料 Pet Compound Feed	猫 Cats	（西班牙）阿菲利蒂宠物养护有限公司 AFFINITY PETCARE, S. A. , Spain	2021.10—2026.10	新办
(2021) 外饲准字 899 号	宠物配合饲料成年期猫处方粮 Pet Compound Feed Veterinary Diets for Adult Cats	爱旺斯猫泌尿处方粮 Advance Veterinary Diets Cat Urinary	宠物配合饲料 Pet Compound Feed	猫 Cats	（西班牙）阿菲利蒂宠物养护有限公司 AFFINITY PETCARE, S. A. , Spain	2021.10—2026.10	新办
(2021) 外饲准字 900 号	宠物配合饲料妊娠期、哺乳期和幼年期小型犬犬粮 Pet Compound Feed for Gestating & Lactating Mothers and Puppies of Small Breed	爱旺斯小型幼犬粮 Advance Dog Puppy Mini	宠物配合饲料 Pet Compound Feed	犬 Dogs	（西班牙）阿菲利蒂宠物养护有限公司 AFFINITY PETCARE, S. A. , Spain	2021.10—2026.10	新办
(2021) 外饲准字 901 号	宠物配合饲料小型犬成年期犬粮 Pet Compound Feed for Adult Dogs of Small Breed	爱旺斯小型成年犬粮 Advance Dog Adult Mini	宠物配合饲料 Pet Compound Feed	犬 Dogs	（西班牙）阿菲利蒂宠物养护有限公司 AFFINITY PETCARE, S. A. , Spain	2021.10—2026.10	新办

（续）

登记证号	通用名称	商品名称	产品类别	使用范围	生产厂家	有效期限	备注
(2021) 外饲准字 902 号	宠物配合饲料法国斗牛犬成年期犬粮 Pet Compound Feed for French Bulldog Adult Dogs	爱旺斯法斗成年犬粮 Advance Dog French Bulldog	宠物配合饲料 Pet Compound Feed	犬 Dogs	（西班牙）阿菲利蒂宠物养护有限公司 AFFINITY PETCARE, S. A., Spain	2021. 10—2026. 10	新办
(2021) 外饲准字 903 号	宠物配合饲料小型犬成年期犬处方粮 Pet Compound Feed Veterinary Diets for Adult Dogs of Small Breed	爱旺斯小型犬皮肤处方粮 Advance Veterinary Diets Dog Atopic Mini	宠物配合饲料 Pet Compound Feed	犬 Dogs	（西班牙）阿菲利蒂宠物养护有限公司 AFFINITY PETCARE, S. A., Spain	2021. 10—2026. 10	新办
(2021) 外饲准字 904 号	宠物配合饲料小型犬成年期犬粮 Pet Compound Feed for Adult Dogs of Small Breed	爱旺斯小型犬过敏特殊护理犬粮 Advance Dog Sensitive Mini	宠物配合饲料 Pet Compound Feed	犬 Dogs	（西班牙）阿菲利蒂宠物养护有限公司 AFFINITY PETCARE, S. A., Spain	2021. 10—2026. 10	新办
(2021) 外饲准字 905 号	宠物配合饲料中型犬、大型犬成年期犬粮 Pet Compound Feed for Adult Dogs of Medium and Large Breeds	爱旺斯中大型犬过敏特殊护理犬粮 Advance Dog Sensitive Medium Maxi	宠物配合饲料 Pet Compound Feed	犬 Dogs	（西班牙）阿菲利蒂宠物养护有限公司 AFFINITY PETCARE, S. A., Spain	2021. 10—2026. 10	新办
(2021) 外饲准字 906 号	宠物配合饲料成年期猫处方粮 Pet Compound Feed Veterinary Diets for Adult Cats	爱旺斯猫肾脏处方粮 Advance Veterinary Diets Cat Renal	宠物配合饲料 Pet Compound Feed	猫 Cats	（西班牙）阿菲利蒂宠物养护有限公司 AFFINITY PETCARE, S. A., Spain	2021. 10—2026. 10	新办
(2021) 外饲准字 907 号	宠物配合饲料成年期犬处方粮 Pet Compound Feed Veterinary Diets for Adult Dogs	爱旺斯犬肾脏处方粮 Advance Veterinary Diets Dog Renal	宠物配合饲料 Pet Compound Feed	犬 Dogs	（西班牙）阿菲利蒂宠物养护有限公司 AFFINITY PETCARE, S. A., Spain	2021. 10—2026. 10	新办
(2021) 外饲准字 908 号	宠物配合饲料成年期猫粮 Pet Compound Feed for Adult Cats	爱旺斯过敏特殊护理猫粮 Advance Cat Sensitive	宠物配合饲料 Pet Compound Feed	猫 Cats	（西班牙）阿菲利蒂宠物养护有限公司 AFFINITY PETCARE, S. A., Spain	2021. 10—2026. 10	新办
(2021) 外饲准字 909 号	宠物配合饲料成年期猫处方粮 Pet Compound Feed Veterinary Diets for Adult Cats	爱旺斯猫减肥处方粮 Advance Veterinary Diets Cat Weight Balance	宠物配合饲料 Pet Compound Feed	猫 Cats	（西班牙）阿菲利蒂宠物养护有限公司 AFFINITY PETCARE, S. A., Spain	2021. 10—2026. 10	新办

（续）

登记证号	通用名称	商品名称	产品类别	使用范围	生产厂家	有效期限	备注
(2021) 外饲准字 910 号	宠物配合饲料小型犬成年期犬粮 Pet Compound Feed for Adult Dogs of Small Breed	爱旺斯小型犬轻体特殊护理犬粮 Advance Dog Light Mini	宠物配合饲料 Pet Compound Feed	犬 Dogs	（西班牙）阿菲利蒂宠物养护有限公司 AFFINITY PETCARE, S. A., Spain	2021. 10—2026. 10	新办
(2021) 外饲准字 911 号	宠物配合饲料中型犬成年期犬粮 Pet Compound Feed for Adult Dogs of Medium Breed	爱旺斯中型犬轻体特殊护理犬粮 Advance Dog Light Medium	宠物配合饲料 Pet Compound Feed	犬 Dogs	（西班牙）阿菲利蒂宠物养护有限公司 AFFINITY PETCARE, S. A., Spain	2021. 10—2026. 10	新办
(2021) 外饲准字 912 号	宠物配合饲料中型犬、大型犬成年期犬处方粮 Pet Compound Feed Veterinary Diets for Adult Dogs of Medium and Large Breeds	爱旺斯中大型犬皮肤处方粮 Advance Veterinary Diets Dog Atopic Medium Maxi	宠物配合饲料 Pet Compound Feed	犬 Dogs	（西班牙）阿菲利蒂宠物养护有限公司 AFFINITY PETCARE, S. A., Spain	2021. 10—2026. 10	新办
(2021) 外饲准字 913 号	宠物配合饲料成年期犬处方粮 Pet Compound Feed Veterinary Diets for Adult Dogs	爱旺斯犬糖尿病处方粮 Advance Veterinary Diets Dog Diabetes	宠物配合饲料 Pet Compound Feed	犬 Dogs	（西班牙）阿菲利蒂宠物养护有限公司 AFFINITY PETCARE, S. A., Spain	2021. 10—2026. 10	新办
(2021) 外饲准字 914 号	宠物配合饲料犬处方粮 Pet Compound Feed Veterinary Diets for Dogs	爱旺斯犬肠道处方粮 Advance Veterinary Diets Dog Gastroenteric	宠物配合饲料 Pet Compound Feed	犬 Dogs	（西班牙）阿菲利蒂宠物养护有限公司 AFFINITY PETCARE, S. A., Spain	2021. 10—2026. 10	新办
(2021) 外饲准字 915 号	宠物配合饲料妊娠期、哺乳期和幼年期犬粮 Pet Compound Feed for Gestating & Lactating Mothers and Puppies	爱旺斯幼犬过敏特殊护理犬粮 Advance Dog Puppy Sensitive	宠物配合饲料 Pet Compound Feed	犬 Dogs	（西班牙）阿菲利蒂宠物养护有限公司 AFFINITY PETCARE, S. A., Spain	2021. 10—2026. 10	新办
(2021) 外饲准字 916 号	宠物配合饲料中型犬老年期犬粮 Pet Compound Feed for Senior Dogs of Medium Breed	爱旺斯中型老年犬粮 Advance Dog Senior Medium	宠物配合饲料 Pet Compound Feed	犬 Dogs	（西班牙）阿菲利蒂宠物养护有限公司 AFFINITY PETCARE, S. A., Spain	2021. 10—2026. 10	新办

（续）

登记证号	通用名称	商品名称	产品类别	使用范围	生产厂家	有效期限	备注
（2021）外饲准字 917 号	宠物配合饲料小型犬老年期犬粮 Pet Compound Feed for Senior Dogs of Small Breed	爱旺斯小型老年犬粮 Advance Dog Senior Mini	宠物配合饲料 Pet Compound Feed	犬 Dogs	（西班牙）阿菲利蒂宠物养护有限公司 AFFINITY PETCARE，S. A.，Spain	2021. 10—2026. 10	新办
（2021）外饲准字 918 号	宠物配合饲料中型犬成年期犬粮 Pet Compound Feed for Adult Dogs of Medium Breed	爱旺斯中型成年犬粮 Advance Dog Adult Medium	宠物配合饲料 Pet Compound Feed	犬 Dogs	（西班牙）阿菲利蒂宠物养护有限公司 AFFINITY PETCARE，S. A.，Spain	2021. 10—2026. 10	新办
（2021）外饲准字 919 号	宠物配合饲料妊娠期、哺乳期和幼年期中型犬犬粮 Pet Compound Feed for Gestating & Lactating Mothers and Puppies of Medium Breed	爱旺斯中型幼犬粮 Advance Dog Puppy Medium	宠物配合饲料 Pet Compound Feed	犬 Dogs	（西班牙）阿菲利蒂宠物养护有限公司 AFFINITY PETCARE，S. A.，Spain	2021. 10—2026. 10	新办
（2021）外饲准字 920 号	全价宠物食品猫粮 Pet Compound Food for Cats	Feline Natural 羊心 & 帝王鲑配方袋装猫用主食 Feline Natural Lamb & King Salmon Feast Pouch	宠物配合饲料 Pet Compound Feed	猫 Cats	新西兰 Heinz Wattie's Limited Heinz Wattie's Limited，New Zealand	2021. 10—2026. 10	新办
（2021）外饲准字 921 号	全价宠物食品猫粮 Pet Compound Food for Cat	Feline Natural 鸡肉 & 鹿肉配方罐 Feline Natural Chicken & Venison Feast Canned	宠物配合饲料 Pet Compound Feed	猫 Cats	新西兰 Heinz Wattie's Limited Heinz Wattie's Limited，New Zealand	2021. 10—2026. 10	新办
（2021）外饲准字 922 号	全价宠物食品猫粮 Pet Compound Food for Cat	Feline Natural 鸡肉 & 羊心配方罐 Feline Natural Chicken & Lamb Feast Canned	宠物配合饲料 Pet Compound Feed	猫 Cats	新西兰 Heinz Wattie's Limited Heinz Wattie's Limited，New Zealand	2021. 10—2026. 10	新办
（2021）外饲准字 923 号	全价宠物食品猫粮 Pet Compound Food for Cat	Feline Natural 羊心 & 帝王鲑配方罐 Feline Natural Lamb & King Salmon Feast Canned	宠物配合饲料 Pet Compound Feed	猫 Cats	新西兰 Heinz Wattie's Limited Heinz Wattie's Limited，New Zealand	2021. 10—2026. 10	新办

（续）

登记证号	通用名称	商品名称	产品类别	使用范围	生产厂家	有效期限	备注
（2021）外饲准字 924 号	全价宠物食品猫粮 Pet Compound Food for Cat	Feline Natural 牛肉配方罐 Feline Natural Beef Feast Canned	宠物配合饲料 Pet Compound Feed	猫 Cats	新西兰 Heinz Wattie's Limited Heinz Wattie's Limited, New Zealand	2021.10—2026.10	新办
（2021）外饲准字 925 号	全价宠物食品猫粮 Pet Compound Food for Cats	Feline Natural 鸡肉 & 羊心配方袋装猫用主食 Feline Natural Chicken & Lamb Feast Pouch	宠物配合饲料 Pet Compound Feed	猫 Cats	新西兰 Heinz Wattie's Limited Heinz Wattie's Limited, New Zealand	2021.10—2026.10	新办
（2021）外饲准字 926 号	全价宠物食品猫粮 Pet Compound Food for Cats	Feline Natural 鳕鱼 & 牛肉配方袋装猫用主食 Feline Natural Hoki & Beef Feast Pouch	宠物配合饲料 Pet Compound Feed	猫 Cats	新西兰 Heinz Wattie's Limited Heinz Wattie's Limited, New Zealand	2021.10—2026.10	新办
（2021）外饲准字 927 号	全价宠物食品犬粮 Pet Compound Food for Dog	K9 Natural 鳕鱼 & 牛肉配方罐 K9 Natural Hoki & Beef Feast Canned	宠物配合饲料 Pet Compound Feed	犬 Dogs	新西兰 Heinz Wattie's Limited Heinz Wattie's Limited, New Zealand	2021.10—2026.10	新办
（2021）外饲准字 928 号	全价宠物食品犬粮 Pet Compound Food for Dog	K9 Natural 羊肉 & 帝王鲑配方罐 K9 Natural Lamb & King Salmon Feast Canned	宠物配合饲料 Pet Compound Feed	犬 Dogs	新西兰 Heinz Wattie's Limited Heinz Wattie's Limited, New Zealand	2021.10—2026.10	新办
（2021）外饲准字 929 号	全价宠物食品犬粮 Pet Compound Food for Dog	K9 Natural 牛肉配方罐 K9 Natural Beef Feast Canned	宠物配合饲料 Pet Compound Feed	犬 Dogs	新西兰 Heinz Wattie's Limited Heinz Wattie's Limited, New Zealand	2021.10—2026.10	新办
（2021）外饲准字 930 号	全价宠物食品犬粮 Pet Compound Food for Dog	K9 Natural 羊肉配方罐 K9 Natural Lamb Feast Canned	宠物配合饲料 Pet Compound Feed	犬 Dogs	新西兰 Heinz Wattie's Limited Heinz Wattie's Limited, New Zealand	2021.10—2026.10	新办

（续）

登记证号	通用名称	商品名称	产品类别	使用范围	生产厂家	有效期限	备注
（2021）外饲准字 931 号	全价宠物食品成年期猫粮 Pet Complete Food for Adult Cat	三文鱼配方猫用水煮主食罐头 Salmon in cooking water	宠物配合饲料 Pet Compound Feed	猫 Cats	泰国 Southeast Asian Packaging and Canning 有限公司 Southeast Asian Packaging and Canning Limited, Thailand	2021.10—2026.10	新办
（2021）外饲准字 932 号	全价宠物食品成年期犬粮 Pet Compound Feed for Adult Dog	艾瑞寇牛肉配方成年期犬粮 添加椰子油 Ivory Coat Beef with Coconut Oil for Adult Dogs	宠物配合饲料 Pet Compound Feed	犬 Dogs	澳大利亚宠物食品有限公司（Ingleburn 工厂） Australian Pet Brands Pty Ltd（Ingleburn）, Australia	2021.10—2026.10	新办
（2021）外饲准字 933 号	全价宠物食品成年期犬粮 Pet Compound Feed for Adult Dog	艾瑞寇羊肉 & 海洋鱼配方成年期犬粮 Ivory Coat Lamb & Ocean Fish for Adult Dogs	宠物配合饲料 Pet Compound Feed	犬 Dogs	澳大利亚宠物食品有限公司（Ingleburn 工厂） Australian Pet Brands Pty Ltd（Ingleburn）, Australia	2021.10—2026.10	新办
（2021）外饲准字 934 号	全价宠物食品幼年期猫粮 Pet Compound Feed for Kitten	艾瑞寇海洋鱼配方幼年期猫粮 Ivory Coat Ocean Fish for Kitten	宠物配合饲料 Pet Compound Feed	猫 Cats	澳大利亚宠物食品有限公司（Ingleburn 工厂） Australian Pet Brands Pty Ltd（Ingleburn）, Australia	2021.10—2026.10	新办
（2021）外饲准字 935 号	全价宠物食品成年期猫粮 Pet Compound Feed for Adult Cat	艾瑞寇海洋鱼配方成年期猫粮 Ivory Coat Ocean Fish for Adult Cats	宠物配合饲料 Pet Compound Feed	猫 Cats	澳大利亚宠物食品有限公司（Ingleburn 工厂） Australian Pet Brands Pty Ltd（Ingleburn）, Australia	2021.10—2026.10	新办
（2021）外饲准字 936 号	全价宠物食品成年期犬粮 Pet Compound Feed for Adult Dog	比利玛格含牛肉三文鱼配方超级食品成犬餐盒 Billy Margot Grain Free Beef & Salmon with Superfoods Loaf for Adult Dogs	宠物配合饲料 Pet Compound Feed	犬 Dogs	澳大利亚宠物食品有限公司（Ingleburn 工厂） Australian Pet Brands Pty Ltd（Ingleburn）, Australia	2021.10—2026.10	新办

（续）

登记证号	通用名称	商品名称	产品类别	使用范围	生产厂家	有效期限	备注
(2021) 外饲准字 937 号	全价宠物食品成年期犬粮 Pet Compound Feed for Adult Dog	比利玛格无谷含海鱼配方超级食品成犬餐盒 Billy Margot Grain Free Ocean fish with Superfoods Loaf for Adult Dogs	宠物配合饲料 Pet Compound Feed	犬 Dogs	澳大利亚宠物食品有限公司（Ingleburn 工厂） Australian Pet Brands Pty Ltd (Ingleburn), Australia	2021. 10—2026. 10	新办
(2021) 外饲准字 938 号	全价宠物食品成年期犬粮 Pet Compound Feed for Adult Dog	比利玛格含羊肉配方超级食品成犬罐头 BILIY + MARGOT Lamb with Superfoods for Adult Dogs	宠物配合饲料 Pet Compound Feed	犬 Dogs	澳大利亚宠物食品有限公司（Ingleburn 工厂） Australian Pet Brands Pty Ltd (Ingleburn), Australia	2021. 10—2026. 10	新办
(2021) 外饲准字 939 号	全价宠物食品成年期犬粮 Pet Compound Feed for Adult Dog	比利玛格含牛肉配方超级食品成犬罐头 BILIY + MARGOT Beef with Superfoods for Adult Dogs	宠物配合饲料 Pet Compound Feed	犬 Dogs	澳大利亚宠物食品有限公司（Ingleburn 工厂） Australian Pet Brands Pty Ltd (Ingleburn), Australia	2021. 10—2026. 10	新办
(2021) 外饲准字 940 号	全价宠物食品幼年期猫粮 Pet Compound Feed for Kitten	喵觅海洋鱼配方幼年期猫粮 Fussy Cat Ocean Fish for Kitten	宠物配合饲料 Pet Compound Feed	猫 Cats	澳大利亚宠物食品有限公司（Ingleburn 工厂） Australian Pet Brands Pty Ltd (Ingleburn), Australia	2021. 10—2026. 10	新办
(2021) 外饲准字 941 号	全价宠物食品成年期猫粮 Pet Compound Feed for Adult Cat	喵觅海洋鱼配方成年期猫粮 Fussy Cat Ocean Fish for Adult Cats	宠物配合饲料 Pet Compound Feed	猫 Cats	澳大利亚宠物食品有限公司（Ingleburn 工厂） Australian Pet Brands Pty Ltd (Ingleburn), Australia	2021. 10—2026. 10	新办
(2021) 外饲准字 942 号	全价宠物食品成年期犬粮 Compound Pet Food-Adult Dog Food	成年期鸡肉配方犬粮 Art Wok Club Chicken Adult Dog Food	宠物配合饲料 Pet Compound Feed	犬 Dogs	西班牙联合宠物食品公司 UNITED PETFOOD SPAIN S. L, Spain	2021. 10—2026. 10	新办

（续）

登记证号	通用名称	商品名称	产品类别	使用范围	生产厂家	有效期限	备注
(2021) 外饲准字 943 号	全价宠物食品成年期猫粮 Pet Compound Feed for Adult Cats	诺乐金牌系列™无谷 鸡肉 & 豌豆配方成猫主粮 Nulo MedalSeries™ Grain-Free Adult Chicken & Peas Recipe Cat Food	宠物配合饲料 Pet Compound Feed	猫 Cats	（美国）特福宠物食品有限责任公司 Tuffy's Pet Foods，Inc.，USA	2021.10—2026.10	新办
(2021) 外饲准字 944 号	全价宠物食品幼年期、成年期猫粮 Pet Compound Feed for Cats and Kittens	诺乐自由天性™无谷 成猫 & 幼猫 火鸡肉配方主粮，添加鸭肉 Nulo Freestyle™ Grain-Free Cat & Kitten Turkey & Duck Recipe Cat Food	宠物配合饲料 Pet Compound Feed	猫 Cats	（美国）特福宠物食品有限责任公司 Tuffy's Pet Foods，Inc.，USA	2021.10—2026.10	新办
(2021) 外饲准字 945 号	全价宠物食品成年期猫粮 Pet Compound Feed for Adult Cats	诺乐金牌系列™无谷 室内猫 火鸡肉 & 鸡肉配方主粮 Nulo MedalSeries™ Grain-Free Indoor Turkey & Chicken Recipe Cat Food	宠物配合饲料 Pet Compound Feed	猫 Cats	（美国）特福宠物食品有限责任公司 Tuffy's Pet Foods，Inc.，USA	2021.10—2026.10	新办
(2021) 外饲准字 946 号	全价宠物食品 幼年期、成年期猫粮 Pet Compound Feed for Cat & Kitten	诺乐自由天性™无谷 成猫 & 幼猫 鸡肉 & 鳕鱼配方主粮 Nulo Freestyle™ Grain-Free Cat & Kitten Chicken & Cod Recipe Cat Food	宠物配合饲料 Pet Compound Feed	猫 Cats	（美国）特福宠物食品有限责任公司 Tuffy's Pet Foods，Inc.，USA	2021.10—2026.10	新办

（续）

登记证号	通用名称	商品名称	产品类别	使用范围	生产厂家	有效期限	备注
(2021) 外饲准字 947 号	全价宠物食品成年期犬粮 Pet Compound Feed for Adult Dogs	诺乐领跑者™古老谷物鸡肉，火鸡肉 & 燕麦配方成犬粮 Nulo Frontrunner™ Ancient Grains Adult Chicken, Oats, & Turkey Recipe Dog Food	宠物配合饲料 Pet Compound Feed	犬 Dogs	(美国) 特福宠物食品有限责任公司 Tuffy's Pet Foods, Inc., USA	2021.10—2026.10	新办
(2021) 外饲准字 948 号	全价宠物食品成年期犬粮 Pet Compound Feed for Adult Dogs	诺乐领跑者™古老谷物含牛肉，大麦 & 羊肉成犬粮 Nulo Frontrunner™ Ancient Grains Adult Beef, Barley, & Lamb Recipe Dog Food	宠物配合饲料 Pet Compound Feed	犬 Dogs	(美国) 特福宠物食品有限责任公司 Tuffy's Pet Foods, Inc., USA	2021.10—2026.10	新办
(2021) 外饲准字 949 号	全价宠物食品犬粮 Compound Pet Food-Dog Food	嗐达全犬期无谷海洋鱼配方犬粮 Woofstard Holistic Salmon & White Fish Grain Free ALS Dog Food	宠物配合饲料 Pet Compound Feed	犬 Dogs	西班牙联合宠物食品公司 UNITED PETFOOD SPAIN S. L, Spain	2021.10—2026.10	新办
(2021) 外饲准字 950 号	全价宠物食品大型犬幼年期犬粮 Compound Pet Food-Large Breed Puppy Dog Food	嗐达幼犬大型犬犬粮 Woofstard Holistic Puppy Large Breed Dog Food	宠物配合饲料 Pet Compound Feed	犬 Dogs	西班牙联合宠物食品公司 UNITED PETFOOD SPAIN S. L, Spain	2021.10—2026.10	新办
(2021) 外饲准字 951 号	全价宠物食品成年期犬粮 Compound Pet Food-Adult Dog Food	嗐达成犬犬粮 Woofstard Holistic Adult Dog Food	宠物配合饲料 Pet Compound Feed	犬 Dogs	西班牙联合宠物食品公司 UNITED PETFOOD SPAIN S. L, Spain	2021.10—2026.10	新办

（续）

登记证号	通用名称	商品名称	产品类别	使用范围	生产厂家	有效期限	备注
（2021）外饲准字952号	全价宠物食品成年期猫粮 Complete Pet Food-Adult Cat Food	成年期鸡肉 & 三文鱼配方猫粮 Art Wok Club Chicken & Salmon Adult Cat Food	宠物配合饲料 Pet Compound Feed	猫 Cats	西班牙联合宠物食品公司 UNITED PETFOOD SPAIN S. L，Spain	2021.10—2026.10	新办
（2021）外饲准字953号	全价宠物食品成年期猫粮 Complete Pet Food-Adult Cat Food	喵达成猫猫粮 Meowstard Holistic Adult Cat Food	宠物配合饲料 Pet Compound Feed	猫 Cats	西班牙联合宠物食品公司 UNITED PETFOOD SPAIN S. L，Spain	2021.10—2026.10	新办
（2021）外饲准字954号	全价宠物食品猫粮 Complete Pet Food-Cat Food	喵达全猫期无谷海洋鱼配方猫粮 Meowstard Holistic Salmon & Herring Grain Free ALS Cat Food	宠物配合饲料 Pet Compound Feed	猫 Cats	西班牙联合宠物食品公司 UNITED PETFOOD SPAIN S. L，Spain	2021.10—2026.10	新办
（2021）外饲准字955号	全价宠物食品幼年期犬粮 Compound Pet Food-Puppy Dog Food	幼年期鸡肉配方犬粮 Art Wok Club Chicken Puppy Dog Food	宠物配合饲料 Pet Compound Feed	犬 Dogs	西班牙联合宠物食品公司 UNITED PETFOOD SPAIN S. L，Spain	2021.10—2026.10	新办
（2021）外饲准字956号	丙酸钙 Calcium Propionate	爱康钙 ADDCON CalPro	饲料添加剂 Feed Additive	养殖动物 All species or categories of animals	德国爱德康欧洲有限公司 ADDCON Europe GmbH，Germany	2021.10—2026.10	续展
（2021）外饲准字957号	混合型饲料添加剂 植物乳杆菌 啤酒酵母菌 Feed Additives Mixture Lactobacillus plantarum Saccharomyces cerevisiae	施博特—益菌多禽畜水产养殖添加剂 Health Support	混合型饲料添加剂 Feed Additives Mixture	养殖动物 All species or categories of animals	台湾博尧生物科技股份有限公司 Bioyo Biotech Co.，Ltd.	2021.10—2026.10	续展
（2021）外饲准字958号	混合型饲料添加剂 苯甲酸 Feed Additives Mixture Benzoic Acid	护酸美 Provenia	混合型饲料添加剂 Feed Additives Mixture	畜禽、水产养殖动物 Livestock，Poultry，Aquaculture animals	诺伟司德国公司 Novus Deutschland GmbH，Germany	2021.10—2026.10	续展

（续）

登记证号	通用名称	商品名称	产品类别	使用范围	生产厂家	有效期限	备注
(2021) 外饲准字 959 号	混合型饲料添加剂 酸度调节剂 Feed Additives Mixture Acidity Regulators	纽埃特优酸宝 Ultracid Lac Plus Dry	混合型饲料添加剂 Feed Additives Mixture	养殖动物 All species or categories of animals	比利时纽埃特国际营养公司 Beveren-Waas 工厂 NUTRI-AD International N. V. , Beveren-Waas Plant, Belgium	2021.10—2026.10	续展
(2021) 外饲准字 960 号	混合型饲料添加剂 酸度调节剂 维生素 Feed Additives Mixture Acidity Regulators Vitamins	利多安 Liptosafe	混合型饲料添加剂 Feed Additives Mixture	养殖动物 All species or categories of animals	西班牙 Lipidos Toledo 有限公司 Lipidos Toledo S. A. , Spain	2021.10—2026.10	续展
(2021) 外饲准字 961 号	混合型饲料添加剂 酸度调节剂 Feed Additives Mixture Acidity Regulators	立必安 Lactiplus Coated	混合型饲料添加剂 Feed Additives Mixture	猪、家禽、兔、牛 Swine, Poultry, Rabbits, Cattle	威隆（意大利）大药厂 Vétoquinol Italia S. R. L. , Italy	2021.10—2026.10	续展
(2021) 外饲准字 962 号	混合型饲料添加剂 酸度调节剂 Feed Additives Mixture Acidity Regulators	五指酸 ACIDIFIER CN	混合型饲料添加剂 Feed Additives Mixture	猪、家禽 Swine, Poultry	百尔康（意大利）大药厂 Balchem Italia S. r. l. , Italy	2021.10—2026.10	续展
(2021) 外饲准字 963 号	混合型饲料添加剂 防腐剂 Feed Additives Mixture Preservatives	爱康乐 ADDCON XLM	混合型饲料添加剂 Feed Additives Mixture	养殖动物 All species or categories of animals	德国爱德康欧洲有限公司 ADDCON Europe GmbH, Germany	2021.10—2026.10	续展
(2021) 外饲准字 964 号	酿酒酵母培养物 Saccharomyces cerevisiae Yeast Culture	益康 XP Diamond V Original XP	单一饲料 Single Feed	养殖动物 All species or categories of animals	美国达农威公司 Diamond V Mills, LLC. , USA	2021.10—2026.10	续展
(2021) 外饲准字 965 号	喷雾干燥猪血浆蛋白粉 Spray Dried Porcine Plasma Protein Meal	喷雾干燥猪血浆蛋白粉 AP 920	单一饲料 Single Feed	猪、家禽、水产养殖动物、宠物 Swine, Poultry, Aquaculture animals, Pets	美国 APC Inc. 公司 Arion 工厂 APC Inc. , Plant Arion, USA	2021.10—2026.10	续展
(2021) 外饲准字 966 号	混合型饲料添加剂 防霉剂 Feed Additives Mixture Preservatives	妙粒—丙酸和丁酸 Maxi-Mil HP	混合型饲料添加剂 Feed Additives Mixture	养殖动物 All species or categories of animals	美国安尼妥斯公司 Anitox Corporation, USA	2021.10—2026.10	续展

（续）

登记证号	通用名称	商品名称	产品类别	使用范围	生产厂家	有效期限	备注
(2021) 外饲准字 967 号	混合型饲料添加剂 海藻酸钠 Feed Additives Mixture Sodium Alginate	百霉清 Mycofix® Plus	混合型饲料添加剂 Feed Additives Mixture	养殖动物 All species or categories of animals	百奥明新加坡私人有限公司 BIOMIN Singapore Pte. Ltd., Singapore	2021. 10—2026. 10	续展
(2021) 外饲准字 968 号	混合型饲料添加剂 海藻酸钠 Feed Additives Mixture Sodium Alginate	百霉克 Mycofix® Select	混合型饲料添加剂 Feed Additives Mixture	养殖动物 All species or categories of animals	百奥明新加坡私人有限公司 BIOMIN Singapore Pte. Ltd., Singapore	2021. 10—2026. 10	续展
(2021) 外饲准字 969 号	混合型饲料添加剂 β-胡萝卜素 Feed Additives Mixture beta-Carotene	露佳定 10 NXT Lucarotin10% Feed NXT	混合型饲料添加剂 Feed Additives Mixture	家禽 Poultry	巴斯夫丹麦公司 BASF A/S, Denmark	2021. 10—2026. 10	续展
(2021) 外饲准字 970 号	混合型饲料添加剂 β,β-胡萝卜素-4,4-二酮（斑蝥黄） Feed Additives Mixture beta, beta-Carotene-4,4-Diketone (Canthaxanthin)	露康定红 10% NXT Lucantin Red 10% NXT	混合型饲料添加剂 Feed Additives Mixture	家禽 Poultry	巴斯夫欧洲公司 BASF SE, Germany	2021. 10—2026. 10	续展
(2021) 外饲准字 971 号	碱式氯化铜 Basic Copper Chloride	泰棒铜 Selko IntelliBond C	饲料添加剂 Feed Additive	养殖动物 All species or categories of animals	美国微营养有限责任公司 Micronutrients USA LLC, USA	2021. 10—2026. 10	续展
(2021) 外饲准字 972 号	混合型饲料添加剂 聚氧乙烯 20 山梨醇酐单油酸酯 Feed Additives Mixture Polyoxyethylene (20) Sorbitan Monooleate	益美素 Emupack	混合型饲料添加剂 Feed Additives Mixture	养殖动物 All species or categories of animals	台湾信逢股份有限公司 New Well Pow	2021. 10—2026. 10	续展
(2021) 外饲准字 973 号	混合型饲料添加剂 β-胡萝卜素 Feed Additives Mixture beta-Carotene	罗维素®β-胡萝卜素 10% ROVIMIX® β-Carotene 10%	混合型饲料添加剂 Feed Additives Mixture	养殖动物 All species or categories of animals	帝斯曼营养产品法国有限公司 DSM Nutritional Products France SAS, France	2021. 10—2026. 10	续展

（续）

登记证号	通用名称	商品名称	产品类别	使用范围	生产厂家	有效期限	备注
（2021）外饲准字 974 号	混合型饲料添加剂 氨基酸 维生素 Feed Additives Mixture Amino Acids Vitamins	大浩超劲维他 PerBig S	混合型饲料添加剂 Feed Additives Mixture	畜禽 Livestock，Poultry	韩国大浩株式会社 Daeho Co.，Ltd，Korea	2021.10—2026.10	新办
（2021）外饲准字 975 号	混合型饲料添加剂 氯化胆碱 Feed Additives Mixture Choline Chloride	瑞信氯化胆碱 ReaShure	混合型饲料添加剂 Feed Additives Mixture	牛 Cattle	美国百尔康公司 Balchem Corporation，USA	2021.10—2026.10	续展
（2021）外饲准字 976 号	混合型饲料添加剂 抗氧化剂 Feed Additives Mixture Antioxidants	克氧 5/15 液体 OXICAP 5/15 LIQUID	混合型饲料添加剂 Feed Additives Mixture	养殖动物 All species or categories of animals	西班牙埃特亚公司 Industrial Tecnica Pecuaria，S.A.，Spain	2021.10—2026.10	续展
（2021）外饲准字 977 号	混合型饲料添加剂 微生物 Feed Additives Mixture Live Microorganisms	霉百灵 M-Mobilize	混合型饲料添加剂 Feed Additives Mixture	养殖动物 All species or categories of animals	（美国）约翰森农场代工股份有限公司 Johnson Farms Blending DIV of IA Inc.，USA	2021.10—2026.10	续展
（2021）外饲准字 978 号	养殖动物用复合预混合饲料 Premix for All Species or Categories of Animals	艾可肥维他 Alquerfeed Vitamin Aminoacidos L	添加剂预混合饲料 Feed Additive Premix	养殖动物 All species or categories of animals	西班牙 Biovet，SA，有限公司 Biovet，SA，Spain	2021.10—2026.10	续展
（2021）外饲准字 979 号	鱼粉 Fishmeal	红鱼粉（二级） Red Fishmeal（Ⅱ）	单一饲料 Single Feed	畜禽、水产养殖动物（反刍动物除外） Livestock，Poultry，Aquaculture animals（Not including ruminant）	毛里塔尼亚 OMAURCI 有限公司 OMAURCI S A，Mauritania	2021.10—2026.10	续展
（2021）外饲准字 980 号	鱼粉 Fishmeal	红鱼粉（三级） Red Fishmeal（Ⅲ）	单一饲料 Single Feed	畜禽、水产养殖动物（反刍动物除外） Livestock，Poultry，Aquaculture animals（Not including ruminant）	泰国开发鱼粉企业有限公司 Fishmeal Marketing Development Co.，Ltd.，Thailand	2021.10—2026.10	续展

（续）

登记证号	通用名称	商品名称	产品类别	使用范围	生产厂家	有效期限	备注
(2021) 外饲准字 981 号	白鱼粉 White Fishmeal	北太平洋白鱼粉（三级） North Pacific White Fishmeal（Grade Ⅲ）	单一饲料 Single Feed	畜禽、水产养殖动物（反刍动物除外） Livestock，Poultry，Aquaculture animals（Not including ruminant）	美国 Westward Seafoods，Inc. 公司，Dutch Harbor 工厂 Westward Seafoods，Inc.，Dutch Harbor Plant，USA	2021. 10—2026. 10	续展
(2021) 外饲准字 982 号	白鱼粉 White Fishmeal	北太平洋白鱼粉（三级） North Pacific White Fishmeal（Grade Ⅲ）	单一饲料 Single Feed	畜禽、水产养殖动物（反刍动物除外） Livestock，Poultry，Aquaculture animals（Not including ruminant）	美国 Alyeska 海鲜公司 Alyeska Seafoods，Inc.，USA	2021. 10—2026. 10	续展
(2021) 外饲准字 983 号	虾配合饲料 Shrimp Compound Feed	Top 顶好牌草虾虾苗前期用饲料 Top Shrimp Flakes Feed	配合饲料 Compound Feed	虾 Shrimp	台湾清晖企业股份有限公司新园分公司 Yuh-Huei Enterprise Co.，Ltd.，Xinyuan Branch	2021. 10—2026. 10	续展
(2021) 外饲准字 984 号	犊牛精料补充料 Supplementary Concentrate for Calves	安速能-C Axcelera-C	精料补充料 Supplementary Concentrate	犊牛 Calves	英联尼奥（捷克）有限公司 Bodit Tachov s. r. o.，Czech Republic	2021. 10—2026. 10	续展
(2021) 外饲准字 985 号	仔猪配合饲料 Compound Feed for Piglets	安速能-P Axcelera-P	配合饲料 Compound Feed	仔猪 Piglets	英联尼奥（捷克）有限公司 Bodit Tachov s. r. o.，Czech Republic	2021. 10—2026. 10	续展
(2021) 外饲准字 986 号	鱼粉 Fishmeal	红鱼粉（三级） Red Fishmeal（Ⅲ）	单一饲料 Single Feed	畜禽、水产养殖动物（反刍动物除外） Livestock，Poultry，Aquaculture animals（Not including ruminant）	印度 Yashaswi Fish Meal & Oil Company 公司 Yashaswi Fish Meal & Oil Company，India	2021. 10—2026. 10	续展
(2021) 外饲准字 987 号	混合型饲料添加剂 微生物 Feed Additives Mixture Live Microorganisms	维畜能 Visano	混合型饲料添加剂 Feed Additives Mixture	养殖动物 All species or categories of animals	梯万营养股份有限公司 Tier 1 Nutritional Inc.，USA	2021. 10—2026. 10	续展

附件 2

换发进口饲料和饲料添加剂产品登记证目录（2021－06）

登记证号	商品名称	通用名称	变更内容	原名称	变更名称
(2020) 外饲准字 358 号	AX3 Digest® GMO 大豆浓缩蛋白 AX3 Digest® GMO	大豆浓缩蛋白 Soybean Protein Concentrate	中文商品名称	AX3 Digest® GMO 大豆浓缩蛋白	AX3 蛋白
(2021) 外饲准字 713 号	和美酵素™-XT Hemicell™-XT	混合型饲料添加剂 β-甘露聚糖酶（产自迟缓芽孢杆菌） Feed Additives Mixture β-Mannanase（Source：*Bacillus lentus*）	生产厂家名称	美国礼蓝动物保健有限公司林顿工厂	美国礼蓝动物保健有限公司克林顿工厂

中华人民共和国农业农村部公告

第 509 号

根据《进口饲料和饲料添加剂登记管理办法》有关规定，批准荷兰 Framelco B. V. 公司等 81 家公司生产的 208 种饲料和饲料添加剂产品在我国登记或续展登记，并颁发进口登记证（附件 1）。批准加拿大冠军宠物食品公司生产的“爱肯拿牧场盛宴猫粮”“爱肯拿牧场盛宴犬粮”“爱肯拿海洋鱼配方犬粮”“原始猎食渴望六种鱼配方猫粮”“原始猎食渴望六种鱼配方犬粮”和“原始猎食渴望原味犬粮”产品配方及质量标准改变，重新颁发进口登记证，（2021）外饲准字 197 号、（2021）外饲准字 196 号、（2021）外饲准字 194 号、（2021）外饲准字 193 号、（2021）外饲准字 192 号和（2021）外饲准字 191 号登记证同时作废。批准特龙标准舔砖产品中文商品名称、申请企业名称及生产厂家名称变更，法国替莫能产品中文商品名称变更（附件 2）。所登记产品的监督检验，按中华人民共和国国家标准和我部发布的质量标准执行。

特此公告。

附件：1. 进口饲料和饲料添加剂产品登记证目录（2021－08）

2. 换发进口饲料和饲料添加剂产品登记证目录（2021－07）

农业农村部

2021 年 12 月 29 日

附件 1

进口饲料和饲料添加剂产品登记证目录（2021－08）

登记证号	通用名称	商品名称	产品类别	使用范围	生产厂家	有效期限	备注
（2021）外饲准字 988 号	甘油脂肪酸酯 Glycerine Fatty Acid Ester	艾希托 T FRA® Butyrin Tri Liquid	饲料添加剂 Feed Additive	养殖动物 All species or categories of animals	荷兰 Framelco B. V. 公司 Framelco B. V.，the Netherlands	2021.12—2026.12	新办
（2021）外饲准字 989 号	可食用脂肪酸单/双甘油酯（单丁酸甘油酯） Mono-/di-glycerides of Edible Fatty Acids（Monobutyric Acid Glycerides）	艾希托 M FRA® Butyrin C Liquid	饲料添加剂 Feed Additive	养殖动物 All species or categories of animals	荷兰 Framelco B. V. 公司 Framelco B. V.，the Netherlands	2021.12—2026.12	新办
（2021）外饲准字 990 号	木质素磺酸盐 Lignin Sulfonate	木多芬 OXILEM-LS	饲料添加剂 Feed Additive	养殖动物 All species or categories of animals	奥地利 Green Innovation GmbH 公司 Green Innovation GmbH，Austria	2021.12—2026.12	新办
（2021）外饲准字 991 号	混合型饲料添加剂 香味物质 Feed Additives Mixture Flavouring Substances	恩益 150 Next Enhance 150	混合型饲料添加剂 Feed Additives Mixture	养殖动物 All species or categories of animals	诺伟司德国公司 Novus Deutschland GmbH，Germany	2021.12—2026.12	新办
（2021）外饲准字 992 号	混合型饲料添加剂 香味物质 Feed Additives Mixture Flavouring Substances	恩益 300 Next Enhance 300	混合型饲料添加剂 Feed Additives Mixture	养殖动物 All species or categories of animals	诺伟司德国公司 Novus Deutschland GmbH，Germany	2021.12—2026.12	新办
（2021）外饲准字 993 号	混合型饲料添加剂 β,β-胡萝卜素-4,4-二酮（斑蝥黄） Feed Additives Mixture beta，beta-Carotene-4,4-Diketone（Canthaxanthin）	加丽素®红 10% CAROPHYLL® Red 10%	混合型饲料添加剂 Feed Additives Mixture	家禽 Poultry	帝斯曼营养产品法国有限公司 DSM Nutritional Products France SAS，France	2021.12—2026.12	新办

（续）

登记证号	通用名称	商品名称	产品类别	使用范围	生产厂家	有效期限	备注
（2021）外饲准字 994 号	混合型饲料添加剂 β-阿朴-8′-胡萝卜素酸乙酯 Feed Additives Mixture beta-Apo-8′-Carotenoic Acid Ethyl Ester	加丽素®黄 10% CAROPHYLL® Yellow 10%	混合型饲料添加剂 Feed Additives Mixture	家禽 Poultry	帝斯曼营养产品法国有限公司 DSM Nutritional Products France SAS, France	2021.12—2026.12	新办
（2021）外饲准字 995 号	混合型饲料添加剂 蛋白酶（产自米曲霉） Feed Additives Mixture Protease (Source: *Aspergillus oryzae*)	六畜安 Toxi-end	混合型饲料添加剂 Feed Additives Mixture	猪、家禽 Swine, Poultry	（台湾）生百兴业有限公司宜兴厂 Life Rainbow Biotech Co., Ltd. Yixing Factory	2021.12—2026.12	新办
（2021）外饲准字 996 号	混合型饲料添加剂 香味物质 Feed Additives Mixture Flavouring Substances	钮菲特 Phytostar Extra	混合型饲料添加剂 Feed Additives Mixture	猪、家禽 Swine, Poultry	（荷兰）Mondial Nutrition B. V. Mondial Nutrition B. V., the Netherlands	2021.12—2026.12	新办
（2021）外饲准字 997 号	混合型饲料添加剂 香味物质 Feed Additives Mixture Flavouring Substances	钮菲特 Phytostar Extra	混合型饲料添加剂 Feed Additives Mixture	猪、家禽 Swine, Poultry	（比利时）NUTREX NV NUTREX NV, Belgium	2021.12—2026.12	新办
（2021）外饲准字 998 号	混合型饲料添加剂 氨基酸 矿物元素 Feed Additives Mixture Amino Acids Minerals	欧迪美™ IB0900 CN Optimizor® IB0900 CN	混合型饲料添加剂 Feed Additives Mixture	犬、猫 Dogs, Cats	美国 AFB International 公司 AFB International, USA	2021.12—2026.12	新办
（2021）外饲准字 999 号	混合型饲料添加剂 矿物元素 Feed Additives Mixture Minerals	欧迪美™ IB0901 CN Optimizor® IB0901 CN	混合型饲料添加剂 Feed Additives Mixture	犬、猫 Dogs, Cats	美国 AFB International 公司 AFB International, USA	2021.12—2026.12	新办
（2021）外饲准字 1000 号	混合型饲料添加剂 丙二醇 Feed Additives Mixture Propylene Glycol	谢乐剂 Solergy	混合型饲料添加剂 Feed Additives Mixture	养殖动物 All species or categories of animals	西班牙 IGUSOL ADVANCE S. A. 公司 IGUSOL ADVANCE S. A., Spain	2021.12—2026.12	新办
（2021）外饲准字 1001 号	混合型饲料添加剂 干酪乳杆菌 Feed Additives Mixture Lactobacillus casei	芯来旺—干酪乳杆菌 SYNLAC-Lactobacillus casei	混合型饲料添加剂 Feed Additives Mixture	家畜 Livestock	台湾生合生物科技股份有限公司（燕巢厂） Synbiotech Inc.（Yanchao）	2021.12—2026.12	新办

（续）

登记证号	通用名称	商品名称	产品类别	使用范围	生产厂家	有效期限	备注
(2021) 外饲准字 1002 号	混合型饲料添加剂 屎肠球菌 Feed Additives Mixture Enterococcus faecium	芯来旺—屎肠球菌 100 SYNLAC-Enterococcus faecium 100	混合型饲料添加剂 Feed Additives Mixture	家畜 Livestock	台湾生合生物科技股份有限公司（燕巢厂） Synbiotech Inc.（Yanchao）	2021. 12—2026. 12	新办
(2021) 外饲准字 1003 号	混合型饲料添加剂 香味物质 Feed Additives Mixture Flavouring Substances	迈多芬 P-Fenol	混合型饲料添加剂 Feed Additives Mixture	养殖动物 All species or categories of animals	意大利 METHODO CHEMICALS s. r. l. 公司 METHODO CHEMICALS s. r. l.，Italy	2021. 12—2026. 12	新办
(2021) 外饲准字 1004 号	混合型饲料添加剂 甘油脂肪酸酯 Feed Additives Mixture Glycerine Fatty Acid Ester	索麦 SOLMAX®	混合型饲料添加剂 Feed Additives Mixture	畜禽、水产养殖动物 Livestock，Poultry，Aquaculture animals	（韩国）日新唯尔斯有限公司 ILSHINWELLS CO.，LTD，Korea	2021. 12—2026. 12	新办
(2021) 外饲准字 1005 号	混合型饲料添加剂 米曲霉 Feed Additives Mixture *Aspergillus Oryzae*	安可康益-AOL EcoFi：dup-AOL	混合型饲料添加剂 Feed Additives Mixture	养殖动物 All species or categories of animals	韩国 Ecobiznet 公司 Ecobiznet Inc.，Korea	2021. 12—2026. 12	新办
(2021) 外饲准字 1006 号	混合型饲料添加剂 维生素 氨基酸 Feed Additives Mixture Vitamins Amino Acids	海派克斯 Heptamax	混合型饲料添加剂 Feed Additives Mixture	家禽 Poultry	爱尔兰 Inform 营养有限公司 Inform Nutrition Ireland Ltd.，Ireland	2021. 12—2026. 12	新办
(2021) 外饲准字 1007 号	牛肉骨粉 Bovine Meat and Bone Meal	牛肉骨粉 Meat and Bone Meal (Bovine)	单一饲料 Single Feed	养殖动物（反刍动物除外） All species or categories of animals (Not including ruminant)	阿根廷 MATTIEVICH S. A. MATTIEVICH S. A.，Argentina	2021. 12—2026. 12	新办
(2021) 外饲准字 1008 号	高温高压水解羽毛粉 High Temperature and High Pressure Hydrolyzed Feather Meal	水解羽毛粉 Proteinic flour from feathers	单一饲料 Single Feed	畜禽、水产养殖动物（反刍动物除外） Livestock，Poultry，Aquaculture animals（Not including ruminant）	罗马尼亚 SC SAFIR SRL 公司 SC SAFIR SRL，Romania	2021. 12—2026. 12	新办

（续）

登记证号	通用名称	商品名称	产品类别	使用范围	生产厂家	有效期限	备注
(2021) 外饲准字 1009 号	酵母水解物 Yeast Hydrolysate	核力素 Hilyses	单一饲料 Single Feed	猪、家禽、水产养殖动物、宠物、牛、马 Swine, Poultry, Aquaculture animals, Pets, Cattle, Horses	巴西 ICC Industrial Com. Exp. E Imp. Ltda 公司 Santos 工厂 ICC Industrial Com. Exp. E Imp. Ltda, Plant Santos, Brazil	2021.12—2026.12	新办
(2021) 外饲准字 1010 号	白鱼粉 White Fishmeal	白鱼粉（三级） White Fishmeal（Grade Ⅲ）	单一饲料 Single Feed	家禽、猪、鱼、虾 Poultry, Swine, Fish, Shrimp	（挪威）Halstensen Granit 有限公司（工船加工，工船名 Granit，工船号 1000845） Halstensen Granit AS（Produced on Board at Vessel "Granit", Register No. 1000845), Norway	2021.12—2026.12	新办
(2021) 外饲准字 1011 号	双低菜籽粕 Double-Low Rapeseed Meal	菜籽粕（加拿大菜籽） Canola Meal（Canadian Seed）	单一饲料 Single Feed	猪、家禽、鱼 Swine, Poultry, Fish	加拿大 BUNGE 公司，工厂位于 Harrowby BUNGE Canada, plant in Harrowby, Canada	2021.12—2026.12	新办
(2021) 外饲准字 1012 号	白鱼粉 White Fishmeal	挪威白鱼粉（三级） Norwegian White Fishmeal（Ⅲ）	单一饲料 Single Feed	畜禽、水产养殖动物、宠物（反刍动物除外） Livestock, Poultry, Aquaculture animals, Pets (Not including ruminant)	挪威 Pelagia Egersund Sildoljefabrikk 公司 Pelagia Egersund Sildoljefabrikk, Norway	2021.12—2026.12	新办
(2021) 外饲准字 1013 号	鱼粉 Fishmeal	挪威鱼粉（三级） Norwegian Fishmeal（Ⅲ）	单一饲料 Single Feed	畜禽、水产养殖动物、宠物（反刍动物除外） Livestock, Poultry, Aquaculture animals, Pets (Not including ruminant)	挪威 Pelagia Egersund Sildoljefabrikk 公司 Pelagia Egersund Sildoljefabrikk, Norway	2021.12—2026.12	新办

（续）

登记证号	通用名称	商品名称	产品类别	使用范围	生产厂家	有效期限	备注
(2021) 外饲准字 1014 号	鱼粉 Fishmeal	蒸汽干燥鱼粉（三级） Steam Dried Fish Meal	单一饲料 Single Feed	畜禽、水产养殖动物（反刍动物除外） Livestock, Poultry, Aquaculture animals (Not including ruminant)	印度尼西亚 PT FKS MULTI AGRO TBK 公司（工厂） PT FKS MULTI AGRO TBK, Indonesia	2021.12—2026.12	新办
(2021) 外饲准字 1015 号	鱼配合饲料 Fish Complete Feed	东红素宝宝 FEP Red Element FEP	配合饲料 Compound Feed	鱼 Fish	（日本）九州中央鱼市株式会社 山口第二工厂 KYUSHU CHUO UOICHI CO., LTD. YAMAGUCHI SECOND FACTORY, Japan	2021.12—2026.12	新办
(2021) 外饲准字 1016 号	鱼配合饲料 Fish Complete Feed	东红素 αEP Red Element αEP	配合饲料 Compound Feed	鱼 Fish	（日本）九州中央鱼市株式会社 山口第二工厂 KYUSHU CHUO UOICHI CO., LTD. YAMAGUCHI SECOND FACTORY, Japan	2021.12—2026.12	新办
(2021) 外饲准字 1017 号	鱼配合饲料 Fish Complete Feed	东红素 OEP Red Element OEP	配合饲料 Compound Feed	鱼 Fish	（日本）九州中央鱼市株式会社 山口第二工厂 KYUSHU CHUO UOICHI CO., LTD. YAMAGUCHI SECOND FACTORY, Japan	2021.12—2026.12	新办
(2021) 外饲准字 1018 号	观赏鱼用复合预混合饲料 Premix for Ornamental Fish	美鱼唯它 S Churavitamix S	添加剂预混合饲料 Feed Additive Premix	观赏鱼 Ornamental fish	日本六九化学制品公司（御殿场工厂） ROKKU Chemical Products CO., Ltd. (Gotemba Factory), Japan	2021.12—2026.12	新办
(2021) 外饲准字 1019 号	鱼复合预混合饲料 Premix for Fish	艾诺米 P ECONOMIX P	添加剂预混合饲料 Feed Additive Premix	鱼 Fish	法国 TECHNA NUTRITION SAS 公司（工厂） TECHNA France NUTRITION SAS, France	2021.12—2026.12	新办

（续）

登记证号	通用名称	商品名称	产品类别	使用范围	生产厂家	有效期限	备注
（2021）外饲准字 1020 号	猪禽水产复合预混合饲料 Premix for Swine Poultry and Aquaculture Animals	山果威 Sangrovit® Gold	添加剂预混合饲料 Feed Additive Premix	猪、鸡、肉鸭、淡水鱼、虾、蟹、龟、鳖 Swine，Chicken，Meat Duck，Freshwater Fish，Shrimp，Crabs，Turtles	德国 Phytobiotics Futterzusatzstoffe GmbH 公司 Phytobiotics Futterzusatzstoffe GmbH，Germany	2021. 12—2026. 12	新办
（2021）外饲准字 1021 号	宠物营养补充剂 猫维生素 氨基酸 矿物质微量元素 Pet Nutrition Supplement Vitamin，Amino Acid and Mineral for Cat	Dr. Clauder's 猫用抗鸟粪石营养膏 Dr. Clauder's Anti Struvit Emulsion for cats	宠物添加剂预混合饲料 Pet Feed Additive Premix	猫 Cats	德国 Dr. Clauder GmbH & Co. KG Dr. Clauder GmbH & Co. KG，Germany	2021. 12—2026. 12	新办
（2021）外饲准字 1022 号	宠物营养补充剂 Liquid Supplement for Pet	猫狗营养餐饮料（鸡肉味） YummyRade	宠物添加剂预混合饲料 Pet Feed Additive Premix	猫、犬 Cats，Dogs	（爱尔兰）Green Treats Ltd Green Treats Ltd，Ireland	2021. 12—2026. 12	新办
（2021）外饲准字 1023 号	宠物营养补充剂 维生素和微生物 Complementary Pet Food Vitamin and Live Microorganisms	宠优康 Prebican	宠物添加剂预混合饲料 Pet Feed Additive Premix	猫、犬 Cats，Dogs	德国 Biochem 添加剂贸易和生产有限公司 Biochem Zusatzstoffe Handels-und Produktionsgesellschaft mbH，Germany	2021. 12—2026. 12	新办
（2021）外饲准字 1024 号	全价宠物食品犬粮 Pet Compound Food for Dog	Be My Baby 白鱼甘薯配方犬粮 Be My Baby Whitefish & Sweet Potato Formula for Dogs	宠物配合饲料 Pet Compound Feed	犬 Dogs	（美国）帝尔文宠物食品 Diamond Pet Foods，USA	2021. 12—2026. 12	新办
（2021）外饲准字 1025 号	全价宠物食品犬粮 Pet Compound Food for Dog	Be My Baby 火鸡肉甘薯配方犬粮 Be My Baby Turkey & Sweet Potato Formula for Dogs	宠物配合饲料 Pet Compound Feed	犬 Dogs	（美国）帝尔文宠物食品 Diamond Pet Foods，USA	2021. 12—2026. 12	新办

（续）

登记证号	通用名称	商品名称	产品类别	使用范围	生产厂家	有效期限	备注
(2021) 外饲准字 1026 号	全价宠物食品犬粮 Pet Compound Food for Dog	Be My Baby 鸭肉甘薯配方犬粮 Be My Baby Duck & Sweet Potato Formula for Dogs	宠物配合饲料 Pet Compound Feed	犬 Dogs	(美国) 帝尔文宠物食品 Diamond Pet Foods, USA	2021.12—2026.12	新办
(2021) 外饲准字 1027 号	宠物配合饲料成年期猫粮 Pet Compound Feed Adult Cat Food	Farm Nature 鸡肉配方成猫粮 Farm Nature Chicken with Apple & Pumpkin Adult Cat	宠物配合饲料 Pet Compound Feed	猫 Cats	西班牙 Visan 宠物食品科技工业有限公司 VISAN INDUSTRIAS ZOOTECNICAS S. L., Spain	2021.12—2026.12	新办
(2021) 外饲准字 1028 号	全价宠物食品猫粮 Pet Compound Food for Cat	Feline Natural 鸡肉配方罐 Feline Natural Chicken Feast Canned	宠物配合饲料 Pet Compound Feed	猫 Cats	新西兰 Heinz Wattie's Limited Heinz Wattie's Limited, New Zealand	2021.12—2026.12	新办
(2021) 外饲准字 1029 号	全价宠物食品猫粮 Pet Compound Food for Cat	Feline Natural 羊肉配方罐 Feline Natural Lamb Feast Canned	宠物配合饲料 Pet Compound Feed	猫 Cats	新西兰 Heinz Wattie's Limited Heinz Wattie's Limited, New Zealand	2021.12—2026.12	新办
(2021) 外饲准字 1030 号	全价宠物食品猫粮 Pet Compound Feed for Cat	Health Extension 三文鱼火鸡肉配方全龄猫粮 Health Extension Turkey & Salmon Recipe for all life stage cats	宠物配合饲料 Pet Compound Feed	猫 Cats	(美国) 飒天宠物营养有限责任公司 Southern Tier Pet Nutrition LLC., USA	2021.12—2026.12	新办
(2021) 外饲准字 1031 号	全价宠物食品猫粮 Pet Compound Feed for Cat	Health Extension 鸡肉糙米配方全龄猫粮 Health Extension Chicken & Brown Rice Recipe for all life stage cats	宠物配合饲料 Pet Compound Feed	猫 Cats	(美国) 飒天宠物营养有限责任公司 Southern Tier Pet Nutrition LLC., USA	2021.12—2026.12	新办

（续）

登记证号	通用名称	商品名称	产品类别	使用范围	生产厂家	有效期限	备注
（2021）外饲准字 1032 号	全价宠物食品成年期猫粮 Pet Complete Food for Adult Cat	Monello 精选鸡肉大米味绝育成猫粮 Monello Select Sterilized Adult Cat Chicken and Rice Flavor	宠物配合饲料 Pet Compound Feed	猫 Cats	巴西 Nutrire Indústria de Alimentos 公司 Nutrire Indústria de Alimentos Ltda.，Brazil	2021.12—2026.12	新办
（2021）外饲准字 1033 号	全价宠物食品小型犬成年期犬粮 Pet Complete Food for Small Breeds Adult Dog	Monello 精选鸡肉大米味小型成犬粮 Monello Select Small Breeds Adult Dog Chicken and Rice Flavor	宠物配合饲料 Pet Compound Feed	犬 Dogs	巴西 Nutrire Indústria de Alimentos 公司 Nutrire Indústria de Alimentos Ltda.，Brazil	2021.12—2026.12	新办
（2021）外饲准字 1034 号	全价宠物食品成年期猫粮 Pet Complete Food for Adult Cat	Monello 精选鸡肉味成猫粮 Monello Select Adult Cat Chicken Flavor	宠物配合饲料 Pet Compound Feed	猫 Cats	巴西 Nutrire Indústria de Alimentos 公司 Nutrire Indústria de Alimentos Ltda.，Brazil	2021.12—2026.12	新办
（2021）外饲准字 1035 号	宠物配合饲料犬粮 Pet Compound Feed Dog Food	Natural Woodland 田园鸡肉配方全犬粮 Natural Woodland Country Diet	宠物配合饲料 Pet Compound Feed	犬 Dogs	西班牙 Visan 宠物食品科技工业有限公司 VISAN INDUSTRIAS ZOOTECNICAS S. L.，Spain	2021.12—2026.12	新办
（2021）外饲准字 1036 号	全价宠物食品成年期猫粮 Pet Compound Feed for Adult Cat	Prins All Nature 成猫粮 Prins All Nature Cat Adult	宠物配合饲料 Pet Compound Feed	猫 Cats	比利时联合宠物食品公司 United Petfood Producers NV，Belgium	2021.12—2026.12	新办
（2021）外饲准字 1037 号	全价宠物食品成年期犬粮 Pet Compound Feed for Adult Dogs	Prins All Nature 成犬粮 Prins All Nature Dog Adult	宠物配合饲料 Pet Compound Feed	犬 Dogs	比利时联合宠物食品公司 United Petfood Producers NV，Belgium	2021.12—2026.12	新办
（2021）外饲准字 1038 号	全价宠物食品小型犬成年期犬粮 Pet Compound Feed for Small Breed Adult Dogs	Prins All Nature 迷你成犬粮 Prins All Nature Dog Adult Mini	宠物配合饲料 Pet Compound Feed	犬 Dogs	比利时联合宠物食品公司 United Petfood Producers NV，Belgium	2021.12—2026.12	新办

（续）

登记证号	通用名称	商品名称	产品类别	使用范围	生产厂家	有效期限	备注
（2021）外饲准字 1039 号	全价宠物食品小型犬幼年期犬粮 Pet Compound Feed for Small Breed of Puppy	Prins All Nature 迷你幼犬粮 Prins All Nature Dog Puppy Mini	宠物配合饲料 Pet Compound Feed	犬 Dogs	比利时联合宠物食品公司 United Petfood Producers NV，Belgium	2021. 12—2026. 12	新办
（2021）外饲准字 1040 号	全价宠物食品成年期猫粮 Pet Compound Feed for Adult Cat	Prins All Nature 敏感猫粮 Prins All Nature Cat Sensitive	宠物配合饲料 Pet Compound Feed	猫 Cats	比利时联合宠物食品公司 United Petfood Producers NV，Belgium	2021. 12—2026. 12	新办
（2021）外饲准字 1041 号	全价宠物食品成年期猫粮 Pet Compound Feed for Adult Cat	Prins All Nature 室内猫粮 Prins All Nature Cat Indoor	宠物配合饲料 Pet Compound Feed	猫 Cats	比利时联合宠物食品公司 United Petfood Producers NV，Belgium	2021. 12—2026. 12	新办
（2021）外饲准字 1042 号	全价宠物食品幼年期猫粮 Pet Compound Feed for Kitten	Prins All Nature 幼猫粮 Prins All Nature Cat Kitten	宠物配合饲料 Pet Compound Feed	猫 Cats	比利时联合宠物食品公司 United Petfood Producers NV，Belgium	2021. 12—2026. 12	新办
（2021）外饲准字 1043 号	全价宠物食品幼年期犬粮 Pet Compound Feed for Puppy	Prins All Nature 幼犬粮 Prins All Nature Dog Puppy	宠物配合饲料 Pet Compound Feed	犬 Dogs	比利时联合宠物食品公司 United Petfood Producers NV，Belgium	2021. 12—2026. 12	新办
（2021）外饲准字 1044 号	全价宠物食品猫粮 Pet Compound Feed for Cat	Taste of the Wild Canyon River 猫粮添加鳟鱼和烟熏三文鱼 Taste of the Wild Canyon River Feline Recipe with Trout & Smoked Salmon	宠物配合饲料 Pet Compound Feed	猫 Cats	（美国）帝尔文宠物食品 Diamond Pet Foods，USA	2021. 12—2026. 12	新办
（2021）外饲准字 1045 号	全价宠物食品幼年期/妊娠期/哺乳期犬粮 Pet Compound Food for Puppy/Pregnant/ Lactating Dog	Taste of the Wild Pacific Stream 幼犬粮添加烟熏三文鱼 Taste of the Wild Pacific Stream Puppy Recipe with Smoked Salmon	宠物配合饲料 Pet Compound Feed	犬 Dogs	（美国）帝尔文宠物食品 Diamond Pet Foods，USA	2021. 12—2026. 12	新办

（续）

登记证号	通用名称	商品名称	产品类别	使用范围	生产厂家	有效期限	备注
(2021) 外饲准字 1046 号	全价宠物食品猫粮 Pet Compound Feed for Cat	Taste of the Wild Prey 火鸡肉配方猫粮 Taste of the Wild Prey Turkey Recipe For Cats	宠物配合饲料 Pet Compound Feed	猫 Cats	(美国) 帝尔文宠物食品 Diamond Pet Foods, USA	2021.12—2026.12	新办
(2021) 外饲准字 1047 号	全价宠物食品犬粮 Pet Compound Food for Dog	Taste of the Wild Prey 火鸡肉配方犬粮 Taste of the Wild Prey Turkey Recipe For Dogs	宠物配合饲料 Pet Compound Feed	犬 Dogs	(美国) 帝尔文宠物食品 Diamond Pet Foods, USA	2021.12—2026.12	新办
(2021) 外饲准字 1048 号	全价宠物食品犬粮 Pet Compound Food for Dogs	Vital Essentials 冷冻干燥肉饼犬粮 牛肉配方 Vital Essentials Freeze-Dried Beef Patties Dog Food	宠物配合饲料 Pet Compound Feed	犬 Dogs	美国 Carnivore Meat 有限公司 Carnivore Meat Company, LLC., USA	2021.12—2026.12	新办
(2021) 外饲准字 1049 号	全价宠物食品犬粮 Pet Compound Food for Dogs	Vital Essentials 冷冻干燥肉粒犬粮 牛肉配方 Vital Essentials Freeze-Dried Beef Nibblets Dog Food	宠物配合饲料 Pet Compound Feed	犬 Dogs	美国 Carnivore Meat 有限公司 Carnivore Meat Company, LLC., USA	2021.12—2026.12	新办
(2021) 外饲准字 1050 号	全价宠物食品犬粮 Pet Compound Food for Dogs	Vital Essentials 冷冻干燥小肉粒犬粮 牛肉配方 Vital Essentials Freeze-Dried Beef Mini Nibs Dog Food	宠物配合饲料 Pet Compound Feed	犬 Dogs	美国 Carnivore Meat 有限公司 Carnivore Meat Company, LLC., USA	2021.12—2026.12	新办
(2021) 外饲准字 1051 号	全价宠物食品犬粮 Pet Compound Food for Dogs	Vital Essentials 冷冻干燥小肉粒犬粮 三文鱼配方 Vital Essentials Freeze-Dried Salmon Mini Nibs Dog Food	宠物配合饲料 Pet Compound Feed	犬 Dogs	美国 Carnivore Meat 有限公司 Carnivore Meat Company, LLC., USA	2021.12—2026.12	新办

（续）

登记证号	通用名称	商品名称	产品类别	使用范围	生产厂家	有效期限	备注
(2021）外饲准字 1052 号	全价宠物食品犬粮 Pet Compound Food for Dogs	Woof 冷冻干燥犬粮鹿肉配方 Woof Freeze Dried Dog Food Vension	宠物配合饲料 Pet Compound Feed	犬 Dogs	新西兰冻干食品有限公司 Freeze Dried Foods New Zealand Limited，New Zealand	2021. 12—2026. 12	新办
(2021）外饲准字 1053 号	全价犬粮 Complete Dog Food	爱肯拿海洋鱼配方犬粮 ACANA Pacifica Dog Food	宠物配合饲料 Pet Compound Feed	犬 Dogs	加拿大冠军宠物食品公司 Champion Petfoods L. P. , Canada	2021. 12—2026. 12	新办
(2021）外饲准字 1054 号	全价老年期犬粮 Complete Senior Dog Food	爱肯拿老年期犬粮 ACANA Senior Dog Food	宠物配合饲料 Pet Compound Feed	犬 Dogs	加拿大冠军宠物食品公司 Champion Petfoods L. P. , Canada	2021. 12—2026. 12	新办
(2021）外饲准字 1055 号	全价猫粮 Complete Cat Food	爱肯拿牧场盛宴猫粮 ACANA Wild Prairie Cat Food	宠物配合饲料 Pet Compound Feed	猫 Cats	加拿大冠军宠物食品公司 Champion Petfoods L. P. , Canada	2021. 12—2026. 12	新办
(2021）外饲准字 1056 号	全价犬粮 Complete Dog Food	爱肯拿牧场盛宴犬粮 ACANA Wild Prairie Dog Food	宠物配合饲料 Pet Compound Feed	犬 Dogs	加拿大冠军宠物食品公司 Champion Petfoods L. P. , Canada	2021. 12—2026. 12	新办
(2021）外饲准字 1057 号	全价小型犬成年期犬粮 Complete Adult Small Breed Dog Food	爱肯拿小型犬成年期犬粮 ACANA Adult Small Breed Dog Food	宠物配合饲料 Pet Compound Feed	犬 Dogs	加拿大冠军宠物食品公司 Champion Petfoods L. P. , Canada	2021. 12—2026. 12	新办
(2021）外饲准字 1058 号	全价小型犬幼年期犬粮 Complete Puppy Small Breed Dog Food	爱肯拿小型犬幼年期犬粮 ACANA Puppy Small Breed Dog Food	宠物配合饲料 Pet Compound Feed	犬 Dogs	加拿大冠军宠物食品公司 Champion Petfoods L. P. , Canada	2021. 12—2026. 12	新办
(2021）外饲准字 1059 号	宠物配合饲料 成年期犬粮 Pet Compound Feed for Adult Dog	爱娜玛特 无谷里昂低脂鸡肉配方犬粮 Annamaet Grain Free Lean Low Fat Formula Dog Food	宠物配合饲料 Pet Compound Feed	犬 Dogs	（美国）飒天宠物营养有限责任公司 Southern Tier Pet Nutrition, LLC, USA	2021. 12—2026. 12	新办

（续）

登记证号	通用名称	商品名称	产品类别	使用范围	生产厂家	有效期限	备注
(2021）外饲准字 1060 号	全价宠物食品猫粮 Pet Compound Food for Cat	澳思宁鲑鱼配方全猫粮 Oceanique Deep Blue Salmon Entrée for All life stage Cats	宠物配合饲料 Pet Compound Feed	猫 Cats	（新西兰）爱德胜宠物产品有限公司 Addiction Foods NZ Ltd.，New Zealand	2021. 12—2026. 12	新办
(2021）外饲准字 1061 号	全价宠物食品成年期猫粮 Pet Compound Food for Adult Cat	澳思宁含鸭肉配方成猫粮 Oceanique Duck Canopy Entrée for Adult Cats	宠物配合饲料 Pet Compound Feed	猫 Cats	（新西兰）爱德胜宠物产品有限公司 Addiction Foods NZ Ltd.，New Zealand	2021. 12—2026. 12	新办
(2021）外饲准字 1062 号	全价宠物食品小型犬成年期犬粮 Pet Compound Feed for Small Breed Adult Dog	比利玛格牛肉三文鱼配方超级食品小型犬全价成年期犬粮 Billy + Margot Beef & Salmon + Superfoods Recipe For Small Breed Adult Dogs	宠物配合饲料 Pet Compound Feed	犬 Dogs	澳大利亚宠物食品有限公司（Ingleburn 工厂） Australian Pet Brands Pty Ltd（Ingleburn），Australia	2021. 12—2026. 12	新办
(2021）外饲准字 1063 号	宠物配合饲料 成年期猫粮 Pet Compound Feed for Adult Cats	博黛精粹海鱼味成猫粮 PRODIET PROFESSIONAL ADULT CAT OCEAN FISH FLAVOUR	宠物配合饲料 Pet Compound Feed	猫 Cats	泰国 Nutrix Public 有限公司 Nutrix Public Company Limited，Thailand	2021. 12—2026. 12	新办
(2021）外饲准字 1064 号	全价宠物食品成年期猫粮 Complete Pet Food-Adult Cat Food	成年期鸡肉 & 三文鱼配方猫粮 Art Wok Club Chicken & Salmon Adult Cat Food	宠物配合饲料 Pet Compound Feed	猫 Cats	比利时联合宠物食品公司 United Petfood Producers NV，Belgium	2021. 12—2026. 12	新办
(2021）外饲准字 1065 号	全价宠物食品成年期犬粮 Compound Pet Food-Adult Dog Food	成年期鸡肉配方犬粮 Art Wok Club Chicken Adult Dog Food	宠物配合饲料 Pet Compound Feed	犬 Dogs	比利时联合宠物食品公司 United Petfood Producers NV，Belgium	2021. 12—2026. 12	新办

（续）

登记证号	通用名称	商品名称	产品类别	使用范围	生产厂家	有效期限	备注
(2021) 外饲准字 1066 号	全价宠物食品猫粮 Pet Complete Food for Cat	粉钻猫粮—全年龄段—鸡肉鸭肉火鸡肉配方 PINK DIAMOND Cat Food-All Life Stages-Chicken Duck and Turkey Recipe	宠物配合饲料 Pet Compound Feed	猫 Cats	加拿大 PLB 国际公司 PLB International Inc.，Canada	2021.12—2026.12	新办
(2021) 外饲准字 1067 号	全价宠物食品猫粮 Pet Complete Food for Cat	粉钻猫粮—全年龄段—多种鱼配方 PINK DIAMOND Cat Food-All Life Stages-Multi Fish Recipe	宠物配合饲料 Pet Compound Feed	猫 Cats	加拿大 PLB 国际公司 PLB International Inc.，Canada	2021.12—2026.12	新办
(2021) 外饲准字 1068 号	全价宠物食品犬粮 Compound Pet Food-Dog Food	喟达全犬期无谷鸭肉配方犬粮 Woofstard Holistic Duck Grain Free ALS Dog Food	宠物配合饲料 Pet Compound Feed	犬 Dogs	西班牙联合宠物食品公司 UNITED PETFOOD SPAIN, S.L.，Spain	2021.12—2026.12	新办
(2021) 外饲准字 1069 号	全价宠物食品成年期猫粮 Pet Complete Food for Adult Cat	哈根纽翠斯 CARE 系列口腔健康猫粮 Hagen Nutrience CARE Cat Oral Health	宠物配合饲料 Pet Compound Feed	猫 Cats	加拿大斯派特饲料服务有限公司（工厂） Spectrum Feed Services Ltd.，Canada	2021.12—2026.12	新办
(2021) 外饲准字 1070 号	全价宠物食品成年期猫粮 Pet Complete Food for Adult Cat	哈根纽翠斯 CARE 系列毛球控制猫粮 Hagen Nutrience CARE Cat Hairball Control	宠物配合饲料 Pet Compound Feed	猫 Cats	加拿大斯派特饲料服务有限公司（工厂） Spectrum Feed Services Ltd.，Canada	2021.12—2026.12	新办
(2021) 外饲准字 1071 号	全价宠物食品成年期猫粮 Pet Complete Food for Adult Cat	哈根纽翠斯 CARE 系列泌尿健康猫粮 Hagen Nutrience CARE Cat Urinary Health	宠物配合饲料 Pet Compound Feed	猫 Cats	加拿大斯派特饲料服务有限公司（工厂） Spectrum Feed Services Ltd.，Canada	2021.12—2026.12	新办

（续）

登记证号	通用名称	商品名称	产品类别	使用范围	生产厂家	有效期限	备注
（2021）外饲准字 1072 号	全价宠物食品成年期猫粮 Pet Complete Food for Adult Cat	哈根纽翠斯 CARE 系列敏感皮肤及胃肠猫粮 Hagen Nutrience CARE Cat Sensitive Skin & Stomach	宠物配合饲料 Pet Compound Feed	猫 Cats	加拿大斯派特饲料服务有限公司（工厂） Spectrum Feed Services Ltd.，Canada	2021.12—2026.12	新办
（2021）外饲准字 1073 号	全价宠物食品成年期猫粮 Pet Complete Food for Adult Cat	哈根纽翠斯 CARE 系列体重管理猫粮 Hagen Nutrience CARE Cat Weight Management	宠物配合饲料 Pet Compound Feed	猫 Cats	加拿大斯派特饲料服务有限公司（工厂） Spectrum Feed Services Ltd.，Canada	2021.12—2026.12	新办
（2021）外饲准字 1074 号	宠物配合饲料 猫粮 Pet Compound Feed for Cats	哈乐枫叶全阶段无谷火鸡肉配方猫粮 Harlow Blend All Life Stages Cat Grain Free Turkey Fusion	宠物配合饲料 Pet Compound Feed	猫 Cats	加拿大 PLB 国际公司 PLB International Inc.，Canada	2021.12—2026.12	新办
（2021）外饲准字 1075 号	宠物配合饲料 犬粮 Pet Compound Feed for Dogs	哈乐枫叶全阶段无谷火鸡肉配方犬粮 Harlow Blend All Life Stages Dog Grain Free Turkey Fusion	宠物配合饲料 Pet Compound Feed	犬 Dogs	加拿大 PLB 国际公司 PLB International Inc.，Canada	2021.12—2026.12	新办
（2021）外饲准字 1076 号	宠物配合饲料 猫粮 Pet Compound Feed for Cats	哈乐枫叶全阶段无谷鱼肉配方猫粮 Harlow Blend All Life Stages Cat Grain Free Fish Fusion	宠物配合饲料 Pet Compound Feed	猫 Cats	加拿大 PLB 国际公司 PLB International Inc.，Canada	2021.12—2026.12	新办

（续）

登记证号	通用名称	商品名称	产品类别	使用范围	生产厂家	有效期限	备注
(2021) 外饲准字 1077 号	宠物配合饲料 犬粮 Pet Compound Feed for Dogs	哈乐枫叶全阶段无谷鱼肉配方犬粮 Harlow Blend All Life Stages Dog Grain Free Fish Fusion	宠物配合饲料 Pet Compound Feed	犬 Dogs	加拿大 PLB 国际公司 PLB International Inc. , Canada	2021.12—2026.12	新办
(2021) 外饲准字 1078 号	宠物配合饲料 犬粮 Pet Compound Feed for Dogs	科克兰 Nature's Domain™系列甘薯三文鱼配方犬粮 Kirkland Signature™ Nature's Domain™ Salmon Meal & Sweet Potato Formula for Dogs	宠物配合饲料 Pet Compound Feed	犬 Dogs	美国 Diamond 宠物食品公司（Lathrop 工厂） Diamond Pet Food-Lathrop, USA	2021.12—2026.12	新办
(2021) 外饲准字 1079 号	宠物配合饲料 幼年期、妊娠期和哺乳期犬粮 Pet Compound Feed for Puppy, Gestating and Lactating Dog	科克兰 Nature's Domain™系列鸡肉豌豆配方幼犬粮 Kirkland Signature™ Nature's Domain™ Puppy Chicken & Pea Formula	宠物配合饲料 Pet Compound Feed	犬 Dogs	美国 Diamond 宠物食品公司（Lathrop 工厂） Diamond Pet Food-Lathrop, USA	2021.12—2026.12	新办
(2021) 外饲准字 1080 号	宠物配合饲料 小型犬粮 Pet Compound Feed for Small Breed Dog	科克兰 Nature's Domain™系列三文鱼兵豆配方小型犬粮 Kirkland Signature™ Nature's Domain™ Small Breed Salmon & Lentil Formula for Dogs	宠物配合饲料 Pet Compound Feed	犬 Dogs	美国 Diamond 宠物食品公司（Lathrop 工厂） Diamond Pet Food-Lathrop, USA	2021.12—2026.12	新办

（续）

登记证号	通用名称	商品名称	产品类别	使用范围	生产厂家	有效期限	备注
（2021）外饲准字 1081 号	宠物配合饲料 成年期和老年期犬粮 Pet Compound Feed for Adult and Senior Dog	科克兰 Super Premium 系列鸡肉大米蛋粉配方成犬粮 Kirkland Signature™ Super Premium Mature Dog Chicken, Rice & Egg Formula	宠物配合饲料 Pet Compound Feed	犬 Dogs	美国 Diamond 宠物食品公司（Lathrop 工厂） Diamond Pet Food-Lathrop, USA	2021.12—2026.12	新办
（2021）外饲准字 1082 号	宠物配合饲料 猫粮 Pet Compound Feed for Cat	科克兰 Super Premium 系列鸡肉大米配方猫粮 Kirkland Signature™ Super Premium Maintenance Cat Chicken & Rice Formula	宠物配合饲料 Pet Compound Feed	猫 Cats	美国 Diamond 宠物食品公司（Lathrop 工厂） Diamond Pet Food-Lathrop, USA	2021.12—2026.12	新办
（2021）外饲准字 1083 号	宠物配合饲料 成年期犬粮 Pet Compound Feed for Adult Dog	科克兰 Super Premium 系列鸡肉土豆糙米配方成犬粮 Kirkland Signature™ Super Premium Adult Dog Chicken, Rice & Vegetable Formula	宠物配合饲料 Pet Compound Feed	犬 Dogs	美国 Diamond 宠物食品公司（Lathrop 工厂） Diamond Pet Food-Lathrop, USA	2021.12—2026.12	新办
（2021）外饲准字 1084 号	全价宠物食品 成年期猫粮 Pet Complete Food for Adult Cat	里奥纳多 海洋鱼配方成猫罐头 LEONARDO Rich in ocean fish	宠物配合饲料 Pet Compound Feed	猫 Cats	德国 BEWITAL petfood GmbH & Co. KG 公司 BEWITAL petfood GmbH & Co. KG, Germany	2021.12—2026.12	新办
（2021）外饲准字 1085 号	全价宠物食品 成年期猫粮 Pet Complete Food for Adult Cat	里奥纳多 含鸡肝配方成猫罐头 LEONARDO Rich in Liver	宠物配合饲料 Pet Compound Feed	猫 Cats	德国 BEWITAL petfood GmbH & Co. KG 公司 BEWITAL petfood GmbH & Co. KG, Germany	2021.12—2026.12	新办

（续）

登记证号	通用名称	商品名称	产品类别	使用范围	生产厂家	有效期限	备注
(2021) 外饲准字 1086 号	全价宠物食品 成年期猫粮 Pet Complete Food for Adult Cat	里奥纳多 含鸡肉成猫罐头 LEONARDO Pure Poultry	宠物配合饲料 Pet Compound Feed	猫 Cats	德国 BEWITAL petfood GmbH & Co. KG 公司 BEWITAL petfood GmbH & Co. KG, Germany	2021.12—2026.12	新办
(2021) 外饲准字 1087 号	全价宠物食品 成年期猫粮 Pet Complete Food for Adult Cat	里奥纳多 含鸡肉配方成猫餐包 LEONARDO Pure Chicken	宠物配合饲料 Pet Compound Feed	猫 Cats	德国 BEWITAL petfood GmbH & Co. KG 公司 BEWITAL petfood GmbH & Co. KG, Germany	2021.12—2026.12	新办
(2021) 外饲准字 1088 号	全价宠物食品 幼年期猫粮 Pet Complete Food for Kitten	里奥纳多 含鸡肉配方幼猫餐包 LEONARDO Kitten Poultry	宠物配合饲料 Pet Compound Feed	猫 Cats	德国 BEWITAL petfood GmbH & Co. KG 公司 BEWITAL petfood GmbH & Co. KG, Germany	2021.12—2026.12	新办
(2021) 外饲准字 1089 号	全价宠物食品 成年期猫粮 Pet Complete Food for Adult Cat	里奥纳多 含兔肉成猫罐头 LEONARDO Rich in Rabbit	宠物配合饲料 Pet Compound Feed	猫 Cats	德国 BEWITAL petfood GmbH & Co. KG 公司 BEWITAL petfood GmbH & Co. KG, Germany	2021.12—2026.12	新办
(2021) 外饲准字 1090 号	全价宠物食品 成年期猫粮 Pet Complete Food for Adult Cat	里奥纳多 含鸭肉成猫罐头 LEONARDO Rich in Duck	宠物配合饲料 Pet Compound Feed	猫 Cats	德国 BEWITAL petfood GmbH & Co. KG 公司 BEWITAL petfood GmbH & Co. KG, Germany	2021.12—2026.12	新办
(2021) 外饲准字 1091 号	全价宠物食品 成年期猫粮 Pet Complete Food for Adult Cat	里奥纳多 鱼虾配方成猫餐包 LEONARDO Fish & Shrimps	宠物配合饲料 Pet Compound Feed	猫 Cats	德国 BEWITAL petfood GmbH & Co. KG 公司 BEWITAL petfood GmbH & Co. KG, Germany	2021.12—2026.12	新办
(2021) 外饲准字 1092 号	宠物配合饲料 成年期犬粮 Pet Compound Feed for Adult Dog	耐吉斯成年期全价犬粮鸡肉配方 Holistic Recipe Solution Adult Dry Dog Food Chicken Recipe	宠物配合饲料 Pet Compound Feed	犬 Dogs	西班牙联合宠物食品公司 UNITED PETFOOD SPAIN, S.L., Spain	2021.12—2026.12	新办

（续）

登记证号	通用名称	商品名称	产品类别	使用范围	生产厂家	有效期限	备注
(2021) 外饲准字 1093 号	宠物配合饲料 成年期猫粮 Pet Compound Feed for Adult Cat	耐吉斯室内成年期全价猫粮鸡肉 & 三文鱼配方 Holistic Recipe Solution Indoor Adult Dry Cat Food Chicken & Salmon Recipe	宠物配合饲料 Pet Compound Feed	猫 Cats	西班牙联合宠物食品公司 UNITED PETFOOD SPAIN, S.L., Spain	2021.12—2026.12	新办
(2021) 外饲准字 1094 号	宠物配合饲料 幼年期猫粮 Pet Compound Feed for Kitten	耐吉斯幼年期全价猫粮鸡肉 & 三文鱼配方 Holistic Recipe Solution Kitten Dry Cat Food Chicken & Salmon Recipe	宠物配合饲料 Pet Compound Feed	猫 Cats	西班牙联合宠物食品公司 UNITED PETFOOD SPAIN, S.L., Spain	2021.12—2026.12	新办
(2021) 外饲准字 1095 号	宠物配合饲料 幼年期犬粮 Pet Compound Feed for Puppy	耐吉斯幼年期全价犬粮鸡肉配方 Holistic Recipe Solution Puppy Dry Dog Food Chicken Recipe	宠物配合饲料 Pet Compound Feed	犬 Dogs	西班牙联合宠物食品公司 UNITED PETFOOD SPAIN, S.L., Spain	2021.12—2026.12	新办
(2021) 外饲准字 1096 号	全价宠物食品幼年期、成年期猫粮 Pet Compound Feed for Cat & Kitten	诺乐金牌系列™无谷 成猫 & 幼猫 火鸡肉 & 鳕鱼配方主粮 Nulo MedalSeries™ Grain-Free Cat & Kitten Turkey & Cod Recipe Cat Food	宠物配合饲料 Pet Compound Feed	猫 Cats	（美国）特福宠物食品有限责任公司 Tuffy's Pet Foods, Inc., USA	2021.12—2026.12	新办
(2021) 外饲准字 1097 号	全价宠物食品成年期猫粮 Pet Compound Feed for Adult Cats	诺乐金牌系列™无谷 室内猫 含鸭肉 & 鳕鱼配方主粮 Nulo MedalSeries™ Grain-Free Indoor Duck & Cod Recipe Cat Food	宠物配合饲料 Pet Compound Feed	猫 Cats	（美国）特福宠物食品有限责任公司 Tuffy's Pet Foods, Inc., USA	2021.12—2026.12	新办

（续）

登记证号	通用名称	商品名称	产品类别	使用范围	生产厂家	有效期限	备注
(2021）外饲准字 1098 号	全价宠物食品成年期犬粮 Pet Compound Feed for Adult Dogs	诺乐金牌系列™无谷含三文鱼 & 甘薯配方成犬粮 Nulo MedalSeries™ Grain-Free Adult Salmon & Sweet Potato Recipe Dog Food	宠物配合饲料 Pet Compound Feed	犬 Dogs	(美国）特福宠物食品有限责任公司 Tuffy's Pet Foods, Inc., USA	2021.12—2026.12	新办
(2021）外饲准字 1099 号	全价宠物食品成年期犬粮 Pet Compound Feed for Adult Dogs	诺乐金牌系列™无谷 鸡肉 & 豌豆配方成犬粮 Nulo MedalSeries™ Grain-Free Adult Chicken & Peas Recipe Dog Food	宠物配合饲料 Pet Compound Feed	犬 Dogs	(美国）特福宠物食品有限责任公司 Tuffy's Pet Foods, Inc., USA	2021.12—2026.12	新办
(2021）外饲准字 1100 号	全价宠物食品幼年期犬粮 Pet Compound Feed for Puppy	诺乐领跑者™古老谷物鸡肉，火鸡肉 & 燕麦配方幼犬粮 Nulo Frontrunner™ Ancient Grains Puppy Chicken, Oats, & Turkey Recipe Dog Food	宠物配合饲料 Pet Compound Feed	犬 Dogs	(美国）特福宠物食品有限责任公司 Tuffy's Pet Foods, Inc., USA	2021.12—2026.12	新办
(2021）外饲准字 1101 号	全价宠物食品小型犬幼年期、成年期犬粮 Pet Compound Feed for Small Breed Puppies and Adult Dogs	诺乐领跑者™古老谷物火鸡肉配方小型犬粮，添加黎麦、白鱼 Nulo Frontrunner™ Ancient Grains Small Breed Turkey, Whitefish, & Quinoa Recipe Dog Food	宠物配合饲料 Pet Compound Feed	犬 Dogs	(美国）特福宠物食品有限责任公司 Tuffy's Pet Foods, Inc., USA	2021.12—2026.12	新办

（续）

登记证号	通用名称	商品名称	产品类别	使用范围	生产厂家	有效期限	备注
（2021）外饲准字1102号	全价宠物食品中小型犬幼年期、成年期犬粮 Pet Compound Feed for Small Breed Puppies and Adult Dogs	诺乐挑战者™ Alpine Ranch 含牛肉，羊肉 & 猪肉犬粮 Nulo Challenger™ Alpine Ranch Beef, Lamb & Pork Recipe Dog Food	宠物配合饲料 Pet Compound Feed	犬 Dogs	（美国）特福宠物食品有限责任公司 Tuffy's Pet Foods, Inc.，USA	2021.12—2026.12	新办
（2021）外饲准字1103号	全价宠物食品中小型幼年期、成年期犬粮 Pet Compound Feed for Small and Medium Puppies and Adult Dog	诺乐挑战者™ Gamebird Quarry 火鸡肉 & 鸭肉配方犬粮，添加珍珠鸡 Nulo Challenger™ Gamebird Quarry Duck, Turkey, & Guinea Fowl Recipe Dog Food	宠物配合饲料 Pet Compound Feed	犬 Dogs	（美国）特福宠物食品有限责任公司 Tuffy's Pet Foods, Inc.，USA	2021.12—2026.12	新办
（2021）外饲准字1104号	全价宠物食品小型幼年期、成年期犬粮 Pet Compound Feed for Small Breed Puppies and Adult Dogs	诺乐挑战者™ Northern Catch 含三文鱼 & 黑线鳕鱼配方小型犬粮，添加阿卡迪亚红鱼 Nulo Challenger™ Northern Catch Small Breed Haddock, Salmon & Acadian Redfish Recipe Dog Food	宠物配合饲料 Pet Compound Feed	犬 Dogs	（美国）特福宠物食品有限责任公司 Tuffy's Pet Foods, Inc.，USA	2021.12—2026.12	新办
（2021）外饲准字1105号	全价宠物食品幼年期犬粮 Pet Compound Feed for Puppies	诺乐自由天性™无谷 含三文鱼 & 豌豆配方幼犬粮 Nulo Freestyle™ Grain-Free Puppy Salmon & Peas Recipe Dog Food	宠物配合饲料 Pet Compound Feed	犬 Dogs	（美国）特福宠物食品有限责任公司 Tuffy's Pet Foods, Inc.，USA	2021.12—2026.12	新办

（续）

登记证号	通用名称	商品名称	产品类别	使用范围	生产厂家	有效期限	备注
(2021) 外饲准字 1106 号	全价宠物食品成年期猫粮 Pet Compound Feed for Adult Cats	诺乐自由天性™无谷 室内猫 含鸭肉 & 小扁豆配方主粮 Nulo Freestyle™ Grain-Free Indoor Duck & Lentils Recipe Cat Food	宠物配合饲料 Pet Compound Feed	猫 Cats	（美国）特福宠物食品有限责任公司 Tuffy's Pet Foods, Inc., USA	2021.12—2026.12	新办
(2021) 外饲准字 1107 号	全价宠物食品成年期犬粮 Pet Compound Feed for Adult Dogs	诺乐自由天性™无谷火鸡 & 甘薯配方成犬粮 Nulo Freestyle™ Grain-Free Adult Turkey & Sweet Potato Recipe Dog Food	宠物配合饲料 Pet Compound Feed	犬 Dogs	（美国）特福宠物食品有限责任公司 Tuffy's Pet Foods, Inc., USA	2021.12—2026.12	新办
(2021) 外饲准字 1108 号	全价成年期猫粮 Complete Feed for Adult Cat	欧帝亿全价成年期猫粮 IMPERIAL PAW ADULT CAT	宠物配合饲料 Pet Compound Feed	猫 Cats	西班牙联合宠物食品公司 UNITED PETFOOD SPAIN, S.L., Spain	2021.12—2026.12	新办
(2021) 外饲准字 1109 号	全价大型犬成年期犬粮 Complete Feed for Adult Large Dog	欧帝亿全价大型犬成年期犬粮 IMPERIAL PAW ADULT LARGE DOG	宠物配合饲料 Pet Compound Feed	犬 Dogs	西班牙联合宠物食品公司 UNITED PETFOOD SPAIN, S.L., Spain	2021.12—2026.12	新办
(2021) 外饲准字 1110 号	全价大型犬幼年期犬粮 Complete Feed for Junior Large Dog	欧帝亿全价大型犬幼年期犬粮 IMPERIAL PAW JUNIOR LARGE DOG	宠物配合饲料 Pet Compound Feed	犬 Dogs	西班牙联合宠物食品公司 UNITED PETFOOD SPAIN, S.L., Spain	2021.12—2026.12	新办
(2021) 外饲准字 1111 号	全价成年期猫粮 Complete Feed for Adult Cat	欧帝亿全价绝育猫猫粮 IMPERIAL PAW NEUTERED CAT	宠物配合饲料 Pet Compound Feed	猫 Cats	西班牙联合宠物食品公司 UNITED PETFOOD SPAIN, S.L., Spain	2021.12—2026.12	新办

（续）

登记证号	通用名称	商品名称	产品类别	使用范围	生产厂家	有效期限	备注
（2021）外饲准字 1112 号	全价成年期犬粮 Complete Feed for Adult Dog	欧帝亿全价绝育犬犬粮 IMPERIAL PAW NEUTERED DOG	宠物配合饲料 Pet Compound Feed	犬 Dogs	西班牙联合宠物食品公司 UNITED PETFOOD SPAIN，S. L.，Spain	2021. 12—2026. 12	新办
（2021）外饲准字 1113 号	全价母猫妊娠期哺乳期和幼年期猫粮 Complete Feed for Pregnancy Lactating Cat and Kitten	欧帝亿全价猫奶糕 IMPERIAL PAW MUM & KITTEN	宠物配合饲料 Pet Compound Feed	猫 Cats	西班牙联合宠物食品公司 UNITED PETFOOD SPAIN，S. L.，Spain	2021. 12—2026. 12	新办
（2021）外饲准字 1114 号	全价成年期猫粮 Complete Feed for Adult Cat	欧帝亿全价美毛美肤猫成年期猫粮 IMPERIAL PAW ADULT CAT HAIR & SKIN	宠物配合饲料 Pet Compound Feed	猫 Cats	西班牙联合宠物食品公司 UNITED PETFOOD SPAIN，S. L.，Spain	2021. 12—2026. 12	新办
（2021）外饲准字 1115 号	全价母犬妊娠期哺乳期和幼年期犬粮 Complete Feed for Pregnancy Lactating Dogs and Puppies	欧帝亿全价犬奶糕 IMPERIAL PAW MUM & PUPPY	宠物配合饲料 Pet Compound Feed	犬 Dogs	西班牙联合宠物食品公司 UNITED PETFOOD SPAIN，S. L.，Spain	2021. 12—2026. 12	新办
（2021）外饲准字 1116 号	全价成年期猫粮 Complete Feed for Adult Cat	欧帝亿全价挑嘴猫成年期猫粮 IMPERIAL PAW ADULT FUSSY CAT	宠物配合饲料 Pet Compound Feed	猫 Cats	西班牙联合宠物食品公司 UNITED PETFOOD SPAIN，S. L.，Spain	2021. 12—2026. 12	新办
（2021）外饲准字 1117 号	全价猫粮 Complete Feed for Cat	欧帝亿全价通用猫粮 IMPERIAL PAW CAT ALL LIFE STAGE	宠物配合饲料 Pet Compound Feed	猫 Cats	西班牙联合宠物食品公司 UNITED PETFOOD SPAIN，S. L.，Spain	2021. 12—2026. 12	新办
（2021）外饲准字 1118 号	全价犬粮 Complete Feed for Dog All Life Stage	欧帝亿全价通用犬粮 IMPERIAL PAW DOG ALL LIFE STAGE	宠物配合饲料 Pet Compound Feed	犬 Dogs	西班牙联合宠物食品公司 UNITED PETFOOD SPAIN，S. L.，Spain	2021. 12—2026. 12	新办

（续）

登记证号	通用名称	商品名称	产品类别	使用范围	生产厂家	有效期限	备注
（2021）外饲准字1119号	全价小型犬成年期犬粮 Complete Feed for Adult Small Dog	欧帝亿全价小型犬成年期犬粮 IMPERIAL PAW A-DULT SMALL DOG	宠物配合饲料 Pet Compound Feed	犬 Dogs	西班牙联合宠物食品公司 UNITED PETFOOD SPAIN, S.L., Spain	2021.12—2026.12	新办
（2021）外饲准字1120号	全价小型犬老年期犬粮 Complete Feed for Senior Small Dog	欧帝亿全价小型犬老年期犬粮 IMPERIAL PAW SEN-IOR SMALL DOG	宠物配合饲料 Pet Compound Feed	犬 Dogs	西班牙联合宠物食品公司 UNITED PETFOOD SPAIN, S.L., Spain	2021.12—2026.12	新办
（2021）外饲准字1121号	全价小型犬幼年期犬粮 Complete Feed for Junior Small Dog	欧帝亿全价小型犬幼年期犬粮 IMPERIAL PAW JUN-IOR SMALL DOG	宠物配合饲料 Pet Compound Feed	犬 Dogs	西班牙联合宠物食品公司 UNITED PETFOOD SPAIN, S.L., Spain	2021.12—2026.12	新办
（2021）外饲准字1122号	全价幼年期猫粮 Complete Feed for Kitten	欧帝亿全价幼年期猫粮 IMPERIAL PAW KIT-TEN	宠物配合饲料 Pet Compound Feed	猫 Cats	西班牙联合宠物食品公司 UNITED PETFOOD SPAIN, S.L., Spain	2021.12—2026.12	新办
（2021）外饲准字1123号	全价中型犬成年期犬粮 Complete Feed for Adult Medium Dog	欧帝亿全价中型犬成年期犬粮 IMPERIAL PAW ADULT MEDIUM DOG	宠物配合饲料 Pet Compound Feed	犬 Dogs	西班牙联合宠物食品公司 UNITED PETFOOD SPAIN, S.L., Spain	2021.12—2026.12	新办
（2021）外饲准字1124号	全价中型犬幼年期犬粮 Complete Feed for Junior Medium Dog	欧帝亿全价中型犬幼年期犬粮 IMPERIAL PAW JUN-IOR MEDIUM DOG	宠物配合饲料 Pet Compound Feed	犬 Dogs	西班牙联合宠物食品公司 UNITED PETFOOD SPAIN, S.L., Spain	2021.12—2026.12	新办

（续）

登记证号	通用名称	商品名称	产品类别	使用范围	生产厂家	有效期限	备注
(2021) 外饲准字 1125 号	全价宠物食品老年期犬粮 Pet Compound Feed for Senior Dog	素力高® Young at Heart™鸡肉、菠菜 & 甘薯配方犬粮 Solid Gold® Young at Heart™ with Chicken, Sweet Potato & Spinach Dog Food	宠物配合饲料 Pet Compound Feed	犬 Dogs	美国 C. J. 食品股份有限公司 C. J. Foods, Inc., USA	2021. 12—2026. 12	新办
(2021) 外饲准字 1126 号	全价宠物食品成年期猫粮 Pet Compound Feed for Adult Cat	素力高® Winged Tiger™含鹌鹑肉 & 南瓜猫粮 Solid Gold® Winged Tiger™ with Quail & Pumpkin Cat Food	宠物配合饲料 Pet Compound Feed	猫 Cats	美国 C. J. 食品股份有限公司 C. J. Foods, Inc., USA	2021. 12—2026. 12	新办
(2021) 外饲准字 1127 号	全价宠物食品成年期猫粮 Pet Compound Feed for Adult Cat	素力高® Let's Stay In™三文鱼、苹果 & 小扁豆配方猫粮 Solid Gold® Let's Stay In™ with Salmon, Lentil & Apple Cat Food	宠物配合饲料 Pet Compound Feed	猫 Cats	美国 C. J. 食品股份有限公司 C. J. Foods, Inc., USA	2021. 12—2026. 12	新办
(2021) 外饲准字 1128 号	全价宠物食品成年期猫粮 Pet Compound Feed for Adult Cat	素力高® Let's Stay In™含鸡肉、苹果 & 小扁豆配方猫粮 Solid Gold® Let's Stay In™ with Chicken, Lentil & Apple Cat Food	宠物配合饲料 Pet Compound Feed	猫 Cats	美国 C. J. 食品股份有限公司 C. J. Foods, Inc., USA	2021. 12—2026. 12	新办
(2021) 外饲准字 1129 号	全价宠物食品成年期猫粮 Pet Compound Feed for Adult Cat	素力高® Fit as a Fiddle™阿拉斯加鳕鱼味猫粮 Solid Gold® Fit as a Fiddle™ with Alaskan Pollock Cat Food	宠物配合饲料 Pet Compound Feed	猫 Cats	美国 C. J. 食品股份有限公司 C. J. Foods, Inc., USA	2021. 12—2026. 12	新办

（续）

登记证号	通用名称	商品名称	产品类别	使用范围	生产厂家	有效期限	备注
（2021）外饲准字 1130 号	全价宠物食品幼年期犬粮 Pet Compound Feed for Puppy	素力高® Love at First Bark™鸡肉、苹果 & 马铃薯配方犬粮 Solid Gold® Love at First Bark™ Chicken, Potato & Apple Recipe Dog Food	宠物配合饲料 Pet Compound Feed	犬 Dogs	美国 C. J. 食品股份有限公司 C. J. Foods, Inc., USA	2021.12—2026.12	新办
（2021）外饲准字 1131 号	全价宠物食品成年期犬粮 Pet Compound Feed for Adult Dog	素力高® Fit and Fabulous™阿拉斯加鳕鱼配方犬粮 Solid Gold® Fit and Fabulous™ with Alaskan Pollock Dog Food	宠物配合饲料 Pet Compound Feed	犬 Dogs	美国 C. J. 食品股份有限公司 C. J. Foods, Inc., USA	2021.12—2026.12	新办
（2021）外饲准字 1132 号	全价宠物食品猫粮 Pet Compound Feed for Cat	素力高® Katz-N-Flocken 含羊肉、糙米 & 大麦配方猫粮 Solid Gold® Katz-N-Flocken with Lamb, Brown Rice & Pearled Barley Cat Food	宠物配合饲料 Pet Compound Feed	猫 Cats	美国 C. J. 食品股份有限公司 C. J. Foods, Inc., USA	2021.12—2026.12	新办
（2021）外饲准字 1133 号	全价宠物食品成年期犬粮 Pet Compound Feed for Adult Dog	素力高® Hund-N-Flocken 羊肉、糙米 & 大麦配方犬粮 Solid Gold® Hund-N-Flocken Lamb, Brown Rice & Pearled Barley Recipe Dog Food	宠物配合饲料 Pet Compound Feed	犬 Dogs	美国 C. J. 食品股份有限公司 C. J. Foods, Inc., USA	2021.12—2026.12	新办

（续）

登记证号	通用名称	商品名称	产品类别	使用范围	生产厂家	有效期限	备注
（2021）外饲准字 1134 号	全价宠物食品犬粮 Pet Compound Feed for Dog	素力高® Barking at the Moon™鸡蛋 & 牛肉配方犬粮 添加豌豆 Solid Gold® Barking at the Moon™ with Beef, Egg & Pea Dog Food	宠物配合饲料 Pet Compound Feed	犬 Dogs	美国 C. J. 食品股份有限公司 C. J. Foods, Inc., USA	2021. 12—2026. 12	新办
（2021）外饲准字 1135 号	全价宠物食品成年期犬粮 Pet Compound Feed for Adult Dog	素力高® Fit and Fabulous™鸡肉 & 甘薯配方犬粮 添加绿豆 Solid Gold® Fit and Fabulous™ with Chicken, Sweet Potato & Green Bean Dog Food	宠物配合饲料 Pet Compound Feed	犬 Dogs	美国 C. J. 食品股份有限公司 C. J. Foods, Inc., USA	2021. 12—2026. 12	新办
（2021）外饲准字 1136 号	宠物配合饲料成年期猫粮 Pet Compound Feed Adult Cat Feed	塔狮成猫粮 TOP NUTRITION GATOS ADULTOS	宠物配合饲料 Pet Compound Feed	猫 Cats	阿根廷毕拉尔饲料集团有限公司（SENASA 登记证号：005/A/E） GRUPO PILAR S. A.（SENASA No: 005/A/E), Argentina	2021. 12—2026. 12	新办
（2021）外饲准字 1137 号	宠物配合饲料小型犬成年期犬粮 Pet Compound Feed Small Breed Adults Dog Food	塔狮小型犬成犬粮 TOP NUTRITION PERROS ADULTOS RAZAS PEQUEÑAS	宠物配合饲料 Pet Compound Feed	犬 Dogs	阿根廷毕拉尔饲料集团有限公司（SENASA 登记证号：005/A/E） GRUPO PILAR S. A.（SENASA No: 005/A/E), Argentina	2021. 12—2026. 12	新办
（2021）外饲准字 1138 号	宠物配合饲料小型犬幼年期、妊娠期、哺乳期犬粮 Pet Compound Feed Small Breed Puppy, Gestation, Lactation Dog Food	塔狮小型犬幼犬粮 TOP NUTRITION PERROS CACHORROS RAZAS PEQUEÑAS	宠物配合饲料 Pet Compound Feed	犬 Dogs	阿根廷毕拉尔饲料集团有限公司（SENASA 登记证号：005/A/E） GRUPO PILAR S. A.（SENASA No: 005/A/E), Argentina	2021. 12—2026. 12	新办

（续）

登记证号	通用名称	商品名称	产品类别	使用范围	生产厂家	有效期限	备注
（2021）外饲准字 1139 号	宠物配合饲料幼年期、妊娠期、哺乳期猫粮 Pet Compound Feed Kitten, Gestation, Lactation Cat Feed	塔狮幼猫粮 TOP NUTRITION GATITOS	宠物配合饲料 Pet Compound Feed	猫 Cats	阿根廷毕拉尔饲料集团有限公司（SENASA 登记证号：005/A/E） GRUPO PILAR S. A.（SENASA No：005/A/E），Argentina	2021.12—2026.12	新办
（2021）外饲准字 1140 号	宠物配合饲料中型犬成年期犬粮 Pet Compound Feed Medium Breed Adults Dog Food	塔狮中型犬成犬粮 TOP NUTRITION PERROS ADULTOS RAZAS MEDIANAS	宠物配合饲料 Pet Compound Feed	犬 Dogs	阿根廷毕拉尔饲料集团有限公司（SENASA 登记证号：005/A/E） GRUPO PILAR S. A.（SENASA No：005/A/E），Argentina	2021.12—2026.12	新办
（2021）外饲准字 1141 号	宠物配合饲料中型犬幼年期、妊娠期、哺乳期犬粮 Pet Compound Feed Medium Breed Puppy，Gestation，Lactation Dog Food	塔狮中型犬幼犬粮 TOP NUTRITION PERROS CACHORROS RAZAS MEDIANAS	宠物配合饲料 Pet Compound Feed	犬 Dogs	阿根廷毕拉尔饲料集团有限公司（SENASA 登记证号：005/A/E） GRUPO PILAR S. A.（SENASA No：005/A/E），Argentina	2021.12—2026.12	新办
（2021）外饲准字 1142 号	宠物配合饲料成年期猫粮 Pet Compound Feed for Adult Cat	我的家人只有你 功能优选型 All for Nyan Energia Premium	宠物配合饲料 Pet Compound Feed	猫 Cats	日本 BEST AMENITY FACTORY 株式会社（玉名工厂） BEST AMENITY FACTORY Co.，Ltd.，Japan	2021.12—2026.12	新办
（2021）外饲准字 1143 号	宠物配合饲料犬粮 Pet Compound Feed for Dog	我的家人只有你 功能增强型 All for Wan Energia plus ＋	宠物配合饲料 Pet Compound Feed	犬 Dogs	日本 BEST AMENITY FACTORY 株式会社（玉名工厂） BEST AMENITY FACTORY Co.，Ltd.，Japan	2021.12—2026.12	新办
（2021）外饲准字 1144 号	全价宠物食品幼年期犬粮 Compound Pet Food-Puppy Dog Food	幼年期鸡肉配方犬粮 Art Wok Club Chicken Puppy Dog Food	宠物配合饲料 Pet Compound Feed	犬 Dogs	比利时联合宠物食品公司 United Petfood Producers NV，Belgium	2021.12—2026.12	新办
（2021）外饲准字 1145 号	全价大型犬幼年期犬粮 Complete Puppy Large Breed Dog Food	原始猎食渴望大型犬幼年期犬粮 ORIJEN Puppy Large Dog Food	宠物配合饲料 Pet Compound Feed	犬 Dogs	加拿大冠军宠物食品公司 Champion Petfoods L. P.，Canada	2021.12—2026.12	新办

（续）

登记证号	通用名称	商品名称	产品类别	使用范围	生产厂家	有效期限	备注
(2021) 外饲准字 1146 号	全价老年期犬粮 Complete Senior Dog Food	原始猎食渴望老年期犬粮 ORIJEN Senior Dog Food	宠物配合饲料 Pet Compound Feed	犬 Dogs	加拿大冠军宠物食品公司 Champion Petfoods L. P., Canada	2021.12—2026.12	新办
(2021) 外饲准字 1147 号	全价猫粮 Complete Cat Food	原始猎食渴望六种鱼配方猫粮 ORIJEN Six Fish Formula Cat Food	宠物配合饲料 Pet Compound Feed	猫 Cats	加拿大冠军宠物食品公司 Champion Petfoods L. P., Canada	2021.12—2026.12	新办
(2021) 外饲准字 1148 号	全价犬粮 Complete Dog Food	原始猎食渴望六种鱼配方犬粮 ORIJEN Six Fish Formula Dog Food	宠物配合饲料 Pet Compound Feed	犬 Dogs	加拿大冠军宠物食品公司 Champion Petfoods L. P., Canada	2021.12—2026.12	新办
(2021) 外饲准字 1149 号	全价成年期猫粮 Complete Adult Cat Food	原始猎食渴望室内伴侣猫粮 ORIJEN Fit & Trim Cat Food	宠物配合饲料 Pet Compound Feed	猫 Cats	加拿大冠军宠物食品公司 Champion Petfoods L. P., Canada	2021.12—2026.12	新办
(2021) 外饲准字 1150 号	全价成年期犬粮 Complete Adult Dog Food	原始猎食渴望室内伴侣犬粮 ORIJEN Fit & Trim Dog Food	宠物配合饲料 Pet Compound Feed	犬 Dogs	加拿大冠军宠物食品公司 Champion Petfoods L. P., Canada	2021.12—2026.12	新办
(2021) 外饲准字 1151 号	全价幼年期犬粮 Complete Puppy Dog Food	原始猎食渴望幼年期犬粮 ORIJEN Puppy Dog Food	宠物配合饲料 Pet Compound Feed	犬 Dogs	加拿大冠军宠物食品公司 Champion Petfoods L. P., Canada	2021.12—2026.12	新办
(2021) 外饲准字 1152 号	全价犬粮 Complete Dog Food	原始猎食渴望原味犬粮 ORIJEN Original Dog Food	宠物配合饲料 Pet Compound Feed	犬 Dogs	加拿大冠军宠物食品公司 Champion Petfoods L. P., Canada	2021.12—2026.12	新办
(2021) 外饲准字 1153 号	混合型饲料添加剂 植物乳杆菌 Feed Additives Mixture Lactobacillus plantarum	畜来顺 Bioshine	混合型饲料添加剂 Feed Additives Mixture	畜禽 Livestock, Poultry	（台湾）贸晖实业股份有限公司 MORE WSEE ENTERPRISE CO., LTD.	2021.12—2026.12	续展

（续）

登记证号	通用名称	商品名称	产品类别	使用范围	生产厂家	有效期限	备注
(2021) 外饲准字 1154 号	混合型饲料添加剂 地衣芽孢杆菌 Feed Additives Mixture Bacillus licheniformis	倍加利—液剂 Preculti-L	混合型饲料添加剂 Feed Additives Mixture	养殖动物 All species or categories of animals	台湾信逢股份有限公司 New Well Power Co. Ltd.	2021. 12—2026. 12	续展
(2021) 外饲准字 1155 号	混合型饲料添加剂 包被丁酸钠 Feed Additives Mixture Coated Sodium Butyrate	纽埃特包被健肠宝 ADMIX Precision	混合型饲料添加剂 Feed Additives Mixture	养殖动物 All species or categories of animals	比利时纽埃特国际营养公司（Beveren-Waas 工厂） NUTRI-AD International N. V. （Plant in Beveren-Waas ），Belgium	2021. 12—2026. 12	续展
(2021) 外饲准字 1156 号	混合型饲料添加剂 包被酿酒酵母 Feed Additives Mixture Coated Saccharomyces cerevisiae	天然保 MycoEnd	混合型饲料添加剂 Feed Additives Mixture	养殖动物 All species or categories of animals	美国新科生物科技有限公司 Scifeed Company，USA	2021. 12—2026. 12	续展
(2021) 外饲准字 1157 号	酿酒酵母培养物 Saccharomyces Cerevisiae Yeast Culture	达农威水产益康 DV AQUA Yeast Culture	单一饲料 Single Feed	水产养殖动物 Aquaculture animals	美国达农威公司 Diamond V Mills，LLC. ，USA	2021. 12—2026. 12	续展
(2021) 外饲准字 1158 号	可食脂肪酸钙盐 Calcium Salt of Edible Fatty Acid	营大哥 82 Nutracor82	饲料添加剂 Feed Additive	反刍动物 Ruminant	马来西亚万山宝有限公司 Wawasan Agrolipids Sdn. Bhd. ，Malaysia	2021. 12—2026. 12	续展
(2021) 外饲准字 1159 号	酿酒酵母 Saccharomyces cerevisiae	益赛福（标准型） Actisaf Sc47 STD	饲料添加剂 Feed Additive	养殖动物 All species or categories of animals	法国乐斯福工业公司 Societe Industrielle Lesaffre，France	2021. 12—2026. 12	续展
(2021) 外饲准字 1160 号	混合型饲料添加剂 防腐剂 Feed Additives Mixture Preservatives	爱德康超纯酸化剂 ADDCON XF Superfine	混合型饲料添加剂 Feed Additives Mixture	养殖动物 All species or categories of animals	德国爱德康欧洲有限公司 ADDCON Europe GmbH，Germany	2021. 12—2026. 12	续展
(2021) 外饲准字 1161 号	混合型饲料添加剂 酸度调节剂 Feed Additives Mixture Acidity Regulators	六味酸 Orgacids	混合型饲料添加剂 Feed Additives Mixture	猪、家禽 Swine，Poultry	马来西亚宏诚生物科技有限公司 Sunzen Biotech Berhad，Malaysia	2021. 12—2026. 12	续展

（续）

登记证号	通用名称	商品名称	产品类别	使用范围	生产厂家	有效期限	备注
(2021) 外饲准字 1162 号	混合型饲料添加剂 丁酸钠 Feed Additives Mixture Sodium Butyrate	益福来 C4 VFA	混合型饲料添加剂 Feed Additives Mixture	养殖动物 All species or categories of animals	西班牙诺威迅 2002 公司 Novation 2002 S. L. , Spain	2021. 12—2026. 12	续展
(2021) 外饲准字 1163 号	混合型饲料添加剂 蛋白酶（产自枯草芽孢杆菌） Feed Additives Mixture Protease (Source: *Bacillus subtilis*)	速美宝-P Concentrase-P	混合型饲料添加剂 Feed Additives Mixture	畜禽 Livestock, Poultry	加拿大 Bio-Systems 公司 Canadian Bio-Systems Inc. , Canada	2021. 12—2026. 12	续展
(2021) 外饲准字 1164 号	混合型饲料添加剂 酸度调节剂 香味物质 Feed Additives Mixture Acidity Regulators Flavouring Substances	普乐吉吉酸 Intella Fit Plus	混合型饲料添加剂 Feed Additives Mixture	家禽 Poultry	法国普乐维美公司 PROVIMI France, France	2021. 12—2026. 12	续展
(2021) 外饲准字 1165 号	混合型饲料添加剂 微生物 Feed Additives Mixture Live Microorganisms	益加 Super DFM Plus	混合型饲料添加剂 Feed Additives Mixture	鸡、猪、牛 Chicken, Swine, Cattle	美国福蓝迪他生物集团有限公司 Frondita Biogroup, Inc. , USA	2021. 12—2026. 12	续展
(2021) 外饲准字 1166 号	混合型饲料添加剂 微生物 Feed Additives Mixture Live Microorganisms	奥乐康 XCL 5X ALL-LAC XCL 5X	混合型饲料添加剂 Feed Additives Mixture	家禽 Poultry	美国奥特奇公司 Alltech Inc. , USA	2021. 12—2026. 12	续展
(2021) 外饲准字 1167 号	混合型饲料添加剂 蛋白酶和淀粉酶（产自黑曲霉） Feed Additives Mixture Protease and Amylase (Source: *Aspergillus niger*)	保力胺 POLIAN	混合型饲料添加剂 Feed Additives Mixture	养殖动物 All species or categories of animals	台湾立胺酵素股份有限公司燕巢厂 Lih An Enzyme Industrial Co. , Ltd. Yanchao plant	2021. 12—2026. 12	续展
(2021) 外饲准字 1168 号	混合型饲料添加剂 矿物元素 酸度调节剂 Feed Additives Mixture Minerals, Acidity Regulators	实肯耐 Selectolyte	混合型饲料添加剂 Feed Additives Mixture	养殖动物 All species or categories of animals	（澳大利亚）澳洲农业化学有限公司 Rural Chemical Industries (Aust.) Pty. Ltd. , Australia	2021. 12—2026. 12	续展

（续）

登记证号	通用名称	商品名称	产品类别	使用范围	生产厂家	有效期限	备注
（2021）外饲准字 1169 号	混合型饲料添加剂 微生物 Feed Additives Mixture Live Microorganisms	生沛素 BIOTURE	混合型饲料添加剂 Feed Additives Mixture	养殖动物 All species or categories of animals	美国新科生物科技有限公司 Scifeed Company, USA	2021.12—2026.12	续展
（2021）外饲准字 1170 号	混合型饲料添加剂 屎肠球菌 Feed Additives Mixture Enterococcus faecium	赐美健 ME10 Cernivet® LBC ME10	混合型饲料添加剂 Feed Additives Mixture	养殖动物 All species or categories of animals	瑞士百福公司 Cerbios-Pharma SA, Switzerland	2021.12—2026.12	续展
（2021）外饲准字 1171 号	鱼油 Fish Oil	秘鲁鱼油（饲料级） Peruvian Fish Oil（Feed Grade）	单一饲料 Single Feed	畜禽、水产养殖动物（反刍动物除外） Livestock, Poultry, Aquaculture animals（Not including ruminant）	秘鲁 CFG Investment S. A. C. 公司 Chimbote 工厂 CFG Investment S. A. C., Plant Chimbote, Peru	2021.12—2026.12	续展
（2021）外饲准字 1172 号	鱼油 Fish Oil	秘鲁鱼油（饲料级） Peruvian Fish Oil（Feed Grade）	单一饲料 Single Feed	畜禽、水产养殖动物（反刍动物除外） Livestock, Poultry, Aquaculture animals（Not including ruminant）	秘鲁 CFG Investment S. A. C. 公司 La Planchada 工厂 CFG Investment S. A. C., Plant La Planchada, Peru	2021.12—2026.12	续展
（2021）外饲准字 1173 号	鱼油 Fish Oil	秘鲁鱼油（饲料级） Peruvian Fish Oil（Feed Grade）	单一饲料 Single Feed	畜禽、水产养殖动物（反刍动物除外） Livestock, Poultry, Aquaculture animals（Not including ruminant）	秘鲁 CFG Investment S. A. C. 公司 Razuri 工厂 CFG Investment S. A. C., Plant Razuri, Peru	2021.12—2026.12	续展
（2021）外饲准字 1174 号	鱼粉 Fishmeal	SEAPACK 牌红鱼粉（二级） SEAPACK Brand Red Fishmeal（Ⅱ）	单一饲料 Single Feed	畜禽、水产养殖动物（反刍动物除外） Livestock, Poultry, Aquaculture animals（Not including ruminant）	缅甸 A. S. K. 安达曼有限公司 A. S. K. Andaman Limited, Myanmar	2021.12—2026.12	续展

（续）

登记证号	通用名称	商品名称	产品类别	使用范围	生产厂家	有效期限	备注
（2021）外饲准字 1175 号	鱼油 Fish Oil	鱼油（饲料级） Fish Oil（Feed Grade）	单一饲料 Single Feed	畜禽、水产养殖动物（反刍动物除外） Livestock，Poultry，Aquaculture animals（Not including ruminant）	越南月莊商业生产责任有限公司 NGUYET TRANG Producing Trading Co.，Ltd，Vietnam	2021.12—2026.12	续展
（2021）外饲准字 1176 号	鱼粉 Fishmeal	红鱼粉（三级） Red Fishmeal（Ⅲ）	单一饲料 Single Feed	畜禽、水产养殖动物（反刍动物除外） Livestock，Poultry，Aquaculture animals（Not including ruminant）	摩洛哥 COMPLEXE DE PECHE DU LITTORAL S.A.R.L. 公司（简称：COPELIT S.A.R.L. 公司） COMPLEXE DE PECHE DU LITTORAL S.A.R.L.（Short Name：COPELIT S.A.R.L.），Morocco	2021.12—2026.12	续展
（2021）外饲准字 1177 号	酿酒酵母培养物 Yeast Culture	百奥 YP50 BIO-YP50	单一饲料 Single Feed	养殖动物 All species or categories of animals	美国国际生物营养有限公司 Bio-Nutrition International，Inc.，USA	2021.12—2026.12	续展
（2021）外饲准字 1178 号	白鱼粉 White Fishmeal	白鱼粉（三级） White Fishmeal（Grade Ⅲ）	单一饲料 Single Feed	畜禽、水产养殖动物（反刍动物除外） Livestock，Poultry，Aquaculture animals（Not including ruminant）	俄罗斯 JSC Sakhalin Leasing Flot 公司（工船加工，工船名称"Mys Muravjeva"工船批准号：CH-35A） JSC Sakhalin Leasing Flot（Produced on Board at vessel "Mys Muravjeva"，Register No. CH-35A），Russia	2021.12—2026.12	续展
（2021）外饲准字 1179 号	鱼油 Fish Oil	秘鲁鱼油（饲料级） Peruvian Fish Oil（Feed Grade）	单一饲料 Single Feed	畜禽、水产养殖动物（反刍动物除外） Livestock，Poultry，Aquaculture animals（Not including ruminant）	秘鲁 CFG Investment S.A.C. 公司 Tambo de Mora 工厂 CFG Investment S.A.C.，Plant Tambo de Mora，Peru	2021.12—2026.12	续展

（续）

登记证号	通用名称	商品名称	产品类别	使用范围	生产厂家	有效期限	备注
（2021）外饲准字 1180 号	猪肠膜蛋白粉 Porcine Mucosa Protein Powder	百乐宝 50 RD Palbio 50 RD	单一饲料 Single Feed	养殖动物（反刍动物除外） All species or categories of animals (Not including ruminant)	西班牙 Bioiberica 公司 Bioiberica S. A. U., Spain	2021.12—2026.12	续展
（2021）外饲准字 1181 号	猪肠膜蛋白粉 Porcine Mucosa Protein Powder	百乐宝 62 SP Palbio 62 SP	单一饲料 Single Feed	养殖动物（反刍动物除外） All species or categories of animals (Not including ruminant)	西班牙 Bioiberica 公司 Bioiberica S. A. U., Spain	2021.12—2026.12	续展
（2021）外饲准字 1182 号	白鱼粉 White Fishmeal	白鱼粉（一级） White Fishmeal (I)	单一饲料 Single Feed	畜禽、水产养殖动物（反刍动物除外） Livestock, Poultry, Aquaculture animals (Not including ruminant)	美国海岸乡村鳕鱼公司（工船加工，工船名 F/T Northern Hawk，工船号 4063） Coastal Villages Pollock LLC., Produced on Board at Vessel "F/T Northern Hawk" (Fisheries Permit No. 4063), USA	2021.12—2026.12	续展
（2021）外饲准字 1183 号	鱼粉 Fishmeal	红鱼粉（二级） Red Fishmeal (Ⅱ)	单一饲料 Single Feed	畜禽、水产养殖动物（反刍动物除外） Livestock, Poultry, Aquaculture animals (Not including ruminant)	泰国泰诚信鱼粉厂有限公司 Teppama Fishmeal Co., Ltd., Thailand	2021.12—2026.12	续展
（2021）外饲准字 1184 号	白鱼粉 White Fishmeal	G. L. S. 牌阿拉斯加低温白鱼粉（二级至一级） G. L. S. Brand Alaskan L/T White Fishmeal (Ⅱ to Ⅰ)	单一饲料 Single Feed	畜禽、水产养殖动物（反刍动物除外） Livestock, Poultry, Aquaculture animals (Not including ruminant)	美国 UniSea 有限公司 Dutch Harbor 工厂 UniSea, Inc., Dutch Harbor Plant, USA	2021.12—2026.12	续展

（续）

登记证号	通用名称	商品名称	产品类别	使用范围	生产厂家	有效期限	备注
(2021) 外饲准字 1185 号	鱼粉 Fishmeal	全利高品质蒸汽红鱼粉（三级） QL Steam Dried Red Fishmeal (Ⅲ)	单一饲料 Single Feed	畜禽、水产养殖动物（反刍动物除外） Livestock, Poultry, Aquaculture animals (Not including ruminant)	马来西亚全利海产有限公司 QL Marine Products Sdn. Bhd., Malaysia	2021.12—2026.12	续展
(2021) 外饲准字 1186 号	羔羊用配合饲料 Compound Feed for Lambs and Kids	吉宝莱 AGNODOR EXPRESS	配合饲料 Compound Feed	羔羊 Lambs	法国宝莱蛋白公司 Bonilait Proteines, France	2021.12—2026.12	续展
(2021) 外饲准字 1187 号	仔猪用配合饲料 Compound Feed for Piglet	益宝莱 ROSALAC INSTANT	配合饲料 Compound Feed	仔猪 Piglets	法国宝莱蛋白公司 Bonilait Proteines, France	2021.12—2026.12	续展
(2021) 外饲准字 1188 号	犊牛用配合饲料 Compound Feed for Calf	优宝莱 UNIVOR EXPRESS	配合饲料 Compound Feed	犊牛 Calves	法国宝莱蛋白公司 Bonilait Proteines, France	2021.12—2026.12	续展
(2021) 外饲准字 1189 号	犊牛用配合饲料 Compound Feed for Calf	康宝莱 VODOR MAX	配合饲料 Compound Feed	犊牛 Calves	法国宝莱蛋白公司 Bonilait Proteines, France	2021.12—2026.12	续展
(2021) 外饲准字 1190 号	全价宠物食品幼年期犬粮 Pet Compound Feed for Puppy	Primo 鸡肉甘薯配方幼犬粮 Primo Puppy Formula Chicken & Sweet Potato Recipe	宠物配合饲料 Pet Compound Feed	犬 Dogs	比利时联合宠物食品公司 United Petfood Producers NV, Belgium	2021.12—2026.12	续展
(2021) 外饲准字 1191 号	全价宠物食品成年期猫粮 Pet Compound Feed for Adult Cat	Primo 鸡肉三文鱼配方均衡营养成猫粮 Primo Adult Cat Formula Chicken & Salmon Perfect Nourish Recipe	宠物配合饲料 Pet Compound Feed	猫 Cats	比利时联合宠物食品公司 United Petfood Producers NV, Belgium	2021.12—2026.12	续展

（续）

登记证号	通用名称	商品名称	产品类别	使用范围	生产厂家	有效期限	备注
（2021）外饲准字 1192 号	全价宠物食品幼年期猫粮 Pet Compound Feed for Kitten	Primo 鸡肉三文鱼配方活力成长幼猫粮 Primo Kitten Formula Chicken & Salmon Vital Growth Recipe	宠物配合饲料 Pet Compound Feed	猫 Cats	比利时联合宠物食品公司 United Petfood Producers NV，Belgium	2021.12—2026.12	续展
（2021）外饲准字 1193 号	全价宠物食品成年期犬粮 Pet Compound Feed for Adult Dog	Primo 鸡肉甘薯配方全犬种成犬粮 Primo Adult Dog All Breed Chicken & Sweet Potato Recipe	宠物配合饲料 Pet Compound Feed	犬 Dogs	比利时联合宠物食品公司 United Petfood Producers NV，Belgium	2021.12—2026.12	续展
（2021）外饲准字 1194 号	全价宠物食品小型成年期犬粮 Pet Compound Feed for Small Breed Adult Dog	Primo 鸡肉甘薯配方小型犬成犬粮 Primo Adult Dog Small Breed Chicken & Sweet Potato Recipe	宠物配合饲料 Pet Compound Feed	犬 Dogs	比利时联合宠物食品公司 United Petfood Producers NV，Belgium	2021.12—2026.12	续展
（2021）外饲准字 1195 号	全价宠物食品成年期猫粮 Pet Compound Feed for Adult Cat	Primo 鸡肉三文鱼配方健康饮食成猫粮 Primo Adult Cat Formula Chicken & Salmon Healthy Diet Recipe	宠物配合饲料 Pet Compound Feed	猫 Cats	比利时联合宠物食品公司 United Petfood Producers NV，Belgium	2021.12—2026.12	续展

附件 2

换发进口饲料和饲料添加剂产品登记证目录（2021－07）

登记证号	商品名称	通用名称	变更内容	原名称	变更名称
（2020）外饲准字 808 号	特龙标准舔砖 Tromp Standard	牛马微量元素预混合饲料 Trace Mineral Premix for Cattle and Horse	中文商品名称	特龙标准舔砖	荷兰创普富硒舔砖
			申请企业名称及生产厂家名称	荷兰特龙有限公司	荷兰创普有限公司
（2021）外饲准字 608 号	法国替莫能 Forcix Feed	混合型饲料添加剂 香味物质 Feed Additives Mixture Flavouring Substances	中文商品名称	法国替莫能	肠福康 反刍

饲料行业管理

2021年4月，全国畜牧总站会同全国动物营养指导委员会秘书处研究起草了《猪鸡饲料玉米豆粕减量替代技术集成与示范推广工作方案》，正式启动玉米豆粕减量替代技术示范推广工作。根据方案要求，总站邀请院士、知名专家和企业家代表，开展5期直播授课，向广大饲料企业和养殖场户宣传玉米豆粕减量替代理念，提供切实可行的玉米豆粕减量替代技术应用方案，直播累计收看人数达50万人次，取得良好的宣传效果。

2021年5—6月，全国畜牧总站组织2021年饲料和饲料添加剂饲料生产企业现场检查工作有序开展。在组织实施现场检查过程中，从检查程序、内容、要求等各方面严格规范要求，聚焦饲料生产企业质量安全管理核心环节，涵盖安全生产、许可要求、规范执行等关键节点，做到软硬兼顾、全程追溯，圆满完成对10个省区、100家饲料生产企业的现场检查。

饲料质量监督与监测

为强化饲料质量安全监管，提高畜产品质量安全保障水平，根据《农业农村部办公厅关于印发〈2021年饲料质量安全监管工作方案〉的通知》（农办牧〔2021〕9号）要求，农业农村部畜牧兽医局统一部署并组织开展了2021年全国饲料质量安全监督抽查工作，饲料总体合格率为98.8%。

一、工作任务分工

2021年度饲料质量安全监管工作共包括7个方面的内容，具体承担单位和任务内容如下。

（一）饲料质量安全监督抽查。由各省级畜牧兽医部门负责，在辖区内按一定比例随机抽选饲料生产企业、经营门店和养殖场（户），完成不少于6 800批次样品的监测，检测项目应覆盖质量、卫生、药物及非法添加物等指标。

（二）饲料和饲料添加剂产品风险监测。生产环节（360批次饲料样品和450批次饲料添加剂样品）和互联网销售环节（250批次饲料添加剂样品）风险监测工作由国家饲料质量检验检测中心（北京）承担，经营使用环节（120批次饲料和300批次饲料添加剂样品）风险监测工作由中国农业科学院饲料研究所承担，养殖环节自配料（300批次样品）风险监测工作由中国农业科学院北京畜牧兽医研究所承担。风险监测项目覆盖质量、卫生、药物和非法添加物等指标。

（三）饲料质量安全风险预警。主要由中国农业科学院饲料研究所、国家饲料质量检验检测中心（北京）等单位牵头完成。重点围绕饲用植物提取物、植物性饲料原料、微生物制剂、酶制剂、发酵饲料和宠物饲料等重点产品，有针对性地采集样品，检测筛查禁用物质、违规违禁药物、未知添加物等风险物质，分析评估产品质量安全风险；开展饲料及相关产品中二噁英等持久性有机污染物隐患排查，微生物发酵类产品及其生产菌株的合规性调查和安全性风险评估分析；研究建立饲料中风险物质筛查确证方法及应用平台。

（四）饲料和饲料添加剂生产企业现场检查。由全国畜牧总站负责制定具体实施方案并组织实施，在全国范围内随机选取不少于100家饲料和饲料添加剂生产企业，开展现场检查。

（五）饲料质量安全飞行检查。主要由农业农村部根据重大问题线索，组织部省市县有关单位人员成立联合工作组，对涉事企业进行突击飞行检查，及时查处违法违规行为；国家饲料质量检验检测中心（北京）负责对样品进行检验检测。

（六）饲料标签专项检查。由各省级畜牧兽医部门负责组织实施。全面强化对饲料生产和经营环节产品标签标示内容的监督管理，督促生产者和经营者严格落实饲料标签有关规定，依法依规标示相关内容，以杜绝扰乱市场的不规范标示行为。

（七）养殖环节“瘦肉精”专项监测。由国家饲料质量检验检测中心（北京）牵头完成，选择肉牛肉羊养殖重点省份开展拉网排查，组织开展已公布禁用的β-兴奋剂类物质专项监测，根据线索对养殖环节“瘦肉精”非法使用情况进行专项飞行检查。各省级畜牧兽医部门根据辖区内实际情况，制定本省的监测计划，对猪牛羊养殖环节“瘦肉精”实施监测。

二、饲料质量安全监督抽查

2021年全国共抽检饲料产品14 477批次，检测项目包括质量、卫生、药物和非法添加物4个方面。工作过程中，主要体现了以下工作特点：一是统筹运用监管信息。省级监督抽查与部级风险监测相结合，综合研判风险，形成工作合力。二是落实属地责任。按照上下联动、分级负责的原则，农业农村部于2021年年初下达全年工作安排，下压任务，督促各地加强监管。各省级畜牧兽医部门采取“双随机、一公开”的监管方式，对辖区内的饲料生产企业、经营门店和养殖场（户）开展抽查，切实履行属地职责。三是实现全环节监管。按照工作安排，各省有针对性地对饲料生产、经营、使用环节开展监督抽查，确保饲料从生产到使用实现有效监管。四是实施信息化管理。各省将抽样信息、检验结果和不合格检验结果报告上报至“全国饲料质量安全监管信息系统”，实现监管信息实时共享和互联互通。五是强化检打联动。督促各省级畜牧兽医部门在监管中发现问题或不合格产品的，应依法依规进行查处，对涉嫌犯罪的，应移送公安机关立案追查。

三、生产环节风险监测

生产环节风险监测抽检涉及 16 个省、自治区和直辖市，产品涵盖配合饲料、浓缩饲料、精料补充料、添加剂预混合饲料、饲料添加剂（饲料添加剂和混合型饲料添加剂），饲喂对象涵盖猪、禽、反刍动物、水产和特种动物。

（一）样品数量和企业数量。共抽检 332 家饲料、饲料添加剂生产企业，采集样品 832 批次，其中饲料样品 380 批次，饲料添加剂样品 452 批次。抽检样品数量排名前五的省份为江苏、浙江、湖北、广西、辽宁（图 1）。

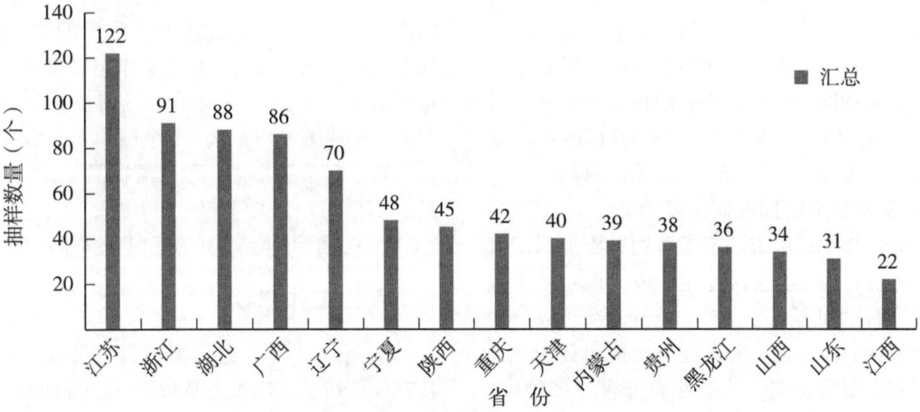

图 1 各省抽检样品情况

（二）抽检样品按类型分布情况。2021 年生产环节风险监测工作中，饲料添加剂所占比例最高（共 452 批次，占比 54%），其次为配合饲料（共 203 批次，占比 24%），详见图 2。

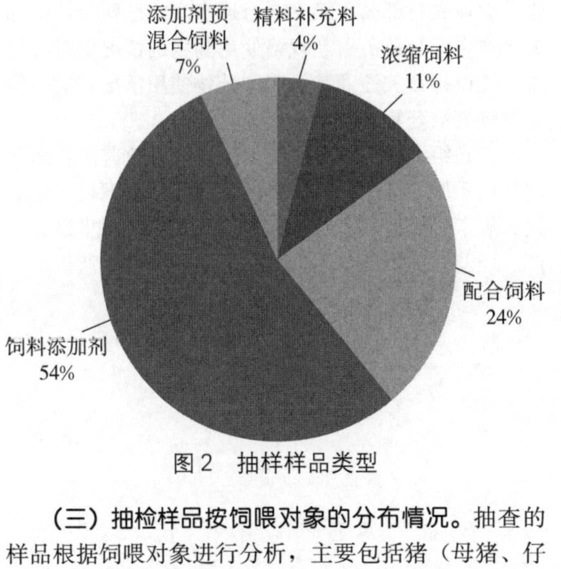

图 2 抽样样品类型

（三）抽检样品按饲喂对象的分布情况。抽查的样品根据饲喂对象进行分析，主要包括猪（母猪、仔猪、育肥、全阶段）、禽（肉禽、蛋禽、全阶段）、反刍动物、水产动物（鱼、虾、蟹、蛙等）和特种动物（兔等）。不同饲喂对象抽样情况见表 1。

表 1 不同饲喂对象抽样情况

单位：批

	猪	家禽	反刍动物	水产动物	特种动物	通用
精料补充料			32			
浓缩饲料	54	16	18			
配合饲料	85	73	4	37	4	
饲料添加剂						452
添加剂预混合饲料	24	14	10			9

（四）检测指标。检测指标包括饲料产品中的质量、铜、锌、重金属和药物，以及饲料添加剂产品中的主质量和重金属等 4 个方面 29 个指标，样品的总体合格率为 83.2%。对检测不合格的指标情况进行分析，饲料产品不合格指标主要涉及莫能菌素、氟苯尼考、喹烯酮等药物以及铜、锌、锰等微量元素，饲料添加剂产品不合格指标主要涉及主成分含量。

（五）发现的问题。结合监测结果分析，可以发现生产环节依然存在以下问题。

1. 铜、锌超标依旧存在。常见问题是标签中饲喂阶段不满足《饲料添加剂安全使用规范》要求，较为常见的情况有两类：一是规范中规定仔猪体重为25kg以下，生产企业在标签中标示的饲喂对象虽是仔猪，但饲喂阶段超过25kg，此时应按照生长育肥猪的限量要求判定，造成产品铜、锌含量超标；二是规范中规定仔猪断奶后前两周特定阶段，允许使用氧化锌或碱式氯化锌，锌含量1 600mg/kg，生产企业在标签中标示的饲喂对象既包含上述特定阶段，又包含仔猪其他生命阶段，此时只能按照仔猪配合饲料最高限量110mg/kg判定，造成产品锌含量超标。

2. 莫能菌素超标现象明显。根据农业农村部公告第246号的规定，莫能菌素可在鸡商品饲料中使用，其他养殖动物商品饲料中均不得使用。但根据监测结果，反刍动物配合饲料、浓缩饲料、精料补充料中莫能菌素的检出率为25.5%，远高于其他养殖动物商品饲料，建议列为下一年度重点关注对象。

3. 饲料添加剂企业标准制定不合理。混合型饲料添加剂企业标准中检测方法多参考饲料添加剂国家标准和行业标准，但此类标准适用于成分单一且主成分含量高的饲料添加剂产品，对于成分复杂、成分含量低的混合型饲料添加剂，并不能准确检测目标物含量。例如某混合型酸化剂，功能性成分含有多种酸，质量标准要求控制每种酸的含量，但检测方法一般只使用氢氧化钠滴定的方法，并不能确定每种酸成分的含量，无法控制产品质量。

四、互联网销售环节风险监测

（一）整体情况。2021年，任务承担单位随机从互联网购物平台购买标称为饲料添加剂产品的样品254批次，其中饲料添加剂218批次、添加剂预混合饲料24批次、饲料原料12批次，生产企业所在的省份分别为四川、湖北、江西、黑龙江、河北、河南、山西、山东、陕西、湖南、江苏、安徽、广东13个省份。产品监测指标为非法添加物，检测方法为《饲料中风险物质的筛查与确认导则 液相色谱-高分辨质谱法（LC-HRMS）》（农业农村部公告第312号）。

（二）监测结果。检出含有药物的样品16批次，检出率为6.3%，均为饲料添加剂产品。检出药物品种17种，分别为多西环素、四环素、去甲肾上腺素、尼可刹米、替米考星、氟苯尼考、芬苯达唑、邻苯二甲酸二甲酯、三环唑、二甲硝唑、非那西丁、速灭威、避蚊胺、雷美尼定、伪麻黄碱、麻黄素、对乙酰氨基酚。其中，邻苯二甲酸二甲酯检出3批次，伪麻黄碱、非那西丁分别检出2批次，其他药物分别检出1批次。微生物制剂和酶制剂的药物检出率较高，占检出产品比例的68.8%，应引起重点关注。

五、养殖环节“瘦肉精”专项监测

针对3·15曝光的肉牛肉羊养殖环节非法使用“瘦肉精”的问题，2021年4月下旬，受农业农村部畜牧兽医局委托，由国家饲料质量检验检测中心（北京）作为牵头单位，向河北、吉林、黑龙江、山东、河南、广东、贵州和甘肃8个省份的26个肉牛肉羊养殖大县，派出43个采样工作组开展养殖、收购贩运和屠宰环节的“瘦肉精”飞行检查工作，覆盖了772个养殖场（户）和81个屠宰厂。其中，养殖和收购贩运环节采集牛、羊尿液样品2 243份和毛发样品1 478份，屠宰环节采集牛、羊、猪尿液样品2 636份、组织样品636份和毛发样品528份。

六、工作建议

结合2021年实施全国饲料质量安全监管工作的各项任务情况，应重点从以下几个方面做好工作。

一是落实属地监管责任。各省级畜牧兽医管理部门应加强对辖区内生产、经营、使用环节的监管工作。对于不合格产品，督促生产企业落实质量安全主要责任，对于连续出现产品不合格情况的生产企业实施重点监控。

二是持续开展商品饲料中药物等风险因子监测工作。农业农村部公告第246号颁布实施已两年，但部分生产企业超范围、超规格使用药物的情况仍时有发生。建议持续关注商品饲料中药物使用情况，对于检出率较高的药物，次年应着重关注。

三是组织宣传教育。建议各省级畜牧兽医管理部门利用手册、挂图、讲座等方式持续开展饲料法律法规、规章、规范性文件的宣传教育工作，逐步提高生产、经营、养殖环节人员的职业素质和守法意识。

（樊　霞　刘晓露）

科技与推广

为落实“十四五”期间国家科技创新有关部署安排，2021年国家重点研发计划启动实施“畜禽新品种培育与现代牧场科技创新”重点专项，专项包括4个饲料饲草项目。发布了重点专项2021年度“揭旁挂帅”榜单，1个饲料相关项目挂榜，同时还发布了青年科学家项目申报指南。

2021年启动实施的饲料饲草项目为“猪禽饲料营养价值精准评定”“畜禽饲料饲草精细化加工技术研究”“猪禽动态营养需求与营养精准供给技术”“天然草原智能放牧与草畜精准管控关键技术”。

猪禽饲料营养价值精准评定项目主要针对我国猪禽营养价值基础数据库不完善、饲料精细化加工技术滞后的问题，揭示饲料养分变异规律、分析猪禽主要饲料营养价值，建立动态预测模型，完善饲料原料养分和营养价值基础数据库；整合分析各种数据资源，构建饲料营养价值大数据平台。该项目由中国农业大学牵头承担，预期实现节约300万t大豆当量的蛋白饲料、700万t玉米当量的能量饲料。

畜禽饲料饲草精细化加工技术研究主要针对我国畜禽饲料产品质量稳定性差、利用效率低、精细化加工技术滞后的问题，研究畜禽饲料主要原料的加工制粒特性；研究湿热加工处理、预消化处理对原料理化性质、分子结构、营养成分利用率的影响规律及构效关系；研究不同加工工艺对畜禽饲料营养成分、热敏性添加剂及颗粒质量、动物生长性能的影响；研究畜禽饲料在线监控及智能化加工关键技术；开展饲草杂草异物去除、抗营养因子钝化与降解、营养物质保全、适口性提升与预消化等关键技术，构建不同畜种饲草精细化加工技术体系与模式。该项目由中国农业科学院北京畜牧兽医研究所牵头承担，预期可完善饲料原料加工特性数据库、抗营养因子数据库，开发饲料预消化与精细化加工技术5项以上，饲料养分利用率提高2%、制粒能耗降低5%以上，开发饲草快速检测与分级方法1～2项、精细化加工技术4～5项，精细化加工工艺3～5项。

猪禽动态营养需求与营养精准供给技术主要针对猪禽动态营养需要量和精准营养供给滞后问题，研究在不同环境下，猪、肉鸡、蛋鸡、肉鸭动态营养需要量，分析个性化营养需求，构建不同养殖规模牧场猪、肉鸡、蛋鸡、肉鸭的精准营养供给模型，研究母仔猪营养传递效应，建立母仔猪精准营养调控技术；研究种鸡—雏鸡—育成鸡—产蛋鸡营养供给的传递和持续效应，建立种鸡—商品鸡一体化的精准营养技术体系。该项目由中国科学院亚热带农业生态研究所牵头承担，预期建立工厂化养殖和家庭牧场猪、蛋鸡、肉鸡、肉鸭的精准营养供给模型各1套；建立母仔猪精准营养调控技术和种鸡—商品鸡一体化的精准营养技术体系，饲料养分利用率提高5%以上。

天然草原智能放牧与草畜精准管控关键技术针对我国天然草原面积大、地域广、生态脆弱等问题，研制天然草地可采食生物量精准测量技术与设备，研发天空地一体化天然草原牧场信息获取与并发处理技术体系，研发草食家畜生理特性与放牧行为自动监测装置与技术、数字围栏与智能放牧机器人，研制可感知牧群行为、信息反馈交互式放牧管理智能控制技术平台，研发放牧家畜采食行为及采食量模型、草畜生长过程动态模型及关键生产环节的精准管控软硬件技术与系统。该项目由中国农业科学院农业资源与农业区划研究所牵头承担，预期开发草畜系统智能管控关键算法和技术5套以上；研制传感器及组网系统、智能放牧机器人、家畜自动监测等设备和装置3种以上；开发智能放牧、草畜精准管控技术平台等软件技术产品3种以上。

2021年立项的揭榜挂帅项目为“蛋白饲料生物工程制造前沿技术及新产品创制”，项目针对我国蛋白饲料紧缺、紧口依存度过高的问题，以生物制造蛋白为核心，研究酿酒酵母等酵母菌高效利用糖蜜、玉米浆等工农业副产物生产酵母类蛋白饲料技术，优化生产工艺，创制酵母蛋白饲料和酵母培养物；利用合成生物技术研究工农业副产物和一碳原料等生产饲料蛋白、新型菌体蛋白技术与产品，研制昆虫蛋白高效生产工艺技术与产品；创制体外预消化生物制剂，突破棉粕、菜粕、羽毛蛋白、全鸡蛋粉等非粮蛋白饲料的脱毒、增效、改性等预处理关键技术工艺，创制异亮氨酸等新型饲用氨基酸及其衍生物，研制生物制造蛋白替代常规饲料蛋白的畜禽日粮配置技术。该项目由北京大北农集团牵头中榜，预期创制蛋白类饲料替代新产品和生产技术 12～15 个，新型氨基酸及其衍生物 3～5 个；实现年产 10 万 t 级新型菌体蛋白原料的产业化示范，菌体蛋白饲料及菌体培养物蛋白利用率不低于豆粕；非粮蛋白饲料毒素不高于国家标准，预期实现新增或节约 1 400 万 t 大豆当量的蛋白饲料。

青年科学家项目“母猪泌乳能力及初乳 IgA 含量提升的营养调控机制”立项，项目主要聚焦关键核心技术有关方向，在方法、路径、技术等方面取得原创性研究成果，项目由华南农业大学承担。

2021 年，国家重点研发计划“绿色生物制造”专项也立项了 4 个与饲料相关的项目，分别是工业酶通用高效表达系统构建，由中国农业科学院北京畜牧兽医研究所牵头承担；轻工业核心酶的分子设计与酶制剂智造，由天津科技大学牵头承担；重要氨基酸工业菌种系统改造与产业示范，由江南大学牵头承担；轻工业用关键氧化还原酶的分子设计与高效生产，由中国农业科学院北京畜牧兽医研究所牵头承担。

2021 年农业农村部印发了关于 2020—2021 年度神农中华农业科技奖的表彰决定，4 项与饲料相关的成果获得科学研究类成果一等奖，4 项与饲料相关的成果获得科学研究类成果二等奖，5 项与饲料相关的成果获得科学研究类成果三等奖，3 个研究团队获得了优秀创新团队奖（表 1）。

表 1　2020—2021 年度与饲料相关的神农中华农业科技奖获奖项目

序号	项目名称	奖励类别	主要完成人	主要完成单位
1	肉鸡绿色养殖提质技术研发与集成应用	科学研究类成果一等奖	张宏福，江厚生，陈长喜，萨仁娜，陈亮，冷建卫，吕慧源，刘国，范晓鹏，马腾，钟儒清，周洪彬	中国农业科学院北京畜牧兽医研究所，天津农学院，青岛大牧人机械股份有限公司，北京生泰尔科技股份有限公司
2	优质鸡蛋生产的营养调控技术体系创新与应用	科学研究类成果一等奖	齐广海，武书庚，王晶，张海军，陈余，马秋刚，刘爱巧，岳洪源，刘旭明，齐晓龙，张亚男，王晓翠，齐莎日娜，董平天，邱凯	中国农业科学院饲料研究所，中国农业大学，北京市畜牧总站，北京德青源农业科技股份有限公司，北京市华都峪口禽业有限责任公司，北京农学院，四川圣迪乐村生态食品股份有限公司，惠州市鹏昌农业科技有限公司
3	基于母子一体化提高母猪 PSY 的精准饲养技术的建立和推广应用	科学研究类成果一等奖	彭健，蒋思文，魏宏逵，曾祥芳，谭家健，舒鼎铭，周远飞，王超，余梅，鲍洪星，冯光德，肖有恩，刘艳书，程学慧，余大军	华中农业大学，中国农业大学，广西扬翔股份有限公司，四川德康农牧食品集团股份有限公司，双胞胎（集团）股份有限公司，四川铁骑力士实业有限公司，广西桂垦牧业有限公司，湖南新五丰股份有限公司，武汉加益泛博生物科技有限公司，四川省旺达饲料有限公司
4	优质猪肉生产的饲料营养关键技术研发及应用	科学研究类成果一等奖	汪以真，潘玉春，冯杰，路则庆，单体中，王新霞，王凤芹，杨彩梅，周桂莲，邹新华，王腾浩，靳明亮，王起山，张遨然，刘金松，徐欢根，季春源，谭建庄，刘国良	浙江大学，上海交通大学，浙江农林大学，新希望六和股份有限公司，播恩集团股份有限公司，浙江青莲食品股份有限公司，浙江惠嘉生物科技股份有限公司，上海源耀农业股份有限公司，天邦食品股份有限公司，浙江科盛饲料股份有限公司

（续）

序号	项目名称	奖励类别	主要完成人	主要完成单位
5	团头鲂绿色养殖全程关键技术体系创制与应用	科学研究类成果二等奖	戈贤平，刘波，刘文斌，叶元土，任鸣春，缪凌鸿，李向飞，习丙文，周群兰，张璐，邓登，林艳，梁化亮，孙存鑫，蒋蓉	中国水产科学研究院淡水渔业研究中心，南京农业大学，通威股份有限公司，苏州大学，深圳市澳华集团股份有限公司，无锡三智生物科技有限公司，中粮饲料（张家港）有限公司
6	肉鸡健康高效养殖关键技术与应用	科学研究类成果二等奖	王述柏，刘胜利，刘晓东，黄河，王宗继，吕海涛，周传凤，乔彦良，李进国，李金宝，燕磊，李军训，郭庆文，秦志华，谭子超	青岛农业大学，山东隆科特酶制剂有限公司，山东新希望六和集团有限公司，山东卫康生物医药科技有限公司，山东信得科技股份有限公司，山东龙昌动物保健品有限公司，山东泰山生力源集团股份有限公司
7	抗寒旱、耐盐碱、耐瘠薄牧草新品种选育技术与应用	科学研究类成果二等奖	徐丽君，张蕴薇，孙启忠，王加亭，陶雅，曹致中，杨桂霞，冯毓琴，李峰，闫瑞瑞，柳茜，徐大伟，乌恩旗，郝林凤，陈季贵	中国农业科学院农业资源与农业区划研究所，中国农业大学，中国农业科学院草原研究所，全国畜牧总站，甘肃创绿草业科技有限公司，甘肃农业大学，呼伦贝尔农垦集团有限公司
8	“粮改饲”关键技术及装备研发与产业化应用	科学研究类成果二等奖	翟桂玉，贾春林，姜慧新，纪中良，刘栋，王国良，吕晓川，王志坚，王兆凤，王诚，李学东，张进红，张磊，曹阳，仲崇岳	山东省畜牧总站（山东省种畜禽质量测定站），山东省农业可持续发展研究所，山东五征集团有限公司，山东丰神农业机械有限公司，山东省明发同茂饲料有限公司，山东芳华农业发展有限公司
9	生猪产业链中关键技术创新与示范	科学研究类成果三等奖	王金勇，徐顺来，白小青，郭宗义，雷本锐，张彬，兰伟，陈胡燕，朱丹，郑国强	重庆市畜牧科学院，重庆市荣昌区畜牧发展中心，重庆农信生猪交易有限公司，重庆市荣昌区富民生产力促进中心，重庆琪金食品集团有限公司
10	貂、狐精准营养调控关键技术研究与示范推广	科学研究类成果三等奖	李光玉，钟伟，孙伟丽，刘晗璐，张海华，马泽芳，张婷，王卓，刘可园，郭肖兰	中国农业科学院特产研究所，青岛农业大学，沈阳博阳饲料股份有限公司，河北省昌黎县刘台庄畜牧兽医中心站，威海市文登区宋村畜牧兽医工作站
11	鸽产业化生产新技术体系创建及应用	科学研究类成果三等奖	卢立志，李国勤，李高楼，陈黎，刘雅丽，邹晓庭，田勇，陶争荣，沈军达，陈有亮	浙江省农业科学院，平阳县养鸽专业技术协会，浙江大学，平阳县敖峰鸽业有限公司，平阳县星亮鸽业有限公司
12	肉鹅高效养殖关键技术集成与产业化开发	科学研究类成果三等奖	王启贵，李琴，汪超，解华东，杨金龙，高广亮，钟航，张克山，杨岩，陈明君	重庆市畜牧科学院，重庆理工大学，重庆清水湾良种鹅业有限公司
13	优质益生菌微生态制剂创制与产业化应用	科学研究类成果三等奖	郑瑞峰，李富伟，王玉田，潘兴亮，吴培均，吕学泽，韩明渠，李志衍，郭小泽，薛振华	北京市畜牧总站，北京科为博生物科技有限公司，北京艾克赛德生物工程有限公司
14	中国科学院生猪生态养殖营养调控创新团队	优秀创新团队奖	印遇龙，黄瑞林，李铁军，吴信，谭碧娥，孔祥峰，姚康，李凤娜，黄逸强，舒绪刚，刘刚，熊霞，廖鹏，倪姮佳，冯泽猛，刘红南，唐宇龙，万丹，何流琴，段叶辉	中国科学院亚热带农业生态研究所，长沙兴嘉生物工程股份有限公司，广州天科生物科技有限公司

（续）

序号	项目名称	奖励类别	主要完成人	主要完成单位
15	四川农业大学猪营养与饲料创新团队	优秀创新团队奖	陈代文，吴德，余冰，何军，方正锋，车炼强，虞洁，黄志清，毛湘冰，郑萍，冯斌，林燕，罗玉衡，罗钧秋，徐盛玉，阎辉，李健，卓勇	四川农业大学
16	中国农业科学院智慧畜牧业创新团队	优秀创新团队奖	熊本海，蒋林树，杨亮，唐湘方，胡肆农，曹沛，裴孟侠，罗远明，罗清尧，吕健强，白云峰，白红武，郑姗姗，赵一广，王辉，方洛云，王慧，童津津，潘海海，龚进牧	中国农业科学院北京畜牧兽医研究所，北京农学院，江苏省农业科学院，河南南商农牧科技股份有限公司，无锡市富华科技有限责任公司

（吴子林）

饲料工业标准化

2021年，全国饲料工业标准化技术委员会坚持以质量安全为核心，围绕行业发展重点任务，不断加大标准制修订、标委会自身建设和标准国际化等方面工作力度，为畜牧业高质量发展提供有力支撑。

一是强化标准制修订工作。聚焦饲料停抗替抗、饲料安全监管的重点工作，推进标准制修订进程和标准有效供给，不断充实完善饲料工业标准体系，共推动立项标准33项，审查《渔用膨化配合颗粒饲料加工质量要求》等标准37项，报批《饲料原料　鱼粉》等标准25项，发布《饲料中25-羟基维生素 D_3 的测定》等标准24项。截至2021年年底，饲料工业现行有效标准共589项，其中国家标准314项、行业标准275项。

二是完善机构和制度建设。在机构建设方面，组织筹建宠物饲料标准分技术委员会，完成水产饲料分技术委员会、微生物及酶制剂标准化工作组的换届，新组建饲料检测方法、畜禽饲料2个标准化工作组，完善了组织体系，强化了技术力量。在制度建设方面，制定实施了分技术委员会管理办法、工作组管理办法和标准立项、预审、终审、复审等制度，提升了工作的制度化、规范化水平。

三是推进饲料标准国际化。组织开展国际标准化知识培训，研讨申报《饲料添加剂木聚糖酶检测方法》国际标准，及时做好国际标准化组织食品技术委员会动物饲料分委员会的对口工作。推荐两位专家参与ISO《鱼粉 术语》标准工作组工作，增强国际标准化工作话语权。参加中俄农业和食品标准化小组第三次会议，推动标准互认，促进合作交流。

（粟胜兰）

饲料行业质量认证

一、认证行业工作概述

2021年，认证行业围绕“市场化、国际化、专业化、集约化、规范化”的发展目标，着力抓好规划引导与制度建设，深入推进质量提升行动、推动行业高质量发展、完善系统性监管体系、健全社会共治机制、增强队伍能力素质等重点工作，全面提升认证认可检验检测工作水平。

（一）认证行业规模

截至2021年年底，我国经中国国家认证认可监督管理委员会（CNCA）批准的认证机构达932家，比上年增长28%；累计颁发有效认证证书302万张，比上年增长12%，连续多年发证数量世界第一；获证组织86.7万家，比上年增长8%。

（二）2021年与认证相关的主要工作回顾

1. 深化“放管服”改革，进一步激发市场活力。

（1）加大认证机构及人员资质管理改革力度，加快推进认证机构资质审批“证照分离”改革，根据风险登记分别实行告知承诺和优化审批服务，提供审批效率；积极推进认证人员管理制度改革，推动取消对认证人员的强制注册要求，建立认证从业人员认证制度。

（2）持续深化强制性产品认证制度改革，主要工作有进一步整合认证单元、压减证书数量、精简变更程序；扩大CCC实施机构指定范围，在试点城市推行CCC免办证明自我承诺便捷通道，指导部分省市下放CCC免办审核工作权限。

2. 优化认证认可服务，助推经济社会高质量发展。

（1）强化安全保障。在消费品安全领域，发挥强制性认证“保安全底线”作用，对涉及安全、健康、环保的17类103种产品依法实施强制性产品认证；在网络安全领域，开展网上购物、地图导航等常用领域App的安全认证工作，加大个人信息和重要数据保护力度。

（2）促进质量提升。在加强企业质量管理方面，深入开展小微企业质量管理体系认证提升行动；在提升产品和服务质量方面，大力推行高端品质认证和服务认证。如在食品农产品领域，鼓励引导有机产品认证，促进绿色生态消费。截至2021年年底，全国共有1.5万家企业获得2.4万余张有机产品认证证书，有机产品年销售额突破800亿元。

（3）助推产业优化升级。推进产值电器、信息通信、交通等重点产业质量认证体系建设。

（4）服务绿色发展。加快推进绿色产品认证体系建设，实施绿色产品认证范围已覆盖建材、快递包装、电器电子产品、塑料制品、洗涤用品等近90种产品，共颁发绿色产品认证证书18万余张，获证企业2万余家。

3. 加强认证检测市场监管，提高工作有效性和公信力。

（1）强化监管整治。2021年对认证从业机构“双随机、一公开”检查工作中，随机抽取240家认证机构、4 372家获证企业开展检查；对全部36家CCC指定认证机构开展全覆盖检查，选取六类领域75家CCC指定实验室开展重点检查。国家市场监督管理总局共组织查办违法案件18件，撤销5家、暂停2家、经济处罚7家机构；地方市场监督管理部门共查办违法案件2 675起，罚没款6 676万元。组织开展2021年度认证有效性抽查，重点抽查18种CCC产品，6种有机产品共计2 073批次，发现181批次产品不符合要求，撤销认证证书288张。

（2）推动线上线下一体化监管，强化CCC证书电商平台联网核查机制；开展打击网售假冒检验检测报告专项行动。

（3）加强智慧监管，上线运行“认证人员现场审核网络签到监管系统”。

二、饲料行业质量安全管理工作概述

（一）行业概况

2021年，随着生猪生产加快恢复，水产和反刍动物养殖持续发展，带动饲料工业产量较快增加，饲料行业高质量发展取得新成效。

1. 饲料工业总产值明显增长。全国饲料工业总产值12 234.1亿元，比上年增长29.3%；总营业收入11 687.3亿元，增长28.8%。其中，饲料产品产值10 964.0亿元、营业收入10 499.8亿元，分别增长29.8%、29.1%；饲料添加剂产品产值1 154.9亿元、营业收入1 110.4亿元，分别增长23.8%、29.5%；饲料机械产品产值115.2亿元，增长36.4%，营业收入77.0亿元，下降3.6%。

2. 工业饲料总产量较快增加。全国工业饲料总产量29 344.3万t，比上年增长16.1%。其中，配合饲料产量27 017.1万t，增长17.1%；浓缩饲料产量1 551.1万t，增长2.4%；添加剂预混合饲料产量663.1万t，增长11.5%。

3. 饲料添加剂总产量稳步增加。全国饲料添加剂总产量1 477.5万t，比上年增长6.2%。其中，单一饲料添加剂产量1 367.9万t，增长5.5%；混合型饲料添加剂产量109.6万t，增长16.2%；氨基酸、维生素产量分别为425.5万t、177.3万t，分别增长15.1%、10.5%；酶制剂和微生物制剂等产品产量较快增加，分别增长19.0%、17.4%。

4. 企业规模化程度持续提高。全国10万t以上规模饲料生产厂957家，比上年增加208家，这些厂家合计饲料产量17 707.7万t，比上年增长24.4%，在全国饲料总产量中的占比为60.3%，比上年提高7.5个百分点。全国有14家生产厂年产量超过50万t，比上年增加5家，单厂最大产量125.1万t。年产百万吨以上规模的饲料企业集团39家，比上年增加6家，这些厂家合计饲料产量占全国饲料总产量的59.7%，比上年提高5.1个百分点；其中有6家企业集团年产量超过1 000万t，比上年增加3家。

5. 产量千万吨省份增加。全国饲料产量超千万吨的省份有13个，比上年增加3个，分别为山东、广东、广西、辽宁、江苏、河南、四川、河北、湖北、湖南、安徽、福建、江西。其中，山东省产量达4 476.3万t，比上年增长3.2%；广东省产量3 573.3万t，比上年增长18.7%。山东、广东两省饲料产品总产值继续保持在千亿吨以上，分别为1 597亿元、1 482亿元。全国有27个省份和新疆生产建设兵团的饲料产量比上年有所增长，其中贵州、广西、重庆、四川、江西、湖北、内蒙古、湖南、福建、河南、新疆、浙江12个省份增幅超过20%。

6. 饲料成本攀升至近十年最高水平，工业饲料加工利润下降。2021年，生猪、肉鸡、蛋鸡成本继续上涨，为近十年来的最高水平。主要因为饲料原料价格均显著上涨。其中，玉米均价2 831元/t，同比上涨23%；而豆粕均价为3 628元/t，同比涨幅20%。

总的来看，2021年育肥猪、肉鸡、蛋鸡全价配合饲料平均成本分别达到3 432元/t、3 553元/t和3 205元/t，分别较2020年提高477元/t、528元/t和464元/t，增幅分别为16.1%、17.5%和16.9%。

7. 重点企业商业模式更具特色，行业整合速度加快。经过激烈的行业竞争及快速发展，大型企业集团逐步摸索出适合自身发展的商业模式，如新希望六和“综合全产业链”模式、温氏“闭环内循环”模式、正大农牧“全产业链”模式、海大高端模式、双胞胎“专一猪饲料”模式等。

大型饲料集团收购兼并增加，饲料行业整合加快。2021年海大集团收购德宝集团、世昌集团饲料业务，通威股份收购天邦股份旗下水产饲料及猪饲料业务，新希望收购多家饲料企业，大北农收购正邦、九鼎饲料业务。

（二）行业质量安全管理

饲料作为动物食品，质量安全工作是需要持续强化的。2021年全行业继续应对非洲猪瘟给行业带来的深远影响，面对新冠感染疫情，玉米、豆粕等大宗原料价格大幅波动，高位运行，给企业生产经营和风险管控带来严峻挑战，饲料行业在质量安全管理方面开展了如下工作。

1. 在全国范围内开展饲料质量安全监督抽查工作。按照《农业农村部办公厅关于印发〈2021年饲料质量安全监管工作方案〉的通知》（农办牧〔2021〕9号）要求，各省农业农村厅相继组织开展了省内饲料质量安全监督抽检工作，并分别在2021年年底前对本省饲料质量的抽检情况进行了通报。截至2021年7月底，农业农村部尚未对全国饲料质量安全监督抽查的结果进行通报。

2. 加强饲料生产全过程的质量管理，持续防控非洲猪瘟病毒、新冠感染疫情。采取的主要措施有：

（1）原料质量安全。制定严格原料筛选、采购及品控制度。选用烘干或烘焙玉米和高温豆粕，建立稳定的采购供应渠道，建立非洲猪瘟病毒检测平台，对采购的原料及生产成品进行严格监控。

原料运输时选用专业原料运输车辆，运输装车前车辆彻底消毒；尽量避开疫情相关车辆的运输路线。

原料储存时，仓库保持干燥、通风，并做好防鼠措施，避免生物带病毒污染原料。

（2）生产安全。将猪配合饲料的制粒温度提高到85～95℃，并适当延长制粒和增加后熟化工艺及延长后熟化时间，在达到杀灭非洲猪瘟病毒的同时，进一步提高糊化度。在装袋封包过程中，尽量采取全机械自动化，减少人员接触，确保装袋在封包过程中不被感染。

（3）管理安全。生产猪饲料的企业，员工进厂作业前严格执行消毒流程，员工不能带猪肉及猪肉制品进入厂区，厂区内食堂用的猪肉和猪肉制品从指定供应商处采购，并在使用前进行非洲猪瘟病毒的检测。

对进出入厂区的运输车辆，进行全面、彻底、有效的消毒处理。

员工佩戴口罩，进入厂区需进行体温检测，非必要严禁外来人员进入厂区。

3. 玉米和豆粕原料替代方面，控制原料质量。面对玉米原料价格增长过快，企业用小麦、稻谷、大麦、高粱等谷物原粮和麦麸、米糠等粮食加工副产物进行替代；对于豆粕用菜粕和棉粕替代。在使用替代的每一个原料之前，企业都对原料样品进行理化指标和卫生指标（真菌毒素、污染物、农药残留）的检测，符合使用要求的才进行采购。原料入厂时逐批次检测理化指标和毒素指标，毒素指标超标的原料拒收。

4. 继续推进《饲料质量安全管理规范》的全面实施。各省继续推进《饲料质量安全管理规范》省级示范企业创建活动，督促企业在饲料原料采购与管理、生产过程控制、产品质量控制、产品贮存与运输、产品投诉与召回等多个方面进行规范管理，以保障饲料产品质量安全。

三、行业质量认证工作开展情况

（一）行业开展认证情况简述

饲料及饲料添加剂行业开展的国内认证主要有GB/T 19001质量管理体系认证、GB/T 22000食品安全管理体系认证、GB/T 24001环境管理体系认证、GB/T 45001职业健康安全管理体系认证；国际认证有欧洲饲料添加剂和添加剂预混合饲料质量体系（FAMI-QS）认证、动物饲料生产中的良好生产规范（GMP＋）认证、全球食品安全标准（BRC）认证。

据国内认证机构给饲料企业（含宠物饲料）颁发的GB/T 22000食品安全管理体系证书数量显示，近三年饲料企业开展食品安全管理体系认证的企业数量基本稳定，保持在600家左右。

2021年饲料行业开展欧洲饲料添加剂和添加剂预混合饲料质量体系（FAMI-QS）认证的企业比2020年略有增长。据统计，2021年全球颁发FAMI-QS认证证书1 516张，颁发证书数量比2020年增长18%；其中中国颁发了502张，比2020年增长15%，继续保持全球发证数量第一的地位。

随着国家环保政策日趋严格，饲料行业环保意识的加强，行业大型企业集团开展GB/T 24001环境管理体系认证的意愿强烈。但近两年受新冠感染疫情的影响，环境管理体系认证工作开展未达到预期。

（二）北京华思联认证中心认证工作开展情况

2021年，北京华思联认证中心（以下简称中心），作为畜牧行业专业的第三方认证机构，开展了如下工作。

1. 聚焦饲料及饲料添加剂行业，开展国内外认证业务。中心的发展宗旨是立足养殖和饲料行业，提供专业化认证服务，成为初级农产品加工产业链的专业认证机构。截至2021年年底，中心获证客户涵盖了国内开展认证的质量管理体系（GB/T 19001）、食品安全管理体系（GB/T 22000）、良好农业规范（GB/T 20014）、环境管理体系（GB/T 24001）、职业健康安全管理体系（GB/T 45001）、产品认证（无抗饲料、宠物食品）六大专业领域；涵盖了国际欧洲饲料添加剂和添加剂预混合饲料质量体系（FAMI-QS）、动物饲料生产中的良好生产规范（GMP＋）、全球食品安全标准（BRC）、国际食品标准（IFS）等细分的专业认证领域。

从行业分布看，聚焦在畜牧行业的饲料生产企业、养殖企业、食品生产企业，生物发酵行业和化工行业的饲料添加剂生产企业，上述获证企业占到中心总获证企业的75%以上，其中养殖企业、饲料及饲料添加剂生产企业获证企业占比达到85%以上。

从中心客户规模看，获证客户中企业集团、大中型企业比例超过50%，这些企业既有国有企业，亦有民营企业。

从行业统计看，2021年中心为饲料企业颁发的食品安全管理体系认证证书占到中国合格评定国家认可委员会（CNAS）认可的认证机构颁发的此类认证证书的50%以上，颁发的奶牛模块良好农业规范认证证书数量占到中国合格评定国家认可委员会（CNAS）认可的认证机构颁发的此类认证证书的97%以上，颁发的FAMI-QS认证证书占中国颁发此类证书的60%以上。

以上数据充分体现了中心聚集农牧行业的经营理念，展现出中心具有的饲料、饲料及食品添加剂、奶牛养殖等领域认证的独特优势。

2. 建立疫情常态化背景下现场审核的工作机制。2021年新冠感染疫情不时在各地频发，而体系认证是建立在现场审核的基础上完成的。本着“始终坚持客户至上，始终将员工的健康放在首位”的理念和原则，中心密切关注各地区疫情动态变化、发展和当地对疫情的管控要求，评估企业所在地区风险，派出审核组去低风险所在地区的企业开展现场审核。对中、高风险地区认证证书超期的客户，先暂停证书使用，一旦企业所在地区降为低风险地区，马上派出审核组去现场审核。2021 年，在很多企业因疫情影响取消认证的情况下，华思联认证中心仍维持了客户数量。

3. 获准开展危害分析与关键控制点（HACCP）**体系认证。**饲料行业一般开展食品安全管理体系（ISO22000）认证，HACCP 又是美国和欧盟强制性要求认证的食品安全管理规则，也获得 GFSI（全球食品安全倡议）组织认可，全球食品安全倡议组织（GFSI）也承认中国 HACCP（危害分析和关键控制点）认证结果，这意味着获得 HACCP 认证的食品/饲料生产企业在进入 GFSI 成员供应链时能够享受贸易便利。随着饲料企业国际贸易的增加，客户有开展 HACCP 认证的需求，中心作为农牧行业专业认证机构有责任为畜禽屠宰、肉制品加工、蛋奶制品、饲料及饲料添加剂、宠物食品等行业的企业提供 HACCP 认证服务，为客户完善自身的食品安全管理水平、识别食品安全风险和合规性提供专业的支持。

4. 服务社会，为行业质量安全发挥专业作用。

（1）举办 ISO22000 和 HACCP 线上培训班。按照饲料行业管理特点，将 ISO22000 和 HACCP 认证标准与饲料企业的采购、生产、品控、销售、人员管理等各个模块结合，讲解标准条款的含义和实际应用，让认证标准落地、可操作。

（2）举办 GMP＋2020 标准说明会。GMP＋于 2021 年 3 月正式发布新版标准 GMP＋FC SCHEME 2020，相较 GMP＋FC SCHEME 2010，在结构上有明显变化。从 2024 年 9 月 1 日起，所有企业必须依据 GMP＋FC SCHEME 2020 进行认证。为帮助 GMP＋认证客户尽早理解和实施 GMP＋FC SCHEME 2020 新版标准，中心举办线上标准说明会，介绍 GMP＋FC SCHEME 2020 标准的背景及与目前 GMP＋FC SCHEME 2010 标准的不同点，并对新版标准更新的内容进行重点说明。

（3）介绍中国宠物饲料的质量监管政策。中心在饲料行业的专业性得到国内外相关管理机构及跨国集团的认可。2021 年，中心多次应邀在行业内举办的专业会议上介绍我国宠物饲料市场的现状及发展趋势，解读我国对宠物饲料监管的法律法规和国家相关政策。

（4）开发宠物饲料系列认证项目。中心与宠物产业工作委员会合作，达成共同开发宠物行业体系认证、产品认证、进口食品追溯认证、服务认证等系列认证项目的意向。目前中心正在研发体系认证、进口食品追溯认证，服务认证的标准、技术规范。

（5）通过与客户的沟通平台，解读监管要求。中心建立了网站专栏、微信公众号、季刊发布机制，通过上述平台向客户传递监管部门的规定和行业信息，讲解认证标准，探讨管理之道，解读国家的法律法规。

5. 国际合作认证业务稳定发展。中心开展的欧盟 FAMI-QS 认证业务继续保持在中国的领先地位。

BRC 分包业务稳定发展。

通过与西班牙 ACETRA 公司合作，中心拓展了 Global GAP 认证服务。

作为荷兰 GMP＋，International 授权可从事 GMP＋认证的唯一中国认证机构，中心在为企业提供了 GMP＋认证和增值服务的同时，持续对 GMP＋、英国 FEMAS 等饲料认证标准进行跟踪研究，拟吸收其成熟有效的管控经验，为中国饲料行业质量和安全管理提供借鉴。

四、饲料行业认证活动的发展趋势

体系认证方面，质量管理体系（GB/T 19001）、食品安全管理体系（GB/T 22000）认证业务基本稳定，良好农业规范（GB/T 20014）认证、环境管理体系（GB/T 24001）认证业务将有一定增长。

产品认证方面，畜牧饲料行业保产业安全均是每年的工作重点之一，2021 年饲料已开启无抗产品时代，畜牧行业开展无抗饲料产品、无抗畜禽产品认证需求较大。宠物行业发展带动了宠物食品消费量的增长和品种的多样化，宠物行业体系认证、产品认证、进口宠物食品供应链认证、宠物服务认证是未来新的增长点。

国外认证方面，国家的“一带一路”倡议推动了饲料添加剂、添加剂预混合饲料对欧盟的出口。近两年，国内产品出口受新冠感染疫情影响较大，国内对欧盟出口饲料添加剂和添加剂预混合饲料的数量因国际物流的受阻出口量下降，但国外的需求仍然旺盛，这从 2021 年 FAMI-QS（欧洲饲料添加剂和添加剂预混合饲料质量体系）证书的中国发证数量可以证实。

附件：2021 年北京华思联认证中心部分获证企业名单

附件：

2021年北京华思联认证中心部分获证企业名单

序号	企业名称	序号	企业名称
1	广东海大集团股份有限公司	36	正大岳阳有限公司
2	成都海大生物科技有限公司	37	东莞正大康地有限公司
3	广东通威饲料有限公司	38	武汉正大水产有限公司
4	淮安通威饲料有限公司	39	正大饲料（随州）有限公司
5	南昌通威生物科技有限公司	40	正大饲料（衡阳）有限公司
6	厦门通威饲料有限公司	41	厦门正大农牧有限公司
7	通威（大丰）饲料有限公司	42	九江正大饲料有限公司
8	无锡通威生物科技有限公司	43	兰州正大畜禽有限公司
9	宾阳通威饲料有限公司	44	陕西正大畜禽有限公司
10	池州通威饲料有限公司	45	武汉正大有限公司
11	佛山市高明通威饲料有限公司	46	正大康地（澄海）有限公司
12	昆明通威饲料有限公司	47	正大康地（广州番禺）有限公司
13	盐城双胞胎饲料有限公司	48	正大康地汕头有限公司
14	海阳新希望六和饲料有限公司	49	齐齐哈尔大北农饲料有限公司
15	怀化新希望六和饲料有限公司	50	赤峰大北农农牧科技有限公司
16	临邑新希望六和饲料有限公司	51	常德大北农饲料有限公司
17	潍坊新希望六和饲料科技有限公司	52	通辽大北农牧业科技有限公司
18	潍坊六和饲料有限公司	53	北京三元禾丰牧业有限公司
19	襄阳新希望六和饲料有限公司	54	唐山禾丰饲料有限公司
20	萧县新希望六和步强饲料有限公司	55	甘肃禾丰牧业有限公司
21	新希望六和饲料股份有限公司兰陵县分公司	56	西安禾丰饲料科技有限公司
22	新希望六和饲料股份有限公司平邑饲料厂	57	凌源禾丰牧业有限责任公司
23	新希望六和饲料股份有限公司乳山分公司	58	淮安禾丰饲料有限公司
24	郑州新希望六和鸿源饲料有限公司	59	西安禾丰饲料科技有限公司
25	邹城新希望六和饲料有限公司	60	沈阳禾丰牧业有限公司
26	唐人神集团股份有限公司	61	沈阳禾丰反刍动物饲料有限公司
27	沈阳正大畜牧有限公司	62	台安禾丰饲料有限责任公司
28	广汉正大饲料科技有限公司	63	上海禾丰饲料有限公司
29	长沙正大有限公司	64	公主岭禾丰牧业有限公司
30	天津正大农牧有限公司	65	辽宁禾丰牧业股份有限公司
31	正大预混料（天津）有限公司	66	长春禾丰饲料有限责任公司
32	正大预混料（柳州）有限公司	67	北海恒兴特种饲料有限公司
33	正大预混料（杭州）有限公司	68	福建恒兴饲料有限公司
34	正大预混料（沈阳）有限公司	69	广东恒兴饲料实业股份有限公司
35	正大预混料（广汉）有限公司	70	浙江恒兴饲料有限公司

（续）

序号	企业名称	序号	企业名称
71	海南恒兴饲料实业有限公司	108	广元特驱饲料有限公司
72	盐城恒兴饲料有限公司	109	贵阳特驱希望农业科技有限公司
73	湛江恒兴珊瑚饲料有限公司	110	乐山特驱饲料有限公司
74	湛江恒兴特种饲料有限公司	111	南充特驱饲料有限公司
75	中粮生化能源（榆树）有限公司	112	芜湖特驱农牧科技有限公司
76	中粮饲料（佛山）有限公司	113	宜宾特驱饲料有限公司
77	中粮饲料（茂名）有限公司	114	宜昌特驱饲料有限公司
78	中粮天科生物工程（天津）有限公司	115	湛江特驱饲料有限公司
79	中粮饲料（新沂）有限公司	116	重庆市荣昌区特驱饲料有限公司
80	中粮饲料（沛县）有限公司	117	嘉吉饲料（新疆）有限公司
81	中粮粮油工业（黄冈）有限公司	118	嘉吉饲料（陕西）有限公司
82	中粮饲料（东台）有限公司	119	邦基玖瑞（德州）农牧有限公司
83	中粮饲料（黄石）有限公司	120	泰高营养科技（北京）有限公司
84	中粮饲料（唐山）有限公司	121	泰高营养科技（湖南）有限公司
85	中粮饲料（成都）有限公司	122	内蒙古博瑞饲料有限公司
86	中粮饲料（茂名）有限公司衡水分公司	123	长春博瑞农牧集团股份有限公司
87	中粮饲料（张家港）有限工公司	124	石家庄博瑞正诚饲料有限公司
88	中粮东大（黑龙江）饲料科技有限公司	125	黑龙江博瑞饲料有限公司
89	中粮饲料（巢湖）有限公司	126	山西博瑞饲料有限公司
90	中粮饲料（日照）有限公司	127	山东博瑞饲料有限公司
91	中粮饲料（沛县）有限公司临沂分公司	128	辽宁九州生物科技有限公司
92	中粮饲料（荆州）有限公司	129	北京九州大地生物技术集团股份有限公司
93	南平中粮华港饲料有限公司	130	张家口九州大地饲料有限公司
94	漳州中粮华港饲料有限公司	131	天津九州大地饲料有限公司
95	中粮（北京）饲料科技有限公司	132	北京英惠尔生物技术有限公司
96	中粮（北京）饲料科技有限公司徐州分公司	133	北京科为博生物科技有限公司
97	龙岩中粮华港饲料有限公司	134	内蒙古科为博生物科技有限公司
98	宁德中粮华港饲料有限公司	135	北京三元种业科技股份有限公司饲料分公司
99	中粮家佳康（吉林）有限公司	136	北京三元种业科技股份有限公司滦平饲料分公司
100	中粮家佳康（张北）有限公司	137	上海光明荷斯坦饲料有限公司
101	中粮家佳康（赤峰）有限公司	138	希杰（哈尔滨）饲料有限公司
102	中粮肉食（江苏）有限公司饲料分公司	139	希杰（聊城）饲料有限公司
103	四川新一美生物科技有限公司	140	希杰（青岛）饲料有限公司
104	安徽天邦饲料科技有限公司	141	希杰（沈阳）饲料有限公司
105	成都特驱农牧科技有限公司	142	希杰（天津）饲料有限公司
106	德阳特驱饲料有限公司	143	希杰（长春）饲料有限公司
107	广汉特驱农牧科技有限公司	144	希杰尤特尔（山东）生物科技有限公司

（续）

序号	企业名称	序号	企业名称
145	英联动物营养（南通）有限公司	168	内蒙古伊品生物科技有限公司
146	英联普美欣科技（江西）有限公司	169	宁夏伊品生物科技股份有限公司
147	英联饲料（安徽）有限公司	170	内蒙古溢多利生物科技有限公司
148	英联饲料（辽宁）有限公司	171	广东溢多利生物科技股份有限公司
149	英联饲料（上海）有限公司	172	广济药业（孟州）有限公司
150	北京首农畜牧发展有限公司	173	湖北广济药业股份有限公司
151	湖南金霞九鼎农牧有限公司	174	武汉新华扬生物股份有限公司
152	太仓安佑生物科技有限公司	175	山东蔚蓝生物科技有限公司
153	武汉安佑饲料科技有限公司	176	长沙兴嘉生物工程股份有限公司
154	太仓安佑生物科技有限公司	177	佛山立达尔生物科技有限公司
155	长春谷实饲料有限公司	178	云南立达尔生物科技有限公司
156	谷实农牧集团股份有限公司	179	兄弟科技股份有限公司
157	谷实生物科技（佳木斯）有限公司	180	江苏兄弟维生素有限公司
158	谷实生物科技（齐齐哈尔）有限公司	181	湖南鸿鹰生物科技有限公司
159	谷实生物科技（沈阳）有限公司	182	上海纽瑞茵生物技术有限公司
160	浙江播恩生物技术有限公司	183	泰安汉威集团有限公司
161	湖南正虹科技发展股份有限公司	184	山东龙昌动物保健品有限公司
162	驻马店扬翔饲料有限公司	185	固安君德同创生物工程有限公司
163	成都枫澜科技有限公司	186	诺伟司饲料添加剂（上海）有限公司
164	浙江新和成药业有限公司	187	广东雅琪生物科技有限公司
165	山东新和成氨基酸有限公司	188	辽宁亚禾营养科技有限责任公司
166	山东新和成维生素有限公司	189	辽宁菲迪饲料科技有限责任公司
167	伊品亚洲有限公司		

2021 中国饲料工业展览会

2021 年 4 月 18 日，由中国饲料工业协会、全国畜牧总站主办的 2021 中国饲料工业展览会在重庆国际博览中心开幕。开幕式由全国畜牧总站站长、中国饲料工业协会常务副会长兼秘书长王宗礼主持。

中国工程院院士、中国饲料工业协会李德发会长，全国畜牧总站、中国人民大学、中国农业科学院农业质量标准与检测技术研究所、北京畜牧兽医研究所、饲料研究所、新疆维吾尔自治区畜牧兽医局、重庆市委、中国畜牧业协会等有关领导莅临大会。中国饲料工业协会常务副会长、副会长及 24 家协办单位的代表，全国省区市畜牧兽医管理部门、技术推广机构和行业协会负责人，饲料行业专家、媒体界朋友以及组委会邀请的各界嘉宾出席开幕式。

本届展会以“顺应新形势，赋能新发展”为主题，立足新发展阶段，力争推动饲料工业绿色可持续发展，助力农牧产品消费升级，集中展示了畜牧饲料行业的新产品、新技术、新工艺、新设备、新业态。展会面积 6 万 m^2，会期 3 天，设置了大型饲料企业展区、饲料机械展区等 12 个展区，首设饲草展区，共有来自国内外 528 家农牧饲料企业参展，展位数达 2 415 个。本届展会呈现四大特点。

一、服务升级　秩序井然

首次启用了智慧智展观众登记报到服务系统，实现提前邀约、预登记、现场注册等多项合一的“一站式”服务，在疫情防控常态化的情况下，减少等待时间，避免进场拥堵，现场秩序井然。

二、人气火爆　满意度高

本届展览会面积 6 万 m^2，共有来自国内外 528 家农牧饲料企业参展，展位数达 2 415 个。开幕式首日，吸引近 3 万人次参观，各大展位人头攒动，参展商应接不暇。4 月 19 日上午，中国饲料工业协会常务副会长兼秘书长王宗礼带领协会工作人员走访了 30 多家参展企业，询问观众到访情况、展会服务水平、对展会的建议和意见等，并与企业代表亲切交流，各企业代表对本届展会满意度极高。

三、宣传力度大　关注度提高

展前召开新闻发布会，开通网络直播等宣传形式，加大宣传力度，提高关注度。4 月 16 日上午，特邀新华网、人民网、今日头条、重庆卫视等 30 多家知名和行业媒体召开了新闻发布会。同期召开中国饲料工业协会理事会会议暨饲料产业发展论坛网络直播，在线观看人数近 50 万人；展览会开幕式在线观看人数近 16 万人。据不完全统计，协会展览会微信公众号、自媒体和企业宣传平台共推送发布会、理事会和论坛、开幕式盛况、现场纪实等推文 80 余篇，总阅读量近 10 万人次。活动期间中国饲料工业展览会公众号关注度增加一万余人。

四、参展热情高　影响力巨大

作为国内饲料行业规模最大、专业化程度最高、影响力传播力最强的第一品牌展览会，本届展会大企业云集，特装面积 85%以上。展会期间，前来咨询 2022 年招展情况的人员络绎不绝，参展意愿强烈，热情度高。科学技术是第一生产力，创新是引领发展的第一动力，本届展会涌现了众多新产品、新技术、新工艺、新设备、新业态，参展商共带来了 3 000 多项前沿科技集中展示，对助力农牧产品的消费升级具有重要作用。

本届展会充分体现了展会在践行服务畜牧饲料行业和企业发展的初心使命，为推动提升产业质量效益和竞争力，努力打造产出高效、产品安全、资源节约、环境友好、调控有效的高质量发展新格局做出了突出贡献，以优异的成绩向中国共产党成立 100 周年献礼。

中国饲料工业协会理事会会议暨饲料产业发展论坛

2021年4月17日，中国饲料工业协会理事会会议暨饲料产业发展论坛在重庆召开。中国饲料工业协会理事会会议由中国饲料工业协会常务副会长兼秘书长王宗礼主持。农业农村部副部长于康震出席会议并讲话。重庆市政府副秘书长游贤勇为大会做开场致辞。

农业农村部畜牧兽医局局长杨振海，重庆市委农业农村工委书记、市农业农村委主任路伟，中国饲料工业协会会长李德发，农业农村部畜牧兽医局副局长孔亮，农业农村部畜牧兽医局二级巡视员辛国昌，重庆市委农业农村工委委员岳发强，中国饲料工业协会副秘书长时建忠，全国畜牧总站纪委书记聂善明，中国饲料工业协会副秘书长杨劲松等领导出席会议。协会常务副会长、副会长、常务理事、理事、部分会员单位及会员代表600余人参加了会议。

会议指出，“十三五”期间我国畜牧饲料行业积极应对资源环境约束趋紧、非洲猪瘟疫情冲击、生产异常波动、新冠肺炎疫情影响等风险挑战，供给侧结构性改革不断深化，转型升级明显推进，绿色发展深入人心，现代化建设取得新进展，综合生产能力、市场竞争力和可持续发展能力不断增强，为保障肉蛋奶市场有效供应、打赢脱贫攻坚战和全面建成小康社会做出了重要贡献。

2020年，随着生猪产能加快恢复，禽肉禽蛋继续高位增产，牛羊产品产销两旺，饲料生产出现近年来少有的高速增长，具体体现在：一是饲料产量快速增长，单年增幅达到10.4%，全年总产量达到2.53亿t，位居世界第一；二是产品质量安全水平持续提高，据农业农村部2020年全国饲料质量安全监督抽查结果显示，总体合格率达98.1%；三是产业规模化水平和集中度稳步提升，33家年产百万吨以上的饲料企业产量占比超过54.6%，10个省份年产量超千万t；四是饲料工业转型升级步伐加快，新技术、新工艺、新业态日新月异，低蛋白日粮技术大面积推广，酶制剂等生物饲料产品发展势头强劲，药物饲料添加剂全面退出，绿色发展已成为行业共识。

会议强调，要深入贯彻习近平总书记关于“三农”工作的重要论述和党的十九届五中全会精神，紧紧抓住实施乡村振兴战略的大好时机，把“保供固安全、振兴畅循环”的总体要求贯穿始终，以《关于促进畜牧业高质量发展的意见》为契机，饲料工业发展要放到乡村振兴大背景、双循环新发展格局和畜牧业大生态圈中谋划，系统梳理产业链、供应链存在的问题，围绕补齐短板、锻造长板两个方面做好战略设计，做到精准施策，把新发展阶段的开局工作做好，以优异成绩迎接中国共产党建党100周年。

会议表彰了中国饲料工业协会先进集体和先进工作者，并为“2020十大领军饲料企业”“2020三十强饲料企业”等9个类别的企业或个人颁发了奖牌和证书。

会议听取并审议了《中国饲料工业协会工作报告》和《中国饲料工业协会财务报告》，表决通过了《中国饲料工业协会专业分会设立方案》等议案，增选了中国农业科学院北京畜牧兽医研究所和长春博瑞科技股份有限公司为中国饲料工业协会第七届理事会副会长单位。

为聚焦畜牧饲料行业高质量发展中的前沿问题，探索全球化背景下产业协作和发展新机遇，共襄盛举、擘画未来，为饲料工业“十四五”开新局、谋新篇，同期举办了中国饲料产业发展论坛。邀请了农业农村部畜牧兽医局二级巡视员辛国昌、中国工程院院士李德发、中国工程院院士沈建忠、华泰长城资本管理有限公司总经理于成刚、美的集团美云智数制造云总经理高一和辽宁禾丰牧业股份有限公司董事长金卫东分别就产业政策、行业趋势、饲料用粮的政策方向，全球原料贸易趋势洞察，合理限抗，降本增效，智能化多渠道用户连接，数据信息化与个性化服务，企业家的时代角色等议题做了精彩报告。

地方篇

北京市饲料工业

【发展概况】

2021年，北京市饲料生产企业共计102家，年末职工总人数为5 043人，同比减少1.87%。

年内北京市饲料工业总产值97.1亿元，比2020年增长1.5%；总营业收入97.2亿元，比2020年下降2.2%。其中，饲料产品产值92.2亿元，增长0.7%；营业收入92.8亿元，下降2.7%。

饲料产品总产量165.5万t，比2020年下降0.5%。其中，配合饲料产量99.6万t，增长5.4%；浓缩饲料产量21.0万t，下降23.4%；添加剂预混合饲料产量42.0万t，增长2.6%。

分品种看，猪饲料产量64.6万t，增长6.3%；蛋禽饲料产量24.8万t，下降11.9%；肉禽饲料产量22.9万t，下降15.5%；反刍动物饲料产量46.3万t，增长12.2%；水产饲料产量1.4万t，下降35.4%；宠物饲料产量3.0万t，下降17.8%；其他饲料产量2.5万t，下降23.8%。

饲料添加剂总产量2.2* 万t，比2020年增长12.6%。其中单一饲料添加剂产量0.8万t，增长54.0%，混合型饲料添加剂产量1.5万t，下降1.3%。

【主要工作】

（一）严格执行行政许可审批

依法依规严把行政许可审批程序，严把准入关，全年共办理“从事饲料、饲料添加剂生产的企业审批”申请48个、“添加剂产品批准文号核发”申请1个（核发产品批准文号3个）以及“饲料和饲料添加剂委托生产备案”10个。

（二）饲料质量安全监管

2021年重点开展饲料标签专项整治、自配料专项监管等专项行动，扎实推进饲料质量安全监管工作。通过加强饲料标签标准宣贯，开展饲料标签自查自纠，启动饲料标签专项检查三步骤，全面强化对饲料产品标签标示内容的监管，杜绝违规标示、虚假宣传等扰乱市场行为。全年共出动执法人员822人次，对全市100家饲料生产企业全覆盖监督检查，下发监督笔录、意见书300余份，责令改正违规标示行为5起。从强化自配料原料采购、严控饲料配制、规范饲料存放、严禁饲料流通四方面持续开展自配料专项检查和普法宣传。全市全年共出动执法人员1 300余人次，检查养殖场户655个次，养殖环节“瘦肉精”现场快速检测6 000余样品。

全市饲料监督执法环节，出动执法人员7 883人次，检查生产、经营和使用单位3 105个次，下发监督笔录、意见书3 031套，查办案件26起，罚没款16.8万余元，没收不合格饲料2.5t，其中万元以上案件10起，突破休眠条款1起，有力打击违法行为，确保饲料产品质量安全。

（三）饲料和生鲜乳质量安全监测

2021年完成饲料质量安全监督抽检859批，抽检范围涉及顺义、大兴、通州、平谷、昌平、怀柔、房山、延庆、密云共9个区，涉及饲料生产企业149家次、养殖场58家次，检测项目包括营养指标、微量元素、维生素、重金属、微生物、霉菌毒素、违禁添加物等40余个参数。共有6个饲料样品不合格，样品合格率为99.30%，与2020年基本持平。

（四）重大活动保障与应急监测

按照市农业农村局要求，组织开展全国两会、北京市两会、奥运测试赛、冬奥会、冬残奥会、广场活动等保障性工作，对生猪、蛋鸡、淡水鱼、肉牛、肉

* 由于统计数据采用四舍五入的方式，会有误差，特此说明。

鸭等供应企业的23家养殖基地进行了饲料质量安全专项监测工作，共计抽检企业饲喂的饲料样品45个。检测项目包括重金属、违禁添加物、霉菌毒素等20个参数共620项次，检测结果全部合格。同时按照冬奥会要求进行40余种激素类、400余种风险物质筛查。为保障重大活动供应工作的顺利开展和动物产品质量安全做出了贡献。

（北京市农业农村局）

天津市饲料工业

【发展概况】

2021年，天津市各类饲料生产企业共188家，其中，配合饲料、浓缩饲料和精料补充料获证企业116家，添加剂预混合饲料获证企业75家，混合型饲料添加剂获证企业41家，饲料添加剂获证企业13家，单一饲料生产企业17家。2021年饲料总产量240.8万t，同比增长11.7%，总产值127.5亿元，同比增长30.3%。其中配合饲料148.4万t，同比增长18.5%；浓缩饲料57.9万t，同比增长0.9%；添加剂预混合饲料31.9万t，同比增长5.9%；宠物饲料2.5万t，同比下降11.5%。

【主要工作】

（一）依法开展饲料质量安全管理，加强事中事后监管

一是组织市区两级饲料质量监管和农业综合行政执法部门，采取随机抽查、突击检查、专项检查等多种方式，按照企业全覆盖的要求，对生产经营企业进行督查检查。全年共计出动人员1 918人次，检查企业624家次，自配料339家次，发现问题26个，已全部整改完毕。

二是加强企业主体责任落实，继续开展签订生产企业质量安全责任书、经营企业质量安全承诺书工作，共计签订各类责任书44份，明确了责任义务，落实了企业主体责任。同时指导各区加强对饲料、饲料添加剂经营企业（门店）摸底调查和安全指导工作，全年共摸排经营门店33家。

三是突出重点环节，开展专项治理。严格贯彻落实全国农资打假专项治理行动视频会议精神和天津市农业农村委员会关于农资打假工作的安排部署，以打击生产经营伪劣饲料、无证套证生产及超范围添加等违法行为为重点，净化饲料市场。开展饲料生产企业资质清查，对不符合《饲料和饲料添加剂管理条例》和生产许可条件规定的企业依法进行核查清理。

（二）加强饲料质量检测，健全检打联动机制

一是饲料质量安全监督抽查。2021年共计安排饲料质量监督抽检800个样品，抽查范围包括饲料生产企业、经营门店和畜禽、水产养殖场（户），样品合格率为99.38%。

二是配合农业农村部开展饲料和饲料添加剂产品风险监测工作。在宝坻、武清、静海、宁河、西青、北辰等6个区采集饲料添加剂样品40个，样品合格率为100%。

（三）开展饲料标签专项检查

一是强化宣传引导，加大宣传力度，增强经营者依法诚信生产经营意识和提高群众依法维权能力。通过“3·15”打假、宣传周、科技集市、农资下乡宣传、上门服务等多种方式认真开展《饲料和饲料添加剂管理条例》《农产品质量安全法》等法律法规宣传教育，共发放宣传资料510余份。

二是组织自查自纠。组织全市饲料生产企业对照饲料标签标准的有关规定，对其生产的饲料、饲料添加剂等产品标签逐一进行自查，及时纠正标签中的不规范，解答饲料生产企业提出的涉及饲料标签规范性的问题25个。

三是开展专项检查。企业自查后，各涉农区负责单位对饲料生产经营企业开展了现场检查。采取双随机的检查方式，重点对饲料产品和混合型饲料添加剂产品进行检查。共检查饲料企业230家次，出动执法人员675人次，发现2家饲料企业未及时销毁更新标准后作废的标签，并对相关企业责任人进行现场约谈，下达责令通知书2份，监督企业现场销毁作废标签。

（四）落实饲料统计制度，加强生产形势监测

一是举办专题培训班，提高统计人员专业水平。2021年9月15日举办饲料数据统计分析暨安全生产

培训班，重点剖析饲料统计数据填报、审核中的常见问题等。饲料企业负责人、区农业农村委负责饲料监管及数据审核人员以及天津饲料协会负责人等共计220人参加培训。

二是做好生产信息报送。督促指导饲料生产企业按照农业农村部饲料工业统计信息填报要求，按时做好统计信息填报工作。加强指导协调，督促企业及时准确上报生产信息，推动饲料企业全口径月度监测工作顺利开展。

（五）履行安全生产监督职责，加强安全生产检查督查

一是督促指导企业健全和落实安全生产制度和责任制。全年督导企业确保责任制落实到位、人员尽责到位、隐患排查到位、整改措施到位，不发生安全事故。

二是加强生产安全检查。全年对企业安全生产建章立制、安全生产责任制落实等情况进行检查230家次，重点检查易燃、易爆、有毒、有害原料、试剂等物质的储存和使用情况的监督检查，督促企业严格落实规定，切实保障生产安全。

三是督促生产企业严格落实新冠感染疫情常态化防控要求，严格落实体温监测、厂区消毒、疫苗接种、个人防护与隔离等措施，确保人身安全和生产安全。

（六）践行为民服务工作宗旨，为企业办实事解决困难

一是为跨省运输受阻的饲料企业运输车辆办理“民生保供企业资质证明”，确保饲料运输通畅。2021年初，受河北、黑龙江等地疫情影响，天津市农产品及农资产品运输车辆在周边低风险区被劝返或禁止进入，严重影响了企业正常生产和农产品稳产保供。为解决企业燃眉之急，天津市组织为62家跨省运输受阻的饲料企业运输车辆办理“民生保供企业资质证明”，作为临时运输凭证，提高运输通行效率。

二是饲料生产企业办理自由销售许可证明，助力企业产品走向国际市场。按照《农业农村部办公厅关于办理饲料和饲料添加剂产品自由销售证明的通知》要求，为朗诺宠物食品有限公司、全能生物科技有限公司、奥特奇生物制品有限公司等3家饲料企业6个拟出口产品办理自由销售证明申请6个，出具市级自由销售许可证明1个。

三是答疑解惑，科学指导企业依法依规生产经营。全年共接受企业及区级执法部门咨询20余次，解答委托生产、跨境电商销售、进口产品登记等7类问题22个。

【存在问题】

一是由于没有饲料经营许可证制度，饲料经营企业监管工作难度仍然较大，缺乏有效的监管手段和质量控制措施，存在着安全监管风险；二是中小规模饲料生产企业实验室检测人员专业知识水平与检测能力还需进一步提高。

【下一步重点工作】

一是做好饲料质量安全监测。全年计划安排饲料质量监督抽检600个样品，包括饲料和饲料添加剂生产、经营企业质量安全监督抽检300批次，养殖环节料槽料（自配料）300批次。

二是开展饲料质量安全和生产安全检查。强化饲料生产企业原料管控、生产过程监管和产品质量管控；同时压实企业安全的主体责任，杜绝安全生产事故。

（天津市农业农村委员会畜牧兽医处）

河北省饲料工业

【发展概况】

2021年，河北省饲料生产工作在农业农村部和河北省农业农村厅领导的大力帮助和支持下，在全省各级饲料部门的共同努力下，克服新冠感染疫情带来的不利影响，狠抓质量安全和生产安全两个重点，认真推进企业规范化管理，全省饲料生产工作保持了相对稳定的发展态势。到2021年底全省饲料产量1 375.8万t，比2020年增长1.2%。饲料产值551.8亿元，比2020年增长24%。饲料生产企业累计达到1 106家，发放各类饲料许可证1 380个。分别比2020年增长10%和7%。

【主要工作】

（一）认真做好饲料质量安全监管

扎实做好饲料、饲料添加剂和“瘦肉精”的抽检工作，印发了《2021年河北省饲料质量安全抽检计划》和《2021年河北省“瘦肉精”专项监测计划》，根据年初疫情防控情况，及时调整了相关市的安排，加大了对各地市的督促力度，要求各地认真按照计划安排做好抽样和上报，确保了全年饲料450批次和“瘦肉精”2 200批次抽检任务的圆满完成，全年全省饲料抽检合格率是97.5%，瘦肉精抽检合格率是100%。

（二）严格做好饲料行业管理工作

一是制定印发了《2021年饲料和饲料添加剂专项整治实施方案》和《2021年“瘦肉精”专项整治行动方案》，加强饲料和“瘦肉精”的监管。印发《关于做好兽药、饲料企业“三查”和“双清零”工作的通知》，分时限做好兽药、饲料双证企业共线问题清退工作，按通知要求对各市兽药饲料共线生产“三查双清零”工作进行了调度，对部分重点市进行了抽查，全省没有发现兽药饲料共线生产问题，进一步规范饲料生产工作，提升产品品质。二是为了确保河北省饲料生产企业出口销售和委托生产工作监管顺畅，重新修订完善了饲料和饲料添加剂自由销售和委托生产两项工作的办理流程，进一步强化了监管部门对饲料生产企业的日常管理能力。三是加强饲料和饲料添加剂企业的日常检查工作，对检查中发现的问题，要求市县行业管理部门提出整改意见并监督完成整改工作，进一步提升全省饲料企业质量安全工作。

（三）进一步做好饲料企业服务工作

一是积极为企业做好技术支持，审核并办理饲料和饲料添加剂生产企业自由销售证明63份，为9家饲料生产企业办理委托生产证明。二是做好饲料企业稳产保供。在2021年初疫情期间，按照厅办《关于规范民生保供企业资质证明开具工作的通知》，为全省650家饲料生产企业开具了《民生保供企业资质证明》，保障了河北省饲料企业生产销售稳定，为畜牧业健康有序发展贡献了力量。

（四）强化饲料生产企业安全生产指导

一是制定下发了《关于做好双节、全国两会期间全省畜禽屠宰、兽药、饲料企业安全生产工作的通知》。春节前组织各市采取现场检查、视频检查、明察暗访、突击检查等方式，对饲料行业进行了安全生产风险隐患大排查大整治活动。印发了《关于深入开展全省畜禽屠宰、兽药、饲料行业安全生产督导督查暗访工作的通知》，制定了饲料领域大排查大整治专项方案，确保各项工作扎实落实。二是及时与各市签订安全生产责任状，并要求各市层层签订，落实到企业。三是加强了饲料生产企业日常检查指导力度，进一步提升饲料企业安全生产主体责任意识，要求其履行好安全生产相关要求。同时积极将饲料企业安全生产工作与业务工作相融合，在开展“瘦肉精”百日行动等工作时，抓好饲料企业安全生产检查。在开展“瘦肉精”飞行检查时同时对各地业务工作和安全生产工作开展情况进行检查，确保安全生产永不放松。四是对发现的问题要求相关企业严格整改，并要求所在市县督促核实，确保立查立改、真查真改，确保饲料行业安全生产工作始终保持健康稳定的状态。

【下一步重点工作】

2022年河北省饲料行业按照“提质增效、稳中求进、全面发展”的思路，加大无抗饲料的监管力度，全面提升饲料质量水平，力争全省饲料产品合格率达到97%以上。力争全年饲料产量1 500万t左右。

（一）提升饲料质量安全水平

一是加大监督抽检工作力度。制定河北省2022年饲料质量抽检450批次，其中225批次为监督抽检，225批次为风险抽检。探索开展饲料“飞行抽检”工作。二是开展饲料专项整治工作。在整治中加大对监督抽检不合格产品的查处力度。对农业农村部监督抽样和省农业农村厅监督抽样中发现的不合格企业按照有关程序移交当地饲料管理部门和执法部门查处。三是宠物饲料稳中求进、稳中增效。在保持总体产能不变的情况下，提质增效，淘汰落后产能，争创品牌，打造南和这一中国宠物食品之乡的品牌。四是做好毛皮动物屠体饲料化实验工作。拟在秦皇岛的昌黎县，唐山市的乐亭县、滦南县，沧州市的肃宁县建立统一收购实验点，并健全监管制度，做好实验数据统计等工作。

（二）做好饲料统计工作

一是开展饲料统计培训班，对如何统计、如何及时上报、上报中应该注意事项进行讲解。二是做好统计数字的分析工作，为畜牧业健康稳定发展提供数据支撑，与河北省饲料协会一起，按照产量、质量、科技含量等因素评选“河北省饲料生产企业30强”。三是做好统计数据实地核查工作。委托河北省畜牧工作总站和河北省兽药饲料工作总站对部分统计数字进行实地审核，杜绝瞒报、少报、漏报现象的发生。

（三）全面推广无抗饲料，为健康中国做贡献

一是重点宣传并严格执行国家对饲料无抗的有关规定，全省所有饲料生产企业必须进入无抗时代，严禁在饲料生产中添加抗生素等违禁产品。二是将饲料原料、混合型饲料添加剂作为整治重点，特别是禁止在标签上标注预防、治疗等字样。三是强化自配料的管理，特别防止在自配料中添加抗生素等物质。

（四）为饲料企业做好服务工作

一是积极为企业做好技术支持，审核并办理饲料和饲料添加剂生产企业自由销售证明和委托生产证明。二是做好饲料生产企业现场审核工作。做好石家庄市饲料生产企业委托下放工作，对石家庄市有关人员做好培训和技术支撑工作。同时对现场审核专家强化风险意识和廉政意识，严防系统性风险的发生。

（五）抓好饲料安全生产工作

一是明确安全生产监管责任。按照省与市、市与县、县与企业，层层签订安全生产责任状，明确理顺各级安全生产监管责任。二是安全检查要实现“痕迹化”。按照“属地管理、分级负责”监管原则，加强安全生产检查力度，安全生产检查要“痕迹化管理”。三是提高企业应急处置能力。继续开展安全生产培训工作，提高饲料生产企业安全生产的专业水平和应急事件的处理能力。四是抓好“双控”机制建设。继续以农业领域安全生产三年专项整治方案为重点，以“双控”机制建设为抓手，力争按照要求全部达标。

（六）强化“瘦肉精”监管工作

一是抓好联动机制的落实。落实和宣传好“瘦肉精”监管协调联动机制，召开“瘦肉精”协调联动工作会议，分清“瘦肉精”监管工作部门间的职责，把监管职责层层落实好。二是加强培训，落实监管责任。邀请公安部门、基层部门有关人员讲解，通过举办“瘦肉精”监管工作培训班，提高各级人员的监管水平，2022年监管重点是牛、羊集中养殖区域和“瘦肉精”高发区。三是强化监测力度。2022年共安排省级风险抽检2 200批次，指导饲料监察所保质保量完成2022年所有检测计划。对沧州、秦皇岛、唐山、保定等“瘦肉精”高发地区或敏感地区开展“瘦肉精”飞行抽检和“约谈机制”。四是做好“瘦肉精”物资采购工作。制定切实可行的方案，保质保量，按时完成“瘦肉精”速测卡和溯源单的政府采购工作。五是配合农业农村部做好相关工作。充分发挥“瘦肉精”牵头作用，配合农业农村部做好“瘦肉精”的督导、检查、抽检及其他工作。

（河北省农业农村厅）

山西省饲料工业

【发展概况】

2021年，山西省各级积极应对双疫情叠加、饲料原料价格上涨对饲料工业的冲击和影响，主动谋划促发展、提质扩面抓监管，持续加力保安全，饲料综合生产能力和质量安全水平不断增强，确保了山西省畜牧业健康发展和畜产品质量安全。2021年山西省共有饲料和饲料添加剂企业285家，饲料工业总产值170.5亿元，同比增长36.1%；营业收入162.3亿元，同比增长29.0%。饲料总产量496.1万t，同比增长13.6%，其中，配合饲料470.6万t，同比增长15.8%；浓缩饲料18.9万t，同比下降24.8%；添加剂预混合饲料6.6万t，同比增长23.4%。分品种看，猪饲料251.8万t，同比增长50.7%；蛋禽饲料93.3万t，同比下降5.2%；肉禽饲料138.4万t，同比下降12.9%；反刍动物饲料12.5万t，同比增长2.8%。在饲料总产量中，猪饲料占比50.8%，蛋禽饲料占比18.8%，肉禽饲料占比27.9%，反刍动物饲料占比2.5%。

【主要特点】

（一）行业发展持续优化

山西省各级认真落实国务院办公厅《关于促进畜牧业高质量发展的意见》，科学精准推动饲料行业转型发展。加强国家政策性粮食用于饲料加工转化监管，向山西晋龙集团定向销售，确保行业原料有序供应。组织参加玉米豆粕减量替代应用技术线上培训，调整优化饲料配方结构，促进玉米、豆粕减量替代。强化饲料生产在动物疫病无疫小区建设中的支撑作用，指导饲料企业加强行业生物安全防护，建成永济牧源等3个无疫小区。持续提升饲料和饲料添加剂生产企业质量管理能力，促进质量管理创新，山西大禹生物工程股份有限公司获得省政府颁发的“第三届山西省质量奖提名奖”。针对山西省饲料行业突出存在结构性和区域性产能过剩问题，积极引导整合资源，开展委托加工合作模式，2021年共指导审核7家企业办理了委托加工备案，充分利用闲置产能，降低企业成本。

（二）质量抽检提质扩面

全面落实饲料质量安全管理规范，及时召开全省饲料质量安全分析会，系统部署、跟进督办每个阶段质量安全抽检工作，制定落实《山西省饲料质量安全抽查检测工作规范》《2021年全省饲料质量安全监督抽查计划》，进一步扩大质量安全监督抽查覆盖面，抽查饲料生产企业62家，占已核发生产许可证数量22%，超过国家要求的2个百分点。全链条加强质量安全监管，抽查主体随机覆盖到生产、经营和使用各个环节，共抽检饲料经营门店34家，养殖场（户）38家。2021年省级共抽检饲料样品211批次，合格样品203批次，合格率96.2%，同比上升1.1个百分点，重金属检测合格率为100%，违禁添加物检测合格率为100%，质量安全水平为历年来最高。

（三）现场检查全面覆盖

按照省市联动、分级负责的原则，建立省市两级上下互补、各有侧重、全面覆盖的“一盘棋”的饲料质量安全现场检查工作机制，从生产许可条件、安全生产、原料管理、生产线要求、生产过程控制、产品质量控制、产品销售等方面，对全省所有饲料和饲料添加剂生产企业全覆盖现场检查，省级完成20个生产企业。根据现场检查情况，对受检企业做出“高风险”“中风险”“低风险”或“未发现明确风险”的等级判定，截至目前省级共检查出饲料生产方面89个问题，及时将检查情况向全省通报，督促受检企业限期整改，有效遏制违法违规行为。

（四）审批服务不断规范

省农业农村厅对饲料生产许可证申请等行政审批工作进行梳理，优化办事指南，进一步简化办事程序，规范审批行为。同时制作并发放企业告知书，发放至每一家生产企业，对换证时限、要求和后果进行了告知和说明，深入企业做好指导和服务工作。2021年共审批发放29个饲料许可证、81个饲料添加剂许可证，注销27个饲料和饲料添加剂许可证。全省饲料企业硬件设施明显改善，饲料质量安全保障能力明显提升。

（五）专项整治深入推进

按照农业农村部的统一部署，从2021年3月开始，在全省范围组织开展了为期三个月的“瘦肉精”专项整治行动。印发工作方案，建立调度制度，有力有序推进。各级迅速行动，重拳出击，聚焦关键环节，全面开展了以查养殖、查收购贩运、查屠宰、严厉打击“瘦肉精”等非法添加物为主要内容的“三查一打”专项整治，举办有关“瘦肉精”质量安全培训班5期，培训人员350余人次，累计发放宣传资料宣传资料57 700余份，出动人员2 000人次。累计排查肉牛肉羊养殖场（户）105 362场次，屠宰企业134厂次，未发现违法生产、销售、使用、添加“瘦肉精”的情况。共对盐酸克伦特罗、莱克多巴胺和沙丁胺醇等“瘦肉精”项目现场检测样品67 733个，结果均为阴性。

【下一步重点工作】

当前，非洲猪瘟的影响仍在持续，在山西省饲料抽查中也暴露出一些质量安全问题，安全隐患不容忽视。下一步山西省将重点做好以下几项工作：

（一）拓展统计服务功能

聚焦让统计数据活起来、用起来，对统计数据进行拓展分析，在数据分析中找问题、找对策、强服务，为企业做好服务工作。举办落实饲料统计调查制度培训班，对各级部门和企业统计人员进行专题培训，提升调查统计水平。对各级监管人员统计工作开展情况进行考核，对工作成绩突出的给予通报表扬，鼓励先进，鞭策落后，推动各级统计工作高质量开展。

（二）强化质量安全监管

全面落实饲料质量安全管理规范和《山西省饲料质量安全抽查检测工作规范》，落实添加剂预混合饲料和混合型饲料添加剂产品备案制度，开展“双随机、一公开”饲料生产企业现场监督检查和饲料质量安全监督抽检，规范动物养殖者饲料自行配制、储运和饲喂使用行为，强化饲料生产企业原料管控、生产过程管控和产品质量管控。

（三）深入开展专项整治

持续开展“瘦肉精”专项整治，严厉打击饲料、养殖、收购贩运、交易、屠宰等环节非法添加使用“瘦肉精”违法犯罪行为。建立违法生产企业重点监控制度，开展饲料生产、经营和使用环节质量安全监督抽检和执法检查，规范“检打联动”工作机制，保持高压严打态势。

（山西省农业农村厅畜牧兽医局）

内蒙古自治区饲料工业

【发展概况】

2021年在粮改饲、奶业振兴行动等政策引领，生猪生产加快恢复、反刍动物养殖持续发展壮大带动，以及疫情防控形势严峻情况下，优质饲草饲料供给保持持续增长，全区猪牛羊禽肉产量达到270.3万t，同比增长3.7%，牛奶产量673.2万t，有力支撑了畜产品稳产保供。

（一）饲料工业总产值明显增长

全区饲料工业总产值269.1亿元，同比增长46.2%，增长幅度位居全国第3位，高于全国平均水平16.9个百分点。产值占全国的2.2%，位居全国第16位。其中，饲料产品产值193.4亿元，占全区饲料工业总产值的71.8%，同比增长43.1%，增长幅度位居全国第3位，产值占全国的1.8%，产值位居全国第17位。饲料添加剂产值75.8亿元，占全区饲料工业总产值的28.2%，同比增长54.6%，增长幅度位居全国第5位，产值占全国的6.6%，产值位居全国第3位。饲料工业总营业收入249.6亿元，同比增长41.9%，增长幅度位居全国第3位，高于全国平均水平13.1个百分点。营业收入占全国的2.1%，居全国第17位。其中，饲料产品营业收入176.9亿元，占全区饲料工业总营业收入的70.9%，同比增长37.7%，增长幅度位居全国第5位，营业收入占全国的1.7%，营业收入位居全国第16位。饲料添加剂营业收入72.7亿元，占全区饲料工业总营业收入的29.1%，同比增长53.2%，增长幅度位居全国第9位，营业收入占全国的6.5%，位居全国第4位。

（二）工业饲料总产量较快增加

全区工业饲料总产量575.3万t，同比增长24.5%，增长幅度位居全国第7位，高于全国平均水平8.4个百分点，是全国增幅超过20%的12个省份之一。产量占全国的2.0%，位居全国第17位。其中，从饲料类型上看：配合饲料产量491.5万t，占全区工业饲料总产量的85.4%，同比增长29.2%。增长幅度位居全国第3位，高于全国平均水平12.1个百分点。产量占全国的1.8%，位居全国第17位。浓缩饲料产量72.4万t，占全区工业饲料总产量的12.6%，同比增长2.9%。增长幅度位居全国第14位，高于全国平均水平0.5个百分点。产量占全国的4.7%，位居全国第7位；添加剂预混合饲料产量11.4万t，占全区工业饲料总产量的2.0%，同比增长0.7%，增长幅度位居全国第26位，低于全国平均水平10.8个百分点。产量占全国的1.7%，位居全国第22位。从饲料品种上看，猪饲料产量195.7万t，占全区工业饲料总产量的34.0%，同比增长49.6%，增长幅度位居全国第16位，高于全国平均水平3个百分点。产量占全国的1.5%，位居全国第20位；蛋禽饲料产量22.9万t，占全区工业饲料总产量的4.0%，同比下降8.6%，降幅高于全国平均水平5个百分点。产量占全国的0.7%，位居全国第25位。肉禽饲料产量31.1万t，占全区工业饲料总产量的5.4%，同比增长5.6%；增长幅度位居全国第6位，高于全国平均水平8.5个百分点。产量占全国的0.3%，位居全国第23位。反刍动物饲料产量323.1万t，占全区工业饲料总产量的56.2%，同比增长18.8%，增长幅度位居全国第9位，高于全国平均水平6.6个百分点。产量占全国的21.8%，位居全国第1位。水产饲料产量0.3万t，占全区工业饲料总产量的0.1%，同比下降54.6%，产量占全国的0.01%，位居全国28位。宠物饲料产量0.06万t，增长20.7%，占全区工业饲料总产量的0.01%，同比增长幅度位居全国第11位，高于全国平均水平3.4个百分点。产量占全国的0.1%，位居全国第18位；其他饲料产量2.2万t，占全区工业饲料总产量的0.4%，同比下降46.2%。产量占全国的0.9%，位居全国第 16 位。从反刍动物饲料看：奶牛饲料 113 万 t，同比增长 3.6%，肉牛饲料 62 万 t，同比增长 37%，肉羊饲料 135 万 t，同比增长 27%。

（三）饲料添加剂总产量稳步增加

全区饲料添加剂产品总产量 96.3 万 t，同比增长 9.9%。增长幅度位居全国第 18 位，高于全国平均水平 3.7 个百分点。产量占全国的 6.5%，位居全国第 4 位；其中饲料添加剂产量 91.3 万 t，占全区饲料添加剂产品总产量的 94.9%，同比增长 9.7%。增长幅度位居全国第 16 位，高于全国平均水平 4.2 个百分点。产量占全国的 6.7%，位居全国第 4 位；混合型饲料添加剂产量 4.9 万 t，占全区饲料添加剂产品总产量的 5.1%，同比增长 14.3%。增长幅度位居全国第 18 位，低于全国平均水平 1.9 个百分点。产量占全国的 4.5%，位居全国第 7 位。氨基酸、维生素产量分别为 83.8t、0.3 万 t。

【组织机构】

内蒙古农牧厅为全区饲料行政主管部门，饲料饲草处负责全区饲料行政管理日常工作。

【主要工作】

（一）持续优化许可服务流程

落实“放管服”改革措施，在减材料、减环节、减时限上下足功夫，减掉申请人证明材料 1 项，压减现场审核 3 个月。通过线上或电话沟通减少退审处理，让企业“足不出户”就能享受到“保姆式”服务。全年共受理饲料和饲料添加剂生产企业各项相关许可和备案事项 125 件，全部按时办结。

（二）推动饲料企业转型提速

全区 10 万 t 以上规模饲料生产厂 11 家，比 2020 年增加 2 家，在全区饲料总产量中的占比达到 60.3%。3 家企业进入全国反刍动物饲料 10 强。优然牧业成为国内生产体量最大、产品最全、市场覆盖最广的预混料工厂。全区反刍动物饲料产量达到 350 万 t，同比增长 29%，有力支撑了自治区牛肉、羊肉、牛奶产量稳居全国第一位的地位。

（三）规范企业生产经营行为

采取“双随机、一公开”方式，依法对饲料和饲料添加剂生产企业开展监督检查，三级联动巡查监督 6 726 次，出动执法人员 12 272 次，实现全覆盖。查处不合格产品企业 20 家，对 54 家饲料标签标识不规范企业（门店）提出责令整改。开展粉尘爆炸风险隐患和饲料行业危险化学品风险隐患排查。

（四）强化饲料质量安全监督监测

制定饲料和饲料添加剂产品质量安全监测计划，完成饲料质量安全监督抽查 2 692 批次，抽查合格率为 98.3%。加强风险预警监测，委托第三方检测机构，在生产、经营和养殖环节开展了 300 批次检测，未发现违禁添加物和严重不合格项目，饲料质量安全风险总体可控。

（五）严厉打击“瘦肉精”违法行为

开展为期 3 个月的“瘦肉精”专项整治行动，对肉牛肉羊养殖场（户）、贩运经营者和屠宰企业进行了全面排查，做到不留漏洞、不留死角。累计排查牛羊养殖场户 6.15 万家（次），涉及牛羊 526 万头只、屠宰企业 3 120 家（次）、牛羊产品数量 32.6 万头只；现场快速筛查克仑特罗、莱克多巴胺、沙丁胺醇牛羊活畜尿液样品 7.23 万批次，全部为阴性。

【存在问题】

（一）饲料产业在全国份额依然较小

内蒙古饲料产品总产值不足 300 亿元，仅占全国的 2.2%，位居全国第 16 位；饲料产量略超 500 万 t，位居全国第 16 位，仅占全国产量的 1.96%。全国 957 家 10 万 t 以上规模饲料生产厂中内蒙古仅有 11 家。

（二）饲料生产智能化自动化水平依然不高

饲料企业加工工艺和设备，尤其是在智能化、自动化和精准营养加工方面距离世界先进水平还有一定的距离。品控从业人员文化素质低，产品同质化，人才、技术等创新要素不足，缺乏较强竞争力、影响力的品牌。

（三）抗风险和持续发展能力不强

饲料工业是微利行业，在应对大宗原料价格波动上缺乏政策支持，饲料企业考虑到客户利益，在原料价格上涨阶段，多数无法完全转嫁成本压力。饲料企业生产加工产能未能充分发挥，仅有 50%左右，导致商品化饲料入户率低。饲料企业与养殖户对接不紧密，销售环节多、费用高。饲料生产和畜禽养殖“厂场对接”有待进一步提升。

【下一步重点工作】

（一）推进饲料产业集聚发展

衔接好奶业、肉牛、肉羊、绒山羊等重点产业链，培育或引进最大最优质的饲料产业领军企业，发展壮大饲料企业，带动提升区域内饲料生产企业的整体水平，打造高端绿色饲料产业集群。

（二）培育可持续发展的新型经营主体

推动饲料企业通过原料采购、生产、销售、服务、物流等全程的智能化构建，养殖品种、饲料原料和添加剂、加工工艺等精准营养全链条的智能化发展，降本增效，提升企业核心竞争力。鼓励饲料企业采用“代建”和“共建”的方式，大力推广饲料散装散运，实施饲料“厂场对接”，促进畜牧饲料产业融合。

(三) 强力抓好饲料质量安全生产监管

强化饲料质量安全监管，实施“双随机、一公开”饲料质量安全监督抽检，落实饲料质量安全管理规范，严厉打击饲料环节非法添加药物和违禁物质、销售假劣饲料等违法行为。强化饲料质量安全风险预警监测，以牛羊为重点开展养殖环节“瘦肉精”专项整治。要严把危险品管理、粉尘防控、用电防护、特种设备使用安全等环节，压实企业安全生产主体责任，切实做到抓早抓小、防患未然，提高安全生产事故防范能力。通过开展“检打联动”工作，强化饲料质量安全风险监测、监督抽查与案件查处的有效衔接，促进饲料生产企业增强自律，倒逼企业诚信守法经营。

(四) 提升科技创新引领水平

鼓励饲料企业用好国家饲料原料营养价值数据库与饲料营养大数据应用平台，推进饲料精准配方和精细加工，提高原料利用率；鼓励大中型饲料生产企业建立和完善技术研发中心和试验基地，支持饲料生产企业开展新技术、新工艺、新产品的研究和应用，鼓励新产品申报，研发推广新型安全高效饲料添加剂，加快生物饲料、绿色环保饲料、新型安全高效饲料添加剂的开发应用。

(内蒙古自治区农牧厅饲料饲草处)

辽宁省饲料工业

2021年辽宁省饲料产业链建设初具成效，全省饲料工业总产值675.4亿元，同比增长23.2%，居全国第五；工业饲料总产量1 780.5万t，同比增长11.1%，居全国第四，展示出辽宁省饲料行业发展的强大活力。

【生产情况】

（一）饲料工业总产值

2021年，全省饲料工业总产值675.4亿元，同比增长23.2%；营业收入603.0亿元，同比增长25.2%。其中，饲料产品产值656.3亿元，同比增长24.2%，营业收入584.7亿元，同比增长26.3%；饲料添加剂产品产值19.1亿元，同比下降2.8%，营业收入18.4亿元，同比下降2.4%。

（二）工业饲料总产量

2021年，全省工业饲料总产量1 780.5万t，同比增长11.1%，其中散装饲料495.1万t，同比增长43.6%，占总产量比重增加7个百分点。按饲料类别分：配合饲料1 490.4万t，同比增长14.9%；浓缩饲料263.2万t，同比下降5.5%；添加剂预混合饲料26.1万t，同比下降3.8%；宠物饲料7 555t，同比增长11.8%。按动物品种分：猪饲料648.9万t，同比增长23.3%；蛋禽饲料196.9万t，同比减少8.8%；肉禽饲料703.1万t，同比增长11.8%；水产饲料36.6万t，同比减少13.8%；反刍饲料165.1万t，同比增长7.6%；其他饲料29.2万t，同比下降18.3%。

（三）饲料添加剂产量

2021年，全省饲料添加剂产量30.5万t，同比增长10.0%。其中，直接制备饲料添加剂24.7万t，同比增长7.7%；生产混合型饲料添加剂5.8万t，同比增长21%。氨基酸5.1万t，同比增长11.8%；维生素及类维生素产量为5.4万t，同比增长20.9%；矿物元素产量为17.5万t，同比增长16.0%。酶制剂2 174.0t，同比增长10.3%；微生物制剂5 227.7t，同比增长3.5%。

【主要工作开展情况】

（一）饲料监管责任全面落实

一是进一步加强饲料质量安全监管。开展混合型饲料添加剂产品主含量风险监测预警，开展饲料和饲料添加剂生产企业现场检查和饲料标签专项检查，全年共检查饲料和饲料添加剂生产企业835家。二是开展省级饲料质量安全监测。全年开展省部级饲料和饲料添加剂产品检验402批次，合格率98%。

（二）饲料产业链建设初具成效

为推动辽宁省饲料工业产业结构调整，提升产业竞争力，制定了《辽宁省饲料加工产业链建设实施方案（2020—2025）》，一是通过强化地区品牌，建立饲料产业带和产业聚集区，发展特色优势区，逐渐形成了以不同区域资源特点、养殖业基础及发展趋势为基础的饲料工业强链。饲料生产企业规模化程度和实力持续走强，全省共有饲料和饲料添加剂生产企业853家，年产万吨以上229家，产量1 696.5万t，占总产量的95.3%，年产10万t以上55家，单厂最大产量50.1万t。二是持续深化“放管服”改革，吸引多家大型农牧集团在辽宁省新建配套饲料厂，产业链不断向上下游延伸、整合，带动饲料产能增长，辽宁省饲料产能9 027.6t/h，同比增长6.6%。三是玉米减量替代效果显著，饲料生产企业玉米消费量同比减少5.6%，玉米占配合饲料比重同比减少9个百分点。

（三）营商环境持续优化

疫情期间，农业生产资料畅通运输，事关农产品稳产保供，事关广大市民“菜篮子”稳定，辽宁省持续发力，在新冠感染疫情发生时，主动与饲料和饲料添加剂生产企业对接，帮助企业解决物流运输、原料短缺等难题，助力饲料行业正常“转”起来。坚持特殊时期特殊坚守原则，对因疫情影响无法开展现场检查的饲料添加剂行政审批事项，临时免除相关程序，予以即时审批。

大力贯彻落实“减证便民”行动和“证照分离”改革。缩减生产许可申报材料数量，饲料添加剂生产许可申报材料缩减为11个，混合型饲料添加剂生产许可申报材料缩减为9个，部分证明事项实行容缺受理或告知承诺。压缩审批时限，饲料添加剂生产许可缩减为25个工作日完成审批。对下放的饲料生产许可行政审批事项加强指导，确保下放事项“接得住、管得好”。为企业打造高效、便利的发展环境。

【下一步重点工作】

（一）做强做优饲料产业链

找准短板弱项，推动产业升级，让辽宁省饲料产业“强”出竞争力，“延”出新产能，“补”出新突破。“强链”即坚持“链条式培育、集群化发展”的总体思路，根据不同区域资源特点、养殖业基础及发展趋势，形成不同品种的特色优势区，建立饲料产业带和聚集区，不断激发企业活力。“延链”即推进全产业链、半产业链发展，鼓励企业积极参与构建现代农业产业体系，向原料生产、畜禽养殖等领域延伸、融合。“补链”即引导企业加强技术创新，鼓励企业申报新饲料和新饲料添加剂产品，开发环保型低蛋白饲料，开展饲料减抗替抗技术研究，确保抗生素从饲料工业中彻底退出。

（二）加强饲料监管

开展饲料质量安全监督抽查，结合省级饲料质量安全监督抽检抽样工作和日常监管，开展饲料和饲料添加剂生产企业风险巡查、现场检查和饲料标签专项检查。加强宣传教育，督促生产者和经营者严格落实饲料标签有关规定，重点关注混合型饲料添加剂产品、可饲用天然植物原料、植物提取物类饲料添加剂等。确保省内所有生产企业全年至少接受一次检查。

（三）持续深化“放管服”改革

做好新冠感染疫情防控新形势下饲料企业的监管与服务工作，保障饲料企业生产，拟制定《辽宁省饲料添加剂生产许可线上现场审核实施方案》，对因新冠感染疫情等影响，专家组无法赴现场开展检查验收的企业，实施线上现场审核。

（辽宁省农业农村厅）

吉林省饲料工业

【发展概况】

2021年，吉林省共有注册饲料生产企业377家。全省饲料工业产品总产量558.5万t，其中，配合饲料产量463.7万t，浓缩饲料产量85.8万t，添加剂预混合料产量9.0万t。

【组织机构】

吉林省饲料工作办公室隶属于吉林省畜牧业管理局，与草原饲料处合署办公。在全省各市（州）、县市区）政府畜牧业管理部门中都设立了饲料工业行政管理部门。在质量检验上，有3个具有资质的省级饲料质量检验机构，分别隶属于省畜牧业管理部门、省质量监督管理部门和省商检管理部门。全省有12个市级饲料质量检验机构，其中3个隶属于畜牧管理部门，9个隶属于质量监督管理部门。目前还没有设立饲料质量监督检验机构。

【重点工作完成情况】

一是开展“两个安全”专项检查。为保障全省饲料行业无重大质量安全和生产安全事故发生，分别于3月和8月下发了《关于深入开展饲料质量安全和生产安全专项检查的通知》（吉牧饲发〔2021〕42号）、《关于开展饲料生产企业“双随机、一公开”监督检查工作的通知》（吉牧饲发〔2021〕115号），市（州）、县市按照省级方案部署，有序开展了“两个安全”专项检查和联合执法检查，严厉打击饲料行业涉及生产安全和质量安全的各类违纪违法行为。2021年，全省“双随机、一公开”检查38家饲料生产企业，共发现问题182个，已责令当地饲料管理部门监督整改。

二是开展饲料质量安全监测工作。及时安排部署饲料质量安全抽样监测工作，5月11日下发了《2021年饲料质量安全监督抽查工作方案》（吉牧饲发〔2021〕82号），对2021年饲料质量安全监测工作进行了全面部署。全年共完成了抽样检测任务800批次，抽检合格率95%以上，确保了饲料产品质量安全。

三是开展饲料禁抗抽样检测工作。为提高企业落实饲料禁抗应对能力，全年共组织实施200批次饲料禁抗安全监测（由省兽药饲料检验监测所组织实施），现已全部抽样检测完毕，合格率为100%。

四是按照《农业农村部办公厅关于印发〈2021年饲料质量安全监管工作方案〉的通知》（农办牧〔2021〕9号）的工作安排，吉林省饲料工作办公室积极配合部抽样组工作，共完成了100批次自配料抽样任务，切实把这项工作落到了实处。

五是深入推进饲料许可证审批“放管服”工作。按照省委省政府关于行政审批“放管服”和“只跑一次”要求，吉林省畜牧业管理局优化明晰了饲料和饲料添加剂行政许可事项、格式要求，精简了申报材料内容，开展了网上备案工作。通过深化“放管服”改革，全年共开展行政审批事项119件，办结率100%。

六是2021年10月、11月分别下发了吉林省畜牧业管理局《关于进一步加强饲料产品监管工作的通知》和《关于开展使用动物源性饲料饲喂反刍动物专项整治行动的通知》，2020年12月底，国家畜牧兽医局反馈互联网天涯社区署名“吉林省大面积用肉鸡饲料饲喂育肥羊”的舆情，并责成组织立即现场督办，27日吉林省饲料工作办公室赴乾安县进行现场督导检查。

【下一步工作安排】

一是加大饲料行业安全监管，开展“两个安全”专项整治，开展“双随机、一公开”随机检查，开展饲料质量安全抽样监测。

二是深入推进“放管服”改革，严格行政审批，优化创新环境，强化政策支持，引导加快生物饲料、安全高效饲料添加剂新技术的研发应用，为饲料产品品质和利用效率双提升注入新动力。

三是对原有的饲料生产许可评审委员会人员做了进一步调整，调整后的审核委员会成员由省内农业大专院校及科研单位从事饲料或相关专业专家组成。进一步提高了饲料行业许可把关、指导与服务水平。

四是印发《2022年饲料质量安全监督抽查工作方案》，明确了2022年监督抽查方式，规范了样品抽样行为，规定了盲样检测程序，强化了检打联动机制，部署了信息发布工作。按照方案要求，分别于2021年6月和10月组成抽样工作组，分赴各地开展监督抽样工作，完成了全年950批次样品监测任务。按照检打联动机制，对不合格产品进行了处罚。

（吉林省饲料工作办公室）

黑龙江省饲料工业

【发展概况】

2021年，黑龙江省各级饲料管理部门通过培训宣贯、监督检查、精准管理等方式，着力打造优良营商环境，坚持管理与服务相结合、监督和发展相兼顾，严把生产安全、质量安全关，克服新冠感染疫情不利影响，扎实抓好饲料各项监管工作。受生猪生产恢复发展、奶业振兴发展等利好因素影响，黑龙江省饲料工业实现了稳中向好、稳中有进的发展态势。2021年全省饲料总产量为516.0万t，同比增长18.5%，总产值254.5亿元。

1. 全省饲料生产企业获证情况。截至2021年底，黑龙江省饲料生产企业有466家，获得有效生产许可611个。所获生产许可证中饲料添加剂生产许可证24个，混合型饲料添加剂生产许可证114个，添加剂预混合饲料生产许可证111个，单一饲料生产许可证92个，配合饲料、浓缩饲料、精料补充料生产许可证270个。

2. 全省饲料生产情况。按产品类别分类，2021年共生产配合饲料378.2万t、浓缩饲料129.5万t、添加剂预混合饲料8.3万t，同比分别增长26.2%、1.6%、1.0%。饲料添加剂102.9万t，同比增长23.4%；单一饲料410.6万t，同比增长25%。

按产品品种分类，2021年共生产猪饲料298.7万t、反刍料110.2万t，分别同比增长52.9%、0.3%；水产饲料8.5万t、蛋禽料24.7万t、肉禽料62.4万t，同比分别下降8.2%、13.2%、21.5%。

【组织机构】

黑龙江省农业农村厅畜牧处负责起草畜牧业、饲料业发展政策建议和规划，监督管理饲料及其饲料添加剂质量安全。

【主要工作】

（一）持续开展饲料产品质量安全监管

2021年，黑龙江省继续强化饲料质量安全监管，制定并下发了《2021年黑龙江省饲料质量安全监管工作方案》《2021年黑龙江省饲料产品质量安全监督监测计划》，严厉打击饲料环节非法添加药物和违禁物质等违法行为。共检测各类饲料样品1 000批，其中，商品饲料、饲料添加剂、饲料原料800批，自配料200批。经检测，800批商品料中合格样品779批，不合格样品21批，合格率97.4%；自配料合格率100%。

（二）深入开展畜牧领域安全生产监管

严格按照厅安委会关于安全生产工作的各项要求，研究制定畜牧饲料业安全防范措施，对安全生产工作全面科学安排部署，制定印发了《畜牧行业冬季安全生产保卫战专项工作实施方案》《关于开展畜牧领域安全生产检查的通知》《全省畜牧行业新一轮安全生产隐患大排查大整治行动方案》等文件，对重要节假日、重要会议等时间节点、疫情期间和复工复产等时段安全工作及疫情防控工作提出了明确的指导意见。规范饲料行业安全生产内部管理，持续提升养殖场户和饲料生产企业安全生产意识，压实属地管理责任，安全生产管理工作更加规范。

（三）组织开展饲料统计监测和行业指导服务

按照农业农村部要求，黑龙江省农业农村厅畜牧处认真落实《饲料统计报表制度》，及时督促企业近期完成饲料统计报表填报工作，认真完成月报、季报、年报省级审核，及时对企业报表进行整理分析，对饲料市场和行业形势进行研判，及时有效指导行业和企业发展，进一步健全完善行业预警机制，切实提高饲料管理部门指导行业发展的前瞻性和科学性。

（四）组织开展饲料法规宣传培训

利用微信群等新媒体，积极宣传饲料管理相关法律法规，根据日常工作中大家关心关注的重点问题，利用微信群给大家解答和说明；与饲料协会联合，共同完成饲料法规和企业安全生产培训。

【存在问题】

存在人员上下衔接不畅等问题。主要表现为个别市地、县市畜牧人员较少，饲料管理人员不明确，部分还是兼职。农业执法部门职能不清，任务不明，专业人才缺乏。部分市地农业执法机构刚刚成立，好多只是安排了人员，暂不能有效组织开展执法检查，严重影响了饲料生产经营市场监管，使得部分地区饲料执法监管还存在空白，饲料产品质量安全隐患突出。

【下一步工作思路】

1. 强化饲料质量安全监管和安全生产检查。继续推进饲料质量安全监督抽检，推进《饲料质量安全管理规范》全面落实。组织开展部、省饲料产品质量安全监督抽检和安全生产监督抽查，严厉打击饲料环节非法添加药物和违禁物质等违法行为。强化饲料质量安全风险预警监测，开展养殖环节“瘦肉精”专项监测。

2. 组织开展饲料质量安全监管培训。组织召开饲料质量安全监管培训班，通过专家讲解、书面交流等形式对各级饲料管理部门人员和企业主要管理人员开展相关法律法规、监管执法等方面的培训。

（黑龙江省农业农村厅畜牧处）

上海市饲料工业

2021年，上海市各级农业农村部门及行业从业者积极克服新冠感染疫情带来的不利影响，全心全意抓部署、抓协调、抓落实，全力以赴防疫情、稳生产、保供给，饲料生产企业供给侧改革、转型升级局面显著，生产总体发展势态呈平稳增长，产业体系更趋成熟，为上海市畜牧业高质量发展奠定了基础，为上海都市现代绿色农业发展和乡村振兴战略实施做出应有贡献。

【发展概况】

上海市饲料行业结构不断优化、生产发展稳定，宠物饲料生产企业发展势头强劲。截至2021年底，全市共有76家饲料和饲料添加剂获证企业，其中：配合饲料、浓缩饲料、精料补充料生产企业和单一饲料生产企业饲料生产许可证生产企业45家（包括专业宠物饲料生产企业10家、单一饲料生产企业4家），饲料添加剂生产企业5家，混合型饲料添加剂生产企业19家，添加剂预混合饲料生产企业45家。

受新冠感染疫情、非洲猪瘟疫情、生猪稳产保供政策、城市化进程加快等因素刺激，上海市饲料产品出现不同幅度的产量变动。根据中国饲料工业统计信息系统数据计算，2021年度全市饲料加工产品总产量115.8万t，同比下降1.5%，其中：配合饲料91.6万t，同比下降0.1%；浓缩饲料2.4万t，同比下降52.5%；添加剂预混合饲料10.0万t，同比增长3.7%；猪饲料27.2万t，同比增长18.9%；蛋禽饲料37.1万t，同比下降13.7%；肉禽饲料19.4万t，同比下降8.4%；水产饲料2.8万t，同比增长0.9%；反刍饲料17.3万t，同比增长9.9%；其他饲料0.3万t，同比下降65.3%；饲料添加剂和混合型饲料添加剂加工产品总产量8.2万t，同比增加4.9%。上海市总产值96.9亿元，同比增加4.9%。全年总出口量1.3万t，同比增加25.7%，总出口额4.2亿元，同比增加87.4%。单一饲料总产量14.5万t，同比下降31.6%。

上海市宠物食品市场正进入蓬勃发展时期，正在成为都市现代农业的新业态、新产业、新动能，2021年上海市宠物饲料年产量为11.78万t，同比增长5.5%，占全国宠物饲料年产量（113.0万t）的10.4%。分类别看，宠物配合饲料产量11.6万t，同比增长5.0%，在全国占比为12.4%；宠物添加剂预混合饲料产量1 281t，同比增长48.5%，全国占比为7.5%；其他宠物饲料产量270t，同比增长143.6%，在全国占比1.6%。

【组织架构】

上海市农业农村委员会畜牧兽医管理处负责全市饲料业行业管理，饲料及饲料添加剂行政许可的审批管理和饲料生产、经营及使用的监督管理。上海市农业农村委员会执法总队负责全市饲料和饲料添加剂等方面的生产、经营、使用环节的监督执法。上海市兽药饲料检测所负责饲料及饲料添加剂的质量检验，安全检测、技术仲裁和鉴定。

【主要工作】

（一）推进落实监测检验工作，抓实质量安全监管

1. 扎实开展饲料监督抽检工作。下发《关于印发2021年上海市饲料兽药生鲜乳质量安全监测计划的通知》（沪农委〔2021〕84号），完成生鲜乳专项监测、《生乳》国标指标监测共200批次样品，合格率均为100%，同时完成生鲜乳风险预警监测100批次样品。部署落实了《2021年上海市饲料质量安全监督抽查计划》，全年共计抽检饲料样品200批，任务完成率为100%。

遵循“底数清晰、目标明确”总体思路，按照“双随机、一公开”原则，上海市农业农村委员会从全市饲料和饲料添加剂生产企业、饲料经营门店及养殖场（户）中随机抽取样品。抽检项目包括质量、卫生、药物及非法添加物等4个方面指标：其中经营企业11批、养殖企业10批、生产企业179批；检测1 701个项目批次，其中药物1 074项目批次、重金属170项目批次、营养指标311项目批次、毒素13项目批次、微生物133项目批次，所有样品检测结果均符合规定，合格率为100.0%。保证监督抽查和检验检测程序合法合规，及时向受检单位发送检测报告。

2. 认真抓好瘦肉精及其替代品监测工作。一是下达《2021年上海市地产生猪出栏前“瘦肉精”及其替代品监测计划》（沪农委〔2021〕41号），市级完成地产生猪出栏前监测尿样1 802份，涉及299场次，监测盐酸克伦特罗、沙丁胺醇、莱克多巴胺及赛庚啶等项目共5 825批，完成率114.9%，均未检出阳性样品；区级另外完成地产生猪出栏前监测尿样1 174份，涉及128场次，监测盐酸克伦特罗、沙丁胺醇、莱克多巴胺及赛庚啶等项目共4 076批，均未检出阳性样品。地产生猪飞行监测任务完成率295.0%，对388家次规模化生猪养殖场的1 770份尿样，监测盐酸克伦特罗、沙丁胺醇、莱克多巴胺5 310批次，所有样品经现场检测均为阴性。二是落实了《2021年上海市屠宰环节质量安全风险监测方案》，2021年市级屠宰环节质量安全风险监测全年计划总量为500份，实际监测样品总量514份，完成率102.8%，其中违法添加风险计划监测猪肝样品100份，实际监测110份，完成率110%；产品品质计划监测（猪、牛、羊水分含量监测）400份，实际监测404份，其中猪肉380份，牛肉5份，羊肉19份，完成率101%。所有样品检测结果均符合判定标准。

（二）发挥执法管理联动，加强饲料行业监管

1. 强化监督执法力度。在饲料行业监管方面，上海市农业农村委员会“重源头、强监管”，坚持有案必查、违法必究，为畜产品质量安全和行业发展保驾护航。上海市全年累计出动2 237车次，执法人员6 085人次，检查各类企业和单位2 354家次，其中饲料许可证生产企业365家次，对所有持证的饲料和饲料添加剂企业从生产许可条件、安全生产、原料管理、生产线要求、生产过程控制、产品质量控制、产品销售等方面进行现场检查；饲料经营企业92家次、饲料兽药使用单位1 297家次。对监管中发现问题的企业采取约谈、限期整改、行政处罚等措施，督促企业落实质量安全主体责任。

上海市全年累计完成饲料行政处罚案件10起，责令改正2起，没收违法所得1.289万元，罚款12.742万元，没收违法饲料原料和产品701.5kg。组织监管人员对2020年全国饲料质量安全监督抽查结果进行核查，其中国家抽检计划上海市所有被抽样品全部合格，对省级饲料质量安全监督抽查中仅有的1批不合格样品（仔猪后期配合饲料）组织执法部门进行了查处。

2. 加强饲料行业管理。就宠物饲料产品个性化发展、许可条件、上海饲料服务“一带一路”及行业自律和协会建设开展了调研。举办本市兽药饲料生产经营监督管理专题培训，150余人参加。加强上海市饲料生产企业标签管理，严格落实饲料标签有关规定，规范饲料生产经营秩序，保障饲料产品质量安全。组织实施本市饲料标签专项检查，专项检查分三阶段展开：第一阶段为服务告知阶段，第二阶段为自查自纠阶段，第三阶段为现场检查阶段。专项行动共检查68家饲料生产企业、16家饲料经营企业的260份饲料产品标签。

3. 狠抓专项整治行动。针对“3·15”沧州青县“瘦肉精”肉羊事件，连发两个文件通知，迅速组织开展“瘦肉精”专项整治行动，全面排查本市肉羊养殖场（户）、贩运经营者和屠宰企业。对2020年全国饲料质量安全监督抽查结果开展核查，对省级饲料质量安全监督抽查中仅有的1批不合格样品（仔猪后期配合饲料）进行了查处。组织开展2021年生鲜乳质量安全专项整治行动，肉羊、鸡蛋等农产品质量安全专项工作等。

【下一步重点工作】

2022年，上海市将按照农业农村部的统一部署，紧抓饲料质量和生产安全，努力做好行业管理和服务工作，积极促进上海市饲料行业高质量发展，助力上海都市现代绿色农业建设和乡村振兴战略实施。

（一）切实推进产业转型升级

引导企业积极应对国际贸易形势及市场波动，调整产业结构和产业链布局，进一步提升规模化、集约化水平。支持饲料企业积极参与“互联网+”行动，运用物联网、大数据、云计算等技术，促进资源节约、效率提升、服务转型，着力构建现代农业产业体系。根据《上海市兽用抗菌药使用减量化行动工作方案（2021—2025年）》要求，鼓励企业科技创新，调整优化饲料配方和原料结构，大力推广优质绿色饲料产品的研究开发。支持和规范宠物饲料产业发展，营造良好发展环境。

（二）贯彻落实“放管服”改革要求

持续贯彻落实“放管服”改革要求，进一步惠企便民、优化环境、激发活力，打造饲料行业高质量发展的营商环境。坚持放管结合、放管并重，加强监督

管理，规范行业秩序，推动饲料行业持续健康发展。继续推行许可专家审核制度；继续完善《规范》并轨许可审核工作，加强对部级市级示范企业监督和回访制度；继续落实好饲料行政审批事项委托下放、优化“一网通办”网络办件流程和事中事后监管等各项审批制度改革措施。

（三）加强行业监督管理工作

继续加强基础性监督检查，结合全覆盖日常检查和“双告知”“双随机”抽查，不断深入《条例》《规范》等相关法规的宣贯和执行。继续加强专项检查，针对药物饲料添加剂退出等重点工作开展专项督查。完善饲料执法程序，依法从重处罚饲料违法行为，切实做到“检打联动”，维护行业秩序，提升本市饲料质量安全水平。

（四）加强养殖环节自配饲料管理

加强畜禽养殖环节自配料监管，严禁添加激素类、原料药、人用药、过期药、假劣兽药产品以及禁止超范围、超剂量使用抗菌药，规范畜禽养殖用药用料行为，保证动物产品安全。在监督检查中，如发现畜禽养殖环节自配饲料存在内控管理不规范或禁用物质违规滥用等安全隐患，应及时责令其限期整改，对违法行为依法查处。

（上海市农业农村委员会）

江苏省饲料工业

【发展概况】

2021年，面对国际形势复杂多变、疫情防控任务艰巨、安全环保压力加大、原料价格持续上涨等困难局面和不利因素，江苏省各级农业农村部门及全省饲料行业同心协力、排难前行、砥砺奋进，持续贯彻新发展理念，不断培育发展动能、优化产业结构、提升产品竞争力，产业发展成效显著，为保障畜牧业健康稳定发展奠定了坚实基础。

(一) 饲料生产稳定增长

2021年全省饲料工业总产值726.9亿元，同比增长21.0%，其中商品饲料、饲料添加剂、饲料机械产值分别为567.9亿元、50.5亿元和108.5亿元，同比分别增长19.9%、3.2%和38.8%。

全省商品饲料总产量1 468万t，同比增长7.9%，其中配合饲料、浓缩饲料和添加剂预混合饲料产量分别为1 386.5万t、36.2万t和42.1万t，同比分别增长7.7%、12.2%和6.5%。随着散养户大量退出、规模养殖比重提高，产品结构上配合饲料占据绝对主体，占比达到94.4%，浓缩饲料、添加剂预混合饲料占比分别为2.5%、2.9%，配合饲料主导地位更加凸显，进一步适应规模养殖快速发展。

(二) 生猪饲料大幅度增长

受2020年全省各地全力推动恢复生猪生产影响，2021年生猪存栏量处于高位，猪饲料产量上升迅猛，全年猪饲料产量410.0万t，同比增长36.5%，其中仔猪饲料、母猪饲料和育肥猪饲料分别为83.8万t、92.3万t、211.3万t，同比分别增长36.7%、35.5%、41.7%。

(三) 禽饲料小幅下降

受生猪恢复性增长影响，蛋禽、肉禽养殖量有所下降，禽类饲料产量小幅下降。全年蛋禽饲料和肉禽饲料产量分别为211.1万t和425.2万t，同比分别下降4.1%和2.8%。其中蛋鸡、肉鸡饲料小幅增长，分别为137.6万t、255.1万t，分别增长2.5%、2.6%；蛋鸭、肉鸭饲料有较大幅度下降，分别为60.2万t、150.9万t，分别下降15.9%、8.6%。

(四) 水产、反刍饲料小幅增长

2021年水产品价格持续较高，带动水产养殖量增长，特别是海水养殖量增长较快。全年水产饲料产量361.0万t，同比增长4.1%，其中淡水饲料、海水饲料产量分别为343.2万t、17.8万t，同比分别增长2.0%、77.1%。

【组织机构】

江苏省农业农村厅为全省饲料管理部门。厅内畜牧业处负责起草饲料业发展政策和规划，监督管理饲料及饲料添加剂质量安全；行政审批处负责饲料及饲料添加剂有关行政审批事务；农业综合行政执法监督局承担饲料行政执法监督职能。

【主要工作】

(一) 提升服务效能，推动饲料行业发展

一是加大简政放权力度。继2017年江苏省在全国率先将“饲料生产许可审批”事项委托下放设区市后，2021年江苏省将“饲料添加剂生产许可审批”事项也委托下放，并进一步精简申报材料、简化许可程序、压缩审批时限，提高了行政许可效率。二是加强指导培训。组织举办全省饲料行业生产许可现场审核和监督检查人员视频培训和全省饲料管理工作培训会议，提高审核水平，规范饲料和饲料添加剂生产许可现场审核程序，确保审查标准的统一性和审查尺度的一致性。三是做好许可审批和行政服务工作。严格按照《饲料和饲料添加剂》及相关规章的要求，认真做好饲料添加剂产品批准文号核发、参与饲料生产许可现场审核、为出口销售企业开具自由销售证明等工作。全年共计核发、变更、换发生产许可证312个，

其中饲料添加剂和混合型饲料添加剂生产许可证121个，饲料生产许可证191个；核发饲料添加剂产品批准文号128个；开具自由销售证明33份。四是抓好饲料统计工作。每月督促各地各企业及时填报、审核饲料工业统计信息月报表，充分利用饲料统计数据，对饲料、饲料添加剂和大宗原料的生产、销售、价格情况进行统计分析，及时发现趋势性、苗头性问题，为了解市场行情、加强行业管理、指导畜牧生产作参考依据。2021年全省饲料生产再上新台阶，饲料工业总产值达1 368.5亿元；饲料总产量达1 502.7万t，同比增长9.9%。

（二）聚焦质量安全，加强饲料和瘦肉精监管

印发《饲料行业管理工作方案》（苏农办牧〔2021〕5号），全面部署全年饲料行业管理工作。一是全面推行“双随机、一公开”监管。省级“双随机、一公开”检查对80家饲料和饲料添加剂生产企业开展现场督查，从安全生产、许可条件、原料使用、生产过程、产品质量、规范执行、标签标识等方面对被抽查企业进行全面检查，共检查出缺陷项414项。二是强化饲料产品质量安全监测，全年共计对159家企业进行抽样检测，抽样438批次，其中省级抽检合格率达98.4%。三是开展“瘦肉精”专项整治行动。以肉牛、肉羊为重点，全省共排查肉牛、肉羊养殖场户16 810家、屠宰场196个，排查出屠宰场违法违规使用“瘦肉精”案件2起，移送公安机关侦办。

（三）强化安全发展，加强安全生产监管

一是大力推动企业主体责任落实。全面推进饲料和饲料添加剂生产企业安全生产风险报告工作，压紧压实企业开展安全风险辨识、落实管控措施、报告较大以上风险的主体责任，开展饲料和饲料添加剂生产企业粉尘爆炸风险隐患专项整治、饲料行业危险化学品风险隐患专项摸底排查。二是加强安全生产培训。3月31日、4月27日、6月11日、6月22日、11月26日、12月8日分别在南京、盐城、扬州、徐州等地举办全省及各市饲料安全生产培训班，深入贯彻学习习近平总书记关于安全生产的重要论述，全面分析饲料行业重大安全生产隐患和管理工作要点，指导各地开展饲料行业安全生产管理。三是加强安全生产监管工作督查。为推动各地安全生产监管工作开展和责任落实，2021年5月、12月，分两批组织开展全省畜牧兽医安全生产工作督查，对各地畜牧兽医行业安全生产监管工作部署、落实情况进行督查，印发畜牧兽医行业各类生产经营主体安全检查要点，指导各地开展安全生产管理工作。

（江苏省农业农村厅畜牧业处）

浙江省饲料工业

【发展概况】

2021年，浙江省饲料产业发展紧紧围绕畜牧业高质量发要求，着力推进饲料环保化改革试点，严格实施饲料质量安全管理规范，有效保障饲料产品质量安全和有效供给，为全省“十四五”畜牧业高质量发展打下良好基础。

2021年，全省饲料和饲料添加剂总产量513.4万t，比2020年增长19.6%。其中，饲料产品产量（配合饲料、浓缩饲料、预混料、宠物饲料）494.9万t，同比增长20.4%；饲料添加剂产量18.5万t，同比增长2.0%。

2021年，全省饲料和饲料添加剂总产值343.0亿元，同比增长17.6%。其中，饲料产品产值（配合饲料、浓缩饲料、预混料、宠物饲料）215.5亿元，同比增长31.7%；饲料添加剂产值127.6亿元，同比下降0.4%。

【行政许可】

2021年底，全省现有饲料和饲料添加剂生产企业324家。现有饲料和饲料添加剂生产许可证381本。其中，饲料添加剂生产许可证64本，混合型饲料添加剂47本，预混料生产许可证51本，单一饲料生产许可证57本，配合饲料、浓缩饲料、精料补充料生产许可证162本。

【主要工作】

2021年，饲料管理工作围绕畜牧业高质量发展的要求，着力推进畜禽养殖场饲料环保化试点建设，全面启动饲料行业数字化改革攻坚，深化“最多跑一次”末端落实，有效防范质量安全风险，努力推动饲料行业健康发展。

（一）着力深化“最多跑一次”落地，奋力书写行业发展新答卷

浙江省率先提出“最多跑一次”改革，在持续深化上出成效。一是以“全省通办”为契机。按照《浙江省农业农村厅关于推行行政审批事项“全省通办”的通知》，进一步规范饲料和饲料添加剂行政许可审批事项，规范办事流程，缩短办事时间，提升办事效率。二是以“技术审查”为支撑。认真贯彻落实饲料管理法规，严格执行行政许可管理制度，依法依规做好相关行政许可业务审核和现场审验等工作。三是以“人员优化”为基础。根据人员变动情况，下发《关于设立省级饲料和兽药行业许可业务现场检查员的通知》，及时更新专家库人员，明确检查员资格，规范业务审查范围。四是以“集中会商”为手段。对工作中发现的疑难问题，会同有关单位，不定期召开饲料生产许可商讨会，研究新情况，解决新问题，持续提升生产许可办事服务质量和水平。

（二）着力推进畜禽养殖场饲料环保化试点建设，引领行业发展新方向

一是高起点谋划。立足行业发展现状，在充分调研的基础上，明确饲料环保化试点工作总体思路和主要目标，制定评估方案。2021年底，全省创建饲料环保化试点场152家。二是高标准要求。明确要求试点场育肥猪饲料中铜锌用量达到《浙江省环保节约型猪配合饲料》团体标准，氮用量下降5%以上。配套制定了饲料环保化实施技术要点、成效监测、试点评估管理等系列实施方案或技术标准，形成相对完整的制度体系。三是高效率推进。按照饲料环保化试点时间、节点，逐步推进各阶段工作进度。依托专业监测手段，对浙江省试点育肥猪场的饲料、粪便进行检测，重点检测铜、锌等含量，倒逼养殖行业转型升级，引导饲料产业绿色发展。

（三）着力启动饲料产业数字化改革，加快打造行业发展新高地

创新打造饲料产业大脑驾驶舱是数字化改革的重要举措，充分利用数字技术，探索饲料产业全口径发

展模式，贯通饲料生产、经营、使用等环节，力求实现主体全上线、地图全覆盖、业务全闭环、服务全集成。梳理多跨协同应用场景，重点开发行业准入、饲料环保化管理、风险预警、行业统计与服务等子场景，实时动态呈现全省饲料行业生产、行政许可、饲料环保化试点进展及风险预警，展示大宗饲料原料市场行情、绿色饲料产品等最新动态数据模块。通过数字化改革集成，不断提高饲料行业"智治"水平。

（四）着力强化行业监管和深化服务两手抓，有效提升行业发展新格局

2021年，受新冠感染疫情、拉闸限电等诸多因素影响，饲料生产企业发展遭遇新的困难，浙江省力克诸多不利因素影响，坚持服务和监管两手抓，为饲料行业健康发展保驾护航。

1. 强服务。2021年，各地先后实行拉闸限电措施，导致部分饲料生产企业停工停产。养殖场饲料供应紧缺，浙江省迅速摸清底数，积极与省能源局沟通协调，充分考虑饲料产业的特殊性，解除饲料生产企业限电措施，有力保障饲料产品稳定供应。

2. 强监管。一是统筹下发监测计划。结合部相关文件要求，统筹下发部省级饲料监督抽检和例行抽检计划，饲料监督抽检总数541，不合格24批次，合格率95.56%。针对抽检不合格的产品，督促各地依法查处。二是部署开展专项行动。按照全国《2021年饲料质量安全监管工作方案要求》，部署开展全省饲料生产企业监督检查和饲料产品标签专项检查行动。专项行动期间，全省共计检查饲料生产企业124家，饲料经营企业97家，养殖企业139家。通过此次大检查，进一步规范了饲料和饲料添加剂企业生产经营行为，加强了《饲料和饲料添加剂管理条例》《饲料质量安全管理规范》等相关法律法规及公告的宣传工作。

3. 抓统计。积极发挥饲料工业统计作用，强化基础数据填报，每月进行数据审核，每季度组织数据分析，对填报不合理的数据及时进行核实，为饲料行业健康发展提供数据支撑。

【存在问题】

一是饲料原料上涨较快，供应风险持续增加。近段时间以来，豆粕、玉米等饲料原料持续上涨。据了解，进入2022年春节后豆粕价格大幅上涨，从3 600元左右涨到了4 800元左右，上涨约30%。原料价格大涨，饲料生产成本明显增加。加上国内大豆进口依存度很高，过高的进口率和集中度，让饲料原料存在很大的供应风险。

二是企业创新能力不够，饲料行业参差不齐。除省内几家大型饲料和饲料添加剂生产企业外，浙江省一些饲料生产企业虽然引进先进生产设备，提升生产工艺，但多数企业在转型升级、自主创新、提升产品科技含量等方面的投入还比较少，产品同质化，生产订单化，与国内外科研机构紧密合作不够，难以形成集团化生产企业龙头。

【2022年工作思路】

2022年总体思路：认真贯彻落实国家饲料监管法规和规章制度，围绕省委、省政府和省农业农村厅相关工作部署要求，以扎实推进饲料产业数字化改革、饲料环保化试点建设、豆粕减量替代为抓手，加强饲料行业行政许可服务，强化饲料生产全过程监管，保障产品质量安全，促进饲料行业转型升级。

一是着力推进饲料行业数字化改革。围绕实战实用的目标，抓住数据采集、成果集成的关键，持续推进饲料数字化改革工作，逐步实现省、市、县、企业主体贯通，数据高效利用。

二是持续饲料环保化试点建设。进一步梳理试点典型经验，集成推出育肥猪饲料环保化典型案例。谋划不同畜种饲料环保化新三年行动，引导饲料生产企业深度融入饲料环保化行动，助力畜牧业高质量发展。

三是探索推进豆粕减量替代行动。按照聚焦"提效减量、开源替代"的原则，从提高利用率和增加替代供应两个方面，探索全省豆粕减量替代措施，开展地方可利用替代饲料资源调查评估，总结示范企业典型应用案例等。

四是深化"最多跑一次"改革落地。做好农业农村系统"最多跑一次"事项梳理、服务指南修订、审查受理时间等工作。及时受理饲料行政许可技术审查，完善现场审查工作机制，优化行政审批流程，简化办事程序。

五是不断强化饲料行业监督管理。针对饲料产品大消费、大流通新格局，加强与农业执法部门沟通协作，进一步完善联动机制，提升监管效能，突出加强饲料经营使用环节质量安全监督抽检，严厉打击违法行为。

（浙江省畜牧农机发展中心饲料兽药处）

安徽省饲料工业

【发展概况】

在2021年新冠感染疫情防控形势严峻、饲料原料价格大涨的双重压力下，安徽省饲料企业攻坚克难，挖掘非常规饲料原料资源，调整配方结构，开发反刍动物、宠物等特色饲料品种，饲料工业稳步发展。

1. 饲料工业产值快速增长。2021年，安徽省饲料工业产值450.0亿元（含单一饲料），同比增长56.5%；总营业收入334.0亿元，同比增长32.3%。其中，饲料产品产值387.7亿元，营业收入314.4亿元，同步分别增长37.2%、40.8%；饲料添加剂产品总产值19.9亿元，营业收入19.6亿元，同比分别增长49.9%、59.2%；单一饲料总产值42.4亿元，营业收入37.9亿元，同比分别增长12.2%、6.9%。

2. 饲料总产量大幅提高。2021年安徽省饲料总产量1 059.4万t，同比增长18.3%，迈入千万吨饲料省份行列，全国产品排名第11位。其中配合饲料1 008.0万t，同比增长18.6%；浓缩饲料21.9万t，同比增长11.3%；添加剂预混合饲料19.9万t，同比增长16.1%。从产品品种看，猪饲料产量400.4万t，同比增长70.9%；禽料592.9万t，同比下降2.2%；水产饲料36.5万t，同比增长11.9%；反刍饲料18.5万t，同比增长40.2%。

3. 企业规模化程度不断提升。2021年，安徽省年产10万t以上饲料企业38家，比2020年增加4家，饲料产量占全省的60.2%，较2015年提高21.2个百分点；排名前十的集团性企业，饲料产量合计超500万t，占全省总产量的55.4%。海大、新希望、双胞胎、正大、牧原等集团公司2021年累计在安徽省投资超过4亿元，新增饲料产能超过70万t/年。

4. 饲料产品结构进一步优化。2021年，安徽省猪料∶禽料∶水产料∶反刍料的比例从2020年的26.4∶68.4∶3.7∶1.5调整为38.2∶56.6∶3.5∶1.8，一定程度上改变了禽料一家独大的格局。饲料添加剂产品发展迅速，产量合计12.0万t，同比增长52.7%。维生素、氨基酸、酶制剂、矿物质类、植物提取物等产量增加迅速；缬氨酸、多糖、寡糖等产品实现了零突破；多肽、丙氨酸、缬氨酸、包膜维生素C等工艺领先全球，其中饲料用缬氨酸产品全球市场占有率超过50%。

5. 产业地域特色逐步显现。饲料产量超过100万t的6个地市合计产量占全省的63.7%；其中合肥产量154.6万t居首位，凸显省会的辐射带动作用；亳州、阜阳、宿州等地饲料资源供给和养殖集中的优势显著，猪料、反刍料、禽料产量突出；蚌埠依托生物发酵技术产业集群，发酵饲料和饲料添加剂产量占据全省榜首；芜湖、滁州、宣城等地是2021年长三角地区饲料产业投资项目主要落户地区，其中40%以上的产品销往长三角。

【组织机构】

安徽省农业农村厅畜牧处负责全省饲料和饲料添加剂行政管理工作；省兽药饲料监察所负责饲料质量监测工作；行政主管部门为安徽省农业农村厅。安徽省饲料与健康养殖行业协会主要调查研究行业发展动态，协助饲料主管部门做好行业管理，宣传、普及饲料工业的新知识和新技术，承接相关的政府购买服务，推介最新饲料与健康养殖科技成果的转化或先进经验，帮助企业改善经营管理，组织企业经营贸易合作与科学技术交流，编辑出版饲料行业有关书籍、资料、期刊，做好宣传报道工作。

【主要工作】

1. 开展生产许可工作。实行省级饲料行政许可委员会审核制度，对专家现场初审的企业进行许可会议审核。在厅统一管理的专家库中，随机抽取专家9

批次，共21人次，召开行政许可审核会议10期。全年共受理办件163件，退回35件。审核企业112家，现场审核83家，退回14家。新增生产企业55家，核发生产许可证62个，占全年审核数量的49.1%；换证续展企业40家，核发生产许可证44个，占全年审核数量的35.7%；增加产品品种或生产线企业17家，生产许可证17个。从产品类型看，混合型饲料添加剂生产企业数量增加较为明显，大型配合饲料生产企业有所增加。

2. 开展饲料专项检查。2021年初，安徽省农业农村厅办公室下发了《关于印发2021年全省饲料和生鲜乳质量监督抽查和抽检工作方案的通知》（皖农办牧函〔2021〕77号），明确省级负总责、市级抓落实、县级为主力、企业法人为质量安全第一责任人。组织全省397家饲料和饲料添加剂生产企业进行自查，纠正不规范标示。全省各级检查人员共发放相关宣传资料700余份，出动检查监管车辆20余台次，出动检查执法人员182人次，检查饲料和饲料添加剂生产企业230个次，饲料经营户864户次，畜禽规模养殖场2 115个次，发现饲料标签不规范12批，对检查中发现的标签设计内容不规范、生产日期标注不清楚等问题，限期整改。

3. 开展产品质量安全监督抽检。农业农村部抽取安徽省各类饲料产品共236批次，检测发现问题样品4批次，合格率98.3%。省级检查生产企业33家，其中督查饲料生产企业20家，联合省市场监管局联合开展“双随机、一公开”检查生产企业13家，存在问题企业1家。全省各地饲料管理部门结合“瘦肉精”专项整治行动，共出动各类执法人员4 500多人次，发放宣传材料90 000余份，现场回答咨询人员5 200多人次。

4. 开展“瘦肉精”专项整治行动。按照部和省级统一行动要求，在养殖、收购贩运、屠宰等环节开展“瘦肉精”专项整治行动。截止到2021年6月25日，累计签订《不生产、不销售、不使用“瘦肉精”承诺书》15 000余份，累计排查肉牛养殖场（户）127 211个次，肉羊养殖场（户）308 581个次，排查覆盖面达到100%；排查养殖肉牛736 770头，养殖肉羊3 677 757只；排查肉牛屠宰企业149个次、肉牛产品51 932头，肉羊屠宰企业85个次、肉羊产品5 485头。同时，黄山、淮南等地市还对140家生猪养殖场（户）和饲料厂进行了“瘦肉精”采样检测。排查和检测过程中，均未发现生产、销售、使用“瘦肉精”和含“瘦肉精”产品的现象。结合日常工作，省厅组织开展了4次省级“瘦肉精”专项整治工作督查，通报工作开展情况，现场检查36家肉牛肉羊养殖场（户），采集尿样120余份，全部为阴性；各地市抽查了31个规模养牛场、95个规模养羊场、11个（场次）生猪定点屠宰场以及6辆牛羊运输车辆，采集尿液320余份，全部为阴性。

5. 为企业排忧解难做好服务。综合考量安徽省饲料行业发展现状，取消了混合型饲料添加剂主成分方法验证结论。9月份，为缓解饲料生产企业用电难的问题，协调省能源局保障安徽省畜牧业生产用电。办理安徽瑞邦和安徽华阳申请的饲料和饲料添加剂自由销售证明66份，涉及东南亚等11个国家。办理饲料委托生产备案15份，涉及省内外30余家配合饲料生产企业。通过行业协会，组织饲料生产企业举办技术沙龙、标杆企业座谈会等形式，开展宣传和技术培训，广泛宣传玉米豆粕减量替代的新技术、新配方，并组织饲料行业收看“玉米豆粕替代应用技术”线上直播，引导全行业应用新型日粮配方结构，推进玉米豆粕减量替代。引导饲料生产企业建立多元化的饲料配方结构，多种地产原料科学有效地搭配使用，减少玉米豆粕用量。开展饲料营养师/配方师的技术培训，推广饲料精准配方技术和精准配制工艺，加快低蛋白日粮技术的运用，提高蛋白饲料利用效率，降低豆粕添加比例。在部分行业标杆饲料生产企业中，领先带头使用玉米豆粕替代应用技术，通过标杆企业的引领示范和技术实力，有效地打消了部分中小企业的疑虑和顾虑，鼓励了饲料生产者和养殖者的信心。

【主要问题】

一是部分地区监管和执法职能需要明确，检测能力需要提高。二是部分企业受利益驱使，使用不规范的标签标示，尤其是饲用植物，标有“治疗”“预防”等误导消费者的字样。三是部分企业生产设备老化，未能及时更新，存在安全隐患，检验化验室利用率不高。

【下一步重点工作】

下一步将按照农业农村部的要求和省农业农村厅的统一部署：一是继续推动《饲料质量安全管理规范》执行，确保规范落实到位。二是开展专项整治行动。积极创新检查抽样方式方法，高标准做好部级抽检任务，改进省级抽检方式方法，重点关注部分农资市场饲料和饲料添加剂经营门店，注重提升检查抽样效益质量，严格落实抽检制度。三是强化发展思维。推广饲料精准配方技术体系，挖掘利用国内饲料资源，落实豆粕减量替代行动。规范发展新兴生物饲料产业。为行业搭建平台，广开门路，提供信息，实现强强联合。健全饲料标准体系，鼓励企业实施高于国家标准的企业标准。四是强化教育督导。以问题为导向，表扬在依法生产、依法经营中做得好的企业，严惩违规生产、违规经营的生产企业，树立严格的导向标。让放心的企业“无事不扰”，使有问题的企业“利剑高悬”。邀请省内外专家来传经送宝，树立典型，强化法制观念。五是发挥行业协会的作用。充分联系饲料行业协会，搭建交流平台，及时传递政策信息和行业动态，倾听反映行业的愿望和呼声，切实维护行业的合法权益，办好行业各项活动。

（安徽省农业农村厅畜牧处）

福建省饲料工业

【发展概况】

2021年，福建省共有饲料和饲料添加剂生产企业362家，饲料或饲料添加剂生产许可证共440张（其中添加剂预混合饲料72张，配合饲料227张，饲料添加剂35张，混合型饲料添加剂55张，单一饲料51张）。

2021年饲料产品产值384.0亿元，营业收入383.2亿元，分别同比增长39.9%、40.2%。饲料产品总产量（含宠物饲料）1 057.9万t，同比增长23.7%。其中，配合饲料1 027.6万t，同比增长24.4%；浓缩饲料13.6万t，同比下降10.6%；添加剂预混合饲料16.5万t，同比增长23.8%。

分品种看，猪饲料414.2万t，同比增长77.0%；蛋禽饲料107.1万t，同比下降15.4%；肉禽饲料363.8万t，同比增长5.8%；水产饲料166.7万t，同比增长13.7%；反刍饲料314t，同比增长4.6%；宠物饲料1 770.4t，同比增长62.6%；其他饲料5.9万t，同比增长54.3%。

饲料添加剂产量8.7万t、产值13.3亿元，主要产品有氨基酸、维生素、酶制剂、微生物、抗氧化剂、二氧化硅等。

单一饲料产量348.6万t、产值146.8亿元，其中鱼油4.2万t、鱼粉1.3万t、豆粕286.4万t、发酵豆粕1.9万t。

【组织机构】

福建省农业农村厅、各市、县（区）和平潭综合实验区农业农村局为饲料和饲料添加剂主管部门；福建省农业农村厅内设畜牧兽医处，负责全省饲料行政管理日常工作；法规处（行政审批处）负责饲料行政许可相关工作；福建省农业综合执法监督局承担饲料行政执法职能；福建省农产品质量安全检验检测中心（福建省兽药饲料检验所）负责饲料质量检测工作。

【主要工作】

（一）着力抓好饲料行政审批，提升许可标准时效

一是规范生产许可审批。持续推进“放管服”改革，细化梳理行政审批服务事项清单，对“五级十五同”审批要素进行规范统一，提升行政许可标准化、规范化水平。督促指导饲料行政许可专家严格审核标准，依法依规开展许可审批，全年核发饲料和饲料添加剂生产许可证87张，核发8家企业饲料添加剂产品批准文号68个。二是优化行政审批服务。持续创新工作机制，开展“不见面审批”，采取网上申报、材料邮寄、电话咨询、结果寄达等方式，对因疫情影响无法开展现场核查的，暂缓相关程序，简化审批手续，保障企业正常生产。大力推行“容缺受理”制度，避免办事群众因缺材料多次跑腿、延误时机。进一步压缩其他类型饲料生产许可审批时限，承诺时限由14个工作日压缩至7个工作日。三是严格产品备案审核。督促指导备案申报企业认真按照规定要求，完整规范报送备案申报材料。从严把好申报材料审核关，对于不符合申报标准和要求的材料坚决予以退回，要求企业修正重报，引导企业规范生产。2021年，审核完成267个饲料产品委托备案申报材料。

（二）着力抓好饲料督查抽查，促进质量管理规范

一是组织开展生产活动监督检查。科学制定年度随机抽查工作计划，明确抽查任务、方式、时限和要求，重点对生产许可条件、原料管理、生产过程控制、原料管理、产品质量控制等方面进行检查。采取“双随机”监督检查方式，全省共对1 105家次、省级对41家次饲料生产企业进行监督检查，突出指导帮带，督促问题企业抓好整改，检查结果及时在福建

"农业云 131"门户上向社会公开。二是组织开展饲料质量安全抽检。严格按照省级抽检方案，组织各地饲料管理部门严格按照规定要求对饲料生产企业、经营门店和养殖场开展产品质量安全监督抽检。监测品种包括添加剂预混合饲料、配合饲料、浓缩饲料、单一饲料、饲料添加剂和自配料等类别，检测项目覆盖质量、卫生、药物及非法添加物等指标。2021 年全省共抽检饲料样品 281 批次，合格产品 278 批次，合格率为 98.9%。三是组织开展饲料标签专项检查。将标签检查作为饲料和饲料添加剂"双随机、一公开"监督检查的重要内容，省、市两级饲料管理部门共检查饲料生产企业 154 家次，县级饲料管理部门实施全覆盖，督促饲料生产企业严格落实《饲料标签》有关规定，认真指导饲料生产企业纠正标签不规范标示。四是组织开展饲料违法案件查处。建立省、市、县三级检打联动机制，强化监督执法靶向性，对发现的违法违规行为，依法予以查处，涉嫌犯罪的，移送司法机关，形成有力震慑。2021 年全省共查处 10 件不合格饲料产品案件，合计罚没金额 29.04 万元，没收销毁不合格饲料产品 1.72t。

（三）着力抓好饲料生产安全，保证企业稳定发展

一是积极开展安全生产督促检查。坚持日常巡检督查、专项治理行动相结合，检查要求做到"三全三排"，即区域全覆盖、企业全覆盖、场所全覆盖，坚持全面组织排查风险隐患，坚持零容忍排除隐患问题，坚持突出关键排列重点监管企业，有效防范安全生产事故发生。2021 年，省级对 25 家次饲料生产企业、市县两级管理部门对 1 542 家次饲料生产企进行抽查，做到真排查、零容忍、严整改，实现闭环管理。二是突出抓好实施《规范》等级评定。2018 年 3 月，在全国饲料行业率先制定《福建省饲料生产企业安全风险分级管控和隐患排查治理规范》（简称《规范》），2020 年将实施《规范》等级评定列入安全生产专项整治三年行动主要内容。截至 2021 年 12 月底，全省正常开展生产活动的 333 家饲料生产企业全部完成实施《规范》等级评定。结合"严执法、强攻坚、促提升"专项行动，推荐 11 家饲料企业为安全生产先进典型，将安全风险偏高的 14 家饲料生产企业列入重点管控对象。三是注重开展安全培训宣传教育。5 月份，举办 1 期安全生产培训班，全省饲料管理人员和饲料企业安全负责人共 270 多人参训，邀请专家对《安全法》等内容进行解读，管理部门和企业沟通交流《规范》重难点问题，有效推进实施《规范》制度化、常态化。结合第 20 个"安全生产月"活动，采购宣教挂图 417 份，分发给各级饲料管理部门和持证饲料生产企业，强化安全意识和责任意识。

（四）着力抓好饲料统计管理，服务发展提供支撑

一是强化指导监管。强化督促指导，通过微信提醒、系统巡查、监督检查等方式，督促各地要强化饲料统计监管，指导辖区企业认真按照《统计调查制度》要求，规范完整填报各类统计报表，压实企业主体责任，确保饲料统计工作落实。二是严格审核报送。突出在信息的及时率、精准率和完整率上下功夫，每月督促指导各地按时做好各类企业报表催报、审核工作，切实把好信息报送质量。2021 年省厅审核完成 4 224 家次饲料企业报表，报送信息质量位居全国前列，统计工作"三率"得到部畜牧兽医局通报表扬。三是注重行业分析。充分发挥省饲料行业协会服务效能，不定期组织行业专家、会员代表召开饲料行业形势分析座谈会，全方位了解、掌握饲料行业发展动态，实现统计和形势分析一体化，切实为制定行业发展规划、指导和引导饲料行业发展提供强有力的数据信息支撑。

【主要问题】

一是质量安全管理情况。个别饲料生产企业落实《饲料和饲料添加剂管理条例》《饲料质量安全管理规范》不够严格，产品台账记录不够完整。二是标签使用管理情况。有的饲料原料名称和类别标示不规范，与《饲料原料目录》不一致。三是生产安全管理情况。少数饲料生产企业安全意识不够强，对粉尘涉爆辨识、管理不到位，自查自改落实标准不够高。

【下一步工作思路】

一是进一步强化饲料行政许可规范性。严格落实饲料生产许可现场审查要素要求，调整充实行政许可专家库信息，强化属地管理部门管理职责，派人全程参与现场检查，现场复核做到真到场、真核查、真把关，切实提升行政许可的标准和质量。

二是进一步提高饲料质量监管覆盖面。坚持"双随机、一公开"制度，严格落实饲料质量安全监管规定，认真开展全省饲料和饲料添加剂企业生产经营活动监督检查，持续提高各级监督检查的靶向性和覆盖率，不断提升饲料产品质量。

三是进一步突出安全生产管控实效性。积极探索安全管理机制和形式，健全完善省、市、县三级检查巡检机制，实现安全生产检查各设区市全覆盖。着力推进实施《规范》制度化、常态化，支持和鼓励饲料生产企业实施《规范》提档升级，持续提升饲料企业安全度。

四是进一步强化综合执法工作严肃性。积极推进

"互联网+执法"，提高监管执法的针对性、预见性和有效性，全面提升执法效能。持续加强与行业管理机构配合，加大案件查办力度，确保执法工作不缺位、不越位。

五是进一步提升饲料统计工作"三率"。认真落实《统计调查制度》，创新监管举措，压实主体责任，抓实做好各类报表催报、审核工作，进一步提升饲料统计工作的及时率、完整率和精准率。

（福建省农业农村厅）

江西省饲料工业

【发展概况】

截至2021年底，江西省共有饲料生产企业319家，其中饲料加工企业240家，饲料添加剂企业91家，单一饲料企业28家。其中，产量超20万t的企业8家；年产10万～20万t（不含）的企业27家；年产5万～10万t（不含）的企业46家；年产1万～5万t（不含）的企业58家；年产1万t以下的企业84家。从产品分类上看，配合饲料生产企业129家，浓缩饲料生产企业46家，添加剂预混合饲料57家。

2021年全省饲料工业总产值405.3亿元，比2020年增长38.7%，位居全国第12位。总营业收入404.1亿元，比2020年增长39.9%，位居全国第11位。2021年全省饲料总产量1 010.6万t，比2020年增长25.2%，位居全国第13位。其中配合饲料958.5万t，增长25.7%；浓缩饲料11.5万t，增长10.7%；添加剂预混合饲料40.1万t，增长18.7%；宠物饲料0.5万t，增长152.4%。

2021年江西饲料企业加大科技研发投入，成果斐然，两家饲料添加剂企业分别获江西省科技进步奖一、二等奖，其中宜春大海龟生命科学有限公司“万吨食用油脚高附加值利用关键技术及产业化”的项目获江西省科技进步一等奖，江西天新药业股份有限公司“维生素B_6噁唑法制备关键技术开发及产业化”的项目获江西省科技进步二等奖。

【组织机构】

机构：江西省农业农村厅畜牧兽医局，人员编制9人。原省饲料工业办公室的饲料工业行业管理及相关行政许可职能等回转到厅畜牧兽医局。

职能：厅畜牧兽医局的职能为负责全省畜牧业、饲料饲草行业、畜禽屠宰行业、兽药和兽医器械行业监督管理，负责兽医医政、动物卫生监督、动物病原微生物与实验室生物安全等管理。组织实施畜牧兽医管理方面的法律法规和规章。起草全省畜牧、饲料饲草、畜禽屠宰行业、兽药和兽医器械行业、兽医事业发展政策和规划。

【主要工作】

（一）饲料质量安全抽检全面完成

发挥监测“雷达”作用，按照“产出来”和“管出来”两手硬的思路，提升发现问题能力。印发《江西省农业农村厅办公室关于印发2021年全省农业投入品执法抽检实施方案的通知》（赣农厅办字〔2021〕4号），对全省11个设区市的400次饲料产品进行了饲料产品质量安全监督抽查，其中合格384批次，不合格16批次，合格率96%。共抽查生产环节107批次，经营环节280批次，使用环节13批次；其中猪料234批次，蛋禽料22批次，肉禽料93批次，反刍料6批次，水产料51批次。不合格产品中，猪料8批次，肉禽料5批次，水产料2批次，其他1批次；粗蛋白项目不符合要求10批次，铜项目不符合要求5批次，锌项目不符合要求1批次。严格实施检打联动，严厉打击违法生产行为，全省共查处饲料案件24起，案值合计13.676 8万元，罚没金额合计44.960 5万元，挽回经济损失合计10.5万元。

（二）“瘦肉精”专项整治扎实开展

全面落实“瘦肉精”监管措施，印发《江西省农业农村厅办公室关于全省“瘦肉精”专项整治行动实施方案》，成立专项整治行动领导小组，采取摸清家底、排查隐患、宣传引导等举措，扎实开展“瘦肉精”专项整治。组织对肉牛肉羊养殖场（户）、贩运经营者和屠宰企业进行全面排查，全省累计排查肉牛养殖场3 408场（户）、肉羊养殖场2 129场（户），排查肉牛120 982头，肉羊132 644头，排查肉牛屠宰企业69个、肉羊屠宰企业68个，累计排查肉牛产品2 087份、肉羊产品562份，未发现违法使用“瘦肉精”行为。组织对风险较高的场（户）进行“瘦肉精”监督抽检，省级对养殖环节“瘦肉精”快速筛查200余批次，屠宰环节“瘦肉精”筛查300余批次，没有发现违法使用“瘦肉精”现象。

（三）饲料标签检查取得实效

全面强化饲料生产和经营环节产品标签标示内容监督管理，组织开展了为期两个月的饲料标签规范性专项整治。印发《江西省农业农村厅畜牧兽医局关于开展饲料标签规范性抽查的通知》（赣农牧函〔2021〕9号），紧盯混合型饲料添加剂产品、可饲用天然植物原料、植物提取物类饲料添加剂等重点产品，在6月1日至7月30日期间全面排查并严厉打击饲料产品违规宣传、夸大宣传、有意误导、无标、乱标等行为。全省各级饲料行业管理和农业执法机构对饲料生产企业进行全面检查，对经营环节饲料产品进行抽查，共出动检查人员304人次，检查门店和企业460多家次，发放宣传资料930余份，发现问题产品标签24个，下达整改通知书3份。

（四）全面开展饲料质量安全风险评估

以饲料中霉菌毒素污染为主要评估对象，制定了《饲料质量安全风险评估抽样方案》，对江西省2021年度饲料质量安全进行风险评估。在饲料生产企业、经营企业和养殖场抽取饲料原料、配合饲料、自配料等共计537批，为计划数的107%。其中饲料原料90批，配合饲料418批，精料补充料6批，自配料23批。对饲料及饲料原料中AFB1、呕吐毒素、伏马毒素B_1、玉米赤霉烯酮、赭曲霉毒素A、T_2毒素以及等6种饲料中常见霉菌毒素残留量进行测定，追溯和统计饲料中霉菌毒素阳性样本来源情况，分析判断不同地域和采样环节是否具有差异性，并根据分析结果提出是否有必要采取差异性的防范和监测措施，为行业管理发展提供依据。

（五）深入推进饲料质量安全管理规范实施

一是印发《江西省农业农村厅关于进一步规范饲料生产许可审核的通知》（赣农函〔2021〕39号），对深入推进饲料质量安全管理规范实施，进一步提升饲料和饲料添加剂行业管理水平提出更高要求。二是引进新鲜血液，对省饲料和饲料添加剂生产许可专家审核委员会成员进行调整，对饲料和饲料添加剂生产许可专家进行增补，优化了饲料专家队伍结构。三是组织开展全省饲料监管培训，对设区市饲料监管人员和饲料专家90余人进行培训，饲料行政审批水平和行业监管能力进一步提升。四是进一步完善饲料行政审批流程，形成形式审查、技术审查、抽取专家、现场核查等规范化行政审批程序，全年省级核发饲料添加剂生产许可证8个、混合型饲料添加剂生产许可证28个、添加剂预混合饲料16个，对7家饲料添加剂生产企业的11个产品核发批准文号，对12个饲料生产企业办理委托生产备案，6个企业16个产品办理自由销售证明。五是全面深化“放管服”改革，积极适应改革后新形势，将“设立饲料添加剂、添加剂预混合饲料生产企业审批”和“饲料添加剂产品批准文号核发”等2项行政审批中的“产品主要成分指标检测方法检验结论事项证明”变为“告之承诺”，为企业做“减法”，为企业减压松绑。

（六）严抓严管安全生产

一是多次部署，强化安全生产主体责任。2021年初印发《江西省农业农村厅畜牧兽医局关于印发全省畜牧兽医领域安全生产督导方案的通知》（赣农牧函〔2021〕8号）对饲料安全生产工作进行专门部署，年中印发的《江西省农业农村厅办公室关于对饲料和饲料添加剂生产企业检查情况的通报》（赣农厅办函〔2021〕28号）对饲料安全生产工作再次强调，年终印发《江西省农业农村厅畜牧兽医局关于开展饲料行业安全生产“打非治违”专项行动的通知》，对突出问题进行排查。二是全面排查，消除安全生产隐患排查。全年共出动检查人员681人次，检查饲料生产企业406家次，发放宣传资料1 367份，发现安全隐患325处，现场整改77处，限期整改248处，下达整改通知书53份。

（江西省农业农村厅畜牧兽医局）

山东省饲料工业

【发展概况】

2021 年，山东饲料产业面对世界百年未有之大变局叠加新冠感染疫情持续的双重压力，克服下游畜禽养殖和畜产品加工盈利能力下降、上游添加剂和原料价格上涨、复杂动物疫情及自然灾害多发等诸多挑战，积极调整经营思路，优化产品结构，加强“两低一高”和生物发酵饲料等推广，提质增效，内循环与“走出去”并举，在饲料生产总量基数较大的前提下，继续保持了高质量平稳增长，推动了饲料产业优化提升。

【主要做法】

（一）饲料生产结构优化，增速放缓

2021 年生猪产能恢复速度加快，饲料原料价格上涨，猪禽价格下跌，养殖盈利能力大幅下滑并出现阶段性亏损。山东饲料行业努力克服市场波动，饲料产值产量继续保持平稳增长，大部分指标继续位居全国第一，但增幅大幅放缓。从全年看，饲料生产呈现前高后低的态势，上半年产量同比增长，下半年产量同比下降。

据中国饲料工业统计信息系统显示：2021 年山东饲料工业总产值（包括单一饲料）2 565.8 亿元，位居全国第一；同比增长 18.2%，增幅排全国第 26 位，低于全国 29.3%的增幅。其中，饲料产品产值（包括单一饲料）2 325.7 亿元，位居全国第一，占饲料工业总产值的 90.6%；同比增长 16.2%，增幅排全国第 27 位，低于全国 29.8%的增幅。饲料添加剂产品产值 234.6 亿元，位居全国第一；同比增长 26.0%，增幅排全国第 17 位，高于全国 23.8%的增幅。饲料机械产值 5.5 亿元，位居全国第二；同比增长 3.4%，增幅排全国第四位，低于全国 36.4%的增幅。山东登记注册的饲料工业生产企业 2 101 家，比 2021 年初增加 110 家，位居全国第一（图 1）。

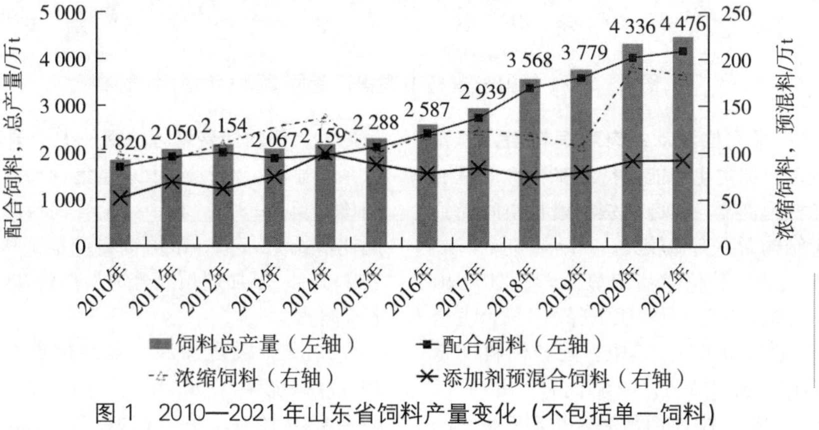

图 1　2010—2021 年山东省饲料产量变化（不包括单一饲料）

2021 年山东工业饲料产品总产量 4 476.3 万 t，加上单一饲料总产量 6 158.5 万 t，位居全国第一；同比增长 2.5%，增幅排全国第 27 位，低于全国 16.1%的增幅。其中，配合饲料产量 4 175.6 万 t，位居全国第一，占饲料产品总产量的 93.3%；同比增长 3.4%，增幅排全国第 28 位，低于全国 17.1% 的增幅。浓缩饲料产量 182.7 万 t，位居全国第二，同比下降 4.6%；增幅排全国第 23 位，低于全国 2.4%的增幅。添加剂预混合饲料产量 91.2 万 t，位居全国第一，同比增长 0.6%；增幅排全国第 26 位，低于全国 11.5%的增幅。宠物饲料（不包括零食）产量 26.8 万 t，位居全国第二；同比增长 59.3%，增幅排全国第 6 位，高于全国 17.3%的增幅。单一饲料产量 1 682.2 万 t，同比增长 0.9%。

2021 年饲料添加剂产品总产量 311.5 万 t，位居全国第一；同比增长 6.9%，增幅排全国第 20 位，高于全国 6.2%的增幅。其中，饲料添加剂产量 289.5 万 t，位居全国第一，占饲料添加剂产品总产量的 92.9%；同比增长 6.5%，增幅排全国第 18 位，高于全国 5.5%的增幅。混合型饲料添加剂产量 22.0 万 t，位居全国第一；同比增长 12.7%，增幅排全国第 18 位，低于全国 16.2%的增幅。

1. 饲料添加剂品类丰富，技术质量稳步提升。近年来，山东蛋氨酸、维生素 E、维生素 B_2、氯化胆碱、维生素 C、酶制剂等饲料添加剂生产占全国比例逐渐扩大。据中国饲料工业统计信息系统显示，2021 年山东饲料添加剂产品产值 234.6 亿元，占全国饲料添加剂总产值的 20%。其中，氨基酸类产品产量 86.4 万 t，同比增长 23.1%，高于全国 15.1% 的增幅，占全国比重 20.3%；维生素类产品产量 124.1 万 t（氯化胆碱占比高），同比增长 11.3%，高于全国 10.5%的增幅，占全国比重 70.0%。另外，饲料生产中促生长药物饲料添加剂全面退出，以及市场对微生物、酶制剂等产品的接受度逐渐提高，微生物、酶制剂等产品产量也有较大幅度增长，其中微生物产量同比增长 17.3%，与全国增速基本一致；酶制剂类产品产量增幅 44.8%，高于全国 19.0%的增幅。2021 年饲料添加剂产值超过 10 亿元的企业/集团有 6 家。

2. 临沂、潍坊领跑全省，东营、淄博、枣庄增速加快。据中国饲料工业统计信息系统显示，2021 年临沂饲料产量近千万吨，与 2020 年产量基本持平；潍坊饲料产量 899.5 万 t，同比增长 2.7%；两市饲料产量占全省比重分别为 22.3%和 20.1%。临沂和潍坊饲料产品产值均超过 300 亿元，同比增幅分别为 13.3%和 16.4%，两市饲料产品产值占全省比重分别为 20.7%和 20.0%。烟台、聊城饲料产量同比增长分别为 10.9%和 9.6%。东营、淄博、枣庄饲料产量同比增幅在 20%以上。烟台、聊城和德州的饲料产品产值均超过 100 亿元（图 2）。

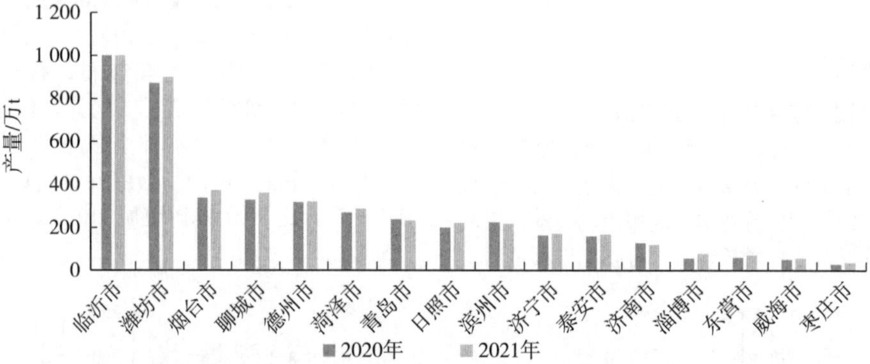

图 2　2021 年山东省各市饲料产量同 2020 年对比

3. 肉禽饲料产量高位波动，肉鸡饲料增，肉鸭饲料降。山东近两年肉禽生产能力持续扩张。但是随着生猪养殖量的快速恢复，禽肉消费的增长空间受到抑制，肉禽养殖结构调整变化较大。

据中国饲料工业统计信息系统显示，2021 年山东肉禽饲料产量 2 637.9 万 t，同比下降 2.1%，占全国肉禽饲料总产量的 29.6%。其中，配合饲料产量 2 617.8 万 t，同比下降 1.7%；浓缩饲料产量 12.5 万 t，同比下降 43.0%；添加剂预混合饲料产量 7.6 万 t，同比下降 1.5%。肉鸡饲料产量同比增长 1.5%，肉鸭饲料产量同比下降 6.8%。

4. 生猪产能恢复速度快，但受到养殖阶段性亏损影响，饲料消费增幅放缓。据中国饲料工业统计信息系统显示，2021 年山东生猪饲料产量 1 233.6 万 t，同比增长 19.8%。其中，配合饲料产量 1 089.4 万 t，同比增长 22.5%；浓缩饲料产量 120.6 万 t，同比增长 2.1%；添加剂预混合饲料产量 23.6 万 t，同比增长 7.3%。

5. 产业融合加深，散装饲料使用量占比超过 30%。据统计，2021 年山东饲料总产量大于 100 万 t 的企业/集团有 7 家，饲料产量占全省比例 47.8%；饲料产量 30 万～100 万 t 的企业/集团数量达到 15 家，比 2020 年增加 5 家，饲料产量占全省比例 14.1%。其中，有 80%开展一体化经营，其散装饲料产量 959.8 万 t，同比增长 37.4%，占全省散装料产量比重的 69.3%。2021 年，受非洲猪瘟及新冠感染疫情防控的影响，一些新建企业普遍选择散装饲料的方式来缩短使用周期，减少污染概率，2021 年山东散装饲料产量达到 1 385.6 万 t，同比增长 30.0%，占全省畜禽饲料产量比重 31.1%，比 2020 年底提升 6 个百分点。

受到养殖效益下降，饲料原料价格增长，以及疫情期间跨省运输不便、运输成本增加等影响，受委托加工饲料产量同比下降，2021 年受委托加工饲料 60.8 万 t，同比下降 34.7%（图 3）。

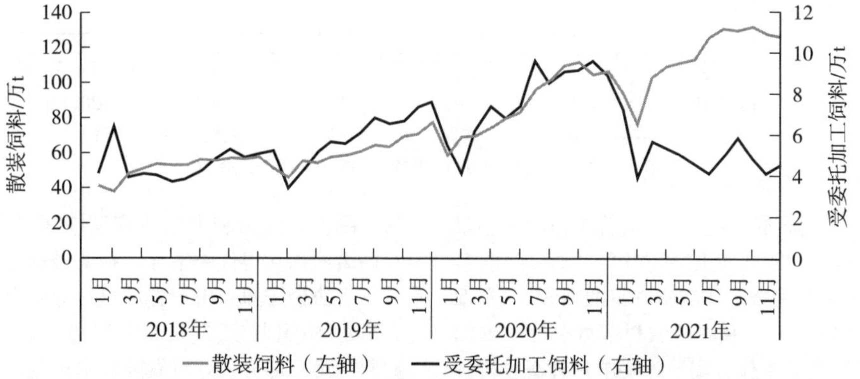

图 3　2018—2021 年山东省散装饲料和受委托加工饲料产量

6. 科学调整饲料配方，促进玉米豆粕的优化使用。据中国饲料工业统计信息系统显示，2021 年山东单一饲料总产量 1 682.2 万 t，同比增长 0.9%；产值 728.3 万元，同比增加 19.3%。生产各类谷物及加工产品 243.9 万 t，同比下降 1.2%。其中喷浆玉米皮 141.4 万 t，同比下降 1.3%；玉米蛋白粉 89.3 万 t，同比增长 3.2%。

从能量原料供需来看，据国家粮油信息中心数据，预计 2020/2021 年度山东玉米产量 2 595.4 万 t，2021/2022 年度产量同比略有下降，为 2 556.4 万 t；加上进口，总供给约 2 900 万 t。预计 2021/2022 年度玉米饲料消费需求在 2 650 万 t，深加工等用量为 2 167 万 t左右。2021/2022 年度玉米供需缺口约 1 900万 t 左右。供需缺口的大部分从东北调入，进口谷物（高粱和大麦等）以及本地谷物加工副产品补充。

2021 年全国玉米价格持续上涨，山东玉米平均价格 2 812 元/t，同比上涨 29.6%。从 2020 年 8 月份开始，山东玉米和小麦价差逐渐缩小，山东饲料企业小麦、糠麸以及大麦、高粱等玉米替代品用量明显增加；这一过程持续至 2021 年三季度，2021 年四季度玉米价格回落，玉米在饲料配方中的添加量有所增加。据测算，2020 年四季度至 2021 年三季度，山东饲料企业玉米用量在全部原料消费量中的占比，比 2020 年前三季度降低 12.1 个百分点，相应的小麦、大麦、高粱用量占比，比 2020 年前三季度提高 16.3 个百分点。

从蛋白原料供需来看，2021 年山东生产饼粕类蛋白原料 1 318.4 万 t，同比增长 1.6%。其中豆粕 1 233.3 万 t，同比增长 1.8%；花生粕 66.9 万 t，同比增长 2.6%；棉籽粕 13.5 万 t，同比下降 22.2%。生产动物油脂、肉骨粉、羽毛粉等动物副产品 79.0 万 t，同比增长 3.0%。生产发酵豆粕、发酵棉粕、柠檬酸渣等微生物发酵产品及副产品 23.8 万 t，同比下降 1.0%。

2021 年山东豆粕均价 3 602 元/t，同比上涨 20.7%，涨幅 619 元/t。因豆粕价格处于历史偏高水平，并且终端养殖利润不佳，并且小麦、高粱、大麦等配方占比高，山东饲料企业积极调整饲料配方，积极促进豆粕减量替代，加大花生粕、棉籽粕等用量。据测算，2021 年山东饲料企业豆粕用量在全部原料消费量中的占比，比 2020 年降低约 3 个百分点（图 4）。

因玉米和豆粕价格涨幅较大，饲料企业成本压力大。2021 年山东生长肥育猪配合饲料价格同比上涨 18.5%，蛋鸡配合饲料价格同比上涨 21.2%，肉鸡配合饲料价格同比上涨 15.7%。整体看，饲料产品价格涨幅远低于原料价格涨幅。

（二）政研推协合力，推进饲料行业高质量发展

山东省畜牧兽医局公布了 2020 年度饲料生产企业分级评定结果。截至 2020 年底，全省共有饲料生产企业 1 991 家，除去 2020 年 7 月以后新发证的 173 家企业暂不评定，实际纳入评定饲料生产企业 1 818 家。其中，年度评价优秀企业（A 级）576 家，占纳入评定企业总数的 31.7%；良好企业（B 级）1 040 家，占比 57.2%；一般企业（C 级）187 家，占比 10.2%；因拆迁、经营不善等原因停产停业未评定 15 家，占比 0.9%。

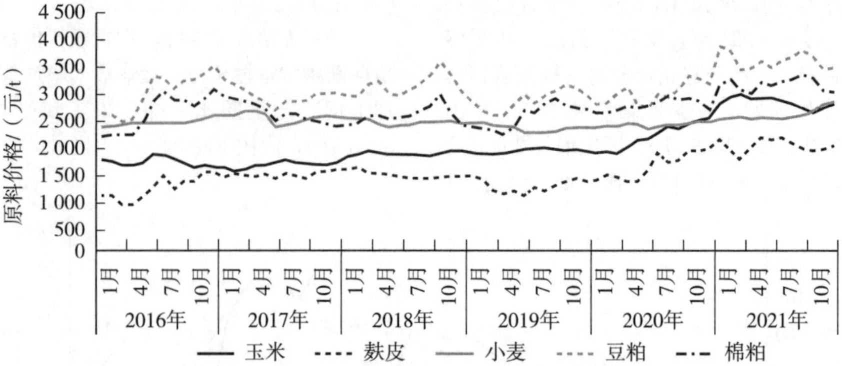

图 4　2016—2021 年山东省主要饲料原料价格

根据《省“双随机、一公开”监管工作联席会议办公室关于印发 2021 年度山东省第二次部门联合“双随机、一公开”抽查工作实施方案的通知》（鲁双随机办函〔2021〕3 号）和农业农村部办公厅《2021 年饲料质量安全监管工作方案》等要求，省畜牧兽医局联合省生态环境、省应急管理等部门，组织执法人员完成了对 14 市 100 家饲料生产企业的“双随机、一公开”检查工作。其中 27 家企业未发现问题；40 家企业存在生产检验设施不完善、记录不全等违规问题，采取行政指导等措施责令改正；12 家企业存在违法生产经营问题，移交当地饲料管理部门跟踪督办或者立案查处；21 家企业长期停产、停业或者已经注销，无相关生产经营活动，省局逐一跟踪核查注销。

山东省畜牧兽医局公布了 2021 年度《饲料质量安全管理规范》省级示范企业。至 2021 年底，全省共有 21 家国家级、116 家省级《饲料质量安全管理规范》示范企业。

根据《山东省人民政府办公厅关于促进畜牧业高质量发展的实施意见》（鲁政办发〔2020〕27 号）《山东省人民政府办公厅关于印发山东省打造全国现代畜牧业齐鲁样板实施方案的通知》（鲁政办字〔2021〕44 号）等要求，省局确定推出山东和美华集团有限公司等 85 家饲料生产企业为 2021 年度山东省饲料行业高质量发展齐鲁样板企业，其中领军生产型 30 家、科技创新型 35 家、产业链引领型 20 家。

由山东省畜牧兽医局、山东省人力资源和社会保障厅以及山东省总工会主办，山东省饲料兽药质量检验中心承办，山东省饲料行业协会和山东畜牧兽医职业学院共同协办的全省首届饲料质量检验员职业技能竞赛决赛在潍坊成功举办，来自全省 16 市逐级选拔的 60 名选手参加了本次决赛。决赛采取理论考试与现场操作考核相结合的形式进行，产生个人一等奖 5 名，二等奖 10 名，三等奖 15 名。济南、青岛、潍坊、临沂、滨州和烟台代表队获得“优秀组织奖”，有两名同志获得优秀指导老师荣誉称号。

省协会按照《山东省饲料行业协会团体标准管理办法》，组织制定了 T/SDFA 002—2021《发酵饲料原料　第 7 部分：好氧发酵技术规范》和《发酵饲料原料　第 8 部分：厌氧发酵技术规范》二项系列标准，T/SDFA 003—2021《青贮全株玉米生产与生猪饲喂规范》的术语与定义、全株玉米收割、全株玉米青贮制作、青贮全株玉米质量要求、饲喂繁育母猪、饲喂育肥猪、繁育母猪饲养管理、育肥猪饲养管理、养猪场生物安全、经济效益核算方法十项系列标准，T/SDFA 004—2021《农副产品饲料发酵制作与生猪饲喂规范》，计 13 项团体标准。

为推进山东省饲料行业高质量发展，省协会于 4 月宣布设立山东饲料产业高质量发展推进联盟。联盟下设肉鸡饲料分盟、生猪饲料分盟、水禽饲料分盟、蛋鸡饲料分盟、决策咨询委员会和秘书处。主要任务是：提出产业发展的瓶颈、困难、问题及解决路径；协调企业间共性的议题、议案、争议和解决路径；为协会的年会和会员大会提供思路和议题；商议其他与高质量发展有关的议题。

山东畜牧兽医学会中兽医学专业委员会和动物微生态学专业委员会批准等环节评选出的“2021 年度绿色高效饲料产品”“2021 年度节能减排饲料产品”“2021 年度创新型饲料原料”“2021 年度创新型饲料添加剂”四类新产品和“2021 年度‘两低一高’饲料配方新技术”“2021 年度现代化饲料工艺设备新技术”两类新技术，于山东畜牧博览会期间举行证书颁发仪式。共计 96 家企业的 106 个产品分别获得以上 6 个种类的荣誉称号。

（山东省畜牧兽医局饲料兽药处）

河南省饲料工业

2021年，河南省遭遇了百年不遇的暴雨灾害，河南省饲料工业在省委省政府的正确领导下，积极应对暴雨灾害和新冠感染疫情防控的严峻形势，一方面认真落实《饲料质量安全管理规范》，强化监督检查、质量监测和执法办案，不断规范饲料生产经营行为；另一方面积极采取一系列措施促进饲料生产企业复工复产，保障饲料供应，取得了显著成效，持续保持了良好的发展态势，饲料产品质量稳步提升，商品饲料产量大幅增长，为生猪恢复生产和畜牧业健康发展提供强有力支撑。据统计，至2021年底，全省共有各类饲料生产企业达990家，企业数量前5名省辖市分别为郑州市144家、新乡市142家、焦作市97家、商丘市68家、驻马店市65家。全省共有各类饲料生产1 351个。其中：饲料添加剂51个，混合型饲料添加剂346个，添加剂预混合饲料347个，单一饲料137个，配合和浓缩、精料补充料470个。2021年全省商品饲料总产量达1 455.9万t，同比增长23.4%。其中配合饲料、浓缩饲料、添加剂预混合饲料产量分别达到1 330.1万t、71.8万t、53.6万t，同比分别增长23.2%、19.3%、35.0%。其中猪饲料产量达934.2万t、蛋禽饲料产量187.4万t、肉禽饲料产量246.8万t、水产饲料产量29.3万t、反刍饲料产量51.2万t、其他饲料产量6.5万t，除了水产饲料和其他饲料产量同比分别下降1.3%和34.0%外，猪饲料、蛋禽饲料、肉禽饲料、反刍饲料同比分别增长36.7%、5.6%、18.6%、6.0%和10.8%。饲料行业总产值达485.7亿元，同比增长30.6%，其中：饲料产品总产值467.4亿元、饲料添加剂182.1亿元，同比分别增长31%、20.1%。产量和产值前5名的省辖市分别为南阳市（214.7万t）、周口市（161.0万t）、驻马店市（145.6万t）、开封市（128.0万t）、商丘市（98.4万t）。

【工作特点】

（一）商品饲料产量大幅增长

前期受国家恢复生猪产能一系列扶持政策的有效落实和水产、禽蛋等产品价高质好等综合因素的影响，生猪等产量快速恢复，饲养量快速增长，从而有效拉动商品饲料产量大幅增长。2021年，河南省商品饲料产量增幅达23.4%，产值增幅达30.6%，位居全国前5名之列。

（二）饲料成本大幅上涨

受南美大豆生产形势等综合因素的影响，玉米、豆粕等大宗饲料原料价格位居高位，特别是豆粕价格涨幅较大。由于饲料成本上涨拉动饲料价格上涨，给本来就亏本的养猪行业雪上加霜。

（三）饲料添加剂发展迅速

一是饲料添加剂企业数量快速增加。目前，全省共有各类饲料添加剂企业397家，同比增长36.4%。其中饲料添加剂（单品）51家，混合型饲料添加剂346家，分别增长15.9%和40.1%。二是饲料添加剂产能大幅增长。全省各类饲料添加剂累计产能同比增长62.1%，其中单品饲料添加剂产能同比增长150.7%，混合型饲料添加剂产能同比增长39%。三是饲料添加剂产量快速增长。特别是维生素及类维生素产量同比增长3.6倍，调味和诱食物质产量同比增长5.5倍，着色剂产量同比增长19.1倍。

（四）环保、无抗、微生物发酵等新型饲料产品研发成为亮点

替代抗生素的饲料产品、环保减排饲料产品、微精微囊提高利用率的饲料添加剂产品、微生物发酵、膨化饲料产品等不断出现。天然植物饲料原料发展成为企业新的增长点，呈快速发展势头。

（五）网络销售成为热点

由于受疫情影响和网络销售的兴起，饲料生产企

业特别是饲料添加剂生产企业纷纷在互联网上开设网店进行网络销售和电话营销。有部分企业80%以上的销售量均来自网店销售，网店销售逐渐成为主力。

（六）宠物饲料呈新的增长点

目前，全省宠物添加剂预混合饲料生产企业已达9家，宠物配合饲料生产企业达10家。2021全省宠物饲料产量达3 925t，同比增长83.1%；总产值3.4亿元，同比增长20多倍。

【主要工作】

（一）积极开展复工复产和保供工作

为有效解决疫情防控期间农资和农产品运输受阻问题，河南省农业农村厅饲料兽药处积极采取措施，确保运输畅通和春节期间鲜活农产品有效供应。一是及时建立了春节期间农产品保供机制。定期会商制度，定期分析农产品供销形势、价格行情、存在的问题，研究协调沟通解决存在的问题和促进产销衔接的政策措施等。二是积极联合省商务厅、省交通运输厅研究下发《关于保障春节期间鲜活农产品供销畅通的紧急通知》。三是积极申请发放应急交通运输通行证。共向省交通运输厅申请下发了3 000张应急运输通行证，其中省境内应急运输通行证2 000张、出省境应急运输通行证1 000张。其间，累计使用数量18 778张次，累计运输27 584趟次，累计运送农产品和农资26.34万t，极大地缓解了运输难问题。

（二）积极开展饲料兽药行业调研

一是先后开展了饲料兽药行业管理和发展现状调研。4月23日—4月30日，抽调21人，分6个调研组赴全省各地对全省饲料兽药行业相关情况进行了调研，通过听取汇报、查阅管理档案等资料、分别召开管理部门和饲料兽药生产经营企业座谈会、现场实地查看等方式，对全省饲料兽药行业监督管理、科技研发、技术更新、安全生产、从业人员状况、法律法规贯彻落实等情况进行了深入调研。6个调研抽检组，共召开座谈会32场次，实地查看饲料兽药生产企业203家、兽药经营门店35家，并分别撰写了调研报告。二是开展了饲料兽药行业营商环境调研。借全省第三季度监督抽检之机分6个调研组深入饲料兽药企业开展了饲料兽药行业营商环境调研，面对面听取了饲料兽药企业发展情况和在“放管服”方面的意见建议，汇总整理并按要求上报厅直纪委。三是开展了低蛋白日粮饲料模式推广情况调研。为认真贯彻王凯代省长来河南省农业农村厅调研指示精神，深入了解低蛋白日粮饲料配方技术推广情况，及时推广经验，查找问题，河南省农业农村厅饲料兽药处于4月28日—5月14日对河南省低蛋白日粮饲料配方技术推广情况进行了调研，并撰写了《河南省低蛋白日粮饲料配方技术推广应用现状、问题及建议》。

（三）积极开展饲料兽药行业培训

一是组织全省兽药新版GMP检查员网上参加全国新版GMP培训。二是依托省饲料添加剂协会和动保协会组织企业开展了新版GMP培训和小班辅导，共举办培训班5期，累计培训辅导动保企业53家，为河南省动保企业顺利通过新版GMP验收树立了标杆，为全省顺利推进新版GMP工作打下了坚实基础。目前，全省有7家企业通过新版GMP验收，有40多家企业完成了图纸设计和设备采购，正在施工建设。三是依托省饲料添加剂协会分片分区开展饲料企业培训和座谈。先后组织了新乡、鹤壁、焦作、济源等片区培训座谈会，现场培训了饲料相关法律法规，听取企业意见、面对面答疑解惑，效果明显，得到了与会企业的一致好评，累计培训座谈企业386家，累计参加培训和座谈人员近500人。

（四）积极组织开展饲料兽药行业学习交流活动

一是依托省饲料工业协会组织全省饲料企业参加全国饲料工业展览会。全省有10多家饲料添加剂企业参加了展览，有300多家饲料企业参加了会议，展览了产品，学习了知识，开阔了眼界。二是依托省饲料工业协会成功举办了一年一度的河南省饲料行业中原科技论坛。全省261家企业人员参加了论坛，邀请行业院士等相关专家进行了授课。三是依托省饲料添加剂协会成功举办了黄河五岳论坛暨首届饲料添加剂行业发展大会。四是依托省饲料兽药监察所和省动保协会在郑州成功承办了全国兽药大会。五是依托省饲料商会每季度召开饲料行业形势分析会，积极组织行业企业深入研判形势、分析行情，指导行业健康发展。

（五）加强饲料兽药行业安全生产监督

一是下发了《进一步加强饲料兽药安全生产的通知》和《进一步加强饲料兽药行业监管的通知》。明确要求各地加强安全知识培训和警示教育，加强对安全隐患的排查和整改，规范操作规程，建立安全生产长效机制等。二是开展安全生产大排查。每季度开展的饲料兽药抽检活动，都切实按照“三管三必须”的要求把安全生产作为一项重要内容，认真开展检查。前三季度累计检查兽药生产和经营企业210家，饲料生产企业192家。对检查中发现的安全隐患进行了及时反馈和责令限期整改。

（六）严格饲料兽药行政许可

从2021年河南省农业农村厅饲料兽药处承接饲料兽药行业许可材料审核和专家现场审核两个环节任务后，河南省农业农村厅饲料兽药处对两个环节的审核工作高度重视，积极采取措施，严格审核纪律。一是积极研究制定了饲料兽药生产行政许可工作制度。

共12项内容，包括工作流程、廉政管理制度、技术审核制度、专家廉政承诺书和被审核企业廉洁承诺书等，使材料审核和专家现场审核做到了严肃认真、公平公正、清正廉洁。二是认真开展材料技术审核。及时对受理后的企业申报材料进行技术审核，累计共审核饲料行政许可申报材料218份、兽药行政许可材料26份。三是认真组织专家开展现场审核。饲料行业共组织专家56组次，共现场验收饲料申报企业193家，共现场验收兽药申报企业20家。四是配合农业农村部开展兽药产品批准文号核查上传工作。线上线下共核查上传兽药产品批准文号1 968批次。

（七）认真开展饲料兽药专项检查

按照2021年饲料兽药质量监测计划和“双随机、一公开”的相关要求，分别从生产、经营、使用环节开展饲料兽药质量监督检查。重点查看饲料生产企业《饲料质量安全管理规范》落实情况、兽药生产企业《兽药生产质量管理规范》等法律法规落实情况、兽药新版GMP宣传培训推进情况检查和安全生产情况四个方面，共监督检查兽药生产和经营企业210家、饲料生产企业192家。

（八）开展饲料兽药监督抽样检查

根据2021年饲料兽药质量监测计划要求，分别于4月份、5月底6月初和9月中旬，各分6个组对全省饲料兽药质量进行了监督抽样检查。三次共抽取饲料生产经营企业192家，抽检饲料样品618批，其中第一次饲料监督抽检379批，第二次饲料监督抽样品130批，样品合格率均在90%以上；第三次饲料监督抽检样品109批，样品正在检测。三次共抽取兽药生产经营企业196家，抽检兽药样品653批，其中第一次兽药监督抽检393批，第二次兽药监督抽检62批，合格率均在95%以上；第三次兽药监督抽检198批，样品正在检测。对前两次饲料监督抽检情况进行了通报，责令相关省辖市对不合格产品企业进行了依法查处。同时，配合广西农业农村厅完成了对河南省6个省辖市的13个兽药生产企业的跟踪监测，共抽取样品44批；组织人员完成了对吉林省兽药企业第一次跟踪监测工作，共抽取样品21批；配合中国兽医药品监察所、省农业农村厅对河南省9个地市19个兽药生产企业进行第二次跟踪监测工作，共抽取样品65批；代表农业农村部带队完成了对重庆等地的全国饲料质量监督检查工作。

（九）开展饲料环节“瘦肉精”专项整治

按照河南省农业农村厅关于“瘦肉精”专项整治的统一部署，对全省饲料环节进行了“瘦肉精”专项整治，对河南省反刍饲料和饲料添加剂企业进行了拉网排查。重点检查了生产企业的小料库、原料库、成品库，核查了原料采购记录、生产记录、产品销售记录、检验记录等，全面排查了是否有使用“瘦肉精”等违禁物质的行为、是否有超剂量添加和超范围添加饲料添加剂的非法行为。并于5月底至6月初抽调人员分6个组对全省反刍饲料生产企业产品进行了质量抽检，两次共随机抽取了64家饲料生产企业和经营企业，并进行了现场检查，共抽取饲料样品130批，在现场检查和质量抽检中没有发现有添加使用“瘦肉精”的违法行为。同时，抽调人员4月份和6月份先后两次带队对开封、驻马店、周口、鹿邑开展了“瘦肉精”飞检，两次飞检共随机检查牛羊养殖场45个、反刍饲料和饲料添加剂生产企业6个、生猪屠宰厂3个、肉牛屠宰厂1个，现场快速筛查动物饮水样45个、牛羊尿样90个，抽取饲料样品44个、猪肉样8个、猪肝样4个、羊肉样1个、羊肝样1个。现场快检样品均呈阴性，现场检查也没有发现有添加使用“瘦肉精”的现象。

（十）开发并完善“互联网+饲料兽药监管系统”

在全国率先实现了饲料兽药质量抽检、现场检查、行业宣传培训等均在网上运行，切实做到了抽检检查“双随机”、问题整改有痕迹、监管频次可查询、分级管理目标清，做到了规范、高效、便捷。

【存在问题和不足】

一是在安全生产方面还存在的问题和不足：尽管经过多次检查和整改，安全生产隐患仍然存在，个别企业安全防范意识不强、安全生产第一责任落实不到位、安全生产防范长效机制还不完善，安全生产知识培训和警示教育还不够等。二是在行业发展方面存在的问题和不足：产品同质化严重、科技含量高的产品不多，规模大的集团企业少、龙头带动作用发挥不明显，合作意识不强、发展后劲不足，企业文化欠缺、缺乏蓬勃向上精神等。三是在行业监管方面存在的问题和不足：产品质量监测还有不合格现象，产品标签还不够规范，两个《规范》还没有完全落实到位，行政许可与行政监管协调不顺畅，兽药批号审批环节多、时间长，网络销售监管难度大等，这些都是需要我们进一步加强监管的地方。

【下一步重点工作】

下一步工作思路是继续坚持两手抓，一手抓质量监管，一手抓行业发展。在监管上，从产前、产中、产后抓起，认真落实《饲料质量安全管理规范》和《兽药质量管理规范》等法律法规，强化行政许可、监督检查、质量检测和执法办案，努力推动饲料兽药质量水平再上新台阶。在发展上，积极开展行业调研、形势分析和行业指导，引导行业转型升级，努力提高行业规模化、产业化、信息化发展水平。突出抓好八项重点工作：一是抓好加强安全生产管理。切实按照“三管三必须”的要求，加强饲料兽药行业安全生产监督和指导。二是认真开展饲料兽药行政许可工作。按照职责，认真抓好饲料兽药行政许可的材料技术审核工作和专家现场审核工作，严把行业入口关。三是督促企业落实《饲料质量安全管理规范》。四是开展饲料兽药行业法律法规培训。五是开展饲料兽药质量监督检查和质量抽检工作。按照计划认真开展饲料兽药质量安全监督抽检和预警检测工作。六是进一步完善“互联网＋饲料兽药监管系统”。完善已开发的饲料质量抽检、现场检查等模块功能，开发质量追溯、政策法规培训等模块。七是依托协会加强行业交流和学习。举办相关论坛，参加全国展会，组织开展考察活动等。八是依托协会定期开展形势分析，指导行业健康发展。

（河南省农业农村厅饲料兽药处）

湖北省饲料工业

2021年，在农业农村部饲料主管部门的大力支持下，在省委、省政府的坚强领导下，在全体饲料行业人员的共同努力下，全省饲料工业总产值498.9亿元、饲料总产量1 318.2万t，均创历史新高。

【湖北饲料基本情况】

2021年湖北省饲料工业总产值498.9亿元，同比增长41.0%。其中，饲料产品总产值449.4亿元，同比增长37.9%；饲料添加剂总产值49.5亿元，同比增长77.2%。

2021年湖北省饲料总产量1 318.2万t，同比增长25.1%。其中，配合饲料1 256.7万t，同比增长24.3%；浓缩饲料38.8万t，同比增长47.7%；添加剂预混合饲料22.7万t，同比增长39.2%。按品种分，猪饲料651.2万t，同比增长57.7%；蛋禽饲料308.9万t，同比增长0.4%；肉禽饲料89.3万t，同比下降13.6%；水产饲料264.4万t，同比增长16.3%；反刍动物饲料2.3万t，同比增长61.8%；宠物饲料0.03万t，同比增长11.8%；其他2.0万t，同比增长62.9%。

【主要工作】

（一）持续优化行政许可

2021年饲料企业相关行政审批事项数量较往年增幅较大，全年受理办结饲料企业相关行政审批件258个，努力克服人少事多的不利影响，全面优化网上办理流程，让“互联网多跑路、让群众少跑路”，办件回复率、满意率均为100%。

（二）坚决抗击新冠感染疫情

2021年8月上旬，受新冠感染疫情反复的影响，湖北省武汉、荆州部分地区再次进入“静止状态”，“原料进不来、产品出不去”的矛盾不断凸显，畜禽、水产养殖场饲料断供风险不断增加。全省农业农村饲料主管部门积极协调，主动担当，解决各类交通运输受阻问题37个，为各类饲料养殖企业办理通行证130余辆，有效缓解了全省饲料运输难的状况。

（三）全面加强监督管理

按照湖北省“双随机、一公开”要求，2021年，全省监督抽查的饲料样品来自全省104家饲料生产企业、82家饲料使用企业和73家饲料经营企业的饲料产品304批次，其中生产环节150批次，经营环节94批次，使用环节60批次。不合格产品7批次，产品合格率为97.7%。对26家饲料、饲料添加剂生产企业进行现场检查，查出问题66个，被抽查企业均已落实整改措施，进一步规范行业主体生产经营行为。

（四）稳固提升统计质量

按照饲料工业统计系统要求，明确每个月底26日至下个月初的前三个工作日，为企业统计报表时间，同时要求市州饲料管理部门及时审核报表，对存在“数据异常”的报表，要仔细核实，厅畜牧兽医处每月第4个工作日对全省各个市州的“上报率、审核率、准确率”进行列表公开量化，通过压实企业报表主体责任和属地管理责任，不断提全省饲料统计数据质量。

【存在问题】

当前，饲料行业仍存在药物违法添加、不合格或非目录饲料添加剂违规添加、非目录原料违规使用、产品质量把关不严、饲料包装标签不规范、规定成分不达标等问题，潜在的风险不容忽视，各级农业农村部门要充分认识加强饲料行业监管工作的重要性，明确责任单位和人员，做到责有人负、活有人干、事有人管，避免职责悬空、任务落空，要采取果断措施，确保不发生重大质量安全问题，促进饲料行业健康稳定发展。

【下一步工作思路】

受主要蛋白原料价位持续高位和生猪养殖持续低迷等影响，饲料行业将面临前所未有的困难，湖北省将继续以《饲料质量安全管理规范》落实为抓手，不断深入推进行政许可“放管服”改革，加强安全生产监管和产品抽样监测，克服各种不利因素造成的影响，推动全省饲料产业有序发展，确保不发生较大质量安全事件，主要思路如下：

（一）持续优化行政许可服务

按照“减时限、减环节、减证照、减材料、减基层负担”要求，持续优化饲料和饲料添加剂生产许可管理。从事饲料和饲料添加剂生产的企业，其生产许可按照湖北省行政许可事项清单，在湖北政务服务网上实行“一网通办”。

（二）强化饲料产品监测

一是强化企业自检。二是强化例行监测。三是强化监督抽查。全面推行“互联网＋监管”，采取“双随机、一公开”方式，组织实施饲料和饲料添加剂监督抽查检测工作。

（三）全面落实饲料质量安全管理规范

各地要严格落实《饲料质量安全管理规范》要求，逐一对辖区企业摸排检查，全面掌握企业执行情况，采取有力措施加快推进。一是组织现场检查。按照《湖北省饲料和饲料添加剂生产企业现场检查表》内容，重点检查企业是否按许可（批准文号）生产，混合型饲料添加剂、添加剂预混合饲料产品是否备案，产品标准和标签是否规范等情况。

（四）严格饲料安全生产监管

各地要按照《湖北省饲料和饲料添加剂生产企业落实全员岗位安全生产责任制实施方案》要求，坚持饲料生产安全和产品质量安全“两手抓、两手硬”，把安全生产监管责任明确到具体部门、细化到具体岗位、安排到具体人员。要不定期地组织开展安全生产现场检查，对检查发现的事故隐患要实行“零容忍”，通过建立问题清单、责任清单、销号清单，督促企业落实隐患排查治理和各项安全措施。

（五）积极推进饲料行业转型升级

积极支持饲料企业加快技术改造，提升自动化、智能化、现代化生产水平；鼓励饲料企业以资产、技术和人才等要素，采取兼并重组、合资合作、参股租赁、产业联盟等多种形式整合融合。

（六）加强基层饲料监管能力建设

各地农业农村部门要积极争取将饲料监管工作经费纳入地方财政预算，提高监督管理能力和经费保障水平。要建立教育培训制度，加强对饲料监管人员的业务水平培训、政治思想教育和法律知识培训，打造政治、担当、本领、作风、廉洁“五过硬”的饲料监管队伍。

（七）强化组织协调和信息报告

各地农业农村部门要统筹协调行政监管、饲料监测、综合执法等部门以及行业协会，压实各方责任，形成饲料行业监管工作合力。要定期组织开展督导检查，研究解决饲料生产经营使用环节遇到的各种问题，确保饲料管理法定职责得到全面履行。要落实饲料统计月报制度，督导生产企业及时完成中国饲料工业统计系统报表并及时审核，确保填报数据客观准确。要注重工作经验总结，宣传典型，为加强饲料行业监管营造良好氛围。

（八）进一步加强各类培训

委托省饲料工业协会、华中农业大学专家教授、相关第三方检测机构，进一步加强对各级管理部门工作人员、企业管理人员的学法用法培训，加强对企业检化验员的操作技能培训，不断提高全省饲料从业人员的能力水平，推动行业有序健康向前发展。

（湖北省农业农村厅畜牧兽医处）

湖南省饲料工业

2021年，湖南省饲料工业办公室在厅党组的坚强领导下，突出政治建设，强化服务担当，扎实推进行业转型升级和高质量发展，较好完成了年度目标任务。全省2021年饲料工业总产量1 249.5万t，同比增长达到23.8%，总产值477.54亿元，同比达到41.3%。

【主要工作】

（一）以推动产业发展为己任，落实落细“我为群众做实事”具体举措，推进产业高质量发展

一年来，湖南省饲料工业办公室坚持以推动产业发展为己任，落实落细“我为群众做实事”相关举措，当好饲料企业的“服务员”“娘家人”，确保各项行业管理政策措施落实落细。一是为企业办理行政许可服务事项。为企业办理饲料和饲料添加剂生产许可证149个（含企业名称、法人、注册地址名称变更），为13家企业办理饲料添加剂产品批准文号，为29家企业办理委托生产备案，为39家企业提供自由销售证明。二是对企业咨询热情解答。对企业诉求做到件件有回音，项项有落实，湖南省饲料工业办公室的业务咨询服务工作做到了100%回应，100%满意。三是开展“为企业减负”实践活动。先后于6月23日、25日到浏阳、宁乡对湖南坤源生物科技有限公司、湖南加农正和生物技术有限公司、湖南益生泰生物科技有限公司、宁乡拜特等双证企业进行实地调研，开展“为企业减负”实践活动，通过调研，了解双证企业对产品质量保证体系的需求，根据国家有关政策法规的要求做了相应调整，切实减轻了企业的负担。四是对宠物饲料企业进行专题调研。9月23日到湖南佩达生物科技有限公司就“发展湖南省宠物饲料产业”进行专题调研，通过现场走访座谈，查阅资料，对宠物饲料市场有了更清晰的判断，对企业诉求有了更高水准的服务。五是对申换发证企业进行服务指导。11月到12月，省办分别到岳阳、浏阳两地对已经专家前期指导过的申换发证企业进行实地复核和服务，进一步落实落细企业有关实际需求和供需矛盾，进一步挖掘产业发展后劲。六是积极争取进口玉米配额。为切实提高全省大中型饲料企业的进口玉米配额，湖南省饲料工业办公室多次协调省发展和改革委员会，提请在现有进口玉米配额基础上适当增加湖南省额度，将湖南省重要的区域性龙头企业、对当地养殖业的带动作用很大并有急切需求的部分大中型饲料企业纳入享受进口玉米配额政策的企业名单，缓解湖南省饲用玉米供应压力。通过以上六个方面的“我为群众做实事”服务担当，有利推动了全省饲料产业高质量发展：2021年，全省饲料工业总产量1 249.49万t，同比增长达到23.80%，总产值477.54亿元，同比达到41.33%。一是全省行业集中度进一步提升。2021年约有30家企业，饲料年总产量将达到12万t以上，合计规模总量突破500万t，占全省饲料总产量的40%以上。二是产品质量安全有保障。自药物饲料添加剂退出饲料加工环节以来，全省饲料企业及时转变加工理念，调整产业发展思路，积极发展替抗产品，推动新型饲料添加剂研发，大力研发和推广使用酶制剂、微生态制剂等替抗原料的绿色饲料，2021年全省饲料产品质量合格率达到99.1%。

（二）以事前事中事后三个维度为着力点，抓牢抓实监管举措，不断提升饲料安全保障水平

一是严把生产准入关，统一安全生产审核标准。结合每次评审，认真审核企业申报材料，把好企业现场评审关，严格落实许可安全监管责任，将安全监管工作落实到每个企业，组织对换发的149家饲料和饲料添加剂生产许可证企业的危险化学品、粉尘防爆场所、用电线路、消防设施配备，员工安全劳动保护等情况进行了全方位的检查，确保在许可准入安全生产监管上，彻底消除事故安全隐患，做到问题台账清零，责任不落实不放过，问题整改不到位不放过。一年来，14 个市州，在饲料生产企业生产作业过程中，未发生一起安全生产事故。

二是以粉尘消防整治为突破口，全面排查重点监管。切实按照制定的《关于印发 2021 年湖南省兽药饲料生鲜乳质量安全监测计划的通知》（湘农办函〔2020〕56 号）、《湖南省饲料和饲料添加剂生产企业粉尘危害专项治理三年行动工作方案》精神，始终把产品质量安全监管作为首要任务，对表对标，狠抓落实，坚决杜绝安全生产事故隐患。①2021 年共对 14 个市州开展了饲料生产企业、饲料经营门店和养殖场自配料点监督抽查，完成现场抽样 331 份，圆满完成全年饲料质量安全监督任务。②结合“双随机、一公开”监督检查，开展饲料和饲料添加剂生产企业粉尘危害专项治理行动，对监督抽查未抽检到的企业，责令各市州对未抽检企业进行全面排查，不留死角，要求各单位做到隐患有台账，责任有落实，问题有整改。2021 年是粉尘专项整治第二年，全省 14 市州的市级粉尘专项治理行动也稳步推进。③3 月 1 日，下发《关于做好政策性粮食加工成饲料产品后质量安全监管工作的意见》（湘农发〔2021〕10 号），先后 5 次下发《关于反馈政策性粮食竞价成交情况的通知》，涉及邀标定向竞价销售 22 次，对 14 个市州的政策性粮食饲料加工企业进行专项检查。从检查情况看，使用政策性粮食企业，原料从入库到产品出库，全程有监管，质量有保障，未发现安全隐患。

三是召开不合格企业座谈会。为扎实帮助问题企业，做好限期整改工作，提高产品内控水平，湖南省饲料工业办公室对有安全生产隐患的企业去函，召开部、省检两级饲料质量安全监督抽查不合格产品企业整改落实情况碰头会，指导企业解决产品控制难点，及时发现和纠正产品质量控制过程中的问题。

四是市州同步推进执法监管。全年 14 个市州共检查生产主体 599 个，检查经营主体 2 153 个，出动执法人员 9 724 人，发现问题 463 起，行政执法案件 25 件，进行处罚的货值金额为 7.5 万元，罚款金额为 17.63 万元，销毁问题产品 9.39t，责令停产 1 家。

（三）以服务担当为目标，优化服务手段，扩大产业品牌影响力

一年来湖南省饲料工业办公室对表对标全国饲料统计信息监测要求，及时保质全面按月对全省饲料产量、产值进行统计监测，按月总结分析饲料生产形势，及时为生猪稳产保供、行业发展提供基础数据，全省饲料统计工作一如既往受到农业农村部畜牧兽医局表扬。湖南省饲料工业办公室承办的《湖南饲料》杂志，是全国为数不多有全国公开刊号的饲料杂志，一年来我们努力克服人手少、行业不景气及受新媒体冲击等重重困难，坚持做好《湖南饲料》编辑发行，全年杂志发行 54 000 余册，公众号发布 1 440 多条。目前杂志在全国同行业杂志中发行量和信息量均居第一梯队水平，已成为湖南养殖业、饲料行业的重要舆论阵地。

【存在问题】

（一）产业素质有待继续提升

从产业化水平看，全省饲料企业产能利用率不到一半；现有的 392 家企业，只有 163 家实际年产量在万吨以上，还有相当部分企业规模还偏小、设备陈旧、工艺落后；饲料产业结构竞争力还不是很强，除了猪饲料发展一直比较强劲外，禽饲料和水产饲料一直缺少竞争力，与禽养殖大省山东、水产养殖大省广东仍有不少差距。

（二）资源约束进一步趋紧

湖南省饲料原料对外依存度高，玉米、豆粕等大宗原料全部从东北、华北和国外采购，还有部分进口的配额玉米，相对原料主产区和沿海地区省份，我们的原料运输成本偏高，与之竞争缺少足够的优势。特别是从 2020 年以来，玉米、豆粕供应偏紧、价格大涨，加上劳动力价格大幅上扬，政府环境调控力日益增强，行业整体盈利空间被压缩。

【2022 年工作打算】

一是继续抓好监管监测工作。在行政许可审批上，积极对表对标，优化审批服务，强化企业信用承诺事前、事中、事后监管；持续开展好全年行政监督抽查工作，拟在 6 月和 10 月分两批开展“双随机、一公开”饲料质量安全监督抽查，规范监督抽查行为，不断提升监管能力和水平，确保产品质量安全和生产安全。

二是拓展饲料原料供应渠道。支持饲料企业、科研院所调整优化饲料配方结构，增加稻谷、杂交构树、稻麦混合物、转基因玉米、饲料桑、作物秸秆等地方原料和新饲草饲料资源使用量。在保证安全前提下，多渠道拓展饲料原料来源，支持饲料企业通过竞价采购政策性粮食、争取玉米进口配额等举措，降低饲料生产成本。

三是更大力度地推进全产业链发展。推进饲养大融合，推进饲料产业从数量速度型向质量效益型转变，引导有条件饲料企业主动参与构建现代农业产业体系。由单一饲料加工，向饲料原料贸易、畜牧水产养殖、畜禽屠宰、食品加工等领域延伸，实行全产业链发展。

四是重点培育高端、小众特色饲料企业。多方争取对饲料科技创新的支持力度，重点培育和扶持一批

起点高、规模大、竞争力强的龙头企业，引导饲料企业运用生物技术、智能制造等新技术推动饲料工业升级。力争在新型饲料添加剂研发、饲料资源开发利用、饲料加工装备智能化等领域取得新的突破。力争在小龙虾、禾花鱼、特色畜禽等行业细分市场，在微量元素、维生素、氨基酸等饲料添加剂品类上，培育一批具有核心竞争力的高端、小众特色饲料企业。

五是着力提升行业服务水平。加强政策培训、业务培训，着力提升行业从业人员素质。践行“以企业为中心”理念，着力办好饲料行业、饲料企业“急难愁盼”问题，为行业发展营造良好外部环境，拟在年初举办全省饲料企业有关政策法规及行政许可规范等培训班。

六是持续提升《湖南饲料》杂志品牌影响力。进一步提升杂志办刊水平，力争把杂志和公众号打造成聚焦行业热点难点、加强企业沟通及宣传饲料行业良好形象的重要窗口。

（湖南省饲料工业办公室）

广东省饲料工业

【发展概况】

2021年，广东省饲料行业积极应对全球新冠感染疫情蔓延、大宗原料价格暴涨以及拉闸限电等不利因素的影响，加快调整优化产业布局和产品结构，努力保障饲料业健康持续发展，全省饲料发展稳中有升。饲料工业总产值和总产量较2020年均出现较大幅度增长，生猪饲料产量实现恢复性增长，家禽饲料产量保持稳定，水产饲料产量稳步增长。全省饲料工业总产值1 547.5亿元，同比增长32.7%。商品饲料总产量3 573.3万t，同比增长18.7%。饲料质量安全监管工作有序开展，省级饲料质量安全监督抽查总体合格率98.8%。

（一）产量再创新高，猪料增长尤为突出

随着广东省生猪产能的恢复，带动饲料生产和消费较快增长。全年生猪饲料产量1 320.9万t，同比增长61.3%，其中单月生猪饲料总产量同比均增长超50%，生猪饲料占广东省各品种动物饲料总产量的37.0%。家禽饲料方面，近两年家禽产能处于历史高位水平，家禽饲料产量2021年开始处于高位回落状态，上半年家禽饲料产量与2020年同比基本持平，三季度开始小幅回落。全年蛋禽饲料总产量230.4万t，同比下降0.3%；肉禽饲料总产量1 251.1万t，同比下降0.9%。水产饲料方面，水产饲料产量与往年同期相比依然保持同比增长的态势，全年水产饲料产量748.8万t，同比增长10.1%。其他动物饲料方面，反刍饲料保持稳步增长，全年总产量7.9万t，同比增长21.2%。宠物饲料方面，自农业农村部第20号公告公布实施以来，近几年广东省尚处于研究探索阶段，但全省宠物行业对国产宠物饲料研发生产的热度一直高涨，有较好的发展前景。全年宠物饲料总产量2.1万t，同比增长63.3%。其他饲料产量12.1万t，同比增长22.5%。

（二）生产企业数量增加，大型企业集中度高

2021年1月，《农业农村部关于加强水产养殖用投入品监管的通知》（农渔发〔2021〕1号）决定在全国试行水产养殖投入品白名单制度，部分原动保产品生产企业转入水产饲料添加剂行业生产经营，混合型饲料添加剂企业竞争日趋激烈；生猪产能恢复性增长，生猪饲料需求加大，饲料生产企业数量相较2020年明显增加。2021年全省共有饲料和饲料添加剂企业921家，生产许可证1 148份，其中浓配饲料515份、单一饲料111份、添加剂预混合饲料258份、饲料添加剂79份、混合型饲料添加剂185份。按饲料厂单厂计，年产10万t以上的饲料厂125家，产量占饲料总产量的72%；按饲料集团企业计，年产30万t以上的集团企业21家，产量占饲料总产量的73%。大型企业所占市场份额已近3/4，饲料生产集中度越来越高。

（三）添加剂产品结构调整，微生物制剂竞争激烈

2021年以来，大批微生物制剂企业抓住禁抗后新增替抗市场的机遇，迅速调整产品结构，加入饲料行业生产经营。仅2021年新设立微生物制剂类的饲料添加剂生产企业就有26家，增项生产微生物制剂品种的饲料添加剂生产企业有36家。各类饲料添加剂产品中调味剂类产品产量增长最快，全省28家调味剂类企业中，年产超过1 000t的有6家。氨基酸、防腐剂、酸度调节剂、酶制剂类产品的产量同比均有所下降。

（四）珠三角产能占比缩小，粤西粤北发展渐强

2021年，广东省珠三角地区饲料产量1 923.34万t，粤东地区253.12万t，粤西地区1 055.39万t，粤北地区341.42万t，分别占全省饲料总产量的53.83%、7.09%、29.54%和9.55%。与2020年同期相比，珠三角、粤东、粤西地区饲料产量均有不同

程度增长，其中粤西、粤北地区增长幅度较大，分别增长了25.95%、38.88%，两地区主要增长点在生猪和水产饲料，且粤西所有城市及粤北2/3城市的年产量均超100万t。全省饲料产量最高的区域依然集中在珠三角地区，但近年由于环保压力、企业生产经营布局变化等原因，珠三角地区饲料产量占比正逐渐缩小。

【组织机构】

广东省农业农村厅内设畜牧与饲料处，负责拟定饲料业发展政策和规划并组织实施，承担饲料和饲料添加剂的监督管理工作。

【主要工作】

（一）积极推进饲料业转型升级

引导企业积极应对国际贸易形势及市场波动，调整产品结构和产业链布局，进一步提升规模化、集约化水平，延伸拓展产业链，推进外延式发展。扎实推进药物饲料添加剂退出工作，支持企业开展植物提取物、微生物制剂、酶制剂等替抗产品研发，加强替抗集成技术储备。针对大宗饲料原料供需形势趋紧、原料价格不断上涨的形势，积极推动饲料中玉米豆粕减量替代，促进饲料粮保供稳市。

（二）着力规范饲料生产管理

重新拟定并启用饲料和饲料添加剂生产许可现场考核题库及考核方式，规范现场审核行为；严格饲料和饲料添加剂产品生产许可条件及饲料添加剂产品批准文号审核，加强水产养殖投入品中“微生态制剂”“水质改良剂”等产品的生产许可管理，对不符合条件的一律不予许可。2021年，全省共核发饲料和饲料添加剂生产许可证370份，其中省级214份、市级147份；市级核发批准文号32个；办理委托生产备案147批次，产品1 953个；办理自由销售证明194批次，产品453个。加强饲料生产信息月度统计监测及生产形势分析，举办地市饲料管理工作人员培训140余人次，以“点对点”方式指导地市升级“饲料和饲料添加剂生产许可信息管理和查询系统”。组织开展2021年饲料“安全生产月”和“安全宣传南粤行”活动。

（三）不断深化饲料“放管服”工作

按照省政府部署，将饲料生产许可证核发（单一饲料、浓缩饲料、配合饲料、精料补充料）和饲料添加剂（不含混合型饲料添加剂）产品批准文号核发两项行政许可事项委托中国（广东）自由贸易试验区深圳前海蛇口片区管理委员会实施，积极指导承接实施工作。印发《关于加强饲料行政许可委托事项工作的通知》，严格规范饲料行政许可委托事项工作。委托3家符合条件的机构承担广东省饲料管理行政许可所需的检测方法验证和产品复核检测工作。配合数字政府建设，优化政务服务事项梳理、“双公示”、电子证照等工作。督促指导企业做好饲料添加剂预混合饲料、混合型饲料添加剂产品配方备案。加强饲料法规宣传，参与举办2021年放心农资下乡服务活动。积极协调解决行业企业关切问题，及时调度饲用玉米供求及仓储情况，引导督促企业加强库存调配周转，配合解决进口粮食压港压库问题；商请省能源局协调支持饲料企业高峰期生产用电。

（四）切实加强饲料质量安全监管

印发《2021年饲料质量安全监管工作方案》，开展省、市两级“双随机、一公开”饲料质量安全监督抽查、省级饲料质量安全风险预警监测、饲料和饲料添加剂生产企业现场检查及饲料标签专项检查等工作。2021年，省级监督抽查饲料和饲料添加剂生产企业、饲料经营门店及养殖场（户）共250家，抽检范围涉及20个市，共抽检各类商品饲料及自配料样品505批次，总体合格率为98.8%。通报抽检不合格企业，组织各地严肃查处不合格产品及其生产企业，并加大对抽检不合格企业的监管力度，实施重点监控。开展饲料产品质量风险预警监测工作，针对饲料原料、配合饲料、浓缩饲料、添加剂预混合饲料、微生物制剂、酶制剂和宠物饲料等重点产品共400批次，进行重金属、真菌毒素、未知非法添加物和违禁药物等项目的高通量风险筛查监测。组织开展饲料标签专项检查，全省共出动执法人员2 931人次，检查饲料生产企业、经营门店及养殖场（户）共2 011家次，发现饲料标签存在问题的有20家，均已要求限期整改。加强“瘦肉精”监管，成立“瘦肉精”专项整治工作组，印发《关于迅速组织开展“瘦肉精”专项整治行动的通知》和《关于开展“瘦肉精”飞行检查工作的通知》，组织开展全省“瘦肉精”专项整治行动。全省排查肉牛养殖场（户）5 169个，肉牛100 560头；肉羊养殖场（户）2 237个，肉羊160 377头；肉牛屠宰企业53个，肉牛18 169头；肉羊屠宰企业45个，肉羊8 680头，均未发现涉“瘦肉精”违法行为。省级监督抽查屠宰场9家，抽取牛羊肉、肝、尿液等样品共31批次，均未检出“瘦肉精”成分。各地分别对养殖、收购贩运及屠宰环节开展监督抽检，其中屠宰环节检出阳性牛场（户）3个、阳性样品数28份，阳性牲畜全部进行无害化处理，违法案件全部移送公安机关。其余均未检出“瘦肉精”成分。省级飞行检查共快速筛查养殖场（户）7个，屠宰企业1个，尿液样品51份，均未发现涉“瘦肉精”违法行为。积极配合协助农业农村部“瘦肉精”飞行检查和有关饲料产品举报线索的调查处置。

【存在问题】

广东省饲料业在产业规模、产业集中度、产品质量等方面全国领先，但也面临一些新形势和新挑战。一是饲料产能总体过剩，饲料添加剂产品趋于同质化，市场竞争日趋激烈，企业发展压力倍增。二是饲料原料对外依存度较高，即使是替代型原料依然进口占比居多，抗国际风险能力较差。三是原料价格大幅增长，企业运营成本不断增加，将对小型生产企业造成严重冲击，未来企业集中程度将会更高。四是新饲料添加剂产品较少，真正的高科技新产品占比不高，企业创新能力有待提升。五是近年来宠物饲料市场蓬勃发展，但宠物饲料产品样式繁多，产品分类与畜禽饲料产品分类差异较大，不需要持证生产的零食类宠物饲料产品五花八门，产品质量安全监管难度非常大。

【下一步工作重点】

持续抓好饲料业高质量发展。一是推进饲料业转型升级。引导企业积极应对全球新冠感染疫情、社会、经济与自然等带来的不利影响，调整产品结构和产业链布局，整合优化存量生产能力，提升规模化、集约化水平；鼓励企业延伸和拓展产业链，加强与农业生产企业、养殖企业的优势互补和上下游资源整合；推进豆粕减量替代，扩大多元化饲料配方结构，促进饲料粮供需平衡；支持“替抗”产品和技术研发应用，大力发展绿色安全高效饲料。二是规范饲料生产行为。修订《饲料和饲料添加剂生产许可现场审核专家管理办法（试行）》，调整饲料和饲料添加剂生产许可审核专家库；抓好饲料生产行政许可、产品委托备案、自由销售证明和饲料生产信息统计等工作，严格落实各项管理工作。三是推进“放管服”改革走深走实。加强对饲料行政许可委托事项的培训指导及实施监督，确保委托事项顺利推行。落实饲料管理政务服务举措，不断优化服务。四是强化饲料质量安全监管，尤其加强养殖者自配料、绿色生物饲料、宠物饲料等新型产品的监管，重点查处卫生指标超标、质量指标不合格、非法使用禁限用药物和禁用物质等违法行为。五是加强饲料安全生产行业管理工作，督促指导企业加强安全生产管理。

（广东省农业农村厅）

广西壮族自治区饲料工业

【发展概况】

习近平总书记两次视察广西，分别做出“扎实推进现代特色农业建设”和“立足林果蔬畜糖等特色资源，打造一批特色农业产业集群”的重要指示。广西壮族自治区各级农业农村部门认真学习贯彻习近平总书记关于“三农”工作的重要论述及视察广西时的重要讲话指示精神，以服务企业为宗旨，全面落实“放管服”，不断提升服务水平，加强技术指导，指导企业积极应对非洲猪瘟疫情、新冠感染疫情、饲料原料价格大幅上涨等不利因素影响，依托广西区位优势及养殖业快速发展的红利期，提升饲料加工技术水平，推动全产业链发展，饲料生产逐步实现信息化、智能化。据统计，2021 年全区有饲料和饲料添加剂生产企业 300 家，饲料工业总产量 2 042.03 万 t，同比增长 33%，高于全国平均增速 16.9 个百分点，饲料工业总产值 769.79 亿元，增长 49.7%，高于全国 20.4 个百分点。总产量首次突破 2 000 万 t 大关，继续稳居全国第三位，饲料产业已成为广西养殖业高质量发展的稳定器和助推器。

【发展特点】

（一）大型饲料生产企业集中度高

广西积极稳定生猪生产，保障市场供应，出台了一系列政策加快生猪产业恢复生产，推动了生猪家禽出栏量连续多年居全国前列，吸引了国内海大、新希望等集团企业纷纷到广西投资。据统计，2021 年全区猪肉产量 245.2 万 t，增长 40.9%，高于全国增速 12.1 个百分点。生猪存栏 2 128.2 万头，同比增长 16.4%，高于全国增速 5.9 个百分点，其中，能繁母猪存栏 221.0 万头，高于全国增速 0.5 个百分点，在正常保有量以上。全区年饲料产量 50 万 t 以上的集团企业有 8 家，产量 1 385.9 万 t，同比增长 30.24%，占全区饲料总产量的 67.9%。年饲料产量 10 万 t 以上的企业有 73 家，比 2020 年增加 15 家，产量 1 770.3 万 t，同比增长 43.7%，占全区饲料总产量的 86.9%。自治区桂林力源食品集团有限公司区内 22 家饲料生产企业年饲料产量 604.2 万 t，占全区总产量的 29.6%，广西扬翔股份有限公司年产 149.2 万 t，占全区总产量的 5.4%。大型饲料生产企业集中度越来越高。

（二）产品质量继续保持高水平

自治区各级农业农村部门不断强化监管措施，率先通报饲料生产企业现场检查中发现的问题，并加强对问题企业落实整改。一是实施《饲料质量安全管理规范》，强化日常监管，把实施《规范》与行政许可结合起来，建立事前事中事后紧密衔接、相互补充的饲料行业管理新机制。二是加大对养殖环节、屠宰环节“瘦肉精”等违禁药物的抽检力度，增加抽检覆盖面和频次。三是采取现场检查、监督抽查、飞行检查、暗查暗访、投诉举报等手段，对重点区域、重点企业、重点产品实施重点检查，突击检查核心原料库房。四是加强对不合格产品的追踪溯源，查清不合格品的来源和原因，消除产品质量安全隐患。全年共抽查饲料和饲料添加剂生产、经营企业、养殖场（户）956 家，抽检饲料和饲料添加剂产品 1 888 批次，合格率 99.8%。

（三）区位集聚优势更加凸显

自治区年进口粮食达 800 多万 t，约占全国进口总量的 10%，国内大型粮油加工企业纷纷看好广西沿海港口的区位优势和海运成本低廉优势，相继落户钦州、北海和防城港等地聚集发展，自治区已成为我国进口粮油加工重要加工基地。矿物元素饲料添加剂生产集中在贵港、崇左、钦州等有色金属主产区，饲料加工主要分布在南宁、柳州、桂林、玉林、贵港、钦州等中心城市和养殖业发达地区。这 6 个市的饲料产品产量占广西总产量的 95%以上。

（四）进口转基因玉米使用呈上升趋势

一方面，2020 年以来由于玉米价格大幅上涨，进口转基因玉米价格有较大优势，有条件的企业纷纷改造完善生产设备和内部管理制度，申请转基因加工许可证，进口转基因玉米使用呈上升趋势。另一方面，粮食加工企业纷纷看好海关特殊监管区的税收政策，开展饲料加工业务。随着国际形势的不断变化，进口非转基因玉米无法出港和国际上部分国家限制粮食出口，造成国内外粮食短缺。因此，饲料生产企业选择使用转基因玉米的需求在不断增加。如何有效监管应该引起有关部门重点关注。

（五）饲料生产逐步实现信息化智能化

桂林力源粮油食品集团有限公司、广西扬翔股份有限公司、双胞胎（集团）股份有限公司、广西华港农牧发展有限公司等集团企业均采用机器人码垛机替代人工码垛形式，节约劳动力，减少生产成本，提升了效能。全区有 105 家以上饲料生产企业采用机器人码垛机。桂林力源粮油食品集团有限公司属下区内所有饲料企业，均建立监控预警系统，对各生产环节实时监控，及时发现质量安全隐患，留存监控录像便于备查和追溯；广西扬翔股份有限公司采用 WINCOS 控制系统、CRPP 系统建立核心料及全价料可追溯性体系，广西普乐唯美采用法国 ACPEMIUM 控制系统建立添加剂预混合饲料可追溯性体系，确保产品质量安全。南宁通威生物科技有限公司使用人机交互 1.0 版基础功能，进一步确保安全规范操作，实现岗位“傻瓜式”操作，提高工作效率。

（六）饲料企业转型提速，产业链不断延伸

紧密结合“一带一路”倡议，南宁泰联淀粉有限公司、南宁市金旭阳淀粉有限公司等 8 家饲料添加剂企业充分利用东南亚国家木薯资源生产饲料添加剂预糊化淀粉，南宁市泽威尔饲料有限公司生产的饲料添加剂有机微量元素借助技术优势产品远销全球。桂林力源食品集团有限公司、广西扬翔股份有限公司等通过不断推进“龙头企业＋规模养殖场（家庭农场）”产业化经营模式，发展畜禽养殖、屠宰加工和食品配送全产业链，企业不断发展壮大。

【主要工作】

（一）开展饲料产品质量安全监测

一是开展自治区饲料质量安全监测。按照《自治区农业农村厅关于下达 2021 年广西饲料和饲料添加剂质量安全监测计划的通知》（桂农厅发〔2021〕23 号）要求，全区计划监测饲料和饲料添加剂产品 1 700 批次。全年共完成抽查饲料和饲料添加剂生产、经营企业、养殖场（户）956 家，抽检饲料和饲料添加剂产品 1 888 批次，监测项目覆盖卫生指标、质量指标和添加剂产品主成分含量指标等项目，合格率 99.8％。其中饲料和饲料添加剂产品质量安全 1 217批次，饲料产品中违禁添加物监测 630 批次，反刍动物饲料中牛羊源性成分例行监测 41 批次，完成应急与预警监测 113 批次。二是开展全国饲料质量安全监测。完成饲料质量安全监督抽检任务 200 批次，监测项目覆盖质量、卫生、药物及非法添加物等指标，与自治区监测项目形成有效互补，合格率 99.8％。

（二）开展养殖环节“瘦肉精”专项监测

在养殖环节，共排查肉牛肉羊养殖场（户）2 788 个，其中肉牛 152 089 头、肉羊 356 251 只；在屠宰环节，共排查屠宰场 125 个，其中牛肉 106 493kg、羊肉 4 320kg；在饲料生产环节，共抽检牛羊饲料产品 19 批次，检测结果均为阴性，合格率 100％。

（三）加强培训，营造知法守法良好氛围

为加强饲料质量安全风险能力，提升安全生产风险防控水平，确保自治区畜产品质量安全，全年各级农业农村部门共举办饲料法规宣贯培训班 6 期，培训人数达 800 多人次。11 月 4 日，举办 2021 年全区生猪生产（第二期）暨饲料质量安全工作培训班，邀请中国农业科学院饲料研究所李俊研究员做《我国饲料质量安全监测动态》报告；广西饲料和饲料添加剂生产许可证评审专家审核委员会主任委员谢梅冬研究员对《饲料生产企业现场检查要点》进行全面讲解；自治区应急厅派专家做《饲料生产企业粉尘防爆措施》报告，各市农业农村局有关负责人、生产许可评审专家及部分饲料企业人员共 130 人参加培训。

（四）加强生产企业的准入管理和证后监管

一是进一步规范饲料和饲料添加剂生产许可评审，完善现场评审专家随机选派、审核程序等，严格资格审核，全年共核发 67 张饲料生产许可证，重点结合《饲料质量安全管理规范》要求，加强对企业的管理制度、规程和记录表单的审核力度。凡是未提供相关材料或材料不符合要求的，不予核发饲料生产许可证。二是加大对获证生产企业日常监管力度，结合安全生产工作，对饲料生产企业实行全覆盖现场检查，对存在问题公开通报并落实整改。三是强化检打联动，落实对不合格产品及企业的追踪溯源。加强获证企业日常监管，杜绝许可证失效企业转为地下工厂。

（五）深入开展饲料和饲料添加剂生产企业安全生产整治

一是结合日常监管，对饲料生产企业全覆盖现场检查，确保所有问题企业隐患整改全部合格；二是由厅分管负责同志组成工作指导组，实地查看企业是否

严格按照《饲料加工系统粉尘防爆安全规程》和《严防企业粉尘爆炸五条规定》落实安全生产责任，努力防范和遏制重特大生产安全事故发生；三是举办畜牧兽医行业有限空间作业风险管理培训班，进一步落实好安全生产"三个必须"和"属地管理"职责，切实增强安全防范意识。年内饲料和饲料添加剂生产企业没有发生涉粉尘爆炸事故。

（六）发布《牛精料补充料》等6项团体标准

广西饲料工业协会发布了《牛精料补充料》《肉牛全混合日粮》《肉羊全混合日粮》《牛用糟渣菌酶协同发酵饲料原料》《羊用糟渣菌酶协同发酵饲料原料》《茉莉花渣发酵饲料原料》6项团体标准。6项团体标准的制定，引导并规范了广西牛羊产业精料补充料、全混合日粮、糟渣发酵饲料原料、地源性农副产品饲料原料的使用和推广，助推广西牛羊产业的高质量发展。

（七）抓好饲料行业的基础性及服务工作

一是加强组织领导实现饲料统计全口径填报、审核、上报，为政策决策分析提供数据支撑；二是积极主动与税务、粮食、市场监督管理部门沟通、联系，做好协调工作，确保饲料企业能公平享受优惠政策，从政策角度减少企业经营成本，营造良好营商环境；三是积极商请自治区工业和信息化厅协调解决饲料企业生产用电难问题，确保在实行限电措施时，充分考虑饲料行业的特殊性给予及时供电；四是组织饲料生产经营养殖企业参加广西饲料工业协会组织的各种形式的研讨会、技术讲座、法规培训；五是积极为桂林力源集团、海大集团、新希望集团等大型饲料企业在区内外的扩张，寻求合作伙伴牵线搭桥，积极为区外饲料企业在自治区的发展提供帮助。

【存在问题】

一是质量安全主体责任的落实仍是薄弱环节。养殖场（户）、饲料生产经营企业管理制度仍不规范、不健全，自我管理能力不足，发生产品质量安全问题后难以追溯，养殖场（户）不按规定使用兽药，流通环节制售假冒伪劣饲料、无证生产饲料等问题依然存在。

二是基层执法人员能力和水平仍有待提高。饲料执法监管工作难以落到实处，部分执法人员仍存在有案不会办、不敢办、不想办的现象。特别是监督饲料生产企业执行《饲料质量安全管理规范》的能力迫切需要提升。

三是饲料产业整体大而不强。自治区"大而强、小而精"的企业数量还不多，多数中小饲料企业管理粗放，整体装备和加工工艺相对落后，科研开发投入不足，具有较强竞争力、影响力的企业和品牌较少。目前，饲料产品卫生指标超标、不规范使用饲料添加剂和违禁添加药物等风险因素依然存在。非洲猪瘟疫情常态化防控形势下，对饲料企业的生物安全防控提出了更高的要求。

【下一步工作思路】

全面落实农业农村部决策部署，突出抓好饲料质量安全监管工作。一是落实农业农村部饲料质量安全监督抽查和自治区本级监测计划；二是加大力度开展饲料法规宣传和饲料生产许可专家培训；三是加强饲料监管和执法体系建设，提高基层监管和执法水平；四是严格资格审核，加强生产企业的准入管理和证后监管，依法注销生产许可证失效的企业；五是加强日常监管和执法监督，对违法违规行为保持高压严打态势；六是强化饲料生产企业安全生产专项整治；七是强化饲料信息统计工作，实现全口径上报统计数据，确保统计数据时效性、准确性、完整性和真实性。

（广西壮族自治区农业农村厅）

海南省饲料工业

【发展概况】

2021年，在农业农村部指导下，按照省委、省政府的部署要求，认真贯彻落实《农业农村部办公厅关于印发2021年饲料质量安全监管工作方案的通知》（农牧发〔2021〕9号）工作要求，加快推动全省饲料工业转型升级，不断加强服务保障，进一步规范饲料企业安全生产，全省饲料生产保持良好态势，有力支撑现代畜牧业发展。

2021年全省饲料生产企业51家，其中配合饲料生产企业29家，预混合型饲料添加剂生产企业9家，添加剂预混合饲料生产企业1家，饲料添加剂生产企业2家，单一饲料生产企业13家。2021年非洲猪瘟有所反复，生猪生产恢复缓慢，肉类保供给结构相对变化，养殖结构随之转变，牵引饲料品种结构继续调整，全省饲料生产继续保持稳步发展势头，全年饲料总产量324.4万t，总产值118.9亿元，分别与2020年同比增长11.3%和37.2%。其中配合饲料324.3万t，与2020年同比增长11.3%，添加剂预混合饲料1 107.7t，与2020年同比下降24.4%。全省饲料生产种类产量呈如下四个特点：一是猪饲料产量大幅增长。在国家和省生猪恢复生产政策推动下，生猪产能逐步恢复，2021年底生猪存、出栏同比增长分别为32.7%和48.4%，2021年猪饲料产量131.9万t，已超过2017年年产量水平，同比增长85.6%。二是肉禽饲料出现下降。由于生猪供给基本恢复，鸡肉蛋消费需求减少，其价格有所下降，肉禽养殖产业产能供过于求，导致禽类饲料生产缩减。2021年肉禽饲料127.0t，同比下降18.8%。三是水产饲料增长缓慢。受环保政策影响，全省各市县退塘还林（田），养殖水面缩小，全省水产饲料40.8万t，同比增长2.8%。四是企业利润空间缩减。海南饲料生产受饲料运输、综合成本、原料市场价格等因素影响较大，2021年海南玉米、豆粕等大宗饲料原料价格持续攀高，一直在高位运行，企业生产运营压力较大，利润空间减小。

【工作措施】

（一）持续推动抓好饲料企业稳定发展

2021年我国新冠感染疫情仍然有所反复，非洲猪瘟等重大动物疫病防控工作压力未减，按照农业农村部和省委省政府的部署，积极协调各有关部门，及时快速有效抓好饲料企业生产稳定工作，确保全省畜禽养殖饲料有效供给。根据海南新冠感染疫情防控政策要求，有针对性地指导企业及时做好各项工作，确保养殖企业饲料供需平衡发展。面对疫情带来饲料运输阻断、人员流动受阻等情况，及时与交通、市场、粮食等有关部门协调，加强与上级和下级之间沟通，利用网络传媒等手段，快速通知发文出台政策，采取一切有效措施快速有效化解各种困难问题，保证饲料企业正常生产经营，确保企业不因疫情出现停工停产现象。

（二）抓好饲料监督抽查工作

根据农业农村部的要求，结合海南省实际，制定印发了《海南省农业农村厅办公室关于印发2021年海南省饲料质量安全监管工作方案的通知》（琼农办〔2021〕37号），对全省所有企业实施抽检，同时进行监督检查，不断增强饲料企业自律意识，提高企业规范管理水平。2021年海南省18市县（三沙市除外）饲料管理部门按照文件要求统一部署，共在97家企业抽检各类饲料产品110批次（包括饲料生产企业27家共40批次、经营企业34家共34批次和养殖企业36家共36批次），开展饲料产品质量安全监测，检测合格106批次，不合格4批次，合格率96.4%，较2020年（合格率96.5%）下降0.1个百分点。“瘦肉精”、喹乙醇违禁药物监测合格率100%。将抽检发现的问题线索移交属地执法局，确保执法全覆盖，严厉打击了生产、经营、使用不合格饲料等违法违规行为，有效规范了饲料生产经营行为，为全省畜牧业质量安全提供了有力保障。

（三）抓好饲料标签专项检查

根据农业农村部文件要求，组织部署全省开展饲料标签专项检查，明确了目标任务，压实企业主体责任，确保各项工作落到实处。一是抓好宣传培训。为促进从业人员熟知饲料标签相关法律法规，不断提高监管执法能力，于4月下旬举办一期全省饲料兽药质量安全管理培训班，特邀请中国农业科学院饲料研究所李俊博士授课饲料标签知识，提高饲料行业管理人员鉴别不规范饲料标签标识的能力。二是开展自查自纠。在6月底前各市县组织饲料企业开展饲料标签规范性行动，对照饲料标签有关法规标准，对其生产的饲料、饲料添加剂和饲料原料等产品标签进行对照自查，及时修改纠正标签中的不规范标示情况，发现饲料产品中含有在商品饲料中允许添加的抗球虫类药物和中药类药物的，指导督促饲料生产企业依据《饲料标签》国家标准第1号修改单进行修改。三是实施专项检查。为抓好饲料标签专项检查工作，结合全省畜牧领域的安全生产和执法检查组织开展了2次饲料标签检查，全覆盖检查有饲料企业的市县，检查饲料生产企业全部饲料产品标签，有饲料添加剂企业的，选择其进行检查，在专项检查中发现违法违规行为的，依法依规处理。据统计，省级检查饲料企业8家，经营企业13家，现场提出整改企业2家。

（四）组织开展“瘦肉精”专项整治行动

根据《农业农村部办公厅关于开展“瘦肉精”专项整治行动的通知》（农办牧〔2021〕18号）要求，结合本省实际，制定印发了海南省“瘦肉精”专项整治行动方案（琼农字〔2021〕81号），并成立领导小组，加强组织领导，明确任务要求，压实属地责任，确保全省“瘦肉精”专项整治行动迅速开展。从3月20日至6月30日，迅速组织各级多方力量对肉牛肉羊养殖场（户）、贩运经营者和屠宰企业进行拉网式排查，横到边、纵到底，不留漏洞和死角，在养殖环节，重点检查养殖安全承诺制度、出栏保证制度及出栏检测等措施落实情况，严格核查养殖档案记录，严防虚假承诺和记录。在收购贩运环节，适时会同执法部门排查活畜交易场所，重点检查交易活畜有无检疫证明、收购贩运记录，检查活畜收购贩运经纪人的收购贩运记录信息制度情况，动态掌握活畜购销渠道。在屠宰环节，重点检查屠宰企业落实“瘦肉精”自检制度情况，严格核查相关档案记录，严防虚假记录。在养殖和屠宰环节排查中按比例抽取样品进行“瘦肉精”快速筛查。据统计，全省18个市县共累计排查肉牛养殖企业（场、户）33 906家次，肉牛177 038头，肉羊养殖企业（场、户）11 740家次，肉羊199 056只，肉牛屠宰企业204家次，肉牛2 815头，肉羊屠宰企业42家次，肉羊952只，均未发现使用“瘦肉精”问题。

（五）加强饲料行业服务指导

为提升全省饲料行业管理水平，推动畜牧养殖业发展，注重抓好服务指导，加快推进饲料转型升级。一是加强人员培训。为促进从业人员熟知饲料法律法规，不断增强饲料管理能力，4月下旬举办一期全省饲料兽药质量安全管理培训班，各市县饲料监管人员及饲料企业管理员共70多人参加培训，帮助饲料行业人员掌握饲料管理法规要求，推动落实企业主体责任，加强行业自律，增强守法意识，共同维护良好的市场秩序。二是加强指导服务。依托微信群，适时发送有关政策法规资料，线上线下交流各种问题，提供咨询服务保障，建设发展与改正修正同步，靠前服务，提供便利，即交即办，全面指导服务到位。

（六）抓好管理人员培训工作

为提高全省饲料管理水平，根据上级要求，结合本省实际，有计划地组织饲料行业专家参加各种培训，不断提高行业人员管理能力。2021年来，先后2次选派专家参加农业农村部组织培训班学习，共计4人次。同时注重实践中锻炼提高，组织专家60多人次到20多家饲料企业开展服务指导。

（七）抓好饲料安全生产工作

根据海南“安全生产三年行动规划”要求，周密部署2021年饲料行业安全生产工作，一是抓好2021年“安全生产月”活动。按照琼农字〔2021〕161号文件要求，紧紧围绕“落实安全责任，推动安全发展”为主题，扎实开展各项工作，开展培训宣传教育活动50余次；发放宣传资料1万余份；发送微信、短信1万余条；参与活动宣传教育人员近900人次，不断强化饲料行业人员安全意识。二是持续开展饲料企业粉尘防爆整治和危险化学品专项治理活动，积极抓好日常检查巡查，重点检查了海口、儋州、澄迈、定安、文昌等市县饲料生产经营企业70多家次，不断完善企业安全管理台账，强化饲料企业安全生产措施，及时排查隐患30多项，压实属地监管责任和企业主体责任，进一步加强企业生产安全“主人翁”意识，确保全省饲料企业生产安全和质量安全。

（八）抓好饲料工业统计工作

按照农业农村部畜牧兽医局工作要求，抓实抓细全省饲料统计工作，加强饲料统计队伍建设，保证按时完成月报、季报、年报统计任务。同时适时完成农业农村部畜牧兽医局调度调查饲料原料和饲料产品价格工作，及时提供客观准确的数据，为全国畜牧业大数据宏观调控提供有力的支撑。

【存在问题】

一是饲料产品个别卫生指标问题突出。2021年饲料抽检不合格主要体现在个别产品铜、锌超标，反映了部分企业饲料产品生产控制微量元素铜、锌不够，存在一定质量安全隐患。

二是养殖企业自配料质量安全风险较大。2021年抽样监测养殖企业自配料不合格有2批次，占不合格产品的50%，反映养殖企业自配饲料质量安全风险大。

三是抽样工作还需加强。根据“双随机、一公开”原则，饲料产品监督抽样工作已实施抽检分离，因此对抽样人员专业性提出了更高的要求。近两年，由于市县机构改革、新老人员交替等原因，抽样人员的专业性、严谨性不足，抽样环节还存在欠规范情况。

四是要进一步规范饲料标签和监督管理。从监督抽检和日常检查工作中，发现饲料经营环节有的饲料添加剂、混合型饲料添加剂、中药饲料原料等饲料产品标签参差不齐，存在防病治病作用等内容不规范情况；个别混合型饲料添加剂生产企业的产品标签标示的指标含量与企业标准不一致。

【下一步工作思路】

2022年是“十四五”规划的关键之年，是我国面临新阶段新理念新格局之年，也是统筹落实好国际循环和国内循环的“双循环”经济发展之年，饲料行业积极适应建设海南自由贸易港形势要求，坚决落实好省委省政府决策部署，狠抓工作落实，确保各项任务完成。

（一）推进饲料行业高质量发展

要按照建设海南自由贸易港要求，优化服务条件，推进海南大型饲料企业科技创新发展，不断提高饲料行业发展现代化水平，增强饲料产品质量，进一步规范行业市场秩序，提升全省饲料企业竞争力。

（二）强化《规范》执行工作

2022年要加强宣传培训教育工作，加大日常服务指导力度，监督检查饲料企业落实好管理制度，规范企业生产行为，提高饲料企业管理能力，提升饲料质量安全水平。

（三）抓实饲料质量安全工作

按照农业农村部的部署，抓好2022年饲料监督监测工作，继续加强自配料监测，落实跟踪监测，特别是国家实行禁抗药后，重点监测饲料添加剂饲料企业，严厉查处违规行为，确保全省饲料质量安全。

（四）加强安全生产管理工作

按照省委、省政府安全生产三年整治计划，抓好饲料企业粉尘防爆专项治理和危险化学综合治理工作，注重日常安全生产监督检查，压实责任，强化落实，消除安全隐患，确保全省饲料行业生产安全。

（五）抓好饲料统计工作

按照上级饲料统计工作要求，根据全省饲料形势发展，加强饲料统计队伍建设，认真做好全省饲料统计工作，确保按时完成各项统计任务。

（海南省农业农村厅畜牧兽医处）

重庆市饲料工业

【发展概况】

2021年，重庆市各级党委、政府和畜牧兽医管理部门高度重视饲料行业发展，积极应对新冠感染疫情、非洲猪瘟疫情和原材料暴涨等对行业的负面影响，不断完善工作机制，引导饲料生产企业调整产品结构，转变生产和经营方式，确保了全市饲料质量安全和行业健康有序发展。

全市共有各类饲料及饲料添加剂生产企业157家，2021年全市饲料工业总产值（含单一饲料）191.5亿元，同比增长38.4%；总营业收入190.1亿元，同比增长41.6%。其中，饲料产品产值157亿元、营业收入153.3亿元，同比分别增长33.8%、38%；饲料添加剂产品总产值4.2亿元，营业收入4.2亿元，同比分别增长18.2%、22.9%。饲料总产量430.5万t，同比增长27.1%。其中，配合饲料产量405.6万t，同比增长28.4%；浓缩饲料产量22.7万t，同比增长6.6%；添加剂预混合饲料产量2.2万t，同比增长90.4%。分品种看，猪饲料产量295.3万t，同比增长44.6%；蛋禽饲料产量40.8万t，同比增长4.9%；肉禽饲料产量64.6万t，同比下降9.5%；反刍动物饲料产量1.8万t，同比增长32.9%；水产饲料产量22.3万t，同比增长20.0%；宠物饲料产量32.5t，同比下降98.3%；其他饲料（主要为兔饲料）产量5.6万t，同比增长44.2%。从销售方式看，散装饲料总量119.3万t，同比增长81.6%。

【组织机构】

重庆市饲料工业办公室于1986年正式成立，挂靠市农办。1996年转到市农业局后改为市农业局内设机构。2000年机构改革时不再是市农业局单独的内设机构，改为挂靠重庆市农业局畜牧兽医处。2005年重庆畜牧兽医体制改革，畜牧兽医处分为畜牧处和兽医处，重庆市饲料工业办公室挂靠在畜牧处。2008年成立市农委后，又挂靠在重庆市农委畜牧业发展处。2018年机构改革成立重庆市农业农村委员会，相关职能并入畜牧业处。

【主要工作】

（一）积极推进电子证照应用，提高审批效率

根据国务院和市委、市政府要求，进一步推进政务数据资源在各个领域场景化应用，深化“放管服”改革精神，实现更大程度的“减证便民”。依托重庆市“渝快办”政务服务平台，积极推进电子证照应用，持续优化饲料生产审批服务，在行政许可上减环节、减材料、减时限，服务便捷度、企业和群众获得感以及满意度明显提升，“川渝通办电子证照”互认共享工作取得初步成效。严格按照《饲料和饲料添加剂管理条例》及相关规章要求严把准入条件，对不符合许可条件要求的，按审核意见落实整改，坚决淘汰质量安全和生产安全无保障的小、散、乱落后产能。督促指导企业做好添加剂预混合饲料和混合型饲料添加剂产品备案管理工作。

（二）强化监督执法，落实属地责任

2021年，围绕“确保饲料生产安全、确保饲料产品质量安全”这一核心目标，以防范化解重大风险、及时消除事故隐患、有效遏制生产安全事故为目标，围绕饲料质量安全工作中存在的突出问题和关键环节开展专项整治。同时以《饲料质量安全管理规范》为重点强化事中监管，“产”“管”结合，落实饲料生产企业的主体责任和地方属地管理责任。按照“双随机、一公开”要求开展日常监管巡查，对企业执行《饲料质量安全管理规范》情况进行逐条比对检查，严肃查处违法违规行为。全年共出动执法人员5 247人次，检查生产企业143个，检查经营门店2 891个，检查畜禽养殖场所26 598个。

（三）加强质量监测，落实检打联动机制

根据重庆市畜禽养殖和饲料生产情况，突出重点区域、重点环节和重点产品，强化对饲料经营和使用环节的监测。下发饲料质量安全监测计划的通知，在全市范围对饲料产品质量安全监测 500 批次，重点监测卫生指标、违禁添加物和主要营养指标，合格率达 99%，饲料产品合格率常年保持较高水平，连续多年未检出违禁添加物。在活畜养殖、运输、交易、屠宰环节开展“瘦肉精”专项监督抽检，共检测 4 600 余份次，未检出“瘦肉精”。2021 年，全市共立案查处 10 起饲料违法违规案件，罚没 9.63 万元，没收不合格饲料产品 1.16t。

（四）加强法规宣传培训，抓好行业信息数据报送

为进一步提高全市饲料行业监督管理水平，规范饲料及饲料添加剂生产经营行为，组织举办饲料行业监管法律法规培训班，共有 250 余名区（县）级饲料行政管理人员和生产企业相关负责人参加培训，同时通过发放宣传资料，现场咨询、答疑，播放影像资料等多种形式，大力宣传《农产品质量安全法》《饲料和饲料添加剂管理条例》等法律法规，有效提高了饲料生产、经营和使用企业的遵纪守法意识。落实专人负责饲料工业统计工作，对饲料生产数据的统计分析运用工作，通过网络上报农业农村部的生产数据的饲料企业占总企业数的 100%，其中包括农业农村部重点跟踪的企业 6 家。

【主要问题】

一是饲料生产企业面临前所未有的危机。在双疫情影响及大宗原料暴涨的压力下，企业利润空间压缩甚至亏损经营，严重制约了重庆饲料行业发展。二是饲料经营门店监管难度大，缺乏有效的监管手段，存在安全风险。三是养殖者使用自配料随意性大，超范围、超剂量、违规添加兽药的情况时有发生，自配料仍是监管的难点和薄弱环节。

【下一步工作思路】

一是切实加强对生产企业的监管力度。严格按照《饲料及饲料添加剂管理条例》相关规定，加大对生产企业的监管力度，依法从严从重处罚违法生产行为；进一步落实《饲料质量安全管理规范》相关要求，对不符合规范要求的全面整改，全面提升重庆市饲料质量安全水平。二是继续强化销售使用环节的监督监测工作。加大监督检查的力度，提高对销售和使用饲料的抽检频率，对经销无证无号和标签不合格的饲料、经销过期饲料和抽检不合格问题饲料等违法违规行为，坚决按有关规定查处，确保上市销售和使用的饲料质量安全。三是加强对基层监管人员的培训。对区县行政审批、执法、检测人员进行专题培训 1～2 次，着重从饲料企业许可条件、监督执法重点、检测方法等方面培训，着力提高全市饲料质量安全监管水平。

（重庆市农业农村委畜牧业处）

四川省饲料工业

【发展概况】

2021年，四川省饲料行业克服疫情的影响和原料价格大幅上涨的冲击，继续保持了稳定发展的良好势头。据统计，全省工业饲料总产量达1 438.4万t，同比增长25.3%，饲料工业总产值588.1亿元，同比增长37.6%，再创历史新高。从饲料种类来看，配合饲料1 360.4万t，同比增长26.0%；浓缩饲料44.7万t，同比增长13.6%；添加剂预混合饲料31.7万t，同比增长17.0%。从饲料品种来看，猪饲料994.9万t，同比增长50.9%，其中：仔猪料353.4万t，同比增长32.0%；母猪料165.2万t，同比增长43.8%；育肥猪料418.7万t，同比增长77.8%；禽饲料345.1万t，同比减少11.7%，其中肉禽料212.3万t，同比减少18.1%，蛋禽料132.8万t，同比增长1.1%；水产料66.2万t，同比增长9.2%；反刍料15.3万t，同比增长10.7%；宠物饲料1.57万t，同比减少24.8%；其他15.3万t，同比减少28.4%。

2021年全省共监督抽检饲料样品1 435批，产品质量合格率99.3%，未检出“瘦肉精”、三聚氰胺等违禁物质，连续12年产品合格率保持在98%以上。

截至12月底，全省共有饲料和饲料添加剂生产企业504家，其中取得配合饲料、浓缩饲料、精料补充料生产许可证企业269家，添加剂预混合饲料生产许可证企业100家，饲料添加剂生产许可证企业69家，混合型饲料添加剂生产许可证企业69家，单一饲料生产许可证企业82家。

【主要工作】

（一）严格许可评审，严把事前准入

认真执行国家规定的许可条件，精心组织开展饲料生产许可审核，将质量管理规范、安全生产、环境保护等相关要求纳入许可审核内容，严把行业准入关，从产前、从源头入手加强饲料质量安全监管。全年共开展饲料生产许可书面评审190件，现场评审163家（次），合格率分别为86.8%和82.2%。

（二）深入推进规范，强化事中控制

深入推进《饲料质量安全管理规范》（以下简称《规范》）实施，首次将饲料质量安全监督检查和监督抽检相结合，对饲料生产企业执行《规范》情况进行监督检查，全面提升饲料行业整体素质。以2019—2020年度被部省通报有不合格产品的、有信访投诉的以及有其他违法行为的企业为重点，以日常监督检查和“双随机、一公开”联合检查为手段，对饲料生产企业执行《规范》情况进行全面检查，有效落实企业主体责任，保障饲料产品供给质量，不断强化质量安全事中监管。全年现场监督检查饲料生产企业50家。

（三）严格检打联动，强化事后监管

一是组织开展饲料监督抽检。制定下达全省饲料监督抽查计划，全年共抽检饲料生产、经营和使用环节样品1 435批次，合格率99.3%。同时针对行业突出问题，组织开展饲料风险评估抽检110批次，发现磺胺氯哒嗪、乙酰甲喹等16项高风险危害因子；开展抗生素类药物专项抽检195批次，合格率100%。二是严肃查处不合格产品。联动厅综合执法监督局，组织对省级监督抽检的不合格饲料产品及其生产经营使用单位进行严肃查处，依法注销39家饲料生产企业的生产许可证。三是严格执行“两个名单”制度。对8家饲料生产企业进行警示备案，并向企业发放“警示函”，召开2021年饲料兽药重点监控企业和警示备案企业座谈会，约谈企业负责人，督促企业全面履行饲料质量安全主体责任。

（四）安全生产监管不断深化

继续按照《四川省农业农村厅关于进一步加强饲料兽药（渔药）行业安全生产和职业健康工作的通

知》（川农函〔2019〕224 号）和《全省饲料兽药（渔药）行业安全生产监管责任清单》要求，不断深化监管措施，把安全生产纳入行业日常监管的重要内容，始终绷紧安全生产这根弦，努力确保不发生重大行业安全事故。宜宾长宁和成都大邑安全生产事故发生后，立即联合省应急管理厅组成检查组，赴成都、眉山开展饲料兽药生产企业安全生产“双随机、一公开”联合监督检查。全年开展饲料生产企业安全生产检查 57 家（次），发现问题 182 个，全部督促企业进行整改。全省饲料行业无重特大安全事故发生。

（四川省农业农村厅）

贵州省饲料工业

【发展概况】

2021年，贵州省饲料行业认真贯彻落实《饲料和饲料添加剂管理条例》《饲料和饲料添加剂生产许可管理办法》及相关配套法规，依法开展饲料行政许可工作。强化饲料质量安全监管，持续开展饲料产品监督抽检及饲料生产经营和使用现场检查，严厉打击伪劣假冒、违法违规使用饲料和饲料添加剂行为，多措并举，全力促进饲料行业持续、健康发展。全省饲料及饲料添加剂企业95家，96个生产许可证（其中1家有2个证书），其中，配合饲料、浓缩饲料、精料补充料79家，单一饲料5家，饲料添加剂8家，混合型饲料添加剂2家，添加剂预混合饲料2家。2021年饲料工业总产值152.2亿元，同比增长52.0%；总产量359.2万t，同比增长37.4%；按类型分，配合饲料306.0万t，同比增长39.7%，浓缩饲料53.2万t、同比增长25.2%；按品种分，猪饲料283.7万t、同比增长55.2%，蛋禽饲料29.1万t、同比增长17.4%，肉禽饲料34.5万t、同比降低19.7%，水产饲料1.0万t、同比增长9.9%，反刍饲料10.8万t、同比增长12.6%。

【组织机构】

贵州省饲料管理部门在贵州省农业农村厅畜牧发展处（正处级行政单位），在编4人。主要职能为全省畜牧业、饲料行业、畜禽粪污等监管与服务。全省9个市（州）农业农村行政管理部门均有饲料管理部门，但有资质饲料质检机构的市（州）仅2个，7个市（州）无资质饲料质检机构，县级均无饲料质检机构。

【主要工作】

（一）开展监督抽检

印发《2021年全省饲料质量安全监管工作方案》《2021年全省饲料产品质量安全监测计划实施方案》《2021年全省禽饲料中非法着色剂专项监测计划实施方案》《2021年全省饲料安全预警监测计划实施方案》《2021年饲料应急任务监测计划实施方案》，安排的饲料检测任务1 250批，全年实际完成1 327批。省级完成饲料产品质量安全监测773批，其中：完成饲料质量安全监督101批，合格率98.0%；禽饲料中非法着色剂专项抽检201批，合格率90.5%；饲料和饲料添加剂中违禁、非法添加物等预警监测423批，应急监测48批，各市（州）完成554批。

（二）开展监督检查

印发《省农业农村厅办公室关于进一步加强全省饲料质量安全监管工作的通知》，组织各地开展辖区内饲料和饲料添加剂生产企业现场检查，确保辖区内所有生产企业每年至少接受一次检查。省级对生产经营企业、饲料门店、养殖场进行明察暗访，严厉打击伪劣假冒、违法违规生产、经营及使用饲料产品。一是开展饲料标签专项检查。组织开展饲料标签规范性自查自纠行动，加强饲料标签监管制度宣贯，省级开展了59个饲料标签现场检查，重点检查对其生产的饲料、饲料添加剂和饲料原料等产品标签，发现饲料产品中含有商品饲料中允许添加的抗球虫类药物和中药类药物的，督促指导饲料生产企业依据《饲料标签》国家标准第1号修改单进行修改，并指导饲料、饲料添加剂企业按照国家标准规范使用标签，全省饲料和饲料添加剂生产企业已全部完成自查。二是开展随机抽查。6月15—22日，农业农村部畜牧兽医局派出的现场检查工作组和贵州省有关专家对10家饲料生产企业进行了现场检查；6月25日—11月15日，贵州省按照“双随机、一公开”要求，开展饲料企业现场检查5家，对检查发现的问题要求企业限时整改。同时，在检查经营门店及养殖场（户）时，也对经营使用的饲料产品及自配料进行了检查。

(三)开展服务指导

指导各地严格按照《饲料和饲料添加剂管理条例》及相关法律法规，严把行政许可审核关，确保行政许可程序合法、饲料生产企业条件合格。完成38家饲料和饲料添加剂企业设立、续展、变更及迁址等工作。

(四)强化检打联动

对监督抽检出不合格产品的，委托检测机构在完成异议处理后，第一时间上报并反馈当地饲料管理部门，各地在收到不合格检测结果后，及时组织立案处罚，严厉打击违规违法添加行为。

(五)加强饲料工业统计填报和审核

严把数据质量关，实行“省—市—县—企业”逐级负责制和通报制，要求各市(州)饲料管理部门及生产企业明确安排专人负责统计报表，督促指导企业每月按时上报、全口径监测，按时完成中国饲料工业信息统计系统报表月报及审核工作。同时，对市(州)管理部门及企业审核、填报过程中常见的问题进行指导，提高数据准确性和逻辑性。

【存在问题】

一是基层饲料质量安全监测力量仍然不足。贵州省具备资质的饲料监测机构仅2个，其余市(州)只能监测部分饲料营养指标，县级均无监测机构，饲料监测能力不足，只能送到有资质的检测机构或者第三方检测。二是饲料区域性供给不协调。贵州50%的饲料企业集中在贵阳，其中修文县就有20家，企业分布过于集中，而其他市(州)则较少，如六盘水、黔东南州分别仅有2家饲料生产企业，造成饲料区域性供给不协调，从而出现邻近周边省份县区调入饲料较多的情况。三是饲料原料综合成本高。贵州玉米种植成本高、产量低，且贵州天气潮湿，玉米不适宜作为饲料原料，饲料用玉米90%以上从东北、西北等地购入，豆粕95%以上从广西、广东等地港口购入。贵州没有水运交通的竞争，铁路运输优惠政策较少，加上车皮指标少，原料持续上涨，运输成本较高。四是工业饲料总量小。相比其他省份，贵州省工业饲料总量小，生产量仅占全国饲料总量的1.22%。

【下一步工作思路】

一是持续抓好《饲料和饲料添加剂管理条例》等相关法律法规的贯彻落实，扎实做好饲料质量安全监管工作。二是强化监督抽检。继续安排专项经费用于饲料监管及监测，加强事前事中事后监管，印发工作实施方案，安排监督抽检及专项监测任务，强化“检打联动”，严厉打击伪劣假冒产品、违法添加及生产经营不合格产品等行为，发现不合格产品的立即通报，严肃处理，对屡教不改的，实行黑名单制度，全力促进饲料行业持续、健康发展。三是继续指导辖区市(州)严格按照饲料生产企业设立、续展、变更等申报条件，严把行政许可审核关，确保行政许可程序合法、饲料生产企业条件合格。四是强化相关法律法规宣传培训及新政策文件的解读，全面提升饲料生产企业安全生产意识及饲料管理部门监管水平。五是按时完成饲料工业统计信息系统报表月报、年报催报及审核工作，争取贵州省上报率达到98%以上。六是按照职能职责要求，将日常监管与专项整治相结合，在饲料生产经营使用环节开展现场检查，督促饲料生产、经营和使用者严格落实饲料有关法律法规规定，依法依规生产经营、使用饲料和饲料添加剂。

(贵州省农业农村厅畜牧发展处)

云南省饲料工业

2021年，云南省饲料行业经受住了非洲猪瘟和新冠感染的“双重疫情”以及原料价格大幅上涨的冲击和考验，展现出较强的发展韧性，饲料产量产值再创历史新高，为云南养殖业和经济社会发展提供了有力支撑。

【发展概况】

（一）饲料企业发展良好

2021年云南省共有饲料和饲料添加剂生产企业237家，其中配合饲料、浓缩饲料、精料补充料生产企业164家，单一饲料生产企业12家，添加剂预混合饲料生产企业33家，饲料添加剂生产企业28家。

（二）饲料产量稳定增长

2021年从中美贸易战到全球货币超发带来的大宗商品暴涨，从抗击非洲猪瘟到猪价暴跌，饲料行业经历了前所未有的困难。云南省饲料工业生产在新冠感染疫情常态化、世界格局多变及饲料原料价格暴涨等诸多不利因素下，总产量和总产值均保持增长态势。根据中国饲料工业统计信息系统统计，2021年云南省饲料总产量678.4万t，同比增长17.4%，居全国第14位；饲料工业总产值341.2亿元，同比增长29.6%，居全国第15位。从类型上看，配合饲料569.9万t，同比增长18.5%；浓缩饲料103.2万t，同比增长12.3%；添加剂预混合饲料5.6万t，同比增长5.6%。

2021年，随生猪产能的恢复向好，云南省猪饲料产量479.8万t，与2020年相比增长30.5%，居全国第10位。其中仔猪饲料、母猪饲料、生长育肥猪饲料同比分别增24.9%、42.4%、30.6%。由于毛鸡养殖利润较差叠加饲料成本上涨，蛋禽饲料、肉禽饲料产量均有所下滑，其中蛋禽饲料37.1万t，肉禽饲料122.6万t，分别同比降11.5%、8.4%。随着肉类消费市场结构的调整，水产饲料、反刍饲料产量有所增长，其中水产饲料28.9万t，反刍饲料9.8万t，分别同比增长5.4%、40.97%。

【组织机构】

云南省农业农村厅畜牧兽医处属云南省农业农村厅内设处室，在职在编人员12名，其中有1位副处长（主持工作）。

【主要工作】

（一）优化行政审批，严把行业准入关

一是按照国务院和省委、省政府关于深化“放管服”改革和“互联网+政务服务”的要求，进一步优化饲料行政许可审报流程，实现申请事项网上申报。

二是严格按照“提高门槛、减少数量、转变方式、增加效益、加强监管、保证安全”的总体要求，严把饲料生产企业准入关。省农业农村厅畜牧兽医处严格按照《饲料质量安全管理规范》和现场审核程序，通过“双随机、一公开”及时抽派专家开展饲料生产许可现场审核工作。全年全省共审查饲料生产企业并发证51家。依法注销饲料和饲料添加剂生产企业27家。

三是将饲料添加剂批准文号办理委托到州市级，采取优化审批流程、实行告知承诺、加强事中事后监管等方式提升审批效率，营造稳定透明的营商环境。

（二）开展专项检查，加强行业执法

一是开展省级年度例行抽检。云南省制定了《2021年云南省饲料质量安全监管工作方案》，全年完成饲料质量安全监测1 236批（次），合格产品1 198批（次），不合格产品38批（次），合格率96.9%，比2020年提高2.2个百分点。

二是开展饲料生产企业现场检查。省农业农村厅联合省市场监督管理局印发了《2021年度饲料、饲料添加剂监督抽查联合抽查工作方案》，省级按20%比例随机抽取50户饲料生产企业开展监督抽查。各

级农业农村部门抽调熟悉饲料许可与管理、饲料和饲料添加剂生产工艺与检验化验等方面的专业人员，深入饲料生产企业开展现场检查，检查项目严格按照《饲料和饲料添加剂生产企业现场检查表》逐项进行检查。对存在的问题要求相关企业在规定时限内完成整改，并要求相关县（市）立即下发责令整改通知书，在规定时限内未完成整改或拒不整改的，坚决立案查处。全省共出动执法检查人员 1 150 人次，检查饲料生产企业 156 家，饲料经营门店 1 429 家，查处案件 57 起，没收违法产品 31.8t，罚款 17.3 万元。

三是开展饲料标签专项检查。组织各级饲料主管部门认真开展饲料标签规范性自查自纠工作，监督企业落实质量安全责任和安全生产制度，认真履行第一责任人职责，防范重大饲料质量安全事件和重大安全生产责任事故的发生。通过自查自纠行动，共检查发现饲料违法案件 30 起，均已立案查处，其中经营过期饲料案 28 起，没收违法产品 15.16t，罚款 5.98 万元；未经检验即出厂销售饲料产品案 1 起，罚款 1 万元；经营无饲料标签产品案 1 起，没收违法产品 0.125t，罚款 0.3 万元。

（三）广泛宣传，严格饲料生产安全监管

一是全省各地广泛宣传《饲料及饲料添加剂管理条例》等饲料法律法规知识，增强企业规范、安全生产意识。

二是加大督查指导、抽检和巡查工作力度，督促企业建立健全生产管理制度，严格执行饲料质量标准。

三是认真组织实施饲料质量抽检计划，加大饲料质量安全监管力度，扩大抽检范围和频率。

【存在问题】

一是部分饲料生产者和经营户法律意识不强。由于法规宣传和技术培训不广泛，饲料生产者和经营户农产品质量安全意识淡薄，加之片面追求经济效益，对饲料禁用添加剂、标签不规范等带来的危害性认识不足，使用方法不当。

二是饲料质量管理有待进一步提高。云南省饲料产业集中度不高，中小企业多而散，产品质量把控不严，不合格产品时有被检出，超剂量、超范围使用违禁添加物现象依然存在。

三是基层执法机构不健全。因农业综合执法改革的影响，基层农业综合执法队伍参差不齐，人员少、业务多、压力大，业务知识更新不及时，按老经验办事，缺乏足够的管理水平和服务能力，严重阻碍了饲料质量安全监管工作的顺利开展。

【工作思路】

（一）严格监督管理

一是严格执行《饲料标签标准》和《饲料卫生标准》，进一步强化监督执法、服务指导和宣传培训。对于不执行规范的企业，明确提出整改要求和时限，对于经督促仍不改正的，一律按照条例规定严肃处理。

二是督促企业对饲料从业人员进行强化培训，采取集中、生产分类指导等方式对基层监管队伍的培训，进一步提升实施饲料标准化程度，全面提高监管能力。

（二）严把行业准入

继续深化饲料行业“放管服”改革，做好饲料和饲料添加剂网上行政许可事项审批工作，强化专家审核队伍建设，提升审核水平，规范审核程序。引导企业配备符合法规要求的人员、设备和场地，督促企业按照《饲料质量安全管理规范》组织生产。

（三）创新监管理念

在日常检查和专项检查中全面推行“双随机、一公开”监督抽查，强化部门沟通协作，进一步强化“检打联动”机制，提升监管效能。

（云南省农业农村厅畜牧兽医处）

陕西省饲料工业

【发展概况】

2021年，陕西省饲料行业加强优质饲料供给保障，夯实产业基础、优化产品结构，主抓研发推广，行业综合实力进一步增强，全省饲料生产实现高速增长，产量产值创历史新高。

（一）饲料产量产值双增长

2021年全省饲料行业围绕生猪产能恢复，聚力扩产能、提质量、强支撑，工业饲料总产量达到390.9万t，总产值152.2亿元，同比分别增长15.4%和25.0%，为全省畜牧业高质量发展提供了有力支撑。按饲料产品类别分：配合饲料333.1万t，同比增长20.2%；浓缩饲料47.8万t，同比下降8.0%；添加剂预混合饲料11.9万t，同比增长5.6%；宠物饲料0.14万t，同比增长17.0%。此外，配合饲料、浓缩饲料、添加剂预混合饲料和宠物饲料分别占工业饲料总产量的84.7%、12.2%、3.0%和0.04%。与2020年同期相比配合饲料占比增加了3.15个百分点，浓缩饲料占比减少了2.94个百分点，添加剂预混合饲料占比减少了0.25个百分点，宠物饲料占比增加了0.04个百分点。

（二）饲料产品结构不断调整

2021年，全省猪饲料产量247.5万t，同比增长25.9%；蛋禽饲料76.7万t，同比增长3.6%；肉禽饲料33.7万t，同比下降10.1%；反刍饲料30.0万t，同比增长10.0%；水产饲料2.2万t，同比下降2.4%；宠物饲料0.1万t，同比增长17.0%；其他饲料7 185.0t，同比下降20.5%。从畜禽饲料产品结构看，猪饲料、蛋禽饲料、肉禽饲料、反刍饲料、水产饲料、宠物饲料和其他饲料占比分别为63.3%、19.6%、8.6%、7.7%、0.6%、0.04%和0.2%，与陕西省畜牧产业发展契合度不断提升。

（三）大型饲料企业生产优势明显

据统计，全省产量前10名饲料生产企业总产量达162.10万t，占全省154家加工饲料企业年总产量的41.24%；全省产值前10名饲料生产企业总产值达到63.77亿元，占全省工业饲料总产值的41.76%。位居前10位的企业产量产值占比均超全省四成，规模企业继续成为饲料生产的主力军。这些大型饲料企业依托资金、技术、品牌和人才优势，市场份额不断扩大，主导地位进一步巩固，在带动全省饲料行业转型发展方面发挥了极为重要的引领作用。

【主要工作】

2021年，陕西饲料工业围绕全省畜牧产业“两高一优”发展中心工作，以饲料工业起步“十四五”、转档高质量发展为重点，夯实基础优结构，聚力创新推融合，行业各项工作取得新成效。

（一）认真开展饲料产品抽检监测

配合农业农村部完成对陕西省饲料生产企业监督抽查的同时，认真落实省农业农村厅《2021年度陕西省饲料质量安全监管工作方案》要求，及时组织开展省本级饲料产品质量安全监督抽查，印发《2021年陕西省（省级）饲料质量安全监督抽查实施方案》，分上、下半年组织开展全省饲料质量安全抽检，覆盖饲料生产、经营和使用（养殖场户）三大环节七大类别，抽检饲料产品200批次，合格199批次，合格率达到99.5%，较2020年提升3个百分点。配合农业农村部完成陕西省饲料样品抽取47个，实地监督检查饲料生产企业10家。按照分级负责、标准一致、全面覆盖的原则，完成饲料生产企业现场检查12家，组织全省12个市区对辖区内饲料和饲料添加剂生产企业开展全覆盖现场检查和饲料标签专项检查，饲料企业生产管理的规范性安全性意识明显提高。

（二）严格落实行政许可准入办理

按照《陕西省农业农村厅关于进一步规范饲料类行政许可的通知》文件精神，严格落实“放管服”要求，及时做好各市饲料生产行政许可衔接指导和现场许可专家管理工作。全年共完成饲料行政许可办理件36个（含省政务中心受理16个），其中设立许可14个，续展许可15个，增项许可4个，变更许可3个。截至2021年底，全省饲料和饲料添加剂生产企业共有许可证书280个。其中饲料添加剂证书24个，混合型饲料添加剂证书44个，添加剂预混合饲料证书55个，单一饲料证书33个，浓缩配合饲料证书116个，宠物预混合饲料证书5个，宠物配合饲料证书3个。

（三）积极开展饲料产品研发推广

2021年以来，全行业重点组织研发推广绿色、无抗生素的微生态饲料产品，抓牢抓好项目开展。陕西华秦农牧有限公司联合西北农林科技大学等高校实施的“奶牛高效环保型饲养关键技术研究与推广应用”项目荣获“陕西省科技进步一等奖”；省饲料总站组织农业科技创新转化项目和畜牧专项资金项目2个；陕西杨凌富仕特生物科技有限公司与西北农林科技大学联合发起陕西省首家“生物饲料联合研发中心”，全省饲料行业科技创新智慧平台再添新军。宝鸡博迪生物科技有限责任公司、西安菲兰谱生物营养有限公司等多家饲料生产企业开发研制出植物提取物、微生物饲料添加剂等新型替抗产品，并在饲料生产企业和养殖场户推广使用，反映良好。陕西正大、陕西石羊集团成功入选第十四届全国运动会、残特奥会食品供应商名单，彰显了陕西省饲料行业产品研发和科技创新成效。

（四）强化行业宣传和监测预警

持续加大行业宣传工作力度。全行业2021年度通过省农业农村厅门户网站累计发布信息149篇。编发《陕西饲料》电子版10期，创办“陕西省饲料工作总站”微信公众号，累计发布信息102篇，点击阅读量10 474次。陕西华秦农牧科技有限公司、石羊集团、陕西康达尔饲料有限公司、杨凌金石牧业等企业分别推出公众号强化企业宣传。继续开展饲料生产企业月度全口径监测，加强饲料生产和饲料原料供需形势研判，及时完成饲料生产形势月报、季报，发布统计监测信息，强化饲料统计报表企业直报、市县区初审、省级审核机制，全年饲料统计报表直报率和审核率均达到100%，为省内各级饲料管理部门决策和饲料企业生产发展提供有力支撑，精准科学指导服务行业发展。

（五）持续做好非洲猪瘟疫情防控

按照非洲猪瘟疫情常态化防控工作要求，持续做好2020年度非洲猪瘟防控示范企业创建活动验收工作。对申报的19家非洲猪瘟防控示范创建企业进行了现场验收核查打分，对排序前10名达到创建标准的嘉吉饲料（陕西）有限公司等饲料生产企业授予非洲猪瘟防控示范企业称号。印发了《关于推进全省饲料生产企业非洲猪瘟疫情常态化防控工作的通知》，在全省饲料行业持续扎实开展非洲猪瘟疫情常态化防控工作，进一步规范防控工作程序，细化防控操作流程，不断巩固拓展防控工作成果，推动全省饲料生产企业非洲猪瘟防控工作再上新台阶，为生猪产业发展提供基础保障。

（六）开展行业协会服务交流活动

一是面对新冠感染疫情影响，陕西省饲料协会建立应急响应机制，收集饲料生产企业需求和亟待解决的问题，采取点对点服务的方法，协调解决饲料生产企业产品及原料运输不畅等问题。二是利用微信等传播平台、举办讲座、走访观摩等方式普及饲料质量安全知识，开展饲料质量安全监测和饲料产品检测技能培训，协助企业提升检验检测能力，加大自检力度，确保产品质量安全。三是2021年6月，陕西省饲料协会组织43家会员企业赴福建省开展考察学习交流，为陕西省饲料行业企业家开阔视野、提升水平、寻找商机搭建平台。

【存在问题】

中小企业发展缓慢、研发力量薄弱、产业链延伸过短、服务支撑部门弱化等问题仍然是制约陕西省饲料行业发展的突出问题。

（一）中小饲料企业发展缓慢

随着现代畜牧业的发展，养殖户对饲料产品品质和饲料企业的服务水平要求越来越高，陕西省中小企业技术人才匮乏，管理模式相对落后，在产品研发和技术服务方面竞争力不强，在大型饲料生产企业快速发展的大环境下，中小饲料生产企业发展后劲不足，生存压力大。

（二）科研技术支撑依然不足

一方面，饲料企业在研究开发精准化饲料配方，推广环保型饲料产品，综合利用微生物制剂、植物提取物等新型饲料添加剂产品方面缺乏在全国居于领先地位的产品和品牌。另一方面，各级技术服务单位、大专院校等产学研单位，在技术研发、示范推广等方面，各自为政，没有形成目标统一、分工协作的合力。

（三）服务管理部门能力弱化

目前，全省各级饲料行业管理部门的职能职责均有了不同程度的变化，原有的饲料工业办公室体系不完整，饲料行业管理分设在不同部门，上下不衔接。饲料技术推广、质量检测等机构不健全，职能弱化，人员力量严重不足。

【下一步工作思路】

重点抓好以下工作：

一是围绕全省畜牧业高质量发展主线，为乳制品、生猪、肉牛肉羊、家禽全产业链培育和产业集群建设提供饲料产品和技术服务。二是围绕饲料“禁抗”开展技术研发与推广。三是实施饲料行业豆粕减量替代活动。四是全力推进各层面饲料科研项目实施。五是依法依规做好饲料生产许可审批。六是强化饲料和饲料添加剂生产企业安全生产等专项整治。七是做好饲料监测预警分析和行业新规宣贯。八是常态化抓好非洲猪瘟防控工作。九是继续加强合作交流和各类培训。

（陕西省饲料工作总站）

甘肃省饲料工业

【饲料生产形势】

2021年甘肃饲料工业克服了饲料原料和饲料添加剂价格上涨、生猪价格低迷、新冠感染疫情期间运输不畅、运费增加等诸多不利因素，积极调整经营思路，努力提质增效，优化产品结构，全省饲料工业持续平稳增长。2021年底，有各类饲料生产企业92家，生产许可证112个，比2020年增加6家。其中注销7家，新增13家。将企业按生产产品类别划分，配合饲料、浓缩饲料、精料补充料68家，添加剂预混合饲料生产企业21家，饲料添加剂企业6家，混合型饲料添加剂企业5家，单一饲料生产企业12家，企业从业人数4 000余人，生产能力达到540万t。

（一）饲料总产量持续增长，行业发展良好

2021年饲料总产量209.1万t，比2020年同期增长17.7%。其中：配合饲料177.3万t，比2020年同期增长19.4%；浓缩饲料30.6万t，比2020年同期增长10.4%；添加剂预混合饲料1.3万t，与2020年同期持平；饲料和饲料添加剂总产值达82.0亿元，比2020年同期增长29.5%，饲料生产发展持续向好。

（二）饲料产能不断加大，效益明显提升

2021年全省新建饲料企业13家，老企业增加生产线6条，增加产能60万t。其中，武山湘大骆驼、武威泰昆、甘肃圣康源、永昌天康等大型饲料企业入驻甘肃省，增加产能达40万t。大型企业的入驻，增加了饲料行业活力，饲料企业效益增加，大型饲料企业占据行业主导地位。

（三）产品结构继续调整，猪饲料占据主导地位

2021年，生猪产能持续恢复，存栏增加，猪饲料仍占据主导地位，产量达101.9万t，占饲料总量的48.8%；家禽存栏仍继续加大，蛋价平稳上涨，蛋禽饲料继续增长，产量18.8达万t，占饲料总量的9.0%；肉禽饲料产量25.6万t，占总产量的12.2%；牛羊肉价格始终保持高位，养殖效益好，饲料需求量大，产量达62.2万t，占饲料总量的30.0%；水产饲料继续下滑，产量0.3万t，仅占总产量的0.1%。

（四）饲料原料价格高位运行，产品成本增加

2021年以来，原料和饲料添加剂价格大幅上涨，玉米最高达到3.2元/kg，2021年底2.9元/kg，同比上涨了32%；棉粕、豆粕、麸皮等大宗原料普遍走高，磷酸氢钙、赖氨酸等添加剂持续上涨。其中，豆粕3.6～4.0元/kg，同比上涨25%；棉粕3.4～3.6元/kg，同比上涨50%；磷酸氢钙2.7～3.9元/kg，比2020年上涨45%；赖氨酸11.5～13.9元/kg，同比上涨53%；麸皮2.4～2.6元/kg，同比上涨32%。饲料原料价格高位震荡，带动每吨配合、浓缩饲料成本分别增加600～800元、300～400元以上。

（五）饲料产品价格上涨，养殖成本加大

2021年底，育肥猪配合饲料3 600～4 000元/t，比2020年同期上涨32%；浓缩饲料5 200～6 400元/t，比2020年同期上涨30%；蛋鸡高峰配合饲料3 400～3 500元/t，比2020年同期上涨28%；浓缩饲料4 000～4 600元/t，比2020年同期上涨30%；肉大鸡配合饲料3 900～3 950元/t，比2020年同期上涨26%；浓缩饲料5 100～5 600元/t，比2020年同期上涨30%；奶牛精料补充料3 400～3 800元/t，比2020年同期上涨23%；奶牛浓缩饲料4 200～4 600元/t，比2020年同期上涨28%。饲料产品价格上涨，养殖户饲养成本加大，效益普遍减少。

（六）大型企业市场占有率持续增加，产业链上下游延伸

正大、禾丰、天康、石羊、新希望、铁骑力士、海大、傲农、大北农、泰坤等大型饲料生产企业全

部拥有畜禽、反刍 2 条生产线，年生产能力持续扩大，产量继续增加，10 家企业饲料产量达到 125.84 万 t，占全省总量的 60％以上。且大型饲料企业在技术研发、原材料采购、生产加工、销售服务等环节不断进行技术创新和模式创新，正大、天康、新希望等企业向下游的养殖、深加工等环节进行延伸，提升了全产业链服务能力，促进了全省饲料行业发展。

【饲料监管工作】

（一）严格饲料行政许可，确保工作规范有序

目前，全省有各类饲料生产企业 92 家，生产许可证 112 个。一是在全年完成市（州）上报的 36 家饲料生产企业申报材料审核工作。其中核发饲料生产许可证 30 家，变更信息换发 6 家。二是按照《饲料和饲料添加剂管理条例》和《饲料和饲料添加剂生产许可管理办法》等法律法规的规定，注销了 7 家生产许可证有效期届满未按规定续展的饲料企业，进一步规范了饲料行政许可行为。三是进一步深化“放管服”，压缩审批时限，将设立饲料、饲料添加剂生产企业法定审批时限压缩为 7 个工作日，重新梳理了饲料生产许可审批流程，精简了审批材料，在线获取核验营业执照等材料，不再收取企业组织机构图、人员劳动合同、企业管理制度、主要机构负责人毕业证书或职称证书等材料。

（二）强化饲料企业监管，规范企业生产经营

一是制定印发了《2021 年饲料质量安全监管工作方案》（甘牧医〔2021〕12 号），安排省级饲料产品质量安全监测 100 批，完成饲料抽检任务 107 批。二是制定了《2021 年全省饲料生产企业行政执法检查“双随机、一公开”抽查工作方案》，随机抽取 25 家饲料生产企业，对企业生产许可条件、生产过程控制、产品质量控制、安全生产、产品销售等方面进行监督检查。三是制定印发了《2021 年全省饲料经营企业“双随机、一公开”检查工作实施方案》，由市（州）具体组织开展检查工作，检查企业数量应不低于辖区企业总数的 10％。四是在抽样过程中采取检打联动，对现场检查发现的不合格产品及时组织查处，对 13 家规范落实不到位的企业及存在安全隐患进行督促整改，保证了饲料质量安全。

（三）狠抓安全整治，确保饲料企业生产安全

一是继续推行安全生产承诺制度。2021 年对全省 92 家饲料生产企业进行安全生产专项检查，签订《饲料生产企业安全生产承诺书》。二是下发《关于切实做好饲料生产企业安全生产工作的通知》（甘牧医函〔2021〕34 号），督促企业落实主体责任，明确饲料生产企业是安全生产的责任主体，强化安全生产措施，有效防范和化解安全风险，确保不发生重大安全生产事故。

（四）开展“瘦肉精”专项整治，严厉打击违法犯罪行为

2021 年“3・15”晚会曝光河北等地在肉羊养殖环节使用“瘦肉精”的违法案件后，甘肃省立即行动，在全省范围开展“瘦肉精”专项整治行动。一是制定印发了《关于开展“瘦肉精”专项整治行动的紧急通知》（甘农电〔2021〕31 号）和《甘肃省农业农村厅关于实施“瘦肉精”专项整治行动飞行检查的通知》，下达猪、牛、羊养殖场（户）及屠宰场尿液抽样 1 200 批。二是按照省农业农村厅“瘦肉精”专项整治要求，对武威、白银、临夏、陇南、平凉和庆阳 6 市（州）开展“瘦肉精”专项整治飞行检查。共检查规模养殖场 98 个，屠宰场 35 家，抽取动物尿液 1 221 批，进行“瘦肉精”检测，结果全部为阴性。三是在 5—7 月份对全省牛羊养殖场和屠宰场进行了为期 3 个月的排查，累计排查肉牛养殖场（户）517 612 个（次），牛 484.15 万头（次）；羊养殖场（户）849 007 个（次），羊 3 189.27 万只（次）；肉牛屠宰企业 486 个（次），产品数量 15.69 万头；羊屠宰企业 475 个（次），产品数量 221.51 万只；畜禽贩运人员 3 456 个，均未发现违规使用“瘦肉精”的行为。四是在 6 月 4 日对行动迟缓、措施不力，排查量低于 45％的酒泉、武威、张掖、庆阳、天水、兰州、兰州新区等 8 市农业农村部门分管领导进行约谈，督促其加大排查工作力度，落实属地监管责任。五是配合农业农村部畜牧兽医局对甘州区、凉州区、会宁县 88 家养殖场、9 家屠宰企业、4 个畜禽交易市场进行了飞行检查，采集牛羊尿 544 份，牛羊毛 190 份，组织 110 份，现场速测尿样全部阴性，专项整治行动取得了阶段性成果。

（五）推动疫情期间绿色通道，保障饲料产品供给

2021 年 10 月，兰州、武威、张掖暴发新冠感染疫情，饲料原料和产品运输受限，甘肃省畜牧兽医局积极协调有关部门，并在 10 月 29 日至 11 月 22 日，对张掖、金昌、武威、兰州、白银 5 市 24 家饲料企业的企业生产情况、玉米、豆粕等大宗原料库存、价格进行调度，连续报送疫情期间饲料生产企业生产情况调度表 25 份，推动落实了饲料产品和饲料原料绿色通道政策，为企业排忧解难，保障饲料产品的有效供给和价格总体稳定。

【存在问题】

一是饲料添加剂经营环节存在质量隐患。由于饲料经营部（点）从业人员专业素质低，对假劣饲料添

加剂的辨别能力差，经营环节安全隐患较大。

二是《饲料质量安全管理规范》落实不到位。部分中小型企业仍然存在制度和规程执行不到位、记录表单填写不规范或缺失、原料和成品检验达不到要求等问题。

【下一步重点工作】

一是在全省饲料生产企业实施饲料质量安全规范，开展检查和指导工作，帮助企业整改落实。

二是开展饲料生产、经营环节“双随机、一公开”监督检查，严厉查处不合格饲料企业和产品。

三是加大饲料生产、经营门店和养殖场（户）监督检查力度，重点强化对饲料产品标签标示内容的监督管理，督促市（州）饲料管理部门落实属地监管责任。

（甘肃省畜牧兽医局）

青海省饲料工业

【发展概况】

2021年，青海省获证饲料生产企业18家（许可证20个），年单班加工能力60.34万t。全省实际年生产各类饲料和饲料添加剂14.0万t，其中：配合饲料类13.2万t，浓缩饲料类0.5万t，其他饲料0.3万t。牛羊配合饲料、精料补充料占84.4%。从整体来看，青海省生产经营企业、经营门店能够按照《饲料质量安全管理规范》规定执行，总体运行情况良好。

【组织机构】

青海省饲料工作办公室隶属于青海省农业农村厅，与厅畜牧业处合署办公，畜牧业处处长兼任饲料办主任。青海省饲草料技术推广站，协助饲料办公室完成饲料统计报表的审核、企业产品备案等相关工作。

【主要工作】

（一）组织开展饲料质量安全监督检查

在全省5个市（州）12家饲料生产企业开展“双随机、一公开”监督检查，现场检查企业生产许可符合性、原料仓储、产品质量控制及污染防控等方面，对有安全隐患和产品质量等问题4家企业发出整改通知，现已完成整改工作。分别在全省5个市（州）13家饲料生产企业和西宁、海东市等6个市（州）14个县（市、区）经营门店和养殖场（户）抽样165批次，检测结果待出。对可疑或有质量安全隐患的饲料产品和原料抽样135批次，已寄送中国农业科学院饲料研究所进行饲料质量安全风险预警筛查，未筛出非法添加物。

（二）饲料标签专项检查

根据《饲料标签》标准、《饲料标签专项检查内容》等要求，对12家饲料生产企业、36家经营门店完成207批次饲料标签专项检查，涉及西宁、海东等7个市（州）14个县（市、区）。对发现不符合饲料标签要求的企业或经营门店，要求立即整改，未发现严重违反饲料标签要求行为。

（三）安全生产专项督查

下发《关于切实加强饲草料行业安全生产工作的紧急通知》，对全省12家饲料生产企业安全生产、消防设施、生产设备安全等方面进行现场检查，对现场发现的安全隐患和产品质量等25项问题发出整改通知，现已全部完成整改。

（四）严格饲料生产行政许可管理

按照《饲料和饲料添加剂管理条例》《饲料和饲料添加剂生产许可管理办法》等规章规定，依法履行生产许可职责。2021年审核通过1家饲料生产企业许可，取消1家添加剂生产许可证，并及时发布公告。

（五）做好高寒地区饲草料储备工作

2021年高寒地区安排储备饲草料26.1万t，涉及全省8个州39个县（区、市）。通过倒排时间节点、日报制等方式加大对各地督促力度，督促尽早完成高寒地区饲草料补库和储备任务，提前预防雪灾发生。

（六）做好全省饲料生产企业产量统计

按照《全国饲料工业统计报表制度》要求，完成1—12月全省饲料生产企业产量统计工作。

【主要问题】

一是饲料从业人员专业素质有待提高。青海省饲料行业从业人员对《饲料和饲料添加剂管理条例》《饲料质量安全管理规范》等法律法规不熟悉，在监管、生产、经营等方面专业素质能力还需进一步提升。

二是饲料质量安全体系建设有待加强。青海省大多数饲料产品来自省外，对饲料中非法添加物缺少监测手段，饲料质量安全预警体系还有待加强，饲料质量安全体系建设还需进一步完善。

三是饲料质检能力有待提升。2018 年机构改革后，青海省专职饲料检测机构撤并，缺乏专门的检测机构、人员和硬件设施设备，开展饲料安全监管工作难度较大。

【下一步重点工作】

一是持续加大饲料生产企业监管力度。按照《饲料和饲料添加剂管理条例》《饲料和饲料添加剂生产许可管理办法》等配套法规，继续开展饲料和饲料添加剂生产许可工作，对符合要求的企业发放生产许可证。开展饲料和饲料添加剂专项整治，加强日常监管，落实属地责任，不定期对全省的生产、经营饲料企业和养殖户开展专项检查，重点查处不符合规定的证号、产品质量标准、产品质量检验合格证和饲料标签。特别是对管理水平不高和存在问题较多的企业，进一步加大监管频率和执法力度，确保全省饲料产品质量安全。

二是加强全省自配料监管。督促各级农业农村部门进一步摸清辖区内自配料家底，建立自配料养殖者监管名录。将自配料加工行为纳入日常监管范畴，开展自配料专项整治，定期对辖区内养殖场（户）开展监督检查，确保辖区内养殖场（户）规范使用自配料。

三是加强行业人员宣传培训。继续做好饲料相关业务服务及法律法规的培训工作，多渠道多方式宣传，督促饲料生产者、经营者及使用者做到知法守法，依法进行生产经营活动，进一步提高从业人员的专业知识、法律知识及业务技能等方面的素质。

（青海省农业农村厅）

宁夏回族自治区饲料工业

2021年，宁夏回族自治区饲料生产企业72家，其中，配合饲料39家、饲料添加剂13家、单一饲料20家；全年全区商品饲料总产量102.3万t，同比增长13.7%（配合饲料73.3万t，同比增长16.7%；浓缩饲料25.3万t，同比增长1.2%；添加剂预混合饲料3.8万t，同比增长70.2%），总产值36.1亿元，同比增长26.5%；饲料添加剂产量34.9万t，同比减少8.5%，总产值54.0亿元，同比增长14.1%；单一饲料产量20.4万t，同比减少1.7%，总产值5.6亿元，同比增长16.4%。饲料质量安全监测合格率达到98%。为全区畜牧水产业持续健康发展提供了坚实物质支撑，已成为推动农村一二三产业融合发展的重要力量。

【机构职责】

自治区饲料工作站（编制5名、现有4人）协助厅畜牧局做好饲料和饲料添加剂生产许可审批，负责依法开展饲料和饲料添加剂产品质量安全监督管理工作，组织全区饲料产业发展规划、政策意见、技术标准制定和实施，负责饲料资源的保护及合理开发利用工作，组织开展饲料行业普法及专业知识培训、信息宣传，负责饲料行业装备工艺、高新技术的引进和试验，负责全区饲料生产经营统计和质量安全追溯体系建设，组织饲料企业开展种养加一体化经营和饲草料加工调制试验推广，完成自治区农业农村厅交办的其他工作任务。

【主要任务】

紧紧围绕“确保饲料质量安全”这一核心，健全“饲料属地管理责任，饲料市场‘检打’联动监管”两项机制；紧盯饲料“生产、经营、养殖”三个环节；抓好“许可、规范、监测、监管、服务”五项工作，坚决杜绝饲料生产、经营、使用环节违禁添加物的使用。

【主要工作】

（一）完善许可审核，严把“产前”条件准入关

坚持把生产许可审核作为饲料源头管理的重要措施来抓，严把专家审核流程和考核评价机制，制定了《宁夏回族自治区饲料和饲料添加剂生产许可现场审核专家管理办法（试行）》及《宁夏饲料和饲料添加剂企业生产许可材料审查与现场审核工作程序》，编印了《饲料行业法律法规选编口袋书》。2021年对饲料生产许可审核专家委员会部分成员进行调整，召开了饲料生产许可专家审核委员会新任专家座谈会，进一步规范和强化了对专家及生产许可审核的要求，提升了饲料安全生产能力。2021年组织专家审核新（换）发生产许可证17家，做到了把关严格、程序合法、内容规范、运行高效。

（二）强化日常监管，压实“产中”管理责任

坚持督导检查与强化目标责任相结合，认真落实饲料属地管理主体责任、企业产品质量安全第一责任，开展了饲料质量安全提升年活动，严格日常监管巡查，全面严格管控饲料生产企业检查记录、饲料经销网点检查记录、产品购销台账和规范化管理公示栏等制度，实行“痕迹化”管理。全年共出动饲料监管人员1 109人次，对全区72家饲料企业、324家饲料经销店和150家规模养殖场（户）开展2次饲料产品质量安全和2次企业安全生产大检查，现场检查发现安全隐患27个，提出整改意见19条，全部整改到位。

（三）加强质量监测，强化“产后”检打机制

制定了《2021年全区饲料质量安全监管监测计划》，采取联合执法和专项整治等方式，持续开展饲料产品质量安全、饲料使用环节违禁添加物等4项监测，逐步扩大监测范围到饲料经销点及部分自配料养殖场。联合基层监管部门和基层农业综合执法大队、

市场监管等部门，开展了“绿剑”专项整治行动，对饲料原料、自配料、药物饲料添加剂退出进行专项整治，坚决杜绝使用含促生长类药物饲料添加剂、抗菌药物等违法添加物等问题的发生。截至目前，配合部级抽检 19 批次；组织自治区抽检 484 批次，饲料质量安全监测合格率达到 98%。完成每月部级饲料工业统计月报表统计审核及上报工作，受到了农业农村部的书面表扬。

（四）加强规范管理，推进“互联网＋监管”一体化建设

与兽药饲料监察所创建宁夏饲料“互联网＋监管”信息化平台，实现饲料产品“质量全程追溯，在线动态监管，数据便捷统计，风险及时预警”等各项功能，赋予饲料产品从生产到使用全程质量追溯“二代身份证”码查询。目前，饲料质量监管追溯平台建设已进入升级完善阶段，已在宁夏泰昆荣华饲料有限公司、宁夏大北农科技实业有限公司和宁夏正旺生物科技有限公司进行试点运行，运行效果良好。

（五）创新服务机制，促进产业“多元化”发展

一是强化技能培训。举办了“全区绿色饲料与畜产品安全研讨会”；在成都和福建举办了全区饲料企业高层次管理人员培训班，并成功引进四川铁骑力士集团在宁夏投资建厂；对调整的饲料生产许可审核专家和市县监管人员进行饲料法规和现场审核技术培训；联合广州立达尔生物科技公司针对自治区反刍动物在无抗饲料配制等方面的薄弱环节，对部分饲料企业、大中型奶牛和肉牛场技术负责人进行了集中培训及实地技术指导。二是创新技术研发。依托饲料专家技术服务组，与宁夏农林科学院畜牧兽医研究所开展滩羊绿色发酵全混合日粮新产品研究与示范，大力推动优质绿色饲料产品的研究开发。三是为民办事纾困。联合饲料专家团队深入银川正大等 10 多家饲料生产企业对工艺流程、技术参数等问题进行面对面的技术指导和咨询服务。联合宁夏储备粮管理公司对我区饲料企业玉米价格上涨情况进行调研，协调组织开展了市场调控玉米竞价销售交易会，宁夏伊品、宁夏伊康元等 6 家饲料企业成交玉米竞价成交量 21 306t，解决了部分饲料生产企业玉米价格高的困惑。疫情期间，针对自治区饲料企业车辆无法通行、饲料运不出等问题，积极与区内外市县沟通协调，为 20 多家饲料企业办理民生保供资质证明。组织宁夏饲料工业协会 15 家会员企业共捐款捐物 32.89 万元。

【主要问题】

产业体系方面：自治区中南部市县饲料生产企业少、布局分散，个别县仍有空白。生产体系方面：多数中小饲料生产企业在加工装备、管理体系和技术创新能力等方面还有差距，产品同质化问题突出；受成本价格挤压，转型升级的压力越来越大；饲料生产企业自订公布的“企业标准”“产品标签”不规范、不严谨；缺乏切实有效的抗生素替代技术方案。经营体系方面：饲料生产企业与养殖场户对接不够紧密，产品销售环节多、费用高，缺少种养加一体化饲料龙头企业引领。监管体系方面：基层饲料监管力量依然薄弱，各市县（区）没有成立专门的饲料管理部门，监管职责设在不同的单位（畜牧、动物卫生监督、疾控、水产、执法大队等部门），造成监督执法机制不健全；养殖环节饲料安全使用标准还有“空白”，自配料监管还有“死角”等。政策体系方面：在应对大宗原料价格波动、采用新技术新装备等方面缺乏政策和资金支持，抗风险和持续发展能力不强。

【下一步重点工作】

2022 年，宁夏饲料工作将坚持以习近平新时代中国特色社会主义思想为指导，深入贯彻落实党的十九届六中全会和自治区党委十二届十三次、十四次全会精神，按照自治区“提质发展高效种养业”和“五优四调四化”工作要求，紧盯奶牛、肉牛和滩羊产业“百千亿”工程和结构调整优化，加大饲料产品监管力度，确保“一个重点”，即“以大力发展绿色饲料为重点”；树立“三个理念”，即树立围绕中心工作理念、饲料质量安全理念、生产安全理念；抓好“五项工作”。

一是继续做好饲料产品质量安全等 4 项监测工作和饲料生产许可证审核新（换）发证工作。

二是加快饲料产业科技创新，调整优化饲料配方和原料结构，大力推广优质绿色健康饲料产品的研究开发。

三是进一步完善宁夏饲料“互联网＋监管”信息化平台建设，实现饲料产品“质量全程追溯，在线动态监管，数据便捷统计，风险及时预警”等各项功能。

四是推广猪鸡饲料中玉米、豆粕减量替代技术，充分挖掘利用杂粮、杂粕、粮食加工副产物等替代资源，加快中南山区柠条、杠木豆等木本饲料开发、推广和应用。

五是完善“检、打”联动工作机制，采取联合执法、专项整治等方式，严厉打击掺杂使假、偷减含量、添加禁用药品等违法行为，维护市场公平竞争秩序。

（宁夏回族自治区饲料工作站）

新疆维吾尔自治区饲料工业

【发展概况】

2021年，新疆维吾尔自治区共有饲料和饲料添加剂生产企业147家（许可证163份），其中：饲料添加剂9家，混合型饲料添加剂4家，添加剂预混合饲料生产企业15家（11家多证企业），配合饲料、浓缩饲料、精料补充料生产企业64家，单一饲料生产企业73家。

据统计，2021年全区（含兵团）饲料和饲料添加剂总产量246.4万t，同比增加23.0%。其中，饲料243.1万t，同比增长22.7%。饲料类别中，配合饲料232.2万t，同比增长23.5%；浓缩饲料8.5万t，同比增长3.5%；添加剂预混合饲料2.4万t，同比增长26.3%。饲料添加剂3.3万t，同比增长42.9%。

2021年全区（含兵团）饲料工业总产值167.9亿元，同比增长29.6%。其中，饲料135.0亿元，同比增长30.8%；饲料添加剂32.9亿元，同比增长24.9%。

【主要工作】

（一）积极推进“放管服”改革，优化行业许可服务

贯彻落实国务院“放管服”改革精神，通过精简审批材料、压缩审批时间、加快审批进度、及时为企业答疑解惑等方式，持续优化准入服务。2021年核发饲料和饲料添加剂33件，变更许可证14件，办理自由销售证明45份等，群众满意率100%。

（二）组织开展玉米豆粕减量化替代宣传培训

为有效开展玉米豆粕减量化替代工作，组织全区各级畜牧兽医局及所属相关单位、饲料企业和养殖户等参加全国畜牧总站举办的玉米豆粕减量化替代应用技术线上培训（5期），积极引导饲料生产和养殖企业因地制宜选择饲料原料，促进饲料原料多元化，推进构建适合自治区实际的新型日粮配方。

（三）积极做好疫情期间稳产保供工作

新冠感染疫情期间，自治区跨省、跨地区物流受到一定影响。自治区畜牧兽医局积极对饲料企业生产经营情况等进行调度，协调解决供需矛盾，指导饲料企业努力克服新冠感染疫情的不利影响，加大饲料储备力度，确保疫情期间饲料有效供应。

（四）开展饲料企业安全生产专项整治工作

为坚决贯彻落实自治区党委关于安全生产工作会议精神，根据《自治区畜牧兽医局全覆盖、拉网式安全生产大排查、大整治工作方案》，制定《饲料企业安全生产专项整治工作方案》，督促指导各地农业农村局（畜牧兽医局）认真落实安全生产工作，对饲料企业安全生产工作进行现场检查和指导，通过查资料、看现场、集中座谈等方式，重点对饲料企业消防设施配备、粉尘爆炸、危化品管理、电线电路老化等安全隐患风险点进行了拉网式排查。对存在的问题提出针对性解决措施，督促企业认真整改，将各类安全隐患消灭在萌芽中，确保饲料生产企业不发生重大安全事故。

（五）强化监督监测，保障饲料质量水平

2021年，自治区畜牧兽医局印发《2021年自治区饲料质量安全监督抽查工作方案》，对自治区辖区内的14个地（州、市）的饲料和饲料添加剂生产、经营和养殖企业开展监督抽查，下达抽检任务700批次，实际完成监测716批次，监测总体合格率98.88%，其中饲料和饲料添加剂产品625批次，合格率98.72%；监测养殖环节活畜（猪、肉牛、肉羊）尿液中“瘦肉精”（克伦特罗、莱克多巴胺、沙丁胺醇）91批次，合格率100%。

（六）加强饲料生产统计和行业指导服务

一是指定专人负责，严格审核，确保统计上报数据的及时性、准确性、完整性。2021年共完成全区

147 家饲料生产企业 2 400 份（次）报表的审核、上报工作，审核率 100%、上报率 100%。自治区畜牧兽医局被评为 2021 年度农业农村部“全国饲料工业统计工作优秀单位”。二是认真做好生产形势分析研判。对自治区（含兵团）、自治区、兵团三套统计数据开展分析，实现自治区和兵团饲料生产形势分析一体化，为自治区行业管理部门准确研判行业变化趋势，指导饲料行业发展提供强有力的数据支撑。

【存在问题】

1. 企业主体责任落实不足。一是部分饲料企业法律意识不强、饲料原料进厂把关不严、标签不规范。二是自配饲料生产随意性大，安全隐患较多，缺乏有效监管手段，监管难度大。

2. 基层监管能力不足。地县两级农业农村（畜牧兽医）局绝大多数没有专门的饲料行政管理部门，主要由农业综合执法支队、畜牧站、动物卫生监督所承担，监管任务重，经费不足，人员偏少，且变动频繁，监管工作难以满足要求。

（新疆维吾尔自治区畜牧兽医局）

新疆生产建设兵团饲料工业

【发展概况】

截至2021年底，兵团共有49家饲料和饲料添加剂获证企业，其中三证企业1家、双证企业2家。所获生产许可证企业中配合饲料、浓缩饲料、精料补充料生产企业15家，饲料添加剂生产企业5家，混合型饲料添加剂生产企业1家，添加剂预混合饲料生产企业2家，单一饲料生产企业30家。

2021年，兵团饲料工业总产值70.7亿元，营业收入68.2亿元，同比分别增长21.6%、19.7%。

饲料总产量123.9万t，总产值47.5亿元，营业收入45.4亿元，同比分别增长9.4%、20.4%、18.7%。按产品类型分：配合饲料产量115.5万t，浓缩饲料产量3.5万t，添加剂预混合饲料产量4.9万t，同比分别增长6.7%、1.2%、218.3%。按产品品种分：猪饲料产量62.3万t，同比增长43.5%；蛋禽饲料产量16.8万t，同比减少4.3%；肉禽饲料产量13.2万t，同比减少16.4%；反刍饲料产量29.0万t，同比减少19.3%；水产饲料2.5万t，同比增长470.4%；其他饲料产量0.03万t，同比增长14.6%。

饲料添加剂总产量42.8万t，同比减少0.3%，总产值23.3亿元，营业收入22.9亿元，同比分别增长24.1%、21.9%。其中氨基酸、氨基酸盐及其类似物产量41.1万t，微生物产量0.2万t，着色剂产量1.3万t，防腐剂、防霉剂和酸度调节剂产量0.06万t。

2021年，兵团单一饲料总产量82.9万t，同比增长4.5%；总产值25.2亿元，同比增长14.6%；营业收入23.4亿元，同比增长1.3%。其中：谷物及其加工产品产量20.3万t，油料籽实及其加工产品产量56.5万t，微生物发酵产品及副产品产量6.1万t，天然矿物质产量0.01万t。

【组织机构】

兵团农业农村局畜牧兽医处（渔业监督处）主管兵团的饲料行业行政监管工作，各师市、团场两级畜牧相关机构负责日常的饲料生产监督管理工作。

【主要工作】

（一）切实做好行政审批工作

严格按照《饲料和饲料添加剂管理条例》及其配套规章的要求，不断强化许可审批力度，推进许可审核专家队伍建设，确保行政许可工作程序合法。2021年共审核发放饲料生产许可证7张，审核变更许可证信息3家。

（二）加强饲料质量安全监管工作

为进一步开展兵团饲料质量安全监管工作，按照兵团农业农村局《关于开展兵团兽药饲料质量安全监督抽检工作的通知》（兵农医发〔2021〕126号）要求，在兵团开展饲料质量安全监督抽检工作，共抽检饲料样品305批次，其中饲料产品质量安全监测206批次，养殖环节饲料中违禁添加物专项监测99批次。检测合格率为100%。

（三）开展安全生产督导检查

兵师两级饲料管理部门将饲料行业安全生产监管纳入日常工作中，积极开展安全生产督导检查。2021年，兵团对辖区内的15家饲料企业进行了安全生产检查，发现安全生产隐患及时督促企业整改，保证了饲料企业生产的安全。

（四）参加“玉米豆粕减量替代应用技术”线上推广活动

10—11月，组织兵团辖区内相关饲料生产企业参加全国畜牧总站主办的“玉米豆粕减量替代应用技术”线上直播宣传推广活动，引导饲料行业应用新型日粮配方结构，推进饲料配方中玉米豆粕减量替代，促进饲料粮保供稳市。

（五）认真做好饲料统计工作

为进一步做好饲料统计工作，兵团农业农村局安排专人负责饲料统计工作，督促企业完成饲料月报的填报并进行数据审核，按时完成饲料月报的填报工作，为管理部门的决策提供数据支撑。

【存在问题】

监管力量比较薄弱，监管人员大多数为兼职，发现问题、解决问题能力不足，难以进行有效监管；部分企业重视产量销售、轻视安全生产的思想依然存在。

【下一步重点工作】

一是进一步加强行政审批工作。按照《饲料和饲料添加剂管理条例》及其配套规章的要求，规范行政审批程序，完善行政审批制度，加强专家队伍建设和管理，认真开展饲料和饲料添加剂生产企业许可审批工作。

二是加强饲料生产企业的监管。强化对辖区内饲料生产企业的日常监管，发现隐患及时解决，严厉打击违法违规行为。

三是强化饲料质量安全监管。进一步加强饲料质量安全监督管理，加大饲料中违禁药物和非法添加物的监管力度，完善饲料产品监测抽查制度，按照“双随机、一公开”原则开展饲料产品的抽检。

四是继续做好饲料信息统计工作。认真落实饲料统计报表制度，按照饲料信息统计要求，督促饲料企业及时、准确地完成月度数据的填报。

五是开展饲料法规宣传工作。广泛开展饲料法规的宣传，让饲料生产企业进一步了解国家的相关规定，提高依法生产、遵纪守法的意识。

（新疆生产建设兵团农业农村局畜牧兽医处）

大连市饲料工业

【发展概况】

截至2021年底，全市共有各类饲料及饲料添加剂生产企业141家，其中配合、浓缩、精料补充料生产企业61家，添加剂预混合饲料生产企业14家，饲料添加剂生产企业9家，混合型饲料添加剂生产企业9家，单一饲料生产企业48家。各类饲料产品产量449.8万t，其中配合饲料240.9万t，浓缩饲料8.5万t，添加剂预混合饲料1.1万t，饲料添加剂4.0万t，单一饲料195.4万t。累计饲料工业产值165.6亿元。

【组织机构】

大连市农业农村局畜牧业管理与动物防疫处（饲料工作办公室）负责全市饲料和饲料添加剂行政监管工作，大连市农业综合行政执法队承担饲料和饲料添加剂行政执法工作，大连市检验检测认证技术服务中心负责饲料产品质量监测工作。9个涉农县（市、区）农业农村部门分别承担了相应的饲料管理职责，负责日常饲料生产经营监督管理工作。大连市饲料工业协会为独立法人的社团组织，为饲料企业提供技术服务、加强行业自律起到了积极的作用。

【主要工作】

（一）引导饲料行业稳健发展

指导饲料企业规范发展，对饲料企业申请的14个生产许可事项，组织开展现场审核，吸引鼓励企业投入研发和固定投资2.5亿元。加强日常监督管理，市县累计出动执法人员600余人次，检查饲料生产企业250余家次。

（二）加强全市饲料质量管理

下发《关于印发2021年大连市兽药饲料监测方案的通知》（大农发〔2021〕24号），组织开展饲料生产、经营和使用环节质量监测工作。全年共监测饲料产品300批次，合格率为94%。对不合格产品责成各地执法部门按照相关要求进行查处。

（三）强化监督检查

一是组织开展饲料标签专项检查，督促生产者和经营者严格落实饲料标签有关规定，依法依规标示相关内容，杜绝扰乱市场的不规范标示行为。二是组织开展春季打假活动，对全市饲料生产、经营企业进行了全面检查，重点加大对三聚氰胺、“瘦肉精”等违禁物质及饲料原料的清理检查力度，坚决取缔无产品质量标准、无产品批准文号、无产品标签的“三无”饲料生产企业，依法坚决取缔无生产许可证行为。三是以监督监测为依据，强化风险预警，落实“检打联动”工作机制，严厉打击饲料环节非法添加药物、违禁物质等违法行为，加强养殖环节自配料生产和使用管理。

（四）推进落实饲料企业安全生产责任

结合日常监管，加大检查指导力度，压实饲料企业安全生产主体责任。按照省、市相关要求，组织饲料及饲料添加剂相关企业落实涉爆粉尘安全专项整治三年行动工作任务，排查存在的隐患和问题181处，全部完成整改。向企业发放《辽宁省饲料和饲料添加剂生产企业安全生产制度范例》和《辽宁省饲料和饲料添加剂生产企业安全生产法律法规汇编》等资料，提高企业安全生产意识和技能。全市未发生饲料和饲料添加剂企业涉爆粉尘安全生产事件。

【存在问题】

一是监管力量需要加强。目前，市、县级农业农村部门负责饲料行业管理的工作人员普遍只有1名，且身兼数职、流动频繁，人员专业能力、工作延续性等难以保障。二是行业整体核心竞争力不足。大连市大型科技型饲料生产企业少，中小微型企业偏多，科研技术力量薄弱、经费投入不足，产品科技附加值低，市场综合竞争力不强。

【下一步重点工作】

一是加强饲料行业管理。开展饲料质量安全监督检查，落实饲料质量安全管理规范。组织实施饲料质量安全监测计划，以非法添加物为重点，强化检打联动，严厉打击饲料环节非法添加药物、违禁物质等违法行为。加强养殖环节自配料生产和使用管理。

二是加强监督管理。持续提高营商环境服务水平，不断提升饲料生产许可审批工作质量。按照“双随机、一公开”的相关要求，组织开展年度行业监督检查。将饲料生产和经营环节饲料产品标签标示内容的监督管理作为检查重点，开展集中整治，督促生产者和经营者严格落实饲料标签有关规定，依法依规标示相关内容。组织行业企业做好全国饲料生产企业月度统计监测，增强数据报送的及时性、准确性。

三是加强安全生产。将安全生产工作作为饲料等行业领域管理的重要内容，从行业规划、产业政策、行政许可等方面加强行业安全生产工作，指导督促企业单位加强安全管理。进一步加强安全生产、安全防火、职业病防治等方面的宣传教育，提高饲料安全生产责任意识。

（大连市农业农村局）

青岛市饲料工业

【发展概况】

2021年，青岛市饲料行业克服非洲猪瘟和新冠感染疫情双重不利影响，坚持高质量发展，总体形势平稳。饲料生产企业供给侧改革、转型升级、优胜劣汰局面日趋明显，新设立规模化企业比例增加，小规模、竞争力较弱的企业逐步退出市场。截至2021年年底，全市共有饲料和饲料添加剂生产企业166家，持有各类产品生产许可证216个；其中，新设立生产企业28家，新增生产许可证45个。吸纳就业人员7 436名，其中，博士66名，硕士288名。宠物饲料行业发展迅猛，新设立4家宠物饲料生产企业，现有获证宠物饲料生产企业20家和未获证的宠物零食加工企业60余家。

【经济运行】

2021年全市各类饲料品种总产量达到484.3万t，实现总营业收入190.6亿元，总产值184.9亿元，同比分别增长1.09%、21.3%、18.9%。其中，工业饲料总产量238.1万t，同比减少2.4%，总营业收入92.7亿元，同比增长17.5%，总产值93.9亿元，同比增长14.6%；宠物饲料总产量1.3万t，同比增长92.2%，营业收入4.0亿元，同比增长73.0%，总产值4.0亿元，同比增长72.6%；饲料添加剂类总产量2.8万t，同比增长8.7%，总产值4.9亿元，同比增长39.5%；单一饲料总产量243.4万t，同比增长0.3%，总营业收入93.4亿元，同比增长24.4%，总产值86.0亿元，同比增长22.9%。受生猪、蛋禽、肉禽等养殖疲软和饲料生产结构影响，猪饲料、反刍料、水产料产量有不同幅度的提升，产量分别为116.2万t、10.3万t、7.2万t，同比分别提升23.2%、35.0%、6.3%；蛋禽料、肉禽产量下降幅度较大，产量分别为16.1万t、78.8万t，同比分别下降15.7%、25.4%。宠物零食生产加工成为新的经济增长点，60余家宠物零食加工企业，产品以出口为主，年出口额约12亿元。

【行业管理】

（一）积极开展信用等级“分级评定”和“一企一档”整理

按照省畜牧兽医局的统一部署，有效开展了饲料生产企业信用等级分级评定管理工作，并通过省局门户网站进行了公示，全市166家获证饲料生产企业中，有14家生产企业获证时间不满6个月，不参加评定，参评企业152家，评定A级60家、B级82家、C级10家。根据《企业信息公示暂行条例》，建立健全饲料生产企业信息档案公示制度，对全市166家饲料生产企业全部建立了电子信息档案，做到“一企一档”“一张图”管理，对监督检查、检测结果、行政处罚、教育培训等情况对社会公示，督促企业强化自律意识。

（二）开展生产经营资质核查专项行动

为进一步维护青岛市农业投入品行业市场秩序，严厉打击无证生产经营等违法违规行为，于2021年第一季度开展了农业投入品行业生产经营资质核查专项行动。按照“四个最严”的标准，抓好“三个结合”，将专项行动和日常监管结合起来，及时解决发现的问题；将企业生产经营资质核查与规范生产结合起来，提高饲料生产企业的质量安全意识和自律意识；将资质核查同农资打假结合起来，将核查作为年度农资打假的重要一环，对于发现的问题列入农资打假的重要依据。通过核查，全市饲料行业市场秩序进一步规范，违法违规行为得到有效遏制。

（三）严格落实监督抽检和“检打联动”制度

一是制定下发《青岛市2021年度饲料和饲料添加剂产品监督抽检计划》，由各区市农业农村主管部门抽样，市农产品质量安全中心进行检测，计划抽检饲料产品 150 批次，实际完成检测 159 批次，经检测，不合格样品 1 批次，检测项目合格率为 99.37%，是 5 年来合格率最高的一年，并且 5 年来合格率连年提升。二是严格落实“检打联动”制度，对不合格产品及涉及的 1 家饲料生产企业，依照《饲料和饲料添加剂管理条例》依法进行了查处，并在局门户网站进行了公示。

（四）扎实开展农资打假专项整治行动

按照全国、全省农资打假专项治理行动工作视频会议要求和农资打假工作统一部署，青岛市迅速行动，在全市范围内扎实开展农资打假专项治理行动，取得了显著成效。坚持日常监管与暗查暗访相结合，饲料市场秩序进一步规范，在日常检查、“双随机、一公开”检查的基础上，坚持问题导向，开展了 5 次暗查暗访，共出动检查人员 156 人次，行程 1.2 万多 km，编发暗查暗访通报 5 期，对发现的问题实行点对点通报；全年查办饲料案件 17 起，涉案金额 8.99 万元，对收缴的假劣饲料产品进行了集中销毁。

（五）全面排查行业安全生产隐患

贯彻“三个必须”总要求，落实饲料企业安全生产主体责任和网格化监管责任，全面部署开展农业投入品领域安全生产大排查大整治行动，采取督导检查、随机抽查、暗查暗访等方式，对饲料生产企业等重点环节、重点区域进行了安全生产督导检查和抽查，对重点企业双体系建立、安全生产标准化建设、粉尘防爆、消防设施配备、压力容器、特种设备、有限空间等进行了重点检查。全市各级饲料管理部门共组织督查和抽查 33 次，检查企业 142 家，出动检查人数 73 人次，对发现的 64 项问题和隐患全部予以现场整改和限期整改，消除了行业安全生产隐患。

【饲料标准化】

全年有 2 家饲料生产企业被评为全国优秀企业，3 家被评为重点企业；有 7 家饲料生产企业被评选为山东省饲料行业高质量发展齐鲁样板企业，其中，2 家领军生产型、2 家科技创新型、3 家产业链引领型。9 个饲料产品获得全省创新型饲料原料、创新型饲料添加剂、“两低一高”饲料配方新技术等绿色高效产品。玉米豆粕减量使用取得成效，2021 年度玉米豆粕使用量分别为 55.26 万 t、41.67 万 t，同比减少 34.53%、5.51%；小麦替代玉米取得新突破，2021 年度使用量 29.22 万 t，同比增长 343.98%。

（青岛市农业农村局）

宁波市饲料工业

【发展概况】

2021年，全市饲料和饲料添加剂生产企业31家，生产许可证33张。其中持有浓缩饲料、配合饲料和预混料生产许可证的企业15家，持有饲料添加剂和混合型饲料添加剂生产许可证的企业7家，持有单一饲料生产许可证的企业9家。全市饲料企业职工总数2 058人，同比增加5.27%。其中博士18人，硕士67人，本科318人，大专361人，其他1 294人。饲料行业队伍中本科以上学历占比逐年增加，高精尖研发人员数量不断攀升。

全年饲料工业总产值和总收入分别为39.9亿元和40.72亿元，同比分别增加12.2%和21.3%。全市各类饲料加工产品总产量97.5万t，同比增加5.1%。其中配合饲料产量45.7万t，同比增加19.2%；浓缩饲料产量4 279t，同比下降3.9%；添加剂预混合饲料产量1 123t，同比下降5.9%；饲料添加剂和混合型饲料添加剂总产量6 472t，同比增加24.3%；单一饲料总产量50.7万t，同比下降5.1%。其中豆粕产量44.7万t，同比下降4.8%；鱼粉及其他水生动物产品6.0万t，同比下降7.3%。宁波市豆粕年产量一直稳居全省第二，2021年由于受南美拉尼娜现象影响，大豆价格一路飙升，进口大豆数量有所减少，致使豆粕产量下降。

【组织机构】

因机构改革，宁波市饲料工作相应管理职能已于2020年移交至宁波市农机畜牧中心，并由宁波市农机畜牧中心负责全市的饲料和饲料添加剂生产管理工作。

【主要工作】

(一) 深入推进宁波市“两化”实施创建工作，全面完成2021年验收评估任务

为全面推进畜牧业绿色发展和高质量发展，根据省农业农村厅《浙江省推进兽用抗菌药减量化和饲料环保化试点三年行动方案（2020—2022年）》的通知要求（以下简称“两化”），宁波市于2021年2月底正式启动“两化”实施创建，12月底前完成31家试点场验收评估任务。主要工作如下：一是制定出台了《宁波市推进“两化”试点三年行动方案》和《“两化”实施成效监测方案》，确立了44家饲料环保化试点创建主体。二是印制了饲料环保化记录台账，并发放至各区县，督促各地做好饲料采购验收、出入库、自配料加工、饲喂等各个环节的记录，实现饲料使用管理可控可溯。9月底，组织人员赴余姚、慈溪、象山、宁海、奉化、北仑等地试点场走访，检查指导“两化”台账记录情况。三是对全市环保化试点场饲料来源开展摸底调查，了解饲料配方中粗蛋白（氮）、铜、锌含量配比，抓好饲料质量管控，实施精准配方管理。发现大多数试点场使用商品饲料，能够按照省团体标准进行适当调整。少量使用自配料，饲料质量管控难度大。四是完成饲料环保化场两个批次的抽样送检和监测分析工作。目前已完成抽检试点场36家，示范场1家。通过对两个批次抽检结果分析来看，大多数试点场在育肥前期都采用的“高蛋白、高铜、高锌”日粮饲喂，育肥中期、后期的蛋白和铜、锌都有所降低，但部分样品也超出了“团体标准”的范围，配方有待调整。五是完成“两化”中期评估验收任务。严格按照“两化”行动的工作既定部署，2021年底前完成“饲料环保化”试点场创建35家，超过总任务量的70%，超额完成中期评估任务。

(二) 全面开展饲料生产企业和饲料标签现场核查行动，督促企业严格按照规范要求生产

为切实加强饲料生产企业监管，严格落实饲料标签有关规定，保障饲料产品质量安全，根据浙江省农业农村厅办公室《关于开展饲料生产企业和饲料标签现场核查行动的通知》要求，宁波市组织于5—6月份在全市范围开展饲料和饲料添加剂生产企业、饲料标签现场交叉检查行动。一是督促各地饲料和饲料添加剂生产企业对照现场检查表要求和有关法规标准于5月底之前全面完成自查。二是市级成立现场交叉检查组，分组对全市饲料和饲料添加剂生产企业和个别经营企业开展实地交叉检查。对发现的问题，要求企业及时落实整改措施并提交整改报告，并适时组织开展“回头看”。三是配合省检查组完成现场核查。8月底，省级检查组抽查了宁波市配合饲料、添加剂预混合饲料及添加剂等5家企业，主要对交叉检查中发现的问题整改情况再次核查，基本情况良好。

（三）严格做好饲料生产许可审批工作，把牢许可准入关

依法依规严把行政许可审批程序，组织做好企业申报材料和现场审核工作，把好准入关。2021年，宁波市新设立饲料生产企业2家，其中1家为混合型饲料添加剂，即宁波优扩生物科技有限公司，主要生产枯草芽孢杆菌、丁酸梭菌、嗜乳酸杆菌等产品；另外1家为宠物配合饲料，即宁波乾运食品有限公司，主要生产犬粮、猫粮等宠物全价粮。宁波乾运食品有限公司的成立弥补了宁波市宠物饲料市场多年来的空白。此外，2021年企业续展换发饲料生产许可证5家；申请变更生产许可证2家；注销生产许可证1家；半停产企业2家。

（四）组织召开全市饲料质量安全管理培训现场会，提升从业人员的责任意识和管理水平

9月16—17日，宁波市组织召开全市饲料质量安全管理培训现场会。会议邀请了省农业科学院邓波研究员、浙江工商大学章亭洲教授、正大集团徐玲总监等专家学者就饲料行业法律法规、饲料质量安全监管、饲料和饲料添加剂生产许可审核技术要点及环保型饲料产品开发应用等内容进行授课。同时与会代表还赴宁波正大农业有限公司和宁兴涌优饲料有限公司两家饲料企业进行现场参观学习。通过此次培训不仅对饲料企业先进的生产模式和规范管理情况有了更直观的认识，更是提升了从业人员的责任意识和管理水平，对今后企业在饲料质量安全管理和发展方面都起到了一个良好的促进作用。

（五）准确统计饲料生产情况，全面分析饲料行业形势

根据部、省统一要求，严格把控时间节点，认真做好饲料生产月报、年报统计工作。同时确保统计数据的完整性和准确性，为宁波市饲料行业生产形势分析奠定基础。2021年，宁波市配合饲料总产量45.68万t，同比增加19.24%，其中猪饲料产量8.04万t，同比增加10.45%。这主要跟持续加大生猪增产保供力度有关，生猪养殖量大幅上升。2021年全市生猪养殖量156.9万头，同比增13.0%，随着生猪产能的快速恢复，对饲料的需求量也在相应增加，饲料行业发展形势前景良好。

【下一步重点工作】

（一）全面完成“两化”试点三年行动任务

当前，养殖企业面临猪价波动较大、饲料粮逐步涨价、非洲猪瘟疫情仍然严峻形势下，“两化”工作的推进碰到了一些阻力，这就要求市、县各级管理部门和养殖企业齐心协力，迎难而上，克服短期内面临的困难，严格按照“两化”行动的工作既定部署，全面做好剩余的4家示范场、5家试点场的饲料环保化创建和评估工作。争取在2022年12月底之前全面完成“两化”试点三年行动任务。

（二）继续加强环保型饲料的研究推广应用

一是继续鼓励饲料企业科技创新，大力开发应用发酵饲料、酶制剂、酸化剂、微生态制剂、有机微量元素等产品，通过饲料应用技术升级和模式创新，着力引导转变饲料使用方式，全面提升饲料使用科学化环保化水平。二是督促各地养殖场使用环保节约型饲料。加强对各地养殖场的指导，改变试点主体的饲喂理念，引导其走出“蛋白水平越高越好、省团体标准营养水平偏低”的认识误区。鼓励其与饲料企业直接对接，配制使用“低蛋白、低铜锌”的生物发酵饲料、酶制剂等环保节约型饲料，从而减少对环境的污染。

（三）着力做好全市饲料质量安全现场监督检查工作

根据农业农村部制定的《2022年全国饲料质量安全监督抽查计划》要求，将继续在全市范围开展饲料质量安全现场监督检查。一方面检查企业《饲料质量安全管理规范》的贯彻实施和执行情况；另一方面是对企业在生产、经营和使用环节开展饲料中非法添加物预警监测。通过现场的监督检查来切实强化饲料质量安全。

（宁波市农机畜牧中心）

厦门市饲料工业

【发展概况】

厦门市共有饲料生产企业 43 家。其中：同安区 15 家，海沧区 11 家，翔安区 9 家，集美区 7 家，湖里区 1 家。

截至 12 月底，厦门市饲料和饲料添加剂年总产量达 108.2 万 t，同比减少 14.0%，其中：配合饲料 33.4 万 t，同比增长 0.4%；浓缩饲料 1.2 万 t，同比增长 52.6%；添加剂预混料 2.8 万 t，同比增长 19.1%；饲料添加剂 0.3 万 t，同比减少 5.9%；单一饲料 70.5 万 t，同比减少 20.87%。累计营业收入 47.3 亿元，同比增加 0.9%；工业总产值 46.1 亿元，同比减少 1.4%。

发展特点：一是总体产量有所减少。受 2021 年两次新冠感染疫情影响，特别是 9 月份同安区全区封控，厦门市有一半饲料生产企业在同安区，饲料原料、成品进出受限，企业停工停产、客户流失等原因导致全年产量有所下降。二是饲料企业数量有所增加。2021 年饲料生产企业新增 8 家，其中，4 家混合型饲料添加剂，2 家饲料添加剂，2 家配合饲料。三是企业规模化和专业化程度持续提高。厦门汇盛生物科技有限公司专利产品单一饲料裂壶藻粉，为国内外首家在反刍动物应用的原生 DHA 牛奶转化产品，项目产品 2021 年实现产值 1.1 亿元；中鲨动物保健品（厦门）有限公司，是中国饲用鱼肝油、乳化剂、膳食纤维生产的领导者和开创者；厦门嘉康饲料有限公司的黄鳝料稳占市场；厦门市金达威维生素有限公司专业从事维生素类食品添加剂、饲料添加剂的研发、生产和销售，主导产品包括维生素 A 和维生素 D_3，产品远销全球数十个国家和地区；新兴的企业如福建农灵生物技术有限公司依托中国（福建）自由贸易试验区厦门片区（保税港区）的有利条件，做强做大。

【组织机构】

厦门市农业农村局畜牧兽医处主管饲料行业管理工作，厦门市农业综合执法支队承担饲料行政执法工作，厦门市农产品质量安全检测中心负责饲料产品质量监测工作。

【主要工作】

（一）抓好饲料安全生产工作

1. 宣传贯彻落实安全生产文件，提升企业主体责任意识。线上组织全市饲料兽药企业认真学习新修订的《中华人民共和国安全生产法》《消防法》《生命重于泰山——学习习近平总书记关于安全生产重要论述》，同时，发送燃气事故警醒、用电用气安全、电动车安全、消防安全宣传信息共 84 条，发放安全生产挂图 44 套，强化企业安全主体责任，提升风险防控能力。新冠感染疫情期间，向全市饲料兽药企业发送《致全市饲料兽药生产经营企业的一封信》《开展“严执法、强攻坚、促提升”专项行动宣传材料》，组织签订《安全生产法学习宣贯承诺书》，号召企业张贴一幅新安全生产法。

2. 开展饲料行业三年行动集中攻坚。根据《厦门市人民政府安全生产委员会办公室关于继续深入开展安全隐患大排查大整治和安全生产专项整治三年行动的通知》（厦安办〔2021〕8 号）文件精神，厦门市农业农村局及时向各区传达文件精神，突出重点时段安全生产指导，全面落实安全生产责任制，在做好疫情防控要求的前提下，持续开展饲料领域安全生产隐患大排查大整治工作，从严从实从细抓好饲料安全生产各项防范措施落实。截至 12 月底，全市共开展检查 169 次，出动 578 人次，检查 225 家次饲料企业，发现安全隐患 43 个，已全部整改完毕。

3. 开展饲料生产企业安全风险分级管控和隐患排查治理工作。按照《福建省饲料生产企业安全风险分级管控和隐患排查治理规范实施细则》(以下简称《细则》)要求，厦门市农业农村局组织全市饲料生产企业开展安全风险分级管控和隐患排查治理工作，要求各区抓好饲料企业质量安全和生产安全(含消防安全)，强化《细则》实施，积极鼓励饲料企业实施《细则》提档升级。截至12月底，厦门市完成40家饲料企业安全风险分级管控和隐患排查治理工作。

4. 开展饲料生产经营双随机检查工作。根据《厦门市农业农村局关于印发2021年畜牧兽医有关事项随机抽查工作计划的通知》，厦门市农业农村局开展饲料和饲料添加剂企业双随机检查工作，通过农业云131“双随机、一公开”系统随机抽取20家饲料企业，共发现6个安全隐患，已全部完成整改。

5. 组织全市饲料兽药安全生产培训班。为贯彻落实省、市安全生产工作部署，推进饲料安全风险分级管控和隐患排查治理规范实施，落实安全生产责任制，3月25日，厦门市农业农村局组织召开全市饲料兽药安全生产培训班，邀请福建省农业机械科学院、集美大学、厦门大学3位饲料领域专家进行授课，主要围绕饲料兽药法律法规、饲料双重预防机制、饲料行业发展趋势及企业应对策略等内容展开，全市饲料兽药生产企业及市、区饲料管理人员共92人次参与培训。

(二) 抓好饲料质量安全工作

1. 严格饲料生产许可初审。按照《饲料和饲料添加剂管理条例》《饲料和饲料添加剂生产许可管理办法》相关规定，严格饲料企业生产许可现场审核工作。组建饲料行业专家库，邀请饲料行业专家现场评审，由专家提出意见，在企业整改结束后由区饲料管理人员现场验收并签字，确保整改到位。

2. 开展饲料质量安全监管。一是加强宣传。在全市兽药饲料生产经营企业微信群发放水产养殖用兽药饲料和饲料添加剂生产经营规范告知书，明确水产养殖用兽药、饲料和饲料添加剂的界定，对全市兽药饲料生产经营企业发生警示，必须遵守水产养殖用投入品生产经营规范，遵守水产养殖用投入品审批规定。二是组织开展厦门市农资打假专项治理行动、厦门市春耕备耕农资打假“春雷”行动及双随机检查工作。共出动执法人员549人次，检查饲料和饲料添加剂生产企业180个次、养殖场127个次。抽检饲料产品32批次，查处了2起涉及饲料案件、2起饲料抽检产品不合格案件，共罚没款8.044万元，没收不合格饲料产品1 120kg。三是开展饲料质量安全风险监测，共抽检饲料样品101批次，检测兽药残留及禁用物质、重金属、非洲猪瘟等指标18项，检出超标1批次，总体合格率99%。

【下一步重点工作】

(一) 强化饲料质量安全工作

继续落实饲料质量安全监管，加强饲料生产企业日常监督检查工作，严格饲料许可现场验收和统计数据审核工作，确保饲料行业监管工作落实到实处。

(二) 继续抓好饲料安全生产工作

按照农业安全生产专项整治三年行动集中攻坚和“控事故、保安全、迎建党百年”集中攻坚专项行动方案，继续贯彻落实国家、省、市政府和市安委会关于加强安全生产工作的一系列指示精神和工作部署，落实生产企业安全生产责任，开展饲料安全隐患排查，确保饲料行业生产安全。

(厦门市农业农村局)

深圳市饲料工业

【发展概况】

截至2021年底，深圳市饲料和添加剂持证企业有29家，其中在生产企业21家，8家企业已经停产或搬迁。饲料和添加剂生产总量42.4万t，比2020年增加7.5万t，同比上升21.6%；总产值25.9亿元，比2020年增加5.4亿元，同比上升26.6%。其中单一饲料14.4万t、配合料22.3万t、浓缩料1.7万t、预混料2.9万t、宠物饲料643t。饲料添加剂总产量1.5万t，比2020年增加84t，同比上升0.6%；饲料添加剂总产值3.8亿元，比2020年增加0.8亿元，同比上升26.61%。

【主要工作】

（一）强化监管，规范行业管理秩序

一是结合深圳实际情况，严格按照省厅部署，制定《2021年深圳市饲料质量安全监管工作方案》，采取信息化手段落实监督抽检、标签专项检查以及安全生产工作任务。二是组织开展饲料标签培训工作，提升监管人员行业监管履职能力，督促行业监管对象落实安全生产主体责任，压实行业管理职责。三是全面开展饲料质量安全专项检查工作，共出动检查人员69人次，检查企业27家次，发现问题18个；在饲料标签专项检查中发现饲料标签问题4个，上述问题已全部整改完成。四是组织饲料省、市级专项抽检工作，其中省级抽检样品20批次，检测结果全部合格；市级抽检样品16批次，不合格样品2批次，不合格样品为深圳市曙光生物科技有限公司生产的宠物饲料，不合格项目为铜和粗蛋白，已对该公司开展抽检处理工作。

（二）紧抓不懈，安全生产工作常态化

一是结合“一线三排”要求，开展行业安全生产风险评估，委托第三方机构针对饲料防尘防爆、消防用电等突出问题制定饲料安全生产自查指引，协助企业落实自查工作。二是结合日常监管推进安全生产重点隐患排查，一方面发放《安全生产责任告知书》，督促企业落实安全生产企业主体责任；另一方面根据检查发现的安全生产隐患问题及时做好后处理工作，确保履职到位。三是研究畜牧兽医行业生产经营单位安全生产分级分类监管模式，根据饲料生产企业产品种类及生产技术，以企业主要危险源或有害因素和从业人员数为维度，评定饲料生产企业风险等级，为日后进一步强化安全生产监管工作做指引。四是加强重点时节畜牧业应急管理工作，重大节假日前由畜牧兽医处领导亲自带队检查行业安全生产工作，切实履行安全生产管理职责。

（三）关注新业态，开展宠物饲料消费市场调查

随着经济的发展和人民生活水平的提高，宠物作为伴侣动物在人们生活中占据越来越重要位置，宠物饲料消费亦成为我国消费品中增长最快的行业之一。随着深圳养宠人群的不断壮大，宠物饲料消费需求日益增长，深圳市市场监督管理局针对这一消费热点，组织开展了宠物饲料市场情况分析研究工作。分析研究主要从当前宠物饲料产品种类及生产技术、市场现状及质量安全问题等方面展开，深入了解当前宠物饲料行业发展情况，针对行业发展及存在问题提出了意见与建议，并形成了宠物饲料市场情况分析研究报告，为下阶段组织开展宠物饲料质量安全抽检监测工作提供一定依据。

【存在问题】

一是受深圳生产用地影响，资源成本不断攀升，微小型饲料生产企业逐步被淘汰。

二是传统配合料、浓缩料生产企业，特别是饲料粉尘较大的饲料生产企业，因设备陈旧、原有的厂区布局不合理，不符合生产安全和环保新政策要求，企业又无法改造或改造成本高，陆续出现迁移的状态。

（深圳市饲料管理办公室）

企业篇

重点企业经验介绍

亚禾营养 健康牛羊 滋养人类

——北京亚禾营养高新技术有限责任公司

北京亚禾营养高新技术有限责任公司成立于2007年，是一家集反刍动物产品研发、生产、推广和专业社会化服务于一体的技术型企业，生产基地位于辽宁省兴城市滨海经济区。

多年来，在以老一辈反刍动物营养学家冯仰廉先生为代表的专家团队的指引下，针对我国反刍动物的生产实际，先后推出一系列提高反刍动物健康、改善生产性能的过瘤胃产品，从而在生产实践中取得了显著的经济价值和社会效益。其中应用于反刍动物的过瘤胃蛋氨酸（过胃宝）、过瘤胃赖氨酸（过胃康）、过瘤胃胆碱（过胃灵）技术填补了国内空白，并打破了国外价格垄断和技术垄断；过瘤胃葡萄糖（乳能1号）及过瘤胃维生素（过胃素）技术填补了世界空白，过瘤胃葡萄糖获得了中国及美国发明专利，并在世界上首次提出奶牛产后糖代谢失衡理论，弥补了奶牛围产期能量负平衡理论的缺陷，完善了奶牛能量需求的理论体系，为奶牛业的发展做出了重大贡献。亚禾营养的肉牛羊及奶山羊营养技术与产品也处于世界饲料行业发展的前沿。公司始终以生产高品质产品和提供高附加值的服务为己任，并与国际接轨，建立起完善的生产管理体系。

在产品质量管理上，引进德国先进的制药设备生产线，保证了产品质量的稳定性。先进的气相色谱、液相色谱和近红外光谱仪更是对原料和成品的质量进行层层把关。并建立起完善的质量安全管理体系，先后通过ISO9001和ISO22000体系认证，欧盟FAMI-QS质量体系认证和FDA认证，为亚禾产品打入欧洲市场奠定了坚实的基础，颠覆了中国饲料添加剂由欧洲进口的历史，由此拉开了中国饲料添加剂走向世界的序幕。

站在新纪元的起点，亚禾将一如既往地致力于反刍动物营养研究，逐步成为国际领先的反刍动物营养专业化公司；继续以创新技术驱动企业价值的提升，引领饲料行业安全、环保、科技化发展。

北京亚禾营养高新技术有限责任公司愿与您携手，创造未来，共享成功！

对创新坚持 对质量坚守
对人才培养 对文化传承

——北京三元禾丰牧业有限公司

2001年10月，在首都北京美丽的燕山脚下，禾丰牧业（现更名为禾丰股份）与久负盛名的国企北京三元集团（现更名为北京首农集团）联袂合作，正式注册成立北京三元禾丰牧业有限公司。

历经20年的不懈奋斗，三元禾丰已经成为华北区颇具规模和影响力的饲料生产、销售企业之一，产品包含猪、禽、反刍用复合预混料、浓缩饲料、配合饲料，市场覆盖北京、天津、河北、内蒙古、山东、山西等地，拥有300余名员工，数千名客户。销量从零起步，2021年销量为20余万t，单月销量突破3万t，年销售额突破7亿元，上缴税收合计数千万元。

20年间，北京三元禾丰先后获得“中国消费者放心购物质量可信产品”“北京市守信企业”“北京市公益企业”“北京市优秀饲料企业”“北京市二十强饲料企业”“首都饲料行业跨越发展标杆企业”“北京市饲料工业协会副会长单位”“首都饲料行业影响力品牌”“国家高新技术企业”等多项荣誉。

2001年三元禾丰成立之初，禾丰股份核心创始人金卫东董事长高度重视，亲自担任第一任总经理，集团首席技术官邵彩梅博士亲自担任第一任技术经理，集团首席财务官张文良老师亲自担任第一任财务经理。三元禾丰在董事长的带领下产品定位准确，质量把控严格，业绩突飞猛进，实现当年投产、当年盈亏平衡；同时广纳贤才，吸引众多有识之士加盟，为三元禾丰的人才梯队建设打下了坚实的基础。董事长在创业时提出的“严于律己、诚实守信、公私分明、与人为善、成果共享”的管理者五项原则，如今已经成为禾丰管理者共同遵守的行为准则。

2008年，面对行业三聚氰胺事件的危机，公司凭借其采购原料严格把关，检测设施先进，产品质量过硬、供应安全保证，从而实现逆势增长，当年实现双车间双班满产，三元禾丰在华北地区畜牧饲料界名声大震，品牌的知名度和美誉度也大大提升。

2019年，非洲猪瘟疫情席卷全国，生猪存栏量锐减。面对疫情，三元禾丰人快速行动，改造设备、加装调制保持器，推广应用高温制粒综合技术，提高饲料防疫等级，确保饲料安全无病毒污染，推广散装应用，加之禾丰的文化、人才等硬核实力，三元禾丰全体员工敬业自律，严防死守，将非洲猪瘟病毒拒之门外，在生猪养殖行业大幅衰退的大环境下实现逆势突破，当年登顶公司猪用饲料销量历史新高峰。

2020年，是非常难忘又振奋人心的一年。因为就在这一年，突然暴发新冠感染疫情，全国防疫形势骤然紧张，加之非洲猪瘟还在肆虐，春节假期后一上班，在王然总经理的带领下，全体员工一律住厂封闭运行，科学防疫，办公室、休息室、更衣室晚上就是宿舍，提货、送货司机一律不准下车，所有手续由员工代为办理，管理者全部到现场轮流值班、协调事务。三元禾丰上下一心、同心同德、日夜奋战保供应，在大家的共同努力下，没有发生一起疫情事故，没有发生断供现象，甚至实现了单月销量突破3万t大关的历史记录！难忘当时工厂车水马龙的情形，员工不辞劳苦的身影，大家激动和欣喜之情；难忘因新冠感染疫情期间封厂2个月，全体员工同吃同住，只为守护工厂安全，只为客户有货可用，现在想起来依然深受感动。

2021年，更是印象深刻、刻骨铭心的一年。在三元禾丰成立20周年之际，“二十年二十万吨，为三元禾丰二十岁生日献礼!”在后疫情时代，依然面临非洲猪瘟的困扰，新冠的阻挠，还有原料玉米的高价、豆粕的紧缺，但全体员工没有退缩，勇接挑战，三元禾丰大量启用小麦，推行低蛋白高效率日粮，产品实行无抗技术，推广应用预处理技术，生产销售发酵料产品，我们的口号、数字、豪情在这一年都变成现实，三元禾丰也因此成就梦想、创造历史！

三元禾丰辉煌业绩的取得源于对创新的坚持、对质量的坚守、对人才的培养和对文化的传承。

1. 对创新的坚持。创新是企业发展的不竭动力，是禾丰经营文化的重要组成部分。从外部来看，创新不是空想，而是来源于市场，来源于客户的真实场景。目前饲料行业进入微利时代，竞争日益加剧，在这种情形下，技术研发人员必须以客户为中心，贴近市场、贴近客户，满足市场对技术、服务创新的动态需求。从内部看，持续进行工艺革新、流程优化，实现创新提质、创新提效。公司积极营造创新的氛围，为全员创新、创造提供优良的环境。企业也必须坚持创新，因为唯有创新，才能保持持续领先；唯有创新，才能创造价值，体现价值。2020年公司技术人员参与团体标准《泌乳牛用菌酶协同精料补充料》制定，2021年参与团体标准禽料和猪料低蛋白日粮标准的制定，引领行业新发展。

2. 对质量的坚守。质量，是企业发展的根本，没有质量就没有明天。北京三元禾丰率先采用世界顶级美国BRILL饲料配方软件，配方更科学，率先使用净能体系，营养更精准；2004年，率先通过ISO9001国际质量管理体系、HACCP食品安全管理体系认证并持续通过复审，质量管控更加体系化、可追溯；2017年，通过国家饲料质量安全管理规范的评审，为产品优质、安全提供更加坚实的保障；近红外、原子吸收等高端检测设备投入，使检测快速、精确，为质量提供硬件支持。

采购端严把采购渠道、严控原料质量，生产部严控生产过程，品控部严控检验结果，总之，通过系统能力的打造和提升，促进各部门协同，共保产品质量、产品安全，共同为质量之舟保驾护航。

3. 对人才的培养。人才是企业的核心竞争力，公司人才培养体系为人才发展成长提供了肥沃的土壤。新员工培养和导师1对1辅导、中层管理者、高层管理者培养项目的分层级实施，实现了核心关键人才培养的全覆盖。有许多初出茅庐的小禾苗，经过几年的培养历练，成长为企业重要的中坚力量。

4. 对文化的传承。“诚信、责任、共赢”的核心价值观、“创新、高效、自律”的经营文化深入人心。企业对员工高度负责，领导和管理者对员工的培养责任，企业的分享机制，与合作伙伴的“共赢”理念等薪火相传，生生不息。在文化的影响下，员工、供应商、客户朋友等对企业的责任也在突显，员工在双疫情下表现出的毅然返岗、积极参与复工复产，高目标文化牵引下表现出的敢于接受挑战；供应商伙伴在危机之时果断、强势保供应；广大客户朋友危难之际坚定、坚决对公司产品的信任和支持，这都源于文化的力量。

当然北京三元禾丰之所以能够取得今天的业绩，离不开国家经济发展和行业发展的历史机遇，安定和谐的社会环境，政府领导和行业领导的关怀、督导，广大客户、供应商、合作伙伴和社会各界朋友的信赖和支持；离不开集团和公司领导的高瞻远瞩，首农集团领导的勉励帮助，公司全体员工的奋力拼搏。

北京三元禾丰公司经营业务为猪、鸡、牛、羊等饲料生产和销售，并向首都 SPF 等猪场供应饲料，属北京菜篮子工程肉蛋奶保障范畴，作为保民生企业，一定高度重视产品品质，高度关注食品安全，严格履行社会责任，对后疫情时代的首都肉蛋奶的供应保障做出相应贡献，不辜负行业和领导的期望。作为饲料的供应者，北京三元禾丰将更加关注产品的安全性、有效性、适口性、稳定性，以更加优质的产品、完善的服务回馈客户，不辜负客户的信任。在未来的日子里，北京三元禾丰全体员工必将全力以赴，不辱使命，尽己所能，使企业实现快速发展、可持续发展，稳定就业、提高收入、贡献税收，为首都经济发展做出应有的贡献，不辜负社会责任，勇于担当，一往无前！

健康、安全、放心
以科技领航反刍动物产品发展

——北京东方天合生物技术有限责任公司

北京东方天合生物技术有限责任公司（简称“东方天合”）成立于1999年，总部位于中国北京，是国内最早集反刍动物营养研究与产品开发及生产为一体的专业机构。北京东方天合为国家高新技术企业、北京市专精特新企业和中关村高新技术企业，是北京市重点实验室（北京市反刍动物系统营养研发中心）和中国农业大学研究生实践教学基地。集团公司生产研发基地坐落于安徽省蚌埠铜陵现代产业园区，占地面积 26 000m²，是安徽质量信用 AAA 级示范企业，于2021年被认定为国家高新技术企业。同年，在安徽蚌埠东方天合生产基地设立李德发院士科创中心，筑造产学研融合共通的坚实基础。

公司独家出版《过瘤胃产品与技术应用汇编》，为过瘤胃技术和产品推广提供了理论支撑。集团公司旗下拥有“过瘤胃技术研究院”，依托中国农业大学，结合我国生产实际，始终致力于反刍动物营养研究，特别在“反刍动物瘤胃保护性营养研究”上已取得国际领先成果，推出一系列具有自主知识产权的过瘤胃产品，取得了重大科技创新成果，授权 10 多项国家专利。获得农业农村部和北京市农业农村局高度认可和肯定，分别授予公司“中华神农奖一等奖”奖项，“北京市农业技术推广奖一等奖”等奖项，并获得了 ISO9001 质量管理体系、ISO22000 食品安全管理体系、FAMI-QS 欧洲饲料添加剂和预混合饲料质量体系三体系认证。

一、胸怀壮志，农大师生为达理想大展身手

1999 年，中国农业大学 13 名师生为了施展自己的才华和抱负，共同创立了东方天合，其自成立伊始便与反刍动物结下了不解之缘。在众多反刍动物中，奶牛养殖的困难很多，东方天合选择了长期困扰我国奶牛养殖业最为棘手的难题——如何提高奶牛寿命，作为公司科研主攻方向。据国家奶牛产业技术体系调研，我国奶牛平均实际寿命远不及畜牧业强国平均水平，奶牛一般在 3～5 胎时才能达到产量高峰，我国奶牛远未及此便已淘汰。奶牛产后 4～6 周会出现泌乳高峰，产后 8～10 周才会出现采食高峰，采食高峰的滞后造成了奶牛产后能量负平衡。过去很长一段时间，对于奶牛产后食欲不振，养殖场几乎束手无策。要根本解决能量负平衡导致的问题，就要给奶牛补充特殊的营养物质，做好营养调控。奈何牛有四胃，在日粮中直接添加营养物质进入第一个胃——瘤胃后，便会被其中的微生物分解掉，不能进入小肠被消化吸收。如此一来，补充再多营养物质也是徒劳。如何实现饲料瘤胃过，营养小肠留？这成了东方天合为实现企业宗旨需要攻克的首要难关。

二、苦尽甘来，团队不懈科研终解行业难题

反刍动物养殖行业里，不少高科技产品被外资巨头垄断，东方天合为突破行业壁垒，依托于中国农大专业平台，展开了自己的科学研究。为使营养物质通过瘤胃到达真胃和小肠吸收，需采用过瘤胃保护技术，通过物理或化学方法处理蛋白质、维生素、氨基酸等营养物质，使之在反刍动物瘤胃中发酵及降解的比例大幅度降低，得以进入真胃和小肠中被消化和吸收。过瘤胃产品在理论上十分完美，在实际研发应用上却有着诸多挑战。瘤胃的厌氧环境像是一个黑洞，怎么进去的知道，怎么出来的也知道，但是在里面发生了什么却不好研究。东方天合最初尝试用入药的包被材料来做实验，但是发现并不适合动物饲料，且成本太高，转而寻找其他材料。像爱迪生寻找灯丝一样，研究团队开始反复实验包被材料，历时近四年，经历数百次失败，毫无办法到近乎绝望。值此困难之际，市场上开始出现一种过瘤胃脂肪，科研团队由此获得启发展开新材料测试，实验结果却仍不理想。既然包材没问题，那便是包被方式所致。研究团队不断

改进包被工艺，每日送样品到实验室检测效果，瘤胃通过率却一直未能达到预想效果。研究一度陷入山穷水尽，但团队始终没有放弃。在寻找包被材料和工艺的过程中，团队首次发现过瘤胃烟酸可以提高围产期奶牛的采食量，最终通过不断实验找到了合适的包被材料和工艺，让烟酸干物质 24h 内过瘤胃率达到 90%，而国外过瘤胃产品这一数据是 8h 85%的通过率。实验结果显示，使用过瘤胃烟酸后，奶牛产后 30 多天能量代谢就可以恢复平衡，如果不使用，则要到 70 天后才能达到平衡状态。自此，东方天合解决了困扰奶牛养殖业多年的围产期饲养管理的世界性难题。过瘤胃烟酸实现了“精准包被、高效过胃”，能够有效应对奶牛葡萄糖异生、脂肪肝、真胃移位等问题。

三、成果转化，产品为奶牛养殖业带来福利

突破了技术难题，东方天合开始推动过瘤胃产品走向市场。目前，东方天合已经成功针对奶牛研发了包括过瘤胃烟酸、过瘤胃烟糖、过瘤胃氨基酸在内的十多种过瘤胃营养素，建立了自己的品牌。在日粮中添加瘤胃保护产品，不仅可以提高奶牛生产力，提高饲料利用率，在一定程度上缓解了世界蛋白质饲料资源紧缺的加剧，减少了奶牛能量负平衡、营养代谢病等难题，大幅增加经济效益和社会效益。中国奶业 20 强中，东方天合与 14 家都建立合作关系，服务奶牛过百万头。

不断创新，成功研发更多反刍动物饲料产品。我国是肉牛养殖大国，截至 2020 年底，我国肉牛存栏 6 998 万头，出栏 4 550 万头，牛肉产量 670 万 t。但是，随着生活水平的提高以及相关产业政策和乡村振兴战略的刺激，国内对牛肉需求量不断增加。东方天合过瘤胃系列产品在奶牛养殖行业奠定基础后，不曾懈怠，继续加大研发投入，通过不断的研究与实验，成功研制出过瘤胃胍基乙酸、过瘤胃胍甜等针对反刍动物的过瘤胃产品。主要目的是不再让部分养殖者铤而走险使用“瘦肉精”，用安全合法的产品提高饲料利用率、增加净肉率、降低骨骼肌脂肪、改善胴体品质，从而让养殖者获得更高的收益。

牢记使命，将过瘤胃产品的定制和精准做到极致。东方天合作为中国本土企业，面临着全球激烈的竞争。但公司不负众望，以“为反刍动物量身定制过瘤胃精准营养”为使命、以科研为驱动、以技术为支撑、将产学研深度融合，不断加强技术创新和产品研发，创造出更多具有自主知识产权的产品。持续为更多合作伙伴创造更高的经济价值和社会价值，为提升饲料行业整体科研水平，为发展绿色、安全、可持续的畜牧业不懈贡献着自己的力量。

坚持市场需求导向　以绿色产业推动企业健康发展

——天津爱康生物科技有限公司

天津爱康生物科技有限公司成立于 2016 年，是一家由多名动物营养和饲料加工、疾病防治、生物技术等方面专家组成的综合性研发团队为主体，集饲料科研、生产、销售于一体的高科技饲料企业，立志于采用世界先进营养技术，将国际最新营养学进展与国内畜禽业的具体情况相结合开发出的高技术、高品质系列畜禽饲料，来服务农牧行业。

公司坐落于天津静海区陈官屯工业园，占地 30 000m^2，地理位置十分优越，交通便利。配有全套畜禽浓缩配合饲料生产线 1 条，畜禽预混料生产线 1 条，年设计产能 10 万 t。产品已遍及东北、江苏、山东、河南、河北、山西、天津、内蒙古、重庆、陕西等地。

公司通过优秀的人才、科学的管理、先进的设备、严格的质量管理体系，并以卓越科学管理方法经营，使公司生产的各种产品在产品研制、原料采购、生产工艺和品质控制等各方面都得到了有效保障。确保公司产品的技术领先和稳定。

公司始终秉承“爱己及人、物阜民康”的企业理念，将用自己的产品和技术优势继续为广大客户提供优质服务和支持。公司专业的技术服务人员通过农场访问、资料发放和定期召开研究会，向广大客户普及最新的饲养管理、消毒、防疫、农场收益性分析等科学技术。通过周期性的参加大型行业展会，年终客户集会以及大量的对比试验、参观交流、新技术推广会、示范户建设等具体措施，使广大合作伙伴对爱康从陌生到了解、从了解到信任，逐步赢得了市场、赢得了人心、赢得了尊重，先进的理念和科学模式得到广大客户的认可和信赖。致力于创造国内一流饲料科技企业，推动农牧行业的健康发展。

公司采用氨基酸和净能精确配比技术为依据，2019 年在饲料行业全面禁抗的背景下，研发生产幼龄动物营养品，乳猪无应激断奶料——免疫乳，适用于仔猪断奶后前三天，一窝仔猪断奶前三天吃完一袋免疫乳，不拉稀、增重快，轻松度过断奶关，出栏提前一周以上，最大限度提供断奶仔猪需要的全部营养，最大限度提高猪生长速率，为后期的育肥降低成本，对养猪效益的提高起到关键性的作用。产品推出后迅速遍布南北市场，通过对比试验得到广大客户的信赖和好评。

针对目前饲料原材料价格暴涨、生猪价格低迷、养猪成品过高、养猪难赚钱的行业状况，公司开发豆粕解离技术，推出高效降成本产品——爱康猪搭档。以其强诱食性、强消化率，提高免疫力抗病力，免驱虫、抗应激、出栏快，极大降低养殖成本等特点得到广大客户的好评。

随着公司市场的不断扩大，公司也得到进一步的发展壮大，2020 年爱康第一家分公司——辽宁爱康生物科技有限公司成立。辽宁爱康成立后迅速打开东北及内蒙古市场，销量节节攀升，短短几个月销量就突破 2 000t。

随着公司的进一步发展壮大，公司随后又陆续在通辽、山西、重庆开设加工合作分公司项目，产品市场占有率不断提高，公司发展不断壮大。

今后，公司将一如既往地为满足日益增长的市场需求和保障动保事业的平衡发展服务，将依托科技创新机制，联合先进的理念与技术资源，利用资金和人力资源的优势，建立起以市场为导向的经营管理体制和高速营销通道，拓宽主营业务，形成以企业为主体的技术创新体制，倡导绿色产业，发展循环经济，加大现有产业的科技投入与技术改造力度，优化产品结构和转变经营机制，不断为客户提供优质产品和服务，进一步推动畜牧行业的发展，爱康必将为农牧行业贡献自己的力量。

洞察趋势　转型升级

——天津市现代天骄农业科技有限公司

天津市现代天骄农业科技有限公司成立于 2008 年，位于天津市宝坻区大口屯镇，地处京津冀核心腹地，是一家集预混饲料、浓缩饲料、配合饲料的研发、生产、销售于一体的高新农牧企业。公司坚持以“做一个知名品牌，与客户和员工共享成功”为愿景，公司秉承“绿色、环保、健康、安全”的产品发展战略，不断提升自身核心竞争力，经过 14 年的发展壮大，已从经营单一的饲料业务发展成为以饲料研发、创新工艺、科技服务为核心，同时涉足种苗繁育、科学养殖、贸易流通、终端销售等行业及领域的多元化公司，公司产品行销全国多个省市和自治区，与成千上万家的养殖场建立了紧密的合作关系。

一、科技引领、创新驱动

创新永无止境。天骄凝聚一支高水平的研发团队，拥有配套科技研发中心，掌握原料配伍、生产工艺、无抗替代等关键技术，与天津农学院、内蒙古农业大学、大连海洋大学、四川农业大学、青岛农业大学等多所高等院校合作共建，深入推进产学研合作关系，深度参与专业建设和人才培养，开展科研攻关及技术培训，共研创新产品，助推企业技术升级，为企业的快速发展提供了强有力的技术支撑。目前，公司成功开发多项工艺、技术以及八大系列、近百个产品，并积极参与企业饲料标准化制定工作，并获得有效授权专利 152 项，软件著作权 5 项，承担科技项目 30 余项，其中，“畜禽健康养殖抗生素替代关键技术研究与应用”荣获天津市科学技术进步二等奖。公司以科技创新赋能产业链，在饲料领域实现“补短板”“填空白”，实行差异化发展，领先于同行研发推出了无抗饲料、生物饲料等多种新产品，前瞻的开拓创新思维和先进的技术研发能力引领饲料行业新时代，受到行业各界的高度关注和广泛好评。

二、坚持品质、确保质量

公司始终秉承“为客户创造价值”的使命，高度重视产品质量，将饲料品质放在首位，成立之初，就先后通过 ISO9001 和 ISO22000 质量管理体系认证。建立现代化检验检测中心，引进液相色谱仪、气相色谱仪、近红外扫描仪等先进仪器设备数十台套，严控原料、成品质量关。生产全程严格管理，入库成品抽检合格率 100%。公司不断推动品牌升级，坚持“质量至上”原则，以“制造品质和服务”作为天骄成长的基石，凭借质量保障获得诸多品牌荣誉，先后荣获天津市著名商标、天津市最具潜力农产品品牌、“中国好猪料”饲料创新品牌全国 30 强、“天骄”南美白对虾配合饲料荣获第十三届中国国际农产品交易会参展产品金奖、“现代天骄”牌微胶囊水产生物饲料荣获天津市撒手锏产品认定，“天骄”品牌“保健虾料”“小八戒乳猪奶粉”产品荣获天津市首届名特优农产品展示暨加工技术对接会最具竞争力农产品品牌，并先后被授予“高新技术企业”“专精特新”中小企业、“两化融合贯标试点企业”“科技领军培育企业”以及“农业产业化国家重点龙头企业”等称号。

三、砥砺奋进、勇创佳绩

2018 年，非洲猪瘟全国蔓延，疫情波及 12 省 31 个地市，直接冲击饲料企业猪料销量，在如此严峻背景下，公司积极调整应对策略，应对非洲猪瘟采用立体式防控，重点从原料采购、配方优化、严格消毒、工艺升级四个方面把控，有效防御风险，实现影响最小化。在原料采购上，公司一直与国内知名品牌路易达孚、中粮集团保持合作关系，坚持采用优质原料，从饲料源头上严把质量关；在配方优化上，公司凭借自身研发优势，实施技术更新升级，提升产品性能，公司推出的小八戒乳猪花、教保料系列产品在提高生长性能、提升免疫力、增亮皮毛、预防腹泻等方面优势显著；在消毒方面，公司设立专门疫情防控应急指挥部，限制车流人流措施，所有车辆行用专用消毒通道，进行360°无死角消毒后进场；在工艺方面，引进全新熟化、油脂后喷涂以及回转分级筛等系统和设备，实现制粒温度高，确保饲料安全无毒。

2020 年，新冠感染疫情突发，至今疫情反复，形势严峻，饲料产业作为畜牧产业领域中间环节，受上游原料采购、下游销售服务、生产用工等多因素影响，必须做好长期“战役”准备。公司基于过往扎实的品牌基础和强韧的发展后劲，沉稳应对，建立优化原料储存制度和饲料运输应激保障机制，积极与政府沟通协作，保证饲料的持续供应，尽到民生保供企业的责任。公司在困难和挑战中奋勇前行，充分展现了中国民营饲料企业的坚韧和勇气。

四、联农带农、助户增收

公司以助力农户增收为契机，通过产业带动、帮扶推动、技术驱动等多种形式，实现户企共赢。公司充分利用农业养殖、饲料生产和产业发展优势，采用“公司＋基地＋农户”的联农带农模式以及“五统一保”的管理模式，充分发挥“传、带、帮”功能，多措并举开展专业技能培训，减轻养殖户资金负担、规避养殖风险、跟踪养殖环节、全程技术服务，与各大养殖场和农户建立长期稳定合作关系，效益逐年递增。同时，大力推广科学健康养殖技术模式，带领数千农户致富增收，积极解决了当地农民工就业问题，对农村稳定、和谐发展起到了积极作用。优质饲料与跟踪服务形成强劲拉动力，围绕养殖服务实现叠加增倍效益。

五、不忘初心、奉献社会

天骄自创建以来，一直坚持“传递爱心，奉献社会”的公益理念，积极投身公益事业，为更多需要帮助的群体送去温暖和希望。通过创办“天骄班”鼓励科技创新、设立“天骄助学金”捐资助学、设立“天骄爱心基金”扶贫助困，在新冠感染疫情中积极捐款捐物，助力疫情防控。财富有形，大爱无疆。天骄未来将继续弘扬爱心互助精神，积极投身公益事业，回馈社会。

1. 提供就业。公司本着以客户和员工为中心的经营理念，创新思路，以维护员工利益出发，不断改善和提升员工的工作环境和薪资待遇；2021 年底带动 300 人就业，而且企业依然在不断加强招聘力度。多渠道创造就业岗位，关爱弱势群体，目前解决 6 名四级以上残疾人就业，缓解了农户经济压力。

2. 关爱员工。公司的发展离不开员工的努力和客户的支持，公司主动关心关爱员工及客户生活，汇聚爱心，帮助员工及客户解决各类困难，捐助金额十几万元。

3. 捐资助学。企业重视人才发展培养，关注大学生的学习、生活和就业状况，为内蒙古农业大学、青岛农业大学、四川农业大学、大连海洋大学等多所高校大学生提供夏令营实训活动以及创新创业基金、奖学金或助学金等，累计捐资 130 万元。

4. 物资捐赠。2020 年，由于新冠感染疫情影响，企业秉承高度的社会责任感与大爱情怀，助力高校防疫工作，公司向天津农学院、内蒙古农业大学捐赠千桶消毒液及万只口罩等应急物资，为高校学子返校防疫工作提供了及时有力的支持。

2022 年，公司投资 1.6 亿元兴建的专业化生物饲料智能厂区即将竣工，很快进入投入试生产，在未来，天骄将不断加强品牌、技术创新，加大科技研发投入，凝聚优秀科技人才和生产工艺，在无抗环保、生物保健方面大力发展，同时在移动电子商务方面全面发力，打造一个新时代的新型农业企业。

集团成功组建
年综合生产能力再创新高

——天津悦丰饲料有限公司

天津悦丰饲料有限公司坐落于天津市宝坻区大口屯镇农业产业园，地处京津唐核心地段，位于京哈、津蓟高速交汇路口，交通便利。历经 20 年的发展，相继被天津市饲料工业协会评选为副会长单位，北京、天津、河北三省市饲料工业协会联合推选为“京津冀 50 强企业”，北京、天津、河北、辽宁、内蒙古五省市饲料工业协会联合推选为“无抗饲料推荐企业”等；与此同时，公司总裁毛玉宝同志被选举为天津市饲料工业协会党支部书记，获得 2020 年度中国饲料工业协会“先进工作者”等荣誉称号。

公司以向社会提供安全、优质的饲料为目标，在 2014 年增资 3 000 万元，不断改革饲料生产技术，同时新建 2 条全自动配料生产线，极大地提升了饲料生产力，使得公司的产业优势得以发展。在不断扩大自己的生产力同时，公司也积极改革创新，秉承以“技术创新求发展”相继创建 1 个生物技术研究所、4 条饲料生产线、5 家养猪科技实验场，并特聘 5 名国家动物营养教授负责产品研发推广。公司不但致力于产品质量的改进与技术创新，更注重产品质量。公司以严苛以求、统一管控、精确执行、国际标准、行业领先的管理为理念；以产品独特创新技术为配方；以畜牧饲料性价比高、用户养殖收益多为核心点，获取了大批用户的信赖。悦丰始终贴近用户需求，把用户需求作为企业不断前进的动力，把品质作为企业发展的基石。悦丰人深知，不变就要落后，落后就要出局，因此悦丰饲料将不断提供以优质、安全为理念的智能产品和解决方案，依托十多年的生产科研力量，以互联网信息平台为支撑，构建产品流、信息流、业务流，成为高度一体化融合的饲料生产制造商。

2017 年公司提出针对不同地域、不同规模、不同习惯推崇构建养殖场定制服务，技术专家开展“上台讲课，入舍就医”的双服务新模式，对广大终端用户实行全方位专业规划指导，如看病诊治、解剖分析、科学管理、引种繁育指导、养殖场建设规划等，让公司的产品性能得到更大的发挥，让客户在拥有优质产品的同时，更能放心、安心地享受它带来的独特价值体验，实现客户因优质的服务而选择悦丰的忠实目标。始终倡导用悦丰饲料的养殖户效益更好、做悦丰饲料的销售员收入更多的营销理念，建立分区域分层次的个性化培训和拓展训练。悦丰公司秉承“一家人一家亲”的核心经营理念，海纳百川、包容共享。公司注重以德育人，培养懂孝道、知感恩、存善心、先舍后得、天道酬勤的高尚型人才。“悦丰是我家，发展靠大家”的共识正在悦丰凝聚，公司聚集了一大批有能力、懂养殖的销售精英来拓展公司的业务。公司将坚持“以人才为根本，以创新求发展”的科学观点，为员工创建扎实稳健的工作平台。

2021 年初公司组建了天津悦丰生物科技集团。集团主导业务涵盖了饲料、生物科研、畜禽养殖、农牧食品、原料贸易等五大板块。目前集团核心业务的饲料板块涉及猪、禽、反刍、生物发酵及特种动物饲料，产品类型分为浓缩、配合、预混合饲料及各种功能型饲料添加剂，年综合生产能力超过 20 万 t，产品销售区域已覆盖华北即京津冀、晋、内蒙古，东北即辽、吉、黑，华东、华中及西北陕甘宁等省市。未来 3 年公司全面依托互联网时代大背景下，将产品与新媒体结合，借助网络直播平台将产品推向更高的发展平台。

集团秉承打造“农牧业全产业链”的宗旨发展饲料板块和集团养殖板块。饲料板块目前在拥有 3 家分公司基础上，计划在东北、西北、华北设立 8 家分公司，并配套组建一家以饲料原料贸易为主营业务的进出口贸易公司。集团养殖板块将联营打造上万家标准化科技养殖示范场，为农牧食品板块提供一个安全、稳定、可溯源的上游平台。目前，集团在原生物技术研究所的基础上，拟筹建一个国家级生物饲料工程技术研究中心，为全面布局农牧业全产业链发展，做实技术根基，科研中心将致力于技术创新和产品品质的提升，不断推出符合并引领行业发展的新产品，为集团可持续发展提供强劲动力。集团发展的第二个五年战略规划将全力兴建以肉、蛋、奶等食品深加工为主的现代化工厂，同时打造自有知识产权为主并集合全国各地特色农副产品、酒水及饮品销售于一体的大型商贸公司。

悦丰人以“创新致远、追求卓越、诚信经营、合作共赢”为精神，将始终保持卓越稳定的产品质量，一切以用户为先、技术为先、品质为先，使未来集团各个领域的客户服务模式更加多样化发展。悦丰推行专业化的经营管理模式，为千家万户的“菜篮子”提供安全、放心、健康的食品，立志把公司建立成为全国的大型农牧业全产业链的集团化公司。

创新产业联盟降成本
振兴乡村助力促发展

——廊坊瑞康饲料有限公司

廊坊瑞康饲料有限公司成立于 2004 年 10 月，位于河北省廊坊经济技术开发区，是广西扬翔股份有限公司（简称“扬翔股份”）控股子公司，是一家集研发、生产、销售及服务于一体的猪用饲料综合性高科技农牧企业。员工中大专以上占比 65%，博士 2 人，硕士 6 人，研发团队 65 人，涵盖了畜牧兽医、动物营养、动物营养与饲料科学、动物遗传育种与繁殖、生物科学、机械设计及其自动化计算机等专业。

扬翔股份与华中农业大学、中山大学、中国农业大学等高校及国内外科研机构建立了长期稳定的产学研合作关系，拥有扬翔研究院、博士后科研工作站和地方猪创新研究院等科研平台。目前廊坊瑞康饲料有限公司拥有独立的饲料产品技术中心，与 30 余家集团客户建立了试验场合作伙伴关系，并于 2021 年荣获河北省企业技术中心称号。依托专业的科研平台，公司科研创新能力不断提升，成功通过食品安全管理体系（ISO22000：2005）和质量管理体系（ISO9001：2008）双体系认证，多次承担扬翔股份重点科技攻关项目，并屡获殊荣。依靠产品优势、技术服务优势，廊坊瑞康饲料有限公司先后获评“科技小巨人”“高新技术企业”“河北省农业产业化重点龙头企业”“省级示范农业产业化联合体”“省饲料质量安全管理规范示范企业”“河北省饲料行业十强企业”等多项荣誉。科学技术是第一生产力，公司近年来开展研发项目 40 余项，通过技术创新及改革，已获得知识产权 31 件，其中发明专利 3 件，实用新型专利

24件，软件著作权4件。

公司主营扬翔猪配合料、猪浓缩饲料和添加剂、猪预混合等饲料，主要应用于大型规模猪场及家庭农场，市场占有率稳步提高，特别是保育猪高档饲料占河北省市场占有率逐年递增。2013年公司在付双喜博士团队带领下，在国内首创保育猪“0”＋3阶段饲养模式，新推出的喜扬扬高档猪料，经过无数次规模猪场试验验证，“0238套餐80d达40kg”、“全程150d达110kg”，产品深受广大养殖用户的青睐；大力推广母猪高低高饲喂模式，有力提高母猪生产性能和降低饲料消耗；为有效改善母猪发情，隆重推出催情宝等产品；针对三元母猪普遍奶水不足，2020年初推出金猪奶产品，提高了仔猪成活率，有效助力猪场生产成绩改善；通过对冷却技术的控制，防止乳猪料中营养的破坏，保证饲料营养水平；为提高仔猪的生长性能，提高出栏率，节约养殖成本，创新研发的低蛋白日粮可有效降低断奶仔猪日粮蛋白质水平，减少大肠微生物发酵产生的生物胺等有害物质，增加肠道中微生物的多样性和有益菌的数量，促进肠道的健康水平，减少饲料中抗生素促生长剂的使用。

存于社会，回报社会，公司持续以多形式、多渠道带动养殖户增创收，以产业振兴推动乡村经济振兴，促进社会健康发展，积极承担起社会责任。

廊坊瑞康饲料有限公司通过品种改良、成本托管、指标托管、成本技术双托管、技术培训、技术指导等多途径模式，不断践行以客户为中心，为客户创造价值的理念，发挥集农工贸、产供销一条龙产业化经营的整体优势，全心全意为养殖户服务，帮助养殖户提升生产效率，降低养殖成本。同时，公司利用自身优势，聘请国外专家，开展母猪管理培训和成本托管等系统培训，2018年非洲猪瘟暴发以来，通过自有养殖场在生物体系建设方面的优势和探索出的成功经验，快速复制并推广到合作养殖户，亲自参与客户生物安全体系建设，确保客户的养殖场稳定增产。截至2021年底，培训会累计举办超300期，培训集团公司及猪场关键岗位人员万余人次。

创新、聚焦、诚信、发展与振兴民族宠物食品产业

——河北荣喜宠物食品有限公司

河北荣喜宠物食品有限公司创立于2002年，企业历经20年发展，已成为一家集研发、生产、销售为一体的大型现代化宠物食品企业。现已形成资产总额30 167万元，年销售收入达34 100万元，员工总数600余名的宠物食品产业化企业。公司以专注健康宠物食品事业为己任，以专业品质和雄厚实力作保障，先后获得“中国宠物饲料十强企业”“河北省著名商标”“河北省专精特新企业”“消费者满意十佳（行业）品牌”“宠物食品中国质造大奖”等荣誉称号。

公司是农业农村部饲料工业协会成员单位和中国宠物食品标准及产品标签起草单位之一，2021年5月经企业申报被河北省人民政府认定为“河北省农业产业化重点龙头企业”，公司先后获得ISO90001、FSMS22000国际质量双项认证，生产的犬猫粮产品畅销国内市场并部分出口，企业综合效益指标在全国宠物食品行业名列前茅。

一、设备先进工艺成熟，助力公司高速发展

公司采用法国引进的先进生产设备，充分发挥本地优势资源。具备年生产6万t宠物食品的产能，公司主要生产“艾尔”“靓贝”系列犬、猫粮。为各种实验动物、伴侣动物提供全面均衡营养。宠物食品加工过程严格按照国家技术监督局批准的标准生产。凭借过硬的产品质量做保障，良好的公司信誉做牵引，优质的售后服务做后盾，使公司取得了高速发展，公司产品现已遍布全国30多个省、市和自治区。2021年产销量突破3万t，实现销售收入超3亿元，为扩大生产规模，提升产品质量及市场效益。

随着公司效益的增长，原有产能已满足不了荣喜发展节奏，为此荣喜宠物食品积极谋划，于2021年新选址建设荣喜二期年产8万t宠物食品项目，截至目前荣喜二期年产8万t宠物食品项目已初步建成，预计2022年6月份投入使用，荣喜二期新建项目将全面引进国内外先进生产制造设备，综合提升公司在产品、研发和工艺上的核心竞争力。

二、立足当地，走农业产业化特色发展道路

公司秉承农业产业化发展道路，坚持以质量求生存、以信誉求发展、以创新为动力的经营理念。充分发挥龙头企业主体作用，提升产业水平。作为省级农业产业化龙头企业，近年来不断扩大生产规模，提高产能。现公司拥有占地近3万m^2的生产基地，拥有年产6万t宠物食品生产规模的生产能力，通过自建企业研发中心，与有关高等院校加强合作的方式，增强自身研发实力，同时引进国际领先的现代化生产设备和先进的企业管理制度，深耕中高档宠物食品行业。企业近年来积极发展物流、电商业务，增强企业综合实力，在产品销售过程中拓宽物流渠道。立足全国最大的宠物产业基地、宠物食品之乡的行业规模和本土优势，与本地多家物流快递服务商加强业务合作，带动了下游产业链多家物流快递企业的发展。

经过多年持续发展，荣喜旗下“艾尔”和“靓贝”品牌在宠物食品市场享有盛誉并不断扩大销售份额。其中“艾尔”被评为“河北省著名商标”。河北荣喜宠物食品有限公司以市场为主，发挥品牌效应，生产的宠物食品已经覆盖全国各地区，惠及上万供应商及广大养宠用户。公司产品以良好的市场口碑、过硬的产品质量、完善的售后服务，得到了消费者的广泛认可。

三、科技创新是企业生存之基

公司在不断发展的同时充分发挥自身在人才、资源、资金方面的优势，加强产品科技创新力度，助力全面发展。通过自建研发中心，并与河北农业大学等高等院校开展深度合作并成立教学实践基地的形式，近三年陆续投入 2 000 万元创新专项资金，研发生产了鲜肉来袭、森林物语小 T 粮等多个新品种，产品销售网络覆盖全国各地，市场占有率逐年提升。截至目前企业拥有自主商标 68 项，实用新型专利 19 项，外观专利 23 项，产品著作权 7 项，企业科技研发成果正呈逐年持续增长的态势，也同步展示出荣喜宠物食品良好的发展势头。企业在取得发展的同时注重产业链延伸。探索三产融合模式，上联原粮基地，关联原料、包装等企业 50 多家，下联销售、运输团队千余个，形成了三产融合的粮食产业联合体。围绕南和区主产小麦、玉米粮食产品，构造“绿色牌，特色路”的宠物食品产业链战略，寻求农业产业结构调整的新思路、新途径、新举措，为脱贫攻坚做好上下游连接，提高农产品附加值，帮助农民精准脱贫，发挥重要作用。

四、发挥示范带动作用，助力区域经济高速发展

河北荣喜立足自身结合当地丰富的农业资源和特色产品特点，深挖农产品加工后续链条，走出一条宠物食品加工的产业之路。作为本土农产品深加工企业，为提升产品品质，立足农村，做强一、二产业。带动农户数量逐年增长，目前带动农户总数达 5 025 户，从产品源头上建立行业优势，近年在上级有关部门的支持指导下牵头组建玉米产业联合体，相继与农兴种植专业合作社、小洁粮食种植专业合作社等本地区多家规模以上农业种植合作社、种植大户、粮食收购商建立供求关系，种植优质玉米品种。2020 年 1 月，多家合作社和家庭农场陆续加入河北荣喜玉米产业联合体，相互之间建立了更加紧密的联系，联合体成员及种植大户、粮食收购公司按照所签订的合同，以市场较高价格提供给荣喜公司，公司作为原料收购方，此项方法带动了粮农生产的积极性，扩大了粮食的生产量。带动了周边地区农民的玉米等粮食农作物种植积极性。

脱贫攻坚的重点是农民通过劳动自主增收，农产品后续深加工环节吸纳农民就业，必然是实现农民增收的重要途径，作为连接上下游两头的食品企业在促进区域经济发展方面将发挥重要作用，截至 2021 年底吸引当地农民就业 1 500 余人次，帮助其增收同时使其掌握产业技术和先进管理方式，为个人后续发展和当地产业升级打下坚实技能和知识储备。

五、勇担社会责任，走向共同富裕

公司在取得高速发展的同时不忘回馈社会，用实际行动承担社会责任，近年来从产业助农到抗疫援助，从防洪抢险到扶危济困，总能看到荣喜人的身影，尤其在新农村人居环境改善提升和创造劳动就业岗位、促进农业产业化发展方面发挥了不可替代的作用，荣喜宠物食品用自己的实际行动彰显了一个优秀地方企业对社会应有的贡献，受到了上级部门的一致肯定。在公司发展中荣喜将始终保持初心，继续发挥行业引领带头作用，积极拓展农业产业化发展道路，深耕一二三产业融合发展，带动产业链上下游各经营主体走向共同富裕。下一步企业将结合自身发展，围绕习近平总书记指出的扶贫工作是全党全社会的共同责任指示，踊跃参与到“三农”工作中。我们深感使命光荣，任务艰巨。服务“三农”、改善“三农”、解决“三农”，在追求全体员工物质与精神两方面幸福的同时，为本地区经济发展做出应有的贡献。

专注反刍营养　推行绿色智慧化生产研发　整合优质资源开创永和荣达美好未来

——河北永和荣达生物科技有限公司

一、规模企业　专营反刍

河北永和荣达生物科技有限公司，成立于 2016 年 4 月，注册资本 3 000 万元，属北京永和荣达饲料有限公司的全资子公司，是一家专业从事反刍动物营养与饲料研发、生产、销售和技术服务为一体的高新技术企业。公司位于河北省邯郸市广平经济开发区北区，毗邻 234 省道，占地面积 90 余亩*，现有预混料生产车间两栋（牧羊设备生产线和布勒设备生产线

* 亩为非法定计量单位，1 亩≈666.67m^2。

各一套）、恒温库、原料库、成品库等相关配套设施，年生产能力可达到15万t。

主营业奶牛、肉牛、肉羊复合预混合饲料，年销量达3.5万～4万t，年均销售额达1.2亿～1.5亿元，年销售额递增率在30%以上，销售市场已经覆盖了河北、河南、山东、黑龙江、辽宁、内蒙古、宁夏、甘肃、山西、广州、浙江等多个省市，目前已成为中国反刍动物复合预混合饲料的主流品牌，其中奶牛预混料市场占有率遥遥领先。

二、设备先进 品质为魂

公司目前拥有布勒、牧羊两条反刍动物复合预混合饲料专用生产线，自动配料、自动称量、自动打包，机器人码垛，生产能力更强，设备性能先进。各投料口设置电子扫码系统，原料投料零差错；配备2 000kg、1 000kg、2台500kg、250kg和2台100kg自动配料秤，物料残留少、配料速度快；设有2 000kg、500kg混合机各一台，并配置30kg在线稀释微量混合机一台，微量配料秤静态误差为万分之三，通过第三方检测混合均匀度变异系数均小于4%，效率高、混合均匀度好，成品打包误差小于5g等优点。这一系列自动化设备使产品质量得到有效保障。

三、研发技术 强强联合

1. 公司自主研发队伍不断壮大。目前拥有博士5名，硕士20名，具有独立完成产品研发、生产与服务的能力。

2. 研发产品持续改进提升。公司现已针对我国不同地区的土壤、水分和气候研制开发出“永和荣达”系列预混料产品，涵盖了奶牛、肉牛羊等草食动物，有5%、4%、1%、0.5%、0.2%等添加比例。奶牛预混料产品中的拳头产品“牧场专用系列预混料”是在国内万头牧场多年实践经验基础上总结、研发而成的。该系列产品凝聚了国内外多位专家的智慧和结晶，产品针对性强、科技含量高、质量稳定，能够有效地提高反刍动物生产性能与繁殖性能。

3. 强强联合，利用国外专业资源。永和荣达与美国Barton，Kiefer & Associates（简称“BKA”）公司成立战略联盟（美国BKA公司是全美排名前三的技术服务公司，BKA团队现有营养师17名，业务服务全美超过300家牧场，管理泌乳牛群超过40万头，团队成员人均拥有5年以上牛场管理经验和11年以上牛群营养配方调配经验），在针对我国不同地区新产品开发、牛场技术服务强强联合，以降本提效为根本宗旨，为牧场提供更全面、更专业的服务。

4. 整合国内技术资源。永和荣达践行“永创第一，和合共赢，以农牧助燃中国梦”的伟大使命，2021年公司陆续向国内的中国科学院、中国农业科学院、宁夏大学、河北农大、山东农大等的科研机构陆续投入研发经费数万元，设立开放性课题研究。共同针对我国不同地区粗饲料与牧场动物饮用水中常量、微量元素进行研究，建立永和荣达粗饲料与牧场动物饮用水常量、微量元素数据库，为未来针对我国不同区域牧场开发出更适合牧场饲料产品奠定坚实基础。

5. 建立实验室合作平台。为了方便、快速、准确地对预混料中各种元素的含量进行测定，公司除自建实验室配备电子分析天平、高效液相色谱仪、原子吸收分光光度计测定装置等基础设备外，并向澳亚实验室投入力可LECO碳氮元素分析仪、布鲁克公司第二代S8 TIGER、德国切割式研磨仪等先进的研发设备，联合共建研发平台，保证产品品质。

四、辛勤付出 荣之所归

永和荣达，以永创第一为行为标杆和准则，用“第一”文化高标准的规范企业行为，凭借过硬的研发技术和质量品质赢得了行业界的认可。先后荣获国家及“2020十强反刍动物饲料企业”、“高新技术企业”、中国发明协会“二等奖”、“农牧渔业丰收奖”；省级“重点龙头企业”、“饲料行业十强企业”、“饲料行业科技创新企业”、“工业协会副会长单位”等荣誉。

五、优质服务 完美客户

永和荣达以优质的服务赢得广大客户的信赖，目前主要服务于东营澳亚现代牧场有限公司、内蒙古圣牧高科牧业有限公司、中元牧业有限公司、甘肃前进牧业科技有限责任公司、福建长富乳业集团股份有限公司、广东海大集团股份有限公司、东营佳发肉牛有限公司、甘肃农垦天牧乳业有限公司等。

六、企业文化 成就未来

展望未来，永和荣达，将继续以“永创第一”为行为标杆和准则，以“为合作伙伴创造价值”为重点，以“个人、企业和社会互利共赢”为荣，坚持“取之社会、用之社会”的公益理念，将“安全生产、诚信经营”作为企业履行社会责任的长期任务，专注于反刍动物营养研究和产品创新，立志成为中国乃至世界最好的科技创新型饲料品牌，以农牧创新助燃中国梦的复兴。

专注反刍动物　再铸辉煌成就
砥砺奋进二十载　强基致远再起航

——河北威远药业有限公司

河北威远药业有限公司成立于2002年，位于石家庄经济技术开发区，是一家集研发、生产、销售兽用原料药、制剂和饲用添加剂的国内大型兽药企业，利民控股集团股份有限公司（002734）子公司。公司拥有营销、技术和质检三大中心和石家庄、鄂尔多斯两大生产基地，是国家高新技术企业、中国兽用原料药十强企业、河北省畜牧兽医学会副理事长单位、河北省动物保健品协会副会长单位、中国兽药协会常务理事单位、中国畜牧兽医学会兽医寄生虫学分会副理事长单位。

公司使命是维护动物健康、提高生活品质，愿景是致力成为全球最有价值的兽药品牌。建立了覆盖全国的营销渠道和面向终端客户的技术服务网络，并依托原料药优势积极参与国际市场竞争，与众多国际知名动保企业建立了合作关系，产品出口70多个国家和地区。公司被评为“河北省工业企业研发机构”“河北省企业技术中心”“河北省专精特新示范企业”“河北省绿色工厂”，同时被列入国家五部委重点防疫物资保障企业，河北省重点出口企业、2021年赛事期间白名单企业。

20年来，威远药业始终以奋进者的自信自立，在诸多不确定性中寻找机遇、在市场多变空间中谋求发展，凭借团结与信念、勇气与拼搏，经受住了一次次市场考验，在变革中发展壮大，在崛起中砥砺前行。

一、坚持价值共创、价值共享

威远药业始终坚持“以市场为导向、以客户为中心”的经营理念，建立了国内和国际两个渠道市场，与众多国际知名动保企业、国内养殖集团、渠道经销商等产业链一体化企业保持了长期合作关系。市场竞争的残酷性决定了威远的营销模式必须不断创新，从最初“深度技术营销模式”的尝试到“会议营销模式”的成熟和完善，率先在业界引领风潮，营销模式的不断创新使公司保持了行业竞争优势。实施营销聚焦战略，培育了以奥来可、中威聚能星、中威纽曼星、威远金伊维、酸威、舒克、小泰素、妙立素为核心的主导产品，其中奥来可获得河北省著名商标。

公司始终致力于养殖行业健康发展，对终端用户提供持续的技术服务，随时解决各种养殖技术问题是威远的服务内容。有一项重要的服务创新坚持的较好，就是持续提升经销商的能力，公司创建了中威商学院，目前已成功举办17届，在养殖技术、营销知识、管理知识等方面进行赋能支持，每年培训养殖用户约12 000多人次。除了集中培训以外，还一对一解决经销商的管理问题，帮助客户做三一规划、梳理经营思路，让客户与公司共同成长、共同发展，有些重点客户，已发展成为公司的战略合作伙伴，使客户与企业共同提升创新创造能力。

在行业结构大变革的背景下，公司与客户共谋时代变革和创新发展，分别于2020年、2021年组织两届中国动物健康技术高峰论坛千人大会，未来公司会持续在驱虫、呼吸道、肠道等动物健康领域和生物安全领域为家庭农场及集团客户提供整体解决方案。

二、坚持科研创新引领发展

研发是企业发展的基石，是未来的核心竞争力，公司遵循“自主研发、合作开发与技术引进相结合”的开发思路和“持续创新、行业领先”的技术理念，多个产品获得国际高端注册，公司主导品种2009年始先后通过欧盟COS认证及美国FDA认证并参与欧盟标准的制定。公司先后承担了国家科技支撑计划重点项目及国家新产品项目，研发成果获国家发展和改革委员会绿色生物产品高科技产业化专项支持。

在研发思路上始终立足市场、以市场需求为导向，坚持原药制剂一体化发展战略，到目前为止“奥来可”具有较高市场占有率和知名度，荣获2020中国农牧风云榜年度替抗产品奖，2020年，围绕行业发展趋势，汇聚行业专家、学者、教授智慧力量，筹备成立威远研究院。与东北农业大学和西北农林科技大学组建中国动物肠道健康研究院，合作取得阶段性成果，汇聚国内顶级力量的技术研发与服务平台搭建完成，威远药业原药制剂一体化的发展战略路径日渐清晰。

未来，技术研发将立足自身优势和定位，面向客户需求、面向市场竞争、面向未来趋势，集中公司内外优势资源于核心主导产品上，形成差异化竞争优势，打造行业明星产品、行业爆品。从技术和创新的维度路径上去寻找和打造“企业核心竞争力”，实现原料药产品进入国际高端市场、制剂成为行业龙头品牌的发展目标。

三、坚持精益制造、精工品质

公司时刻坚守质量就是底线、质量就是生命的管理思路，按行业规范要求抓好精益生产，持续优化工艺路线、推动产品品质与技术迭代升级，保证产品品质，为客户创造价值。随着行业快速发展与转型升级，公司不断接受国内大型养殖集团和国际客户的审计，得到了客户的认可，着力践行威远品质的特征内涵和工作理念，质量信念已深入用户心中。

2013 年通过搬迁实现了生产装置全面升级，现代化、智能化的威远第三代厂区落成，威远药业战略发展基础进一步夯实。2019 年公司率先按新版 GMP 建设二期固体制剂及中药生产线，获得专家一致好评并作为样板推广。2021 年按照农业农村部新版 GMP 要求实施改造，生产自动化装置再次升级，同时紧随行业发展做好数字化转型工作，加大自控投入，实现操作、控制和风险预防自动化，提升智能化生产水平，把公司打造成为智慧工厂，被省工业和信息厅认定为绿色工厂。2021 年公司在鄂尔多斯基地投资 9.8 亿元建设的原料药项目，使原药制剂一体化的发展战略再次得以呈现。

四、坚持社会责任、底线思维

公司在稳步发展、享受时代发展红利的同时，始终不忘社会责任，不仅为客户持续创造价值，同时不断体现自身社会价值。坚持以安全、环保、品质、法规为核心的企业“底线思维”发展理念，将其投入转变为企业长期、安全、健康发展的加持和保障，转变为企业品牌价值和竞争优势。以持续提升工艺技术和环保技术水平为抓手，在安全环保、节能减排工作中我们持续投入，建立与之相匹配的保障能力，不断提升治理水平，建成了完善的安全生产管理责任体系、隐患排查治理体系、能源消耗管理机制、安全管理标准化体系和安全诚信体系，实现治理体系的现代化、智能化。同时我们积极投入各类公益活动，优先选择生物制药开发、救灾赈灾、农业支援等作为投身公益事业的重点领域，实现了企业与社会的和谐共赢。

五、相信有威远、有未来

国内外环境日新月异、行业变革不断加速，威远始终坚持以市场为龙头，持续为客户创造价值的理念，坚持市场意识、客户意识、创新意识和危机意识，将软硬件实力转化为产品竞争力和客户满意度，持续汇聚为客户创造价值的力量，做实产品与服务，持续赋能客户提高市场占有率，从滚动式发展向跨越式发展迈进，持续树立威远品牌影响力，未来我们的战略目标是成为中国动保前 10 强、全球动保 30 强企业。

公司将利用发酵和合成基地资源优势，迅速培育原药和制剂新品种，面向客户需求、面向市场竞争、面向未来趋势，形成差异化竞争优势，从技术和创新维度去寻找和打造威远核心竞争力。继续以高品质产品供应商为战略定位，坚持原药制剂一体化发展路径，服务于海内外客户，携手战略合作伙伴，构建养殖技术服务平台，打造综合服务商新模式，为畜牧健康发展和人类健康生活贡献力量。

站在 20 周年的新起点，威远内求行稳致远，外谋创新变革，与威远事业伙伴共同迈向新征程、建功新时代，向着国内领先、国际一流的现代化动保企业奋进。

秉承“做养殖户最受欢迎的生物饲料，做养殖户最放心的生物饲料”的发展宗旨，2021 年研发硕果累累。

根植大地　共享成长

——内蒙古蒙泰大地生物技术发展有限责任公司

一、公司简介

内蒙古蒙泰大地生物技术发展有限责任公司坐落于中国乳都呼和浩特市和林格尔县盛乐经济园区。公司创建于 1996 年，是由北京九州大地生物技术集团股份有限公司与内蒙古自治区农牧业科学院共同投资兴建的现代化高科技饲料生产企业，是内蒙古农牧业产业化重点龙头企业、内蒙古《饲料质量安全管理规范》示范企业。

公司拥有理念一致、勤奋敬业、专业精湛的专业化、年轻化、职业化的管理、研发、生产、营销、技术服务团队，完善的管理流程及完备的饲料检测设备及手段。通过了 ISO9001 质量管理体系及 ISO22000 食品安全管理体系认证，所生产产品的使用范围涉及奶牛、肉牛、肉羊、毛绒用羊、猪、鸡、马等畜禽动物，产品包括反刍动物复合预混料、猪复合预混料、鸡复合预混料、马属动物复合预混料、反刍动物精料补充料、反刍动物浓缩饲料、反刍动物配合饲料、生物发酵饲料、马饲料九大系列 150 多个品种，畅销内蒙古、河北、山西、宁夏、甘肃、青海等省区。

追踪当前国内外最新养殖技术发展、吸纳动物营养学科最新研究成果，公司注重引进技术的同时，在实用技术开发、自主技术创新方面做了很多扎实性的工作。坚持自主研发、创新为主、引进为辅的产品发展战略，不断加快企业技术进步，提升企业的核心竞争力。公司投入大量经费成立研发中心，建有标准的检化验室并配备了先进的检化验设备，开展饲料原料及产品的物理、化学检测及生物学效价评测，形成了常规营养成分、维生素、微量元素、毒素等检测控制体系，建立了企业自有原料数据库，针对不同畜种、不同生理阶段营养需要制定了产品企业内控技术参数及企业标准，实现了公司的核心技术储备，为新产品的研发提供核心的技术支持。依托内蒙古自治区农牧业科学院先进的科研基础设施、雄厚的人才队伍力量，多年来公司相继承担或参加了多项省市级重大科技专项、创新基金、成果转化、示范推广等科研及转化推广项目，为自治区畜牧养殖业的科技进步与成果推广做出了应有的贡献，同时为公司的产品研发提供技术支撑，也为公司的可持续发展奠定了坚实的基础。

公司始终秉持“根植大地、共享成长”的企业理念，认真履行“振兴民族饲料工业、服务广大客户”的基本职能，努力实现“帮客户创造效益、让员工体现价值、使公司得到发展、为社会积累财富”的价值观，大力弘扬“滋育生命、厚德载物”的企业精神，致力于“打造中国反刍饲料第一品牌，并最终创建成为世界一流的中国农牧企业”的企业发展目标，努力探索和构建具有自身特色的企业运营模式，走出了一条独特的发展道路，为蒙泰大地进一步做强做大蓄积了强大的发展后劲，为内蒙古饲料业的发展及畜牧业的繁荣继续做出不懈的努力。

二、发展历程

1996 年 12 月，经呼和浩特市工商局批准，内蒙古蒙泰大地生物技术发展有限责任公司成立。公司成立之初，考虑到合作双方北京九州大地生物技术集团股份有限公司在企业管理、市场营销方面及内蒙古农牧业科学院在科研、技术力量方面的优势，并结合当时养殖业发展的市场需求，制定了先定位于研发、生产、销售高端反刍动物、畜禽、复合预混合饲料产品，再根据市场需求及公司发展状况适机调整产品结构的战略发展规划。依靠优质的产品、稳定的性能，产品除在内蒙古自治区成功开拓市场外还远销河北、山西、宁夏、陕西、甘肃、青海等省区，并于当年实现了盈利。

2000 年后，迎来了我国奶牛养殖业的高速发展阶段。公司决策层敏锐地预测出公司所在的区域市场奶牛精料补充料及浓缩饲料产品的需求将是今后发展主要趋势，并且蕴含着巨大的市场前景。公司于 2000 年果断做出了战略性决策，重点研发和生产、销售反刍动物精料补充料及浓缩饲料产品。公司集中投资双方科研、技术、生产、市场开发的优势力量，以我国著名反刍动物营养专家内蒙古农牧业科学院卢德勋博士提出的“反刍动物系统整体营养调控理论和技术”为研发技术依托，针对我国奶牛养殖业发展趋势，结合当时奶牛养殖的实际状况，在最短的时间内研发出了奶牛精料补充料及浓缩饲料系列产品并成功地投放市场，开创了自治区奶牛精料补充料及浓缩饲料产品成系列专业化研发、生产、销售及售后技术服务“一条龙”的产业化模式。

2009 年，公司迎来了新的发展契机。通过多年的不断努力奋斗和积累，在和林格尔县盛乐经济园区兴建了 6 万 t 级反刍动物精料补充料浓缩饲料、1 万 t 级反刍动物复合预混料、1 万 t 级畜禽复合预混料专业化生产线各一条。现代化的先进生产线，专业化的管理、生产运行模式，集市场调研开发，产品售前、售中、售后全方位多功能技术服务于一体的营销模式，加之秉承“帮客户创造效益，让员工体现价值，使公司得到发展，为社会积累财富”的价值观，内蒙古蒙泰大地生物技术发展有限责任公司迎来了快速发展的新阶段。

公司在不断发展壮大的同时始终把食品安全问题作为企业生存和发展的第一要素，把“饲料是人类的间接食品”作为产品质量安全控制宗旨，通过对欧美发达国家在饲料产品药物添加方面日趋严格的控制以及我国针对食品安全方面释放的信息分析得出“无抗养殖”将是未来养殖业发展的大势所趋。公司未雨绸缪，于 2012 开始探索研发“无抗替抗饲料产品”。历经近多年潜心研发，攻克多重技术难点，开发出以中草药、植物提取物、微生态制剂、酶制剂等各类生物保健添加剂合理集成的技术核心，经过特殊工艺处理和配伍后，推出了既能提升机体免疫功能，又能保证人畜安全的产品。产品之间各成分功能相助，协同增强，抵抗疫病侵害，同时能够消除饲料中霉菌毒素的困扰，在降低饲料成本和预防疾病发生的同时，大幅提高畜禽生长和生产能力，多年来不断升级、迭代，效果显著。

2019 年公司建成湿法发酵料生产线，并于同年将“大地肽宝”推向市场。“大地肽宝”是菌酶协同发酵的新型生物发酵饲料产品，其采用国内最先进的发酵工艺，使用从欧洲引进在国内做适应性培育的 8 种复合菌种，把豆粕、玉米、麦麸、糖蜜等优质饲料原料混合发酵而成，有效解决母畜便秘、改善圈舍环境和空气质量，大幅度提高饲料利用率，节约粮食资源，改善畜产品品质，是畜禽养殖端减抗替抗的有效手段。作为抗生素的替代产品，不仅功能上可以媲美抗生素，同时还显著提高了动物采食量及生产性能，而且可以维护动物肠道健康，起到保健的作用，更重要的是，生物发酵饲料在动物体内无毒无害无残留。

变革是一个公司不断持续发展的生命力，产品的不断研发创新能力代表着一个公司实力。为顺应市场及养殖业发展的需求，蒙泰大地公司开展了马饲料系列产品的研发工作。我国自古以来就是一个马业大国，有着悠久辉煌的养马史，近几十年来以役用为主的养马业逐渐衰退，役用马数量减少殆尽，养马业面临变革，马术、赛马等现代马业的兴起引领着马业发展的新方向。目前，我国马饲料生产还尚未形成产业化，市场销售和使用的产品多为进口或引进品牌，价格昂贵。研发过程中根据引进马匹及地方品种的不同特点及营养需要，结合我国饲料原料的特性设计了马饲料系列产品的营养指标及配方，完成了马饲料产品的研发、生产工艺、流程、参数设计等工作，2020年公司完成了马饲料谷物压片、结构型饲料产品、预混合饲料产品生产线的技术升级改造，填补了我区高端马饲料系列产品研发与生产空白。

据权威专家预测，未来五年生物发酵饲料和发酵原料有望占饲料总量40%以上，将在饲料禁抗、养殖减抗和改善畜产品风味上起到重要作用，同时在降低氮磷排放、改善畜禽舍环境、改善畜产品品质等方面的价值将被进一步挖掘。

2021年公司在原有湿法生物发酵料生产线的基础上进行技术改造、升级扩建，完善恒温发酵处理、低温干燥、成品打包等环节，并形成10 000t的干法生物发酵料年产能，产品种类得以丰富，可以根据客户对产品的不同需求提供湿法或干法生物发酵饲料及发酵原料，更好地为客户提供安全高效多种类的产品。

公司比邻九州大地集团旗下的内蒙古草原和牛投资有限公司、内蒙古元牛繁育科技有限公司，草原和牛投资有限公司以牛为原点，兼顾“乳、肉、牛”的立体综合经营，在原奶生产、中高端牛肉生产、遗传物质研发等核心业务方面不断创新，积极开创并大力推广“第四代牧场模式”形成了牛产业链布局，目前存栏奶牛25 000多头、优质肉牛3 000多头，还在不断地发展，为蒙泰大地公司产销量的稳定提升提供有力的支撑。元牛繁育科技有限公司建立了比较全面的牛全基因组数据库，通过全基因组选育，利用活体受卵/体外受精和克隆的现代繁育技术，充分发挥了优质基因的遗传优势。蒙泰大地公司将以此为依托，锐意进取，开拓市场提升销量。

蒙泰大地公司地处蒙牛中国乳业产业园核心区，公司将以“加快实现奶业振兴、全力走好以生态优先、绿色发展为导向的高质量发展新路子”为契机，重点在奶牛、奶山羊、肉牛养殖技术及新特产品研发、生产、销售等方面凝心聚焦、发力前行，为广大用户提供更高效、更全面的服务及优质的产品，直接或间接带动农牧民专业养殖户、规模化养殖场实现增收致富，也为内蒙古反刍动物养殖和发展做出相应的贡献。

今后，公司将继续秉承产品研发升级为先导、夯实基础、突出主业、做强做大的原则，继续践行“根植大地，共享成长”的企业理念，致力于打造中国反刍饲料第一品牌，为创建成为世界一流的中国农牧企业而努力奋斗。

专注饲料营养　致力畜禽健康

——内蒙古正大有限公司

内蒙古正大有限公司位于自治区首府呼和浩特市东郊，是正大集团与内蒙古收益饲料有限责任公司合作创办的现代化农牧企业。公司成立于1994年，注册资本为819万美金。总投资超过6亿元，员工总人数300余人。公司主要业务涵盖生产加工、销售各种畜禽、水产饲料，开展各种畜禽疫病防治、配种技术咨询及售前、售中、售后服务等。目前拥有大型现代化饲料加工厂两座，总生产能力48万t，累计向内蒙古地区提供各类畜禽饲料400余万t。多年连续在自治区范围饲料工业企业生产能力及主营产品销售量、市场占有率均排名第一位。公司被农业农村部认定为第六批农业产业化国家重点龙头企业。2021年公司资产总额达5.8亿元，总销售收入13.8亿元。

经过27年的辛勤耕耘，始终坚持“利国、利民、利企业”的核心价值观，从无到有，从有到优，正大品牌在内蒙古迅速发展，树立了良好的品牌形象，形成与国际饲料技术发展趋势相同步的覆盖饲料领域禽类、生猪、肉羊、水产各个细分市场的系列产品线布局。“正大”品牌饲料产品包括奶牛饲料、肉牛饲料、羊饲料、猪饲料、蛋鸡饲料、肉鸡饲料、种鸡饲料、鸭饲料、鱼饲料等8大系列，88多个品种，4种规格。多年以来，公司依靠国际先进技术、生产设备和专业化精英团队，不断完善售后服务和产品质量，赢得了广大客户的信任与支持。

公司拥有专业的研发技术团队，同时聘请多位国内外知名专家定期指导，依托饲料产品和强大的技术支撑，研发出最为适合当地畜禽生长发育并能充分发挥其生产性能的多种饲料配方，正成为农牧民致富的好帮手。公司先后被评为国家、自治区、市三级“农业产业化重点龙头企业”，多次被行业、自治区、市授予“先进技术企业”，自治区级、市级“小巨人企业”，“百企联百村优秀企业”，“年度全市工业经济快速发展显著成绩奖”，“自治区民营企业50强”，“农牧企业十强”，“产业化先进集体”，“诚信纳税A级企业”，“‘十二五’期间内蒙古农牧业产业化扶贫先进企业”，“幸福企业最佳实践单位”，“自治区重点人才培养基地”，“国家级大学生就业见习示范单位”，自治区品牌建设“标杆企业”，自治区“民生保供重点企业”，2021年度“疫情防控生活必需品生产保障优秀企业”，“十三五产业扶贫优秀龙头企业”，“优质产业集群领军企业”等多项荣誉。公司生产的畜禽饲料、猪饲料多次被授予“中国名牌产品”、“自治区名牌产品”、自治区“名优特”农畜产品等称号。

公司秉承“科技创新应用于生产实践、通过提升技术提高生产效率推动产业进步”的原则，着力打造具有世界水平、行业先进、智能优化、具备自主知识产权的集成式现代化饲料生产线。公司品牌产品的集约化生产全程采用智能化、数字化、自动化加工工艺，生产技术和管理工艺完全引用了正大集团的成功模型，拥有最先进的产品检测仪器。这些先进技术、高质量设备的集成组合，不仅带来公司饲料生产的高效率，更重要的是保证了饲料产品的高质量。

为保证向农牧民提供一流的饲料产品，公司的饲料生产线全部由美国公司设计，选用了世界上最先进的 WEM 的 F-4000 自动配料系统，原料清理、粉碎以及半成品制粒的设备全部采用 CPM 公司生产的先进设备，成品码垛设备选用了智能全自动日本进口的码垛机械手，先进的设备为生产高质量的产品提供了保证。公司化验室从美国、德国、日本等国家引进先进的检测设备，对进厂原料进行 100%抽检，严把原料质量关，坚决杜绝不合格的原料进厂，对生产的全过程实施监控，严防不合格产品出厂。实施全面质量管理，顺利通过 ISO9001 质量管理、ISO22000 食品安全管理和 ISO14001 环境管理体系认证，正大饲料荣获“中国驰名商标”称号。

公司通过创新经营体制和机制，走出了一条具有自身特色的现代农牧业发展之路。一是组建农牧业产业化联合体，创新“三产”融合模式。充分发挥龙头企业示范带头作用，助力地区构建现代农业产业体系、生产体系、经营体系，推进农业产业化经营，健全农业社会化服务体系。以饲料原料种植、饲料加工生产、规模化生猪、蛋鸡养殖、污粪还田处理等循环农业为基础，以生猪屠宰、产品深加工基地配套为纽带，以农畜产品供应链物流体系建设为抓手，通过品牌电商、直营中心双线销售推广，充分发挥龙头企业的示范带动作用，有效订单联结贫困户、合作社及需求企业，推进自治区产业融合、产城融合，打造内蒙古地区乡村产业新业态、新模式、新格局。二是“三定代养”利益联结养殖模式。“三定”模式即定仔猪价格、定饲料价格、定毛猪回收价格。该模式下，公司依托国际先进的养殖体系，按合同价格向养殖户提供仔猪、饲料、药品、疫苗、技术服务，养殖户负责仔猪的育肥和养殖场管理工作，仔猪达到出栏标准后，公司按合同进行定价回收。该模式有效解决了传统养殖户生产效率低、销售渠道窄等问题，公司承担市场风险，养殖户获得稳定收入。三是饲料原粮订单合作种植模式。以“公司+基地+合作社+区域原粮交易经理人”的模式打造原料订单收购模式，每年带动当地玉米耗用量约 15 万 t，占呼和浩特市地区全年玉米总产量的 15%左右，帮助农户消化玉米的销售额约 2.8 亿元，解决农民售粮难的问题。在当地农户及订单合作客户中取得良好的口碑。四是产学研紧密结合，增强了企业持续创新能力，推动企业不断进步。至今，内蒙古正大有限公司已与内蒙古地区多所农业院校、科研院所进行全面而紧密的产学研合作，使行业最新的技术成果得到了及时的推广和应用，保证了公司的技术在行业中的领先地位。

未来，公司将继续秉承“利国、利民、利企业”的经营原则，在公司各项事业不断发展的基础上全力促进内蒙古自治区农牧业现代化的发展。依托于公司现有的两座饲料厂，计划于未来三年在巴彦淖尔市、鄂尔多斯市发展年出栏 50 万头生猪全产业链“绿色发展”综合示范项目。

科技先行　绿色发展
为自治区绿色农畜产品
基地建设做出贡献

——包头北辰饲料科技股份有限公司

包头北辰饲料科技股份有限公司成立于 2000 年 4 月，下设包头市北辰生物技术有限公司、包头市欣禾农业开发有限责任公司、内蒙古鹿辰生物技术有限公司和包头北辰商贸有限公司 4 个全资子公司。公司总资产 3.6 亿元，员工 400 人。公司秉承“科技先行，绿色发展，强牧兴农”使命，广泛开展“产学研”合作，引进国际国内最新科研成果，提升产品的核心竞争力。

公司为农业产业化国家重点龙头企业、国家高新技术企业、中国饲料工业协会理事单位、全国首批可溯源绿色食品试点企业、中国绿色食品协会副会长单位、农业农村部饲料质量安全管理规范示范企业、全国反刍动物饲料十强企业、自治区饲料工业协会常务副会长单位、自治区扶贫龙头企业、自治区级企业研究开发中心、自治区级绿色工厂、自治区细分化领域专业化“小巨人”企业，荣获 2017 年、2019 年包头市政府质量奖。

一、科技创新助力企业快速发展

公司成立 20 多年来，紧紧依靠科技进步，不断提升产品的核心竞争力，企业生产经营规模不断扩大，实现了快速增长。公司与内蒙古农牧业科学院、内蒙古科技大学、内蒙古农业大学、中国农业大学、美国肯塔基大学结成产学研合作关系，开展科技创新和饲料新产品研发。近年来，公司每年都有饲料新产品上市，并形成自主发明专利 4 项，实用新型专利 2 项，正在申报发明专利 4 项。公司自主研发牛羊全混合颗粒饲料，充分利用当地农区农作物秸秆，添加玉米、麸皮、饼粕等能量、蛋白饲料以及维生素、矿物质等添加剂，经科学配比，制成牛羊全混合颗粒饲料，产品经济效益、社会效益、生态效益十分显著。反刍动物瘤胃调控技术处于国内领先水平。

公司不断加大科技投入和产品优化升级力度，一方面引进国际国内先进饲料加工设备，同时对建成多年的生产设备进行升级改造，提高生产设备技术装备水平。目前，公司饲料生产线 5 条，年生产能力 30 万 t，蒸汽压片玉米生产线 1 条，年生产能力 5 万 t，玉米联产加工生产线 1 条，年生产能力 3 万 t。2014 年建成投产的配合饲料生产线，引进瑞士布勒公司成套饲料加工机组。2020 年建成投产 10 万 t 生物饲料生产线，引进美国 CPM 制粒机和国内先进饲料加工机组，生产设备技术装备达到国际国内先进水平。

内蒙古鹿辰生物技术有限公司年产 10 万 t 生物饲料生产线项目，位于巴彦淖尔市经济开发区，项目预计 2022 年 6 月建成投产。公司与辽宁禾丰食品有限公司合资成立的包头禾辰牧业有限公司，位于包头市九原区绿色食品加工园。该公司年产 15 万 t 饲料生产线项目，正在前期准备阶段，预计 2023 年建成投产。与此同时，公司对原有饲料生产线进行了提档升级技术改造。更新了全自动中控设备、制粒机、混合机、粉碎机、打包秤、码垛机器人等主要设备。有效提高了车间生产效率，大大降低了员工劳动强度。

二、绿色发展助力企业转型升级

公司坚持绿色发展的经营宗旨，不断延伸绿色产品产业链。为保障原料供给，公司在有关部门的大力支持下，在土右旗建成绿色玉米种植基地 20 万亩，有机玉米种植基地 4 万亩。带动 12 000 多农户，调整农业种植结构，增加经济收入。

早在 2012 年，公司就有 7 个饲料产品通过中国绿色食品协会绿色产品认证，成为自治区乃至全国较早认证绿色饲料的企业。经过 10 年的发展，目前公司饲料产品有羊饲料、牛饲料、猪饲料及生物饲料、预混合饲料等产品五大系列 100 多个品种。其中，有机饲料产品 12 个，绿色饲料产品 32 个，成为全国最大规模的有机绿色饲料生产企业。有效带动了上下游有机绿色产业稳定健康发展，为满足市场需求做出了积极贡献。

为充分发展龙头企业的辐射带动作用，公司牵头组建了北辰绿色农牧业产业化联合体，带动绿色关联企业 4 家，专业合作社 3 家，家庭农牧场 4 家，形成绿色种植、绿色加工、绿色养殖产业链，实现一二三产业融合发展。

三、人才为企业发展提供智力支持

公司把人才引进、人才培养作为企业发展的大事来抓。采取多种形式，制定优惠政策，吸引优秀人才。近年来，公司引进大专以上专业技术人才 115 名，其中博士 1 名、硕士 2 名。员工素质的提高，为企业技术创新提供了有力的智力支撑。与此同时，公司通过理论学习、技术培训、实践锻炼等多种途径，培养锻炼了一支业务技术过硬的研发团队、生产团队、销售团队和售后服务团队，这些都为企业快速发展奠定了坚实的基础。

近几年，公司饲料产销量年均递增 30%以上。生产经营规模位居自治区同行业前列，其中有机绿色饲料产销量逐年提高。展望未来，包头北辰饲料科技股份有限公司将按照中央关于大力发展绿色生态农业和努力打造全国绿色农畜产品加工输出基地的总体要求，继续坚持绿色产业发展道路，努力打造绿色种植、绿色饲料加工、绿色养殖产业链，形成一二三产业融合发展的产业格局，为地区经济发展和健康中国建设做出更大贡献。

中国最大的反刍动物饲料提供商

——内蒙古牧泉元兴饲料有限责任公司

元兴饲料是优然牧业旗下的饲料业务板块。优然牧业是全球最大的原料奶提供商，同时也是中国最大的特色生鲜乳供应商、中国最大的反刍动物饲料提供商、中国最大的苜蓿草供应商和中国最大的奶牛育种企业，还拥有国内最大的牧业产业链交易中心——聚牧城科技。

优然牧业业务覆盖乳业上游全产业链，独特的“好种育好牛、好料养好牛、好牛产好奶”的业务模式，实现了原料奶、饲料、育种等业务间的高效协同。2021 年优然牧业营收同比增长 30.3%，至 153.46 亿元，其中反刍动物养殖系统化解决方案业务收入同比增长 21.3%，至 50.08 亿元。

元兴饲料采用产品+服务模式，依托自有牧场运营经验及技术积累，将服务与产品相结合，通过提供中国领先的反刍动物养殖系统化解决方案，赢得客户的信赖；并通过产品为纽带持续为客户创造独特价值。公司拥有近 40 年的反刍饲料研发与生产经验，已投产饲料生产基地达 13 个，产业布局辐射中国 25 个省、自治区、直辖市，服务中国超过150万头反刍动物。

2021年12月中国最高生产标准预混料工厂正式投产，该工厂采用了婴幼儿配方奶粉生产工艺标准，年生产能力7.2万t，可制备0.1%～10%全品系产品，是目前国内生产体量最大、质量标准最高、生产精度最高、质量稳定最佳的反刍动物预混料工厂。

元兴饲料凭借公司41万头奶牛长期养殖科学验证，38位博士级专家潜心研发，40余年反刍动物营养积淀，配合先进的数据分析、技术研发能力，开发进口配合饲料、开发新产品过瘤胃豆粕、“40kg单产”产品系列，研发出了生物饲料、高端预混料等高附加值饲料产品。目前拥有八大系列160余种产品，产品涵盖奶牛、肉牛、肉羊及奶山羊全生命周期。

未来，元兴饲料将大力发展高技术含量、高附加值产品，升级系统化技术服务解决方案，持续服务中国牧业，为奶业振兴做出积极贡献。

专注专业　至诚至信
勇于变革　报国兴农

——希杰（沈阳）生物科技有限公司

一、企业基本情况

希杰（沈阳）生物科技有限公司是韩国最大的综合性食品企业CJ集团在沈阳投资建设的生物工程企业，公司是一家以玉米为原料，生产饲料添加剂、单一饲料、食品添加剂等产品的农业产业化重点龙头企业。位于沈阳市沈北新区裕农路，成立于2011年5月，占地面积1 026亩，员工1 000余人公司。

公司项目初期投资30亿元，总建筑面积达到18.6万m^2。主要产品包括饲料添加剂（缬氨酸、精氨酸、异亮氨酸）、单一饲料（核苷酸渣、玉米蛋白粉、喷浆玉米皮）、食品添加剂（核苷酸）等。

公司拥有自主技术研发中心和自主知识产权，通过持续的技术革新、提高产品质量和产量，跻身世界500强企业。目前添加剂产品在技术领域及市场占有率方面，均占据世界领先位置。产品销售至国内外，遍布欧洲、北美、南美、亚洲、非洲等50多个国家和地区。

公司成立至今，悉数获得辽宁省饲料工业协会30周年助力发展奖、辽宁省出口小巨人企业、沈阳市农业产业化龙头企业等多项荣誉。

二、生产经营

1. 配备先进的生产设备和成熟的工艺流程，产品质量稳定。公司使用更加健康和安全的发酵工艺，拥有先进的生产设备，自动化全面覆盖生产环节。饲料添加剂产品设计年产能约20万t，可依据市场需求，灵活交替生产多种氨基酸产品：L-缬氨酸、L-精氨酸、L-异亮氨酸、L-赖氨酸盐酸盐、L-苏氨酸等；单一饲料产品设计年产能约4万t，产品为核苷酸渣、赖氨酸渣、玉米蛋白粉和喷浆玉米皮等。公司2021年总产值约22.6亿人民币，总销售额约19.6亿元。

2. 设立研发部门，持续改善工艺流程。公司R&D研发部门协同韩国本社研究所，与公司生产部门积极开展相关实验，优化原辅材料组合，开发低成本原辅材料，优化工艺流程，从而降低生产运营成本，提升公司市场竞争力。

3. 建立创新机制，鼓励创新。公司设立生产革新部门，组织公司各部门开展革新活动。以员工、部门为单位，定期提交并开展革新课题，同时设立奖励机制，提升公司员工创新能力的同时提高工作效率。

三、质量保证

1. 配备先进分析仪器，确保分析准确。公司设立品控部门——品质保证科，配备多种国内外先进分析设备，如HPLC（高效液相色谱仪）、ICP（等离子发射光谱仪）、电位滴定仪、红外光谱仪、凯氏定氮仪等。品质保证科下设常规分析室、精密分析室、微生物分析室，能够对入厂原辅材料、工程半成品和产品进行全面分析，在符合标准的基础上为客户提供最高品质的产品。

2. 配备高水平品质人员，确保夯实的业务能力。品质保证科将近50人，包含QA人员、QC人员和体系法规人员。部门定期对QA人员开展分析能力验证和岗位知识培训，确保所有人员有能力开展分析检验业务，为产品品质提供保障。

3. 建立高标准质量安全体系，确保产品质量安全。公司本着“客户至上，质量为本”的原则，建立健全质量安全体系。公司先后通过ISO9001质量管理体系、ISO22000/FSSC22000食品安全管理体系、BRC英国零售商协会全球食品标准、FAMI-QS欧洲饲料添加剂和预混合饲料质量体系、HALAL/KOSHER宗教信仰、ISO14001/ISO45001环境安全管理等多种国际认可的质量安全体系认证。

四、推动行业可持续发展

1. 举办动物营养应用技术研讨会，推进畜禽养殖行业发展。公司不定期邀请国内、外资深营养学专家，举办技术研讨会，共享畜牧业可持续发展技术解决方案：通过原料多样化降低成本；通过改善配方和工艺，达到节约成本的效果，并保证畜禽生长性能的一致性，积极推进畜禽养殖行业向前发展。

2. 建立公众号，传授养殖经验。公司建立“CJ希杰 Best Amino”公众号，不定期发布科学文献和实验报告，共享在玉米和豆粕价格居高的形势下，养殖者应如何充分利用当地资源优势原料，配制氨基酸平衡日粮，提高转化效率，降低饲料成本和环境压力，为养殖者提供了指路明灯。

3. 参加饲料工业展会，宣传希杰产品。公司积极参与饲料工业协会等组织的相关展会，宣传希杰各种产品功效及使用配比，同时为参会人员讲解畜禽行业先进经验。

五、社会责任

1. 慰问养老院，温暖孤寡老人。公司每年组织员工到沈北新区敬老院开展慰问演出活动。沈北新区中心敬老院是一家政府公办的单位，有 110 名老人，全部是无保户（没有孩子和亲人），其中还有 40 名卧床的老人。通过开展慰问活动，为老人们送去温暖。

2. 建立“希杰励志奖学金”，帮扶大学生。公司建立“希杰励志奖学金”，联合沈阳化工大学和沈阳化工学校，针对家庭困难、品学兼优的大学生进行帮扶，践行企业 CSV 精神。“希杰励志奖学金”包括希杰励志奖学金和希杰班优秀毕业生奖学金。

3. 开展“一社一河”活动，共建碧草蓝天。公司联合沈阳市环保局，开展“一社一河”活动。通过实际行动保护沈阳市蒲河河段环境；同时公司设立“一社一河”环境保护基地，栽植树木，践行希杰人社会责任。

4. 开展帮扶活动，定点帮助“困难户”。公司与沈阳市辉山街道合作，经过前期筛选走访，选出 9 户困难户，针对性定点帮扶，发放慰问金和生活物资。困难户分布蒿甸子、新岗、千佛等多个社区。

作为生物发酵技术的领导者，希杰秉承 OnlyOne 的精神，不断以“首创、最佳、与众不同”的产品与服务价值，打造集团核心竞争力，为不懈追求“世界第一”的集团全球化目标努力奋斗。

坚持诚信、责任、共赢核心理念 创造畜牧养殖行业新价值

——沈阳禾丰牧业有限公司

沈阳禾丰牧业有限公司成立于 1995 年，正当改革开放之时，中国的饲料市场一度为外资企业所垄断，禾丰人打破外资垄断，突破技术壁垒，创民族饲料品牌。企业历经数次规模升级，厂址搬迁，现坐落于沈阳市沈北新区辉山大街 145 号——沈北农业高新技术园区禾丰产业园内，系禾丰股份年产销能力最大的全资子公司，注册资本 8 210 万元，是中国最早通过 ISO9001 国际质量管理体系和 HACCP 食品安全管理体系双认证的饲料企业之一，“禾丰”商标是中国驰名商标。

沈阳禾丰是中国北方单厂产销量最大的猪用饲料生产企业，年销量折合全价饲料超 100 万 t。拥有专业化生产车间和专用产品生产线，有序、独立加工生产不同类型的饲料产品。2016 年 9 月，通过农业部（现农业农村部）《饲料质量管理规范示范企业》标准验收。

沈阳禾丰坚决贯彻“诚信、责任、共赢、创新、高效、自律”的核心价值观。一贯秉承诚信为本、责任当先、与客户双赢的理念；产品和经营策略不断创新，内部施行科学高效管理，全员保持高度自律的态度。严格执行禾丰公司“永远不采用不合格原料”“永远不使用不正常设备”“永远不允许不规范造作”“永远不生产不达标产品”“永远不忽视不满意顾客”“永远不容忍不完善服务”六大质量方针。不断追求“出厂合格率 100%”“库存成品抽样合格率 100%”“承诺服务项目的顾客满意率 100%”的质量目标。

积极推进五化变革，数次升级改造生产车间和生产设备。不断刷新更大产能，无论非洲猪瘟、新冠感染疫情肆虐，还是受到中美贸易战影响导致的原料紧缺，沈阳禾丰始终上下一心、克服万难、增产增效，全力促进我国生猪产业发展。猪粮安天下，沈阳禾丰积极响应国家粮食安全战略部署。特别是在疫情期间组织全体员工积极复工复产，保障用户饲料供应，牢牢守住老百姓的菜篮子、肉盘子，体现了一个优秀企业应有的责任和担当。2020 年 12 月，被中华全国工商业联合会评为抗击新冠感染疫情先进民营企业。

沈阳禾丰的产品甄选高标准的新鲜原料，依托国际领先的营养体系，采用世界一流的生产设备，率先践行无抗日粮理念。检测中心具有 CNAS 检测资质，原料从进厂到投放使用，产品从生产工艺的设计、生产、合格检验、样品留观，全部采取行业内最高标准。为确保产品生物安全，公司坚决不采用同源性动物蛋白原料，配套 85℃ 3min 高温保持器等设备，为每一粒出厂饲料负责。

沈阳禾丰高度重视产品研发。作为核心工厂，依托禾丰股份最顶尖的研发团队和最前沿的技术理念，永远从客户的角度出发，不断开发新产品，与时代同行。在过去的几年时间里先后完善和改良了十余个产品系列，以适应不同地域、不同养殖理念、不同养猪产业结构用户的需求。在行业内率先践行饲料无抗

化。在无抗、替抗的大背景下，非洲猪瘟疫情等不利养殖因素的环境下，凭借禾丰自成体系的win+系列营养理念，即刻上马高营养免疫型产品，无论从实验效果还是市场反馈都非常出色。2020年10月在北京市、天津市、河北省、辽宁省和内蒙古自治区饲料工业协会共同发起的北京论坛上，荣获《无抗饲料推荐企业》称号。

沈阳禾丰在辽宁、吉林、内蒙古东部地区超过千余个乡镇设立有不同级别的服务配送站和门店，拥有整个东北地区覆盖最广的物流体系和最完善的服务系统。特别是在原料紧缺和疫情严峻的紧要时刻，也只有这样强大的服务体系才有能力给客户提供高效、及时、贴心的专家化服务。2021年，沈阳禾丰为家庭农场提供禾丰优质二元母猪1万头，同时提供智能养殖设备、智能养殖模式，让养猪变得既赚钱又有趣；提供生猪保险，为农户保价护航；提供生猪销售服务，帮助养殖户发展壮大。

在社会各界的关注下，在饲料行业相关部门的关怀和悉心指导下，沈阳禾丰在2021年取得了40余万t的猪料产量，创造了18.8亿元的产值，为超过300万头生猪提供安全、专业、优质、稳定的饲料产品。带动了几万名养殖家庭共同走上致富道路。未来我们继续在无抗、环保方面做出更大的努力，做到绿色、安全的产品，与环境和谐共生。

沈阳禾丰是传统农牧企业数字化的拓荒者。在禾丰集团信息化进程的大背景下，沈阳禾丰积极升级改造了全自动化生产线，开发数字化订货、付货系统，开启园区提货智能导航服务。同时，为响应节约环保理念，全部采用电子说明书替代纸质产品使用手册。互联网的飞速发展、新媒体的广泛应用，拉近了公司与顾客之间的距离。搭建起直接而便捷的沟通桥梁。2021年7月11日，沈阳禾丰举办“小禾7·11网星大会”。公司评选出乐于分享生活、热衷运营自媒体平台且粉丝量名列前茅、积极与公司互动的网星达人。诸位达人将受邀参加活动，齐聚一堂，共襄盛举，共飨未来。

廿七风雨织霓裳，芳华绽放慨而慷，沈阳禾丰人前赴后继奋勇拼搏，诚信经营开疆拓土。世界日新月异，社会不断发展，时光承载深情，沈阳禾丰架起了一座从古老养猪业到国际化餐桌的桥梁。在这条全程可追溯的全产业链上，沈阳禾丰人用时间和汗水践行着“饲料工业就是民生工业，食品工程就是良心工程”的坚定理念，在这段从2万t到200万t产销能力的道路上，承载着千万农牧从业者的强国梦想。

未来，沈阳禾丰愿与时代同行，不断用创新和勤奋发展自己，助力中国畜牧业迈向新篇章。

技术驱动价值　创新驱动发展

——上海美农生物科技股份有限公司

上海美农生物科技股份有限公司成立于1997年，是一家专业从事饲料添加剂和酶解蛋白饲料原料研发、生产和销售的高新技术企业，并于2022年6月17日成功登录深圳证券交易所创业板（股票简称美农生物，股票代码301156）。公司一直以“给动物更好的，给人类更好的”为使命，逐渐成长为在饲料添加剂和酶解蛋白饲料原料领域拥有先进技术和自主知识产权的科技型企业，致力于“成为全球领先的动物营养技术公司”。形成了丰富的产品体系，主要涵盖猪、家禽、反刍和水产动物四类产品线；同时，针对动物的不同生长阶段，分别对采食、消化和吸收的各个环节，提供相应的产品及解决方案。

美农曾获得“上海市创新型企业”“上海市文明单位”“上海市著名商标”“上海名牌产品”“上海市‘专精特新’中小企业”“上海市2018—2019年度‘守合同重信用’企业”等荣誉称号；并多次获得嘉定工业区颁发的“优秀企业奖”“小巨人企业”“嘉定区企业技术中心”“民营企业杰出贡献奖”“劳动关系和谐企业”“先进制造业优秀经营者”等奖项；还曾获得中国饲料工业协会颁发的“2020三十家优秀创新型饲料企业”、中国畜牧饲料行业颁发的“十年持续成长综合创新奖”、上海市饲料兽药行业协会颁发的“先进企业”，以及“无抗饲料先锋企业”“优秀饲料替抗方案提供单位”“2016无抗方案/技术优质服务商”等荣誉称号。

公司十分重视研发投入，提出了“技术驱动价值”的核心经营理念，组建了以博士、硕士为核心成员的研发团队，构建了高效的研发体系，具有较强的自主研发能力。通过对配方技术、工艺技术和应用技术等不断创新和累积，取得了数十项发明专利和实用新型专利。同时，公司按照“基础研究支持产品研发、产品研发支持问题解决、问题解决支持客户服务”的技术逻辑，与国内外知名院所建立了“产学研”合作平台，共同开展基础研究、产品验证、人才培养等。

美农目前拥有上海、苏州和成都三大产业基地，依靠科学技术和创造性劳动，提高畜牧生产综效，促进资源有效利用，保障动物健康和食品安全，实现环境友好。公司坚持“产品领先、价值服务、伙伴成长”的客户价值主张，凭借有价值的产品及服务，赢得了国内外客户的广泛认可，客户遍及全国20多个省、市、自治区；同时，产品远销亚洲、欧洲、北美洲、南美洲、非洲、大洋洲等地的数十个国家及地区。

美农十分重视企业的现代化管理，通过 20 多年的探索与发展，逐渐形成了推动美农发展的经营及管理模式，使美农在近五年实现了快速的增长。

一、牢记使命，实施“分种分品，全程营养”的产品战略

美农坚守“给动物更好的，给人类更好的”的企业使命，践行“分种分品，全程营养”的产品战略，针对猪、家禽、反刍和水产等动物种类和动物的不同生长阶段，围绕采食、消化和吸收的各个环节，提供相应的产品及解决方案。公司坚持“深耕国内市场，拓展海外市场”的市场战略和“产品领先、价值服务、伙伴成长”的客户价值主张，致力于“成为全球领先的动物营养技术公司”。

二、重视组织能力建设，推动公司快速发展

美农十分重视人才的引进与培养，公司现有员工具有大学以上文化程度的员工占员工总人数的 60% 以上。同时，公司也十分重视现代化企业管理方式的建立，先后引进平衡计分卡（BSC）、战略地图、IPD、人才管理等管理工具；与咨询公司合作，加强营销管理体系、产品技术创新体系、人才管理体系等体系建设。正是这些工作提升了企业的组织能力，推动着企业持续、健康、高速发展。在非洲猪瘟和新冠感染流行时期，美农团队仍表现出了极强的战斗力，实现了公司逆势发展。

三、坚持科技创新，开发自有知识产权的核心技术和产品

美农拥有先进的产品研发体系、强大的产品研发中心、专业的研发队伍、优秀的专家团队。美农产品研发中心成立了猪、家禽、反刍和水产等动物营养技术研究室，以及饲料风味技术研究室、工艺/工程研究室、检测中心、试验基地等；聚集了一大批资深的动物营养专家、生物学专家、化学专家、产品开发工程师和专业调香师等，致力于打造饲料添加剂行业内更具技术研发实力和竞争力的产品研发中心。

美农注重产品和技术研发，长期开展同相关院、校、所的合作，共建联合实验室、博士后工作站和动物试验基地等。合作项目涉及动物生理、营养机理研究，产品开发，专业技术和人才培养等。同时，公司还聘请业内知名教授担任公司专家委员会的成员，根据公司发展战略，指导制定公司的研发规划、研发中心的建设与管理，以及对研究与研发项目进行指导等。

为更加快速地响应市场和客户需求，提高产品研发效率，美农与咨询公司合作开展了“产品与技术创新管理体系”项目的建设，引入“集成式产品开发（IPD）”，从“异步开发”到“同步开发”，大大提高了新产品研发的效率，增加了产品上市推广的速度与成功率。

四、打造“VCS 价值营销模式”，开拓广泛的国内、国际市场

美农践行“产品领先、价值服务、伙伴成长”的客户价值主张，建立起从客户需求出发的“VCS 价值营销模式”，不仅为客户提供有价值的产品，还提供有价值的“双升服务”，与客户伙伴成长。美农的“双升服务”是帮助客户伙伴提升饲料产品的竞争力和提升饲料企业的管理能力，从而助力客户伙伴的发展，主要包括技术服务、管理服务、产品验证、互动研发、主题活动等五大服务。

在中国，美农建立了覆盖全国的市场营销网络，为数千家饲料企业提供优质的产品和一流的服务；在海外，美农亦建立了广泛的市场网络，正为亚洲、欧洲、北美洲、南美洲、非洲和大洋洲等地的数十个国家及地区提供优质的产品和一流的服务。

五、完善公司治理，推动公司持续、健康发展

公司于 2011 年完成了股份制改造，发起设立“上海美农生物科技股份有限公司”；2017 年，实施“关键岗位员工中长期激励”计划——核心员工持股；2022 年 6 月 17 日，公司成功登录深圳证券交易所创业板（股票简称美农生物，股票代码 301156）。通过股份制改造和上市等手段完善公司治理，规范公司管理，提升公司的系统能力，保障公司持续、健康地向前发展。

创新引领发展　实干创造价值

——上海福贝宠物用品股份有限公司

上海福贝宠物用品股份有限公司（以下简称“上海福贝”）成立于 2005 年 4 月 28 日，注册资本 36 180万元，是经上海市科学技术委员会、上海市财政局、国家税务总局上海市税务局联合认定的高新技术企业。

公司被认定为上海市松江区企业技术中心、松江区专利工作试点企业、上海院士专家工作站，先后荣获“2014 年度中国宠物行业最具竞争力企业”

“2015—2016年度宠物行业用户最喜爱的品牌行业贡献企业”“2016全国十强宠物饲料企业”“2017中国宠物行业最具竞争力企业”“2019 PFA年度中国质造TOP10”、上海市“专精特新”企业、“2020亚洲宠物行业最佳营销奖”“2020年度抗疫突出贡献奖”、2021年中国国际宠物食品原料大会“卓越六原奖”等多项荣誉称号。

一、公司所处行业和经营业绩

伴随中国经济增长，宠物行业近10年也得到了迅猛的发展。人口老龄化趋势，宠物作为人们情感寄托的载体，越来越多的人开始养宠，我国宠物饲养数量快速上涨的同时，宠物市场规模不断扩大，据《2020中国宠物行业白皮书》统计，至2020年我国宠物市场规模已达到2 065亿元，宠物食品消费为养宠最大消费支出，占整体消费市场的55.7%。

上海福贝作为宠物饲料生产企业，引领了我国饲料工业产业升级的潮流，顺应了我国社会消费升级的趋势，把握市场机遇实现稳步增长。公司近年来经营业绩持续提升，盈利规模在宠物食品行业内名列前茅，业绩增速在饲料工业行业也处于领先地位。

二、公司经营和发展的典型经验

1. 科技驱动、研发创新引领公司发展。公司高度重视技术研发，自成立以来不断加入研发投入力度，公司于2014年被认定为国家高新技术企业。经过多年的发展，公司建立有由国内外重点高校毕业的优秀研发人员组成的研发团队，其中研究生比例超过88%，研究院与国内多家高校建立了紧密的合作关系，与浙江大学动物科学学院联合成立了宠物营养专家工作站，形成了专业技术人才方面的优势。每年开展犬猫营养立项项目研究，年测试犬猫1万多只次。

公司被认定为上海市松江区企业技术中心。经过多年的经营发展与持续不断的研发积累，公司在宠物食品配方设计及生产工艺等方面取得了多项成果，并形成了多项技术转化成果及专利技术。截至目前，公司及其子公司拥有专利共38项，其中发明专利8项、实用新型专利22项、外观设计专利8项，公司研发的“一种宠物被毛、羽毛、鱼鳞亮艳粉剂及其制备方法”发明专利荣获上海市发明创新二等奖。

2. 专注智造、工艺升级助力精益生产。公司自成立以来，主营业务始终专注于宠物饲料的研发、生产与销售，并聚焦宠物饲料这一细分领域。持续性投入宠物主粮产线建设，建有上海、金山、宣城等多处工厂和数10条数字化产线，并在2020年率先投产数字化智能智造工厂。

公司积极探索生产工艺升级及数字化生产技术赋能生产实践。持续对生产线进行工艺改良和流程优化，打造智能宠粮生产线；引入数字化管理模式，自建ERP系统打造生产制造全流程在线管控机制。从原料产地、运输过程、入库进场、生产过程、发货状态等维度实现全方位追溯和管控。通过各模块、各工段系统高度集成和深度的数据抓取与分析建模，实现生产智能控制、系统智能学习、制造全流程智能管控。采取智能排单、精细生产的模式，提高物料及能源利用率、降低损耗，提升产能效率。用高度集成的系统和基于科学建模的数据分析，提升生产设备的自我学习能力，让人工智能赋能制造。

3. 标准规范、筑牢产品质量基石。公司坚持“质量就是生命”的生产经营理念，高度重视产品质量安全。在构建优化自身标准化管理体系的同时，通过积极参与各类体系认证、项目贯标、行业标准制定等标准体系化建设来提升品质管理工作。

公司先后通过了ISO9001：2000质量体系认证、ISO9001：2008质量体系认证、出入境检验检疫总局CIQ认证及ISO22000：2005质量体系认证，是中国出入境检验检疫协会认证的“中国质量诚信企业”；构建生产安全管理体系，认证成为安全生产标准化三级企业；参与并制定由中国优质农产品开发服务协会发布的宠物食品行业团体标准《宠物配合饲料（全价宠物食品）标准综合体团体规范》《宠物零食标准综合体团体规范》等制定工作；积极进行数字化工业化体系双化贯标。在体系标准化、管理规范化持续性投入，用规范管理驱动产品质量管控，筑牢产品质量安全基石。

4. 锻造品牌、提升自有品牌价值。公司秉承双轮驱动业务经营理念，在经营OEM、ODM业务的同时，积极建设自有品牌产品，提升自有品牌力，充分发挥品牌竞争力。公司旗下的“比乐”品牌经过多年的锻造，现已具有较强的市场影响力和品牌美誉度，先后荣获“2013中国宠物行业年度优秀品牌”“2015年中国宠物行业年度优秀品牌”“2016PFA年度最具影响力品牌主粮TOP5”“宠物行业2018年度华中地区影响力品牌奖”“宠物新国货2019—2020年度黑马品牌”等荣誉，成为天猫出口优品宠物主粮类目的唯一品牌。

公司推出的“比乐”“爱倍”“品卓”三大自有品牌，在主粮市场各价格端进行产品布局。构建专业品牌运作团队，建设“互联网+线下经销”营销团队。充分利用互联网时代潮流，在各大电商平台建设自营网店，扩大自有品牌线上展现及销售；夯实线下门店基石，各品牌线下健全经销商体系并推出线下门店专供产品线，增强自有产品市场下沉。通过线上线下相结合，进一步巩固自有品牌市场竞争力。

未来，上海福贝仍将继续以宠物为核心、以市场需求为导向、以研发创新为支撑，坚持既定的公司战略，进一步提升公司自有品牌的市场知名度与美誉度，专注打造我国宠物食品领域优质、领先、卓越的民族品牌，促进宠物饲料界的民族企业的崛起，建成国内一流、国际具有竞争力的宠物食品制造企业。

饲料机械 丰尚“智造”

——丰尚农牧装备有限公司

一、主营业务情况

丰尚农牧装备有限公司（以下简称“丰尚公司”）是基于农牧全产业链机械制造和工程服务提供于一体的行业龙头、国际著名饲料工厂系统解决方案供应商，国家重点高新技术企业、国家制造业单项冠军示范企业、国际标准化组织饲料机械技术委员会（ISO/TC293）秘书处承担单位。

丰尚公司在饲料生产专用设备制造行业（国民经济行业代码：3534）一直处于国际领先地位，深耕饲料机械领域十余年，拥有全球最大的饲料机械生产基地、国际先进的饲料机械检试验中心，致力于饲料加工装备大型化、智能化及成套系统的研发、制造。根据饲料行业的工艺特点，主要为客户提供粉碎、混合、制粒、膨化、烘干、喷涂等饲料行业各工段的集成方案，客户可以根据自身生产特点和预算，选取不同的成套设备方案，各饲料加工关键技术装备可组成饲料加工成套自动化生产线。

2021 年，丰尚公司实现营业收入达 32 亿元。国内市场占有率 55%，国际市场占有率 18.9%，居亚洲第一，全球前三。产品行销全球 140 多个国家和地区，连续多年占据全国饲料机械出口总量的 60%以上。与 80%的“一带一路”沿线国家开展合作，已在全球建成 8 800 座工程，构建起了饲料、粮油、仓储等农牧全产业链一体化平台，建设农牧行业数字化应用生态，提升数字化增值服务价值。主要服务于饲料行业全球销量前 10 位、国内前 30 位，以及鲁花、金龙鱼、国内重大港口万吨级粮食仓储等 TOP10 企业。

二、所获荣誉情况

近年来，丰尚公司获“制造业单项冠军示范企业”“新一代信息技术与制造业融合发展试点示范”“国家工业互联网二级标识解析平台”“工信部智能制造优秀场景”“江苏省重点工业互联网平台”“江苏省智能制造领军服务机构”“江苏省农业科技型企业”“江苏省先进制造业和现代服务业深度融合试点”“江苏省战略性新兴产业标准化试点企业”“粮油机械制造企业 10 强”“江苏省先锋企业”等荣誉。

丰尚公司建有行业唯一的江苏省绿色智能化饲料加工装备重点实验室，实验室以国内一流、国际先进为定位，以饲料加工的绿色化、智能化为方向，组建高端试验平台及高端人才队伍，围绕行业重大共性技术进行应用基础研究，研发原创性重大战略产品，抢占产业技术制高点，引领饲料工业技术进步。

三、2015—2021 年科研平台承担项目

依托企业研发机构，公司大力开展政产学研联动机制，扩大企业内部和外部研发力量，与高校院所对接，开展企业自主研发及产学研协同研发，并将科研成果产业化落地到工程应用上。依托“协同研发、优先转让、有偿转化、收益共享”的合作机制，承担国家重点研发计划课题 2 项、省市级科研项目 10 余项。

四、2015—2021 年取得的科研成果

1. 获奖成果，包括国家级、部委（省）级等。丰尚公司先后获“2020 年中国机械工业科学技术一等奖”“2018 年江苏省科学技术二等奖”“2019 年中国粮油学会科学技术二等奖”“2021 年中国粮油学会科学技术二等奖”“2021 年江苏机械工业科技进步一等奖”等国家、省部级科技奖项，其中，中国机械工业科技奖丰尚公司是行业内首次以第一完成单位获得该奖项一等奖的单位。

2. 批准的发明专利、软件著作权、技术转让等。丰尚公司长期坚持建设和完善科技项目、科技成果、产品技术、知识管理、科技信息等管理体系，保证技术创新工作高效开展，保证技术创新储备与发展潜力。在饲料机械领域专利申请层次分明，既对核心专利技术进行了部署，也对核心专利的外围技术进行了保护，注重专利组合的保护策略，形成了具有与市场产业化应用相互结合的良好的专利布局态势。截至目前，丰尚在饲料粉碎机、混合机、膨化机、制粒机和烘干机等饲料机械领域累计拥有发明专利 18 件，取得软件著作权 14 件。

3. 获得正式授权的新产品、新品种、新农药、新兽药等。公司具有较强的专利、高新技术成果转化能力，每年产出 20 多项新产品，其中 6～8 项为国际先进水平高技术产品。2020 年，江苏省工信厅组织召开丰尚公司新产品新技术鉴定会，由中国工程院院士、江南大学校长陈卫担任主任委员组成的专家委员会，鉴定丰尚公司自主研发的 1 项新技术、4 项新产品：“微小颗粒挤压膨化加工技术”“天然气烘干机”

"SWFP66×150 垂片式粉碎机""虾料制粒机""PTZL5000 真空喷涂机"为国际领先水平。其中，PTZL5000 真空喷涂机获 2021 年"江苏省首台（套）重大装备"。SWFP66×150 锤片式粉碎机、PTZL5000 真空喷涂机入选"江苏省重点推广应用的新技术新产品目录"。

4. 组织制定并发布的国家、地方、行业标准等。 丰尚公司是国际标准化组织饲料机械技术委员会（ISO/TC293）秘书处承担单位。通过制定标准，为饲料机械制造商进行产品研发、组织生产、试验和设备安装及制订企业标准提供技术依据，对提高饲料机械质量和饲料加工质量、促进技术进步发挥重要作用。

截至目前，丰尚公司主持和参与起草国际标准 1 项，国家标准 4 项，行业标准 11 项，国家标准英文版翻译 2 项；申报国家标准 2 项、行业标准 7 项。

丰尚公司参与了 20210721－T－604《饲料加工厂　智能化技术导则》、20210722－T－604《智能化饲料加工厂　数据采集技术规范》、20210723－T－604《饲料机械　产品型号编制方法》等 3 项国标的起草，同时正在申报"智能化饲料加工厂验收规范"国家标准项目。采用智能化饲料加工装备建设的智能化饲料加工厂，可大幅度降耗、节约成本、提高生产效率和经济效益、保证产品质量和安全生产，是饲料机械制造业的发展方向和饲料工业的出路。通过制定智能化饲料加工装备的系列标准，支撑饲料机械制造业智能化饲料加工装备的发展和饲料工业的升级、换代。

2021 年，丰尚公司获批"江苏省智能化饲料加工装备战略性新兴产业标准化试点"。试点重点以突破农机行业饲料加工领域智能工厂关键技术，建立农机行业智能化饲料加工装备标准体系为目标，制定切实可用的系列化技术标准（草案），搭建标准化试验验证系统进行验证，并在行业典型企业形成应用。公司通过开展市场调研和专题研讨会议，已形成试点整体计划并启动编制"智能化饲料加工装备战略性新兴产业标准体系"建设方案。

打造国内外专业酶制剂供应商

——江苏奕农生物股份有限公司

江苏奕农生物股份有限公司前身为 2000 年成立的温州宏利生物工程有限公司，是全国最早涉及生物酶制剂行业的企业之一，国内第一家植酸酶产业化生产企业。2008 年在江苏沭阳县国家级经济技术开发区投资兴建大型酶制剂液体深层发酵基地，注册资金 1.2 亿元，占地 95 亩，厂房建筑面积 56 000m^2，发酵生产线一条，配备 6 个 40t 深层液体发酵罐，液体后提取生产线一条，喷雾干燥生产线 2 条，制粒包衣生产线 2 条，全自动混合包装线 2 条，10 万级洁净食品酶生产车间一个，已经形成年产 20 000t 各类酶制剂生产基地。

江苏奕农生物股份有限公司是国家级高新技术企业、中国酶制剂十强企业、中国生物发酵产业协会理事单位、北京市饲料协会副会长单位、江苏省饲料工业协会理事单位、江苏省"专精特新"小巨人企业、江苏省农业科技型企业、宿迁市农业重点龙头企业。奕农生物坚持以生物技术引领产业发展，秉持"专业、专注、创新"的核心价值观，以"敏于捷、行于善、胜于勤"的企业文化精神，勇于开拓、不断创新，实现了从小到大、从跟随到引领、从领跑到奔跑的跨越式发展。目前公司下设上海奕农生物科技有限公司和江苏习习生物科技有限公司两家全资子公司。

一、注重研发、科技创新

公司建立一支由博士和硕士组成的研发团队，在引进中国农业科学院植酸酶 863 项目后，自主创新、不断积累，建成江苏省酶制剂工程技术中心，先后荣获多项国家级、省市级荣誉，拥有授权发明专利 9 项、实用新型专利 30 项，国家重点新产品 1 个，江苏省高新技术产品 5 个。同时与中国农业科学院、南京农业大学、江南大学、江苏省农业科学院、华东师范大学以及上海海洋大学等科研院所建立紧密的产学研合作关系，优势互补，先后引进多为双创人才和双创博士，聚焦合成生物技术理念，不断提升公司的研发实力和生产水平，降低了生产成本，为行业提供专业、高效的酶制剂应用解决方案。

二、品质为先，健全质量管理体系

公司成立之初以 OEM 代加工为主要经营模式，按照客户质量要求定制产品，满足不同客户的质量要求，形成了以客户为中心、质量为根本的发展理念。公司先后通过了 ISO9001 质量管理体系、ISO22000 食品安全管理体系、GMP^+ 饲料安全保证、FAMI－QS 欧洲饲料添加剂及预混合饲料质量管理体系、美国 FDA 认证等质量管理体系认证以及 ISO14001 环境管理体系认证，建立了严格的质量控制标准，以先进的管理理念和完善的生产工艺，在原材料检测、生产过程控制、产品出厂许可、产品售后跟踪以及产品的使用等关键环节建立了可追溯性系统，确保了产品的"精准、稳定、高质"。

三、推动工艺升级，赋能产品革新

中国饲料酶制剂的发展起步较晚，从零起步经过20多年的发展，已经成为全球最重要的出口国，也是全球使用量最大的国家。但是我们在产品质量包括外观、耐温性等方面还存在一定不足。另外，随着近年来酶制剂厂家不断兴起，产能过剩，价格战成了产品竞争的主要手段，扰乱了市场，严重影响了企业和行业的整体发展。尤其蛋白酶产品的耐温性和对配料人员皮肤的腐蚀性是市场客户使用的痛点，为了改变这种格局，公司致力于研发突破，工艺升级，引进了制药行业使用的微丸包衣制粒机，建成2条工艺生产线，首创开发了颗粒耐高温蛋白酶奕安宝产品，不仅提升了耐温性，还极大程度减少了粉尘对工人的造成的职业危害，产品的全面升级引起了市场对酶制剂产品的新认知，为原料高价格时代低蛋白日粮配方提供了新的解决方案，成为企业新的业绩增长点。

四、紧跟行业现状，创新发展

奕农生物积极探索研发酶制剂不断取得新进步、新突破，生产酶活力不断提高，尤其植酸酶（国内最早产业化企业）已成为一种常规、必需的饲料添加剂，而且其应用价值已经能够直接在配方中加以计算使用。2020年7月1日起，农业农村部第194号公告开始全面落地实施，饲料生产企业停止生产含有促生长类药物的饲料添加剂，意味着饲料行业进入无抗时代。奕农生物紧跟国家政策，开发出新型替抗方案——奕康保（葡萄糖氧化酶），提高动物肠道健康，减少动物疾病，为饲料养殖业提供安全、高效、环保和可持续发展解决方案。

五、聚焦海外，树立酶制剂品牌

中国饲料工业经过50多年的发展，饲料产量已经跃居全球第一，中国酶制剂产量也逐年增加，形成了一大批优秀制造企业，但中国酶制剂产品在国外市场份额较低，产品影响力不够。奕农生物创立已始就立足OEM代工生产，先后为欧洲两家大型酶制剂公司代加工生产，建立、健全了产品质量控制标准，具有丰富的国外客户合作经验。公司不断探索，加强海外市场的营销力量，通过参加行业展会和客户来访交流沟通，先后在30多个国家完成注册和销售，产品远销美国、东南亚、东欧、南美等国家和地区，被全球客户广泛认可，为名族品牌争光。

生物产业是21世纪最具活力的新型产业，奕农生物致力于生物行业的发展，将努力打造成世界级、专业化的生物酶制剂企业，为传统饲料产业提供节粮、环保的解决方案，为生物制造提供核心技术支持。

技术创新为导向　精细管理提质效

——南通市常海食品添加剂有限公司

南通市常海食品添加剂有限公司隶属于广东广业清怡食品科技股份有限公司，2018年入选为双百企业（中央企业子企业和百家地方国有骨干企业），主营产品阿斯巴甜、三氯蔗糖和叶酸等新型食品添加剂和饲料添加剂。

南通市常海食品添加剂有限公司前身为“牛塘化工”，始建于1969年，专注食品添加剂和饲料添加剂的研发和生产50余年，生产技术水平位居国内外同行前列，三个产品产销规模均位居世界前三位，产品70%实现出口，与较多国内外大型著名食品企业建立了长期稳定的合作关系，是国内重要的功能性食品添加剂生产商之一。

公司多年来一直是南通市海门区工业百强企业、重点工业骨干企业和纳税大户、国家高新技术企业。公司严格按照FAMI-QS、ISO9001、FSSC22000等饲料质量、质量和食品安全管理管理体系建立了管理标准，以先进的管理理念和完善的生产工艺，在原材料检测、生产过程控制、产品放行、产品售后跟踪以及产品的使用等关键环节建立了可追溯性系统，确保了产品的“精准、稳定、高质”。公司通过了ISO14001环境管理体系、ISO450012职业健康安全管理体系、海关AEO一般认证和社会责任道德认证，确保公司的运行符合环境保护的法律法规要求和可持续发展的要求，同时维护了员工的职业健康安全，营造良好的工作环境，为产品的品质和安全提供有力的保障。

一、完善的技术创新团队

公司于2013年建立了南通市企业工程技术中心，现拥有科研人员54人，其中具有高级职称或博士学位的技术带头人4人，承担省级以上科研计划1项，主持参与制定国际、国家或行业标准1项。2013年被江苏省确定为江苏省新型食品添加剂工程技术研究中心。

从2017年起，重点专注研究开发一系列研发项目，2018年和2019年分别完成5个项目的设计任务书与项目验收，2020年完成6个项目设计任务和初试验收，2021年完成5个项目的研发与试验工作，所立项目均取得了预期的成果，部分申请并被授权专利。和饲料添加剂叶酸相关的成果包含：叶酸绿色环保产业化技术、叶酸关键中间体微通道连续化技术均已申请专利。

二、洁净安全的生产系统

公司为保证产品质量的稳定性，投入大量资金对叶酸的产线进行改造。改造后的产线已经超出饲料添加剂生产和食品添加剂生产的法定要求。洁净度为10万级的生产还包装车间，既预防了生产过程中的异物污染，同时还在新风系统中加入臭氧消毒系统，保证了产品的微生物指标能够满足特定客户的特殊要求。

三、完备的质量检测条件

公司实验中心楼占地面积超过500m²，设有精密仪器室、重金属分析室、天平室、高温室、理化实验室、微生物检验室等独立的实验室。配备液相色谱、气相色谱、原子吸收、原子荧光等精密仪器，能自主对产品的原料、生产过程、成品的各项指标进行管控，特别是针对原料和产品中的微量重金属指标，自行建立了检测实验室，保证了每批产品均能进行检测。

四、健全的质量保证体系

公司建立有质量保证管理团队，包含了客户技术服务团队、现场管理团队、现场卫生监督团队和管理体系团队。分别对客户的要求进行分析，并协助客户进行添加剂的应用研究。同时加强对生产现场的管控，确保生产过程符合饲料安全、质量和食品安全的要求。管理体系团队负责法律法规和客户要求的识别，建立完善的质量、食品安全和饲料安全的体系。定期对生产过程的数据、检验的结果进行数据分析并提出持续改善的措施。

根据习近平总书记对国有企业做大做强做优的精神，常海公司正抢抓发展机遇，保持产品国内单打冠军地位，致力于打造成“生态友好示范、环境美好示范、产出更好示范”的沿江生态景观带标杆企业。

科技赋能　走出可持续发展道路

——安徽丰原集团有限公司

位于淮河南岸的安徽丰原集团有限公司（以下简称“丰原集团”）总部，展台上各式各样的衬衫、袜子、塑料袋、餐具等产品琳琅满目。这些展品是聚乳酸产品，利用生物质可降解材料可完全替代石油化纤、化工塑料制品。在不久的将来，或将改变每一个人的生活。

丰原集团是国内从事生物发酵产品开发及生物医药研发方面的大型科技产业公司，是国家级创新型企业、国家高新技术企业、国家知识产权示范企业、国家科技兴贸出口创新基地重点建设单位。

经过近20年潜心研究开发，丰原集团已经全面掌握了从玉米到乳酸，再到聚乳酸的发酵、提取、聚合技术及下游聚乳酸纤维和聚乳酸塑料制品的全产业链生产技术。使聚乳酸材料逐步替代传统石油基塑料和化纤，消灭白色污染，实现绿色经济可持续发展，是丰原集团的理想。

一、打破困境，多举措促发展

丰原集团前身为蚌埠柠檬酸厂，始建于1977年。1988—1994年期间，企业自身因技术落后、管理不善等问题连续多年亏损，至1994年9月企业全面停产，濒临倒闭，资产不足5 000万元，负债超过6 300万元。

丰原集团的领导班子深知，要想力挽狂澜，科技是第一要素。1995年，丰原集团的“玉米粉清液发酵”专利技术荣获安徽省科技进步一等奖、国家科技成果奖、中国发明专利金奖等荣誉，该成果彻底变革了柠檬酸产业，并使丰原集团扭亏为盈，走上快速发展的道路。

1999年丰原生化上市，2000年丰原药业上市，丰原集团成功跻身于国内生物化工、生物制药行业知名企业行列。目前，丰原集团控股丰原药业、参股山东地矿拥有丰原生物（主营有机酸、氨基酸及生物新材料系列产品）、泰格生物（主营维生素系列产品）、丰原明胶、丰原食品、丰原化工装备等产业型公司以及海外农产品深加工制造基地、国内外贸易营销公司，拥有发酵技术国家工程研究中心、医药研发国家技术中心、安徽省聚乳酸新材料制造业创新中心、生物基可降解材料安徽省技术创新中心、安徽省发酵技术省级重点实验室、院士工作站等科技创新平台。

2015年，丰原集团积极响应蚌埠市委、市政府“退市进园”发展战略，一方面通过技术创新实现产业升级，另一方面重点发展生物新材料产业。2021—2025年，丰原生物将发展千万吨级聚乳酸及其加工产业，并带动下游纺织服装、家用及工业塑料5 000亿～6 000亿元产业集群发展，并于2022年推出丰原生物上市。2025—2030年，丰原生物将进行全球布局，在国内外进一步打造3 000万t/年左右的聚乳酸及其下游加工产业，将实现营业额过万亿元目标，为地方经济发展做出更大贡献。

二、产学研融合，提高科技创新力

聚乳酸全产业链生产技术创造性地从玉米、木薯、废弃农作物秸秆等生物材料中提取乳酸，生产聚乳酸，产生聚乳酸纤维，然后纺纱成锭、聚塑成型、制造成品，具备环保、无毒、可降解的特性，可代替传统石油产品。

作为生物化工产业领域的龙头企业，丰原集团多年来一直保持战略定力，长期坚持自主创新，始终聚焦国家生物基新材料重大战略需求，埋头深耕行业领先产业化技术体系，为"后石油时代"国家能源安全和持续推进生态文明建设提供了有力保障。

目前，丰原集团参与多项国家、省重点科技攻关项目，拥有发明专利500多项，重大工艺技术发明专利170多项。先后承担了国家"十一五"科技支撑计划项目——"农作物秸秆生物转化生产燃料乙醇"，国家"十一五""863"计划重点项目——"生物基化学品的生物炼制技术"中的"生物基乙烯""乳酸/聚乳酸"，国家"十二五"科技支撑计划项目——"蔗渣水解液态发酵生产燃料乙醇关键技术与示范"，国家"十二五"期间的"863"计划重点项目——"非粮生物质原料的生物炼制技术"中的"秸秆资源化综合利用的关键技术集成与工程示范"等课题项目。

丰原集团还把"产、学、研"联合作为企业科技创新工作的核心主线，充分发挥企业生产优势、学校知识优势、科研部门技术优势，有效整合科技创新资源，提高科技创新能力。

近年来，丰原集团先后与江南大学、合肥工业大学、天津大学、南京工业大学、中国科学院物质研究所、中国科学院天津工生所、中国科学院过程研究所等高校院所尝试了多种方式的联合，并与中国科技大学、解放军第二军医大学、中国药科大学、上海医药工业研究院、军事医学科学院、中国科学院微生物所、中国医学科学院药物研究所、天津药物研究院、上海康岱生物医药有限公司等科研院所进行了大量新药项目的合作开发，并且一直保持良好的合作关系。

三、聚力打造品牌，走新型工业化道路

在发展自主创新的同时，丰原集团还注重品牌建设，其主导产品维生素C磷酸酯、包膜维生素C、"狮头牌"明胶、丰原牌系列大输液、来比林牌注射用赖氨匹林、致欣牌西尼地平片等先后获得安徽省名牌产品称号，并获得安徽出口名牌、安徽省质量奖等荣誉，其中维生素C磷酸酯、来比林等商标荣获为安徽省著名商标。

坚持"繁衍绿色生命，关爱人类健康"作为新时期企业文化的核心，丰原集团为了进一步提升企业核心竞争力和市场开拓能力，大力加强创新文化等专项建设，从加强企业文化建设和加强知识产权保护的角度塑造企业品牌，增加品牌的知名度和美誉度。

同时，丰原集团将创新文化建设与其主业发展相融合，与国家重点科技攻关任务的推进紧密结合，与满足市场和客户需求相结合，与促进创新人才培育相结合，逐步推进学习型组织建设，进一步促进转化为创新型组织。

以农产品深加工为基础，用生物发酵和现代化工分离技术为手段，以"提高人们生活品质为己任"的创新发展思路，丰原集团秉承"繁衍绿色生命、关爱人类健康"的发展理念，大力发展生物制造产业，将先进的生物工程与化工分离技术大规模地应用于农产品深加工中，变农业资源为工业原料，实现可再生资源的利用与转化；推动产业结构调整，实现经济增长方式的转变，以工业的方式推动农业发展，改善大气环境，实现可持续发展，发展循环经济，走出一条适合我国农业发展和资源综合利用的新型工业化道路。

提高人们生活品质为己任
实现营业额过百亿元

——安徽强英鸭业集团

一、企业简介及运行情况

安徽强英鸭业集团有限公司是一家集种鸭育种，种蛋孵化、鸭苗销售、规模养殖、饲料生产、屠宰加工于一体的综合性农牧企业，集团公司成立于2007年11月，注册资金9 900万元，集团现有员工8 000余人。在董事长凌志强先生的带领下，公司在安徽省黄山市、宿州市、亳州市，山东省济宁市等地8个项目区，注册成立12家全资子公司，投资建设鸭全产业链项目，积极响应省委省政府的号召，做大做强现代畜牧业产业。目前已建成4座规模化屠宰场、4座饲料厂、4座大型孵化场及育种养殖基地。

公司在全国农业产业化国家重点企业500强中位列第97位，创造了显著的社会价值与商业价值。强英集团始终坚守初心、立足主业，以种禽孵化为发端，不断拓展产业边界，现已成为集种鸭育种、种鸭繁育、种蛋孵化、鸭苗销售、规模养殖、饲料生产、屠宰加工、羽绒及羽绒制品加工于一体的全产业链农牧企业。目前，祖代及父母代种鸭存栏量、商品代鸭苗孵化量、肉鸭屠宰量均位居全国前列。2021年，公司年营业收入达到90亿元。在行业产能过剩形势并未彻底改变、去产能周期拐点未至及通胀背景下，大宗商品价格大涨，产品原料成本长期高企。在市场形势异常严峻的情况下，集团各事业部坚决贯彻集团公司统一部署，齐心协力、务实高效、保存实力，为

后续发展奠定了良好基础。

安徽强英鸭业集团有限公司目前是中国畜牧业协会白羽肉鸭工作委员会副会长单位，公司荣获“农业产业化国家重点龙头企业”“国家高新技术企业”“中国科普惠农兴村先进单位”“金融诚信企业”等称号，并建设有博士后科研工作站、国家水禽产业技术体系黄山综合试验站等科技创新研发平台。2020年通过联合安徽农业大学动物科技学院技术研发力量，基于现代家禽育种理论、运用生物育种等技术培育出的“强英鸭”新品种（配套系），通过国家畜禽遗传资源委员会审定、鉴定通过。实现了安徽省国家级肉鸭新品种零的突破。“强英鸭”新品种的诞生，是集团产学研合作的又一重要成果，是安徽省畜牧业科技创新的又一次重要突破。企业发展理念、发展方向、产业布局、发展路径更加清晰，高质量发展的动力正在进一步集聚。

二、生产基地建设发展情况

截至目前，公司已在安徽省及山东省8个县区打造了各具特色的生产加工基地。

1. 在安徽省黄山市休宁县建成祖代种鸭养殖基地，存栏量位居全国前列。

2. 在安徽省砀山县建成父母代种鸭规模化养殖场，分别在安徽省徽州区、砀山县、蒙城县及山东省济宁市泗水县建立种鸭养殖基地和苗鸭孵化基地，父母代种鸭存栏量位居全国前列，年孵化鸭苗6亿羽以上。

3. 在安徽省萧县、泗县、蒙城、利辛分别建成了肉鸭养殖基地和屠宰加工基地。集团公司年屠宰能力达2.5亿只，规模位居全国前列。公司目前通过龙头企业+合作社+家庭农场的产业化联合体经营模式，2021年实现肉鸭养殖和宰杀量达1.8亿羽。

4. 在安徽省萧县、泗县、蒙城、利辛分别建成了饲料加工厂，饲料产能210万t，目前年加工饲料120万t，当地周边240万亩左右的粮食实现了就地转化。有效地解决了老百姓卖粮难的问题。

三、2021年带动乡村就业和产业发展情况

作为农业产业化国家重点龙头企业，企业充分发挥龙头企业的带动作用，积极投身乡村振兴实践，致力于促进乡村产业融合发展。依托安徽强英集团鸭产业联合体，实行“公司+农户”经营模式，带动项目地乡村产业发展。采取的全产业链闭环运作模式，既促进了鸭产业持续快速发展，又从源头端确保了食品质量安全，由此推动当地一二三产业融合发展，为实施脱贫攻坚战略和乡村振兴战略提供了重要的产业支撑，目前强英鸭产业成为当地支柱产业。同时企业注重通过技术推广、技术培训等方式，培养农民养殖技术，为乡村全面振兴奠定人才基础。2021年，公司直接带动5 500余户农户发展种鸭、肉鸭养殖，实现农民增收10亿元以上，其中通过就业扶贫、产业直接带动、帮带扶贫等扶贫模式，带动贫困户260余户，成为项目区地方政府脱贫攻坚工作的主力军之一。

2021年，集团企业共吸纳6 858人就业。吸纳就业农民进入管理层人员年均工资5.5万元，一线农民工年均工资4万元；鸭苗经纪人年均工资8.5万元，运苗专业户年均工资9万元；种鸭饲养专业户户均年利润30万元，肉鸭饲养农户年均利润8万～16万元。

四、集团提供农业生产经营服务情况

公司建立起“以集团公司为龙头、家庭农场为基础、农民专业合作社为纽带”的安徽强英集团鸭产业联合体，通过项目连接、服务连接、融资连接、市场连接、风险连接的五大连接方案，实施保姆式服务把农民联合在一起，构建了市场主导的经济结构、专业化的组织体系、紧密的联结机制，解决了制约产业发展和农民脱贫致富的项目、资金、技术、市场、风险等五大“瓶颈”问题，实现养殖户持续增收，脱贫致富。

1. 创新组织服务模式。强英鸭产业联合体推出“三会、四队、一中心”的联合体组织服务模式。“三会”即代表会、理事会、监事会，共同商议联合体发展大事。“四队”：一是组建一支鸭棚代建队；二是组建一支专业技术服务队，一天一个服务电话、一周至少上门服务一次，填写服务卡，一月组织一次培训，辅导养殖技术；三是各项目区均成立饲料配送队，按照公司送料计划，及时将饲料送到养殖户家中，极大地方便农户养殖；四是各项目区组建鸭产品回收服务队，负责上门回收鸭产品，确保鸭产品及时回收。“一中心”即鸭产品收购服务中心，就近收购，方便养殖户交售。

2. 创新企业经营模式。创新“五统一”的经营模式，即由公司“统一配送鸭苗、统一技术服务、统一配送饲料、统一疫病防控、统一保护价收购”。通过这种产业化经营模式，为养殖户提供产前、产中、产后一条龙服务，解决了农民想脱贫想致富但苦于“无项目、无技术、无资金、无市场”等难题，让养殖户不担市场风险又能赚钱，形成公司发展农户受益、农户发展公司强大的紧密的利益联结机制。

五、2022年企业目标展望

2022年努力实现营业额过百亿元目标，为地方

经济发展做出更大贡献。面对形势复杂的2022年，公司仍会继续发展，2022年规划新建一个肉鸭屠宰厂和一个饲料厂。在提高市占率和话语权的同时，更要求公司团队提高精细化管理的能力，不断提升产品品质，在市场上掌握充分的竞争力，确保公司未来实现持续健康快速发展的良好局面。

强英集团始终坚持以现代畜牧业为基础、以生物育种和现代化屠宰技术为手段、以“提高人们生活品质为己任”的发展理念，以“打造受人尊敬的百年企业，成为国内领先的鸭产业价值链公司”为愿景大力发展现代养殖产业、饲料加工产业和肉鸭屠宰产业，积极推动农业产业结构调整，以现代企业的管理方式推动农业畜牧业的发展。为农业农村农民赋能，为产业融合发展助力，助推乡村振兴战略落地生根。

肉鸡产业建平台 联农带农促发展

——宣城木子禽业专业合作社

宣城木子禽业专业合作社成立于2001年3月，拥有完善的合作社组织，拥有科研团队1个、10万套规模祖代和父母代种鸡场一座、年孵化能力3 000万羽苗鸡的现代化孵化场、年产25万t饲料的现代化饲料厂、年出栏700万羽养殖试验示范基地6处、年屠宰加工1 600万羽家禽自动化程度高的屠宰场。2015年6月，合作社牵头组建安徽木子农牧现代农业产业化联合体，2017年12月被安徽省农业产业化工作指导委员会审定为省示范农业产业化联合体。合作社是全国农民专业合作社示范社、2017年全国创业创新示范单位；安徽省家禽产业技术体系宣城综合试验站试验示范基地、省级农业产业化重点龙头企业、全国农民专业合作社百强社，2019年度综合排名第八、2020年度综合排名第六、2021年度综合排名第一；2021年12月荣获全国星级农业科技社会化服务组织称号。合作社坚持“心系社员发展，专注食者健康”的企业使命，从2001年发展之初带动3户农民到现在的1 216户社员（其中贫困户292个、精准扶贫结对帮扶贫困村2个、残疾人35人从事肉鸡养殖脱贫致富），真正实现“风险共担、利润共享、共同发展”。为更好地联农带农创新发展，合作社于2015年5月成立安徽木子农牧发展有限公司，公司着力打造产业链，产业链要素组织能力和市场整合能力较强，作为规模以上企业，通过组织方式创新，引入种养加生态绿色农业循环经济合作发展机制，专注于家禽优质品种的选育、健康养殖科技模式推广、现代家禽养殖设施机械化运用、产品的精深加工、品牌创建和市场营销，推动产业链、价值链的升级，充分发挥了龙头引领作用。

一、经营模式创新发展

合作社机构完善，规章制度健全，主体实力强，合作模式清晰。通过组织方式创新实施“三个十年”发展战略，通过2001—2010年前十年“合作社＋社员”的经营模式重点搭建合作社平台，利用平台致富社员、2011—2020年“合作社＋家庭农场＋社员”的经营模式重点搭建肉鸡全产业链，利用产业链带动社员发展。2021—2030年运行模式将以逐步转型升级形成深度融合发展“合作社＋龙头企业＋养殖基地＋家庭农场＋社员”的利益联结关系重点拓展家禽产业品牌建设，努力实现联农强农高质量发展目标。

合作社搭建了一个养殖平台多措并举，把分散的养殖户整合在平台上，社员提供养殖场地，劳动力入社，合作社保价回收成鸡。扶持养殖大户建立家庭农场发挥规模生产专业化优势，合作社加大养殖基地建设，帮扶有发展意愿缺资金的小农户进基地发展，促进了企业经营、合作经营、家庭经营协同发展，加快推进了宣州区家禽产业转型升级和发展水平。

通过企业化利益联结机制，开展企业化运作和管理，把农产品的生产、加工、销售，以及资金、生产资料、技术、信息、管理服务等用共同的利益连接起来，形成合作社、龙头企业与农户利益共同体。内联农户，外联市场，以生产基地为依托，以产加销一体化为纽带，引导生产、深化加工、服务基地和开拓市场，真正实现资源共享。

二、具体做法

（一）科技先行，强本固体

合作社通过引进大学生加强科技人才队伍建设，现有专业技术研发人员26人，其中具有中高级职称7人。加盟安徽省畜禽良种联合攻关计划，通过实施家禽产业技术体系等项目，加强政产学研开展科技研发、关键集成技术科技成果转化与推广应用，取得2018年省级畜禽养殖标准化示范场、省十佳饲料产业融合企业、安徽省第一批长三角绿色农产品生产加工供应示范基地、安徽省皖南三黄鸡保种场资质，获得发明专利3项、实用新型专利3项、绿色饲料证书3项、绿色食品证书2项、安徽省科技成果登记证书1项，制定了《宣州鸡商品代饲养管理技术规程》地方标准，为培育特色农产品品牌申报了宣州鸡和鸡蛋绿色食品认证、宣州鸡地理标志农产品认证，组建了区级宣州鸡育种与科技研发平台实验室和绿色饲料营养配方与检测平台实验室，推广新品种、新技术、新机具、新工艺，提高农业产业化联合体产业科技支撑和协同创新服务和带动水平，生产设施设备先进，生产工艺领先，具有较高的信息化水平。加大对家禽养殖笼养技术转型升级的新机具、新技术的推广应用，孵化技术、饲料加工智能化、自动化、机器人应用使产品品质得到显著提升。为加大科技培训力度，提升农民职业能力，合作社于 2019 年承办了宣城市新型农业经营主体带头人（畜牧养殖大户）培训班、2020 年承办了宣州区 2020 新型职业农民培训民生工程（专业生产）培训班。引领全省家禽产业科技强农高质量发展。

（二）搭建平台，联合发展

通过合作社这个平台，做到了成员内部发挥各自优势、分工协作，企业发挥资金、技术、人才、市场优势，坚持“六统一”，即统一标准化鸡舍建设、统一生产资料供应、统一技术管理、统一社会化服务、统一产品销售、统一收益分配，充分发挥规模效益，以批量规模优势获得收益。合作社发挥平台统一服务等优势，帮助社员解决六大难题：技术服务难题、销售难题、资金互助难题、社会化服务难题、技能培训难题、实行保价回收和市场风险难题。特别是在开展农业科技社会化服务方面，合作社成立了 20 人的专业技术服务团队，全部是拥有丰富临床经验的专业技术人员，配备技术服务车 11 辆，为社员的养殖事业保驾护航。技术服务人员定期上门一对一服务，实行保姆式全程家禽疫病防治、健康养殖技术服务支持，合作社定期对社员进行专业技术培训，把专业技术第一时间普及到每一个社员。合作社建设了 960m^2 的社员综合服务中心一个，能容纳 200 人的社员现代化培训中心一个。实验室、解剖室，定期邀请一线科研专家、实战专家对社员进行培训，通过理论、实践、实验室验证相结合的方法，保证了合作社一流的技术、一流的产品、一流的服务，从而最大限度地降低养殖风险。为实现可持续发展，合作社建立了“产、学、研”相结合基地。目前与安徽农业大学合作建立了大学生实习基地、博士（硕士）流动站、大学生社会实践基地。既培养了现代大学生的动手实践能力，又给合作社带来了新知识、新理念，为合作社的长期发展与提升打好基础，从而形成统一管理、统一技术操作流程、统一质量标准，真正做到科学控制产品质量。合作社对社员所养殖的肉鸡实行 100%统一回收，为了更好地服务好社员，做到真正的产销一条龙，合作社组建了由社长带队的 12 人成鸡销售团队，让社员无须为销售担忧。同时合作社充分利用人多力量大、抱团取暖的优势，对社员进行保护价销售，既让社员可以全年无忧有鸡养、有钱赚，又可以保障合作社全年有鸡卖，稳定客户市场。宣城木子禽业专业合作社为鼓励合作社社会化服务队伍不断提升业务水平，提高社会化服务质量，推动合作社社会化服务队伍不断发展壮大，帮助社员做好全方位专业化社会服务，帮助合作社提高综合服务能力，赢得广大客户的信赖和支持，创造更大社会化服务效益。共组建了社会化服务队伍 26 个（综合防疫队伍 4 个、技术服务队伍 3 个、销售队伍 2 个、抓鸡服务队 8 个、运输队 4 个、消毒清洗队伍 3 个、后勤保障队伍 2 个），实现社员全程保姆式优质服务，做到服务有标准，责任到人，队企一体化，全程联保式服务，确保家禽养殖无忧，为家禽产业保驾护航。

（三）整合资源，提质增效

以产业融合为依托实现了上下游各产业之间配套衔接，打通了生产、加工、销售等环节，延长产业链，提升价值链，实现产加销一体化经营，促进家禽一二三产业融合发展。通过企企强强联合，大力实施种养复合循环利用生产方式，引入社会资本发展“禽—茶—林”“禽—渔—菜”“禽—稻—麦”种养相结合的循环绿色生态农业；合作社通过投资入股安徽旌德县汇龙达食品有限公司，延伸产业链，拓展区域影响力和品牌价值，开发市场渠道，增值产品。作为中国绿色食品协会理事单位，注重产品品质建设，产品获得农业农村部农产品质量监督检验测试中心（郑州）第三方认证，如获得省十佳饲料产业融合企业，宣城市 2018 年度落实农产品质量安全主体责任示范单位，宣州鸡地理标志产品、宣州鸡和鸡蛋 2 个绿色食品认证，宣州鸡于 2021 年 9 月被评定为宣城市十大公共品牌等，产品质量水平位于同行业前列。注重品牌培育，制定了《宣州鸡资源保护与开发利用发展规划》，组织知名度居行业前列，通过中央电视台财经栏目专访、安徽电视台科技频道专访、“农民向前冲”节目、人民网、农业农村部网、中国扶贫网、“抖音”、农民日报、安徽日报、宣城日报等报刊、电视、网络等媒体对企业优质产品、良好管理等方面的报道和中国农展、中国文房四宝旅游文化节、市区农民丰收节展示展销，顾客对品牌内涵及价值的认识、熟悉和理解程度较高，获得高端品牌和国家公益扶贫产品。在 2021 年 9 月第十三届中国农展（合肥）名优农特产品市长推介会上，宣城市分管农业市长专门推介宣州鸡，在省内外影响力很大、成效显著，省内温氏（无为）公司、上海康品汇等 5 家公司、浙江鑫宁公司共计 7 家公司与企业签订战略合作协议和采购合同。目前，已与沪苏浙地区 22 家食品高端配送企业、餐饮连锁企业、食品加工企业建立长期供销渠道。

三、联农带农服务成效显著

(一) 农户增收增效

通过提升产业价值链，完善利益联结机制，引导农民合作社、龙头企业和家庭农场紧密合作，示范带动更多的普通农户共同发展，将其引入现代农业发展轨道，同步分享农业现代化成果，让广大农民有更多获得感，分享产业增值收益，实现共同富裕。在收益分配制度上确定农民盈利收益机制，用“协议订单＋约定价格＋生产资料补助＋亏损救济＋收益分成”模式来进行二次返利分享收益，合作社 2020 年给社员一次交易额分配 45 500 万元，二次返利 5 000 万元。

宣城木子禽业专业合作社作为联合体牵头主体，着力为联农带农建发展平台，发展到今天，已吸纳 5 家公司、7 家专业合作社、51 家家庭农场、826 家养殖大户，从事家禽产业人员 4 761 人，年带动成员实现产值92 000万元，创收达 15 200 万元，解决社会就业 6 000 多人，创造社会效益 23 600 万元。

合作社勇担社会责任。2014—2020 年，结对帮扶全区 10 个乡镇 1 011 户贫困户，资助 700 万元采取技术培训、现场指导，免费发放鸡苗、饲料，资助建鸡舍等形式手把手教会贫困户从事合作专业养鸡脱贫。为了让脱贫户尽快致富，2021 年 3 月份木子合作社再次对 2020 年新增帮扶的全区 367 户脱贫户进行回访和免费发放鸡苗、饲料帮扶；2021 年 11 月新承担宣州区 5 个乡镇 206 户脱贫户或边缘户合作养殖帮扶，扎实助力乡村振兴。2021 年 12 月召开的安徽省乡村振兴协会成立大会上当选为常务理事单位。

(二) 推动宣州区的家禽养殖产业升级

合作社与农户通过推广应用肉鸡机械化立体笼养技术、健康养殖技术、自动清粪技术和畜禽粪污发酵床处理机械化生产有机肥资源化利用等节本增效技术，为养殖户贷款担保3 200万元，推广建设了立体笼养户 94 家，新增有效养殖面积 26 万 m^2、年养殖量1 600万羽，与传统地面养殖比较优势显著，单位建筑的有效养殖面积增加 30%以上，料肉比降低 2 个点以上，药费降低一半以上，单只鸡多增收 2 元以上。近三年通过技术服务累积降本增效经济效益达 3 792万元，实现家禽养殖转型升级。

(三) 服务效果显著

通过政产学研合作，联合安徽农业大学共同申报实施了安徽省重点研究与开发计划项目 2018 年科技计划项目，实施白羽肉杂鸡健康养殖关键技术集成与示范以及皖南三黄鸡原种的保种和选育科研推广等技术推广项目，荣获省科技成果登记证书，进一步提升禽肉产品安全性、优质性。通过创新培育优质地方品种鸡新品系，重塑地方品牌，带动广大农户共同发展优质鸡养殖业，扩规模提品质，改善供给侧需求，塑造品牌，增加产品附加值，走差异化发展道路，提高市场竞争力、抗风险能力和综合效益。合作社通过合同联结、合作联结、股份合作联结利益机制和其他方式带动农户遍布宣州区及周边 6 县市。合作社于 2020 年被省农业农村厅认定为第一批长三角绿色农产品生产加工供应示范基地；于 2021 年 12 月第一批通过安徽省“食安安徽”品牌认证，推动长三角绿色农产品全产业链高质量发展，年出栏 817 商品肉鸡 2 300万只、宣州鸡 800 万只，产品远销上海、江苏、浙江、广东、北京、江西、河南等地，其中沪苏浙销售占比 90%以上，经济社会效益显著，成员收入高于当地同行非成员户 30%，服务对象满意度达 100%，全方位推进乡村产业高质量发展。

引领现代渔牧产业
提升人类生活品质

——福建天马科技集团股份有限公司

一、企业概况

福建天马科技集团股份有限公司（以下简称“天马科技”）是一家融特种水产、畜牧、食品和一二三产业融合发展的大型现代渔牧集团化企业。多年来，公司秉承“引领现代渔牧产业，提升人类生活品质”的使命，以质量求生存，以科技促发展，以管理创效益，以服务树品牌，致力于打造世界领先的现代渔牧集团化企业和人类健康食品供应商，实行“双轨制”经营模式，打造世界级全产业链供应链平台和绿色生态食品供应链平台。公司拥有各分、子、孙公司 70 多家，遍布福建、广东、浙江、四川、江苏、香港等地区及马来西亚等东南亚国家，是农业产业化国家重点龙头企业、国家技术创新示范企业、国家企业技术中心，是中国渔业协会鳗业工作委员会会长单位、中国农业产业化龙头企业协会副会长单位和中国饲料工业协会副会长单位。“天马科技”于 2017 年在上交所主板挂牌上市（股票代码 603668）。

二、生产经营特点

(一) 诚信守法经营

天马科技自觉遵守国家法律、法规，对外恪守“诚信经营”，对内信守“诚信管理”，营造纵向同心、横向同拍、共生共赢的守法经营环境。

获得诚信守法相关荣誉：2018 年 7 月，荣获省工商局颁发的“2016—2017 年度福建省守合同重信用企业”；2018 年和 2019 年分别荣获中国上市公司诚信高峰论坛颁发的“中国上市公司诚信企业百佳”；2020年3月，荣获福建省诚信促进会颁发的“2017—2018年度诚信先进单位”；2021年12月，荣获省市场监督管理局颁发的“2018—2019年度福建省守合同重信用企业”。

（二）产品质量安全过硬

天马科技在行业内率先通过了ISO9001、ISO14001、ISO22000、ISO50001、OHSAS18001、无公害农产品、中国饲料产品认证、CIQ和HACCP等认证，获得了农业农村部首批饲料质量安全管理规范示范企业，集团产品及品牌在广大客户心中享有很高的知名度、美誉度和信赖度，“健马”商标荣获“中国驰名商标”“福建省著名商标”，“健马”牌水产配合饲料被评为“中国名牌产品”“中国饲料行业信得过产品”“福建省名牌产品”等诸多荣誉。

质量成果及奖励：2015年1月，荣获农业农村部颁发的《饲料质量安全管理规范示范企业》；2019年2月，荣获福州市人民政府颁发的《第四届福州市政府质量奖》；2021年，获评“2021年省级工业企业质量标杆”，被省工信厅评定为“2021年福建省第四批绿色工厂”；“鳗鲡堂”获选“2021中国农产品百强标志性品牌”，“健马”获选“亚洲品牌500强”“中国500最具价值品牌”“2021年度·中国农业乡村振兴十大杰出品牌”。

（三）科技创新成效显著

天马科技坚持“科技引领创新，创新促进发展”的科技理念，成立了以中国科学院桂建芳院士为主任委员的科技委员会；与厦门大学、上海海洋大学等达成产学研的战略合作；开发了具有自主知识产权的高科技产品，突破了种苗饲料关键技术等多项行业共性关键技术，玻璃鳗配合饲料、鳗鲡膨化颗粒配合饲料等的产品技术填补多项国内空白。已获得授权专利62项，其中授权发明专利53项；承担国家级和省部级科研项目16项；主导和参与制修订国家、行业和地方标准12项；荣获省、市科技进步奖16项；荣获中国发明协会发明创业奖·成果奖一等奖1项，省标准贡献奖5项，市专利优秀奖1项，神龙福建农业科技奖1项。

天马科技坚定不移地推行人才战略，打造了一支层次分明、结构合理、素质高、能力强的创新人才梯队，拥有技术研发人员204人。其中陈庆堂董事长入选为国家“万人计划科技创业领军人才”“国务院政府特殊津贴专业技术人才”“国家科技创新创业人才”“享受教授、研究员待遇高级工程师”“福建省高层次A类人才”，公司还拥有多名全国饲料工业标准化技术委员会委员、中国饲料工业协会质量安全工作委员会委员、福建省高层次C类人才等。

基于强大的科研实力，天马科技研发中心先后被认定为国家企业技术中心、国家技术创新示范企业、博士后科研工作站、院士专家工作站等技术平台。

（四）产量产值权重高

天马科技2021年度营业收入为54.86亿元，同比增长50.73%。核心产品鳗鲡配合饲料产销量稳居全球第一，大黄鱼配合饲料产销量位居全国前列，主营的种苗料及石斑鱼、鲟、鲑鳟、鲆鲽鳎、龟、鳖、加州鲈等特种水产配合饲料产销量位居全国前列。

（五）对“三农”贡献大

天马科技充分发挥国家重点龙头企业带头作用，主动融入乡村振兴发展战略，全面带动农业增效、农民增收、农村经济发展和贫困地区脱贫致富。

1. 向农户提供安全、高效、环保的水产配合饲料、畜禽配合饲料及配套的饲养管理技术，带领农户发展生产并创造效益；为养殖户提供水产品回购服务，形成利益共同体，提供全方位保障；就地安置农村剩余劳动力，解决当地劳动就业，增加农民收入，带动乡村养殖业的发展，为社会减负。

2. 建立国家级现代农业产业集群，创新生态和健康的“种养一体化”鳗鱼养殖模式，建立“公司+农户”的社会化合作模式；建立政府+龙头企业+金融机构+农民合作社的“四位一体”模式，实现渔牧现代化，联农带农共同致富。

3. 积极助力产业脱贫，通过帮扶的贫困村和贫困农户签订养殖协议带动产业经济发展，积极支持贫困地区、贫困户实现产业脱贫。天马科技近五年共计向社会贫困地区捐赠275.04万元，用于贫困残疾人的兜底保障帮助、甘肃省通渭县专项扶贫、福建省上迳镇专项帮困扶贫、新疆克州阿克陶县克孜勒陶乡喀普喀村帮扶等项目。

三、发展变化趋势

天马科技以特种水产饲料为主业，积极向全产业链纵向、横向延伸发展，构建“原料贸易—饲料—养殖—动保服务—水产品及畜禽产品生产、销售—食品终端”于一体的完整产业链和现代农业综合服务体系。通过产业链延伸，以特种饲料（含禽料）、食品供应链平台为双主业，加速推进一二三产业融合发展，坚定不移地执行产业链优势战略，打造传承中华文化价值的全产业链食品供应链平台。

1. 立足特种水产业核心板块，大力发展海洋经济的产业优势，构建北起渤海湾南至北部湾覆盖中国沿海和内陆地区完善的战略销售网络，建立安全、健康、绿色、生态式战略性发展模式，大力发展海洋特色产业，打造特种水产业全球最大的集团化企业，为中国特种水产行业的健康可持续发展树立典范。

2. 扩展整合畜牧业产业。畜牧板块深耕福建市场，建立从“标准化基地→良种繁育→饲料生产→畜禽养殖→食品深加工→冷链物流→终端销售”的完整产业链体系，积极布局省外建厂，做到立足福建，走向全国，打造成为福建最大和行业领先的现代畜牧集团化企业。

3. 加快一二三产业融合发展。推进一二三产业融合发展是天马科技集团依据未来产业的发展做出的重要战略决策。大力发展海洋优势产业，匠心制作安全美味、营养健康的好产品，让每个人都能享受到优质食品带来的美好生活，打造传承中华文化价值的食品供应链平台。

四、典型经验做法

天马科技应用智能制造“互联网＋先进制造业”新模式，在工业互联网平台基础上引进自主品牌智能传感器、高精度智能装备、工业机器人等核心技术，对特种水产配合饲料进行智能化提升改造和扩建。集成应用 ERP（EAS）、MES、配方管理系统、中央控制系统等各智能制造系统之间的互联互通，实现柔性化、订单化、个性化、智能化生产，满足生产“产品品种多，原料多变”的需要，打造生产设备网络化、生产数据可视化、生产过程透明化、生产决策智能化的特种水产配合饲料智能工厂。天马科技实施智能化生产、个性化定制、设备健康管理、产品质量管控、能源智能化管控、供应链协同等应用场景形成典型案例，满足企业需求的同时，也推动行业发展可复制的系统性解决方案。2019 年 12 月和 2021 年 3 月被省工信厅认定为“2019 年福建省智能制造试点示范企业”和“福建省工业互联网应用标杆企业”。

坚持“科技、品质、服务、追求卓越”全面打开高端饲料新格局

——漳州日高饲料有限公司

漳州日高饲料有限公司，其前身为成立于 1999 年的安佑（漳州）饲料科技有限公司，是安佑集团进入中国大陆的第一家饲料企业，随着业务的快速发展，安佑集团于 2006 年 8 月在漳州市芗城区石亭产业园区重新选址建厂，占地面积约 60 亩，公司可年产饲料 30 万 t。

公司采用了国际、国内先进的生产设备、自动化生产流程和产品检验设备，任用具有专业知识和丰富经验的生产、品控管理人才，以及 CWQC 全面品质管理系统，确保产品的优质性和稳定性。公司主要生产经营猪预混合饲料、浓缩饲料、畜禽水产配合饲料、猪系列全价料、禽系列全价料、水产系列全价料和水产膨化饲料等产品。产品销往福建省各个县市区及周边赣南、潮汕地区，产品以其质量优、效果好，深得广大养殖业者的称赞。公司以诚信经营和卓越成绩先后获得了“福建省农业产业化龙头企业”“福建省高新技术企业”“福建省企业技术中心”“福建省创新型企业”“福建省名牌产品”“福建省‘工业化、信息化’两化融合示范企业”等荣誉称号。

一、生产经营理念

漳州日高饲料有限公司秉承安佑集团“爱与感恩”的企业文化核心，始终坚持“科技、品质、服务、追求卓越”的企业经营宗旨，致力于产品品质，追求领先，倡导环保、健康、高效的科学化饲养，全面发展高端饲料领域的市场格局，愿与追求技术进步和卓越管理的养殖业者共同成长。

在生产方面，公司采用生产智能制造，独立开发 PLC 控制系统、AOS 自助下单提货系统、生产自动化系统、生产信息化系统、生产智能管理系统。

在品质管控方面，秉承安佑品管理理念——全面质量管理，建立 SOP（标准作业程序）和 Double check（双重核对）体系，采用 LIMS 实验室综合管理系统、NIR 快速检测技术、最严霉菌毒素防控、CNAS 国家实验室认证、ISO 国际质量管理体系建设，从原料、制程到成品，成就其精良品质。

在经营方面，与经销商合作，下到终端养殖户。采用网络预约提前下单方式，模式便捷，流程操作简单快速。再者，通过客户的反馈调整经营策略，对每个客户制定个性化的经营方案，得到广大消费者的认可。

二、公司发展变化趋势

由以前的品种单一、品质较弱逐步发展成品种多样化、品质最优化、产品健康化的发展趋势。近几年来，随着饲料需求量的不断增加，公司的饲料产量呈现健康稳健的发展态势，而且主力提倡并研发生产安全和环保型饲料，并将其作为主流产品，进而发展成为品牌化产品，公司注重产品质量的稳定，树立企业的品牌及信誉、服务等综合实力，坚持国家的科学发展观，促进公司饲料的可持续健康发展。

三、典型经验做法

企业技术中心以客户为中心，以服务为导向，以创造最高效益的饲料配方、生产出高效优质环保饲料

且实现快速加工、实现养殖户效益最大化为目标，制定研发计划，专门设置了新产品小批量投产并验证解决新产品小批量投产过程中所发生的问题，以使批量顺利生产。企业技术创新战略的制定与实施日趋完善，工作卓有成效，具体措施如下。

（一）技术中心提供具有持续发展和重要意义的新产品、新技术，在中期有规划目标，年度有计划，年度计划按规划进行

2014—2015年度根据集团的年度计划规范，公司技术中心成功开发了红罗非鱼专用料、罗非鱼高温季节保健料和草鱼保健料、断奶仔猪料及环保型肉猪料。

1. 红罗非鱼专用料是技术中心多位专家经过多年的数据跟踪和试验研究，查阅了大量专业营养数据之后研发的一种新产品，先后经历了公司养殖试验基地养殖、小区域市场跟踪、进一步扩大试验面积，在养殖户强烈建议下，进一步全面开发新产品，目前已投入市场近一年，销售1 500多t，在红罗非鱼养殖区域反映效果非常好，目前初步统计，已创造了不少于500万元的经济价值。

2. 针对高温季节由于市场价格好，养殖户卖鱼效益高，但高温季节卖鱼容易出现粗鳞、鱼体转红，运输过程中容易大批量死鱼，经过技术中心专家的跟踪和走访，针对以上情况进行了专门研究和试验，参阅大量的专业资料后，经过试验条件下的摸索和筛选，开发了出塘健康料（福鱼宝系列）。目前已投入市场，很多养殖户主动要求且全程使用，公司技术员根据情况反馈，使用公司健康料一个月后，鱼体的肝脏和肠道明显相比使用其他饲料健康得多，并且免疫力强，鱼的卖相好，运输过程中也不会出现死鱼的现象，到目前为止销售近2 000t，目前养殖户都非常乐意接受该饲料。

3. 每年高温季节开始，罗非鱼会大面积出现“高热病”，限制了行业的发展，给养殖户带来了大量损失，且每年养殖户为了保住鱼而大量使用抗生素，为了食品安全也为了养殖户效益，公司组织技术研发团队，多年数据跟踪走访，总结经验和研发成果，针对高温季节链球菌大量死鱼问题，特开发了高温宝产品系列。提出环保做到水质，提高鱼体体质，通过植物提取物杀灭体内链球菌，从而大大减少了罗非鱼高温犯病率，保护了食品安全，挽回了养殖户的损失。

4. 针对断奶仔猪出生，由于母猪奶水不足，导致小猪从小营养不良、腹泻多，从而种猪场生产的生猪死亡率高，大量丢弃，导致养殖户成本提高，污染环境，公司针对此情况，特开发断奶仔猪料，大大减少了弱仔率，提高产仔率，节约成本，提升养殖户效益，节约环境，在养殖户中大大提升了口碑。

5. 针对猪场臭、脏，由于氨气过高，猪呼吸道疾病频发，导致猪健康度差、长速慢、成本高、成功率低、环境污染大等一系列问题，公司特成立研发团队，开发环保系列肉猪料，低蛋白、高氨基酸、高免疫、高吸收料、快长料，大大降低了猪场氨气超标问题，提升养殖成功率，减少粪尿排放，保护了环境，提升了养殖户效益，在各大猪场广为流传。

（二）为适应国内外市场的竞争及产品的开发，技术中心配备完善的检验设备和仪器并建有国内一流的室内养殖实验室、室外养殖实验基地

随着公司的发展，公司大量购进先进的研发设备，例如近红外扫描仪（3min即可对原料的主成分进行检测）、原子吸收仪（可检测饲料中的重金属含量等）、酶标仪（可快速检测饲料和原料中的霉菌残留）、液相色谱仪（可快速检测饲料中的微量元素），同时跟集团技术中心合作，可以快速检测饲料和原料中的氨基酸、饲料中的水活度等指标，为饲料的环保和技术研究起到强有力的保障。

（三）建立营销及售后服务的技术服务体系

公司成立了技术服务团队，主要针对饲料养殖情况进行跟踪和反馈以及对市场养殖技术进行指导和服务。目前在每个区域均设有技术员。根据发展需要，由集团的IT部门主导，特开发了CRM系统，并且为了保证网络给每个业务员、技术服务人员以及大型的养殖户配备了苹果6手机。真正完善了3套投诉机制（线上、线下和电话），线上主要通过CRM和OA系统投诉到软件上，直接到达相关专业部门负责人处，并且制定严格的制度来快速替客户答疑解惑和处理相关投诉意见，线下主要通过业务员和技术服务人员现场查看、了解，将信息反馈给公司，公司质量安全管理小组第一时间召集相关部门开会研究，并有专人将具体情况统一反馈给养殖户；公司专门设立了投诉电话，便于客户及时反馈问题，并且24h替客户答疑解惑。并且公司针对投诉问题成立质量安全管理小组（包括销售、品管、技术、生产等人员）。公司针对投诉和销售服务，具有完善的制度。

（四）通过市场调研开发和储备新的产品

公司通过调研开发，发现罗非鱼养殖户没到高温期不敢投料或者减少投喂，导致罗非鱼进入“休眠期”，极大地浪费了养殖资源和池塘使用效益，特别是进入养殖高温季节，各种疾病泛滥，特别是罗非鱼链球菌的暴发，导致养殖户大规模的死鱼而一筹莫展，公司计划开发的罗非鱼高温料将从水质和鱼体的体质等多方面进行改善，极大地提高鱼塘的利用率的同时有效地预防罗非鱼链球菌等各种疾病的感染，极大地提高了养殖效益，节约了资源，减少了用药，创造了一种生态友好型的环境圈。

专注于脂质营养健康 坚持质量第一 进一步开发市场空间

——龙岩新奥生物科技有限公司

龙岩新奥生物科技有限公司成立于2007年，是由归国留学人员赖州文先生创办的，公司专注于“脂质营养健康”15年，是省重点龙头企业、高新技术企业、省科技型企业认证、省科技小巨人领军企业、省“专精特新”中小企业。

一、专注于脂质营养健康

公司围绕着“脂质营养健康”一个市场定位，以“科技创新”和“国际化”两大特色，集“研究开发—规模生产—技术服务”于一体，点上发力，线上突破，新奥成为动物脂质营养健康领域的先行者。通过天然的脂质营养手段去实现动物健康，减少抗生素使用，造福人类健康，成为创办公司的宗旨。

二、实行品牌战略

聚焦长、中、短链脂肪酸系列产品，公司在全球独树一帜，具备与国内外一流企业匹配的供应能力。中国境内拥有“丁壮素”“脂壮素”“酸乳”“胆能”，国际上则有“Ding Su”“Lipo Su”“BTR”“Lipo-tech”，各4个品牌。

三、坚持无抗，倡导通过天然手段呵护动物健康

中国从2020年7月开始在饲料端实施禁抗，新奥公司早在2006年就开始探索饲料替抗方案。通过多年的研究摸索发现长中短链脂肪酸都具备一定的抗菌消炎作用，成为替抗方案的优选。新奥公司始终坚持无抗之路，倡导通过天然手段呵护动物健康，于2020年12月被中国猪产业链生态圈平台峰会委员会评为“无抗饲料先锋企业”。

四、坚持科技创新

母公司新奥（厦门）农牧发展有限公司是《饲料添加剂　丁酸钠》国家标准的唯一指定单位，独立承担国家“星火计划”2项和“火炬计划”1项。依靠研发创新，迄今为止，公司已获得了4项国家发明专利、1项美国发明专利、1项日本发明专利以及45项实用新型专利。还有多项国内外发明专利在受理中，并于2018年获得“省科技进步三等奖”。公司内设动物脂质营养健康研究所，下辖猪、水产和家禽试验场，还与新西兰梅西大学、美国Illinois大学、比利时Gent大学、泰国Kasetsart大学、厦门大学、中国农业大学、南京农业大学、四川大学、河南农业大学、福建农林大学、农业农村部饲料工业中心、集美大学、华东师范大学、华中农业大学、西北农林科技大学等科研机构建立了长期的合作交流机制。

五、坚持走“国际化”发展道路

龙岩新奥生物科技有限公司是国内最早走出国门参展的饲料添加剂企业，是国际上很多知名展会（如VIV Asia、EuroTier国际畜牧展、美国IPPE、泰国VICTAM等）的常客。同时也是国内最早出口丁酸钠的生产厂家，业务遍布美洲、欧洲、非洲、东南亚及澳洲等30多个国家和地区。2019年，新奥公司加快国际市场布局，成立马来西亚曼纽考分公司，以点带面，辐射国际市场。

六、坚持“质量第一”的产品意识

质量是企业之本，质量是企业的生命。新奥公司自成立以来，一直坚持“质量第一”的产品意识，从生产的每个细节做起，严格把控产品质量，进厂原材料、生产过程质量管控、产品出厂检验等各个环节都进行严格把关。公司已通过ISO9001、美国FDA、GMP+质量体系认证。

七、提倡降本增效，节约宝贵脂肪源

随着饲料原料价格的不断上涨，全国动物营养指导委员会提出了猪鸡饲料玉米豆粕减量替代技术方案，新奥公司也适时推出功能性乳化油脂——液体脂壮素产品。

（一）减少对进口大豆的依赖

中国是全球大豆重要的进口国之一，2021年中国大豆进口数量达9 652万t，约占世界大豆消费量的1/3。大豆深加工的产品主要为豆油和豆粕。液体脂壮素可1：1替代豆油，减少对进口大豆的依赖，同时极大缓解国际形势引起大豆行情上涨而带来的经济压力。

（二）降本增效

近年来，肉蛋奶的需求持续增长，加速了畜牧行业的发展和进步，同时也向精细化、科学化方向发展，降本增效成为行业发展的主旋律。尤其是2020年以来，各种饲料原料大幅上涨，油脂类原料尤甚。新奥“液体脂壮素”产品，通过与四川农业大学技术合作，对产品进行深度验证，可1：1替代豆油，并提高动物的健康度和生长性能，为行业在油脂应用上

提供降本增效的有力手段。

(三) 近300亿元的市场潜力

2021年，我国饲料总产量达2.9亿t，产值达万亿元以上。油脂添加量按1%计算，市场容量290万t，油脂价格按1万元/t计，市场规模即可达到近300亿元，给液体脂壮素的推广和应用留有相当大的市场空间。

(四) 减轻环境污染压力

豆油曾经是畜牧业公认的最可靠、最稳定的脂肪源，但随着对豆油认知和研究的不断深入，发现3周龄仔猪对豆油的消化率仅为37%，7周龄仔猪对豆油的消化率为78%，未消化的豆油进入后肠生成脂多糖（LPS)，是引起炎症、腹泻的主要原因之一。液体脂壮素1∶1替代豆油，成本更低，效率更高，提升日粮消化能，减少未消化脂肪源随粪便的排放，减轻环境污染的压力，节约了宝贵的饲用脂肪源。

八、热心公益，奉献社会

饮水不忘挖井人。新奥公司在实现稳健发展的同时，热心公益，坚持回馈社会，在教育发展、助学、疫情防控以及扶贫、关爱孤寡老人等公益领域做出了持续的贡献，获得了政府以及社会各界的高度赞扬。

致力于打造全球优秀现代饲料企业集团

——江西正邦科技股份有限公司

江西正邦科技股份有限公司成立于1996年，总部位于江西省南昌市，注册资本31.46亿元，是农业产业化国家重点龙头企业正邦集团的控股企业，2007年8月在深交所成功上市（股票代码002157，正邦科技）。公司是农业产业化省级龙头企业，中国饲料工业行业30强企业，2021年入选中国企业500强，中国民营企业500强，在全国拥有100余家饲料生产加工基地，年产能1 000余万t，年销售收入近500亿元，并且积极融入国家“一带一路”倡议，积极实施走出去，在海外不断扩张，提升国际影响力。

一、专注畜禽营养研究，打造企业产品核心竞争力

公司先后建立国家博士后科研工作站，国家企业技术中心、省重点实验室、省工程技术研究中心等技术研发平台，拥有自行研发、自主知识产权的系列饲料高新技术产品，正邦饲料荣获“中国名牌”。

为提高产品科技水平，打造企业核心竞争力，公司围绕农业产业体系从事以应用为导向的农业科学技术应用研究，成立了正邦农业科学院，通过自有技术力量创新与应用研究，及与国内外大学（院所）、具有专业特长的企业开展联合研究、受让技术、目标技术任务外包等方式打造科研与应用相结合的技术平台，开展现代养猪技术研究、成果转化与推广，被省科技厅认定为江西省首批新型研发机构。

目前承担了包括国家“863”计划在内的多项国家及省、市科研项目，行业立项、企业自主及联合立项的科研项目30多项，转化应用成果项目20多项，获得各项专利30多项，投入的科研设施设备资金达2 000余万元，自筹科研费用3 000多万元。纳入研究体系由企业进入运营资产的研究性投资超过3亿元。

特别是在猪的营养研究中，随着饲料禁抗全面实施，公司加大中药保健、微生物应用以及功能性添加剂等核心技术研发，有力地促进了传统营养技术的升级和迭代。一是分段提供精准营养，根据猪只不同生长阶段，研发不同的饲料配方品种；二是替代原料不断开发，乳清粉、血浆蛋白粉、抗生素等功能原料的替代品开发、有机微量元素开发、微生物技术及制剂的开发应用，在减抗的同时大大提高了畜禽养殖综合效益。

二、精益求精，科学管理，打造智能化饲料工厂

公司围绕建平台、强创新、建机制、严管理的理念扎实开展工作，不断完善企业自动化水平，打造智能化工厂，在后端包装、卸运等生产环节引进“机器人机械手”等自动化设备，以“机器”代替人工，生产效能大大提高，在生产过程中积极使用新技术、新材料、新模式，促使企业从低层次的制造走向高科技的智造，实现传统产业改造升级；把着力点从增加产品产量转向提高产品质量。

三、提升服务水平，以真诚服务赢得养殖户信赖

公司充分应用养殖业趋于规模化的发展态势，大力推进以“终端拉动”为导向的营销服务，将大量技术人员配备到各个销售终端，形成了自上而下的技术推广体系，为广大养殖户提供了及时、高效的饲料和养殖技术服务及培训，得到了客户的广泛好评。针对分散的养殖区域，建立了“四级”营销服务体系：

1. 专家型服务体系。由国内、省内知名专家组成服务团队，针对共性的服务需求，组织专门服务（区域性的新技术培训、疑难性问题的诊断服务）。

2. 专职技术服务体系。配合用户对专项技术的需求，组织专题培训与现场讲解，突破性地解决专项问题。

3. 专业技术型营销队伍建设。公司营销人员大多数毕业于动物科学或动物医学及相关专业。2021年，公司招聘了多名大专院校毕业生充实到营销队伍中，公司拟用3～5年时间，将营销队伍打造成当地支农的忠实培训师。

4. 驻地服务队伍建设。公司充分发挥当地原农业系统基层兽医的力量，利用其在当地的人脉优势，使之迅速转变成公司在当地服务的重要力量。

四、推进“一业振兴百村、一链邦富万家”，积极融入国家乡村振兴战略

随着“三农”工作重心已历史性转移到全面推进乡村振兴，公司积极融入国家乡村振兴战略，投身“万企兴万村”行动，探索实践“一业振兴百村、一链邦富万家”的乡村振兴正邦模式。

正邦的产业链都扎根农村，情系农民，主导产业的特点决定了企业与农民有着天然的共生共荣的关系，具有和农村、农民接触最紧密的优势，通过大力发展托管养殖、订单农业等产业，把好项目、好产业转型升级，再运用“邦养殖”“邦营销”等“互联网+农业”平台，向农民提供产前、产中、产后服务，通过探索实践乡村振兴正邦模式，让村民实现土地流转得租金、就近就业得薪金、入股合伙得股金。帮助“三农”发展，推动乡村振兴。

坚持“务实高效、开拓创新”以智慧化管理生产平台全面提升企业服务与产品水平

——南昌双胞胎饲料有限公司

南昌双胞胎饲料有限公司是经新建区政府招商引资，由双胞胎（集团）股份有限公司投资设立，坐落于南昌市望城新区科技北路西侧，占地60亩，注册资本1 000万元，是一家现代化的大型饲料生产企业，专业生产猪配合饲料和猪浓缩饲料系列24个品种，设计年单班生产能力24万t，预计年销售额7亿元。

南昌双胞胎饲料有限公司于2012年破土动工和设备安装，并于2014年正式投产。近年来，工厂通过引进世界先进的智能化、自动化生产设备，优化生产工艺，提升生产效率。2021年与世界500强美的集团进行强强联合，共同构建数字化制造共享平台，充分利用数据，打破部门孤岛，以便更容易地统一和分析数据、数据决策，端到端提升公司柔性制造能力，提供更有吸引力的产品与服务，准确地洞察市场细分，不断创新业务与提升敏捷的变革能力。

1. 通过供应链产供销计划协同（APS）体系，实现供应链订单驱动，客户订单在线、付款在线，打通产供、销、储、运各个环节，信息共享；以建模为基础，结合未来因子，包括SKU市场策略以及库存水位，推算、研判未来SKU需求，通过系统高级自主排产，寻找销售与供货成本、库存之间最佳平衡点，预警风险，提升公司整体供应能力。

2. 车间智能制造执行系统（MES），实现订单到产线，以价值流为主轴，打造制造平台，横向拉通营销、研发、制造的价值链，实现各流程节点互联互通，数据透视及预警；以制造驾驶舱、制造沙盘、DM看板为工具，结合大数据技术，实现制造体系全面数据管理驱动。先进的生产工艺，订单自主下达、生产主数据管控、自动化设备IOT互联、工艺参数在线动态可调、能耗数据在线可视，实现柔性生产，数字化运营。

3. 资产全生命周期管理（SAP），提高资源整合与集约化能力，以及决策分析与业务洞察能力。

4. 全球化采购平台（SRM），建立起供应商全生命周期管理，为企业产品的策略性设计、资源的策略性获取、合同的有效洽谈、产品内容的统一管理等过程提供了一个系统化的解决方案。

5. 智能营销产品化（SCRM），拉通公域流量与私欲客户池，建立全面客户化管理流程，提升客户复购率。

6. 智慧物流（TMS）管理，拉通订单、调度、运输、在途、运费，端到端流程解决方案。

7. 交付一体化平台，实现自助开票、自助服务、自助提货预约，实现企业核心供应链业务智能化、社会化的高效运转。

同时公司引进和培养了一大批高素质管理、技术和生产人才，现拥有技术管理人员36人，占总人数的37%以上，技术管理人员均在饲料行业工作多年，有丰富的饲料行业管理经验。

非洲猪瘟暴发后，南昌双胞胎饲料有限公司高度重视饲料在非洲猪瘟传播的危害性，重视高温、清洁、安全饲料的生产和使用。建立了生物安全防控，自助服务，高温料+散进散出、数字化生产，原料质量管控，产品质量防控等工厂六大流程防控管理体系，保障进厂的每一颗原料、出厂的每一颗成品都是安全的，严防病从口入，让客户能放心地使用双胞胎饲料。

工厂生物安全分为4道防线：第一道防线是码头、车站；第二道防线是人员消毒，车辆洗消烘；第

三道防线是生活区与生产区隔离；第四道防线是高温制粒。所有外来车辆需在厂外用高压水枪对车身、底部、轮胎完全冲洗消毒。进生产区原料车、成品车等车辆还必须对车辆的车身、底座、轮胎进行全方位二次喷雾消毒，并过消毒池，入厂后成品与原料分开线路行驶，开区停放，饲料车辆洗消后开到烘干房进行"3＋3"蒸汽烘干式高温消毒；通过 90℃＋180s 方式烘干车辆，再次对车辆进行高温杀毒，烘干时间及温度自动控制，异常情况自动报警。

工厂的饲料成品直接存储在散装仓，当客户需要饲料时，刷卡自动称料，自动放料，通过散装料专用车运输，人员全程不直接接触饲料；目前，原料散装占比达到 90%以上，使用液压翻板自动卸货，全程无人员接触，卸货效率也高。工厂还引进了全新的制粒机自动控制系统，实现了调质温度智能控制，所生产的猪料都经过 85℃ 180s 制粒，超长高温熟化，杀毒更彻底、更安全。

近年来工厂进行了全面升级，实现交付一体化 4431 模式，实现移动 App 4 个在线，即在线下单、在线提货信息推送、在线查款返利、在线预约提货；4 个可视服务，即库存可视、货款可视、订单可视、提前锁定库存；3 个自助，即自助制卡、自助过磅、自助开票；1 个标准化工厂体验服务。凭身份证自助制卡机制 IC 卡，IC 卡就是厂内自助服务的凭证，是厂内活动的"身份证"，有了它，门禁会自动识别车牌，开闸让车辆进厂，车辆停磅中间后下车只要到刷卡机上刷卡就可以完成过磅，并且全程语音提示，实现车辆的快进快出。自助开票服务则是通过终端硬件与交付平台系统、移动端 App 集成拉通，由客户/司机在自助开票机上刷 IC 卡或者扫二维码进行自助开票，开票后系统自动打印销售清单，装车也是自助装车服务的，司机开车到散装仓区域后，到自助设备刷卡，获取装车品种、数量，系统自动往停车的装车口下料，料满后自动关闭，通过全自动化服务，工厂效率提升了 4～5 倍，而且减少了人员接触，大大降低了风险。

为了把控原料指标安全，双胞胎工厂做到以下三点：第一，双胞胎原料会经过三重检测关：首先会在收储点检测合格后装船或车皮发运，到达目的码头、车站后工厂品管再次取样检测，合格后才会装车拉回工厂，工厂到货原料会再次每车取样检验，各项指标检测合格才会允许卸货。第二，原料运输全程遮盖篷布，进厂严格执行洗消，品管分位点取样检测非洲猪瘟，确保原料生物安全合格。第三，双胞胎每个工厂都配置有近红外仪、毒素半定量检测设备和 PCR 检测设备，水分、蛋白、脂肪、纤维、蛋溶等成分指标 1min 内能扫描出具结果，毒素、非洲猪瘟检测更准确，定期对仪器设备定标和化验员检验能力验证。

通过产业技术变革，实现了数字化生产，通过标准化、数字化转型，将新一代信息技术贯穿到配方、工艺、生产、仓储等各个环节，全流程数字集成，一键启动，订单自动下发，物料自动流转，工艺自动监控，端到端地提供解决方案，实现产前预警、产中监控、产后分析，使工厂质量更有保障，整体效率提升 19%，改变了传统的以手工操作、记录、翻找、查看、线下执行的操作模式，以数据驱动制造运营、业务变革，持续改善，持续降本增效。

南昌双胞胎饲料有限公司通过一系列产业技术变革，打造了一套完整的工厂标准化管理系统，建立了饲料工厂生物安全防控体系，为广大猪场提供了安全、清洁的优质饲料，助力广大养殖户敢养猪、多养猪、养好猪，从而实现养猪致富。

始终坚持创新发展

——普爱集团

普爱集团创建于 2000 年，总部位于上海，现有员工 1 000 多人，是一家专业从事高端饲料研发和养殖技术生产的现代化农牧企业。2014 年，普爱与丹麦 DLG 合资合作，将欧洲领先的农牧业发展理念、精湛的动物营养技术、科学的管理体系、优良的基因品种引进中国，建立符合中国养殖业高效发展的新模式，以帮助养殖户获得更大价值。

普爱集团产业涵盖饲料生产与销售、原料贸易、动保产品及生猪养殖四大板块。饲料生产与销售业务遍及全国 30 余省和地区，主营猪全价浓缩预混合饲料、家禽和反刍的预混合饲料。

普爱集团现拥有多个研发中心及四大生产基地，企业通过 ISO9001 国际质量管理体系认证、ISO22000 国际食品安全管理体系认证、两化融合管理体系评定，荣获"农业产业化国家重点龙头企业""河南省高新技术企业""河南省饲料工业协会副会长单位""饲料行业科技创新先进企业""饲料质量安全管理规范示范企业""饲料无抗先锋标杆企业"等多项荣誉。

一、欧洲技术品质，本土落地方案

普爱集团认为中国养猪业想要获得更好的发展，离不开整合全球资源，需要持开放的态度对待国外的资源。因为产业链中每一个生产要素都是带动养殖场生产的齿轮，只有将这些要素一一进行提炼，组成一个顺利运作的系统，再由系统反推部件运转，农场才能顺利盈利，所以，2014年普爱集团与丹麦DLG合资合作，成立预混料子品牌“普丹美”，普丹美联合DLG，对外整合全球资源平台，对内成立“中国饲料客制化战略联盟”，集合优秀的原料供应商、养殖企业、育种企业、设备企业等上下游企业紧密合作。由此实现借助先进资源，满足中国养殖业飞速发展带来的多元化需求。

DLG来自“养猪王国”丹麦，是世界最知名的农业集团之一，也是欧洲最大的农牧企业。业务分布在世界20多个国家，业务范围涵盖动物营养、植物种植、作物收割与育种、食品加工、能源、通信、农业器械、零售等。作为欧洲农业板块销售额最高的公司，DLG全球员工6 600人，2020年营收51亿欧元，其核心料年产量38.5万t，欧洲市场占有率超过20%。

普爱集团与丹麦DLG集团合资合作过程中，丹麦DLG集团的技术是对普爱集团全部开放，而且所有技术无缝对接。丹麦DLG集团在世界范围有很多研发机构，同时跟哥本哈根大学、荷兰SFR等机构都有诸多合作的项目，所有丹麦DLG集团会跟普爱集团共享这些研发机构和大学的研发成果，普爱集团也会向丹麦DLG集团反馈中国营养的试验数据，从而获得技术支持。现在，普爱拥有一支由众多博士和专家组成的营养顾问团队，以及营养顾问团队带领的超过300名的资深养殖技术服务团队。

不仅如此，普爱集团旗下普丹美预混料车间于2015年建设，年产能为10万t，占地17.3hm^2，全套布勒设备。由丹麦知名机械专家Kim Sejr历时180天打造，汇集欧洲先进科技，融合DLG和瑞士布勒前端最新技术，在设备上已实现全自动化。

二、全国首创“客制化合作模式”

中国的地域跨度较大，气候地形东西南北都有很大的差异，普爱为了给客户提供最大价值的产品，需要结合客户的实际情况为客户提供一套客制化的方案，包括饲料产品和养殖技术的服务。为了实现技术落地这一目标，普爱集团经过9年的不断探索，通过大量的培训和摸索，提高猪场服务人员的经营技术水平，并投入400～500人的服务团队进行猪场驻场服务。

连云港的北欧农庄是普丹美的第一位客户，根据其丹系猪的特点和现有硬件软件条件，普丹美与北欧农庄共同提出了全方位的客制化方案，帮助北欧农庄实现psy30+的优秀生产成绩。

这一成功案例不仅为客制化服务模式打下了坚实的客户基础。正如普爱所提出的，客制化的预混料方案以及有针对性的现场服务可以帮助客户快速成长，高效提高农场综合养殖效益。

三、无抗先锋，普爱先行

普爱集团自2000年成立以来，减抗替抗无抗一直是普爱的主要研究领域。早在2000年普爱集团就开始了无抗猪料的研发，经过14年的积累，普爱集团将“无抗”母猪料做到极致，母猪料从来没有添加过抗生素，客户口碑与收益实现双丰收；2014年普爱集团继续发力，搞定了中大猪料的“无抗”问题；2年后的2016年，小猪料无抗也被攻克；并且2020年4月普爱集团在教槽料上实现了无抗。2020禁抗元年，普爱推出了符合中国国情的系统性无抗解决方案——“无抗RMB”工程，为不同环境和条件下的农场提供客制化的综合无抗方案，进而实现农场经济效益的持续提高。

四、坚持用服务为客户创造更大价值

普爱始终践行“用服务为客户创造更大价值”的使命，聚焦客户需求，为行业发展、客户价值持续赋能。2021年，普丹种猪场正式起航，助力养猪业种源无忧；实时推出“降本增效”系列方案，促进行业稳健发展；普爱抗非行动不断优化升级，2021推出“铁壁防御·一场一策”防非方案，严守每一头猪的生物安全。未来，普爱集团作为中丹合资企业、农业产业化国家重点龙头企业，将不断提高企业创新发展、数字化发展、绿色发展、品牌发展以及融合发展能力，持续探索更加符合中国国情的农业生产以及养殖模式，帮助更多养殖户提升养殖效益，实现共创共赢。爱心永在，普济民生。普爱，做行业最受尊重的企业。

踔厉奋发向未来

——河南亿万中元生物技术有限公司

河南亿万中元生物技术有限公司成立于1996年，总部位于郑州，现有新郑、荥阳、商丘宁陵三个生产基地，总占地260余亩，员工300多名，是一家集饲料、生物发酵添加剂研发、生产，原料贸易于一体的现代化民营股份制企业。

公司是国家高新技术企业，省企业技术中心，成立20多年来，始终秉承“质量是生命，用户是上帝，科学技术是第一生产力，人才是企业源动力”的企业警讯，以及“感恩、勤俭、谦虚、厚德、仁义、正直、诚信、拼搏、创新”的企业文化，以开放创新的思维推动企业发展。

当前，亿万中元品牌在全国已为行业同仁和用户所熟知，品牌知名度不断扩大，产品质量、企业实力、品牌信誉度为大家所认可。

一、产品创新与研发

面对非洲猪瘟对行业造成的千年之殇，组织公司技术团队，以天下为公的情怀、科学严谨的态度探索出一套切实可行的“非洲猪瘟复养方案”，研发出的中药发酵饲料、液态中药发酵饲料和公司19年推出的康非发酵饲料一脉相承，是在康非发酵料的基础上的进一步全面提升，延续了康非料里的中药成分、发酵料里的专利菌种。饲喂前现场全面深度发酵，有益菌得以大幅增殖，pH大幅降低至4以下，消化酶大量产生，消化率大幅提高，效果超乎想象。它具有价值连城的四大特点：防非洲猪瘟、降成本、除氨味、产有机，让千千万万的养殖户从中受益，高度契合国家的乡村振兴战略和双碳战略。

1. 液态中药发酵饲料。

(1) 防非洲猪瘟。非洲猪瘟侵入中国已经三年多了，至今仍然是养猪业的头号天敌，很多养猪人谈非色变，他们的内心既想把非洲猪瘟防住，又怀疑一切，也可能是上当受骗怕了，但是事实胜于雄辩，现在越来越多养猪人相信并开始使用。液态中药发酵饲料不仅对非洲猪瘟有很好的防控效果，对畜禽其他的细菌病和病毒病也有非常显著的防控效果，长期使用能够降低保健用药成本；同时益生菌能够形成黏膜免疫和菌膜屏障；发酵过程产生有机酸，多方协同作用，有效地防控非洲猪瘟的发生。

(2) 降成本。液态饲喂模式能降低料肉比20%，造肉成本降低2元/kg，节省用药成本平均50元/头，降低1%死淘率，综合成本能降低300元/头。市场反馈，一个存栏500头规模的猪场，使用液态中药发酵饲料系统，一年可节省成本大概16万元。即使在猪价极其低迷时，仍然可以赚钱。

(3) 去氨味。去除圈舍氨气、臭味，能让千千万万的养猪人提升他们的自尊心、自信心和自豪感。不仅如此，还能解决困扰行业多年的环保问题，环保不再拆猪场，家家户户能安心踏实地养猪了。粪污变废为宝了，变成有机肥了，有机肥上给瓜果蔬菜等农作物产出有机瓜果蔬菜粮食，形成绿色有机可循环的生态养殖模式。这就是乡村振兴要走的方向，与国家的乡村振兴战略高度契合，并将为国家的双碳战略做出重大贡献。

(4) 产有机。整个养殖过程中不用抗生素，没有药物残留，产出的肉蛋奶都是有机的，每一家都能注册一个自己家的有机品牌，能极大地提升养殖业附加值。这就是中国养殖业的未来、饲料业的未来。就像在非典和新冠防控中绽放了耀眼的光芒一样，在中药基础上延伸的中药发酵饲料一定能在非洲猪瘟的防控中大放光彩、熠熠生辉。博大精深的中医药理论、幻如魔法的生物发酵技术和艳如芭蕾的动物营养学理论深度融合，必将在抗击非洲猪瘟和替抗的新时代下谱写出美轮美奂的华彩篇章，必将开创中国饲料行业的新纪元，必将在中国乃至世界饲料发展史上彪炳千秋，留下浓墨重彩的一笔。

2. 低蛋白精准营养日粮。广泛寻找可替代原料，完善公司饲料原料营养成分数据库，建立多元化饲料配方结构，积极推广饲料精准配方技术和精准配制工艺。未来低蛋白日粮、非常规饲料原料的开发利用会越来越成为饲料行业的新宠，无豆粕日粮、无玉米日粮将成为饲料企业技术配方的主流。适量使用非常规饲料原料，与公司成熟的发酵工艺相结合，配合使用功能性饲料添加剂，改善非常规配方日粮的适口性，提高使用价值。

二、服务创新

依托公司20年的期货从业经验，遵从价值分析理论，特推出“生猪期货套期保值”增值服务，帮广大养殖户锁定卖价、锁定利润，为客户提供生猪期货套期保值服务。大部分的经销商和养殖户对生猪期货还比较陌生，公司推出特色服务为广大用户规避风险、锁定利润，不从中收取费用、赚取差价。

三、霉立解降解霉菌毒素取得重大突破

2010年独家转让中国农业大学计成教授领导研发的霉菌毒素降解专利并进行了科技成果转化——商品名“霉立解”。霉立解的问世开创了生物降解霉菌毒素的先河。通过多年锲而不舍的研发，液体霉立解体外2h对呕吐毒素的解率达到80%以上，针对玉米赤霉烯酮的霉立解，体外2h降解率达到90%以上。每个销售人员配备便携式的毒素检测仪，可在客户那里现场检测。近年来饲料原料霉菌毒素污染严重，霉立解对霉菌毒素生物降解的重大突破，将为行业降本增效做出重大贡献。

四、采购创新

在原料的采购上始终遵循价值分析、战略采购的原则，把握时间节点和价格节点进行期现结合的战略采购。采购部、技术部跨部门协作，助力采购决策，减少失误，提高采购效率。

公司始终秉承创新成就未来，以创新的思维适应动态的变化和充满不确定性的未来，唯创新才能基业长青，通过努力，让行业受人尊敬。也正是紧扣行业痛点的差异化创新才能在行业不景气的大背景下走出

了特立独行的业绩。

亿万中元将继续以专注创新的工匠精神，拼搏进取，开创彪炳千秋的生物科技饲料新时代。

多策并举　不断提高抵御市场风险的能力

——新乡市大北农农牧有限责任公司

新乡市大北农农牧有限责任公司是伴随着我国饲料工业的诞生而同步发展起来的农牧科技企业，创建于1984年，30多年的发展，已经成为一个从事饲料、生态养殖、绿色种植、动保、养殖设备制造、农产品、特色餐饮、文艺文化、培训教育等于一体的综合性农牧龙头企业。现有员工1 000余人，年销售收入4亿元。饲料作为企业主导产业，拥有“北农”“胜信”“百泉”“九千”四大品牌，在新乡、驻马店、焦作等地先后建成了中原地区最大的饲料生产基地，年饲料生产能力超过百万吨，大北农猪料已经成为规模化养殖场的首选品牌。

企业在农业产业化道路上，形成了完整的循环经济产业链；企业先后通过国际质量管理体系认证、食品安全体系认证、环境管理体系认证、职业健康安全认证，是农业产业化国家重点龙头企业、农业农村部授予“饲料质量安全管理规范示范企业”、国家循环经济教育示范基地、河南省生猪产业化示范集群企业、省农业产业化重点龙头企业、省饲料十强企业、省国防教育基地、省新农村建设先进单位、省农产品深加工示范企业、省五一劳动奖状、省级卫生先进单位、省民营企业现代农业100强等。

一、加快饲料产品技术创新

新乡大北农以高品质、环保、健康、高效为产品设计核心理念，现有母猪、教槽、保育、育肥四大系列猪饲料产品，特色产品有液态饲喂教槽料“金乳王”、高档保育料“乳宝3号”、解决母猪肠道健康问题的功能性母猪料、生长速度快和养殖效益高的育肥料。

新乡大北农的教保料是公司的拳头产品，从2008年开始在市场上就已经有较好的影响力，最近几年公司又在教保料上下了更多的功夫，推出了新的教保料产品和液体饲喂模式，大大提高了养殖户仔猪的成活率和生长速度。

2017年公司引入了饲料发酵工艺，2018年就研制出了乳猪液态发酵饲料“酸酸乳”，不仅提高了乳仔猪的采食量和日增重，而且通过发酵产生了有益的代谢产物能够维持乳仔猪肠绒毛生长，改善肠道健康。

公司的高档保育料“乳宝3号”具有很好的溶水性，可以在水中快速溶化，进行液体饲喂可以大大提高保育猪的采食量和日增重，同时减少了弱仔猪的死亡率，提高了保育猪的整体成活率。

与教槽、保育料相配套的，公司也研发了“小猪饱”液体饲喂料槽，与教保料产品相结合，给养殖户养好仔猪提供了巨大的帮助。

在母猪的营养上，公司在2016年推出了功能性母猪料，着重解决母猪的肠道健康问题。尤其是在妊娠母猪阶段，养殖户缺乏重视，大部分使用预混料，不能给妊娠母猪提供足够的纤维营养，母猪存在便秘、泪斑、产程过长等一系列问题。公司为了解决这些问题，研发了40%的母猪浓缩料，提供了足够的纤维营养，解决母猪肠道健康问题，提高了母猪的健康度和繁殖效率，得到了养殖户的普遍认可。

今后猪饲料的发展趋势必然是无抗、环保、低蛋白以及生物发酵技术的应用，目前公司也正在做这些方面的研发准备工作，并且已经取得了阶段性的成果。相信通过不断的技术创新，公司的产品一定会给广大养殖户带来更大的价值。

二、认真落实《饲料质量安全管理规范》不放松

在饲料规范生产方面，公司走在了河南饲料行业的前列，是最早通过“九千”质量认证的饲料企业。公司建立之初，就对产品质量和规范生产非常重视，一直以来也致力于不断提高产品质量和生产规范，先后通过国际质量管理体系认证、食品安全体系认证、环境管理体系认证、职业健康安全认证。这也为公司通过农业农村部饲料质量安全管理规范示范企业验收打下了良好的基础。

自从《饲料质量安全管理规范》实施以来，公司就开始全体学习《规范》，并在生产中进行落实，按《规范》要求的执行，并在2015年12月份顺利通过了农业部（现农业农村部）规范验收，是河南省首家通过农业农村部规范验收的企业。

三、积极抗击非洲猪瘟疫情

2018年非洲猪瘟给中国养猪业带来了巨大的损失和风险，新乡大北农饲料生产基地充分考虑客户的养殖风险，从人员消毒、基地人员换衣、车辆消毒、设置生物安全隔离区、厂区环境消毒、仓库防鼠防鸟、产品包装物消毒、原料采购及预处理、客户成品车辆包膜等10个方面做了严密的非洲猪瘟防控措施，以确保我们的饲料产品是安全的，坚决不做非洲猪瘟的传播者，为客户提供了更加安全的饲料产品，让客户更加放心地使用大北农的产品。

四、不断提升市场服务理念

在国家乡村振兴战略的指引下，新乡大北农积极响应党中央的号召，立足中原，服务“三农”，扛起报国兴农的大旗，实施企业转型与养猪服务平台建设，从养猪人才的培养到智能设备升级改造，再到关键技术的导入，把饲料原来的销售员培养成养猪服务专员，让每一个服务专员都能够亲临猪场一线，帮助猪场在关键环节与养猪生产技术方面实现改善与提升。

1. 开展数据化管理服务。通过使用猪联网/蛋联网管理平台，帮助养殖户实现养殖场大数据管理，准确定位养殖场生产管理过程中的薄弱点，让用户随时随地掌握猪场的生产信息；让猪养殖户变得更加轻松、便捷。

2. 开展 P2 背膘服务。母猪背膘检测，做到母猪精准饲喂，最大化地发挥饲料效能，通过背膘检测服务可以根据母猪背膘厚度，调整母猪采食量，让母猪发挥最佳生产性能，实现母猪在产仔数量、仔猪初生均重达到有效提升。背膘服务是保证母猪高效生产的有效途径之一。

3. 开展液体饲喂服务。新乡大北农专利产品“液体饲喂器”实现哺乳期、保育期液体粥料饲喂，避免断奶仔猪应激，提升仔猪生长速度，为仔猪前期健康和全期的生长速度打下了坚实的基础，可实现仔猪多吃、多活、多长。

4. 开展生物安全服务。生物安全就是猪场的生命线，为了保护养殖户群健康、保证猪场正常生产发展，发挥最大生产优势，市场服务人员帮助养殖户完善生物安全防控，协助猪场建立严格、全面的生物安全管理体系，从人员进场、外来车辆进场、卖猪管理、病死猪无害化处理、物资进场、餐厨管理、灭虫害、引种隔离、饮水管理等防控非洲猪瘟入侵的九大保护措施，加强养殖户对生物安全意识，保障猪场的生物安全和可持续发展。

5. 开展联采服务。降低成本就是增加利润，新乡大北农投资近千万余元建立多层面检测平台，从原料贸易、疫苗、动保、微生态到器械等一系列的联合采购，帮助家庭农场把握好质量关，降低问题的发生率，同时借此平台可让 100 头母猪场享受到 10 000 头母猪场的采购优势。

6. 开展资源共享服务。新乡大北农结合自身优势在行业中整合到更多的能够为家庭农场服务的优质资源平台，包含种猪、养殖设备、自动料线等，公司为家庭农场先投资，让家庭农场先受益，分期还款，零利率，为用户降低养猪保本点。

7. 开展养猪金融服务。在养猪行业规范发展时期，新乡大北农为家庭农场提供了便捷的金融服务，解决家庭农场的发展资金需求。加快资金周转利用率，为用户提供秒贷放款，养多少、贷多少，随贷随还、随还随贷。

8. 开展养猪创业人才服务。新乡大北农创业养猪大学——养猪专业人才的黄埔军校，针对家庭农场老板、技术专员、接班人设有不同的模式培训课程，为帮助家庭农场接班人的培养和员工的技能提高奠定坚实的基础。

9. 开展智能化设备改造服务。面临当前行业用人难，用人成本不断增加，新的自动化、智能化管理会成为行业的发展趋势，利用芯片植入科技，实现每头母猪的个性化、智能化管理，做到根据每头母猪背膘检测值确定每天饲喂量的精准投喂。可实现对家庭农场的散装散运对接，有效减少交叉污染，降低包装成本和人工成本，杜绝鼠啃鸟啄造成的浪费。

10. 开展养殖环保模式服务。随着国家大形势发展，确定了建设美丽乡村的大战略，农村养殖环保已成为当前国家的重点主抓工作，新乡大北农经过对欧洲、美国以及国内多个省市的学习考察，最后确定了适合中国家庭农场最新种养结合模式，投资小，零技术，公司包回收，实现粪水达标、零排放的环保标准。

新乡大北农作为农业产业化国家重点龙头企业，将始终不渝地扎根农村、服务“三农”，完善产业链，走好一体化道路，充分发挥饲料养殖等产业循环经济优势和龙头带动作用，为带动更多农民致富、为推动新农村建设、为我国农业崛起做出更大的贡献。

构建制度创新　坚持提质增效
加强科技研发　建立销售新模式
保持集团发展稳中有进

——安琪酵母股份有限公司

一、企业简介

安琪酵母股份有限公司（以下简称“安琪酵母”）位于湖北省宜昌市，始创于 1986 年，其前身为原国家计委批准建立的宜昌食用酵母基地，是宜昌市属国有企业。2021 年，安琪酵母努力克服了疫情反复、大宗原料和能源价格飙升、出口运输受阻等困难，收入历史性地突破百亿大关，实现销售收入 106.75 亿元，同比增长 19.5%；实现出口收入 4.34 亿美元，同比增长 12.7%；净利润 13.09 亿元，同比略微下降；上缴税收 7.89 亿元，同比增长 47.6%。

安琪酵母主营各类酵母、酵母抽提物、酵母源生物饲料、营养保健品，并进行食品原料的研发、生产和销售，产品广泛应用于烘焙与发酵面食、食品调味、微生物营养、动物营养、人类营养健康等领域。安琪酵母在湖北宜昌、广西柳州和崇左、云南德宏和普洱、新疆伊犁和可克达拉、内蒙古赤峰、河南睢县、山东滨州和济宁，以及埃及贝尼斯韦夫省、俄罗斯利佩茨克州等地共建有 13 个酵母工厂，酵母类产品总产能超过 35 万 t，出口 163 个国家和地区，在国内市场占比超过 60%，全球占比超过 15%，产销规模已居亚洲第一、全球第二位。

安琪酵母的发展历程，是一个不断推动技术进步和科技创新的过程。历经 30 多年的发展，安琪酵母拥有了国家企业技术中心、博士后科研工作站、CNAS 国家认可实验室、湖北省酵母工程技术研究中心、酵母功能湖北省重点实验室等高层次研发平台。先后承担并完成国家、省部级项目 84 项，获得国家科技进步奖 2 项、省部级科技奖励 31 项；主导和参与制定了酵母行业所有的国家和行业标准；获得授权发明专利 238 件；获得国家级两化深度融合示范企业、服务型制造示范企业、国家绿色工厂、国家创新型试点企业、首批国家技术创新示范企业、中国质量奖提名奖企业等称号。

二、重点工作与突出业绩

（一）制度创新建设，企业管理提质增效

坚持党建引领。安琪酵母把加强党的领导和完善公司治理相统一，严格执行“三重一大”党委会前置研究程序。优化考核体系，探索分类考核，突出支部功能，推动党建责任制与生产经营责任制有效联动。坚持问题导向，强化政治担当，将市委巡察整改与加强作风纪律建设、提高重点业务质量、深化改革等工作有机结合。

改进激励机制。安琪酵母规范了公司职级薪酬体系，强化了工资水平与绩效结果的刚性挂钩，形成薪随岗变、易岗易薪的奋斗机制。完成限制性股票激励计划，设立实施重大科技创新奖励机制，兑现了重大新产品奖励，延长疫情期间海外出差特殊奖励政策时效。

优化组织设置。安琪酵母完成技术中心、国际业务、电商、水产营养等业务及组织整合，细分烘焙面食业务及组织，设立党委宣传部、组织部、工会办和风控部，理顺公司环保工作职责，强化各生产单位质量总监岗位及质量部门配置。

持续改进管理。安琪酵母组织推进“对标提升”行动，构建了分层分类制度体系框架，特别完善授权、资产、招标、合规、追责等管理制度流程。开展了招采专项整治，推行“集采分签”新模式。开展全面风险排查和内控评估，推进内部审计监督，显著提升了内部治理能力。

加强专利布局。安琪酵母 2021 年发明专利申请量与 2020 年相比增加了 21%，共有 57 件专利授权，其中发明专利 15 件。建立了专利工作指数，加强与布局、专利解读，规避知识产权风险，积极推动利用专利信息进行科技创新。

（二）加大科研投入，研发创新产品

科研投入持续加强。2021 年 6 月，投资近 2 亿元的研发综合体建成运行，研发装备提档升级，为科技创新工作创造了条件。每年研发投入始终保持在营业收入的 4%以上，2021 年超过 4.6 亿元。

基础研究实现突破。安琪酵母构建了新高低糖菌种，优化了耐丙酸酵母、高蛋白酵母等发酵工艺。基因构建应用取得较大进展，显著提升核酸酶、碱性蛋白酶发酵酶活。研究了复合蛋白酵母抽提物的呈味特性，推进酵母蛋白在人造素肉中的应用。规划了菌种资源开发等 18 个研发平台建设。

百项新品开发上市。宽糖度低糖酵母、饮料专用 YE、人造肉专用酵母蛋白、肽鲜系列、低成本泡打粉系列、YEF 超滤系列、糖水曲、白酒风味曲、谷氨酰胺酶、调制乳粉等 157 项新产品上市。备案保健食品 25 项，上市保健食品 17 项。

技术合作全面展开。2021 年安琪酵母新增研发合作立项 30 项，合作经费 1 600 余万元。与中国食品发酵工业研究院建立战略合作关系，与中粮集团、国投生物达成技术战略合作意向，与中国科学院系统、江南大学、华中农业大学等机构持续开展合作。

科技奖励成果突出。《中国本土葡萄酒酵母资源挖掘及其衍生产品生产关键技术和应用》获中国食品工业协会科学技术奖特等奖，《酵母深加工产品产业化关键技术与应用》获得中国轻工业科技进步一等奖。

（三）质量安全控制，安全生产标准提升

精心组织保障生产。及时化解环保瓶颈和特殊品种生产低效问题，全年酵母发酵产量接近 35 万 t，抽提物产量首次突破 10 万 t。海外工厂付出艰辛努力，开足马力，产能全面释放，埃及公司连续八年提前完成生产任务，俄罗斯公司连续四年产量攀升。全系列产品一次合格率保持高水平稳定，解决了少数易发多发的质量问题。

安全环保严厉管控。全面推行安全网格化管理，坚持经理层重要危险源包保规定，开展装备本质安全提升，强化重大隐忧管控，完成三年行动攻坚任务，加大对“三违”及安全事故的追责，安全事故下降 31.35%，安全形势不断向好。

环保系统运行稳定。各项污染物持续稳定达标排放。吨酵母环保处理成本下降5.5%。沼渣减量化成效显著，产生量减少9.4%，沼气收益达1 527万元，同比增加45%。

标准工作积极开展。主导制定我国首个CAC全球性商品标准“食品酵母国际法典标准提案”获得通过，全年发布国家、行业、团体标准8项。推进酵母蛋白、复合蛋白酵母抽提物行业标准立项。先后获得服务型制造示范企业、绿色工厂、外贸转型升级基地、技术创新示范企业、服务业标准化试点企业等7项国家级荣誉。

疫情防控毫不放松。结合经营实际，重点围绕疫苗接种、重点人员核酸检测、进口冷链环检消杀、回国人员隔离管理、境外疫情防控等环节抓落实、补漏洞，毫不松懈抓好常态化疫情防控。2021年全集团未发生人员感染。

（四）加强技术改造，绿色智能化提升

不断提升制造优势。积极开发糖蜜替代资源，过滤介质替代成为业内首创。智能制造取得重大突破，发酵智能控制全面推广，图像识别辅助转鼓智能控制、异常反馈技术试点成功。俄罗斯公司控制系统接入总部，首次实现工艺远程管控与跨国服务。主导完成工艺革新攻关课题53项，实现经济效益超2 000万元，剔除采购价差全年节约生产成本1.2亿元。

积极推进两化融合。成立数字化建设委员会，统筹公司自动化、智能化、信息化工作。实施营销数字化、财务共享、WMS系统、MES系统、工业大数据、数据可视化与分析等信息化系统。全面加强信息化基础设施与信息安全建设。通过两化融合管理体系复审，入选工信部“2021年新一代信息技术与制造业融合发展试点示范名单”。

（五）国内外市场推广，营销手段改善及新模式建立

聚焦资源强化品牌。举办行业高端研讨会10余场，行业制高点得到稳固。参加国内外线上线下专业展会50多场，集中资源投放央视和高铁广告，首次与国际高端媒体合作，继续利用KOL及线上媒体传播品牌，行业影响力持续扩大。

迎难开发国际市场。海外业务直面困难，创新思路，利用本土化资源，全业务开发海外客户，“四位一体”提升海外品牌，协调海外工厂生产保供，实现了新菌种酵母、食品原料、YE等重点产品上销量。2021年出口国家和地区达到163个，同比新增14个国别，国际化指数达到20.3%。

客户群体不断壮大。把握消费趋势，积极开展市场攻坚，推进渠道下沉，市场实施组合销售，整合线上线下资源，推行渠道数字化管理，全力挖掘客户资源。全年新增直供客户3 239个。

坚持渠道建设优化。不断提高客户服务的标准和质量，深入渠道网络建设，做好客户培训和销售协同。加快推行渠道数字化应用，提升经销商的客户开发和管理能力，强化终端掌控与服务。积极利用“四多”策略、灵活政策，拉动市场销售。持续开展打击假货、串货行动，全力净化市场。

坚守长期主义　充分发扬工匠精神
保持经营战略定力　相信新华扬
构筑百年经典品牌

——武汉新华扬生物股份有限公司

新华扬是应用现代生物技术进行研发、生产和销售生物酶制剂、微生态制剂产品并向客户提供“安全、高效、环保”系统解决方案的生物科技企业。自2000年成立以来，公司专注于生物科技领域，始终秉承“以技术创新为先导，以核心产品为基础，以营销网络和品牌建设为保障，为人类健康、环保与节能尽责”的发展理念。凭借创新的技术和优质的产品，公司已成为我国一流的生物酶制剂及微生态制剂专业服务商，曾被评为“全国酶制剂行业十强企业”，荣获“中国生物发酵产业创新贡献奖”，酶制剂产品先后获评“湖北省著名商标”“武汉市著名商标”“湖北名牌产品”等称号。公司产品和服务网络覆盖全国，并已出口至欧盟、俄罗斯、乌克兰、墨西哥、巴西以及印度等20多个国家和地区。

2012年，公司斥资4 000万元建成新华扬生物技术研究院，下设工艺创新平台、理化创新平台、应用创新平台及分析检测中心，涉及微生物菌种、发酵工艺、后处理工艺、理化性质、体外消化、应用评估等多个方面，现已拥有多项具有自主知识产权的产品和技术。公司作为主要完成单位之一荣获国家科技进步二等奖3项、湖北省科技进步奖一等奖1项、中国科技产业化促进会科技创新一等奖1项、上海市技术发明二等奖1项、教育部技术发明二等奖1项；获得国家授权发明专利61项和成果鉴定19项；牵头或参与制定并已完成的国家标准8项、行业标准6项以及团体标准13项；获得国家火炬计划项目3项；参与国家863计划项目3项；先后被评为“国家知识产权示范企业”“国家博士后科研工作站”“湖北省支柱产业细分领域隐形冠军示范企业”“湖北省生物酶国际科技合作基地”“湖北省创新型企业”“湖北省认定企业技术中心”和“湖北省生物酶制剂工程技术研究中心”，获得“中国生物发酵产业创新贡献奖”等荣誉。

新华扬十分重视与高校合作，共哺人才。多年以来在华东理工大学、江南大学、华中农业大学、武汉轻工大学等高校设立专项奖学金、奖教金。近5年已支出约200万元奖学奖教金，用于奖励校内优秀教师、学习成绩优异的学生，帮扶贫困学子等，并且每年都会邀请师生进入企业学习参观。同时，公司创建博士后工作站，引进高端科研人才，并与湖北大学设立研究生工作站，联合培养硕士研究生。经过多年自主培养及校企合作人才共哺的模式，新华扬目前拥有研发相关人员80余名，在新产品研发、生产工艺技术等领域取得了多项科研成果。

在企业的经营过程中，新华扬注重精神文化的打造，形成“以善为本，以行为实，以学制用，以诚为真”的核心价值观。其中，以善为本作为公司核心价值观的基础，充分体现了新华扬纯良温厚的企业性格底色。秉承着开放包容，公司关爱员工成长，尊重不同文化背景同事带来的多元化融合，为每位员工提供多元化的职业发展路径，帮助员工在挑战中实现自我价值。

坚守长期主义，充分发扬工匠精神，保持经营战略定力，相信新华扬构筑百年经典品牌的梦想终将变为现实。

做世界的厨房、人类能源的供应者

——武汉正大有限公司

武汉正大有限公司位于湖北省武汉市新洲区阳逻经济开发区金发大道，是由武汉农业集团股权投资有限公司与正大投资股份有限公司合作兴办的大型现代化农牧企业。公司总投资3亿元，占地100亩，现有员工近500人，建有年产24万t的畜禽饲料车间、6万t预混料车间及相关生产配套用房，主要从事生产和购销猪饲料、鸡饲料、鸭饲料等各种饲料和饲料添加剂并进行产品售前宣传和售后服务，是一家集科研、生产、经营与技术服务为一体的综合型企业。

“做世界的厨房、人类能源的供应者”是公司的经营目标。正大利用公司的优质饲料、先进的养殖技术和观念，带动当地畜牧业的发展，把公司的发展与农民致富紧密地结合在一起。在不断扩大规模、提高经营效益的同时广泛开展经济技术协作，服务社会，为当地经济发展、农民致富做出了应有贡献。

一、强劲势头：大型现代农牧企业呼之而出

具有厚重底蕴的武汉正大有限公司，自成立以来，保持着强劲的发展势头。

武汉正大有限公司是1993年武汉市政府引进的十大重点外资项目之一，公司于1993年动土兴建，1994年5月建成投产。为配合武汉市光谷地铁配套建设，公司于2018年从东湖高新技术开发区搬迁落户阳逻经济开发区，建设搬迁创造了新洲速度（当年动工、当年建成、当年投产、当年纳税）。新厂公司采用世界最前沿技术，完全实现畜、禽料及预混料生产线系统独立生产。整个生产过程实现全程监控可追溯，生产区域采用太阳能绿色环保能源，实现生产“六化”，即原料散装化、装卸机械化、运行自动化、过程可视化、饲料安全化、生产标准化。

立足于集团优势，质量管理上，公司先后通过了ISO9001、ISO20002质量管理体系认证及ISO14001环境管理体系认证，并获得鸡肉及鸡蛋产品的无公害认证。在产品方面，被评为湖北省优质产品，并获得消费者满意奖。在信誉方面，多次获得重质量、守诚信和用户满意的产品诚信企业称号；先后获得武汉市优秀外商投资企业、履行社会责任先进单位、武汉市畜牧水产业十强企业、湖北省外商投资百强企业、武汉市农业产业化重点龙头企业等荣誉称号。全省饲料工业“先进单位”，并连续当选省、市饲料协会副会长单位，中国外商投资企业理事、武汉外商投资企业会长单位。

2021年在非洲猪瘟、新冠感染疫情双重打击下，公司实现逆势增长，全年销售饲料35万t，实现产值近15亿元，这个成绩无论在集团内还是在湖北，都是一个不小的突破，正逐渐显现出大型现代农牧企业的风范与气魄。

二、不断创新理念，立志做世界的厨房

“做世界的厨房”，是正大集团的一大愿景。构建、巩固并扩展从农田到餐桌的全程可追溯全产业链，正是实现此愿景的最主要手段。公司领导深知，食品的质量就是对人们的安全、营养和感官要求的满足程度，饲料是产业链伊始，从源头上我们就严格把关。

正大在市场上不断焕发着青春，不断成长，工作紧紧围绕着以下几点：

（一）树立“全心全意为客户服务”的经营理念

以客户为本的理念不能成为口头的承诺，要转变成行动。就是要通过优质的服务和高质量的产品使客户满意地使用产品，得到客户的高度认可，才能让客户感受到公司的企业文化和人文魅力。

正大各部门各岗位的一切工作都是围绕这个出发点来做。以销售工作为例，重点就是要抓品牌价值营销，做技术贴身顾问，为客户创造价值。武汉正大服

务人员，以3～5人为一个团队，下沉到村、下沉到户、下沉到圈，为广大养殖户做专业化的“贴身”服务。

通过组织客户培训和参观活动，组织对比试验，帮助养殖户算账，提升养殖水平。20多年来我们深入乡镇、农村，免费举办对比试验和培训会5 000多场，培训20万人次以上，向农民赠送各种专业技术资料50多万份，抗体监测诊断近万次。组建近200人的专业销售服务和技术服务专家团队，与华中农业大学动科动医学院合作成立“正大动保中心”，邀请华中农大多位教授提供技术咨询和服务。

（二）不断创新经营

创新是企业兴旺的不竭动力，也是企业成长壮大的重要法宝。

农牧企业只有不断创新服务，才能不断为客户创造价值。

新时期养殖行业一个显著特点就是生产效率低，易发病，成本高。养殖要成功，必须要回归到这样一个公式：效益＝（遗传＋营养＋环境）×管理。管理在养殖中至关重要，而管理中人才又是最重要的。没有好的管理，一切都会成为空谈。更何况众多养殖场连好的遗传也没有，好的营养也不够，好的环境也没有，千家万户的养殖更是如此。所以我们要为养殖户提供服务，帮助他们改变传统的养殖观念和模式，不但提供优质的种源、优质的饲料，还要帮助他们设计建造现代化的养殖场，同时也要输出管理技术，更要输出管理人才。只有这样，才能够为客户创造更多的价值，帮助他们通过养殖成功。

1. 标准化养殖模式推广。改革开放以来，我国的养殖业发生了巨大变化，逐步从以前的家庭分散饲养发展到今天的规模化、产业化养殖。过去传统养殖圈舍环境差，设施简陋，猪鸡易生病，死亡率高，生产效益难以充分发挥，养殖户又脏又累，而且环境污染大，效益低。根据以上存在问题，公司采用集团最先进的标准化养殖模式，既指导农民建标准化改良猪舍鸡舍，又配合推广良种、良料和良法。标准化养殖环境舒适，冬暖夏凉，自动采食，自动饮水，省工省料。能降低养殖成本，减少疾病和环境污染，这样赚钱就能更多。

2. 养猪事业九大保障工程。随着规模化程度快速升级，对猪场的硬件、软件提出了更高要求。而猪场普遍缺少优秀的管理人才和科学的饲养管理技术，生产过程中遇到诸多困扰，从业风险不断加剧，最终导致养殖效率低下，长周期的高投入换回的却是无利可图。

对于以上问题，早在2008年正大集团就曾提出对客户猪场进行系统化管理服务，面向社会规模场推广正大集团的农场信息化管理系统和猪场标准化生产管理服务。正大服务的不断优化和升级，在养殖标准化及信息网络化工程六大服务板块的基础上，增加肥猪回收、工程建设、融资服务三个服务板块，升级为养猪事业九大保障工程（环境保、种猪保、饲料保、生产保、健康保、品改保、信息保、肥猪保、资金保）。

“猪九保”工程涵盖了养猪每个环节且环环相扣，能让合作客户体验猪场从融资、建场、引种、生产、管理到毛猪销售的全过程星级服务。经过10年多的探索和发展，服务的规模猪场已达60家，上线猪场21家，母猪规模超过4万头。

3. 猪博士App。“互联网＋”代表着现代农业发展的新方向、新趋势，为转变农业发展方式提供了新路径、新方法。技术不会止步不前，随着社会经济发展，“互联网＋物联网”与农业相融合是必然的时代趋势。猪博士App正式在新形势下孕育而生，是正大集团旗下专门为养殖者开发的养殖综合服务平台，是农业全产业链生态圈的超级App，能够给用户提供一站式服务。作为现代信息技术改造传统养殖业的创新之举，能通过不断的完善升级，为畜牧业现代化插上腾飞之翼。用户可以使用这款软件实时关注最新的价格行情，同时可以快速录入猪场数据，并进行数据统计分析，提供线上咨询、预约兽医等功能，帮助养殖者学习很多实用的养殖知识。

养殖户缺乏技术、市场、资金和人才等，猪博士将正大对猪场管理的丰富经验信息化和系统化，助力养殖户改善养猪环境、提高养猪水平。通过全产业链融合保持市场可持续发展，进一步推动现代农业的可持续发展，做到食品安全可追溯，帮助广大养殖户持续致富。

三、利国利民利企业，积极回馈社会

“爱是人类最美好的语言，爱是正大无私的奉献……”一曲《爱的奉献》随《正大综艺》节目唱遍大江南北。如同歌词所写，武汉正大也不忘回馈社会，多年来先后捐资百余万元，用于救灾扶贫、科技教育、医疗卫生、文化体育、环境保护和希望工程。如赈灾解难，2016年8月主要为湖北受灾农户捐款35万元；为培养人才，公司在华中农业大学和长江大学设置了正大班，每年赞助奖学金10万元以上；公司工会定期组织员工到当地的儿童福利院和养老院参与公益活动，关心当地的孤儿和老人，为他们送温暖。2020—2021年疫情期间，武汉正大积极复工复产，为武汉市及周边县市的“菜篮子”贡献自己的一份力量，并积极组织捐款捐物50余万元。

“正”行天下，“大”梦兴企。未来我们将积极参与社会主义新农村建设，推动养殖业向规模化、标准化、现代化的方向发展。作为武汉市农业产业化龙头企业，作为“三农”工作的直接受益者和实践者，为建设“三农”强省，未来我们将更加积极参与社会主义新农村建设，实行产业链的延伸，发展食品加工业，为消费者提供绿色安全新鲜的产品，提高人们的健康水平而不断努力，并为实现集团“做世界的厨房、人类能源的供应者”这一伟大目标而努力奋斗。

用饲料的安全确保肉品安全

——唐人神集团股份有限公司

唐人神集团是农业产业化国家重点龙头企业。1988年创立，始终牢记“致力农家富裕、打造绿色食品、创造美好生活”的使命，打造了“生猪育种、饲料营养、健康养殖、生猪屠宰、肉品加工、品牌连锁、小风唐餐饮”的农牧全产业链核心竞争力，2011年在深交所成功上市。唐人神集团目前在全国建立了80多家饲料厂、40多家规模猪场、6家肉品加工厂、100多家生鲜社区连锁店。年饲料生产能力超过800多万t，年出栏生猪超过200万头，生猪屠宰能力200万头，年肉制品加工能力10万t，是中国制造业500强、价值品牌500强、全国农业产业化头部企业100强、2021三湘民企第8名、2021年中国农业企业500强、饲料行业头部企业10强。集团创新打造的《猪健康养殖的营养调控技术研究与示范推广》以及《传统特色肉制品现代化加工关键技术及产业化》技术荣获国家科学技术二等奖，2021年销售规模突破200亿元。

饲料是唐人神集团的起家产业，也是集团最大的产业板块，始终以做“中国养殖价值最优秀的综合服务商”为目标，不断整合内外资源，在打造高品质、高性价比产品的基础上，构建与完善产品研发、资金服务、养殖技术、产业链资源支持等管理系统，真正让养殖赚钱不再成为难事。经过30多年的发展，唐人神集团在全国拥有80多家饲料子公司，生产产能达到800万t以上，已跨入中国饲料行业前十强。

一、注重科技创新，打造产品竞争力

饲料事业部拥有国家认定企业技术中心与院士工作站，先后与中国科学院、中国农业大学等国内多家高等院所共同组建了饲料、兽医和育种等联合研究所，走产学研相结合的道路。提出了三大营养与养殖效益的理念：母猪的效率要从怀孕营养抓起，乳猪营养与健康要从母奶抓起，养猪效益要从30kg黄金点抓起。

唐人神集团拥有法国进口Acema自动称重饲喂系统、猪禽鱼仿生消化系统、猪禽鱼科研基地、食品级玉米红外烘焙车间、固体与液体发酵车间等，具有基础研究与应用研究相结合的综合研发能力。2008年，唐人神《猪健康养殖的营养调控技术研究与推广》项目荣获国家科学技术进步二等奖。2021年唐人神投资2亿元新建了年产24万t动物营养核心料厂，生产获得国家发明专利的液体饲料——口口乳，极大地提高了饲料的转化率，减少了猪场粪污臭味，更环保。同时开发精准营养、精准防控、精准服务模式，持续为顾客创造价值，实现了销量的稳定增长。

二、注重质量管理，强化品牌培育

“忽视质量就是自杀与犯罪”是唐人神集团的质量宣言。唐人神团一直以来把产品质量和品牌建设作为首要任务来抓。

首先，集团建立了健全各项质量保证体系。2001年以来，集团先后通过了ISO9001质量管理体系认证、IS22000质量管理体系认证、HACCP食品安全认证、ISO14000环保体系认证，时刻严把质量关，确保产品质量安全。

其次，公司有先进的生产工艺。猪、禽、水产料生产工艺采用了独立、全屏、全自动配料控制系统，避免交叉污染，实现了微量原料电脑控制配料，确保精准营养。乳猪料采用国内最先进的二次制粒工艺，基础料采用大容量保质器，实现了300s以上的最长时间调质工艺，提高熟化度一倍以上。禽料采用后喷涂技术，保证制粒效果、硬度与脂肪含量。蛋鸡料采用了“鲨鱼齿”粉碎工艺，避免过度粉碎，鸭料采用变频调质技术，含粉率远低于同行最好标准1%；特种水产膨化料选用了国内最高技术水平的生产设备。创新原材料预处理技术，首创国内第一条红外线烘焙技术饲料工艺生产线，诱食性好，易于吸收。唐人神饲料产品深受广大规模猪场的认可。

“骆驼”猪料、“湘大”水产料、“加乐”禽料良好的品质和饲养效果也赢得了客户的信赖，“骆驼”商标被评为中国驰名商标，“饲料一枝花、骆驼富万家”，“骆驼有三多，养猪赚钱多”享誉大江南北。2020年，世界品牌实验室发布分析报告，唐人神品牌价值突破100亿元，连续多年荣登中国最具价值品牌500强榜单。

三、注重文化建设，提升企业管理能力

唐人神集团连续多年与华夏基石、西门子、零牌

顾问和麦斯顿等国内顶级咨询公司合作，打造事业合伙人、项目制、精益生产、数字化营运等核心竞争力，全面提升采购、生产、研发技术、质量、财务、营销、人力资源等管理专线能力。同时，推进专线考核、“日清日结”管理模式及“规范化、流程化、表格化、信息化”四化建设，不断打造低成本竞争力。推出了望闻问切、项目制六步法、五维模型等管理工具，2021年唐人神集团提出了“3＋1目标”，即收入增长、利润增加、成本下降、组织成长，强调“经营＋管理”两手抓才能使经济指标持续、稳定、快速地增长和改善，从而打造了持续为顾客、为员工、为公司创造更大的价值的管理体系优势。

四、注重社会责任，织牢联农带农纽带

唐人神集团成立以来，始终坚持“企业发展、员工幸福、回报社会”的发展宗旨，主动承担社会责任，积极投入社会扶贫、科教兴农、扶贫助学、抗震救灾、抗洪抢险等公益事业。先后捐建4所希望小学，捐赠500万元支持贫困学子上大学，捐赠720万元饲料支持科教兴农，捐赠80万元支持株洲环卫建设，捐赠100万元支援四川汶川地区抗震救灾等，在醴陵市将军村、茶陵县芫枧村、炎陵县平乐乡车坪瑶族村、炎陵县龙溪乡茶背村、株洲县淦田镇东冲村进行对口扶贫工作，支助扶贫资金100多万元，并通过“公司＋农户＋现代体系服务体系”已带动10万以上农户走上科学养殖致富之路。自1991年起，唐人神集团分别在武汉轻工业大学、广西大学、云南农大、湖南农大、华中农大、中国农大设立奖学金。2020年新冠病毒席卷全球，唐人神集团向疫区相关团体捐赠500万元（含现金、食品、防疫物资等），用于新冠感染疫情防控工作。自2019年起成立教育基金会，三年来共计捐赠260万元，资助500多名困难家庭的学子实现大学梦。

五、追梦千亿，助推乡村振兴

唐人神集团规划了未来十年的目标，到2031年，也是唐人神集团成立后迎来的第四个猪年，要实现“TRS313追梦工程”——年饲料销售1 000万t，年生猪出栏1 000万头，年销售收入1 000亿元，年利润30亿元。

人民对美好生活的向往就是我们的奋斗目标。唐人神集团30多年执着推进“生猪育种、饲料营养、健康养殖、生猪屠宰、肉品加工、品牌连锁、小凤唐餐饮”的农牧全产业链，就是要打造营养、美味，全程可溯源的安全肉，带动相关产业链发展，为助力乡村振兴做出更大的贡献。

创新驱动　科技赋能
推动饲料行业高质量发展

——广东溢多利生物科技股份有限公司

广东溢多利生物科技股份有限公司（股票代码300381）成立于1991年，总部位于广东省珠海市。公司专注于生物工程领域，研发并形成了生物酶制剂、生物医药、植物提取、动物营养与健康系列产品线，为行业客户持续提供整体生物技术解决方案，是我国生物酶制剂行业龙头企业、全球极具竞争力的甾体激素医药企业、中国动物营养与健康领域领军企业。

一、三十载辉煌　缘起酶制剂

20世纪90年代，一个石破天惊的消息从珠海发出：中国本土第一代饲用酶在溢多利公司诞生。20世纪末期，中央出台《1984—2000年全国饲料工业发展纲要（试行草案）》，大力支持国内饲料工业发展。在政策的积极引导、市场的巨大需求下，我国饲料工业进入快速成长期，一批知名的饲料企业诞生。但是国内的饲料添加剂工业才刚起步，作为上游产品的饲用酶制剂这一领域，更是被一些国外品牌垄断。与此同时，畜禽产品也产生了许多质量安全问题。

如何确保饲料安全进而保障大众的食品安全，许多有识之士为此上下而求索。“饲料关乎国人的‘饭碗’问题，为何我们就不能生产质量一流的酶制剂满足本国饲料加工业的发展需要?”当时，溢多利创始人陈少美董事长不禁发问。陈总毅然选择从“酶”起步，在简陋的办公、生产环境下开始了这份艰难的事业。经年累月的不懈努力，陈总与同事克服了过程中诸多困难：技术转化、市场冷淡、产品积压、资金紧缺、员工离职，甚至整个公司都几近倒闭……最后，溢多利得以重生，焕发出强大活力：1996年，溢多利饲用酶制剂年销售量达到了2 300t，占到全国饲用酶制剂市场份额的57.8%。

二、三十载深耕　铸科研强企

溢多利的30年历程，是一部艰苦卓绝的奋斗史、不懈追求的发展史。回首过去，溢多利从闪亮登场的那刻起，就以过人的前瞻意识，领跑在生物技术的最前端：

率先研制出中国第一代饲料酶制剂产品。

率先倡导并制定了中国饲料酶制剂领域的首个行业标准。

率先在同行业中通过 ISO9001 质量体系认证和 GMP 认证。

率先在同行业中获评国家认定企业技术中心、省级生物工程研发中心等。

率先在同行业中于深交所创业板上市。

率先推出首个获批国家二类新兽药证书的中兽药替抗产品……

2014 年 12 月，溢多利又一次迎来荣光时刻：《饲料用酶制剂技术体系创新及重点产品创制》项目获中国科技领域最高奖项——国家科技进步奖二等奖。中国农业科学院饲料研究所姚斌研究团队、溢多利研发中心李阳源博士等专家学者经过潜心研究，获得了具有自主知识产权和应用价值的新型饲料用酶基因百余个，创新了酶蛋白分子改良技术体系。

这是国家层面对溢多利的高度肯定，是溢多利多年来扎根科研、深耕科研的缩影。时至今日，溢多利已构建了以溢多利研究院为核心的研发体系，业务涵盖了生物酶制剂、生物医药、植物提取、动物营养与健康领域。

“全国二十强饲料添加剂企业”“广东省高新技术企业”“广东省著名商标”“国家级高新技术企业”“广东专利奖金奖”“国家知识产权优势企业”……溢多利所获荣誉不胜枚举。“创新驱动发展，科技引领未来”是溢多利人信奉的理念，持续推出高科技含量的产品与方案。

2020 年，“饲料禁抗”政策正式实施。溢多利率先布局市场，早在 2011 年，替抗方案中的“博落回提取物”及其制剂“博落回散”就成为国内首个获得国家二类新兽药证书的中兽药产品。此后推出替抗重磅产品博溢康、溢倍康 S、威特能，引领我国无抗产业健康发展。

新时期下，行业迎来国内饲料产量与能量原料进口不断增长的局面，“玉米豆粕减量替代”新政加快推进。溢多利积极响应，推出新型非淀粉多糖酶产品“溢能宝”，有效增加饲料中麦类及谷物的使用比例，延长酶解时间，改善动物肠道健康，提高抗应激能力，引领无抗时代非淀粉多糖酶新方向。

同时原料用酶如麦酶宝等，畜禽用酶如植酸酶、雏禽专用复合酶、乳仔猪专用复合酶、母猪专用复合酶等，水产动物产品如博炎宁、威特磷等，反刍动物产品如斯特灵、卡福斯等，宠物动物产品如益卫净、杜力锭等，工业酶产品如食品酶系列、酒精酶系列、纺织酶系列、造纸酶系列……产品覆盖范围广泛，使用效果好，客户认可度高，已有众多成为市场上广受赞誉的标杆性产品。

秉承“生产一代、开发一代、预研一代、储备一代”的科研方针，公司已拥有 AI 辅助的蛋白工程技术、基因工程（编辑）技术、自然菌种诱变技术、液体发酵技术、固体发酵技术、复合酶协同技术等，并拥有 200 余项发明专利、10 余项核心技术，申报和承担众多国家级、省市级科技项目。

三、三十载奋进　拓时代布局

溢多利不断优化珠海总部布局，为集团版图的“开枝散叶”做好准备：

1997 年，溢多利南屏科技工业园第一期工程竣工投产。

2005 年，第二期工程竣工投产。

2011 年，珠海生产基地技改工程全面启动，正式建成标准化的生产基地。

2015 年，溢多利博士后科研工作站获批成立。

2016 年，溢多利总部研发与办公大楼落成，新产学研示范基地建成并投入使用。

2018 年，溢多利研发中心成为“国家认定企业技术中心”。

2021 年，溢多利国家级企业技术中心扩建工程完成。

逐梦时代，风起云涌。溢多利北上内蒙古、湖南等地，拓张产业布局。

2008 年，内蒙古溢多利生产基地第一期工程竣工投产。

2013 年，内蒙古生产基地第二期工程竣工投产。

2014 年，溢多利在深交所创业板上市，成为中国生物酶制剂行业首家上市企业，为公司发展和资本运作提供了有力支撑。

同年，溢多利并购湖南鸿鹰，酶制剂产品拓展到多个工业领域。

2018 年，溢多利并购长沙世唯，布局饲用替抗市场，进入植物提取领域。

圆梦世界，扬帆远航。溢多利加快国际化步伐，力拓海外市场，重视海外专利技术建设，先后在 60 多个国家和地区建立完善的营销网络；与国内外 2 300 多家优质客户建立合作伙伴关系，为公司快速成长提供有力保障。

四、三十载积淀　必以人为本

经历 30 载发展，溢多利拥有了一支技术底蕴雄厚、科研设备先进的研发团队。集团现有员工 2 500 多人，其中研发人员近 400 人，博士、硕士等高学历人才，优秀的运营管理人才、技术人才储备丰厚。溢多利为每位员工提供施展才华的平台，在完善激励机制的同时进行梯度建设，不断加大对人才的福利投入。

优秀的企业文化是溢多利发展的动力，建立实习基地，开展校际合作，大学生、新员工入职培训，定期团建等活动，逐渐成为溢多利人才战略的重要组成部分，一项项举措及福利帮溢多利赢得了人才的青睐。

以人为本，不光是以企业内的人为本，作为一家具有高度责任感与使命感的公司，溢多利更主动肩扛社会责任，以企业外的人为本。溢多利长期在多所高校设立“溢多利奖学金”，激励莘莘学子。“育人奖”“笃学奖”“勤学奖”等奖项丰富，温暖了无数的优秀青年，激励其为中国生物科技事业奋进。

从1992年开始，溢多利启动“农企一家亲、科技送上门”系统服务工程，成立了由博士、硕士等组成的专业队伍，常年奔波在养殖第一线。通过开展技术推广会，上门为养殖户服务，邀请客户到公司参观培训等多种形式，为人们提供丰富的技术支持。这就是溢多利：技术来源于实践，应用于实践，以实际行动帮助农民提升生产水准，为国家推进乡村振兴建设做贡献。

五、三十载壮大　绘宏伟蓝图

溢多利作为一家具有高度责任感的生物科技公司，未来仍将以生物技术为核心，生产高端生物酶制剂产品；并大力发展生物合成技术，在食品、能源、材料、农业、化工等方面推出具有高附加值的创新型绿色产品。此外将广泛开展国际合作、校企合作、企业合作，做专做强其他优势产业，引进国际一流科研人才，提升科研水平，加强自主知识产权建设，为产业高质量发展及改善人类健康与生态环境等做出贡献。

坚持打造中国最强、世界一流的水产饲料企业

——广东粤海饲料集团股份有限公司

广东粤海饲料集团股份有限公司成立于1994年，注册地为广东省湛江市霞山区，现有员工3 400多人，分子公司20多家。自成立以来，公司一直从事水产饲料的研发、生产以及销售业务，经过28年的不断发展，公司已成为水产饲料行业龙头企业、国家高新技术企业，并于2022年2月在深交所主板成功上市。

公司十分重视技术研发创新，持续推动配方改良以及新技术在水产饲料领域的应用，建有广东省科技专家工作站、广东省省级企业技术中心、广东省水产动物饲料工程技术研究开发中心等。公司现拥有专职研发人员300多名，涵盖水产动物营养、水产养殖与病害、食品工程、微生物学、机械设计等专业，研发团队结构合理，技术力量雄厚。同时，公司坚持产学研合作的项目运作模式，与中山大学、中国海洋大学、广东海洋大学、中国科学院南海研究所、中国水产科学研究院淡水渔业研究中心、美国得克萨斯农工大学等国内外高校和科研院所合作，目前已完成研发项目560余项，在研课题100多项，拥有发明专利、实用新型专利等200多项，公司充分发挥企业的人才、技术与资金优势，结合市场需求，精心打造了粤海饲料品牌，提高了企业的综合竞争力，保证了粤海饲料产品在行业内的优势地位。

公司主要产品包括以虾料、海鲈料、金鲳料、大黄鱼料、石斑鱼料、黄颡鱼料、乌鳢料、加州鲈料等为代表的特种水产饲料，以及以草鱼料、罗非鱼料等为代表的普通水产饲料。公司设立即开始经营虾料，2004年，粤海牌对虾饲料被评为广东省名牌产品；2007年公司产品“低盐度南美白对虾饲料及添加剂”被评为国家重点新产品。在巩固虾料市场地位的同时，公司于2006年开始发展海水鱼料，进入海鲈、金鲳等细分品种市场，并率先推出海鲈专用饲料及金鲳专用饲料，凭借过硬的产品质量和良好的服务得到养殖户的认可，2009年海轩牌金鲳饲料被评为广东省自主创新产品。公司采用的差异化产品策略，针对水产品持续进行饲料品种细分和创新，不断推出系列新品，满足了终端市场的需求。公司旗下的粤海牌、粤佳牌、海佳牌、海荣牌、海轩牌等多个知名品牌深受客户认可，被评为广东省著名商标，获得中国名牌产品等荣誉称号。

公司采用“服务营销”模式，坚持“驻港服务”和“塘头服务”的营销理念，在广东、广西、福建、浙江、湖北、江苏等全国重点养殖区域建立了生产基地和销售网络布局。公司打造了一支专业化的技术营销队伍，在各大销售区域均设立技术服务站，配备技术专员，为公司客户和终端养殖户提供专业的技术服务支持，通过高频次实地走访、基层养殖技术培训会、一对一指导等形式实现技术支持的落地，建立起多层次、全方位的客户和终端养殖户服务体系。

2022年2月，公司在深圳证券交易所主板成功上市，公司将以本次上市为契机，借助资本市场力量推动公司发展。未来，公司将强化在特种水产饲料尤其是对虾饲料、海水鱼饲料细分市场的领先优势，逐步扩大公司水产饲料产品的市场份额，发展动保产品、水产品加工等业务。

公司始终如一地坚持“打造中国最强、世界一流的水产饲料企业”的战略愿景，秉承“水产与环境相和谐、美食与健康得益彰”的使命，坚持专业化的发展战略，在专业化的基础上实现规模化发展，持续研

发与生产安全、高效、环境友好的水产饲料，为客户提供更科学、更系统的服务，创造良好的经济、社会和生态效益，不断满足国民对美味、健康、安全水产品日益增长的需求，为改善城乡居民营养膳食结构贡献粤海力量。

内外协同　逆水行舟

——南宁漓源粮油饲料有限公司

一、企业基本情况

南宁漓源粮油饲料有限公司创建于2003年，由荣获农业产业化国家重点龙头企业、全国饲料企业前10强的桂林力源粮油食品集团有限公司投资近亿元兴建。公司位于国家级南宁经济技术开发区金凯路25号，占地面积88亩。一期工程于2003年7月建成投产，二期工程于2009年3月建成投产，三期工程于2015年5月年建成投产。设计加工猪、鸡、鸭系列配合饲料及浓缩料80万t，生产的产品有猪、鸡、鸭系列配合饲料及猪、鸡浓缩饲料，目前猪料占销售市场33%左右，鸡料占27%，鸭料占40%。

公司具备完善的企业制度和以人为本的企业文化理念，并拥有雄厚的人力资源、先进的生产设备。有数10名企业管理优秀人才和高级技术专业人才，70%左右大、中专以上学历的高素质员工，共同为企业的发展一起努力；饲料生产线均为美国CPM公司的成套设备以及江苏牧羊集团的饲料加工设备。公司采用现代化企业管理，具有完善的质量保障体系。并不断根据市场需求，提升老产品、开发新产品，现有“漓源”“金漓源”“金凯福”“山水”牌猪、鸡、鸭系列等100多个品种。产品品质优良，具有生长快、肉质好、抗病能力强、性价比高等特点，产品畅销区内外，深受广大养殖朋友的欢迎和好评。

公司秉承“合作、创造、共赢”的核心价值理念，把做“养殖企业的饲料加工车间”贯彻到底，深受养殖企业的欢迎，养殖企业的生产成本大幅降低，与公司合作更加紧密。公司通过大量的养殖数据对比，均达行业前列，诠释作为企业带给客户优质产品的决心。

二、企业经营状况

2021年饲料行业持续受到非洲猪瘟及全球新冠感染疫情的影响，竞争越发的激烈。面对竞争对手疾风骤雨般的市场进攻和因疫情影响带来的压力，公司临危不惧，毅然决然，以“更专业，抓落地，坚决下到一线，做有效动作”的工作方针为突破口，打响2021年的攻坚保卫战，全年仍取得较好的成绩，2021年全年销售量63万t，实现销售收入19亿元，纳税总额6 650万元。

三、质量先行，产品品质的保障

“产品质量”作为企业持续发展的动力、赖以成长的源泉，无论什么时候都是我们企业工作中的重中之重。有了2020年质量基础的铺垫，2021年继续主抓人员的质量思想认识，以及管理干部下到一线，进行有效动作；不定期、持续地组织员工共同学习相关的饲料质量常识、质量标准。内部通过开展员工岗位技能竞赛，岗位操作流程优化，从而提高岗位员工的质量意识、安全意识及岗位操作规范化等。同时，以往都是由品管员下市场处理投诉，现改由岗位员工自己下市场处理，市场上有投诉，如是缝包线未缝好，由当班缝包工跟生产经理、业务员一起下市场处理，让岗位员工切身体会。通过发现因自己工作上的不足而造成的一系列问题，给养殖户、公司带来的影响，从而使员工在工作上更加认真仔细，确保每一个环节质量更有保障。

四、充实队伍，提升服务能力

2021年通过校园宣讲会及参加高校招聘会，扩大人员规模，从而优化人才组成。公司为提升干部管理技能及员工的基础业务水平能力，管理干部赴天津学习丰田5S的管理知识，集团研究院不定期地组织小讲堂，培训关于非洲猪瘟的相关专业知识及其他的养殖知识；同时入职的技术员每个月都安排一定的时间来培训相关业务知识，通过各个时期各个阶段鸡、猪、鸭常见的疾病等进行系统的培训，坚持每期输送3～4人参加集团培训班，聘请专业老师给大家培训。另外，根据市场需求成立一个禽料技术团队和猪料技术团队，安排业务能力强、专业性高的技术员驻场，专门一对一服务于养殖户。

五、布局区域，稳步发展

2021年，是力源集团稳步发展的一年，同时也是以南宁为中心的桂南漓源饲料板块布局完善发展的一年，南宁、隆安、田阳、武鸣、横县五大地区共同完成桂南片区的饲料板块区域全覆盖，实现片区大战略，对桂南区域的饲料板块生产经验服务统筹划分，充分发挥地域优势，为养殖户提供更便捷、更快速的服务。

六、坚决下到一线，把控住产品力，做有效动作

客户的需求随市场变化而变化，为适应市场，公

司主动进行工作下沉，进行老总负责制，进入终端市场，直面养殖户。一是建立更强的感知顾客需求的触角；二是理解满足顾客对产品力要求，找出最影响产品竞争力的工作和要点，保持产品的价值持续体现；三是加强对终端需求的重视，掌握制定最符合公司发展的策略，以客户利益为导向。把控产品力，保证产品在终端市场的稳步推广，提高在满足不同类型客户需求上所表现出来的综合竞争力。公司每月专门召开定量定性讨论评价产品力的联席会议，把掌握同行的产品力表现上升到组织层面；投诉处理老总负责制；生产经理、内务负责人和配方师加入公司业务员每日工作汇报群，关注公司的市场表现。

公司适应市场推出 App 下单服务，为客户提供更便利的产品下单结算业务；优化开票流程，司机自主扫码即可开票打单；设立专职驻厂技术人员，实现技术服务深入终端养殖。以上种种，凸显公司不断适应社会发展、以顾客需求为导向、不断进取的表现。

七、并肩作战

2021 年持续在非洲猪瘟及新冠感染疫情的双重影响下，中国各畜牧企业都受到前所未有的打击，部分养殖户损失惨重，投苗积极性不高。公司通过技术和资金帮扶，支持养殖户转型，实现绿色发展。在非洲猪瘟及禽流感横行的情况下，公司高层领导高度重视，多次开会讨论，下市场研讨，及时发现自己的战略问题，和养殖户、经销商一起做好防非御禽措施，通过不断用心去解决，达到共赢的目的。

在经历了 2020 年的挫折低谷后，2021 年我们全体员工知耻后勇打起精神进攻，取得了应得的收获。然而，环顾四周，2021 年是一个更具挑战的一年，过去的经验反复地告诉我们，逆水行舟，不进则退，在新的一年里，我们不但要继续保持过去的斗志，进攻、进攻再进攻，我们还必须在进攻的同时，实现新的不断的突破。

在团队建设上，始终把“合作、创造、共赢”的力源理念内化于心，以此提高站位，拓宽经营思路，找到工作具有的超越物质的意义，使整个团队的思想素质上一个新的台阶，实现新突破。

在业务上，更要努力将力源理念外化于形，转化为一个又一个具体的经营和管理行为，为力源的利益相关者创造更大价值。各个线条板块都要不断提高对自己所在线条板块的业务本质和行业现状的认知，在此基础上找到有效应对措施，实现业绩上的不断突破。

科技改变养猪业　打造科学养猪“五环”　坚持“服务+产品”　用心服务每一个猪场　打造从农场到餐桌能力　以产业振兴带动乡村振兴

——广西扬翔股份有限公司

广西扬翔股份有限公司（以下简称扬翔股份）是一家集料、养、宰、商、猪业互联网服务于一体的产业互联网科技型食品企业，成立于 1998 年，业务涵盖饲料、种猪、猪精、肉猪、屠宰、深加工、食品、智能养猪平台、智能养猪设备等领域。

作为农业产业化国家重点龙头企业，秉承“科技改变养猪业”的理念，扬翔股份不断探索创新，实现了从饲料生产到传统养猪、科学养猪、数据养猪再到数字智能互联猪产业的跨越，如今正打造料、养、宰、商一体化的猪业全产业链，致力于为公众提供健康、安全、美味、便利的食品。

一、科技改变养猪业，打造科学养猪“五环”

扬翔股份非常重视科技创新与人才引进培养，持续与华中农业大学、中山大学等多所院校及国内、外科研机构开展“产、学、研”深度合作，不断促进科技成果转化，在业内率先总结出低成本、高效率科学养猪五大关键要素：基因遗传、精准营养、环境控制、生产管理、生物安全。

（一）基因遗传

扬翔股份坚持育种 20 余载，打造了专业的育种团队，拥有国家生猪核心育种场，建立了庞大的良种基因库，研发出基因组育种值评估算法和基因组选配算法，建立了自动化的精液分选平台，实现完全自主实施基因组高效育种和基因组精准选配，最大限度发挥基因的潜力。

（二）精准营养

“为了让猪活得好一点”，扬翔股份坚持以匠心生产高品质饲料，为养殖户创造更大价值。为了给猪提供最精准的营养，打造精准营养平台，公司营养研究团队对营养需求研究积累，对原料检测精益求精，对精准配方匠心打造，对精准制造加工工艺不断改进。目前扬翔营养研究中心建立了全面的精准原料检测、精准营养需求、精准配方调整、精准生产加工和精准饲喂管理的生猪精准营养研发体系和平台，践行着从传统批量共性化的饲料生产到定制个性化的营养供给的转变。

(三) 环境控制和生产管理

从传统开放式栏舍、半开放式栏舍、封闭式栏舍再到今天的“铁桶”楼房猪舍，扬翔环控模式一直在迭代升级，猪只生活环境不断改善，动物福利不断提高。同时，采用批次化生产管理、智能化平台及设备提高管理效率，打破人工管理“瓶颈”，进一步提高员工工作、生活的舒适度，从而打造现代化、智能化、环境友好型的养殖场。

(四) 生物安全

扬翔股份把生物安全视为养猪的“基石”，搭建结构化高强度的生物安全防控体系，结合楼房养猪生物安全防控设计理念，源于楼房而不止于楼房，创新打造出立体式、纵深式的“外部辅助防控＋内部结构防控”相结合的扬翔“铁桶模式”，为非洲猪瘟下实现安全养猪生产打下了坚实的基础，并成功获评国家级非洲猪瘟无疫小区。

二、坚持“服务＋产品”，用心服务每一个猪场

20 多年来，扬翔在饲料领域始终坚持精益求精，荣获中国饲料行业最具竞争力企业、全国饲料企业 30 强、全国十大经典母猪料品牌、广西名牌产品、神农中华农业科技奖一等奖等荣誉。

1998 年，扬翔推出膨化配合饲料，首创块状“锅巴料”，即膨化料，改变当时颗粒料市场格局。

2000 年，开创饲料企业服务客户的先例，为养户提供“种、料、养、管、防”整体解决方案。

2013 年，推出喜扬扬 1238 营养套餐，创新性提出仔猪大保育新模式，挖掘仔猪生长极限。同年，提出母猪繁殖全周期精准营养方案，为母猪高效生产推出“6＋6”营养套餐。

2017 年，研制出教槽料新产品“粉加粒”，开创业内教槽料“粉料”与“颗粒料”结合的先河，实现了仔猪断奶前后营养衔接方案的新突破。

2019 年，非洲猪瘟疫情暴发，结合楼房猪场生物安全防控设计理念，探索搭建结构化防非体系，总结出“铁桶”模式，并在全国各地组织召开“扬翔复产防非特训营”，为行业输出扬翔防非保猪方案，帮助同行企业及养殖户打造“铁桶”猪场，助力各地猪场防非复产，为我国联防联控非洲猪瘟提供了“扬翔方案”。

2020 年，在猪价高企时，提出后备母猪高效成种 685 计划、母猪高效生产 2890 计划、育肥猪 1703 计划等一系列方案。研制出高价值产品“诱情宝”“仔仔乐人工乳”，得到行业高度认可。

2021 年 5 月，扬翔股份发起“扬翔千万物资助力防非大行动”，共免费发放 2 万多套防非物资包，1 万多户猪场用户受益。

除为养猪人提供精准营养解决方案，扬翔股份还为养猪人匹配专业的技术服务方案，助力养猪人养好猪。

目前，扬翔饲料拥有贵港瑞康饲料有限公司、南宁扬翔农牧有限公司、广西兴安县扬翔饲料有限公司、茂名扬翔饲料有限公司、沈阳扬翔饲料有限公司、长沙扬翔饲料有限责任公司、山东禹城瑞康饲料有限公司等十几家饲料工厂，致力于为中小养殖户提供养猪精准营养解决方案。

三、打造从农场到餐桌能力，以产业振兴带动乡村振兴

为积极响应国家号召，贯彻落实乡村振兴战略的决策部署，打造农业产业新模式，发展数字与智慧农业，扬翔正聚焦从农场到餐桌能力，全力打造料、养、宰、商一体化全产业链，通过自主研发的产业互联网平台，实现从饲料生产、生猪养殖、屠宰、食品加工、冷链配送全过程的实时在线溯源，从生产端到消费端的食品安全高效监管，从而实现消费升级。该模式通过一二三产业融合构建产业生态体系，助推产业升级，从而带动乡村振兴。

坚持党的领导　推进数字化企业管理运营模式　提升产品质量　坚持质量兴农、品牌强农

——广西参皇养殖集团有限公司

广西参皇养殖集团有限公司成立于 2000 年，在广西、广东开设有 16 家分子公司，是农业产业化国家重点龙头企业、高新技术企业。集团着力打造原料贸易、饲料加工、种苗繁育、肉鸡养殖、屠宰冷链、食品加工、生鲜配送等多元化产业链。现公司年可存栏种鸡 250 万套，年产鸡苗 3 亿羽，年出栏肉鸡 8 600 多万羽，三项业务规模均居全国同业前 5 位。年产饲料 150 万 t，规模全国 50 强。集团年产值 36 亿元，是中国农业企业 500 强，广西 10 强饲料企业，广西农产品加工企业 100 强，连续 8 年被评为广西企业 100 强、广西民营企业。

一、优化运作模式，实现合作共赢

创新建立了“公司＋基地＋产业联合体＋合作社＋农户”的生产经营模式，形成龙头引领、产业联

合体助推、大户示范，将合作农户纳入公司产业共建共享体系之中，并为其提供全方位一站式支持服务体系，带动广大农户通过发展现代养殖业实现增收致富。集团已形成“专家顾问团队—技术中心（研究中心）—分子公司生产技术部—养户服务部—家庭农场”五级养殖户服务网络，为养殖户提供全面的技术服务解决方案，包括优质苗种、养殖结构设计、养殖技术辅导、环境改良、疫病防治、行情信息、管理技术到金融服务等，既带给农户优良种苗资源、先进的养殖技术以及信息融资服务，又提高了公司经济效益。公司和农户都取得了双赢的良好效果。

二、立足科技兴企，创新驱动发展

参皇集团长期与中国农业科学院北京畜牧研究所、华南农业大学、广西大学等科研院所进行产、学、研合作，在精准配方、资源高效利用、抗生素减量使用、粪污减量排放等方面加大技术攻关力度。集成氨基酸平衡配方、酶制剂、微生物制剂、植物提取物等技术，促进药物饲料添加剂减量使用；推广低氮、低磷等物质饲料产品，促进畜禽粪污减量排放；建立动物营养物质消化利用数据库，集成精准配方技术体系；研究替代大宗原料配方技术，改变传统日粮高成本的配方结构。经过不懈的努力与技术攻关，参皇集团获得具自主知识产权的核心技术10多项，在添加剂、预混料和配合饲料、替代原料等方面拥有多项核心技术，确保饲料技术处于先进水平。获得“全国农牧渔业丰收二等奖”“广西农牧渔业丰收一等奖”“北京科学技术进步一等奖”“广西科学技术奖二等奖”等科研成果奖10多项。参皇集团技术研究中心先后被授予“广西优质肉鸡养殖工程技术中心”和“广西壮族自治区企业技术中心”的称号，集团被认定为高新技术企业、广西瞪羚企业等荣誉称号。

三、建立数字工厂，实现企业提质增效

参皇集团积极推动信息化发展，实行“互联网＋现代农业”模式，着力打造饲料加工数字化车间。以工艺和设备为基础，通过数据自动采集、设备智能控制、现场视频监控、生产过程监控等手段，用数据连接车间不同单元，对生产运行过程进行规划、管理、诊断和优化，在原料采购、生产加工、质量控制、产品销售、服务客户等方面与互联网、企业资源计划ERP系统深度融合，实现了车间设计数字化、生产过程自动化、制造过程管理信息化、数据互联互通的智能化控制和生产，使整个生产过程品质得到完全可控。通过信息化建设，将工业企业标准化的大生产模式移植到农业企业，实现饲料生产过程的标准化、规范化管理。集团被评为“广西信息化与工业化融合示范企业”“广西信息化和工业化深度融合标杆企业”。

四、党建引领产业发展，助推企业高质量发展

参皇集团党建教育基地于2021年6月挂牌成立，为中国共产党百年华诞献礼，成为玉林市两新组织示范点，是融民营经济、产业文化、红色教育于一体的玉林市首个民营经济党建教育基地。教育基地占地1 000多m^2，以“传承红色基因”为主调，把党建教育与民营经济发展、三黄鸡产业结合起来，突出党建引领产业兴旺、和谐发展的特色，以抓产业链的理念抓党建教育，以党建工作引领产业发展，推动中国特色农产品优势区三黄鸡产业文化和红色教育融合发展，通过示范引领、产业带动，扩大党建促发展的示范力和影响力，走出一条“依靠红色党建、突出产业发展、共建美好生活”的新时代发展之路。参皇党支部被评为“玉林市先进基层党组织”。

五、建成广西三黄鸡品牌展示馆，推广我国鸡品牌文化

广西三黄鸡三黄展示馆作为广西第一个以“鸡”为主题的展馆，是一个集科研、科普、收集、珍藏、展销、旅游观光等多项功能于一体的综合性展馆。展示馆建成以来吸引了来自全国各界人士到来参观考察交流，已接待参观考察人员3 000多人次。有效提升了广西三黄鸡影响力，传播广西三黄鸡新文化，提升广西三黄鸡的品牌效应，推动广西三黄鸡产业高质量发展。

六、打造品牌强农，融合“三产”转型升级

参皇坚持走质量兴农、品牌强农的道路。2021年在玉州区健康产业园投资3.5亿元建设的肉鸡屠宰加工生产线已完成1期建设，加快推动一二三产业的深度融合发展。在以鸡养殖为主的经营模式基础上，全面发展果蔬种植、饲料加工、食品加工、生鲜营销等业务体系，建成了“原料采购—肉鸡养殖—屠宰加工—终端营销”贯通的全产业链条，实现“从农场到餐桌”的全程监管、无缝对接。通过广西三黄鸡产业集群区、玉林三黄鸡中国三黄鸡之乡、玉林三黄鸡地理标志品牌影响力以及“三产”融合强化参皇品牌建设，一方面有效推进农业供给侧结构性改革，提升乡村养殖产业规范化、标准化水平，另一方面进一步挖掘和提升优质畜禽产品资源价值，推动广大农户有效对接主流市场需求，增强农民开拓市场、获取利润的能力，有力促进农民创收增收。2021年经广西品牌协会权威发布“参皇”品牌价值33.85亿元，进一步

打响了品牌知名度，实现参皇品牌价值的整体提升。

未来几年，参皇集团将集中力量调整结构、转变发展方式、强化管控体系，进一步夯实健康生存和可持续发展的基础，努力提升集团的核心竞争能力。同时紧紧把握住市场变化中的有利因素，坚定不移地走产业化发展和管理创新之路，长久地保持集团良好的发展态势。未来的参皇集团将会是一家战略定位清晰、主业突出、资产结构和产业结构合理、管控体系完善、核心竞争优势突出、具有独特运营模式、在国内具有一定影响力和带动力的中大型农牧集团公司。

用科技创新赋能农产品精深加工提档升级

——海南澳斯卡国际粮油有限公司

海南澳斯卡国际粮油有限公司成立于 2020 年 8 月，是一家集食用植物油、植物蛋白和磷脂产品研发、生产、加工和国内外产、贸、销为一体的综合型粮油加工企业。

公司位于海南省洋浦经济开发区保税港区，是洋浦经济开发区招商引资重点项目项目，也是全国首单享受加工增值 30%免进口关税政策的试点企业。总投资 35 亿元，占地面积 208 亩。工厂按照“中国制造 2025”标准设计，引进国际先进的粮油加工系列配套设备，确保产品质量符合国际标准。公司将信息化和工业化深度融合，利用大数据、工业互联网、企业云等技术，实现工厂的数字化、可视化。拥有年加工 100 万 t 菜籽/大豆生产线、年加工 30 万 t 油脂精炼生产线和年加工 16 万 t 包装油生产线。可实现年外贸进出口量约 160 万 t，产值约 50 亿元，利税 5 亿元。带动了相关产业建设和发展，推进了洋浦国际大宗食品加工贸易产业聚集，为海南省经济腾飞贡献力量。

公司以智慧工厂科技优势、香港总部运营优势、保税港区政策优势为核心竞争力，实现企业高质量发展。公司主要生产经营大豆油、菜籽油，“海石花”牌豆粕、菜籽粕，“民得福”“澳斯卡”“九龙桂”食用植物油系列产品，产品均已通过 ISO9001：2015 质量管理体系认证、ISO22000：2005 食品安全管理体系认证。

公司始终秉承以“诚信为根本，质量为生命，为人类打造健康，为社会创造财富”的企业宗旨，奉行“以人为本、团结协作、和谐创新、服务社会”的企业理念，为消费者提供安全、放心、绿色、健康的食用油，做粮油行业的领跑者。

一、主要经验做法

（一）通过科技创新推动企业高质量发展

公司积极引进行业领军人才，先后与中国农业机械化科学研究院、武汉轻工大学、江南大学等科研院校在“智慧工厂”，粮油新工艺、新技术、新设备的关键核心技术等方面开展产学研合作，助推企业高质量发展。现已取得发明专利 8 项、外观专利 2 项、软件著作权 7 项、商标注册 48 项，申请发明专利 6 项、实用新型专利 25 项，参与起草、制定国家、行业、团体标准 17 项。开展科研项目 6 项，其中以山茶油为基油开发的针对特殊人群用油项目通过中国粮油学会科学技术成果评价，菜籽油精深加工关键技术创新及产业化应用荣获中国粮油学会科学技术奖一等奖。

（二）通过“智慧工厂”赋能先进制造

我们结合企业行业特点，从生产制造智能化、物流仓储智能化、数据互联互通等方面逐步建成现代化的“智慧工厂”。生产制造智能化利用数字孪生技术可远程模拟生产线运行情况，通过大数据平台分析处理，实现实时工艺参数自动调整、生产能耗管控、产品质量监测、设备运行预警等功能，相比传统生产效率提高 30%以上。仓储物流智能化实现激光扫描测算实时显示库存，设定参数自动倒仓、自动进出仓、自动监控预警。提货车辆通过提货二维码及车牌识别系统实现自动进厂、装车、称重、出厂。数据互联互通，通过企业资源管理系统与生产系统、仓储物流系统深度融合，从本质上解决企业大数据集成问题。管理者可快速掌握企业的核心数据，及时决策，大大提升了企业的管理效率和水平，从“粗放管理”模式升级到了“精细管理”模式。

（三）通过延伸加工产业链提质增效

我们不断引进先进技术和设备，利用菜籽油精炼副产品生产菜籽磷脂，大幅度提高副产品价值，企业经济收益提升约 2 000 万元/年。与武汉轻工大学合作开展油菜籽深加工关键技术攻关，研发出小榨浓香风味菜籽油、低芥酸特香菜籽油、纯香菜籽油等系列风味菜籽油产品，每吨售价增加约 3 000 元。

（四）通过典型示范打造农业智能制造业的靓丽名片

我们始终本着开放、共享的发展理念，发挥龙头企业示范引领作用，通过工厂车间透明化设计、互动展示等方式，全方位对外展示农产品加工智能化先进水平。2021 年接待参观百余次。通过创建标杆“智慧工厂”，在设备预防维护、生产控制自动化、数据互联互通等方面已经形成有特色、有亮点、可复制、可推广的先进经验。

二、发展计划

（一）创建国家级智能制造示范企业

加强智能制造模式推广。持续加大企业智能化投入，力争2025年前建设成为国家级智能制造示范企业。通过参加先进经验交流会议、智能化成果技术输出、企业观光宣传等方式，大力推广先进制造模式，带动一批农产品加工企业智能化升级。

（二）着力精深加工，做大价值链

继续加大投入，延伸产业链，提升产品附加值，促进企业持续向上发展。利用企业优势及自贸港便利条件，以及岛内养殖业需求，规划布局发展畜牧、渔产、高端宠物饲料，2021年上半年力争饲用蛋白深加工生产线开工建设。加强与高校合作，依据营养健康、风味突出等特点，丰富产品种类，开发出具有海南当地特色的风味花生油、针对特殊人群（婴幼儿、孕妇、老年人）的营养强化油。

（三）产业协同促发展

充分发挥粮油加工龙头企业引领带动作用，与省内上规模饲料厂深度合作，创新业务模式，定制生产，上下游产业融合共赢发展，做大做强饲用蛋白产业，形成产业规模化优势。

（四）多产业协同发展

利用自贸港区位、政策优势，以及便捷的进口和岛内丰富原料条件，发展肉类等农副产品深加工，形成多产业协同发展，促进企业快速发展。

澳斯卡国际粮油作为海南自贸港“样板间”的首批试点企业，将继续发扬敢闯敢试、敢为人先、埋头苦干的特区精神，真抓实干、开拓进取，为海南自贸港农产品精深加工智能化提档升级当好排头兵、耕好试验田。

扩市场　提产能　降成本
用杠杆　补短板　创利润

——海南恒兴饲料实业有限公司

海南恒兴饲料实业有限公司位于海南省海口国家高新技术产业开发区狮子岭工业园内，成立于1997年，注册资本1 800万元，占地76亩，主要从事禽畜、水产饲料加工销售、饲料产品研发等生产经营活动。公司目前配备4条畜禽料生产线、2条虾料生产线、2条水产膨化料生产线和1条原料膨化生产线，年生产能力36万t。主要产品有水产类的虾料、膨化鱼料（海水鱼料、淡水鱼料）、蛙料，以及家禽类的鸡料、鸭料、鹅料及猪饲料等。

公司生产的“恒兴”牌饲料及其他产品已覆盖海南全岛，产销量连续多年来位居海南饲料前列。公司一贯坚持“质量第一，顾客至上”的宗旨，被海南省政府评为“海南省质量管理先进单位”“海南省商业信用单位”“信用等级3A企业”“纳税信用等级A级”“信得过产品”，通过了“饲料质量安全管理规范示范企业（国家级）”“安全生产标准化三级企业”“标准化良好行为”，被评为“2019年度安全生产工作先进单位”，荣获“2021海南省制造业企业35强”“2021海南民营企业100强第50位”“2021海口民营企业100强第32位”称号等殊荣。

20多年来，海南恒兴饲料实业有限公司取得了长足的发展，特别是过去的2021年，是最不平凡的一年。受疫情影响，鸡价、鸭价长期低迷，存栏量波动大，加上海南自贸岛的加速建设，大量的海边池塘被填埋，养殖面积萎缩约30%。在行业市场竞争十分激烈及严峻的外部环境（环保、限养等）影响下，特别是在2018年海南成立自由贸易区（港）后，政府部门对生态环保工作更加严格的情况下，公司全体员工在张勇总经理的带领下，加强环保的投入和创新改造，并加强各部门的常态化管理巡查和厂区周边巡逻，从而使公司的环保工作取得了较大的改善，避免了环保的投诉，保证了生产经营的正常开展。

2021年公司在股份总部及区域运营中心的领导下，生产经营管理工作按照年初董事长提出的“扩市场、提产能、降成本、用杠杆、补短板、创利润”的总体指导思想及“稳中求进”“稳中求精”的总基调开展经营管理工作，公司管理团队带领全体员工，上下一致、同心协力、攻坚克难，取得了优异的成绩。公司2021年度取得了优异的经营业绩，好的经验有以下几方面。

一、正确的经营管理策略

公司自1997年成立以来，在“质量第一，顾客至上”这一宗旨的指引下，在经营理念上以品质稳定、价格合理、优质产品服务于广大客户。特别是近几年来，海南恒兴饲料实业有限公司坚定不移地执行股份公司三个集中的管理制度，认真做到技术集中、资金集中、原料采购集中，充分发挥大集团资金、技术、采购雄厚的专业优势，并且在此基础上加强内外部的生产经营管理和服务，从各个方面确保了产品质量的稳定。

2021年度原料市场价格、质量波动较大，但海南恒兴公司仍然发挥出自己的经营管理优势。公司在年初就主动出击进行摸底，做好市场需求预测和原料采购计划，稳定大宗原材的采购价格和供应需求量，从而保障了生产原料的正常供应。在生产质量、安全管理方面，公司一直把质量放在第一位，每个生产班都有跟班品控在线对质量进行控制，各部门按规范的操作规程组织生产，实现从原料采购到产品销售的全过程质量监控，公司严格按照新颁布的饲料卫生标准、农业农村部2625公告等法律法规的要求进行生产经营，做守法经营的实证者，保证生产安全、产品质量安全，近年来产品定期外检、国家抽查不合格次数为零，受到省农业农村厅、海口市农业农村局对公司饲料规范工作的回访工作的肯定。做好各项安全防范工作，加强安全、职业健康培训教育，加强安全隐患检查整改，杜绝了安全事故发生。加强员工技术技能、质量培训与积极开展劳动技能竞赛活动，加强各个生产环节的控制，稳定产品质量，也保障了广大客户的需求和稳定的销售渠道。"恒兴"品牌饲料得到了广大客户的广泛认可，产品销量保持逐年上升的态势。

二、管理创造效益

2021年度，公司全体员工在张勇总经理的带领下，不断加强和深化企业内部管理，挖掘企业潜力，在管理方面做了很多工作。公司除保证产品质量安全稳定外，公司还认真执行国家出台的各项相关政策和法律法规，如积极开展企业安全生产标准化建设、企业健康标准化建设及加强环保建设；强化企业内部"6S"管理；并关注技术创新，关注细节管理，挖掘潜力，节能降耗，进一步提高企业的经济效益。对外积极开展服务营销，不断开发新客户，并做好技术指导，服务终端，从而取得了广大客户的信赖，扩大了公司产品的销售渠道，在服务"三农"方面也取得了广泛的社会效益。

开发新产品，加大市场开发能力及营销团队建设。强化服务营销，形成"产品＋服务""团队＋个人"营销模式，树立标杆，激发团队活力，销售部每季度评选出销量冠军、亚军、季军以及开发冠军并表彰。2021年累计新开发客户118户，带来新客户增量17 647t。加大营销团队建设，2021年组建海南恒兴特种料及常规料技术服务部，下半年效果显著，为服务营销的推进打下基础。以老带新，有经验的带动没有经验的，加强对销售人员的业务能力培训，有效促进新人的进步，同时也加强了业务员的组织、协调、配合及团队协作能力。

三、攻坚克难，共渡难关

经营饲料行业除了受到原料价格波动的因素影响外，还受到"环保"严峻影响和考验。2021年公司整个管理团队及全体员工勇于直面，大家积极行动起来，同心协力、攻坚克难、共渡难关。根据制定的技改计划加强环保的投入和创新改造，"环保"工作是2021年技改的重中之重。环保除臭技改增加1台GK-200除臭消毒机，主要用在处理车间内尾气排放，通过增加臭氧处理对外排放气体的气味浓度明显下降；同时加强各部门的常态化管理巡查和厂区周边巡逻，从而使公司的环保工作取得了较大的改善，保证了生产经营的正常开展。

2021年，海南恒兴饲料实业公司虽然从不平凡中走了出来，并且也取得了一定的业绩，受到了上级主管部门和管理总部的认可，但是在服务"三农"这条道路上，仍然任重而道远。海南恒兴公司的全体员工必将不懈努力，勤奋工作，服务到位，勇闯敢拼，不断超越，为海南的养殖业发展和国际旅游岛建设做出积极的贡献。

拥抱自贸区建设 助力海南岛发展

——海南通威生物科技有限公司

海南通威生物科技有限公司为通威股份有限公司所属全资子公司，于2004年10月与澄迈县老城开发区签订投资协议，2004年11月3日在海南省澄迈县工商管理局登记注册成立。公司地处海南省澄迈县老城开发区南一环路，公司占地近70亩，投资近亿元，建成年产30万t规模的现代化饲料生产基地。通威海南工程于2005年3月动工，公司一手抓经营，一手抓工程建设，成功实现半年投产，成为开发区建设速度最快的企业。作为老城开发区的重点企业，管理过样板公司，接待过卫留成省长、陈辞市长等许多重要的省市政府领导。公司所获荣誉如下：2005—2006年度被海南省澄迈县人民政府评为"消防工作先进单位"，2005—2011年度被海南省质量协会授予"海南省质量协会会员单位"，2006年9月被中共澄迈县委、澄迈县人民政府评为"2005年度澄迈县科技创新先进单位"，2006—2011年度被中共海南老城经济开发区评为"先进基层党支部"，2006年12月被海南省企业信用评价中心评为"海南省企业信用等级AAA级单位"。

2007年1月被该中心授予"2006年度海南省企业信诚表现奖"和"信用单位"，2007年3月被海南省澄迈县人民政府评为"2006年度安全生产工作先进单位"，2008年10月被海南省四川商会授予"5·12汶川地震，抗震救灾特别奉献奖"，2010年5月被澄迈县总工会评为2009年度"模范职工之家"和"工资集体协商先进单位"荣誉称号，2011年1月被海南省四川商会授予“突出贡献奖”，2011年6月被中共海南省非公有制经济组织评为“先进基层党组织”荣誉称号，2012年8月被海南省现代农业发展研究会评为“常务理事单位”，2013年、2014年被海南省质量协会评为“海南省质量协会会员单位，2014年11月，通过BAP认证审核，成为全球第32家、中国第5家、海南省第1家通过BAP（最佳水产养殖规范）认证的饲料企业，2015年被海南省农业技术推广协会评为“常务副会长单位”，2016年1月被农业部（现农业农村部）授予“饲料质量安全管理规范示范企业”，2016年9月被海南省厂务公开协调小组评为“全省厂务公开民主管理示范单位”，2017年3月被海南省养猪行业协会评聘为“副会长单位”。

公司集畜牧渔业饲料的生产、销售，饲料原料、添加剂、成品兽药的销售，生物饲料研发及技术咨询服务等农业相关项目开发于一体。拥有国内先进的生产设备和工艺技术，其核心设备均由英国UMT、施耐德和美国AB等公司进口，生产技术水平为国内饲料行业最先进之列，现有“通威”牌水产饲料、猪饲料、鸡饲料、鸭饲料，“通力”牌和“心连心”牌猪料，产品销售遍布整个海南岛，在市场上十分畅销，深受广大用户好评。

一、质量为基础、管理为保障

公司始终以“追求卓越、奉献社会”为企业宗旨，奉行“诚、信、正、一”的经营理念，依靠科技，坚持以人为本、以质量为基础、以管理为保障、以市场为中心的经营原则。向广大养殖户提供优质高效的饲料，推广先进的养殖技术，提供优质的养殖服务，促进水产、畜牧业更大发展，支撑菜篮子工程，促进地区经济的发展与繁荣永远是公司崇高的职责。

公司一直致力于标准化管理的探索和实践，2021年海南通威历经100日奋战，提升生产运营管理标准化、系统性，降本增效，促进综合竞争力持续领先。用开拓创新思路开展工作，采用并实施ISO9001、ISO22000质量管理和食品安全管理体系，遵守国家法律法规，严格控制产品质量，实现产品出厂100%合格、质量安全事故零发生、用户投诉处理率100%。同时引入智能化工具降低员工劳动强度，改善一线作业环境，不断从客户、公司、员工三个维度实现效益最大化。

海南省是国内最大的经济特区，有发展畜牧、水产业的丰富资源和良好自然条件，是国内主要的畜牧、水产养殖基地，但传统养殖所占比例较大，通威海南项目就是将通威畜牧、水产先进技术和海南丰富资源相结合，对发展海南畜牧、水产养殖业，提高养殖技术水平，保障农民增收成为现实。海南通威实施“万户用户共同成长计划”，就是将通威畜牧、水产先进技术和海南丰富资源相结合，发展海南绿色养殖业，力求通过企业与用户共同成长的这种新的战略合作伙伴关系，达成共生、共存、共赢的经营理念，把养殖户的利益与企业的利益联系在一起，使用户有更多实惠。

二、防疫攻坚献力量，力保生产

受非洲猪瘟及新冠感染疫情双重影响，原料行情持续走高，终端行情价格低迷、市场存栏进一步缩减，从防疫大局来看，畜牧业与确保经济社会运转、群众生活平稳有序息息相关，海南通威虽经营压力巨大，但公司始终坚持以“追求卓越、奉献社会”为企业宗旨，在疫情阻击战中，海南通威竭尽全力稳生产、保供给，并敢于站在全新的历史高度上再创销量佳绩。通威全体将士敢于突破常规、逆向思维，以弯道超车的精神，以更加优异的经营业绩为股份发展添上浓墨重彩的一笔，服从大局的前提下，千方百计保生产、保安全、保供给，为打赢疫情防控攻坚贡献力量。

公司始终坚持“追求卓越、奉献社会”的企业宗旨，秉承“诚、信、正、一”的经营理念，准确识别客户本质的需求，始终以养殖效益最大化为目标来规范全员意识和行为，以专业化、标准化、规模化水平严格管控产品质量形成的设计、制造、使用的过程。持续改进质量管理体系，致力打造效率领先、持续增值且不可替代的产业链，为社会提供安全稳定的产品，实现公司与客户共赢发展。

树立“提升客户养殖效益”的经营理念 坚持“提升客户效益”的目标 勇立潮头敢为先　奋楫扬帆谋新篇

——重庆市蜀达饲料有限公司

重庆市蜀达饲料有限公司成立于1995年，位于重庆市梁平高新工业园区，厂房面积45亩，资产规模逾亿元。专业生产鱼饲料、猪饲料。有一条鱼用颗粒饲料生产线，三条膨化浮性鱼饲料生产线，一条猪饲料生产线，饲料年产能10万t。

公司一直坚持生产高档饲料，坚持优质服务，获得了广大用户的青睐，也获得了社会各界好评。公司先后被评为“重庆市饲料工业十强”“农业产业化龙头企业”“重庆市诚信民营企业”“重庆市用户满意产品企业”“重庆市重合同守信用企业”“高新技术企业”，多次获得“重庆市名牌产品”“重庆市著名商标”等荣誉。

公司聘请了动物营养专家、四川农大博士生导师、国家科技进步二等奖获得者周小秋教授为总顾问，并与四川农业大学动物营养研究所合建了“博士工作站”。建有种猪场1个、实验鱼塘150亩、室内渔场1个，开展了产品应用实验，为产品不得优化升级提供了坚实基础。

公司坚持按照食品的标准构建饲料品质保证体系，建设了架空防潮仓库、低温保鲜库，建立了严格的原料质量标准，配置了近红外检测仪、高效液相色谱仪、原子吸收分光光度计、PCR荧光检测仪、酶标仪、无菌操作台、霉菌培养箱等检测设备，开展了常规营养指标、氨基酸、霉菌毒素、重金属、原料新鲜度、抗生素残留、非洲猪瘟病毒、霉菌、细菌、维生素、微量元素等指标检测，通过了ISO9001国际质量管理体系认证，保证了产品全过程的质量管控，确保了公司“绝不让一颗不符合食品标准的原料进入产品，绝不让一颗不符合食品标准的成品进入市场”的质量方针得到实施。

公司定位于做地区优质企业，坚持做好各项基础管理工作，不追求销量目标，不考核利润指标，树立“提升客户养殖效益”的经营理念，围绕帮助客户理财，提升客户经营能力和生产成绩，实现客户效益最大化，开展各项营销工作，邀请专家开展了大量的客户培训，销售人员深入猪场、渔场开展找问题、定方案、搞整改，获得了客户的赞誉。

公司将继续围绕“提升客户效益”的目标，开展品质提升、营销落地，优化管理、强化研发等工作，不断提升企业竞争力，勇立潮头敢为先，奋楫扬帆谋新篇。

全面提升生产研发技术
积极推行品牌转型
一如既往专注优质宠物食品的研发
提升犬猫生命质量

——成都好主人宠物食品有限公司

成都好主人宠物食品有限公司是通威集团旗下专业的宠粮制造企业，成立于2000年。好主人至今已有22年宠粮研发和生产经验，是国内最早的宠物食品企业之一、中国宠物食品标准起草单位以及宠物食品行业首个获得“中国驰名商标”的企业。

好主人迈出的每一步都基于强大的科研实力，拥有专业的动物保健研究所和宠物食品技术研究所，以及由兽医行业、动物营养、食品科学等领域专家组成的科研团队，汇聚了世界最新科研成果，不断优化配方，专注研究契合犬猫特性的营养方案。并依靠国家级的化验室，运用其先进的检测设备（色谱仪、质谱仪、全自动定氮仪、近红外分析仪等），时刻保障研发产品的质量稳定。

作为中国民族宠物食品行业的开拓者，好主人公司自成立以来，始终毫不动摇、坚定不移地走品质强企之路，率先成了国内通过ISO9001和HACCP体系认证的宠物食品生产企业，在行业中树立了一座质量丰碑，已成为中国宠物食品行业举足轻重的标志性企业。

“创宠物食品全球品质标杆”是好主人22年来坚定不变的质量目标和标准。2005年，好主人迁址于成都双流航空港新厂，实行自有工厂生产和管理模式。工厂严格按照饲料质量安全管理规范进行生产质量管理，运用属地管理、目视化管理等多重管理手段，打造高效率高质量运行的生产线，生产管理水平跨越式迈进。

2017年，好主人实现“亚洲领先、全球一流”专业宠物食品生产线的全面投产，引进荷兰格林干燥机、意大利真空喷涂机、智能锅炉等一系列国内外先进的宠物食品生产设备，进一步提升产品质量。

2021年是好主人质量工作的突破之年。其一，全面升级好主人公司宠物食品技术研究所，标志着好主人技术研究试验进入新领域，为生产技术升级、营养配方研发升级等多板块业务提供了强力支撑；其二，中国质量体系认证中心（CQC）专家莅临好主人开展2021年度质量体系外审，对好主人公司原料采购、原料质检、生产各环节等方面进行了全面审核。经过专家审核，好主人公司顺利通过质量体系外审工作；其三，获得由中国质量检验协会颁发的“全国宠物食品行业质量领先品牌”“全国质量信誉保障产品”等系列证书。

2021年也是好主人公司重大的转型之年，旗下的好主人品牌于2021年实行了“转型升级”，实现了系列产品升级，为犬猫提供更为安全、健康的宠物食品；2021年10月22日，好主人于“好主人杯”2021第三届中国宠物行业高质量发展论坛上举行了新品牌发布会，标志着旗下全新高端宠物食品品牌Pjoy彼悦的正式成立。

Pjoy彼悦是好主人公司在宠物食品领域22年的沉淀与研究成果。

从现代犬猫生活方式、营养需求出发，倾力研发了多元化的犬猫主粮，实现主粮多样化配餐，帮助犬猫建立多样化的饮食结构。

为了让犬猫能够拥有更优质的美食体验，Pjoy

彼悦在新品研发过程中格外注重品控。全系列产品每一批次上市前都会进行严格的 HACCP（关键控制点）多段采样检测，各项指标均达标后，再交由第三方权威检测机构进行检测并出具相应检测报告。检测报告不仅会随产品寄送给宠物主，在品牌官方小程序和微信公众号也会实时更新每批次产品的检测报告，坚持做到产品质量透明化。

好主人公司的目标始终是做良心国货标杆，2022 年也将一如既往地专注优质宠物食品的研发，生产更贴合犬猫饮食习惯的产品，给犬猫更优质的生命体验。

坚持“质量第一、用户至上、诚信为本”为本 继续保持在全国矿物微量元素行业的影响力

——成都蜀星饲料有限公司

蜀星企业成立于 1990 年，作为全国矿物微量元素行业最早一家民营企业，经过 30 多年不懈奋斗，现已发展成为全国矿物元素领域颇具影响力的专业大型产销研企业，目前拥有 10 家下属企业，生产基地超过 6 万 m^2，全年产能超过 20 万 t。产品覆盖全国 33 个省市自治区（包括港澳台），有 214 项超国标原料验收控制指标，与全国 1 000 多家饲料企业保持长期紧密的合作关系。

出于对优质资源的控制和战略发展的长远布局，同时为了充分发挥地域优势，引入华中地区知名专家、区域最大的经销商作为股东并由资深职业经理人参与管理，公司于 2016 年投资建立了江苏蜀星饲料科技有限公司，2017 年初投产目前已实现盈利，江苏公司的建立改良了公司的客户结构，节约了运输成本，增强了蜀星的市场竞争力。也与大型重点供应商建立了常年的战略合作协议，并从产品质量和履约率等指标对全国供应商做考评，公司常年外派驻厂质检员以加强沟通和质量监督。公司于 2018 年投资建立了广东蜀星生物科技有限公司，2019 年初投产目前已实现盈利，是蜀星企业下属一家集科研、生产、经营、服务为一体的微量元素公司，为广大客户提供健康、环保、绿色、高效的产品及相应的技术服务。

为了开辟海外市场，于 2018 成立了成都蜀星饲料国际贸易有限公司，于 2019 年完成海外备案和欧认证，仅用一年时间组建成国际贸易团队，把蜀星产品出口到东南亚、东欧、拉丁美洲、加拿大、美国、中东等 50 余个国家和地区。

作为“全国饲料工业标准化技术委员会单位委员”和“中国标准创新贡献奖”获得者，自 1997 年至今共参与起草（修订）国标或行标 13 个、方法标准 1 个，并通过 ISO9001、ISO22000 体系认证和 FAMI－QS 产品认证。

30 年来我们不断开拓和创新。在不断改进、提高产品品质的同时，把握行业趋势，加大对新产品的研发力度，公司生产设备、检化验仪器配置齐全先进，有 30 多位动物营养师、畜牧兽医师、化学分析师、设备工程师及饲料加工、研发、检化验等高级专业人才，为客户提供从配方研制、产品生产与检验、产品方案整合应用等环节的全方位服务。主要生产各类矿物微量元素添加剂产品生产能力为 5 万 t（包括混合型饲料添加剂），品种主要有硫酸铜、硫酸镁、硫酸锌、硫酸亚铁、硫酸锰、亚硒酸钠、氯化钴、碘化钾、碘酸钾、碘酸钙、磷酸二氢钾、磷酸二氢钠、氯化钾、氧化锌、氧化镁等；另外，还生产添加剂预混合饲料产品，生产能力为 2 万 t，品种主要有猪用微量元素预混料、复合预混料，鸡用微量元素预混料、复合预混料，鸭用微量元素预混料、复合预混料，鱼用微量元素预混料、复合预混料，牛羊用微量元素预混料等。

目前年销售额已连续两年达 1 亿元以上（2014 年 1.37 亿元、2015 年 1.18 亿元），年销量已基本稳定在 3 万 t 以上（2014 年 3.1 万 t、2015 年 3.2 万 t），年纳税额达 90 余万元。为行业发展做出了较大的贡献，为社会建设承担了较大的责任。

多年来公司始终坚持“质量第一，用户至上，诚信为本”的经营方针，把各项管理制度落到实处，严把质量关，并注重对用户的售后服务，因而被主管部门评选为“四川省饲料工业协会副会长会员单位”、“中国饲料行业信得过产品”、“重合同、守信用”企业。

以“利国、利民、利企业”的信念 打造西南地区唯一专业化的水产饲料供应商

——双流正大有限公司

正大集团是世界 500 强企业，由泰籍华人于 1921 年在泰国曼谷创建，在中国以外称作卜蜂集团。正大集团由农牧业起家，历经 100 年的发展，业务涉及正大饲料、正大水产、正大食品、正大鸡蛋、正大种子、正大种植、卜蜂莲花、正大广场、正大乐城、正大中心、正大优鲜、正大餐饮、正大电商、正大制药、正大置地、正大机电、易初工业、大阳摩托、正

大国成、正信银行、正大综艺、正大音乐等品牌、企业与产品。目前正大集团业务遍及20多个国家和地区，下属600多家公司，20多万员工。

双流正大有限公司是1994年正大集团和中际集团合资修建经营，地处成都市高新区临江村，厂区占地100余亩，注册资本400万美元。年生产能力22万t，是四川省大型饲料生产企业之一。公司现有员工85%以上人员具有大、中专以上学历。公司引进国外HOUGH、CPM、BUHLER、MATADOR等品牌的先进生产设备，同时采用正大集团世界领先水平的饲料配方，创造了良好的社会和经济效益。为加强品质控制，公司又于2006年投资500万元修建化验中心一座，用于西南地区各公司的品质检验，产品品质有了更加可靠的保障。

2015年，正大集团农牧食品企业西南区在集团六条核心价值观即“三利”原则（利国、利民、利企业）、正直诚信、不断创新、接受变革、化繁为简、快速优质的指导下，通过资源优化组合，将双流正大有限公司打造成为正大集团西南地区唯一专业化的水产饲料公司。公司所有产品于2015年4月起集中生产、销售，全面升级，打造高品质水产饲料。公司组建多条先进的水产饲料生产线，包括颗粒饲料、膨化饲料、缓沉饲料等多条生产线，水产年生产能力7万t。

专营生产和销售“正大牌、威特牌”水产饲料。

按料型分为粉料、沉料、浮料、缓沉料、软颗粒料。

按养殖品种分为常规类（鲤鱼料、鲫鱼料、草鱼料、池塘混养料等）、名优类（蛙料、鳅料、虾料、鮰料、黄颡料、鲶料、鲈料、长尾鮠料等）。

按养殖阶段分为鱼苗专用料、鱼种专用料、育成专用料、成鱼专用料。

公司致力于建立完整的水产产业链模式：场地设计＋方案规划＋苗种繁育＋标粗育成＋营养套餐＋动保服务＋成鱼回收＋食品加工。

1. 品牌形象——始终追求高品质的企业理念，成就正大百年品牌。

2. 规模效应——致力于打造西南地区专业化、大型的水产饲料生产销售企业。

3. 专业品管——原料、生产、仓库有专业人员标准化管理，国家级化验中心作保障。

4. 设备工艺——超微粉碎设备、机器人堆码、中央电脑控制系统等。

5. 产品丰富——满足不同种类、不同规格水产养殖品种的营养需求。

6. 专业人员——水产营销队伍由众多经验丰富的专业技术人员组成。

同时坚守以下经营思路：

1. 重视科技，提升品质。重视新科技的引进，引进最先进的生产工艺和养殖品种，非常重视品质的稳定及领先地位，以维护顾客的利益。

2. 利益结合，成果共享。在符合共同利益的原则下，获取合理的利润，才能不断茁壮成长、长远为民生福祉做出贡献。因此，公司在发展同时把合作伙伴的利益紧密结合在一起，不仅提供前瞻性种苗、优质饲料，又负责回收成品，还提供饲养技术、指导与管理能力训练，以满足消费者日新月异的需求。

3. 现代管理，永续经营。公司着眼于企业的长远发展。不急功近利，积极推行现代管理制度。只有良好的管理制度，着眼长期发展，才能集结天下英才，集众人之智慧能力，达到整体效果。管理作业制度之建立、执行、追踪改进，都投下甚大心力。“人才第一”、制度化管理成为一大特色，并配合长期性的战略性投资行为，来巩固连贯经营的生生不息，故得以领先竞争者。

40多年来，正大集团致力于中国业务的发展，努力促进泰中两国人民的友好交往。正大（卜蜂）集团是第一家投资中国的跨国公司。谢国民先生先后担任了泰中友好协会副主席、香港回归祖国筹备委员会委员，荣获同济大学、中国农业大学、复旦大学、中国农业科学院等荣誉教授（荣誉博士、研究员）等名誉学位。

正大集团对中国怀有特殊感情，受益于中国的改革开放政策，正大集团时时不忘对祖国的深深回报，在投资企业的同时，正大集团怀着奉献爱心的情怀，重视社会公益事业的参与。谢国民先生家族大力支持家乡建设，热心家乡教育、公益事业、医疗事业和扶贫救灾，累计捐资超过人民币数亿元。

正大集团对在中国的发展前景充满信心，集团将继续坚定不移地推进在中国的投资发展战略，为中国人民提供更多更好的产品与服务。正大集团愿与中国人民携手共创美好未来。

本着“朴实置业、瑞祥丰年、威名四海”的企业精神，推动健康养殖和安全食品事业的腾飞

——成都朴瑞威饲料科技有限公司

成都朴瑞威饲料科技有限公司创建于2004年，

是一家专注畜禽调味剂、营养调节剂等产品研发、生产和推广的高科技饲料添加剂企业。

公司汇聚动物营养、饲料加工、香精香料、畜牧兽医等高端科技人才，坚持产、学、研结合，与四川农大、中国科学院成都分院、河南农大等高校院所合作，成功研发出扑食甜、扑食香、甜又香、反刍专用调味剂系列产品，以及速红宝等营养调节剂产品。产品畅销全国各地，在全国各地建立了销售公司与服务团队，同时远销越南、泰国、孟加拉国、马来西亚、日本、俄罗斯等多个国家，“销售＋技术”服务模式深受新老客户的一致好评。

公司视产品质量为企业生命，拥有先进的生产设备、生产工艺，以及液相色谱仪、气相色谱仪、原子吸收光谱仪等成套质检分析仪器，严格按照《饲料质量安全管理规范》和ISO9001质量体系管理生产。经过多年实践探索，创建了香气评定质量保障体系，设立了标准生物实验室，通过ISO9001质量管理体系认证，以实际行动促进产品安全高效标准化生产，保证产品质量的优良稳定。

朴瑞威本着“朴实置业、瑞祥丰年、威名四海”的企业精神，立足国内，走向世界，立志成为行业领先的专注动物采食调控的高科技生产企业，紧跟饲料产业发展需求，服务全球畜牧业。

以高新技术、高科技团队为先导开发饲料行业高质量发酵产品

——四川生力源生物工程有限公司

四川生力源生物工程有限公司位于四川省成都市邛崃市绿色食品产业功能区，是专业从事发酵产品开发、生产和推广的高新技术企业，为国家高新技术企业、农业农村部农副资源产业化利用示范基地、四川省饲料工业协会常务理事单位、成都市重点农业产业化龙头企业。

公司现有固态发酵装置72套，液态发酵系统1套，时产10t粉碎混合机组1套，时产2t添加剂生产机组1套，全自动大型固态发酵机组1套，固态发酵车间面积6 000m^2，设计年产生物发酵原料及添加剂8万t。

公司拥有博士2名、硕士4名，其中1人入选成都市首批高层次创新创业人才“蓉漂计划”，授予“成都市特聘专家”称号。企业技术中心为成都市企业技术中心，拥有国家专利10余项，并先后与四川大学生命科学院成立联合实验室，与四川农业大学动物医学院成立博士工作站，与四川省畜牧科学院成立专家工作站，长期与省内外各高校和科研院所保持良好产学研项目合作交流。

公司秉承“技术创新、工艺创新、产品创新、应用创新”的核心理念，先后开发出发酵饲料原料系列、发酵可饲用天然植物添加剂系列、益生菌保健添加剂系列等产品，主要供应西南和西北地区大型农牧集团及养殖企业。公司将与众多合作伙伴一起为实现我国现代畜牧业的可持续发展、生态环保和食品安全做出贡献。

高效化饲料厂建设与高品质管理为公司的发展服务

——安龙温氏畜牧有限公司

安龙温氏畜牧有限公司于2016年8月30日签约落户安龙县，是隶属于温氏食品集团股份有限公司贵州区域养猪公司的一体化养殖公司。历经四年的发展，公司累计投资建成年产仔猪33万头的普坪种猪场和戈塘种猪场，年上市肉猪33万头的技术服务中心、产品检测中心、公司总部及饲料厂。公司通过“政府平台公司＋公司＋扶贫小区＋贫困户”的合作经营模式，发展150个农户，公司提供种苗、饲料、药物保健和技术服务，家庭农场有统一规划的场地进行养殖生产，公司对产品保价回收，确保农场主的利润回报。围绕安龙县提出的1栋扶贫小区带动30户贫困户，户均增收1万元，培养3名高素质农民的“13013”扶贫模式，农民直接增加收入1亿元，解决农村富余劳动力3 000余人就业。

安龙温氏饲料厂隶属于安龙温氏畜牧有限公司，位于安龙县工业园区的总部，为一体化配套饲料生产单位，于2020年7月建成，2020年8月正式投入使用，专业生产肉猪和种猪配合饲料，年产18万t，确保安龙温氏畜牧有限公司为安龙县各乡镇发展100多户合作农户养殖肉猪提供全价营养的优质饲料，为安龙温氏畜牧有限公司开展温氏“公司＋家庭农场”管理模式中的一苗一料（猪苗、饲料）这两个关键环节提供重要的生产保障。

科学合理布局。安龙温氏饲料厂选址在交通便利的安龙工业园区龙城大道边，与安龙温氏总部办公、生活区一墙之隔，厂内实行分区管理，原料储存区、生产加工区和成品区按工艺流程顺序合理布局，并设有原料进厂和成品出厂独立专用通道，对进厂车辆实行严格检查和清洗消毒，有利于保持厂内环境整洁，有效杜绝生产加工后的饲料成品受到原料区原料交叉污染，为养殖提供安全可靠的饲料。

自动化程度高。安龙温氏饲料厂采用现代化自动化程度高的生产工艺设计，配置国内知名品牌的饲料加工成套设备，设有14个总仓容22 600t的散装原料圆筒仓和面积2 400m² 的地面仓库，满足高效卸料和生产加工自动进料的原料仓储需求。散装原料卸料区采用液压翻板机，实现整车提升倾斜自动卸料，1个人即能轻松操作，卸料效率高，同时极大降低原料卸料的劳动强度。散装原材料使用占比约78%，生产加工全工段只需2人操作，3人辅助投料，即可完成成套设备的操作实现饲料生产。生产后的饲料不需要包装，直接以散装形态由密闭管道和设备输送入库和出库，并以散装罐车装运配送到各养殖点，整个生产入库、出库环节半自动化，运行效率高，既节省劳动力，又避免人员接触成品饲料对饲料造成污染。安龙温氏饲料厂高效的硬件软件设计和配置，有效实现生产加工自动化和高效运行理念，极大降低饲料生产过程的劳动强度。

重视饲料质量控制和管理。公司严格控制饲料生产品质，从影响饲料产品质量主要因素的配方设计与加工工艺入手，在现代动物营养、饲料以及原料特性与分析的基础上，建立科学的营养指标，满足营养全面、均衡、适口性好、易消化吸收，提高动物抗病能力和促生长要求，科学设计制定出肉猪、种猪在不同时段的饲料配方，并以合理的饲料加工工艺加工生产保证配合饲料产品质量。

以饲料原料质量检验作为饲料生产质量控制的重要起点，严格执行每批进厂原料的采样检测制度，从原料的水分、物理性状及受热情况等对原料质量进行初步判定，到依据不同种类的原料具体检测指标进行实验室检测分析，以温氏集团原料质量验收接收标准为判定接收条件，按实际检测值实行分级管理，保证入厂原料质量安全和稳定。在原料储备环节，定期对圆筒仓内的散装原料采用通风散热和倒仓等有效储藏技术以及加强巡检等管理方法避免原料变质和受到生物侵害，在生产过程中抽检复查原料质量，全程严格对原料质量进行跟踪监控，并且每一个环节所采集样品均实行严格的样品收存保留制度，保证异常情况的可追溯性。

生产进料环节，为保证生产出最好品质的饲料，原料需要经过一道初清筛筛选，将物料中各类杂质和不符合规格的原料筛出，再经除铁设备除去物料中的铁质。

原料粉碎加工环节选用高品质的锤片、筛片，保证设备只产生正常磨损，不会因材质不良而产生有害重金属危害。粉碎前严格检查设备，并现场检查粉碎后物料的细度和均匀程度，定期检测不同物料粉碎的过筛率，保证原料粉碎质量达到既定标准。粉碎机配备安装合适的负压吸风系统，将物料及时排出，达到理想粉碎效果和产能。

配料环节，定期检查和校正配料秤称重系统，确保配料秤稳定地对多种不同饲用原料进行准确称量，有效执行配方配比。混合环节设置合理的下料顺序和混合时间，保证配合后饲料的混合均匀度，同时避免出现分层问题。

制粒环节，以饲料的颗粒度、形状、长短、均匀度、硬度、糊化度、粉化率等质量指标，针对不同物料性质选用合理的加工工艺参数，严格控制蒸汽质量、调质时间、调质温度和调质水分，有效提高饲料制粒质量。严格按饲料设备操作要求进行生产，大幅度提高饲料质量，增强保形性和稳定性既可减少营养成分损失，又使营养物更容易被消化利用，增强其适口性和消化性。

生产加工的每批成品饲料均经过采样由品控室进行质量检测合格后才能发放出库。同时以质量考核机制促进质量管理工作，保证饲料生产加工各项措施有效落实，确保成品饲料各项质量指标合格和稳定。

规范化安全管理。设置安全管理机构和配备安全管理人员，每月定期组织全员安全教育培训工作，使员工会辨识潜在危险源，懂得防范危险发生，主动配合落实安全生产措施，自觉按要求佩戴个人防护用品，保证每位员工安全意识的不断提高，杜绝生产作业的不安全行为。

定期组织开展消防安全、用电安全、特种作业安全、特种设备生产安全等例行和专项安全生产检查工作。确保各环节生产设备得到及时有效的维护保养，生产操作规程严格有效落实，各类安全防护设施完整，各环节生产安全运行记录清晰，日常巡查工作到位，各项作业环境监控管理有效落实，各生产作业岗位和重点区域安全警示标识的齐全到位，及时排查治理安全隐患，消除不安全因素，充分发挥安全管理机构的作用，全面保障饲料厂的安全生产工作。

积极提升管理。保持同上级管理部门沟通与学习，不断完善和提升饲料厂硬件设施条件，规范和提高饲料厂管理水平，充分发挥潜能，提升饲料厂的生产加工能力与资质条件，拓宽原料的使用渠道，争取使用到更多具有优势的优质原料，适应原料市场行情变化，为保持饲料厂发展和安龙温氏有限公司在安龙县的长远发展创造更加有利条件。

以“价值创造”为核心，以优质的产品营养与人员实战技术指导为支撑，生产能养好猪的精品饲料

——贵阳富源饲料有限公司

2020年以来，贵阳富源饲料有限公司为龙头，以贵阳铭鼎农业科技有限公司、安顺同正畜牧科技有限公司、贵州一鸣农业科技有限公司等三大饲料公司为核心，组成富之源集团饲料事业部，依托集团的资源及技术平台，以“价值创造”为核心，让合作伙伴插上腾飞的翅膀；以优质的产品营养与人员实战技术指导为支撑，让养殖者养活猪、养好猪。

一、一大“核心”

20多年来，富源始终秉承“成就客户、托起员工、回报社会”的价值观，以“价值创造”为核心，让合作伙伴插上腾飞的翅膀。

（一）经销商（案例）

李平从2016年起经销富之源饲料，刚合作时月销量10t左右，后在公司“价值营销”理念的牵引下，在公司“5312”工程的推动下，深入养殖终端，运用公司提供技术将用户的猪当自己的猪养，为用户建立生物安全体系、建立生产管理制度并抓落实，对各阶段的猪进行精准营养饲喂指导。在非洲猪瘟常态化下，通过与富之源的沟通，运用富之源的技术经验，使用富之源的优质饲料，帮助养殖户养活猪、养好猪，最大限度地提升了养殖效益，养殖户合作起来安心、稳定，现月销量做到150t以上，并在不断的增长中。

（二）养殖户（案例）

周华自2017年7月与富之源合作以来，目前存栏精产母猪110头，后备母猪100头，商品猪1 700头。自使用富之源母猪全价料，母猪膘情好，按期发情，配种发情率达95%左右，产仔数平均一窝能达到13头左右，仔猪出生重能达到1.2kg，使用富之源乳猪料，小猪教槽发育好，断奶应激少，断奶21天体重达到7kg以上，断奶成活率达到95%以上，70天下保育床体重达到30kg左右，保育成活率达95%左右。

二、两大“支撑”

（一）产品营养支撑

饲料事业部依托集团与中国农大、四川农大、贵州大学等著名科研院所、高校建立产、学、研战略合作关系的优质资源，运用国际领先的“动物健康营养理论和技术”引领产品的研发，实现猪只快速生长，获得更高的养殖效益。同时，饲料事业部建立了严格而科学的质量保证监督体系。优质高效的产品现已畅销贵州省内及周边省份，被广大养殖户赞誉为“值得用户信赖”的饲料精品。

（二）人员实战技术支撑

近年来，饲料事业部通过搭建专业服务体系、全覆盖培养技术精英、培育专业人才等举措，不断强化服务链扩展，为农业产业发展提供了坚强的技术保障。目前，已构建起以四川农大周小秋教授团队、中国农大李德发院士团队、贵州大学宋宝安院士团队、李忠超博士、银西建博士为核心的技术专家团队，在集团培养了专业技术人才100余位，专业的技术、丰富的实战经验，为广大的养殖户更好的发展提供技术支撑。

三、五大“关卡”

（一）生物安全防控关

饲料事业部以“科学养猪与生物安全防控”为理念，富之源饲料基地建立了结构化生物安全防控体系，通过源头、消毒、加热、设备等多个阻断流程和环节，全面提升改造饲料产品生产工艺，通过85℃超高温、200s超时长调质，杀灭病毒，提升产品消化率。在饲料中，添加复合天然草成分和多种氨基酸满足猪只营养免疫需求，提升猪只的免疫力。增加饲料成品散装运输，实现产品从生产到使用不与外界接触，降低病毒污染风险，层层把关，多重保险，确保饲料产品安全，让老百姓真正养好猪。

（二）猪场管理服务关

公司组建专业技术团队。针对每个养殖场，根据实际情况落实“一户一策一方案”，进行点对点服务管理。从后备母猪培育，母猪饲养管理，配种管理，营养、疫苗、保健等全方面保证母猪产能。

（三）生产流程优化关

根据猪场实际情况，从生物安全、饲养管理、成本预估和节省上进行点对点服务。规模化猪场做批次化生产。在生物安全方面，可以做到全进全出、减少交叉，饲养管理方便，资金周转快等优势。

（四）场地建设设计关

根据猪场实际情况，全方位保证猪场安全，管理方便，猪场分区管理。将猪场严格划分为生产区、生活区和外界三大区域。从外界进入生活区建立第一次洗消通道，人员进入猪场进行第一次洗澡更衣。物资经过消毒处理后方可带入猪场。生活区进入生产区建立第二次洗消通道。生产区人员严格按照生产管理机

制进入生产区，以确保猪场安全生产。

（五）全产业链可溯源管理关

饲料事业部投入重金打造了内部检测实验室，安排专业人员进行检测。实验室设备齐全、先进，检测人员经验丰富、专业水平高。同时，坚持抓源头，严控原料采购及产地筛选，减少原料带毒风险。供应商必须有“生物安全”意识，关联上、下游单位开展防控工作，签订生物安全防控承诺书。运输车辆全程按指定线路行驶。原料做到每批必检、运输车辆做到每车必检，确保原料安全入厂，因此能够确保样品送检出现阳性的时候，迅速找到源头和环节，及时采取相应措施，确保原料安全和养殖饲料的产品安全。

始终以“生态循环、健康养殖、低碳经济”为理念，以科学技术为先导 荣获多项奖项 助力贫困户增收

——贵州日泉农牧有限公司

贵州日泉农牧有限公司隶属广东天农食品集团控股子公司，公司是东西部扶贫协作中独山县政府积极引入的“贵州日泉农牧有限公司100万头生猪产业暨种养循环观光旅游项目”，规划项目建筑面积64.7万m^2，年出栏生猪100万头，建设生猪养殖区、加工区、种植观光园区及相关配套设施等，项目在独山县预计投资30亿元，项目达产后预计带动贫困户18 800户，带动就业54 000人。目前已经投资约9.3亿元。

公司为贵州省省级双龙头企业、省十佳扶贫企业、省诚信示范企业、五一劳动奖章、千企带万户示范企业、明星企业、观摩企业、省养猪协会及广帮援黔企业家副会长单位、省农业龙头企业理事单位。2020年10月被农业农村部评为“全国非洲猪瘟无疫小区”，生产的生猪产品被列入国家扶贫产品目录库，荣获省龙头企业协会的“社会贡献奖”、县农业农村局“优秀企业”、下司镇“优秀帮扶企业”。公司下设“员工工会”及“党支部”。截至2021年12月，公司在职员工374人，其中博士2人、硕士9人、本科44名、大专223人；在职人员中独山籍员工97人，非独山贵州籍员工232人，贵州籍建档立卡贫困户67人（其中独山籍28人）；残疾人就业6人，中共党员13人，退役军人9人。

公司始终以“生态循环、健康养殖、低碳经济”为理念，按照“公司＋基地＋合作社＋农户”扶贫模式，发展种猪繁育、父母代猪、商品猪养殖、饲料生产销售、肉制品深加工于一体的全产业链公司。公司融合一二三产业，打造“高技术、高标准、高起点、全产业、全循环、全生态”高效循环现代化国家农业示范基地。同时猪舍全部按照美式最先进标准设计，采用自动化料线和饲料塔模式自动投料，舍面采用全自动漏粪板设计，舍内采用全自动智能温控系统，拥有全新的现代化先进饲料加工养殖场及养殖设备。高薪聘请打造博士团队，主抓疫病防疫、生产管理、养猪服务，并定期对养殖合作农户及专业合作社做饲养管理培训。承担起多项国家级星火计划研究项目，获得众多知识产权及专利产品及多个奖项。

公司坐落在独山县下司镇，办公大楼占地面积约150亩，配套有研发中心、精准扶贫培训中心、职工宿舍、食堂、篮球场、技术服务中心、化验检测中心、洗消中心、饲料厂等；自有全新及先进的饲料生产线3条，年生产能力54万t；同时配有先进的自装自卸专业饲料运输车28辆，目前属西南片区规模产能最大的饲料生产基地；主要生产猪全价料、浓缩料及肉鸡饲料等30多个品种，自投放市场以来创造了良好的社会效益和经济效益。公司拥有国内最先进的全自动化饲料加工设备、精密的检测仪器和现代化计算机管理系统；坚持以科技为先导，以天农食品农业科学院为平台，汇集了以博士、专家为群体的科研力量，先后获得多项发明专利，并广泛推广和应用于生产实际，保持了行业内的科技领先地位。公司拥有多个生猪养殖生产基地，全程使用自产料的原种猪场、种猪场和规模化商品猪试验示范场，具有进口谷物资格。公司重视发展科学技术的先导作用，依托天农食品集团的科研院所，积极开展饲料科学技术研究，不断开发新技术、新产品。在生产经营中，实行微利经营、服务营销、密集开发的市场策略，逐渐形成了以人才为中心、视质量为尊严、以服务为重点的企业核心竞争优势。日泉人多年来秉承一个企业可以致富一方百姓、一个行业可以振兴一个民族的企业宗旨；坚持正规管理、诚信经营、感恩用户，服务“三农”的经营理念；实施让利养殖、风险共担的贴心工程，从而得到政府和广大养殖用户的认可与支持。

2018—2021年，独山县的影山镇、麻尾镇、百泉镇、上司镇、下司镇、玉水镇，六镇共入股日泉农牧2 521.5万元，每年分红比例不低于8%，主要分配给六镇5 504户建档立卡贫困户。户均可增收1 099.49元。2021年分红资金605.36万元，已发放到位，入股本金已全部退回各乡镇。2021年公司吸收“退出县”奖励资金2 000万元，资金采用“飞地模式”进行助力乡村振兴，在玉水镇黎果塘建设年出栏5 000头育肥生猪养殖场八栋，年保底分红不低于142万元给玉水及下司两镇村组农户。目前公司已落

实建设大项目7个，共向当地进行征收、流转土地约2 372.615亩，征地流转及其他费用总计3 367.11万元，涉及贫困户542户。其中流转面积1 266.97亩，带动增收户数242户，已付流转费用总计306万元；征地面积1 105.645亩，带动增收户数320户，已付征地费用4 201.45万元。2021年公司准备在现有养殖场周边流转大量农田进行水生粮食作物种植，通过土地流转及务工就业助力农户增收。

“公司+家庭农场”的模式，公司负责提供“八统一”服务（即公司统一规划设计、统一提供猪苗、统一提供饲料、统一提供疫苗、统一提供药品、统一提供技术服务、统一保价回收、统一销售）。养殖过程中，公司以记账的方式提供种苗和生产物资给农户，简单地说就是猪苗和饲料都由公司提供，待生猪出栏以后公司再收回成本。解决了群众在规模化养殖过程中的技术、资金和市场风险三大难题。截至2021年12月，公司共结算养户代养费用2 762.87万元，代养生猪结算总头数100 355头，代养生猪销售总额为39 205.67万元，养殖期间公司为养户承担养殖成本共计19 212.58万元。

村镇集体出资建设“合作社规模化标准养殖场”模式，公司在建设中全程提供技术服务，养殖场建成后与公司签订租赁及回购协议，由公司提供“八统一”服务进行养殖。每年按不低于8%的财扶资金支付租赁费用，由村委分红覆盖当地贫困户。协议期满后，公司可继续租赁或原价70%回购养殖场。目前独山县协议中的合作社猪场有9个（玉水镇存栏2 400头2个；下司镇存栏2 400头5个，存栏1 200头1个；百泉存栏2 400头1个），每年分红272万元以上，覆盖14个村，共2 047户贫困户，惠及群众共6 259人，户均可增收1 328.77元；平塘县9个猪场，总投资3 564万元，每年分红320.76万元以上，覆盖18个村，共2 619户贫困户，惠及群众共7 957人。村集体出资（贷款）购买猪只或猪粪运输车辆，与公司合作运输。运输按照里程计算费用，预计两年内收回全部成本，第三年开始纯营利分红。

坚持“全球幼畜料及低碳农牧产业领导品牌”的企业愿景 稳定出产高品质饲料 带动农户增收就业

——云南安佑饲料科技有限公司

安佑集团是集科研、生产、销售和服务于一体，拥有50余家子公司及生产基地，产品销售覆盖全国26个省市和东南亚地区的大型生物饲料集团企业，建设于太仓市沙溪镇生物医药产业园，主营产品为配合饲料。公司集团总部组建于2009年，注册资本37 760万元，共有员工4 200多人。

公司注重科技创新，专门设立研究院，组建专职研发团队，开展自主研发工作，力争科技领先。安佑集团是国家企业技术中心、国家高新技术企业、江苏省企业技术中心、江苏省企业院士工作站、江苏省饲料资源开发与高效利用工程技术研究中心、江苏省重点企业研发机构、江苏省企业研究生工作站、江苏省农业产业化重点龙头企业、江苏省两化融合试点企业等。

安佑集团在经营管理中强化质量意识，通过了1SO9001：2008质量管理体系、ISO22000：2005食品安全管理体系和企业知识产权管理体系GB/T29490—2013的认证，安佑集团中心实验室通过了国家CNAS实验室的认证。公司注重品牌建设，2012年申请的“安佑及图”商标在被国家工商总局认定为“中国驰名商标”。

公司经多年发展，影响力不断增强，得到社会高度认可，2009年，安佑集团董事长洪平先生被农业部（现农业农村部）全国饲料办评选为“改革开放30年推动饲料工业发展的十大开拓人物”。2014年12月5日，经中国饲料经济专业委员会评选，安佑集团被评为“2014年度十大综合科技创新企业”。

互联网基因已经融入各行各业，特别是近两年的畜牧饲料行业。随着饲料企业整合、集约化的加快，单一、传统的营销模式早已跟不上行业的发展步伐。拥抱互联网，成为饲料行业发展的一大趋势。安佑以互联网思维打造高科技养猪业，将养猪业由肮脏的、困难的、高风险的“3D”产业转变升级为清洁的、轻松的、赚钱的“3C”产业。将全世界最先进的养猪技术引入到安佑云端农牧智慧平台（简称“安佑云”）中来，“安佑云”是由“猪事通、云端照护、产品体验、养猪百科、安佑大学”五大系统构成。该平台使用顶尖科技，囊括最先进的养猪理念和技术，用以实现养猪智能化管理，并开启智能养猪4.0时代。对照“工业4.0时代”，“养猪业4.0时代”可以用饲养管理自动化、流程管理数据化、猪场信息互联化、产业节点云端化来界定。安佑希望能够帮助养猪人，通过“云计算”“物联网”“大数据”提高生产管理水平与产品质量，进而在提高利润的同时为社会提供品质优良的肉食品。与此同时，安佑也希望借助“安佑云”完善整个产业链——从客户下单到饲料生产运输以及后续屠宰及肉品溯源体系——将各个环节紧密联系在一起，创造出空前的生产与服务效率。

“安佑云”从提高管理效率减少地球负担、对减碳足迹进行量化和可追溯以及人员环保意识培养等几个方面对打造低碳地球发挥着重要的作用。

目前，国家在对畜禽养殖带来的环境问题日益关注，中小养殖户被淘汰的可能性很大，安佑公司积极推动养殖户转型升级，对粪尿处理给予相应的指导。安佑集团研究院团队在动物营养、动物行为、副产品综合利用、畜禽粪便资源化利用和低碳环保饲料领域有长期的数据和研究积累，在动物营养和饲料配方等基础理论和应用领域以及学术界和业界均有一定的影响。安佑集团认为最环保的粪污处理方式是回归猪粪尿作为肥料和有机能源的功能，将猪粪尿作为资源加以综合利用。近年来，公司已发展出功能性有机肥、猪粪养蚯蚓和黑水虻、猪尿液养藻等综合利用技术。

云南安佑饲料科技有限公司成立于 2013 年 1 月 23 日，企业法定代表人为苏美俐，企业注册资本为 3 500 万元，是安佑生物科技集团股份有限公司合资兴建子公司，是一家现代化饲料生产加工企业。注册地址为云南省昆明市宜良县北古城镇饲料工业园区，占地面积 19 000 多 m^2，拥有国内最先进的饲料生产工艺和设备。公司以猪、鸡饲料为主要产品，是集产品研发、生产、销售和服务为一体的现代化饲料生产企业。

2015 年 4 月公司建成投产，实现稳定生产，公司营业收入稳步成长，2021 年完成营业收入 94 313 万元，上缴税金 1 042 万元，资产总额 15 834 万元，其中固定资产 3 108 万元，资产负债率为 60.65%，企业总资产报酬率为 18.03%，产品产销率为 99.96%。

公司拥有在册员工 152 人，大专以上学历 61 人，占比 40%以上。为吸纳和培养人才，公司和西南多家高校建立了长期科研合作关系，及人才定点培训、实习基地。

通过不断努力，公司 2021 年已实现单厂月销量突破 28 000t，获得“宜良县 2020 年度统计诚信示范单位”“2018 年云南民营企业 100 强”“昆明市农业产业化市级重点龙头企业”，连续被评为“宜良县工业十强纳税企业”“宜良县三星级工业企业”“宜良县亩产英雄前三强工业企业”等称号。

公司法定经营范围：配合饲料（畜禽、水产）、浓缩饲料（畜禽、水产）、精料补充料的研发、生产和销售，饲料及饲料原料的采购和销售，农产品收购，粮食收购（依法须经批准的项目，经相关部门批准后方可开展经营活动）。

2015 年取得饲料生产许可证，产品质量均达到国家及行业标准，产品均经过云南省兽医饲料检测所的检测，获得合格检测报告，连续三年检测合格率为 100%，并拥有猪、禽浓缩饲料与猪、禽配合饲料的企业标准，严格把控质量关。

在带动作用上，公司为更好地服务“三农”，始终坚持“企业发展，农民增收”的思想，坚持“全球幼畜料及低碳农牧产业领导品牌”的企业愿景。公司与农户签订契养协议，带动宜良周边 6 个乡镇、数十个自然村农户增收 1 530 户以上，户均增收 4 800 元以上，同时，为农村富余劳动力提供了较好的就业平台。

秉承“帮养殖户养好猪、让消费者吃好肉”的企业宗旨，坚持绿色生产绿色养殖让消费者吃好肉

——云南神农农业产业集团股份有限公司

一、经营发展概况

云南神农农业产业集团股份有限公司（简称神农集团，股票代码 605296）成立于 1999 年，是集饲料加工和销售、生猪养殖和销售、生猪屠宰、生鲜猪肉食品销售为一体的农业产业化国家重点龙头企业。集团致力于构建“从土地到餐桌”的绿色猪肉产业链，打造现代化、规模化、生物安全化生猪产业链，为消费者提供安全、营养、美味的肉食品，为产业链各环节的合作伙伴创造更多价值。

截至 2021 年，公司拥有饲料厂 5 个，分别位于昆明、大理、澄江、广西南宁、曲靖，完全投产后年产 112.5 万 t 饲料；种猪场 9 个，分别位于曲靖、大理、广西、楚雄、昆明，完全投产后存栏母猪 8.7 万头，年出栏仔猪 201 万头；保育育肥场 10 个，分别位于昆明、曲靖、大理，全部投产后年出栏生猪 100 万头；屠宰加工厂 2 个，2020 年销量达 32.13 万 t。养殖生猪全程使用自主生产的神农全价料，公司坚持食品安全、绿色环保的生产理念，使用高标准的饲料原料，严格控制饲料原料采购，采用先进生产工艺，配方营养均衡，注重精准化、程序化饲喂，自主研制出 SNP 系列专业猪场饲料。饲料供集团各地养殖场，神农饲料产品销售网络不仅遍布云南省内多个市县，还销往云南省周边及广西多个地区。养殖场专门培育育肥猪及仔猪，部分粪污直接由公司种植基地消纳实现了资源利用。

截至 2021 年 12 月，公司下设 26 家全资子公司，产品销售覆盖云南、广西、广东等地区。公司先后入围“农业产业化国家重点龙头企业”“第一届全国养猪行业百强优秀企业”“第二届中国畜牧行业百强优秀企业”“第三届中国品牌云南品牌企业”，获评

“2017中国畜牧饲料行业十佳最具投资价值企业”“云南省非公百强企业”“中国农业行业500强企业”。2020年12月，公司核心种猪场之一普乐猪场成为省内首家通过国家级评审的“无非洲猪瘟小区”等。

神农是一家走向文明的企业：食品安全、环保、人身安全是发展的底线。神农集团创始人兼董事长何祖训先生说：“神农今天的成就、未来的发展取决于是否能为社会、客户、员工持续地创造价值。”扬神农精神，创神农天地！养好猪，吃好肉，跟着神农去养猪！

公司将持续专注于打造生猪产业链一体化的龙头企业，进一步增加公司养殖场数量，扩大屠宰业务产能，通过发挥现有的先进养殖技术、屠宰技术与管理经验，进一步提升公司仔猪、育肥猪和生鲜猪肉食品的生产规模。在非洲猪瘟疫情持续波动的行业背景下，公司将更加重视生物安全管理，积极影响和推动我国生猪产业链的转型和升级，促进我国生猪养殖行业向规模化、现代化、生物安全化的方向不断发展。

二、发展规模及创新

20年来企业以改变传统生产方式，致力发展优质高效现代农牧为使命，以开拓创新、勤劳奉献为创业精神，业务涵盖饲料生产、种猪培育、生猪养殖、公司加农场、屠宰加工、终端专卖、冷链仓贮和运输，已形成完整的生猪产业链，实现产业链全程可控可追溯。公司通过构建“外围—厂区—猪群”三位一体的生物安全管理体系，实现了对动物疫病的有效防控，并从德国、韩国引入国际先进生产设备，严格按照HACCP和ISO22000标准进行生产。2020年12月17日，公司首次公开发行股票申请通过中国证券监督管理委员会发行审核委员会审核，2021年5月28日公司在上交所成功上市。

截至目前，员工约1 800人，拥有48项有效专利，注册商标91个，产品销售市场覆盖云南、广西、广东等地区，2020年实现销售收入约27亿元，上缴各项税费4 300万元。

随着公司的顺利上市，公司业务规模不断扩大，公司生猪产业链不断完善，为实现发展规划和目标奠定了必要的基础，公司严格按照上市公司的要求规范运作，进一步提高公司治理水平，加强风险管理和财务管理，增加保障食品安全的投入，合理高效地运用募集资金，持续创新产品开发和技术开发，增强市场开拓力度，优化产品结构，提高服务水平，进一步发挥公司的技术优势和品牌优势，提高公司的社会知名度和市场影响力，稳步实施公司各项发展计划，提高公司综合实力和核心竞争力，实现三年销售收入超过100亿元的奋斗目标，为社会创造更大财富。

随着公司的发展，公司需要人才重视人才，建立了完善的人力资源管理制度，优化人才激励机制，坚持“与员工共享发展成果”的原则，实行高于同行业的福利待遇，为满足企业日益增长，为充分发挥与利用科学研究、成果转化、人才培养等方面的资源优势，探索建立和完善大联合、大协作机制，深入推进产学研协作，公司和云南农业大学双方达成共识，秉着“优势互补、资源共享、合作共赢、共同发展”的原则，以服务畜牧业产业需求为战略合作目标签订了战略合作协议，旨在推动双方科技信息、人才培养、成果转化，积极促进双方内设机构对口开展广泛的交流与合作。

公司始终坚持“面向竞争、面向未来”的发展理念，继续坚持“生猪产业链一体化”的发展战略，聚焦云南生猪产业链市场，大力发展现代化、工业化养猪模式，发展并完善公司生猪产业链，确保食品安全和环保安全，秉承“帮养殖户养好猪，让消费者吃好肉”的企业宗旨，砥砺前行，持续为社会、客户、员工创造价值。把神农打造为国内领先的具备完整生猪产业链的农业产业化国家重点龙头企业，大力发展“养殖—沼肥—绿色农业”为一体的循环经济模式，助力乡村振兴和美丽中国建设。

打造高磷饲钙产品
推动绿色可持续发展

——中化云龙有限公司

中化云龙有限公司隶属中国中化集团公司下属中化化肥有限公司100%控股企业，位于云南省寻甸特色产业园区，公司注册资金5亿元人民币。公司集矿山开采、选矿、饲钙生产和销售为一体，覆盖全产业链，采矿权和探矿权范围内磷矿资源量近2亿t，其中：没租哨矿区储量1.1亿t，大湾矿区储量0.9亿t，没租哨矿设计年产能60万t磷矿，属优质低硅钙质矿，易磨易选，重金属（Cr、Cd、Hg、As、Pb）含量低，为高磷饲钙最佳原料。工厂年产33万t硫酸、100万t磷矿浮选，主要产品磷酸氢钙、磷酸二氢钙年产33万t，副产氟硅酸钠年产1万t。公司是主要产品饲料添加剂MCP、MDCP国标制定者，公司属于食品级饲料添加剂制造行业（C1495），公司生产的饲料添加剂产品的水溶磷、钙、铬等主要指标处于国内领先水平，生物学效价高，质量稳定，通过ISO-9001、FAMI-QS质量认证。公司品牌“云朗”“sinophos”磷酸氢钙、磷酸二氢钙主要用于水产、乳猪、种禽等高附加值饲料的生产，70%远销东亚、南亚、东南亚、欧美市场，是日本、韩国、澳洲头部饲料客户的重要供应商。

公司现有职工 623 人，其中党员 83 人，公司党委下设 5 个党支部，设置 13 个职能部门、4 个车间、1 个子公司，班子成员 8 人，设有 HSE 专业委员会，为公司安全环保工作提供决策支持。公司设有省级企业技术中心，拥有国家授权发明专利 52 件，是云南省知识产权优势企业，已连续三次获得国家高新技术企业认证。2021 年 7 月通过云南省绿色工厂认证，12 月通过国家绿色工厂认证。

2016 年以来公司全面从严治党与从严治企相结合，正风肃纪，凝聚正能量，精简机构、优化人员，严格内控管理，持续增产、促销、降本，产销量利连续创历史新高，各项关键绩效指标稳步增长，逆势上扬。2019 年、2020 年利润连续突破 1 亿元，持续稳健发展。

2021 年，中化云龙在集团及县委县政府的领导和支持下，克服原料硫黄\硫酸价格上涨、新增产能释放、海运费暴涨、限电及双控等诸多不利因素，持续工艺优化，技术改造，改进磷矿石开采工艺，严格内控管理，适时调整运营策略，超额完成预算目标。全年产量 33.6 万 t，销量 33.8 万 t，产值 10.3 亿元；实现利润 1.6 亿元，同比增长 38%（+4 378 万元），较预算增长 33%（+3 989 万元）；上缴税费 5 180 万元。

2016 年以来产销量利、上缴税费情况

年份	产量（万 t）	销量（万 t）	利润（万元）	EBITDA（万元）	产值（万元）	税费（万元）
2016	30.6	30.0	3 006	7 973	81 766	1 419
2017	30.8	30.1	5 012	10 789	81 334	1 538
2018	32.0	31.6	6 639	13 081	88 403	1 739
2019	32.5	32.9	10 815	17 437	89 738	2 516
2020	34.2	34.2	11 500	19 591	83 117	4 041
2021	33.6	33.8	15 300	22 800	103 000	5 180

公司按照中化集团“科学至上，知行合一”的核心价值理念，运用先进的数字化、智能化技术提升现有装备水平，致力于打造“全球高磷饲钙生产专家，创建动物营养绿色领先品牌”；根据先正达集团中国（SGC）战略发展规划，充分发挥独特的磷资源优势，建设没租哨 200 万 t/年磷矿采矿，建设 6 万 t/年聚磷酸钙镁（MECPP）核心母粒以及 20 万 t/年马铃薯、甘蔗、橡胶、果树、蜜柚等区域特色作物专用肥，打造动植物营养精细磷酸盐柔性制造平台；同时，聚焦客户需求，开发差异化、定制化、生物学效价更高的高磷饲钙产品，做精做强高磷饲钙产品，进一步提升技术服务能力，实现品牌溢价。

公司自成立以来，在省、市、县各级领导的关怀和支持下，以“科技创新、强化管理、持续发展”为管理理念，从事饲料添加剂磷酸氢钙和磷酸二氢钙、水溶肥、氟硅酸钠等产品的研发、生产及销售。公司通过技术创新和技术引进，采用先进适用的大用量、无害化、高值化的磷石膏综合利用技术，建设 30 万 t/年粒状水泥缓凝剂、15 万 t/年无水Ⅱ型复相高强石膏粉等项目，开发磷石膏基绿色建材产品，将磷石膏综合利用率提高到 60%以上；加快实施 33 万t/年硫黄制酸（＋HRS）、20 万 t P_2O_5/年半水—二水（DHD）法磷酸节能减碳技改等，进一步削减温室气体 CO_2 排放量，建设美丽的绿色工厂，为我国碳达峰和碳中和做出贡献，推动公司绿色可持续发展。到“十四五”末，实现销售收入 15 亿元，利税 3 亿元。

探索订单生产新模式
搭建企业用户连心桥

——陕西华西牧业有限责任公司

陕西华西牧业有限责任公司是一家集浓缩饲料、配合饲料生产与销售为一体的民营股份制企业，公司成立于 2007 年 12 月，注册资金 1 000 万元，注册地为榆林现代农业科技示范区南区，占地面积 60 亩，总投资额为 6 000 万元。

公司拥有浓缩料、配合料成套自动控制生产线，生产厂房 7 200m²，成品库房 2 400m²、检化验室 88m²、办公室 2 300m²、生活用房 1 000m²，年可生产各类饲料 12 万 t。公司产品包括鸡、猪、牛、羊四大系列，销售市场遍及榆林、延安、山西、宁夏、内蒙古、甘肃等区域，充分满足了广大用户对鸡、猪、牛、羊不同生长阶段、不同层次和不同需求的营养需要。

公司自成立以来，一直推行“规范严谨，以人为本”的管理理念，注重人才的培养，把人力资源作为最宝贵的财富，现有一批高素质的管理队伍，员工 66 人，其中大专以上文化 39 人，高级技术职称 5 人，中级技术工 12 人。

公司拥有一流的养殖技术服务队伍，为客户提供及时、专业、贴心的服务，同时，公司依靠高效灵敏的经营机制、科学规范的内部管理和准确的产品市场定位，得到了迅猛的发展。

一、实行公司＋农户＋基地模式，确保原料供应

为确保公司原料玉米的供应数量和质量，公司充

分发挥省级农业产业化示范联合体带头作用，与周边种植大户签订玉米收购合同，按照略高于当地市场供应价签订协议，让利于广大玉米种植户，构建“公司+农户+基地”联合体。就近采购玉米，一方面确保公司玉米供应，降低运输成本；另一方面，通过签订收购合同，解决种粮户玉米销售后顾之忧，促进了农户种粮积极性，形成了玉米种植基地，实现资源共享、利益共享。经过几年的运作，饲料企业真情回报社会的做法赢得广大种植户的依赖和支持。目前玉米采购已经形成固定运营模式，为饲料粮安全供应筑牢了坚实的保障基础，也有力地促进了饲料企业的发展壮大。

二、实行公司+养殖户订单生产，确保养殖发展

公司依托饲料供应，与周边养殖户签订用料协议，在为养殖户提供物美价廉的饲料产品之外，还不定期地安排技术员上门为养殖户提供免费技术服务。帮助养殖户解决生产过程中遇到的问题。公司聘请养殖专家对养殖户进行疾病预防、饲喂方式等问题培训，帮助养殖户树立科学饲喂观念，提高科学喂养水平，降低养殖成本，提高养殖收益。公司还创新订单养殖，由公司提供饲料和养殖技术服务，统一回收畜产品。农民只需投入人力，最后却取得较高收益。公司这种让利于民的做法，养殖户觉得有利可图、有钱可赚，对这种订单生产形式倍加拥护和赞成。直至2021年，公司以累计带动3 000多户农户发展养殖，农户人均养殖创收5 000元，取得经济效益达1 500多万元，实现畜牧业产值近亿元。不仅增加养殖户的收入，还为乡村振兴的发展奠定基础，为养殖业和种植业联合发展起到纽带作用。

三、勇担社会责任，助力乡村振兴

自从2015年以来，公司积极响应党的号召，勇担社会责任，多次开展定点扶贫工作。公司紧密结合自身实际，开展多渠道、多层次、多形式的“对口帮扶”工作。公司充分发挥自身优势，以扶持养殖发展为切入点开展扶贫工作。先后对榆阳区上盐湾镇崖窑沟村、碎金驿村、姬家坡村三个行政村进行产业化扶贫，扶持贫困户56户发展养殖产业，为其购买种猪、鸡苗、牛羊饲料等，改善养殖场地环境，为贫困户提供养殖技术指导服务，扶贫资金达56万元，该扶贫项目能给贫困户创造343.4万元，帮扶贫困户人口153人脱贫。2021年，公司通过开展“万企兴万村”活动为榆阳区岔河则乡石峁村社区15户贫困户送去40箱无公害鸡蛋、1.2t羔羊料。2022年公司将继续加大定点扶贫力度，不仅为贫困户居民送去物质帮助，更为他们提供养殖技术指导，帮助其购买牲畜，提供饲料，授人以鱼不如授人以渔，让贫困户通过自己的双手，依靠技能，努力实现长效脱贫致富。近年来，公司积极响应国家封山禁牧的政策，开展反刍饲料研发生产，先后推出反刍精补料、TMR全日粮饲料，预计2022年反刍饲料生产量可达5万t，为带动周边百姓通过养殖脱贫致富，实现乡村振兴、保护生态环境，推动当地经济发展发挥积极的作用。

乘风破浪正远航，携手开启新篇章。在未来发展的道路上，陕西华西牧业有限责任公司将一如既往地以“服务农牧产业，推动行业发展”为使命，以“今日的质量，明日的市场”为要求，以饲料产品推广为载体，以优质技术服务为依托，为广大养殖户提供放心、高效、优质的饲料和优质服务，推动社会经济发展贡献企业的一份力量。

科技打造中草药饲料产品研发新局面

——陕西鑫诚大唐畜牧有限公司

陕西鑫诚大唐畜牧有限公司是一家专业从事兽药、中草药饲料产品研发、生产、销售、中药材种植及综合技术服务于一体的新型高新技术企业，隶属于西安青松生物科技有限公司，总部位于西安市经济开发区中港国际大厦，生产基地位于陕西省渭南市澄城县工业园区。

公司创办于2001年，2010年被西安青松生物科技有限公司收购改组，并于2011年通过兽药GMP认证，2016年开始重点研发中兽药类产品，2018年在澄城县庄里镇李家河、姬家河村等地区首批流转土地3 000余亩，自建中药种植基地，主要种植黄芩、远志、金银花、柴胡等渭北旱塬道地药材。

公司主要以中兽药、天然植物饲料原料、微生态饲料添加剂为核心产品，辅以少数化药制剂。伴随着健康养殖和食品安全的理念成熟，公司深刻认知到天然植物产业之路的方向，选择发展绿色饲料添加剂，2020开始研发生产中草药饲料产品。目前，公司开发了以天然植物为主的替抗饲料添加剂系列产品，天然植物饲料原料添加剂每年销售近1 000t。其中佳乐美康、大唐苷素、大唐精华素、抗应激宝、猪大宝和大唐架子王等产品受到客户青睐，其中大唐精华素（主要成分是杜仲提取物和茶多酚）也被陕西省饲料总站选中作为主要中草药饲料添加剂替抗产品，在定点试验场进行实验并大力推广。

公司始终贯彻“诚信为本，精益求精”的理念，在原料采购、生产工艺、成品检验、产品流通及产品

质量追踪等方面严格标准，以先进的技术、优良的产品和完善的服务树立了良好的企业形象。

公司成立以来一直坚持走产、学、研相结合的道路，先后与中国科学院遗传发育研究所、西北农大、中国农大、甘肃农大、河北农大、华南农大、中国畜牧兽医学会、中关村中兽药产业技术创新战略联盟、陕西微生物研究所、生物健康农业联盟等科研院校、行业联盟团体开展全方位技术合作，并于2016年联合国内多名行业顶尖的动物医学、中兽药学、营养学和微生态制剂等专家教授们成立了陕西鑫诚大唐中兽药替抗研究中心，致力于西北畜禽疾病的防治和新型替抗产品的研发。

研发中心拥有五个专业研究室，研发中心有研发人员25人，其中具有高级职称者5人、博士研发人员3人、硕士研发人员12人，包含药学、基础兽医、预防兽医、临床兽医、动物科学、病原学、微生物学、药理学、毒理学、药剂学、工艺研究等专业，形成了以国内外行业一流专家为技术带头人，以博士、硕士为主体的高素质研发团队；研发中心建筑面积2 000m^2，拥有1 000m^2中试基地和300余m^2培训场地，中心实验设施与条件完备，仪器设备精良，处于国内业界领先水平。

公司秉承“整合、创新、领先”的研发理念，坚持“走出去，引进来”的工作模式，加强产品研发和技术攻关，具备了持续不断地将重要应用前景的科研成果进行系统化、配套化和工程化研究开发并成功实现转化的实力。

研发中心自组建运作以来，紧跟国内外本行业的前沿研发动态，在科研项目进展、专利申请等方面成效显著。承担2019年陕西省重点研发项目、2020年渭南市科技局技术创新项重点研发项目和2021年陕西省重点研发项目等省、市科研资助项目3项，集团内自拟科研项目5项，获得省市科技进步奖4项。累计申请国家专利20项，其中13项实用新型专利，发明专利7项，其中5项获国家知识产权局授权。参与制定了金银花、黄芪、绞股蓝等天然植物饲料原料团体标准5项。承担多项省级技术研发创新项目，掌握了天然植物组方优化技术、天然植物炮制技术、饲料加工关键技术等核心科技。

为加大中草药饲料生产研发，公司依托渭南道地中药材种植基地，于2016年开始在“黄芩之乡”的澄城县陆续流转12 000多亩土地，作为公司中药材黄芩、柴胡、金银花、远志等GAP种植基地。万亩规范种植示范基地，不仅可以确保药材质量，还可以控制药材原料农药残留，通过对原料基地的控制，强化品质观念，严格操作规程，建立健全完善的质量体系，为产品质量提供了可靠的保障。

公司以“高起点、高科技、高品位”为发展战略目标，以为广大客户提供“安全、绿色、高品质”的产品为经营理念，将已有的中药种植基地建设成为陕西省黄芩GAP种植示范基地，同时扩大道地药材种植规模，建立道地药材黄芩、远志、北柴胡育种保种基地。加强功能型和保健型中兽药、中草药饲料产品研发力度，站在天然植物替抗科技的前沿，以“让动物更健康，让养殖更绿色，让行业更进步”为己任，科技助推企业发展，打造一流无抗饲料产品，为养殖健康发展提供坚实基础。

坚持绿色发展
为安全食品供应和
乡村振兴战略做贡献

——正大集团甘肃区

正大集团甘肃区下辖兰州正大有限公司、兰州正大食品有限公司、兰州正大畜禽有限公司、兰州正大卜蜂贸易有限公司及正大食品企业（上海）有限公司甘肃分公司。其中，兰州正大有限公司是泰国正大集团与甘肃省农牧厅合作兴办的大型现代化农牧企业，于1993年8月正式开业，是最早在甘肃投资的外商企业之一。后经过公司业务的多元化发展，逐步成立了以上5家公司，资产总额达25亿元人民币，员工人数达1 700余人。2020年甘肃区整体营业额为38亿元，2021年甘肃区整体营业额为29亿元。30年来，正大集团甘肃区基本形成了从种植、饲料生产、种畜禽繁育、商品代饲养到屠宰加工、食品深加工及终端零售为一体的全产业链经营体系。

一、饲料业务

目前，在兰州市、张掖市、平凉市建成了现代化专业饲料厂5座，年产能达80万t，市场占有率达到35%。同时扎根农村，为养殖户传授现代养殖理念，推广现代养殖技术，引导农民大力发展标准化养殖，为甘肃地区现代畜牧业的发展起到了极大的推动作用。集团谢国民董事长一贯非常重视产品质量。首先在组织机构方面，质量管理实行总部直线管理，品管部直属饲料技术职能线，技术部负责对化验人员上岗前培训，由技术总部支持，品管技术有保障；在质量管理检测设备方面舍得投资，化验室建厂时投资300多万元。为降本增效、节能降耗，后期又引进全球最先进的NIR近红外饲料分析仪、全自动核酸提取仪、PCR荧光检测仪、全自动酶标仪、原子吸收风光光度计等一系列高效、节能、绿色的检测技术，以加强质量监控力度。

近年来，为实现工业生产现代化转型升级，提高生产效率，降低生产成本，饲料厂先后在机械化、自动化、智能化方面加大投资更新力度，重点改造项目如下：

项目一：自动液压翻板。改造前散装玉米卸货需要人工从货车车厢里面往下扒，费时费力，效率低下，卸货成本高，同时在卸货过程中存在安全隐患，粉尘飞扬，严重影响作业人员身体健康。为响应集团六化建设，用机器替代人工，实现散装卸货机械化、自动化，我公司于 2014 年、2019 年先后投资建设两套散装玉米卸货液压翻板，项目总投资 120 万元，原人工卸货效率 34t/h，液压翻板卸货效率 60t/h，效率提升 44%，年节约电费 14.9 万元。

项目二：自动投料机。改造前投料工段由人工投料，效率低，影响生产，工作环境粉尘比较多，对作业人员的健康造成潜在隐患；刀子割包，容易造成人身伤害，比较危险。公司先后于 2019 年、2021 年引进自动投料系统，项目总投资 80 万元，只需叉车，无须人工割包，提高投料效率，减少用人，避免安全隐患。投料全过程 PLC 控制，只需要将待投料放置在指定区域，按下按钮，就可完成自动抓取、割包、除尘、编织袋排出、拖盘存放等工作。原人工投料最快需 5min/盘，自动投料 2min/盘，效率提升 60%，年节约电费 21.6 万元。

项目三：0.2%预混合及微量称升级改造。饲料质量管理规定小于 0.2%的预混料需要人工先加入载体预混合，每月需预混合小料 311t，人工添加工作量大，效率低。引进上海天一高德预混合系统，并新增 12 位加法秤及 2 位减法秤，项目总投资 16.9 万元。改造前人工预混合需要 10 人，人均费用 3.6 万元/月，改造后实现自动化作业，无须人员，年节省劳务成本 43.2 万元，同时该项目在中国区饲料行业得到广泛推广。

项目四：CPS 配料系统。配料工段引进上海正诚 CPS 配料系统替代原来的 WEM3000 系统，配料速度更快，精度更高，同时实现药物连锁功能，项目总投资 24.9 万元。

项目五：码垛机器人。成品包装工段于 2012 年、2013 年、2021 年先后引进三套码垛机器人，机械替代人工，降低工人劳动强度，包装效率提高 50%，项目总投资 240.5 万元。

项目六：自动拆垛机。成品发货工段每条发货线需要工人两名，工作劳动强度大，公司于 2020 年、2021 年先后引进自动拆垛机两套，降低人工劳动强度，提高发货效率 20%，项目总投资 32 万元。

项目七：甲醇锅炉。应政府环保部门要求，公司于 2016 年投资安装甲醇锅炉一台，替代原先的燃煤锅炉，使用清洁能源工业甲醇代替煤炭，烟气排放指标满足环保要求，项目投资 74.5 万元。同时于 2020 年更新锅炉一、二级节能器，甲醇单耗由 8.79kg/t 下降到 8.5kg/t，年节约工业甲醇 28.4t，节约 5.7 万元/年。

二、养殖业务

建设了目前甘肃省唯一一家国家级核心育种场，年生产祖代种猪 1 万头，为集团中国区及社会提供千万头商品猪生产所需要的优质配套种源。并在兰州市、庆阳市、张掖市、嘉峪关市、白银市及其他地市建设了现代化种猪场，年出栏肥猪 70 万头。同时，在平凉市泾川县建设青年鸡场 1 座，年生产优质青年鸡 150 万羽，在兰州新区建设了存栏 50 万羽规模的现代化蛋鸡场 1 座，年可向城市消费者提供安全蛋品 5 000t。安全肉品 6.5 万 t。

三、零售业务

“正大优鲜”作为正大集团旗下的全新品牌，旨在为附近社区居民及商务白领工作和生活提供一站式全方位的购物体验。目前，“正大优鲜”社区便利店已在兰州开设近 30 家，目的就是打通最后一公里，真正实现农超对接，为周边居民提供一个“放心厨房”，让消费者吃的安全，吃的优质，吃的新鲜，吃的健康。

四、产业扶贫

正大集团甘肃区在各级政府的支持和关怀下，积极融入当地社会主义新农村建设和精准扶贫产业扶贫计划，按照集团“四位一体”产业扶贫模式，组织政府、银行、企业服务农民，在甘肃嘉峪关市建设了正大新农村现代农牧产业化示范项目，使当地 400 户低保户、贫困户得到了稳定的收益。在甘肃庆阳市投资建设的新农业（农业 4.0）暨产业扶贫综合示范项目，通过生猪全产业链带动 15 000 户贫困户稳定脱贫。此外，近年来通过“公司+农户”的产业扶贫模式和订单农业的生产模式，以及土地流转带贫模式，直接或间接带动嘉峪关、张掖、兰州、白银、天水、平凉、庆阳、陇南等地的 3 万余户农户稳步增收，生活水平持续改善。

五、社会责任

兰州正大在自身发展的同时，没有忘记一个优秀企业应尽的社会责任。过去几年里，正大集团甘肃区积极参加各类社会公益活动，累计为救灾抢险、贫困家庭、乡村教育、环卫工人等捐款捐物达 500 多万元。2020年新冠感染疫情期间，出资380万元通过正大集团总部统一支援武汉抗击新冠感染疫情，并为甘肃省各地捐赠70余万元的食品物资，助力当地疫情防控。

此外，正大集团甘肃区还不遗余力地支持当地教育事业发展，与省内30余所高校均建立了良好的校企合作关系，为广大在校大学生搭建了社会实践平台，携手培养学生的业务能力和综合素质。并在部分重点院校设立“正大奖学金”、举办“正大杯”大学生双创大赛，激发大学生创造力、推动科技成果转化。同时，甘肃区还积极响应集团号召，持续吸纳自主择业的军官、士官加入正大团队。正大集团甘肃区平均每年吸纳就业人数达600余人，其中在校大学生达200余人，退役军人近100人。

六、所获荣誉

进入甘肃投资以来先后获得国家级农业产业化重点龙头企业、全国十大领军饲料企业、国家生猪核心育种场、国家级动物疫病净化创建场、国家级无非洲猪瘟小区、饲料行业扶贫工作先进集体、产业扶贫先锋企业、中国畜牧行业先进企业、皋兰县政府质量奖、中国最佳雇主企业等荣誉称号。2022年初兰州正大应政府号召，积极申请绿色工厂认证工作，目前在审核阶段，充分显示兰州正大与时俱进的发展理念。

七、未来规划

未来五年，兰州正大将继续秉承集团“利国、利民、利企业”的经营原则，瞄准国际一流水平，发挥龙头企业在产品、技术和服务上的优势，在全省建设150万头生猪、300万只蛋鸡、1 000家正大优鲜店。打造农牧业全产业链和绿色循环农业，促进全省农牧业转型跨越发展，为甘肃省安全食品供应和乡村振兴战略做出贡献。

竭诚为客户猪场提供精准服务

——甘肃禾丰牧业有限公司

甘肃禾丰牧业有限公司成立于2012年2月，是禾丰集团独资8 000万元建设的现代化专业饲料企业，是禾丰集团在甘肃地区的旗舰型企业。

甘肃禾丰牧业有限公司位于甘肃省武威市凉州区武南工业园区，占地56亩，公司目前有年生产能力35万t的专业化生产线两条，分别为20万t的猪、禽料专业生产线，15万t的反刍饲料专业生产线，车间内配备了国内领先的纯进口的机器人自动码包设备，甘肃禾丰基础建设及生产产能为武威最大，甘肃省名列前茅。公司是集饲料的研发、生产、销售和服务为一体的现代化饲料企业，现有专业技术人员140余名，其中硕士学历5名，本科学历80名。有一流的营销团队，产品销售到甘肃的各个市区及宁夏、陕西、青海、新疆等地，获得了客户的一致好评。

甘肃禾丰牧业有限公司按照国家要求建设有标准的饲料化验中心，配备电子分析天平、紫外分光光度计、定氮仪、脂肪检测设备、纤维测定设备、pH酸度计等设备，能够满足常规指标的检测以及一些再分析项目的检测。于2015年又增加酶标仪，公司可以检测多种毒素，例如黄曲霉b1毒素、呕吐毒素、玉米赤霉烯酮毒素等，为保证原料产品的卫生指标合格提供了检测设备。同年公司为了提高对化验指标的检测效率，又斥资50万元采购了丹麦福斯的近红外检测仪，此设备在模型建立好的前提下，可以1min出检测结果，大大提升了检测效率，为了产品质量保驾护航起着重要作用，我们还开通了为客户服务活动，用预混料的客户可以将使用的原料送到公司检测，确认是否合格，为广大客户提供了便利和服务。

甘肃禾丰牧业有限公司依托禾丰牧业（集团）的技术和研发团队来实现公司的产品研发和市场服务工作。公司将在总部的指导下建成标准化的集产品研发和检化验为一体的中心化验室和现代化的试验基地，配备一流的实验设备，届时，对产品研发和产品的质量保证起到重要作用。

甘肃禾丰牧业有限公司已经和荷兰最大的配合饲料生产企业De Heus公司建立了合作关系，引进了De Heus公司的技术，De Heus公司有专门技术人员为甘肃禾丰牧业有限公司进行技术咨询和指导，开展养殖技术在中国西北生态环境下的试验和研制，以保证西北环境下最优的饲粮配方，为西北的畜牧业贡献力量。

除此之外，甘肃禾丰牧业有限公司与甘肃农业大学动物科技学院、动物医学院长期合作。并出资赞助两个学院，以使其在饲料与养殖相关技术方面进行研究，并培养相关方面技术人才。另外公司也是两个学院的学生实习基地。学生们在大学毕业前夕的实习可以来公司进行实习，让理论知识与实践结合起来，做到学以致用，发挥自己的力量。

甘肃禾丰牧业有限公司已与甘肃地区多家大型养殖场签订了合作协议，并初步使用了公司产品和技术，目前已经完成了试验数据的收集整理工作。公司产品已获得更广泛的社会支持，技术研究和推广项目也能更顺利地实施。

公司于2014年通过ISO9001：2008质量管理体系认证；于2015年通过农业部（现农业农村部）《饲料质量安全管理规范》验收工作，成为全国第三批、西北首批通过农业农村部《规范》的示范企业。在2016年8月4日，成立甘肃省“院士专家工作站”。

甘肃禾丰拥有强大的技术服务团队，三个事业部各自的技术服务团队都非常优秀，其中甘肃禾丰猪料技术服务团队有11名技术人员，硕士2名，行情经验以5～10年为主，为客户猪场提供B超妊娠检测、母猪膘情P2检测、精液服务、抗体检测、猪场免疫程序制定等。依托集团专家服务团队和甘农等高校教授专家等，竭诚为客户猪场提供全方位的帮助。

以数字化智慧化生产为平台 不断打造科研能力 为养殖户提供高品质饲料和专业服务

——宁夏新希望反刍动物营养食品有限公司

一、基本情况

宁夏新希望反刍动物营养食品有限公司于2015年7月注册，位于青铜峡市嘉宝工业园区，占地60亩，是一家集设计、研发、生产、销售于一体的现代化饲料工业企业，是由新希望六和股份有限公司独资建设的民营企业，前身是青铜峡国雄饲料有限公司，已在宁夏青铜峡经营20多年。

新希望六和股份有限公司（股票代码000876）创立于1982年并于1998年3月11日在深圳证券交易所上市。经过40年的经营，新希望六和已成为一家全球性的贸易、加工和销售公司，经营范围涵盖饲料加工、畜禽养殖、食品加工、金融投资及科研服务，公司业务遍布全国以及东南亚、非洲、欧洲、南北美洲的16个国家，并在新加坡成立了海外运营中心。2021年，新希望六和股份有限公司饲料销量近3 000万t，位居全球第一，在2021年《财富》中国500强中排名第95位，是全球食品安全倡议（GFSI）董事会董事及GFSI中国理事会联席副主席单位。母公司新希望控股集团荣登2021《财富》世界500强榜单390位。

二、公司规模

公司于2016年8月开始一期反刍料车间的筹建，2018年1月一期车间投入使用，2018年6月公司二期畜禽鱼车间开始施工建设并在2019年5月投入使用，两期车间设计生产产能28万t，产成品仓储能力分别达1万多t。2021年公司产量超10万t，实现产值3.46亿元，增长率超过47%。

三、工艺领先，设备精良

一是公司拥有两个专业饲料生产车间，生产流程实现无人化、少人化和智能化。公司整体运营采用EBS系统，从原料进厂到饲料出厂全程数字化操作，生产车间采用中控系统控制生产环节，实现过程可追溯可监控。宁夏新希望生产车间以由主系oracleApplications-PROD进行控制，与公司采购、财务、质量、库存、销售等环节互联互通。通过提升公司综合集成水平，实现公司活动的可知、可视和可控，促进企业与市场深度交融，提高生产效率和灵活度，培育企业核心竞争力，从而大力提升企业的赢利能力和发展潜力。

二是国内首家全套生产设备引进瑞士布勒，实现全套设备自动化控制，在行业中首先实现反刍饲料全程优质糖蜜添加，全过程实现自动化和数字化控制，数据实现全过程自动导入电脑，出现异常及时报警提示，糖蜜添加后改善奶牛夏天热应激，稳定奶牛单产效果明显，公司产品实现差异化，实现双赢。

三是针对宁夏地区反刍料养殖特点、饲喂特点，公司引进全进口压片玉米设备，月产量3 000t优质压片玉米，彻底改变宁夏地区压片玉米外调的市场格局，同时打破压片玉米的价格外部垄断，市场销售价格降低50～120元/t，养殖户饲喂节约大量成本，提高养殖效益；压片玉米设备全程无人，中央控制室全过程监控，各生产关键点全程数据化，及时信号反馈，电脑按照工艺参数设定，自动修正，保证生产质量稳定。在肉鸡养殖上，为实现养殖户经济效益最大化，降低饲料成本，肉鸡产品生产时实现油脂后喷涂添加，改善油脂使用量的问题，对禽类饲料产品品质改善明显，市场养殖户生产效益改进，经不完全统计每只鸡可以多挣1～2元。

四、人才培养，研发创新

公司目前有员工95名，其中大专及本科以上人员占比50%以上，畜牧专业技术人员占比30%以上，2021年全职引进动物营养专业海外留学博士1名，为公司市场服务及养殖户专业技术指导奠定基础。未来公司将大力引进畜牧类专业技术人才，打强公司专业技术团队，为养殖户提供更加专业的服务。公司目前是自治区、吴忠市农业产业化重点龙头企业、自治区科技型中小企业，目前拥有实用新型专利11件，发明专利1件，未来将继续打强专业科研能力，向科技型企业发展。

五、严格品控，服务客户

公司始终遵循“为耕者谋利，为食者造福”的经营理念，严格执行原料使用标准和验收标准，有完善的质量管理体系，并于2020年通过了ISO9001质量认证。从原料进厂到产品出厂都经过严格的质量验收、监控，确保不让一颗不合格原料进厂、不让一颗不合格饲料出厂，产品质量安全有保障，把好餐桌食品安全第一关。20多年来公司饲料产品性价比高，服务细致，新希望“国雄”饲料一直以来在宁夏地区享有很高的美誉度，得到广大养殖户、经销商的一致认可。公司产品覆盖宁夏、甘肃、陕西、内蒙古等区域，2021年公司销售额超过3.45亿元，截至目前公司在宁夏地区市场占有率达12%。

公司紧跟养殖发展大趋势及饲料原料市场变化节奏，把控每一个采购节点，确保原料质量优异且价值最大化节约成本。公司饲料产品及服务不断迭代升级，陆续推出“羊羊得益”系列羊饲料产品、“牛运连绵”系列牛饲料产品、“鱼渔欢”系列鱼饲料等生物环保饲料产品，致力于为市场养殖户提供更加安全可靠、性价比高的产品。公司有5名专职动物营养师及30名市场技术营销服务团队，其中2名营养师为股份公司饲料研究院高级营养师，全方位提供养殖技术服务和动物营养指导，每年组织不同规模的养殖技术培训会议达40多场，参与培训人员达2 000多人，在为客户做好服务的基础上，也提高了客户的养殖水平。

六、助力扶贫，热心公益

公司在力所能及范围内积极参与到社会工艺活动中，2020—2021年期间积极利用产业优势，通过羊养殖带动帮扶建档立卡贫困户及检测户脱贫、六一儿童节筹措资金3万多元为贫困地区小学200多名小学生实现“六一心愿”、疫情期间员工积极参与卡口执勤志愿者活动，为当地疫情防控工作捐款捐物，公司吸纳残疾人及困难就业人员入职，通过就业有效改善他们的生活水平。

七、展望未来

未来公司将持续秉承新希望“为耕者谋利，为食者造福”的经营理念，强化管理，内抓质量、外树形象，不断开拓进取，始终坚持“技术创新、高效安全、持续高近、顾客满意”的质量方针，致力于打造世界农牧食品行业领导者。未来公司将持续秉承新希望“为耕者谋利，为食者造福”的经营理念，强化管理，内抓质量、外树形象，不断开拓进取，始终坚持“技术创新、高效安全、持续高近、顾客满意”的质量方针，致力于打造农牧食品企业美好公司，做中国良心企业。未来三年公司计划实现销量、产量翻番目标，为宁夏和周边地区的经济发展做出积极贡献。

引领国内饲料级固体DL-蛋氨酸工业化生产

——宁夏紫光天化蛋氨酸有限责任公司

一、公司简介

宁夏紫光天化蛋氨酸有限责任公司（简称“宁夏紫光”）是由重庆紫光化工股份有限责任公司于2013年6月注册成立，位于中卫市工业园区西云大道，占地面积2 000亩，注册资本6亿元，计划投资60亿元，分三期建设20万t/年饲料级DL-蛋氨酸及相关配套设施。现已建成10万t蛋氨酸生产装置。目前在职员工850人，企业总资产突破50亿元，预计2022年实现销售产值20亿元。宁夏紫光是国内第一家工业化生产饲料级固体DL-蛋氨酸的企业，为我国饲料工业和畜牧业的持续健康发展，进一步提高13亿中国人民“菜篮子”水平做出了重要贡献。

二、市场规模

蛋氨酸生产工艺路线长、技术复杂、装置投资较高，长期以来我国饲料工业所需蛋氨酸全部依赖进口，严重制约着畜牧业和饲料工业健康发展，全球的生产技术由美、日、法、德等少数几家公司控制。宁夏紫光蛋氨酸技术成果创新性强，产品关键性能指标、能耗指标均达到国际中等偏上水平。国产蛋氨酸的投产，在改变全球市场格局、冲击市场价格等方面起到积极作用。公司产品远销中东、南美、东南亚近70个国家和地区，国内大型饲料企业已大量使用宁夏紫光产品替代进口。宁夏紫光蛋氨酸产品全国占有率20%以上，位居第二。国内市场与国外跨国公司有较大竞争空间，二期产能释放和产品质量提高能进一步拓展国内外市场的占有率。

三、质量品控

宁夏紫光严格执行《饲料质量安全管理规范》，公司积极推进质量管理体系贯标工作，2015年先后取得ISO9001：2008、FAMI-QS欧洲饲料添加剂和预混合饲料质量体系认证，加大对全过程的监督和质量保证，2015年底推进阿里巴巴电商平台建立和运行，目前蛋氨酸产品质量得到国内外用户的广泛认可和接受。

四、发展前景

在管理和创新方面公司确定了“以企业发展需要为导向，以素质提升和创新能力建设为核心，构建自己培养为主、外部引进为辅”的企业研发创新模式。在技术研发保障和激励方面，依托紫光股份公司的国家级企业技术中心以及博士后工作站相关经验，组建以博士为创新带头人的研发团队，专门从事蛋氨酸工艺技术提升和节能降耗研究，拓展蛋氨酸产业链的发展。公司注重品牌建设，商标注册推广，掌握一批核心自主关键技术。目前公司申请和授权蛋氨酸技术专利近百篇，包括关键中间体甲硫醇催化剂研究开发及应用、丙烯醛分离技术与反应器自主开发、含硫醇恶臭废气废液治理系统集成技术和工程化系统集成等核心技术专利。在企业文化和人才队伍建设方面，宁夏紫光充分认识到人才在企业改革发展中的决定性作用，建立学习型企业，培养具有职业精神和技能的员工，让每一位员工与公司共同成长，是宁夏紫光的长期任务和愿景。

五、公司理念

公司秉承“绿色发展、创新聚力、美丽紫光、美好生活”的发展理念，坚持“安全第一、环保优先、质量至上”的生产理念，努力打造百亿级动物营养产业集团，为饲料行业和宁夏经济社会发展做出更大的贡献。

科技兴企　产业报国

——新疆和润金兰生物科技有限公司

新疆和润金兰生物科技有限公司于2020年5月8日成立，注册资金2 750万元，是新疆金兰植物蛋白有限公司的全资子公司。其核心产品65%以上高浓缩棉籽蛋白、过瘤胃棉籽蛋白及全脂脱酚棉籽蛋白填补了国内空白，可替代国外进口的高浓缩大豆蛋白及鱼粉，缓解了进口依赖和价格控制的双重压力，打破了进口垄断。

2020年，在新疆奎屯开工建设占地450亩的棉蛋白生物科技产业园，初步形成了“一园、三业、两中心、一平台”的产业格局，即以建设国内外知名的棉蛋白生物科技产业园为目标，以棉籽蛋白、棉籽糖、小肽三个核心产品的研发生产为主业，以建立棉籽蛋白系列产品研发中心和工程技术中心为依托，集中优势资源全力打造棉籽蛋白产、学、研全产业链平台。

并与国家“蓝色粮仓科技创新”重点专项——“水产养殖动物新型蛋白源开发与高效饲料研制（编号：2019YF0900200）”项目深度合作，成为棉籽蛋白替换大豆蛋白研究项目的承接企业。由中国农业科学院水产研究所授权挂牌“棉籽蛋白资源研究中心”，成立了围绕棉籽蛋白产业链生物科技研究的金兰研究院，成为目前国内唯一的棉籽蛋白产、学、研、用全产业链平台。同时，与中国农业科学院水产研究所薛敏博士团队、刁其玉博士团队、中国农大饲料研究所李德发院士团队、陕西省粮油科学研究院等建立了战略合作关系，为建设全国一流的棉籽蛋白产业创新中心、全疆先进的棉蛋白设备制造研发基地提供了有力支撑。

中国高蛋白棉粕引领者

——新疆泰昆蛋白科技有限责任公司

泰昆集团植物蛋白产业立足新疆丰富的棉籽资源，在南北疆棉花主产区建有6家工厂，棉籽加工能力100万t，是国内唯一专业生产50%蛋白棉粕、60%蛋白棉粕、60%脱酚棉籽蛋白及65%浓缩棉籽蛋白的厂家，共产销各类棉籽蛋白35万t、棉籽壳40万t、棉籽油13万t。

公司专注棉籽蛋白的技术研发，在蛋白提纯、游离棉酚及棉籽糖萃取方面拥有6项棉籽类专利技术，从原料进厂、储存、加工、化验、出库的各个环节都建立了比较完整的管理制度。智能化控制设备的应用持续引领棉籽蛋白产品升级方向，生产成本不断下降。

预计2025年实现棉籽加工150万t，不断提升60%及65%蛋白规模，开发68%～70%蛋白产品，并实现海外建厂，是名副其实的中国高蛋白棉粕引领者。

泰昆秉承“以客户为中心”的价值观，坚持“三个价值”（价值采购、价值加工、价值营销）的经营理念，与国内大型饲料集团建立了紧密的战略合作伙伴关系，重视校企合作、推动科研院校研究成果转化，立志成为国内最优秀的棉籽蛋白供应商。

2019年8月，中国农牧CEO、CTO夏季峰会在新疆昌吉市召开，正大集团、海大集团、通威集团、双胞胎集团、安佑集团、大北农集团、耘垦集团等

50多家企业100多位代表出席，泰昆股份作为东道主主办了这次盛会，与会代表对当前非洲猪瘟献言献计，共商行业发展大计，并对泰昆60%蛋白产品及自主知识产权给予高度关注和认可。

中国饲料产销量2.4亿t，对进口蛋白原料的依赖度高达80%，而新疆丰富的棉籽资源和泰昆蛋白产业的技术优势对降低进口原料的依赖做出了应有的贡献。

随着中产阶级的崛起，消费升级的拉动，高端水产品将成为餐桌上的常见佳品，拉动高端水产养殖的快速崛起。鱼粉资源的短缺，对泰昆60%棉籽蛋白来说，将迎来历史发展新机遇。

牢记使命　创新助力畜牧养殖业高效健康发展

——大连赛姆生物工程技术有限公司

大连赛姆生物工程技术有限公司成立于2001年，由加拿大归国学者徐永平博士投资创建，是一家以保健型饲料和动物保健品等动物生物技术产品研发、生产和销售为一体及产、学、研相结合的创新型生物企业。

公司坐落于中国（辽宁）自贸区大连市双D港生物医药产业园区，现拥有12 000m² 研发中心、6 000m²的标准厂房、3条GMP动物药品生产线、2条终生保健型添加剂预混合饲料生产线。公司主要特色产品包括终生保健添加剂预混合饲料、新剂型兽药、抗生素替代品（特异性卵黄抗体、植物源药效营养品）、海洋养殖环保型绿色饲料添加剂等。公司自主技术产业化创新产品特点突出，已行销到全国22个省、市、自治区，为广大养殖企业创造了可观的经济效益。公司全面通过饲料管理规范、农业农村部GMP认证、ISO9001标准质量管理体系认证和高新技术企业认证。

一、保证产品质量一流，追求客户满意度

公司自成立以来一直将产品的质量和信誉放在首位，全面实施贯彻ISO9001质量体系认证、兽药GMP管理体系，坚持科学配方、严格原料标准、检测标准、工艺标准和产品标准，持续改进产品质量和生产流程、制度，践行精益管理理念。在此基础上赛姆生物先后取得了辽宁省科技厅授予的“辽宁省海外学子创业优秀企业”、辽宁省饲料工业协会授予的“辽宁省3·15质量信得过企业”、辽宁省工商局授予的“辽宁省著名商标”、辽宁省科技厅授予的“中俄（辽宁）创新创业基地”、中华全国归国华侨联合会授予的“科教兴国示范基地”、大连市科技局授予的“大连市海外学子创业先进单位”和“大连市高新技术企业”、“大连市动物生物技术国际科技合作基地”、大连市人事局和科技局联合授予的“大连市引智示范基地”，以及“大连金普新区科技创新平台”、“大连金普新区海洋优势企业”等荣誉称号。

二、聚力饲用抗生素替代技术创新，保障动物性食品安全

2020年国家饲料禁抗政策的实施，标志着我国养殖业进入“后抗生素时代”，在国家“饲料禁抗”政策实施后如何控制动物疾病和保证养殖效益背景下，针对目前我国乃至世界上抗生素替代技术缺乏，替代产品对于特定动物养殖疾病不具有特异性和治疗效果不佳的现状，借助公司20多年在抗生素替代技术方面的研究基础，在卵黄抗体、植物源药效营养品、噬菌体和功能性益生菌系等方面研发出具特异性强、安全无公害、效果突出和价格合理的养殖业抗生素替代产品，以满足“饲料禁抗”实施的后抗生素时代抗生素替代品的“井喷式”市场需求，保障我国养殖业高效健康可持续发展。主要抗生素替代技术包括特异性卵黄抗体、植物源药效营养品和噬菌体技术，研究成果达到国际领先水平。依托自主创新技术现已成功开发出以药效营养保健品、饲料和新剂型兽药为主的三大门类、六大系列、200余种产品，并根据市场面向生态、高效、健康养殖的需求，将产品精炼形成系列“极致单品”，公司产品和技术填补了国内相关领域产品的空白，提高了养殖户效益，改善了动物性食品质量，从饲料源头上大大降低了抗生素残留，保障了食品安全，创新产品的推广应用使公司品牌声誉享誉全国，赢得了社会的认可和用户的口碑，更赢得了广阔的市场。

三、注重新产品和新技术研发，提高产品的市场竞争力

科技创新能力已成为企业发展的核心驱动力，每一项技术创新都将为企业发展带来新的机遇。赛姆公司多年来贯彻科技立企战略，注重科技研发和产品创新，研发投入占比达到10%以上。现拥有博士后科研工作站、教育部动物性食品安全保障技术工程研究中心、辽宁省噬菌体应用工程技术研究中心和中俄（辽宁）创新创业基地等科技研发机构，并拥有一支以海外留学人员和博士、硕士组成的高水平研发团队。

公司先后承担了国际重大合作项目、国家科技部863计划项目、国家自然科学基金项目、国家杰出青

年科学基金项目、辽宁省科技成果转化项目、辽宁省海外学子创业工程专项计划、辽宁省海外研发团队项目、辽宁省中小企业创新基金项目、大连市产业技术创新资金项目、金州新区现代农业计划项目等40余项国家、省、市、区级科研课题。截至目前，公司拥有3项国际领先水平和3项国际先进水平的技术成果，申请国家发明专利71项，已获授权30余项。公司先后获得“国家重点新产品”“辽宁省科技进步奖”“大连市科技进步奖”等科技成果达11项。

公司抗生素替代技术和终生保健（Total Life Care）饲料技术是赛姆公司的核心技术，采用该技术产业化生产的终生保健饲料产品在饲料和养殖界内享有盛誉，并在辽宁、吉林、黑龙江、山东、河北、湖南、湖北等22个养殖业大省建立了销售网络，取得了很好的销售业绩。这些创新产品的推出不仅为公司带来了可观的经济效益，同时也减少了抗生素的使用，促进了行业的技术进步。

梦想点亮人生，创新铸就辉煌，面对未来，大连赛姆公司将不忘初心、牢记使命，继续秉承“学术立企、科研立业、服务‘三农’”的创业创新精神；坚持“品牌拓市、植根华夏、全球共享”的市场战略，以保障动物性食品安全和人类健康为主题；依托自身强大的自主创新能力和市场拓展能力，致力于把公司打造成全球知名的生物高科技企业，实现“完美、卓越、一流、绿色、健康、环保”的百年企业之盛誉。

致力于成为动物蛋白饲料安全的领航者

——大连同达鱼粉制造有限责任公司

大连同达鱼粉制造有限责任公司位于海洋资源丰富的辽东半岛大连市普兰店区，公司占地面积50亩，固定资产7 000万元，是集鱼粉制造、鱼油、鱼溶浆多向发展、生产、加工、销售为一体的规模成长型企业。公司于2011年成立，拥有3条300t级微负压鱼粉生产线，拥有10 000t仓储。年加工小鱼近90 000t，鱼粉产量20 000t，鱼油产量2 000t，鱼溶浆1 000t。

随着养殖业的发展，与饲料行业相关的食品安全问题也越来越多，如滥用抗生素、瘦肉精、苏丹红和三聚氰胺等。人们对食品链前段饲料业的控制日益关注，饲料行业的GMP＋认证已经受到美国、欧盟等发达国家和地区高度重视。公司已经加入了饲料业的GMP＋认证行列。饲料行业的GMP＋认证已经成为大连同达鱼粉制造有限责任公司规范生产和操作、证明能力、提高公众信心的有力工具。公司是全国首家获得GMP＋体系认证的鱼粉企业，鱼粉产品获得GMP＋B2质量认证，已经顺利进入国际饲料市场。

公司运行的GMP＋认证，加上新技术、新设备，从而保证产品质量，使企业对原料、辅料、包装材料的要求更为严格，为生产经营人员认识自己产品生产的特殊性提供重要的教材，由此产生积极的工作态度，激发对产品质量高度负责的精神，消除生产上的不良习惯，形成良好的生产管理体系。

安全的饲料始于安全的饲料原料。公司对于原料供应有很强的管控流程，使用GMP＋饲料安全保证体系，改进公司构架，加速业务流程和提高生产效率，促进公司的可持续发展。

GMP＋饲料安全保证体系整合了多项标准。首先是与ISO9001质量管理标准的要求相当，以确保饲料质量及安全，保证在日常业务中的正确运作。HACCP体系也包含在GMP＋饲料安全保证体系中，用于生产过程中的危害分析和关键步骤的重点控制。

公司与体系结合保证了饲料链所有环节的饲料安全，实现原料安全的可追溯，通过SGS建立客户服务保障体系，以高品质、高标准、高起点、全方位管理和全链条管控，打造知名度。

大连同达鱼粉制造有限责任公司拥有得天独厚的原料优势——渤海的饲料鱼资源经过筛选，部分可以达到秘鲁超级鱼粉的标准，虾蟹含量少，且在温带海洋性气候的生存环境下鱼条大，出油率高，因此有能力生产出国产超级鱼粉。公司积极探索原料鱼筛选、采购，确保从港口到加工2h存储时间，以确保原料加工时的新鲜。按照不同的生产工艺产品主要以全脱脂鱼粉、半脱脂鱼粉为主，并随之产生副产品鱼溶浆和精炼鱼油。鱼粉产品规格有：65蛋白VBN≤120mg/kg、63蛋白VBN≤150mg/kg，目标市场为高档特种水产料和教槽料；62蛋白金枪鱼粉VBN≤120mg/kg，目标市场宠物食品；鱼溶浆产品规格：水分≤46%、蛋白≥35%；鱼油产品规格：EPA＋DHA≥22%，酸价（KOH）≤1mg/g。鱼溶浆和鱼油的目标市场均为高档特种水产料。

大连同达坚持以客户为中心，积极开展饲料科学技术研究，不断开发新技术、新产品。不断改进生产技术，提高产品质量。充分重视发展科学技术的先导作用，目前公司拥有国内最先进的微负压、全封闭鱼粉生产线，环氧地坪，全自动、食品级的鱼溶浆生产线。

大连同达的环保理念可概括为：

1. 时刻践行可持续发展理念。

2. 坚持不与人争粮，所用鳀及食品厂鱼肉皆不适于人类食用。

3. 坚持变废为宝，将不适于人类食用的原料加工生产为优质高蛋白饲料原料。

4. 坚持环境友好，将生产过程中所有的废水废气经过环保设备处理后达标用以灌溉。

(1) 鱼粉生产过程中的所有设备都处于密闭状态。生产工艺采用微负压技术，使所有设备内部气压略低于大气气压，杜绝废气外泄。

(2) 空气间接冷凝技术的处理工艺，实现废气达标排放。

(3) 建设有污水处理站，集中处理废水。

(4) 落实绿色生产，对生产用水、用电进行控制，减少水、电的消耗，减少废水排放量。

通过几年的发展，大连同达鱼粉制造有限责任公司以一流的品质、合理的价格、优良的服务与正大贸易（中国）有限公司、全兴国际水产股份有限公司、广东粤海饲料集团股份有限公司等多家知名企业建立了长期的合作关系。

伴随着中国城市化、工业化进程的不断推进，大连同达鱼粉制造有限责任公司将持续围绕“人才、科技、名牌”三大战略，怀着“协力、友好、互惠、共赢”的理念，更加注重安全管理、更加注重顾客需求、更加注重产品质量和技术创新，持续开发放心的产品。公司依托雄厚的研发实力，完善的质控体系及先进的检测手段，以优质、安全的产品服务于客户，大连同达鱼粉制造有限责任公司致力成为动物蛋白饲料安全的领航者而努力奋斗。

饲料行业机器换人
宝佳智能智融于行

——青岛宝佳智能装备股份有限公司发展成果

一、企业简介

青岛宝佳智能装备股份有限公司（简称“宝佳智能”）于2009年在青岛高新技术产业开发区成立，注册资金13 312.5万元；拥有国家级企业技术中心等十余个创新研发平台，是工信部技术创新示范企业、全国首批机器人行业规范企业、工信部首批专精特新小巨人企业、全国工业机器人智能制造试点示范、工信部认定首批智能制造系统解决方案供应商。2020年入选第五批国家制造业单项冠军示范企业，2021年入选工信部第一批重点支持“小巨人”企业。

宝佳以拥有自主知识产权的自动化饲料装备为业务起点，发展为以工业机器人应用为核心的高端成套装备和系统集成整体解决方案提供商。宝佳致力于为现代企业提供基于智能工业机器人的智能应用、智能物流仓储、高端成套装备和远程在线监测运维服务平台等智能制造系统集成整体解决方案和装备，为饲料、粮油、食品、化工、医药、机械加工等行业提供超过5 000套解决方案和装备；在中国饲料行业的智能集成装备市场占有率超过70%；产品从2016年起远销日本、俄罗斯、保加利亚、埃及以及东南亚等20多个国家和地区。

宝佳智能全资子公司青岛宝恒机械技术有限公司成立于2014年，致力于为现代畜牧业产业链服务。宝恒公司引进丹麦和德国世界领先技术，为现代畜牧业提供智能养殖农场建设、开发智能养殖一卡通管控系统，为饲料行业提供具有自主知识产权的、国内领先水平的油脂后喷涂、多液体添加等专用工艺设备，以及称重联网系统解决方案。

二、典型经验

（一）具体措施

1. 技术创新引领制造企业快速发展。创新是发展的根本动力，宝佳智能以市场为导向进行创新和研发，以“国家级企业技术中心”专业平台为基础，依托企业精通自动化和控制的专业技术人才，通过深入结合各行业的现状和发展趋势，为工业企业实地诊断、量身定制，提供生产过程的整体规划、设计和解决方案，通过提供质量可靠、技术稳定、高附加值的系统集成装备和软件集成系统，助力企业转型升级。

青岛宝佳致力于饲料行业机器人智能包装码垛集成生产线的研究，通过与日本株式会社不二越合作引进智能机器人先进制造技术。借助自身的系统集成应用技术优势，以“饲料+”作为发展战略，深耕饲料行业，深入调研饲料生产包装工艺，探索务实高效的搬运新模式。

2016年与株式会社不二越加深合作，合资成立机器人应用研究院，专注于工业机器人应用的前瞻性开发，建设机器人应用远程控制服务中心，针对市场需求进行码垛机器人及集成系统的深度开发和定制化设计及售后服务。

通过多年的技术研发，公司机器人智能包装码垛集成成套装备的核心技术达到了国际先进水平，整体国内领先水平，在本领域走在了行业的前列。

2. 严格质量管理，提供优质服务。宝佳在进行产品创新的同时，为了巩固产品质量和满足日益扩大的市场份额，在生产经营过程中采取产品质量与优质服务并行并举的管理方法。2015年宝佳智能首次通过了ISO9001质量体系认证，2020年顺利通过中质协的质量管理体系标准第二次监督审核。

宝佳智能数字化生产车间配备了国际先进的生产设备及检测设备，如高精度冲剪联合设备、激光切割机及弯板中心等。2019年，车间被认定为青岛市互联网工业"三个五"项目智能化数字生产车间。2021年，被认定为为山东省数字化车间。

3. 立足知识产权，实行标准化管理。宝佳智能以市场需求为导向，围绕高端工业机器人制造和自动化集成开展研究工作，针对我国工业机器人及其核心技术和产品生产中亟待解决的技术创新和技术转化等重大关键共性问题集中攻克，不断加大研发经费投入，形成了一批具有自主知识产权的核心技术。公司曾承担过多项国家、省、市级科技重点研发项目，发改产业振兴项目，以及工信部智能制造专项等；公司拥有授权机器人相关发明专利、实用新型专利、软件著作权等近百项。目前多项科技成果均成功转化，极大提高了公司机器人智能包装码垛集成的技术水平，增强了产品的市场竞争力。2019年宝佳智能顺利通过了GB/T 29490—2013知识产权管理体系认证。

（二）经验成效

1. 国内饲料行业最大的机器人智能包装码垛集成生产基地之一，市场占有率多年排名第一。宝佳自2009年成立以来坚持致力于饲料行业自动套袋机、自动缝包机及机器人智能包装码垛集成系统研究，是国内最早开始研究饲料行业自动化装备的企业，通过对饲料行业原料拆卸、投料、微量元素添加、饲料生产、全自动套袋、称重打包等关键工序、工艺进行研究，将原料自动添加设备、全自动套袋设备、机器人智能包装码垛集成等自动化装备，先进的制造管理经验与饲料生产工艺深度融合，形成了覆盖饲料行业全生产流程的机器人自动化生产线整体解决方案，实现了"机器换人"，减轻了工人的劳动强度，解决了饲料行业"用工荒"难题。

近几年市场规模持续扩大，2016—2021年在饲料行业的市场占有率在70%以上，排名第一；在食品行业、粮油行业应用持续增长，已成为这两个行业智能装备的领军供应商，销售额年均增长率在15%以上，成为工业机器人智能包装码垛装备新的业务增长点，可维持较高的增长速度和市场占有率。

2. 深耕饲料行业全产线链条，打造饲料行业智能制造产业生态圈，以此为标杆推进我国工业机器人在其他重点行业的规模化应用。宝佳智能自成立以来凭借自家在饲料行业市场优势，以"饲料+"作为发展战略，深耕饲料行业，创新服务理念，由传统的提供单一码垛机器人产品向提供自动化生产线整体解决方案转变，通过对饲料行业关键工序、工艺进行研究，形成覆盖饲料行业"原料添加—成型工艺—成品包装—仓储物流"全生产流程的机器人自动化生产整体解决方案，并通过研究饲料行业大中型企业产业链布局，充分挖掘用户潜在需求，为其提供上下游产业自动化生产解决方案，助力打造饲料行业智能制造产业生态圈，目前公司该服务模式已经成功在新希望、温氏、海大等饲料行业龙头企业应用，集成应用取得显著成效。

3. 助推饲料生产行业自动化、数字化生产，提供现代化畜牧养殖成套方案，推进畜牧养殖业的现代化发展。宝佳全资子公司青岛宝恒机械技术有限公司自2014年建成以来，积极拓展畜牧养殖行业市场，依靠自身雄厚的技术优势，研发出减重称量式油脂后喷涂成套设备、全自动环境通风设备、环境控制设备、自动送料设备、自动饮水设备、粪污处理设备等主要产品，其中减重称量式油脂后喷涂成套设备被认定为山东省首台（套）技术装备；同时，借助宝佳集团在饲料行业的技术积累和平台优势，已成为国内一流的饲料行业设备生产商，与新希望、海大、温氏、扬翔、九鼎、海鼎、天普阳光、和美、特区、中粮等知名的饲料生产企业建立了良好的合作关系。

公司凭借雄厚的技术研发实力与丹麦斯高德、意大利PERICOLI等多家国际知名公司合作，引进技术先进的环控设备及供料系统，在行业内赢得了良好的声誉。现已承建完成广东温氏集团上百套高效养殖农场及养殖小区，达到了优良的养殖效果；同时也和海大、正大、金锣、泰昆、顺鑫等集团展开密切合作，进行大型养殖场的智能化、无人化改造和新建。

宝恒致力于推进饲料企业智能化制造升级，为下游饲养行业的健康发展提供保障，加快我国畜牧养殖业的技术革新，促进山东省的畜牧养殖产业结构，向高附加值、高科技、绿色产业转移。

三、发展规划

宝佳智能是国内工业机器人智能装备研发的核心生产企业之一，是国家工信部认定首批智能制造系统解决方案供应商、机器人行业规范企业及山东省智能制造标杆企业。宝佳智能将以机器人应用为核心，全力推进饲料行业智能化改造升级，发展成为饲料和畜牧行业更专业的智能制造整体解决方案提供商。

在创新中不断超越

——青岛润博特生物科技有限公司

青岛润博特生物科技有限公司是一家以动物饲料添加剂和动物保健品研发、生产、销售为主的生物科技公司，公司致力于动物健康养殖事业，综合开拓全球畜牧饲料市场，为人类的食品安全与健康服务。厂区面积 30 余亩，现有员工 86 余人，其中博士 6 人、动物营养专业的硕士 12 人。公司自 2014 年创办以来，依靠过硬的技术研发和前瞻性的制剂工艺，研发及生产动物饲料添加剂和动物保健产品。市场覆盖全国 30 多个省市，并成功开拓欧盟、东南亚、南亚、中东、北非、南美、俄罗斯等海外市场。公司年销售收入快速增长，2021 年达到 1.5 亿元。

10 年前，国内一些饲料、养殖企业开始在使用一些包膜（或称包被）的产品，产品过胃或不容易被反刍动物胃中的微生物分解，但因其成本原因，市场价一直居高不下，让很多客户“苦不堪言”。

2014 年，几个怀揣创业梦想的年轻人共同成立了青岛润博特生物科技有限公司。在激烈的市场竞争中，初创型科技企业要想生存下来，必须有过硬的产品。为此，研发团队不敢有懈怠，当年就通过对包膜丁酸钠进行改良，研发出第一款产品：无味包膜丁酸钠。进入市场后，广受青睐，润博特靠着这款产品成功站稳了脚跟。

由于公司业务发展的需要，青岛润博特并广纳人才，组建了自己的研发团队，团队成立后做的第一件事就是研发反刍动物过瘤胃产品。

不知道怎么做，就对照产品参数一个一个试，成功了就记录下来，失败了再接着试，不了解工艺流程，就对原材料进行有机组合，再一遍一遍地进行调整……就这样，用了整整一年时间，终于生产出反刍动物过瘤胃产品。

经牧场验证，该产品过瘤胃率达 85%，超过国际标准的 80%。而且由于很好地进行了成本控制，每吨售价仅为 7 万元，远远低于国外同类型产品 12 万～30 万元的价格。

随着与牧场合作的日渐深入，2017 年的一天，一位牧场主提到奶牛产后缺钙的话题，市场上只有一家进口产品，价格昂贵。

研发团队决定研发一款新产品，以便有效为奶牛产后补钙，填补国内空白。经过查找相关资料，研发团队确定了研发课题：瘤胃缓释钙棒。基本设想是：使其在瘤胃内释放超过 24h，持续给奶牛提供稳定钙源。

开始时还算顺利，但很快，研发团队就发现：没有“外涂层”，产品很容易就会被分解。2018 年 10 月，终于从可供选择的 3 000 多个种类中找到最为理想的外涂层。在尝试了多种工艺方法后，终于研制成功可持续释放的瘤胃缓释钙棒，命名为润能钙。

2018 年 12 月，润能钙在宁夏、辽宁、吉林、内蒙古牧场的实验结果证实：使用该产品后，这些牧场的奶牛产后血液离子钙浓度均高于 1.05mmol/L，完全达到了原来的设想。

单宁宝的研发是为了更好地应对“2020 年，饲料中全面禁止添加抗生素”的禁令。鉴于单宁酸代替抗生素的可能性得到确定，青岛润博特整合国内外单宁酸上下游资源。公司研发团队经过多次改良，研制出名为单宁宝的饲料添加剂产品。该产品能够有效解决腹泻问题，对动物采食和饲料加工没有影响。

依靠前瞻性的制剂工艺，青岛润博特始终致力于动物饲料及动物保健产品的科技研发，先后取得饲料添加剂生产许可证、预混合饲料生产许可证，构建起包被产品线、混合产品线、液体制剂线三条现代化的制剂生产线，目前，公司已拥有单胃饲添、反刍饲添、现场动保等三大系列 20 余个品种，适合畜禽、反刍、水产等养殖动物的饲料添加剂产品。

自行设计研发的制剂工艺，引进美国、德国、日本等先进的设备，建成了国内最大包被制剂生产线，可以满足多产品、大批量同时独立生产的需求。同时建立了高标准的品控化验室，配备进口高效液相、气相色谱仪、原子吸收分光光度计、溶出度分析仪等检测仪器。青岛润博特不仅具备大生产能力，更具备优秀的产品研发和检测能力。

依靠科学严格的管理制度，运行 ISO9001 国际管理体系，成功获得了欧盟 FAMI - QS、荷兰 GMP+等国际认证，有严格的质量体系保障产品的质量稳定性，2019 年被评为“饲料质量安全管理规范省级示范企业”。成功研发的单宁酸制剂、丁酸制剂、精油制剂、半胱胺制剂及瘤胃缓释氮源、瘤胃缓释钙棒、过瘤胃产品系列、液体维生素、液体酸化剂、液体防霉剂、液体乳化剂等多种动物饲料添加剂及动物保健品，涵盖畜禽、反刍、水产养殖三大板块，成为饲料添加领域的卓越品牌。

公司始终坚持“健康引领”产品研发理念，以动物保健产品为中心，以工艺为特色。根据农业农村部第 194 号公告，2020 年 7 月 1 日，中国正式禁止在饲料中添加饲用抗生素，青岛润博特历经多年研发的单宁酸产品，引起了行业的高度关注和广泛认可，提出的协同替抗方案，得到高度认可，被评为“优秀饲料替抗方案提供单位”。山东省畜牧兽医学专业委员会组织的年度饲料行业新产品新技术模式评选中，“单宁宝（无味型包被单宁酸）”被评为“2020 年度饲料行业科学替抗新品”“2021 年创新型饲料添加剂”“2021 饲料行业优秀品牌企业”。

秉承着“健康、高效、创造价值”的经营理念，青岛润博特依托一流的添加剂和动保研发中心，精益求精，不断砥砺前行，先后与浙江大学、浙江农林大学、山东农业大学、青岛农业大学、中国科学院亚热带所、甘肃农业大学等知名院校建立合作，是中国饲料工业协会会员、中国奶业协会会员、山东省饲料行业协会理事单位。2019 年，公司研发总监张小东博士被评为“山东饲料改革开放 40 年技能工匠”。

基于充足的研发投入及完善的技术创新体系，2014—2019 年，青岛润博特共进行研发项目 15 项，获得已授权发明专利 2 项、实用新型专利 16 项、发明专利 2 项、外观专利 2 项，实现成果转化 18 项，商标注册 50 余项。

2017 年青岛润博特在青岛蓝海股权交易中心挂牌，股权代码 801234。公司是国家级高新技术企业、专精特新企业、青岛市优秀创业团队；2018 年公司被评为“创客中国（青岛）赛区”优胜奖、“第三届青岛创业创新大赛”一等奖，同年设立了青岛市饲用包被单宁酸专家工作站，2019 年设立了青岛市瘤胃缓释钙产品及设备专家工作站，被评为山东省饲料行业改革开放 40 年技能工匠，2020 年被评为青岛市企业技术中心……

行走在动物保健事业的道路上，青岛润博特将继续加力开拓全球畜牧饲料市场，为动物健康保驾护航，为现代化畜牧产业注入新能量、开拓新未来。

扎根生物制剂研发领域，专注制剂饲料添加剂生产，青岛润博特致力于打造世界一流的制剂饲料添加剂品牌。

让牛奶更健康更绿色

——厦门汇盛生物有限公司

一、企业背景

厦门汇盛生物有限公司创立于 2001 年，经过近 20 几年的不断砥砺奋进，现已发展为一家专门从事微生物研发、发酵、生产、销售和应用为一体的国家高新技术企业，拥有现代化微生物定向发酵、物理提纯、微胶囊化、反刍应用开发、检测等研发和产业化生产的设备设施，同时积极引进先进生产设备和技术，持续强化企业经营管理，不断提高技术研发和质量管理水平。

汇盛生物一贯重视技术研发和产品创新，内部有一支高素质的专业协作科研队伍，同时长期与中国科学院微生物研究所、厦门大学、集美大学等高校及研究所进行产、学、研一体化合作，承担并成功转化国家海洋局“十二五”和“十三五”海洋经济创新发展区域示范项目、厦门市海洋经济发展专项资金项目等国家及省部级科研成果转化项目，荣获福建省科学技术发明奖二等奖两项、厦门市科学技术进步奖一等奖一项、厦门市科学技术进步奖二等奖一项，实现 5 项国际先进水平科技成果和 32 项核心技术发明专利成果的研发及其产业化，成为亚洲首家、全球第四家 DHA 藻油获得欧洲新资源食品和美国 FDA GRAS 双认证的企业。近年多次被评为国家工商总局“守合同重信用”“国家高新技术企业”“福建省小巨人领军培育企业”“厦门市海洋新兴产业龙头企业”“厦门市科技小巨人领军企业”“厦门市知识产权试点企业”“厦门市创新性试点企业”“厦门最具成长型中小企业”“厦门市专精特新企业”。

公司旗下的系列产品并通过 ISO9001：2008 质量管理体系、ISO2200：2005 食品安全管理体系、GB/T 2200—2006 食品安全管理体系、欧盟 FAMI-QS、HALAL 清真、STAR-K KOSHER 等认证。同时公司首创物理方法进行裂壶藻细胞破壁提炼出的 DHA 藻油，突破国际有机溶剂提取法的技术壁垒，是亚洲首个获得欧盟 NOVEL FOOD 认证和美国 FDA GRAS 认证的双认证产品，而通过定向发酵和制备工艺生产出的奶牛专用裂壶藻粉是一款可用于奶牛养殖富集高含量 DHA 原生牛奶的产品，现已获得伊利集团、蒙牛乳业、圣牧高科有限公司等大型企业的年度订单。

二、创新技术产品

公司以海洋微藻裂壶藻和红法夫酵母等海洋微生物资源开发一系列可广泛应用于水产养殖、畜禽养殖、普通食品、婴幼儿食品、保健品和医药领域的生物制品，实现全产业链的协调绿色发展，节能减排清洁生产。目前已投入生产的科技成果转化产品有 DHA 藻油、DHA 藻油微胶囊、裂壶藻粉和红法夫酵母虾青素。

DHA 藻油：公司首创物理法进行裂壶藻细胞破壁和 DHA 藻油提取精炼，避免了传统提炼方法带来的溶剂残留等问题，极大地提高了 DHA 藻油的安全性，同时使得藻油提取后的残余物再利用成为可能，提高产品的综合利用价值。该项工艺技术荣获“福建省科学技术奖二等奖”“厦门市科学技术进步奖一等奖”“厦门市专利奖三等奖”，并且突破国际有机溶剂提取法的技术壁垒。通过此工艺提炼出的 DHA 藻油（DHA 含量≥75%，藻油中甘油三酯含量≥98%）不存在溶剂残留，不含反式脂肪酸，甘三酯型 DHA 含量高，天然安全健康，吸收利用率更高，是亚洲首个获得欧盟 NOVEL FOOD 认证和美国 FDA GRAS 认证的双认证产品。

红法夫酵母发酵法产业化生产虾青素：虾青素作为抗氧化剂和着色剂，在诸多领域具有广泛应用。通过生物技术与发酵工程技术结合提高红法酵母发酵生产虾青素的综合发酵水平，并开发无毒性残留的天然虾青素提取技术，获得的产品生物活性更高，安全性更好，为虾青素的发酵法产业化生产及虾青素应用产品的开发提供技术基础，促进虾青素的发酵技术的提高和虾青素应用产业的发展。

裂壶藻定向发酵生产及其在反刍动物富集原生DHA牛奶中的创新与应用：开发独特工艺配方高密度发酵培养裂壶藻的DHA高产菌株，在保证菌体的DHA产量的前提下，极大地提高了菌体细胞的蛋白质含量，并利用先进包埋工艺制备裂壶藻全细胞粉，使微藻粉进入奶牛等生物体瘤胃后，因为藻细胞壁的“屏障”作用，所含的DHA等多不饱和脂肪酸依然保存在藻细胞内不被消化，更不会对瘤胃微生物产生毒副作用，从而以活性形态到达真胃和肠道被吸收，并通过牛体的转换，大幅度提高乳汁中的DHA含量（100g牛奶中的DHA含量达到30mg以上）。利用牛体转换创造出富含DHA的牛奶，更营养安全、更绿色健康、更易于吸收。汇盛牌奶牛专用裂壶藻粉以裂壶藻为核心原料，配以合理均衡的多种必需氨基酸、维生素、微量元素及其他多种生物活性物质，采用先进的生物工程技术复配而成，是目前国内外唯一一款可用于奶牛养殖富集高含量DHA原生牛奶的产品（日粮中添加适量汇盛牌裂壶藻粉可让奶牛产出类母乳结构的DHA原生牛奶，具有营养、健康、易吸收、零添加剂、风味良好、货架期更长等诸多优点），该项目于2020年获得“厦门市科学技术进步奖二等奖”和“福建省科学技术发明奖三等奖”，获得中国、美国、澳大利亚授权发明专利，也获得了伊利集团、蒙牛乳业、圣牧高科有限公司等大型企业的年度订单。

作为一家专注于微生物发酵专业生产高附加值生物制品的企业，未来是机遇与挑战并存的，放眼未来、立足脚下，汇盛生物将继续秉承着“创新、诚信、和谐、共赢”的经营理念，一贯坚持以市场需求为导向、以产品质量为根本、以科技创新为主线，形成拥有自主知识产权的创新产业化技术和产品。公司未来将不断扩大生产规模（新厂房已经进入设备安装阶段），继续引进先进生产设备，积极研发高新技术，并聘请高端技术和管理人才，致力于微生物资源高值化的开发，不断提升企业的整体技术力量，继续贯彻高标准的质量控制，力争做专、做强、做大，实现公司未来作为亚洲最大藻油和藻粉生产基地的目标和发展成为“百年企业”的愿景。

坚持走科技兴业　为饲料行业不断提供高品质动保产品

——中鲨动物保健品（厦门）有限公司

中鲨动物保健品（厦门）有限公司前身为厦门星鲨动物保健品厂，始创于1952年，是中国饲用鱼肝油、乳化剂、膳食纤维生产的领导者和开创者。运用70年深厚的技术和经验积累，中鲨为全球众多客户提供优质的动物营养产品和相关技术服务。

70年来，公司坚持走科技兴业、品牌发展的道路，先后与中国农业科学院、新西兰梅西大学、自然资源部海洋三所、厦门大学等国内外相关科研院所建立深入合作关系。目前已有六大系列产品：鱼肝油/鱼油产品系列、营养性功能产品系列、膳食纤维产品系列、饲料添加剂系列、复合维生素产品系列、“氨＊糖”有机微量元素产品系列。

2021年10月正式启用位于厦门市海沧区山边洪路19号的中鲨产业园，占地约20亩，建筑面积约3万m^2。共建有15条生产线，年产量将达突破2万t。

在发展过程中，公司先后荣获“全国用户信得过饲料及添加剂产品生产厂家”“中国复合维生素生产企业十强”，1999年至今，公司连续被认定为“高新技术企业”，2016年被认定为“厦门市科技小巨人领军企业”，2017年被认定为“福建省科技小巨人领军企业”，2018年荣获“厦门老字号”。公司已通过欧盟FAMI－QS、ISO9001和ISO22000质量管理体系认证。

行业优势：

中鲨动保在鱼肝油鱼油行业内的地位：

1. 饲用鱼肝油鱼油的领导者，1952年10月开始生产鱼肝油。

2. 市场占有率50％～60％。

3. 鱼肝油鱼油产品的竞争优势，精制冬化工艺技术，高品质，中鲨鱼肝油鱼油产品质量一流、口碑一流。

中鲨动保在复合维生素行业内的地位：

1. 在复合维生素行业排名前十，目前应在前五，中国较早生产复合维生素的厂家之一，1975年做复合维生素。

2. 市场占有率10％～20％。

3. 复合维生素有竞争优势，因为我们坚持做到五点：

（1）单维新鲜度（3个月内）。

（2）单维一线品牌。

（3）部分单维二次换算。

（4）单维包囊，稳定性较好。

（5）可追溯。

组织架构：

创新能力：中鲨高度重视产学研的合作分别与各大科学院、高等院校联合。

联合新西兰梅西大学完成了“五倍子单宁酸、复合植物精油、丁酸钠对肉鸡生产性能的影响”的研究实验。

联合厦门大学、自然资源部第三海洋研究所进行“海藻源生物活性物质抗应激与强免疫制剂的研发与应用示范”的技术开发。

与厦门大学、厦门医学院等单位共同参与研究“基于养殖海绵活性天然物相关功能产品的研发”科研项目。

与华南农业大学开展“妊娠日粮添加功能性纤维对胎盘功能和胎儿发育的影响”的研究课题。

其中“海藻源生物活性物质抗应激与强免疫制剂的研发及应用示范”项目于2021年通过市海洋局审批立项，总投资2 546万元，总产值预计可达到9 000万元。

企 业 简 介

北 京 市

北京艾克赛德生物工程有限公司

北京艾克赛德生物工程有限公司位于房山区窦店镇，主要从事蚯蚓全产业研发和生产，在研究功能性蛋白原料方面独树一帜，是国家高新和中关村高新技术企业、北京市农业产业化重点龙头企业、北京市专精特新企业，成立有“蚯蚓和蚯蚓产品功能性研发中心”，拥有专利及研发成果14项。其中“蚯蚓综合配套技术研究”经业内专家鉴定“达到国际先进水平”。

为适应饲料行业全面禁抗要求，公司陆续投入资金2 000余万元，充分发掘蚯蚓在诱食性、免疫力、机体代谢、维护肠道健康等方面的强大功效，研发新型蚯蚓制品，为业界提供优质动物性蛋白饲料和替抗产品，颠覆用活蚯蚓、蚯蚓干粉直接饲喂动物传统方式，有效根除动物间生物安全隐患，大幅提升产业链上下游各环节的安全高效生产水平，提升产业与国际接轨。

面临当前蛋白原料价格持续上涨、养殖成本激增的情况，公司积极研究利用种植和园林绿化等废弃物加工饲料原料的方法和技术，有望降低养殖成本、减少粮食消耗，以促进全产业循环持续发展。

公司注重市场开发，在新产品研发的同时，建立新的营销体系，采用技术推广和服务为先的模式，在广东、福建、湖北等多省市，为统一等大型企业提供优质蚯蚓制品。

亿如科技（北京）有限公司

亿如科技（北京）有限公司是饲料添加剂行业内的一家科技型合资企业，16年来初心不改，始终致力于动物诱食技术、饲料品质安全技术、饲料营养高效利用技术的专业研究、产品开发及市场应用推广。倡导养殖动物的全方位营养，在动物采食调控、饲料及动物养殖抗氧化、饲料替抗技术应用方面积累了丰富的经验，是国内较早全面开展动物采食调控产品研发和生产的特色企业。在其主要产品生产方面具有源发性开发及生产能力，是一家以科技创新为企业发展引擎的精专型饲料添加剂企业。

亿如公司自2006年成立以来，随着饲料行业强劲发展的浪潮不断发展壮大，用其富有特色的系列产品、匠心的产品品质、完善的解决方案为上千家饲料企业提供了服务和价值。在竞争并融合的市场环境中用信守承诺、绿色健康、永续经营的发展理念积累了品牌认可度。同时，亿如公司立足于中国市场也勇于参与国际竞争，跟随行业国际化发展的潮头，以拳头产品为载体，亿如品牌已进入海外市场，服务于国际客户，开阔了企业的视野，锤炼了企业的竞争力。

作为一个多年来深耕细分市场，不断追求卓越的添加剂企业，应对于近年来更加复杂、更多不确定性的企业发展环境。亿如公司坚持以“亿如人杰，杰人如意”的人才观，秉“专注、高效、务实”的企业文化，用“变革、创新、持续”的发展观稳定经营，保持了强劲的增长势头，是一家有积淀并面向未来的优秀企业。

北京四方红科技股份有限公司

北京四方红科技股份有限公司成立于2009年，公司总部位于北京市昌平区北京农学院科技综合楼。四方红科技以饲料及饲料添加剂研发与生产、种猪繁育、畜牧设备开发、饲用中草药种植为主营业务。经过十余年快速发展，公司现已建成四方红（蔚县）农牧产业园、四方红（平谷）生产基地、核心育种场（7 500头法系原种猪）及其配套测定场和育肥场，达到年产饲料10万余t，年出栏各类猪只20余万头。

公司饲料生产研发基地位于四方红（蔚县）农牧产业园内，主要产品涵盖功能型饲料、高档教保料、强化预混料、经济型产品等多个类别，2021年产销规模达10万余t。其中贝乐奶—乳猪营养补充剂、早期断奶料—乳源100/乳宝100、仔猪浓缩料—金宝系列、生长猪预混料—无抗速效育肥组合、洪七功7%系列预混料等产品拥有较高市场美誉度。

公司斥资2亿元于北京市平谷区投资建设的四方红（平谷）种猪福利示范农场已正式投产，依托该场全球领先的实验条件，公司具备单周112头母猪、1 200头保育和育肥猪试验样本，满足开展4个处理、6个重复的动物试验，为公司饲料研发提供了强有力的保障和应用条件。

在动物疫病多发，尤其是非洲猪瘟疫情持续的养殖环境下，公司投入大量资金持续优化饲料生产销售各环节防控手段，提高抽样检测频率、扩大抽样检测范围，旨在为客户提供高质高效、安全可靠的饲料产品。

四方红一贯秉承“笃学立信，榜样兴业”的企业价值观，视质量为企业生命，确保合作伙伴永远是第一受益者，坚持以质量推动增长。

天津市

天津通和饲料有限公司

天津通和饲料有限公司地处京津走廊的核心区域——天津市武清区，是专注反刍、畜禽饲料生产的民营企业。公司成立于2004年，并于2014年投资建立宝坻分公司，2018年通和响应政府号召，为推动新疆当地经济发展，与天津市食品集团合作，共同出资3 000万元，成立新疆津垦通和农牧业有限公司，同年成立博士后科研工作站天津通和饲料分站。通和以总公司、分公司、研发中心、博士后工作者四位一体，并依托科研院校，成为集产、学、研、销为一体的综合性农牧企业。

2021年2月，获得中国“3·15”诚信企业，2021年3月，被评定为2020年度“专精特新”中小企业，2021年6月，再次被评定为天津市农业产业化经营市级重点龙头企业；2021年7月，通过信息化和工业化融合管理体系评定；2021年6月，农业科技成果转化与推广项目“非常规饲料资源利用技术推广与示范”成功结题，同年获得该项课题的科学技术成果登记证书。

怀着为中国农业发展做出贡献的赤子之心，专心务农、政通人和，聚焦起一支年轻热情、理念一致、勤奋敬业、专业精湛的团队，以科技创新、以人为本、尊重知识、永续发展的要求，书写企业发展的璀璨篇章。

通时达变，和衷共济！通和公司甘做一头孺子牛，继续为农牧人耕耘收获的田野！

天津中升饲料有限公司

天津中升饲料有限公司是天津中升集团下属15家子公司之一，是中国林牧渔业经济学会饲料经济专业委员会常务理事单位，天津市吉林商会常务副会长单位。公司成立于2008年，坐落在天津市西青区。厂区占地面积近20 000m²，总投资3 000多万元，年饲料销售量（折合成配合料）30多万t，2021年销售额达到2.7亿元，是专业从事畜禽高档预混合饲料、浓缩饲料和配合饲料的科技型、高新技术股份制企业。

公司拥有专业的动物营养博士研发团队，并与中国农大、中国农业科学院、华中农大等院校紧密合作。产品研发专注于“抗病营养”和“全局营养”，生产标准和加工工艺以“动物食品”为准则，倡导“肠道、肝肾、生殖”三健康，已经成为行业“健康营养”和“绿色养殖”的倡导者和引领者。

成立十多年来，公司通过不懈努力荣获了“饲料技术创新品牌全国五十强”“华北地区优秀母猪料品牌”“中国饲料行业质量信用领军单位”“天津市科技型企业”“国家级高新技术企业”等诸多荣誉。同时也打造了一系列明星产品：其中教槽料802A＋B荣获“无抗先锋饲料品牌·创新奖”，保育料（福仔30）荣获“教保料类匠心产品”，乳动力荣获技术创新优秀奖，速美健（精品仔猪料）产品荣获“中国好猪料人气之星·优胜奖”，保健型蛋鸡料荣获天津市“撒手锏产品”。

正大预混料（天津）有限公司

正大预混料（天津）有限公司是泰国正大集团在华投资的独资企业，是国内大规模、专业化生产复合预混合饲料的知名厂家。公司坐落在国家环渤海经济圈中心——天津市滨海新区，经济资源发达，物流交通便利。1993年正式投产，工厂整体占地3万m²，总投资3.6亿元人民币，目前年产16万t，年营业额突破9亿元。为集团内外饲料企业和规模化养殖场（养殖户）提供专业化的预混合饲料产品，成为国内预混饲料行业的领军企业。从原料采购、品质控制、生产制造和成品运输整个过程严格遵守ISO9001质量管理体系、ISO22000食品安全管理体系、ISO14001环境管理体系、OHSAS18001职业健康安全管理体系，可全程做到“原料到成品，成品到原料”的双向质量追溯。

正大预混料事业秉承正大集团“利国利民利企业”的核心经营理念，践行“协同发展”的价值观，致力于与广大客户和合作伙伴共同推动中国饲料产业的健康和可持续发展。

河 北 省

河北玖兴农牧发展有限公司基本介绍

河北玖兴农牧发展有限公司始建于 2001 年，注册地为河北省保定市定兴县，注册资本 31 452.60 万元。公司是一家完整产业链现代化农牧企业。

公司饲料年生产能力 75 万 t，采用美国 CPM 和国内先进饲料成套生产设备，自动化程度属国内领先水平。公司饲料业务经过多年的经验积累和技术创新，在饲料加工环节掌握了包括恒温加热技术、高液位自动断电等在内的多项企业专有技术。

公司始终坚持“质量是企业的生命，也关乎企业家性命”的质量观念。公司建立健全了一套完善、高效的综合管理体系，从产业链每个环节都有严格的控制，实现了无缝产业链质量管理，最大限度地保证产品品质。

公司先后被评为“全国民族特需商品定点生产企业”、“河北省农业产业化重点龙头企业”、“河北省扶贫龙头企业”、河北省“千企帮千村”精准扶贫行动“产业扶贫奖”、“省级示范联合体核心龙头企业”、“省级示范农业产业化联合体”、“河北省著名商标”、“2020 年度‘创新保定’十大品牌企业”等。

放眼未来，公司将不断致力于以“做安全食品，为百姓健康”为使命，以“共同创造财富，共享发展成果”为核心价值观，实现“打造驰名品牌，建设百年玖兴”的愿景。

乐寿农牧集团

乐寿农牧集团股份有限公司位于河北省沧州市献县。公司始建于 1998 年，旗下共有 1 家分公司和 6 家全资子公司，厂区 14 处，总占地面积 1 225 亩。公司主要业务包括种鸭繁育、饲料加工、肉鸭养殖、屠宰制坯、屠宰分割、熟食加工、烤鸭店和熟食店全国连锁。以上业务已经构成一二三产融合发展的较为完整的产业链，实现了一体化经营。公司是全国最大的烤鸭坯生产企业，“乐寿”牌烤鸭坯产销量占全国销量的 10%以上，“乐寿”牌鸭坯、“乐寿御坊”烤鸭店全国连锁已经成为国内行业头部知名品牌。

2019 年公司被农业农村部等八部委认定为“农业产业化国家重点龙头企业”，被河北省畜牧业协会评为“河北省畜牧十强企业”，被河北省饲料协会评为“河北省饲料行业十强企业”，被沧州市政府评为 2020 年度“市政府质量奖”，荣获“河北省单项冠军产品”“质量标杆企业”“沧州市饲料领军企业”“河北省农业科技小巨人”等多项荣誉称号，牵头发布“北京烤鸭坯”团体标准，获批创建“河北省烤鸭坯技术创新中心”。

公司打造绿色畜禽产品产业链作为发展战略目标，重点打造中国绿色烤鸭产业链第一品牌，建立全国规模最大、产业链最完整、竞争力最强的烤鸭产业体系集团。致力于打造国内鸭坯专用饲料第一品牌，以生产技术为基础，把改善烤鸭肉质的口感和风味作为饲料研发的主要方向，进一步加强对饲料技术的研发，重点研发适用于肉脂型北京鸭的免填饲料，进一步提高饲料的转化率，持续改善饲料对鸭坯产品肉质、口感和风味的影响，努力打造国内鸭坯专用饲料第一品牌，创建一流农业产业化龙头企业，建百年乐寿，基业长青。

唐山三发普林饲料有限公司

唐山三发普林饲料有限公司始建于 2004 年 1 月，总投资 9 000 万元人民币，注册资本 2 000 万元。公司下属于北京树军控股集团有限公司，是集研发、生产和销售为一体的水产、畜禽饲料企业。公司产品以鱼虾配合饲料、畜禽饲料、膨化饲料为主导，共有 7 条生产线，设计生产能力 30t/h。公司从事水产饲料生产近 20 年，为北方第一虾料品牌，产品销量与质量一直处于市场前列。

公司拥有一支高素质的研发队伍，设有国内先进水平的品控中心，配备先进的检测化验设备，建立从产品设计、原料进厂、生产加工、出厂销售到售后服务的产品全过程控制及追溯体系，在做大、做强现有产品的同时，注重产品工艺研发，不断更新配方，吸收先进科技成果，三发普林携手北京农业科学院中国—挪威鱼类消化道微生态联合实验室，共同协力打造虾无忧系列饲料，致力于改变对虾养殖现状，推动中国绿色、无抗、可持续养殖而努力。

公司拥有健全的销售网络，产品销往全国各地，并已打入国际市场，远销东南亚等国家，开创了河北省饲料行业中产品出口的先河。

公司秉承“至诚至精、追求卓越”的经营理念，注重品牌效益，企业被评为“河北省农业产业化龙头企业”“河北省知名品牌”“河北省饲料行业十大明星企业”“河北省饲料行业三十强”称号。

益尔生物年鉴汇编资料

秦皇岛益尔生物科技有限公司是一家集生物肽研发、生产、销售为一体的高新技术企业。公司拥有专业的研发团队及领先的核心技术，在开发海洋多肽（酶解鱼虾浆、酶解鱼蛋白粉）、禽源多肽（酶解鸡血、酶解羽毛）拥有自主知识产权以及多项技术成果转化。

公司技术研发团队经过十余年的不懈努力，依托业内专家、教授，采用现代生物工程技术，用海洋鱼和家禽副产物为蛋白源，以自主知识产权为核心，研发、生产出的“赤金蛋白肽（Pure-Gold Peptide）”系列饲料产品，不仅可以提高动物生产性能、调节生理功能，还能替代部分进口鱼粉、血浆蛋白粉降低饲料成本。

公司注册资本1亿元，占地43.86亩。旗下控股公司大连益尔保成肽业有限公司位于大连瓦房店市，公司拥有自己的生物研发中心——“益尔生物研发中心”。2021年实现产量16 285t，产值1亿元。截至目前，年生产能力（浆膏类产品）9万t，截至2021年12月底，固定资产账面价值3 086.94万元，营业收入总额10 684.31万元，资产负债率38.36%。

公司拥有生产动物源性蛋白多肽的核心技术，在二硫键裂解，多酶联合定向内切，氨肽酶外切及生物酶的制备方面共发明四项专利。针对虾料需要诱食性好，开发出虾特料专用产品“赤金”海洋鱼肽F25；针对仔猪料需要适口性好，多吃、不拉稀、生长快，开发出“赤金”海洋鱼肽F50。该系列产品经农业农村部饲料工业中心、中国科学院海洋研究所试验论证及多家大型农牧集团企业试用，一致认为按适当比例添加在猪、南美白对虾、甲鱼、加州鲈鱼等特种水产和毛皮动物饲料中，不仅能显著提高动物的生产性能，还可大大降低配方成本。

山西省

山西锦绣大象农牧股份有限公司

山西锦绣大象农牧股份有限公司起步于1989年，依靠300只蛋鸡养殖滚动发展和资本积累，现成为一家集种禽繁育、饲料加工、肉鸡屠宰、种猪繁育及商品猪养殖、生物制药全方位产业化的大型龙头企业。2021年，集团实现销售收入254亿元，位列山西农业板块第一名。

饲料产业作为集团公司的一个板块，秉承“品质等同生命”的理念，严格原料标准，诚信守法、合规生产、微利经营，竭诚为广大养殖户提供优良的服务。随着猪发展线路养殖规模的扩大，饲料销量供不应求，为适应社会发展，饲料产业分别在晋中市祁县，运城市绛县、永济市，临汾市襄汾县，太原市北格镇，朔州市怀仁市，内蒙古达拉特旗等地收购、租赁了7个饲料公司，增加产能110万t，2021年饲料产能为259万t。公司的玉米转化能力也由过去的36万t增加到目前的120万t，可转化为350万亩土地的粮食，如果玉米种植户年出售玉米能够达到5t，公司将可带动240 000户，总收入达到2.6亿元，户均收入11 000元。目前集团已在省内外设立19个实体公司，5个贸易公司。集团一直致力于品牌建设，“象丰”牌系列饲料连续多年被评为山西省著名商标。

山西锦绣大象农牧股份有限公司作为山西最大的农牧企业，在今后，饲料板块仍积极响应国家号召，主动参与脱贫攻坚战役，投身于乡村振兴，为山西经济和农业发展、产业精准扶贫等方面做出更大的贡献。

晋中大北农农牧科技有限公司

大北农集团是以邵根伙博士为代表的青年学农知识分子创立的农业高科技企业。自1993年创建以来，大北农集团始终秉承“报国兴农、争创第一、共同发展”的企业理念，致力于以科技创新推动我国现代农业发展。

晋中大北农农牧科技有限公司是大北农集团全资子公司，坐落于风景秀丽、气候宜人的祁县省级经济开发区，总占地面积40亩，年生产能力18万t，拥有100多名员工，形成了集配合料、浓缩料、高档乳猪料的生产、科研、示范、培训于一体的农业现代化科技园，并于2015年12月份通过农业部（现农业农村部）《饲料质量安全管理规范》示范企业验收，成为山西省首家通过《饲料质量安全管理规范》的饲料企业，为山西省饲料行业取得了荣誉。

企业上设总经理办公室，下设生产、市场、技术、品管、行政、财务等六大职能部门。晋中大北农农牧科技有限公司自成立以来，一直推行“以人为本”的企业文化精神，注重人力资源的培养，把人力资源作为最宝贵的财富。公司实行电算化管理，打造了一支容动物营养、畜牧兽医、生产管理、经济管理、财务管理等40余人的复合型专业人才队伍。

晋中大北农是山西省饲料工业协会副会长单位，山西省农业产业化重点龙头企业，坚持“晋中大北农，专做好猪料”的经营思路，服务于山西省内广大养殖户，努力在山西省建立以产品为载体、服务为内容、培训为手段、服务人才为主体的知识型服务网络。

晋中大北农立志发展成为山西省一流的饲料科技企业，成为山西省高档猪料领军企业，为山西经济和农业大发展、产业精准扶贫等方面做出新的更大贡献。

内蒙古自治区

内蒙古四季春饲料有限公司

内蒙古四季春饲料有限公司位于呼和浩特市金山经济技术开发区中心地带，是内蒙古自治区规模最大、设备最先进的年产 30 万 t 标准化饲料生产基地。公司总投资 1.3 亿元，固定资产约 8 000 万元，注册资金 1 000 万元，占地面积 90 余亩，现有员工 200 余人，其中大专以上学历占总人数的 75%以上，是饲料工业协会副会长单位、内蒙古自治区农牧业产业重点龙头企业，公司连续 12 年通过中国质量认证中心认证的 IS9001 质量管理体系认证和 22000 食品安全管理体系认证。

内蒙古四季春饲料有限公司历经 15 年的发展壮大，党组织不断得到完善。2005 年 8 月成立党支部，从起初的 3 个人不断发展组织建设，目前，拥有正式党员 50 人，入党积极分子 16 名。企业纵向到底、横向到边，实现基层党组织在公司主要生产经营核心干部全覆盖，所有党员、积极分子全部纳入党组织的管理监督范围。

在我国全面建成小康社会的进程中，牛羊肉消费量不断增长，促进奶牛、肉牛、肉羊养殖产业健康发展，提高生产企业技术创新能力，开发特色牛羊肉产品，延长产业链条向规模化、标准化、品牌化方向发展是内蒙古四季春饲料有限公司未来的持续发展关键战略。融入产业链、创建全国最专业的养殖综合服务平台是大北农奋斗目标，如何“为中国牛羊养殖业提供高档高端反刍饲料产品”是我们长期以来的不懈追求。依托行业唯一的饲用微生物工程国家重点实验室的科技研发能力及技术创新水平，同时建立亚洲瞩目的单体反刍饲料生产科技园，以产品创新、服务创新助推合作伙伴蜚英腾茂，为反刍产业持续稳健发展贡献不竭动力。

内蒙古四季春饲料有限公司依托集团雄厚的实力、原料资源特色和集团战略原料供应链集采优势打造产品的同时，在人才体系、技术服务、生产工艺、模式推广等方面建立起一套完善的服务系统。2017 年以 94.53 的高分顺利通过农业部（现农业农村部）专家组的《饲料质量安全管理规范》验收，并成为自治区内首家专做反刍饲料的农业部《饲料质量安全管理规范》试点企业。

饲料质量安全是确保农产品质量安全和群众食品安全的重要保障。在持续推行 7S 管理过程中，从通风、干净整齐的原料仓储条件，反刍专用全自动化成套生产设备，到智能化管理模式、中控处的精准控制、机械手自动码包，符合国家质量安全管理规范的生产流程保证了生产效率和产品质量的精准度、稳定性，为大北农集团内蒙区精工艺、高效益的产品品质奠定坚实基础。

15 年积淀，得力于粮改饲、产业扶贫、乡村振兴战略等利好政策，受益于农业现代化、生物技术、食品安全的行业浪潮。为进一步保证产品质量，内蒙区各反刍工厂均配备整套高效、精准的检验检测仪器设备，除饲料常规检测外，原料卫生指标的全覆盖检测项目确保饲料原料从田间到仓储、到生产过程中，实现霉菌毒素、微生物安全及营养指标的全程管理控制，并采用近红外光谱分析技术进行原料和成品的监控及快速评定。

凭借集团强大的研发创新平台以及国内高校、科研院所的产学研合作模式，内蒙古四季春饲料有限公司致力于研发生产适合地方产业和经销网络特点的高价值肉羊母子育、母牛母子育、奶牛各生理阶段三大系列 30 多种产品，连续多年为蒙牛中标合作企业，同时与中国圣牧高科、骑士乳业等都达成长久战略合作，经销网络遍布全国。

未来十年，适逢农业现代化、生物技术、移动互联网、食品安全、全球化竞争等新背景，面对农业空前的变革和前所未有的发展大机遇，大北农集团始终坚信农业是最富潜力、最值得奋斗的行业。

雄关漫道真如铁，而今迈步从头越。英雄的大北农将帅风华正茂，勇于变革，承载光荣与梦想，阔步向着目标前进。我们深信，有社会各界领导、专家的关注与支持，有广大农民朋友的厚爱与肯定，大北农集团“创建世界级农业科技与服务企业”的目标一定能够实现，必将为实现中国农业梦贡献更多、更大的力量。

通辽市科翔饲料有限公司

通辽科翔农牧集团坐落于通辽市科尔沁区，公司成立于 2003 年，是一家集饲料研发、生产、销售、畜种改良、肉牛养殖于一体的高新技术企业。公司自成立至今，先后获得“内蒙古自治区农牧业产业化重点龙头企业”“内蒙古自治区饲料质量安全示范企业”“内蒙古质量服务诚信 AAA 级单位”“内蒙古自治区饲料协会常务副会长单位”“通辽市饲料协会会长单位”等多项荣誉称号。

公司目前拥有国内领先的全自动化饲料生产线两条，总装机容量 920kW，年生产能力可达 30 万 t。其中专业反刍饲料生产线一条，年生产能力 16 万 t；专业畜禽饲料生产线一条，年生产能力可达 14 万 t。公司饲料产品涵盖了牛、羊、猪、鸡四大系列，浓缩料、全价料、颗粒料和预混料品牌产品多达 50 余种，市场辐射内蒙古大部地区和吉林、辽宁、黑龙江等周边省区。年均销售量可达 20 万 t，销售额高达 5 亿元。

公司秉承“科技创新”的发展理念，与中国农业大学、内蒙古民族大学建立深度的产学研合作关系，聚焦于新产品和新技术的研发，保障产品持续优化升级。并组建了由 4 名博士以及 40 余名专业技术人员组成的技术服务团队，深入养殖一线，现场精准分析牧场现状，结合产品营养成分大数据，科学调整并制定精准化饲养管理方案，从根本上助力养殖企业降本增益，推动地方养殖业高效健康发展。

公司坚持“饮水思源，回报社会”的企业文化，积极履行社会责任，勇于担当，积极抗疫；投身公益事业；推动农牧发展，助力乡村振兴，深化落实绿色可持续发展。

科翔集团“为普天下热爱反刍事业的有识之士提供广阔的发展平台，使其实现最大的人生价值”为发展使命，以“诚信务实、勤奋善思、团结协作、成就客户”为行为准则，终将实现“致力于成为深受员工爱戴、用户高度信赖、社会广泛尊敬的反刍行业领头羊”的伟大愿景。

内蒙古斯隆生物技术有限责任公司

内蒙古斯隆生物技术有限责任公司成立于 2009 年 10 月，位于内蒙古呼和浩特市和林格尔新区核心区盛乐经济园区，占地面积 42 亩，注册资本 1 111 万元，总投资 8 000 余万元。

公司是内蒙古地区一家利用乳酸菌、芽孢杆菌、酵母菌等混合发酵的专业化饲料生产企业，其中“华农”饲料年生产能力 18 万 t、“微大”发酵饲料年生产能力 6 万 t。公司一直致力于做微生物饲料产品的研究与应用。相继开发出本草精华、益菌康、益菌健、生物精华、益生酸、生命素等一系列发酵饲料产品。辅以 7 种不同中草药，采用不同菌种进行发酵后制成，具有适口性好、利吸收、绿色、安全、高效的微生物制剂，是动物抗生素的最佳替代品。

公司研发中心以国家级重点农牧业科研单位及院校为标准，大量引进国内外先进的仪器设备，配备有 BSC-ⅡA2 系列生物安全柜、UV5000 系列紫外可见分光光度计、K9840 型全自动凯式定氮仪、HZQ-QX 型全温振荡器、MB45 型卤素水分测定仪、BT125D 型电子分析天平、OXI330i 型溶氧仪、XSZ-HS3 型生物显微镜、S20K 型台式 pH 计和 FOSS CT40 型旋风式样品磨等一批精密设备仪器。研发中心根据其具体功能可分为微生物实验室和理化实验室两部分。其中微生物实验室能独立完成菌种的选育、筛选、分离、鉴定、扩培、传代、移种、制种和保藏，理化实验室可以完成饲料混合均匀度、饲料中初水分、粗蛋白、真蛋白、粗脂肪、粗灰分、粗纤维、钙、磷及盐分等指标的检测与分析，从而保证了原辅料及成品质量的可控性，检测技术水平和生产工艺在国内处于先进水平。公司建立有完善的质量安全管理体系，并已率先通过了 ISO9001 质量管理体系和 ISO22000 食品安全管理体系以及知识产权管理体系的认证。

公司拥有一支科技力量雄厚的高效生物饲料产业化创业人才团队，引进“草原英才”2 名，常年与中国农业大学、中国科学院微生物研究所、内蒙古农业大学、内蒙古农业科学院等国内一流的大学、科研机构建立紧密的产学研合作平台。共同主持或承担了“十二五”国家科技支撑计划课题、国家农业科技成果转化资金项目、国家星火项目、内蒙古自治区科技创新引导资金项目、呼和浩特市重大科技专项等国家和自治区重大重点项目 20 余项。公司拥有发明专利 7 项，注册商标 4 件；拥有科技成果 3 项，其中一项“反刍动物绿色生物饲料技术研究”科技成果获 2014 年度呼和浩特市科学技术进步二等奖。

多年来，公司秉承“做养殖户最受欢迎的生物饲料，做养殖户最放心的生物饲料”为宗旨，在生物饲料的发展领域受到了社会各界的广泛认可。斯隆公司也将以更加卓越的生物科技开创出更绿色、更健康、更高效的畜牧业生物饲料，为自治区跨入新的畜牧业新时代添砖加瓦。

辽 宁 省

辽宁菲迪饲料科技有限责任公司

辽宁菲迪饲料科技有限责任公司隶属于总部北京菲迪饲料科技有限责任公司，总部创立于 1996 年，旗下有菲迪与亚禾两大品牌，经过 20 多年的快速发展，已发展成为全球畜牧行业极具影响力的大型科技研发公司。辽宁菲迪饲料科技有限责任公司坐落于美丽的滨海城市兴城，占地面积 50 000m^2，包含大型饲料及饲料添加剂专业生产线 4 条。2020 年，辽宁菲迪在内蒙古阿拉善盟建立生产基地，占地面积 70 000m^2，包含大型饲料及饲料添加剂专业生产线 3 条，总投资超 1 亿元。辽宁菲迪所有产品均已通过 GMP＋、FAMIQ-S、ISO9001、ISO22000 的认证。多年来，菲迪专业从事动物营养研究和饲料应用技术开发，并以企业“一对一成长解决方案”输出为特色，专注于植物精油与过瘤胃系列产品的研发和推广，现已成为国内植物精油的一流生产企业以及全球过瘤胃技术的领跑者。目前植物精油品类年产能超 1 万 t，过瘤胃添加剂年产能超 1 万 t，预混料年产能 10 万 t。截至 2021 年末，菲迪年产值已超 5 亿元，同时产品已出口欧洲、北美、南美、中东、东南亚等

30多个国家和地区，截至2021年末出口额已超1亿元。2020年，菲迪投资1 800万元建设研发楼，研发楼完全参照国家CNAS检化验室标准打造，引进业内顶尖检化验仪器设备，确保实验数据的精准，为新产品上市提供有力的支撑。同年，菲迪成功评选为国家级高新技术企业，同时成功与黑龙江八一农垦大学等高校、中国农业科学院饲料研究所、内蒙古阿拉善畜牧所等科研机构达成产学研合作。

多年来，菲迪始终致力于动物营养研究和饲料应用技术开发，并以企业“一对一成长解决方案”输出为特色，专注于植物精油与过瘤胃系列产品的研发和推广，现已成为国内植物精油的一流生产企业以及全球过瘤胃技术的领跑者。

菲迪成立之初，在以老一辈反刍动物营养学家杨胜先生、冯仰廉先生等为代表的专家团队的指引下，针对我国反刍动物的生产实际，先后推出一系列提高反刍动物健康、改善生产性能的过瘤胃产品，从而在生产实践中取得了显著的经济价值和社会效益。其中应用于反刍动物的过瘤胃蛋氨酸（过胃宝）、过瘤胃赖氨酸（过胃康）、过瘤胃胆碱（过胃灵）技术填补了国内空白，并打破了国外价格垄断和技术垄断；过瘤胃葡萄糖（乳能1号）及过瘤胃维生素（过胃素）技术填补了世界空白，过瘤胃葡萄糖获得了中国及美国发明专利，并在世界上首次提出奶牛产后糖代谢失衡理论，弥补了奶牛围产期能量负平衡理论的缺陷，完善了奶牛能量需求的理论体系，为奶牛业的发展做出了重大贡献。

菲迪的肉牛羊及奶山羊营养技术与产品也处于世界饲料行业发展的前沿。公司始终以生产高品质产品和提供高附加值的服务为己任，并与国际接轨，建立起完善的生产管理体系。

同时，菲迪也实时关注大环境的变化，2007年菲迪着手进行新型绿色添加剂植物精油系列产品的研发，2009年新型绿色饲料添加剂牛至香酚（净力安）系列产品研发成功。该产品具有独特的抗菌机理和抗氧化性能，同时净力安能够改善肠道“四大屏障”功能，即肠道机械屏障、微生物屏障、化学屏障、免疫屏障；同时提高动物机体免疫力，对提高动物器官免疫、细胞免疫以及体液免疫效果显著，而且无任何药物残留，不产生耐药性，是一种理想的饲用抗菌剂，其效果可以和抗生素媲美，是抗生素的理想替代品。目前，菲迪净力安产品是国内唯一一家获得农业农村部生产许可证和批准文号的植物精油类产品。牛至香酚（净力安）系列产品已经更新为第四代，其效果可以和抗生素媲美。2020年7月，我国正式实施饲料禁抗，菲迪植物精油产品获得业内的一致认可，同年斩获五项业内权威大奖，成为绝大部分养殖从业者的替抗首选。

菲迪秉承“尽菲薄之力，开迪企业成功之道”的饲料企业合作理念，用诚实的经营信条与饲料行业许多企业建立了广泛联系。出口求品质，工作求质量，企业求诚信，是菲迪公司与客户共赢合作的基础。菲迪将一如既往地致力于饲料的研究，继续以创新技术驱动企业价值的提升，引领饲料行业安全、环保、科技化发展。

朝阳华星生物工程有限公司

朝阳华星生物工程有限公司是一家专业生产酶制剂及微生态制剂的高新技术生物企业。

公司拥有先进的发酵生产线，生产工艺行业领先。工业化生产基地占地面积40 000m²，拥有智能发酵罐及配套种子发酵罐共20余台套，时蒸发量1t的喷粉干燥塔2套，大型空气压缩机组7台，大型氮气机组1台，超滤浓缩线2套，气流干燥设备3套，厂房15 000m²。

公司高度重视科技研发工作，专业从事菌种筛选、发酵工艺、后处理工艺、产品应用的研发工作，与中国科学院微生物研究所、江南大学、辽宁大学、沈阳农业大学、锦州医科大学等科研院所建立了长期的研发合作关系。

2010年，公司获得了农业部（现农业农村部）一类酶制剂及微生态制剂生产许可证，并取得HACCP、ISO9001认证。2018年，成为“辽宁省无抗养殖产业技术创新战略联盟”重要成员企业。2019年，获得辽宁省高新技术企业称号。

2020年，《复合生物制剂在减抗、替抗养殖中的研发及应用》项目被列入科技部“科技助力经济2020”重点专项计划，2020获得省科技厅年农村科技特派组项目，2021年建立《辽宁朝阳华星生物设施农业土壤生物修复技术创新实质性产学研联盟》，同年建立《农业、畜牧水产养殖业微生态制剂和酶制剂中试基地》，同年获得2021年朝阳市“揭榜挂帅”科技攻关指导计划项目。

辽宁波尔莱特农牧实业有限公司

辽宁波尔莱特成立于1993年，总部坐落于沈阳，是一家闻名行业的高新技术企业。目前集团拥有16家公司，员工超过千人，是饲料行业省重点龙头企业。2021年被辽宁省科学技术厅授予2021年度“瞪羚企业”，被评为省级专精特新“小巨人”企业。

波尔莱特拥有独立的生物技术研发中心，专业致力于预消化技术、微生物、酶制剂、生物小肽的研究与应用。以保证产品质量领先。公司技术研发硕果累累，截至目前各项专利技术40件。仅2021年，就获饲料生产系统计算机软件著作权3个，发明专利2件，实用新型专利5个。2021年通过《知识产权管理体系》认证。

公司产能100万t，高度重视质量管理，从原料采购、生产加工、成品出厂等各个环节均严格执行《饲料质量安全管理规范》要求的质量管理流程。2021年分别在锦州、山东、陕西成立3家分公司，并投资2亿元，在辽宁沈北拟建“圣为生物科技产品”项目基地，利用现代生物工程技术，生产高技术含量的微生态、生物小肽等生物工程肽制剂产品，以进一步开发生物饲料市场，保证市场产品的需求。

波尔莱特公司十分重视员工素质和个人修养的教育培训，公司坚持“做善良人，做好产品”的企业信念，企业用“仁爱之道”对员工进行思想教育，教育员工善言善行。认真对待每一袋产品，保证每一袋产品都是合格的好产品，波尔莱特是信仰仁爱之道的集团化企业。

波尔莱特是企业的，更是社会的。

沈阳伟嘉牧业技术有限公司

沈阳伟嘉牧业技术有限公司，是2000年4月由北京伟嘉集团创立的全资子公司。法定代表人是虞正伟，注册地址是沈阳近海经济区振兴路22号，统一社会信用代码是912101227209173867。

厂区占地面积33 000余m^2，内含浓配料车间、反刍料车间、预混料车间、发酵料车间四大生产车间，公司由总经办、销售部、采购部、生产部、综合部、品管部、财务部、研发部八大部门集研发、生产、销售、于一体的专业化公司，现有员工人数110人，其中硕士学位2人，占总人数2%，本科学历23人，占总人数的20%以上；公司质控中心配备国内先进的检测设备：高效液相色谱仪2台、紫外可见分光光度计1台、原子吸收分光光度计1台、傅立叶变换红外光谱仪1台。

沈阳伟嘉牧业技术有限公司专业从事畜禽配合、浓缩、预混合饲料，反刍精料补充料的生产和经营，综合年产能18万t，2021年总产量6.58万t，2021年总产值27.21万元。

公司所生产的产品服务于大伟嘉股份在东北三省的饲料销售网络和集团自养、放养养殖场。2017年6月获得农业部（现农业农村部）饲料质量安全管理规范示范企业认证，为公司的质量体系提供保障。2020年10月和2021年11月，连续两年93分通过了沈阳市工信局的精益管理验收，为公司的供应系统提供保障。公司的“二三四五原则”为生物安全提供强保障。公司学习“阿米巴”为管理系统提供保障。公司2021年9月被认定为辽宁省重点龙头企业。

台安县九股河农业发展有限公司

台安县九股河农业发展有限公司成立于1997年5月，2009年11月与国家级农业产业化重点龙头企业、中国饲料工业协会副会长单位的辽宁禾丰牧业股份有限公司喜结连理、合资成功。

公司在台安区域已经形成从种鸡饲养、孵化、养殖、笼养设备加工安装、饲料生产、屠宰及深加工的全产业链模式，年孵化肉鸡1.3亿羽，年养殖肉鸡8 000万羽，年屠宰肉鸡1.12亿羽，年生产饲料47万t。这种全产业链运作模式能够有效防控市场风险及养殖风险，而且可以充分保证白羽肉鸡无药残，做到绿色安全无害的优质鸡产品。

台安县九股河农业发展有限公司作为全产业链中至关重要的一个环节，承担着为养殖公司每月800万只白羽肉鸡及种鸡厂60万套种鸡提供安全、优质饲料的重担。公司坐落于鞍山市台安县工业园区，紧邻京沈高速台安出口，交通便利。隶属于禾丰牧业产业化板块，是一家专门生产白羽肉禽饲料的现代化饲料生产企业，年生产能力40万t。2021年，在全体员工的共同努力下，产销双双突破46万t，同比增长35%，工业总产值达6亿元。2022年预计产销量会突破48万t，工业总产值预计可达19亿元。

为了保证饲料生产过程中关键原料的可控性，依托台安县九股河农业发展有限公司相继成立了台安粮丰进出口贸易有限公司、鞍山元亨饲料有限公司、海城丰九编织袋有限公司等诸多附属配套工厂，配套工厂为饲料厂的玉米、油脂、包装的供应提供了优质的供应和保障。饲料厂选用的生产设备是国内先进的设备，中控室选用的是金鼎和牧羊中控系统，车间内的设备选用的均是国内顶尖的设备，江苏正昌、上海正宜、上海申德等。

公司秉承六个永远不的质量方针，严格管控各个环节，以达到出厂产品合格率100%、库存成品抽样合格率100%、承诺服务项目的顾客满意率100%。

彰武优品农牧饲料有限公司简介

辉山乳业的品牌历史可以追溯到1951年，总部坐落于中国辽宁，占据北纬42°黄金玉米带及黄金奶源带地理优势，辉山乳业率先在国内建成涵盖饲草饲料种植、精饲料加工、良种奶牛饲养繁育、全品类乳制品加工与销售、乳品研发和质量管控以及清洁能源等全产业链发展模式，实现了奶源100%来自规模化自营牧场，并开创了“从田间到餐桌”的管控模式，全程守护消费者舌尖上的乳品安全。

2020年11月11日，越秀集团成功重组辉山乳业，标志着越秀集团拉开以辽宁为中心，全面推进东北市场的战略布局。2021年12月6日，辽宁越秀辉山控股股份有限公司正式成立，历经一年的稳步推动，辽宁第一乳企以全新的姿态强势回归，越秀辉山正式迈入发展的新时代。

“十四五”期间，越秀辉山将秉承“不断超越、更加优秀”的企业精神，继续坚持全产业链发展模式，坚持奶源100%来自规模化自营牧场，坚持将“辉山”品牌做大做强。

饲料加工是越秀辉山全产业链建设中非常重要的一环，彰武优品农牧饲料有限公司为越秀辉山各养殖基地提供所需的精饲料加工产品。

彰武优品农牧饲料有限公司坐落于彰武县满堂红乡满堂红村三义井屯，总占地65 000多m^2（近100亩），总建筑面积约29 500m^2。公司成立于2010年11月17日，经营范围包括饲料加工、销售、粮食收购。

彰武优品农牧饲料有限公司设厂长一名，全面负责日常管理工作，下设生产技术部、质量管理部、储运部、人事行政部和安环部。

现有员工127人，其中本科学历8人，大专学历17人，中专（含高中）学历13人，中专（含高中）及以上学历约占总人数的30%。

生产犊牛期颗粒精料补充料、犊牛期精料补充料、小育成期精料补充料、大育成期精料补充料、围产前期精料补充料、围产后期精料补充料、泌乳前期精料补充料、泌乳后期精料补充料、干奶期精料补充料，共9个品种。

年加工能力60万t，3条独立生产线。其中两条精饲料生产线，每条年加工能力25万t；一条玉米压片生产线，年加工能力10万t。

具有较先进的检测设备，重要质量指标具有较高的自检能力。

仓储面积约18 000m^2。其中房式仓4座，钢板仓3座，圆筒仓10座，原料库约3 800m^2；成品库约3 200m^2。

企业信息化建设正逐步完善与发展。现有云越秀、OA系统、U8系统、无人值守检斤系统。ERP系统和考勤系统计划逐步上线。

吉林省

吉林道勤农牧有限公司

道勤农牧有限公司创立于2013年6月3日，历经多年的不懈奋斗，已成为同业公认的最有竞争力和最具发展潜力的农牧贸易公司之一。业务范围包括兽药、中成药、饲料、饲料原料，并涉猎国内外高品质动物保健、饲料添加剂、核心预混料等相关领域。

秉承“品质源于专业，服务创造价值”的经营理念，一直以来公司励志于改善和保护畜禽动物健康、追求绿色环保、最大化挖掘动物生产性能，整合国内外最新资源、技术和产品，为客户及合作伙伴创造了经济效益与社会效益的同步良性增长。

公司与国际众多知名饲料原料生产企业如荷兰皇家帝斯曼、意大利施华特、西班牙乐达、美国奥特奇、美国伊士曼、法国安迪苏安、英国安彭利等企业建立长期稳定的合作关系，作为桥梁和纽带将国际先进的产品及技术对接给亟须改进的农牧企业，同时和国内知名企业如安琪酵母、山东胜利股份、华中正大、宁夏泰瑞、南京中牧等，同荣辱、共进退，为振兴民族企业做出应有贡献。

在人才建设方面，公司和各大院校及检测鉴定机构保持长期稳定的合作关系，同时聘请国内外动物营养、畜牧兽医等行业的知名专家为技术顾问，结合东北地域特点，提供饲料配方、技术咨询等方面的精准服务，与顾客相互依托、合作共赢，为顾客的生产经营及科研能力的进一步提升奠定坚实的基础。

吉林仟客莱科技有限公司

吉林仟客莱科技有限公司成立于2012年7月18日，由大北农集团原始股东孙建国先生投资创办，自成立以来发展迅速，于2015年12月14日完成股份制改造，2016年11月15日登陆新三板，踏足资本市场，2019年成立集团，目前拥有吉林仟客莱、唐山仟客莱、黑龙江仟客莱等三家生产基地及一家销售公司兰州仟客莱生物科技有限公司（兰州仟客莱预计2023年底建成），拥有内蒙古仟客莱、承德仟客莱、哈尔滨仟客莱等三家养殖基地，目前市场主要覆盖黑龙江、吉林、辽宁、华北、中原、西北、西南。

公司主要以饲料研发、生产为核心业务，产品涵盖猪饲料、禽饲料和反刍饲料，其中以猪饲料为主营产品，包括浓乳料、中猪料、种猪料、大猪料、发酵料等系列产品。在立足主业的基础上，仟客莱集团在生猪养殖、母牛养殖、牧草种植以及生态循环农业等领域也进行了延伸与发展。

公司秉承“品质赢天下，诚信聚人心”的经营宗旨，注重企业自主创新，建有市级企业技术中心、吉林省科技小巨人、河北省专精特新及与南京农业大学等高校校企合作，加强研发投入；并拥有2项发明专利，在审核发明专利5个，实用新型专利15个。

此外，“仟客莱”品牌于2016年荣获“吉林省名牌、吉林省著名商标”称号，公司还获得了“吉林省农业产业化省级重点龙头”、“中国饲料工业协会理事”、《吉林省饲料协会副会长》等多项荣誉，公司和子公司唐山仟客莱都通过了ISO9001国际质量管理体系认证。

2021 年公司营业收入约 6 亿元。目前公司饲料产能年产可达 60 万 t，生猪养殖产能规模可达年出栏 10 万头。

公司经营业务主要分为饲料、生猪养殖、母牛养殖、种植等四大版块。

饲料业务是公司的核心业务，产品包括猪饲料、禽饲料、反刍饲料和发酵料等。其中以猪料为主，收入占比达 80%以上。猪料产品涵盖了乳猪、肉猪、种猪各类生猪各阶段喂饲的产品。近年来，随着行业的发展变化及公司的业务拓展规划，公司也在不断开发新产品，向养殖及种植拓展，通过丰富产品结构和涉足领域，不断提升公司的市场占有率及市场竞争力。

吉林仟客莱东北总部施工手续已经齐备，计划 2022 年 3 月动工，预计 2024 年底投产，总投资 1.2 亿元。

兰州仟客莱坐落于兰州新区，总投资 1.2 亿元，预计 2023 年底建成投产。

公司生猪养殖业务自 2019 年开始筹备以来，经过几年的探索与试错，在养殖基地布局、养殖场建设与管理、养殖业务模式以及开拓增值业务等方面，已经积累了一定的经验。目前公司的生猪养殖涵盖了种猪扩繁、仔猪保育、生长猪育肥等全过程。

德泰饲料科技发展有限公司

吉林省德泰饲料科技发展有限公司成立于 2005 年 9 月，坐落于风景秀丽的长春市朝阳区乐山镇德泰饲料工业园。占地面积 6 万 m^2，建筑面积 2 万 m^2，集团现有员工 208 人，年生产饲料能力为 30 万 t。主营业务有饲料加工、畜禽养殖、品牌蛋贸易、原粮贸易等。目前，省级农业产业化重点龙头企业、吉林省著名品牌企业、吉林省科技型“小巨人”企业和吉林省饲料工业十强企业。

公司遵循“专业专注，全心服务”的经营理念，通过技术、原料的研发打造产品的竞争优势，产品研发应用“精准营养技术”和“生物技术”，降低产品的原料成本；对生产设备进行改造，扩大自动化生产能力，改善生产工艺，降低营销生产成本，做到物美价廉。生产技术方面与中国农大、吉林农大、吉林省农业科学院开展战略合作，保障企业技术处于国内先进水平。生产技术设备先进，采用江苏牧羊 MUZL600 系列饲料机组；主要工艺技术采用国内先进 WEM3000 自动配料系统；数据库采用 ACCEMM 数据图储存数据，增加配料系统的稳定性；预混机组采用瑞士布勒生产设备，该套设备节能、环保、自动化水平国内一流；通过了 ISO9001：2015 国际质量管理体系认证，有力保障了产品质量的稳定。所生产的“蛋鸡、肉鸡、猪、反刍动物用全价料、浓缩料、预混料”四大类近百个品种，具有绿色环保、营养均衡、适口性好、生长快速、防病抗病、效益显著等六大特点，产品在吉林省的市场占有率达到 20%以上，产品荣获“吉林省名牌产品”称号。2019 年 10 月，应集团战略发展要求，经集团董事会决定，梅河口德泰饲料有限公司在吉林省梅河口市成立。梅河口德泰是一家集饲料生产、销售、研发及玉米收储为一体的，以生产畜禽、反刍动物浓缩料、配合饲料和精料补充料为主的现代农牧企业。公司坐落于吉林省梅河口市东大街 3888 号。公司总占地面积 22 867m^2，其中办公楼建筑面积 1 860m^2，化验室建筑面积 160m^2，车间建筑面积 1 717m^2，主要机构设置有生产部、技术部、品管部、采购部、营销部、财务部。公司技术力量雄厚，拥有以教授、博士为核心的著名营养学术专家多名，专科学历以上的有 29 人。生产工艺设备采用江苏牧羊集团生产的成套配合饲料生产线、浓缩饲料生产线，工艺设计合理，对饲料质量和安全生产要求起到了保证作用，公司拥有现代化的精密的检化验仪器，使其各种产品以“产品质量稳定，产品性价比高”等优势闻名于市场，产品销售网络覆盖东北三省。

集团董事长着眼于未来，于 2017 年组建并完成德泰自己的养殖体系——吉林省德泰牧业有限公司，公司坐落于伊通满族自治县三道乡城子村，为吉林省德泰饲料科技发展有限公司全资注册子公司，为伊通县现代化规模畜禽养殖最大的一家企业，注册资金 3 500 万元，公司占地面积 20 000m^2，建筑面积 8 000m^2。目前公司共有 15 栋鸡舍，蛋鸡存栏量为 80 000 只，年产蛋量约为 1 000t，推行无抗养殖，蛋品远销东三省及内蒙古，与亚洲最大销售体欧亚集团成为战略合作伙伴，为欧亚集团提供无抗蛋品牌鸡蛋，深受吉林省市场的钟爱。公司目前配备专业养殖团队，以科学的养殖理念进行管理，其中本科学历 2 人，中专以上学历 10 人，同时配备职业兽医 2 名，并与大、中、专院校建立深度合作机制，同时也成为各院校的实习基地。

2016 年 6 月份成立德泰蛋品公司——吉林省德泰五谷香生态农业有限公司。品牌命名“三道香”。为吉林省德泰饲料下属蛋品分公司。目前为止已向广大消费者累计提供“荷谷香”鸡蛋 1 亿枚，受到普遍好评。公司与吉林省农业科学院强强联合，省农业科学院提供技术及研发支持，保证鸡种的健康，提升鸡蛋品质，使得荷谷香鸡蛋蛋白浓稠清澈。蛋黄橙黄天然，口味香嫩诱人。每枚都有“出生码”，鸡蛋新鲜不造假，荷谷香鸡蛋每枚鸡蛋都用可食用墨印有产蛋日期，保证每位顾客吃上安全新鲜的鸡蛋，目前德泰“荷谷香”蛋品遍布长春市各大商超并与长春市几大物业公司联手，让“荷谷香”鸡蛋真正走进了千家万户。

自2005年起，德泰集团响应国家号召，造福一方百姓，建立起了自己的原粮收储体系，至2018年已累计收储与转化玉米近80万t，真正有力地做到了促进农业一二三产业融合的工作，拉动了企业周边农民上亿元的收入，肩负起了企业的社会责任。

2018年应国家环保要求，企业主动停用并拆除了制粒用、取暖用、粮食烘干用燃煤锅炉3台，全部改由天然气和生物质为燃料的锅炉，强有力地支持了国家环保，为老百姓的绿水青山、白云蓝天贡献了自己的一份力量。

为了增进高校研究成果转化与解决毕业大学生就业问题，德泰集团和延边大学、吉林省农业科技学院建立校企合作关系，有力保障了企业技术与时俱进的同时也真正为高校解决了难题，深受各大高校师生赞扬。

德泰公司按照国家食品安全的要求，产品的开发以“精准营养”和“生物技术”为主要研究方向，所有产品利用生物技术发酵和天然植物提取物为主要原料，不加入任何药物和激素，解决原料浪费和传统养殖业对环境的污染等问题，为实现生产绿色肉、蛋、奶提供了坚强的保障。

按照德泰公司未来发展规划安排，3～5年内，在东三省再建设投产3～5家饲料分公司，把德泰公司打造成为东北三省最大、最强农产品加工集团。发展存栏300万只蛋鸡标准化养殖场，形成以蛋品为核心的一条龙经营模式，带动养殖户近万户。同时，根据企业发展水平将开拓国外市场，真正做到在国内国际两个市场大发展、快发展。

吉林市映山红饲料有限公司

吉林市映山红饲料有限公司位于风光秀丽、山青水秀的北国江城吉林市，地处丰满区前二道乡，交通便利，地理位置十分优越，目前占地面积18 000m²，固定资产4 000万元，是一个集生产经营为主体的现代化饲料加工私营股份制企业。

公司2007年6月创建以来，在各级党委、政府的大力支持下，在相关部门的积极指导下，在社会各界同仁的鼎力协助下，经过多年不懈的努力，取得了长足的进展，不断扩大生产规模，采用国内最先进的饲料加工和产品质量检验设备，年生产和销售能力达13万t，推向市场“龙诺”品牌畜、禽、牛用浓缩、全价配合饲料等80余个品种，基本涵盖了养殖各业所需的各个领域，产品遍布东三省和内蒙古地区，赢得了各地经销商和用户的普遍赞誉，取得了较高的经济效益和社会效益。

几年来，公司一直坚持打造优质名牌产品、采用先进科学技术、吸收高科技人才，培养高素质销售、研发和生产管理队伍的原则，先后与中国农业科学院、中国农业大学等大专院校、科研单位建立友好合作关系，现拥有高级工程师1人，高级畜牧师1人，管理、销售、产品质量检验大中专学历人员35人，一线生产工人60人。科学的配方、先进的工艺和现代化管理模式，为具有高效、稳定可靠的产品投放市场提供了有力的保障，2010年公司顺利通过ISO9001（2008）国际质量体系认证，2018年11月，被吉林省农业产业化工作领导小组认定为农业产业化省级重点龙头企业。

公司生产的产品是在中国农业科学院、中国农业大学等大专院校和科研单位协助下研制开发的高科技产品，结合不同地区、不同季节、不同饲养管理和东北自然环境、品种资源合理优化配方，产品加工工艺由计算机精确配制，禽、猪、反刍等系列浓缩和全价配合饲料。

民族兴旺，人人有责。我们坚信在国家和政府的大力支持下，遵循公司“厚德兴业”为核心价值观，扛起民族饲料大旗，争做民族饲料工业的先锋，诚实做人、信誉经商，以促进和拉动吉林市养殖户发展畜牧业为己任，科技兴业、回哺民生。映山红人将借助多年的工作经验和旺盛的投资热情，为振兴吉林市饲料工业，为促进地区畜牧业发展做出应有的贡献。

博瑞科技

长春博瑞科技股份有限公司（简称博瑞科技）创建于2009年，是一家专注反刍动物科技的国家高新技术企业，十余年来始终致力于为中国牧场提供一体化精准营养综合解决方案，专注于对反刍动物饲料领域的技术研究、产品开发、成果应用和价值共享，持续为国内养殖业者提供精准且有效的技术服务，并传授科学先进的养殖管理技术经验，形成了以科技研发、生物技术、饲料加工、技术服务、牧业发展为一体的事业布局。

博瑞科技总部位于吉林省长春市，全国拥有28家公司，员工数量近千余名，建立了动物营养研究院、饲料工程技术研究中心、10个反刍动物营养检测中心的科研阵营，全国布局50余个精准营养服务站，产品销售和技术服务推广遍及全国20多个省市自治区，并先后与蒙牛、伊利、完达山、贝因美、君乐宝、现代牧业、飞鹤、光明、新疆天润等国内知名乳品企业建立了长期战略合作关系。全国奶牛饲料市场化销量排名第一。

博瑞科技现已成为“国际后备牛培育协作创新平台理事单位”、“中国饲料工业协会副会长单位”、“中国奶业协会副会长单位”、“国家博士后科研工作站”、国家“饲料质量安全管理规范示范企业”、“吉林省博士后创新实践基地”、“省级企业技术中心”、“吉林省饲料工业协会会长单位”。

企业还获得“农业产业化国家重点龙头企业”、“国家高新技术企业”、国家级专精特新“小巨人”企业、“中国十强反刍动物饲料企业”、“国家神农中华农业科技奖一等奖”、“中国畜牧饲料行业十大科技进步奖”、“全国饲料优秀创新企业”、“中国奶业行业提升贡献奖”、“中国饲料行业扶贫先进集体”、“吉林省名牌产品”、“吉林省农产品加工和食品产业百强企业”、“吉林省科技小巨人企业”等荣誉，中国农业企业500强。

面向未来，博瑞将继续凝铸“诚信、专业、创新、卓越”的企业价值观，秉承“成为世界一流农牧企业”的愿景，遵循“专注反刍科技”的企业定位，通过“使命、担当、奋斗者”的精神，践行“帮助员工实现梦想，帮助行业伙伴不断成长，促进社会和谐富强”的使命，为中国畜牧业发展贡献博瑞力量。

公司营业收入总额连续三年超过10亿元，三年纳税总额过亿元，全国带动就业人数1 000余人，带动省内就业人员达300余人。

公司主营饲料研发与生产销售、饲料原料贸易、粮食收购及牧业养殖技术咨询服务等几大核心业务，形成了以科技研发、生物技术、饲料加工、技术服务、牧业发展为一体的事业布局。

黑龙江省

禾丰食品股份有限公司

禾丰食品股份有限公司创立于1995年4月，经过不懈奋斗，已发展成为在全球畜牧业舞台上颇具影响力的大型农牧企业。公司拥有饲料及饲料原料贸易、肉禽产业化、生猪养殖三大核心业务，同时涉猎动物药品、养殖设备、国际事业、宠物诊疗及食品加工等相关领域。

2021年生产饲料总量803万t，出栏生猪129万头，与合作伙伴共屠宰白羽肉鸡6.93亿只。

目前拥有200余家下属企业，产品覆盖32个省区，并远销22个国家，在尼泊尔、菲律宾、印尼、俄罗斯等国家建有11座工厂。2006年10月，拥有百年历史的荷兰饲料企业——皇家DeHeus公司与禾丰成为战略合作伙伴，在增强禾丰技术研发实力、丰富禾丰管理经验的同时使禾丰始终拥有国际化视野、享有国际化发展资源。2014年8月8日，禾丰牧业于上海证券交易所成功上市，股票代码603609。

公司成立以来，一直热心公益事业，支持教育、资助科研、援助灾区、扶危济困等。累计社会公益投入近亿元。新冠感染疫情期间，公司、管理者及员工共捐款1 200余万元。

26年来禾丰人保持本色，始终践行禾丰成立之初确定的《禾丰宗旨》：以先进的技术、完善的服务、质优的产品，促进中国畜牧业的发展，节省资源，保护环境，致力食品安全，造福人类社会。我们在1995年向全行业发表《禾丰宣言》：禾丰公司永远从客户的需要出发，不断开发新产品，绝不因循守旧；禾丰公司永远诚实经营；禾丰公司永远以服务社会为宗旨，靠科学技术和创造性劳动来发展自己。它们已成为禾丰不变的企业信条，吸引、凝聚了众多人才，使我们始终团结奋进，坚守初心，逐梦远方。

黑龙江禾丰是禾丰股份在哈尔滨平房区设立的一家独资子公司。公司占地6万m^2，年产能力60万t，公司在行业内率先通过了ISO9001和HACCP国际质量体系、食品安全、环境、职业安全等五大体系认证；公司主营猪料、禽料、反刍饲料。黑龙江禾丰目前拥有国内最先进的设备并拥有多台机械手和1套布瓦设备；公司的化验室是黑龙江区域中心化验室，有权威的品控、化验系统，公司有多年现场工作经验的服务人员组成的专家团队，领先于同行业技术水平；优秀的人才打造了优秀的产品质量保证体系，同时，公司并具有集团、区域最强的采购平台和优势。月销量2万余t，使黑龙江禾丰一直保持行业领先水平。

黑龙江禾丰被黑龙江省饲料工业协会授予黑龙江饲料工业十强企业，曾获得黑龙江省科学技术进步一等奖，黑龙江省饲料工业协会常务副会长单位、黑龙江省大豆协会理事单位，以及“国家级绿色工厂”“黑龙江省级绿色工厂”“黑龙江省专精特新企业”“黑龙江省高新技术企业”“饲料质量管理安全示范企业”“十大最具影响力企业”“黑龙江省农业产业化重点龙头企业认证”“黑龙江省农业产业化龙头企业100强企业”。黑龙江禾丰3个猪料产品获得绿色生资认证，反刍料5个产品获得有机认证，禽料3个产品获得绿色生资认证等。

上海市

皇誉宠物食品（上海）有限公司

皇誉宠物食品（上海）有限公司（以下简称皇家中国）为法国皇家ROYAL CANIN S. A. S.（以下简称皇家）在中国设立的全资子公司，于2006年12月28日成立，注册资本2400万美金，主要生产、经营、进出口ROYAL CANIN牌宠物食品。公司目前拥有1条生产线，其中包含2条膨化线，5条包装线，年产能达到 8 万 t。

皇家是一家在宠物健康营养领域领先的全球性公司。始于 1968 年，由法国南部的一位兽医创立。总部位于艾玛格（法国南部），隶属玛氏集团，在世界范围内拥有 8 000 多名员工。过去 50 多年来，皇家宠物食品秉承营养让宠物乐享健康品质生活的理念，通过量身定制专业配方，不断带来健康营养的宠物食品。皇家所有配方设计和研发都在法国总部，通过科学观察和研究，从宠物的不同体型、生命阶段、品种、敏感特性、生理、病理状态等方面出发设计满足不同宠物的营养方案。目前，皇家在全球已经开发了 220 多种干粮配方和 100 多种湿粮配方。

皇家产品主要在宠物医院、宠物商店和繁育场均有出售，希望通过专业渠道销售给宠物主带来科学的养宠理念。

2008 年皇家在中国设立工厂，2010 年正式运营。皇家中国于 2011 年通过玛氏全球的“质量和食品安全（Q&FS)”认证，依据玛氏全球公司物料质量管理系统、过程质量管理系统、GMP/GHP 标准、HACCP 标准的要求，从原料选择到成品发送的全过程实施全面质量管理。2012 年皇家中国工厂顺利通过法国劳氏 LRQA 的 ISO9001&ISO22000 质量和食品安全管理体系认证。

皇家把确保质量和食品安全作为公司的第一要素。皇家中国所有原材料都通过严格检查，只有 100%合格且可回溯的产品才会被采用。皇家宠物食品全球 16 个生产基地全部强制推行最高质量和食品安全标准。公司建立食品安全管理体系以风险分析为基础，从源头上逐一分析每个原料、每家供应商可能带来的食品安全风险；在生产过程中，风险分析涵盖全部生产设备和传送系统，以保证全面地识别食品安全风险并进行有效的监控。

公司依靠内部实验室网络的强大检测优势，建立了全面的检测和监控计划，从原料、中间产品到终产品，检测项目分为十几大类，主要包括营养指标、微生物、物料新鲜度、环境污染物、重金属、不良化学物质、农残药残等，最终产品全批次通过沙门氏菌检测后放行。目前公司自有检测实验室已取得 ISO17025 认证，委托试验均为 CNAS 认可的实验室。公司每年投入到原料、产品检测和生产环境卫生监控方面的费用超过 900 万元，由此确保在皇家中国工厂生产的产品符合皇家全球统一的质量和食品安全标准。在产品追溯管理方面，根据所建立的质量和食品安全管理体系要求和在线生产管理系统，可实现从原料到成品的全追溯。

产品合规也是皇家非常重视的要素。虽然配方是统一在法国研发中心设计，但各国的法规事务部会根据各自国家的法规要求对配方进行合规审核，保证产品在当地的合规。

顾客是皇家最重视的资源之一，所以为客户提供满意的体验很重要。皇家设立了 400 免费服务热线，为消费者解答疑问，处理消费者遇到的各种问题给消费者提供高品质的售前、售后服务。我们的客服中心非常受消费者和客户认可。

在中国，宠物行业被视为朝阳产业，近几年涌入大量的从业者和资金，市场上出现了杂乱无章的竞争，一方面在产品质量上良莠不齐，另一方面产生了对于消费者的多方误导。为了倡导行业健康发展，我们一方面积极与政府相关部门沟通协作，开发建立中国宠物食品标准体系框架，多方参与宠物食品相关标准的立项、起草。从专业角度贡献我们的力量。另一方面，我们通过知识进社区、社交媒体等多种形式进行迷思教育，帮助宠物主树立正确的养宠观。

鉴于中国目前宠物专业人才的匮乏，皇家中国与相关院校合作，参与为专业兽医人才编制宠物营养教材；同时，开展广泛的线上线下兽医师再教育活动，把世界前沿的科学知识引入中国。皇家精英兽医师网络学习平台受到国内广大兽医师的欢迎。皇家中国是国内各大兽医师峰会的重要合作伙伴，同时还连续多年举办了皇家兽医师峰会。为行业的交流和健康发展起到重大作用。

同时皇家积极践行企业社会责任，连续 8 年以各种形式开展流浪犬猫关爱行动，包括高峰论坛，同相关专业人士讨论如何更好地解决流浪猫犬的问题，斥资每年为 1 000 只流浪猫做绝育手术，为流浪猫捐献爱心粮，与上海各部委合作文明养宠行动等，以期为流浪犬猫创造更好的生活。

因为皇家中国的突出表现，我们也获得了众多的荣誉，除各大兽医师大会、合作伙伴的各类奖项外，我们还从 2014 年开始每年蝉联“奉贤区财富百强”称号、中国十强宠物食品企业、上海市饲料先进企业、上海市“饲料质量安全管理规范示范单位”等。

上海比瑞吉宠物用品股份有限公司

上海比瑞吉宠物用品股份有限公司由留学归国人员于 2002 年 5 月创立，注册资本 9 347.210 5 万元，前身为上海诺瑞宠物用品有限公司。公司于 2016 年 5 月完成股份改制。

公司实行董事会领导下的总经理负责制，现有职工 300 人，其中研发人员 36 人，中层以上管理人员总数 28 ，本科以上学历 89 人。

公司从事犬猫主粮的研发、生产和销售 ，是国家认定的高新技术企业、上海市“专精特新”中小企业，中国饲料工业协会授予的“十强宠物饲料企业”

和“一带一路”国际合作先进饲料企业，上海经济和信息化委员会授予的“上海市企业技术中心”，获得中国和欧盟授权专利53项（其中8项发明专利，欧盟授权专利9项），软件著作权1项。自有品牌热销30多个国家，拥有ISO9001、ISO22000、BRC以及HACCP、GMP的符合性验证资格证书。

公司现任中国饲料工业协会常务理事单位、中国饲料工业协会宠物饲料（食品）分会副会长单位、中国饲料工业协会宠物饲料标准化委员会成员单位、上海市宠物行业协会副理事长单位和上海饲料兽药行业协会副理事长单位。

20年犬猫主粮的研发、生产和销售，拥有“灵萃”“比瑞吉”“开饭乐”等全系列高中低档自主品牌和产品研发的核心技术，相继研制的近350款不同规格和专业营养配方的犬猫粮，连续10年销量领先。

上海农好饲料股份有限公司

上海农好饲料股份有限公司（农好股份）1995年发展自江西，2003年成立上海总部，拥有3家全资子公司和1家控股公司，涉及饲料、畜禽和水产养殖领域，企业总资产3.55亿元，2021年销售配合饲料47.3万t，销售额13.11亿元。

农好股份一直深耕于两大饲料领域：①非常规原料家禽饲料的技术研发与应用，涵盖鸭、肉鸡、鹌鹑饲料等，是国内最早推广低蛋白饲料的企业之一。②2008年与上海海洋大学建立产学研基地，研究海水鱼类、虾等特种水产养殖技术及饲料生产，成功突破大黄鱼、石斑鱼人工配合饲料不能全程饲喂的技术瓶颈。

农好遵循“质量为本、科技创新、稳定发展”的经营方针，持续投入技术创新，共获得36项授权专利。其中“一种非常规日粮蛋鸭配合饲料及其制备方法”获2011—2012年度金山区科学技术奖三等奖，列入2015年上海市高新技术成果转化百佳项目。

企业于2008年通过ISO9001/22000质量和食品安全管理体系认证，先后获“上海市著名商标”“上海名牌”“上海市专利工作示范单位”“上海市高新技术企业”“上海市守合同重信用企业”“国家农业产业化重点龙头企业”等荣誉称号，被国家工商总局连年推荐为“守合同重信用”企业，在行业和公众中获得了广泛的知名度和影响力。

上海成大饲料有限公司

上海成大饲料有限公司成立于2002年12月，是一家专业从事畜禽系列配合饲料、浓缩饲料和预混合饲料，集研发、生产与经营相结合的私营企业。

公司以质量赢得生存。每批进货原料均要求供方提供检测报告，我方检验合格后方能入库；所有出厂成品需化验室检验合格后方能出厂。每批原料、成品、半成品均要留样。质检部对产品质量实行一票否决权。

公司对生产车间进行了全程实时监控，以方便对生产细节的把控，使得一些错误的行为能得到及时的遏制、纠正。在质量设备控制上更是不遗余力，很多设备仪器已经更新到国际前沿水平。

秉着“实干、创新、学习、责任、感恩”的企业精神，始终坚持以高科技、高品质和诚信的服务来赢得市场。亲自做，抓落实，跟踪过程，关注细节，使得公司不断发展。在公司企业精神的熏陶下，公司员工得到了长足的发展，如质检部，公司现拥有专职中高级化验员对公司的原料和成品质量进行严格的把控，大批高学历者亲自在生产销售第一线。公司依托上海的物流运输优势，成功地把畜禽水产饲料销往福建、河南、山东、江西、江苏等几个大省，未来增长空间较大。

上海禾丰饲料有限公司

上海禾丰饲料有限公司（以下简称上海禾丰）成立于2003年1月，位于上海市嘉定区，由禾丰食品股份有限公司与上海美农生物科技股份有限公司合作兴建。上海禾丰专注于高档复合预混合饲料、浓缩饲料和配合饲料的生产和销售，致力于成为华东地区规模化牧场顶级饲料综合服务商。

上海禾丰目前拥有三条智能化生产线，采用基于PLC的自动化全流程控制系统，年生产能力达8万t。公司建立健全的非洲猪瘟防控体系，实行分区管理、单向流通、清洗消毒，做到跨区必隔必消。秉承禾丰股份一贯的高品质与专业精神，公司应用世界一流的BRILL配方软件设计和开发产品，形成涵盖猪、鸡、反刍三大类别的产品矩阵，其中“禾丰”牌8%、4%系列预混料，40%、12%乳猪浓缩料，5%系列蛋鸡预混料等产品成为江浙皖闽等地养殖户的主要选择，为数万养殖户提供优质的饲料产品和养殖解决方案。

近20年的时间里，上海禾丰获得上海市多项荣誉称号。2011年被评为“上海城市公众满意企业”；2016年被评为“上海市饲料质量安全管理规范示范企业”，同年主营收入突破1亿元；2017年主营收入达到1.32亿元，利税贡献首次突破300万元。

作为禾丰股份的华东区总部，上海禾丰将充分发挥龙头旗舰作用，重点布局、着力创新，吸纳豪杰、文化赋能，为实现千亿禾丰发展目标，也为上海饲料行业发展做出自己应有的贡献。

上海千里生物科技有限公司

上海千里生物科技有限公司专业生产畜、禽、水产饲料产品。现有员工25人，其中硕士研究生2名、高级工程师2名。有配合饲料生产线2条、复合预混合饲料生产线1条。检验化验室总面积130多m^2，配备原子吸收分光光度计、液相色谱仪等高端检验设备，分8个功能区，配置齐全。严格执行《饲料质量安全管理规范》等法律法规，产品质量实行一票否决制，历次监督抽查均合格。

上海衡威生物技术长丰有限公司

上海衡威生物技术长丰有限公司是一家集产、供、销、研发、贸易于一体的现代化农牧企业，是一家能为规模化养殖场提供专业化产品和管理技术的服务型企业，已通过质量、安全、职业卫生管理体系认证，是国家级高新技术企业、农业产业化龙头企业。

上海衡威引进国际先进的动物营养技术及养殖理念，配以严格的原料选用、先进的生产工艺、成熟的品控系统、科学的管理模式，研发生产高档母猪饲料、乳猪教槽料、保育浓缩饲料、复合预混合饲料、强化育肥料、全价颗粒料及功能性添加剂等优质产品，公司产品畅销全国各地，其中衡威母猪三宝、乳猪三优系列深受广大用户信赖。

我们始终追求客户的满意和技术创新，衡威提出做养殖场自己的饲料加工厂战略，建设散装成品料仓，购置散装料车、高温消毒设施，实现了从厂到场无缝对接，保障生物安全，降低防疫风险。

上海衡威坚持“以人为本，和谐共赢”的核心理念，以“树百年衡威，做行业典范”为目标，以“打造质量根基，为用户创造价值”为使命，本着“合作、相容、发展”的核心价值观，做有利于用户、有利于员工、有利于企业、有利于社会的伟大事业。发展中的上海衡威与合作伙伴砥砺前行，共同成长，以正确的领先的态度、远大的宽广的胸怀和睿智的长远的眼光为中国畜牧业的发展贡献自己的力量。

江 苏 省

溧阳市裕达机械有限公司

溧阳市裕达机械有限公司坐落在美丽的国家AAAAA级旅游区——天目湖畔中关村江苏科技产业园内，是一家专业从事粮油饲料机械、牧草机械、肥料机械制造的高新技术企业，公司占地面积34 500m^2，建筑面积27 895m^2，她聚集了行业内的技术精英，与南京农业大学、江苏大学等多家科研院校进行技术合作，科研力量雄厚；公司先后通过了国家ISO9001：2015质量管理体系认证、欧洲CE认证、SGS认证。

公司全套引进世界一流技术的数控激光切割机，型材自动喷砂设备，全自动喷漆房，全自动烤漆房，大型剪折弯设备，数控车床、数控线切割、数控冲床、专业生产系列成套饲料机械设备及承接成套交钥匙工程；能为用户提供时产0.5～20t特种水产饲料机组、时产1～30t牧草饲料机组、时产5～35t复合肥、滴灌肥成套机组、时产10～200t成套畜禽饲料机组；包括从整厂规划、设计、设备制造、安装调试及人员培训等成套一条龙服务。

技术和质量是企业的生命，公司本着“以诚取信、以质取胜”的经营理念，按ISO9001：2015质量管理体系严格质量控制；依靠雄厚科研力量“诚信务实、开拓创新”，技术与质量处于国内行业领先地位，为用户建立起完善的技术咨询、产品销售、技术培训和维修服务网络。

南京诺齐生物科技有限公司

南京诺齐生物科技有限公司是一家从事绿色、安全、高效饲料添加剂的研发、生产、销售与服务的国家高新技术企业，专注于植物油活性物的饲用研究与产业开发。

公司坚持技术创新为导向，注重自主研发的同时，与南京农业大学等多家高校建立了良好合作关系。10多年来专注于植物甾醇、天然维生素E等植物油中提取的生物活性物质在动物生产上的应用研究与技术创新，拥有深厚的技术积淀，已获相关专利授权20余项。

诺齐生物严控产品品质，通过了ISO9001质量体系和ISO22000食品安全管理体系认证，严格按照体系进行生产管理，确保产品品质。为保证产品质量并方便客户评估，自主开发了植物甾醇高效液相色谱检验方法。

诺齐生物打造了专业的销售与技术服务团队，在国内主要省区均有销售服务网络。并设立了大客户事业部专门负责大型饲料养殖企业集团的产品开发与技术服务工作，与国内数十家集团企业保持良好的合作关系。

公司秉承“植物油活性物质饲用引领者”的理念，围绕植物油活性物在饲料养殖行业中的应用不断创新，先后推出了甾精、甾能、诺海维、诺优烯等饲料添加剂产品，服务于农牧行业，为行业的可持续健康发展贡献力量。

无锡华诺威动物保健品有限公司

无锡华诺威动物保健品有限公司创建于2002年，总部位于太湖之滨无锡，是一家致力于饲料添加剂、添加剂预混合饲料等产品的研发、生产及销售的江苏省高新技术企业。公司拥有ISO9001《质量管理体系》、ISO22000《食品安全管理体系》，也是农业农村部《饲料质量安全管理规范》示范企业。公司自创建以来与江南大学、苏州大学、华东师范大学、中国水产科学研究院淡水渔业研究中心等高校进行产学研合作，每年投入大量科研经费，开发了多种科技含量高、安全环保的新型绿色饲料添加剂，其中水产动物的保肝护胆系列与畜禽动物的酸制剂系列已经成为公司的拳头产品。

经过近20年的发展，公司已经完成了技术创新平台建设和智能制造平台建设两大重点转型。技术创新平台建设方面，公司先后投入资金500多万元，建成了集研发与检测于一体的华诺威技术研发中心，拥有美国惠普、日本岛津、奥林巴斯、瑞士梅特勒等公司生产的一批先进的检测设备，同时和华东师范大学生命科学学院设立联合实验基地，配备实验使用的饲料生产线以及恒温室内养殖系统，内置3套独立的自动循环水养殖系统，专门从事于公司功能性饲料添加剂产品的研发及评估工作。近几年校企双方在国际一类期刊《Aquaculture》《Aquaculture Nutrition》上已联合发表数篇相关研究论文。

智能制造平台建设方面，公司于2020年投资2 000万元建设新的生产基地，基地整体实现了自动化（配料、包装、码垛全方位）、智能化、信息化，对产品从原料入库到半成品再到成品出库均采取条码系统进行管控，做到对所有产品的全程可追溯。该生产基地于2021年7月正式全面投产，规划年产能达到5万t。2021年公司还投资了添加剂原料生产基地，项目总投资8 000万元。该基地规划年产能10万t，预计2022年投产。新基地的陆续建设投产也预示着华诺威在添加剂领域的产业链转型升级。

江苏华石食品（集团）股份有限公司

江苏华石食品（集团）股份有限公司位于江苏省淮安市经济技术开发区，是一家集种鸡繁育、肉鸡养殖、饲料加工、兽药生产、屠宰分割、食品深加工于一体的大型食品企业。

公司创建于1989年，原隶属于江苏农垦集团总公司，1998年企业重组，由原“淮阴市动物保健品厂”改制组建为现在的集团股份制公司。集团下辖6家全资子公司：江苏华石食品（集团）股份有限公司、江苏圣农禽业发展有限公司、江苏大地动物保健品有限公司、江苏华斯达食品有限公司、江苏宏丰元食品有限公司、江苏华瑞天成食品有限公司。公司2012年被评为国家级高新技术企业，2018年被评为国家级农业500强企业，2019年11月经农业农村部审定为农业产业化国家级重点龙头企业。

2021年末，公司注册资本1亿元，总资产9.02亿元，生产饲料20万t，出栏肉鸡7 000万羽，开票销售15.65亿元，净利润6 810万元。员工2 000余人，合作农户1 600余户，带动农户创收8 000万元。

公司以“公司＋基地＋农户”和“六统一”代养回收模式推广肉鸡产业化运作。目前公司肉鸡产业化发展日趋成熟，业务规模华东领先，国内知名。“公司＋基地＋农户”模式发展白羽肉鸡养殖已成为公司经营发展的支柱产业。

安徽省

安徽喜乐佳生物科技有限公司

安徽喜乐佳生物科技有限公司是国家高新技术企业、安徽省饲料与健康养殖行业协会常务理事单位、安徽省农业产业化省级重点龙头企业、亳州市企业技术中心单位。公司始终秉承“文化定位以德为中心、产品定位以畜禽营养和健康需求为中心、企业发展以人为中心”的战略思想，以科技创新引领和推动行业变革与进步，不断为优秀客户持续创造价值。

公司总部位于皖北平原中部“庄子”故里——蒙城，下辖3个分公司、11个职能部门，拥有760余名员工、50余名科技人员和国内饲料行业领先的动物营养与健康研究机构、实验基地、技术人才，与10余所科研院校和机构长期开展产学研合作，取得科技成果、国家专利等40余项；产业布局涵盖饲料、动保、中药发酵、畜禽养殖、管理咨询等多个领域。

安徽蒙城饲料生产基地占地65亩，建筑计容面积4万m^2，建设投资1.1亿元；拥有现代化智能化原料、成品检化验设施设备以及猪料、蛋鸡料、反刍料、发酵料等生产流水线，年产优质饲料75万t。

安徽喜乐佳生物科技有限公司坚守“成就客户、以人为本、创新发展”的核心价值观，持之以恒地为客户提供高级服务，与志同道合的朋友们结成命运共同体，彼此信任、彼此关爱、共同打拼、共赢未来。

安徽牧仕达饲料科技有限公司

安徽牧仕达饲料科技有限公司位于苏鲁豫皖四省交界的淮北市百善工业园，是一家集饲料研发、生产销售、技术服务、实验示范、种猪育种、猪链合作为一体的现代高科技农牧企业。公司自2010年1月创建以来，持续健康发展，现已获得淮北市农业产业化龙头企业、安徽省著名商标、国家高新技术企业等荣誉称号。公司本部占地约70亩，拥有年产30万t绿色安全饲料生产线四条，饲料研发中心一个；目前在全国已组建事业部16家，营销及服务团队300多人，服务新型家庭农场近1 000家。公司专注于猪用母仔一体化产品，聚焦服务适度规模化猪场和“五好”家庭型农场，全力打造“公司平台化、伙伴创客化、产品差异化、服务价值化、营销标准化、用户中心化”“六化”体系，被全国爱猪人士誉为“爱猪的专属厨房，母仔一体化专家”。

“爱猪文化”是牧仕达的立业之魂。公司的使命是“共筑爱猪事业平台，成就用户终身价值”，口号是“打造母仔一体化，天下爱猪再无忧”，战略是“中国高端猪料第一品牌”。公司将始终坚持“致力联合双赢，共创美好生活”的经营宗旨，秉承“诚信务实，成就用户”的价值理念，朝着高科技、产业化的方向迈进，努力把自己铸造成全国一流的科技农牧企业集团。

申亚生物科技股份有限公司

申亚生物科技股份有限公司（以下简称申亚生物）是一家集科研、生产、销售为一体的新型农牧高新技术企业。申亚生物致力于在动物气血健康核心技术领域的研究、开发、突破，专业从事动物药品与添加剂、宠物食品与保健品、畜禽饲料与生物饲料的研发、生产与销售。

申亚生物立足于高起点、高标准、高科技，拥有“省认定企业技术中心”“安徽省安全饲料工程技术研究中心”和多项国家发明专利、高新技术产品，先后荣获“农业产业化省级重点龙头企业”“安徽省饲料行业创新型企业”“安徽省饲料行业优秀科技企业”“安徽省专精特新冠军企业”“国家两化融合贯标体系认证企业”“国家知识产权优势企业”等。

申亚生物始终秉承“聚焦、专业、融合、发展”的企业理念，以“护佑生灵，服务人类”为企业使命，坚持以农牧产业为主导，以宠物产业为后冀，一业为主，多元发展。为立志“成为全球领先的动物气血健康专家”的宏伟愿景而不断努力，为推动中国农牧业持续健康发展贡献申亚力量！

宣城市福贝宠物食品有限公司

宣城市福贝宠物食品有限公司成立于2011年7月，位于国家级宣城经济技术开发区宣酒大道以南、科技路以西，注册资本1 000万元，占地面积50亩，目前已建成厂房12 000余m^2，现拥有员工100余人。公司致力于为高端宠物食品提供生产服务和技术服务，是一家高起点宠物食品制造企业。公司拥有有效授权专利11项，其中发明专利3项，实用新型专利8项。目前已申请的专利有7项，其中发明专利6项，实用新型专利1项。公司现拥有2条高端宠物食品生产线，产品品质得到广大客户认可。

公司2017年被评为“安徽省专精特新企业，安徽省饲料工业诚信企业”。2018年被认定为“安徽省高新技术培育企业，安徽省节水型企业，宣城市企业技术中心”。2019年被评为“安徽省十佳饲料科技创新企业，安徽省专精特新企业择优奖补企业”。2020年被评为“安徽省高端宠物食品数字化车间，宣城经开区发展贡献奖”。2021年被评为“宣城经开区税收贡献奖”。

福 建 省

福建兴顺饲料有限公司

福建兴顺饲料有限公司是一家集研发、生产、销售配合饲料、复合预混料和浓缩饲料的专业化饲料公司，公司占地面积2万多m^2。公司为饲料生产、饲料销售、现代化生猪养猪、发酵研发、有机肥销售等为一体的大型企业。公司拥有1条膨化生产线、1条发酵生产线、2条预混料生产线、4条独立的颗粒料生产线，年设计生产能力为30万t饲料，目前猪料年产量在15多万t。企业的竞争力在同地区同领域始终保持领先地位，目前合作的千头母猪以上的大客户有几十家，树立了较好的品牌效应。公司相继荣获了福建省著名商标、福建省名牌产品、福建省农业产业化重点龙头企业等系列荣誉。长期以来，公司注重人才培养，引进一批高素质的经营管理、销售、动物营养研发人才，与国内多家知名企业、高等院校及科研单位精诚合作，保证了兴顺饲料产品在行业技术上的领先地位。

为了保证公司饲料产品优质品质，公司长期在国家粮食主产区东北进行驻点采购，并与东北的主要玉米生产基地合作，将公司旗下养殖场生产的有机肥运往上述基地用于玉米种植，保证了原料的质量，以无抗饲养作为主要的突破点和国家生物发酵工程中心合作，生产发酵饲料，保证生猪的无抗喂养，从而提供安全放心无残留的猪肉产品。

公司坚持科技领先战略，凭借优质的产品、数据化管理经营理念，为养殖户增收致富，企业的规模和业务不断扩大，产品遍及福建省各城市。公司秉承“兴隆盛世，顺达民生”的服务宗旨不断进取，为打造福建饲料企业第一品牌不断努力，开创更加辉煌、美好的未来。

福建金新农饲料有限公司

福建金新农饲料有限公司成立于2009年，注册资本3 000万元，为深圳市金新农科技股份有限公司控股的一家专业生产猪系列饲料产品的企业。公司坐落于福建省南平市延平区，拥有专业的猪料自动化生产设备及配套设施，原设计产能年产 12 万 t。2020 年公司新增一条生产线，投入使用后公司的年产能将达到 24 万 t；2021 年实现产值 5 亿 6 000 万元。

公司专注猪饲料的生产，作为中国教槽料领先者，是金新农科技股份公司技术中心科研成果重要转化基地。依托金新农股份的技术优势，公司推出无抗活性教保料“宝宝乐圆”及发酵酸性母猪料“乐酸”系列产品，获得了市场的好评。为满足现代饲料厂的管理要求，公司引进了“金新农 SAP 饲料行业解决方案”；通过数字化系统实现了公司的标准化管理；同时公司严把产品质量关，配备有进口的近红外分析仪（NIR）、液相色谱仪和原子吸收分光光度计等检测设备；品控人员对原料的采购入库到成品的检验和出库进行全程质量监控，全力保障产品的质量。

公司积极倡导以“伙伴天下，共同成长”为核心价值观，致力于成为中国优质猪饲料最佳供应商、2011—2020 年度南平市农业产业化市级龙头企业，多年被评为守合同重信用企业，常年为当地的工业纳税大户，为福建省饲料工业协会团体会员、南平市猪业协会副会长单位等。

福建省佳牧农牧集团有限公司

公司位于莆田市荔城区黄石工业区，成立于 2004 年，占地面积 50 亩，注册资本 2.18 亿元，拥有华江、豪盛、佳牧 logo 等商标，是一家以生产畜禽饲料产品为主，集“研发、生产、销售”为一体的市级龙头企业，采用先进的生产工艺和科学配方研发并生产高科技、无公害、安全的畜禽系列饲料产品。2021 年末资产总额 2.46 亿元，年产值 3 亿元，年销饲料 10 万多 t。顺利通过“安全生产标准化”“安全双重预防机制”考核验收。

公司把产品、服务质量做到极致，实行从原料入库、生产过程直至成品出厂检验等全程质量控制及可追溯管理，确保饲料产品质量安全，从而形成饲料生产专业化、标准化、精细化、规模化的发展格局。

公司自主创新，提高产品科技含量，成为企业发展的不二选择。从产品的生产流程、科学配方、工艺要求等进行技术培训来提高员工的素质。结合各地区的养殖实践推出市场需求的料种，特别是番鸭 548，深受客户青睐。

牢固树立“保市场就是保生存、保发展”的观念，稳定客户、扩大订单，努力巩固现有市场份额和产品销售覆盖面。佳牧农牧集团公司将齐心协力打造更加优质的品牌，在饲料行业跨越发展中发挥积极作用。

福建恒兴饲料有限公司

福建恒兴饲料有限公司是广东恒兴饲料实业股份有限公司的分子公司，是一家具备法人独资的大型饲料企业，于 2005 年 7 月 25 日成立，2012 年 9 月投入试产，并于同年 12 月 20 日通省级验收，取得生产许可证。公司位于福建省龙海区东园工业区，沿边公路、九龙江、漳州港，水陆交通便利。占地面积 96 亩，现有职工 200 多人，生产设备采用国内最先进的成套设备。现有虾料生产线 4 条，膨化料生产线 2 条。设计年产水产饲料 23.8 万 t。产品涵盖三大系列 150 多个品种。目前公司年产销水产配合饲料达 6 万多 t，年营业额超过 4 亿元，销售覆盖广东、福建、江西、湖北、湖南以及伊朗、印尼等东南亚国家。

近年来，该公司为做强做大规模，增强行业龙头效应，大力推进公司产品研发、质量提升、技术改造及产业升级，加大公司自营出口力度，促进效益提升，增加安全投入，建设投资扩大产能，积极对外合作伙伴关系，将先进的科学养殖技术同养殖户的养殖状况有机结合，总结归纳出高效的养殖模式和管理技术，并加以运用及推广，带动经销商和养殖户发财致富。公司先后荣获“安全生产标准化”“饲料质量安全管理规范示范企业”“热心教育捐资助学”“省级重点龙头企业”“纳税大户”“经济建设功臣”“江西农业大学创业基地”“泉州师范学院专业实践基地”等几十项荣誉。

公司坚持“致力于农业发展，为用户创造价值，为人类提供优质、安全、营养、美味的食品”的企业使命，坚持“专业化、产业化、国际化”的发展目标，坚持“做稳、做优、做强”的经营理念，努力打造“从田头到餐桌”的完善的水产产业链，已成为农牧行业最佳典范企业之一。

龙岩大北农生物科技有限公司

公司成立于 2011 年 6 月。由北京大北农科技集团股份有限公司（大北农集团）旗下漳州大北农农牧科技有限公司投资建设，占地 42 亩，现有员工约 59 人，年产生物饲料 18 万 t。

自创建以来，大北农集团始终秉承“报国兴农、争创第一、共同发展”的企业理念，致力于以科技创新推动我国现代农业发展。2010 年，大北农集团在深圳证券交易所挂牌上市（股票代码 002385），成功登陆资本市场，成为中国农牧行业上市公司中市值最高的农业高科技企业之一。

历经几年的发展，龙岩大北农取得了喜人的成绩：猪全价料销量以及各重点产品推广的指标在龙岩市场排名领先；2014 年评为市级龙头企业；先后获评岩前园区产值贡献奖、工会工作先进单位、福建省模范职工之家、武平县文明单位、农业农村部饲料质量安全管理规范示范企业等殊荣，并获得产品技术专利3个。

公司就秉承大北农集团的企业文化核心，按照“科教兴农、产业报国”的大北农企业宗旨，广泛参与区域经济结构调整和提高农民收入，充分发挥农业科技企业的优势，更好地服务闽西畜禽和水产养殖业的加快发展，2013 年建厂以来，积极助力脱贫攻坚工作，带动农户 1 500 多户，实现人均增收 2 200 元，为龙岩社会主义新农村建设、乡村振兴和区域经济跨越发展做出贡献。

河 南 省

河南海创牧业有限公司

河南海创牧业有限公司成立于 2008 年，总投资 1.5 亿元，总占地 50 余亩，是一家以生产高档教糟料、保育料和（中草药）母猪料为主的高新技术生产企业。

2018 年公司与欧盟动物营养研究所深度合作，引进全球最先进的母猪营养和饲养技术，集合古方中药酵素和高分子技术，研发出了高端欧式精准营养母猪料。公司一直以高端精准营养引领业界母猪料发展趋势，所生产的母猪料荣获行业口碑品牌，获得国家专利 20 多项，业务遍及全国 20 多个省和地区，2021 年 10 月被认定为“国家级高新技术企业”。

公司作为科学、健康动物营养新标准企业，公司始终将产品研发和科技创新作为公司发展的引擎，开创“饲吉财”“全饲界”“家门口”等产品品牌，打造“全价值猪工程计划”“吨猪工程计划”。深入技术创新和母猪营养应用技术研究，激发猪只各个环节的价值，真正提高生猪生产效率最大化，减少饲料浪费，降低排放污染。

始终坚持为客户创造更大的价值，围绕卓越的营养产品和精细化饲养，与客户建立更宏大的价值主张。以“精准、高效”为产品研发方向，坚持以新技术、新工艺不断满足市场需求，做好研发、生产、品控及技术服务工作，达到提高养殖收益的目的。

河南金大众生物工程有限公司

河南金大众生物工程有限公司，创建于 1998 年，生产基地位于河南省武陟县詹店省级产业集聚区，占地 200 亩，投资 2.5 亿元，是专业从事微生态、活性肽生物原料、生物饲料及添加剂、动物药品、动物保健品的研发、生产、进出口贸易为一体的国家高新技术企业。

公司拥有微生态饲料添加剂生产线、添加剂预混合饲料、动物药品等生产线。饲料及饲料添加剂生产线通过 ISO9001：2015 质量体系认证，兽药生产线通过 GMP 及 ISO9001：2015 质量体系双认证。

企业拥有两大省级研发机构：河南省巴饲福微生物技术研究院和河南省活性肽制药工程技术研究中心，并创建了省级研发团队，专业涵盖制药、微生物、中药学和畜牧兽医等领域。团队中有博士 3 名（含双聘博士），硕士、本科学历研究人员 26 名。获得国家发明专利 5 项，实用新型专利 17 项，获得省级科研成果奖 3 项。

荣获河南省饲料添加剂协会常务副会长单位、河南省养猪行业协会副会长单位、河南省饲料协会常务理事单位、河南省动保协会常务理事单位、河南省家禽协会常务理事单位。“金大众”“猪博士”这两个品牌均被评为行业“十大著名品牌”，获得“河南省科技型中小企业”“河南省专精特新企业”“国家高新技术企业”等荣誉称号。

河南大华生物技术有限公司

河南大华生物技术有限公司成立于 2008 年，是一家以创新求发展的现代化高新技术饲料添加剂生产企业，占地 5 万 m^2，现有员工 160 余名。一直专注饲料添加剂生产工艺的研究与创新，产品行销全国并经外贸商出口世界各地。

公司现拥有微囊技术、微晶技术、微乳技术、脂质体技术、包衣技术、固体分散技术，并具备智能化全自动规模生产能力。2020—2021 年随着我国牛羊产业发展，该公司过瘤胃保护技术又取得新突破，并于 2021 年上市首年即取得良好的销售成绩，其中过瘤胃维生素单品年销量突破百吨。

公司产品主要有：

1. 畜禽用产品：氧化锌微囊、复合酸微囊、精油微囊、甜菜碱微囊。

2. 牛羊用过瘤胃产品：过瘤胃蛋氨酸、过瘤胃赖氨酸、过瘤胃氯化胆碱、过瘤胃甜菜碱、过瘤胃葡萄糖、过瘤胃活菌（酵母菌、枯草芽孢杆菌）、过瘤胃维生素（A、D、E 及 B 族）、过瘤胃复合酶。

公司产品利用微囊技术、微晶技术，解决饲料中微量添加物的均匀度与生物利用度，实现高效、精准、减排、合规。微囊技术灵活运用在牛羊饲料中，使得牛羊的氨基酸、维生素吸收率明显提升，拓展了牛羊用此类产品的方法，为牛羊规模化养殖提供了有力的保障。

未来将紧跟时代潮流，在国家大政方针具体指导下继续努力，取得更多技术创新，打破发达国家的技术壁垒，逐步形成细分领域专精特企业，为饲料添加剂行业发展做出自己的贡献。

洛阳希望生物科技有限公司

洛阳希望生物科技有限公司成立于2017年，占地60余亩，生产车间2 000m^2，拥有3条液体发酵生产线，12条EM菌液生产线，1条10m^3固体发酵生产线，1条喷雾干燥线和1条闪蒸干燥线，另外配备混合设备2套、自动灌装设备1套，年产能达到微生态制剂原粉8 000t、液体20 000t。主要产品包括活性酵母、富铁酵母、酵君莱、单体饲用微生态制剂等系列。公司实验室占地1 000m^2，通过洛阳市企业科研中心认证，科研成果5项，申报专利技术28项，已审批完毕22项，认证体系2项（质量管理ISO9000认证、食品安全ISO22000认证），具备微生物常规和定制类型产品开发和验证能力，配备相差显微镜、酶标仪、实验性液体发酵系统、纯水制备系统、高效液相色谱等设备，研发人员均为大专以上学历，硕士研究生学历5人，博士研究生学历6人。公司在2020年通过了高新企业认证，获得高新技术企业证书；并获批洛阳市科技型企业称号，是河南农业大学动物营养与饲料科学研究生科研基地、河南省科技特派员服务基地、洛阳希望生物科技有限公司河南农业大学动物科技学院教授工作站、饲料营养河南省工程实验室研究生科研基地、河南省饲料添加剂协会副会长单位。公司客户遍布全国，并已初步开发东南亚市场。公司远景发展规划：立足华中，辐射全国，着眼欧美；以科技为主导，加快科技成果向产品转化，着力打造服务于农业、畜牧业的生产研发基地。三年内成为华中地区具有较大影响力的生产型企业，五年内成为国内知名的科技型企业，并寻求向国外市场进军的机会。

湖 北 省

正大集团

始创于1921年的正大集团总部设立于泰国曼谷，经过百年的发展，目前形成了以农牧食品、商业零售为核心，工业、房地产、传媒、电信等领域共同发展的业务格局，企业遍及全球20多个国家和地区，员工人数近40万人。1979年，伴随中国改革开放的春风，正大集团成为第一家来到中国、入驻深圳的外资企业，经过40年的事业发展，成就了正大综艺、卜蜂莲花、大阳摩托、正大饲料、正大食品等众多知名品牌。

武汉正大有限公司

武汉正大有限公司是1993年武汉市政府引进的十大重点外资项目之一，是由武汉农业集团股权投资有限公司与正大投资股份有限公司合作兴办的大型现代化农牧企业，主要从事生产和购销猪饲料、鸡饲料、鸭饲料等各种饲料和饲料添加剂并进行产品售前宣传和售后服务。先后荣获武汉市优秀外商投资企业、履行社会责任先进单位、武汉市畜牧水产业十强企业、湖北省外商投资百强企业、湖北省农业产业化重点龙头企业、全省饲料工业“先进单位”等荣誉称号；并继续当选省、市饲料协会副会长单位，中国外商投资企业理事、武汉外商投资企业会长单位。

武汉正大有限公司（关南厂）为配合市政建设，于2018年1月搬迁到阳逻经济开发区金发大道南5号。阳逻厂总投资约3亿元，占地100亩，现有员工320人，建设年产24万t的畜禽饲料车间、6万t预混料车间及相关生产配套用房，可实现年产值近15亿元，提供就业岗位近500人，是一家集科研、生产、经营与技术服务为一体的综合型企业。新厂公司采用世界最前沿技术，完全实现畜、禽料及预混料生产线系统独立生产。整个生产过程实现全程监控可追溯，生产区域采用太阳能绿色环保能源，实现生产“六化”，即原料散装化、装卸机械化、运行自动化、过程可视化、饲料安全化、生产标准化。

正大将一如既往秉承“利国、利民、利企业”的“三利”原则，依靠一流的设计、一流的工艺、一流的设备、一流的人才、一流的配方、一流的服务，向市场提供性价比更优的产品和服务，使更多的养殖户走上致富之路，与正大共创美好未来。

湖北晨科农牧集团

湖北晨科农牧集团股份有限公司是以蛋鸡养殖为核心，进行“配合饲料生产—畜禽水产养殖—鲜蛋加工贸易—农产物流运输—养殖技术服务”全产业链一体化经营的综合性农牧集团。

作为国家级农业产业化重点龙头企业、湖北省农业产业化重点龙头企业，2020年荣获湖北省农业产业化30强企业，入围2019年、2020年全国农业企业500强（农民日报组织），被评为2021年度（第三届）湖北最佳新三板公司（湖北日报传媒集团组织）。2015年挂牌新三板，2020年在黄冈市综合实力排名评比居10位。产业布局省内武汉、黄石、黄冈和省外广东茂名、广西南宁、福建漳州、重庆江津等多个地区，是湖北省具影响力的农牧科技集团公司。年产饲料40多万t，已建成浠水晨科、蕲春四方、团风开源、黄石晨科等四个现代化的生产基地，另太鲲黄梅基地正在建设之中，子公司浠水晨科获得农业农村部颁发“饲料质量安全管理规范示范企业”。养殖上，先后在武汉、黄冈等地建有养殖基地，常年存栏蛋鸡140余万只，是农业农村部畜禽养殖标准化示范场，应该是湖北省最大蛋鸡养殖企业，子公司武汉荷香水美被纳入武汉市“冬储春供”菜篮子保障企业。2021年公司实现总产值约18亿元，销售收入约14.46亿元。

荆州展翔饲料有限公司

荆州展翔饲料有限公司成立于2014年03月，注册资金3 000万元，由展翔集团投资1.6亿元兴建的年产50万t水产膨化饲料生产企业。公司是一家以特种水产膨化料饲料的研究、开发、生产为核心产业，同时涉及原料贸易、生物饲料开发、水产动保、苗种、水产品深加工等各领域的复合型全产业链民营企业。公司位于荆州市沙市区观音垱工业园展翔路1号，占地面积51 115m²。2018年元月份投产。目前在职人员198人。

公司先后荣获“国家高新技术企业”“改革开放40周年湖北省饲料行业最具成长性企业”“湖北省支柱产业细分领域隐形冠军企业”“湖北省农业产业化重点龙头企业”等荣誉。未来3年力争进入国家重点龙头企业行列。

目前公司拥有膨化生产线8条，时产50t，后熟化生产线2条，时产20t，粉料生产线1条，时产10t，生物发酵饲料2条，时产5t，特种水产配合饲料年产能可达60万t，饲料产销量居于湖北省饲料行业前列，是华中地区特种水产饲料研发、生产、销售骨干企业之一，并以质量优势稳居华中地区水产膨化饲料销售榜首。

公司未来3～5年发展的战略：

1. 以荆州展翔饲料有限公司为母本，采取收购、兼并、参股以及新建特种水产饲料企业方式，实现超常规跨越式发展，力争为成为湖北省第一家本土上市饲料企业做好准备。目前已在河南、四川、安徽、江西、浙江区域展开销售工作，其中河南、四川已完成公司注册。

2. 构建人才、技术、管理优势。企业的发展离不开人才，在未来的3～5年，我们将引进大量的优秀人才，做好人才的培养与储备工作，构建技术、管理方面的优势。

3. 创新经营模式，构建饲料、养殖产销联盟。引导普水养殖户向特种水产养殖方面发展，增加养殖户的利润。减少中间环节，做终端，让利养殖户。

4. 整合行业优势资源，为产业链发展做好准备。随着科技的发展、市场的成熟，单纯以饲料生产为主的企业将难以生存，向产业链方向发展将会是饲料行业发展的趋势，在未来的3～5年要做好这方面的准备。

宜昌九鼎牧业有限公司

宜昌九鼎牧业有限公司是湖南九鼎科技（集团）有限公司在湖北地区投资兴建的第一家分子公司，是湖南九鼎集团打造鄂西养猪产业化集团的重点项目之一。公司成立于2010年12月，位于美丽的长江之滨宜都市红花套镇工业园，公司注册资本3 000万元，为自主经营、独立核算的法人单位，公司共占地33 433.5m²、建筑面积15 432m²，拥有1条猪禽料生产线、1条水产料生产线，成品生产车间2栋、成品仓库1栋、原料仓库2栋、原料筒仓8个，原料成品日吞吐能力达到1 000t以上。

2010年10月与宜都市政府签订合作协议，12月注册成立宜昌九鼎牧业。

2011年3月项目动工建设，4月第一届招商会在宜都红花套政府召开，到会60多人。

2012年5月工厂投产开业招商会，到会150多人，开业当月实现3 000t销量平台。

2013年成立5个开发组，聚焦市场，聚焦客户；8月18日大堰千人会议圆满成功；2+5套餐强势推出，“九鼎饲料2+5，买七包送三包”家喻户晓。

2014年九鼎20周年千场会议百万让利活动全面启动，松滋会议空前绝后，到会363人，订货3 000多t。7月24日恩施办事处成立；2014年10月、11月双月过万；14年被评为湖北省民营企业百强96位。

2015年7月与农商银行合作启动龙保贷贷款项目，宜都、秭归、当阳、枝江、长阳全面开通，帮助养殖户解决资金发展生产，放贷额度达3 000万元以上，呆账率不到1%。成立养猪服务中心启动驻场服务；3+3套餐，特快一号推广。15年被评为湖北省民营企业百强84位。

2016年养猪综合服务站模式全面推进，标志着经销商转型升级模式取得成功；同年公司被评为国家高新技术企业；投资创办秭归巴硒猪场；10月份实现14 000t销量平台，全年完成10.8万t；16年被评为湖北省民营企业百强68位。

2017年宜都溯源养猪服务有限公司成立，公司+农户养猪模式正式启动。将打造VIP猪场、九鼎标杆户列为公司发展战略；同年被评为湖北省农业产业化龙头企业；尚优佳“粉+粒”教槽料、发酵环保饲料横空出世，九鼎产品全面升级；养猪综合服务站模式全面升级。

2018年，公司全年完成猪料销量10.3万t，出栏生猪10万头。由于有雄厚的资金实力支持和强大的产销团队支撑，宜昌九鼎于2018年再次斥资2 800万元，新建两条水产生产线，引进国内一流的龙虾配合饲料加工成套设备，依托国际最前沿的配方技术优势，专注小龙虾饲料的生产和销售。

2019年非洲猪瘟横空来袭，公司倾巨资进行工厂生物安全防控建设，建立专业冲洗中心，安装自动化全喷雾车辆消毒设备，安装85℃ 3min高温制粒设备，以保障每一粒出厂饲料的安全；2019年2月公司新建的水产线正式投产，自此，公司成为猪料、禽料、鱼料、虾料多元化经营的综合农牧企业。

2020年，虽然非洲猪瘟对枝江、当阳等平原市场影响大、销量锐减，但得益于公司长期扎根山区市场的优势，公司在五峰、长阳、兴山、秭归、恩施等山区市场销量翻番，市场占有率和品牌影响力均大幅提高。2020年公司完成销量11.05万t，销售收入3.5亿元，利润总额2 067万元，净利润1 786万元。

2021年，截至8月底，公司完成销量17万t，完成销售收入6亿元。

宜昌九鼎现有员工160多人，主要经营猪、禽、水产饲料生产销售及区域养殖产业链打造，客户群体以饲料经销商、直销猪场、家庭农场为主，客户500多名，主要销售区域为大宜昌九县一市及恩施、松滋、荆门等地区。宜昌九鼎自建厂投产至今，一直视产品质量为企业生命，一直致力于引导鄂西广大养殖户降低养殖成本，提高养殖效益，提升服务质量，在人才培养与储备、渠道改造、终端服务模式创新等方面都取得了骄人的成绩，2014年起宜昌九鼎连续多年获评湖北省民营企业百强企业，多次获评规模企业纳税大户，现为湖北省农业产业化重点龙头企业、湖北省高新技术企业。

未来，全体宜昌九鼎人将致力于打造以客户为中心的快速交付体系；打造质量稳定、高性价比的产品；朝着产品多元化、销量规模化、服务专业化、团队年轻化方向砥砺前行，宜昌九鼎将携手鄂西广大致力于养猪产业的经销商及用户伙伴，秉承“至诚至信、一言九鼎”的企业核心价值观，合作双赢、共图大业。

广东省

佛山市雷米高动物营养保健科技有限公司

作为16年国民宠物品牌，雷米高始终坚持以高端功能宠物食品引领者为战略目标，专注于宠物健康研究，为宠物提供安全、有效的功能粮、处方粮、药品和保健产品。本着“为人类美好生活贡献力量”的使命，雷米高坚持以“让养宠人开心快乐，宠物活力健康”为企业责任，致力于成为宠物行业一流企业，打造成为宠物粮食、药品和保健品的全产业链国际宠物品牌。

雷米高始终坚持科技创新，走技术领先的差异化发展之路，至今已荣获26项国家级专利，连续3年保持技术领先。依托三大产研基地和完整的科研实力体系赋能，旗下多款品牌线上线下多渠道销售，实现近4万余家零售终端市场渠道的全覆盖。

雷米高拥有三大产研基地：其一，广东南海宠物药品生产研发基地，连续5年荣登农业农村部兽药质量抽检红榜，拥有着17年GMP制药经验，50余人的专业研发团队；其二，广东三水宠物粮食生产研发基地，作为国家高新技术企业，拥有国际标准的千万级智能设备，工厂设备年产能高达10万t；其三，广东云浮犬猫科学试验中心，中心拥有1 000多只犬猫，与北京大北农、东莞东阳光、湖北安琪酵母、温氏、大华农等上市公司进行合作，与中国农大、华南农大等知名高校开展试验合作，为产品研究提供了强有力的实验基础。

雷米高是以宠物粮食和药品营养品实现市场的双轮驱动的企业发展战略，以客户为中心，以奋斗者为本，创造价值，共同分享为发展理念，依托强大的产研实力和专业技术团队，为千万养宠家庭提供更优质的产品和服务。

广东南宝集团有限公司

1994年注册成立顺德区南宝实业有限公司，在2007年变更为广东南宝集团有限公司，集团总部位于佛山市顺德区大良广珠公路大门路段，目前公司注册资本（实收资本）58 025万元，主要生产经营畜禽、水产配合饲料及面粉。2021年销售各类饲料、面粉共360万t，销售收入108亿元。集团及其子公司目前共有员工2 200多人，集团辖有子公司、孙公司共25家，分布于广东省内的佛山、广州、江门、惠州、肇庆、湛江等地市及海南省。

集团发展一路走来，始终本着“团结、诚信、高效、勤俭”的企业文化，坚持“以质量赢市场、上销量、获效益”的经营思路，始终将用户效益提高作为开拓发展的着眼点，并逐渐在肉鸭料、蛋鸭料、水产鱼料等方面加大研发投入、聚集市场资源，以“至诚至专，惠及农友”的理念在市场上树立了坚实的品牌形象，赢得了行业和市场的认同，以“优质稳定”的产品市场口碑赢得了消费者的一致赞扬。集团的“广顺”“利宝”等品牌先后有28个产品获得广东省名牌产品。

在经营管理中，集团始终坚持以人为本，注重团队建设和制度建设。引入内部竞争机制，激发了全员敢于赛马、敢于争先的竞争意识和团队活力。通过建立各核算单位业务部门协调例会制度，实现了既有竞争又有协调与协作的相互借鉴、科学决策的高效管理机制。通过全员参与制度建设，“从群众中来，到群众过去”逐步完善和探索出了一条适合集团快速、稳健发展的制度体系。

坚持质量至上，为用户提供性价比高的饲料产品。主动适应市场发展与变化，不断加强生产工艺、产品研发，以及品控、财务、采购等经营体系的提升，运用行业科技并结合原料市场和饲养要求的变化通过技术研发，不断优化和提高产品质量，为用户创造价值，为集团经营稳步发展夯实基础、提供动力。

韶关正邦农牧科技有限公司

江西正邦科技股份有限公司（简称正邦科技，股票代码 002157.SZ）成立于 1996 年，2007 年在深圳证券交易所上市，主要从事饲料、生猪、兽药的生产与销售，并为中小型企业、养殖户提供产品、养殖技术服务等综合服务。公司拥有国家企业技术中心、企业博士后工作站、省级工程技术研究中心、农业农村部农产品创新机构、省级创新团队，为国家高新技术企业，中国上市公司 100 强。

正邦科技已构建了从“饲料→兽药→种猪繁育→商品猪养殖→屠宰→肉食品加工”的一体化农牧产业链，以产业链上下游丰富的产品体系整体参与我国农牧行业的市场竞争。目前，正邦科技养猪业务在全国排名第 2，饲料业务在全国排名前 5，兽药业务在全国排名前 10。其中，饲料业务在全国 27 个省市自治区直辖市布局，在饲料销售半径内，营销网络已下沉至各乡镇，业务渠道稳定，2020 年饲料业务总收入达到 136.5 亿元。

韶关正邦农牧科技有限公司（简称“韶关正邦”）由江西正邦集团下属广州正邦养殖生物科技有限公司投资设立，位于武江区甘棠工业园 9 号地块，注册资金 8 000 万元。韶关正邦年产 72 万 t 配合饲料项目总投资 3.12 亿元，目前固定资产投资达 1.44 亿元，占地面积约 65 329m^2，为广东省产能最大的饲料项目，预计年饲料吞吐量达 144 万 t，实现年销售收入超 15 亿元，提供 300 多个就业岗位，将对韶关甘棠工业园产生巨大物流拉动效应。

作为正邦科技旗下 100 多家饲料集群的核心企业，正邦科级正以韶关为中心，着力打造辐射湖南、清远、佛山、惠州的旗舰养殖基地。韶关正邦 2020 年、2021 年分别实现营业收入 12.47 亿元、20 亿元，约占正邦科技饲料业务收入的 10%。

目前，正邦华南区域总部计划投资 15 亿元，投资建设生产经营主体项目 200 个，总投资约 110 亿元。其中，拟新建 60 个生态种养基地，新增存栏母猪 80 万头；建设 180 个养殖小区，预计存栏规模 700 万头；配套新建饲料厂、屠宰厂等项目 20 个。作为现有的核心饲料厂，韶关正邦正随着养殖业的稳健扩展而扩大饲料业务，提供集团养殖场的饲料需求。

广西壮族自治区

广西大富华农牧饲料有限公司

广西大富华农牧饲料有限公司位于南宁隆安华侨管理区，占地面积 90 亩，是农业产业化国家重点龙头企业富凤集团下属专业化的饲料生产子公司，公司创建于 2007 年 1 月，由富凤集团投资 6 500 万元兴建，是构成富凤集团种禽生产、饲料加工、禽苗孵化和肉鸡养殖、种猪生产等五大经营主体之一，形成了富凤集团完整的产业链布局。

大富华公司以建立现代企业为目标建立完备的生产管理体系，完善各项规章制度。公司现有职工 286 人，其中具有中高级职称 6 人，大学本科学历 32 人，大中专学历 78 人。以建立高效、精简、完善的组织结构为目的，通过科学的管理、监督、协调等有效手段建立高效的管理服务体系、高效的配合与协同、健全的管理制度和考核机制，保障企业顺畅高效运行，提高企业经济效益。

公司引进当今饲料行业最先进的全自动化生产设备，主要生产设备采用国内著名的江苏牧羊饲料机械，装备性能优良的粉碎机、快速高效双轴混合机、电子配料秤、大功率制粒机、膨化机、液体添加系统，机械手自动叠包，生产车间采用集散型智能化自动控制系统（DCS），包括微机配料秤、可编程控制器（PLC）、产量电耗计量等，由主电控屏与两个机旁电控箱组成，除对制粒机、粉碎机采用集中控制与现场控制相结合的方式外，其他全部采用集中控制，能够对生产过程中的一些关键参数实现自动控制，对重要参数实行集中监视，同时在 DCS 操作站显示流程图、趋势图、数据一览、报警一览等画面，方便工人操作和生产过程的全程监控。

同时配套建设 4 个钢板立筒仓，玉米储存量 4 000t，副料库容 1 000m^3，可储存副料 1 000t，成品库容 1 600m^3，可储存成品料 2 000t，液体原料储房 200m^3，可储存液体原料 240t 以及材物料库、备件库 400m^2，公司拥有独立的草本精华加工车间 580m^2 和预混料生产车间，生产工艺采用国内先进的电脑配料系统，经过生产工艺的改造，新增两条智能化的机械操作系统，实现畜、禽、水产等所有饲料品种生产能力，智能化和自动化程度高，软硬件设施和生产工艺水平达到国内领先地位，目前公司拥有饲料生产线 6 条，年饲料生产能力达到 33 万 t。

广西大富华农牧饲料有限公司结合当前生态养殖

的迫切要求，契合现代农业的发展趋势，针对不同饲养品种各阶段的生理特点与营养需求，创新性地开展以添加益生菌＋草本精华为特征，成功研制出生态健康养殖饲料配方，为集团全面推行生态健康养殖提供可靠的饲料保障，取得显著生态、社会效益，成为养殖行业生态养殖和产业富民的标杆。

建立严格的质量管理体系，通过严格的原料及成品品质监控和质量管理过程中的质量策划、质量检验、质量改进三要素执行系统，严格把好公司原料进口关卡和合格成品的出厂关，建立具体明确而标准化的质量执行方法、执行守则，公司注册的“富凤牌”“带香牌”等畜禽产品品牌畅销全国各地。

公司积极响应党委、政府的号召，采用“公司＋基地＋农户”的农业产业化经营模式带动了隆安县的丁当镇、那桐镇、城厢镇、乔建镇、古潭镇、南圩镇、都结乡、雁江镇、屏山乡、敏阳等10个乡镇110多个村屯800多农户进行土鸡农业产业化肉鸡养殖，使农民不离乡、不离土、不离开亲人，在家门口创业致富，保持了农村稳定、农民发展，为全县扶贫攻艰、助农增收工程谱写了新篇章。

公司技术力量雄厚，管理科学，生产工艺先进，检测手段完善，售后服务快捷，将一如既往地坚持科技创新，不断推动企业发展，不断提升产品质量和品牌价值，不断开发高品质的畜禽饲料产品，满足现代畜禽养殖发展的需要。公司先后荣获“民族贸易企业”和“广西农业产业化重点龙头企业”等称号。

南宁市泽威尔饲料有限责任公司

南宁市泽威尔饲料有限责任公司始建于1995年，是以生产经营螯合营养为核心的饲料添加剂专业厂家。工厂位于南宁市亮岭路6号，总部位于青秀区佛子岭路18号、德利国际B1栋6楼，现有员工110人，其中技术人员20人。

公司通过了ISO9001、FAMI-QS体系认证，获“国家高新技术企业”“自治区级农业龙头企业”“南宁市龙头企业技术创新中心”“广西创新型企业”“产学研用一体化企业”“南宁市有机微量元素研究工程中心”“饲料添加剂明星品牌有机微量元素类全国五强”“纳税信用4连A企业”“市‘专精特新’中小企业”等称号。2021年获南宁市长质量奖提名奖第一名，是国家标准《富马酸亚铁》《柠檬酸钙》第一提出及起草单位，获得区、市、城区科技进步一、二、三等奖6项，成果登记10项，国家发明专利9项、受理专利14项，2021年与中国工程院院士印遇龙团队共建“糖微量元素络合物产业技术研究院”。

公司是“中国饲料工业协会理事”单位、“中国畜牧业协会禽业分会副会长”单位、“中国畜牧业协会生物分会副会长”单位、“广西饲料工业协会副会长”单位。公司2021年销售额突破亿元，是国内众多知名农牧企业长期合作伙伴，并出口日本、韩国、美国、巴西、欧盟、东南亚等国家和地区。

广西商大科技股份有限公司

广西商大科技股份有限公司是一家从事猪用预混合饲料、配合饲料、浓缩饲料、功能性产品的研发、生产、销售和服务的科技创新型企业，长期专注于种猪营养的研究与技术推广，以“健康，从营养开始”的理念及差异化的产品精心服务于中国集约化养猪企业。

公司目前拥有2家全资子公司——广西商泰生物工程有限公司、广西商大农牧投资有限公司及8个生猪生态养殖试验示范基地。

公司建有一支专业知识扎实、实战经验丰富的技术研发与市场服务队伍，专职研发人员48人，其中博士2人、硕士8人。公司是国家高新技术企业、农业产业化国家重点龙头企业、国家知识产权优势企业、广西创新型企业。公司拥有多个技术创新研发平台：四川农业大学动物营养研究所——广西商大科技股份有限公司博士工作站、广西种猪营养工程技术研究中心、广西壮族自治区企业技术中心、广西产学研用一体化企业等。公司在种猪营养研究方面取得的不同技术成果先后荣获国家科技进步二等奖一项、省部级科技进步一等奖一项、省部级科技进步二等奖两项，省部级科技进步三等奖一项。

广西新天地农牧集团有限公司

广西新天地农牧集团有限公司创建于2004年，2010年成立为集团公司。新天地集团一直专注致力于饲料生产加工、畜禽养殖、畜禽种苗繁育、粮食贸易、畜禽产品深加工的农牧业产业化发展，目前为止已有20多家集团直属分公司；其中饲料产业年生产销售70多万t，肉猪养殖、种猪育种产业年出栏生猪和猪苗30多万头，种鸡繁殖产业年出栏鸡苗5 000多万羽，“公司＋农户”肉鸡养殖产业年出栏肉鸡4 000多万羽，2021年集团年产值近40亿元。集团成立以来，先后荣获市农业产业化重点龙头企业、广西水产畜牧行业重点龙头企业、广西饲料工业协会广西十强饲料企业等称号。

广西南宁骏威饲料有限公司

广西南宁骏威饲料有限公司成立于1993年，是一家专业生产各种优质饲料级单项微量元素和复合微量元素预混料的企业，是国内同行业中最早拥有自主进出口权的企业之一。公司生产设备精良、工艺技术先进、质量控制严格、管理体系完善，于2005年通过 ISO9001 质量管理体系认证和 IQnet 认证，旗下全资子公司广西南宁益维饲料科技有限公司于 2012 年通过欧盟 FAMI-QS 认证和 HACCP 体系许可证。2004 年公司荣获中国饲料工业协会授予“饲料行业信得过产品”称号企业。2008 年至今，“骏威”商标被评为广西壮族自治区著名商标。

公司占地面积 2 万多 m^2，厂房面积 8 000 多 m^2，工艺先进，设施精良。现有员工 60 人，其中大学本科以上的专业技术人员有 12 人。目前公司拥有 4 条化工生产线、4 条烘干生产线、1 条超微粉碎生产线、7 条混合工艺生产线和 1 条反渗透生产用纯净水生产线，每年可生产各种单项的无机微量元素添加剂 5 万 t 以上及微量元素预混料 5 000t 以上。公司自创办以来一直致力于畜禽微量元素的应用与研究，建立了规范的检化验室及样品留样观察室，配备了先进、齐全的检验设备和仪器，可检测公司生产的所有原料、产品的主元素含量、重金属含量及维生素等指标。质量技术人员均具有相应专业的专本科毕业证书及检化验员证书，公司同时与国内外多所高校及化工类研究院合作，为公司产品质量的保证提供了坚实的基础。公司拥有自主进出口权，公司的产品不仅畅销全国各地，还出口到美国、比利时、丹麦、智利、英国、日本、韩国、越南、巴基斯坦、台湾等 20 多个国家和地区。产品质量和服务得到了国内外用户的广泛认可。

海 南 省

海南澄迈新希望农牧有限公司

海南澄迈新希望农牧有限公司于 2008 年投资建成，占地面积 70 余亩，总投资 10 000 余万元人民币，位于海南省澄迈县老城经济开发区南一环路。公司拥有员工 160 余人，饲料技术管理人员 30 余人。公司通过 ISO9001 国际质量管理体系认证、全球水产养殖联盟最佳水产养殖实践 BAP 认证，2020 年再次被评为“海南省农业产业化龙头企业”。

2021 年销量达到 38 万 t，预计 2022 年销量突破 50 万 t，其中猪料销量占比 70%，年产值 18 亿元。公司具有专业化猪料生产线 4 条、禽料 2 条、鱼料 1 条、玉米膨化机组 1 条，年产规模 70 万 t，可满足各类饲料产品需求。针对目前严峻的防非洲猪瘟形势，公司建立了专业烘干洗消房（2 间烘干房、1 间洗消房），可满足日洗消车辆 90 余辆，公司内部建立了一整套完整的防非洲猪瘟体系。

公司一直坚持“客户至上、挑战自我、奋斗者为本”的企业价值观，立志建“百年老店”；坚持“技术创新、高效安全、持续改进、顾客满意”的质量方针，向海南的养殖户提供“嘉好”“国雄”牌等高性价比的畜禽、水产饲料和优质服务。公司将持续为加速农业产业化进程，服务于广大养殖朋友，帮助客户增加收益，推动海南养殖业科学发展，为社会进步做出自己的贡献。

海南漓源饲料有限公司

桂林力源集团的前身是 1953 年成立的桂林大米厂，在经历了国营、联营、国有控股之后，2002 年改制为全员持股的股份合作制企业，持续至今。69 年发展一直专注于农牧行业，现业务涵盖粮油食品、饲料加工、畜禽养殖、种禽育种、生物科技等五大板块，2021 年集团产值突破 385 亿元，其中饲料领域跻身全国十强，现已发展为拥有完整产业链的集团公司。饲料业务历 30 年发展，目前已覆盖广西、广东、海南、云南、贵州、四川、湖南、湖北、江西、安徽、河南、山东等省份共计 55 家饲料生产基地，形成了以畜禽饲料、罗非鱼料、草鱼料、叉尾虾料的产品体系。

海南漓源饲料有限公司是桂林力源粮油食品集团于 2012 年兴建的一家大型饲料生产企业，公司位于澄迈县老城镇金马物流中心，占地面积 70 亩。年产销饲料 40 万 t 以上。已逐步发展成为区域性全产业链的综合性企业，业务涵盖了饲料加工生产及销售、种植育种及养殖，肉猪、肉鸡、肉鸭一体化养殖，粮油食品等，业务范围遍及海南全省。

公司现有员工 313 人，中专及以上学历 183 人，随着公司业务发展的需要，队伍仍在不断壮大。目前公司已与海南大学、海口经济学院等省内高等院校建立了校企合作，每年都不断吸引着各类人才加入，为公司的稳步发展奠定了坚实的基础。

海南远生渔业有限公司

海南远生渔业有限公司成立于 2007 年 8 月，坐落于海南老城经济开发区玉堂路 6 号，注册资金 11 450 万元，是农业产业化国家重点龙头企业，海南翔泰渔业股份有限公司的全资子公司，主要生产冷冻水产品和水产饲料。目前有 5 条饲料生产线，年生产能力 20 万 t。以生产水产鱼料为主，产品有罗非鱼颗粒配合饲料、罗非鱼膨化配合饲料、海水鱼膨化配合饲料等。

2018 年 2 月，公司获得“饲料质量安全管理规范示范企业”称号，是海南省第三家通过饲料质量安全管理规范示范企业验收的企业，建立和实施了 ISO22000 食品安全管理体系、BEST AQUACULTURE PRACTICES（BAP）最佳水产养殖规范、饲料质量安全管理规范，从管理制度、管理操作规程等方面控制过程管理，降低生产成本，确保饲料产品质量安全可追溯。

公司秉承“以品质为生命，以真诚为桥梁，竭诚为客户提供最优质的产品”的经营宗旨，发挥农业产业化国家重点龙头企业的示范带动效应，联结上游养殖户，实现技术研发与市场运营的直接联盟，不断提高产品品质、拓宽市场营销渠道，不断满足岛内养殖户市场需求，保持业绩的持续稳定增长。在为自身创造价值的同时，不忘自身承担的社会责任和生态责任，力图达到经济效益、社会效益、生态效益三者的和谐统一。

重 庆 市

重庆民泰新农业科技发展集团有限公司

重庆民泰新农业科技发展集团有限公司成立于1996年，公司一直坚守于养殖行业关键危害因子（如农残、抗生素、重金属）监控技术研究、新型饲料添加剂、饲料防霉保鲜技术的研发及重金属检测设备的研发与应用，积极促进了饲料防霉剂、甜味剂和香味剂的发展。公司年均产值近2亿元，其中饲料添加剂产品远销亚洲、非洲、中东等国家。

公司通过了质量、食品安全管理体系认证以及美国FDA认证、GMP＋认证，编制多项国家、行业、地方、团体标准，拥有自主知识产权200余项，并创建重庆市博士后科研工作站、杨梅劳模创新工作室、重金属检测科普基地、研究生联合培养基地等产学研平台。

公司经过21年的砥砺研发，在具有中国自主知识产权——氢化物发生—原子荧光光谱法理论的基础上，成功研发出CAF18—YG201重金属测定仪。该仪器可广泛应用于农牧业、食品、核工业、质监、环保、医疗卫生、化工领域对As、Pb、Cd、Hg、Se、Sb、Bi等11种重金属的精确测定。2022年3月，该仪器荣获工信部发布的首届“创新之光”中小企业技术创新优秀成果。公司旗下全资子公司伯侨科研入选“2021年度中国隐形独角兽500强”。

公司先后荣获国家高新技术企业、2020年30家优秀创新型饲料企业、重庆市创新创业示范团队、优秀民营企业、A级纳税企业、重庆市知识产权优势企业、重庆市农产品加工示范企业、AAA级信用企业等数10项荣誉称号。

重庆新威士生物科技有限公司

重庆新威士生物科技有限公司（原重庆威士化工有限公司）成立于1997年，是专业从事饲料添加剂、动保产品研究、生产、销售的高新技术企业。倡导“诚信、创新、勤奋、协作”的经营理念，坚持走“差异化、个性化”的技术服务型营销模式。

技术研发团队由多名博士、高级工程师及硕士研究生组成，与国内多家高校、研究院进行技术合作，取得多项国家专利，多个产品取得重庆市高新技术产品称号。

完善的分析、检测及工艺实验室，可进行常规的理化分析检测与微量、定性分析检测。

建有6套独立的预混合生产线，有完善严格的生产管理制度，从原料入场、生产加工到成品过程严格按照ISO质量管理体系生产管理，保证了产品品质的稳定。

服务国内饲料企业前30强中多家饲料集团，并在动保领域与国内一线企业有稳定多年的合作，产品出口东南亚等国家，经过多年的市场沉淀得到客户的高度赞扬和认可。

重庆众信农牧科技有限公司

重庆众信农牧科技有限公司于2016年5月由一批从事饲料行业多年的行业精英投资组建。公司位于重庆市荣昌区板桥园区统升路1号，建设用地19 800m^2，总建筑面积9 414.11m^2，其中生产用厂房2 000m^2，办公用房1 450m^2，检化验室200m^2。目前是重庆市饲料工业协会常务副会长单位、西南大学动物科学学院教学科研实习基地、西南大学学生创新创业实践基地、重庆市科技型企业、重庆市畜牧科学院试验料生产基地、中国饲料工业协会会员、中国畜牧业协会会员、重庆市畜牧业协会会员。公司依托重庆畜牧科技学院、四川农业大学、西南大学等的先进技术优势，应用国内外科研最新成果，依靠以动物营养学硕士、博士为核心的高新技术人才，将蛋鸡等动物的营养需求和饲料技术有机结合。以发展优质、专业、高效的产品为市场定位，创立“专业企业，一流品质”的企业品牌形象。2019年投资3 000余万元建立预混料、浓缩料、配合饲料成套生产线各1条。公司采用国内最先进的生产工艺，选择高精度电子配料秤、高均匀度无残留混合机等先进设备，利用最优质的原料，生产全过程实现了电脑监控。

公司专注于一站式蛋鸡产业服务平台，从事蛋鸡饲料生产、青年鸡育雏育成、蛋鸡养殖、食品加工贸易（蛋品贸易加工、老母鸡贸易加工等）、动物保健、有机肥等的一套完整产业链，现饲料年销量达到12万t，育雏育成青年鸡年出栏达到200万羽，蛋品年销量达到10万t，远销长三角、珠三角、两广及港澳台地区，现有标准化养殖基地10余个，存栏已超200万羽，现有员工近300人，年销量收入近20亿元。

企业在生产经营中，重抓优秀人才，引进先进技术，强化经营管理，注重产品质量，通过自养以及与大型养殖企业、农户结成长期合作关系，蛋鸡系列饲料和鸡蛋系列品牌在重庆市场排名前茅。

公司历经短短几年的奋斗，顺应了广大家禽户的要求，陆续开发出家禽用蛋鸡料 12 种。饲料上市以来，大量推广到重庆、四川周边的县、市、区，以及销往省外。充分满足了广大用户对家禽不同生长阶段、不同层次和不同需求的营养需要。

公司自成立以来，一直推行“惠众人之利，行诚信之商”的经营理念，以安全、质量、效率、服务为管理方向，强调员工为企业第一生产力，注重人力资源的培养，把人力资源作为最宝贵的财富。

四 川 省

成都朴瑞威饲料科技有限公司

成都朴瑞威饲料科技有限公司创建于 2004 年，是一家专注畜禽调味剂、营养调节剂等产品研发、生产和推广的高科技饲料添加剂企业。

公司汇聚动物营养、饲料加工、香精香料、畜牧兽医等高端科技人才，坚持产、学、研结合，与四川农大、中国科学院成都分院、河南农业大学等高校院所合作，成功研发出扑食甜、扑食香、甜又香、反刍专用调味剂系列产品，以及速红宝等营养调节剂产品。产品畅销全国各地，在全国各地建立了销售公司与服务团队，同时远销越南、泰国、孟加拉国、马来西亚、日本、俄罗斯等多个国家，“销售＋技术”服务模式深受新老客户的一致好评。

公司视产品质量为企业生命，拥有先进的生产设备、生产工艺，以及液相色谱仪、气相色谱仪、原子吸收光谱仪等成套质检分析仪器，严格按照《饲料质量安全管理规范》和 ISO9001 质量体系管理生产。经过多年实践探索，创建了香气评定质量保障体系，设立了标准生物实验室，通过 ISO9001 质量管理体系认证，以实际行动促进产品安全高效标准化生产，保证产品质量的优良稳定。

朴瑞威本着“朴实置业、瑞祥丰年、威名四海”的企业精神，立足国内、走向世界，立志成为行业领先的专注动物采食调控的高科技生产企业，紧跟饲料产业发展需求，服务全球畜牧业。

四川生力源生物工程有限公司

四川生力源生物工程有限公司位于四川省成都市邛崃市绿色食品产业功能区，是专业从事发酵产品开发、生产和推广的高新技术企业，为国家高新技术企业、农业农村部农副资源产业化利用示范基地、四川省饲料工业协会常务理事单位、成都市重点农业产业化龙头企业。

公司现有固态发酵装置 72 套，液态发酵系统 1 套，时产 10t 粉碎混合机组 1 套，时产 2t 添加剂生产机组 1 套，全自动大型固态发酵机组 1 套，固态发酵车间面积 6 000m^2，设计年产生物发酵原料及添加剂 8 万 t。

公司拥有博士 2 名、硕士 4 名，其中 1 人入选成都市首批高层次创新创业人才“蓉漂计划”，授予“成都市特聘专家”称号。企业技术中心为成都市企业技术中心，拥有国家专利 10 余项，并先后与四川大学生命科学院成立联合实验室，与四川农业大学动物医学院成立博士工作站，与四川省畜牧科学院成立专家工作站，长期与省内外各高校和科研院所保持良好的产学研项目合作交流。

公司秉承“技术创新、工艺创新、产品创新、应用创新”的核心理念，先后开发出发酵饲料原料系列、发酵可饲用天然植物添加剂系列、益生菌保健添加剂系列等产品，主要供应西南和西北地区大型农牧集团及养殖企业。公司将与众多合作伙伴一起为实现我国现代畜牧业的可持续发展、生态环保和食品安全做出贡献。

贵 州 省

福泉温氏畜牧有限公司

福泉温氏畜牧有限公司是温氏食品集团股份有限公司在福泉投资的一体化养殖公司，主要经营生猪养殖、销售、饲料加工等，2019 年认定为省级农业产业重点龙头企业。

公司自 2016 年进入福泉市发展以来，受到各级党委政府的关心与支持，目前公司在福泉市总投资 5 亿元，已配套建成 1 个行政办公中心、1 个技术服务中心、1 个年产 30 万 t 的饲料厂及 2 个种猪场，并建成年上市 65 万头仔猪的产能规模。自 2018 年以来，公司累计带动当地 500 余人就业，带动 100 余个家庭农场养殖生猪，累计出栏商品猪 15.67 万头，实现畜牧业产值 3.2 亿元，合作养殖户利润 5 000 万元。温氏集团率先在国内开创“公司＋家庭农场”的合作经营模式，即“411”合作模式。“4”即由公司提供猪苗、饲料、动物保健和技术服务，“1”即一定保价回收农户饲养的肉猪，“1”即一定确保农户的合理利润回报，实现公司与农户的双赢。在“十三五”期间，公司“411”发展模式与国家脱贫攻坚政策紧密结合，带动大量农户走上脱贫致富道路。“411”模式使养殖户无须考虑市场风险，只需专心把猪养好就可以实现旱涝保收，全面杜绝了养殖户因生猪市场行情低迷而血亏，重新返贫的风险。

随着我国的经济发展，人们食品安全的需求越来越强，保障食品安全是确保企业可持续发展的基石。对养殖企业来讲，饲料是食品安全的源头之一。公司基于以上考虑，建立自己的饲料供应链，通过强化原料质量管理，根据肉猪品种和生产各阶段的营养需求设计科学的饲料配方以及加工过程质量控制，生产优质、安全的全价饲料，为养殖端食品安全保驾护航。

贵阳金满船饲料有限公司

贵阳金满船饲料有限公司是原贵阳市农业农村局和贵阳市粮食局投资 2 000 万元共同组建的一家国有股份制企业，成立于 2002 年，主要经营产业为水产畜禽饲料生产及销售，于 2016 年整体划入原贵阳市农业投资发展（集团）有限公司，即现在的贵阳市农业农垦投资发展集团有限公司下属。

公司主要产业为饲料生产及销售，生产饲料有畜、禽配合饲料及浓缩饲料，反刍饲料及水产饲料，饲料销往全省各地，同时，自 2019 年开始发展肉鸡养殖，年均出栏肉鸡 60 余万羽。2020 年开始，为红枫公司的生猪、蛋鸡及生态渔业基地提供饲料保障，是农业产业化贵州省重点龙头企业、农业产业化贵阳重点龙头企业，通过 ISO9001 国际质量体系认证和 HACCP 食品安全体系认证，公司饲料品牌“船”牌是贵州省著名商标、贵州省名牌产品，获得贵阳市优秀新产品、中国农垦品等称号。2021 年公司获得贵州省“专精特新”省级“小巨人”企业称号，主持完成贵州省多项科技支撑项目，现有发明专利 1 项、实用新型专利 5 项。

金满船 2021 年饲料生产及销售达 7 万余 t，产值约 4 亿元，拥有国内饲料行业最先进的膨化颗粒、超微粉碎和调质熟化设备，可生产优质的猪用膨化饲料、水产饲料、鸡鸭饲料和反刍饲料，产品结构完善，配方技术实力雄厚，品质稳定可靠。金满船人将秉承“以人为本、诚信经营”的企业宗旨，以宽广的胸怀与每一位经销商合作，以长远眼光做好市场规划，为贵州畜牧业的发展做出更大、更好的贡献。

贵阳新希望农业科技有限公司

一、企业简介及发展情况

贵阳新希望农业科技有限公司是新希望六和股份有限公司借西部大开发的东风，为满足贵州养殖业的需求，2002 年在贵州兴建的饲料生产及农业开发的综合型现代化企业，现有职工 200 余人，具有年产 40 万 t 优质畜、禽、反刍动物饲料生产能力，是贵州省目前产销量最大的饲料生产、销售企业，同时也是贵州饲料行业中唯一获得中国饲料“信得过产品”称号的企业。在各级政府部门的亲切关怀和社会各界朋友的广泛支持下，公司本着“爱岗敬业”的企业精神，坚持“诚信、发展”的经营理念和“以质量求生存，以市场为导向”的经营宗旨，发展至今，公司资产总额接近 1 亿元，年总产值及销售收入均超过 9 亿元，为当地经济的发展起到不可忽视的拉动作用。公司从 2001 年以来，连续荣获市级“守合同、重信誉”企业，还荣获贵州民营 50 强企业、最具 100 强潜力企业、重点龙头企业、贵州省高新技术企业、贵州省饲料行业十强企业、贵州绿色生态标杆企业等称号，2021 年获观山湖区政府、区委授予的纳税诚信企业、重点行业优秀企业的荣誉。

二、企业发展模式

1. 强化采购渠道的拓展。实行“集、分”采购策略，利用集团采购优势，对大宗原料实行“团团结合”，同时“分头行动”，强化区域拍卖、地产原辅料的大量收菜，从源头上进一步降低饲料成本。

2. 加强内部管理，梳理内部加工流程，进一步优化产品制程环节的流畅性，提升产出效率、降低生产制造成本；同时严控《饲料质量安全管理规范》的实施运行，进一步强化公司内部质量安全保障管理，从采购源头到销售终端，建立有效的管理追踪机制，确保产品质量安全、稳定，塑造良好的市场口碑。

3. 重防控、保安全。公司始终把安全防控放在第一位，不管是生产安全还是非洲猪瘟、新冠的防控，均严格从源头（原料、运输、生产过程、人员等）开始对 ASF、新冠等安全进行管控，为养殖端做好安全源头保障。

三、下步举措

一是产业精耕细作，创造差异优势。二是做好市场信息研究，提高市场预测能力，换位思维做上下游共赢之举。营销创新，做好产品战略定位，做强区域优势，引领区域市场。三是延伸产业，做产业化经营，提高了产品附加值，带动相关产业的发展，增强企业竞争力。四是强化高素质农民培训，促进农民增产增收，发挥公司示范带头作用。

贵阳正大有限公司

贵阳正大有限公司是泰国正大集团下属正大（中国）投资有限公司设立的外商独资企业，坐落于素有“川黔锁钥、黔中咽喉”之誉的息烽县。公司成立于 2012 年 7 月，至今陆续投资超过 1.1 亿元，是一个以世界先进生产工艺为核心的现代化饲料加工厂。公司技术雄厚，产品配方来自拥有百年经营经验的正大集团泰国总部饲料配方中心，符合国际、国内最新营养标准。

公司成立以来，始终全面推行现代化科学管理，建立了从原材料采购到售后服务的全套质量管理体系和全程绩效考评体系。公司先后通过了 ISO9001：2015 质量管理体系认证、ISO14001：2015 环境管理体系认证和 AA 级两化融合管理体系认证。

公司主要生产和销售“正大牌”猪、鸡两大系列配合饲料及浓缩饲料。2021 年全年共生产销售饲料 18.2 万 t，同比增长 15.4%。预计 2022 年生产销售饲料 20 余万 t。目前公司就业人数 107 人，专业技术人员 73 人，占比 68%。

正大集团投资建设饲料加工厂的最终目标是要发展人类食品行业，做人类能源的供应者，做世界的厨房。贵阳正大在贵州地区的发展始终坚持正大集团“利国、利民、利企业”的“三利”原则，不断为社会做贡献，面对竞争激烈的市场环境，不断有力地推动贵州地区养殖业的进步和发展。

习水德康农牧有限公司

习水德康农牧有限公司隶属于“四川德康农牧食品集团股份有限公司”，以猪用配合饲料生产、生猪养殖为主要业务。目前建成投产年出栏 10 万头种猪场 1 个、5 万头存栏选育场 1 个，年出栏 20 万头商品仔猪场 1 个，配套 7 个年出栏 3 万头智能养猪育肥场，年产 60 万 t 饲料厂 1 个。

公司饲料厂位于习水县温水工业园，占地 50 亩，年设计生产能力 60 万 t，分两期建成，拥有两条现代化配合饲料生产线，配备高效混合机 2 台、CPM－7 制粒机 3 台、卧式锤片粉碎机 5 台，采用计算机自动化配料系统，并具有与生产能力相匹配的仓储、安全保障设施。化验室配备了酶标仪、近红外光谱仪等先进检验设备，可开展常规营养指标、霉菌毒素等指标的分析检测，为品质控制提供了强有力的保障。

公司按照《饲料质量安全管理规范》相关要求，建立了本企业的质量安全管理体系。通过质量安全管理体系的有效运行和实施，严控人、机、料、法、环、测六大因素，实行“质量一票否决”制，做到不合格原料不使用、不合格过程产品不转序、不合格产品不出厂，确保产品质量符合标准。公司坚持“安全、高效、文明、低耗”的生产理念，严格落实安全生产要求，为饲料行业健康发展尽一份绵薄之力。

云 南 省

昆明云中美农牧科技有限公司

昆明云中美农牧科技有限公司隶属于北京大北农集团，是一家专业从事畜禽饲料研发、生产、销售于一体的农业高新技术企业。

昆明云中美成立于 2013 年，生产基地位于云南省昆明杨林国家级经济开发区，占地 200 余亩，总投资 5 000 万元。工厂采用江苏“牧羊”全套高精生产设备，年单班生产能力 12 万 t。公司现拥有“云中美”“小平果”两大品牌，产品涵盖浓缩饲料、配合饲料、复合预混合饲料三大类型，产品高品质，服务高质量。

公司自成立以来，昆明云中美牢记“立足云南、面向全国、共创美好生活”的企业使命，通过不断整合行业资源，深耕农牧行业。现拥有独立研发团队，具备出色的饲料研发能力，同时背靠北京大北农集团庞大研发团队及众多国际优秀实验室，持续提升产品质量，用高品质的产品服务用户、造福社会。

产品高品质、团队高素质、客户高回报是云中美人立足行业的法宝。放眼未来，昆明云中美将秉承“报国兴农、争创第一、共同发展”的发展理念，与行业伙伴和事业伙伴一道奋发进取，全身心推动中国饲料行业的发展。

陆良佰佳益康生物科技有限公司

陆良佰佳益康生物科技有限公司，坐落于美丽的云南省陆良县，为佰佳益康集团旗下重点企业。佰佳益康集团是一家致力于益生菌、酶制剂以及绿色生物制造工程研发、生产、销售和服务的生物技术企业，向客户提供自然、安全、高效、环保的整体生物技术解决方案。

陆良佰佳益康生物科技有限公司拥有现代化生产发酵基地及研发中心、预混料车间，并配备了恒温原料库、无菌操作间等，是佰佳益康集团不断发展壮大的动力和保障。公司相继推出拳头产品：佰佳利宁、八角军团超级芽孢军、仔猪益康、脂肪益康等，得到广大客户的认可，同时推动着畜牧业向着更加绿色、环保的方向前进。

经过多年发展，目前公司年营业额达 5 000 万元以上。公司在发展中积累了雄厚的技术资源，形成了独有的技术创新优势。目前公司拥有 10 多项国家实用新型专利证书，10 多项国家发明专利，被评为云南省高新技术企业、云南省科技型中小企业，以上成果为公司高速成长及持续发展奠定扎实基础。

佰佳益康公司秉承全球布局，联动发展战略，以领先的生物技术革新传统工业，引领工业未来，推动和创造绿色循环经济和生态工业的明天。

西双版纳为民牧业有限公司

西双版纳为民牧业有限公司成立于 2003 年 4 月，

公司位于云南省西双版纳州景洪市嘎洒镇，周边有航空、铁路、公路等通道，交通便捷，便于货物集散。

公司是一家集饲料研发、加工销售、养殖技术服务为一体的民营企业，拥有精良的生产设备、经验丰富的专业团队、完备的饲料品质管理措施，年可产动物饲料 10 万 t，主要产品有畜禽浓缩饲料、畜禽配合饲料、水产配合饲料、生物发酵饲料。产品主要销往滇西南地区和老挝、缅甸等国家。

近年来，公司注重科技创新，用现代科技提升产品质量，服务广大养殖户，高度重视培养人才，引进先进技术，为企业持续发展注入活力。公司加强与省内外高等院校、科研院所合作，依托科技资源优势，推进产教融合，结合公司饲料厂和养殖场，不断研发饲料新产品供应市场，其中生物发酵饲料以其独特的品质受到国内外用户普遍喜爱。

公司勇担社会责任，致力促进经济社会发展，秉承“科技扶贫、科技脱贫、科技致富”的指导思想，响应国家号召，积极帮扶边疆民族地区贫困村寨发展养殖业，多次受到省、州、市政府的表彰奖励，先后荣获“云南省农业龙头企业”“云南省科技型中小企业”“云南省成长型中小企业”“景洪市‘万企帮万村’精准扶贫行动扶贫企业”“景洪市十佳农业新型经营主体”等荣誉称号。

云南大台农台标农业科技有限公司

大台农台标农业科技有限公司成立于 2010 年 6 月，隶属于广州大台农集团。新工厂位于云南省昆明市宜良饲料工业园区，非洲猪瘟防控标杆建设企业，2021 年 9 月顺利投产，公司占地 42 亩，拥有一流的现代化厂房及全套进口全自动预混料、教槽料、浓缩料、全价配合料生产线，是目前西南地区自动化程度最高、规模最大的高档乳猪教槽料、预混料、乳猪浓缩料、全价配合饲料生产企业，同时增设专业化生物发酵、膨胀、膨化生产工艺，年产量可达 40 万 t。

云南大台农台标农业科技有限公司专线从事猪饲料的研发生产；源自集团台湾养猪营养保健核心技术，结合国内养猪实践经验，成功推出一系列多品牌猪饲料产品，其中部分产品已获得云南省多家万头猪场的使用好评，促进了养殖场改善生产成绩和提高了经济效益，公司一直坚持实施 ISO9001：2000 国际质量标准、HACCP 食品安全体系，管理、管控、服务品质。2012 年公司作为中国机械化养猪协会会员单位，获得 AAA 级中国质量信用企业称号。

云南大台农台标农业科技有限公司积极实施“人才第一战略、整合资源战略、系统领先战略”，坚持“利他、利己、共赢”的核心价值观，以“改善养猪品质、福祉人类生活”为己任，做专、做精、做透企业服务市场，深度运营农牧产业价值链，为消费者提供美味肉类食品以及新产品服务，实现共赢共享，打造台标幸福、营养生活新模式。

云南加大饲料有限公司

云南加大饲料有限公司位于云南省昆明市宜良县北古城工业片区，于 2016 年 5 月建成并投入生产，是江西加大集团下属子公司之一，公司占地面积 27 113.33m^2，注册资金为 8 000 万元，公司现有员工 55 人，专业技术人员 10 人，其中本科学历 4 人，大专学历 3 人。设立有技术部、品管部、生产部、采购部、销售部、财务部和行政部等完整的办事机构。

公司采用国内先进的粉碎、配料、混合及制粒等组成的成套饲料生产加工设备，采用现代化饲料生产工艺，生产全过程实现电脑自动配料和混合。主要生产畜、禽浓缩饲料和畜、禽及水产配合饲料，生产能力为 10t/h，年单班产粉料 2 万 t。公司拥有高效实干的管理团队，技术管理团队均由畜牧兽医等相关专业人员组成。生产出来的加大饲料品质优异，深受养殖户喜欢。

公司秉承诚信、品质、追求卓越的经营理念，以饱满的热情，勤奋、务实、真诚的态度与广大用户密切合作，致力于推动我国畜牧家禽及水产养殖事业的发展。

陕 西 省

宝鸡博迪生物科技有限责任公司

宝鸡博迪生物科技有限责任公司是 2007 年 6 月经农业部（现农业农村部）验收通过的专业研发、生产绿色高效饲料添加剂的国家高新技术企业。公司以西北农林科技大学、浙江大学生物活性物质研究中心等科研单位专家教授为技术依托，采用先进的生物发酵技术，成功建成“饲料添加剂微生物”及“混合型饲料添加剂微生物”两条生产线，研发生产“肠泰系列、鑫博迪系列、利肠健系列”等饲料添加剂微生物，并申请发明专利、外观设计专利、实用技术专利八项。

公司自成立以来，以“发展绿色产业，服务人类健康”为己任，紧紧围绕“生态高效养殖，保障食品安全”这个目标研发、生产绿色、高效的微生物饲料添加剂，旨在从源头上杜绝肉、蛋、奶的药物残留，面对当前饲料禁抗、养殖减抗的形势，公司将中草药提取物与有益微生物合理结合，改善动物肠道环境，增强肠道吸收功能，提高动物生产性能，改善肉、蛋、奶等动物产品品质，增强动物机体免疫功能，减少动物疾病，降低药物投资，从而保障畜牧业健康发展，保障人民群众的身体健康。

公司先后被授予“国家高新技术企业”“陕西省重合同守信用企业”“陕西省质量明星企业”“消费者信得过企业”“陕西省民营科技企业”“陕西省饲料示范企业”“陕西饲料科技创新领军企业”等荣誉。

陕西渭南扬之生物科技有限公司

陕西渭南扬之生物科技有限公司是一家集研发、生产添加剂预混合饲料、添加剂及微生态制剂的专业化高新技术企业。坐落于渭南市酵素城——陕西省渭南市经开区中垦大道（建业一路），占地15亩，其中厂房面积3 000m²，总投资1 500万元，年生产能力为20 000t预混饲料。公司使用国内知名饲料设备供应商制造的现代化预混机和相关设备，实现中控电脑设备和雷达追踪系统（小料的配制）对产品进行生产过程和质量的控制，自动化程度高，是西北地区规模和智能化程度较高的预混料生产企业。

公司拥有一支由西北农林科技大学多名教授以及国家突出贡献专家韩永健同志等领衔的专业人才研发团队，并与国内多所知名院校进行技术合作，建立了西北农林科技大学、渭南师范学院和渭南职业技术学院教学实验基地。扬之生物公司在预混料、添加剂及生物技术方面的专业优势，确保公司具有强大的研发创新能力，不断推出技术含量高、质量稳定的新产品。目前公司根据我国饲料工业的发展国情和配合饲料的现状，经过多年的不断筛选、完善，现可生产销售畜、禽、反刍动物、水产用预混合饲料、复合维生素、饲料添加剂、微生态制剂等四大类百余种产品，遍及全国20余省、市自治区，先后获得六项实用型专利，得到用户的一致好评和赞赏。

甘肃省

武威天康饲料有限公司

武威天康饲料有限公司成立于2004年6月，坐落于甘肃省武威市城东工业园，占地30亩，总投资1 000万元，年工业产值近亿元。

公司拥有年产6万t高档畜禽饲料生产线及年产6万t的反刍专用生产线，生产线达到全自动化和自动信息传递及监控生产配料使用电脑全自动配料，配料精度高，动态误差小于0.2%，各岗位环节实施全方位监控及纠错可追溯。混合机使用国内最先进的高效双轴桨叶混合机，其优点是混合无死角，大开门设计，自动清理内壁功能，无残留，混合变异系数小、混合均匀度高。

公司检验化验室配置有万分之一电子分析天平，用于化验的精密称重，凯氏定氮仪用于粗蛋白的检测，还有用于检测磷含量和粗灰分的分光光度计、马弗炉，制样所用的密闭式化验制样粉碎机和万能粉碎机、烘箱等设备。公司为了实现原料产品及时有效精确检测，投资40万元购进了丹麦福斯牌近红外分析仪，可迅速及时全方位精确检测，6min保证检测数据的精确有效，设备和集团中心化验室进行数据共享。设立的样品展示柜，公司所有的饲料产品及原料每个批次均有留样，保存期为4～6个月，实现了产品的可追溯性。

公司成立10多年来，得到了畜牧行业和社会各界的赞誉，产销量稳步增长，先后获得甘肃省企业质量信用A级企业、甘肃省工业协会企业环境保护标准化企业、甘肃省饲料质量安全管理规范示范企业等荣誉称号。

公司秉承以客户价值为导向、以创新为动力、以质量求生存、以发展求壮大、以创造健康丰富生活为己任，一定会赢得更好的明天！

临夏州小康村饲料有限责任公司

临夏州小康村饲料有限责任公司位于甘肃省临夏回族自治州临夏县北塬镇朱潘村，于2006年10月建成投产，是一家集饲料研发、加工、生产、销售、技术服务于一体的专业饲料生产企业。2021年饲料总产量5万t，产值1.7亿元。公司占地面积34亩，现有职工51人，其中具有中高级专业技术职称的人员10人、初级专业技术职称的人员16人、技术熟练工20人，拥有授权专销商30多个，销售商300多个。常年生产销售猪、蛋鸡、肉鸡、牛、羊5大系列各阶段的全价料、浓缩料、精料补充料等30多个品种，年设计生产能力12万t，产品除满足当地市场外，还远销兰州、武威、张掖、白银、定西及青海省等地。公司于2010年6月份被农行临夏县支行评定为“A+”级信用企业。2011年被评为甘肃省农业产业化重点龙头企业。

公司自成立以来，始终坚持“科技为第一生产力”的发展理念，运用现代饲料技术前沿并结合公司自建的蛋鸡场、肉鸡场及猪场的生产实践，形成了一整套产品设计和加工技术，使公司的产品定位、科技含量及知名度大大提升，为公司的进一步发展奠定了坚实的技术保障。

公司每年可消化利用当地及周边地区生产的玉米及农副产品2万多t，可通过带动养殖、种植、运输、商贸、轻工等相关产业的发展，直接或间接利用当地剩余劳动力1 000多个，极大地带动了当地农业和农村经济的快速发展。

甘肃大北农农牧科技有限责任公司

甘肃大北农农牧科技有限责任公司是北京大北农科技集团股份有限公司全资子公司，公司成立于2008年，注册资金4 500万元，法人代表王兴虎。企业坐落在国家级经济技术开发区工业园区兰州新区，拥有年产12万t的猪料生产线和年产6万t的反刍料生产线，采用一流的设备，是西北投资规模最大、生产能力最强、技术工艺最新的饲料生产厂家。公司重人才的引进与开发，目前拥有员工208人，其中12名研发人员、2名博士、10名硕士、46名本科生。

公司坚持以高技术、高附加值产品开发为重点，逐步形成了年产20万t规模的独具特色的猪饲料，共50多种优质产品。2021年，公司生产和销售大北农品牌的猪、反刍等系列饲料产品共86 500t，实现营业收入3.85亿元，净利润总额1 921.75万元，上缴税金674万元。参与送科技下乡、送知识进村等公益活动。在140多个乡镇建立了甘肃大北农服务站，与养殖户建立了利益联结，实现共同富裕。推动农业产业化可持续发展。

加强质量安全管理，设立产品质量管理机构，购买的仪器设备达到了130万元。配备精密仪器，设立毒素检测室和常规分析室等，确保原料及成品质量符合相关要求。扩规模、增效益，促进产业化领头企业不断升级，建设微生态功能性反刍饲料智能制造生产线，打造标准化数据处理中心、信息协同管理平台，立志成为西北农牧高科技企业。

新疆维吾尔自治区

晨光生物科技集团莎车有限公司简介

晨光生物科技集团莎车有限公司是晨光生物集团的全资子公司。公司位于莎车县火车西站工业园区，2012年2月注册成立，注册资金6 000万元人民币。该项目为天然植物综合提取生产加工项目，总投资3亿元，总建筑面积30 000m^2，年加工万寿菊30万t，干辣椒2万t；年产天然色素4 000多t。该项目有两项“世界第一”：莎车县集中连片种植万寿菊10万亩，是世界上规模最大的万寿菊种植、生产基地；晨光公司日加工鲜菊花3 000t，是世界上最大的菊花加工生产线。

莎车晨光公司通过“公司＋基地＋合作社＋农户”的“订单”形式，和农民签订保护价收购合同。2012年以来，全县万寿菊种植面积逐年增加，既促进了当地产业结构的调整，又带动了农民增收致富。几年来公司累计带动农民增收6亿多元，实现出口创汇6 000多万美元；公司每年就地就近安排劳动岗位350多个，使6万多贫困户20万人摆脱了贫困。

2021年，晨光公司加大以万寿菊为核心的色素产业发展力度，进一步扩大种植基地。以莎车为中心，辐射、带动了喀什地区的叶城、泽普、麦盖提、疏附及图木舒克、和田地区的皮山等县的万寿菊种植，面积达到了15万亩。其中莎车县万寿菊种植面积达到了10万亩，带动6.8万户30万农民进行万寿菊种植，带动育苗合作社70个，季节性用工3 000余人；带动菊花收购合作社70个，解决30万余人采花就业问题。同时，还带动各乡村收购、运输专业户200多户1 000多人 。每年晨光公司就地就近直接安排就业350多人。具体做法如下：

1. 无偿技术服务。公司20多名万寿菊种植技术人员从2月份到11月份，常年奔赴在各乡镇村和田间地头，免费为种植户提供万寿菊育苗、移栽、病虫害防治、采摘等全程技术服务，提高了万寿菊的种植效益，增加了农民收入。

2. 提高万寿菊收购价格。从2021年9月份开始，公司万寿菊的收购价格由原来的每千克1.05元提高到每千克1.2元，仅此一项公司让利给农民亩均375元。

3. 积极帮扶。向县残联捐赠价值2 000元的生活物资，向英阿瓦提管委会辖区的大学生提供资助20 000元，向托木吾斯塘乡8村“访惠聚”工作队资助环境治理经费20 000元，向“千企帮百村”对口帮扶的艾丽西湖镇12村提供液态肥价值30 000元等。

公司自成立以来，获得了多项殊荣。荣获农业产业化国家重点龙头企业、高新技术企业、国家林下经济及绿色产业示范基地、自治区农业产业化重点龙头企业、自治区扶贫龙头企业、自治区专精特新企业、自治区民贸企业、喀什地区外贸出口优秀企业、喀什地区安全生产标准化三级企业等。2021年4月，荣获自治区党委、政府表彰的“脱贫攻坚先进集体”。

公司拥有多项发明专利技术。并和新疆农大、自治区林业科学院等院校在良种繁育、大棚育苗、田间管理、病虫害防治等多个领域展开“产学研”合作，为万寿菊产业的进一步发展提供了强有力的科技支撑。

2021年，莎车晨光公司的万寿菊产业扶贫和脱贫攻坚事迹相继在中央电视台、新华社、《人民日报》、《新疆日报》、新浪网、腾讯网、新疆卫视等报刊、电视台、网站等宣传报道13次，进一步提高了公司的声誉和知名度。9月4日，中央电视台13频道新闻直播间“丰收中国”和“中国三农报道”栏目播出《巴旦木挂枝头　林下套种双丰收》。10月16日，莎车晨光公司万寿菊节目在新疆电视台《新闻联播》播出。

大 连 市

大连晓强实业有限公司

民以食为天，农业是支撑国家民族高效快速发展的强大动力。

辽东半岛南端，有一颗璀璨的明珠——大连，作为中国北方沿海重要的中心城市和港口，大连同样肩负着科技兴农的重任。

为此，大连成三集团斥巨资 1.8 亿元，于 2021 年建成大连晓强实业有限公司。作为集肉猪、肉鸡、肉牛全方位、全产业链同步开展的大型农牧集团，成三集团旗下还拥有大连成三畜牧业有限公司、大连众一食品有限公司、大连础明肉联厂、丹东禾丰成三食品有限公司、丹东禾丰成三牧业有限公司以及大连雪龙和牛食品加工有限公司等 10 余家分公司。其中，大连晓强实业占地 3 万 m^2，年产饲料 60 万 t，成为东北区域产能最大、生产设备科技含量最高、品控管理最严格和生物防控最严的大型饲料厂，可满足广大养殖户对高品质饲料的需求。

1. 规模为先，产能优效。大连晓强实业主要以生产肉鸡料和猪料为主，引进美国 CPM 制粒机，肉鸡料和猪料车间各有 3 条 CPM77 系列制粒线，猪料车间另配备 1 条 CPM3020 系列教槽料线和 1 条膨化线。世界先进的现代化设备性能稳定，维护方便，故障率低，每小时产能可达 250t。

为满足每天的成品生产和原料储存，规划设计 14 个玉米筒仓和 27 个豆粕辅料仓仓群，仓存总量可达 2.6 万 t，均实现双线进料，并采用液压翻版自卸系统，减少原料卸车成本，提升作业效率。

同时，建设 4 800m^2 袋装原料库，配备 6 台直径 7.3m 的风扇，能够有效降温除湿，以最优质的存储条件保证原料品质，为强大的生产能力提供稳定强劲的原料供应。

成品车间配置 96 个焊接式成品仓，总库存可以达到 4 800t，可实现 3 天内成品全部完成周转，确保客户用料新鲜，质量稳定。

另外，大连晓强实业配备 6 条在线打包系统和 6 条散装装车系统，可实现 250t/h 装车效率，做到装货车即来即走，无须排队。

2. 品控至上，质量保证。大规模的原料入厂和饲料生产过程需要严格的品控监管，才能保证产品品质。为此，大连晓强实业公司采取实验室品质检测和生产过程现场监控双重管控制度。其中，对直接入仓的原料、添加剂和出厂成品进行近红外线快速扫描检测，集团化庞大的数据库为晓强实业提供精准检测数据，确保产品品质稳定如一。

对近红外不能扫描的检测品，将进行实验室湿化学检测。并且，每天对检测样品进行留样，保证样品可追溯性；每周对原料和成品进行卫生指标的检测；每季度对原料进行安全性评估，并提供可靠的进货数据；每年对实验室内部进行能力认证考核。同时，定期送检样品到第三方机构做项目对比。

在现场品控中监控生产车间的每个关键岗位，自动取样器按不同频次在生产过程中进行取样检测，并对当天生产的成品进行二次品质监控。

3. 智慧农业，科技引领。庞大的生产规模离不开智能设备的保障。大连晓强实业的原料仓均具备自动清磁、除杂的功能，对入仓原料进行初筛，选取水分低、霉变低、容重大的优质原料进行储存，并拥有将原料分仓储存、优化配方的功能。

另外，600m^2 热敏原料恒温库具备自动调衡功能，室内始终保持 20℃的恒温，可有效保证饲料中的核心营养原料维生素、矿物质、添加剂和复合预混料的优质品质。

为了实现智慧农业，大连晓强实业在生产中建立全方位无死角监控系统，并投入使用添加剂预混合在线配料系统，从中控员、制粒员到生产班长，均为大专及以上学历，高学历、高素质的员工确保了现代化设备的稳定运行。

对品质要求较高的仔猪教保料，采取玉米原料全部脱壳处理，减少玉米外表霉变和纤维对小猪生长的影响，在防病抗菌方面提供品质保障。

大连晓强实业公司与集团公司一起，秉承“成就三农，民富企强，不忘初心，践行社会责任”的企业愿景，携手广大养殖户合作伙伴共同发展，诚信合作，互利共赢，为打造百年成三基业，实现强农兴牧的成三梦想而不懈努力！

九三集团大连大豆科技有限公司

九三集团大连大豆科技有限公司是九三粮油工业集团投资建设的大型大豆综合加工企业。公司是九三粮油工业集团为实现“走出垦区，跨入沿海，实现内地与沿海互补”而建设的企业，总投资额为 6.8 亿元。公司设计能力为日加工大豆 5 000t，年加工大豆 150 万 t，生产豆粕 120 万 t，豆油 25 万 t，总产值 65 亿元。公司地处北方海滨城市——大连，总占地面积 11.35 万 m^2，坐落在中国东北主要出海口、中国最大的粮食中转储运专用港口——北良港，可直达国内各主要港口和世界多个国家，交通条件便利，港口环境优越。

公司下设营销部、综合管理部、财务部、品控部、物资采购部、安全部、仓储部、生产部 8 个部门，其中生产部管理 4 个工段，分别是预浸工段、精炼工段、包装工段和机电维护工段。现有员工 264 人，其中女员工 51 人，占员工总数 19%，男员工 217 人，占员工总数的 81%。

公司主要产品包括“鸿鹤”牌一级大豆油、三级大豆油、食用调和油，“津乐”牌普通大豆粕及高蛋白大豆粕。公司关键和主要输导设备均由国外著名生产厂家进口。由于诚信经营，规范运作，勇于承担社会责任，公司得到了各级政府的一致好评，先后荣获“全国放心粮油示范加工企业”、“辽宁省诚信经营示范单位”、省级“文明单位标兵”、大连市“食品卫生 AAA 级企业”等多项荣誉，多次受到省、市政府的奖励和表彰，并于 2018 年取得了黄大豆期货交割库所有权。

公司始终坚持走精细化管理之路，通过现代的管理方法和先进的管理手段，不断提高企业管理水平，努力打造全新的企业文化，以“诚信、责任、敬业、忠诚”理念为核心，全面致力于大豆产业的振兴与繁荣，为支持地方经济建设、实现经营战略目标不懈努力。

青岛市

青岛华信饲料有限公司

青岛华信饲料有限公司坐落于青岛西海岸新区王台街道，是一家集高档猪饲料研发、生产、销售于一体的现代化农牧企业。青岛华信是山东大信集团有限公司的全资子公司，隶属于上市高科技农牧企业广东海大集团有限公司。

青岛华信饲料秉持“对外客户价值、对内员工成长”的文化理念，自 2011 年成立以来，经过 11 年的不断发展，逐步发展成为一家在当地有较大影响、为近 2 000 家养殖户提供产品和服务的专业化猪饲料生产企业。2021 年，在非洲猪瘟、新冠感染双疫情的不利形势下，公司凭借雄厚的技术实力、稳定的质量交出了年产 8 万余 t、产值超 3 亿元的优异答卷。

作为一家专业化猪料公司，公司创立伊始便以“帮助农民致富，为客户创造价值”为使命，以为客户创造价值为出发点，依托拥有上千名高级研发人员和数百名专业采购人员的上市公司资源，为养殖户提供最优质的配方、最具性价比的原料，持续提升养殖水平和养殖效益。公司围绕客户需求增加了行业信息发布、生物安全咨询、优质种苗渠道、融资支持、技术保障、动保等服务，从单一产品提供转为价值链服务，逐步从一家投入品生产企业转型为一家及投入品产出和全方面服务于一体的优质供应商。在为近 2 000 家养殖户提供产品和服务过程中践行“帮助农民致富”的公司使命。

公司秉承“对内员工成长”文化理念，建立以人为本的学习型组织，建立三级培训教育体系，以通过内部学习平台，线上培训和线下学习相结合，与多所高校合作建立人才储备体系，给每一位员工量身定制学习内容和学习任务，为员工提供良好的培训和职业规划，培养了大批优秀的行业精英，为企业的发展奠定了坚实的基础。

未来，在各级业务主管部门的指导帮助下，在公司全体员工不懈努力下，青岛华信必将立足农牧行业、发展新业务、拓展新思路，为养殖户提供更好的产品和服务，为农牧业健康稳健发展做出更大贡献。

青岛万图明生物制品有限公司

青岛万图明生物制品有限公司成立于 2005 年，位于青岛莱西市经济开发区，总投资 1.4 亿元，实缴资本 8 000 万元，是国内较早、专业、专一的软骨素（饲料添加剂生产许可）、胶原蛋白低聚肽（小肽）（食品生产许可）、骨粉、动物油脂（一级鸡、鸭油脂）（饲料生产许可）、固体饮料生产商之一，是一家集研发、生产、销售及进出口贸易于一体的综合性企业。公司拥有研发中心、检测中心、能源供应中心（建立了沼气回收、太阳能等节能系统）、2 000t 冷藏中心、中试车间、提取车间、10 万级净化车间、仓储中心及污水处理中心（生态环境部华南环境科学研究所评价企业为行业的标杆）、无烟无尘锅炉房等 14 000 多 m^2 的厂房和设施，健全了回收利用机制，实现了清洁化生产。公司建有完善的质量管理体系，通过了美国 NSF-GMP、HALAL、ISO22000、ISO9001、ISO140001、SGS 等体系认证。目前拥有 43 项国家专利、高新技术企业、科技型中小企业、纳税信用等级 A 级、AAA 企业信用、AAA 质量信用、山东省著名商标企业、山东省“守合同重信用”企业、企业技术中心、山东省瞪羚企业并通过了知识产权管理体系的认证等。

公司以国家新旧动能转换为契机，在研发、创新等方面狠下功夫，借“新旧动能转换”春风，加大研发投入，2018 年 8 月公司与清华大学签订技术服务合同；2018 年 9 月与中国科学院过程工程研究所共建联合实验室，并研发非变性胶原蛋白肽。2018 年 9 月 28 日，青岛万图明生物制品有限公司的“胶原蛋白低聚肽制备技术”科技成果评价获得评级——国际领先。取得胶原蛋白肽生产许可证，填补国内禽类来源胶原蛋白肽的空白。

青岛王牌动物健康产品有限公司

青岛王牌动物健康产品有限公司（简称王牌动物）成立于 2008 年，注册资金 3 000 万元，总部位于青岛市城阳区环海经济技术开发区，精耕“宠物饲料、宠物营养保健品”行业近 15 年，一直朝着“世界品牌·中国制造·持续发展·百年企业”的目标不断前进。

2018 年，王牌动物为进一步升级、丰富产品结构，在青岛即墨新购置了 30 亩土地，建立了“王牌动物健康产业园”，致力于打造“宠物饲料、宠物营养保健品”领域的绿色生物产业集群，主要涉及的产品有预混合饲料生产资质的宠物营养保健品、宠物液态奶及乳酸菌等。2021 年公司为了更加深入地开拓国际市场，进一步推动国际化发展战略，并快速实现 IPO 的上市规划，王牌动物收购了青岛拍拖宝贝食品有限公司，进一步丰富了公司产品的结构和架构。

截至目前，王牌动物可承接包括但不限于膏剂、液态奶、粉剂、片剂、颗粒剂、软颗粒剂、水剂、胶囊剂等全剂型的营养品，还包括罐头类产品（主食罐、零食罐等）、干燥类制品、半干粮、成型类制品等相关产品。其中膏剂的满产能达 2 000t/年、粉剂 3 000t/年、片剂颗粒剂 2 000t/年、液体奶 4 000t/年、干燥类（包含半干粮）4 000t/年；罐头类，马口铁罐头 1 000t/月，软罐头 40 000 袋/天，铝盒罐头 40 000 罐/天。

公司自成立以来就确立以“科技创新带动产业升级”为驱动力的发展战略，成立了技术创新研发中心，先后开展了营养品相关技术的创新研发，并取得了阶段性成果，现有授权专利 18 项，国际领先科技成果鉴定 1 项（青科评备字第 2020200127 号），并先后获得“国家级高新技术企业”“青岛市级新增规上企业”“青岛市级专精特新企业”等荣誉称号。

王牌动物以专业品质和世界领先的研发技术为向导，成就高端宠物饲料及营养保健品制造商领导者；期待着用心营造人类与动物和谐共处的美妙世界，不断推动动物产业发展，为世界动物未来奉献自己的力量。

厦 门 市

厦门昶科生物工程有限公司

厦门昶科生物工程有限公司是由厦门留学人员和双百人才团队创办的国家级高新技术企业，是一家以高端生物制剂产品为核心的高科技企业，公司致力于食品药品安全相关的、多种生物产品的研发及生产。公司现有海洋动保、植保、食品、医美四个板块，自2016 成立至今，公司规模扩大 200 多倍，公司已进入规范性的上市辅导阶段，计划 2022 年完成股改，2025 年左右冲击资本市场。公司高度重视自主产权生物技术的研发，拥有一支由 5 名博士、10 余名硕士组成的高素质研发团队，并于厦门市国家生物医药园以及中仓开发区，合计投资 3 000 多万元，建立完备的现代化中心实验室及生产基地，不断进行原创性研究和技术资源的整合。公司与厦门大学、集美大学、自然资源部第三海洋研究所、中国科学院等高校建立了长期稳定的战略合作关系。我们开发的具有自主知识产权的噬菌体系列产品，目前已涵盖了植物、水产、畜禽三大领域。植保类的青枯病噬菌体产品已经广泛应用于烟草、蔬菜、水果青枯病的防治，公司已经和中国贵州烟草公司合作在烟草青枯病防治方面进行大面积推广应用。公司开发的饲料添加剂酵母虾青素产品已经广泛应用于水产养殖、健康食品和医美产品。

厦门隆励工贸有限公司

厦门隆励工贸有限公司于 2012 年成立，注册资本 5 700 万元，占地约 40 亩，主要从事饲料添加剂预混合饲料、高档浓缩料和配合饲料、生物发酵饲料、混合型饲料添加剂的研发生产与销售，以及养殖技术开发与猪场技术协管服务业务，是厦门市唯一一家通过农业农村部“饲料质量安全管理规范”示范企业。

虽然受非洲猪瘟疫情的影响，公司销量还是稳步增长，2021 年公司全年销量和销售额同比增长 25%以上。目前公司产品销售范围已拓展到黄河以南广大地区，遍布福建本省、广东、浙江、江西、河南、湖南、湖北等省份。

从 2018 年 7 月起，公司所有饲料产品均不添加抗生素，远早于农业农村部 2020 年 7 月 1 日禁抗日期。目前公司已建立起一整套无抗饲料与无抗养殖技术体系，并建立了专门的技术服务团队，为养殖场提供“技术协管”服务。经过多年实践证明，我们的服务给养殖场带来了巨大的成功，即使在非洲猪瘟肆虐的今天，我们服务的 80%以上客户未受影响，剩下的 20%客户在我们的指导下也能成功复养。

公司与福建省农业科学院、福建师范大学、福建农林大学、集美大学和四川农业大学等科研院所建立长期合作关系，并且近期投资近 400 万元新建“隆励生物技术工程中心”，广泛开展畜牧养殖前沿理论与应用技术研究和科研成果转化。

统计资料

中国饲料工业统计资料

2021 年全国饲料工业总产值和营业收入情况

单位：万元

地区	饲料工业总产值	饲料工业总营业收入	饲料产品		饲料添加剂		饲料机械	
			总产值	营业收入	总产值	营业收入	总产值	营业收入
全国总计	122 341 000	116 872 551	109 640 488	104 997 860	11 548 989	11 104 223	1 151 523	770 469
北京	970 742	972 362	921 752	927 665	48 990	44 697	—	—
天津	1 274 714	1 283 408	1 226 296	1 233 632	48 418	49 776	—	—
河北	5 518 392	5 033 869	5 097 524	4 682 850	415 739	346 243	5 129	4 776
山西	1 705 464	1 622 606	1 693 539	1 613 483	11 924	9 123	—	—
内蒙古	2 691 081	2 495 777	1 933 534	1 768 887	757 547	726 890	—	—
辽宁	6 753 770	6 030 384	6 562 578	5 846 815	191 193	183 570	—	—
吉林	2 355 239	2 272 755	1 882 713	1 822 035	472 526	450 720	—	—
黑龙江	2 544 814	2 586 812	1 809 475	1 797 723	735 339	789 089	—	—
上海	968 952	941 975	725 728	740 597	243 224	201 378	—	—
江苏	7 268 843	6 852 980	5 679 313	5 645 383	504 612	495 143	1 084 918	712 454
浙江	3 430 179	3 320 869	2 154 982	2 092 848	1 275 197	1 228 021	—	—
安徽	4 075 843	3 340 216	3 876 757	3 144 361	199 087	195 855	—	—
福建	3 973 675	3 967 609	3 840 373	3 831 861	133 302	135 748	—	—
江西	4 053 011	4 041 038	3 619 133	3 556 719	433 878	484 319	—	—
山东	18 375 239	17 884 298	15 973 903	15 582 363	2 346 336	2 253 935	55 000	48 000
河南	4 856 586	4 042 735	4 674 469	3 876 443	182 117	166 292	—	—
湖北	4 989 263	4 937 504	4 493 909	4 488 963	495 353	448 541	—	—
湖南	4 775 418	4 699 512	4 617 170	4 543 148	157 511	155 628	737	737
广东	15 475 163	15 006 279	14 822 686	14 391 483	652 477	614 796	—	—
广西	7 697 864	7 049 552	7 545 518	6 893 811	152 345	155 742	—	—
海南	1 188 726	1 174 125	1 186 823	1 172 324	1 903	1 801	—	—
重庆	1 612 209	1 575 128	1 569 717	1 533 170	42 492	41 958	—	—
四川	5 881 028	5 952 673	5 618 000	5 704 317	257 289	243 855	5 739	4 502
贵州	1 522 465	1 502 826	1 379 050	1 364 706	143 415	138 120	—	—
云南	3 411 976	3 500 204	2 657 108	2 675 711	754 868	824 493	—	—
陕西	1 521 653	1 530 805	1 505 724	1 518 164	15 929	12 641	—	—
甘肃	820 022	822 821	813 581	816 858	6 441	5 963	—	—
青海	48 424	45 718	48 140	45 536	284	182	—	—
宁夏	901 066	726 466	360 672	375 407	540 395	351 059	—	—
新疆	971 727	976 976	875 697	857 002	96 030	119 975	—	—
新疆兵团	707 452	682 268	474 624	453 597	232 828	228 672	—	—

2021 年全国饲料加工企业生产综合情况（总表）

单位：t

地 区	饲料总产量	配合饲料	浓缩饲料	添加剂预混合饲料
全国总计	293 443 275	270 171 009	15 511 132	6 631 298
北 京	1 655 419	995 650	209 515	419 884
天 津	2 407 879	1 484 409	579 278	319 293
河 北	13 758 267	11 986 074	961 852	380 494
山 西	4 960 545	4 706 100	188 548	65 898
内 蒙 古	5 753 446	4 915 030	723 910	113 899
辽 宁	17 804 750	14 903 975	2 631 937	261 284
吉 林	5 585 119	4 636 775	857 924	90 418
黑 龙 江	5 160 023	3 781 975	1 295 246	82 801
上 海	1 158 252	915 913	24 168	100 341
江 苏	14 678 401	13 864 529	361 793	421 169
浙 江	4 949 031	4 656 538	126 631	92 700
安 徽	10 593 590	10 080 140	218 999	198 902
福 建	10 578 768	10 275 634	135 928	165 436
江 西	10 105 893	9 584 996	114 616	401 132
山 东	44 763 088	41 755 661	1 826 887	912 477
河 南	14 559 078	13 301 232	717 530	536 392
湖 北	13 182 273	12 567 221	387 788	226 942
湖 南	12 494 973	11 934 204	200 703	358 186
广 东	35 732 738	34 664 418	421 635	626 009
广 西	20 420 315	20 077 614	126 282	216 349
海 南	3 244 091	3 242 790	193	1 108
重 庆	4 304 712	4 055 512	226 948	22 220
四 川	14 383 700	13 604 026	447 190	316 764
贵 州	3 591 628	3 059 570	531 843	215
云 南	6 783 915	5 696 355	1 032 060	55 500
陕 西	3 908 971	3 310 570	478 311	118 687
甘 肃	2 091 404	1 772 734	305 855	12 722
青 海	140 107	131 590	5 114	3 402
宁 夏	1 023 493	732 879	253 020	37 594
新 疆	2 430 866	2 321 515	84 913	24 438
新疆兵团	1 238 538	1 155 381	34 515	48 642

2021 年全国饲料加工企业生产综合情况（分品种）

单位：t

地　区	饲料总产量	猪饲料	蛋禽饲料	肉禽饲料	水产饲料	反刍动物饲料	宠物饲料	其他饲料
全国总计	293 443 275	130 765 283	32 314 492	89 095 814	22 929 761	14 802 691	1 129 836	2 405 398
北　京	1 655 419	646 324	247 588	229 333	13 603	462 864	30 369	25 337
天　津	2 407 879	941 963	261 874	206 175	367 250	570 400	24 899	35 319
河　北	13 758 267	3 539 996	3 570 090	4 299 216	303 946	1 433 660	429 847	181 512
山　西	4 960 545	2 517 519	933 556	1 383 734	58	125 478	—	200
内蒙古	5 753 446	1 957 240	228 578	310 728	3 245	3 231 367	606	21 682
辽　宁	17 804 750	6 489 466	1 968 608	7 030 527	366 163	1 650 832	7 555	291 599
吉　林	5 585 119	2 553 991	897 292	1 550 956	4 896	532 585	2	45 397
黑龙江	5 160 023	2 986 858	246 689	623 582	84 522	1 102 562	2	115 809
上　海	1 158 252	271 873	370 748	194 159	27 601	172 797	117 831	3 243
江　苏	14 678 401	4 099 859	2 111 483	4 251 946	3 609 944	492 415	30 911	81 843
浙　江	4 949 031	1 989 714	570 272	1 106 576	970 423	115 230	73 162	123 654
安　徽	10 593 590	4 004 015	1 326 023	4 602 754	365 353	185 304	95 549	14 593
福　建	10 578 768	4 141 624	1 070 619	3 637 809	1 667 440	314	1 770	59 192
江　西	10 105 893	6 533 034	1 285 963	1 665 623	598 334	12 075	5 149	5 715
山　东	44 763 088	12 336 426	3 522 908	26 378 816	416 583	917 256	268 064	923 035
河　南	14 559 078	9 342 449	1 874 477	2 467 709	293 334	511 693	3 925	65 491
湖　北	13 182 273	6 512 622	3 089 281	893 070	2 644 012	23 249	322	19 717
湖　南	12 494 973	8 180 277	1 336 056	1 612 769	1 337 342	2 808	1 880	23 840
广　东	35 732 738	13 209 489	2 303 649	12 511 225	7 488 215	78 765	20 675	120 719
广　西	20 420 315	11 548 675	914 147	7 298 723	628 672	18 331	71	11 696
海　南	3 244 091	1 319 330	243 503	1 270 196	407 724	—	—	3 337
重　庆	4 304 712	2 952 517	407 783	646 379	223 414	18 186	33	56 401
四　川	14 383 700	9 949 005	1 328 070	2 123 044	661 782	152 838	15 720	153 241
贵　州	3 591 628	2 836 663	290 797	345 427	9 460	107 664	—	1 618
云　南	6 783 915	4 798 278	371 265	1 225 678	288 761	98 273	—	1 660
陕　西	3 908 971	2 474 914	766 612	336 844	22 116	299 897	1 402	7 185
甘　肃	2 091 404	1 019 371	187 864	256 127	3 052	622 245	92	2 653
青　海	140 107	21 242	314	45	—	118 506	—	—
宁　夏	1 023 493	151 613	45 062	35 559	23 600	766 917	—	743
新　疆	2 430 866	815 627	375 325	468 909	74 215	688 101	—	8 688
新疆兵团	1 238 538	623 310	167 994	132 175	24 704	290 080	—	275

2021 年全国配合饲料加工企业生产情况

地区	猪饲料		蛋禽饲料		肉禽饲料		水产饲料		精料补充料		其他饲料	
	产量（t）	比重（%）	产量（t）	比重（%）	产量（t）	比重（%）	产量（t）	比重（%）	产量（t）	比重（%）	产量（t）	比重（%）
全国总计	117 326 206	43.4	29 330 913	10.9	87 772 255	32.5	22 524 423	8.3	11 243 045	4.2	1 974 166	0.7
北　京	330 457	33.2	114 072	11.5	219 956	22.1	7 178	0.7	307 557	30.9	16 431	1.7
天　津	396 734	26.7	141 255	9.5	196 712	13.3	359 116	24.2	355 430	23.9	35 161	2.4
河　北	2 868 746	23.9	3 370 016	28.1	4 285 258	35.8	300 924	2.5	1 007 306	8.4	153 824	1.3
山　西	2 372 063	50.4	869 089	18.5	1 368 092	29.1	58	0.001	96 598	2.1	200	0.004
内蒙古	1 789 204	36.4	204 452	4.2	298 805	6.1	3 228	0.1	2 613 226	53.2	6 115	0.1
辽　宁	5 008 319	33.6	1 477 270	9.9	6 785 439	45.5	357 300	2.4	1 071 229	7.2	204 417	1.4
吉　林	1 999 774	43.1	837 639	18.1	1 431 912	30.9	3 833	0.1	324 998	7.0	38 618	0.8
黑龙江	2 111 698	55.8	147 718	3.9	557 735	14.7	77 358	2.0	773 861	20.5	113 605	3.0
上　海	205 773	22.5	339 451	37.1	188 140	20.5	24 976	2.7	155 639	17.0	1 932	0.2
江　苏	3 662 500	26.4	1 922 699	13.9	4 175 447	30.1	3 599 338	26.0	424 532	3.1	80 013	0.6
浙　江	1 799 522	38.6	559 240	12.0	1 094 700	23.5	968 387	20.8	111 035	2.4	123 654	2.7
安　徽	3 696 789	36.7	1 301 425	12.9	4 554 996	45.2	361 449	3.6	151 332	1.5	14 149	0.1
福　建	3 919 480	38.1	1 053 776	10.3	3 595 012	35.0	1 648 049	16.0	314	0.003	59 003	0.6
江　西	6 068 179	63.3	1 271 924	13.3	1 656 870	17.3	581 376	6.1	940	0.01	5 707	0.1
山　东	10 893 674	26.1	2 880 029	6.9	26 177 783	62.7	406 706	1.0	746 918	1.8	650 550	1.6
河　南	8 388 406	63.1	1 644 453	12.4	2 445 147	18.4	291 707	2.2	466 701	3.5	64 817	0.5
湖　北	6 046 639	48.1	2 959 021	23.5	891 232	7.1	2 629 134	20.9	21 477	0.2	19 717	0.2
湖　南	7 691 989	64.5	1 291 524	10.8	1 598 695	13.4	1 328 015	11.1	223	0.002	23 758	0.2
广　东	12 648 556	36.5	2 235 627	6.4	12 312 971	35.5	7 270 659	21.0	78 535	0.2	118 072	0.3
广　西	11 274 443	56.2	898 075	4.5	7 253 108	36.1	621 989	3.1	18 315	0.1	11 683	0.1
海　南	1 319 137	40.7	243 503	7.5	1 270 196	39.2	406 617	12.5	—	—	3 337	0.1
重　庆	2 720 964	67.1	396 729	9.8	645 548	15.9	223 341	5.5	12 534	0.3	56 397	1.4
四　川	9 395 670	69.1	1 240 429	9.1	2 091 710	15.4	619 216	4.6	105 133	0.8	151 868	1.1
贵　州	2 316 595	75.7	289 951	9.5	339 081	11.1	9 460	0.3	102 865	3.4	1 618	0.1
云　南	3 775 789	66.3	337 836	5.9	1 202 825	21.1	288 092	5.1	90 154	1.6	1 660	0.03
陕　西	2 227 606	67.3	570 024	17.2	283 748	8.6	21 153	0.6	201 120	6.1	6 918	0.2
甘　肃	919 296	51.9	176 051	9.9	239 645	13.5	3 052	0.2	432 095	24.4	2 596	0.1
青　海	20 793	15.8	314	0.2	45	0.03	—	—	110 439	83.9	—	—
宁　夏	90 430	12.3	42 643	5.8	21 940	3.0	18 262	2.5	558 900	76.3	705	0.1
新　疆	773 981	33.3	355 378	15.3	460 076	19.8	73 010	3.1	651 705	28.1	7 364	0.3
新疆兵团	593 000	51.3	159 300	13.8	129 434	11.2	21 440	1.9	251 933	21.8	275	0.02

2021 年全国浓缩饲料加工企业生产情况

地区	猪饲料		蛋禽饲料		肉禽饲料		水产饲料		反刍动物饲料		其他饲料	
	产量（t）	比重（%）	产量（t）	比重（%）	产量（t）	比重（%）	产量（t）	比重（%）	产量（t）	比重（%）	产量（t）	比重（%）
全国总计	10 351 445	66.7	1 191 074	7.7	889 541	5.7	41 229	0.3	2 672 700	17.2	365 142	2.4
北　京	174 599	83.3	1 198	0.6	158	0.1	—	—	33 560	16.0	—	—
天　津	432 760	74.7	5 882	1.0	591	0.1	—	—	140 045	24.2	—	—
河　北	579 413	60.2	81 967	8.5	6 629	0.7	—	—	289 830	30.1	4 013	0.4
山　西	112 861	59.9	48 840	25.9	3 206	1.7	—	—	23 642	12.5	—	—
内蒙古	107 502	14.9	21 670	3.0	11 720	1.6	—	—	583 019	80.5	—	—
辽　宁	1 393 875	53.0	434 572	16.5	208 092	7.9	5 431	0.2	503 793	19.1	86 173	3.3
吉　林	532 492	62.1	41 001	4.8	107 973	12.6	62	0.01	169 620	19.8	6 777	0.8
黑龙江	854 912	66.0	70 337	5.4	64 260	5.0	7 163	0.6	298 056	23.0	518	0.04
上　海	19 311	79.9	1 079	4.5	—	—	—	—	3 778	15.6	—	—
江　苏	275 205	76.1	20 213	5.6	33 669	9.3	—	—	32 510	9.0	196	0.1
浙　江	123 474	97.5	204	0.2	2 935	2.3	—	—	18	0.01	—	—
安　徽	162 849	74.4	4 111	1.9	40 108	18.3	—	—	11 931	5.4	—	—
福　建	103 833	76.4	4 349	3.2	26 849	19.8	897	0.7	—	—	—	—
江　西	114 593	100.0	4	0.003	7	0.01	5	0.004	—	—	8	0.01
山　东	1 206 296	66.0	176 247	9.6	124 540	6.8	3 405	0.2	49 502	2.7	266 897	14.6
河　南	649 571	90.5	35 426	4.9	10 738	1.5	80	0.01	21 705	3.0	10	0.001
湖　北	376 833	97.2	8 357	2.2	—	—	1 594	0.4	1 004	0.3	—	—
湖　南	193 904	96.6	2 166	1.1	4 633	2.3	—	—	—	—	—	—
广　东	284 170	67.4	1 784	0.4	119 864	28.4	15 816	3.8	—	—	—	—
广　西	118 360	93.7	346	0.3	7 575	6.0	—	—	—	—	—	—
海　南	193	100.0	—	—	—	—	—	—	—	—	—	—
重　庆	214 567	94.5	10 014	4.4	803	0.4	—	—	1 565	0.7	—	—
四　川	389 804	87.2	31 527	7.1	1 624	0.4	392	0.1	23 842	5.3	—	—
贵　州	520 058	97.8	641	0.1	6 346	1.2	—	—	4 798	0.9	—	—
云　南	999 905	96.9	4 100	0.4	20 128	2.0	—	—	7 926	0.8	—	—
陕　西	209 345	43.8	155 191	32.4	50 487	10.6	113	0.02	62 927	13.2	249	0.1
甘　肃	98 359	32.2	10 558	3.5	16 061	5.3	—	—	180 877	59.1	—	—
青　海	246	4.8	—	—	—	—	—	—	4 869	95.2	—	—
宁　夏	55 861	22.1	1 415	0.6	13 395	5.3	5 338	2.1	177 011	70.0	—	—
新　疆	32 032	37.7	15 450	18.2	5 720	6.7	935	1.1	30 475	35.9	301	0.4
新疆兵团	14 265	41.3	2 424	7.0	1 428	4.1	—	—	16 398	47.5	—	—

全国添加剂预混合饲料加工企业生产情况

地区	猪饲料		蛋禽饲料		肉禽饲料		水产饲料		反刍动物饲料		其他饲料	
	产量(t)	比重(%)	产量(t)	比重(%)	产量(t)	比重(%)	产量(t)	比重(%)	产量(t)	比重(%)	产量(t)	比重(%)
全国总计	3 087 631	46.6	1 792 505	27.0	434 017	6.5	364 109	5.5	886 946	13.4	66 089	1.0
北　京	141 268	33.6	132 319	31.5	9 219	2.2	6 425	1.5	121 747	29.0	8 907	2.1
天　津	112 469	35.2	114 736	35.9	8 872	2.8	8 133	2.5	74 924	23.5	158	0.05
河　北	91 837	24.1	118 107	31.0	7 329	1.9	3 021	0.8	136 524	35.9	23 675	6.2
山　西	32 596	49.5	15 627	23.7	12 436	18.9	—	—	5 238	7.9	—	—
内蒙古	60 534	53.1	2 455	2.2	204	0.2	17	0.0	35 122	30.8	15 567	13.7
辽　宁	87 271	33.4	56 766	21.7	36 995	14.2	3 433	1.3	75 810	29.0	1 010	0.4
吉　林	21 725	24.0	18 652	20.6	11 072	12.2	1 001	1.1	37 967	42.0	2	0.002
黑龙江	20 248	24.5	28 634	34.6	1 587	1.9	1	0.001	30 645	37.0	1 685	2.0
上　海	46 789	46.6	30 217	30.1	6 018	6.0	2 624	2.6	13 381	13.3	1 311	1.3
江　苏	162 154	38.5	168 572	40.0	42 830	10.2	10 606	2.5	35 373	8.4	1 634	0.4
浙　江	66 717	72.0	10 828	11.7	8 941	9.6	2 036	2.2	4 177	4.5	—	—
安　徽	144 377	72.6	20 486	10.3	7 651	3.8	3 904	2.0	22 041	11.1	443	0.2
福　建	118 311	71.5	12 494	7.6	15 947	9.6	18 495	11.2	—	—	189	0.1
江　西	350 262	87.3	14 036	3.5	8 747	2.2	16 953	4.2	11 135	2.8	—	—
山　东	236 456	25.9	466 632	51.1	76 493	8.4	6 472	0.7	120 835	13.2	5 588	0.6
河　南	304 471	56.8	194 598	36.3	11 824	2.2	1 547	0.3	23 287	4.3	664	0.1
湖　北	89 151	39.3	121 903	53.7	1 838	0.8	13 284	5.9	767	0.3	—	—
湖　南	294 385	82.2	42 366	11.8	9 441	2.6	9 327	2.6	2 585	0.7	83	0.02
广　东	276 763	44.2	66 238	10.6	78 390	12.5	201 740	32.2	230	0.04	2 647	0.4
广　西	155 872	72.0	15 726	7.3	38 040	17.6	6 682	3.1	16	0.01	13	0.01
海　南	—	—	—	—	—	—	1 108	100.0	—	—	—	—
重　庆	16 987	76.5	1 040	4.7	28	0.1	73	0.3	4 087	18.4	4	0.02
四　川	163 531	51.6	56 114	17.7	29 709	9.4	42 174	13.3	23 863	7.5	1 374	0.4
贵　州	10	4.7	205	95.3	—	—	—	—	—	—	—	—
云　南	22 584	40.7	29 329	52.8	2 726	4.9	669	1.2	192	0.3	—	—
陕　西	37 963	32.0	41 397	34.9	2 609	2.2	850	0.7	35 851	30.2	18	0.01
甘　肃	1 716	13.5	1 255	9.9	420	3.3	—	—	9 274	72.9	57	0.4
青　海	204	6.0	1	0.02	—	—	—	—	3 198	94.0	—	—
宁　夏	5 321	14.2	1 004	2.7	224	0.6	—	—	31 007	82.5	38	0.1
新　疆	9 615	39.3	4 497	18.4	3 113	12.7	270	1.1	5 921	24.2	1 022	4.2
新疆兵团	16 045	33.0	6 270	12.9	1 314	2.7	3 264	6.7	21 749	44.7	—	—

2021年全国饲料添加剂产量情况（一）

单位：t

地 区	饲料添加剂产品总产量	饲料添加剂	混合型饲料添加剂
全国总计	14 775 639	13 679 170	1 096 470
北 京	22 391	7 674	14 716
天 津	51 618	45 929	5 689
河 北	405 147	312 713	92 434
山 西	7 051	1 740	5 311
内蒙古	962 653	913 462	49 191
辽 宁	304 618	246 563	58 056
吉 林	511 264	503 771	7 493
黑龙江	1 029 263	1 025 056	4 208
上 海	81 656	16 081	65 576
江 苏	554 844	436 251	118 592
浙 江	184 785	172 977	11 807
安 徽	119 709	109 717	9 992
福 建	86 723	73 867	12 857
江 西	451 540	408 401	43 139
山 东	3 115 166	2 894 740	220 426
河 南	271 690	232 462	39 228
湖 北	999 442	937 183	62 259
湖 南	285 054	269 258	15 796
广 东	258 520	95 876	162 644
广 西	426 734	414 121	12 613
海 南	803	388	414
重 庆	39 033	17 020	22 013
四 川	670 140	620 806	49 333
贵 州	502 282	502 282	—
云 南	2 533 768	2 532 352	1 416
陕 西	84 621	77 510	7 111
甘 肃	3 981	1 893	2 088
青 海	411	—	411
宁 夏	349 379	348 545	834
新 疆	33 562	33 419	143
新疆兵团	427 793	427 113	680

2021 年全国饲料添加剂产量情况（二）

单位：t

地 区	氨基酸、氨基酸盐及其类似物		维生素及类维生素		矿物元素及其络（螯）合物		酶制剂	
	饲料添加剂	混合型饲料添加剂	饲料添加剂	混合型饲料添加剂	饲料添加剂	混合型饲料添加剂	饲料添加剂	混合型饲料添加剂
全国总计	4 248 757	5 977	1 593 803	178 823	6 734 483	127 166	130 199	135 763
北 京	—	36	3 483	2	—	181	—	1 024
天 津	—	14	30	55	1 557	1 414	8 611	13
河 北	11 450	298	93 670	10 647	177 588	13 642	5 740	31 945
山 西	7	181	25	361	261	68	389	81
内蒙古	838 418	1	2 831	1 155	27 538	232	489	13 139
辽 宁	51 347	50	10 944	43 154	167 812	8 087	490	1 687
吉 林	408 583		9 468	10	1 816	—	—	3
黑龙江	1 017 801	48	1 064	360	303	422	3 403	813
上 海	—	—	15 152	1 815	—	1 238	228	5 766
江 苏	162 787	316	8 507	17 810	147 658	3 535	8 014	8 396
浙 江	16 439	33	119 397	514	9 094	111	418	549
安 徽	61 693	49	12 682	1 055	12 731	1 693	—	270
福 建	—	318	2 595	208	350	1 806	1 213	87
江 西	13 229	452	20 532	2 671	356 477	18 352	179	135
山 东	863 619	1 249	1 241 186	80 940	502 132	2 394	60 902	19 332
河 南	4 673	836	19 250	8 982	121 132	544	2 528	3 890
湖 北	24 352	103	13 880	217	844 908	2 200	3 343	37 256
湖 南	852	8	37	102	220 204	5 414	6 130	4 302
广 东	887	1 052	6 708	8 136	43 478	29 388	20 122	4 745
广 西	—	—	—	—	362 806	7 492	932	9
海 南	—	11	—	54	—	17	—	25
重 庆	—	—	1 894	152	14 972	611	—	50
四 川	20 804	83	5 007	122	582 469	25 981	4 098	1 305
贵 州	—	—	—	—	502 152	—	—	—
云 南	—	—	1 003	—	2 527 545	12	933	677
陕 西	—	7	—	301	77 334	1 987	1	59
甘 肃	—	—	6	—	—	—	1 465	204
青 海	—	—	—	—	—	206	—	—
宁 夏	324 163	834	4 452	1	16 918	—	562	—
新 疆	16 228	—	—	—	15 250	140	—	—
新疆兵团	411 426	—	—	—	—	—	8	—

2021 年全国饲料添加剂产量情况（三）

单位：t

地区	微生物		非蛋白氮		抗氧化剂		防腐剂、防霉剂和酸度调节剂	
	饲料添加剂	混合型饲料添加剂	饲料添加剂	混合型饲料添加剂	饲料添加剂	混合型饲料添加剂	饲料添加剂	混合型饲料添加剂
全国总计	79 966	171 112	35 047	47 436	8 634	68 269	451 140	182 552
北　京	4 191	676	—	—	—	980	—	1 488
天　津	151	905	2 716	—	—	160	—	785
河　北	9 230	14 841	45	16 290	219	155	165	1 331
山　西	924	4 184	—	1	—	12	10	128
内蒙古	2 307	12 629	—	20 971	—	—	41 193	75
辽　宁	1 528	3 704	—	—	—	—	378	15
吉　林	1 498	6 130	—	771	—	—	82 406	60
黑龙江	2 280	1 473	—	35	—		—	463
上　海	—	1 496	—	4 682	701	8 434	—	35 712
江　苏	1 738	5 693	7 443	—	4 695	43 723	39 805	32 551
浙　江	1 650	1 912	154	—	3	1 566	12 262	3 091
安　徽	79	2 863	—	—	910	18	3 890	1 210
福　建	89	1 767	—	—	—	1 501	7 898	4 421
江　西	492	4 261	—	—	179	540	14 920	15 248
山　东	30 020	62 285	—	2 894	11	2 450	127 572	26 097
河　南	7 596	12 961	—	11	—	14	71 543	1 794
湖　北	7 091	8 349	—	—	515	1 888	35 757	1 279
湖　南	782	4 236	24 689	—	1 163	233	8 556	394
广　东	616	10 319	—	—	137	5 223	1 040	27 053
广　西	1 714	242	—	—	—	15	3 673	4 838
海　南	388	293	—	—	—	—	—	—
重　庆		2 254	—	—	—	1 290	—	14 416
四　川	1 207	2 500	—	—	15	31	—	9 144
贵　州	—	—	—	—	57	—	—	—
云　南	531	727	—	—	—	—	—	—
陕　西	82	4 270	—	—	29	37	—	113
甘　肃	195	100	—	1 782	—	—	—	—
青　海	—	—	—	—	—	—	—	206
宁　夏	—	—	—	—	—	—	72	—
新　疆	1 246	2	—	—	—		—	
新疆兵团	2 340	40	—	—	—	—	—	640

2021 年全国饲料添加剂产量情况（四）

单位：t

地区	着色剂		调味和诱食物质		黏结剂、抗结块剂、稳定剂和乳化剂		多糖和寡糖		其他	
	饲料添加剂	混合型饲料添加剂	饲料添加剂	混合型饲料添加剂	饲料添加剂	混合型饲料添加剂	饲料添加剂	混合型饲料添加剂	饲料添加剂	混合型饲料添加剂
全国总计	34 415	19 324	14 023	87 349	262 922	17 159	4 240	5 005	81 543	50 533
北　京	—	—	—	1 823	—	—	—	—	—	8 505
天　津	—	—	—	1 683	32 864	—	—	29	—	632
河　北	3 598	2	2 075	563	8 896	—	8	85	31	2 635
山　西	—	5	—	69	124	—	1	80	—	140
内蒙古	—	—	—	114	671	432	—	—	16	443
辽　宁	—	—	1 036	1 322	13 028	—	—	4	—	34
吉　林	—	—	—	—	—	—	—	6	—	513
黑龙江	205	—	—	61	—	—	—	50	—	483
上　海	—	—	—	6 290	—	—	—	142	—	—
江　苏	—		11	3 022	54 924	542	416	2 240	253	765
浙　江	1 265	—	2	1 183	12 267	306	23	15	4	2 526
安　徽	112	1	—	38	954	612	18	6	16 648	2 177
福　建	63	—	41	2 641	61 598	72	—	35	20	
江　西	—	—	1 565	82	647	221	—	98	181	1 079
山　东	743	7 364	239	4 243	7 296	1 821	282	970	60 739	8 387
河　南	1	8	5 439	939	178	6	116	409	8	8 835
湖　北	20	315	296	4 677	5 826	—	983	93	214	5 881
湖　南	—	—	19	527	3 745	26		37	3 082	517
广　东	8 713	11 624	2 880	45 561	11 140	13 108	153	190	—	6 245
广　西	—	—	87	12	43 589	—	1 319	—	1	6
海　南	—	1	—	—	—	—	—	13	—	—
重　庆	—	4	154	3 022	—	13	—	22	—	180
四　川	969	—	11	9 471	5 141	—	923	454	163	243
贵　州	11	—	62	—	—	—	—	—	—	—
云　南	2 304	—	—	—	37	—	—	—	—	—
陕　西	—	—	2	6	—	—	—	27	62	304
甘　肃	—	—	105	—	—	—	—	—	122	2
青　海	—	—	—	—	—	—	—	—	—	—
宁　夏	2 378	—	—	—	—	—	—	—	—	—
新　疆	695	—	—		—	—	—		—	—
新疆兵团	13 338	—	—	—	—	—	—	—	—	—

2021年全国饲料添加剂单项产品生产情况（一）

单位：t

地　区	赖氨酸及其类似物	蛋氨酸	苏氨酸	色氨酸
全国总计	2 568 852	411 673	896 311	35 968
北　京	—	—	—	—
天　津	—	—	—	—
河　北	—	801	1 008	—
山　西	—	—	—	—
内蒙古	347 166	—	489 545	252
辽　宁	—	—	—	—
吉　林	408 583	—	—	—
黑龙江	548 235	—	317 090	8 281
上　海	—	—	—	—
江　苏	—	159 116	—	—
浙　江	—	329	681	11 784
安　徽	53 982	—	—	—
福　建	—	—	—	—
江　西	—	—	—	—
山　东	657 507	171 406	—	5
河　南	—	—	—	2 773
湖　北	—	—	—	—
湖　南	—	12	—	—
广　东	3	—	—	—
广　西	—	—	—	—
海　南	—	—	—	—
重　庆	—	—	—	—
四　川	—	—	—	—
贵　州	—	—	—	—
云　南	—	—	—	—
陕　西	—	—	—	—
甘　肃	—	—	—	—
青　海	—	—	—	—
宁　夏	214 864	80 009	15 072	65
新　疆	—	—	—	12 808
新疆兵团	338 512	—	72 914	—

2021 年全国饲料添加剂单项产品生产情况（二）

单位：t

地　区	氯化胆碱	维生素 A	维生素 E	维生素 B_{12}	维生素 B_2	维生素 C
全国总计	1 170 814	8 624	117 352	831	6 862	26 709
北　京	—	—	—	—	—	—
天　津	—	—	—	—	—	—
河　北	73 674	—	11	226	10	2 169
山　西	9	—	—	—	2	11
内蒙古	—	—	—	—	1 157	—
辽　宁	5 447	—	—	—	—	611
吉　林	—	—	9 209	—	—	—
黑龙江	—	—	—	—	6	12
上　海	—	—	—	—	—	—
江　苏	5	—	296	—	—	3 327
浙　江	1 337	8 624	62 763	—	—	7 684
安　徽	—	—	—	—	—	3 994
福　建	—	—	206	—	—	8
江　西	—	—	—	—	—	—
山　东	1 090 323	—	44 868	1	2 862	4 789
河　南	—		—	—	2 657	255
湖　北	—	—	—	—	129	—
湖　南	18	—	—	—	—	—
广　东	—	—	—	—	—	—
广　西	—	—	—	—	—	—
海　南	—	—	—	—	—	—
重　庆	—	—	—	—	40	—
四　川	—	—	—	—	—	—
贵　州	—	—	—	—	—	—
云　南	—	—	—	—	—	—
陕　西	—	—	—	—	—	—
甘　肃	—	—	—	—	—	—
青　海	—	—	—	—	—	—
宁　夏	—	—	—	604	—	3 848
新　疆	—	—	—	—	—	—
新疆兵团	—	—	—	—	—	—

2021年全国饲料添加剂单项产品生产情况（三）

单位：t

地区	硫酸铜	硫酸亚铁	硫酸锌	硫酸锰	磷酸氢钙
全国总计	21 635	114 928	106 515	169 399	3 823 638
北京	—	—	—	—	—
天津	—	—	—	—	—
河北	—	—	—	—	32 660
山西	—	—	—	—	—
内蒙古	—	—	—	963	11 700
辽宁	769	—	—	1 240	—
吉林	—	—	—	—	1 816
黑龙江	6	—	—	1	—
上海	—	—	—	—	—
江苏	454	—	—	—	85
浙江	—	—	—	—	—
安徽	—	—	—	—	—
福建	—	1	1	1	—
江西	—	—	50 349	—	—
山东	—	—	—	—	45 198
河南	—	—	—	—	—
湖北	—	—	—	—	420 945
湖南	3 931	—	—	28 076	—
广东	16 028	—	—	299	—
广西	96	28 110	42 025	126 072	155 509
海南	—	—	—	—	—
重庆	—	—	—	—	—
四川	351	86 817	5 705	12 537	273 385
贵州	—	—	—	210	407 606
云南	—	—	—	—	2 474 732
陕西	—	—	—	—	—
甘肃	—	—	—	—	—
青海	—	—	—	—	—
宁夏	—	—	8 435	—	—
新疆	—	—	—	—	—
新疆兵团	—	—	—	—	—

2021年全国饲料企业年末职工人数情况

单位：人

地区	职工总数	其中职工学历构成					其中技术工种人员构成		
		博士	硕士	大学本科	大学专科	其他	小计	检验员、化验员	维修工
全国总计	769 816	4 358	14 988	111 511	179 281	459 678	77 966	40 340	37 679
北京	5 043	94	309	1 195	1 077	2 368	397	239	158
天津	13 897	89	423	3 284	4 939	5 162	1 145	664	481
河北	44 583	264	710	5 161	10 283	28 165	5 184	2 851	2 333
山西	8 127	63	112	951	1 658	5 343	1 069	605	464
内蒙古	30 760	103	355	3 877	8 387	18 038	3 155	1 499	1 656
辽宁	31 830	181	477	4 322	8 908	17 942	3 802	2 113	1 689
吉林	24 361	64	218	3 286	5 479	15 314	3 415	1 530	1 885
黑龙江	22 868	80	298	3 242	5 910	13 338	2 996	1 409	1 587
上海	4 911	43	320	1 009	872	2 667	476	259	217
江苏	54 657	492	1 447	10 508	14 096	28 114	5 571	2 867	2 740
浙江	27 750	123	893	5 217	5 508	16 009	2 720	1 575	1 145
安徽	29 774	141	340	3 311	5 524	20 458	2 546	1 309	1 237
福建	21 499	126	346	3 076	3 763	14 188	2 111	1 172	939
江西	20 680	144	327	2 568	4 222	13 419	2 060	1 077	983
山东	122 246	638	2 571	14 753	30 053	74 231	11 242	6 251	4 992
河南	37 775	332	819	5 633	10 668	20 323	4 438	2 428	2 010
湖北	46 258	208	996	7 518	10 297	27 239	3 393	1 688	1 705
湖南	25 133	257	644	4 754	5 364	14 114	2 369	1 184	1 190
广东	58 974	376	1 628	8 788	11 133	37 049	5 088	2 588	2 500
广西	29 733	74	245	3 927	6 136	19 351	2 968	1 346	1 622
海南	3 561	6	42	623	644	2 246	275	130	145
重庆	7 916	69	144	1 305	1 815	4 583	899	437	462
四川	34 677	158	525	3 737	6 432	23 825	3 631	1 742	1 900
贵州	5 550	37	83	921	1 323	3 186	621	270	351
云南	17 995	51	176	2 464	3 592	11 712	1 900	949	951
陕西	10 536	68	217	1 788	3 223	5 240	995	556	439
甘肃	4 186	30	98	860	1 157	2 041	421	225	196
青海	406	3	6	52	118	227	75	40	35
宁夏	7 522	22	123	1 208	2 219	3 950	1 084	421	663
新疆	12 360	16	80	1 612	3 731	6 921	1 537	739	798
新疆兵团	4 248	6	16	561	750	2 915	383	177	206

大事记

农业农村部畜牧兽医局饲料饲草处

2021年2月9日　农业农村部根据《进口饲料和饲料添加剂登记管理办法》有关规定，批准德国菲百特饲料添加剂有限公司等58家公司生产的101种饲料和饲料添加剂产品在我国登记或续展登记，并颁发进口登记证。

2021年3月8日　农业农村部印发《2021年饲料质量安全监管工作方案》，明确饲料质量安全监督抽查由各省级畜牧兽医部门负责。各省级畜牧兽医部门在辖区内按一定比例随机选择饲料生产企业、经营门店和养殖场（户），原则上按照已核发生产许可证数量20%的比例确定生产环节监督抽查样品数量；根据实际情况，随机选择饲料经营门店重点抽检一定数量本省生产的饲料和饲料添加剂样品；在养殖场（户）抽检一定数量的自配料。

2021年3月19日　农业农村部印发《关于开展"瘦肉精"专项整治行动的通知》，部署在全国范围开展为期3个月的"瘦肉精"专项整治行动，严厉打击违禁使用"瘦肉精"行为。

2021年4月17日　农业农村部在重庆举行饲料原料营养价值数据库和饲料中玉米豆粕减量替代技术方案发布会。会上，全国饲料行业企业代表公开发出"推进玉米豆粕减量替代，共同维护饲料粮供给安全"的倡议。

2021年5月26日　由农业农村部、国家发展改革委、商务部、海关总署、国家统计局联合发布的生猪产品信息数据平台正式上线。

2021年8月5日　农业农村部、国家发展改革委、财政部、生态环境部、商务部、银保监会发布《关于促进生猪产业持续健康发展的意见》（以下简称《意见》），《意见》要求用5～10年时间，基本形成产出高效、产品安全、资源节约、环境友好、调控有效的生猪产业高质量发展新格局，猪肉供应安全保障能力持续增强，自给率保持在95%左右。"十四五"期间，全国能繁母猪存栏量稳定在4 300万头左右，最低保有量不少于4 000万头。

2021年8月17日　农业农村部依据《饲料和饲料添加剂管理条例》，组织全国饲料评审委员会对部分企业提出的申请进行了评审，决定增补棕榈脂肪酸粉进入《饲料原料目录》，增补焦糖色（普通法、氨法）进入《饲料添加剂品种目录（2013）》，将辅酶Q10渣的适用范围扩大至水产养殖动物。

2021年8月27日　农业农村部根据《饲料和饲料添加剂管理条例》《新饲料和新饲料添加剂管理办法》，批准北京首朗生物科技有限公司申请的乙醇梭菌蛋白为新饲料；常茂生物化学工程股份有限公司、上海医学生命科学研究中心有限公司联合申请的吡咯并喹啉醌二钠为新饲料添加剂，并准许在中华人民共和国境内生产、经营和使用，核发饲料和饲料添加剂新产品证书，同时发布产品标准（含说明书和标签）。

2021年9月23日　农业农村部印发《生猪产能调控实施方案（暂行）》（以下简称《方案》）。《方案》是在农业农村部、国家发展改革委等6部门发布的《关于促进生猪产业持续健康发展的意见》基础上，将相关调控政策措施进一步具体化的操作性文件，填补了生产端逆周期精准调控的政策空白，为稳定生猪生产、保障市场供应提供了有力的政策工具，对促进生猪产业持续健康发展具有重要意义。

2021年10月19日　为指导各地示范推广先进适用的秸秆综合利用技术，推动秸秆综合利用高质量发展，农业农村部会同国家发展改革委编制了《秸秆综合利用技术目录（2021）》。大力推进秸秆综合利用，如秸秆肥料化、饲料化、原料化、燃料化、基料化利用。

2021年10月25日　农业农村部印发《全国兽用抗菌药使用减量化行动方案（2021—2025年）》，要求加强饲料生产经营企业监管，完善饲料中非法添加兽药成分检测方法标准，组织开展非法添加药物及违禁物质专项监测，严肃查处违法违规行为。

2021年11月1日　农业农村部制定《直接饲喂微生物和发酵制品生产菌株鉴定及其安全性评价指南》（以下简称《指南》）发布实施。《指南》规定了直接饲喂微生物和发酵制品生产菌株鉴定及其安全性评价的基本原则、基本要求、评价方法以及结果判定。

2021年11月8日　为加快推进《全国现代饲草产业发展规划（2021—2030年）》发布实施，农业农村部召开专家论证会。论证专家对《规划（论证稿）》内容进行了评议，认为其编写全面、精炼，对指导我国饲草产业高质量发展、调整优化粮经饲结构、保障草食畜产品和增强粮食安全，具有重要战略意义和现实意义。据悉，这是我国制定的第一个关于饲草产业发展的规划。

2021年12月20日　为推进畜牧兽医行业高质量发展，农业农村部印发《"十四五"全国畜牧兽医行业发展规划》（以下简称《规划》）。《规划》强调，要保障养殖投入品供应高效安全，聚焦破解饲草料资源约束，做强饲料工业，做优饲草产业，夯实畜牧业发展基础。严把兽药生产和使用关口，保障畜产品质量安全。

2021年12月29日　新饲料添加剂碱式氯化锰和水飞蓟宾通过评审，以农业农村部公告第508号发布。

中国饲料工业协会

2021 年 4 月 17 日　中国饲料工业协会理事会会议暨饲料产业发展论坛在重庆成功举办。农业农村部副部长于康震出席并发表重要讲话。

2021 年 6 月 24 日　中国饲料工业协会成立中国饲料工业协会宠物饲料（食品）分会筹备组，承担中国饲料工业协会宠物饲料（食品）分会成立前的筹备工作。

2021 年 7 月 28 日　为进一步贯彻落实习近平总书记重要指示和农业农村部党组会议部署安排，扎实做好防灾减灾和灾后生产恢复各项工作，中国饲料工业协会向全行业发出《防汛抗洪 聚爱同行——中国饲料工业协会倡议书》。

2021 年 8 月 25 日　中国饲料工业协会召开中国饲料工业协会质量安全工作委员会专家组工作会议。会议重点介绍了中国饲料工业协会质量安全工作委员会的成立背景和相关职责，审定了质量安全工作委员会委员名单、团体标准技术委员会委员名单和 2021 年第一批团体标准上报名单。

2021 年 8 月 27 日　为推进中国饲料工业协会团体标准制定工作，加强团体标准的规范化管理，经研究决定，成立中国饲料工业协会团体标准技术委员会。经推荐遴选，委员会设委员 168 人。

2021 年 9 月 14 日　为贯彻落实国家有关饲料质量安全法律法规和相关制度，协助相关单位推动饲料质量安全政策和制度落实，中国饲料工业协会质量安全工作委员会拟于近期对部分省份开展饲料质量安全专题调研。

2021 年 11 月 10 日　中国饲料工业协会发布《中国饲料工业协会团体标准管理办法（试行）》，旨在规范管理中国饲料工业协会团体标准相关工作，提高团体标准制修订工作的效率与质量，加强团体标准的宣贯推广等工作。

2021 年 11 月 11 日　为推动微生物、酶制剂、发酵饲料、可饲用天然植物及其提取物等相关产业高质量发展，中国饲料工业协会成立生物饲料技术委员会。

2021 年 12 月 3 日　为促进以优质牧草为主的粗饲料产业专业化生产、规范化管理，以及充分发挥在生产、管理、科研、教学、推广等方面专家的作用，推动粗饲料品种、添加剂、收贮加工设备、粗饲料产品、反刍动物饲料、进出口贸易等相关产业高质量发展，中国饲料工业协会拟成立粗饲料技术委员会，结合工作实际，自荐该技术委员会委员。

2021 年 12 月 9 日　《中国饲料工业史》编纂工作座谈会在中国饲料工业协会成功召开，从此拉开了《中国饲料工业史》编纂工作的序幕。会议由全国畜牧总站站长、中国饲料工业协会常务副会长兼秘书长王宗礼主持。农业农村部畜牧兽医局副局长辛国昌，饲料饲草处处长黄庆生等领导出席会议。

2021 年 12 月 16 日　为贯彻落实《中国饲料工业协会团体标准管理办法（试行）》，提高中国饲料工业协会团体标准制定工作的效率与质量，中国饲料工业协会举办团体标准线上培训班。直播间访问 7 000 多人次，业内反响良好，大家普遍认为培训内容全面细致，专业性和指导性强，专家讲解精彩，受益匪浅。

2021 年 12 月 28 日　中国饲料工业协会团体标准审查会在北京召开，审查了 3 项团体标准，标志着协会团体标准制定工作进入技术审查新阶段。

内蒙古自治区

2021 年 9 月 24—26 日　由内蒙古自治区饲料工业协会和北京市饲料工业协会联合主办，中牧实业股份有限公司、北京大鹰美尔特特别联办的首届全国反刍饲料饲草大会暨内蒙古草食动物发展大会在内蒙古呼和浩特市举行。中国工程院李德发院士、姚斌院士以视频致辞，农业农村部畜牧兽医局、中国饲料工业协会、内蒙古农牧厅有关领导和专家出席会议。

2021 年 4 月　组织 79 家企业赴重庆 2021 年中国饲料工业展览会参展，为饲料企业搭建展示产品和技术、拓展渠道、促进销售、传播品牌的平台，助力企业抓订单、保客户、拓市场。展会期间，与区外 101 家企业签订采购意向合同，为内蒙古饲草产品和反刍饲料走出内蒙古开辟了新途径。

辽 宁 省

2021 年 6 月 23 日　为推动饲料工业产业结构调整，提升产业竞争力，增强饲料生产企业规模化程度和实力，辽宁省农业农村厅制定《辽宁省饲料产业链建设实施方案（2021—2025）》。通过强化地区品牌，建立饲料产业带和产业聚集区，发展特色优势区，形成以不同区域资源特点、养殖业基础及发展趋势为基础的饲料工业强链。

2021 年 8 月 28 日　辽宁省农业农村厅鼓励科技创新，积极拓展新饲料原料来源，推进饲料粮减量替代。对沈阳博阳饲料股份有限公司申报的“狐、貉肉骨粉作为非食用动物饲料原料”试验项目，邀请来自全国畜牧总站、中国农业科学院、吉林农业大学、沈阳农业大学、辽宁省农业发展服务中心的专家，召开论证会。经专家论证、农业农村部畜牧兽医局同意，在辽宁省开展毛皮动物屠体饲料化定点使用试点。

进一步加强饲料质量安全监管。开展饲料和饲料添加剂生产企业现场检查和饲料标签专项检查。现场检查重点围绕受检企业的生产许可条件、安全生产、原料管理、生产线要求、生产过程控制、产品质量控制、产品销售等环节开展。饲料标签专项检查，重点关注混合型饲料添加剂产品、可饲用天然植物原料、植物提取物类饲料添加剂等。全年共检查饲料和饲料添加剂生产企业835家。

2021年10月　召开全省养殖减抗实用技术培训会，辽宁省130余家饲料企业技术人员及部分养殖企业代表参加培训会。

上海市

2021年1月　与上海市所有饲料生产企业签订质量安全承诺书，要求企业作为质量安全的第一责任人，自觉遵守国家的相关法规要求。

2021年2月　为加强水产养殖用兽药、饲料和饲料添加剂等投入品管理，依法打击生产、进口、经营和使用假劣水产养殖用兽药、饲料和饲料添加剂等违法行为，开展本市生产和经营环节水产养殖用兽药、饲料和饲料添加剂的专项整治行动。

2021年3月　为提高饲料和养殖产品质量安全水平，印发了《2021年上海市地产生猪出栏前“瘦肉精”及其替代品监测计划》（沪农委〔2021〕41号），全年布置了“瘦肉精”等违禁药物出栏前监测7 650批的任务。

2021年3月　针对“315”沧州青县“瘦肉精”肉羊事件，印发《关于迅速开展肉羊养殖环节“瘦肉精”监测工作的通知》《关于进一步推进“瘦肉精”专项整治行动的通知》等文件，开展肉羊质量紧急排查和监测。

2021年3月　根据《农业农村部畜牧兽医局关于编纂〈中国饲料工业年鉴〉（2021）有关事项的函》的相关规定，完成了本市3家优秀企业、5家重点企业的推荐和《中国饲料工业年鉴》（2021）中地方篇和大事记的编写工作。

2021年4月　围绕本市饲料安全监管重点，制定了《2021年上海市饲料质量安全监督抽查计划》（沪农委〔2021〕81号），全年计划监测总数200批。

2021年7月　组织开展本市饲料生产企业标签专项整治行动，100%全覆盖。

2021年7月　按照《上海市食用农产品“治违禁 控药残 促提升”三年行动实施方案》的工作要求，组织开展肉羊、鸡蛋等农产品质量安全相关专项工作。

2021年8月　就宠物饲料产品个性化发展、许可条件、上海饲料服务“一带一路”及行业自律和协会建设，开展了调研、座谈。

2021年9月　为进一步惠企便民、优化环境、激发活力，组织修订了“一网通办”办事指南中涉及兽药、饲料等方面的相关内容，同时新增了宠物添加剂预混合饲料生产许可等方面的“一网通办”事项。

2021年10月　为进一步规范饲料兽药生产经营和使用行为，提高饲料兽药生产经营水平和从业人员业务素质，确保畜禽投入品和畜产品质量安全，组织举办上海饲料兽药监督管理专题培训班。

江苏省

2021年1月　江苏省政府印发《关于取消和下放一批行政权力事项的决定》，将饲料添加剂（含混合型饲料添加剂）生产许可证审批事项委托各区市实施，进一步加大简政放权力度，提高行政许可效率，持续深入推进“放管服”改革。

2021年3月3日　江苏省农业农村厅印发《2021年饲料行业管理工作方案》（苏农办牧〔2021〕5号），从优化行政服务规范许可审批行为、加强监督检查规范企业生产经营行为、强化抽样监测保障产品质量安全、落实企业主体责任提升安全生产水平等方面，部署了全年饲料管理工作。

2021年3月31日　江苏省农业农村厅组织举办全省饲料行业生产许可现场审核和监督检查人员视频培训，邀请有关专家就饲料行业管理法规、生产许可技术审核要点、饲料和饲料添加剂生产加工工艺与设备、饲料和饲料添加剂产品标准与质量检验等内容开展培训。

2021年5月30日—6月4日　全国畜牧总站杨劲松副站长带队赴江苏开展饲料行业“双随机、一公开”检查，从生产许可条件、安全生产、原料管理、生产线要求、生产过程控制、产品质量控制、产品销售等方面对盐城市、连云港市的10个饲料和饲料添加剂生产企业开展现场监督检查。

2021年6月9日　全国畜牧总站站长、中国饲料工业协会常务副会长、秘书长王宗礼带队赴丰尚农牧装备有限公司调研考察，参观丰尚科技园展示厅和智能化生产车间，并在该公司举行专题座谈交流会。

2021年7月9日　江苏省饲料工业协会召开常务理事会，省农业农村厅总畜牧兽医师袁日进同志出席会议并重点围绕“理念、责任、落实”三个方面作饲料行业安全生产专题宣讲报告。

2021年8月27日　农业农村部发布第465号公告，批准1个新饲料产品和1个新饲料添加剂产品。

江苏饲料添加剂生产企业常茂生物化学工程股份有限公司与上海医学生命科学研究中心有限公司联合申请的吡咯并喹啉醌二钠获批成为新饲料添加剂。

2021 年 9 月 13—25 日　江苏省农业农村厅组织 4 个检查组赴全省各地开展饲料和饲料添加剂生产企业省级“双随机、一公开”监管工作，对随机抽取的 65 家企业进行现场监督检查和产品监督抽样工作。

2021 年 12 月 9 日　江苏省农业农村厅举办全省饲料管理工作培训会，各市、县市农业农村局分管负责人和饲料管理人员参加会议。会议总结了“十三五”江苏饲料工业发展成效，分析了当前发展形势，明确了“十四五”发展思路，研究部署了当前和今后一段时间的工作。

江 西 省

2021 年 9 月 27 日　江西省农业农村厅畜牧兽医局在南昌组织举办了全省兽药饲料监管培训班。各设区市饲料兽药管理人员、省兽药 GMP 检查员和省饲料专家候选人，共 98 人参加了培训。

湖 北 省

2021 年 4 月 8—9 日　全国畜禽养殖减抗与替抗技术培训班在成都举行，湖北省农业农村厅畜牧兽医处三级主任科员李巍，新洲家禽协会、武汉科缘、安琪酵母、正邦集团、海大集团、荆州禾美华、荆门乐百家相关人员代表湖北省参会。

2020 年 9 月 24—28 日　国家饲料检测中心副主任宋荣、办公室主任邓涛一行，到武汉、宜昌、荆州等 9 市开展本年度部级饲料风险监测抽样工作，抽取 40 家企业的饲料添加剂、混合饲料添加剂样品共 90 份。

2021 年 12 月 16—17 日　湖北省饲料工业协会第六届第三次会员大会暨 2021 年年会在武汉成功召开。本次会议参会总人数达 380 人，各市州、直管市、神农架林区的行业主管部门负责人，湖北省兽药监察所领导，在汉高校和科研院所有关专家、教授等受邀参加了会议。

2021 年 12 月 16 日　湖北省饲料生产形势分析暨安全监管座谈会在武汉召开。会议传达了全国饲料监管会议的有关精神，通报了全省的饲料生产、监管情况，同时各市州行业管理部门负责人对 2021 年度饲料工作进行了总结和交流。

湖 南 省

2021 年 8 月　第十八届“世界品牌大会”发布了《2021 年“中国 500 最具价值品牌”分析报告》，唐人神蝉联中国品牌 500 强，品牌价值 100 亿元，较 2020 年提高 9.53 亿元。

2021 年 12 月 29 日　农业农村部发布第 508 号公告，正式批准长沙兴嘉生物工程股份有限公司的碱式氯化锰为新饲料添加剂（新饲证字 2021—03），兴嘉生物已成为全国唯一一个拥有 3 个国家饲料和饲料添加剂新产品证书的饲料和饲料添加剂企业。

广 东 省

2021 年 2 月　根据《广东省人民政府关于将第三批省级管理权限调整由中国（广东）自由贸易试验区各片区管委会实施的决定》（粤府令第 283 号），将饲料生产许可证核发（单一饲料、浓缩饲料、配合饲料、精料补充料）和饲料添加剂（不含混合型饲料添加剂）产品批准文号核发委托中国（广东）自由贸易试验区深圳前海蛇口片区管理委员会实施。

2021 年 3 月　广东省农业农村厅举办 2021 年放心农资下乡现场会活动。组织发动中粮饲料（茂名）有限公司、茂名通威生物科技有限公司、茂名大北农农牧科技有限公司等优秀企业安排业务骨干和专业技术人员在活动现场为广大农民群众提供技术咨询服务，派发宣传资料、宣讲饲料和饲料添加剂使用知识及法律法规要求，将优质放心农资和技术服务送到农村。

2021 年 3 月　广东省饲料行业宣传统计工作会议暨广东省饲料行业媒体联盟成立大会在广州市成功召开。会上举行了广东省饲料行业媒体联盟揭牌仪式，标志着广东省饲料行业媒体联盟正式成立。

2021 年 3 月　印发《2021 年饲料质量安全监管工作方案》，按照“双随机、一公开”原则，统筹运用监督抽查、风险预警监测、现场检查、饲料标签专项检查等手段，组织开展饲料质量安全监管工作。

2021 年 3 月　广东省农业农村厅成立“瘦肉精”专项整治工作组，在全省范围内组织开展为期 3 个月的“瘦肉精”专项整治行动，切实保障畜产品的质量安全。

2021 年 5 月　举办饲料工业统计、生产许可、饲料产品备案和标签管理培训班，提高饲料统计工作质量，强化饲料生产信息管理，规范生产行为。

2021 年 8 月　通过项目申报制的形式委托 3 家检测机构承担广东省饲料管理行政许可所需的执行企业标准，以及饲料添加剂和混合型饲料添加剂产品的主要成分指标检测方法验证及申请饲料添加剂产品批准文号的复核检测。

2021 年 9 月　首届国际宠物营养与产业（广州）峰会在广州花都成功召开。来自国内外的 200 多位专家学者、业内人士围绕“开好局，起好步”的主题，为宠物营养产业的健康、高速发展建言献策。此外，峰会还举行了宠物营养标准制定启动仪式和第二届广东省职业技能大赛宠物行业职业技能竞赛启动仪式。

2021 年 12 月　2021 年广东省饲料行业年会采用线下办会、线上直播的方式顺利举行。重点推出“第八届广东饲料产业经济论坛”“第八届广东饲料产业科技论坛”和“第六届‘大饲粮’采购经理论坛”，省内外政产学研近千人齐聚一堂，共谋发展。

广西壮族自治区

2021 年 1 月　广西饲料工业协会正式在全国团体标准信息平台公布《蛋禽用菌酶协同发酵浓缩饲料》《肉禽用菌酶协同发酵浓缩饲料》《水产用菌酶协同发酵浓缩饲料》《猪用菌酶协同发酵浓缩饲料》4 项团体标准，并于 2021 年 3 月 1 日起实施。

2021 年 1 月　自治区农业农村厅副厅长梁纪豪一行 4 人到南宁市宾阳县黎塘工业区开展 2021 年元旦春节期间饲料领域安全生产明察暗访工作。

2021 年 2 月　印发《广西饲料和饲料添加剂质量安全监测计划》，并开展饲料和饲料添加剂质量安全监测工作。

2021 年 3 月　自治区农业农村厅办公室印发《全区“瘦肉精”专项整治行动方案》，并开展为期 3 个月的“瘦肉精”专项整治行动。

2021 年 4 月　根据《农业农村部办公厅〈关于印发 2021 年饲料质量安全监管工作方案〉的通知》要求，印发《2021 年全区饲料质量安全监管工作方案》，并开展全国饲料质量安全监督抽查工作。

2021 年 4 月　组团参加 2021 中国饲料工业展览会。组织桂林华艺健康科技有限公司、南宁市泽威尔饲料有限公司、广西商泰生物工程有限公司、防城港澳加粮油工业有限公司、桂林莱茵生物科技股份有限公司、南宁市永益生物工程有限公司等 7 家广西企业参展。广西饲料工业协会以组团参展的方式，得到了组委会的充分肯定，同时也得到了广大参观者的好评。

2021 年 11 月　举办全区饲料质量安全监管暨安全生产培训班，邀请中国农业科学院饲料研究所李俊研究员、农业农村部饲料法规修订专家组成员谢梅冬研究员、山东宏程安全科技有限公司总经理李培景高级工程师到会授课。

2021 年 11 月　召开 2021 年广西动物营养与饲料学术年会，来自全国的知名专家、学者、兄弟省市饲料行业协会的代表、企业管理者与科技人员约 500 人参加了会议。

2021 年 12 月　发布《牛精料补充料》《肉牛全混合日粮》《肉羊全混合日粮》《牛用糟渣菌酶协同发酵饲料原料》《羊用糟渣菌酶协同发酵饲料原料》《茉莉花渣发酵饲料原料》6 项团体标准，标准的制定对推广西牛羊产业的高质量发展具有积极作用。

海南省

2021 年 4 月 26 日　为加强饲料兽药及畜产品质量安全监管，创新工作机制，提高工作效能，进一步提升饲料兽药监管水平，确保全省饲料兽药及畜产品安全，全省饲料兽药质量安全监管培训班在海口举办，邀请中国农业科学院、省动物疫病预防控制中心等单位专家讲授饲料监管工作的相关标准，共有饲料管理人员 80 余人参加。

2021 年上半年，海南省按照农业农村部要求，迅速开展“瘦肉精”专项整治行动，全省 18 个市县累计排查肉牛养殖企业（场、户）共 33 906 家次，肉牛 177 038 头，肉羊养殖企业（场、户）11 740 家次，肉羊 199 056 只；肉牛屠宰企业 204 家次，肉牛 2 815 头，肉羊屠宰企业 42 家次，肉羊 952 只，均未发现有使用“瘦肉精”问题。

四川省

2021 年 4 月 18 日　组织川内新希望六和、通威、铁骑力士、特驱、畜科、蜀星、润格、新一美、康贝尔等 20 多家优秀饲料生产企业赴重庆参加 2021 中国饲料工业展览会，以此展示四川省优秀企业形象，促进行业共同发展。

2021 年 5 月 19—21 日　第四届全国饲料质量安全控制技术高峰论坛在成都顺利召开。来自全国各地的行业主管领导、高校、科研院所研究学者、质检机构技术专家、饲料企业品控人员等 500 余人现场参会，网络直播在线观看人数达 4 万多人次。

2021 年 5 月 25 日　四川省农业农村厅在成都召开 2021 年饲料兽药重点监控企业和警示备案企业座谈会。因省级抽检不合格被列入重点监控和警示备案的 8 家饲料兽药生产企业主要负责人及企业所在市的饲料兽药管理部门分管负责人和管理机构负责人参加会议。省农业农村厅总畜牧师李春华出席会议并讲话。

2021 年 6 月 22—24 日　四川省农业农村厅特邀应急厅专家对成都、眉山等市的 14 家饲料兽药生产企业开展“双随机、一公开”联合监督检查。

2021 年 7 月 24—25 日　全国畜牧总站杨劲松副站长率调研组一行 6 人来四川调研饲料中玉米、豆粕减量替代技术推广情况，四川省农业农村厅总畜牧师李春华陪同调研。

云南省

2021年1月22日　云南省饲料工业协会第七届四次理事会暨技术交流会在昆明召开，协会会长、常务副会长、副会长、理事及部分理事单位代表等80多人出席了本次会议。协会监事及专家咨询工作委员会部分委员列席本次会议，省农业农村厅畜牧兽医处张存焕调研员、昆明市农业农村局畜牧兽医处白雪斌处长等受邀出席本次会议。

2021年4月8日　云南省饲料工业协会携手成都大帝汉克生物科技有限公司在昆明举办了DDC·2021绿色养殖与安全生产技术研讨会，相关行业专家及全省饲料生产企业代表，共计100多人参加了研讨会。

2021年4月9日　云南省饲料工业协会联合广东容大生物股份有限公司、上海美农生物科技股份有限公司和云南首皇生物科技有限公司在昆明举办了“后抗生素时代的饲料产品设计策略——2021提升饲料产品竞争力技术研讨会”，来自全省饲料企业的总经理、技术部经理或企业代表近100人参加了会议。

2021年7月25日　云南省饲料工业协会联合广州立达尔生物科技股份有限公司在昆明举办了2021畜牧业变革与发展交流会，国内的资深专家及全省饲料生产企业代表，共计70多人参加了会议。

2021年12月17日　云南省饲料工业协会第七届五次理事会暨技术交流会在昆明召开，协会会长、常务副会长、副会长、理事、监事、专家咨询工作委员会部分委员及会员单位代表等140多人参加了本次会议。省农业农村厅王文惠总畜牧师、张存焕调研员等到会指导。

陕西省

2021年2月23日　陕西省委农办主任、省农业农村厅党组书记、厅长孙矿玲到陕西省饲料工作总站调研全省饲料工业高质量发展工作。

2021年3月31日　陕西省饲料工业高质量发展推进会在西安召开，共有150余人参加会议。

2021年7月18日　由共青团陕西省委、共青团甘肃省委、共青团内蒙古自治区委及正大集团共同举办的2021年“正大杯”大学生创新创业实战营销大赛北方区总决赛在西安理工大学成功举办。

2021年8月17日　陕西省委农办主任、省农业农村厅党组书记、厅长孙矿玲到陕西省饲料站开展一把手“坐窗口、走流程、跟执法，我为群众办实事”活动。

2021年10月21日　陕西省委统战部副部长、省工商联党组书记吴铁一行来到石羊集团调研公司的生产、发展状况。

2021年11月23日　陕西省饲料工作总站在西安召开陕西省农业科技创新驱动项目——“天然植物提取物饲料添加剂替代抗生素研究应用与推广”项目启动会。

2021年12月4日　由西北农林科技大学和中国农业大学主办的第二届羊营养与产品品质调控论坛在杨凌顺利召开。

甘肃省

2021年2月25日　上报2020年度饲料工业统计年度报表，发布2020年全省饲料生产形势分析信息。

2021年3月17日　制定下发了《关于开展“瘦肉精”专项整治行动的紧急通知》（甘农电〔2021〕31号）和《甘肃省农业农村厅关于实施“瘦肉精”专项整治行动飞行检查的通知》，抽取动物尿液1 221批进行“瘦肉精”检测，结果全部为阴性。

2021年4月15日　制定印发《甘肃省2021年饲料质量安全监管工作方案的通知》，在全省范围内开展饲料质量安全监管工作。

2021年5月1日至7月3日　对全省牛羊养殖场、屠宰场及贩运人员进行为期3个月的排查，累计排查肉牛羊养殖场（户）1 366 619个（次），牛羊3 673.42万头（次）；肉牛羊屠宰企业961个（次），产品数量237.2万头（只）；畜禽贩运人员3 456人，均未发现违规使用“瘦肉精”的行为。

2021年9月26—30日　开展全省饲料生产企业质量安全和安全生产监督检查，检查企业25家。

2021年10月29日至11月22日　对24家饲料企业在新冠感染疫情期间企业生产情况，玉米、豆粕等大宗原料库存、价格进行调度，连续25天报送疫情期间饲料生产企业调度表，推动落实了饲料产品和饲料原料绿色通道政策。

宁夏回族自治区

2021年4月16日　《关于印发〈2021年全区饲料质量安全监管监测方案〉的通知》［宁农局（牧）发〔2021〕13号］，采取联合执法和专项整治的方式，对全区67家饲料企业、355家饲料经销店和规模以上的养殖场分上下半年抽样检测300批次，并进行专项整治督查检查工作。

2021年6月15—21日　全区饲料企业高层管理人员培训班在成都、福州举办。培训采取理论教学、学习考察、案例分析和座谈交流相结合的方式开展。培训班邀请四川农业大学动物营养研究所郑萍教授、农业农村部饲料监测中心（成都）柏凡研究员围绕“绿色无抗饲料的可行性思考”和“禁抗背景下饲料产业如何转型升级”的主题进行了讲授。观摩了四川新希望六和集团、铁骑力士集团、四川畜科公司、福建天马科技集团和新正阳饲料公司，通过本次实地观摩培训，进一步拓宽了学员视野，提高了对饲料禁抗和绿色发展的认识能力，为落实饲料无抗和饲料高质量发展奠定了基础。来自全区五市农业农村局分管饲料工作负责人、饲料生产企业法人及厅相关处（局）60多人参加了培训。

2021年11月29日　印发了《关于调整宁夏回族自治区饲料生产许可专家审核委员会委员的通知》［宁农（牧）发〔2021〕16号］，按照有关规定，对自治区饲料和饲料添加剂生产许可专家审核委员会成员进行了调整和增补。

2021年12月7—8日　饲料生产许可专家审核委员会新任专家座谈会暨现场审核技术培训会在银川举办。会上讨论通过了《宁夏回族自治区饲料和饲料添加剂生产许可现场审核专家管理办法（试行）》及《宁夏饲料和饲料添加剂企业生产许可材料审查与现场审核工作程序》，对饲料生产许可审核专家委员会部分成员进行调整，向成员颁发了聘书并进行座谈、培训，进一步规范和强化了对专家审核及生产许可审核的要求，提升了饲料安全生产能力。

2021年12月31日　印发了《宁夏回族自治区饲料和饲料添加剂生产许可现场审核专家管理办法（试行）》［宁农（牧）发〔2021〕20号］及《宁夏饲料和饲料添加剂企业生产许可材料审查与现场审核工作程序》。

新疆生产建设兵团

2021年9月17日　兵团农业农村局下发了《关于开展兵团兽药饲料质量安全监督抽检工作的通知》（兵农医发〔2021〕126号），按照“双随机、一公开”的原则，在兵团开展饲料产品质量安全监管工作。

2021年10—12月　在兵团开展饲料质量安全监管工作，共抽检饲料样品305批次，其中饲料产品质量安全监测206批次，养殖环节饲料中违禁添加物专项监测99批次，检测合格率为100%。